KB126133

東亞細亞 歷史文化論叢

東亞細亞 歷史文化論叢

서경문화사

原明 張俊植 教授 케리커쳐(박보미 作)

原
明

張俊植 教授의 발자취 ——

초등학교시절 담임선생님과 함께

중학교시절 부모님, 여동생들과 함께

고등학교시절

대학 재학시절 경주 고분 발굴 참가

군복무 시절

대학 졸업식 때 부모님, 여동생과 함께

충주북여자중학교 재직 시기

평생의 동반자 김경인 여사와의 결혼

중원고구려비 발견 당시 비문 확인하는 모습(1979년)

중원고구려비 初拓 후 예성동호회 회원들과 함께(1979년)

충청대학 고적조사단 탁본전시회에서 은사이신 정영호 교수님과 함께

박사학위 졸업식

「신라 중원경 연구」 출판기념회

충주 정토사지 발굴조사 현장에서 고적조사단 동아리 학생들과 함께

학생회 간부수련회

박물관 이전 개관식

박물관대학 수강생들과의 유적 답사

관광학부 학생들과의 유적 답사

충주 숭선사지 발굴조사 현장 인터뷰

충주 숭선사지 1차 발굴조사 지도위원회의 후 기념촬영

증평 이성산성 학술회의 기조강연

한국대학박물관협회 제56회 학술발표회 후 기념촬영

한독의약박물관에서 충북박물관협의회 관장들과 함께

국사편찬위원회 사료조사위원 연찬회

한국기와학회 제10회 국제학술회의 참가자들과 함께

중국 남경대학교 박물관에서 하운고 교수와 함께

손학규 의원, 이시종 충북지사와 함께

조선통신사 황윤길 현창비 건립 기념(2011년 대마도에서)

충청대학교 개교20주년기념 탁본전시회 개회식

충청대학교 개교30주년기념 교사자료 전시회 자료 설명

충청대학교 30년 근속 표창 수상

정년퇴임기념 충청대학교 고적조사단 졸업생들과의 사은회

정년퇴임기념 고별강연

고별강연 후 박물관 직원, 졸업생들과 함께

고별강연 후 학부 교수님들과 함께

충주시민문화대상 수상

국무총리상 수상

황조근정훈장 수상

연구실 집무모습

원명 장준식 교수의 가족

原明 張俊植 敎授 論著目錄

Ⅰ. 저서

1998.	신라 중원경 연구	학연문화사
2003.	한국의 문화유산	학연문화사

Ⅱ. 공저

2000.	한국의 역사와 문화	서경출판사
2000.	충북의 석조미술	충북개발연구원
2002.	제천의 문화유산	제천문화원

Ⅲ. 논문

1981.	고구려 국원성치지에 관한 연구	단국대학교 대학원 사학과 석사논문	
1998.	신라 중원경 연구	단국대학교 대학원 사학과 박사논문	
1980.	큰 알독의 행방	예성문화1	예성문화연구회
1981.	중원의 철조불상	예성문화2	예성문화연구회
1981.	누암리 고분군	예성문화3	예성문화연구회
1982.	태고산 석불입상	예성문화4	예성문화연구회
1982.	중원 숭선사지 서까래막새 고찰	고고미술156	한국미술사학회
1983.	중원지방의 석조부도	호서문화1	호서문화연구회
1985.	유적을 통해서 본 계립령	예성문화7	예성문화연구회
1985.	중원문화의 특성에 관한 소고	교수논문집1	충청실업전문대학
1987.	청주용화사 석조여래입상의 배면에 부조된 나한상	교수논문집3	충청실업전문대학
1989.	중원지방에서 일제침략기에 반출된 탑·비	향토사연구1	전국향토사협의회
1991.	충청북도 행정구역 변천에 관한 고찰	지역개발1	충청전문대학 지역개발연구소
1991.	하곡마을의 불교유적	예성문화12	예성문화연구회
1992.	중앙탑과 중원경 치지	중원경과 중앙탑	충주산업대학교 박물관
1992.	충북 영동 마애삼두불상에 관한 고찰	박물관지1	충청전문대학 박물관
1993.	충주지역에서의 삼국시대 불교	박물관지2	충청전문대학 박물관

늘 하나만 아는 사람

설령 당신에게
열 가지의 단점이 있었다 해도
열을 다 덮고도 남을 장점 하나가
분명 당신에게 있습니다
내가 당신을 택한 가장 큰 이유입니다

한 가지에 꽂혀 깊이 빠져야한다는
남다른 근성과 강한 집념 그리고 신의는
당신하면 떠오르는 일상입니다
걸어 온 길도 오직 한 길
참으로 단단히 다져왔습니다

당신이 머물렀던 흔적은
세월의 덮개가 빛나는 업적으로 쌓여
지금 여기 와 있습니다
40여년의 가르침이 틈실한 결실을 맺어
참으로 자랑스럽습니다
당신! 처음부터 이런 사람이라는 걸
진작 한 눈에 알아 봤습니다

소리 없는 함성으로 침묵을 깨고
묻혔던 유물이 세상 밖으로 나올 때
손길 닿는 순간마다 가슴 뭉클한 전율이
온다는 것을 곁에서 배웠습니다

당신의 체취가 아직도 담겨 있는 박물관에
그 30년사를 한 묶음 덜어 내놓고 마름하는 오늘
발굴 현장에서 붙여진 마이더스 손이란 별칭에
새삼 그 귀한 손을 바라봅니다

정말 사람 속에서 빛나는 당신입니다
논총 봉정식으로 행복한 당신
언제나 삶 속에 함께하는 선. 후배. 지인들
삶을 바꾼 스승과의 인연도
마음 깊은 곳에 되뇌어야 할 외침입니다
하나만 아는 당신이지만 강인한 면 뒤에
늘 따뜻한 정이 숨어 있는 당신입니다

세월 비켜가는 사람 없다지만
변하지 않는 사람은 있을 터
그 사람이 당신이면 좋겠습니다
늘 하나 밖에 모르는 이여!
그러기에 순수한 당신을 존경합니다
그리고 많이 사랑합니다

2014. 당신의 논총 봉정식에 부쳐 아내가

장준식 교수님의 정년을 맞이하여 생각나는 일들…

장 교수님,

당신을 만난 지도 어언 30여 년의 세월이 지났네요…

저와 장 교수님과의 첫 만남은 1979년 중원고구려비 발견 현장이었으니, 참 오랜 세월을 친형제보다 진한 인연으로 살아온 것 같습니다. 장 교수님은 언제나 청춘일 줄 알았는데, 벌써 정년을 맞이하셨다니 정말 시간의 흐름은 어찌할 수 없는 것 같습니다. 저 역시 장 교수님과의 인연이 이토록 오랜 시간 변함없이 지속될 줄은 상상도 하지 못했답니다.

저를 비롯한 단국대학교 사학과 졸업생들에게 장 교수님은 언제나 다정한 형님이었고, 어려운 일들을 솔선해 처리해 주셨던, 그로 인해 많은 후배들이 학문에 전념할 수 있는 계기를 만들어 주신 선배님으로 기억됩니다. 언제나 술자리에서 '좋은 안주감'으로 우리의 중심에 계셨던 장 교수님과의 지난 일들을 기억하자니 참 많은 순간들이 떠오릅니다.

사학과의 전설 장준식 교수님

제가 재학했던 70년대 후반 단국대학교 사학과에는 전설이 있었지요… "마치 영화 '네로'의 주인공 같은 모습의 선배가 있는데 후배들을 무척 잘 챙긴다.", "주먹이 얼마나 강했던지 그 선배 덕에 체육과 학생들도 사학과와는 잘 지낸다.", "술에 관한한 누구도 따라올 수 없을 정도로 주량이 매우 세다.", "졸업 후 어떤 일을 하고 살지 정말 궁금했는데, 충주북여자중학교 선생님이 되었다." 등등… 술자리에서든 답사와 발굴조사 현장에서든

36 | 東亞細亞 歷史文化論叢

항상 장 교수님은 후배들에게 회자되는 그런 분이었지요… 그럼에도 누구에게나 "의리 있는 선배"라는 공통된 이미지가 적용되는 그런 분으로 기억됩니다.

학부 재학시절 일찍부터 박물관에 드나들었던 덕분에 많은 선배님들과 인연을 맺을 수 있었고, 이런 가운데서 자연스럽게 '장준식'이라는 이름을 가슴에 새길 수 있었습니다. 더구나 당신과 함께 수학했던 정지수, 윤연중, 박응재 선배… 특히 배준학 선배의 장 교수님에 대한 애틋한 情은, 언젠가는 꼭 만나고 싶은 선배님으로 장 교수님이 제 마음에 자리매김하게 되었지요.

그토록 학수고대했던 장 교수님과의 첫 대면은 정영호 교수님의 '중원고구려비' 발견이 계기를 만들어 주었습니다. 이날 당신과의 만남이 지금껏 30여 년간의 질긴 인연으로 지속될 줄 누가 알았겠습니까? 지금도 생각나는 것은 당시 무면허인 상태로 포니 픽업을 직접 몰고 와서 고생한다며 우리 모두를 짐칸에 태우고 시내로 데리고나가 푸짐한 저녁을 사주셨던 일입니다. 당시 무슨 얘기가 오갔는지 정확히 기억은 나지 않지만, '배준학 선배와 벌였던 충주에서의 결투 일화' 등등, 무척 유쾌한 이야기를 나누며 즐거운 시간을 보냈던 것으로 기억됩니다. 더구나 당시 마치 파마를 한 듯한 풍성한 곱슬머리가 정말 소문대로 영화 속의 '네로황제'를 눈앞에서 보는 듯한 착각이 들만큼 비슷한 첫인상에 감탄하며 놀랐던 기억도 새롭습니다. 이후 충주 햇골산 마애불의 발견 등 연이은 충주 조사가 진행되면서 장 교수님과의 만남이 빈번해졌고, 청원 비중리사지 및 충주 탑평리사지 발굴조사를 통해 장 교수님은 제게 마음이 통하는 선배님으로 든든하게 자리매김 되었지요…

중원고구려비와 장준식 교수님

1979년 4월. 당시 단국대학교 박물관장이셨던 정영호 교수님에 의해 조사된 중원 고구려비는 국내 유일의 고구려 석비로서 학계에 대단한 반향을 불러일으켰습니다. 필자는 이 비의 발견 이후 줄곧 현지 조사에 참여하였고, 이곳에서 장 교수님과의 남다른 인연을 맺게 되었지요.

제가 기억하는 중원고구려비의 발견에는 장준식 교수님께서 중요한 역할을 했습니다. 중원고구려비를 최초로 조사한 이들은 충주에서 역사를 연구하던 예성동호회 회원들이었는데 발견 당시에는 비의 중요성을 알지 못하였으나 조사에 참여했던 장준식 선생이 석비의 하단부에서 國土. 土內. 측면 끝줄에서 安城으로 읽은(후에 高牟妻城) 글자 등을 확인하고 이 같은 사실을 선생의 은사이신 정영호 교수님께 바로 전하셨다죠.

저도 은사님께 이런 내용을 들었던 기억이 납니다. "충주에 있는 장준식 선생한데 전화가 왔다. 오래된 비석 하나를 조사했는데, 청태가 짙게 덮여서 주민들이 오래 전 부터 '백비(입석)'라고도 하고, 조선 숙종 때의 '토지경계비'라고도 한다하니 내가 직접 조사를 다녀와야겠다."라는 말씀이었습니다. 장준식 교수와 정영호 교수님의 말씀들을 종합해 보면, 장준식 교수는 분명 백비가 아닌 것으로 판단해 정영호 교수님께 연락을 드렸고, 그 후에 정영호 교수님께서 문제의 비가 한반도 유일의 고구려비임을 확인하실 수 있었다는 것입니다. 이처럼 조사했던 유물에 대해 의구심이 들자 이를 간과하지 않고 스승께 보고함으로써 한반도 유일의 고구려비임을 입증하는 일련의 과정에 장준식 교수님이 있었습니다. 이러한 일화를 통해서 알 수 있는 장준식 교수님의 유물을 대하는 정신과 자세, 자신의 의문을 스승께 말씀드려 분명히 밝히고자 하는 학문에 대한 사랑과 열정은 우리가 본받고 계승해야 할 태도라 생각됩니다.

미술사학자 · 역사고고학자 장준식 교수님

기억 속의 장준식 교수님은 평생 공부와는 친해지지 않을 것 같았던 분으로 기억됩니다. 격의 없는 말투, 술, 담배, 골프 등등… 늘 대화의 내용은 학문에 관한 것보다는 세상사의 잡다한 일들이 중심을 이루었기 때문입니다. 그랬던 장 교수님이 어느 날 단국대학교 대학원 사학과에 입학했고, 1982년 석사과정을 졸업했지요. 학위 논문은『高句麗 國原城 治址에 關한 硏究』였는데, 고구려비의 발견으로『三國史記』의 기록이 입증된 이후 최초로 작성된 본격적인 충주와 고구려의 지정학적 관계를 고찰한 논문으로 주목을 받았습니다.

학문에 대한 열정은 재직했던 충주북여자중학교를 떠나 지금의 충청대학교에 몸담을 수 있는 전기가 되었던 것으로 기억됩니다. 당시 충청도와 고구려의 지정학적 관계에 주목하는 연구자가 무척 희소했던 점을 고려하면 장 교수님의 등장은 이 분야 연구에 활력을 불어넣기에 충분했던 것으로 기억됩니다. 석사과정의 연구에서 시작된 고구려의 충주 지배에 대한 연구는 박사과정 진학 후 더욱 심화되어 1998년에『新羅 中原京 硏究』로 박사학위를 취득하기에 이릅니다. 이처럼 고구려와 충주와의 관계를 규명한 논문은 당신이 충주 출신이라는 사명감에서 비롯된 것으로 생각됩니다. 이후 장 교수님의 연구는 충주를 중심으로 한 다양한 유적에까지 확대되는데, 충주 숭선사지 · 김생사지 · 의림사지, 제천 장락사지·덕주사, 영동 영국사 등등의 불교유적에 대한 발굴조사가 대표적인 업적입니다. 이와 더불어 충청지역의 다양한 불교유적·유물에 대한 많은 논문을 발표해 고고학과 미술사를 넘나드는 학자로 자리매김했습니다.

이처럼 장준식 교수님은 학문적인 업적도 출중했지만, 무엇보다도 자랑스러운 점은 단국대학교 사학과 출신으로는 가장 먼저 대학에 교수로 진출했다는 점입니다. 지금이야 단국대학교 사학과 졸업생들이 여러 대학에서 교수로 재직하며 학문의 발전에 기여하고 있지만, 1980년대 초에 대학에 몸담았던 이는 장준식 교수님이 유일했습니다. 충주북여자중학교 역사교사에서 충청대학교 교수로의 변신은 뒤를 따랐던 많은 후배들에게 귀감이 되었고, '우리도 하면 될 수 있다'는 희망을 선물했습니다. 현재 학계에 몸담고 있는 다수의 교수들은 대부분이 초년시절 장 교수님의 도움으로 대학에서 다양한 경험을 쌓을 수 있었는데, 이러한 장 교수님의 배려는 학문에 몰두하고 싶어 했던 사학과 졸업생들에게는 신의 선물과도 같은 혜택이었다고 생각합니다.

뼛속까지 博物館人 장준식 교수님

고고학이나 미술사를 전공하는 사람들의 꿈은 박물관에 몸담으며 자신의 학문에 전념하고자 하는 것이라 생각합니다. 이 같은 점에서 보면 장준식 교수님은 대학시절부터 정년퇴임하는 그 순간까지 박물관에 봉직을 했으니 그는 '뼛속까지 박물관인'으로 살아오신 분이라 하겠습니다. 장 교수님은 재학시절에는 당시 단국대학교 박물관에서 주관했던 여러 발굴조사와 지표조사에 참여해 향후 독자적으로 유물과 유적에 대한 조사를 진행할 수 있는 능력을 배양했습니다. 졸업 후 충주북여자중학교에 부임한 직후부터 예성동호회의 창립 멤버로서 많은 유적에 대한 조사를 진행하는 한편, 교내에 박물관을 설립했던 것으로 기억합니다. 전국적으로도 박물관이 많지 않았던 1970년대의 상황에 비추어 볼 때 중학교의 박물관 개관은 누구나 생각하고 실행할 수 있는 그런 일은 아니었습니다. 이후 충청대학으로 자리를 옮겨, 교수로 부임한 이후 바로 착수했던 일 역시 박물관의 개관이었습니다. 박물관 초기 충청대학교 제1호 학생동아리인 고적조사단 학생들과 충북의 산야 곳곳을 누비며 지표조사를 하시던 모습과 유물을 기증받기 위해 백방으로 노력했던 모습이 기억납니다. 지금의 충청대학교 박물관에는 3,000여 점의 유물이 소장되어 있고, 많은 학술연구조사를 통해 명실상부한 불교유적 전문 조사기관으로서 자리매김하게 되었습니다. 장준식 교수님의 부임으로 시작된 초기의 충청대학교 박물관은 비록 소규모였지만, 지금은 '생동감이 가득한 역사의 현장'으로 변모되었습니다. 이처럼 장 교수님의 지나온 길을 돌아보면 평생을 한결같이 박물관에서 보내면서 우리나라 역사의 발굴과 발전에 크게 이바지한 "한국대학박물관" 발달사의 산증인이라 생각됩니다. 박물관인으로서의 헌신적인 노력을 국가도 인정하여 지난 2009년 국무총리상을 수상하게 되었습니다.

인간미 넘치는 장준식 교수님

장준식 하면 떠오르는 단어는 "의리"입니다. 자신보다 강한 자들에게 더욱 강한 면모를 지녔으면서도, 후배들을 챙기는 면에 있어서는 조금도 주저함이 없었던 그런 사람이라 생각됩니다. 본인은 오랜 기간 충주에서 장 교수님과 함께 발굴조사를 진행하며 직접 경험한 세월을 통해 그의 "의리를 알고, 의리를 지킬 줄 아는 인간적인 사람"이라는 면을 가장 좋아합니다. 본인은 장 교수님이 젊은 시절 교유했던 어려운 후배들과 선배들에게 아낌없이 베풀었던 면면을 가장 가까이에서 목격한 사람 중 하나일 거라 생각합니다. 1995년 어느 겨울 아침에 차를 마시러 다방에 들어갔는데, 거기서 차를 마시던 모든 사람들이 일어나 인사를 드리는 모습을 보고 깊은 인상을 받았던 적이 있었습니다. 훗날 알고 보니 이들 대부분이 장 교수님의 도움으로 회생을 했거나 삶을 유지했던 분들이었습니다. 늘 제게 "돈이 없다"라는 말씀을 하시곤 했는데, 알고 보니 대학에서 받는 월급의 상당부분을 이들에게 나누어 주고 있었던 것이지요. 그런 가운데서도 누가 보증을 서 달라고 하면 망설임 없이 들어주고, 종국에는 자신이 모든 걸 떠안는 모습을 종종 보곤 했습니다. 어찌 보면 바보 같은 삶이라 할 수도 있겠지만, 이는 자신을 믿고 따르는 이들의 어려움을 함께 나누고자 했던 그의 따뜻한 성품에서 비롯된 것이라 생각합니다.

1992년 충주 남한강변 탑평리의 겨울은 무척 추웠습니다. 7월에 시작되어 12월까지 발굴조사가 지속되었는데, 매일 밤이면 너무 추워서 텐트에 모여 하나뿐인 석유난로에 몸을 의지할 뿐 다른 도리가 없는 시간을 보내고 있었습니다. 그런 시절에 한결같이 매일 저녁 8시쯤이면 어김없이 현장을 찾아오셨던 장 교수님… 추위에 떠는 후배들이 안쓰러워 매일 밤 모두 데리고 시내로 나가 잠시나마 발굴조사의 피로와 추위를 잊게 해 주신 배려는 지금껏 그 많은 당신과의 추억들 속에서 가장 따뜻한 기억 한 켠을 차지하고 있지요. 지금도 불가사의한 것은 당시 저를 비롯해 서영일(한백문화재연구원장), 정제규(문화재청 유형문화재과 문화재감정관), 김인한(충청대학교 박물관 학예연구사), 조익현(한국교원대학교 박물관 학예연구사)을 비롯하여 수많은 후배들에게 베풀었던 술값을 어찌 다 충당했는지 도무지 알 수가 없다는 점입니다. 늘 당신이 편한 곳에 있기보다는 어려움에 처한 후배들과 함께 하고자 했던 그 마음은 언제까지나 기억될 것이라 생각합니다. 지금도 장 교수님의 말씀 한마디면 무조건 믿고 따르는 후배들은 바로 당신이 베풀었던 사랑을 감사히 생각하기 때문이라 생각합니다. "야! 남자는 의리야."라고 항상 주장하셨고, 이를 몸과 마음으로 보여 주셨던 장준식 교수님…

우리는 당신을 진심으로 존경하고, 마음 속 깊이 사랑합니다.

"경인사랑" 장준식 교수님

장준식 교수님과 있었던 많은 일들 중 가장 재미있는 일화가 하나 있습니다. 역시 발굴현장에서의 일입니다. 그날도 추위와 싸우며 난로 가에 옹기종기 모여 앉아있는데, 점퍼 차림의 장 교수님이 현장을 방문했습니다. 그런데 모자에서부터 바지에 이르기까지 온통 '경인에너지'의 스티커가 잔뜩 붙어있었죠… 그 중에는 '에너지'라는 글자는 떼고 '경인'이라는 두 글자만 붙인 것도 상당수 보였지요. 그 모습을 보면서 모두 박장대소 하면서 도대체 무슨 연유 인가를 물었더니,

장 교수님 왈 : "난 마누라 하고 이렇게 함께 있어."

일동 : "무슨 말입니까?"

장 교수님 : "야! 우리 집사람 이름이 '경인'이잖아, 그래서 이렇게 하고 종일 함께 다녔어." 추위에 떨던 현장은 이 대답을 듣고 그야말로 웃음바다가 되었지요. 그리고는 늦은 밤까지 그 상태 그대로 함께 하시다가 댁으로 돌아가셨던 일을 기억하시는지요?

장 교수님은 늘 교편을 잡고 계셨던 사모님에 대한 이야기를 즐겨 하셨는데, 그 중에서도 가장 기억나는 것은 "만약 내가 그 사람을 만나지 않았다면 지금의 나는 없었을 거야."라는 말씀입니다. 자신이 꿈꾸었던 삶을 이루었고, 이 후에 하고자 했던 많은 일들을 이뤄나가는 과정에서도 늘 아내에 대한 감사함을 잊지 않으셨던 장교수님… 사모님께서도 장 교수님 못지않은 활동을 하시며, 두 분이 함께 만들어 가시는 지금의 세상이, 두 분의 인생여정이 참 보기 좋습니다.

멋쟁이 장준식 교수님

겉모습도 그러할 진데, 늦가을이면 항상 멋진 옷차림에,

목에는 그럴싸하게 어울리는 스카프를 두르셨던 멋쟁이 장 교수님…

20대 초반이었던 저와 장 교수님과의 첫 만남이 엊그제 같은데, 벌써 정년을 맞으셨네요…

장 교수님과 함께한 30여 년의 시간들,

장 교수님이 계셨기에 저를 비롯한 후배들은 늘 행복했습니다.

인생 백세 시대를 바라보는 요즘

정년은 또 다른 삶의 시작점이자, 생의 전환점이라 생각합니다.

늘 사모님과 함께 건강하시고, 보람 있는 삶이 지속되기를 우리 모두 기원하겠습니다.

2014년 11월

후학 **박경식** 올림

차   례

論文

암사동 유적 출토 뗀석기 연구 시론
-75년도 4차 발굴 출토품의 현황과 제작과정 분석-

김영준 겨레문화유산연구원

Ⅰ. 머리말

최근 신석기연구 경향은 유적과 유물연구, 편년에서부터 확대되어 생업경제, 유적의 성격과 계절성 연구로 나아가고 있다. 특히 생업연구에 초점이 맞춰지고 있다. 하지만 이러한 연구 성과에도 불구하고 신석기시대 석기, 특히 뗀석기 분야는 아직도 미흡한 수준임에 틀림없다. 이것은 뗀석기 유물을 선별·관찰·분석하는 1차적 어려움과 '신석기시대는 간석기의 시대'라는 단순한 사고방식에서 오는 경향(윤정국, 2006)으로 뗀석기는 구석기시대 연구자 몫으로 미뤄두고 있는 실정이다. 하지만 신석기시대는 아직 간석기보다는 뗀석기 시기이며(신숙정, 2007) 그 출토 예는 점점 늘고 있는 실정이다.

암사동 유적의 예만 들더라도 석기 출토량 에서 뗀석기의 비율은 압도적이나 뗀석기의 연구 없이 어망추의 출토량 으로만 암사동유적을 어로를 중심으로 한 사회로 판단하기에는 다소 무리가 따른다.

이글의 대상인 75년도 4차 발굴 출토품만 보더라도 암사동유적의 뗀석기는 구석기시대부터 계속 사용된 찍개, 긁개 외에도 주먹도끼 그리고 인기(刃器)와 특별한 떼기 기술이 관찰되는 석착 등 구석기적 요소와 신석기시대 석기요소들이 조합되는 것으로 판단된다. 이와 같은 다양한 종류의 뗀석기들은, 당시의 생업경제를 판단하는 자료로서 그 가치가 높음을 알 수가 있다. 따라서 도구로서의 석기 특히 신석기시대 뗀석기 연구는 암사동 뿐만 아니라 신석기시대 생업활동을 보다 정확하게 이해하는데 매우 중요한 자료이다. 특히 그 제작과정과 사용된 기술에 관하여 고민하는 작업이 반드시 선행되어야 한다. 왜냐하면 이러한 작업을 통한 당시 암사동 신석기인들의 의도를 파악하는 것이 매우 중요하기 때문이다.

이글은 이러한 맥락 속에서 일차적으로 암사동 뗀석기의 제작과정과 기술을 검토 하는데에 그 목적이 있다.

II. 연구현황

암사동 유적이 위치하고 있는 한반도 중·서부 지역을 중심으로 뗀석기연구만을 살펴보면, 다음과 같이 구별하여 정리 할 수 있다.

첫째 유적 출토 유물의 대한 관찰과 분석이다. 영종도 송산유적에서는 화살촉14점, 째개, 새기개, 자르개, 찌르개등이 출토되었으며 지표에서 주먹도끼 한점이 출토 되었다(서울시립대학교박물관. 1996). 보고자는 출토된 흑요석 석기를 내륙사람들과의 교역품으로 추정하였다.

덕적군도 지표조사에서는 주변에서 시굴 조사된 백령도 말등패총 출토 뗀석기를 비교적 자세히 분석하였다 패총 출토품으로는 자갈돌 규암제의 격지와 찍개, 긁개등이 출토되었으며 찍개가 많은 것이 특징이며, 출토된 유물가운데 찌르개(point) 한점은 구석기시대 것과 매우 유사하여 주목된다.

이들 석기들이 많은 이유를 보고자는 시도, 신도, 장봉도, 소야도 등은 섬의 면적이 작고 식생활을 주로 해산물에 의존하다보니까 석기의 필요성이 적으나 백령도는 섬의 면적이 크고 땅도 기름져 생업으로서 농경에 더 의존하는 수렵 및 원시농경을 해온 관게로 도끼나 갈돌 등이 찾아지는 것으로 추정하였다(서울대학교박물관. 1999).

시흥 능곡동 유적 출토 석기 분석에서는 다른 유적보다 많이 출토된 고석류를 형태별로 부정형, 사각형, 타원형, 원형등 4가지로 분류하고 민족지자료와 갈판 중심의 출토상황을 고려하여 고석이 망치돌로 기능 한 뒤 갈돌로 재사용된 복합의 기능을 한 석기로 추정하였다(박준범, 2010, 기전문화재연구원).

둘째, 신석기시대 석기문화를 종합적으로 고찰 하는 가운데 뗀석기에 대한 고찰이다. 황용훈은 암사동과 미사리 유적에서 채집된 석기를 토대로 해서 도구의 제작형태 및 기능에 대한 고찰을 시도하였다.

그는 논문에서 석기를 형태적으로 분류하고 수량을 파악하여 뗀석기를 기초로 한 어로 채집문화에서 점차 어로를 기초로 한 초기 농경사회로 나아가고 뗀석기는 간석기로 대체된다고 하였다(황용훈, 1983).

셋째, 고배율, 저배율 현미경을 이용한 사용흔 분석 연구이다.[01] 최근 외국에서 석기 사용흔 분석을 전공한 연구자가 들어오면서 구석기시대 뿐만 아니라 신석기시대 석기에도 적용하고 있어 석기 연구의 영역이 넓어지고 있다.

김경진·김소영은 중부서해안지역의 유적에서 다량으로 출토된 석영제 망치형 석기를 분석하여 이 석기는 형태상 3가지로 분류되며, 그 기능은 갈돌, 갈판과 마제석부등의 제작과정에서 쪼는 용도로 사용되었을 것으로 추정하였다(김경진·김소영, 2012).

그리고 김영준·김경진은 보령 송학리 패총에서 출토된 굴지구형 뗀석기를 제작기술에 따라 5가지로 분류하고 실험을 통한 기능분석을 시도하여 각 유형별로 갯벌작업과 굴을 채취하고 손질하는 기능으로 사용되었음을 알아냈다. 또한 석기는 장착을 하여 사용한것과 손으로 들고 사용한 석기로 구별됨을 사용흔 분석으로 구별하였다(김영준·김경진, 2014, 한강문화재연구원). 이와같이 신석기시대 뗀석기는 그 출토 유적과 연구 성과가 점차 늘고 있는 실정이다.

III. 암사동 뗀석기의 출토 현황 및 분석

1. 출토현황

암사동 75년도 발굴조사에서 출토된 석기는 뗀석기와 간석기가 모두 확인되나 대부분 뗀석기로 암사동 유적은 신석기인들이 아직 간석기보다는 뗀석기가 생활에 주 도구로 이

---

01) 석기 쓴자국 연구에 대한 전반적인 이해는 김경진, 2012, 「한국 석영계 석기 쓴자국 분석 방법 시론」, 『야외고고학』제13호와 김경진, 2009, 「석기 사용흔 분석과 기능연구」, 『漢江考古』제4호를 참고할 것.

용되었던 것을 잘 보여준다.

출토된 뗀석기는 석부, 찍개, 인기(刃器), 석착, 그리고 어망추로 구분[02]되어 있다.

표 1. 암사동 뗀석기분류(국립중앙박물관, 1994, 『岩寺洞』 인용)

종류	돌감		밑감	형태잡기	잔손질
	형태	암질			
석부	자갈돌	반암, 응회암	자갈몸체	쪼기	엇갈려떼기
		각섬암		떼기	
찍개	자갈돌	규암, 각섬암	자갈몸체		
인기(刃器)	자갈돌	각섬암	격지		한면 떼기
		셰일, 혼펠스, 반암			
어망추	자갈돌	대부분 규암	격지 자갈몸체	격지, 자갈몸체	
석착	자갈돌	각섬암, 편마암	자갈몸체	자갈몸체	한쪽가장자리는 넓게떼고 맞은편가장자리는 잔손질

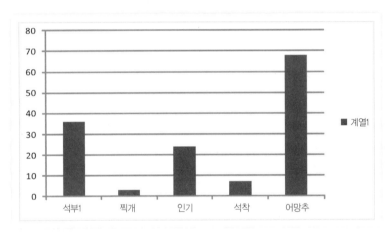

그림 1. 암사동 뗀석기 출토율

한편 74년도 출토품에서는 주먹도끼로 추정되는 뗀석기도 관찰되어 주목된다. 8호주거지에서 출토된 석기로 평면 반원상에 가까운 모양을 갖추었으며, 날은 양인으로 떼어냈으며, 자연면이 일부 남아 있다. 보고자들은 이 석기를 석도(石刀)로 추정하였다. 신석기시대 주먹도끼의 존재는 영종도 송산유적 지표출토품, 완도 여서도 패총(목포대학교박물관, 2007) 출토품 그리고 문산 당동리 유적(기전문화재연구원, 2009) 등에서도 확인할 수 있다.[03] 출토량이 많지는 않으나 찍개나 긁개 외에도

---

02) 여기에서 분류된 석기의 명칭은 보고서에 기술된 명칭을 그대로 사용 하였음을 밝혀둔다.
03) 당동리 유적은 구석기시대~조선시대에 유적이 확인되고 있는 복합유적으로 당동리 유적 출토 주먹도끼는 1호 야외노지 내부퇴적토에서 출토되었다. 주변의 유적상황과 유구의 층위로 보아 외부에서 흘러들러온 것으로 추정 할수 있으나 확신 할 수는 없다.

구석기시대부터 지속적으로 사용되었을 가능성이 높다.

출토율은 어망추(68점)의 출토 비율이 가장 높으며 다음으로 석부(36점)와 인기(24점)의 출토 비율이 높다. 따라서 어망추의 출토율로 보아 당시 암사동 신석기인 들의 어로생활을 잘 반영하고 있음을 알 수가 있다(국립중앙박물관, 1995). 하지만 이러한 인식은 당시 생업활동을 너무 단순하게 조명하는 오류를 범할 수가 있다. 특히 어망추 이외에 뗀석부와 인기의 출토율이 높은 것은 암사동만의 특징으로 어쩌면 어망추보다 더 당시 생업활동을 알 수 있는 열쇠가 될 수 있다. 또한 유구별 출토양상을 보더라도 어망추와 유사하게 인기와 석부 또한 각 유구별로 고르게 출토되고 있음을 알 수가 있어 당시 매우 널리 사용된 도구로 생업경제에 중요한 역할을 했음을 짐작하게 한다.

2. 재검토

암사동에서 분류된 석부는 굴지구와 석부를 합쳐서 분류[04]하였다. 대부분 강돌의 한쪽 측면을 떼어 장방형 또는 타원형으로 제작한 것으로 표면에는 쪼으기 수법을 베푼 편들이 많이 확인되며 대부분 날을 위한 잔손질은 보이지 않는점이 흥미롭다.

이와 같이 잔손질이 베풀어진 석부가 적은 것과 떼고 난 후 표면에 쪼기 기술이 베풀어진 것이 많은 것을 미루어 볼 때(2호주거지 출토 뗀석부 8점중 5점에 쪼기 기술 관찰)석부는 뗀석기 자체로 사용하기보다는 다른 목적이 있었음을 짐작하게 한다.

특히 암사동 출토 석부에서 쪼기 기술이 베풀어진 것에서는 잔손질이 관찰되지 않는 특징이 관찰되어 주목된다.

이러한 쪼기기술은 흔히 '고타'기술이라고도 하며 석기를 고르게 갈기 위해서 반드시 필요한 기술이다(국립대구박물관, 2005). 따라서 암사동 출토 석부는 뗀석기 자체를 이용한 것은 적으며 간석부(부분간석기)를 만들기 위한 과정에서 나온 '마름질 석기'로 판단된다.[05]

찍개는 자갈돌을 이용하여 제작한 것으로 양면찍개, 외면찍개 모두 관찰되나 양면찍개가 다수를 차지한다. 우리나라에서는 여러 논란에도 불구하고 찍개는 자갈돌 석기를

---

04) 일반적으로 석부와 굴지구는 그 형태의 유사성을 바탕으로 '석부류'로 통칭하는 경우가 많다. 하지만 현재 신석기연구에서 석부와 굴지구의 기능은 각기 다르게 인식되며, 굴지구의 경우에도 날과 몸체의 폭의 관계로 괭이, 보습등으로 구별(국립대구박물관, 2005)할수 있으므로 석부와 굴지구는 구별하는 것이 맞다고 생각된다. 이 문제에 대해서는 앞으로의 연구과제로 남겨두고자 한다.

05) 여기에서 말하는 '마름질'이란 떼기를 베풀어 형태를 잡는과정이란 뜻으로 사용되었음을 밝혀둔다.(단국대학교 중앙박물관, 1992)

부분 간석기 제작 과정

돌감획득

마름질
(1차성형)

떼기(2차성형)

쪼기(2차성형)

완성

전면 간석기 제작 과정

완성

그림 2. 석부 제작과정

대표하는 종류 가운데 하나로 다루어지고 있다(한창균, 2003).

우리나라에서 찍개가 처음 확인된 유적은 공주 석장리 유적이며 이후 구석기 전 시기 동안 사용된 것으로 보고 있다(손기언, 1996).

한편 신석기시대 찍개 또한 완도 여서도 패총(목포대학교박물관, 2007) 연평도 말등패총(서울대학교박물관, 1999), 경주 대본리 유적(경상북도문화재연구원, 2011) 등 암사동 외에 다른 신석기 유적에서도 자주 등장하는데 구석기시대와 마찬가지로 대부분 자갈돌을 사용하여 제작된 것으로 확인되고 있어 그 제작기술이 구석기부터 계속 이어지는 것으로 판단된다.

인기(刃器)는 한쪽면에 잔손질을 베푼 석기들로 형식학적 으로는 긁개에 해당한다. 암사동 75년도 출토 유물 가운데서 출토량이 어망추 다음으로 많이 확인되고 있고, 다른 뗀석기들과 사용된 돌감, 밑감, 잔손질에서 다른 특징을 지니고 있어 그 성격에 주목된다.

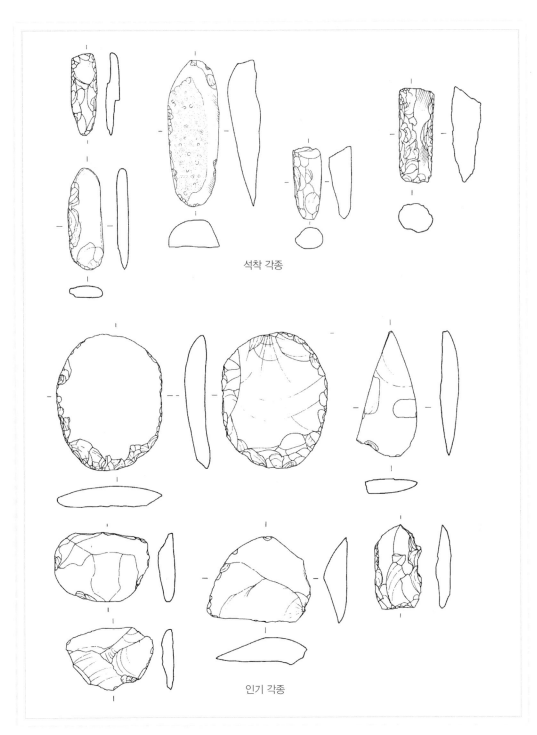

석착 각종

인기 각종

그림 3. 암사동 석착 및 인기(刃器)

석착은 한쪽면으로만 날을 세운 '끌'을 지칭하지만 암사동에서 분류된 석착은 좀 특별한 떼기 흔적이 관찰된다. 즉 얇은 강자갈을 몸체로 이용하여 한쪽가장자리는 크게 떼어내고 맞은편 가장자리는 잔손질을 하여 날을 세웠다. 크기는 대부분 10cm 내외이며 두께는 1cm미만과 1~2cm로 매우 얇다.

인기와 석착은 한쪽가장자리에만 잔손질이 확인되고, 대부분 얇으며(2cm내외) 크기 또한 10cm이내의 작은 편이라는 공통점이 있다. 아직 단정지을 수는 없으나 끼움식 도구(composit tool)일 가능성이 높다.

IV. 암사동 뗀석기의 제작과정

1. 돌감의 획득과 이용

석기를 만들기에 앞서 돌감의 획득은 무척 중요한데 그 이유는 기본적으로 제작자가 만들려고 하는 석기의 형태와 밀접하게 관련되기 때문이다(윤정국, 2006). 암사동 신석기인들은 뗀석기 제작에 있어 주요 돌감으로 덩이돌 형태의 자갈돌을 사용했으며 암질은 각섬암을 주로 이용하였다. 아마도 유적 앞 한강변에서 비교적 쉽게 공급받았을 것으로 추정된다. 암질은 주로 각섬암(70%)을 이용하였으나 일부 반암, 혼펠스, 셰일, 규암등도 사용한 것으로 분석된다. 가장 많이 사용된 각섬암의 경우 주로 석부 제작시(75%) 사용되었으며, 반면 어망추 제작시에는 규암과 셰일(90%)을 주요 돌감으로 이용하였다.

인기(刀器)의 경우에는 각섬암 뿐만 아니라 혼펠스, 반암 등을 사용하였는데 반암과 혼펠스등은 다른 뗀석기 제작시 한번도 사용하지 않고 오직 인기(刀器)제작시에만 사용한 암질로 돌감의 형태와 성질에 따라 특정석기를 제작한 것으로 추정 해 볼 수 있어 흥미롭다.

오산리 유적 뗀석기의 분석을 참고하면 신석기시대에 많이 사용된 석기에는 구석기시대에 사용되지 않던 암질을 사용하기 시작하는 것으로 파악되었는데 암사동 유적의 신석기인들 또한 석영과 맥석영을 주로 사용하던 구석기시대 돌감 이용에서 벗어나 새로운 다양한 암질을 사용하기 시작하는 것으로 판단되며 석영과 맥석영 등은 전혀 사용하지 않는 것으로 보여 특이하다. 아마도 신석기시대에 들어와서는 거칠고 켜면으로 깨지기 쉬운 석영제 보다는 형태를 잡기에 편한 새로운 암질을 선호한 것으로 추정된다. 또한 앞서 살펴본 것 처럼 특정석기에 좋은 암질을 이용하였던 것으로 판다된다. 이와 같이 암사

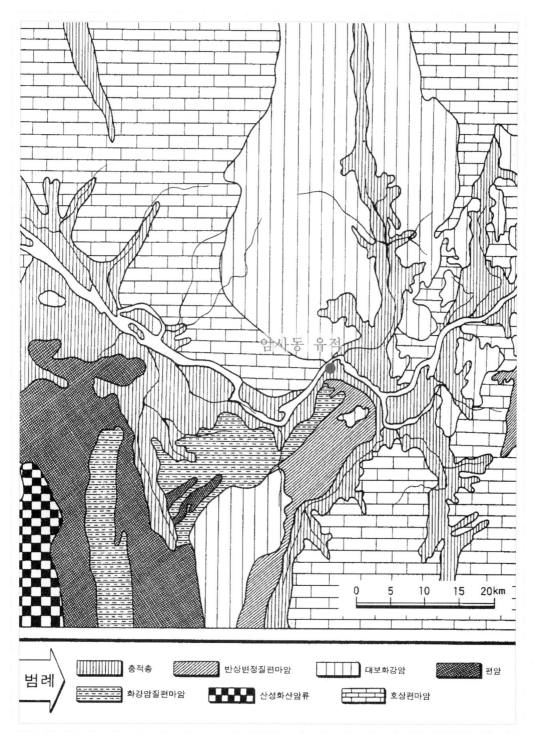

암사동 유적

| 0 | 5 | 10 | 15 | 20km |

범 례 →

| 충적층 | 반상변정질편마암 | 대보화강암 | 편암 |
| 화강암질편마암 | 산성화산암류 | 호상편마암 | |

그림 4. 암사동 주변 지질도(국립중앙박물관, 1994, 『암사동』38p 수정)

동 신석기인들의 경우 어느정도 체계적인 돌감활용전략이 이루어졌음을 알 수가 있다

2. 밑감생산(debitage[06])

중기 구석기시대 이래로 석기 생산과정에 있어서 가장 중요한 작업단계는 밑감생산 과정일 것이다. 왜냐하면 이 과정가운데 선사집단의 문화적 관습과 기술전통, 개개인 의 선호에 따라 광범위한 기술적 선택이 있기 때문이다(서인선. 2009). 암사동 출토 뗀석기 가운데 석부와 찍개, 석착은 자갈몸체를 주 밑감으로 이용하였고 인기(刃器)만이 격지를 100% 밑감으로 이용하였다.

밑감 제작시 사용된 기술을 살펴보면 대부분 직접떼기로써 인기의 격지 밑감을 제작 시 돌망치를 이용한 직접떼기 기술을 사용하였다.

직접떼기는 구석기시대 뿐만 아니라 오래동안 사용된 가장 단순하면서도 흔한기법으 로 암사동에서 사용된 격지떼기에는 돌망치를 이용한 직접 떼기 기술이 관찰된다. 둘째 는 양극기법(모루대고떼기)의 사용이다. 암사동의 자갈돌을 분할할 때와 어망추 제작시 사용 된 기술로 이러한 양극기법은 대석에 재료를 세우고 망치돌로 가격하는 방법으로 양극기 법으로 가격하면 가격하는 작용과 반작용에 의해 양측면에 박리가 발생하기 때문에 이와 같은 용어로 불리운다(황창한. 2009).

인기 제작 예   잔손질

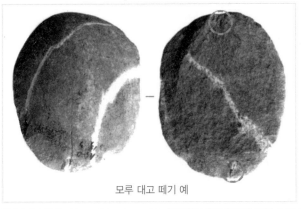
모루 대고 떼기 예

그림 5. 밑감 제작방법

---

06) 'debitage'의 번역은 쉬운일이 아니다. 현재 구석기연구자들 사이에서도 '격지떼기', '밑감제작' 등으로 사용되고 있다. 또한 몸돌에서 떨어져나간 모든 박편들과 돌부스러기를 통합하여 부르기도 한다.(강지영, 2002).

경주 대본리 유적의 찍개의 밑감 제작시 잘 관찰되며, 뿐만 아니라 청동기시대 석촉, 석도, 석겸등을 제작하는데 에서도 자주 확인되어 신석기시대에서 청동기시대 석기제작에 널리 사용된 기술로 보인다.

여기에서 중요한 점은 암사동인들이 왜 인기에만 격지를 밑감으로 사용했는지이다. 인기의 기본속성 중 두께에 대하여 잠깐 살펴보면 격지로 제작된 인기들의 두께는 대부분 1cm 내외로 다른 뗀석기와 달리 매우 얇게 제작된 것을 알 수가 있다. 또한 이러한 양상은 석착으로 보고된 뗀석기에서도 동일하게 확인되는데 이것은 인기와 석착이 단순히 일반적인 긁개와는 달리 다른 목적으로 제작되었음을 짐작하게 한다. 또한 이러한 얇고 작은 격지석기를 얻기 위해 단순한 직접떼기기술을 활용한 것은 보다 잘 떼어지고 제작하기 용이한 돌감의 선택이 있었을 것이므로 인기에 반암과 혼펠스등의 돌감을 사용하였던 것으로 판단된다. 이는 당시 신석기인들이 뗀석기별로 제작시 최종 생산물에 대한 의도가 달랐음을 보여주는 증거로 볼 수 가 있다.

3. 잔손질

잔손질은 인기를 제외하면 모두 엇갈려 떼기로 진행하였다. 엇갈려떼기가 암사동 뗀석기에 보편적으로 적용된 것으로 보아 특정 목적을 위한 석기 제작으로 볼 수도 있겠으나 잔손질 각도가 가파르지 않다는 점(도면으로 확인할 때), 그리고 뗀석기들의 인부(刃部)보다는 형태를 따라 둘레에 잔손질이 행하여진 점 등으로 보아 잔손질의 목적이 날카로운 날의 형성이라는 구석기시대 잔손질의 목적과 다르게 미세 형태 조정에 중점을 두고 이루어졌을 가능성이 더 높은 것으로 판단되며 이것은 석부(굴지구 포함) 제작시 가장 잘 확인된다.

암사동 뗀석기의 잔손질과정에서 가장 특징적인 석기는 앞서 언급한 인기와 석착이다.

인기(刃器)는 격지의 한쪽 가장자리에만 잔손질이 행해졌으며 다른 뗀석기와는 달리 한쪽면으로만 잔손질이 베풀어졌다. 석착의 경우에는 비교적 긴자갈돌을 사용하여 한쪽가장자리에는 비교적 큰떼기가 행해지고 맞은편 가장자리에는 잔손질이 베풀어졌다.

이와 같이 두석기 모두 한쪽 면에만 집중적으로 잔손질이 베풀어졌는데, 이는 날의 형성이라는 잔손질의 목적으로 볼 때 사용후 재생산 하는 과정에서 나타나는 결과인 것으로 추정된다.

Ⅴ. 맺음말

암사동 뗀석기의 현황과 제작과정을 통해 암사동 뗀석기의 특징을 찾아보고자 했다. 유물을 직접 실견하지 못한 상태에서 정확한 분석을 할 수는 없었으나 필자가 보고서를 바탕으로 분석하는 과정에서 생각한 암사동 뗀석기와 신석기시대 뗀석기의 특징을 정리해 볼 수 있었다. 그 내용을 정리하면 다음과 같다.

첫째, 기존 분류된 뗀석기들은 석부, 찍개, 인기(刀器), 석착, 그리고 어망추로 구분하였으나 이외에도 주먹도끼 등이 추가로 확인되어 구석기시대 석기전통이 이어져 오고 있음을 알수가 있었다.

둘째, 석부류는 잔손질이 베풀어진 석부가 적은 점과 떼고 난 후 표면에 쪼기기술이 베풀어진 것이 많은 것을 미루어 볼 때 암사동 출토 석부는 뗀석기 자체를 이용한 것보다는 간석부(부분간석기)를 만들기 위한 과정에서 나온 '마름질 석기'로 판단된다.

셋째, 석착은 좀 특별한 떼기 흔적이 관찰되는데 얇은 강자갈을 몸체로 이용하여 한쪽 가장자리는 크게 떼어내고 맞은편 가장자리는 잔손질을 하여 날을 세웠다. 크기는 대부분 10cm 내외이며 두께는 1cm미만과 1~2cm로 매우 얇다. 이것으로 보아 아직 단정 지을수는 없으나 끼움식도구(composit tool)일 가능성이 높은 것으로 판단된다.

넷째, 뗀석기 제작시 사용된 돌감은 석기별로 선호한 돌감이 존재한다. 즉 암사동에서 가장 많이 사용된 각섬암의 경우 주로 석부류(75%)에 많이 사용되었으며 어망추 제작시에는 규암과 셰일(90%)을 주된 돌감으로 이용하였다. 또한 인기(刀器)를 제작시 혼펠스, 반암 등 다른 석기에서는 사용하지 않은 암질을 사용한 점, 그리고 구석기시대 일반적으로 사용된 석영, 맥석영등은 한점도 없는 것 또한 특징이라고 할 수가 있다.

다섯째, 암사동 뗀석기의 밑감은 자갈몸체, 격지를 선택하여 사용하였다. 이 가운데 석부와 찍개는 간혹 격지를 이용하기도 하였으나 자갈몸체를 대부분 사용한 반면 인기는 100% 격지를 밑감으로 사용하였다. 또한 석착의 경우 상대적으로 길쭉한 자갈 몸체를 그 밑감으로 선택하여 주목된다. 이는 당시 신석기인들이 뗀석기별로 제작시 최종 생산물에 대한 의도가 달랐음을 알 수 가 있다. 제작기술로는 돌망치를 이용한 직접떼기와 양극기법등이 관찰된다.

여섯째, 잔손질은 인기를 제외하면 모두 엇갈려 떼기로 진행하였는데 엇갈려떼기가 암사동 뗀석기에 보편적으로 적용된 결과로 판단된다. 잔손질과정에서 가장 특징적인 석기는 앞서 언급한 인기와 석착이다.

인기(刃器)는 격지의 한쪽 가장자리에만 잔손질이 행해 졌으며 다른 뗀석기와는 달리 한쪽면으로만 잔손질이 베풀어졌으며, 석착은 비교적 긴자갈돌을 사용하여 한쪽가장자리에는 비교적 큰떼기가 행해지고 맞은편 가장자리에는 잔손질이 베풀어졌다. 이와 같이 두석기 모두 한쪽 면에만 집중적으로 잔손질이 베풀어졌는데, 이는 두 석기의 기능이 동일하였을 것을 짐작하게 한다.

이상과 같이 암사동뗀석기 검토결과 암사동 신석기인들은 구석기시대부터 줄곧 사용된 찍개, 긁개 외에도 주먹도끼를 사용하였음을 확인하였다. 또한 제작과정에서 비교적 체계적이고 전략적인 돌감의 획득 및 밑감제작 기술을 갖추고 있어 구석기시대에 이어 뗀석기 제작기술이 개선·발전되었음을 알 수가 있다.

참고문헌

강지영, 2002, 「한반도 석기 연구를 위한 데비타쥐분석 방법과 활용」, 『한국구석기학보』제5호.

박준범, 2007, 「한국 중서부 지역의 생업활동」, 『중서부지역 신석기문화의 제문제』, 2007년도 서울경기고고학회·한국신석기학회 공동학술대회.

신숙정, 2007, 「한국 신석기 문화 연구의 성과 전망」, 『중서부지역 신석기문화의 제문제』, 2007년도 서울경기고고학회·한국신석기학회 공동학술대회.

손기언, 1996, 『병산리 유적의 구석기시대 찍개 연구』, 단국대학교 대학원 석사학위논문.

서인선, 2009, 「프랑스 선사고고학의 인식론과 방법론」, 『漢江考古』세4호.

김경진, 2013, 「한국 석영계석기 쓴자국분석방법 시론」, 『야외 고고학』제13호.

윤정국, 2006, 『진그늘 유적에서 나온 신석기시대 뗀석기의 제작 수법 연구』, 조선대학교 석사학위논문.

이헌종, 2000, 「호남지역 신석기시대 타제석기 제작기법의 제양상」, 『先史와 古代』15

윤혜나, 2011, 『한국 중서부지역 신석기시대의 석기조성과 생업』, 전남대학교 석사학위논문.

김경진·김소영, 2012, 「신석기시대 망치형석기의 기능연구」, 『中央考古研究』제11호.

단국대학교 중앙 박물관, 1992, 『양평 병산리 유적』, 고적조사보고 제14책.

畿甸文化財研究院, 2009, 『文山堂洞里遺蹟』학술조사보고 제111책.

_____. 2010, 『始興 陵谷洞遺蹟』학술조사보고 제122책.

국립중앙박물관, 1995, 『岩寺洞』, 고적조사보고 제26책.

서울대학교박물관, 1999, 『德積群島의 考古學的 調査研究』

서울시립대학교 박물관, 1996, 『영종도 송산 선사유적』, 학술총서 제3집.

한강문화재연구원, 2014, 『보령 송학리 패총 유적』유적조사보고 제45책.

이선복 옮김, 2012, 『구석기 형식분류』, 고고학 핸드북시리즈1.

한창균, 2003, 「자갈석기와 찍개의 형식분류」, 『동북아시아 구석기시대의 자갈돌석기 전통에 대한 연구』, 학연문화사.

중앙문화재연구원, 2011, 『한국신석기문화 개론』, 중앙문화재연구원학술총서.

고조선 문화에 대한 몇 가지

하문식 · 권기윤 세종대학교 · 충청북도청

Ⅰ. 머리말[01]

우리 역사에 있어 고조선은 그 나름대로 독특한 여러 의미를 지니고 있기 때문에 사람들의 관심을 끌어 왔다. 먼저 한국사의 최초의 국가라는 관점에서 초기 국가가 가지는 건국 배경을 비롯하여 중심지, 영역, 집단의 성격 등 상당히 다양한 측면에서 논의가 이루어져 왔다.

근래에 중국의 동북지역에 있는 고조선 유적의 답사 및 연관 있는 박물관의 유물 관람, 연구 결과의 발표 등 활발한 연구가 있어 왔다. 지금까지 이런 주제에 관하여 많은 연구와 그 결과물이 학계에 보고되고 또 토의가 이루어져 왔지만 아직도 풀어야 할 문제는

---

01) 이 글은 참고문헌에 소개된 필자의 기존 논문을 근거로 마련하였고, 2014년 8월 5일 경기도 박물관 주관으로 실시된 역사교사 연수회 자료를 토대로 하였다.

지도 1. 대동강 문화론 관련 지도

많이 남아 있다.

이런 점에서 1980년대에 기본적인 틀이 짜여진 주체사상에 이어 단군릉 조사 이후 고조선에 대한 북한 학계의 연구 경향은 상당히 파격적인 의미가 있다. 대동강문화론을 주장하면서 체계화시켜 평양을 중심으로 한 대동강 중·하류 지역을 인류와 고대 문명의 발상지·중심지로 설정하고 있으며, 2000년대 초까지 진행된 연구 결과를 중심으로 새로운 관점에서 고조선사에 접근하고 있다.(지도 1)[02]

한편 중국에서는 2002년부터 중국 영토 안에 있는 동북쪽 변경 지역 역사를 자국사의 일부분에 포함시키려고 추진한 동북공정(본래는 東北邊疆歷史與現狀系列研究工程)에 따라 주로 고구려의 역사를 왜곡·굴절시키고 있다. 그런데 이 동북공정은 고구려에 관한 역사만 다루는 것이 아니고 궁극적으로는 고조선에 대한 역사에 초점이 맞추어져 있다. 이에 대한 문제는 첫째, 고구려의 뿌리를 밝히려고 여러 관점에서 연구를 진행하고 있는데 필자가 보기에는 동북지방의 어떤 역사보다도 고조선에 전력하고 있다. 둘째는 2000년대 중반 이후부터 중국의 고고학·역사학을 전공한 사람들이 고구려의 초기 유적이 많이 분포하고 있는 桓仁을 중심으로 渾江유역에 대대적인 조사를 실시하고 그 결과를 분석하고 있다.

이 글에서는 고조선의 문화에 대한 몇 가지를 살펴보고자 한다. 먼저 보수성과 전통성이 강한 고조선 시기의 무덤과 제의에 대한 고고학 조사 자료를 언급하고 당시 사회상에 관하여 몇 가지를 살펴보겠다.

II. 고조선 시기의 무덤

고조선 시기의 무덤은 대체적으로 외형적인 모습(구조)에 따라 여러 가지가 있다. 이 시기의 무덤으로는 돌널무덤, 고인돌, 돌무지무덤, 동굴무덤, 움무덤, 독무덤 등이 있으며, 여기에서는 고인돌, 돌무지무덤 그리고 동굴무덤에 대하여 살펴보고자 한다.

---

02) 대동강 문화론 관련지도 : 북한학계는 평양중심의 대동간 언저리에 세계 문명이 발달하였다는 견해를 가지고 있다.

1. 고인돌

고인돌은 큰 돌을 고이고 있다는 뜻이며, 괸돌, 撐石, 支石墓, 돌멘(dolmen)이라고 불려진다. 중국에서는 石棚이나 大石蓋墓라고 하는데 석붕은 '돌로 만든 막'이라는 뜻으로 판자돌로 만든 돌방이 지상에 있는 탁자식 고인돌이고 대석개묘는 커다란 돌이 지상에 있는 '큰 돌로 무덤방을 덮은 것'이란 뜻이다.

고인돌의 분포 지역을 보면 한반도를 비롯한 중국 동북지역인 요령성과 길림성, 산동성과 절강성, 일본 큐슈지역 등 동북아시아에 가장 집중 분포하고 있고 대만, 인도네시아, 보르네오, 말레이시아 등 동남아시아 지역에도 있다. 또한 인도·티베트·이란·파키스탄·팔레스타인에도 있는데 이곳에는 최근에도 고인돌을 축조하는 풍습이 있다. 유

지도 2. 서해안 지역의 대형 고인돌 분포 모습

럽지역은 프랑스·포르투칼·덴마크·네델란드·영국·스웨텐 남부 등지에 분포하며 지중해 연안의 미노르카·말타 지역 그리고 흑해 지역의 카프카즈에도 있다. 또한 아프리카의 이디오피아·수단에서도 조사되었다는 보고가 있다(문화재청·서울대 박물관, 1999).

고인돌에 대한 옛기록은 고려 때 이규보가 금마지역(오늘날의 익산)을 여행하고 쓴《東國李相國集》〈南行月日記〉에 남아 있다. 그리고 보다 빠른 서기전 78년에 班固가 쓴《後漢書》에 고인돌의 외형적인 면을 관찰하여 덮개돌과 3개의 굄돌을 보고한 내용이 있고 그 이후《三國志》〈魏書〉,《朝野險載》,《鴨江行部志》 등에도 고인돌에 관한 기록이 있다(許玉林, 1994).

1) 자리하는 곳

고조선지역은 고인돌의 세계적인 분포 관계를 볼 때 중심지 역할을 할 만큼 집중적으로 밀집하고 있어 주목된다.

요령지역의 고인돌은 요동반도를 중심으로 요남지구의 普蘭店·瓦房店 북부와 盖州 남부의 구릉지대와 낮은 산기슭에 많이 있다. 특히 碧流河·大洋河·渾河유역에 집중 분포하고 있어 물줄기를 통한 지세와의 관련성을 시사한다.

길림지역의 고인돌은 哈達嶺 남쪽과 長白山地 동쪽의 산과 높은 구릉지대에 대부분 분포하고 있다. 이 지역에서도 요령과의 경계 지역인 분수령 부근의 輝發河 유역에 집중되어 있다. 또한 東豊지역의 梅河·橫道河 언저리의 산등성이나 산마루에는 개석식 고인

사진 1. 강동 문흥리 고인돌 유적(뒤쪽은 단군왕릉)

사진 2. 은율 관산리 고인돌

돌이 집중 분포한다.

북한지역의 고인돌은 황해도부터 청천강유역, 함북지역 등 전역에 분포하는 것으로 밝혀지고 있다. 이곳의 분포에서 나타나는 특징은 평안·황해지역의 서해안에 집중 분포하고 있는 것이다. 이것은 고인돌문화가 서해를 통한 바다와 밀접한 관계를 가지면서 전파·발전하였을 가능성을 시사하여 주고 있다. 특히 서북한지역의 대규모 탁자식 고인돌인 안악 노암리·은율 관산리·연탄 오덕리·배천 용동리 고인돌유적은(석광준, 2005) 서해를 중심으로 요동반도의 개주 석붕산·보란점 석붕구·장하 대황지·해성 석목성 고인돌과 둥글게 호를 이루면서 분포(環狀的 分布)하고 있어 문화권의 설정에도 시사하는 점이 많다(지도 2).

이렇게 한반도를 비롯하여 황해를 중심으로 요령과 길림지역에 고인돌이 밀집 분포하고 있으므로 '環黃海 고인돌문화권'의 설정도 가능할 것이다(하문식, 1999).

고인돌이 자리한 곳의 지세는 강이나 바닷가 옆의 평지, 구릉지대, 산기슭이나 산마루 등으로 구분된다(사진 1). 이렇게 고인돌의 분포가 주변의 자연 지세와 관련이 있는 것은 당시 사회에 전통적으로 내려오는 자연 숭배 사상과 깊은 연관이 있는 것 같다(손진태, 1934).

그리고 고조선 지역의 고인돌유적은 지역에 따라서 입지 조건이 조금씩 다르게 나타나고 있다. 요령지역은 유적 주변의 자연 지세가 최대한 고려되었던 것 같다. 이곳의 고인돌은 유적 바로 옆의 산줄기나 강 흐름과 나란히 자리하거나 의도적으로 물줄기 근처에 자리하였던 것 같다. 북한지역은 강 옆의 평지나 높다란 구릉지대에 많이 분포하는데 산마루에 있는 것은 은율 관산리 1호 고인돌이 대표적이다(사진 2).

2) 고인돌의 형식과 구조

고인돌의 형식은 구조에 따라 차이는 있지만 몇 톤에서 몇 십 톤에 이르는 덮개돌의 운반과 축조에 대한 문제, 무덤방의 구조의 특징이나 성격을 잘 반영하고 있다.

고인돌의 형식은 외형적인 짜임새의 몇가지 특징에 따라 탁자식·개석식·바둑판식·위석식으로 분류되며(사진 3, 4, 5), 개석식이나 바둑판식은 지하의 무덤방 구조가 복잡하므로 속성에 따라 다시 여러 가지로 나누어진다(이영문, 2002 : 이동희, 2010).

개석식 고인돌인 보란점 벽류하 15호·16호·24호와 봉성 동산 9호 그리고 서산 1호에서는 무덤방 옆에서 딸린방[副棺]이 조사되었다. 벽류하 고인돌은

사진 3. 봉성 동산 고인돌 유적

사진 4. 평양 용악산 고인돌 유적

사진 5. 개천 묵방리 고인돌 유적

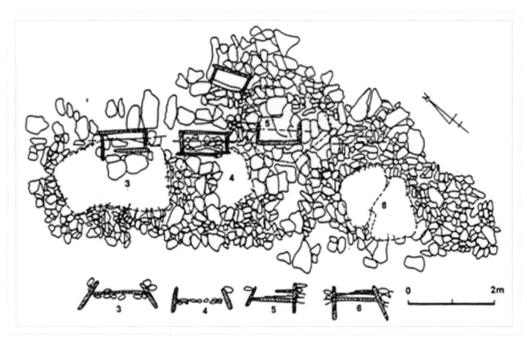

그림 1. 황주 긴동 고인돌 유적

모두 판판한 돌을 가지고 만든 돌널이지만 동산과 서산 고인돌은 돌을 2~3층 쌓아서 만든 돌덧널[小室·耳室]이다. 그리고 벽류하 24호는 덮개돌 바로 밑의 무덤방 옆에 조금 얕게 파 段이 진 二層臺를 만들었다. 이러한 딸린 방에는 부장품이 껴묻기되어 있었는데 이것은 당시 사람들의 내세관을 이해할 수 있는 자료로 해석된다(하문식, 2000).

고조선지역의 고인돌에서 조사된 또다른 특징은 탁자식의 축조 과정에서 굄돌을 똑바로 세우지 않고 전체적인 안정감을 고려하여 안쪽으로 조금 기울어지게 만들었다는 것이다. 이 것은 당시 사람들이 축조 기술의 발전에 따라 터득한 건축 역학의 한 원리로 이해된다.

서북한지역의 고인돌에서는 하나의 무덤방을 여러 칸으로 나눈 것이 조사되었다. 이 렇게 무덤방을 칸 나누기한 것은 고인돌의 형식과는 관계가 없지만 탁자식에서 많이 찾 아진다. 그 양상을 보면 무덤방을 3~4칸으로 나누었으며, 바닥은 여러 가지다. 대부분 무 덤방 안에서 사람뼈가 발견되고 있는데 연탄 송신동 22호에서는 여러 개체의 사람뼈가 있었다(하문식, 1998a).

또 고인돌 주변에 돌을 쌓아 묘역을 이룬 것이 서북한지역에서 조사되었다. 이처럼 같 은 묘역에 여러 기의 고인돌이 있는 것은 무덤의 속성상 서로 친연 관계가 있는 것 같다 (그림 1). 이러한 친연 관계는 핏줄을 바탕으로 한 가족관계일 가능성이 높으며, 가족 단위의 공동무덤일 가능성이 많다. 이렇게 고인돌의 무덤방 언저리에서 조사된 묘역 시설은 근래에 들어 주로 남해안 지역의 김해 율하, 사천 이금동, 진주 가호동, 산청 매촌리 유적 등에서 찾아지고 있어(윤호필, 2009) 분포의 범위가 아주 넓다.

3) 껴묻거리

고인돌의 껴묻거리는 무덤방의 안과 밖에서 모두 찾아지고 있다. 무덤방 안에서는 대부분 의례에 쓰인 것으로 묻힌 사람과 직접적인 관계가 있으며, 살림살이에 사용하였던 것은 무덤방의 주변에서 발견되는데 이것은 묻힌 사람의 죽음에 대한 애도의 표시로 제의 행위와 관련이 있는 것 같다.

(1) 고조선의 질그릇, 미송리형 토기

고인돌에서 발견된 미송리형 토기는 고조선지역의 고인돌문화의 성격을 가늠해 볼 수

사진 6. 본계 대편지 고인돌 출토 토기(8호)

있는 중요한 자료이다(김용간, 1963 : 노성철, 1993 : 김광철, 2002 : 김미경, 2006 : 송호정, 2007 : 하문식, 1999 : 李恭篤 · 高美璇, 1995).

미송리형 토기는 표주박의 양쪽 끝을 자른 모양으로 목이 있는 단지이다. 외형적인 특징은 단지 양쪽에 손잡이가 달렸으며, 몸통 가운데 부분이 부르다가 위쪽으로 올라가면서 오므라든다. 또한 몸통과 목 부분에는 묶음식 줄무늬〔弦紋〕가 있다. 이 토기가 출토된 지리적인 범위는 상당히 넓은데 한반도에서는 대동강유역의 이북인 서북지역이고 중국 동북에서는 주로 요하 이동지역에서 발견된다. 그리고 비파형동검 분포권과 미송리형 토기의 출토 지역이나 유구가 거의 비슷하여 문화적인 맥락에서 시사하는 점이 많다(사진 6).

이 토기는 보란점 쌍방 6호, 봉성 동산 7호와 9호, 서산 1호, 본계 대편지, 북창 대평리 5호, 개천 묵방리 24호, 평양 석암 2호와 10호, 상원 매미골 1호와 방울뫼 4호, 장연 용수골 1호에서 찾아졌다.

미송리형 토기의 대표적인 특징으로는 덧띠무늬와 줄무늬가 있다(華玉冰 · 王來柱, 2011 : 하문식, 2010). 덧띠무늬는 쌍방과 대편지 고인돌에서 출토된 토기에만 있는데 하나는 초승달처럼 가늘게 휜 반달모양이고 다른 것은 세모꼴이다. 주로 목과 몸통 쪽에 있는 줄무늬는 3~4줄이 한 묶음으로 이루어져 있는데 동산 9호와 서산 1호 것은 토기 전체에 있다. 대평리 토기는 목과 몸통에 3~5줄의 줄무늬가 있지만, 묵방리 것은 몸통에 평행 줄무늬가 양쪽에 있고 그 사이에 W자 모양의 무늬가 있어 좀 특이한 모습이다.

(2) 기술의 정화(精華), 청동기

고인돌에서 드물게 발견되는 청동기는 비파형동검을 비롯하여 비파형투겁창, 청동 화살촉, 세형동검, 청동 끌, 청동 송곳, 청동 꾸미개가 있으며 가끔 거푸집과 검자루 끝장식〔劍把頭飾〕이 출토된다(하문식, 2004a).

비파형동검은 고조선의 표지 유물로 보란점 쌍방 6호, 수암 백가보자 12호, 개주 패방 고인돌 등에서 찾아졌다. 동검의 전체적인 모습을 알 수 있는 것은 쌍방 6호 것 뿐이며 나머지는 부분적으로 파손되었다. 쌍방 6호 출토 동검은 검날의 양쪽에 있는 마디 끝이 검 끝과 가까이 있고 마디 끝의 아래쪽은 밋밋하여 고졸한 느낌을 지니고 있어 초기 동검의 성격이 강하다(사진 7).

비파형 투겁창은 상원 방울뫼 5호 고인돌에서 찾아졌다. 이 투겁창은 보성 봉용리와 여수 적량동 고인돌유적에서 출토되었으며 최근 평양 표대 10호와 덕천 남양리 16호 집 터에서도 발견되었다. 방울뫼 출토 투겁창은 거의 완전하며 몸통과 투겁의 길이가 균형을 이루고 있다.

세형동검은 평양 오산리와 성원 백원리, 중·남부지역의 양평 상자포리, 영암 장천리, 순천 평중리, 김해 내동 고인돌에서 찾아졌다. 이 동검이 출토된 고인돌의 형식은 탁자식과 개석식이 섞여 있으며, 백원리 고인돌에서는 청동 장식품과 놋비수 등의 다양한 청동기가 껴묻기되어 있어 묻힌 사람의 사회적 지위나 청동 유물의 성격과 연대 문제, 공반 유물과의 관계 등을 이해하는데 중요하다(유태용, 2003).

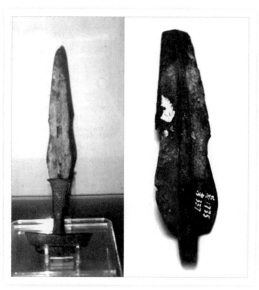

사진 7. 보란점 쌍방과 개주 패방 고인돌 출토 동검

청동 화살촉은 은천 약사동 고인돌에서 찾아졌다. 전체적으로 보면 2단인 슴베 부분이 좀 긴 것 같고 날 부분은 예리한 편에 속한다. 이밖에도 김해 무계리, 보성 덕치리 15호 고인돌에서 찾아졌다.

장리 고인돌에서는 청동 끌 이외에도 청동 방울, 청동 교예 장식품 등의 청동 의기가 출토되었다. 이들 청동 의기는 주조 기술이나 소유자의 사회적 신분과 지위 면에서 독특한 성격을 지니고 있었던 것 같아 시사하는 점이 많다.

청동 단추를 비롯하여 고리, 팔찌 등이 동풍 조주구 2호와 보산촌 동산, 상원 방울뫼, 성천 백원리 고인돌 등에서 출토되었다. 이러한 청동기들은 대부분 거칠게 만들었으며, 발달된 주조 기술을 가진 사람들이 만든 것은 아닌 것 같다 청동 단추의 크기는 3~4cm, 두께는 1cm 안팎으로 서로 비슷하다. 외형적인 형태는 둥근 꼴로 겉면이 볼록한 모습인데 방울뫼 것은 고리가 있어 실생활에 이용되었던 것 같다.

한편 청동기 제작에 기본이 되는 거푸집을 껴묻기하였다는 것은 고인돌이 축조되던 당시의 청동기 제작 정도 또는 이 고인돌에 묻힌 사람의 신분 관계나 직업을 추측해 볼 수도 있을 것 같다(김정희, 1988 : 하문식, 1998c).

4) 고조선의 종교행사지

고인돌의 기능에 관하여는 탁자식 고인돌을 중심으로 여러 의견들이 제시되었다. 특히 요령지역의 고인돌은 조사가 시작된 초기부터 그 기능에 대한 의견이 옛문헌을 중심

사진 8. 개주 석봉산 고인돌

으로 거론되었다.

《三國志》〈魏書 : 公孫度條〉에서는 토지신을 제사하는 곳으로 여겼으며, 《白虎通》〈社稷〉에는 땅 위에 돌을 세워 놓은 것으로 土神이나 社神에게 제사를 지내는 곳이라는 해석이 있다. 이와 같이 신을 제사지내고 받드는 〔敬奉〕곳에는 큰 돌을 세웠던 것이다(유태용, 2003).

고인돌을 축조하였던 당시에는 급격한 환경 변화에 따른 적응을 위하여 공동체 나름의 결속을 다지기 위한 노력이 있었을 것이다. 이런 집단적인 욕구의 일환으로 협동심을 가지고 추진할 수 있는 대상이 상징적인 기념물이며 이런 의미에서 고인돌이 축조되었다(이융조 · 하문식, 1989 : 이영문, 1994).

이렇게 신비함을 상징하는 제단이 고인돌이며 당시 사람들이 이곳에서 종교적인 행사를 하였다는 것이다. 오늘날 요령지역의 고인돌유적에서 탁자식이 짝을 이루고 있는 것이 이런 것으로 해석되는데 입지 조건을 보면 1기는 좀 높다란 곳에 있다.

상징적인 의미를 지닌 것으로 해석되는 제단 기능의 고인돌은 있는 곳의 입지 조건과 분포 상황, 외형적인 크기에서 다른 고인돌과 차이가 있는 것 같다.

제단 고인돌은 어디에서나 쉽게 바라볼 수 있도록 주변보다 높은 곳에 자리하고 있어 1차적으로 웅장함을 나타낸다. 또한 독립적으로 일정한 범위에 분포하는 경우가 많으며 규모가 월등하게 큰 모습으로 외형적인 특징을 보여준다. 대표적인 유적으로 금현 소관둔, 대석교 석붕욕, 와방점 대자, 개주 석봉산, 해성 석목성 고인돌 등이 있다.

또한 고조선 지역의 와방점 대자, 개주 석봉산 유적의(사진 8) 탁자식 고인돌 가운데에는 실제로 후대에 종교 장소로 이용된 것이 있어 제단의 기능에 대하여 시사하는 점이 많다(하문식, 2008b).

5) 영혼의 숭배와 두려움 탈피

묻기〔葬制〕는 다른 문화 요소보다도 강한 보수성과 전통성을 가지고 있기에 좀처럼 쉽게 바뀌지 않는다. 고인돌을 축조할 당시는 농경이 보편적으로 이루어져 인구 밀도가 높아 죽음이 늘 가까이 있었을 것이다. 이러한 변화에 따라 고인돌을 축조한 사람들은 사회적 기능 유지의 차원에서 당시 사회에 널리 퍼져 있던 장례 습속을 따랐을 것이다. 고조선 지역의 고인돌에서 찾아지는 두드러진 특징은 火葬에 관한 것이다(王洪峰, 1993). 고인돌의 묻기 가운데 하나인 화장이 지금까지는 많이 조사되지 않았지만 최근 중국 동북지역의 연구 성과가 알려지면서 고조선 지역 고인돌 사회의 묻기 방법으로 널리 이용되었던 것 같다(사진 9). 지금까지 조사된 유적으로는 개주 화가와보, 보란점 쌍방, 수암 태노분, 유하 통구, 동풍 조추구와 대양, 두가구, 와방정자산, 삼리, 상원 귀일리, 사리원 광성동, 연탄 풍담리 고인돌 등이

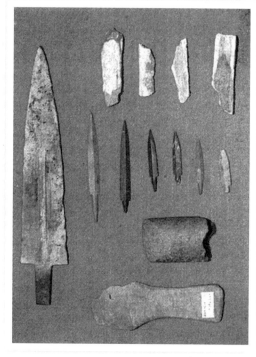

사진 9. 평양 용악산 고인돌 출토 유물(사람뼈 등)

있다. 특히 길림 남부지역의 개석식 고인돌에서는 거의 대부분 무덤방 안에서 화장의 흔적이 찾아지고 있다(金旭東, 1991).

장례 습속에 따라 화장의 방법으로 주검을 처리하는 것은 그 절차와 처리 과정에 따라 많은 비용이 필요하므로 특별한 의미를 지닌다. 이러한 화장 기술은 고고학적인 조사 결과 상당히 효율적으로 실시되어 왔던 것으로 밝혀지고 있다(하문식, 1998b).

고인돌은 많은 노동력에 의하여 축조되었기에 공동체 속에서 그에 따른 의식이 있었을 것이다. 고인돌 유적에서의 제의 흔적은 무덤방 주변에서 찾아지는 토기조각이나 짐승뼈 등으로 알 수 있다. 조사된 자료가 제한적이지만 토기를 의도적으로 깨뜨려 버린 것은 당시의 장례 의식을 살펴볼 수 있는 자료이며 고조선 지역의 고인돌에서도 널리 찾아지고 있다.

한편 금현 소관둔의 북쪽 고인돌에서는 무덤방 안에 짐승뼈가 껴묻기 되었고 보란점 벽류하 24호에 껴묻기된 항아리 안에는 새뼈가 들어 있었다. 새는 하늘(天界)과 땅(地界)을 연결하는 영적인 존재이며 옛기록과 고고학 자료에서도 이미 장례 의식과 관련있는 것으로 알려지고 있다(하문식, 1999).

동풍 조추구 3호 고인돌에서는 붉은 칠이 안팎으로 된 항아리가 찾아져 장례 의식에 이용된 붉은 색의 의미를 살펴볼 수 있다(金旭東, 1991). 이런 붉은 색은 죽음에 대하여 지녔던 사유의 한 모습으로 영생을 바라는 의미로 해석되며 살아있는 사람이 죽은 사람으로부터 예기치 않게 받게 될 위험을 멀리하여 주는 벽사의 의미가 있는 것 같다.

2. 돌무지무덤

고조선 시기에 축조된 요남 지역 돌무지무덤[積石塚]의 성격 규명을 위하여 유적의 입지와 분포관계, 축조 방법과 장례 습속, 유물과 연대 등을 살펴보고자 한다. 이 시기의 돌무지무덤은 고인돌과 함께 고조선의 社會相을 이해하는데 중요한 의미를 지니고 있다.

무엇보다 요남 지역에 밀집 분포하고 있는 이들 돌무지무덤은 그 축조 배경이나 기원 문제 등을 규명하여야 고조선을 올바르게 이해할 수 있다는 점에서 주목된다.

1) 분포와 입지

지금까지 조사된 고조선시기의 돌무지무덤은 거의가 요동반도에서도 요남 지역에 밀집 분포하는 점이 특이하다. 이곳의 노철산, 사평산 돌무지무덤은 일제강점기부터 조사되기 시작하였으며, 1960년대 초 朝·中 공동 고고학 발굴대에서 강상유적을 비롯한 루상유적, 장군산유적 등이 발굴되었다. 그리고 중국의 동북지역 고고학 자료에 대한 중요성이 강조되자 1970년 대 초부터 중국학자에 의하여 장군산, 우가타두, 토룡자 돌무지무덤 등이 조사되었다(하문식, 2011).

사진 10. 강상 유적 모습

요남지역의 돌무지무덤은 그 위치와 분포 관계를 볼 때 나름대로의 기준이 있었던 것으로 판단된다. 먼저 당시 사람들이 무덤을 축조할 자리를 선택할 때 무엇보다 주변의 지세를 고려한 점이다. 이곳의 돌무지무덤은 타두와 강상, 루상유적을(사진 10, 11) 제외하고 바닷가와 가까이 있는 산기슭이나 꼭대기를 골라 축조하였다. 이것은 당시 사람들의 활동범위와 밀접한 관계가 있으며, 이런 지세는 살림에 있어 중요한 의미를 지닌 것 같다. 돌무지무덤의 자리 선택에 있어 이처럼 당시의 살림이 직접적으로 연관되었다

사진 11.1강상 돌무지의 무덤방 모습

는 것은 늘 바다와 더불어 살아왔던 것 뿐만 아니라 그 중요성을 인식하고 있었기 때문이다(신숙정, 1994). 이렇게 무덤 축조에 있어 주변의 환경 변화가 있게 된 이유는 직업의 전문화, 잉여 생산물 들 사회의 복잡성(복합사회)과 연관이 있는 것 같다.

요남지역에 분포하고 있는 돌무지무덤은 이것을 축조한 것으로 해석되는 당시 사람들이 살던 집터가 주변에서 발굴되고 있어 주목된다. 대표적인 몇 예를 들면 노철산 무덤과 소주산 집터, 토룡자 무덤과 묘산 집터, 장군산 무덤과 곽가촌 집터, 타두 무덤과 양두와·우가촌 집터, 왕보산 무덤과 태산 집터 등이다. 이처럼 무덤과 살림터가 같은 공간의 범위에 있다는 것은 축조자나 묻힌 사람의 활동 공간을 이해하는데 참고가 된다. 이것은 당시 사람들의 공간 활용(이용)에 관하여 시사하는 점이 있다(華陽 等, 2009).

2) 무덤방

돌무지무덤에서 무덤방(무덤칸)은 다른 무덤보다 대체로 잘 보존되어 있기 때문에 발굴조사에서 여러 특징들이 밝혀지고 있다.

이 지역의 지질 환경은 석회암이 널리 분포하고 있으며, 주변의 지표에 많

사진 12. 왕보산 7호 돌무지 무덤

사진 13. 타두 돌무지 무덤(발굴자리)

사진 14. 문가둔 유적 모습

은 돌들이 있다. 돌무지무덤에 사용된 돌은 대부분 주변에서 쉽게 구할 수 있는 것과 비교적 가까이 있는 바닷가의 가장자리에 많은 자갈돌이나 강돌을 이용하였다.

발굴조사 결과에 따라 밝혀진 무덤의 축조 과정을 보면 먼저 산기슭이나 능선이므로 지표면의 기복이 심하기 때문에 무덤 자리를 편평하게 정리한 다음 그 자리에 곧바로 돌을 쌓아 만들었다. 이렇게 축조한 대표적인 유적은 노철산, 장군산, 왕보산 무덤 등이다(사진 12).

돌무지무덤은 하나의 돌무지 속에 여러 基의 무덤칸이 있다. 당시 사람들은 축조 과정에 있어 이렇게 무덤칸이 많은 경우에도 기준에 따라 질서있게 만들었는데 무엇보다 무덤에서 중심이 되는 무덤칸은 가운데 위치한다. 중심이 되는 이런 무덤칸은 같은 묘역의 다른 것보다 축조 상태나 규모, 자리한 곳, 껴묻거리로 볼 때 차이가 있다(조중공동고고학발굴대, 1966). 이런 예는 타두 무덤 24호, 사평산 무덤 36호, 강상 무덤 7호가 있다(사진 13). 강상 무덤의 경우를 보면, 7호 무덤칸을 중심으로 부채살처럼 16기의 무덤칸이 자리하며, 사평산유적의 36호는 무덤의 길이가 120m쯤 되어 요남지역에서는 대형에 해당한다.

무덤방에 있어 또 다른 특이점은 토룡자유적의 4호 무덤에서 조사되었다. 이 무덤은 길이가 21.25m이고 7기의 무덤칸이 찾아졌다. 그런데 이들 무덤칸은 주변의 돌무지 시설에 의하여 4곳으로 나누어진다. 이것은 묻힌 사람들의 관계, 집단의 성격, 축조 시기 등 여러 부분에서 시사하는 점이 많다.

루상유적의 3호 무덤방의 바닥에서는 약 3cm쯤 되는 숯층이 찾아졌다. 무덤에서(특히 바닥에) 숯이 발견된 것은 묻기에 있어 火葬이 이루어졌을 경우 배수 문제가 고려된 것으로 해석된다. 이런 숯층은 역사시대의 무덤은 물론 고인돌에서도 조사되었는데 관련 유적은 길림지역의 동풍 조추구 1·2호와 은천 약사동이 있다(하문식, 1999).

한편 요남지역의 돌무지무덤은 한 곳에 수십 기의 무덤칸(방)이 축조되어 많은 사람들이 묻힌 것으로 밝혀지고 있다. 이것은 당시의 사회상을 보여주는 하나의 자료인데 가족공동무덤일 가능성이 많다(사진 14).

3) 장례 습속

요남지역의 돌무지무덤에 대한 조사 결과를 보면 주변과는 다르거나 비교되는 장례 습속이 있다. 특히 어울무덤, 두벌묻기, 여러 차례에 걸쳐 묻거나 여러 사람을 묻은 방법, 딸려묻기, 화장, 명기, 주검의 부위에 따른 껴묻거리 놓기, 토기를 깨뜨려 뿌린 것 등이 있다.

딸려묻기[殉葬]는 무덤칸의 축조 방법과 묻기, 껴묻거리 등을 토대로 한 분석 결과 강상무덤에서 있었던 것으로 이해된다. 이러한 묻기는 사회가 어느 정도 계층화된 복합사회에서 이루어졌다. 지금까지 한반도 지역의 무덤에서 발굴된 딸려묻기에 대한 자료는 모두 역사시대의 유적-김해 대성동 29호, 고령 지산동 44호와 75호, 함안 도항리 8호 무덤 등-이고, 그 이전 시기의 자료는 없다. 이런 점에서 보면 주로 삼국시대의 무덤에서 조사된 딸려묻기는 그 전통을 요남지구-강상 돌무지무덤-에서 찾을 수 있지 않을까 한다.

요남지역에서 조사된 돌무지무덤의 장제에 있어 가장 보편적으로 이루어진 것이 火葬이다. 화장은 선사시대부터 동북지역의 무덤에서 유행한 묻기의 한 행위로 당시 사회의 구조나 전통과 밀접한 관련이 있다(木易, 1991).

사진 15. 토룡자 4호 돌무지 무덤

화장 이유는 당시의 장례 습속과 밀접한 관련이 있는데 영혼에 대한 숭배 심리·죽은 사람의 영혼에 대한 두려움·지리적인 환경 요인 등의 견해가 있다. 무덤방 안에서의 화장 행위는 뼈의 보존과 연관이 있지 않을까 생각된다.

요남지역의 돌무지무덤에서는 타두와 사평산유적을 제외한 나머지 무덤에서 화장 행위가 찾아져 당시에 화장 습속은 보편적인 장례 의식이었던 것으로 이해된다. 강상과 토룡자유적은(사진 15) 무덤칸에 사람뼈가 놓여진 모습이나 주변 상황을 볼 때 화장 행위가 수시로 진행되었다기보다 주검을 모아서 적당한 시기에 한꺼번에 화장을 하였던 것으로 보인다. 그렇다면 강상유적은 화장한 다음 사람뼈를 부위별로 모아서 묻기를 하는 揀骨火葬의 가능성이 있다(金旭東, 1991).

돌무지무덤의 무덤칸에서는 제한적이지만, 타두유적, 강상과 루상유적에서 여러 차례에 걸쳐 묻기를 한 자취가 조사되었다. 이것은 축조에 있어 시간차를 살펴볼 수 있으며 묻힌 사람 서로간의 관계를 알 수 있는 자료이다. 그 예는 타두 돌무지무덤에서 찾을 수 있다. 한 무덤칸에 여러 명이 묻힌 유적을 보면 타두유적에서는 2~21개체, 강상 19호는 22개체, 루상 9호는 13개체 등이다. 이렇게 한꺼번에 여러 주검을 묻지 않고 여러 번에 걸친 경우, 무덤칸의 구조에서도 변화가 있었다.

요남의 돌무지무덤에서 밝혀진 묻기의 또 다른 자료는 제의 행위이다. 이런 자료는 왕보산 무덤과 타두, 루상 무덤에서 조사되었다. 먼저 왕보산유적의 7호 무덤방에서는 독을 깨뜨려 같은 개체의 입술 조각을 무덤칸의 동, 서, 가운데 쪽에 놓았다. 이런 행위는 의도적으로 한 것이고 이것의 의미는 주검에 대한 의식이었던 것으로 이해된다(이상길, 1994).

또 다른 자료는 루상유적의 7호 무덤칸에서 발굴된 붉은 색의 자갈돌이다. 이 돌은 무덤칸 안에서 확인된 다른 자갈돌과는 색깔에 있어 너무나 뚜렷한 차이가 있다. 이렇게 붉은 색이 의도적으로 무덤칸에 있다는 것은 분명한 의미를 지닌 것으로 해석된다. 비교되는 자료는 고인돌 유적인데 대표적으로 안악 장산리, 창원 곡안리 1호, 양평 앙덕리, 옥천 안터, 청원 아득이 등이 있다(이융조, 1980).

그런데 장례 의식에서 이런 붉은 색의 흙이나 돌이 사용된 것은 무엇보다 붉은 색이 지닌 의미가 있을 것 같다. 이런 관점에서 보면 무엇보다 영생과 관련이 있을 것이다. 따라서 이런 행위는 당시 사람들의 죽음에 대한 사유의 한 형태로 여겨진다.

노철산과 와룡천 돌무지무덤에서 발굴된 껴묻거리 가운데 토기는 대부분 크기와 형태, 손질 상태, 쓰인 정도를 보면 실제 살림살이에 이용된 것이 아니고 껴묻기 위하여 일부러 만들었던 명기로 판단된다. 이것으로 당시 사회의 장례 의식을 이해할 수 있으며, 길림 내륙지역의 개석식 고인돌에서 조사된 이런 자료와 비교된다(하문식, 1999).

4) 껴묻거리

돌무지무덤의 성격을 파악하기 위하여 나름대로의 특징을 지닌 토기를 비롯하여 거푸집, 청동기에 관하여 몇 가지를 살펴보기로 한다.

토기는 상당히 다양한 형태를 지닌 것이 발굴되었다. 대부분 손으로 만들어 거칠며 간 것이 많다. 무늬는 민무늬도 있지만, 문살무늬, 줄무늬, 평행무늬 등 여러 가지가 있다. 또한 형태는 단지, 잔(손잡이 달린), 접시, 굽잔, 세발토기(돼지 모양), 독 등이 있다. 특히 검은 색 계통의 토기는 두께가 매우 얇아 그 쓰임새가 주목된다.

사평산 무덤의 36호에서 조사된 돼지 모양의 세발단지(鬹)는 大汶口文化의 후기인 胶縣 三里河유적에서도 출토되어 산동 용산문화와 깊은 관계가 있음을 시사하고 있다. 이것은 두 지역간의 교류나 문화 전파 과정을 살펴볼 수 있는 자료이다.

타두유적에서 출토된 미송리형 토기[弦文壺]는 비파형동검과 함께 고조선의 표지 유물이다. 표주박의 양쪽 끝을 자른 모습인 이 토기는 묶음 줄무늬, 몸통에 있는 손잡이, 덧띠무늬(초생달처럼 휘인 반달모양, 세모꼴) 등이 특징이다. 분포 지역은 대체로 대동강 유역의 북쪽과 요하 이동이면서 철령 지역의 남쪽이다. 출토된 유구는 무덤(고인돌 / 동굴무덤 / 돌널무덤 / 돌무지무덤)과 집터인데 지금까지의 출토 상황을 보면 돌널무덤에서 제일 많이 발굴되었다(旅順博物館·遼寧省 博物館, 1983).

타두유적의 30호와 40호에서 조사된 미송리형 토기는 몸통이 둥글고 목이 짧은 점, 띠무늬와 삼각형의 그은 무늬가 특징이다. 그런데 태자하 유역의 동굴무덤이 발굴되기 이전에는 타두 무덤 출토 토기에서 그 기원을 찾고 있었다. 그러나 본계 장가보 A동굴에서 이 토기가 발굴되면서 그 기원을 태자하 지역으로 주목하고 있다(李恭篤·高美璇, 1995).

강상유적의 3호 무덤에서는 사슴뿔과 돼지 이빨이 출토되었다. 이것은 앞에서 설명한 토기조각과 함께 돌무지무덤을 축조하는 과정에 있었던 제의와 관련이 있는 것으로 해석된다.

강상과 와룡천 무덤에서는 청동기 제작에 필요한 거푸집이 조사되었다. 강상유적의 16호 무덤칸에서 4점, 와룡천유적에서는 무덤칸에서 출토된 버선코 모습의 청동 도끼와 같은 모양이 1점 발굴되었다.

강상유적의 거푸집은 도끼·끌·꾸미개 등을 만들 수 있는 9개의 틀이 새겨져 있다.

거푸집의 돌감은 활석이고, 모양은 긴 네모꼴과 네모꼴이다. 청동기 생산에 중요한 기능을 지닌 거푸집이 돌무지무덤에서 출토된 것은 전문 장인의 등장, 계층화, 잉여 생산물 등 당시 사회를 이해하는데 하나의 자료가 된다. 이런 점에서 보면 당시에는 청동기 제작이 보편화되었고 무덤에 묻힌 사람의 신분이나 직업을 유추해 볼 수 있을 것이다.

청동기는 타두 무덤을 비롯하여 강상과 루상, 와룡천 무덤에서 조사되었다. 출토된 유물은 비파형동검, 화살촉, 창끝, 손칼, 도끼, 끌, 송곳, 낚시바늘, 단추, 팔찌, 비녀 등이다.

5) 기원 문제

요남의 돌무지무덤에 대한 기원문제를 홍산문화와 관련시킨 연구가 많다. 그런데 홍산문화에서 그 기원을 찾는 중국학자들의 중요한 의견은 당시 사회의 여러 배경을 볼 때 요남지역에서 스스로 돌무지무덤을 축조할 만큼의 기술이나 사회적인 발달단계가 아니기 때문에 밖에서 전파되었을 가능성이 많고 당시에 요서 내륙지역에서 문명단계에 속할 만큼 사회가 발달한 구조적인 배경을 지닌 홍산문화로 보고 있다.

최근의 여러 자료와 비교해 보면 홍산문화의 대표적인 돌무지무덤을 새로운 시각에서 살펴 볼 필요성이 있다. 그 배경은 서로의 축조 시기에 관한 문제다. 요남 지역에서 상당히 이른 시기에 축조된 노철산 무덤은 주변의 곽가촌 상층 문화(2555±135BC), 상마석 중층 문화(2950±195BC)와 비교된다. 그렇다면 노철산 무덤은 기원전 3000~2500년 사이에 해당하고 요남지역의 신석기시대 무덤의 하나로 이해된다. 또 타두 무덤도 기원전 15세기쯤 축조된 것으로 보인다(張志成, 2011).

홍산문화의 대표적인 유적 가운데 하나인 우하량유적에서는 돌무지무덤과 돌널무덤, 제단, 여신묘 등 다양한 유구와 유물이 확인되었다. 이 유적의 연대는 3630±110BC, 3625±110BC로 밝혀졌는데, 이것을 교정연대값으로 계산하면 기원전 3700~3500에 해당한다(한창균, 1992).

이런 점에서 보면 홍산문화는 요남지역의 돌무지무덤보다 빠르고 선행하는 문화요소에 돌무지무덤이 있기 때문에 서로 간의 동질성과 이질성에 대하여 신중한 접근이 필요한 것으로 해석된다.

3. 동굴무덤

동굴무덤은 대부분 자연동굴 안에서 축조하였기 때문에 다른 무덤보다 지질이나 지세의 영향을 많이 받았다. 그렇기 때문에 동굴무덤이 조사된 지역의 여러 특징 가운데 하나는 석회암이 발달한 곳이다. 고조선 시기의 무덤 아래에서는 대부분 구석기나 신석기시대의 살림터와 유물이 조사되고 있어 선사시대 살림을 꾸렸던 사람들의 문화의 연속성(계승성)을 밝히는데 중요하다.

사진 16. 마성자 A동굴 모습

여기에서는 요북지역의 태자하 상류지역에 분포하는 여러 동굴유적을 중심으로(사진 16) 압록강 유역의 미송리유적, 대동강의 샛강인 시량강과 청송강의 언저리에 위치한 덕천 승리산유적, 두만강 언저리의 무순 지초리유적 등을 언급하고자 한다.

1) 무덤의 구조

동굴무덤은 이 시기의 다른 무덤보다 1차적으로 공간의 제한을 받고 있기 때문에 무덤을 만들 때부터 공간의 확보와 무덤의 배치가 상당히 중요한 의미가 있다. 실제로 미송리, 승리산, 지초리 동굴무덤은 무덤방이 조사되지 않았거나 1기 정도 발굴되었기 때문에 대규모의 동굴무덤이 조사된 태자하 유역의 자료와는 많은 차이가 있다.

동굴무덤의 구조는 고인돌, 돌널무덤, 돌덧널무덤 등 이 시기에 축조된 무덤과는 다르게 맨땅을 조금 판 다음 주검을 넣고 묻은 널무덤이 대부분이다. 많지는 않지만 무덤방을 만들 때 부분적으로 돌을 사용한 돌덧널이나 돌널도 있다. 이것은 일반적으로 널리 알려진 무덤의 발전 과정을 잘 보여주는 것으로 여러 가지 가능성을 시사하고 있다. 조사된 동굴무덤 가운데 한 곳에서 여러 가지의 무덤방 구조가 확인된 장가보 A동굴의 자료는 다른 동굴무덤과 비교된다. 여기에서는 동굴무덤에서 널리 만든 널무덤 이외에도 돌널무덤, 돌덧널무덤이 확인되었고 특히 나무널(덧널?)이 축조되었을 가능성이 제기되었다.

장가보 A동굴의 42호는 무덤방의 구조가 다른 무덤과는 뚜렷한 차이가 있다(사진 17). 이 무덤방은 조사 과정에 두께가 2cm쯤 되는 나무판자가 부분적으로 확인되었다. 그렇다면 무덤방은 먼저 주변에서 구하기 쉬운 막돌을 가지고 돌덧널을 만든 다음 그 안쪽

사진 17. 장가보 A동굴 42호 무덤

에 나무판자를 이용하여 나무널을 짜고 난 다음 주검을 처리한 것으로 판단된다(하문식, 2014).

동굴무덤의 조사 결과를 보면 무덤이 집중된 태자하 유역의 여러 동굴에서는 묘역의 범위에 비하여 상당히 많은 무덤방이 조사되었다. 이것은 동굴이 지닌 한정된 공간 때문에 제한된 지역을 최대한 활용하기 위하여 당시 사람들이 무덤을 축조하면서 나름대로의 기준과 원칙이 있었을 것이다. 특히 장가보 A동굴과 산성자 C동굴은 무덤방이 겹쳐 있거나 파괴된 다음 바로 그 자리에 축조한 것도 조사 되었다.

2) 묻기

동굴무덤을 축조할 때 당시 사람들은 무덤으로써 지니는 사회적 습속의 여러 행위를 하였을 것이다. 이런 행위는 통과의례로 볼 수 있으며, 강한 전통성과 보수성을 지녔고 사회 발전 과정의 여러 문화 요소를 가지고 있기 때문에 중요한 의미가 있다.

주검을 처리한 묻기의 방법은 무덤방의 크기에 따라 정하여진다. 선사시대에 일반적으로 이용된 묻기의 방법으로는 바로펴묻기, 굽혀묻기, 엎드려 묻기, 옮겨 묻기(두벌묻기), 옆으로 묻기 등 상당히 여러 가지다. 이런 묻기는 당시 사회의 장례 습속과 깊은 관계가 있으며, 이에 못지 않은 요인으로는 무덤의 주변 입지 환경과 관련성이 많다(하문식, 2014). 태자하 유역의 동굴무덤을 비롯한 여러 지역에서 보편적으로 이용된 묻기의 여러 방법 가운데 바로펴묻기가 가장 많다. 이것은 화장과 관련이 있는 것으로 판단된다.

무덤방에 묻힌 사람과 서로의 관계에 대한 것이다. 대체적으로 선사시대의 무덤을 조사하면, 무덤방에 주검이 1具 있는 홑무덤이 보편적이지만, 경우에 따라서는 어울무덤처럼 그 이상인 것도 찾아진다.

어울무덤은 지역이 매우 제한적인데 장가보 A동굴에서 5기, 마성자 C동굴에서 1기가 조사되었다. 이것은 묻기의 절차에서 약간의 차이는 있지만 제자리 화장과 간골화장 등이 있었던 것으로 여겨진다. 어울무덤을 축조하게 된 까닭은 1차적으로 죽음의 원인과 관련이 있다. 다시 말하여 정상적인 죽음이 아니고 예상하지 못한 재난 때문에 죽음을 맞이하였던 것이다. 그런 면에서 보면 어울무덤에 묻힌 어른과 어린이는 모녀 또는 모자 관계일 가능성이 있다.

어울무덤과 관련된 동굴무덤 가운데 장가보 A동굴이 주목된다. 이 유적에서는 태자하 유역의 동굴에서 조사된 6기의 어울무덤 가운데 5기나 조사되었다. 비슷한 성격을 지닌 주변의 다른 여러 동굴유적과 비교해 보면 점유율이 매우 높지만, 그 자체적인 특이한 점은 없다. 무덤방의 분포 범위, 묻기, 무덤 구조 등으로 볼 때 이곳의 무덤은 가족무덤일 가능성이 많다.

태자하 유역에서 조사된 무덤 가운데 굽혀묻기를 하고 화장을 하지 않은 장가보 A동굴 42호의 무덤방에서 확인된 자료 가운데 묻힌 사람이 두 손을 가슴 위에 엇갈리게 처리한 모습이 찾아졌다. 이것은 자연스럽게 「×」자를 한 것으로 볼 수 있으며 어떤 상징적인 의미가 있는 것으로 해석된다. 무덤에서 발굴된 자료 가운데 서포항 유적의 2호 무덤(청동기시대), 옥천 안터 고인돌, 그리고 화순 대전 고인돌 유적이 있다. 서포항의 경우는 묻힌 사람의 두 다리를 「×」모양으로 놓았고, 안터와 대전 고인돌에서는 판판한 돌에 「×」표시를 새긴 것이 출토되었다. 또한 삼국시대의 토기 가운데 뼈단지[骨壺]에서도 「×」자 기호가 있어 참고가 된다(하문식, 2014).

동굴무덤에서 조사된 제의와 관련이 있는 몇 가지를 살펴보고자 한다.

먼저 발굴된 토기를 보면 의도적으로 깨뜨려 무덤방의 가장자리에 뿌렸던 것으로 판단되는 자료들이 신빈 소홍석립자 동굴무덤을 비롯한 몇몇 유적에서 찾아졌다. 이렇게 토기를 깨뜨리고 뿌리는 것은 당시 사회의 사람들이 죽음의 공포로부터 벗어나기 위한 행위로 죽음을 사회적으로 공인시키는 하나의 의례 과정이었을 것이다.

껴묻거리 가운데 산성자 B동굴무덤에서 발굴된 토기가 제의와 깊은 관련이 있는 것 같다. 이 토기는 살림살이에 이용된 토기보다 아주 작으며, 사용의 흔적이 없고 바탕흙은 부드러운 찰흙이며, 토기의 겉면은 매끄럽게 간 흔적이 있다. 또 이 토기의 몸통에 구멍이 뚫려 있어 당시 사람들이 살림에 사용한 토기와는 차이가 있는 것으로 해석된다. 이 토기와 비슷한 성격을 지닌 것이 봉성 동산 6호와 동풍 동산 1호 고인돌에서 찾아진 것과 비교된다.

마성자 A동굴 25호 무덤은 발굴 결과 돌도끼, 화살촉, 다양한 모습의 토기와 비교적 보존 상태가 좋은 주검이 찾아졌다. 묻힌 사람은 50대 초·중반의 여성으로 분석되었다.

그런데 특이한 점은 묻힌 사람의 왼쪽 허벅지에 화살촉이 박혀 있는 모습이 조사되었다. 아직 고조선 시기에 해당하는 고고학 자료 가운데 이런 예가 없어 비교가 어렵지만, 일본에서는 야요이시대의 이런 자료가 여럿 조사되었다(遼寧省 文物考古研究所 等, 1994).

동굴무덤에서 찾아진 묻기에 관한 여러 자료 가운데 화장 문제가 중요한 자료이다. 장례 의식의 행위에 있어 화장은 그 나름대로의 중요한 의미를 지니고 있다. 일반적으로 화장은 무덤을 만드는 과정에 있어 하나의 통과의례로 이해를 하고 있지만, 주검을 가장 단순하게 처리하는 널무덤보다 많은 경비와 노력이 필요하므로 그 나름대로의 의미가 있을 것이다. 또한 화장은 현재까지의 보고된 자료를 보면 신석기시대부터 폭넓게 시행되어 왔음을 알 수 있다. 그렇기 때문에 이러한 장례 방식은 상당히 능력적으로 실시되었다.

이런 몇 가지 점에서 보면, 화장은 당시의 장례 습속에 따라 이루어진 것도 있지만 주변 환경 때문에 실시된 것도 있다. 특히 주검의 보존을 위한 방법으로 화장을 실시하였다고 이해하고 있는 중국에서는 옛 기록에 비교적 자세히 서술하고 있다. 기록이 있는 옛 책은 『列子』, 『墨子 : 節葬』, 『荀子 : 大略』, 『呂氏春秋』, 『新唐書 : 黨頂羌傳』, 『周易 : 系辭』 등이다(강인구, 1979 : 하문식, 2014).

고조선 시기의 동굴무덤에서 화장이 이루어진 여러 정황을 살펴보면 묻기에 있어 화장의 중요성을 알 수 있다. 지금까지 조사된 동굴무덤의 무덤방은 159기인데 화장에 의한 묻기의 방법이나 그 과정을 알 수 있는 것은 141기쯤 된다. 이 141기의 묻기를 보면 화장을 한 것은 127기(90%)이고 하지 않은 것은 14기(10%)로 구분된다.

화장의 방법으로는 동굴무덤에서 조사된 것은 제자리에서 한 것은 32기(25.2%)이고 揀骨火葬은 95기(74.8%)이다. 간골화장은 무덤의 바깥 공간에서 화장한 다음 뼈를 정리하여 부위별로 무덤방에 놓은 것으로 지금까지 동북지역에서 조사 보고된 특이한 습속이다.

3) 껴묻거리

동굴무덤에서 발굴된 껴묻거리는 고조선 시기에 축조된 고인돌, 돌널무덤, 돌무지무덤 등 다른 무덤보다 많으며, 여러 가지로 구분되는 특징이 있다. 조사된 껴묻거리는 석기, 토기, 꾸미개, 청동유물 그리고 짐승뼈 등이다.

(1) 석기

석기는 대부분 갈아서 만들었기 때문에 날카로운 날을 지녔으며, 제작 방법을 자세히 보면 상당히 정형화(규격화)된 것으로 연모 생산에 전문가 집단이 관여한 것으로 판단된다.

종류는 도끼, 자귀, 끌, 칼, 삽, 화살촉, 가락바퀴 등으로 나누어지고 잉여 생산에 따라 사회가 다원화되면서 석기의 쓰임새에 따른 연모의 세분화를 시사하고 있다.

돌도끼는 다른 석기들보다 양적으로 제일 많고 여러 정황으로 볼 때 당시 사회의 생산 문제와 관련이 있는 것으로 판단된다. 돌칼은 평면 모습이 반달 모양, 사다리꼴, 긴 네모꼴, 물고기 모양 등 여러 가지이고 구멍은 대부분 2개가 뚫려 있다. 날은 외날과 안팎날로 구분되는데 안팎날은 두께가 얇아 곡식을 훑기에 알맞다.

화살촉은 대부분 슴베가 있으며, 생김새는 버들잎 모양, 세모꼴로 나누어진다. 버들잎 모양의 화살촉은 동굴유적과 비슷한 시기의 고인돌 유적에서도 많이 찾아지고 있다.

태자하 유역의 동굴유적에 대한 발굴조사에서 찾아진 석기 가운데 특이한 것이 있다. 보고자는 석기의 생김새에 따라 齒形器라고 이름붙였다. 치형기는 산성자 B동굴의 2·11호, 산성자 C동굴의 2호, 마성자 A동굴의 13호 무덤에서 출토되었다. 그 모습은 비행접시와 유사하며 가운데에 원통형의 구멍이 있고, 구멍 안쪽 면의 가장자리에는 타래무늬 모양으로 닳은 흔적이 관찰되는데 실용적으로 상당히 많이 사용한 것 같다(遼寧省 文物考古研究所 等, 1994).

최근 고고학 연구의 경향에서 유물의 원산지에 대한 문제가 많이 논의되고 있다. 여기서 언급하고 있는 동굴무덤 가운데 산성자 동굴에서 약 5km쯤 떨어진 頭道河子유적에서 석기, 미완성 석기, 제작할 때 떨어져 나온 돌조각, 석기 제작에 필요한 몸돌 등이 조사되었다.

(2) 토기

동굴무덤에서 발굴된 토기는 홍갈색의 민무늬가 대부분이고 드물게는 회갈색이나 검은색 토기도 있다. 토기의 바탕흙은 가는 모래가 상당히 많고 테쌓기로 만들었다.

발굴된 토기를 보면 부분적으로 줄무늬, 덧무늬, 물결무늬, 둥근 점무늬, 손톱무늬, 가지무늬, 묶음식 줄무늬 등이 있는데 이것은 주로 몸통 부분, 아가리 밑 쪽에 새겨져 있다. 그리고 토기의 외형적인 특징으로는 겹입술, 밑 부분의 굽, 몸통에 있는 꼭지 등이 있다. 토기의 생김새에 따라 무덤방에 껴묻기된 모습을 보면 두 가지로 구분할 수 있다. 하나는 단지, 사발, 바리를 한 묶음으로 껴묻기하는 것이고, 다른 것은 단지, 동이, 사발을 껴묻기한 형태로 구분된다.

동굴무덤에서 조사된 토기 가운데에는 고조선 시기의 표지 유물의 하나인 미송리형 토기가 있다. 이 토기는 표주박의 양끝을 자른 모양으로 목이 있는 단지이며, 목과 몸통에 묶음식 줄무늬[弦紋壺]와 손잡이가 있다. 동굴무덤에서는 미송리 유적을 비롯하여 승리산 동굴무덤, 산성자 C동굴, 장가보 A동굴 등에서 출토되었다(李恭篤 · 高美璇. 1995).

(3) 꾸미개

대부분 치레걸이로 이용되었으며, 당시 사람들의 심미안을 엿볼 수 있는 자료다. 재질로 쓰인 것은 청동기를 비롯하여 玉, 짐승 뿔(사슴?)과 짐승 뼈, 조가비, 돌 등이다.

청동 치레걸이는 장가보 A동굴 11호 · 24호 · 26호 · 50호의 무덤방에서 발굴되었는데 고리, 귀걸이, 둥근 꼴이고, 소홍석립자 동굴과 남둔 동굴에서도 청동 치레걸이가 조사되었다.

조가비로 만든 구슬은 소홍석립자 동굴과 동산 동굴에서 찾아졌고 옥을 재질로 이용한 치레걸이는 미송리 동굴과 승리산 동굴유적, 짐승 뼈의 대롱을 쓴 것은 지초리 유적 등이다.

(4) 청동기

태자하 유역에서 찾아진 청동기는 모두 치레걸이로 사용된 것으로 해석되며, 이것은 이 지역의 초기 청동기시대 문화를 이해하는데 도움이 된다.

미송리 동굴에서는 청동도끼가 2점 발굴되었는데 투겁도끼[銎斧]이다. 이 청동도끼는 비파형동검 문화기의 특징 있는 연모 가운데 하나이다. 날이 넓게 퍼진 부채날도끼[扇形銅斧]이며, 서쪽에서 찾아진 것은 동쪽 것보다 날 부분이 밋밋하다. 자루 쪽에는 무늬가 없으며 길이는 5cm가 되지 않는다. 이런 유물이 조사된 곳은 속초 조양동 고인돌이 있고 비슷한 모습의 거푸집이 발굴된 곳은 대련 강상 유적을 비롯하여 부여 송국리 유적, 금야 영흥 유적 등이 있다.

(5) 짐승뼈

동굴무덤에 묻힌 껴묻거리 가운데 짐승뼈는 이 시기의 다른 무덤과 비교할 때 상당히 많이 찾아졌다.

짐승뼈를 무덤에 껴묻기한 것은 당시 사회의 장례 습속과 밀접한 관련이 있으며, 무덤방을 유택으로 여겨 묻힌 사람의 영생을 바라는 내세관과 연관이 있는 것으로 해석된다. 또 이런 행위는 장송의례의 상징성과도 연결시켜 볼 수 있다.

짐승의 種은 27가지로 지금까지 한반도의 현세 시기에 해당하는 발굴 유적에서 밝혀진 23종보다 다양한 짐승뼈가 발굴되었고, 양적으로도 많다(하문식, 2014).

짐승뼈의 종류를 보면 집돼지를 비롯한 27종이다. 이 가운데 가장 다양한 짐승뼈가 찾아진 곳은 승리산 동굴무덤으로 20종이다. 이 시기의 짐승뼈 분석에서 주목되는 것은 기후의 변화에 민감한 코뿔소, 맘모스 등의 대형 짐승이 사라지고 대부분 온대성인 지성 짐승뼈가 많다. 짐승의 부위에서 관찰되는 것은 사슴, 돼지, 개의 아래턱뼈가 그대로 껴묻기되었는데 이것은 당시 사회에서 행하여지던 의례 과정에 있어 다른 짐승보다는 돼지나 사슴이 더 중요하게 인식되었을 가능성을 시사한다.

4) 축조 시기

고조선 시기의 여러 유적 가운데 태자하 유역의 동굴무덤에 대한 연대는 크게 절대연대 측정법의 하나인 방사성 탄소연대 측정을 비롯한 무덤의 층위 관계, 껴묻거리 가운데 토기를 이용한 기형과 무늬의 분류, 돌그물추와 화살촉의 형식, 무덤의 축조 관계 등을 참고하여 많이 연구되어 왔다.

연대측정은 태자하 유역에 위치한 4곳의 동굴무덤에서 마련한 9점의 시료를 가지고 실시하였다. 장가보 A동굴의 연대 측정값은 2층의 7호 무덤은 2,980±55b.p, 4호는 3,065±60b.p.이고 3층의 11호는 3,090±55b.p., 14호는 3,115±60b.p.이다. 4층의 52호는 3,585±65b.p.이다. 장가보 A동굴의 층위별 연대값은 서로 겹치거나 시기가 앞뒤로 바뀌어지지 않은 것으로 밝혀져 비교적 안정적이고 합리적인 것으로 판단된다. 따라서 장가보 A동굴의 52호의 연대값은 산성자 B동굴의 5호(3,600±80b.p.), 7호(3,300±80b.p.)와 비슷하며 보정 연대를 고려하면 3,500b.p.쯤 된다. 장가보 A동굴의 4호와 7호, 11호와 14호 무덤은 층위로 볼 때 서로 구분이 되지만 연대값은 서로 비슷하다. 여기에 해당하는 자료는 마성자 A동굴의 7호와 비교되며 3,000b.p.쯤 해당된다.

III. 고조선 시기의 제단

여기서는 고조선 시기의 문화상을 이해하기 위한 하나의 방안으로 당시의 제의와 관련있는 돌돌림유적을 살펴보겠다. 돌돌림 유적은 1970년대 송신동 유적에서 처음 발견되어 발굴조사 결과가 학계에 보고되었지만(석광준, 1974), 유적의 성격에 대하여는 그다지 주목을 하지 않았다. 그러나 1990년대 당모루 유적에서 같은 시기의 구조물이 발굴되면서 돌돌림 유적의 축조는 물론 그 성격에 대한 논의가 활발히 이루어졌고, 최근에는 고조선의 제단 유구라는 연구 결과가 보고되기도 하였다.

　고조선 시기의 돌돌림유적은 연탄 송신동유적이 발굴된 이후 근래에 평양 당모루유적, 길주 평륙리와 문암리, 피현 동상리, 신양 와동, 철원 두문동유적 등 7곳에서 11基가 조사되어 상당히 넓은 지역에 걸쳐 분포되어 있음을 알 수 있다. 또한 이들 유적 가운데 평륙리, 동상리는 연탄 송신동과 함께 고인돌은 물론 주변에서 선돌이 조사되어 큰돌문화의 중심지(Megalithic culture complex)임을 알 수 있다.

1. 유적 주변의 지세와 구조

　돌돌림유적의 기능이 당시 사회에서 행하던 제의와 관련이 있다면 조망 문제가 고려되어 무엇보다 유적이 자리한 곳의 지세문제가 중요했을 것으로 여겨진다. 돌돌림유적은 크게 산기슭이나 구릉지대 그리고 들판과 같은 평지에 자리하는 것으로 구분해 볼 수 있다.

　산기슭에 위치한 유적은 평양 당모루와 길주 문암리 돌돌림이고 구릉지대에는 연탄 송신동, 철원 두문동유적이 자리한다. 들판과 같은 평지에는 길주 평륙리, 피현 동상리, 신양 외동 돌돌림유적이 위치한다. 이것은 같이 있는 고인돌이나 선돌유적의 분포 모습

사진 18. 평양 당모루 2호 모습

과 비슷하여 서로의 관련성을 시사한다. 또한 당모루유적은 원토층 위에 찰흙으로 일정한 높이가 되도록 복토한 다음 축조하였는데 고인돌처럼 주변 조망 문제를 고려하였을 가능성이 많다(하문식, 2004b).

이렇게 돌돌림 유적의 입지조건에 있어서 나타나는 특이함은 당시 사람들의 세계관과 관련이 있는 것 같다. 즉 당시에 제의를 거행할 때, 신성시 여기는 공간을 폐쇄된 지역에 확보하는 것보다는 어디에서나, 누구나 인식할 수 있는 곳을 골랐을 가능성이 많다.

이러한 문제는 곧 제의 시설의 신성함과도 깊은 관련이 있을 것이고, 탁자식 고인돌 가운데에서도 무덤보다 제단의 기능을 지닌 것으로 해석되는 중국 동북지역의 와방점 대자, 장하 대황지, 개주 석붕산, 대석교 석붕욕유적과 북한지역의 은율 관산리, 용강 석천산 고인돌 등도 서로 비교되는 자료이다.

돌돌림유적의 크기는 일정하지 않고 상당히 다양한 것으로 밝혀졌다. 길주 평륙리 1호가 길이 100m・너비 17m로 가장 크고, 길주 문암리 돌돌림유적이 길이 9.4m・너비 7.6m로 작았다. 나머지는 길이가 15m・너비 10m 안팎이다.

돌돌림유적의 축조 방법은 먼저 둘레돌의 역할을 하는 길이 1m 쯤 되는 큰 돌을 가지고 가장자리의 둘레를 구획한 다음, 안에는 막돌을 쌓거나 놓는 방법을 선택하였다. 이처럼 가장자리에 큰 돌을 놓은 것은 막돌이 흩뜨려지는 것을 방지하기 위한 하나의 방안으로 이용된 것 같다. 가장자리를 축조한 모습을 보면 당모루 2호 이외에는 모두 큰 돌을 가지고 1줄로 구획을 하였지만, 당모루 2호는 2줄로 돌을 돌려놓은 점이 다르다(사진 18). 또한 송신동 1호와 문암리 돌돌림유적의 둘레돌에서 나타나는 하나의 특징은 군데군데 큰 돌을 놓은 점이다. 발굴 결과 찾아진 유물로는 당모루 돌돌림에서 나온 팽이형 토기의 입술과 몸통조각, 슴베 있는 화살촉 등이다. 그리고 송신동 유적에서는 주변의 고인돌과 집터에서 팽이형토기 입술, 돌도끼, 화살촉 등이 발견 되었다. 이들 유적에서 나온 유물들은 시기나 성격적으로 그렇게 큰 차이가 없어 비슷한 시기로 여겨진다.

2. 기원 문제

돌돌림유적은 사회의 발달과 삶의 방식이 다양한 시기에 나타난 독특한 고고학적 유구의 하나이며, 당시 사람들의 정신적인 측면을 살펴볼 수 있는 유적일 가능성이 많다.

지금까지 돌돌림유적이 북한지역에서만 제한적으로 조사되고 중　남부지역에서 찾아지고 있는 비슷한 기능을 지닌 제의 관련유적은 그 구조에서 큰 차이가 있어 비교하기 어

사진 19. 우하량 2지점 무덤과 제단

려운 실정이다. 남부지역에서 이와 비교되는 것이 창원 덕천리 고인돌 유적에서 발굴되었지만, 시기적으로 볼 때 연탄 송신동이나 평양 당모루 돌돌림 유적보다 늦은 것으로 해석되기에 여기에서 그 기원을 찾기는 어려운 상황이다.

이런 점을 고려해 보면, 이 돌돌림유적의 기원은 상당히 복잡한 문제를 가지고 있다. 현재까지 진행된 조사와 연구의 상황에서 돌돌림유적의 기원 문제를 언급하는 것은 많은 어려움이 있다. 축조 방법의 차이에서 나타나는 발달과정을 이해할 수 있는 자료가 아직까지 확보되지 않았기 때문에 여러 문제점이 있다.

돌돌림유적의 구조적인 측면을 고려하면 비슷한 유구는 紅山文化관련유적의 제단이 있다. 요령성 서부와 내몽골 지역을 중심으로 발달된 홍산문화 가운데 요령성 객좌현 동산취, 건평현 우하량, 부신현 호두구유적에서는 제단의 기능을 하였던 것으로 해석되는 원형의 돌무지를 비롯하여 제사를 지내던 건물터, 돌무지 안에 돌널무덤이 있는 유구 등 돌을 쌓은 여러 가지의 독특한 유구가 발굴되었다(사진 19). 홍산문화의 중심지역인 우하량 유적의 제13지점(轉山子)에서 조사된 돌무지는 인공으로 가공된 돌의 손질 모습, 쌓은 방법 등을 보면 돌돌림유적과 비교된다(遼寧省 文物考古硏究所, 2012). 그러나 현시점에서는 앞에서 언급한 것처럼 청동기시대에 한반도내에서도 다양한 형태의 제의관련유적이 조사되고 있어 해석에 어려움이 많다.

현재까지의 여러 정황을 고려해 보면 돌돌림유적의 기원 문제는 홍산문화 시기의 유구와 비교해 볼 수 있다. 그렇다면 홍산문화의 관련유적은 어떤 성격인가 하는 문제가 대두된다. 먼저 돌돌림유적과의 비교에서 규모와 축조 방법을 고려하면 객좌 東山嘴의 제의유적과 우하량 2지점 3호 제단이 있다. 이들 제의 관련 유적의 가장자리를 보면 제법 큰 돌을 둘러 놓아 구획을 하였고, 그 다음 내부에 돌을 채워 넣은 것이 돌돌림유적의 축조방법과 비슷하다. 또한 제의유적 주변에는 이와 관련 있는 것으로 여겨지는 돌무지 무덤과 같은 무덤유적이 분포하고 있어 돌돌림유적과 고인돌처럼 시사하는 점이 있다.

3. 관련 유적과의 비교

연탄 송신동과 평양 당모루의 돌돌림유적은 같은 지역에 분포하고 있는 고인돌과의 관련성이 있다. 이것은 돌돌림유적과 고인돌이 한 곳에 같이 있을 때 그 기능이 무엇인가 하는 것이 중요하다.

고인돌의 기능은 크게 무덤과 제단으로 구분하고 있으며, 대부분은 무덤의 성격을 지닌 고인돌이다. 하지만 탁자식 고인돌 가운데 일부는 제단의 기능을 가지고 있었던 것 같으며 옛 기록인『三國志 : 魏書』〈公孫度條〉나『白虎通 : 社稷』에도 자세한 내용이 언급되어 있다.

돌돌림유적이 조사된 대부분의 지역에는 고인돌이 같이 있으며, 당모루유적만 주변에 고인돌이 없다. 이렇게 돌돌림과 고인돌유적이 한 곳에 같이 있을 때 서로의 기능은 다른 것이다. 다시 말하여 고인돌은 그 본래의 성격인 무덤의 기능을 가졌을 것이고, 돌돌림유적은 제의의 행위를 행하던 제단의 역할을 하였을 가능성이 상당히 많다. 특히 피현 동상리의 돌돌림유적 바로 옆에 있는 고인돌에서는 이곳에 묻힌 사람의 뼈를 비롯하여 돌검과 돌화살촉이 찾아졌다. 이렇게 고인돌에서 사람뼈가 출토된 것은 무덤이라는 것을 단정적으로 시사하며 나머지 껴묻거리인 돌검과 돌화살촉은 고인돌에서 널리 찾아지고 있는 유물이다.

돌돌림유적이 제단의 기능을 가졌다는 것은 연탄 송신동 1호와 길주 평류리 1호처럼 납작한 판자돌이 놓여 있어 이런 것을 뒷받침하고 있다. 또한 송신동 1호 돌돌림은 이곳의 고인돌유적에서 가장 중심적인 위치에 해당하는 곳에 자리하는 동시에 바로 옆에는 제일 큰 송신동 1호(덮개돌의 크기 : 830×630×50cm)와 10호 고인돌(덮개돌의 길이 : 440cm)이 분포하고 있다. 이것은 송신동유적에서 돌돌림유적의 기능 문제 뿐만 아니라 그 역할의 의미까지도 시사하는 점이 많다.

Ⅳ. 맺음말

지금까지 고조선의 무덤과 제단에 관하여 살펴보았다. 고조선에 대한 사료가 거의 없는 실정에서 이러한 고고학적 여러 자료들은 고조선 사람들이 엮어낸 그들의 문화를 이해하는데 중요한 의미를 지닌다.

무덤은 다른 어느 문화 요소보다도 강한 보수성과 전통성을 가지고 있기 때문에 쉽게 바뀌지 않는다. 그렇기에 우리는 고조선의 여러 무덤을 통하여 당시 사람들의 사유세계에 접근할 수 있고, 그들의 문화를 이해할 수 있을 것이다. 특히 고인돌과 돌무지무덤은 공통적으로 돌을 사용하여 무덤을 축조하였기 때문에 중원지역의 자료와는 분명히 다른 점이 있다. 또한 동굴무덤은 유적이 분포하는 지역적인 의미를 고려하면 초기 고조선의 문화상을 파악하고 비슷한 시기의 주변지역에 대한 고고학적 배경을 이해하는데 도움이 될 것이다.

제단으로 해석되는 돌돌림유적은 조사 자료가 제한되어 있어 성격 규명에 어려움이 있지만, 고조선의 문화를 이해할 수 있는 독특한 자료 가운데 하나다.

참고문헌

한국

강인구, 1979, 「中國地域 火葬墓 硏究」, 『震檀學報』46 · 47.

김광철, 2002, 「조롱박형 단지의 연원」, 『조선고고연구』4.

김권중, 2010, 「청동기시대 주구묘의 발생과 변천」, 『한국청동기학보』3.

김미경, 2006, 「美松里型 土器의 변천과 성격에 대하여」, 『韓國考古學報』60.

김병모, 1981, 「韓國 巨石文化 源流에 관한 硏究(Ⅰ)」, 『韓國考古學報』10 · 11.

김승옥, 2003, 「금강 상류 무문토기시대 무덤의 형식과 변천」, 『韓國考古學報』49.

김약수, 1986, 「금호강 유역의 지석묘 연구」, 『인류학연구』3.

김용간, 1963, 「미송리 동굴유적 발굴보고」, 『고고학 자료집』3.

김원룡, 1974, 『한국의 고분』.

김재원 · 윤무병, 1967, 『韓國 支石墓의 硏究』, 국립중앙박물관.

김정희, 1988, 「東北아시아 支石墓의 硏究」, 『崇實史學』5.

남일룡, 2005, 「평양일대에서 새로 발굴된 고인돌무덤과 그 의의」, 『단군과 고조선 연구』, 지식산업사.

노성철, 1993, 「미송리형 단지의 변천과 그 년대에 대하여」, 『조선고고연구』4.

도유호, 1959, 「조선 거석문화 연구」, 『문화유산』2.

문화재청 · 서울대 박물관 엮음, 1999, 『한국 지석묘(고인돌)유적 종합조사연구』.

서국태, 2005, 「고조선의 중심지와 령역」, 『단군과 고조선 연구』, 지식산업사.

석광준, 1974, 「오덕리 고인돌 발굴보고」, 『고고학자료집』4.

_____, 1979, 「우리나라 서북지방 고인돌에 관한 연구」, 『고고민속론문집』7.

_____, 2002a, 『조선의 고인돌무덤 연구』, 중심.

_____, 2002b, 『각지 고인돌무덤조사 발굴보고』, 백산자료원.

_____, 2005, 「평양일대 대형 고인돌 무덤의 성격에 대하여」, 『단군과 고조선 연구』, 지식산업사.

손진태, 1934, 「朝鮮 돌멘(Dolmen)考」, 『開闢』1.

송호정, 2007, 「미송리형토기 문화에 대한 재고찰」, 『한국고대사연구』45.

신숙정, 1994, 『우리나라 남해안 지방의 신석기문화 연구』, 학연문화사.

심봉근, 1981, 「한일 지석묘의 관계」, 『韓國考古學報』10 · 11.

_____, 1983, 「墓制 I (支石墓)」, 『韓國史論』13, 국사편찬위원회 엮음.

오대양, 2007, 「한강 본류유역 고인돌 유적의 성격」, 『백산학보』79.

우장문, 2006, 『경기지역의 고인돌 연구』, 학연문화사.

유태용, 2001, 「지석묘의 형식 분류와 축조연대에 대한 재검토」, 『京畿史學』5.

_____, 2003, 『韓國 支石墓 研究』, 주류성.

윤호필, 2009, 「청동기시대 묘역 지석묘에 관한 연구」, 『경남연구』1.

_____, 2013, 『축조와 의례로 본 지석묘사회 연구』, 목포대학교 박사학위논문.

이동희, 2010, 「선사시대 무덤의 변천과 편년」, 『한국 고분의 편년 연구』, 서경문화사.

이상길, 1994, 「支石墓의 葬送儀禮」, 『古文化』45.

이영문, 1987, 「전남지방의 지석묘의 성격」, 『韓國考古學報』20.

_____, 1994, 「지석묘의 기능적 성격에 대한 검토」, 『배종무 총장 퇴임기념논총』.

_____, 2002, 『韓國支石墓社會研究』, 학연문화사.

이융조, 1980, 「한국 고인돌 사회와 그 의식(儀式)」, 『東方學志』23 · 24.

이융조 · 하문식, 1989, 「한국 고인돌의 다른 유형에 관한 연구」, 『동방학지』63.

임병태, 1964, 「韓國 支石墓의 形式과 年代問題」, 『史叢』9.

임세권, 1976, 「韓半島 고인돌의 綜合的 檢討」, 『白山學報』20.

정연우, 2001, 「북한강유역 지석묘 연구」, 『史學志』34.

정백운, 1957, 「조선 고대무덤의 연구(1)」, 『문화유산』2.

조중공동고고학발굴대, 1966, 『중국 동북지방의 유적 발굴보고 : 1963~1965』.

조진선, 2004, 「전남지역 지석묘의 연구 현황과 형식변천 시론」, 『한국상고사학보』43.

지건길, 1982, 「東北 아시아 支石墓의 型式學的 考察」, 『韓國考古學報』12.

_____, 1983, 「墓制 II」, 『韓國史論』13, 국사편찬위원회 엮음.

_____, 1990, 「호남지방 고인돌의 형식과 구조」, 『韓國考古學報』25.

최몽룡, 1978, 「全南地方 所在 支石墓의 型式과 分類」, 『歷史學報』78.

_____, 1990, 「호남지방의 지석묘 사회」, 『韓國考古學報』25.

하문식, 1998a, 「북한지역 고인돌의 특이 구조에 대한 연구」, 『先史와 古代』10.

_____, 1998b, 「고인돌의 장제에 대한 연구(Ⅰ)」, 『白山學報』51.

_____, 1998c, 「遼寧地域 고인돌의 出土遺物 硏究」, 『先史와 古代』11.

_____, 1999, 『古朝鮮 地域의 고인돌 硏究』, 백산자료원.

_____, 2000, 「中國 東北地域 고인돌의 한 연구」, 『韓國先史考古學報』7.

_____, 2004a, 「고조선 지역 고인돌 출토 청동기 연구」, 『동북아 청동기시대 문화 연구』, 주류성.

_____, 2004b, 「고조선의 돌돌림 유적에 관한 문제」, 『단군학연구』10.

_____, 2005, 「고조선의 무덤 연구 –북한지역 고인돌을 중심으로–」, 『단군학연구』12.

_____, 2008a, 「고인돌의 특이형식에 대한 연구 – '변형 탁자식 고인돌' 문제와 관련하여 –」, 『한국사학보』30.

_____, 2008b, 「고인돌의 숭배 의식에 대한 연구」, 『비교민속학』35.

_____, 2010, 「太子河 유역 특이 고인돌에 대한 연구 – 新城子 大片地 유적을 중심으로」, 『白山學報』86.

_____, 2011, 「요동지역 문명의 기원과 교류」, 『東洋學』49.

_____, 2012, 「미송리형 토기 : 연구 경향과 새로운 몇 자료」, 『고조선단군학』27.

_____, 2014, 「고조선 시기의 동굴무덤 연구」, 『白山學報』98.

하인수, 1992, 「영남지방 지석묘의 형식과 구조」, 『가야고고학논총』1.

_____, 2000, 「남강유역 무문토기시대의 묘제」, 『남강유적과 고대 일본』.

한병삼, 1973, 「墓制」, 『한국사』1.

한창균, 1992, 「고조선의 성립 배경과 발전 단계 시론」, 『國史館論叢』33.

한흥수, 1935, 「朝鮮의 巨石文化 硏究」, 『震檀學報』3.

황기덕, 1965, 「무덤을 통하여 본 우리나라 청동기시대의 사회관계」, 『고고민속』4.

외국

高芳·華陽·霍東峰, 2009, 「老鐵山 · 將軍山 積石墓 淺析」, 『內蒙古 文物考古』1.

金旭東, 1991, 「1987年 吉林東豊南部蓋石墓調査與淸理」, 『遼海文物學刊』2.

木易, 1991, 「東北先秦火葬習俗試析」, 『北方文物』1.

旅大市文物管理組, 1983, 「旅順老鐵山積石墓」, 『考古』2.

旅順博物館·遼寧省博物館, 1983, 「大連于家砣頭積石墓址」, 『文物』9.

吳靑雲, 2008, 「遼寧大連市土龍子靑銅時代積石塚群發掘」, 『考古』9.

遼寧省文物考古硏究所·本溪市博物館, 1994, 「馬城子 – 太子河上游洞穴遺存」.

王嗣洲, 2011, 「遼東半島積石塚硏究」, 『大連考古文集』1.

王洪峰, 1993, 「石棚墓葬硏究」, 『靑果集』.

遼寧省文物考古硏究所, 2012, 『牛河梁 – 紅山文化遺址發掘報告』, 文物出版社.

李恭篤 · 高美璇, 1995, 「遼東地區石築墓與弦紋壺有關問題研究」, 『遼海文物學刊』19.

張志立, 1990, 「東北原始社會墓葬研究」, 『古民俗』.

張志成, 2011, 「大連地區積石墓淺見」, 『大連考古文集』1.

陳大爲, 1991, 「試論遼寧"石棚"的性質及其演變」, 『遼海文物學刊』1.

許玉林 · 許明綱, 1981, 「遼東半島石棚綜述」, 『遼寧大學學報』1.

許玉林, 1994, 『遼東半島石棚』, 遼寧科學技術出版社.

華陽 · 霍東峰 · 付珺, 2009, 「四平山積石墓再認識」, 『赤峰學院學報』2.

華玉冰, 2011, 『中國東北地區 石棚研究』, 科學出版社.

華玉冰 · 王來柱, 2011, 「新城子文化初步研究 － 兼談與遼東地區相關考古遺存的關係」, 『考古』6.

甲元眞之, 1973, 「西朝鮮の支石墓(上)」, 『古代文化』25-9.

藤田亮策, 1942, 『朝鮮考古學』.

梅原末治, 1947, 『朝鮮古代の墓制』.

三上次男, 1961, 『滿鮮原始墳墓の研究』, 吉川弘文館.

鳥居龍藏, 1946, 「中國石棚之研究」, 『燕京學報』31.

백제문화 원류로서의 부여문화

이종수 단국대학교

Ⅰ. 머리말

백제의 원류는 부여와 고구려에서 찾을 수 있다. 그러나 백제는 건국설화에서부터 그 뿌리를 부여에서 찾고 있다. 비류를 건국시조로 하는 전승에 비류의 아버지는 북부여 왕 해부루의 서손인 우태로 기술하고 있다. 또한 백제왕의 성(姓)을 부여(扶餘)씨로 삼고 있으며, 개로왕이 472년 북위로 보낸 국서에서도 고구려와 백제가 부여에서 기원했음을 주장하고 있다. 성왕도 538년 수도를 사비로 옮기면서 국가 명칭을 '남부여'로 고쳐 부르고 있다. 이처럼 백제의 부여 출자 인식은 건국 초부터 지속적으로 이어져 오고 있음을 알 수 있다. 이러한 내용은 중국사서인『위서』백제전에 백제의 출자를 부여로 기록한 것과『주

---

* 이 글은 한성백제박물관 2014 여름 백제문화특별전『백제 인물열전』도록에 수록된 글을 수정 · 보완 하였다.

서』백제전의 구태 시조전승에서 백제를 마한의 속국으로 부여의 별종이라 기록하고 있는 것에서도 확인 할 수 있다. 따라서 백제 문화의 뿌리를 알기 위해서는 부여의 국가적 정체성과 그들의 삶, 그리고 문화를 이해하는 것이 반드시 선행되어야 한다.

기원전 18년 고구려 왕위 세력 다툼에서 밀려난 소서노는 비류와 온조 두 아들과 그녀를 따르는 무리를 이끌고 남쪽으로 내려와 한강유역에 백제를 건국한다. 문화적으로 주민이동은 하나의 주민집단이 다른 지역으로 집단 이동하는 과정으로, 고의적인 집단이주자 들일 경우 문화 중 생업경제, 종교, 묘제, 일상생활 등에서 필수적인 요소들이 이주자들과 같이 이동하기 때문에 그런 문화요소들은 고고학 자료에 나타나게 된다.(이송래, 2002) 그렇다면 백제 건국집단의 문화는 일반적으로 기존 거주지역의 문화와 유사한 양상을 보일 가능성이 높다.

이 글은 문헌기록과 고고학 자료를 토대로 백제문화의 기원으로써 부여인들의 삶과 문화를 이해해 보고자 하는데 목적이 있다. 부여 문화의 특징을 분석하고, 백제 문화와의 비교를 통해 부여인들의 삶과 문화가 백제에 어떤 영향을 미치고 있는지 살펴보고자 한다.

II. 부여의 역사와 경역범위

부여는 기원전 3세기말 늦어도 기원전 2세기 초에 형성되어 기원 494년 고구려에 왕과 그 일족이 투항 할 때까지 대략 700여년의 역사를 지닌 연맹체국가로 사방 2천리의 땅과 8만호의 인구를 가진 대국이었다. 부여는 문헌에 부여(夫餘) 혹은 부여(扶餘)라고 기록되고 있는데, 부여가 존립하던 시기에 쓰여진 사서에는 대부분 '夫餘'로 기록되어 있는 반면, 부여 멸망 이후의 사서에는 '扶餘'로 기록하고 있다. 두 한자 모두 중국어 발음으로는 "fuyu"로 발음되는데, 모두 당시 중국인들이 부여에서 자신의 나라 이름을 어떻게 부르는지 그 소리를 듣고 그대로 음차하여 적은 것으로 볼 수 있다. 이로 인해 부여의 원래 국가 이름은 "fuyu" 발음과 비슷했던 것으로 추정할 수 있다.

부여의 국가 명칭으로는 '부여', '북부여', '동부여', '졸본부여', '남부여' 등이 있다. '부여'라는 명칭은 중국측 사서에 보이며, '북부여'와 '동부여'는 '광개토태왕비문'과 『삼국사기』, 『삼국유사』 등의 우리 측 문헌에서 확인된다. '졸본부여'는 고구려의 성립 초기의 국가명칭이며, '남부여'는 백제 성왕이 수도를 사비로 옮기면서 백제에서 고쳐 부른 명칭이다. 현재 부여, 북부여, 동부여의 실체에 대해서는 학계에 많은 이견이 대립하고 있어 이들 국가의 실체를 확인하기 위해서는 향후 더 많은 연구가 필요하다. 다만 부여의 전기 중심지가 지금의 길림시(吉林市)일대라는 견해에 대해서는 대부분 인식을 같이하고 있다.

부여의 역사는 크게 세 시기로 구분할 수 있다. 전기는 성립기로 기원전 3세기말부터 기원전 1세기까지로, 이 시기 부여는 길림시일대를 중심으로 강한 군사력과 높은 경제력을 바탕으로 점차 주변지구를 병합함으로써 강력한 연맹체 국가를 형성하고 있다. 중기는 전성기로 기원전 1세기부터 기원 285년 모용외의 침략까지로, 이 시기 부여는 중원왕조와의 우호적인 관계를 바탕으로 고구려와 선비를 견제하고 동시에 옥저와 읍루 등을 신속시킴으로써 동북지역의 패자로 성장하고 있다. 후기는 쇠퇴기로 기원 285년에서 494년까지이다. 이 시기 부여는 선비의 침입으로 세력이 약화되기 시작하여, 386년 전연 모용황의 침략과 410년 고구려 광개토태왕의 침입을 받고 국가가 존립의 위기에 처하게 된다. 이후 근근이 명맥만을 유지하던 부여는 494년 물길의 압력으로 왕과 그 일족이 고구려에 투항함으로써 역사의 막을 내리고 있다.(이종수, 2004a)

부여의 경역범위는 문헌에 비교적 자세히 기록되어 있다. 『후한서』와 『삼국지』에 "부여는 현도군의 북쪽 천리에 있다. 남쪽으로는 고구려, 동쪽으로는 읍루, 서쪽으로는 선비와 접해 있으며, 북에는 약수(弱水)가 흐르고 있다. 땅은 사방 2천리인데 본래 예(穢)의 땅이었다."라 기록되어 있으며, 『진서』에는 남쪽 경계에 고구려 대신 선비가 등장하는 것이 다를 뿐이다. 이들 문헌의 기록이 거의 일치하고 있는 것으로 보아 후한에서부터 위진남북조시대까지 부여의 위치는 그다지 큰 변동이 없었음을 알 수 있다. 다만 『진서』에 남으로 선비와 접하고 있다는 내용으로 보아, 3세기 이후 부여의 서남쪽에 이미 선비가 진출해 있음을 짐작할 수 있다.

부여의 경역범위를 개괄적으로 살펴보면, 길림시일대를 중심으로, 동쪽은 장광재령(張廣才嶺)과 위호령(威虎嶺), 서쪽은 대평원 지역으로 명확하게 경계를 설정할 수 없지만 대략 대흥안령(大興安嶺) 동록, 남쪽은 용강산맥(龍崗山脈), 북의 약수는 제일송화강(第一松花江) 혹은 흑룡강(黑龍江)으로 비정할 수 있다.

Ⅲ. 부여인들의 성품과 생활상

부여인들의 사람됨에 대해 『후한서』와 『삼국지』에 모두 "몸이 사납고 크며, 성격이 용감하고 신중할 뿐만 아니라 중후하여 함부로 노략질을 하지 않는다."라고 적고 있다. 용감하고, 신중하며, 중후한 부여인의 성품은 어디에서 나온 것일까. 아마도 이는 그들의 생활했던 자연환경에서 그 해답을 찾을 수 있다. 즉 부여의 경역범위는 대부분 송눈평원(松嫩平原)지역에 해당되는데, 눈강(嫩江)과 송화강(松花江)을 중심으로 주변에 낮은 구릉과 넓은 충적평원이 펼쳐져 있어 농업을 생업경제로 하여 살아가는데 가장 적합한 자연환경을 갖추고 있다. 이 때문에 부여는 풍요로운 경제생활을 누릴 수 있었으며, 주변 국가를 노략질하는 행위를 일삼지 않았던 것으로 볼 수 있다. 이는 문헌에 "산릉과 넓은 못이 많고, 동이의 지역 중 가장 평탄한 곳으로 땅이 비옥하여 오곡이 잘 자란다"라는 기록과도 부합된다.

반면에 고구려인들은 흉악하고 급하며, 기운이 세고 싸움에 능해 노략질에 잘하는 것으로 기록되어 있다. 고구려인들이 생활하던 환인과 집안일대는 해발 1000m 이상의 산악지대로 주변이 온통 산지로 둘러싸인 척박한 지역이었다. 『후한서』에도 "큰 산과 깊은 골짜기가 많으며, 밭이 적어서 아무리 애써 농사를 지어도 먹을 양식이 부족했다"라고 기록하고 있다. 이렇게 농업생산에 적합하지 않은 자연환경으로 인해 고구려는 항상 경제적으로 많은 어려움이 있었을 것이고, 주변지역 대한 약탈과 침략을 통해 이러한 어려움을 극복해 나갔던 것으로 볼 수 있다. 이들이 주로 약탈을 자행한 곳은 중국 군현이었던 관계로 중국측 사서에는 고구려인들이 포학하고 싸움에 능한 사람들로 표현되어 있다.

고구려에서 이주한 백제인들이 빠른 시간 안에 한강일대를 장악할 수 있었던 가장 큰 이유는 바로 이러한 고구려인의 기질을 그대로 가지고 있었기 때문으로 볼 수 있다. 그러나 사회정치적으로 점차 안정이 되고 이주한 지역의 자연환경이 이전과는 달리 경제적으로 윤택한 생활을 할 수 있는 충적평원지역이었기 때문에 백제인들의 성격이 점차 부여인들과 같이 온화한 성품으로 변해간 것이 아닌가 생각된다.

부여인들의 언어는 고구려, 백제와 거의 동일했던 것으로 볼 수 있다. 『삼국지』에 "고구려는 부여의 별종으로 말이나 법이 비슷하다"는 기록을 통해 볼 때, 고구려의 별종인 백제 역시 기본적으로 부여와 동일한 언어를 사용했을 가능성이 높다. 즉 부여, 고구려, 백제 사람들은 기본적으로 언어 소통에 그다지 큰 문제가 없었던 것으로 볼 수 있다.

부여 사람들은 일상생활에서 항상 예를 중시하고 있다. 『후한서』와 『삼국지』에 "부여인들은 음식을 담을 때 조두(俎豆)를 사용하고, 모임에서 잔을 받을 때 절하고(拜爵), 잔을 넘길 때 씻어주며(洗爵), 읍양하면서 오르내린다(揖讓升降)"라는 기록이 보이고 있다. 이는 부여인들이 일반적으로 원통형의 기다란 받침이 달린 두형 토기를 이용해 음식을 담고 있으며, 모임시에 상대방에게 잔을 씻어 내주고, 잔을 받을 때는 절을 하며 받는 문화가 있으며, 자리를 양보할 때는 읍을 하는 예절이 있었다는 것을 설명해 주고 있다. 읍이란 두 손을 맞잡고 허리를 앞으로 구부렸다가 펴면서 경의를 표하는 것으로, 서로 읍하며 윗자리를 양보하는 기록에서 부여인들이 겸손하고 양보하는 것을 좋아하는 문화인이었음을 알 수 있다. 『진서』에 "부여 사람들이 만나면 서로 절하고 양보하는 예의가 중국과 흡사하다"라 적고 있다. 중국 사람들이 보기에도 부여인은 중국과 유사할 정도로 높은 수준의 예절교육을 시행하고 예절을 실천한 문화인들이었다. 부여의 이러한 예절문화는 오늘날 우리의 일상생활에서도 쉽게 찾을 수 있다는 점에서 부여 문화의 계승성을 확인할 수 있다. (김성숙, 2008)

부여인들은 흰옷을 입는 것을 좋아했다. 『삼국지』에 "나라 안에서는 흰색으로 꾸미어 입었는데, 흰 베로 저고리, 도포, 바지 등을 만들어 입었고, 가죽신을 신는다. 나라 밖으로 나갈때에는 비단에 수를 놓아 입는 것을 법칙으로 하였고, 대인은 여우, 살쾡이, 흑담비 가죽으로 만든 가죽옷을 즐겨 입고, 금은으로 장식한 모자를 쓴다"라는 기록을 통해 볼 때, 부여인들은 일반적으로 흰 옷을 즐겨 입었으며, 권력이 있는 자들은 겨울에 가죽옷과 가죽신을 신고, 금은으로 장식된 모자를 쓰고 다녔음을 알 수 있다. 일반적으로 우리민족을 백의민족이라 부르고 있는데, 이 역시 그 시작을 부여에서 찾을 수 있다.

부여인들은 일상생활에서 때와 장소, 나이를 불문하고 노래하고 춤추는 것을 좋아했다. 『후한서』와 『삼국지』에 모두 "길을 가면서 밤낮 없이 늙은이건 어린아이건 모두 노래를 불렀고, 하루 종일 노래가 끊이지 않는다."고 기록하고 있다. 특히 은 정월에 하늘에 제사를 지내는 국가적인 제천행사인 영고(迎鼓)가 있을 때에는 더욱 성대하여 수일동안 큰 집회를 열고 음주가무를 즐겼다. 또한 이때만은 형옥을 멈추고, 죄수를 풀어주고 있는데 그 전통이 지금까지 이어져 현재도 국경일에 죄를 사면해 주는 특사가 지속적으로 이루어지고 있다.

부여의 형벌은 지나치게 엄격하였는데, 살인자는 사형에 처하고 그 가족은 모두 노비로 삼았다. 도둑질을 한 자는 12배로 배상하게 하였으며, 음란한 남녀와 투기하는 부인은 모두 사형에 처했다. 특히 가장 엄중한 처벌은 투기죄였다. 투기한 여자는 죽이고 나서 그 시체를 서울 남쪽 산 위에 버려 썩게 하였다. 여자 집에서 시체를 찾아가려면 소와 말을 바쳐야 가능했다. 이는 일부다처제인 부여에서 한 남자가 다수의 부인들을 상대해야 했기 때문에 부인들간에 시기와 질투가 있을 수 있고, 이로 인해 가정의 평화는 물론 국가의 질서도 해칠 수 있기 때문에 투기가 심한 여자를 죽이는 일벌백계를 통해 가부장권을 확립하고 안정적인 국가체제를 유지하려 했던 것으로 볼 수 있다. (김성숙, 2008)

Ⅳ. 부여의 도성과 취락

　　문헌에 기록된 "궁실, 창고, 감옥이 있다."라는 내용을 통해 부여에는 왕이 거주하던 궁실이 존재하고 있음을 확인할 수 있다. 부여 도성의 위치에 대해서는 길림시일대로 비정하는 것이 학계의 일반적인 견해이다. 길림시는 주변이 산으로 둘러싸여 있는 분지지형으로, 적의 침입을 방어하기에 적합한 자연지리적 조건을 갖추고 있다. 특히 부여 도성으로 추정되는 영안촌(永安村)일대는 북쪽으로 길림시 일대를 한 눈에 관망할 수 있는 용담산이 위치해 있고, 서쪽은 북류 송화강이 남에서 북으로 흘러 천연의 보루인 동단산과 함께 최상의 방어시스템을 구축하고 있다. 동쪽과 남쪽은 비교적 높은 구릉성 산들로 이어져 있으며, 그 안쪽에는 드넓은 평지가 펼쳐져 있어 도성의 입지로는 가장 적합한 지역이라 할 수 있다.

　　이러한 천연의 군사적 요충지에 부여는 동단산산성(東團山山城)과 평지성(南城子城), 용담산산성(龍潭山山城)을 축조하고 있다. 분지의 서쪽 북류 송화강과 맞닿은 지점에 동단산산성과 평지성이 만들어지고 있으며, 북쪽으로 2.5km거리에 용담산산성이 축조되고 있다. 현재 학계에서는 부여의 왕성으로 동단산산성과 평지성을 가장 유력하게 보고 있으나,(武國勛, 1983) 일부에서는 왕성의 위치를 용담산산성과 동단산산성의 중간지대로 보는 견해도 제기되고 있다.(李建才, 1982) 아직까지 이 지역에 대한 정확한 고고학적 조사나 발굴이 이루어지지 않아 어느 곳이 당시의 왕성이었는지는 단언할 수 없다.

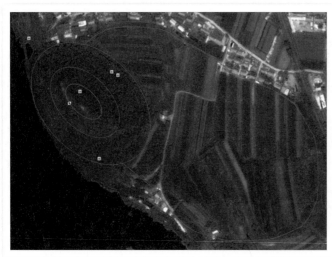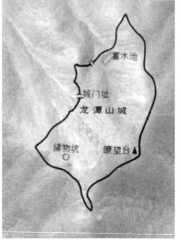

그림 1. 동단산산성과 평지성(남성자성) 위성사진 및 용담산산성 평면도

다만 용담산산성과 동단산산성 사이의 평원지대에서 다량의 위세품이 출토되었고, 정확한 축성연대는 파악할 수 없지만 둘레가 1000m가 넘는 큰 규모의 관지성지(官地城址)가 위치해 있었다는 점, 남성자성의 경우 몇 차례의 발굴에도 불구하고 지금까지 왕성으로 규정할 수 있는 건물지 혹은 왕의 신분을 확인할 수 있는 고급 위세품이 출토되지 않는 점, 천연의 군사적 요새인 동단산산성과 용담산산성을 양쪽에 둠으로써 방어에 가장 유리한 지점에 위치해 있다는 점, "국남산(國南山)"으로 추정되는 모아산 고분군이 동단산과 용담산의 중간지대에서 볼 경우 남쪽이 되지만, 동단산산성과 그 평지성에서 보면 동쪽에 해당된다는 점 등을 통해 볼 때, 동단산과 용담산 중간에 왕성이 위치했을 가능성이 더 높다고 할 수 있다.(이종수, 2004a) 다만 현재 이 지역은 택지개발로 대단위 아파트가 들어서 있어 원 지형이 모두 훼손된 상태로 향후 왕성유적을 확인할 방법이 없다는 점이 아쉬움으로 남는다.

이 지역에 위치한 부여 성의 분포 형태를 놓고 보면, 부여 도성의 방어체제는 평지성과 산성이 하나의 세트를 이루는 시스템을 갖추고 있는 것을 알 수 있다. 평지에는 왕성이 자리해 평상시에는 왕과 백성들의 경제·생활공간으로 이용되고 있었으며, 그 주변의 산에는 비상시에 적의 침입으로부터 방어 혹은 농성을 위한 산성이 축조되고 있다.

다음으로 부여 지방의 방어체계를 살펴보면, 『삼국지』에 부여의 지방에는 '사출도(四出

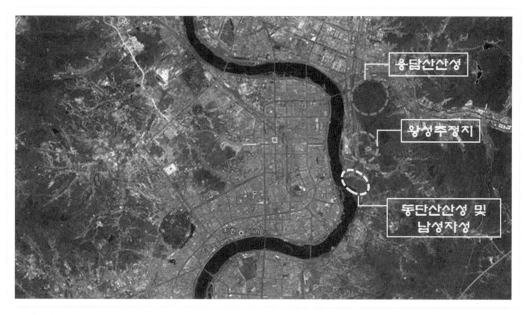

그림 2. 부여 도성의 방어체계

道'가 있다는 기록이 남아 있다. '사출도'라는 말은 단순히 지방을 네 개의 행정구역으로 구분했다는 의미보다는 고구려의 오나부(五那部)처럼 도성을 중심으로 방위에 따라 사방을 나눈 것을 의미한다. 따라서 사출도는 도성으로부터 사방으로 통하는 길로서 고대국가의 지방지배의 기본이 되는 도로와 그 주변 읍락을 의미하는 말이며 완비된 행정구역을 의미하는 것은 아니라고 할 수 있다.(송호정, 1997) 왕이 직접 다스리는 중앙을 제외한 4개 지역집단 밑에는 부여 연맹체를 구성하는 가장 기본 집단인 읍락이 있었으며, 각 읍락들은 '가(加)'들에 의해 자치권이 행사되고 있었다는 점으로 미루어 보아 부여의 각 읍락은 성책(城柵)을 구축하고 있었을 가능성이 매우 높다.

부여의 사방에 위치한 성들은 그 규모에 따라 중형성과 소형성으로 나눌 수 있는데, 중형성의 경우 대부분 사출도의 중요 거점 지역에 위치해 있어, 행정적 혹은 군사적으로 중진 역할을 담당하고 있으며, 소형성들의 경우 소읍의 행정적 군사적 중심지 역할을 담당했던 것으로 추정된다.

교통로상에 위치한 주요 거점 지역 중에서 부여 성곽이 확인된 곳은 빈현(賓縣)의 경화성지(慶華城址)가 유일하다. 경화성지 주변의 자연 지형은 동남쪽으로 대청산(大靑山)이 길게 이어져 있으며, 서쪽과 북쪽은 제일송화강 주변으로 넓은 충적평원 있고, 북쪽 20km 거리에는 제일송화강이 흐르고 있다. 이 곳은 부여에서 읍루로 이어지는 대읍루 교통로 상의 행정·군사적 요충지로 가시거리가 넓어 맑은 날에는 성내에서 북쪽으로 동류 송화강까지 볼 수 있다.

당시 부여의 동북쪽에는 읍루세력이 자리하고 있었다. 『삼국지』 읍루조에 "한 이래로

그림 3. 경화성지 전경 및 평면도

부여에 신속되었으나, 부여가 그 조세와 부역을 막중하게 부담시키자 황초(黃初) 년간에 반란을 일으켰다."라는 기록을 통해 볼 때, 비록 읍루가 부여에 신속되었다고는 하나, 부여에 저항하고 있다는 점에서 직접적으로 부여연맹체에는 속하지 않았던 것으로 볼 수 있다. 읍루 집단은 부여의 세력이 강성했을 때는 부여에 신속되었다가, 부여의 세력이 약해지거나 조세의 부담이 강해지면 반란을 일으켜 부여의 변방지역을 침입하여 약탈을 감행했던 것으로 볼 수 있다. 이로 인해 경화성지를 비롯한 이 지역 소형성들의 주 방어 방향은 읍루의 중심지인 동북쪽을 향해 있다.(이종수, 2004b)

소형 평지성의 경우 그 기능이 행재성(行在城)의 역할을 담당하고 있는데, 이에 해당하는 부여 성지로는 동옥저 교통로상에 위치한 신가성지(新街城址)와 복래동성지(福來東城址)가 있다. 신가성지와 복래동성지 모두 모두 랍법하(拉法河) 서안의 대지상에 위치해 있으며, 주변이 모두 넓은 평원과 구릉성 산들로 이어져 있어 생활환경이 매우 양호한 지역이라 할 수 있다. 또한 이 지역은 당시 강력한 적대세력으로 보호 받을 수 있는 내륙에 위치해 있어 일정한 주 방어방향이 확인되지 않는다. 이러한 행재성들은 대부분 소규모 읍락의 통치지배 집단이 거주하면서 행정기능을 담당하고, 전시에는 방어기능을 담당했던 것으로 보인다. 다만 이 같은 행재성들은 규모가 너무 작았던 관계로 대규모 전쟁시에는 농성과 방어에 별 다른 기능을 하지 못했던 것으로 추정된다.

부여 관방체계의 특징은 첫 번째 부여 사방에 위치한 성들은 왕이 거주하던 도성을 방어하기 위해 축조되었다기보다는 각자의 지역을 자체 방어하기 위한 목적으로 설치되었다는 점이다. 이는 당시 부여의 연맹체적 통치조직과도 일맥상통하고 있는데, 즉 각 지역을 다스리는 세력들은 스스로 자치권을 행사하고 있었기 때문에 왕이 거주하는 도성보다

그림 4. 복래동성지(좌) 및 신가성지(우) 전경

는 자신들이 거주하고 있는 지역을 더 중요하게 인식했고, 자신의 지역을 방어하기 위해 자체적인 방어 시스템을 구축하고 있었다. 또한 지방에 위치하고 있던 성들은 몇 개의 중진성을 제외하고 대부분 소형성들로 이루어져 있어 대규모 전쟁시 방어에 별다른 도움이 되지 못하였다. 이러한 방어체계로 인해 285년과 346년 두 차례에 걸친 모용선비의 침입에 부여 도성이 손쉽게 함락되는 모습을 보이고 있다.

두 번째 특징은 평지성과 산성을 한 세트로 묶어 활용하는 시스템이 출현하고 있다는 점이다. 즉 평지성은 평상시 일반적인 생활과 행정업무를 담당하고, 그 주변의 군사적 요충지에는 산성을 세워 전시에 방어와 농성할 수 있는 방어시스템을 갖추고 있다. 이는 고구려 초기 관방체계와도 일치하는 것으로, 고구려가 부여의 관방체계를 모방한 것으로 볼 수 있다. 즉 환인지역에는 하고성자성과 오녀산성을 세트로 하는 방어체계가 형성되어 있고, 집안에는 국내성과 환도산성을 세트로 하는 방어시스템이 구축되고 있다. 이러한 평지성과 산성을 세트로 하는 방어시스템은 백제에도 영향을 미쳐 한성지역에 평지성인 풍납토성과 산성인 몽촌토성을 세트로 하는 방어시스템이 구축되고 있다.

부여의 취락유적은 지금까지 조사된 예가 전무하다. 다만 최근에 중국에서 발간된 책자에 부여의 주거지 관련 자료가 일부 확인되었다(吉林省文物考古研究所, 2008, 『田野考古集粹』). 관련 사진을 통해 보면 주거지의 평면은 철(凸)자형에 뒤쪽으로 3줄의 연도시설을 갖춘 구들이 확인되고 있으며, 주거지 내부에 저장구덩이가 설치되어 있고, 출입구 양쪽에서 출입시설과 관련된 2개의 기둥 구멍이 확인된다. 이러한 구조와 형태는 경기 북부지역에서 확인되는 백제 초기 철자형 주거지와 유사하다는 점에서 향후 두 지역간의 문화적 교류

① 동단산 평지성내 철자형 주거지

② 백제 풍납토성내 주거지

도면 5. 부여와 백제 주거지 비교

관계를 밝히는데 중요한 자료를 제공해 주고 있다.

V. 부여인들의 죽음과 장례

부여의 장례풍속과 관련하여『후한서』에는 "죽으면 관이 없는 곽을 사용하였다. 사람을 죽여 순장하였으며 많을 때는 백여명에 이르며, 왕이 죽어 장례를 치를 때는 옥갑을 이용하였다."라 적고 있다.『삼국지』에는『후한서』의 내용 이외에도 "사람이 죽으면 여름에는 모두 얼음을 사용하였고, 후장(厚葬)을 하고 있다."라는 기록과 더불어『위략』에 기록된 내용을 주로 달고 있다.『위략』에는 부여는 장례를 후하게 치렀는데, 대략 5개월 동안 초상을 지냈으며, 오래갈수록 영예롭게 여겼기 때문에 상주는 아주 길게 장사를 지내려고 했고, 주변에서 이를 만류해야만 장례가 마무리되었다. 또한 초상기간에는 남녀 모두 흰 옷을 입고, 반지나 패물을 몸에서 제거하며, 부녀자는 면의로 얼굴을 가린다는 내용이 실려 있다. 이상의 내용을 정리해 보면, 부여의 장례풍습은 후장구상(厚葬久喪), 순장, 목곽 사용, 옥갑의 사용 등으로 특징지을 수 있다.

지금까지 발굴을 통해 조사된 부여무덤은 노하심(老河深) 129기, 학고촌(學古村) 1기, 모아산(帽兒山) 129기 등 대략 260여기에 이르고 있다. 이들 고분군은 대부분 하천가 주변 50m 내외의 야트막한 구릉 사면부에 위치해 있으며, 한 곳에 집중 매장하는 공동매장 현상이 두드러지게 나타나고 있다.(이종수, 2009b)

부여 무덤의 형식은 토광묘, 목관묘, 목곽묘, 토석혼봉묘 네 종류로 나눌 수 있다. 이중 목곽묘가 대다수를 차지하고 있어 부여의 무덤은 곽만 사용한다는 문헌기록과 일치하고 있다. 이들 무덤은 현재 모두 삭평되어 봉토가 남아 있지 않으나, 원래는 봉토가 만들어져 있었던 것으로 추정된다. 매장법은 단인장(單人葬), 동혈합장(同穴合葬), 이혈합장(異穴合葬) 등이 있다. 다만 문헌기록에 많을 경우 백여명을 순장하였다고 하는데, 지금까지 발견된 부여 무덤에서 순장의 흔적은 확인되지 않는다. 순장은 현생에서 누렸던 영화를 내세에서 그대로 유지하고자 하는 관념에서 비롯되었다. 장례 방식은 일차장에 앙신직지 위주이다. 이밖에도 말의 이빨이나 머리뼈 등을 매납하는 순마습속(殉馬習俗)이 나타나고 있다.

무덤에 매납되는 부장품은 고분의 규모, 장례방식, 남녀성별 등의 차이에 따라 종류와 수량이 달라지고 있다. 노하심(老河深) 고분군의 경우 무덤군은 호민(豪民) 이상의 계층이

① 노아심M1

② 모아산 I 구 15호

③ 모아산고분군 조사 모습

도면 6. 부여 무덤 조사 현황

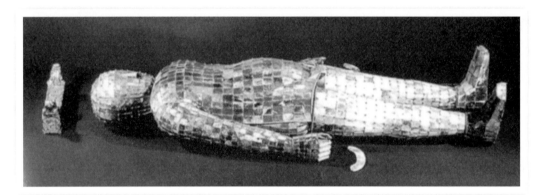

그림 7. 만성한묘(滿城漢墓)출토 한대 옥갑

사용한 공동묘지로 남녀성별과 무덤 규모에 따라 부장품의 종류와 수량이 차이를 보이고 있다는 점에서 집단에 이미 계층화가 나타나고 있는 것으로 파악하였다(오영찬, 1999). 이는 문헌기록에 보이는 후장구상이 일부 지배층에만 한정된 장례풍속이었음을 설명해 주고 있다.

『삼국지』에 "한나라때 부여왕의 장례에는 옥갑을 사용하였다. 미리 준비해서 현도군에 두었다가 왕이 죽으면 이를 가져다가 장사지냈다. 공손연이 피살되었을 때도 현도의 창고에는 옥갑 한구가 있었다."라는 기록을 통해 부여에서는 왕이 죽으면 옥갑을 사용해 시신을 염하고 있는 것을 알 수 있다. 옥갑은 옥의라고 불리는데, 편옥에 네 구멍을 뚫고 금속실로 꿰어 수 천개의 작은 옥편을 연결하여 만들었다. 꿰매는 올실의 종류에 따라 금루옥의, 은루옥의, 동루옥의, 사루옥의 등으로 구분된다. 지금까지 조사된 부여 무덤에서 옥갑의 흔적은 확인되지 않고 있다. 옥갑은 부여왕의 무덤임을 증명하는 동시에 부여 도성의 위치를 명확하게 밝혀줄 표지적유물이기 때문에 옥갑의 발굴은 향후 부여 고고학에서 해결해야할 가장 중요한 과제 중에 하나라고 할 수 있다.(김성숙, 2008)

VI. 부여인들이 사용한 물건들

문헌에 부여인들은 생활에서 조두(俎豆)를 사용하고 있는 것으로 기록되어 있다. 그들이 일상생활에서 사용한 토기는 호(壺), 관(罐), 두(豆), 완(碗) 등이 있다. 제작방법과 태토에 따라 토착계통과 중원 한식(漢式)계통으로 나눌 수 있는데, 수제에 굵은 모래가 혼입된 황갈색 토기는 토착계통이고, 윤제(輪制)에 니질(泥質)의 회색 토기는 한식계통으로 볼 수 있다. 한식계의 토기는 대부분 생활 유적에서 발견되고 있으며, 무덤에서는 극소수만 확인된다. 또한 지역적으로 수량의 차이를 보이고 있는데, 부여의 중심지인 길림시일대에서 대량으로 발견되고 있으며, 주변지역으로 갈수록 그 수량이 줄어들고 있다.

철기는 대부분 생산공구와 무기류 위주이며, 대부분 중원계통을 모방한 것들로 종류로는 도끼, 자귀, 낫, 삽, 끌, 쟁기, 호미 등이 있다. 부여는 강력한 군사력을 가지고 있었

① 호(동단산)   ② 관(모아산)   ③ 두(동단산)

도면 8. 부여의 토착계와 한식계 토기

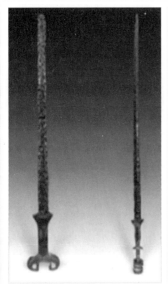

그림 9. 부여의 철검(서차구유적)과 찰갑 복원품(노하심유적)

으며, 집집마다 무기를 가지고 있었다는 기록을 통해 보면, 호민 이상의 계층에서는 모두 무기를 가지고 있었던 것으로 추정할 수 있다. 부여 무기의 특징을 살펴보면, 검의 경우 처음에는 토착식의 촉각식동병 철검과 중원식의 원주식 동병철검이 함께 사용되고 있으며, 후대로 가면서 환두대도(環頭大刀)가 점차 늘어나고 있다. 이밖에도 창, 화살촉 등이 출토되고 있으며, 전쟁에 착용하던 찰갑 역시 매우 특징적이라 할 수 있다.

철제 무기류와 생산공구는 모두 한식 무기와 공구를 직접 들여오거나 모방하여 제작하고 있다. 이러한 현상은 부여에서만 나타나는 것이 아니라 당시 동북지역의 모든 국가에서 보이는 공통적인 현상이라 할 수 있다. 이러한 철기들은 초기에는 한에서 직접 수입하여 사용하다가, 일정한 시기에 철기 제작기술이 유입되면서 중원의 형식을 모방하여 직접 제작하여 사용하였던 것으로 보여 진다.

부여의 마구는 표와 함이 가장 많이 확인되고 있다. 특징적인 것은 마차의 바퀴가 빠지지 않도록 끼워 넣은 차의 형태가 사람머리 형태라는 점을 들 수 있는데, 이를 통해 볼 때, 부여에서도 마차가 사용되고 있음을 알 수 있다.

부여의 장신구는 그 형태가 매우 다양하고 특징적이어서 부여문화를 대표하는 유물 중에 하나라고 할 수 있다. 종류로는 귀걸이, 패식(牌飾), 팔찌, 장식편, 바클, 단추, 빗 등이 있다. 이밖에도 모아산 일대에서 고급기종의 유물이 확인되고 있는데, 면직물, 금동으로

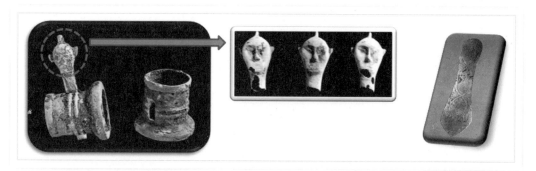

그림 10. 부여의 마구(모아산 출토)

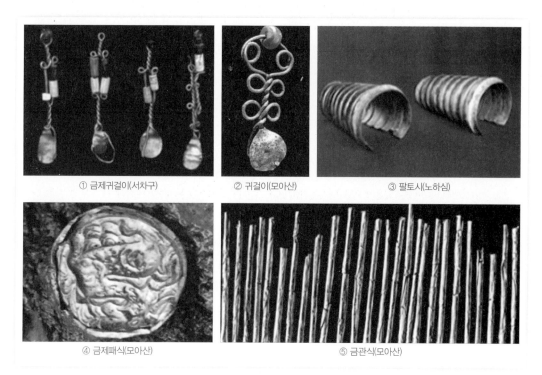

① 금제귀걸이(서차구) 　② 귀걸이(모아산) 　③ 팔토시(노하심)

④ 금제패식(모아산) 　⑤ 금관식(모아산)

도면 11. 부여의 장신구

제작된 사람 얼굴 모양의 가면 등이 출토되고 있어, 이 지역이 부여의 중심지였음을 설명
해 주고 있다.

　부여 유물 중에서는 사용자의 신분을 표시해 주는 위세품인 동복, 동경, 칠기, 동물문
양 금제패식 등 고급기물이 있다. 동복은 북방초원지역의 문화를 대표하는 유물 중에 하
나로 부여의 경우에도 일부 고분군에서 출토되고 있다. 노하심에서 출토된 대각이 없는

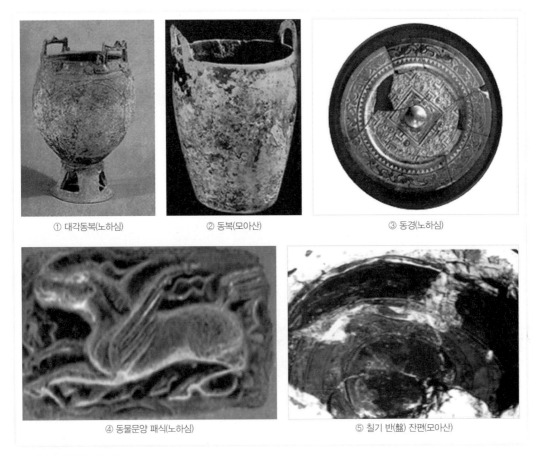

① 대각동복(노하심)　　　② 동복(모아산)　　　③ 동경(노하심)

④ 동물문양 패식(노하심)　　　⑤ 칠기 반(盤) 잔편(모아산)

도면 12. 부여의 위세품

평저형의 동복이 학고촌과 모아산고분군에서도 출토되고 있는 점으로 미루어 보아 당시 부여의 지배계층에서 일반적으로 사용되고 있었던 것으로 파악할 수 있다.

동경은 서차구와 노하심유적에서 출토되고 있는데, 형태와 문양이 모두 중원지역에서 출토된 것과 유사하다. 동물문양 패식 역시 위세품의 한 종류로 북방초원지역의 문화를 대표하는 유물 중에 하나이다. 북방초원지역의 대부분 무덤에서 출토되고 있으며, 노하심에서 출토된 패식의 경우 찰뢰낙이고분군에서 출토된 패식과 거의 유사한 형태를 보이고 있다. 칠기의 경우 모아산고분군에서만 출토되었는데, 이배(耳杯)와 분(盆) 등의 기형은 한대 유적에서 출토된 것과 유사하다. 이러한 고급기물들이 부여에서 직접 제작되었는지, 아니면 중원지역에서 수입되었는지는 지금으로서 파악할 수 없으나, 일부 수량이 많지 않은 동경, 칠기 등의 경우 중원지역에서 직접 수입되었을 가능성이 높다.

Ⅶ. 맺음말

백제는 건국 초부터 지속적으로 부여 출자 인식을 가지고 있었다. 일반적으로 백제의 부여 계승의식은 고구려와의 치열한 대립 관계 속에서의 부여 적통설을 통해 정치적인 명분을 차지하려는 의도에서 만들어진 것으로 이해되어 왔다.(정재윤, 2008) 부여 계승의식이 고구려와의 경쟁의식과 관계가 있다는 점은 부인할 수 없지만, 앞에서 살펴본 내용을 통해 볼 때, 사회·문화적으로도 부여의 영향력이 일정정도 유지되고 있는 점을 알 수 있다.

부여는 늦어도 기원전 2세기초에 형성되어 기원 494년 고구려에 왕과 그 일족이 망명할 때까지 대략 700여년의 역사를 지닌 연맹국가로 사방 2천리의 땅과 8만호의 인구를 가지고 있었다. 기원전 1세기경부터 기원 285년 선비 모용외의 공격이 있기 전까지 주변의 읍루, 옥저 등을 복속시키면서 동북아의 패자로 군림하였다.

부여인들의 성품은 용감하고 신중하며 중후한데, 이는 농업경제에 알맞은 자연지형에 삶의 터전을 자리 잡았기 때문으로, 이러한 성품은 부여와 비슷한 자연환경에서 생활했던 백제에 그대로 전해져 백제인들의 강인하고 온화한 성품에 영향을 미치고 있다. 부여인들은 일상생활에서 항상 예를 중시하였는데, 잔을 씻어서 돌리고 고개를 숙여 인사하는 예절은 오늘날까지도 영향을 미치고 있다. 또한 흰 옷을 즐겨 입어 백의민족이라 불리고, 시도 때도 없이 음주가무를 즐기는 풍속과 국경일에 죄수를 사면하는 특사제도 역시 부여에서 그 기원을 찾을 수 있다.

부여의 도성은 길림시일대로 비정되고 있는데, 도성내에 동단산산성과 평지성 및 용담산산성이 축조되고 있다. 왕성의 위치는 동단산산성과 그 평지성인 남성자성으로 보는 견해와 동단산산성과 용담산산성의 중간지점으로 보는 견해가 제기되고 있다. 부여 사방에 위치한 성들은 규모에 따라 사출도의 중요 거점에 축조되어 있는 중진성과 소읍의 행재성으로 구분된다. 부여 관방체계의 특징은 연맹체국가라는 한계로 인해 자신들의 지역을 방어하기 위한 시스템만 구축되어 있을 뿐 왕이 머물고 있는 도성 방어를 위한 국가적인 방어체계는 갖추지 못하고 있다. 다른 하나는 평지성과 산성을 세트로 하는 방어체계가 출현하고 있다. 이러한 방어 시스템은 이후 고구려와 백제에까지 영향을 미치고 있다. 부여의 주거유적과 관련하여 최근에 발표된 자료를 통해 보면, 철자형 주거지 모습이 확인되고 있는데, 이는 백제 초기 철자형 주거지의 기원을 밝혀줄 중요한 자료라 할 수 있다.

부여의 장례풍습은 후장구상(厚葬久喪), 순장, 목곽사용, 옥갑의 사용 등으로 특징지을 수 있다. 이러한 부여의 장례풍속과 백제의 장례풍속과는 일정한 차이를 보이고 있는데,

이는 백제의 건국집단이 부여의 중심인 길림시일대에서 이주한 것이 아니라, 고구려의 첫 수도인 환인지역에서 이주하고 있다는 점에서 그 원인을 찾을 수 있다.

결론적으로 부여문화는 부여의 토착적인 문화요소, 북방초원지역의 문화요소, 중국 한의 문화요소가 모두 내재된 일종의 다원체적 복합문화로 규정지을 수 있다. 주변의 선진문화를 효과적으로 받아들여 자신들의 문화로 흡수, 발전시키는 모습은 백제문화의 선진성, 국제화, 뛰어난 독창성 등과 비교되며, 현재 우리문화의 아이콘인 한류와도 일맥상통한다고 할 수 있다.

참고문헌

1. 남한

고구려연구재단 편, 2004, 『고조선 · 단군 · 부여』, 고구려연구재단.

공석구, 1990, 「광개토왕릉비 동부여에 대한 고찰」, 『韓國史硏究』70, 한국사연구회.

국립문화재연구소 고고연구실편, 2012, 『중국동북지역고고조사현황─길림성 · 흑룡강성편─』, 국립문화재연구소.

김기섭, 2008, 「부여족의 분산과 이동」, 『부여사와 그 주변』, 동북아역사재단.

김성숙, 2008, 「문헌으로 본 부여문화」, 『부여사와 그 주변』, 동북아역사재단.

노중국, 1983, 「동부여의 몇 가지 문제점에 대하여」, 『韓國史論集』10.

노태돈, 1989, 「夫餘國의 疆域 및 그 變遷」, 『國史館論叢』4, 국사편찬위원회.

박경철, 1995, 「부여사의 전개와 지배구조」, 『韓國史2』, 한길사.

_____, 1996, 「부여국가의 지배구조 고찰을 위한 일시론」, 『古朝鮮과 夫餘의 諸問題』, 신서원.

_____, 2005, 「새로운 부여사상 정립을 위한 몇 가지 과제」, 『선사와고대』23호, 한국고대학회.

_____, 2010, 「부여의 국세변동상 인식에 관한 시론」, 『고구려발해연구』39, 고구려발해학회.

박대제, 2008, 「夫餘의 왕권과 왕위계승 2~3세기를 중심으로─」, 『고대연구』, 고려사학회.

박양진, 1998, 「族屬 추정과 夫餘 및 鮮卑 고고학자료의 비교분석」, 『한국고고학보』39, 한국고고학회.

_____, 2005, 「考古學에서 본 夫餘」, 『韓國古代史硏究』37, 한국고대사연구회.

서영수, 1988, 「광개토왕릉비문의 정복기사 재검토」, 『역사학보』1195 역사학회.

송기호, 2005, 「부여사 연구의 쟁점과 자료해석」, 『한국고대사연구』37, 한국고대사학회.

송호정, 1997, 「夫餘」, 『한국사4─초기국가(고조선 · 부여 · 삼한)─』, 국사편찬위원회.

_____, 2000, 「고조선 · 부여의 국가구조와 정치운영」, 『한국고대사연구』17, 한국고대사학회.

_____, 2003, 「고대 부여의 지배구조와 사회구성」『강좌 한국고대사』10.

_____, 2005, 「부여의 국가형성 과정과 문화 기반」『북방사논총』6호, 고구려연구재단.

오강원, 2000, 「中滿地域의 初期鐵器文化−泡子沿式文化의 成立과 展開」『轉換期의 考古學Ⅲ』, 한국상고
사학회.

오영찬, 1999, 「榆樹 老河深遺蹟을 통해 본 夫餘社會」『한반도와 동북3성의 역사문화』, 서울대출판부.

윤용구 외 지음, 2008, 『부여사와 그 주변』, 동북아역사재단.

이도학, 1991, 「방위명 부여국 성립에 관한 검토」『백산학보』38, 백산학회.

이병도, 1976, 「부여고」『韓國古代史硏究』博英社.

이기동, 2005, 「한국민족사에서 본 부여」『韓國古代史硏究』37, 한국고대사연구회.

이송래, 2002, 「복합사회의 발전과 지석묘문화의 소멸」『전환기의 고고학Ⅰ』, 학연문화사.

이종수, 2003, 「부여성곽의 특징과 관방체계연구」『백산학보』67, 백산학회.

_____, 2004a, 『夫餘文化硏究』吉林大學 박사학위 논문.

_____, 2004b, 「松花江流域 初期鐵器時代 文化 硏究Ⅰ−黑龍江省 慶華城址를중심으로−」『博物館紀要』
19, 단국대학교 석주선 기념박물관.

_____, 2005, 「고구려의 부여진출과정 연구」『高句麗硏究』21집, 고구려연구회.

_____, 2007, 「中國의 夫餘史 認識과 硏究現況 檢討」『高句麗硏究』28집, 고구려연구회.

_____, 2009a, 『송화강유역 초기철기문화와 부여의 문화기원』, 주류성출판사.

_____, 2009b, 「무덤의 변화양상을 통해 본 부여사 전개과정 고찰」『先史와古代』30, 한국고대학회.

_____, 2010, 「고고자료를 통해 본 부여의 대외교류 관계 검토」『先史와古代』33, 한국고대학회.

_____, 2013, 「송화강유역 초기철기문화의 변천과 부여문화 성립과정 고찰」『동양학』53호, 단국대학교 동
양학연구원.

_____, 2013, 「부여의 대외교류와 교통로 연구」『백산학보』95호, 백산학회.

정재윤, 2008, 「백제의 부여 계승의식과 그 의미」『부여사와 그 주변』, 동북아역사재단.

2. 북한

김순남, 2000, 「고구려 초기 수도방위성 체계」『조선고고연구』2000−1.

리지린, 1963, 「부여에 대한 고찰」『고조선연구』, 과학원출판사.

리경일, 2003, 「길림성 교하일대의 요새유적」『조선고고연구』1.

사회과학원력사연구소, 1979, 「부여사」『조선전사』2, 과학백과사전출판사.

3. 중국

國家文物局主編, 1993, 『中國文物地圖集 −吉林分册−』, 中國地圖出版社.

翟立偉·仇起, 2004, 「吉林市的城市起源 − 兼論龍潭山城的始建年代」『東北史地』2004−9.

吉林省地方志編纂委員會編, 1994, 『吉林省志卷43 −文物志−』, 吉林人民出版社.

吉林省文物考古硏究所, 1987, 『榆樹老河深』, 文物出版社.

吉林省文物考古研究所, 2008,『田野考古集粹』, 文物出版社.

唐音·翟敬源·張寒冰, 2003,「吉林市東團山漢魏時期及明代遺址」,『中國考古學年鑒2002』, 文物出版社.

唐音, 2008,「東團山遺址」,『田野考古集粹』, 文物出版社.

董學增, 1992,「吉林張廣才嶺上的前進古城考」,『北方文物』1992-1.

_____, 1998,「吉林蛟河八垧地靑銅時代遺址及其附近"堡塞"遺迹調查」,『遼海文物學刊』2.

_____, 1982,「吉林東團山原始·漢·高句麗·渤海諸文化遺址調查略報」,『博物館研究』創刊號.

_____, 1989,「吉林蛟河縣新街·福來東古城考」,『博物館研究』1989-2.

_____, 1986,「吉林市龍潭山高句麗山城及其附近衛城調查報告」,『北方文物』, 1986-4.

劉景文, 1991,「吉林市郊帽儿山古墓群」,『中國考古學年鑒1990』, 文物出版社.

_____, 1992,「吉林市帽儿山古墓群」,『中國考古學年鑒1991』, 文物出版社.

_____, 2000,「吉林市帽儿山墓地南山墓群」,『中國考古學年鑒1998』, 文物出版社.

劉玉成, 2012,「吉林市龍潭山鹿場遺址出土陶片的初步研究」,『東北史地』6. 吉林省社會科學院.

李建才, 1982,「夫餘的疆域和王城」,『社會科學戰線』1982-4.

_____, 1995,「吉林市龍潭山山城考」,『博物館研究』1995-2.

_____, 1995,「再論北夫餘·東夫餘卽夫餘的問題」,『東北史地考略』續集, 吉林文史出版社.

_____, 2001,「三論北夫餘·東夫餘卽夫餘的問題」,『東北史地考略』第三集, 吉林文史出版社.

李文信, 1992,「吉林市附近之史蹟與遺物」,『李文信考古文集』, 遼寧人民出版社.

_____, 1992,「吉林龍潭山遺蹟報告」,『李文信考古文集』, 遼寧人民出版社.

林沄, 1994,「夫餘史地再探討」,『北方文物』1999-4.

馬德謙, 1987,「淡淡吉林龍潭山,東團山一帶的漢代遺物」,『北方文物』1987-4.

_____, 1991,「夫餘文化的幾個問題」,『北方文物』1991-2.

_____, 1994,「夫餘叢說」,『博物館研究』1994-3.

_____, 1995,「夫餘前期國都的幾個問題」,『博物館研究』1995-3.

邵蔚風, 2001,「吉林市東團山遺址局部調查簡報」,『博物館研究』2001-1.

唐洪源, 2000,「遼源龍首山再次考古調查與淸理」,『博物館研究』2000-2.

田耘, 1987,「兩漢夫餘研究」,『遼海文物學刊』1987-2.

王城賢, 1957,「吉林市附近發現多處古代文化遺址」,『考古通迅』3期.

王綿厚, 1990,「東北古代夫余部的興衰及王城變遷」,『遼海文物學刊』1990-2.

_____, 2002,『高句麗古城研究』, 文物出版社.

王洪峰, 1994,「吉林市郊區帽兒山漢代墓地」,『中國考古學年鑒1993』, 文物出版社.

_____, 1997,「吉林市帽兒山夫餘遺址」,『中國考古學年鑒1994』, 文物出版社

武國勛, 1983,「夫餘王城新考-前期夫余王城的發現」,『黑龍江文物叢刊』1983-4.

嚴長錄, 1994,「夫餘的遺迹和遺物」,『民族文化的諸問題』, 世宗文化社.

張博泉, 1981,「夫餘史地叢說」,『社會科學輯刊』1981-6.

_____, 1998,「夫餘的地理環境與疆域」,『北方文物』1998-2.

張福有·孫仁杰·遲勇, 2011,「夫餘後期王城考兼說黃龍府」,『東北史地』2011-2.

4. 기타

池內宏, 1932, 「夫餘考」, 『滿鮮地理歷史硏究報告』13.

白鳥庫吉, 1970, 「夫餘國の始祖東明王の傳說に就いて」, 『白鳥庫吉全集』5.

田村晃一, 1987, 「新夫餘考」, 『靑山考古』3.

日野開三郎, 1946, 「扶餘國考」, 『史淵』34, 九州大.

中山淸隆, 1998, 「濊·夫餘の考古新探」, 『北方の考古學』.

井上秀雄, 1976, 「夫餘國王と大使」, 『柴田實記念日本文化史論叢』.

Mark E, Byington, 2005, 「A Study of Cultural and Political Relations Between PUYO and KOGURYO」, 『고구려와 동아시아 - 문물교류를 중심으로-』, 고려대학교 국제학술심포지움(학술14) 자료집.

Byington, Mark Edward, 2003, 『A History of the PUYO State, Its People, and Its Legacy』, Harvard University.

日本列島の弥生時代集落
—熊本県二子塚遺跡の紹介—

島津義昭(시마즈 요시아키)　日本 熊本日韓文化交流研究会

국문 초록

　일본열도에는 많은 環溝(濠·壕이라고도 함 : 해자) 부락이 존재한다. 이 부락들의 형태는 죠몬시대(繩文時代)에서 현대에 이르기까지 각 시대를 관철해 내려오고 있다. 죠몬시대에도 산발적으로 존재했지만 본격적으로는 야요이문화가 생성, 파급됐던 시대에 일본 각지에서 조성되었고, 이 시대 부락의 큰 특징이라 할 수 있으며, 현재 200여 곳이 확인되고 있다.

　부락 전체를 해자로 둘러싼 것이 본래의 환구부락이지만, 일부 평탄한 지형에 해자를 파고 그밖에 급하게 경사진 낭떠러지를 그대로 활용한 유적도 큰 의미에서 환구부락의 범주에 넣는다. 환구부락은 죠몬시대 종말기에 한반도에서 규슈(九州) 북부 지역으로 전해졌고, 동시에 전래된 水田稻作技術과 함께 보급되면서 일본열도 동부(관동·북륙지방)와 남부(중규슈·남규슈)까지 확산해 나갔다.

환구부락의 규모는 다양하다. 면적이 매우 넓고 주위에 해자를 몇 겹으로 두른 부락에서는 유적이나 유물을 통해 내부에 계층에 따른 상당한 격차가 있었던 것으로 추정 가능하다. 10ha에서 100ha에 이르는 대규모 환구부락 유적은 규슈 북부(요시노가리유적 등)와 킨키(近畿)지방(이케가미소네유적 등)에 존재하는데, 5ha 이하의 규모로 부락 내부의 양상이 비교적으로 큰 격차가 없는 소형 유적도 있다.

본고에서는 이러한 예로 중규슈(中九州) 구마모토현 후타고즈카유적(熊本県 二子塚遺跡)의 유물과 유구를 소개하고, 일본 열도 환구부락의 전개에 지역적인 격차가 존재했던 사실을 지적하고, 그 구체적인 예로 후타고즈카유적에서 출토한 유물을 중심으로 토기의 편년과 鍛冶 유구를 소개한다.

분석결과 후타고즈카유적에서 출토된 야요이토기는 후반으로 비정되고, 그곳에서는 원시적인 제철(단야)이 행해지고 있었다. 또한 이 시기가 석기를 사용한 마지막 시기였다는 사실에 대해서도 언급하겠다.

I. はじめに

二子塚(ふたごつか Futagotuka)遺跡は、日本国熊本県上益城郡嘉島町二子塚(くまもとけん かみましきぐん かしまかち ふたごつか)にある遺跡である。九州島の中心地域の西側にあたる。九州の先史・原史文化の地域区分については諸案があるが最も実際的なものは下條信行の案である(註1)。北部九州・西北部九州・東北部九州・東部九州・南部九州と並び熊本地方を中部九州と区分した。

この地区は阿蘇山の西麓から続く低い台地、遺跡の中央部で標高47.5mをはかる。伏流水は豊富で台地裾には至る所、自噴池がある。この好立地を利用して当地に大規模な麦酒工場が造成されることになり、造成前の発掘調査が実施された。

1988年から1990年にかけて二次の調査で35500㎡が調査され、縄文時代遺物・遺構、弥生時代中期の甕棺墓、弥生後期の集落跡、古墳、平安時代の掘立柱建物、柵列跡が検出された。2003年に報告書(註2)を刊行したが、遺跡の示す情報は膨大で、考古学界で十分に検討されていないように思う。本稿では遺跡の中心をなす弥生時代後期の集落跡を取り上げ、遺跡や遺物を紹介し、それらの性格を考えてみたい。

図1. 二子塚遺跡の位置

II. 検出された遺構

　本稿で取り扱う弥生時代の遺構は以下のとおりである。竪穴住居跡267ヵ所、環濠
一条、復元可能な土器1300点、破片はコンテナ250箱以上である。大部分の竪穴から
土器の出土はあったが、細片で時期の判定が困難なものもあった。

　土器から時期の判定ができるもの竪穴は150ヵ所であり半数を超えている。この中
には後述のように３カ所の鉄製錬場とみられる竪穴もあった。遺構からは土器と青銅
鏡、石器が出土した。遺構の重複の前後関係や土器の形式学的分析から、この集落は
７段階(時期)にわけることができる。なお、二子塚遺跡から出土した遺物には１から3
999番は弥生時代の土器、4000番代は金属器、5000番代は石器として示しているので
本稿においてもそれを踏襲している。

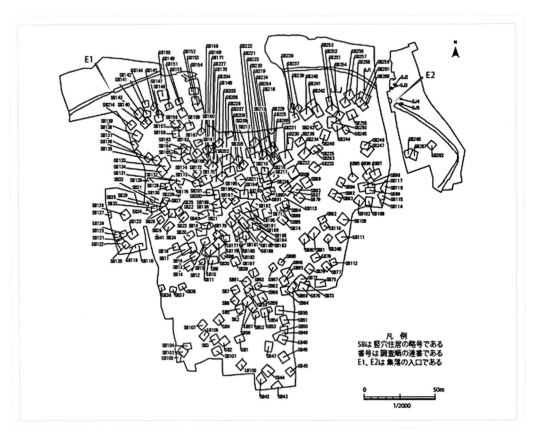

図 2. 竪穴と溝の分布図(竪穴ＳＢの番号で、調査順の順位を示す Eは入口)

Ⅲ. 出土土器の編年

　集落の変遷を探るため、弥生土器の変遷を見てみたい。土器形式は多岐であるが、用途形態に還元すれば、煮沸形態の甕、供餐形態の高坏・鉢、貯蔵形態の壺(大甕)にわかれる(註3)。壺・甕・高坏の順に編年を掲げる(註4)。なお、個々の土器の図や出土状況の詳細については報告書をご覧いただきたい。

1. 壺形土器

　土器の容量(大きさ)でＡＢＣの3種にわかれる。Ａは高さ40cmの大型壺でＡ1から

A5の5種に細分できる。Bは高さ30cm前後のもので種に細分きる。Cは高さ25cm前後のものでC1からC3の3種に細分できる。合口縁や、頸の長い長頸壺C Fig.3 壺形土器の型式、に分けら、またコップ形をなすものがある。

壺型土器の大中小は図のとおりであるが、容積差としては著しい差となる。容器としてのA・B・Cのおおよ

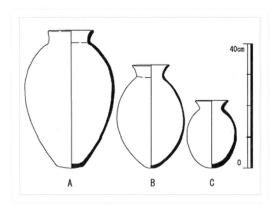

図3. 壺形土器法量図

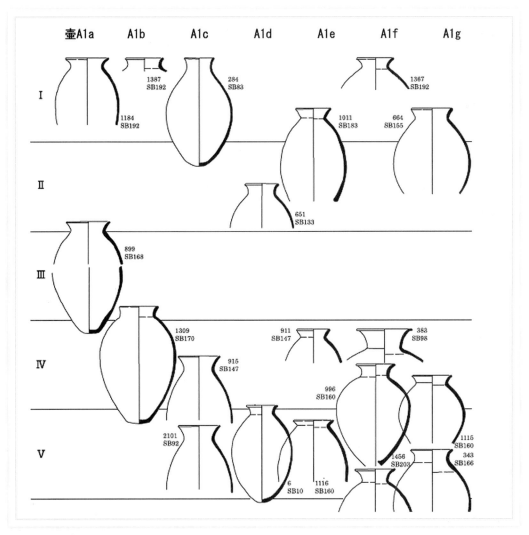

図4. 二子塚遺跡出土壺A類

その割合は、Cを基準とした場合Bは3.4倍、Aは8倍で約23リッターとなる。

　壺形土器が個人に属する容器でないことが推定される。

　A類は器高40cmの大形である。A1類は長卵形の胴部と少し開く口縁部をもち、変異は少ない。A2a・A2b・A2c類はA1類の口縁部を内側に曲げ袋状口縁としている。

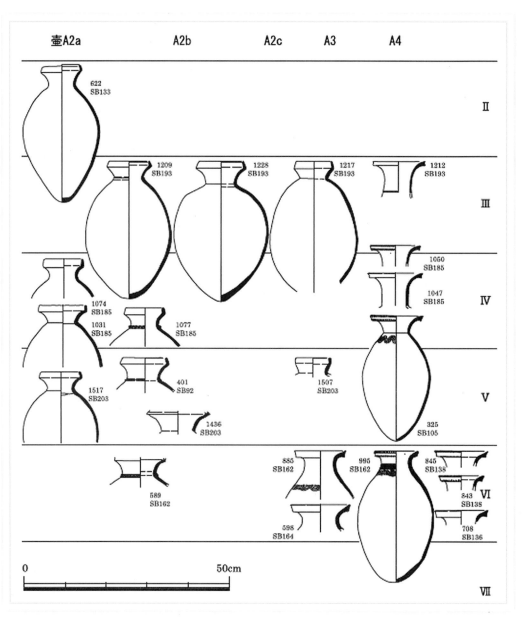

図5. 二子塚遺跡出土壺A類

A３・A４類は口縁部を肥厚させ端部に刻目をもつものや、頸部や胴部の上面に櫛描のは波状紋をもつものもある。この類はさらに胴部が伸びる。

A２類は口縁がやや内側に傾くもので胴部の最大径が上にあるのも、真ん中にあるもの、下方にあるものに分けることができる。

A３類は口縁部が外反し、口唇部に刻目をもつもの。A４類は同じくは口唇部を肥厚させ、断面形が三角形をなすののがある。またこの類には口唇部に刻目をもち、頸部に櫛描波状紋を施している。

C４類は算盤玉状の胴部をもち、長い頸部をもつもので櫛描紋をもつものや、頸部や肩部の突帯を巡らすものもある。この突帯を巡らす長頸土器は極めて丁寧に作られている。この種の土器には研磨され黒色をなすものがある。

後述する長頸の免田式もこの類に該当する。特異な壺、A３類は口唇部が肥厚し刻目をもち胴部は他の類より長くなる。

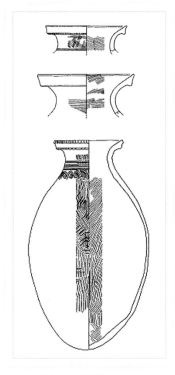

図6. A3類の壺形土器(白川水系壺型土器)

この類には肩の上部に櫛目紋が施されている。この土器は武末純一により注目され「肥後型壺」とよばれた(註5)。氏も指摘しているが、肥後(熊本県)の北部と南部には分

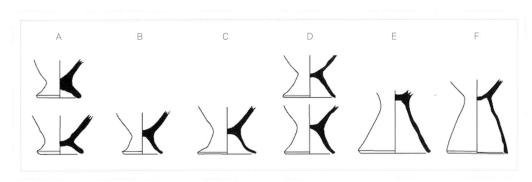

図7. 二子塚遺跡甕B類底部分類図

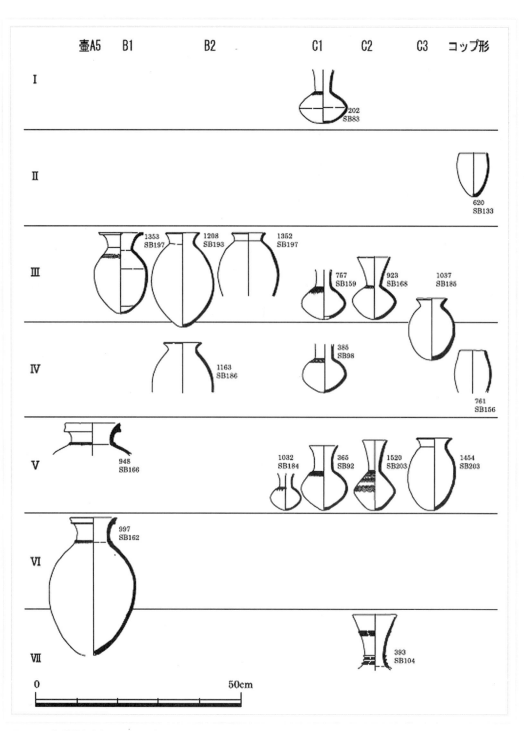

図 8. 二子塚遺跡出土壺Ａ・Ｂ・Ｃ類

布しない。分布するのは肥後の中央部を流れる白川の流域である。「白川流域壺型土器」
と呼ぶのがより適切であろう。

　なお、「白川流域型壺」の分布のを詳細に記すと、白川の上流域をなす阿蘇谷の遺跡
をはじめ、阿蘇谷の南部地区の南郷谷、白川の中・下流域に分布するほか、阿蘇外輪
山の南斜面、天草上島まで分布するが、菊池川流域の遺跡からは出土しない。わずか
に菊池川の支流・合志川に面する遺跡で出土しているのみである。この土器の系譜を
考える上で、阿蘇から西に流れる白川と反対に大分県大野川流域に多く分布する「安国
寺式」の壺形土器との関連がみられる(註6)。阿蘇谷に遺跡で両者が共伴する例がある。

　また土器表面の調整法も変化する。甕B1をみると土器表面の調整法に違いがみら
れる。全面にハケ調整がみられるものに、そのうえからナデを施す土器をへて、タタ
キ調整がおおくみられるようになる。Ⅵ期以降には胴部上半はハケメ、下半にはタタ
キの土器が出現し、Ⅶ期には全面のタタキを残す土器がみられる。

　甕形土器は、器壁が大変薄く内面のケズリはみられないが優れた作りである。特に
脚部と上の甕部の造り方には、ひとつの塊を切り離さず脚台を作る方法と脚台は別に
作り両者を接合する方法があろことが古くから指定されていたが、二子塚遺跡の甕Bは
後者が多いようにみられる。但し、底部分類のAについては前者の方法と疑わせるもの
もあるがはっきり判らない。

2. 甕形土器

　甕形土器には脚台が付くのが特徴である。脚台が発達する。これは、形式の変化に
対応するもので時間差を著す。このような脚部の変化に対応する胴部の変化は特段に
見られないが、口縁部の断面形には差がある。甕形土器に台付くのは中九州・南九州
の後期の特徴であり、北九州の城ノ越式以来の土器製作の特徴とみられ中九州では弥
生時代中期黒髪式にも受けつがれている。

　二子塚Ⅵ・Ⅶ期の姿はそれが最も発達した姿である。

　熊本地域では、甕形土器に脚台が付くのが地域的特徴である。断面の形はAから Fの
6種にわかれる。脚台が発達し高くなってⅥ・Ⅶ期には脚部高4分1にもなる。この類は
白川流域の熊本平野で顕著にみられる。この期を最後として台付甕は作られなくなる。

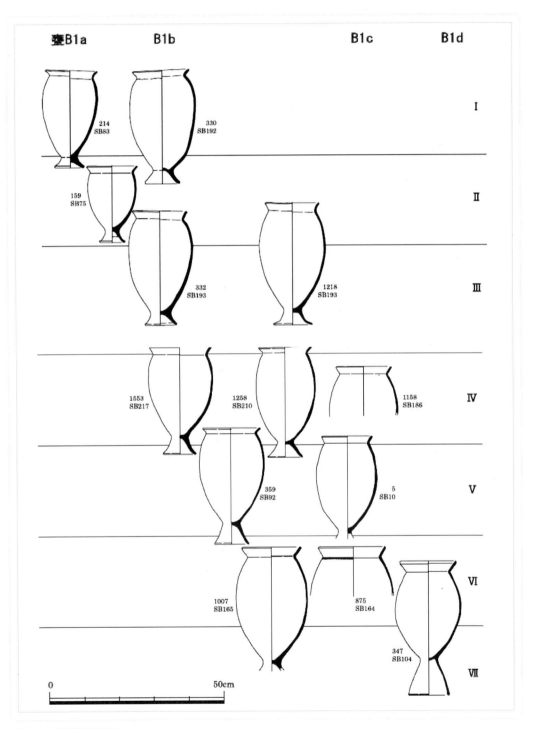

図 9. 二子塚遺跡甕 B 類

3. 鉢形土器

　鉢Aは25cmから30cmの大型鉢、口縁部の傾きで細分できる。この類には頸の屈曲部に刻目の入った凸帯を施すものがある。鉢Bはおおよそ15cmの中型鉢で脚台ももつものと持たないものがある。鉢Cはおおよそ10cmの小型のもの。この類にも脚台をもつものがある。

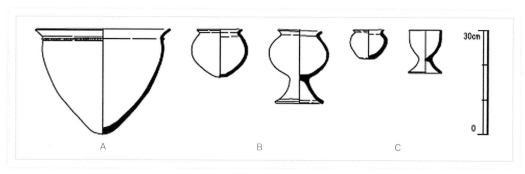

図10. 二子塚鉢分類図

4. 高坏形土器

　高坏は8種に分類できる。高坏Aは持ち深い杯部をもつもの。高坏Bも同様であるが杯の屈曲部から先がさらに長くなる。高坏Cはさらに屈曲部から先が延びる。高坏Dはそれが水平に近くなる。高坏Eは杯部が浅いもの。高坏Fは杯の屈曲部が直角に

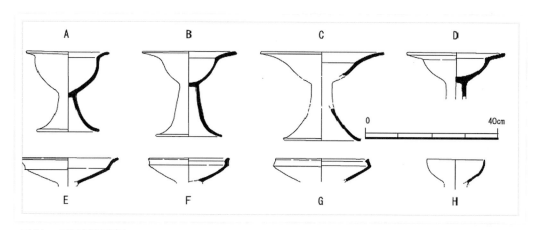

図11. 二子塚高坏分類図

立ち上がるもの。高坏Gは、杯の屈曲部から内側に立ち上がるものである。

　杯部の形にも差がありAからDのように深いものや、EからGのように浅いものがある。

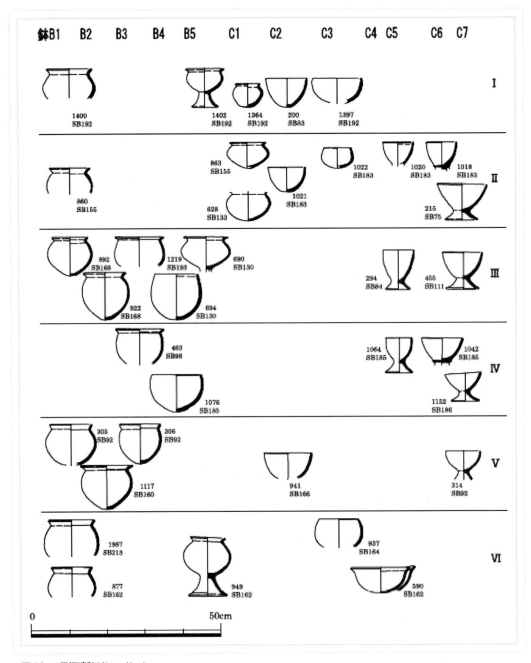

図12. 二子塚遺跡(甕C・鉢A)

以上の各種があり時期的に異なる変遷を示す。大きく開く特徴的な高坏C類は、遅れて出現する。

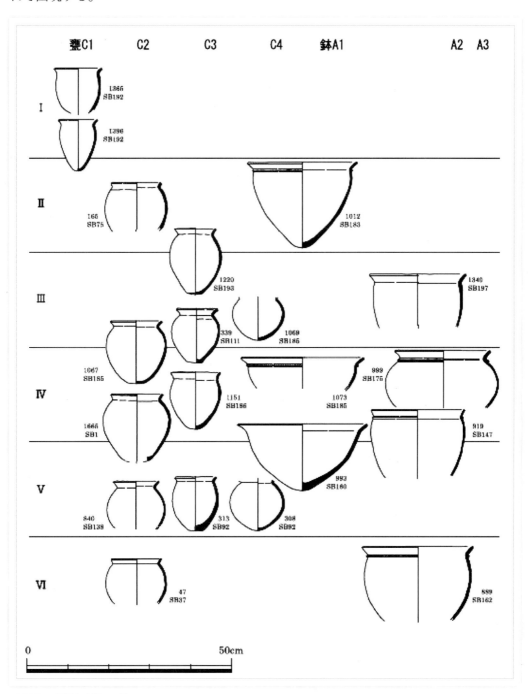

図13. 二子塚出土甕C・鉢A

5. その他の土器

コップ形、器台があるが図示してない。また祭祀用のミニチュア土器もある。土器

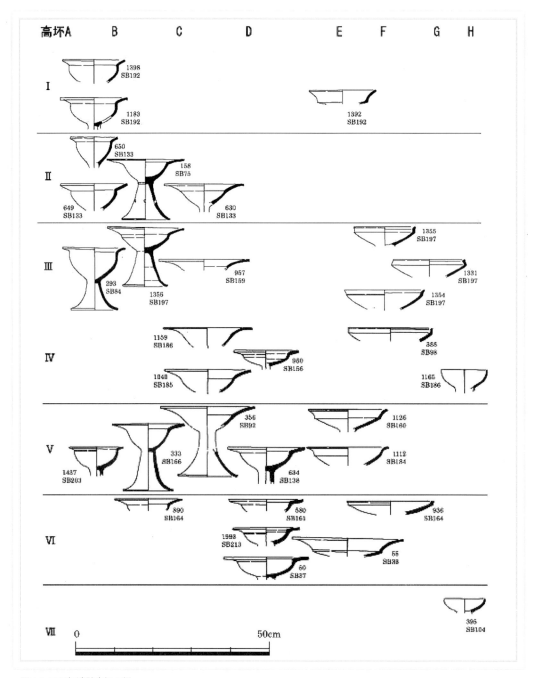

図 14. 二子塚遺跡高坏A類

ではないが、土製品として算盤形の投弾があった。

　紡錘車は直径6.5cm、厚さ1.5cm、鐸形土製品は下部を失っているが上部に穴をもつ。紋様等は見られない。

　その外に土器の表面に線描きした土器があった。

　小型の手捏土器や、小壺の三角紋をいれたもの、コップ形に三角紋がみられるものがある。

　小形の重弧紋土器は免田式を模倣したものである。高さも幅も10cm内のミニチュア土器である。

　稚拙な紋様が刻まれている。

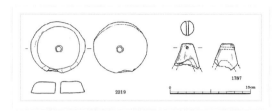

図15. 二子塚遺跡紡錘車・鐸形土製品

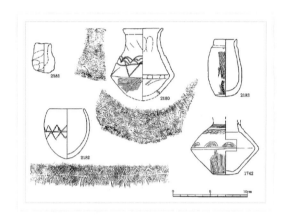

図16. 異形土器

IV. 免田式土器・ジョッキ形土器

　屈曲した胴部と長頸の組み合わさった独特の形式の土器である。1918年に熊本県の南部、球磨郡あさぎり町(旧・免田村)下乙本目の開田工事で大量の土器が出土したのを契機に「免田式土器」として広く知られている。この土器は郷部に一本ずつ描いた重弧紋が特徴ある土器である。熊本地方を中心に福岡県の南部、鹿児島、佐賀。宮崎でも出土している。

　特徴的な型式であり、紋様には幾通りに規則あるパターンがみられる。免田式の提唱者、乙益重隆は胴部が大きく屈曲する免田1式と、胴部は丸みをもつ免田II式があると2式に分類して

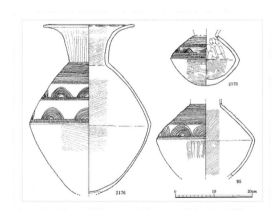

図17. 二子塚出土免田式土器

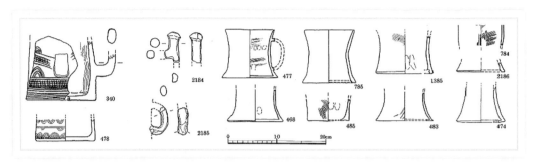

図 18. 二子塚出土ジョッキ形土器

　いる。後者には重弧紋の代わりに三角紋がみられる(註7)。この土器には「ジョッキ形土器」と呼ばれる、現代のジョッキにも似た土器が伴なう事も知れていた。二子塚遺跡では完形品を加えて1159点が出土した。ジョッキ形土器は108点出土した。

　　胴部に免田式の紋様(重弧紋)をもち、取手の先端が肥厚する異例の土器も出土した。免田式土器は土抗墓の副葬品や埋没した住居跡の上などから発見されていた。特別な祭祀の為の土器であるとみられていたが、二子塚遺跡では住居跡から他の種類土器とともに発見されたのが注目される。

Ⅴ. 二子塚遺跡の石器

　　磨製石斧4、打製石鍬2、石包丁3、磨製石鏃5、砥石、磨石50以上、石皿65が出土した。磨石は拳大から掌大の礫の一面に叩いた痕がみられ、平坦面の中央部に1cm平方の凹部が有するものがある。石皿も自然石をそのまま使用するものや、敲打により形を整えたものがある。磨石、石皿を除いた石器は数量・種類も少なく、石器時代が既に終了しつつあり、鉄器時代になっていたことを物語る(註8)。磨石・石皿はこの期にも多量に使用されている。台石と呼ぶものも石皿の類である。

　　磨石には一面の平滑な面があり石皿からの転用品とみられるものもあった。赤変したものや、鉄錆の付着したものもあった。平面形も円形・楕円形の通有のものの他、方形、四辺形のものもあった。

　　磨製石鏃は弥生時代固有の石鏃であるが、二子塚遺跡からは5点出土した。石材は

緑色粘板岩を使っている。破損品もあるが、完形品で分かるように先端部は鋭く、基部は少し湾曲し凹状をなしている。完形品の寸法は長さ4.2cm、幅1.5cmである。

　平面の形では、先端の部から身部に続く部分が幅広になる頸部にかけ幅が狭くなる特徴が共通する。

　石包丁は粘板岩を材料でしており完形品1点、欠損品2点が出土した。完形品は長さ13.5cm、幅5.2cm、厚さ0.7cmである。2次的に研ぎなおした痕がみられる。この種の石包丁は弥生時代後半期の石包丁資料として重要である。砥石は長さ3.9cmをはかる。小型でいわゆる手持ち砥石である。磨製石斧は4点出土した。完形品はない。刃部は両刃をなしている。5007のように両側縁に叩いた痕があるが、これは欠損した後に敲打具として再利用したのであろう。熊本地域の弥生後期の両刃石斧は敲打、研磨以前の段階で片面に広い平坦面をつくる素材調整を行うため断面が

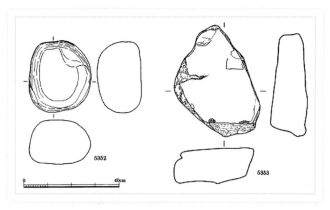

図 19. 二子塚出土 石皿

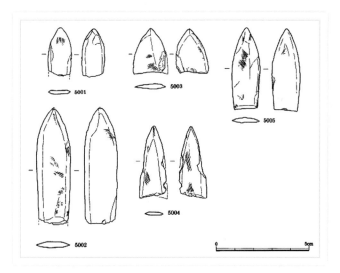

図 20. 二子塚出土磨製石鏃

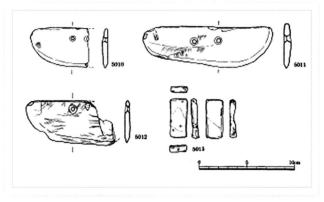

図 21. 二子塚出土石包丁・砥石

図 22. 二子塚遺跡出土石器(磨製石斧)

蒲鉾状をなす特徴がみてとれる。

図示していないが2点の打製石斧が出土した。完形品の長さは共に凡そ12cmである。

緑泥片岩製で荒い剥離を施したものである。石鍬としての機能が考えられる。

VI. 装飾品と鏡片

管玉2、勾玉1が出土した。管玉はガラス製、管玉は緑色凝灰岩と思われる。大は長さ2.5cm、直径0.65cm、微小な気泡がみられる。小は長さ2.18cm、直径0.99cm、濃緑色である。勾玉は長さ1.82cmである。

鏡片は4片が出土した、ブロンズ病で風化が進んだ、倭製(仿製)の内行花紋鏡(4001)は直径6.6cm小型品、4002はブロンズ病で、復元径16.4cm、平縁で櫛歯紋帯に垂直方

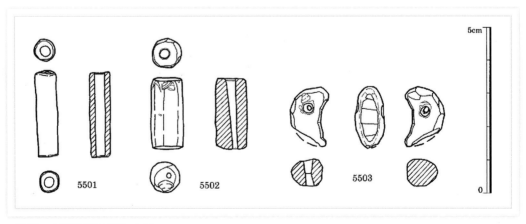

図 23. 二子塚遺跡出土管玉・勾玉

向に条線で区画されている。4
003は割れ面が丁寧に加工され
ている。櫛歯の紋様帯がみら
れる。4004は割れた鏡の縁が
丁寧に研磨されていた。舶載
鏡とみられる。直径6、6㎝と
復元される。材質は良く舶載鏡
とみられる。鏡式は細線式獣帯
鏡と推定した。

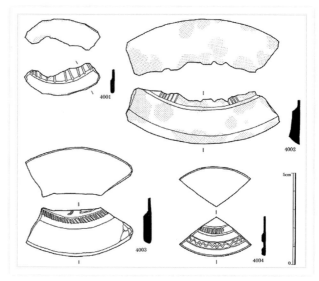

図24. 二子塚出土鏡片

VII. 二子塚遺跡の鉄器

竪穴住居跡(包含層も含む)と環濠及び鍛冶遺構からは339点の鉄製品が出土した。

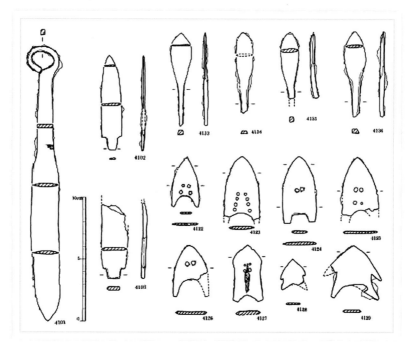

図25. 二子塚出土鉄器(有茎鏃・刀子・無茎鎌)

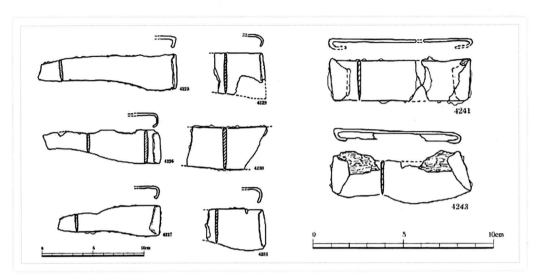

図 26. 二子塚出土 鉄鎌と摘鎌

　　鍛冶遺構の微小鉄片を除き、器種の判明したもの250点である。

　　内訳は素環頭刀子１、小型短剣形鉄製品３、鉄鏃78、袋状鉄斧13、鉋30、刀子24、棒状鉄器37、方形版鋤先３、鉄鎌13、摘鎌31が出土した。

　　二子塚遺跡の竪穴のうち４基は鍛冶遺構である。そこからの鉄器は、製品・未成品・鍛冶過程での排出品がある。鉄鏃には有茎と無茎がある。総数78点の内訳が、前者が37点、

　　後者が41点である。有茎式は、形が柳葉式と圭頭斧箭式にわかれるが、中間型が多かった。

　　無茎式は平面形が三角や五角など変化に富む。羽はさみに供するための装着穴があり、2穴・4穴・8穴と多種である。大きさも変化があり最大は長さ9.8㎝を測るものもある。弥生後期の武器として大変内容が豊である。

Ⅷ. 鉄器の生産

　　4軒の鍛冶に関する竪穴(SB121 ・SB153・ SB256・ SB262)を調査した。これらの鍛冶遺構は、日本古代鉄生産の研究を最先頭で進めている村上恭通が担当して、記録

と分析を行った(註9)。鍛冶遺構からは鉄片が出土したがそれらには2種類がある。Aは三角形、叉状、棒状、長条形、塊状などの多用な形態をなしている。Bは微小な鉄片でそれ自体が完結した製鉄(製錬)遺物である。鍛冶遺構は中心域でなく、環濠に近い村の縁近くにある。

代表としてSB256を記述する。

遺構の大きさは東西4.9m、南北5.6mで柱穴は4本ある。やや西に偏して長さ2.9m、幅1.3m、深さ16㎝の瓢箪形の鍛冶炉が設置されていた。炉内の堆積から床に木炭を敷き一方から送風がおこなわれたと推定された。鍛冶炉の近くに長

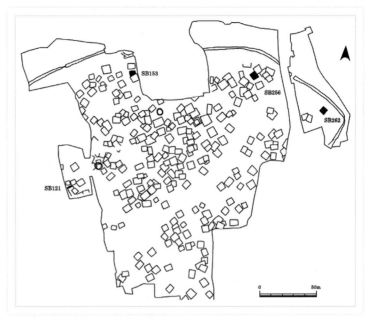

図27. 二子塚遺跡の鍛冶跡の分布

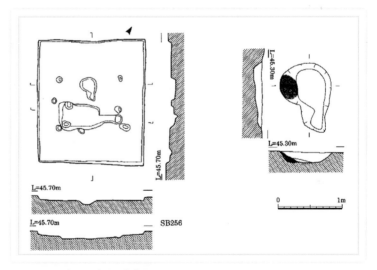

図28. 二子塚の鍛冶跡と作業地(SB256)

さ80㎝、幅60㎝、深さ10㎝の浅い窪地が検出された。鍛冶作業を行った工人の作業場所ではないかと村上恭通は推定している。この遺構からは少量の土器を除き鉄製品のA・B類の鉄片が大量に出土した。石器としては石槌、金床石、砥石が出土した。

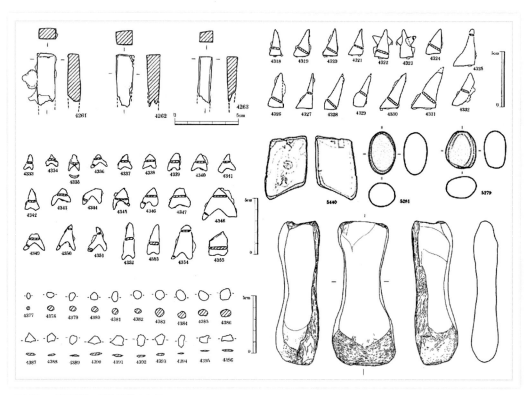

図 29. 二子塚遺跡の鍛冶遺構出土品

IX. 二子塚遺跡の時期

　鍛冶遺構出土の遺物には、鉄器と石器がある。鉄器には、鍛冶具である鏨は３本出土した。断面が方形をなし頭部は潰れている。三角をなすものや鉄鏃の形のA類鉄片、小さな塊のB類鉄片も夥しい量が出土した。

　石器は７点が出土した。大略６cmの握るのに適した大きさで全体に被熱で変色し錆の付着が著しいものもある。金床石は３点出土した。火を受けている。割れた面にも敲打痕がみられる。

　土器の分類では、二子塚 I 期から VI 期までに変遷をたどることが出来た。これは同時に時間の経緯を示しているとみることができる。それでは、この時期は時間的には弥生時代のどの時期に位置付けることができるであろうか。日本列島の弥生土器は I

様式からⅤ様式までの
5期にわけられる。こ
れは土器の型式変化だ
けでなく、文化の変遷
も示すと解釈されてい
る。Ⅴ様式に続く土師
器にいたる過程の土器
を更に分離して、Ⅵ様
式とする考えもある。

　さて九州地方の弥
生土器編年の研究で
は、弥生文化研究の先
駆地である北九州の土
器編年との平行関係を

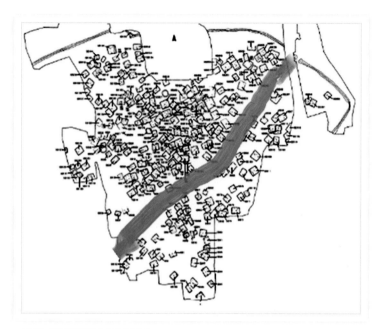

図 30. 二子塚遺跡の空白部(道)

みいだす方法で、中九州・東九州・南九州の編年が組み立てられてきた。1969年「弥生
式土器集成(本編1)」で乙益重隆は、北九州の第Ⅰ様式から第Ⅴ様式に平行する中九州
の土器を次のように細分した。

　第Ⅰ様式はA板付式土器、B立屋敷式土器、C下伊田式、第Ⅱ様式は北九州の城ノ越
式に相当する土器、第Ⅲ様式は北九州の第Ⅲ様式である須玖式そのもの、第Ⅳ様式は
4種の土器形式が時間的・地域的に混在して1時期を構成しているとして、A黒髪式、

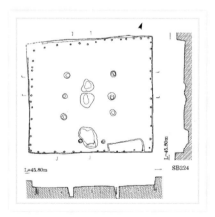

図 31. 大型竪穴(SB224)

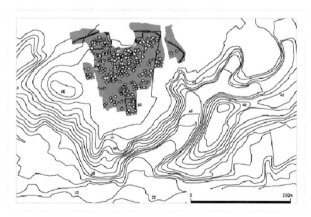

図 32. 二子塚遺跡の全体図

B伊佐座式、C免田式、D櫛描文系土器と分類した。Aは熊本の北の地区に散発的にある。第Ⅴ様式は野辺田式で熊本県全域に分布する。以上の分類の上に二子塚遺跡の土器を位置付ければ、中九州第Ⅴ様式に相当する。その標式遺跡である玉名市野辺田遺跡の土器に相当するといえる。野辺田式は北九州の西新式と対応することのできる型式である。近年、この期の土器の細分が進み、諸案が発表されている(註10)。

　実年代については、岡崎敬の中国鏡と共伴した弥生時代遺物から年代を決定していく方法が支持される(註11)。それによれば第Ⅴ様式の終末から土師器に続く、狐塚遺跡の狐塚Ⅰ式・Ⅱ式は2世紀後半から3世紀前半にあてる事が可能であるとしている。中九州第Ⅴ様式に比定される野辺田式も平行である。従って二子塚の土器群もこの時期であろう。乙益重隆によれば、野辺田式には土師器の時代も含むとしているが、二子塚遺跡には土師器とする土器はない。韓国との時期的な関係でいえば、日・韓の考古学研究を長年進めてきた武末純一の研究成果を基にするならば、三国時代の初期に相当することとなる(註12)。

　恐らく、二子塚の弥生土器は後期後半から終末期にかけての所産であろう。土師器はみられない。野辺田式が乙益重隆の判断のように土師器を含むとするなら、それ以前の時期であろう。

　広域的な時間軸の指標となる畿内第Ⅵ様式たる庄内式は、熊本県の北部地区の拠点遺跡、山鹿市方保田東原遺跡からは出土しているが熊本平野では不明である。

Ⅹ．二子塚弥生集落の構造と性格

　二子塚遺跡は全体図でもはっきりみられるように、台地の平坦部に位置する弥生時代後期の集落跡である。北はなだらかに低くなり、南は比高差25mの急崖をなしている。北側に幅2.5mから3m、深さ2 の溝をもつ。環濠の延長は250mに及ぶ。2カ所に入口(陸橋部)もつが、この部分は溝が掘り残してあった。東側の入口は幅3mで、橋から集落内に続く空白帯があり、道とみられる。二子塚遺跡の範囲は東西280m、南北280mとなるが、以前に削平された個所や未調査部を勘案すれは東西南北300mとなる。集落(居住域)の面積は5ha弱となる。集落内は道により2分されるが、両者の関連は今後の課題である。多くの竪穴の規模は近似であり、集落内の階層分化がゆるやかであっ

たことがわかる。別途の用途を想定できる大型竪穴もあった。集落内で鍛冶が行われていたが、その様相は、「初期鉄器」文化でなく「原始鉄器」文化であるという村上恭通の指摘を支持したい(註9)。石器で鉄器を作る時代であった。

当時、北九州には共同体内の階層差が遺構・遺物の格差として現れる巨大環濠集落も出現している。二子塚遺跡は、階層差の稀薄な「原始共同体」で、均一性の強い集落であった。

二子塚遺跡の調査を共に行った諸氏、とりわけ鍛冶遺遺構の調査、遺物の整理と報告書執筆に力を尽くした村上恭通愛媛大学教授、宮崎敬士熊本県文化課参事、愛媛大学考古学研究室のみなさんに謝意を表する。最後に祝辞をのべたい。今秋めでたく張俊植先生が忠清大学を退官されることになった。われわれ熊本日韓文化交流研究会は2003年以来、韓国と熊本で隔年毎に研究会を重ねてきた。第1回は2004年10月に忠清大学で開催し、爾後2013年には熊本県天草市で10周年の記念大会を行った。この間、韓国側で学会活動に最も力を尽くされたのが張俊植先生である。大会の度にエクスカーションとして忠清北道の遺跡や博物館等を親切にご案内下さった。本文を作成するに当たり、2006年の大会の折、忠州市弾琴台で無文土器時代の遺跡を親しくご案内していただいたことを強く思い出した。張俊植先生及び御家族の御健康と今後ともの御活躍をお祈りする次第である。

참고문헌

1. 下條信行、1991、九州古代史の特徴、新版古代の日本、九州・沖縄。
2. 島津義昭・村上恭通編、2001、二子塚、熊本県教育委員会。
3. 小林行雄、2005、弥生式土器の様式構造、小林行雄考古学選集 第1巻。
6. 森貞次郎、1961、東九州地方、弥生式土器集成 本編1。
7. 乙益重隆、1986、免田式土器について、免田町史 第1巻。
8. 高倉洋彰、1990、金属器の定着と普及、日本金属器出現期の研究。
9. 村上恭通、2007、弥生時代における鉄器生産、古代国家成立過程と鉄器生産。
10. 井上祐弘、1008、北部九州における古墳出現期前後の土器群とその背景、北部九州弥生・古墳社会の展開。
11. 岡崎 敬、1971、日本考古学の方法、古代の日本9。
12. 武末純一、2003、弥生時代の年代、考古学と暦年代。

漢代 銘文瓦當의 鳥蟲書에 대한 小考

허선영　안산대학교

Ⅰ. 머리말

오늘날 인류가 사용하고 있는 언어의 중요한 기능은 음성을 전달하거나 어떤 내용을 문자로 기록하여 전달하는 것이라 할 수 있다. 한자의 발전 과정에서 무엇보다 중요한 것은 字體와 그 구조의 변화 과정이다. 중국 문자학사에서 춘추전국시기에 등장한 字體는 장식미가 많이 가미되었다. 그래서 이 시기에 등장한 字體는 판독이 어려울 뿐 아니라 당대의 명문 연구에도 많은 어려움을 주고 있다. 이 시기에 등장한 字體는 '戰國文字'의 영역에서 연구되고 있는데, 당대의 정치적, 경제적 혼란과 함께 字體에 여러 현상이 반영되어 나라마다 다른 자체가 등장하였기 때문에 전국문자 연구에서 중요하게 다루어지고 있다. 특히 靑銅兵器에 새겨진 명문 字體는 전국문자 字體의 다양성뿐만 아니라 예술적 미

를 飾筆로 하였다는 점이 주목된다.[01]

　　전국시기 성행했던 字體의 한 종류인 鳥蟲書는 한대 와당문자에도 등장을 하는데 전국시대에는 주로 靑銅兵器에 의도적으로 시문되었지만 漢代 명문 와당에서는 와당의 내외적 구조 형태로 인하여 인위적이고 작위적인 기법 등에 의하여 많이 표현되었다. 이러한 점은 전국시기와는 달리 漢代에 들어와 다양한 字體의 발전과 표현 기법 등이 등장했음을 시사한다. 이에 춘추전국시기 남방지역에서 유행한 예술체의 한 종류인 鳥蟲書[02]가 한대 명문 와당에 어떠한 형태로 반영되었는지를 살펴보고, 漢代와 戰國時期 명문 와당에 나타난 鳥蟲書의 상이점을 고찰하고자 한다.

II. 鳥蟲書의 원류

그림 1. 玄鳥婦

　　鳥蟲書와 유사한 형태는 3,500년 전 상대 갑골문의 '玄鳥婦'에서 유물로 확인되고 있다.[03] 〈그림 1〉의 갑골문에 등장한 글자의 형태를 鳥蟲書로 볼 수 있는지는 고려의 대상이기는 하지만, 字體를 중심으로 鳥蟲의 형상을 하고 있는 글자가 확인이 되고 있다. 이 글자에서 字體에 飾筆을 가미하였다는 점은 자형 구조에 있어서 매우 중요한 단서를 제공해 준다.

　　鳥蟲書는 춘추전국시기 남방을 중심으로 유행된 字體로 주로 오월지역을 중심으로 크게 유행을 한다. 청동병기에 착금의 형식으로 주조되었으며, 酒器와 樂器에서도 鳥蟲書의 사용이 확인된다. 鳥蟲書에 관한 명칭은 許愼의 『說文解字·敘』에서 가장 먼저 찾아 볼 수 있다.

---

01)　전국문자와 연관된 字體구조 현상은 許仙瑛, 1999, 「先秦鳥蟲書研究」, 臺灣國立師範大學國文研究所學位論文 / 허선영, 2013, 「戰國時期 燕·齊文字의 構造的 特徵」, 『文化史學』제40호, 한국문화사학회 참고.

02)　許仙瑛, 1999, 「先秦鳥蟲書研究」, 國立臺灣師範大學國文研究所碩士論文.
　　허선영, 2006, 「한대 문자와당에 나타나는 예술체 현상」, 『중국언어연구』제23집.

03)　董作賓, 1953, 「殷代的鳥書」, 『大陸雜誌』第6卷11期.

'自爾秦書有八體：一曰大篆, 二曰小篆, 三曰刻符, 四曰蟲書, 五曰摹印, 六曰署書, 七曰殳書, 八曰隷書.'

『說文解字』에 의하면 鳥蟲書는 秦代 時期에 사용된 秦書八體 중의 하나로 기록되었을 뿐 그 형태가 구체적으로 어떤지는 알 수 없다. 秦書八體는 아마도 당시 사용된 여덟 가지 서체 중 하나일 것이다. 漢代 時期 기록을 통하여 볼 때 秦代에는 이미 蟲書가 있었으며, 漢代에 들어와 蟲書는 前代를 계승한 것으로 당시에 사용된 秦書八體의 하나라고 許愼은 제시하고 있다. 『說文解字』에 기록된 秦書八體 중 하나인 蟲書는 어쩌면 鳥蟲書의 또 다른 명칭으로 지역적, 자연적 환경에서 서로 다르게 사용된 字體이며, 단순히 일정한 시기에 유행된 장법이 아닌 특정한 字體로 인식하였을 것이다. 이렇게 특수한 목적의 鳥蟲書는 특정인에 한하여 사용되었을 것으로 보이며, 그 용도도 한정적인 기물에 사용되었을 것으로 보인다.

鳥蟲書의 명칭에 관하여 段玉裁는 '鳥蟲書所以書幡信也'로 기록했는데, 蟲書와 鳥蟲書는 모두 포괄적인 의미로는 '羽蟲'으로 조류와 벌레를 모두 지칭한다고 제시하고 있다.[04]

반면 蟲書의 명칭은 『漢書 · 藝文志』에서 찾아볼 수 있는데, 六體의 하나로 그 字體는 古文, 奇字, 篆書, 隷書, 繆篆, 蟲書이며, 모두 古今文字로 印章이나 幡信의 용도라고 설명하고 있다.[05] 顔師古에 의하면 蟲書는 蟲鳥의 형태로 幡信의 용도로 사용한다고 제시하였다.[06] 이러한 내용을 통하여 볼 때 서한 초기의 蟲書는 六體 중의 하나였으며, 그 용도는 幡信으로 사용했으며, 太史가 학동을 가르치기도 한 字體 가운데 하나였음을 알 수 있다. 또한 전반적으로 秦書八體와 유사함을 알 수 있다. 따라서 鳥蟲書는 곧 蟲書이며, 시대별로 제시된 용어와 용도 때문에 명칭이 다른 것으로 이해된다. 그 원류는 字體에 조충의 식필을 인위적으로 가미하여 사용된 당시의 字體 흐름 중 하나였던 것이다. 상고시기에 '蟲'은 그 의미가 매우 넓어 毛羽나 鱗蟲의 종류를 모두 포함시키는데, 조류도 이에 포함될 수 있었을 것이다. 따라서 篆書에 조류나 벌레의 형태를 포함시켜 넓은 의미에서는 '蟲書'라고 하며, 좁은 의미에서는 '鳥蟲書'라고 할 수 있다. 秦書八體 중의 하나인 '蟲書'는 衛恆의 『四體書勢』에서는 '蟲'을 제외한 '鳥書'라고만 기록하였다.

---

04) 上文曰蟲書, 此曰鳥蟲書, 謂其或像鳥或像蟲, 亦稱羽蟲也.
05) 漢興, 蕭何草律, 亦著其法, 曰 : 「太史公試學童, 能諷書九千字以上, 乃得爲史.又以六體試之,…」體著, 古文 · 奇字 · 篆書 · 隷書 · 繆篆 · 蟲書, 皆所以通知古今文字, 摹印章, 書幡信也.
06) 蟲書, 謂爲蟲鳥之形, 所以書幡信也.

그림 2. 張掖都尉棨信　　　　그림 3. 張伯升柩銘　　　　그림 4. 張遷碑碑額

　　鳥書의 명칭은 비교적 늦은 시기에 등장한다.[07] 王愔의 『古今文字目』에서도 '鳥書'와 '蟲篆'만 기록하고 있으며, 崔豹의 『古今注』에서도 찾아볼 수 있다.[08] 唐代에도 이와 관련된 명칭이 등장하는데, 唐玄度의 『論十體書』에 의하면 鳥書를 幡信의 서체로 기록하였다.[09] 또한 韋續의 『五十六種書』에도 유사한 鳥形으로 기록하고 있으며,[10] 張懷瓘의 『書斷·中』에 의하면 '然十書之外, 乃有龜, 蛇, 麟, 虎, 雲, 龍, 蟲, 鳥之書, 旣非世要, 悉所不取也.'라고 하여 여러 가지 동물의 형상을 字體에 이입시키는 방법이 제시되고 있다. 동시에 徐堅의 『初學記·卷第二十一·文字第三』에서도 찾아볼 수 있는데, 鳥書, 鳳鳥書, 蝌蚪蟲書 등 10여종 모두 八體 중 하나로 제시되어 있다.[11]

07) 衛恆 『四體書勢』 : '王莽時, 使司空甄豊校文字部, 改定古文, 復有六書 : 一曰古文, 孔氏壁中書也 ; 二曰奇字, 卽古文而異者 ; 三曰篆書, 秦篆書也 ; 四曰佐書, 卽秦隸也 ; 五曰繆篆, 所以摹印也 ; 六曰鳥書, 所以書幡信也.'
08) 信幡, 古之徽號也, 所以題表官號以爲符信, 故謂爲信幡也.……信幡用鳥書其飛騰輕疾也.
09) 鳥書, 周史官佚所撰. 粵在文化, 赤崔集戶, 降及武期, 丹鳥流室, 今此二法, 是寫二祥者焉. 以上此書體幡信者, 取其飛騰輕疾也. 一說, 鴻燕有來去之信, 故象之也.
10) 十二 ; 周文王, 赤崔衔書集戶, 武王, 丹鳥入室, 以二祥瑞, 故作鳥書. 二十三 ; 傳信鳥跡者, 六國時, 書節爲信象鳥形也.
11) 自黃帝至三代其文不改, 秦焚燒先典, 乃廢古文更用八體, 一曰大篆, 周宣王史籀所作也 ; 二曰小篆, 始皇時李斯趙高胡毋敬所作也, 大小篆並簡册所用也 ; 三曰刻符, 施於符傳也 ; 四曰摹印亦曰繆篆, 施於印璽也 ; 五曰蟲書, 爲蟲鳥之形施於幡信也 ; 六曰署書, 門題所用也 ; 七曰殳書, 銘於戈戟也 ; 八曰隸

이와 같이 문헌을 통해 鳥蟲書는 모두 幡信으로 사용된 것이며,[12] 篆書를 기본으로 하는 필법에 굴곡과 완곡을 더하여 篆書와는 다른 글자 형태였다는 것을 알 수 있다. 한대 시기의 문헌에 처음 등장하는 鳥蟲書 혹은 蟲書은 幡信으로 사용되었다고 전해지지만, 현존 유물의 확인이 어렵고 오나라와 월나라에서 사용된 청동병기에서 篆書에 飾筆을 가미한 鳥蟲書만이 확인된다.[13]

　張掖都尉棨信(1973년 甘肅居延水金關 遺蹟 出土, 그림 2),[14] 張伯升柩銘(1959년 武威漢墓 出土, 그림 3),[15] 張遷碑碑額(그림 4)의[16] 일부 字體는 鳥蟲書로 되어 있다. 이러한 것으로 보아 아마 幡信의 용도로 사용된 鳥蟲書의 형태도 이와 같았을 것으로 사료된다.

　그리고 東漢時期에 이르러 鳥蟲書의 여러 가지 명칭 가운데 '鳥篆'이 등장한다. 먼저 『後漢書·蔡邕傳』에[17] 鳥篆의 명칭이 나타나며, 『後漢書·陽球傳』에도 鳥篆의 명칭이 등장한다.[18] 『後漢書·靈帝紀』와[19] 『三國志·魏志·衡覬傳』에도[20] 鳥篆이 기록되었다. 이러한 문헌 사료의 기록과는 달리 鳥蟲書가 정확히 어떠한 형태였고, 어디에 사용된 자체인지는 확인이 어렵다. 또한 幡信의 형태인 旗幟과 符節은 주로 직물이나 竹木으로 제작되어 쉽게 부패되어 그 자료를 확인하기가 힘들다. 그러나 鳥蟲書나 蟲書 또는 기타의 다른 명칭들도 문헌 기록과 현존하는 유물 등을 통하여 보면, 그 字體의 기본적인 특징은 조류나 벌레의 형상을 내포하고 있다. 여기서 '蟲'은 모든 동물을 포함하고 있어 '鳥類'도

書, 始皇時程邈所定六行公府也. 漢氏因之至王莽居攝使甄豐刊定六體, 一曰古文, 二曰奇字, 三曰篆書, 四曰隸書, 五曰綠書, 六曰蟲書, 唐代以敎學童焉. 又衛恆四體書勢曰, 漢興又有草書, 不知作者. 蓋兩漢銘勒雜以古文·篆·籀及八分爲之. 魏晉以還隸文遂盛蕭子良古今篆隸文體有 ; ……鳥書·鳳鳥書·蝌蚪蟲書……凡數十種, 皆出於六義八體之書, 而因事生變者也.

12) 幡信이 정확히 어떠한 형태였는지는 알 수 없다. 보존이 어려운 종이나 천 혹은 나무 등으로 제작했을 것으로 보인다〈許仙瑛, 1999, 「先秦鳥蟲書硏究」, 國立臺灣師範大學國文硏究所碩士論文, 37~38쪽〉.

13) 이와 관련하여 필자는 춘추전국시대 남방의 오월지역을 중심으로 유행되어 등장한 鳥蟲書의 기원이 민족학적으로 연관되어 오월지역의 민족사와 상고문화와 연관되어 제시한 바 있다〈허선영, 위의 논문, 5~30쪽〉.

14) 李學勤, 1978, 「談'張掖都尉棨信'」, 『文物』1978年 第1期.

15) 中國社會科學院考古硏究所, 『武威漢簡』, 圖版貳參, 摹本二五.

16) 許仙瑛, 「先秦鳥蟲書硏究」, 國立臺灣師範大學國文硏究所 碩士論文, 1999.

17) 初, 帝好學, 自造皇羲篇五十章, 因引諸生能爲文賦者. 本頗以經學相招, 後諸爲尺牘及工書鳥篆者, 皆加引召, 遂至數十人.

18) 或獻書一賦, 或鳥篆盈簡, 而位升郎中, 形圖丹青.

19) 光和元年(公元一七八年)二月, 始置鴻都門學生. 李賢注 : 鴻都, 門名也. 於內置學, 其中諸生皆敕州郡三公擧召能爲尺牘·辭賦及工書鳥篆者相課試. 至千人焉.

20) 受詔典著作, 又爲『魏官儀』, 凡所撰述數十篇. 好古文·鳥篆·隸草, 無所不善.

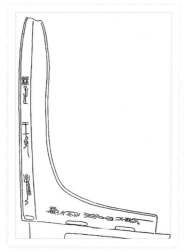

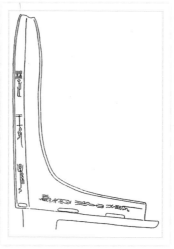

그림 5.　吳王子孜戈　　　　　　　그림 6.　楚王孫漁戈　　　　　　　그림 7.　王子午鼎

이에 해당된다.[21] 이와 같이 鳥蟲書는 학계에서 蟲書, 鳥書, 鳥篆, 鳥飾文字, 鳥篆文字, 鳥蟲篆, 鳳飾篆字 등 다양한 명칭이 사용되어 있다.[22] 이와 같이 그 명칭을 두고 학계에서 다소 이견이 있지만 鳥蟲書의 기본은 篆書를 기초로 새나 벌레의 형태를 취하고 있으며, 이러한 飾筆의 字體를 藝術體 혹은 美術體라고도 해야 한다는 의견이 제기되고 있다.[23]

　청동기의 명문에 사용된 鳥蟲書는 춘추전국시대 주조된 청동기 가운데 기원전 500년경에 제작된 '吳王子孜戈'(그림 5), '楚王孫漁戈'(그림 6), '王子午鼎'(그림 7) 등이 현존하는 가장 빠른 자료이다. 이러한 청동기는 이미 2500년 전에 사용되기 시작했다. 그리고 춘추전국시대에 이르러 鳥蟲書가 유행했는데, 특히 청동병기와 악기, 주기 등의 명문에 착금 형식으로 많이 출현하고 있다. 이러한 현상은 漢代의 璽印과 와당문자에도 등장하지만 착금의 형식도 아니며 청동기에 등장하는 것도 아니다. 그런데 어느 시대이건 모두 장식의 효과가 강하게 나타나고 있다. 郭沫若은 『周代彝銘進化觀』에서 춘추전국시대에 등장하는 鳥蟲書는 인위적인 장식의 효과를 강하게 부여함으로 심미의식이 반영되어 한자의 미

---

21)　『說文解字』卷十三上 「蟲」字解釋 :「一名蝮, 博三寸, 首大如擘指, 象其臥形. 物之微細, 或行或飛, 或毛或嬴, 或介或鱗, 以蟲爲象」(段玉裁本). 『孔子家語. 執彎』 :「羽蟲三百有六十, 而鳳爲之長」. 『大戴禮記・曾子・天圓』 :「毛蟲之精者曰鱗, 羽蟲之精者曰鳳, 介蟲之精者曰龜, 鱗蟲之精者曰龍, 蟲之精者曰聖人.」
22)　鳥蟲書에 관하여 1934년 容庚 선생은 『鳥書考』를 발표하면서 학계에서는 춘추전국시대 오월지역에서 사용된 鳥蟲書 연구에 중요성을 인식하게 되었다.
23)　林素清, 「春秋戰國美術字體硏究」, 『中央硏究院歷史語言硏究所集刊』 第61本 第1分.

학이 여기서부터 시작되었다고 제시하고 있다.[24]

III. 戰國時代의 鳥蟲書 형식

1934년 容庚선생이 「鳥書考」에 관한 논문을 발표한 후,[25] 고문자 학계에서는 춘추전 국시대 南方 지역 字體의 하나인 鳥蟲書에 관한 관심을 가지게 되었다. 鳥蟲書는 주로 靑 銅兵器나 樂器 혹은 酒器 등의 기물에 글자를 새기거나, 글자를 새긴 후 착금의 방식으로 처리하였다. 이러한 글자는 춘추전국시대 시작하여 漢代까지 지속적으로 유행했다. 漢代 에 이르러서는 璽印을 비롯하여 瓦當文字나 銅鏡文字 등에 주로 사용되었다.

鳥蟲書의 가장 큰 특징은 篆書에 새나 곤충 모양의 장식으로 필획을 변형시키거나 도안의 형태로 응용하는 字體로써 풍부한 장식의 효과를 얻을 수 있다. 字體의 기본 틀을 가지는 篆 書에 변화를 주는 등 자체에 대한 변형력이 풍부해짐에 따라 심미적 자체로도 인식되었다.

鳥蟲書는 춘추전국시대 남방 지역을 중심으로 유행했는데, 현재 출토된 청동기의 수 량을 파악해 보면 청동병기가 가장 많다. 필자의 통계에 의하면 나라별로는 越國 86개, 吳國 22개, 蔡國 21개, 楚國 18개, 曾國 3개, 宋國 2개, 徐國 1개, 국가 불명 14개를 포함하 여 모두 167개의 鳥蟲書 청동기가 확인되고 있다.[26](그림 8-10)

춘추전국시대 사용된 鳥蟲書는 篆書와 장식적인 飾筆과의 관계에서 분리되느냐가 중 요한 문제이다. 주로 청동병기에 사용된 鳥蟲書는 '用'자의 사용 사례가 가장 많은데, '用' 과 조충이 분리되는 경우도 있다. 조충이 분리되면 자형이 파괴되는 경우가 있다. 따라서 이 시기의 鳥蟲書는 나라별로 그 형태도 다르지만 篆書와 조충의 결합여부에 있어 '成文 字'와 '不成文字'의 관계가 다른 시기와 가장 큰 차이라고 할 수 있다.

월나라 청동병기의 '用'자 자형과 자형별 비율은 아래의 표와 같다(표 1). 월나라 청동병 기의 用자 자형은 篆書와 飾筆이 연결되어 있지만 서로 분리가 되어도 字體는 변하지 않 는다.

---

24) 東周而後, 書史之性質變而爲文飾, 如鐘鎛之銘多韻語, 以後整個之款式鏤刻於器表, 其字體亦多作波磔而有意求工. 又如齊'國差'銘亦韻語, 勒於器肩, 以一獸環爲中軸, 而整列成九十度之扇面形.凡此均審美意識之下所施之文飾也, 其效用與花紋同.中國以文字爲藝術品之習尙, 當自此始.

25) 容庚, 1934, 「鳥書考」, 『燕京學報』第16期.

26) 허선영, 앞의 논문, 78쪽.

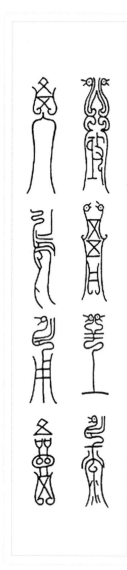

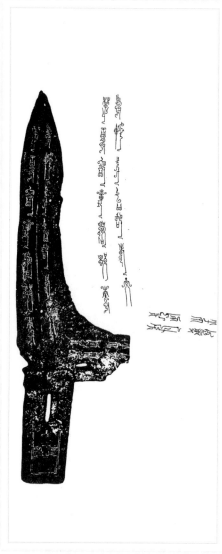

그림 8. 攻吾王光劍(吳國)　　　그림 9. 越王州句劍(越國, 錯金)　　　그림 10. 楚王酓璋戈(楚國)

표 1. 월나라 청동병기의 '用'자 자형과 비율

자형				
비율	88.88%	5.55%	2.77%	2.77%

오나라 청동병기의 '告'자는 篆書와 飾筆이 분리될 수 있는 경우로 그 자형과 자형별 비율은 아래의 표와 같다(표 2).

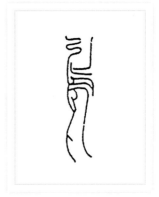

그림 11. 오나라 청동병기의 '作'

표 2. 오나라 청동병기의 '告'자 자형과 비율

자형		
비율	66.66%	33.33

반면 오나라 청동병기의 '作'은 篆書와 飾筆이 분리되면 字體가 파괴되는 경우가 있는데 그 형식은 모두 다음과 같이 등장한다(그림 11).

춘추전국시대에 등장하는 鳥蟲書는 나라별로 그 현상은 장법에 따라 약간의 차이가 있지만 '成文字'와 '不成文字' 간의 관계에 대하여 중요한 단서를 제공한다.

IV. 漢代 銘文瓦當의 鳥蟲書 형식

한대 문자와당에 등장하는 鳥蟲書는 장식성을 높여 예술적 미를 더하기 위한 방법의 하나로 사용되었다. 따라서 전국시대 남방문자의 字體와의 개념과는 다르다. 한대 문자와당에는 소전에 조류나 벌레 등의 굴곡과 飾筆을 강조하였다. 그런데 이러한 의도는 전국문자 鳥蟲書의 용도와는 다르며, 그 수량도 많지 않은 것으로 확인되고 있다. 이글에서는 한대 문자와당에 등장하는 鳥蟲書 가운데 '천추만세' 명문와당에 한하여 살펴보고자 한다. 한대 명문와당에 등장하는 鳥蟲書는 대부분 길상어로 등장하는데, 천추만세 명문와당에서 가장 많이 나타나고 있다.

『秦漢1246』(그림 12)의 천추만세 와당의 명문 가운데 '千'과 '秋'의 편방에서 鳥蟲書의 흔적을 찾아 볼 수 있다. 당면의 羊角紋과 유사한 형태로 와당면과 당심, 전체 구획을 고려하여 의도적으로 美化시킨 것이다. '千'자의 首筆은 새의 모양을 하고 있으며, '歲'자 '止'획은 '艸'자로 독특한 篆書體이다. 이 와당은 漢代 예술체 문자와당 가운데 가장 대표적인 장법과 字體의 균형을 동시에 엿볼 수 있는 와당이다. 그리고 구획의 선을 이루는 곡

그림 12. 『秦漢1246』　　　그림 13. 『秦漢1213』　　　그림 14. 『秦漢1174』

그림 15. 『秦漢1188』　　　그림 16. 『秦漢1249』　　　그림 17. 『秦漢1169』

선의 모양은 좌우를 대칭으로 하는 양각문으로 길상어와 문양이 함께 배치되어 있다. 또한 '천추만세' 와당은 궁궐의 여인들이 머물렀던 곳에서 다량으로 출토되었는데, 와당 사용자의 대상을 고려하여 소전에 미적 요소를 가미시킨 字體의 의도를 함께 생각할 필요가 있다. 漢代는 관가에서 허용된 관방 字體인 隸書體가 등장하여 널리 사용되었다. 명문 와당에 나타나는 자체는 와당의 章法이나 사용 범위를 비롯하여 특수한 건축물에 사용되는 특성상 예술성을 추구하기 위하여 여러 형태로 나타난다. 그리하여 와당에 글자를 새기는 것 이외에 문자와 문양이 함께 등장하는 경우가 나타나기도 한다.

　　이러한 모습이 『秦漢1213』 천추만세 와당(그림 13)의 '千'자에서 확연히 드러나고 있다. 이 와당은 '千'자의 획이 매우 독특한데, 이것은 와당의 구조 의하여 글자의 형태가 변형을 가져올 수 있다는 것을 보여준다.[27] 한편 '千'자는 와당 문자에서 자주 나타나는 글자

---

27) 와당문자는 와당의 구조에 따라 字體의 방향이 변한다. 글자의 방향이 변하는 것, 필획의 일부만 변하는 것, 와당의 구획에 따라 변하는 것 등 여러 가지 특수한 현상이 나타난다. 또한 매 글자마다 와당구조의 영향으로 글자의 讀法과도 상관이 있기에 와당에 나타나는 그대로 표기하였다.

인데, 일반적으로 字體는 篆書이며, 그 변화도 적은 편이다. 예를 들면 다음과 같다(표 3).

표 3. 와당문자의 千[28]

釋文	자형						
千							
	0229 羽陽千秋	0230 羽陽千秋	0231 羽陽千秋	0232 羽陽千秋	0233 羽陽千秋	0235 羽陽千秋	0482 千秋萬歲

『秦漢1188』(그림 15)은 매 자마다 한 마리의 瑞鳥가 춤을 추는 듯 경쾌하다. 〈표 4〉완형을 보면 '千秋萬歲'의 字體와 와당을 구성하고 있는 형식에서 함께 배치된 예술체적 요소를 찾을 수 있다. 모두 鳥蟲書로 구성되어 있는데, 그 중 '千'과 '秋' 字가 가장 명확하게 나타나고 있다. 필획의 매듭이 勾環盤曲으로 '千秋萬歲' 와당 중에서 길상문과 장식성이 강하게 나타나는 와당이다. 와당의 당심에 출현되는 瑞鳥는 '千秋萬歲'의 길상적 의미와 잘 어우러져 문양과 문자의 조화를 이루고 있다.

표 4. 『秦漢1188』의 千秋萬歲

명문	자형			
千秋萬歲				

『秦漢1249』(그림 16)는 盤旋圓轉의 필획으로 鳥蟲書의 특징이 '千', '萬', '歲' 字에서 명확하게 나타나고 있다. 이 와당은 서한 후기에 나타나는 와당 형식이다. 주연부가 비교적 좁은 것이 특징이고, 당심의 변형이 부분적으로 나타난다. 이러한 명문와당을 통하여 한대 와당문자에 등장하는 鳥蟲書가 전국시대의 字體와는 다르다는 것을 알 수 있다. 그 형태는 전국시대에 유행한 鳥蟲書와 유사하지만 와당에서 보이는 鳥蟲書는 당시 유행한 字

---

28)　許仙瑛, 2005, 『漢代瓦當研究』, 國立臺灣大學中文研究所博士學位論文, 【부록 4】 자형표 참고.

體가 아닌 것으로 보인다. 당시 성행한 자체가 와당에 표현되었다기 보다, 와당을 화려하고 장식적으로 제작하는 과정에서 나타난 자체로 추정된다. 그래서 그 수량도 비교적 한정된 길상문에만 등장한다. 춘추전국시대와 한대 명문와당에 등장한 鳥蟲書의 字體를 비교하여 보면, 먼저 한대 명문와당에 등장한 鳥蟲書는 篆書를 기본으로 식필을 주었으며, 글자와 장식이 서로 분리될 수 없다. 그런데 한대 명문와당의 鳥蟲書는 와공이 당면과 구획선에 따라 자체를 인위적으로 가미하였으며, 당시 유행한 字體가 반영된 것도 아니고, 특별한 의도로 제작된 것도 아닌 것으로 보인다.

춘추전국시대 鳥蟲書에 등장하는 '萬歲'의 자체와 한대 명문와당 '千秋萬歲'의 일반적인 자형과 鳥蟲書의 형식을 비교하여 보면 다음과 같다(표 5).

표 5. 춘추전국시대 金文과 한대 와당의 鳥蟲書(萬歲)

춘추전국시대 金文의 鳥蟲書 〈萬歲〉		한대 와당의 鳥蟲書 〈萬歲〉
	鳥蟲書	
	篆書	
	鳥蟲書	
	篆書	

또한 다른 자형의 비교에서도 한대 명문 와당에 등장하는 鳥蟲書는 명문 와당의 篆書와는 다르게 나타나고 있다(표 6).

표 6. 춘추전국시대 청동기 鳥蟲書와 한대 명문와당 篆書

춘추전국시대 청동기 鳥蟲書	한대 명문와당 篆書
吉	

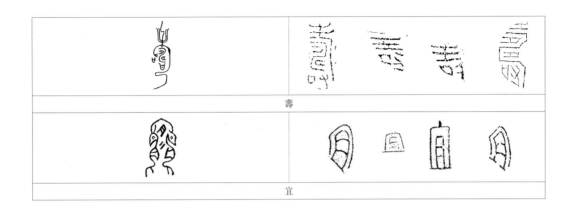

			壽
			宜

Ⅴ. 맺음말

선진시기 字體의 한 종류로 등장한 鳥蟲書는『說文解字』에 의하면 秦書八體의 하나인 '蟲書'로 기록되어 있다. 이 蟲書는 현재 학계에서 통칭으로 사용되는 鳥蟲書를 지칭하는 것으로 유물로 확인되는 것은 3500년 전 갑골문에서 그 흔적을 찾아볼 수 있다. 그러나 상대시기에 등장하는 字體의 형식이 전국시대에 유행한 鳥蟲書의 前身이라는 의견은 다소 무리가 있어 보인다.

한대시기 문헌에 가장 먼저 鳥蟲書와 관련된 명칭이 등장하지만 그것이 어떠한 형태의 字體였는지 알 수 없다. 다만 후에 등장하는 蟲書, 鳥蟲書, 鳥書, 鳥篆 등의 명칭과 유물을 통하여 볼 때 篆書에 새나 벌레의 형식을 가미한 字體를 이르는 명칭으로 보인다. 이러한 자체로 사용된 유물은 춘추전국시대에 등장하는 남방지역의 오나라, 월나라, 초나라에서 집중적으로 사용되었다. 청동병기에 시문된 鳥蟲書는 진대를 거쳐 한대에 이르러 새인문자, 동경문자, 와당문자 등에도 등장한다.

한대 명문와당에서 鳥蟲書는 길상어인 천추만세에서 많이 등장하며, 글자와 식필이 분리될 수 없는 것도 확인하였다. 와공이 와당의 구조와 공간에 따라 인위적으로 장식성을 가한 字體의 하나로 등장한 것이다. 이러한 점은 한대 명문와당에 篆書, 隸書, 楷書, 鳥蟲書 등 다양한 字體가 표현되었으며, 전국시대 남방지역에서 집중적으로 유행된 鳥蟲書와는 다른 현상으로 이해되어야 할 것이다.

참고문헌

『漢書』(北京, 中華書局 點校本).

『後漢書』(北京, 中華書局 點校本).

許愼 撰·段玉裁注, 1991, 『說文解字注』, 黎明文化出版社.

唐蘭, 1986, 『中國文字學』, 上海古籍出版社.

董作賓, 1953, 「殷代的鳥書」『大陸雜誌』第6卷11期.

李學勤, 1978, 「談'張掖都尉棨信」, 『文物』第1期.

林素淸, 「春秋戰國美術字體硏究」, 『中央硏究院歷史語言硏究所集刊』第61本 第1分.

馬國權, 「鳥蟲書論搞」『古文字硏究』第10輯.

徐堅, 1972, 『初學記』, 新興書局.

徐俊, 1991, 「楚國靑銅器銘文中的'鳥篆文字'爲'鳳飾篆字'辨析」, 『華中師範大學學報』第6期.

蘇瑩輝, 「論先秦時期以鳥篆銘兵的動機」, 『民主中國』第8卷 第10期.

王充 撰, 1965, 『論衡』, 文星出版社.

容庚, 1934, 「鳥書考」『燕京學報』第16期.

_____, 1964, 「鳥書考」, 『中山大學學報』1964年 第1期.

張光裕, 1994, 曹錦炎主 編, 『東周鳥篆文字編』, 翰墨軒出版社.

張正明, 1990, 『楚文化史』, 南天書局.

中國社會科學院考古硏究所, 『武威漢簡』.

陳昭容, 1996, 「秦系文字硏究」, 私立東海大學中文硏究所博士論文.

叢文俊, 1996, 「鳥鳳龍蟲書合考」, 『故宮學術月刊』第14卷 第2期.

湯可敬, 1997, 『說文解字今釋』, 岳麓出版社.

許仙瑛, 1999, 「先秦鳥蟲書硏究」, 臺灣國立師範大學國文硏究所碩士學位論文.

_____, 2005, 「漢代瓦當硏究」, 國立臺灣大學中文硏究所博士學位論文.

_____, 2006, 「한대 문자와당에 나타나는 예술체 현상」, 『중국언어연구』제23집.

_____, 2013, 「戰國時期 燕·齊文字의 構造的 特徵」, 『文化史學』제40호, 한국문화사학회.

_____, 『중국 한대 와당의 명문연구』, 민속원.

汉晋时期中国佛教艺术的考古学观察

贺云翱(허윈아오)　中國 南京大學

국문 초록

　　본고는 중국에서 발견된 초기 불교예술의 고고학 자료를 근거로 문헌사료와의 검토를 통하여 중국 漢晉시기의 불교예술에 관하여 논의하였다. 본문에서는 중국 漢晉시기 불교예술의 고고학적 연구 성과와 더불어 과거 학계에서 논의된 '중국 초기 佛敎造像의 계통', '瑤錢樹佛像', '롄윈강 쿵왕산의 마애불상', '일본 三角緣神獸鏡佛像을 비롯하여 허난성 뤄양에서 출토된 삼국시기에서 西晉시기에 이르는 佛像鏡, 육조 연화문와당 등의 연구 성과에 대한 검토와 초기 사찰의 형태 그리고 漢晉시기 불교예술의 지역적 현상 등에 관하여 연구를 하였다.

　　그 결과, 중국 漢晉시기 불교예술의 조형은 지역적으로 차이가 나타나는데, 지역별로 서역, 동북, 중원의 북방, 장강의 상류, 장강의 중하류 등 다섯 개의 지역으로 나뉘며, 지역마다 지역성이 돋보이는 섬세한 불교예술의 형태를 보유하고 있었다. 예를 들면, 가장 전형적인 중원 북방지역의 자료를 살펴보면 쟝쑤성 롄윈강 쿵왕산의 후한시기 마애조상, 산동성 후한시기 화상석에 등장하는 불상과 불탑, 허난성 뤄양에서 발견된 불상경, 장강 상류지역은 요전수 불상이 주된 양상으로 나타나고 있으며, 또 불상 토제대좌[佛像陶器座], 묘장에 사용된 불상 조각, 전돌에 표현된 불탑 조형과 연화문와당 도안 등도 모두 여기에 해당된다. 이 가운데 후한 延光 4년(125년)의 불상은 중국 내에서 발견된 가장 빠르고 정확한 佛敎造像의 흔적이라 할 수 있다. 이 유물이 출토됨에 따라 고대 인도의 토속화된 불상의 탄생 년대에도 중요한 연구 자료가 될 것이다.

장강지역의 중하류 자료는 불상경과 魂瓶의 장식에 표현하고 있는 불상과 자기로 만든 불상[單尊瓷佛像] 등이며, 동북지역은 주로 묘장 벽화에 출현하고 있는 불교예술과 관련된 소재와 연화문와당이며, 서역지역은 자료가 비교적 풍부한데, 불상, 불탑, 조상, 석굴사 등 다양하게 나타나고 있다. 이와 같은 분포지역은 서로 다른 지역과 조형에서 차이를 나타내고 있다.

漢晉시기의 불교예술 자료는 고대 인도 불교예술에서 전래된 것으로서 문화 전파경로 연구에 귀중한 자료가 되며, 중국 전통 문화와의 관계에 있어서도 매우 중요한 자료이다.

본고에서 제시된 자료는 공간적, 지역적 개념을 입증하는 자료임과 동시에 또 다른 문제도 제기하고 있다. 예를 들어 漢晉시기 중국 불교예술의 공간에서 나타나는 차이가 무엇인가? 이와 같은 현상의 출현이 고인도의 토속 불교가 가지고 있는 불교종파의 차이에서 나타나는 문제인가? 예를 들어 간다라 혹은 마투라 예술의 영향이라 볼 수 있는가? 이러한 지역적 차이가 漢晉시기 이후의 중국 불교예술에 어떠한 영향을 미치게 되었는가의 의문점을 가지게 된다. 이러한 의문점은 한국과 일본의 초기 불교예술과 어떠한 관계에 있는가?

이와 같이 여러 가지 해결되어야 할 문제는 본고에서 다루지는 못하였지만, 향후 본고에 제시된 많은 유물자료를 통하여 해결되어야 할 것으로 본다.

Ⅰ. 人类文明多样性背景下的佛教艺术

人类文明是具有多样性的〈图1〉。以往的研究也表明，在整个人类的发展史上，尤其是第一代文明都处于北纬30度这条线上的。我们来看包括地中海流域的，尼罗河文明〈图2〉，还有两河流域〈图3〉文明。希腊、罗马文明，以及后来的波斯、阿拉伯文明，印度河流

图 1.

图 2.

图 3.

图 4.

图 5.

图 6.

图 7.

图 8.

图 9.

域的文明〈图4、图5〉，中国长江和黄河的文明〈图6、图7〉，以及印第安文明〈图8、图9〉，都是在北纬30度这条线周围。我们今天在一个全球化的背景下面，共同讨论这条线周边佛教文化的问题，当然也在一个浩瀚而宏大的文明多样性的背景下展开的。我们会发现各种各样的文明都构建了他们自己的文化内涵和文明特色，以及文明体系。当然有些文明已经死亡了，而有些文明还活着。如两河文明，我们现在看到它已经死亡了，当然，古尼罗河文明也死亡了。

这样一个文明体系，就是我们现在讲的古典文明，后来经历了文艺复兴、启蒙运动、科学革命、包括工业革命，转型为现代文明。这是基督教文明〈图10〉、中国文明〈图11〉，我们这次讨论的主题——印度河和恒河区域产生的佛教文明，还有伊斯兰文明〈图12〉、玛雅文明，当然还有欧洲的工业文明〈图12、图13〉。欧洲的工业文明原型是在欧洲，然后转型为美国的文明形态〈图14、图15〉。佛教是人类重要的文明成

图 10.

图 11.

图 12.

图 13.

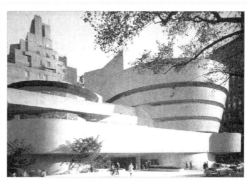

图 14.

图 15.

就。大家都清楚知道佛教在古代印度产生之后传入中国，形成中国式的佛教，然后又从中国传入了东亚的韩国、朝鲜，包括日本。毫无疑问，佛教从南亚进入东亚是亚洲文明史上的重大事件，也是世界性的一个重大事件，影响极其深远。世界范围内不同的文明互相交流、碰撞、融合以及产生了新式的文明。中国的文明在佛教入华之后，它的变革是异常深远的。

佛教虽然是一个外来的文化、文明形态，但是对中国的影响是极其重大的。

佛教文化博大精深，包括很多方面。从一个考古学研究者的角度来讲佛教艺术的问题，主要涉及其物质形态，包括建筑艺术、雕塑艺术，以及绘画艺术。在考古学的范围内，我们把艺术还是看作文化问题，并不会把它当做是一个纯艺术的形态，并不是单纯去欣赏它，或者一般性地进行一些图像学的比较，或者进行一些风格学的研究，而是一定会把它当做是一个"文化"的问题来看待的。既然这样，由于佛教是一个从南亚地区到东亚地区，而且在东亚地区也是横跨了不同的国家。所以在考古学文化的视野下，它也是一个"跨文化"的问题。跨文化的问题，我们一般来说采用"比较研究"的方法。

当然佛教艺术既是艺术史的问题，也是宗教史的问题，更是一个宗教考古的问题。我们今天讲的"汉晋时代中国佛像"的问题，实际上是一个中国佛教艺术的起源问题。但是宗教艺术的起源和宗教起源不是一回事。"宗教"的起源是一种思想的起源，其实我们在考古学方面是比较难处理的。比如我们知道，人类宗教思想起源可能在两三百万年前就有了，但是我们今天看到的宗教艺术大概也就两万年左右，可见中间的时代差异是很大的。同样如此，佛教的宗教艺术和佛教思想的考古学问题也是两回事。佛教和佛教艺术大家都知道它的起源时间是不一样的，佛教思想在公元前6世纪前后就起源了。

II. 佛教艺术起源与进入中国

佛教艺术的起源时间是什么时间呢？当然争议很大，现在最早的说法是在佛陀在世的时候就已经有了佛像。这个说法虽然大多数人基本都不认同，但是我见到的一些著作中也有少数学者说有可能，说明佛教艺术起源的时间问题目前是存在着争议的。我们知道佛教起源的地点主要是在这个区域里面。但是佛教艺术的起源一般的人认为是在这个地区〈图16〉。如秣菟罗，这是个佛教艺术的重要起源点，佛教艺术起源点在印度本土的区域差异是很大的，因为我们看到这个是印度河流域，这个是恒河流域，都是佛教艺术起源的重要地点，一个古代西北印度，一个在古代印度的中部，所以实际上它在古代印度本土也是一个比较复杂的问题。

在整个印度的佛教艺术有三个文化圈〈图17〉，一个是犍陀罗艺术圈，一个是秣菟罗艺术圈，还有一个是阿玛拉瓦蒂这个艺术圈。这三个佛教艺术圈彼此的关系，有不同的观

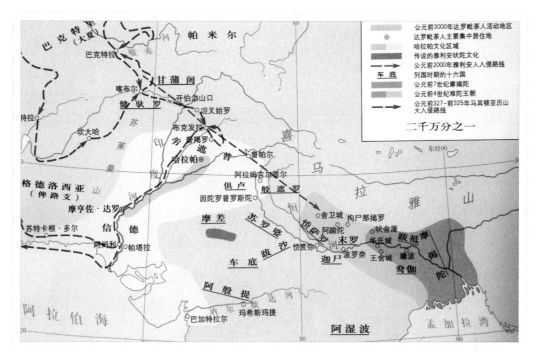

图16.

点。例如，他们同步不同步的问题，谁影响谁的问题。为什么讲中国的汉晋艺术会涉及
到印度这些本土佛教艺术的文化圈，或者说他们彼此的关系问题呢？

　　根据法国学者的研究，大约在公元前四世纪出现了最初的佛教艺术。那也就是说佛教
在公元前六世纪左右诞生，大概两百年后诞生了佛教艺术(当然也有一些学者说会更早一
点)。现在我们看到权威的说法是在公元前四世纪。那保留下来的主要是一些象征性的佛
教艺术符号〈图18〉,[01] 这些艺术符号对后来佛教艺术的诞生应该讲也是有非常深的作用。
比如我们现在讲到的符号艺术中的莲花纹，因为我自己这几年研究里有一个主题是佛教
莲花纹的研究，莲花的象征性意义，早在佛教艺术诞生的时候就存在了。所以它作为佛
教艺术的一种要素，其实是一直存在的，那么这个要素对中国同样是有影响的。

　　我们所见到的这些公元前四世纪到公元前三世纪的，甚至到公元前两世纪的这些佛教
的象征符号，有没有进入中国呢？

---

01)　Elizabeth Errington, Joe Cribb, Maggie Claringbull：《The Crossroads of Asia: Transformation in Image and Symbol》, The
　　Ancient India and Iran Trust, 1992, p.44.

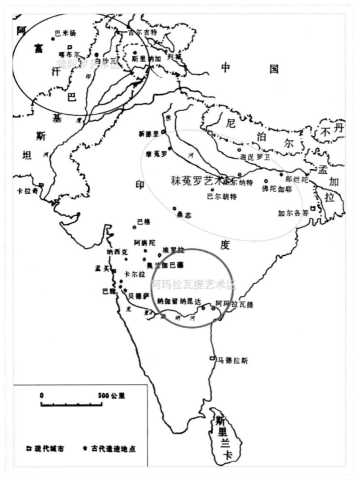

图 17.

我是一个偶然的原因接触到佛教艺术。虽然当年在大学读书时也在龙门石窟听过宫大中先生讲佛教艺术，但真正接触佛教艺术课题是在1989年，是与阮荣春先生提出"佛教初传南方之路"命题有关，为此，我很感谢阮荣春先生。

那时在我们课题调查过程中，我曾经想过这个问题，佛教传入到中国是不是也是分两个阶段？第一个阶段它是不成熟的佛教艺术，或者就是一个象征符号系统。关于这个问题，由于到目前为止没有很好的研究文章，所以还是一个有待探讨的话题。

不过这些艺术符号对我们来理解中国的一些考古资料是有帮助的。公元前三世纪的时候，在印度产生了一个著名的统治者，是大家都非常熟悉和热衷于佛教的阿育王。正因为他热衷于佛教事业，所以在佛教艺术方面有很多很著名的创造，如现在保留的阿育王石柱〈图19〉，我们知道南京有南朝帝王陵的石刻〈图20〉。石刻群中有一个神道石柱，这个石柱整个的结构跟这个阿育王石柱在结构上类似。比如说上面有一个狮子在顶端，然后下面是大的莲花盘，再下面是一个有凹楞纹装饰的柱身，再下面是一个有双螭纹的这种动物的图案，最后下面它才是一个方形柱座。所以我们在研究南京这些六朝遗存的时候，我们也会想到他们彼此之间有没有关联性。

在公元前三世纪的时候出现了佛塔。佛教艺术里面包括了建筑艺术，这些巨大的佛

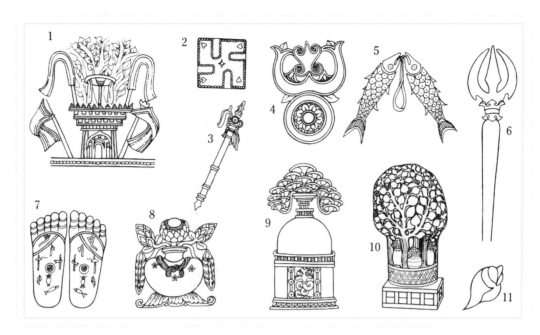

图 18.

图 19.

图 20.

塔，后来也经过了一些维修，直到现在印度的考古发掘仍然有不断的新发现。佛塔建筑
艺术大约是公元前三世纪或者是公元前两世纪左右保留下来的这些非常辉煌的佛教艺术，

也是我们认识中国佛教艺术的重要材料。当然,在佛教艺术中最重要的还是佛造像艺术,包括佛陀本身的形象。关于这个问题同样是有争议的。现在关于佛造像艺术最初出现的时间有公元前一世纪、公元一世纪、公元二世纪等不同的说法。最晚的年代是公元二世纪的中晚期或晚期,而且这是非常流行的一种说法。

印度的早期佛像艺术诞生的时候,还存在着不同的流派问题。其中有犍陀罗和秣菟罗这两个系统,它们究竟是同时存在的,还是相互影响的?是同一个来源还是有不同的来源,这个在中国和其他国家学术界都是有争议的。也就是说这些问题没有一个结论,那么这些没有结论的问题,对我们研究东亚地区,特别是中国早期的佛教艺术,其实都是有相当影响的。

当然还有第三个争议的问题,就是犍陀罗系统具有更多的希腊化风格,而秣菟罗系统更多地具备一些印度本土的艺术特点。从印度本土来说,佛教造像艺术是在两个流域诞生的,一个在印度河流域,一个在恒河流域,而且佛教的诞生地恰恰是在恒河流域,而不是在印度河流域。所以它本身就存在着一个佛教思想和佛教艺术诞生的"空间"问题,包括这两个空间相互互动的问题。这些话题应该讲对我们思考佛教艺术的诞生,与佛教思想彼此之间的关系都是有作用的。当然也有学者认为,佛教艺术的诞生不仅仅是希腊艺术的影响,还有罗马艺术的影响。

另外还有秣菟罗艺术跟本土的一些原有的宗教的关系也值得关注。我们知道在佛教诞生之前,在印度本土也是有不同宗教的,包括婆罗门教、耆那教等。这些宗教也是有自己的艺术的,难道这些艺术跟佛教艺术的诞生就没有关系了吗?所以说这些问题也是纠缠在一起。

以上三个争议中的问题不仅仅是关于印度的佛教艺术起源的问题,和我们讨论的这个话题——"汉晋时代的佛教艺术"的问题也有直接的关系。

印度本土早期佛教造像艺术的诞生,其最早的年代应该在公元一百年左右。我自己倾向于印度本土的以佛陀为中心的这种艺术,诞生于公元一世纪,而不是公元二世纪,更不是公元二世纪的中晚期。中国的材料也能够反证这种观点。尽管最近一两年出的书,还有学者认为佛像艺术诞生于公元二世纪的中晚期。可是我们用一些新的材料能够说这个观点已经是不对的。我们现在看到在迦腻色伽王的金币〈图21〉[02]上面出现了这样的佛像

---

02) Elizabeth Errington, Joe Cribb, Maggie Claringbull:《The Crossroads of Asia: Transformation in Image and Symbol》, The Ancient India and Iran Trust, 1992, P.

图 21.

图 22.

，或者早期如公元前两世纪左右的这些象征性佛塔的崇拜〈图22〉，[03] 或者在公元一世纪中期出现的舍利盒〈图23、图24〉[04]上的这些佛像，都能够证明在公元一世纪，毫无疑问在印度已经产生了非常成熟的佛教艺术。当然这里边还牵扯到一个迦腻色伽王的问题，主要是这位国王在位的年代。有些学者把他的在位年代定成是公元两世纪，我认为很可能是在公元一世纪。在印度，由于缺少系统的文献记录，这样一来这些争议的问题就大量存在了，所以它给今天做考古研究的人留下了很大的学术讨论空间。这些都是在印度本土发现的材料，大约在公元两世纪之前的，当然包括公元两世纪的作品，这些不同地点的、不同的材质或者是不同形象的造像艺术，我们看到它们与中国早期的佛造像艺术确实是有关联的。

下面我就分三个问题讲一讲今天的话题。第一个问题讲的就是汉晋时期的佛教艺术。

从公元前2年(西汉哀帝元寿元年)，一直到公元286年，我做了一个年表。依据中国文献，包括考古的文献、历史文献，大概排列了一下。有七十几个文献及考古资料，能够把它排成一个年表，这样一个年表里边呈现出来的是从西汉末年一直到东汉晚期的佛教历

---

03) Elizabeth Errington, Joe Cribb, Maggie Claringbull：《The Crossroads of Asia: Transformation in Image and Symbol》, The Ancient India and Iran Trust, 1992, P173.

04) Elizabeth Errington, Joe Cribb, Maggie Claringbull：《The Crossroads of Asia: Transformation in Image and Symbol》, The Ancient India and Iran Trust, 1992, P189・193.

图 23.

图 24.

史情况。这些历史文献呈现出一种什么时间的序列与佛教传播状况以及佛教艺术之间的关联性呢？从公元前2年(西汉哀帝元寿元年)佛教传入内地，也就是说当时的博士弟子景庐接受了月氏王派来的一位叫伊存的大使到首都长安口授《浮屠经》,目前几乎研究佛教史的所有专家都认为这个文献是比较可信的。在年表里面排在第二的史料，就是公元58年到公元75年的故事，就是发生在公元一世纪的事情。东汉汉明帝有一天做梦，梦到有一个飞仙，头上戴了项光(有的写成身光，有的说成项光)，在空中飞翔。第二天上朝，他就问大臣们说，我昨天做这个梦，你们认为这个梦怎么样呀？这个时候朝廷里有一位通人傅毅，这是一个博学之人，他就讲，我听说天竺这个地方有一个得道的人，叫佛，能够在天空中飞翔。于是，佛教就开始被东汉王朝所接受。当时的汉明帝派了12个使臣，前往大月氏，在那个地方抄写了《四十二章经》,并且带回了一些佛教艺术品。汉明帝等他们把佛教艺术品带回来之后，就建寺庙、建佛塔、还绘制佛画。这样的一个史料现在也是争议很大。因为有的认为那个时候印度本土还没有佛教艺术，认为这个史料是不可信的。尽管如此，也有一些学者认为这个史料是有相当的可研究价值的。当然此后从公元65年，到公元100年、公元125年、公元146年、147年、148年、190年，一直到公元200年、220年等等，我们现在能排下来的，有70个左右的史料。当然这个里面最重要的一个史料来自于我们考古学。我们这个结论就是说，东汉早期印度本土的佛像有没有诞生呢，如果没有诞生，中国怎会有这段文献的记录？因为现在洛阳的白马寺，根本看不到任何早期佛教的迹象，已经是明清时代的风格。在洛阳本土，到今天为止，我们也没有发现考古学家们挖掘出土过早期的、特别是汉代的佛像，或者

是佛教艺术品。那也就是说长安和洛阳都没有，那么佛教艺术是什么时候在中国出现的呢？这就成了考古学要探索的一个重要问题。

在有些文献资料里给我们提供了非常好的一些线索，这些文献包括《牟子》、《后汉书》、《三国志》等。其中《后汉书》这本书中的楚王刘英传，一些皇帝本纪，襄楷传，陶谦传，还有《三国志》中的《吴书》，这些记录佛教的资料密集度很高，彼此之间可以互相参照，比如在《后汉书》里它有不同的记录，有的是关于帝王与佛教艺术的一些文献，有的是一些关于大臣与佛教艺术的文献，这些文献彼此都记录了同一件事情，所以说它们的可信度比较高。我们注意到在这书中提到了"浮屠祠"。我后面要讲到中国早期佛教的寺庙是什么样子的，这个问题牵涉到东亚地区早期佛教寺庙的样式，就是

图25.

早期佛教建筑艺术问题。早期的"浮屠祠"就是早期佛教的寺庙。佛教寺庙应该讲在东汉的早期已经诞生了，佛教寺庙作为建筑艺术，它是可以随着佛教的进入而诞生的。

《三国志·吴书》里还记录了东汉晚期一位军阀笮融与佛教的关系，他曾经大起"浮屠祠"，"以铜为人"。有学者认为，"以铜为人"就是以铜铸造佛像。他的"浮屠祠"是下为"重楼阁道"，上有"铜盘九重"，大家认为这就是一个下有殿堂上有相轮的寺庙建筑造型。湖北襄阳三国时期吴墓中出土了一座佛寺的明器，湖北当年考古报告发表的时候，他们不知道这是三国时代佛教寺庙的建筑明器，报告里没有讲说这是跟寺庙有关。这个建筑上就有一个几重的相轮，毫无疑问，这是一座中国目前看到的时代非常早的寺庙的一个实物的造型〈图25〉。

三国、西晋时期的佛教艺术的记载就越来越多了，包括《出三藏记集》、《高僧传》、《洛阳伽蓝记》、《水经注》等都有相关内容的记载。在这个时候，无论是中国的南方，还是北方，佛教建筑艺术已经发展到了一个高峰。非常遗憾的是，到目前为止，考古学家在中国内地还没有发现一处属于南北朝之前的佛教寺庙遗迹，也就是在考古的实物中还无法提供这些材料。那么有没有方法进行这方面内容的研究呢？我们知道，在一些历史记录及绘画资料里也有关于西晋、东晋时代已经产生佛画家、佛像雕塑家的材料。这些人物

的重要活动地点就有我目前生活的这座城市——南京。所以在南京研究中国早期的佛教艺术也是有一种非常好的条件的，这样我们可以经常做一些田野的调查，做一些比较系统的研究。

东晋时的建康(南京)已有一些来自"狮子国"(今斯里兰卡)的僧人，狮子国的一些佛像已经被送到了南京。关于文献材料的真实性、可信度当然需要一些考证。汤用彤先生等佛教史研究的专家们都做过很好的考证，我认为对这些材料还需要做进一步的比较性研究，尤其是跟考古资料进行比较研究，才能使史料的真实性得到更好的验证。

III. 中国汉晋时期佛教艺术考古的回顾

在研究佛教艺术的时候，需要用实物为例证。中国考古界最早关注汉晋时期佛教艺术的，就是著名的考古学家俞伟超先生。他在1980年发表了《东汉佛教图像考》，这篇文章首次对中国汉晋时代的佛教艺术造像进行了研究。在文章的结论里，他认为在东汉晚期，从新疆一直到四川，包括山东、内蒙等地都已经有了佛教图像的分布。他用的资料主要是考古学的一些实例，包括和林格尔壁画中出现的一些所谓的佛传故事图像，以及四川乐山的麻浩岩墓、山东沂南的画像石(这个资料是南京博物院当时的考古学者曾昭燏先生组织发掘的)。早期的时候，考古学界还没有关注这些材料独特的意义，俞伟超先生第一次提出了这样的问题。

这个问题也引起了另一些学者的注意，其中要提到史树青先生，也在1980年(在俞先生发表这篇文章的同一年)，他在江苏连云港考察。这是一座靠近海边的城市，对岸就是韩国和日本这些海洋国家。在连云港考察的时候，他们突然发现连云港一处重要的文保单位，当时是江苏省文物保护单位，被称为汉代的摩崖画像。在这个摩崖画像里边，史先生突然发现崖面上好像不是一般汉代画像石，里面有佛像。当时有一些搞美术史的专家，都对这个发现很感兴趣。这样一个重要发现迅速被《光明日报》、《人民日报》等进行了报道。当时这为什么是一个轰动性的发现，因为它的年代比敦煌石窟造像年代早，在此之前我们都知道敦煌的佛教造像年代是中国最早的，也是最系统的，现在突然发现比敦煌石窟早两百年左右的一处汉代佛教造像遗存，那当然轰动很大，迅速地引起了国内外专家的注意。俞伟超、金维诺、陈兆复、汤池、步连生、信立祥等先生，很多都是佛教考古和艺术史的专家，到现场来进行考察。日本著名的美术史专家宫川寅雄也写文章、

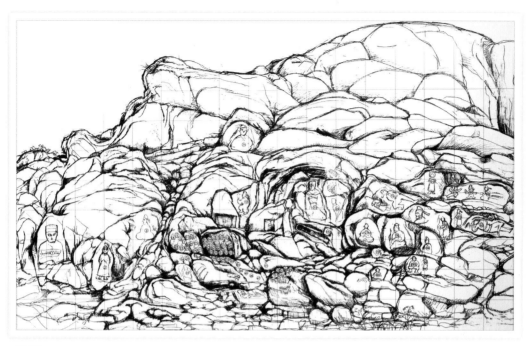

图 26.

写信来，说这个发现是极其重要的，而且也在日本介绍了这个发现。国家文物局为此先后召开两次学术讨论会，一次是在北京，一次是在连云港。《文物》杂志也连续发表了多篇文章，掀起了中国汉代佛教艺术研究的高潮。这次高潮的结果就是史树青先生给予一个结论——中国发现最早的东汉末期的佛教石刻艺术，里面包括了佛龛，佛教的一些故事，包括佛像本身。同时，还包含了一部分道教造像内容。这样一个结论是在20世纪80年代末期做出，应该讲已经成为定论。

最近几年，信立祥先生进一步做了连云港孔望山佛教石刻的调查与研究。当然在做的过程中完全是用考古学的方法，因为此前的调查和研究仅是偏重地面调查，没有做非常扎实的考古发掘工作。这次他们对整个的摩崖前边的平台都做了很好的发掘工作，发现了一些汉代的墓葬和一些唐代的遗迹，包括南北朝时期的遗存。也画了非常好的图，在这张图上我们能看到整个状况〈图26〉。[05] 这是中心所在，最高的地方是一尊佛像，当然也有一些立佛，在不同的地方有一些坐佛。在这么一个崖面上面包含了佛教和道教一些共同的艺

---

05) 中国国家博物馆田野考古研究中心、南京博物院考古研究所、连云港文物管理委员会办公室、连云港市博物馆编：《连云港孔望山》，文物出版社，2010年第42-43页。

术，存在于同一个空间内。事实上这也是中国目前发现最早的道教艺术的一个地点。

1985年前后，考古学家王仲殊先生对三国东吴境内出土的佛兽镜，包括佛像夔凤镜和神兽镜以及日本古坟时代的镜子，就是墓葬中出土的同类型铜镜展开了研究。对此，王仲殊先生连续发表了多篇文章，一直到最近几年还在做这方面的研究，继续发表文章。

就在这个过程中间，1988年，美术史学者阮荣春先生的《佛教造像的南传系统》文章发表在《东南文化》上，我当年是《东南文化》的主编。说起来非常巧，1989年，我到日本去参加一次活动，在大阪时遇到了阮荣春先生，他当时正在日本进行研修。他来看我，带来了他的这篇论文。我们很快就安排发表了这篇带有颠覆性观点的论文，文章发表之后引起了很大的反响。这个文章里主要提出一个观点：在中国存在着两个系统的佛教造像，一个是南传系统，一个是北传系统。南传系统就是秣菟罗系统，我们刚才看到的在印度本土存在的，早期主要流行于恒河流域的这样一个佛教造像系统。还有一个是西北印度的犍陀罗系统。他认为在中国出现的第一个佛教造像的高潮是秣菟罗系统，而不是后来的犍陀罗系统。这个系统的来源也不是从西北丝绸之路传来的，而是从南方的一条道路而来的。这条道路可能有三条路线，一就是我们现在讲的西南丝绸之路，即茶马古道；第二条路线是从当时的交趾，就是现在的越南一带进入，然后由陆路进入云南，再进入四川；第三条路线是直接从海上先到了长江下游，然后又进入长江上游。这样一个带有"假说性"的观点自然引起了许多人的兴趣，当然阮先生做了非常好的研究。《东南文化》刊物上专门办了一个专栏，就是关于早期的佛教艺术考古的专栏，连续发表了多篇文章。

阮荣春先生的观点引起了中日学者的广泛关注。他这个观点不仅仅是涉及到中国境内的汉晋时代的佛教艺术问题，还有日本的早期佛教艺术问题，更涉及到古代印度的佛教造像艺术的起源和风格流派问题。为了解决这个问题，日本龙谷大学和北京大学、南京艺术学院，还有我当时所在的南京博物院的几位学者共同组织了一个课题组（那个时候课题中考古的工作主要是由南京博物院方面承担，国家文物局方面当时很支持我的课题工作，专门给了我们一个批文）。我们共同开展了"早期佛教造像南传系统"的考古调查研究。我自己认为这是中国汉晋时代佛教艺术研究的第二个高潮期。这个高潮期的引起者是阮荣春先生。当时我作为课题组成员，承担了重要的田野调查组织工作，我们开展了广泛的调查。那中国很多博物馆的同事还不知道有这方面材料，许多材料是我们在许多馆藏文物中把它"发现"出来的。应该说，这个课题带动了南方地区很多学者在这方面做了研究。这些研究在中国，包括在海外都有学者参与。我们一共举行了三次专题讨论会，有两次是考古界发起的，一次在南京博物院，当时主要是我主持的，我们同时还办了一个"

中国早期佛教艺术展"。当时办这个展览的时候，没有用阮荣春先生的课题题目，是用了一个新题目，叫"中国南方早期佛教艺术"。课题研究中，有大量的文章在《东南文化》发表，再如，1994年文物出版社出版了我们当时考察的成果——《佛教初传南方之路文物图录》。这本书主要是利用我们当时的田野调查资料，当然我也按照考古学的编年方法，对它做了年代序列的编排，应当说这是一份集体的劳动成果，我承担了更多的组织工作。阮荣春先生也在2000年出版了《佛教南传之路》，他坚持了自己的观点。何志国在2004年出版了《中国南方早期佛教艺术初论》，韩国学者李正晓的博士论文《中国早期佛教造像研究》在2005年出版。何志国在2007年又出版了《汉魏摇钱树的初步研究》书中专门有一章"宗教篇"，我注意到这个"宗教篇"和他2004年出版的这本书的内容有不少方面是相关的，当然也有一些新的材料和新的观点。总的来讲，到2007年，汉晋时期佛教艺术研究的第二个阶段我认为差不多告一段落。它随着近百篇的论文和几部专著的出版，构成了这次研究高潮的一个系统成果。

20世纪90年代以来，包括今天在座的霍巍先生、罗世平先生都发表过相当深入的研究文章。考古界和艺术界陆陆续续披露了一些新材料和新观点。其中最重要的就是在重庆丰都发现的一件材料，这是东汉延光四年(公元125年)的一件摇钱树上的铜佛像〈图27〉。这件佛像的出土把过去学界流传的印度佛像起源于公元2世纪中后期的这个结论推翻了。因为中国已经在公元2世纪的上半叶出现了佛像，公元2世纪的中下叶怎么才在印度本土产生佛教造像艺术呢？这是不可能的。这样一来，这件材料的出土，不仅影响了中国佛教造像的研究，也影响了世界上一些相关的观点。我觉得这是一件在学术史上有重大意义的材料，也是考古学对佛教学术的特殊贡献，为中国和印度的佛像艺术的研究都提供了一个新的视角。

2000年到2003年，信立祥先生对连云港的孔望山摩崖造像进行了一次新的考古工作。当然很多学者也做了这方面的研究。到21世纪初，"中国内地存在东汉时期的佛教造像艺术"已经是不疑之论。这个结论还给"中国早期佛教造像南传系统"的观点提出了挑战，因为20世纪90年代时期，阮荣春先生认为中国北方没有汉代的佛教造像艺术。丰都公元125年的东汉佛造像材料的出土让我们得以重新思考连云港孔望山东汉时代的造像内容和意义，给我们提出了一些新的话题。你们看，孔望山的造像〈图28〉[06]已经相当成熟，它里

---

06) 中国国家博物馆田野考古研究中心、南京博物院考古研究所、连云港文物管理委员会办公室、连云港市博物馆编：《连云港孔望山》，文物出版社，2010年第49页。

图 27.

边有涅槃图、有单尊佛像的站立图、也有坐着的佛像图，还有一些礼佛图。这么成熟的佛像艺术，应该前面还有一个发展过程吧，这个"过程"我们到今天还找不到。我们无法来解释这些现象，所以这些都是我们当前要研究的问题。

近年以来，有一位河南郑州的民间学者王趁意先生，他注意到在洛阳发现了装饰着佛像的三国至西晋时期的铜镜，这是一个非常重大的发现。他的发现对王仲殊先生的观点，就是日本出土古坟所时代的佛兽镜是东吴镜的观点，提出了不同的见解。王趁意先生认为那根本不是东吴镜，而是来自于洛阳的曹魏镜。当然这也对阮荣春先生的观点，包括日本早期的佛像镜上的佛像是属于秣菟罗系统之说提出了挑战。所以说这是新的发现，我自己也是非常关注。最近王趁意先生在河南洛阳发现了佛像镜

〈图29〉。这面镜子让我们非常吃惊，因为它四面都有佛像；这两面镜是在日本的古坟里面发现的〈图30〉；这是故宫博物院收藏的一面佛像镜〈图31〉。洛阳新发现、日本古坟出土铜镜、故宫旧藏，三者之间的佛像造型有密切关系，这些对中国的早期佛教造像的"中国化"问题都带来非常大的影响。有时候一个新材料的出土往往会颠覆性地让我们重新去思考已有的结论，重新梳理他们内在的逻辑性，发现事物的运动规律。这些新材料都是我们需要密切注意的。

近年来，我的研究主要从莲花纹瓦当入手，在南京过去出土了很多莲花纹瓦当，长期没人研究。我发现这样一种艺术符号，背后隐藏着早期佛教艺术的一些奥秘。当然也发现了一些东晋时代的佛像镜，包括早期佛寺建筑的类型、佛塔的起源和传播、早期的塔形，以及其他一些新的材料。

这里我非常简单地说一下三到六世纪表达佛教艺术思想的莲花纹瓦当。它的"早期

图 28.

"阶段也是在汉晋的时间范围内，尽管后期阶段延续到了南北朝，但是早期阶段还是在今天的话题之内。这样一种"莲花纹瓦当"取代了此前的流行了六个世纪的"云纹瓦当"体系，它此后延续了一千多年，也影响了韩国和日本。我们现在到日本去做一些考察，会发现现在日本寺庙上所用瓦当的造型，仍然有三到六世纪时期当时在中国诞生的瓦当类型，尤其是中国南方的瓦当类型。可见作为佛教艺术的一种符号，"莲花纹"的生命力是何等的强大。三到六世纪时期，中国境内的莲花纹瓦当，我们把它分为三个系统，第一是南方的单瓣莲花纹系统，第二是东北的三燕·高句丽的分格单瓣莲花纹系统，第三是北方的宝装复瓣的莲花纹系统。其实这三个系统的背后隐藏着佛教艺术的差异性。这个是南方的莲花瓦当系统〈图32〉，这是一个单瓣莲纹系统：中间是一个莲蓬，然后是一个个分隔，每个分隔其实就是一个莲花瓣，这个分隔的线是莲花的茎，顶部是一个莲苞。也就是整个瓦当的造型就是一朵盛开的莲花，其实就是"佛"的象征，所以它也是佛教艺术的一个典型要素。

这个就是东北式的〈图33〉，也是单瓣莲花，但是跟南方莲花瓦当的类型不一样。它的

图 29.

图 31.

图 30.

分隔比较复杂，中央也不是莲蓬，它是一个大的乳钉形的，所以它是东北式。当然这东北式佛教艺术符号，它的来源我们现在不清楚，考古资料在这方面还比较缺乏。这个就是北方式的〈图34〉，它的复瓣在一个大的莲瓣里面有两个小的莲花的莲蕾，瓦当中央也是一个大乳钉形的。这种莲纹样式在大同就是北魏早期都城平城，包括洛阳、西安，甚至在北方地区是非常广泛存在的。

第三个例子是关于东亚佛塔造型。木塔，我们知道现在的这种佛塔时代最早的、造型最精彩、最漂亮的是在日本京都。这个是我们在南京发现的，是南朝时期的青瓷佛

图 32.

图 34.

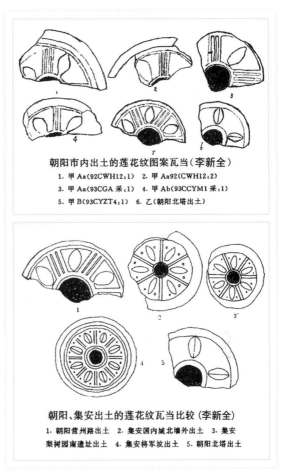

朝阳市内出土的莲花纹图案瓦当（李新全）
1. 甲Aa(92CWH12：1) 2. 甲Aa92(CWH12：2)
3. 甲Aa(93CGA 采：1) 4. 甲Ab(93CCYM1 采：1)
5. 甲B(93CYZT4：1) 6. 乙（朝阳北塔出土）

朝阳、集安出土的莲花纹瓦当比较（李新全）
1. 朝阳晋州路出土 2. 集安国内城北塔外出土 3. 集安
梨树园南遗址出土 4. 集安将军坟出土 5. 朝阳北塔出土

图 33.

塔〈图35〉，这是在镇江发现的南朝"擦擦"〈图36〉。[07] 我们知道，研究"擦擦"的专家认为，
在中国目前发现最早的"擦擦"分两个类型，一类就是所谓的善业泥，善业泥像大约是最早
于隋朝在长安地区出现，在西北地区也有发现；一类是造型为佛塔的"擦擦"，我看到曾有
一位学者写文章，说在中国还没有条件对其早期形态做研究。其实，考古学已经发现了
这样的材料，已经有少数学者在研究它，如南京市博物馆的邵磊同志。前不久又在南京
发现了一件，也就是说它不是一个孤例，在不同的城市、不同的地点都有发现。说明这
种来自于印度的佛教艺术形象在公元五、六世纪就已经出现在中国。东亚佛塔造型，它

07) 邵磊：《冶山存稿》(南京文物考古论丛)，凤凰出版社，2004年第87页。

图 35.

图 36.

图 37.

的来源是从哪里来的呢？一直是一个没有很好解决的问题。在中国境内，包括韩国境内都已没有这样的早期木塔存在。过去有学者说这个木塔造型源自长安。可是我本人到日本去考察的时候，我是有怀疑的。看这件材料〈图37〉，这是在一次偶然的考古中间发现的，大概是2000年吧，我在做南京明东陵的考古，挖掘中出土一件石塔构件。这个构件上四面的雕刻图案都是一样的，这个造型是中间有一个门，两边是直棂窗，两层额枋，上面有人字拱、斗拱。这个造型跟日本目前保留下来的木塔造型是一样的，每面也是一个三开间，中间为版门，两边有直棂窗，上面也是人字拱，斗拱完全是一样的。也就是说这样一件南朝时期的仿木结构石塔的构件，对我们寻找东亚木结构佛塔起源有重要的意义。

当年参加"早期佛教造像南传系统"调研的时候，我特别注意到魂瓶〈图38〉，[08] 就是东吴时期到西晋时期存在着这样一种器物，这种器物有的装饰了佛像。这样一种造型，过去大多称谷仓罐，说象征着丰收。我认为这个上面的建筑造型可能就是一个寺庙的形

---

08) 江宁博物馆、东晋历史文化博物馆编，许长生主编：《东方撷芳——江宁博物馆暨东晋历史文化博物馆馆藏精粹》，文物出版社，2013年第104页。

态〈图39〉,[09] 它是一个方形的院落平面，院落四角上各有一个小小的角楼，院落四面开门，中央有两层或者三层，甚至是四层或五层的一个楼阁型的建筑。这个建筑我认为就是中国的早期佛寺的形态。我们在敦煌壁画里也看到了这样的寺庙，这个是敦煌壁画上的"万寿寺"，这个寺庙的平面布局也是方形院落型，中间有一个阁楼，四角也有角楼。敦煌壁画反映的早期佛寺造型〈图44〉，恰恰是跟魂瓶上面的建筑形态一样。当然这些都还不是最直接的证据，我本人一直想，中国的土地上究竟有没有这样类似的寺庙遗存呢？终于在去年西域地区的考察中让我得到了一点点的收获。去年我到新疆库车，在苏巴什大寺遗址现场考察的时候，我看到那也是一个平面略做方形的院落，当地的考古人员跟我讲说这个苏巴什大寺院落的四个角应有角楼。当然这个照片我只是拍了一个西边的墙的两个角楼，它的顶已经全部不存在了，可是角楼下部还存在。中央就有一个这种大房子，当然现在已经是遗址了〈图41〉。在这两边的墙面上有佛像，在寺庙的旁边还有一个塔，一般认为这个塔跟佛寺建筑是同时的。我在现场考察时，认为它们两者不是同时的，塔的时代我认为是唐朝，而这个寺庙遗存本身是更早期的。我觉得这次在西域丝绸之路沿线考察中间，终于看到一个平面呈方形的寺庙建筑，四角有角楼，中间有一个殿堂形的主体建筑，这是一个早期佛寺的真实的建筑遗存。这为我在20世纪九十年代初做的判断找到了一个实证材料，当然这个问题我没有写过文章系统讨论过。而且，我认为它的最主要的源头在长安或者洛阳。在长安城的考古中，发现了王莽九庙和明堂辟雍的造型，也是一种平面布局作方形的庙的建筑。早期庙的造型，在四角是有角楼的，中央有一个楼阁形的建筑，也就是说西汉和东汉的"庙"，成为中国早期佛教寺庙的原形。那么这样我们就能够找到东亚地区的第一个阶段的佛教寺庙的形态结构，这种形态结构的佛寺今天已经不存在了，我们现在看到的已经是第二个阶段或者第三个阶段的佛寺形态。第二个阶段的佛寺形态主要是以日本保存得比较多，韩国发现了一些遗迹。中国主要有洛阳永宁寺的发掘材料，还有邺城赵彭城北朝寺庙的发掘材料，它们能体现出佛教第二个阶段的寺庙造型。可是第一个阶段的佛寺形态还没有发现。我们现在在中国看到的大量存在的更多的是第三个阶段的佛教寺庙的艺术造型。

以上讲的这些发现不仅对中国，而且对朝鲜半岛，也包括对日本的一些相关问题的研究，都是具有本源性的意义。它们是涉及到整个东亚地区佛教艺术研究的重要问题。

---

09) 甘肃省博物馆编，俄军主编：《甘肃省博物馆文物精品图集》，三秦出版社，2006年第181页。

图 38.

图 39.

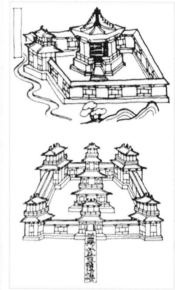

图 40.

图 41.

IV. 汉晋时期佛教艺术区域性现象观察

依据已有实物材料，可以看出汉晋时期中国的佛教艺术存在着区域性现象。

虽然对汉晋时期的佛教艺术的研究，从俞伟超先生1980年开始，到阮荣春先生20世纪90年代，再到21世纪初，很多学者做了贡献，

图42.

也出版了多部著作，但是我仍然认为这些研究工作还有很多的问题没有解决，还可以继续推进。

我认为中国汉晋时期的佛教艺术存在着非常典型的"区域性"现象。如果试图把它们放一个体系中，用一种单线思维想一揽子把问题都解决了，那么里边肯定是存在很多矛盾的。所以我今天的讲的话题，实际上主要是讲一个中国早期佛教艺术存在区域性现象的问题。当然这种区域性的现象出现的原因是复杂的，有的是空间的，有的是时间的，有的是跟艺术源流有关系，有的是各地域的固有的艺术传统会对他们产生影响。总之，究竟是什么原因，还需要进一步进行研究。

我大概分五个区域讲〈图42〉。汉晋时期中国的佛教艺术可以分成西域区、东北区、中原北方区、长江上游区和长江中下游区。每个区域里面都有不少学者做了很好的研究。如长江中下游地区的魂瓶、铜镜，都做过很好的研究。连云港的造像也有一些研究成果。关于西域区，我们把它放在汉晋时期的佛教艺术这样一个时间的框架内对它做出区

图 43.

图 44.

图 45.

域的划分。

我今天只能简要地说一下。

首先是中原北方区。中原北方区主要的材料列为四个方面。第一个就是连云港

的东汉时期的佛教造像资料〈图43、图44、图45〉。[10] 关于这个资料经过这么多年的考察、争论，反复地研究，现在的结论是没有问题的，它是东汉时期的遗存。但是究竟是东汉什么时期的还有争议。一般把它定位为东汉末期，当然也有学者认为是东汉中期。它的时间问题还需要进行慎重的研究。

第二个材料是山东境内发现的，东汉画像石上的佛像〈图46〉、佛塔〈图47〉、[11] 还有六牙象〈图48〉[12]等。

第三就是刚才提到的在河南洛阳发现的三国到西晋时期的佛像镜〈图49〉，以及相关的文献资料。现在记录汉代佛像的那些文献资料基本上都是讲中原地区的。如此丰富的关于中原地区早期佛教艺术的历史文献资料，我想它应该与考古资料共同构成了重要的相关依据。

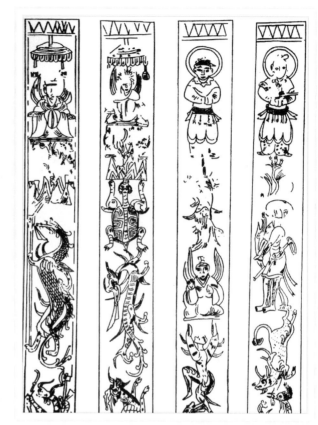

图46.

我们刚才讲连云港孔望山的佛像，它是以涅槃图为中心的。在这个地方我特别注意到一种胡人的形象，应该讲他是一位供养人，这个人手上拿了一件什么呢？过去的判断不是太准确的，实际上拿的是一支莲花，只不过是一个待开的莲花〈图50〉。这种图案后来在很多地方都发现了它，比如在瓦当上面，在武昌莲溪寺东吴墓葬出土观音像上面，包括在一些铜镜上面都出现了这种莲纹符号。

10) 中国国家博物馆田野考古研究中心、南京博物院考古研究所、连云港文物管理委员会办公室、连云港市博物馆编：《连云港孔望山》，文物出版社，2010年。
11) [韩]李正晓：《中国早期佛教造像研究》，文物出版社，2005年第21-22页。
12) [韩]李正晓：《中国早期佛教造像研究》，文物出版社，2005年第42-43页。

图 47.

图 48.

图 50.

图 49.

连云港孔望山造像，应该讲是比较成熟的，包括它的站像、坐像、不同姿态的这些立像，它穿的这些袍子与我们在印度看到的图像，迦腻色伽的钱币上也能看到有类似的形象。当然在江南地区，比如浙江境内已经不是一件材料上面有类似的这种早期的造像。这种形象，在汉晋时期来说是非常重要的一种佛教艺术形态，应该引起我们注意。当然一些细节化的衣纹，我们现在不是太敢讲，应该也是非常有意思的，包括它的坐姿。他们究竟是秣陀罗系统还是犍陀罗系统？跟印度的什么艺术系统有关系？它几乎是一个空谷传音，从印度本土一直到连云港，现在我们所谓的海上丝绸之路，还有亚欧新大陆桥，连云

图 51.

港被称作"东方的桥头堡"，从连云港一直到南亚地区佛教艺术的诞生地之间几乎是一片空白，我们还找不到能够证明连云港的这处东亚早期佛教艺术是如何循序渐进地从西边的南亚、中亚一直向东亚传播的，这个过程我们现在还无法说清。因为在洛阳，在长安，在整个中原大地，一直到河西地区，我们找不到相关时代的材料，所以说它仍然是一个"谜"。在山东境内发现的，有一座佛塔的形象。这个塔当然是非常有意思的，它是一个早期的窣堵波的形态，是印度式的塔，我们现在在内地找不到印度塔的造型。当然在这上面也出现了刚才我们看到的早期佛教的符号，就是菩提树的造型。而且在佛塔上面居然有四个人物，两个飞天，还有两位很神秘的人物正在旁边活动〈图55〉。这些人物都是"胡人"，他们头上都戴着尖顶帽，有人讲这种戴有尖顶帽的是塞种人，也有的人说是月氏族的。究竟是什么人，他们出现在山东地区这么一个画像石上面，还出现印度式的早期佛塔的造型上，也是非常有意思的问题。当然这个"六牙象"被认为与佛本身的故事相关，这在佛教艺术界和考古界是被认可的。山东沂南画像石上面出现的穿着袍服的这两个人物，头部有佛光。佛像下面的人物形象是肩生火焰纹的造型，从他的手势看也是跟佛教密切相关的造型形象。

非常有趣的是1990年我在做佛教艺术调查的时候，有一天我收到了一个徐州地区的朋

图 52.

图 53.

图 54.

图 55.

图 56.

图 57.

友给我寄来一张拓片(我不知道是谁给我寄来的)，好像是在画像石的墓里面拓下来的拓片，它和四川乐山的崖墓门额上的佛造像〈图51〉几乎是一样的，也是带头光作坐姿的佛像。现在我还在向山东和徐州的朋友们打听，是哪一个墓里面有这么一个佛像的雕刻，但是还没有答案。还有一次是我在浙江临海调查古代城墙的时候，无意间征集到一面莲花纹东晋铜镜，到今天为止，没有听说过出土东晋时代的佛像镜，而且我们不知道东晋的这103年，佛像艺术在中国究竟发生了什么变化，这个介于南北朝与三国之间的时期留有一个缺憾，所以多年来一直渴望能找到这样的材料。近年来，我们在南京也征集到一件本地出土的铜镜，它与我们在浙江临海发现的这面佛像镜竟然是同范镜，两面镜子的纹饰是一模一样。它们一个是在当时的首都建康发现的，一个是在远离首都的临海发现的。不过，临海这个地方是东晋佛教雕塑艺术家戴逵的家乡，这里还是后来佛教天台宗发源的地方。

长江上游地区主要是以摇钱树佛像为主，据何志国先生统计，一共发现过21件带佛像的摇钱树〈图52、图53〉，[13] 上面一共有67尊佛像，分别发现在四川、重庆、陕西、贵州，年代最早的是公元125年，最晚的是三国蜀汉时期。此外还有彭山的佛像陶器座〈图54、图55〉，[14] 乐山的崖墓中的佛雕像〈图56〉，[15] 莲花纹瓦当图案〈图57〉，以及相关的一些材料，比如砖上的佛塔等图案〈图58〉。

我们现在看到的这件材料，诸位都是非常熟悉的，也是异常珍贵的。这就是带有纪年的东汉延光四年材料〈图59〉。这件东西是抗战时期，在四川彭山发掘发现的，现在收藏在南京博物院(即当年的中央博物院筹备处，〈图58〉)。

乐山麻浩的崖墓发现了佛像，还有莲花纹的瓦当图案。我自己做课题过程中非常希望找到能说明在佛教影响下的莲花纹瓦当起源的证明材料。应该说这个问题现在在长江流域是有案可查的。此外还有佛塔，这是在什邡发现的佛塔的造型〈图58〉，[16] 这件楼阁造型的明器〈图60〉，是在忠县三国墓中发现的，上面装饰着多个莲花纹，这些莲花纹有的已经开放了，有的还等待着开放；上面有一些胡人，都戴着尖顶帽，这下面也是一些胡人，在一个装饰着莲花的房子里面这些外来的胡人意味着什么呢？

长江中下游地区一共是7类材料，包括佛像镜；饰佛像的各类瓷质器皿；还有单尊的

13)　何志国：《汉魏摇钱树初步研究》，科学出版社，2007年。
14)　贺云翱等：《佛教初传南方之路》，文物出版社，1994年。
15)　贺云翱等：《佛教初传南方之路》，文物出版社，1994年。
16)　贺云翱等：《佛教初传南方之路》，文物出版社，1994年。

图 58.

图 59.

图 60.

瓷质的佛造像，过去有些学者认为，在早期的时候，特别是在三国，以及三国以前，没有出现单尊的佛造像，这个结论现在已经被修改了；还有铜香薰和饰佛像的金戒指。还有非常丰富的是佛像镜资料〈图61、图62〉，这件铜镜上的佛像是非常清晰的，它是在鄂州出土，但是出土时流进了市场，现在收藏在深圳博物馆。这是佛像的形状，这些是飞天。有的铜镜边缘布满飞天形象，四周都是飞天。这面铜镜〈图63〉也是南京出土的，是以莲花纹装饰的，上面出现了一些跟星座有关系的图像，有学者认为这些星座图像来源于古代印度，跟中国的天象图是不一样的。如果真是这样的话，也就是说这面铜镜的主体纹饰是来自印度的。当然，这些上面飞天都是不一样的，还有各种各样的佛像。这是在南京发现的一件釉下彩瓷器标本〈图64〉，东吴的瓷器上面画了两个飞天，但是非常遗憾的是这件瓷器是在考古发掘时所获得的一堆瓷片中间发现的，它原有的整个的器形已

图 61.

图 62.

图 63.

图 64.

　　经无从知道了。这也是目前为止所看到的在长江流域最早用绘画形式所展现的飞天造型。我们看它整个造型还是非常自由、随意的。我怀疑这件器物或许来自于寺庙，上面装饰着各种各样的佛像。

　　这个是东吴到西晋时期的砖上面装饰的佛像〈图65、图66〉，[17] 主要是东吴时期的，有的上面有纪年。这些佛像有的可能是僧人的造型〈图67〉，因为它穿着袈裟，穿着袍服。这个飞天造型也是很奇怪的。

---

17)　会稽甓社编：《会稽甓粹》，西泠印社出版社，2013年。董贻安主编：《宁波文物集粹》，华夏出版社，1996年图30。

图 65.

图 66.

图 67.

190 | 東亞細亞 歷史文化論叢

图 68.

图 70.

图 71.　　　　　　图 72.

图 69.

图 73.

图 74.

图 75.

这些器物上面装饰着各种各样的佛像〈图68、图69、图70、图71、图72〉,[18] 这类器物很多。我们在1990年到1992年调查的时候只有100多件,我现在收集的资料已经有200多件,而且数量还在不断地增多,也就是这些材料不断在出土。

这个就是我们刚才说的画的两个飞天,在南京出土的。这个中间坐的是一尊佛,底部是一坐盛开的莲花,旁边是持节仙人,成为佛的"侍卫"。这个也是前几年刚刚出土的,一件装饰着佛像,这还是世界上发现的最早

18) 贺云翱等:《佛教初传南方之路》,文物出版社,1994年。

图 76.

图 77.

图 78.

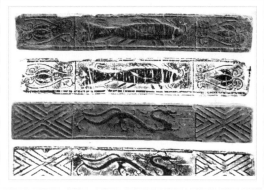

图 79.

的釉下彩的瓷器〈图73〉。它在佛教艺术史和瓷器艺术史上地位是很高的。

　　这个是单尊瓷质的佛像，目前发现一共有三尊，一尊在故宫博物院，故宫博物院的档案里面记录说，这件东西可能来自于江南，从整个材质来看确实应来自于江南。这个是在鄂州发现的〈图74〉。这个是我在南京市区发现的〈图75〉。鄂州的这尊单尊的佛像是在墓葬中发现的，是丧葬品，而这件是在南京市区发现的，是在生活的遗址里发现的，它的材质是非常精美的，是东吴时代的遗物，很可惜它的头我们没能找到，属于残件。

　　下面是我们看到的香薰上面的一些佛像〈图76、图77〉，[19] 或者上面装饰着一些莲花。这件东西收藏在日本，日本的考古学家以及佛教界的专家们认为这是东晋的，是没有问

---

19)　[日]和泉市久保物纪念美术馆编：《中国古代金铜佛》, 东洋印刷制本株式会社, 1988年第6页。

图 80.   图 81.

题的，因为在江苏句容发现了同类的作品，包括在马鞍山市也发现了时代更早的装饰着
这些佛教内容的香薰。我们知道香薰使用的香料相当一部分是来自于古代印度和斯里兰
卡这一带，包括东南亚地区，这些使用外来香料的器物上面装饰着这些外来佛教的艺术
图像也是正常的。这些是在武汉发现的早期的佛像〈参见图72〉，它的莲花图与我们刚才
看到的连云港孔望山的摩崖造像上面的莲花造型是一样的，都是三出尖形式的〈图78〉，
而且这些下面的莲花也是我们研究早期佛教一些重要的依据。包括这些怀疑是跟佛教有
关的，他们额部都有"白毫相"，而且这些装饰"白毫相"的人物很多都是胡人。当然还有
一些莲花纹的砖，或者是瓦当，或者是装饰图案。比如这样一件东西也是我在浙江天台
这个地方调查的时候，在他们博物馆的库房里面找出来的。下面这个地方装饰着一朵莲
花，在一个楼阁上面装饰莲花，也有很多的胡人在里面活动。包括这些东吴时代的莲花
纹砖〈图79〉，在镇江发现的早期的莲花纹瓦当。从这些实物中我们能看到早期的佛教艺
术对中国人的生活艺术有多方面的影响。

　　第四个是东北区材料，主要集中于墓葬壁画、莲花纹瓦当当中，当然，还有些精美的佛像。

图83.

图82.　　　　　　　　　　　　　　　　　图84.

　　刚才我已经讲过，早期的三燕及高句丽时期的莲花纹瓦当表达了佛教的艺术内涵。这些瓦当是非常珍贵的。

　　还有下面这些出土的相当于东晋时代的墓葬里面出土的壁画〈图80、图81、图82〉。[20] 从壁画绘制水平看，佛造像、莲花、飞天等等已经达到高度成熟的阶段。

　　第五个区域就是西域。材料当然很多，目前被认为最早的就是克孜尔石窟〈图88、图89〉。[21] 我们看到大部分基本上都是在汉晋时期完成的，有人认为甚至可以到东汉晚期。这些造像〈图83、图84〉[22] 是那么的艳丽，成熟，非常具有特色。其中最晚造像为十六国时期的。还有敦煌石窟中的一些材料。

　　第二个方面就是一些佛寺和佛塔〈图85、图86、图87〉。[23] 多年来，考古工作者在那里进

20)　温玉成：《集安长川一号高句丽墓佛教壁画研究》，《北方文物》，2001年第2期。
21)　霍旭初、祁小山编：《丝绸之路·新疆佛教艺术》，新疆大学出版社，第26、30页。
22)　霍旭初、祁小山编：《丝绸之路·新疆佛教艺术》，新疆大学出版社，第28、74页。
23)　霍旭初、祁小山编：《丝绸之路·新疆佛教艺术》，新疆大学出版社，第18、141、161页。

图 85.

图 86.

图 87.

图 88.

图 89.

图 90.

行了长期的发掘或者是调查。我们看到佛塔和它的佛寺，与东部地区佛寺和佛塔之间是有差异的。所以这些都是我们需要研究的问题，当然包括一些供养佛像〈图88、图89、图90、图91、图92、图93〉,[24] 这些佛像也是在不同的地点发现的，可以跟内地的材料做一些比较。这些发现物的年代，大约在公元三世纪前后，也就是东汉晚至东晋十六国时期。

---

24) 霍旭初、祁小山编：《丝绸之路·新疆佛教艺术》，新疆大学出版社，第57、142、160页。

图 91.

图 92.

图 93.

V. 汉晋时期中国佛教艺术有待探讨的几个问题

最后我说几个有待探讨的问题。到目前为止，已经发现了大量的资料，也有相当一部分成果已经发表。但是，现在仍然觉得有些问题没有很好的解决。比如第一个问题是关于佛教艺术的"空白期"。事实上，在东晋、十六国时期(4世纪初到5世纪初)，佛教艺术在中国已有大面积流行，其中以北方的金铜佛久负盛名，西域地区的石窟也占有重要地位。但其风貌仍然未脱离早期的样式，而且前述几个区域内有的几乎出现了"佛教艺术的空白期"，如长江上游地区、长江中下游地区等。这是什么原因呢？这个时期依文献所言，恰恰是外来的佛教艺术完成"中国化"的关键时期。包括卫协、顾恺之、戴逵等中国本土的这些艺术家们开始投入到佛教艺术作品的创作中，佛教寺院的建筑也兴起了高潮，而且开始允许汉人出家。但是，目前相关考古成果并不多。除了关于金铜佛在日本或在中国有少数研究佛像的学者们做了一些初步研究外，对整个佛教艺术来说，这一时期的相关研究是相当不到位的。为此，对于东晋时期的佛教艺术考古将成为未来重要的任务。

第二个问题是印度的佛教艺术何时、从何路线进入中国的？当然，这个问题还与印度本土的佛教艺术尤其是造像艺术起源、流派及空间分布有关。如果它的起源是一元的，就是从犍陀罗这个地方开始产生，然后传到了秣菟罗以及其他的地区，那么中国所有的佛教艺术很可能也是"一元"的诞生。可是目前我们所看到的材料不是那么简单。阮荣春先生提出的秣菟罗造像在中国是确实有的。也就是说它背后隐藏着"小乘"与"大乘"的关系、"犍陀罗"与"秣菟罗"的关系、"西北丝路"和"西南丝路"以及"海上丝路"的关系，这些之间很可能有一种交织。这种交织我们如何理清楚？这就牵涉到整个南亚到东亚的学者们如何共同合作，单靠中国学者，我觉得还不能够完全弄清楚这个问题，必须要开展国际合作。

第三个问题就是现有这些不同区域的风格和类型的佛教造像的来源问题。因为刚才所讲的五个地区，它们的差异性是非常明显的，少数的一些造像是彼此有关联的，可是相当一部分是有区域差异的。那么它们的来源问题又是怎么回事，目前也没有讲清楚，或者说还没有很好地进行研究。

第四个问题是不同区域早期佛教艺术的彼此关系，同样也不清楚。虽然很多学者进行了研究，也提出了很多观点，可是这些观点或不能自圆其说。因为他们所使用的材料还可以用来否定他们的观点，因为这些材料本身呈现出复杂性，在区域问题上面和彼此关系方面的基础研究还不足。所以，在这种情况下，宏大的架构往往是会有漏洞的。

第五个问题是，在中国汉晋时期佛教艺术中是否存在艺术流派的不同？比如有没有所谓的"南传佛教艺术系统"(秣系)和"北传佛教艺术系统"(犍系)，即这两个系统在中国存在吗？现在有些学者认为是不存在的。但是我们刚才说到的莲花纹瓦当方面，南方的瓦当体系跟北方的瓦当体系确实是不一样的。我在检索印度这些佛教造像时，发现秣菟罗造像确实多是流行单瓣的莲花纹，而犍陀罗式的确实多是流行复瓣的莲花纹。所以这个里面同样也是彼此有关联的。

第六个问题是，汉晋时期的佛教建筑艺术是什么样式？目前西域的资料较多，但研究得不够深入，中国内地的更不清楚，这还牵涉到印度式、中国及东亚式早期佛教建筑等问题。它们不同的来源，它们的分歧，他们受到本地区建筑艺术的影响等等，这些问题在国际学术界以及中国佛教艺术界都没有得到很好的研究。

第七个问题就是佛教艺术中国化的进程或关键演化时间、地点在哪里？这种演化又是双向的，外来的佛教艺术对中国汉代及汉以前的艺术传统也会发生冲击和变革，这种冲击和变革时间、地点在哪里？同样也是一个值得探索的问题。过去认为是在东晋时期发生的，主要人物是顾恺之和戴逵，我们现在见不到他们两人真正的作品。所以过去专家

们建构起来的理论，认为北方的龙门以及云岗的一些造像，甚至敦煌造像中间，有来自于中国南方汉式风格造像艺术影响的这种观点，能不能够成为定论？现在一些新的材料的出现，已有学者提出了一些不同观点，今后应开展进一步的讨论。

第八个问题，是西汉时期从中国境内敦煌一带西迁的"大月氏人"在印、中佛教艺术的创造和传播过程中究竟扮演了什么角色？大月氏人是在佛教艺术的起源中间扮演过重要角色的贵霜王朝的建立者，大月氏人原来在中国的敦煌一带，西汉时期被匈奴人赶走，顺着伊犁河谷，到阿姆河一带，然后又翻过了兴都库什山，走到并占领了现在的阿富汗地区，建立了强大的贵霜王朝，他们吸纳了古希腊艺术，形成了佛教犍陀罗艺术。这个民族的疆域当时是到达了中国的新疆境内之一部分的，包括现在的于田、库车就是龟兹那一带。在这个过程中间，大月氏人，包括我们现在很多文献中间记载的，早期把佛经传到中国，或者中国人去取经的地方，基本上都是大月氏人在中间扮演了相当重要的角色。这批人是一个什么角色？我没有看到相关深入的研究。我觉得这也是一个非常有意义的问题。我在新疆地区考察的时候，经常在想，大月氏人从敦煌向西跑到中亚和南亚去，沟通了地中海文明、南亚文明和东亚文明，我们究竟怎么来评价这个民族？整个的历史细节性行为我们还不很清楚。我觉得这个问题也是我们今后需要关注的。

当然，我今天讲的只是把材料梳理了一下，谈了一些自己的初步观点与看法，而且根本不能给大家做出任何科学的结论，只是想引起我们大家的关注和喜爱，特别是我们青年一代学者，未来是你们的！

谢谢你们，谢谢各位专家！

〈本文是根据2014年3月30日至4月13日在重庆举办的"第一届巴蜀石刻艺术国际合作工作营"上的演讲稿整理而成〉

참고문헌

Elizabeth Errington, Joe Cribb, Maggie Claringbull :《The Crossroads of Asia: Transformation in Image and Symbol》, The Ancient India and Iran Trust，1992，P44.

Elizabeth Errington, Joe Cribb, Maggie Claringbull :《The Crossroads of Asia: Transformation in Image and Symbol》, The Ancient India and Iran Trust, 1992, P.

Elizabeth Errington, Joe Cribb, Maggie Claringbull : 《The Crossroads of Asia: Transformation in Image and Symbol》, The Ancient India and Iran Trust, 1992, P173.

Elizabeth Errington, Joe Cribb, Maggie Claringbull : 《The Crossroads of Asia: Transformation in Image and Symbol》, The Ancient India and Iran Trust, 1992, P189, 193.

中国国家博物馆田野考古研究中心, 南京博物院考古研究所, 连云港文物管理委员会办公室, 连云港市博物馆编:《连云港孔望山》, 文物出版社, 2010年第42—43页 。

中国国家博物馆田野考古研究中心, 南京博物院考古研究所, 连云港文物管理委员会办公室, 连云港市博物馆编:《连云港孔望山》, 文物出版社, 2010年第49页 。

邵磊:《冶山存稿》(南京文物考古论丛), 凤凰出版社, 2004年第87页 。

江宁博物馆, 东晋历史文化博物馆编, 许长生主编:《东方撷芳——江宁博物馆暨东晋历史文化博物馆馆藏精粹》, 文物出版社, 2013年第104页 。

甘肃省博物馆编, 俄军主编:《甘肃省博物馆文物精品图集》, 三秦出版社, 2006年第181页 。

中国国家博物馆田野考古研究中心, 南京博物院考古研究所, 连云港文物管理委员会办公室, 连云港市博物馆编:《连云港孔望山》, 文物出版社, 2010年 。

[韩]李正晓:《中国早期佛教造像研究》, 文物出版社, 2005年第21-22页 。

[韩]李正晓:《中国早期佛教造像研究》, 文物出版社, 2005年第42-43页 。

贺云翱等:《佛教初传南方之路》, 文物出版社, 1994年 。

何志国:《汉魏摇钱树初步研究》, 科学出版社, 2007年 。

贺云翱等:《佛教初传南方之路》, 文物出版社, 1994年 。

贺云翱等:《佛教初传南方之路》, 文物出版社, 1994年 。

贺云翱等:《佛教初传南方之路》, 文物出版社, 1994年 。

会稽甓社编:《会稽甓粹》, 西泠印社出版社, 2013年 。董贻安主编:《宁波文物集粹》, 华夏出版社, 1996年图30 。

贺云翱等:《佛教初传南方之路》, 文物出版社, 1994年 。

[日]和泉市久保物纪念美术馆编:《中国古代金铜佛》, 东洋印刷制本株式会社, 1988年第6页 。

温玉成:《集安长川一号高句丽墓佛教壁画研究》,《北方文物》, 2001年第2期 。

霍旭初, 祁小山编:《丝绸之路·新疆佛教艺术》, 新疆大学出版社, 第26, 30页 。

霍旭初, 祁小山编:《丝绸之路·新疆佛教艺术》, 新疆大学出版社, 第28, 74页 。

霍旭初, 祁小山编:《丝绸之路·新疆佛教艺术》, 新疆大学出版社, 第18, 141, 161页 。

霍旭初, 祁小山编:《丝绸之路·新疆佛教艺术》, 新疆大学出版社, 第57, 142, 160页 。

葬經의 "葬者乘生氣也"에 관한 小考

최맹식 국립경주문화재연구소

Ⅰ. 머리말

葬經은 흔히 葬書 또는 錦囊經이라는 題下로도 흔히 불리어져 왔다. 地學을 논함에 있어서 책명에서 보여주듯이 葬에 관련한 가장 원조격인 책자로 보아도 손색이 없다고 여겨있다. 이러한 것은 그 동안 이 분야에 관련한 연구가들의 자세에서도 그러한 면모를 보여주고 있음을 인정할 수 있을 것이다.

이 葬經은 지극히 짧은 내용을 담고 있지만, "葬者乘氣也"라는 다섯 글자에서 필자가 의도하고자 하는 그 모든 것(核心) 내포하고 있다고 할 수 있겠다. 따라서 이 乘氣할 수 있는 장소를 찾는 방법을 찾는 것이 가장 핵심적인 취지임을 부인할 수 없다.

구체적인 乘生氣할 수 있는 지점을 찾기 위한 방법론 중의 하나로 가장 널리 이용되어 왔던 용어는 形氣라는 단어가 널리 쓰여 온 것으로 보인다. 形氣라는 용어와 비슷한 의미나 좀 더 좁은 의미, 또는 포괄적인 의미(乘生氣할 수 있는 장소를 찾기 위한 모든 방법)의 용어가 오늘날 많은 각종의 派아닌 派를 형성해 왔다고 판단된다.[01] 여기에 덧붙여 乘生氣할 수 있는 장소를 찾을 경우, 날짜와 시간, 구체적인 방향 등을 맞추거나 잡기위한 수많은 이론과 그 방법론이 제시되어 왔고, 그러한 결과물들이 책자로 쏟아졌다.[02]

근래에 와서는 과학기기를 이용한 탐사 방법을 동원하여 일정한 지역(이른바 乘生氣할 수 있다는 지점)에서의 공통분모를 찾아냄으로서, 그러한 곳과 동일한 또는 유사한 값(예를 들면, 지하의 일정한 지형의 모습이나 구조 등)을 가지는 장소가 乘生氣할 수 있는 곳으로 비정되기도 한다. 또한 乘生氣할 수 있는 장소를 찾기 위하여 각종 기기가 사용되기도 하는데, 이른바 錘나 探査棒[03]이 일반적으로 가장 널리 사용하고 있는 도구이다. 形氣를 위주로 하는 계파 중에는 이와 같은 도구를 이용한 것에 대하여 전혀 인정할 수 없다는 인식을 갖는 경우도 있다.

물론 위에서 거론한 여러 派(系派)는 乘氣할 수 있는 장소를 찾는 방법이나 그 장소를 정하는데,[04] 나름대로 중시하는 방법이나 과정이 있기도 하다. 그렇지만 이러한 과정이나 방법은 이른바 보이는 대부분의 대상인 砂와 水를 이용하여 보다 포괄적인 대상을 흔히 사용하기도 한다.[05]

실제 어떠한 道具나 또는 주로 形氣만을 위주로 하여 자리를 찾는다 하여도 상황에 따라서 부분적으로는 주변의 砂와 水라고 하는 통괄적인 지형이나 주변의 제반 형기요소를 참고로 삼는 방법은 전문가마다 다를 수 있다. 즉 尋穴 함에 있어서 형기적인 것을 1차적 요소로 삼고 다른 요소를 종합적으로 보는가 하면, 처음부터 형기적인 요소만을 의존하는 경우도 있다. 또 본인이 배웠거나 경험하면서 인지한 특정한 방법을 중심으로 하면서

---

01) 여기에서 派라는 단어는 이해를 쉽게 돕기 위하여 사용하였으며, 나름대로 그 地學을 계통적으로 傳授해온 연원을 구체적으로 따져 파를 연구하거나 잘 정리된 계파의 존재는 아직 단정하기는 쉽지 않다는 것이 필자의 생각이다. 물론 현재의 연구자, 전문가를 나름대로 확인된 계파를 나열식으로 적기한 사례는 인정된다. 다만 위의 각 파간의 계보가 비교적 전통이 있거나 옛 기록물이 남아 있고, 이를 토대로 하여 어느 정도 지속성이 있다면, 좀더 신빙성을 인정할 수 있을 것이다. 지금의 이 분야는 전문가별로 얽히고설키는 난립된 느낌이다. 좀 더 연구를 기다릴 필요가 있다.

02) 이러한 방법론을 흔히 形氣의 상대적인 의미로 理氣라는 용어를 사용한다. 실제 많은 경우, 현장에서 乘生氣할 수 있는 방법 대신, 이론적 내용 즉, 理氣的인 分金坐度의 理論 방향으로 너무 치중한 현실은 안타깝다.

03) 탐사봉이라는 단어는 국어사전에서는 아직 정리되지 않은 점으로 보이지만, 이 분야에서는 널리 사용하고 있다. 따라서 비교적 익숙하고 쉽게 인식될 수 있는 장점이 있기 때문에 여기서는 탐사봉이라는 단어를 사용하였다. 흔히 "L로드"라고도 한다.

04) 이 분야에서는 흔히 所點이라는 용어를 사용하기도 한다.

05) 砂는 흔히 보이는 땅의 제반 지세(흙이나 암반 등 지형)를 포괄적으로 말한다.

형기적인 것은 그때 그때 참고 요소로만 삼기도 한다. 이는 형기적인 요소를 이용하여 乘生氣할 수 있는 원 목적만 확실하게 보장한다면, 그 방법에 있어서는 배제할 필요는 없다는 판단이다.

한편 위에서 서술한 眼目(氣를 눈으로 볼 수 있는 역량)과 5감으로 확인할 수 있는 방법, 形氣를 위주로 하거나 또는 도구와 오감을 함께 이용하거나, 형기와 도구를 종합적으로 사용하던 간에 가장 최종의 목적은 이른바 "生氣"가 머무르는 혈처의 존재를 확인할 수 있는가의 與否가 핵심중의 핵심이라고 볼 수 있겠다. 이 生氣가 머무르는 지점을 結穴地(穴處)라고 흔히 말하기도 한다.[06]

이른바 乘生氣라는 의미는 가장 구체적이지만, 인지할 수 없는 경우는 가장 피상적일 수밖에 없다. 즉 이를 확실하게 인지할 수 없는 경우 존재를 믿을 수 없기 때문이다. 요즈음은 일상생활에서도 넓은 의미의 氣를 흔히 말하곤 한다. 지구상의 생물과 무생물로 보는 식물에서조차도 확인할 수 있는 것으로 이야기되기도 한다. 그렇지만, 여기서 말하고자하는 진정한 의미의 乘生氣는 地中의 일정한 길(古書에서는 일반적으로 脈을 따라 흐르는 것으로 보고 있음)[07]을 따라 흐르는 것으로 나타난다.

여기서 이러한 기운이 흐르는 길을 (微)脈이란 명칭으로 정리하고,[08] 地勢의 起伏屈曲한 형태를 포괄하여 古書에서는 龍脈으로 부르는 것으로 이해하고자 한다. 이러한 정황에서 볼 수 있듯이, 실제 전문가(연구자)들이 결혈지라고 보는 터는 보는 방법만큼이나 다양하고, 그 실상에 있어서는 乘生氣할 수 있는 穴(穴處)과는 상이하다는 것이 현실이라고 믿는다.[09]

한편 정확한 結穴地를 찾았다 하더라도 理氣的인 측면에서 案山, 정확한 坐向을 어떻게 정하고 놓을 것인가 하는 방법, 扞葬하는 日時를 구체적으로 정하는 방법을 통칭적인 의미에서 理氣로 표현하기도 한다. 이는 결혈지를 찾기 위한 통상적인 한 방법론적으로 적용하는 形氣와 상대적으로 사용하기도 한다. 그렇지만 理氣가 하나로 분리할 수 없고, 살아

---

06) 기운이 뭉친 곳의 가장 중심이 되는 부분은 穴心이나 穴處라고 하고, 그곳을 중심으로 하여 기운이 일정한 넓이 내에 자리 잡고 있는 범위를 음택에서는 흔히 金井이라고 한다. 이는 혈의 기운이 미치는 범위로 볼 수 있는데, 또한 穴場이라는 용어를 사용하기도 한다.

07) 이 맥은 지형에 따라 지상의 표토층에 線처럼 보이는 지역이 있지만, 대부분은 잘 나타나 있지 않다. 古書에서도 이 맥이 지나는 자리를 가는 실처럼 표현하여 線처럼 나타나 있음을 표기하기도 한다.

08) 용맥은 혈정에 도착하기 전에도 지상에 그 가시적인 흔적을 나타내기도 하고, 혈정과 혈처사이에서도 동일한 흔적을 보이기도 한다. 이 흔적은 기운이 흐르는 자리는 미미하게 융기된 線처럼 흔히 관찰된다. 이러한 의미에서 人體에 비유하여 미미한 융기된 용맥 선을 微脈이란 용어를 사용하기도 하지만, 실제 그 기운이 흐르는 길이라는 의미에서는 동일한 것이다.

09) 예외는 있다.

있는 동물에서 혼과 육체를 분리하면 온전할 수 없다는 점에서 필자는 위의 形氣와 理氣를 분리할 수 없는 것으로 보고 싶다. 서로 보완적인 측면에서 존재한다는 의미이기도 하다.

結穴地가 어떤 것인가를 부연 설명하고 관련된 내용을 함께 정리하기 위해서는 흔히 말하는 龍穴砂水向이라는 다섯 글자가 사실상 地學의 모든 것이라고 할 만큼 핵심의 위치를 차지한다.[10] 진정한 의미의 地學은 龍穴砂水向 다섯 글자와 氣를 분리할 수 없기 때문에 그렇다. 그렇지만 이러한 내용을 종합적이고도 유기적으로 설명하기 위해서는 이 짧은 분량의 내용으로는 쉽지 않을 것이다.

진정한 結穴地는 龍과 분리될 수 없다. 용의 길인 脈(線)을 따라 멀고 가까운 주변의 지형에서 균형이 잡혀, 용이 머무를 수 있을 때, 또는 머무를 수밖에 없는 지세에 이르면 용은 길을 멈추고 결지하게 된다. 이는 육안으로 보아 局을 확언하게 이룬 곳으로 볼 수 있는 지점도 있지만, 확 트인 곳도 있고(平洋地), 深山이나 정상부, 언덕의 주변일 수도 있다. 이는 地勢와 水 등이 균형을 이루어 結地할 수 있는 상태가 이루어졌을 때 龍은 멈추게 된다. 즉 주변 地形과 水 등이 다른 종합적인 제반 요소들과 균형에 의한 힘이 모아질 수 있는 상태에서 結地가 가능하다고 판단된다.

古書에서는 결혈할 수 있는 가장 보편적인 地勢 또는 결혈된 地形을 窩鉗乳突의 네 형태로 분류하고 있다. 그렇지만 위의 네 지형 이외에도 閃, 奇, 怪 등을 표현하여 전혀 예상치 못한 형태를 갖춘 지세에서도 결혈할 수 있음을 지적하고 있는데, 지극히 옳은 표현이다.

龍을 확실하게 알면서 穴을 모르는 것은 있을 수 없고, 穴을 알면서 龍을 알지 못하는 것은 성립될 수 없다. 만약 穴이나 龍 중 하나만 안다고 한다면, 그 어떤 것 하나도 확실하게 알지 못한다는 것을 의미하는 것이다. 龍이 지나가는 곳은 반드시 水氣가 양쪽에서 호위하여 흐른다. 용이 머무른다는 것은 이 水氣가 그 앞에서 합하여(合水) 용이 머무를 수밖에 없다. 용의 흐름은 脈이 흐르는 길을 따라 짐작하기도 하지만, 도구를 이용하거나 기운을 예리하게 볼 수 있는 眼目, 기타 기운을 몸(五感)으로 감지할 수 있는 사람이라면 脈이 선처럼 튀어 나오지 않는 용이라 하더라도 이를 감지할 수 있는 역량이 있을 가능성도 예측할 수 있다.[11]

---

10) 여기서 地學은 葬經의 내용을 원류로 한다.
11) 일반적으로 形氣나 탐사봉을 이용한 용맥 탐사가 가능한 진정한 사례는 손가락으로 꼽을 만큼도 안 되는 것으로 추정한다. 다만, 양택지는 비교적 넓은 터에 결혈되기 때문에 탐사도구 등을 통하여 조금 더 우세하게 탐사가 가능할 수도 있지만, 이 경우에도 정확하게 전체를 확인할 능력은 쉽지 않다. 이른바 가장 과학적이라는 특정분야에서의 내용들은 현대사회에서도 너무나 비과학적인 것이 적지 않음을 간과할 수 없다. 눈으로 보이지 않는다고, 느낄 수 없다는 명분으로, 자기가 알지 못한다는 것이라 하여 부정할 수는 없다.

따라서 여기서는 形氣, 理氣, 기타 과학적인 기기로 불리는 탐사방법, 일반 탐사도구 등을 이용한 방법론이나 是非與否 등에 대해서는 원칙적으로 서술하지 않겠다. 다만 서술하고자 하는 내용 중 효과적, 편의성과 관련하여 부분적으로 위의 내용이 부분적 또는 종합적으로 확실하고 정확, 올바르게만 인지할 수 있고, 결혈지인 穴處를 點穴할 수만 있다면, 결과적으로 그 과정은 어느 것이든 잘못되었다고 할 수 없기 때문이다.

여기서는 가능한 실제적인 龍의 入首 부분과 穴頂, 毬와 簷, 穴心, 相水 및 金魚水의 형태나 이와 관련될 수 있는 내용에 관하여 실 사례를 들어 약간의 설명과 사진, 도면을 통하여 제시하고자 한다. 즉 결혈지를 중심으로 하여 가장 가까운 혈정부터 들어오는 入穴脈과 穴處(穴心), 혈심 좌우의 相水(水氣), 相水(용을 좌우에서 보호하는 두 줄기의 水氣)가 합해지는 (고유명사격으로는 金魚水라 부름)이른바 合水까지 다루었다.[12]

즉 필자가 주로 서술하고자 하는 핵심적인 내용은 龍이 入首되는 穴頂(到頭)부터 水氣가 合水되는 金魚水 부분까지이다. 이 水氣가 合水되는 이른바 金魚水부터 한 줄기의 水氣로 이어지기 시작한다. 이 金魚水부터 한줄기로 이어지는 水氣 방향이 사실상 실제 向(自然向)이 된다.[13]

II. 龍과 氣運의 종류

龍의 종류는 古書에서 뚜렷한 구분이나 분류는 확인하지 못하였다. 필자는 龍을 陰龍과 陽龍으로 구분하고자 한다. 용은 통상 용의 발원지부터 음용과 양용이 동시에 함께 발원하여 결혈지까지 함께 흐른다. 다만 결혈터의 주변 여건에 따라 양용과 음용이 거리를 두고 멀리 분리되는 경우도 흔히 확인할 수 있지만, 마지막 결혈지에 오면 서로 다른 방향에서 흘러와서 결혈터는 陰·陽龍이 서로 接하여 맺기도 한다(陽宅).[14]

다른 사례는 분리된 경우라도 마지막 결혈되는 지점에 와서는 대부분 陰, 陽龍은 거의 같은 방향으로 入穴된다(陰宅). 같은 陰龍은 혈처에 이르러 龍脈發源地로부터 지표면과 대

---

12) 合水는 靜道和尙의 入地眼全書(卷)2, 尋龍辨 條)에서는 "合衿之水"로도 표기하고 있음을 알 수 있다.

13) 理氣法으로는 水와의 관계, 주변 砂 등 고려해야할 제반 내용을 통합적으로 고려한 후, 가장 合當한 分金으로 坐向을 정하게 된다(分金坐度). 합수되는 방향이 사실상 自然向이 된다. 이는 방법과 과정이 적지 않고 古書에서 제시하는 종류도 많기 때문에 이는 행위자의 역량과 몫일 수밖에 없다.

14) 음택은 겹쳐 맺거나, 나란히 맺거나, 대각선방향으로 맺거나, 수 미터 이상 거리를 두어 맺기도 한다.

체적으로 평행을 이루면서 달려왔던 것이, 결혈터에서는 아래쪽으로 향하여 기운이 향하고, 陽龍은 위쪽으로 기운이 향하는 것임을 지적하였다.[15]

龍은 다소 포괄적인 의미일 수 있다. 龍은 일반적으로 起伏屈曲하는 산의 기세와 지하에 맥을 따라 흐르는 기운을 함께 지칭하는 것이 원 의미라고 볼 수 있다. 그러나 말하고자 하는 語義나 文脈에 따라서는 좀 더 소극적인 의미로 사용할 수도 있다. 즉 龍이 起伏屈曲하는 지형을 좀 더 위주로 하는 의미로 사용할 수도 있고, 때에 따라서는 지하에 脈線을 따라 흐르는 기운만을 위주로 의미할 수도 있음을 주목할 필요가 있다.

기운의 종류는 여러 가지이다. 물론 필자가 알고 감지할 수 있는 경우에 한한 것이기 때문에 이것이 지구상에 또는 우주에 있는 기운에 비교하면, 극히 일부분일 것으로 추정된다.[16] 여기서는 일반적으로 이 분야의 전문가, 연구자, 관심 있는 이들이 찾고 있는 것과 맥락을 같이 하는 同類임을 명시하고자 한다. 다만 이러한 기운들은 실제 여러 종류가 존재하면서 동일한 용맥을 타고 흐르거나 머물지만, 여러 개체가 함께 섞여 있는 것, 한 종류만 있는 것, 두 종류가 함께 존재하는 것 등 일정하지 않다.

위에서 언급한 바와 같이, 통상적으로 용맥의 기운은 처음 발원지에서부터 음혈로 맺는 기운과 양혈로 맺는 기운이 함께 용맥을 따라 혈처까지 이어지게 된다. 기운의 종류는 ①秘氣, ②紫氣, ③脈氣, ④天氣, ⑤生氣, ⑥地氣로 구분되는데, 이 여섯 종류는 일반명사가 아닌 고유명사로서의 기운 명칭임을 밝히고자 한다.[17] 이 여섯 가지 기운 이외에 두

---

15) 靜道和尙, 『入地眼全書』 필자의 표현에 모순이 있는데, 여기서는 다음 기회로 미룬다.

16) 여기서 서술하는 기운은 실제 地下에 일정한 통로를 따라 흐르거나 머물기도 하는 것이다. 통상 古書에서 언급하거나, 선조들이 염원했던 기운과 동일한 맥락에 속하는 것들이다. 여기서는 하늘에서 조림하는 天氣(예; 별기운 등)는 특정지역에는 분명히 특정한 기운이 조림하고 있음은, 地氣(여기서는 여러 지하의 기운을 포괄적으로 지칭)를 보거나, 오감으로 감지하거나 하여 알 수 있는 것과 동일하게 적용하여 인지할 수 있다. 다만 감지 역량과 능력에 따라 가능, 불가능 등에 대하여 스스로 인지, 인정여부를 확신하거나 불인정하는 문제는 본인에 달려 있을 뿐이다. 다만 여기서는 포괄적인 의미의 地氣에 관해서만 한하여 서술한다.

17) 일반적으로 기운의 중심을 이루고 있는 秘氣,紫氣,脈氣,天氣,水氣에 관련된 내용은 李榮淳 선생님의 五氣神法이라는 사이트에서 비교적 자세하게 설명하고 있다. 필자 역시 다양한 기운의 종류와 내용에 대해서는 이영순선생님의 정리된 내용으로부터 명칭을 그대로 따랐음을 부기한다. 이영순 선생님은 5기를 설명하면서, 水氣까지 포함하여 색과 기능까지도 자세하게 해설해 놓았다. 여기서 水氣는 필자 역시 그대로 인정한다. 다만 水氣는 기운을 좌우에서 護身하는 기능을 가진 것으로 확인하였기 때문에 위의 5기 중 필자의 역량으로 확인한 바로는 秘氣 紫氣 脈氣 天氣는 맺히는 기운으로 나타나고, 水氣는 氣運이 아닌 수맥과는 다른 물의 기운(물기)으로 인지할 수 있었다. 따라서 水氣는 위의 네 기운과는 다른 성격으로 인정된다는 의미이다.

일반적으로 넓은 의미의 좋은 기운을 生氣(필자의 확인으로는 綠色으로 인지됨)라는 명칭으로 포괄적으로 사용하는 것이 현실이다. 다만 위의 생기는 포괄적인 의미가 아닌 고유명사로서의 生氣가 존재한다는 의미인데, 물론 필자가 표현하고자 하는 이 生氣는 적당한 명칭을 찾지 못하여 고유명사로서의

종을 더 확인하였으나, 명칭을 부여하지 못하여 여기서는 존재는 기록하고 구체적인 명칭은 다음기회로 미루고자 한다.

기운이 뭉치는 이른 바 혈처는 반드시 음혈과 양혈이 존재한다. 여기서 의미하는 음혈과 양혈은 형기적 즉 지형 지세의 형태에 따른 명칭이 아닌, 기운의 종류에 따른 구분이다. 용맥으로 흐르는 기운은 하나의 脈線으로 ①한 개의 기운이 흐르는 것 ②두 개의 기운이 흐르는 것 ③세 개의 기운이 흐르는 것 ④네 개의 기운이 흐르는 것 등이 있다. 두 개나 세 개 또는 네 개의 기운이 하나의 맥선에 동시에 흐르는 경우가 대부분이다. 한 용맥에 한 기운만이 감지되는 사례는 드물게 확인된다. 이 경우에도 음혈과 양혈은 반드시 함께하고 있음을 볼 수 있다.

Ⅲ. 穴處의 事例調査(穴頂에서 金魚水까지를 중심으로)[18]

1. 음성 감곡면 結穴地[19]

본 龍은 원통산에서 발원하여 서서남(辛方으로 추정)으로 이어지다가, 다시 혈정의 수

生氣로 명명하게 된 것이다. 또한 地氣 역시 위의 ①~④를 통합적(또는 구체적으로 지칭하지 않고 넓은 의미)으로 일반명사로서 지칭하는 것이 이 분야에서 일반적인 처사이다. 이 또한 지극히 옳은 명칭 또는 처사인 것이다. 즉 地氣는 어떤 의미에서는 生氣를 지칭하기도 하고, 生氣라고 표현하면 역시 넓은 의미의 모든 地氣를 통칭하는 것으로 이해하거나 의미하는 것으로 알고 있다. 이러한 일반적인 사용은 그대로 인정되고 마땅히 되어야 한다. 다만 필자가 서술하는 ⑥地氣(灰色)는 일반적인 보통명사를 지칭하지 않고, 일반적인 넓은 의미의 地氣(生氣;綠色)가 아닌, 고유명사로서 地氣를 지칭함을 명시하고자 하는 것이다) 이하 특정한 설명을 하지 않는 地氣와 生氣는, 각각 일반적인 포괄적이 아닌 고유명사로서의 지기와 생기를 지칭한다. 이 또한 地氣를 대신할 만한 적당한 명칭을 아직 찾지 못하여 좁은 의미의 고유명사로서의 地氣를 지칭하는 것이다. 여기서 이 地氣는 灰色으로 인지된다.
따라서 이하 生氣와 地氣는 부연 설명이 없는 경우, 고유명사로서의 명칭임을 밝힌다.

18) 穴頂의 명확한 정의나 명칭, 위치에 대해서는 연구가마다 다소 차이가 있고, 古書에서도 定義 설명을 명확하게 정리한 듯하지만, 연구자에 따라 경우에 解義가 일정하지 않다. 필자는 穴頂을 毬頭, 腦頭, 到頭, 승금과 같은 의미로 해석하고자 한다. 그 위치에서는 龍이 맥선을 따라 혈정으로 들어오는데, 이 혈정의 중심에서 보아 龍이 들어오는 방향을 24좌로 구분 확인하여 入首龍을 정하는 방식이다. 다시 말하면, 이 혈정에서 보아 龍이 들어오는 방향(24坐 또는 方)을 入首龍으로 認知하는 것이다.

19) 음성군 감곡면 원통산 정상에서 용이 출맥하여 서서북향하다가 申方으로 전환하여 落脈하여 申陽入首한다. 到頭(필자가 앞서 설명한 혈정과 같은 의미로 사용)에서 남서향하다가 다시 西向으로 방향을 전환하고, 혈처가 위치한 수 미터 전방에서 역시 申方으로 들어와 혈을 맺었다. 혈정에서 출맥한 용은 入穴脈상에서 모두 두 번에 걸쳐 방향을 전환했는데, 入穴 직전에는 入首와 같은 申方으로 방향을 들어 결혈, 혈장을 형성하였다.

십미터 전방에서 방향을 寅方으로 크게 틀어 落脈하여 그대로 혈정으로 입수하였다. 이 혈정이 위치한 지점은 작은 小路를 내면서 표토층 일부가 깎여 나가 원 모습은 볼 수 없지만, 크게 훼손은 되지 않았다. 혈정의 규모는 둥근 모습을 유지하고 있으며 지름은 약 150~200cm내외의 크기이다. 대부분의 혈정은 거리에 관계없이 결혈지가 가시거리에 있는데, 이 혈처만은 예외이다. 주변의 砂가 시야를 차단한 특이한 사례이다(도면 1. 사진 1).

혈정에서 寅方으로 다시 出脈한 용은 수 미터 흘러가다가 다시 酉方으로 전환하여, 이어지다가 혈처의 수 미터 이전 지점에서 방향을 틀어 寅方으로 入穴하였다. 혈처는 기슭에 마련된 좀 너른 평지형의 지점에 동서 폭 5m, 남북길이 7~8m내외의 도톰한 지형 정상의 바로아래 중간지점에 結穴되었다.[20]

사신 1. 음성군 감속면 결혈지(①朝案山, ②内右白虎, ③혈저 앞에서 본 内右白虎와 穴處, ④穴處)

---

20) 정확한 형기는 아니지만, 일종의 乳穴에 가장 가까운 지형을 이루고 있다.

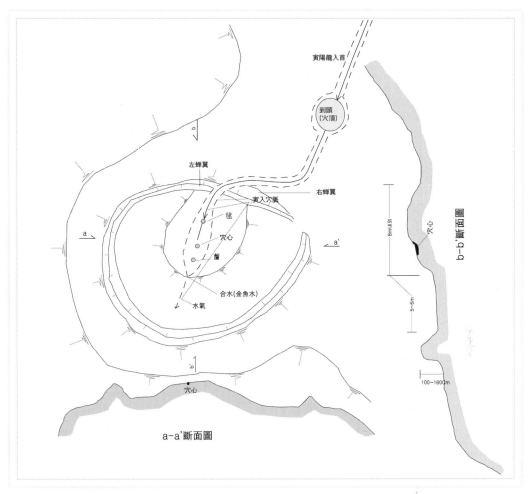

도면 1. 음성 감곡면 결혈지

특이한 점은 이 穴場을 중심으로 도톰한 지형의 주변에는 동서남의 세 방향은 너비 5~6m내외의 평지가 형성되었고, 이 평지 외곽으로는 높이 1~1.5m정도의 작은 砂가 좌우청룡과 우백호, 案山의 形을 이루고 있다는 점이다.[21] 다만 小 內靑龍은 안산과 우백호에 비하여 극히 미미한 상태이다.

혈심 바로 위에는 毬가 확인되는데, 구가 있는 방향으로 入穴脈이 들어오고 그 위의

---

21) 여기서 필자가 의도하는 의미의 穴場은 金井의 다른 표현에 불과하다. 혈장은 혈심에서 나오는 氣運이 일정한 범위(보통 직사각형 모양을 이룸)내에 맺히게 되는데, 이 범위를 지칭한다.

뒤쪽 좌우에 左右 蟬翼砂가 형성되어 있다. 선익사는 혈처에 따라 그 흔적이 비교적 잘 관찰되는곳, 미미하게 형성된 곳, 거의 관찰할 수 없는 것 등 혈처에 따라 일정하지는 않다. 이곳은 1穴頂 1穴로서 內靑白虎, 外靑龍白虎를 갖추어 완연한 局을 이룬 혈처이다. 水는 안산앞에 橫水가 동측에서 서측으로 흐르고 있으나, 숲으로 인하여 來水 및 去水의 方은 확인하기 어려웠다.

2. 파주 용미리 결혈지1

혜음사지 내에 결혈된 혈처이다. 혜음사지에서 가까운 동북편의 한 정상부 쪽에서 발원 出脈하여, 서서남으로 이어지다가 남쪽으로 落脈하였다. 혈정에서 100m채 미치지 못한 지점에서 용맥이 두 갈래로 나누어져 능선상에 형성된 비교적 너른 평지에 하나의 혈정을 만들었다. 혈정으로 들어오는 용맥은 子陽龍入首이다. 혈처로 들어오는 入穴脈은 동

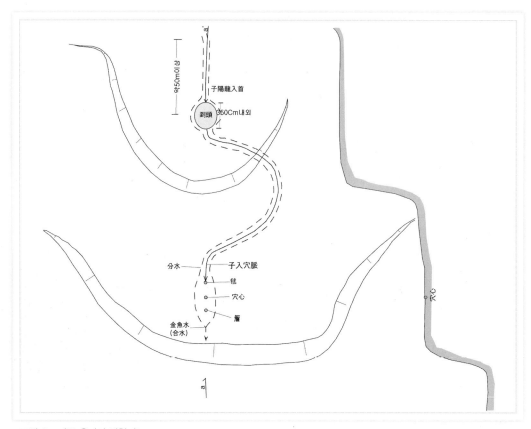

도면 2. 파주 용미리 결혈지1

편으로 크게 반원을 그리면서 방향을 전환하면서 남으로 낙맥하여 입혈, 결혈하였다(도면 2).

　이 혈처는 혈정과 혈처, 입혈맥 주변은 주변의 정리하는 작업과정에서 표토층이 깎이거나 중간에 도로가 형성되었으나, 크게 훼손되지 않아 용맥과 혈처는 보존된 상태이다. 혈처 주변의 작은 蟬翼砂 등은 찾기 어렵다.

3. 파주 용미리 결혈지2

　용미리 결혈지 1과 같은 용맥에서 갈라져 서남측으로 200여미터 이상 더 흘러가다가

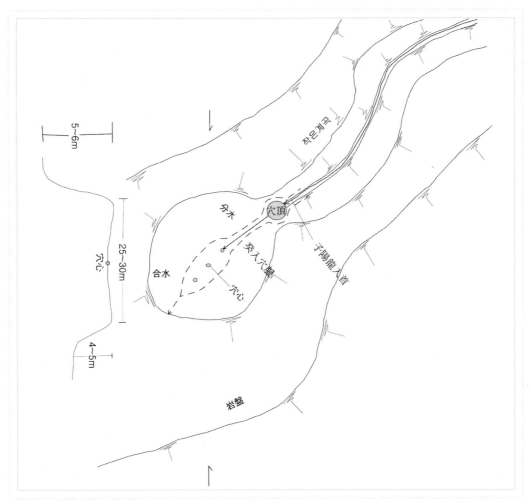

도면 3. 파주 용미리 결혈지2

맺힌 혈처이다. 이 용맥의 地勢의 능선은 마치 蛇形으로서 굴곡이 지고, 결혈지는 주변이 뱀의 머리형을 이루었다. 가는 능선이 머리처럼 형성되기 시작하는 지점에 혈정을 이루고 이곳을 정점으로 미미하게 낮아지면서 평면에서는 마름모형의 독사머리 형태를 이루었다. 이 혈처를 이루고 있는 주변은 뱀머리 형상이지만 너비25~30m내외의 평지를 이루고 있으나 지세에 맞추어 서편쪽으로 아주 미미한 물매를 이루고 있다(도면 3).

1혈정 1혈로서 우측으로는 작은 계곡부가 계속되지만, 우측으로는 수 미터 아래쪽에 약간의 5~6m를 넘는 평지를 형성하였다. 이 혈터 아래쪽의 한 단 낮은 평지는 큰 암반층이 넓게 형성되어 편평하게 이어지다가 심한 급경사로 이어졌다. 이 암반층의 심한 경사면 쪽이 向을 이룬다.

4. 대전 문지동 결혈지

문지동 ○○○山 정상부에서 남남동편으로 암반이 약80m정도 이어지다가 암반층이 끝나는 지점에 너비 250cm정도의 토톰한 혈정이 형성되었다. 정상부에서 흐르는 용맥은 암반층을 타고 흘러 오다가 이 혈정에서 숨을 한번 고르고 入穴하였다(도면 4).

평면상으로 보면, 혈장을 중심으로 혈장 주변부터 크게 넓어지면서 도톰한 지형을 이루다가, 合水(金魚水)되는 지점을 기점으로 주변에 넓게 형성되었던 지세가 급격하게 좁아지고 경사진 능선이 계속 이어진다. 좌우선익사 아래쪽으로는 蟹眼水, 蝦鬚水, 牛角砂, 구와 첨. 합수가 뚜렷한 편이다. 특히 좌우의 相水는 외형상 작은 물길이 溝를 형성하고 있는데, 마치 타원형처럼 형성되었다. 이 작은 溝는 선익사와 접한 아래부터 금어수까지 이어진 것이다. 이 혈의 특징은, 외형상 형성된 溝는 분수지점에서 합수되는 지점까지 약 6m내외이다. 전체적으로 이 상수 안쪽은 모두 볼록렌즈처럼 도톰하지만, 血心이 자리한 곳은 오히려 움푹 패인 형태를 가진다. 이 혈심의 패인 중심부는 지름이 50~60cm정도이다. 이 혈심을 중심으로 움푹 패인 곳의 깊이는 실제 5~15cm내외에 불과하지만 뚜렷한 자연적 지세임을 알 수 있다. 첨은 溝내에 있지만 도톰한 부분이 끝나기 직전의 미미한 경사진 지점에 위치한다. 이 溝를 기점으로 20~30cm정도 경사도가 뚝 떨어지면서 그 외측으로 溝가 만나는 合水를 이루는 지점이다. 이 相水의 가장 넓은 폭은 200cm에 이른다.

수십미터의 암반층 용맥은 좁고 숨가쁘게 落脈하고, 암반이 끝나면서 土質과 바로 접하는데, 암반과 토질이 접하는 곳에 혈정을 만들었다. 이 穴頂은 一見 둥글고 도톰한 형상을 보인다. 암반층이 끝나는 수 미터 전부터 암반층 주변에는 토층이 좀 넓게 형성되었

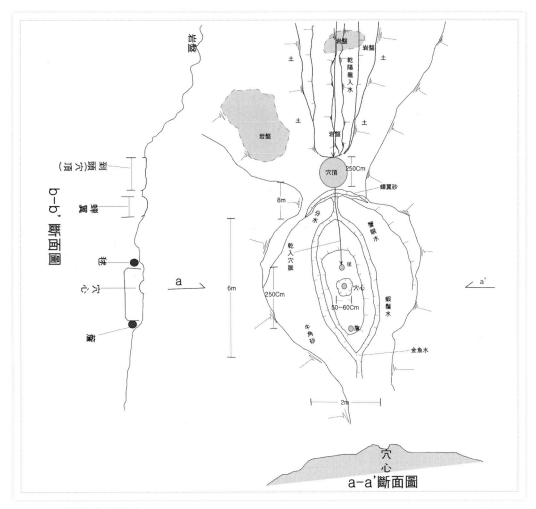

도면 4. 대전 문지동 결혈지

다. 또한 둥그런 혈정이 끝나는 지점과 거의 접하여 左右 蟬翼砂가 도톰하면서도 양팔을 둥글게 벌인 것처럼 혈처와 좌우 相水를 에워싸듯 형성되었다. 이 좌우 선익사의 외측으로는 조금씩 경사를 이룬 지형을 이루었다. 다만 이 우선익사 쪽은 선익의 외측으로 수미터 정도 더 편평한 지형을 이루고 있다.

혈정에서 分水지점까지는 용맥이 거의 일직선상으로 입혈하는데, 이 구간은 8m내외이다. 구에서 첨까지는 250cm내외로 일반혈에 비하여 길게 형성되었다.

5. 錦山 西大山 하 結穴地

이곳은 서대산에서 내려다보면 대전 쪽을 향하는 방향에 자리잡고 있다. 一見, 가까운 주변만 돌아보면 局을 잘 갖추었다고는 할 수 없겠다. 그렇지만 혈은 서대산 상에서 서북편으로 낙맥하여 경사진 부분을 모두 거친 후 완경사면에 접어 든 곳에 자리잡고 원무사, 청백호, 안산과 그 앞에 水가 모두 완연하다(도면 5. 사진 2).

혈처가 자리잡고 있는 가까운 주변 지세는 혹처럼 볼록 서남측으로 내밀은(지각) 형상이다. 다리를 뻗은 형상의 지형은 중간에 혈정을 만들고, 이 지세의 좌측 가장자리를 따라 토질이 볼록하고 부풀은 듯 미맥을 형성하면서 입혈맥을 이룬다. 입혈맥은 이 지세의 좌측 가장자리를 따라 작게 낙맥하면서 우측으로 방향으로 크게 틀면서 둥그런 지세로 마무리 진 곳이고, 지형이 끝나기 직전에 혈터를 만들었다.

혈터의 주변 중, 측면은 수m, 전방은 2.2~4m내외의 공간을 형성하는 평지와, 주변의 토질은 한 눈에 단단한 흙으로 다진 듯하지만, 자연적으로 단단하게 뭉친 듯한 느낌을 준다. 혈장의 주변으로는 일정한 경계점을 지나면, 서편과 남측으로는 둥글게 높이 3~4m내외의 경사면을 이루면서 혈장을 에워싼 지세이다. 특히 이 경사면에는 혈장과 가까운 남측과 서남측, 서편쪽으로는 큰 암반이 곳곳에 박혀있다.

혈장으로 들어오는 용은 巳陰龍入首이며, 혈장에서 毬와 穴心쪽으로는 약간 휘인 듯하면서 壬子(兼)入穴脈으로 되었다. 入穴脈의 용은 두 方이 겹쳐 입혈되지만, 모두 陽이기 때문에 혈의 하자는 조금도 없다. 특이한 점은 혈정에서 이어지는 상수가 구의 직전에서 分水되는데, 우측 水氣는 크게 곡선 없이 거의 곧바로 이어지고 있는 반면, 좌측 수기는 혈장 밖의 큰 곡선을 그대로 비례하여 크게 휘인 상태로 흘러가다가 첨의 앞에서 우측 수기와 合水되어 金魚水를 만들었다. 또한 우측 水氣가 흐르는 선을 기준으로 하여 그 우측으로 접하여 작은 溝가 5~6m정도 길이로 뚜렷하게 형성되어 있었다. 혈심이 있는 좌우

사진 2. 금산 서대산 하 결혈지(①서대산 결혈지 혈정에서 본 入穴微脈, ②결혈지, ③案山)

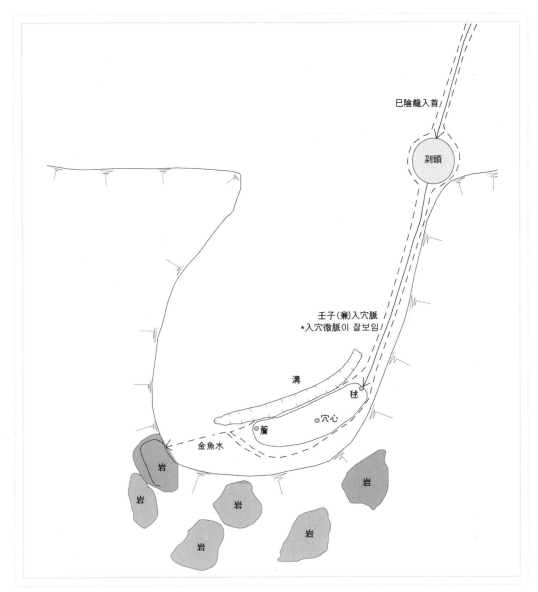

도면 5. 금산 서대산 하 결혈지

의 相水간의 폭은 최고 약 80cm에 이른다.

혈정(도두)을 기준으로 그 아래쪽으로는 혈정과 접하여 右蟬翼이 관찰되는데, 좌선익은 확인되지 않는다. 이는 지형상 혈정에서 혈처로 이어지는 미맥이 관찰되는 선이 지형의 좌측 가장자리를 따라 형성되었기 때문에 좌측의 선익은 형성될 수 없는 지형을 갖춘 것이다.

6. 慶州 西岳洞 진혈지

산 정상부에서 발원한 용맥은 남으로 낙맥하다가, 다시 동남쪽으로 방향을 틀어 다시 낙맥하여 가장 아래쪽 기슭에 이르러 결혈하였다. 좌측은 좁고 작은 계곡을 만들어 혈을 중간에 두고 둥글게 감싸면서 돌아 나간다. 우측 역시 혈장을 중심으로 일정한 범위는 도

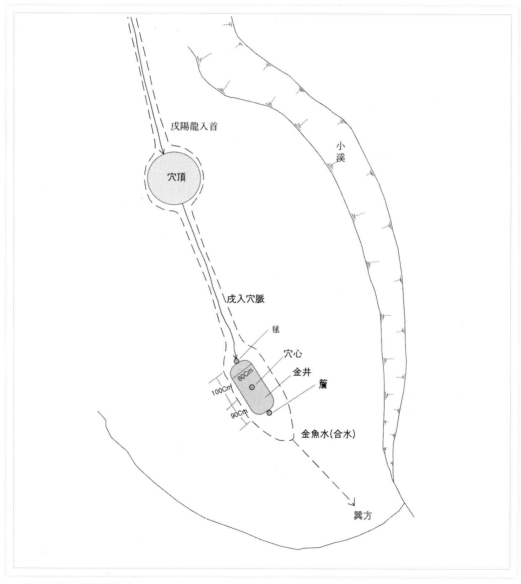

도면 6. 경주 서악동 결혈지

사진 3. 경주 서악동 진혈지(①결혈지, ②혈정에 혈처로 들어오는 微脈(入穴脈))

톰하고 넓게 형성된 지형을 이루다가 혈장과 합수지점을 벗어나면서 급하게 좁아지면서 낮은 지세로 이어지고 있다(도면 6, 사진 3).

혈장에서 혈정까지의 지세는 조금씩 경사져 높지다가 혈정의 2~3m앞에서부터는 급한 경사면을 이루고 있다. 즉 혈정은 좀 급하게 형성된 작은 능선상의 정상부에 위치하고, 이곳에서 급한 경사면을 따라 내려가면서 점차 완만한 지세로 약7~10m정도 되는 지점에 결혈되었다.

혈정으로 들어오는 입수맥은 戌陽龍入首이며, 혈정에서 진혈지까지는 미미한 미맥이 관찰된다. 역시 입수와 방향이 동일한 戌入穴脈으로 진혈로 이어진다. 구와 혈심간은 90cm내외, 혈심에서 구까지 역시 90cm내외의 길이를 가진다. 따라서 금정의 길이는 180cm, 너비는 80~90cm내외이다.

7. 慶州 馬洞 結穴地(平洋龍, 平地龍)

이 결혈지는 平地穴(平洋穴)이다. 용맥의 발원지는 울주군 국수봉(해발 603m)에서 출맥하여 능선을 타고 치술령을 거쳐, 남동향으로 방향을 전환과 점차 낙맥을 거듭하면서 평지까지 이어졌다. 평지로 내려온 용맥은 外洞, 입실주변을 지나, 南川을 횡으로 관통하여 峕을 반복거치는 과정에서 거의 직진하면서 혈처까지 흘러왔다(도면 7, 사진 4).

혈심에 이르기 전 약 45m전방에서 용맥은 두 줄기로 갈라져 동북 방향으로 25m정도 흘러오다가 각각 둥근 혈정을 만들었다. 혈정으로 들어오는 용맥은 巳陰龍入首이며, 혈처는 巳入穴脈이다.

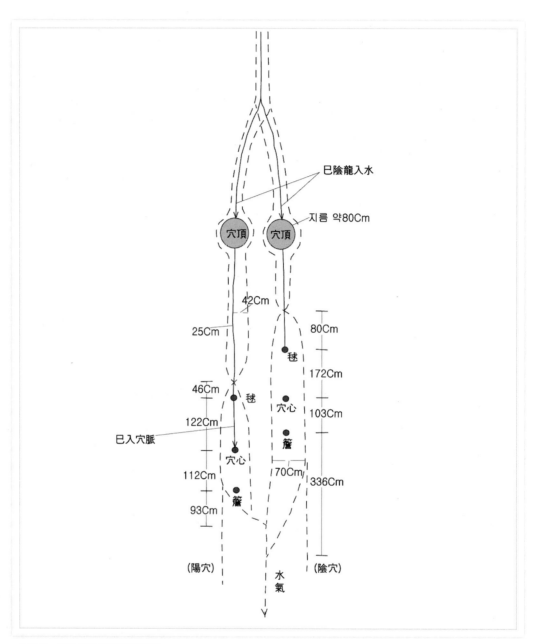

도면 7. 경주 마동 결혈지(平地龍)

용맥의 좌우에 흐르는 水氣(相水)는 서로간의 간격이 대부분 70cm내외로 좀 좁은 편이다. 이 진혈처 水氣의 진로는 혈정과 毬의 중간 부분에서 서로 交叉되는 특이한 모습을 보인다. 두 혈처로 이어지는 용맥에는 모두 상수가 따로 흐르지만, 簪의 앞에서는 두 진

사진 4. 경주 마동 결혈지(①혈정에서 혈처로 들어오는 微脈, ②결혈지)

혈지의 앞 중간 지점으로 4조의 수기가 한 꼭지점으로 合水를 이루는 형상이다. 한편 양 진혈지의 각각 외측으로 흐르는 水氣는 이 합수되는 지점과 무관하게 일직선으로 곧게 앞으로 진행하고 있다.

음양혈의 혈심간 거리는 120cm에 불과하지만 수기는 따로 相水가 흐른다. 두 혈심은 좌우로 결혈되어 위치하지만 앞뒤로 190cm정도 거리를 두고 있다. 즉 두 진혈지의 혈심은 상대적으로 대각선 방향으로 위치하고 있는 셈이다. 양혈의 구와 첨간의 길이는 213cm, 음혈의 구와 첨간의 길이는 275cm나 된다. 그렇지만 두 진혈지의 穴心의 좌우 상수는 역시 70cm로 동일하여 폭은 상대적으로 좁은 편이다

8. 慶州 忠孝洞 結穴地1

송하산 정상에서 이어진 용맥은 기복과 전환을 반복하면서 남남동편으로 낙맥하였다. 이 지점은 급한 경사지는 모두 지나고, 비교적 완만한 경사와 부분적으로 평지에 가까운 지세로 접어든 곳에 해당한다. 靑白虎는 명확하지 않다. 능선과 능선의 측면으로 낙맥한 용맥은 지세에 따라 완만하게 솟아오르는 경사면을 따라 용 역시 치솟아 오르다가 능선이 가장 정점에 이르는 곳에 혈정을 만들었다(도면 8, 사진 5).

특이한 점은 능선이 경사져 오르는 시점에서 용이 두 갈래로 갈라지는데, 능선의 정점의 지세는 너비5~6m정도의 폭이 거의 평평하게 형성되었다. 이 평평한 정점의 양 끝에 각 한 개씩의 혈정이 위치한다. 혈정이 위치한 곳을 기점으로 지세는 좀 급하게 떨어지는데, 용맥 역시 지세에 따라 落脈하다가 다시 완만한 경사가 끝나는 지점에 너비 2m내외,

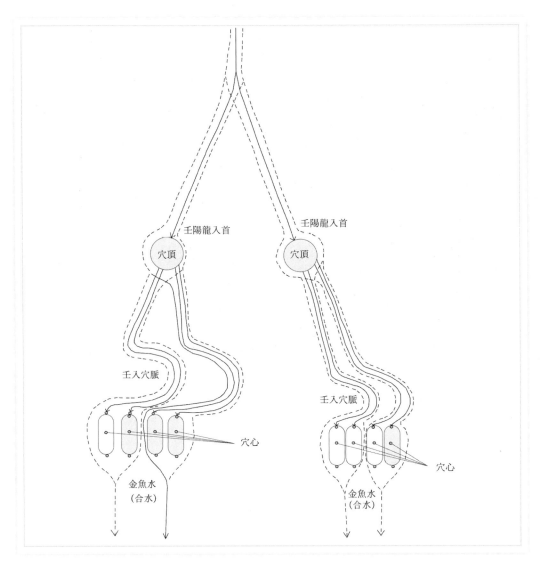

도면 8. 경주 충효동 결혈지1

橫幅(東西) 약 10여m이상의 평지가 형성되었다. 이 지점에 혈정에서 들어온 입혈맥이 穴處로 들어와 결혈된 것이다.

이 결혈지는 모두 혈정에서 낙맥하는 용이 모두 좌측으로 半圓을 그리면시 크게 굴곡하다가 다시 경사진 면으로 방향을 바꾸면서 결혈했다는 점에서 공통점을 가지고 있다.

혈정으로 들어오는 용맥은 모두 壬陽龍入首에 역시 동일한 壬入穴脈으로 들어와 결혈되었다. 따라서 한 용맥을 타고 흘러온 한 혈정에서 두개이상의 혈처가 결혈된 경우 서로

사진 5. 경주충료동 결혈지1(①혈처에서 본 入穴脈(혈정에서 바라본), ②혈정(동서로 나란히 2개소), ③혈정에서 본 入穴脈, ④결혈지(東西로 나란해 위치))

다른 방향으로 入穴되기도 하지만, 위의 사례와 같이 동일한 방향으로 入穴되는 사례로 보아 일정하지 않음을 알 수 있다.

9. 慶州 忠孝洞 결혈지2

용맥은 송하산 정상쪽에서 동남방으로 낙맥과 起伏屈曲을 거듭 반복하면서 평지까지 내려온 일종의 平洋龍이다.[22](도면 9, 사진 6) 이 용맥은 평지에 내려와 수십 미터 이상을 흘러오다가 한 壬陽龍入首의 穴頂을 만들었다. 이 혈정에서는 한 용맥이 나와 직렬식으로 상 중 하로 이어지면서 차례로 결혈되었다.

---

22) 平洋龍의 명칭은 靜道和尙의 入地眼全書에서 의거한 것이다. 우리식의 표현으로는 平地龍 정도 되겠다.

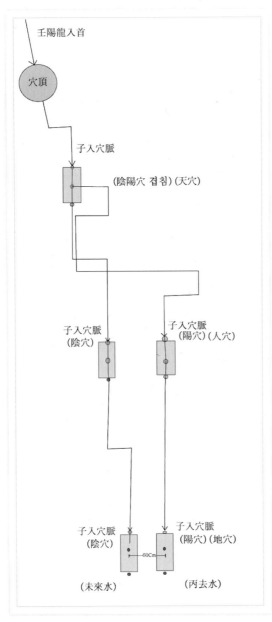

壬陽龍入首

穴頂

子入穴脈

(陰陽穴 겹침) (天穴)

子入穴脈
(陰穴)

子入穴脈
(陽穴) (人穴)

子入穴脈
(陰穴)

子入穴脈
(陽穴) (地穴)

←60Cm→

(未來水)   (丙去水)

도면 9. 경주 충효동 결혈지2

혈정에서 출맥한 용은 두 번의 방향 전환을 한 후 첫 번째 혈처(上: 天穴)를 결혈하였다.[23] 이 天穴은 子入穴脈으로 들어왔는데, 陰·陽穴이 한 지점에 모두 入穴하여 혈처를 만든 특이한 혈처이다.

人穴은 천혈의 穴心에서 음양혈이 출맥한 것이다. 즉 人穴 중, 陽穴용맥은 좌측인 동측으로 출맥, 行道하면서 7차에 걸쳐 방향전환을 거듭한 후, 子入穴脈으로 陰穴의 좌측(동편)에 결혈하였다.

人穴 중, 陰穴은 천혈의 남측으로 출맥 行道하면서 두 번 방향을 전환한 후, 역시 子入穴脈으로 들어와 결혈하였다.

地穴은 우측 서편으로는 陰穴로 결혈되는 龍이 午向으로 나와 수 미터 곧장 이어지다가 동편으로 90도로 방향 전환했다가 다시 90도로 남측으로 향을 바꾸어 직진하여 역시 子入穴脈으로 들어와 결혈하였다. 陽穴은 午方으로 나와 그대로 직진하다가 음혈의 동편으로 60cm되는 지점에 나란히 결혈되었다.

이 혈의 來水는 未, 去水는 丙이다.

---

23) 한 穴頂에서 위로부터 밑으로 내려가면서 차례로 上 中 下 지점에 세 개의 穴處를 결혈할 경우, 차례로 天穴 人穴 地穴이라 칭하는 것이며, 다른 의미는 없다. 다만 각 혈처의 역량에서 큰 차이는 확인되지는 않았지만, 그 技能에 대해서는 전문가에 따라 見解가 있을 수 있을 것이다.

사진 6. 경주충효동 결혈지2(①평지로 落脈하여 형성된 穴頂, ②제1혈처(上) ;天穴, ③제2혈처(中) ;人穴, ④제3혈처(하)
;地穴, ⑤案, ⑥後方의 元武山, ⑦案山)

10. 경주 충효동 결혈지3

송화산에서 남동으로 출맥된 용은 起伏屈曲과 方向轉換, 落脈을 거듭하면서 동남으로
흘러왔다. 1~2부 능선까지 내려온 용맥은 능선을 타고, 지세에 따라 다시 완만한 경사를
따라 오르다가 최고 정점부근의 한 지점에 혈정을 만들었다. 이 혈정에서는 네 개의 용맥
이 竝列로 出脈하여 네 개의 穴處를 맺었다(도면 10, 사진 7).

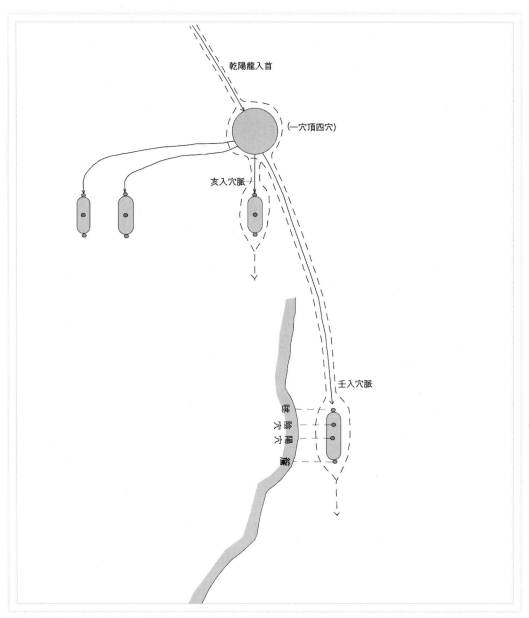

乾陽龍入首

(一穴頂四穴)

亥入穴脈

壬入穴脈

踐踏陽踐
穴 穴
踐

도면 10. 경주 충효동 결혈지3

　　기본적인 龍脈과 水氣는 용을 중앙에 두고 양측에서 수기가 함께 호위하면서 함께 간
다. 水氣는 혈정에 이르면 혈정의 가장자리를 따라 分水하면서 넓어지다가 다시 좁아진
다. 혈정에서 혈처로 흐르는 微脈은 龍의 좌우측에 호위하면서 결혈처로 이어진다. 따라
서 혈처의 金井이 시작되기 이전의 毬의 직전부터 分水가 시작되며, 金井의 아래에 접한

사진 7. 경주 충효동 결혈지3(①穴頂, ②결혈지, ③혈정 直下 결혈지, ④혈정에서 가장 멀리 떨어진 결혈지)

簷(檐)을 기준하여 그 주변부터 다시 合水가 시작되다가 두 줄기의 水氣가 하나로 합쳐지면서 金魚水(合水)를 만든다. 서편의 세 개는 혈정에서 좀 급경사가 져 내려오다가 다시 완만하게 꺾이기 직전의 위치에 동서로 일정한 거리를 두고 나란하게 결혈되었다(사진 ②③). 나머지 가장 동편의 穴處 한 기는 약 30여미터정도 더 내려가 위치한다(사진 ④). 이 혈처는 완만하게 길게 내려간 지세가 다시 급경사를 형성하기 이전, 너비 4~5미터 내외의 隱隱融融한 느낌의 장타원형의 볼록한 지형을 만들어 그 중앙과 앞쪽의 약간 경사진 지점에 각 陰穴과 陽穴을 융결시킨 것이다.

이 혈처의 합수지점(금어수)은 짧은 급경사면을 이루다가 다시 2미터 내외의 평지형으로 이루고 있다. 이 짧은 평지외측으로는 다시 높이 120cm내외의 급경사를 만들었다가 평지형의 半圓 쟁반형의 벌이 형성되어 혈장을 크게 에워싸는 형태이다.

11. 예산 南延君 墓

남연군묘는 석문봉 정상부에서 中出脈으로 출맥한다. 남, 남동, 東으로 기복 굴곡과 落脈을 거듭하면서 1부 능선까지 이어져 1혈정에 1혈이 맺힌 것이다. 혈정은 묘 뒤쪽의 완만한 경사면이 거의 끝나는 능선상의 평탄한 지세에 형성되어 있다. 주변은 비교적 잘 정리하여 원지형의 모습은 어땠는지 알 수 없다(도면 11, 사진 8).

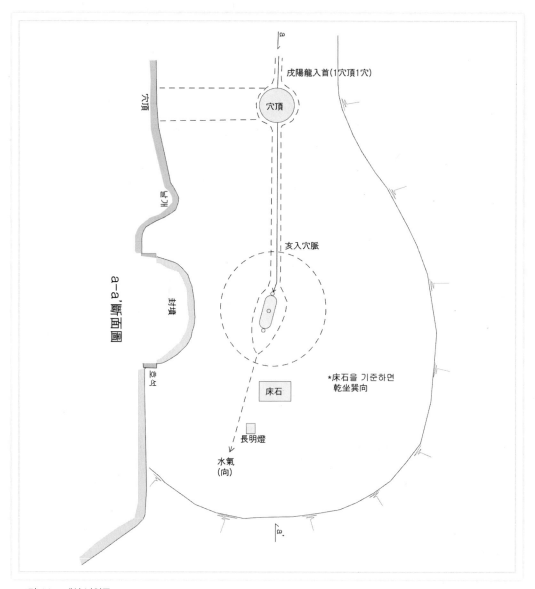

도면 11. 예산 남연군 묘

사진 8. 예산 남연군 묘(①혈정에서 혈처로 이어지는 入穴 微脈, ②묘 앞에서 본 案, ③묘 뒤에서 본 案, ④合水(金魚水)의
연장선상(巳方)에서 본 亥방향)

혈정으로 들어오는 용맥은 戌陽龍入首로 보인다. 혈정에서 출맥한 입수맥은 묘의 뒷
날개 정상부까지 완만한 지세를 타고 오르는 모양으로 흘러오다가 뚝 떨어져 묘안의 혈
장으로 입혈하였다. 입혈은 亥入穴脈으로 관찰되었다. 오래전에 재혈하여 봉분으로 인하
여 정확한 입혈맥은 차지하고, 적어도 봉분의 남측 경사면에 형성된 合水(金魚水)에서 한
줄기로 이어지는 水氣를 따라 연장선을 확인한 바, 현존한 長明燈 바로 서편인 巳方을 향
하였다.[24]

---

24) 여기서는 당시 裁穴(床石을 기준하면 乾坐巽向)했던 것으로 전해지는 정만인 선생의 판단에 따라 주변의
    砂와 納水를 위한 分金坐度 조치가 있었을 것이다. 이른바 주변의 砂와 收水를 위한 나름대로의 分金法을
    사용하였을 것이니, 是是非非는 의미가 없을 것이다. 용맥 자체에는 煞氣를 띠고 있지 않다. 다만 혈장을
    향하여 쏘아오는 寅方의 砂는 극히 좋지 않다.

12. 의령군 ○○○묘1

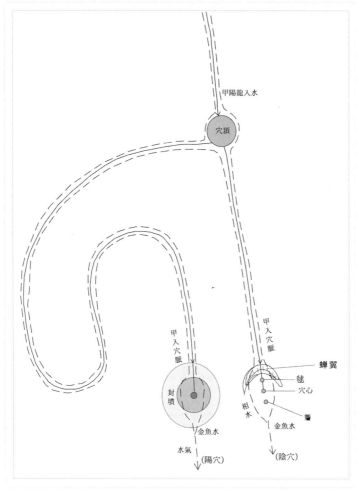

도면 12. 의령군 ○○○묘1

이곳은 지형상으로 앞쪽에는 경사진 계곡이 횡으로 형성되었고, 그 앞쪽에는 주산과 비슷한 높이의 案山이 앞을 답답할 만큼 높게 솟아 있다. 산의 중턱 쯤 되는 좀 심한 경사면에 결혈된 터이다. 혈정은 경사진 면에 외형상 크게 볼록하거나 뚜렷한 특징이 없기 때문에 쉽게 찾기 어렵다. 1穴頂 1穴이 결혈된 터이다. 일반적으로 1혈정 1혈로 된 혈처는 한 줄기의 入穴脈으로 가다가 결혈 직전에 나누어져 서로가 옆으로 또는 대각선방향이나, 앞뒤로, 드물게는 포개어진 채 陰·陽의 두 혈이 결혈되는 경우가 대부분이다(도면 12, 사진 9).

그에 비하여 이 용맥은 혈정에서 陽穴은 우측으로 가다가 앞으로 크게 방향을 전환하다가 다시 오던 방향으로 방향을 바꾸고, 혈정 우측 앞에서 다시 방향을 ㄱ자로 바꾸어 앞으로 나아가 결혈하였다. 陰穴은 혈정에서 경사면을 따라 거의 일직선에 가깝게 入穴脈이 혈처로 들어갔다. 이 혈과 관련된 혈정은 甲陽龍入首에 甲入穴脈으로서, 入首龍과 入穴脈으로 들어오는 微脈의 방향이 동일하다. 따라서 좌향은 甲坐庚向으로 된다.

특히 음혈은 작은 下弦달처럼 작고 도톰한 둑이 뚜렷한 반원형처럼 형성되어 있다. 이

사진 9. 의령군 ○○○묘1(①동남쪽에서 본 묘 전경, ②묘의 좌측에 결혈된 또다른 陰穴(左右 蟬翼砂), ③案山)

는 左右蟬翼砂의 형상을 그대로 보이고 있으며, 蟬翼砂의 가장자리를 포함한 너비는 약 140cm내외이다. 특이한 점은 이 蟬翼砂의 안쪽에는 가시덩굴이 가득 자라고 있었는데, 주변의 식재된 잔디와는 대조적이다.

12. 의령군 ○○○묘2

이 진혈지의 혈정은 묘에서 바로 위쪽으로 불과 3m내외 떨어진 지점에 위치하고 있다.[25](도면 13. 사진 10) 혈정은 一見 볼록하게 형성되어 있는데, 혈정으로 들어오는 용맥은 辰陽龍入首이다. 혈정에서 이어진 入穴脈은 아래 경사면을 따라 혈처에 거의 곧게 入穴되었다.[26]

사진 10. 의령군 ○○○묘2(①동편에서 본 볼록한 穴頂 모습, ②동편에서 본 穴頂과 墓, ③案山(나무숲으로 案은 선명하지 않다))

---

25) 穴頂에는 巳 또는 丙方쪽에서 모 사격에서 들어오는 煞氣脈이 들어와 자리잡고 있지만, 다행히 본 진혈처에는 영향이 없기 때문에 本墓는 진혈처로서의 발응에는 지장이 없을 것이다. 다만 혈정에 잘못 遷葬되는 경우라면, 사격에서 쏘아오는 살기의 영향을 받게 될 것이다.

26) 진혈처의 金井을 중앙에 두고, 뒤쪽 대각선에서 각각 한줄기의 수맥이 흘러 금정 정면 앞의 바로 외곽에서 교차하고, 금정 앞에는 또 다른 수맥이 횡으로 흐르지만 금정 내부는 전혀 통과하지 않기 때문에 진혈지로서의 진가에는 손색이 없다.

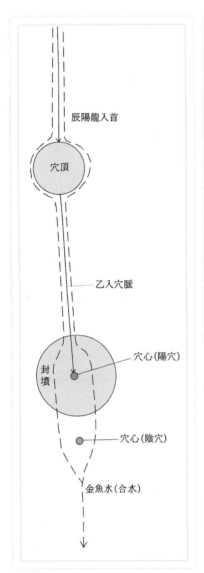

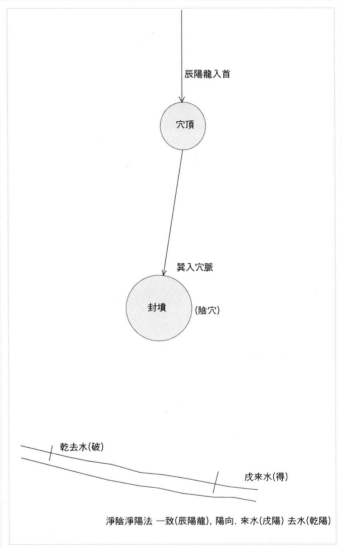

도면 13. 의령군 ○○○묘2   도면 14. 이석형 선생 묘

진혈지로 들어오는 입혈맥은 봉분으로 인하여 정확한 입혈맥 方을 재지 못하였다. 입수와 거의 일직선상에 놓여 있다. 혈처에서 이와 동일한 방향으로 들어오는 것으로 본다면, 辰入穴脈이 되겠지만 乙入穴脈일 가능성도 있나.[27]

---

27) 놓여진 床石으로 보면, 乙坐辛向이기 때문에 정확한 摘記는 보류하기로 한다. 다만 서편에 위치한 진혈지와 마찬가지로 정확하게 陽穴에 천장되었다.

14. 이석형 선생묘

이석형 선생 묘는 혈정에서 入穴脈까지는 微脈이 흐미하지만 관찰된다. 혈정으로 들어오는 용맥은 辰陽龍入首이며, 혈처로 들어오는 용은 巽入穴脈이다. 혈정에서 안산 안쪽으로 흐르는 水는 來水(得)는 戌方(陽), 去水(破)는 乾方(陽) 모두 陽에 해당한다(도면 14, 사진 11).

즉 본 묘는 陽龍에 來水 및 去水 모두 陽이기 때문에 이른바 分金坐度를 淨陰淨陽法에 의거하여 정확하게 앉힐 수 있는, 교과서적인 穴處인 셈이다.[28]

사진 11. 이석형 선생 묘(①이석형 선생묘(혈정은 나무와 잔디경계선에 위치), ②이석형 선생묘 전경(庚酉方土星體), ③朝案山)

15. 의령군 ○○○生家 결혈지(陽宅)

호암산 정상(해발 약290m)에서 발원한 한 줄기의 용맥은 동남과 남측으로 낙맥과 방향전환을 반복하면서 2.4km정도 이어 흘러와서 이곳에 맺힌 것이다. 결혈지 뒤쪽의 남동향한 산자락이 계속되면서 점차 낮아지는데, 용맥은 대부분 능선을 따라 흐르다가 결혈지에 가까이 와서 크게 남측을 향하여 방향을 전환한다.

능선을 따라 흐른 용맥은 남향 쪽으로 크게 방향을 바꾸어 흐르다가 경사면의 중간쯤에 혈정을 만든다. 이 혈정에서는 두 줄기의 용맥으로 나누어 한 줄기는 곧장 아래로 흘러와 평지까지 내려와서 결혈되고, 다른 한 줄기는 동남쪽으로 흐르다가 크게 曲線을 그리면서 결혈지의 동편쪽으로 방향을 바꾸어 입혈되었다. 이 양택 터의 중심은 또 다른 보조맥이 흘러와 혈터의 남쪽방향에서 결혈지로 入穴 되었다.

---

28) 즉 入地眼全書에서 언급한 바 있는, 內外兩分法에 의거하여 戌坐辰向으로 한다. 이는 陽龍이면서 陽向으로 앉히는 것이므로 지극히 合法이다. 풀이하면 內는 入穴脈에 맞추고, 봉분은 辰向으로 좌도분금을 맞출 있는 眞穴이기 때문이다. 물론 이는 古書에서 제시하고 있는 학문적인 측면에서 본 견해이다. 그렇지만, 실제 용맥과 朝案, 좌우의 龍虎, 元武砂, 水등을 완연하게 갖춘 局이 형성된 眞穴이기도 하다.

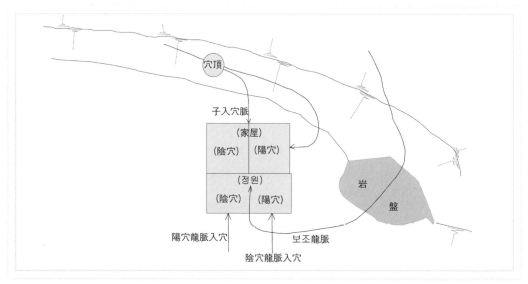

穴頂

子入穴脈

(家屋)
(陰穴)　(陽穴)

(정원)
(陰穴)　(陽穴)

岩盤

陽穴龍脈入穴　　　　보조龍脈

陰穴龍脈入穴

도면 15. 의령군 ○○○生家 결혈지(陽宅)

사진 12. 의령군 ○○○生家 결혈지(陽宅)(①의령군 ○○○生家 전경, ②案山, ③가옥 좌측의 左靑龍 격의 암반, ④去水方의 砂와 捍門)

이 보조용맥은 뒷산의 능선을 가로 질러와 결혈지의 동편에 자리잡고 있는 큰 암반의 중앙으로 관통하고, 다시 크게 방향을 선회하여 마당 가운데를 가로질러 결혈지의 정면에서 거의 90° 정도 방향을 전환한 후 入穴하였다.

또 중심 결혈지인 가옥의 마당 중앙(현 중심가옥과 접한 마당)에는 또 다른 南方에서 용맥이 흘러와 결혈되었다. 이러한 결혈지는 서로 다른 방향에서 흘러온 용맥이 두 곳에 서로 접하여 결혈된 상태이다. 이러한 유사한 사례는 흔치는 않지만 종종 확인되는 것들이다. 주변의 지형은 비교적 에워싸고 있는 砂가 종합적으로 密密하고 균형을 맞춘 좋은 局이 형성되었을 때, 보여 줄 수 있는 현상으로 판단되었다.

IV. 結穴地의 形氣的 검토[29]

1. 穴頂에서 金魚水 간 地勢檢討

혈정은 山地의 경우, 크게 두 가지 지형에 위치하는 경향이 많다. 하나는 지세가 치고 올라가기 직전이나 그 주변에 형성되어 있다. 다른 하나는 지세가 좀 급하거나 완만하게 치고 올라간 정상부의 꼭지점 주변 즉, 정상에서 다시 경사져 내려오는 직전의 부위에 혈정이 형성된 경우가 비교적 우세하다.

그렇지만 위의 두 사례를 벗어난 사례도 적지 않다. 산의 능선상에서 낙맥하여 내려오는 경사면에도 혈정이 위치한 경우이다. 이러한 경우는, 주변의 지세가 起伏이나 굴곡이 적은 넓은 경사면이 낙맥하는 곳에 주로 해당한다. 이 경우 지세의 상태는 좀 급하게 형성되는 경우와 비교적 완만하게 형성된 지세가 起伏없이 길게 내려오면서 결혈지를 만들기도한다. 그 밖에 능선상이나 기슭의 평탄한 지형에서도 확인되는 경우도 있다.

용맥이 흐르는 길은 지세에 따라, 주변의 형세에 따라 그 양상이 너무나 다양하기 때문에 일률적이면서도 일정한 규칙을 적용할 수는 없다. 어떤 곳은 龍脈이 入首하기 이전

---

29) 形氣는 실제 용어에서 보여주듯이, 제반 砂(星體)의 형세와 그 형세에 흐르거나 맺기도 하는 氣를 동시에 의미하는 것으로 解義하고자 한다. 일반적으로 이 분야에서는 形氣라 하면, 砂의 형세 즉 地勢(物形)를 포괄적으로 지칭하거나 치중하는 듯한 의미로 인식되는 경향이 강하기 때문에 이 모두를 아우른다는 의미이다.

까지 微脈이 線처럼 돌출되어 용이 오는 곳을 안목으로 관찰할 수도 있다.[30] 어떤 곳은 입수까지는 관찰되지 않았던 미맥이 혈정의 주변부터 蟬翼砂 부분까지 나타나는 곳도 있다. 이러한 용맥이 흐르는 脈이 드러나고 드러나지 않는 현상은 지형에 따라 천차만별이므로 그때그때 형상을 종합적으로 육안 관찰이나 五感을 최대한 동원하여야 하지만, 최종적으로 확실한 穴證을 확인할 수 있는 실질적인 역량을 가지고 있지 않으면, 아무런 의미가 없다. 穴心은 수십cm 거리에서도 완전히 벗어날 수 있기 때문이다.

혈정과 혈처의 형태는 외형적으로 형세가 구별할 수 있을 만큼 그 명칭에 비슷한 모양을 갖추어 남아있는 경우도 있지만, 구체적인 학습과 氣運을 동시에 확인할 수 있는 역량을 갖추지 않으면, 修飾的인 표현에 지나지 않는다.

혈정의 형상은 도톰하면서 쉽게 찾을 수 있을 정도로 외형적인 모습을 갖춘 경우가 종종 확인된다. 이러한 외형적인 모습이 눈에 노출될 정도의 혈정과 관련된 혈처는 반대로 별다른 뚜렷한 혈증을 찾기 어려운 경우가 일반적이다. 이와 반대로 隱隱融融하면서 도톰한 地勢를 갖춘 穴處(결혈지:혈심이 자리한 곳)와 연계된 혈정은 주변의 지세와 비교하여 의외로 뚜렷한 형기적인 모습을 갖추지 못하고 밋밋한 경우가 일반적이다.

위에서 현장에서 검증된 혈처는 크게 두 가지 형태가 있음을 알 수 있다. 하나는 혈정이 도톰하면 혈처가 미미하면서도 낮게 형성되고, 반대로 혈정이 미미하면서 낮게 형성되면, 穴處가 도톰한 형상을 보인다는 것이다.[31] 이러한 지형의 형세를 葬口의 上下에 각각 毬와 簷의 존재를 지적하고, 그 형상이 마치 엎어놓은 듯하거나, 우러러보는 듯한 형상이야말로 生氣가 融結하는 眞穴이라 설명하였다.

혈처가 隱隱融融하여 은근히 기운이 모인 곳은 지세가 도톰한 모습을 보이지만, 혈심 중심부는 오히려 50~60cm(깊이는 일정하지는 않으나 보통5~15cm내외) 정도 움푹 패인모습을 보여 준다.[32]

蟬翼砂의 형상은 어느 혈처나 잘 남아 있지는 않다. 주변이 크게 훼손되지 않는 경우, 일정하지는 않지만 대부분 穴心에서 최소한 수십cm이상의 거리를 유지하고, 멀게는 수

---

30) 入地眼全書 四眞三法란을 의거하면, 眞龍이라 함은, 穴頂에 하나의 線같은 脈이 마치 실(絲)처럼, 띠(帶)처럼 형성되어 숨어있는 듯, 나타나는 듯 하면서 떨어지는 빗물줄기 처럼 穴內로 들어가는데, 이것이 眞龍이라고 하였다.

31) 도톰한 형상을 보이는 星體(地勢)에 결혈된 혈처는 형기상 흔히 乳穴로 비정할 수 있다.

32) 이러한 세밀한 혈처의 지형을 入地眼全書에서는 움푹 들어간 것을 陽으로 보고, 볼록 솟은 듯한 지형을 陰으로 설명하고 있다.

m내외의 범위 안에 선익사의 중심부가 위치한다. 그렇지만 어느 경우나, 선익사의 위치는 金井의 외측과 접하여 있는 毬의 위쪽에 자리한다는 점은 공통점이다.

용맥이 입수되는 혈정의 좌우에 호위하는 水氣는, 혈정의 가장자리 외측을 따라 分水 형상을 보인다.[33] 혈처의 分水는 毬가 위치하는 직전부터 分水가 시작된다. 혈심의 좌우에서 분수는 최고의 폭을 이루고, 簷의 직전부터 점차 合水가 시작되어 毬의 정면 앞쪽에서 合水가 되는데, 이 합수지점을 흔히 金魚水라 지칭한다.

金井을 에워싸는 水氣는 상대적으로 대칭하여 존재하는 물기이기 때문에 相水라는 용어를 사용하지만, 혈처 좌우 쪽 水氣의 또 다른 명칭일 뿐이다. 相水가 시작되는 부분은 地形이 마치 작은 도랑(溝)처럼 오목하게 패인 흔적인 긴 타원형처럼 형성되기도 한다. 이 오목하게 패인 흔적은 相水의 영향일 가능성과 실제 빗물이 많이 오면 항상 흐르는 물길이 형성된 곳은 물길로 인하여 상수에 해당하는 일부분이 도랑처럼 오목 하게 패인 흔적을 그대로 남기기도 한다.

이 相水가 시작되는 좌우측의 외면 쪽은, 패인 상수에 비례하여 상대적으로 미미하지만 낮은 언덕처럼 형성된 곳이 관찰되기도 한다. 相水가 이렇듯 미미한 형태의 도랑과 언덕처럼 형성된 부분을 통틀어 흔히 蟹眼水(해안사)라하고, 아래쪽 상수의 외측면 역시 상수를 따라 미미한 도랑과 유사하다. 相水는 水氣로 인하여 미미하지만 오목하게 패여 兩 岸을 형성, 도랑과 언덕을 이룬다. 이 부분을 蝦鬚水(하수사)라 통칭하기도 한다.[34] 穴心을 중심으로 좌우의 相水 외측은 역시 도톰한 모습이어서 아주 작은 언덕처럼 보이기도 하는데, 이 양쪽을 모두 牛角砂라 지칭한다. 우각사는 양측의 상수 외측에 위치하면서 혈심의 뭉친 기운을 洩氣되지 않도록 막아주는 일종의 保護砂의 기능을 수행한다고 볼 수 있다.[35]

실제 혈처 주변을 자세하게 관찰하면, 첨의 위치는 金魚水의 안쪽에 위치한다. 보통 簷은 혈심에 비하여 약간 낮으면서도 미미한 앞쪽 경사면의 거의 끝자락에 자리 잡고 있다. 일반적으로 첨을 기준으로 금어수 방향쪽으로는 급격한 경사면이 이어진다. 그렇지

---

33) 혈정 후방에서 분수가 시작하여 혈정의 중심부인 가장 넓은 폭을 기준하여 가장 너른 分水를 이룬다. 이 최대 폭을 기준하여 분수는 점차 좁아지지만 여기서는 완전한 合水는 되지 않는다. 혈정에서 분수와 합수는 단순한 水氣의 벌어지고 모아지는 형상을 표현한 것에 불과하다.

34) 入地眼全書 四眞三法 란 참조, 여기서는 하수와 해안, 금어의 중요성을 정리하면서 이 3水라 정의하고 이를진정한 眞水라고 하고 있다. 相水의 외측 언덕의 위쪽을 하수수, 아래쪽을 해안수로 바꾸어 부르기도 한다.

35) 入地眼全書의 四眞三法 란에 설명되어 있다. 여기서 蟬翼과 牛角은 진정한 眞砂임을 설명하고 있다.

만 이 급한 경사면의 실제 높이 차이는 수십 cm이내의 범위에 있다. 이 경사면이 거의 끝나고 완경사면에 접어든 지점에 이르러 合水인 金魚水가 자리잡고 있다. 물론 평지혈은 또 다른 양상을 보인다.

2. 혈정에서 결혈지 간 微脈에 관한 검토

용맥발원지에서부터 흘러온 용맥은 주변의 砂가 密密하여 局을 형성한 범위 내에 들어와 혈처를 융결할 수 있는 곳에 이르면 먼저 혈정을 만든다. 혈정을 만들기 전, 한 용맥에서 한 줄기의 미맥이 연결, 직렬처럼 이어지면서 혈정과 결혈지를 만드는 것이 있다. 또 한 혈정에서 여러 개의 결혈지를 병렬처럼 횡으로 결혈하는 것도 확인된다.

한편 용맥은 혈정을 만들기 전에 두 갈래의 용맥으로 갈라지기도 한다. 이 경우 갈라진 한 줄기의 용맥에서 각 한 개의 혈정을 만든다. 또한 한 혈정에서 한 개의 혈처를 만들기도 하고, 한 혈정에서 여러 개의 혈처를 병렬로 맺기도 한다.

혈정으로 들어오는 龍脈의 入首는 편의적으로 나누면 크게 세 방향으로 微脈이 형성되어 들어온다. 내용을 보면,

①元武山(元武砂) 방향에서 혈정으로 곧바로 들어오는 경우
②혈정의 좌측으로부터 횡으로 입수하는 경우
③혈정의 우측으로부터 횡으로 들어오는 경우 등이 있다.

혈정으로 들어온 용맥의 기운은 다시 微脈을 통하여 入穴하게 된다. 한 개의 혈정은 한 개의 결혈지(혈처)부터 두 개의 결혈지를 만든 것, 세 개의 결혈지를 만든 것, 네 개의 결혈지를 만든 것 등이 확인된다.

혈정에서 입혈하는 微脈의 방향 역시 크게 세 종류로 들어온다.[36]

첫째, 혈정에서 혈처로 직선으로 곧게 들어오는 것
둘째, 혈정에서 우측으로 방향을 크게 틀거나 두 세 번의 방향을 바꾸면서 入穴하는 것
셋째, 혈정에서 좌측으로 방향을 반원처럼 그리면서 입혈하는 것 등이다.

---

36) 入地眼全書에서는 入穴脈의 入穴 방향에 따른 房分法이 있지만, 이글에서는 理氣的인 내용은 서술하지 않는 것을 원칙으로 하였다.

위의 세 유형 중, 공통적으로 특이한 혈처 중에는 微脈이 혈처의 毬와 접하기 직전에 크게 방향을 틀어 전혀 예상하지 못한 방향으로 전환하여 入穴할 수 있음에 유의해야 한다. 미맥이 방향 전환하는 각도는 적게는 10~30도 내외이지만, 크게는 40~60도 내외로 크게 틀어 결혈되는 사례도 확인된다. 따라서 입혈하는 미맥이나, 구와 첨, 합수되는 이른바 금어수 등 穴證의 검증할 수 있는 몇몇 내용을 모두 파악하지 않으면 안 된다.

위의 미맥이 입혈하는 방향에 따라 세 방향으로 크게 구분한 것은 현장 조사과정에서 두드러진 현상만을 정리 서술한 것에 불과하다. 혈정에서 葬口 쪽에 입혈하기 까지 큰 틀에서 직선으로 들어오는 경우도, 세밀하게 관찰하면 작고 심한 굴곡선을 형성하면서 들어오는 경우도 있다. 또 다른 예는 혈정에서 입혈하는 과정에서 90도로 방향으로 여러 번 전환하면서 혈처로 들어오는 사례도 확인할 수 있다. 이렇듯 入穴脈의 방향은 혈처에 따라 천태만상의 변화와 서로 다른 양상을 지니고 있음을 볼 수 있다.

앞에서 부분적으로 언급한 바와 같이 여러 현장의 혈처를 검증한 사례 결과에 의하면, 혈정으로 들어오는 방향과 혈처로 들어오는 미맥의 입혈 방향이 다양함을 알 수 있다. 이를 서로 다른 양상 별로 내용을 정리하면 다음과 같다. 위에서는 혈정에서 혈처로 들어오는 미맥의 방향을 중심으로 정리하였다면, 여기에서는 이를 좀 더 축약하여 혈정에서 들어오는 미맥이 毬와 접하기 직전에 전혀 예상하지 못한 방향으로 전환한 것을 사례별로 나누어본 것이다.

첫째, 혈정으로 들어오는 용맥의 입수 방향과 혈처로 들어오는 微脈의 방향이 일치하는 것
둘째, 혈정으로 들어오는 입수방향과, 혈처로 들어오는 미맥의 방향이 1坐(15度)범위 내인 것[37]
셋째, 혈정으로 들어오는 입수방향과 혈처로 들어오는 미맥의 방향이 30度를 넘는 것 등이 있다.

이 짧은 구간에서의 미맥의 방향전환을 깨우치지 못하면, 설사 정확한 穴心을 點穴하더라도 相水를 범하고 구와 첨을 파괴하거나, 向을 혈처가 맺힌 방향과 맞추지 못하고 전혀 엉뚱한 방향으로 扦葬하는 오류를 범하게 된다.[38]

---

37) 佩鐵은 地盤을 24坐로 나누고, 각 1좌의 각도는 15度씩 합계는 원인 360도 이다.
38) 入地眼全書의 四眞三法 란에서는 點穴의 실수나 방향의 오류, 蟬翼의 훼손으로 인하여 오는 폐단을, 邪의 침범, 洩氣허용, 冷氣침입으로 구체적으로 설명하고 있다. 지극히 당연하다. 紫氣(입지안전서에서는 기운의 종류를 따로 정리한 내용은 없지만, 포괄적으로 기운을 紫氣로 적기한 것이다. 이 古書는 紫氣에 대한 내용이 두 곳 이상 확인된다. 또한 자기는 溫氣임을 명백하게 하고 있다)는 곧 溫氣인 紫氣(여기서는 포괄적인 의미의 穴處의 地氣를 지칭함)는 相水가 훼손되면 洩氣되고 보호사가 훼손되기 때문에 냉기가

위와 같이 미맥이 혈정으로 들어오면서 크게 방향을 전환하는 것을 현장에서 인지할 수 없으면, 기운의 색깔을 보고, 오감으로 감지할 수 있더라도 실제 朝案과는 엉뚱한 방향으로 坐向을 잡게 된다.[39] 따라서 기운을 눈으로 볼 수 있다는 것만을 최고의 경지라 할 수 없으며, 기타 오감이나 도구로서 혈심을 정확하게 찾는다 하더라도 좌우의 沙格과 穴과 직접 관련된 朝案을 읽을 수 없다면 역시 그 限界에 부딪히고 있음을 스스로 자각해야 한다.

IV. 맺음말

葬經(葬書: 錦囊經)의 첫머리에 "葬者乘生氣也 五氣行乎地中"는 이 글에서 다루고자 했던 핵심이다. 이 분야만큼 연구가(전문가 또는 관심있는 자)마다 나름대로 주관을 가지며, 실제적인 개념에서도 본인들의 역량의 차이에 따라, 다른 차원에서 보고 해석하고 나름대로의 기능을 달리하는 학문이 또 있을까를 생각해본다.

이 학문 분야는 수천 년 간을 이어오면서 실제 그 진위가 명백할 만큼 터무니없다면 이렇듯 많은 논쟁과 그 많은 저작이 출현하기 어려웠을 것이다. 또 어느 정도 접하면서 그 진위를 얻거나 얻지 못하던 것과는 관계없이, 나름대로 확신을 가지게 되면, 손을 떼지 못하고 더 깊숙이 얽매일 수밖에 없는 분야이기도 하다. 또한 가장 자기중심적인 주장을 가질 수 있는 분야가 아닐까 한다.[40]

침범하게 된다. 蟬翼砂는 후방에서 邪로부터 엄폐하는 기능을 명시했기 때문에 이 선익의 훼손은 엄폐물이 제거됨을 의미하므로 곧 邪의 침범으로 이어진다.

39) 穴心을 맞춘다 하더라도 水氣를 범하여 洩氣하여 冷氣가 들어오고, 金井을 깰 수밖에 없는 한계에 있음을 알아야 한다. 또한 穴과 상관관계에 있는 제반 沙格과 진정한 收水를 위한 坐度分金에도 한계가 있을 수 있다.

40) 아마도 이 분야는 葬者乘生氣也라는 몇 글자가 진정으로 의미하는 眞生氣의 핵심을 얻지 못하면) 굳이 眞生氣라는 조어는 生氣의 眞髓라는 의미를 강조하는 의미에서 표현한 것임., 직 간접적으로 관련된 모든 책을 외워서 알고, 현장을 많이 답사한다고 해도 소용없게 된다. 결국 마음으로는 형이상학적인 무언가를 추구하지만, 형용사나 화려한 문구의 표현과 다름이 아니다) 眞氣를 보거나 확인할 수 있으면, 스스로 확신할 수 있는 단계가 온다. 또 그 내면적으로 알던 모르던 그 궁금증은 무의식적으로 남게 되어 졸업을 할 수 없게 된다. 地學의 眞髓는 알게 모르게 계통을 이어왔을 가능성, 중간에 끊어진 듯하다가 혹 수십년 만에 어떤 이가 다시 나타나 관련 학문의 道를 얻게 됨으로서, 끊어진 진수가 다시 이어졌을 가능성 등까지도 헤아려보기도 하지만, 이 분야의 진수는 학문의 깊이나, 德의 높고 낮거나, 또 眞髓를 얻은 스승 밑에 入門했다 하더라도 그 공부의 年數에 비례하지 않는다는 것이 필자의 견해이기 때문이다.

혈이 들어와 흔히 말하는 生氣[41]가 융결되었다 하더라도 주인 격인 龍의 質과 그 주변의 砂와 水등의 현상에 따라 역량은 천차만별일 것이다. 따라서 위의 생기가 반드시 들어오지 않았다하더라도 역시 주변의 砂와 水 등의 여하한 지세인가에 따라 역시 그 역량은 달라질 수밖에 없다는 것이 필자의 판단이다. 이러한 내용을 부연하면 적지 않은 내용으로 또 분류하여 연구 분석할 수 있는 사안들이 수없이 많을 것이다.

그럼에도 여기서는 生氣가 입혈하여 眞穴을 맺는 이른바 순수한 穴處에 대한 것만 간단하게 몇 사례를 예로 들어 관찰한 결과를 정리한 것에 불과하다.

위에서 설명한 결혈지의 사례에서 확인된, 이른바 혈처에 들어온 혈처의 기운을 보통 통칭적으로 生氣(또는 地氣[42])라고 하고, 감지할 수 있는 生氣를 종류별로 다시 정리해보겠다.

① 秘氣(옅은 靑色)
② 紫氣(붉은색:紫色)
③ 脈氣(옅은 黃色:옅은 褐色系)
④ 天氣(白色)
⑤ 生氣(綠色)
⑥ 地氣(灰色)
⑦ ○氣(黑色)[43]
⑧ ○氣(밤색)[44]

위에서 정리한 여덟 종의 기운은 모두 긍정적인 좋은 生氣에 속하는 것들이다. 이들은 각각 至近 범위에 몇 개가 함께 결혈되기도 하지만, 한 종 또는 두 종씩 함께 융결되기도 한다. 위의 ⑦과 ⑧은 새롭게 확인한 것이나, 아직 구체적으로 명칭을 부여하지 못하여 공란으로 남겨 놓았다. 葬經에서는 生氣로서 기운을 포괄적으로 지칭하고 있지만, 五氣가 地中으로 行度함을 명시한 점은, 著者인 곽박은 사실상 적어도 다섯 가지 기운을 知覺하고 있었을 가능성이 높다.

결혈지에 관련한 도면과 사진에서는 어떤 경우는 확인할 수 있는 혈지를 부분적으로

---

41) 여기서는 여러 종류의 좋은 기운을 통칭하는 일반명사로서의 生氣를 일컬음.
42) 生氣 및 地氣는 이로운 여러 종류의 기운을 통칭적으로 일컫는 것임.
43) 기운의 존재는 확인하였고 색깔은 잠정적으로 흑색계로 적기하고자 한다.
44) 역시 기운의 존재만 확인하고, 색깔은 밤색으로 잠정 적기한다. 다음에 정리할 기회가 되면, 좀 더 명확하게 명칭을 부여하고자 한다.

만 표시하거나, 확인한 내용의 그림을 그대로 모두 보여 준 것, 일부만 보여준 것, 가능한 명칭은 부분적으로 넣기도 하였다. 명칭의 부분적인 적기는 혈처 주변에서 관찰할 수 있는 形氣的인 흔적과 실제 감지결과에 따른 것이다.

또 도면상에서 어떤 내용은 부분적으로 제외하기도 하여 통일된 모습을 보여주지는 않았다. 따라서 좀 더 많은 내용이 있지만, 사실상 적지 않게 제한적인 내용만을 정리하거나 서술하기도 하였다. 즉 위의 8종의 기운은 부분적으로 도면상에서 각 기운 간에 서로간의 위치, 방법, 종류가 어떻게 결혈 되었는가에 대해서는 사실 자세한 설명을 생략하였다. 그 이유는 기운을 理論的으로 설명하기 어렵고, 기운이 들어오는 형태나 지세의 모양을 형기적으로 설명한다고 하여도 필자만의 표현에 그칠 가능성이 보다 높을 것이기 때문이다.

다만 여기서는 실제적인 현상 몇 사례를 제한적이나마 제시함으로서, 추상적이고 상학적 이론 추구(理氣的)만으로는 실체에 접근하기는 거의 불가능할 수 있다는 점을 지적하고자 하였다.[45] 지기의 결혈 여부를 떠나 해로움을 줄 수 있는 여러 현상도 충분한 연구와 현장검증을 통한 得失을 충분하게 인지할 필요성도 제기된다.[46] 여기서는 穴處 및 非穴處를 막론하고 裁穴후, 발응이 오히려 좋지 않거나 없는 경우의 직접적인 원인이 되는 내용은 모두 본 논고작성 취지와 달라 본고에서는 서술하지 않는 대신 註에서 간단하게 핵심만 정리하였다.[47]

地學은 학문의 역사와 깊이, 생활과의 밀접한 관계 등에서 뗄 수 없는 것이지만, 너무

---

45) 地學의 眞髓를 파악하기란 관심사 만큼 연구와 노력에 비례하기가 쉽지 않다. 그렇다보니 너무나 理氣的인 내용 공부에만 매달리는 경향이 강하다.

46) ①해로움을 직접 주는 煞氣(첫째, 용맥발원지부터 용맥과 함께 와서 결혈지에 동시에 머무름. 둘째, 穴地나 非穴地 모두 해당; 주변의 砂로부터 發現한 煞氣는 地中을 타고와 혈처나 비혈처를 직충한 것. 또 혈처쪽으로 향하는 砂를 통해 흘러와 직충하지만, 혈처(결혈되는 않는 墓도 해당) 방향으로 쏘아오는 지형(지각같은)이 없는 것으로서, 好砂로 찬사 받는 봉우리로부터 오히려 煞氣가 미치는 것도 있음), 水脈의 有無나 그 해로움에 대한 진실여부를 알지 못하거나 無視 또는 인정하지 않는 현실;통상 분명한 혈처에 扦葬했음에도 불구하고 發應이되지 않거나, 오히려 惡事가 발생하면 대부분 이러한 경우에 해당함. 다시 정리하면, 혈처의 살기는 두 종류가 확인된다. 하나는 용맥에 살기가 함께 오는 경우이다. 용맥의 煞氣는 그 발원처부터 함께한다. 또 다른 煞氣는 주변의 砂로부터 穴處를 향하여 직충하는 것이 있다. 이 중 용맥의 발원처부터 地氣(生氣)와 함께 오는 煞氣는, 용맥이 落脈과 수많은 지형적인 변화와 여러 星體의 산(능선)의 기복과 변화 굴곡 등을 거친 다해도, 이른바 어떠한 지세의 변화를 거쳐 와도 脫煞되기 어렵다.
②水氣(五炎중 水炎과 質的으로 동일하지만, 여기서 水氣는 특정한 지점에서는 넓게 분포된 곳이 있는데 이를 지칭함)
③地風
④五炎의 존재여부를 알지 못하거나 無視되는 현실 때문에 본래의 眞僞가 가려진 데에서 가장 큰 원인이 되고 있다.

47) 이러한 견해는 연구자마다 다를 수 있을 것임.

나 어렵게만 느껴져 온 학문분야이다. 이는 그 眞髓를 배울 수 있는 기회보다는 학문적으로만 접근하는 방식이거나, 理氣的인 방식으로 접근해온 탓도 적지 않다.[48]

　地學에 관련하여 최고의 古典은 곽박의 葬經이라고 할 수 있다. 짧은 내용이지만, 그 精髓를 몇 글자만으로도 모든 것을 포함한 것이다. 내용 중, 이른바 葬者乘生氣也는 이 분야 수천 년 이상의 역사에서 실제 원리를 그대로 나타내는 모든 것을 포함한다. 이러한 점에서 이 핵심의 몇 자를 제목으로 정리하게 된 직접적인 계기가 되었다. 葬經 이후, 현장 眞穴에 대하여 가장 정밀하고 충실하게 정리했다고 믿어지는 入地眼全書는, 그 眞髓를 龍穴砂水向 다섯 글자를 통하여 내용을 모두 담아 놓은 것이라 할 수 있다.[49]

　즉 葬經은 葬者乘生氣也라는 프레임을 제시했다면, 入地眼全書에서는 形氣라는 地形과 존재의 實體를 검증하고 현장에서 理氣를 더한 實證 작업을 施行·記述한 것이다. 尋龍과 尋穴(點穴)작업은 즉 龍穴砂水向으로서 眞龍과 眞水, 眞穴을 찾거나 혈증으로 확인하였다. 그 작업의 확실한 결과는 向을 놓는 방법으로 구체화되었다. 즉 向은 실행의 마지막 단계로서, 구체적인 방법과 과정은 穴處로 들어오는 入穴脈으로 확인하고, 納氣라는 實體와 納水라는 理氣적인 방법을 통하여 보다 구체화함으로서 모든 이들에게 도움을 줄 수 있는 방법을 제시한 것이라고 본다.

　달리 말하면, 葬經은 실제 원리에 대하여 프레임만 제시했다면, 入地眼全書는 그 실체를 찾고 활용할 수 있는 방법론까지 제시한 것이다. 本考는 葬經에서 제시한 生氣, 入地眼全書의 尋龍, 尋穴을 既定化하고, 그 연장선에서 穴處 주변의 砂,水,向은 서로 간 뗄 수 없는 一體化임을 기술한 것에 지나지 않는다.

　學人은 해당 龍脈과 穴의 氣力에 일치 대응하는 主山, 左右靑白虎, 朝案山이 존재함을 아는가? 이를 확실하게 알고 있다면, 이제 神은 學人으로 하여금 地學에 관한 入室을 허락할 수 있을 것이다.

---

48) 本考에서 사용한 地學과 관련된 용어의 대부분은 入地眼全書에 의거, 차용한 것임을 밝힌다. 入地眼全書는 古書이지만, 地學에 관련된 그 이전의 다른 古書나 저술 당시 사용하던 용어를 주로 사용했을 것이다.
49) 入地眼全書에서는 內外兩分法에서 용의 종류, 입혈맥이 혈처에 들어오는 방향, 砂의 得失, 水의 來·去水의 방향에 따른 합당한 坐向을 위한 分金坐度와 納水를 위한 설명을 제시하였다.

朝陽 龍城 출토 瓦當 제작시기 小考

유창종 유금와당박물관

Ⅰ. 머리말

三燕의 수도였던 朝陽 龍城과 北票 金嶺寺 출토의 연화문와당이 고구려 연화문와당의 원류라는 의견이 최근 들어 세를 더해 가고 있다. 본고에서는 조양 용성과 북표 금령사에서 출토되는 와당의 문양을 분석한 다음 이들 와당의 제작 및 사용시기를 파악하여 삼연의 와당이 고구려 연화문와당에 영향을 미쳤을 가능성이 있는지 검토해본다.

2014년 5월 9일, 遼寧省文物考古硏究所를 방문하여 그곳에 소장되어 있는 조양 용성과 북표 금령사 출토의 와당을 실견하고 발굴을 주도하였던 전문가들로부터 직접 설명을 듣고 토론을 하면서 이 와당들을 더 깊이 이해할 수 있게 되었다.

II. 조양 용성 와당의 출토 현황과 분류

1. 출토 개황

1) 朝陽 龍城 출토 와당

용성에서는 "萬歲富貴" 문자와당과 연화문와당이 출토되었다. 연화문와당은 3선 또는 2선의 區劃線으로 와당 표면을 4개 또는 6개로 나눈 다음 각 구획면에 연화문을 배치한 연화문와당 이외에, 와당면에 그물문양과 유사한 幾何紋을 배경으로 6엽의 돌출된 杏仁形 연화문이 양각되어 있는 연화문와당이 있다. 또 와당 표면에 구획선이나 기하문과 같은 장식문양 없이 연화문만 배치된 와당도 출토되었다.[01]

2) 北票 金嶺寺 출토 와당

대부분 기하문양을 배경으로 6엽의 행인형 연화문이 양각되어 있는 와당이다. 조양 용성 출토의 것과 거의 동일한 문양이고, 제작 방법도 동일해 보인다. 기하문양이 있는 연화문와당은 많이 출토되었으나, 구획선 있는 연화문와당은 조양 용성의 것과 거의 유사하며 단 1점만 출토되었다.[02]

위의 조양 용성과 북표 금령사에서 출토된 와당은 종류와 수량에서 차이가 확인될 뿐 문양과 제작방법 특히 와당과 통와의 접합방법이 거의 동일한 것으로 보아, 두 지역에서 출토된 와당들은 동일하거나 비슷한 시기에 제작된 것으로 추정된다.

2. 와당의 양식 분류

관련 학자들이 논문에서 설명한 내용과 필자가 실견한 내용을 종합하여, 조양 용성과 북표 금령사에서 출토된 와당을 다음과 같이 몇 가지 양식으로 분류해본다.

---

01) 李新全, 1996, 「三燕瓦当考」, 『辽海文物学刊』, 辽海文物学刊編輯部, 12~14쪽; 万雄飛 · 白宝玉, 2006, 「朝陽老城北大街出土的3~6世紀蓮花瓦当初探」, 『东北亚考古学论丛』, 科学出版社, 61, 62쪽.

02) 辛岩 · 付兴胜 · 穆启文, 2010, 「辽宁北票金岭寺魏晋建筑遺址發掘報告」, 『辽宁考古文集』, 科学出版社, 213~215쪽.

1) 문자와당

(1) "萬歲富貴" 와당

회흑색의 와당면을 井자형으로 구획하고 上下右左의 순서로 "萬歲富貴" 네 글자를 배치하였다(그림 1-①). 반구형 중방은 높이 돌출되어 있고, 무문이다.[03] 높은 주연부를 가졌으며, 주연부 바깥쪽 가장자리에 나란히 배열된 指頭痕이 선명하게 남아 있다. 와당과 통와의 부착방법이 특이하다. 와당을 먼저 제작한 다음 이를 감싸며 통와를 부착하고, 와당의 탈락을 방지하기 위해 와당의 뒷면 가장자리 통와와의 접합부위에 점토를 더 부착하였기 때문에 와당이 통와의 상단에 묻혀 있는 형상이다(그림 4 참조).

(2) 해독 불명 문자와당

해독이 불가능한 문자의 일부만 남아 있는 회흑색의 것이 조양 용정에서 1점 출토되었다(그림 1-②).

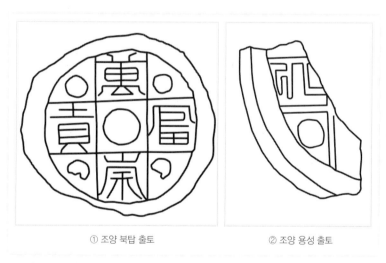

① 조양 북탑 출토   ② 조양 용성 출토

그림 1. 문자와당

---

03) 李新全, 1996, 앞의 글, 도 2-1, 2, 4 참고.

2) 연화문와당

(1) Ⅰ형 : 구획선 연화문와당

① 4엽 연화문와당

회흑색의 와당 표면은 구획선에 의해서 4개로 나뉘어 있고, 각 구획면에는 양끝이 뾰족한 尖仁形 연화문이 배치된 단판 연화문와당이다. 구획선이 3선인 것(그림 2-①)이 여러 점 출토되었고, 구획선이 2선인 것은 매우 드물다(그림 2-②). 구획선이 3선인 와당은 직경이 19cm 정도이다. 무문의 半球形中房을 갖고 있으며, 어느 것은 중방 위에 채색의 흔적도 보인다. 폭 2.2cm의 주연부는 높이 2.0cm로 매우 높다.[04] 주연부 바깥쪽 가장자리에 지두흔이 있는 것과 없는 것이 있다. 와당과 통와의 접합방법은 문자와당이나 기하문 연화문와당의 것과 유사하다.

② 6엽 연화문와당

구획선 있는 연화문와당은 대부분 4개의 구획면에 배치된 4엽의 尖仁形 연화문와당이지만, 와당면을 6개의 면으로 구획한 6엽 연화문와당도 있다. 구획선은 3선이다(그림 2-③).

① 조양 출토, 요령성문물고고연구소 소장	② 조양 노성북대가 출토, 요령성문물고고연구소 소장[05]	③ 조양 출토

그림 2. 구획선 연화문와당

---

04) 万雄飛・白宝玉, 2006, 앞의 책, 61쪽.
05) 万雄飛・白宝玉, 2006, 앞의 책, 圖版18.

(2) II형 : 기하문 연화문와당

회흑색 6엽의 첨仁形
연화문 와당으로 연화문
사이에 그물문과 유사한
기하문양이 선각되어 있
다. 조양 용성에서는 출
토 수량이 많지 않으나
북표 금령사에서는 대량
으로 출토되었다. 반구형
의 중방은 높이 돌출되어
있고, 반구형 중방은 무
문인 경우(그림 3-①)와 중
방의 꼭지 점에서 아래
로 능선이 6줄 또는 8줄
내려 그어져 연판 사이의
기하문양과 연결되어진
형상의 것(그림 3-②)도 있
다. 무문의 중방을 가진

① 북표 금령사 출토, 요령성문물고고연구소 소장[06]　② 북표 금령사 출토, 요령성문물연구소 소장[07]

그림 3. 기하문 연화문와당

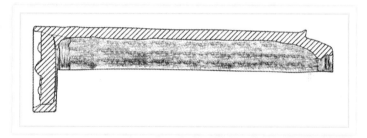

그림 4. '그림3-1'의 단면도

연화문와당은 연판이 좀 더 길쭉하게 생겼고, 기하문양은 좀 더 간결하다. 능선문양으로
장식된 중방의 것은 연판이 비교적 짧고 기하문양은 좀 더 복잡한 형상이다. 모두 1.8cm
전후의 높은 주연부를 가졌으며, 직경은 다소 차이가 있으나[08] 16cm이상으로 비교적 큰
와당이다. 주연부 바깥쪽 가장자리에 지두흔이 선명하게 남아 있다. 와당과 통와의 접합
방법은 문자와당의 것과 기본적으로 동일하다. 먼저 제작된 와당의 가장자리 앞과 뒤 부
분을 통와에 약간 함몰되게 부착하였고, 특히 뒷면은 점토를 부가하여 탈락을 방지한 흔
적이 역력하다(그림 4).

06)　辽宁省文物考古研究所, 2010, 『辽宁考古文集』, 科学出版社, 彩版2-3.
07)　辽宁省文物考古研究所, 2010, 앞의 책, 彩版3-1.
08)　万雄飞・白宝玉, 2006, 앞의 글, 圖版18-3, 4; 辛岩・付兴胜・穆启文, 2010, 앞의 글, 214쪽 圖18 참고.

(3) Ⅲ형 : 구획선 없는 연화문와당

중방이 무문 半球形인 것과 蓮果形을 가진 것으로 구별된다.

① 반구형 중방의 연화문와당

① 조양 용성 출토, 요령성문물연구소 소장09)　　② 조양 출토

그림 5. 구획선 없는 연화문와당(반구형중방)

모두 2점이 조양 용성에서 출토되었다. 1점은 한쪽 끝이 뾰족한 8엽의 연판이 도톰하게 양각되어 있고, 그 사이에 8개의 간엽이 약간 낮게 양각으로 표현되어 있다. 주연부는 탈락되었으며, 잔존 직경은 11.5cm이다. 주연부는 와당면과 홈 또는 외곽선으로 구획되어 있다(그림 5-①). 다른 1점은 4엽의 행인형 연화문으로, 연판의 중간에 가로의 능선이 1줄 양각으로 표현되어 있다(그림 5-②).

② 연과형 중방의 연화문와당

대부분 8엽의 연화문와당이며, 연자가 연과 위에 양각되어 있는 것과 연자가 연과 주변을 둘러싸고 양각되어 있는 것도 있다. 직경은 모두 13~14cm 정도로 비교적 작은 와당이고, 주연부는 와당면과 거의 같은 높이이다(그림 6).

조양 노성 북대가 출토, 요령성문물연구소 소장10)

그림 6. 구획선 없는 연화문와당(연과형 중방)

---

09)　万雄飛 · 白宝玉, 2006, 앞의 글, 圖版18-5.
10)　万雄飛 · 白宝玉, 2006, 앞의 글, 圖版18-6, 19-1,2.

III. 조양 용성 와당의 제작시기 관련 학설

여러 학자들이 조양 용성과 북표 금령사에서 출토된 와당들에 대하여 그 제작시기에 관한 견해를 발표하였다. 가장 대표적인 몇 가지 학설을 소개하면 다음과 같다.

1. 삼연 제작설

이신전李新全은 1996년 「三燕瓦当考」에서 최초로 삼연와당의 출토현황에 관하여 체계적인 소개를 하였으며, 조양 용성 출토의 문자와당과 구획선 연화문와당, 기하문연화문와당들은 서기 341년에서 436년 사이에 제작된 삼연의 와당이라는 의견을 피력하였다.[11] 역사서의 기록에 조양 고성은 東晋 咸康7년(341)에 창건되었다고 기재되어 있으므로, 이보다 더 일찍 제작되었을 가능성은 없다고 설명한다. 또한 중국의 井자형 문자와당은 북위에서도 제작되었는데, 중국 문자와당의 서체는 篆書에서 隷書로, 예서에서 楷書로 발전해왔으며, 조양 용성 출토의 문자와당은 전서체와, 전서와 예서의 변환기간의 서체로 쓰여 있으므로, 예서체나 해서체로 쓰인 북위의 문자와당보다 늦지 않은 시기에 제작되었을 것이라고 추정하였다. 북위의 만세부귀 와당 등이 5세기 전반보다 늦지 않은 시기에 제작된 것으로 보이므로, 조양 용성 출토의 문자와당은 당연히 5세기 전반보다 늦지 않은 시기에 제작되었을 것이며, 바로 북연의 멸망 시기(436) 이전에 제작되었을 것이라고 추정하였다.

중국의 진, 한 이래 와당의 발전과정을 살펴보면, 와당면을 4개로 구분하는 것이 6개로 구분하는 것보다 앞선 것임을 분석하고, 조양 용성 출토의 4엽 연화문와당을 국내성 출토의 고구려 와당들과 비교한 뒤, 국내성 출토의 고구려 연화문와당들보다 다소 일찍 5세기 전반보다 다소 이른 시기, 즉 북연의 멸망(436)보다 늦지 않은 시기에 제작되었을 것으로 추정하였다.

2. 전연, 후연 제작설

万雄飛, 百宝玉은 2010년 발표한 「朝陽老城北大街出土的3~6世紀蓮花瓦当出探」에서,

---

11) 李新全, 1996, 앞의 글, 14, 15쪽.

조양 용성 출토의 와당들의 대부분은 전연이나 후연의 시기에 제작된 와당이라고 추정하였다. 조양 용성 출토의 와당들은 발굴과정에서 대부분 수와 당 혹은 더 늦은 시기의 지층에서 출토되었으나, 이 지역이 전쟁으로 파괴되고 삼연 이후에도 계속해서 건축물이 중건되는 과정에서 유적과 지층에 변화가 있었기 때문에 지층학적 분석만으로 제작시기를 추정하는 것은 불가능하다고 설명한다.[12]

연화문와당의 발전과정을 비교해보면, 중방이 반구형에서 연과형으로 변화하고, 연판의 수가 점점 증가하는 경향을 알 수 있으며, 이러한 두 가지 경향을 고려하면, 조양 용성 출토의 연화문와당은 대체로 위의 양식분류에서의 Ⅰ형(구획선 연화문와당), Ⅱ형(기하문 연화문와당), Ⅲ형(구획선 없는 연화문와당)의 순서로 변화, 발전해온 것이라고 추정하였다.[13]

역사서의 기재에 의하면, 조양 용성은 전연의 시기이던 서기 341년, 후연의 시기이던 서기 397년에서 407년 사이에 대규모의 건축, 증축 공사가 있었고, 北魏 熙平2년(517)에도 대규모의 중건이 있었다고 설명한다. 위와 같은 연화문와당의 형식 변화와 이러한 대규모 건축 공사의 기록 그리고 북위의 주연부가 낮은 연화문와당과의 비교를 통해서, Ⅰ형인 구획선 연화문와당과 Ⅱ형인 기하문 연화문와당은 전연과 후연의 시기에 제작된 것이고, Ⅲ형인 구획선 없는 8엽 연화문와당은 북위의 것으로 추정하였다.[14]

王飛峰은 박사학위 논문인「고구려 와당 연구」[15]에서, 조양 용성 와당 제작시기에 관한 기존 연구와 견해들을 소개하고 자신의 연구 성과를 보충하여, 삼연지역의 와당은 대부분 전연과 후연의 와당이며, 이중 연화문와당은 고구려 연화문와당의 출현에 영향을 미쳤고, 조양 용성의 문자와당은 북위 문자와당의 원류라고 주장하고 있다. 특히 상세한 논증을 통해, 고구려 연화문와당의 최초 출현시기가 서기 407년경이라는 의견을 제시하고 있다.

3. 후연 이후 제작설

강현숙은「고구려 고분 출토 와당의 변천연구」[16]에서 조양 출토의 연화문와당은 후연

---

12) 万雄飛·白宝玉, 2006, 앞의 글, 63쪽.
13) 万雄飛·白宝玉, 2006, 앞의 글, 63쪽.
14) 万雄飛·白宝玉, 2006, 앞의 글, 63, 64쪽.
15) 王飛峰, 2012,『고구려 와당 연구』, 고려대학교 박사학위논문.
16) 강현숙, 2007,「고구려 고분 출토 와당의 변천연구」,『한국고고학보』제 64집, 62~64쪽.

이후의 것으로 추정되며, 이 와당들이 고구려 연화문와당의 영향을 받았을 가능성을 제기하였다. 조양에서 출토된 연화문와당은 북위의 것으로 추정되는 문자와당과 함께 출토된 점, 후연의 시기에 조양성이 크게 중건된 점, 조양 출토의 연화문와당과 고구려 고분 출토의 초기 연화문와당은 연판의 형태, 구획선의 종류, 중방과 연판 좌우 연자의 유무 등에 있어서 다른 점 등을 그 이유로 설명하고 있다.

4. 북연 제작설

필자는 「육조 와당이 주변국 와당에 미친 영향」[17]에서, 조양 와당은 전연과 후연의 시기에 제작되었을 가능성이 희박하다는 입장을 밝혔다. 전연은 물론이고 후연이 건국 초기에 연화문와당을 창안해서 사용했다는 것은 믿기 어려우며, 그 후에 연화문와당이 계속 발전한 흔적도 보이지 않는 점 등을 이유로 들었다. 따라서 제작 시기를 비교해보면, 도리어 조양 지역의 와당이 고구려 연화문와당의 영향을 받았을 가능성이 크다고 보았다.

IV. 조양 용성 와당 삼연 제작설의 논거 검토

조양 용성 출토의 와당들이 삼연의 것이라는 견해에는 나름대로 합리적인 논거들이 제시되고 있다. 그러나 그 논거들을 살펴보면 그 타당성에 적지 않은 문제점들이 있어 보인다.

조양 용성 출토 문자와당이 篆書體여서 북위의 隷書體, 楷書體 문자와당보다 조기 제작되었을 것이라는 논거

중국의 문자와당이 전서체에서 예서체, 그리고 해서체로 변화, 발전하는 경향에 있는 것은 사실이지만, 이것은 하나의 대체적 경향에 불과하고 단정적인 증거가 될 수 없다. 혹시 같은 국가의 같은 지역에서 문자와당의 변천이 있었다면, 이와 같은 경향에 의한 분

---

17) 유창종, 2010, 「육조 와당이 주변국 와당에 미친 영향」, 『中國 六朝 瓦當』, 유금와당박물관, 196, 197쪽.

그림 7. "대조만세"와당

석이 그런대로 의미가 있을 수 있다. 그러나 북위에서 진행된 문자와당과 삼연 지역에서 제작된 문자와당을 서체만으로 출현의 전후를 단정하기는 어렵다. 국가마다 지역마다 그 당시 유행하던 서체가 있을 수 있기 때문이다. 더 종합적인 자료 수집과 연구가 필요할 것이다.

문자와당의 서체변화는 이미 진, 한대부터 있어왔고, 전서체에서 예서체로의 변화는 이때도 이미 나타난 현상이어서, 남북조시기 서로 다른 나라의 문자와당을 검토하면서 서체의 변화만으로 제작 시기의 선후를 논하는 것은 좀 무리라는 생각이 든다.

후조가 업성에 도읍을 두던 시기(335~351)에 제작한 것이 분명한 "大趙萬歲"(그림 7), "萬歲富貴"와당[18]의 서체를 살펴보면, 두 와당의 "萬"자는 전서에서 예서로 변화하는 과정으로 보이고 나머지 글자들은 예서체이다. 그러므로, 만일 전서체 문자와당이 예서체 문자와당의 전신이라는 가설을 고집한다면, 삼연의 전서체 "만세부귀"와당이 후조의 위 문자와당들보다 먼저 제작된 것이라고 판단하게 될 것이다. 그러나 와당면을 가로 두 줄로 구획하여 4개의 문자를 배치하는 구도의 문자와당이 변화하여 와당면을 井자로 구획하여 4개의 문자를 배치하는 구도의 문자와당으로 발전한 것이 분명하기 때문에, 예서체의 "대조만세"와 "만세부귀" 와당이 전서체의 조양 출토 "만세부귀"보다 먼저 제작된 것으로 보아야 할 것이다.

조양 용성의 "만세부귀" 와당이 운강석굴 주변에서 470년대에 사용된 "傳祚無窮"와당과 유사하다는 이유로 북위 馮太后가 북연 궁전의 옛 땅에 그 초석을 전용해 건설한 소위 '思燕佛圖(현재의 조양 白塔)'와 함께 5세기 후반에 제작된 것으로 보는 것이 타당하다는 견해도 있다.[19]

조양 용성 출토 연화문와당은 와당면을 구획선으로 나누고 연판을 배치한 점에서 고

---

18) 유창종, 2009,『동아시아 와당문화』, 미술문화, 71, 72쪽의 그림 참조.
19) 岡村秀典·向井佑介, 2007,「北魏方山永固陵の硏究 -東亞考古學會1939年收集品を中心として-」,『東方學報』第 80冊; 모모자키 유스케, 2009,「고구려 왕릉 출토 기와·부장품으로 본 편년과 연대」,『고구려 왕릉 연구』, 동북아역사재단, 224, 225쪽.

구려 초기 연화문와당과 동일한 구조이며, 구획면 즉 연판의 수가 적은 것으로 보아 고구려 연화문와당 보다 조기 제작되었을 것이라는 논거

중국 연화문와당의 연판 수가 시간이 지날수록 비교적 증가하는 경향이 있는 것은 사실이지만, 이것도 하나의 대체적 경향에 불과하고 단정적 증거가 될 수 없다. 연판의 숫자 비교도 같은 국가의 같은 지역의 것이라면 의미가 있을 것이나, 서로 다른 와당문화의 전통이 있는 국가 사이에서 연판의 숫자만으로 제작시기의 선후를 판단하는 것은 오류의 가능성이 적지 않다.

와당면을 4개로 구획하는 운문와당과 4자의 문자와당이 유행하던 국가나 이런 와당문화를 그대로 수용한 국가에서는 자연스럽게 와당면을 4개로 나눈 연화문와당이 먼저 출현하고, 연판의 숫자가 증가해가는 경향을 보일 수 있다. 그러나 연화문와당의 종주국으로 추정되는 육조에서는 문자와당 자체가 제작된 사례가 아직까지 발견되지 않고, 연판이 4개인 연화문와당도 출토된 사례가 없으며, 6엽과 7엽의 연화문와당도 매우 귀하다. 도리어 연판이 8엽, 9엽, 10엽인 연화문와당이 대부분이다.[20] 북위에서도 단판 연화문와당 중에서 4엽은 발견되지 않았으며, 6엽은 흔하지 않고, 8엽과 10엽이 많다.[21]

고구려는 이미 "太寧 四年"명 권운문와당이 제작된 326년 보다 훨씬 이전부터 와당면을 구획선으로 구분하여 4개 또는 8개의 구획면에 卷雲紋을 표현하는 구도를 오랫동안 이용하고 있었다. 전연의 건국(337) 이전부터 일찍 중원의 구획선 있는 와당면 분할의 와당문화를 수용하면서 권운문와당이 계속 발전해온 것이다. 고구려가 구획선을 이용하여 4개, 8개로 와당면을 분할하는 권운문와당에 이어서 와당면을 6개, 8개로 구획하는 연화문와당을 제작한 것을, 조양 용정 출토의 4엽 연화문와당을 모방한 것이라고 추정하는 것은 논리의 비약이 심하다.

더구나 조양 용성 출토의 연화문와당 중에서 구획선 있는 연화문와당은 그 출토 수량이 몇 점에 불과하고 와당면에 기하문양이 있는 행인형 연화문와당의 출토량이 훨씬 많은데, 이처럼 다량으로 제작되던 기하문 연화문와당을 제쳐두고 고구려가 소량에 불과한 조양의 구획선 있는 연화문와당만을 모방하여 연화문와당을 제작하였다는 것은 아무래도 견강부회의 느낌이 든다. 와당부분을 먼저 제작한 다음, 통와에 일부를 함몰시켜 부착

---

20) 유창종, 2009, 앞의 책, 66쪽.
21) 유창종, 2009, 앞의 책, 77, 78쪽.

시키는 특이한 제작방법으로 보아 구획선 있는 연화문와당과 기하문 있는 연화문와당의 제작시기는 같은 시기이거나 비슷한 시기로 추정됨은 이미 설명한 바와 같다.

게다가 고구려 초기 연화문와당은 와당면 분할의 구획선이 있는 구도 이외에 연화문양이 다른 나라에서는 볼 수 없는 'Y'자의 문양 장식 그리고 연판 위의 능선과 연판에 외곽선이 둘려져 있는 蓮蕾紋이라는 큰 특색이 있는데, 조양 용성 출토의 구획선 연화문와당은 능선과 외곽선이 없는 행인형 연화문에 불과하다. 태왕릉에서 출토된 'Y'자형 장식이 있는 연뢰문형 연화문와당은 357년에 축조된 안악3호분과 무용총 벽화에서도 발견되는 고구려적 연화문양이다.[22] 고구려의 연뢰문형 연화문와당이 조양 용성의 행인형 연화문와당을 모방하여 제작한 것이라고 보기에는 문양구조상에도 무리가 있다.

고구려 연화문와당의 또 하나의 특징은 반구형 중방의 중심에 돌출한 연자가 장식되어 있고, 연판의 좌우에도 연자가 표현되어 있다는 점이다. 어떤 학자는 이 중방은 여자의 유방을 표현한 것이고, 위의 연뢰문형 연판은 여자의 생식기를 상징하는 것이라고 설명하기도 한다.[23] 어쨌건 고구려 초기의 연화문와당은 여러 가지 면에서 조양 출토 연화문와당과는 다른 문양을 가졌으며, 훨씬 정교하고 정제된 문양이어서 조양 출토 와당이 고구려 연화문와당의 전신이라고 쉽게 단정하기 어렵다.

고구려 고분 출토의 초기 연뢰문형 연화문와당은 구획선으로 와당면을 분할하고 연자로 와당면을 장식하는 운문와당의 구도를 차용한 다음 운문 대신 연화문을 대체시킨 고구려 특유의 문양이며, 지금도 국내성 동문 밖 가까운 거리에 남아 있는 당시의 연당에서 연꽃을 즐기던 고구려 와공의 창작물이라고 여겨진다. 고구려의 권운문와당과 연화문와당이 주변국의 여러 와당문양을 소재로 삼아 독자적인 문양을 창출해내는 문화융합의 과정은 거의 흡사하다.[24]

만일 4엽의 연화문와당이 6엽, 8엽 연화문와당의 전신이라는 가설을 고집한다면, 사실은 국내성 고분 출토의 6엽, 8엽 연화문의 전신은 조양 출토의 와당이 아니라, 같은 고구려의 영토인 평양 토성리 출토의 4엽 연화문와당에 있다고 보는 것이 합리적이다. 평양 토성리와 평양 인근에서 출토되는 연화문와당 중에는 2선 또는 3선의 구획선으로 와

---

22) 유창종, 2009, 앞의 책, 134, 135쪽.
23) 耿鉄華・尹国有, 2001, 『高句丽瓦当研究』, 吉林出版社, 122쪽.
24) 유창종, 2009, 앞의 책, 134, 135쪽.

당면을 4분할하는 회색 또는 담갈색의 4엽 연화문와 당들이 적지 않게 출토된다.[25] 이들 4엽 연화문와당(그림 8)은 연판도 단순한 행인형이 아니라 연판 위에 한 줄의 능선 장식이 있는 연뢰문형이고, 중방의 꼭지점 과 연판의 좌우에도 연자 장식이 있으며, 반구형 중방 과 연판의 외곽을 두 줄의 원권으로 둘러싸는 형태까 지 있어서, 국내성 고분출토의 연뢰문형 연화문와당들 과 매우 흡사한 구조를 가진 연화문와당이다. 사실 이 런 유형의 4엽 연화문와당은 평양 천도 이전부터 제작

고구려, 텐리대학 부속 텐리 참고관 소장

그림 8. 연뢰형 연화문와당

되었을 가능성도 적지 않은 평양의 초기 연화문와당으로 추정된다.

역사서에 전연(341), 후연(397~407)의 시기에 대규모 공사가 있었다는 기록이 있다 는 논거

역사서의 기록은 일응 신빙성이 높아서 전연과 후연의 시기에 대규모의 건축공사가 있었던 것은 사실일 것이다. 그러나 이런 기록이 바로 이 대규모 공사 때 반드시 와당을 제작하였다거나 더구나 새로운 문양의 와당을 창안하여 사용하였다는 논거가 될 수는 없 다. 조양 용성에 도읍한 기간이 8년, 11년에 불과한 전연과 후연의 시기보다는, 도리어 용 성 도읍기간이 30년이나 되는 북연의 시기에 새로운 문양의 와당이 출현할 가능성이 높 은 것은 당연한 이치이다. 30년이라면 새로운 건물의 대규모 신축공사가 없더라도 기존 건물의 기와 보수가 필요한 기간이고, 이때 새로운 와당이 출현할 가능성이 적지 않은 것 이다.

더구나 북위가 436년 북연을 멸망시키고, 전쟁 후유증으로 폐허가 된 이 지역에 龍城 鎭을 설치하고, 후에 營州昌黎君을 설치하였으므로,[26] 북위 통치시기에도 당연히 대규모 의 공사가 있었을 것이며, 이때 문자와당이나 연화문양의 와당을 사용하여 와당을 제작하

25) 井內功, 1976, 『朝鮮瓦塼図譜Ⅱ-高句麗』, 井內功古文化研究室, 4, 5쪽; 강현숙, 2007, 앞의 글, 64쪽의 〈표 15〉 참조; 동북아역사재단, 2008, 『일본 소재 고구려 유물』Ⅰ, 278쪽; 동북아역사재단, 2009, 『일본 소재 고구려 유물』Ⅱ, 279쪽.
26) 万雄飛·白宝玉(2006), 앞의 글, 64쪽.

면서 북위나 고구려의 와당문화가 영향을 미쳤을 가능성이 매우 높다.

Ⅴ. 조양 용성 와당의 전연, 후연 제작설의 문제점

용성 출토의 와당이 전연(337~370) 또는 후연(384~407)의 시기에 창안되어 제작된 것이라는 추정은 다음과 같은 몇 가지 의문점을 갖게 한다.

1. 전연과 후연의 유목민족문화의 전통과 정치적 불안정

고대사회에서 궁전, 사찰 등 건축물에 사용되는 와당은 통치권자의 권위의 상징으로서, 새로운 와당은 건국 후 정치적, 군사적으로 안정되어 궁전, 사찰 등 건축 활동이 활발하고 전반적인 문화, 예술이 성숙한 후에야 출현하게 된다. 새로운 나라가 건국된다고 해서 모든 나라가 바로 새로운 문양의 와당을 창안하여 사용하게 되는 것이 아니다.

삼연은 원래 유목민족인 鮮卑族의 일파가 세운 나라들이어서 마구 등 유목민족 특유의 騎馬 이동과 전쟁에 관한 유물, 선비족 특유의 금제와 금동제 장신구들은 다른 나라보다 선진적인 것들이 출토될 수 있으나,[27] 정착생활을 전제로 발전하는 건축의 부속물인 와당문화가 선진적이었다는 것은 쉽게 납득이 되지 않는 것이다. 선비족이 세운 북위도 盛樂과 大同 도읍기에는 한족 중심의 六朝에 비하여 문자와당 이외에는 와당문화가 크게 발전하지 못하였다. 한족문화를 적극적으로 수용하고 낙양 천도(493년)를 한 孝文帝(471~499) 시기에 이르러서야 연화문와당과 귀면문와당이 출현하는 등 남조보다 뒤늦게 와당문화를 꽃피운 사실이 확인된다.

게다가 전연(337~370)과 후연(384~407)은 존속기간이 짧고 정치, 경제적으로 안정되지 않은 국가들이어서 새로운 와당문양의 출현 가능성이 매우 희박하다. 전연은 棘城(遼宁北票, 337~341)에서 건국한 후에 龍城(341~349), 薊城(北京, 349~357), 鄴城(357~370) 등을 전전하며 천도하였고, 후연은 中山(河北定州, 384~397)에서 건국한 후에 龍城(397~407)으로 천도하였다. 이들 국가는 이처럼 한 지역에서 수도를 장기간 지속할 수 없을 만큼 정치적, 군

---

27) 강현숙, 2006, 「고구려 고분에서 보이는 중국 삼연요소의 전개과정에 대하여」, 『한국상고사학보』 제51호, 한국상고 사학회, 143, 144쪽.

사적으로 안정되지 못한 국가들이었으므로, 궁전 등의 건축 활동이 제한적일 수밖에 없는 등 독창적인 와당문화의 출현을 기대하기 어려운 환경이었다. 한 지역에서 대부분 10년도 안 되는 짧은 기간 수도를 정했다가 다시 천도를 했고, 길어야 10년 남짓 동안만 한 곳의 수도에 머무르는 등 정국이 안정이 되지 못한 국가에서 건축문화가 성숙되어 새로운 문양의 와당을 창안하여 제작한다는 것은 기대하기 어렵다.

2. 짧은 용성 도읍기간

특히 관심을 갖고 고려해야 할 사항은, 전연과 후연의 용성 도읍기간이 매우 짧아서 이곳에서 독창적인 와당문양이 출현할 가능성은 더욱 희박하다는 점이다. 위에 언급한 것처럼, 전연의 북표 도읍기간(337~341)은 길어야 5년, 용성 도읍기간(341~349)은 길어야 9년에 불과하고, 후연의 용성 도읍기간(397~407)도 길어야 11년에 불과하여, 용성에서 전연, 후연의 시기에 새로운 와당문양이 출현하였다는 것은 설득력이 약하다.

만일 전연이 와당문화 선진국이었다면 북표와 용성 이외의 지역으로 천도한 후에는 새 도읍지에서 새로운 궁궐 건축 등을 위해서 북표와 용성 도읍기에 이미 스스로 창안한 새로운 문양의 와당을 계속해서 대량으로 제작, 사용하였을 것이다. 더구나 용성 이후에 천도한 북경 부근에서는 9년 가까이, 업성에서는 14년 가까이 도읍을 정했으므로, 당연히 북표나 용성시기보다 더 활발한 造瓦活動이 있었을 것이고, 같은 문양의 와당이나 더 발전한 문양의 와당이 등장했을 것이다. 그러나 용성 이후의 위 도성들에서 같은 유형이나 더 발전된 와당들이 대량으로 출토된 사례들이 아직까지 확인되지 않고 있다.

후연은 전연 멸망 후 14년 후에야 건국되었기 때문에, 전연의 와당문화를 계승하여 발전시켰을 가능성이 매우 낮다. 후연은 395년 북위에게 대패하여 397년 용성으로 천도하였고, 398년에는 국토가 분열되어 南燕이 건국하는 등 여러 가지 면에서 혼란상황이 계속되었으며, 그 후에도 조정에 내분이 그치지 않아 점차 멸망해가는 불안정한 쇠퇴기였기 때문에 독자적으로 와당문화가 발전할 겨를이 없었을 것이다.

3. 출토 와당의 단조로움

북표와 조양 용성 출토의 와당은 전연 이래 100년 동안 계승된 와당문화 선진국의 와당이라고 보기에는 종류가 너무 단순하고 출토량도 빈약하다. 용성 출토의 와당이 전연의 북표와 용성 도읍시기(337~349)에 창안된 것이라면 말할 것도 없고, 후연의 용성 도읍시기(397~407)에 처음 제작, 사용된 것이라 하더라도 후연의 용성 도읍기와 북연의 용성 도읍기(407~436)를 포함한 40년 동안 더 다양한 와당문양이 등장하는 등 와당문화의 발전 흔적이 보여야 하는데, 용성 출토와당은 장기간 발전한 와당이라고 하기에는 너무 단조 롭고 큰 변화의 흔적이 보이지 않는다. 북표와 용성 출토 와당들에서 장기간 변화, 발전한 흔적이 많지 않은 것으로 보아서 후연의 와당이기 보다는 북연, 그것도 북연의 초기가 아니라 북연의 중기 이후 와당일 가능성이 더 많아 보인다.

비슷한 기간 존속한 남경 출토 동진(317~420)의 와당, 낙양 천도 후의 북위(493~535)의 와당, 동위와 북제의 업성 도읍기(534~577)의 와당, 고구려의 연화문와당 출현 후의 국내 성 도읍기간(4세기 후반~427)의 와당들의 변화와 발전의 흔적과 비교하면, 조양 용정 출토의 와당은 오랫동안 발전해온 와당 선진국의 와당이 아님을 쉽게 이해할 수 있다.

VI. 조양 용성 와당의 북연 제작 가능성

위에 검토한 것처럼 용성에서 출토되고 있는 연화문와당과 문자와당은 전연, 후연의 것이 아니라 북연의 와당이거나 그 이후의 와당일 가능성이 높아 보인다.

1. 와당문화 발전과 수용의 상황 분석

삼연이 창안하여 조양 용성에서 함께 유행하던 문자와당과 연화문와당 중에서 북위는 문자와당만을 수용하고, 고구려는 연화문와당만을 수용하였다는 견해는 납득하기 어렵다. 만일 조양 용성에서 제작, 사용되고 있는 삼연의 와당문화를 북위와 고구려가 수용하였다면, 두 나라가 함께 문자와당과 연화문와당을 모두 수용했을 가능성이 더 높다. 북위와 고구려가 마치 상의해서 나누어 가진 듯 삼연에서 유행하는 와당의 문양 중 하나씩 만을 나누어서 수용했다는 것은 아무래도 자연스럽지 못한 가설이다.

또 위에서 언급했듯이, 조양 용성에서 대량으로 제작되던 기하문 연화문와당을 제쳐 두고 제작양이 훨씬 적은 구획선 있는 연화문와당만을 고구려가 모방하여 고구려의 연화 문와당을 제작하였다는 것도 자연스럽지 못하다.

도리어 북연이 조양 용성에서 건국한 후에 또는 북연이 북위에게 멸망한 뒤에, 당시 북위에서 유행하고 있던 문자와당과 고구려에서 유행하고 있던 행인형 연화문와당을 수용했다고 추정하는 것이 더 자연스럽다. 당시 북위에서는 문자와당만을 사용하고 있었으며, 고구려에서는 권운문와당과 연뢰문형 연화문와당의 사용이 종료되거나 감소되고 행인형 연화문와당이 출현하고 있었던 것으로 추정된다.

2. 井자형 문자와당의 발전 흔적

북위에서는 "萬歲富貴" 이외에도 "大代萬歲", "傳祚無窮", "太□四年", "太和十六年" 등 여러 종류의 井자형 구조의 문자와당이 제작, 사용되었다. 낙양과 업성에서 제작되어 유행하던 동한이나 위진 16국시대의 구획선이 11자형으로 두 개 있는 "부귀만세", "대조만세" 와당을 변형, 발전시킨 형태이다. 북위가 井자형 구조의 문자와당을 창안하여 사용한 후에, 북연이 당시 북위에서 유행하던 井자형 "만세부귀" 와당을 모방하였을 가능성이 더 높아 보인다.

북위에서는 건국초기에 井자형 구조가 아닌 "皇魏萬歲" 와당이 먼저 사용되고, 뒤이어 "대대만세", "만세부귀" 등의 井자형 구조의 문자와당을 창안하고 계속 변화, 발전시키면서 사용한 것으로 추정된다. 앞으로 고고학적인 발굴과 연구를 통해 북위에서 "만세부귀" 와당이 언제 처음 제작되어 유행하였는지 규명이 되면, 북연 또는 북연 멸망 후 언제쯤 조양 용성 지역에서 북위의 문자와당을 수용하였는지도 추정이 가능하게 될 것이다.

북위의 영토 여러 곳에서 井자형의 "만세부귀" 와당이 출토되고 있지만, 시기적으로 비교적 앞서 제작된 것으로 보이는 만세부귀 와당은 武川縣土城梁古城에서 수십 점이 출토되었다.[28] 이 성은 북위 太武帝(424~452) 때 황제의 행궁으로 쓰였던 건축물로 추정되고, 이 와당들도 당연히 이 기간 중에 제작되어 사용되었을 것이다.[29] 그 밖에도 북위의 "만세부귀" 와당은 운강석굴 3굴 앞에서도 출토되었다.[30] 운강석굴은 460년에 조성이 시작되었으므로, 만세부귀 와당은 상당히 오랫동안 북위에서 계속 사용된 것으로 보인다.

삼연이 와당문화 선진국이었고 북위보다 먼저 井자형 구조의 문자와당을 창안하여 사용한 것이라면, 북위의 문자와당이 대동 도읍시기에 다양하게 변화와 발전을 한 것처럼 용성에서도 "만세부귀" 와당 이외에 더 다양한 종류의 문자와당으로 변화, 발전하면서 제

---

28) 武城 · 康貴彬, 2003, 「武川縣土城梁古城出土的北魏 "富貴万岁" 瓦当及其他」, 『內蒙古出土瓦当』, 文物出版社, 54쪽.

29) 武城 · 康貴彬, 2003, 앞의 글, 57쪽.

30) 龜田修一, 2009, 「朝鮮半島における造瓦技術の變遷」, 『古代東アジアにおける造瓦技術の變遷と伝播』, 奈良文化財研究所, 163, 172쪽.

작, 사용된 흔적의 유물들이 출토되어야 할 것이다. 조양 용성에서 "만세부귀" 와당이 거의 변화하지 못하거나 "만세부귀" 이외의 문자와당이 더 이상 발견되지 않는 것으로 보아서, "만세부귀"와당이 북위로부터 이 지역에 전래된 시기는 북연의 초기이기보다 북연의 중기나 후기 심지어 북연이 북위에게 멸망당한 이후일 가능성이 더 많아 보인다. 북연의 초기에 "만세부귀"와당이 전래되었다면, 북연이 멸망하기까지 30년의 기간 동안 문자의 내용이나 형태에 있어서 변화와 발전의 흔적을 보였을 것이기 때문이다.

3. 고구려, 북위와의 교류 상황

고구려와의 관계를 보더라도 북연이 고구려의 연화문와당문화를 수용하였을 가능성이 훨씬 높다. 북연을 건국한 慕容云은 고구려인 고화의 손자 高云으로서, 광개토대왕이 사신을 보내 동족의 우의를 표시하는 등, 북연은 북위에 패하여 멸망할 때 까지 고구려와 계속 우호적 관계를 유지하였기 때문에 와당문화의 교류 가능성도 매우 높다

그러나 북연도 정정이 불안하여 독창적인 와당문화의 발전이 어려운 상황이어서, 고구려 등 주변국의 와당문화를 유입하여 수용하였을 가능성이 농후하다. 즉 연화문와당은 고구려, "만세부귀"와당은 북위의 영향을 받아 모방하여 제작하였다고 보는 것이 당시의 상황에 더욱 적합한 분석이다. 그래야 용성 출토의 와당에서 큰 변화와 발전의 흔적이 보이지 않는 현상도 설명할 수 있게 된다.

위에 언급한 것처럼, 북위가 436년 북연을 멸망시키고, 폐허가 된 이 지역에 龍城鎮을 설치하고 후에 營州昌黎君을 설치하였으므로 당연히 대규모의 공사가 있었을 것이며, 이 때 북위의 "만세부귀"와당과 고구려의 구획선 있는 연화문와당이 조양지역에 영향을 미쳤을 가능성이 매우 높다. 북위 효명제 희평2년(517)에는 조양 고성을 다시 한 번 대규모로 중건하였으며,[31] 이때 북위는 낙양천도 이후로서 이미 문자와당은 소멸하고 주연부가 낮은 북조식 연화문와당이 유행하던 시기로, 북조식 연화문와당이 조양지역에 전래된 것이 바로 주연부가 북조식으로 낮고 무문 중방의 구획선이 없는 8엽의 연화문와당일 것이다. 희평1년(516)에 건립된 낙양의 永寧寺에서도 낮은 주연부의 단판 연화문와당이 출토되고,[32] 같은 희평 2년에 건설된 산동성 청주의 남양성 유적과 인근에서도 조양 출토의 것

---

31) 万雄飛・白宝玉, 2006, 앞의 글, 64쪽.
32) 유창종, 2009, 앞의 책, 76, 77쪽.

과 유사하게 구획선이 없는 낮은 주연부의 연화문와당이 출토된다.[33]

VII. 조양 용성 출토 연화문와당의
고구려 영향 수용 가능성 검토

1. 고구려 연화문와당의 최초 출현시기

위에서 검토한 것처럼, 조양 용성의 연화문와당은 전연, 후연의 것이기 보다는 북연 (407~436)이나 그 이후의 와당일 가능성이 높을 뿐더러, 고구려의 연화문와당은 千秋塚 축조 시작(소수림왕릉설 371년, 고국양왕능설 384년) 일정 기간 후부터 太王陵의 축조시작(고국양왕릉설 384년, 광개토대왕릉설 391년) 직후까지의 사이에 처음 출현한 것으로 추정되기 때문에 조양 용성의 연화문와당보다 먼저 제작되었을 것으로 생각된다.

설혹 조양 용성의 연화문와당이 후연의 용성 천도기간(397~407)에 제작되었다고 하더라도 고구려의 연화문와당의 출현 시기보다는 늦은 것이 된다. 결국 제작 시기의 선후로 볼 때 조양 지역의 연화문와당이 고구려의 연화문와당을 모방하였을 가능성이 더 커 보인다.

고구려 연화문와당의 최초 출현시기의 문제는 관련된 여러 가지 사항들을 비교해야 하기 때문에 이후 별도의 논고에서 상세히 검토해보기로 한다.

2. 고구려 연화문와당의 변천

이미 설명한 것처럼, 고구려의 초기 연화문와당은 고분에서 출토되는 연뢰문형 연화문와당이며, 연판의 독특한 형태 이외에도 중방과 연판 좌우에 배치된 연자, 중방과 연판을 둘러싸고 있는 2중의 외곽선 등 조양 지역의 연화문와당과는 크게 다르다. 고구려의 이러한 초기 연뢰문형 연화문와당은 그 후 연판의 모양이 다소 단순해지거나 행인형으로 변하거나 구획선이 사라지는 변화를 보인다. 이미 위에서 언급한 것처럼, 평양 토성리와 평양 인근에서는 2선 또는 3선의 구획선으로 와당면을 4분할하는 4엽의 연화문와당들

---

33) 유창종, 2013, 「산동성 청주 출토 와당 제작시기 시론」, 『中國瓦當:揚州·青州出土』, 유금와당박물관, 238~240쪽.

①연뢰형 연화문와당, 평양 출토, 도쿄박물관소장34) ②행인형 연화문와당, 평양토성리 출토, 유금와당박물관 소장 ③행인형 연화문와당, 평양상오리 출토, 유금와당박물관소장 ④행인형 연화문와당, 평양토성리 출토35)

그림 9. 고구려 연화문와당

이 적지 않게 출토되었다. 이런 4엽 연화문와당은 구획선, 연판의 형태, 연자, 원권 등의 문양구조와 회색 태도의 것도 있는 점, 더구나 천추총의 것과 거의 유사한 구조와 연판의 회흑색 6엽 연뢰문형 연화문와당(그림 9-①)까지 출토된 것으로 보아서 국내성 고분 출토의 6엽, 8엽 연뢰문형 연화문와당과 시간상 큰 차이가 없는 시기 즉, 평양 천도 이전부터 제작되었을 가능성도 적지 않은 평양의 초기 연화문와당으로 추정된다. 이들 구획선 있는 평양 출토의 4엽 연화문와당들은 조양 출토의 구획선 있는 4엽 연화문와당을 연상시키는 와당이다. 평양 토성리에서는 조양 용성에서 출토된 것처럼 반구형 중방이 있고 와당면에 구획선이 없는 행인형의 4엽 연화문와당도 출토된다(그림 9-②). 또, 평양 상오리에서 출토된 행인형 6엽 연화문와당(그림 9-③)연판 사이에 선각의 화판형 장식문양이 새겨져 있으며, 연판 사이에 선각의 화판형 장식문양이 있으면서 중방 위에는 꼭지점부터 아래쪽으로 8조의 능선이 표현되어 있는 것(그림 9-④)도 있어서, 조양 출토의 기하문 연화문와당을 연상시킨다.

조양 지역 출토의 연화문와당은 위와 같은 평양 출토의 연화문와당을 모방하여 제작되었을 가능성이 적지 않으므로, 앞으로 좀 더 심도 있고 종합적인 연구가 필요하다.

34) 동북아역사재단 편, 2008, 『일본 소재 고구려 유물 I』, 동북아역사재단, 276쪽.
35) 井內古文化硏究室編, 1976, 『朝鮮瓦塼図譜 II』, 井內古文化硏究室, 12쪽.

VIII. 맺음말

전연과 후연은 건축활동이 크게 활발하지 못한 유목민족의 일파가 건국한 나라이고, 자주 천도를 할 수 밖에 없을 만큼 정치적, 문화적 안정을 이루지 못한 국가들인데다가 두 나라가 북표와 용성에 천도한 기간이 매우 짧아서 새로운 와당을 창안하여 사용하였을 가능성이 매우 낮다. 더구나 북표와 용성 출토의 와당들이 장기간 변화, 발전한 흔적이 보이지 않는 점으로 보아서, 용성 출토의 연화문와당과 "萬歲富貴"와당은 삼연 중에서도 용성에 도읍을 정하고 건국한 뒤 30년간 지속되었던 북연의 와당이거나 북연을 멸망시킨 북위의 통치 시기 와당일 가능성이 농후하다.

井자형 문자와당이 북위에서 변화, 발전한 상황을 고려하면 井자형 문자와당은 북위에서 창안되어 발전한 것으로 추정된다. 그리고 고구려의 구획선 있는 와당면 분할의 구도는 이미 전연이 건국하기 이전인 태녕 4년(326) 이전부터 고구려가 권운문와당에서 채용한 양식이다. 또한 고구려의 초기 구획선 있는 연화문와당의 연화문양은 특색 있는 연뢰문형 연화문양으로서 태왕릉 와당 중의 'Y'자형 연뢰문양은 357년 축조된 안악3호분이나 무용총 벽화에서도 출현하는 고구려적 특색이 강한 연화문으로, 단순한 행인형 연판문양인 조양 출토의 연화문양과는 크게 다르다. 게다가 고구려의 여러 왕릉에서 권운문와당이 소멸하고 연화문와당이 출현한 경위를 비교, 분석해보면, 고구려의 연뢰문형 연화문와당은 후연의 용성 천도(397)나 북연이 용성에서 건국(407)하기 이전에 이미 출현하였을 것으로 추정된다. 따라서 조양 용성 출토의 문자와당과 연화문와당은 후연이나 북연이 창안한 것이 아니라, 도리어 북위와 고구려의 와당문화를 수용하였을 가능성이 매우 높다.

참고문헌

1. 國內

강현숙, 2006, 「고구려 고분에서 보이는 중국 삼연요소의 전개과정에 대하여」, 『한국상고사학보』 제51호, 한국상고사학회.

강현숙, 2007, 「고구려 고분 출토 와당의 변천연구」, 『한국고고학보』제 64집.

동북아역사재단 편, 2008, 『일본 소재 고구려 유물 I 』, 동북아역사재단.

동북아역사재단 편, 2009, 『일본 소재 고구려 유물 II 』, 동북아역사재단.

王飛峰, 2012, 『고구려 와당 연구』, 고려대학교 박사학위논문.

유창종, 2009, 『동아시아 와당문화』, 미술문화.

_____, 2010, 「육조 와당이 주변국 와당에 미친 영향」, 『中國六朝瓦當』, 유금와당박물관.

_____, 2013, 「산동성 청주 출토 와당 제작시기 시론」, 『中國瓦當:揚州‧靑州出土』, 유금와당박물관.

2. 國外

岡村秀典‧向井佑介, 2007, 「北魏方山永固陵の研究 −東亞考古學會1939年收集品を中心として−」, 『東方學報』第 80冊.

龜田修一, 2009, 「朝鮮半島における造瓦技術の變遷」, 『古代東アジアにおける造瓦技術の變遷と伝播』, 奈良文化財研究所

万雄飞‧耿铁华‧尹国有, 2001, 『高句麗瓦当研究』, 吉林出版社.

모모자키 유스케, 2009, 「고구려 왕릉 출토 기와‧부장품으로 본 편년과 연대」, 『고구려 왕릉 연구』, 동북아역사재단.

武城‧康貴彬, 2003, 「武川縣土城梁古城出土的北魏 "富貴万歲"瓦当及其他」, 『內蒙古出土瓦当』, 文物出版社.

白宝玉, 2006, 「朝陽老城北大街出土的3〜6世紀蓮花瓦当初探」, 『东北亚考古学论丛』, 科学出版社.

辛岩‧付兴胜‧穆启文, 2010, 「辽宁北票金岭寺魏晋建筑遗址发掘报告」, 『辽宁考古文集』, 科学出版社.

李新全, 1996, 「三燕瓦当考」, 『辽海文物学刊』, 辽海文物学刊編輯部.

井内功, 1976, 『朝鮮瓦塼図譜 II −高句麗』, 井内功古文化研究室.

曾坪 杻城山城 토축성벽 축조공정 검토

김호준 (재)중원문화재연구원

Ⅰ. 머리말

曾坪 杻城山城은 1997년도에 충청대학교 박물관(관장 장준식)에서 실시한 지표조사를 통해 남성과 북성의 규모 및 현황 등이 파악되었고,[01] 2006년에는 충청북도 기념물 제138호로 지정되었다. 그 후 2009년부터 2012년까지 4차례에 걸쳐 발굴조사가 진행되었다. 1~3차 발굴조사는 추성산성의 南城에 대해서 남성의 축조 및 경영 시기와 축조방법, 성내 시설물을 파악하기 위하여 조사가 이루어졌다.[02] 4차 발굴조사는 북성에 대한 발굴조사로 2012년도에 1차례 이뤄졌고, 그 결과 北城의 성격을 파악하여 南城과의 관계 및 추

---

01) 忠淸專門大學 博物館, 1997,『曾坪 二城山城』.
02) 중원문화재연구원, 2011,『曾坪 二城山城 Ⅰ-南水門址-』.
　　_____, 2011,『曾坪 二城山城 Ⅱ-北東門址-』.
　　_____, 2013,『曾坪 杻城山城 -南城 1·2·3次 發掘調査 綜合報告書-』.

성산성 전체 유적의 역사적 성격을 규명한 바 있다.[03] 한편으로 추성산성에 대한 보존과 활용을 위한 종합정비계획의 수립 및 국가사적으로 지정하여 체계적인 관리하기 위한 학술회의가 2차례 개최되었다.[04] 이러한 발굴성과와 학술회의 성과를 바탕으로 추성산성은 2014년 1월 22일에 사적 제527호로 지정되었다.

杻城山城은 충청북도 증평군 미암리와 도안면 노암리 경계에 위치하고 있는 해발 259.1m의 尼聖山 정상부의 북성과 남쪽으로 이어지는 능선의 해발 242.3m인 지봉에 축조된 남성으로 이뤄진 土築山城이다. 산성의 명칭은 지금까지 二城山城이란 명칭을 사용하였으나, 2011년에 개최된 증평 이성산성 정비 및 활용방안을 위한 기초학술세미나에서 문헌기록을 검토한 연구에 의해 이성산이 조선전기에는 추성산으로 지칭되어 기록되었음을 밝힌 바 있다.[05] 그리고 이 연구에 의하면 이성산은 두개의 성 혹은 흙으로 축조된 산성이 있는 산을 의미하는 尼城山, 耳城山 등으로 전칭되어 오다가, '近世韓國五萬分之一地形圖'가 제작되면서 二城山 · 尼城山 등으로 표기된 후 지금까지 이성산으로 통일되어 지칭되고 있다고 한다.[06] 이러한 연구성과를 바탕으로 국가사적 승인 심사에서 그 동안 통용되던 이성산성 대신 문헌기록에 나오는 杻城山城으로 산성의 명칭이 변경하게 되었다.

추성산성은 지표조사 및 4차례의 발굴조사를 바탕으로 한성백제가 미호천 유역으로 진출하면서 축성된 백제의 대표적인 토축산성으로 밝혀졌다. 그리고 4~5세기 한성백제 토축산성으로는 都城 이외의 지방에 존재하는 최대 규모의 성곽이며, 2개의 산성과 각 산성의 重疊構造는 특이한 평면구조라 할 수 있다. 南城 外城의 南門址는 계곡부 중앙에 위치하여 古代 水門의 독특한 양식이며, 內城 北東門址는 바닥석 하부에 暗渠式 배수로를 설치한 문의 구조로 한성백제시대 산성 수문의 발전단계를 밝혀 줄 중요한 단서를 제공한다. 또한 북성 內城 남문지는 석재 가공과 관련된 鐵鑿과 土築工程의 흔적이 확인되어, 초기 石築과 土築 성벽 造成方式의 실체를 보여준다. 성내에서는 토성이 축조되기 이전의 원삼국시대의 주거지와 축성 이후의 백제시대 주거지가 확인되었다. 그리고 성내에서 출토된 가야지역과 서해안 및 영산강유역의 토기기종으로 인해 가야 및 영산강 유역권과

03) 중원문화재연구원, 2012,『증평 이성산성 4차(북성) 발굴조사 완료약보고서』.
04) 중원문화재연구원, 2011,『증평 이성산성 정비 · 활용방안을 위한 기초학술세미나』.
   한국성곽학회 · 중원문화재연구원, 2013,『증평 이성산성의 조사 성과와 사적화 방안』.
05) 장준식, 2011,「증평 이성산성에 관한 문헌검토」,『증평 이성산성 정비 · 활용방안을 위한 기초학술세미나』, 17~24쪽.
06) 장준식, 2011, 위의 글, 19~21쪽.

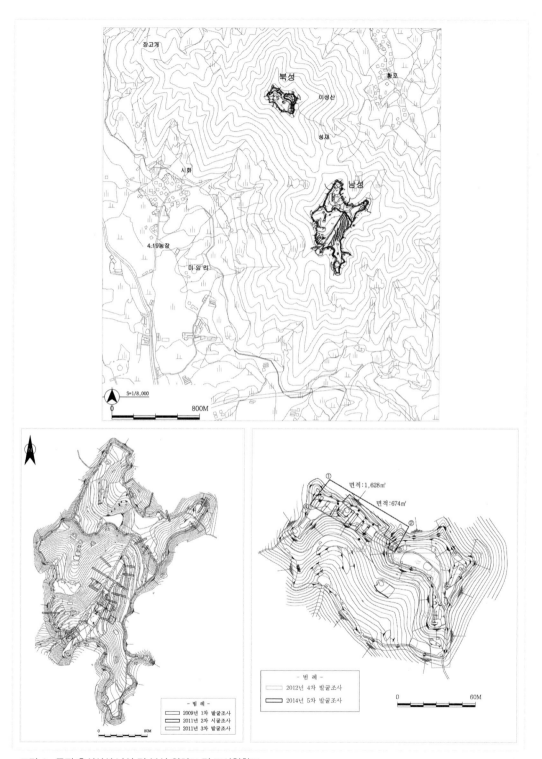

도면 1. 증평 추성산성 남성 및 북성 위치도 및 조사현황도

의 지속적인 교류가 이루어졌다는 증거도 확보되었다. 이렇듯 추성산성은 한성백제시대의 영역 확대 문제와 지방 통치 변화상과 관련한 4~5세기 한국고대사의 의문점을 풀어줄 중요한 성곽이라고 할 수 있다.

증평 추성산성은 남성에 대한 1~3차 발굴조사와 2012년도 북성에 대한 4차 발굴조사를 통해 성벽조사를 16개 지점(南城 11개 지점, 北城 5개 지점)에서 실시하여 다른 성곽보다 성벽의 구조 및 축성방식을 판단할 수 있는 자료가 풍부하다. 성벽의 축조기법은 당시의 사회적 분위기와 기술 수준을 반영하기 때문에,[07] 증평 추성산성 성벽의 축조기법을 검토하는 것은 미호천 중상류 유역의 백제 영역 확대과정이나 지방통치 문제에 좀 더 접근할 수 있는 중요한 첫걸음이라고 할 수 있다.

따라서 본고에서는 증평 추성산성 남성 외성과 내성 성벽의 조사결과와 북성 내성 성벽 조사결과를 통해 증평 추성산성의 현황을 살펴보겠다. 그리고 이를 바탕으로 축조공정과 축성시기에 대해서 살펴보고자 한다.[08] 이러한 연구는 향후 백제지역에서 조사된 백제 토축성곽을 심도 있게 분석을 가능케 할 것이라 판단된다. 그리고 향후 한성백제의 영역 확대과정에 축조된 백제 토축성곽에 대한 특성을 도출해 낼 수 있는 밑거름이 되길 바란다.

II. 추성산성 토축성벽의 현황

추성산성은 2개의 토축산성으로 이뤄져 있으며, 각 산성은 외성과 내성이 결합된 구

---

07) 이혁희는 풍납토성과 사비도성 등과 같은 평지토성의 축조기법과 대치되는 토축산성 축조기법과의 비교 연구를 통해 백제토성의 시원적 형태와 축조기술에 대한 다각적인 시각을 제시한 연구를 진행하였다. 이 연구는 백제토성의 입지 선정, 기저부 조성, 축조방식, 관련시설, 증축 및 보수 등 공정별로 면밀히 분석하였고, 백제토성 축조기법을 판축과 성토기법으로 구분하여 공정 과정에서 성토기법에서 주로 확인되는 土堤, 盛土材, 사방향의 성토층을 중심으로 古墳, 堤防과의 공통점도 비교하였다. 그리고 토성 축조기법을 통해 시대별·집단별 특징을 변별하여, 그 당시 물질문화와 비교함으로써 축조 주체를 파악하는 학문적 방법론까지 제시하였다.(이혁희, 2013,「漢城白濟期 土城의 築造技法」, 한신대 석사학위논문.)

08) 본고는 추성산성 3차 보고서(중원문화재연구원, 2012,『曾坪 杻城山城 -南城 1·2·3次 發掘調査 綜合報告書-』.) 중에서 필자가 집필한 남성의 성벽 원고와 성벽에 대한 고찰 부분을 재인용하였고, 필자가 조사한 4차 발굴조사(중원문화재연구원, 2012,『증평 이성산성 4차(북성) 발굴조사 완료약보고서』.) 내용을 재인용하고 있음을 밝혀둔다.

조이다. 남성은 이성산에서 남쪽으로 이어지는 지봉에 축조되었고, 정상부를 에워싼 내성과 계곡을 포함하여 가지능선을 연결하는 외성으로 이루어져 있다. 전체 평면형태는 부정형을 이루고 있다. 내성의 둘레는 741m, 외성은 1,052m로 내외성의 공유벽은 191m이다. 공유벽을 제외한 전체 둘레는 1,411m이다. 북성은 이성산 정상부에 축조된 북성은 내성과 외성 그리고 자성[09]으로 이뤄진 복잡한 구조를 갖추고 있으며, 전체 평면형태는 장방형이다. 그리고 규모는 내성 219m, 외성이 310m로 내외성의 공유벽 100m로 공유벽을 제외한 전체 둘레는 429m로 파악되었다.

1. 南城

1) 외성

외성 성벽 조사는 1차 조사에서 남문지 외곽 서쪽과 동쪽의 남벽과 2차 조사에서 서벽에 대해서도 실시되었다. 1차 조사 당시 남문지는 남벽에서 계곡을 따라 성 안쪽으로 들어온 지점에 축조되었기에, 문지 주변 성벽이 외곽으로 돌출된 것처럼 '八'자형으로 성벽이 배치되었다. 남문지 외곽 성벽에 대한 조사는 문지를 기준으로 서측과 동측에 대해 실시되었다. 서측 성벽은 시굴트렌치와 피트를 각 1기씩 설치하였고, 동측 성벽은 시굴트렌치 1기와 적대 동쪽의 성벽에 시굴트렌치 1기를 통해 성벽의 구조와 축성방식을 확인하였다. 3차 종합보고서에서는 남문지가 외성 남벽에 위치하기에 서측 성벽을 외성 남벽 1(외측과 내측), 동측 성벽을 외성 남벽 2, 적대 동쪽을 외성 남벽 3으로 구분하여 기술하였다.
여기에서는 외성 남벽 3개소와 서벽에 대해서 살펴보겠다.

(1) 외성 남벽 1 성벽(남문지 서측성벽)

문도부를 기준으로 외측과 내측 성벽으로 구분된다.
먼저 외측성벽의 규모는 성벽의 기저부 폭이 내측에서 바깥쪽의 보강석축시설까지

---

[09] 증평 추성산성 5차(북성 2차)조사에서 북성의 자성 1과 2에 대한 조사가 이뤄지고 있다. 자성은 지표조사 당시 및 그 이후로도 자성에 대한 성격과 조사사례가 부족하여 성곽 전공자조차 그 존재에 대해 의미를 크게 두지 않았다. 그러나 현재 발굴조사 중이지만 자성 1과 2의 남쪽 토루에서 토루의 조성 혹은 목책으로 볼 수 있는 주공열이 확인되어, 충청대학교 박물관이 실시한 지표조사를 통해 확인된 자성에 대한 성격을 밝힐 수 있을 거라 생각이 든다.(중원문화재연구원, 2014, 「증평 이성산성 5차(북성 2차) 발굴조사 1차 학술자문 회의자료」)

22m이고, 잔존하는 성벽 높이가 외측을 기준으로 성벽 상면의 토루 상단까지 7.5m, 내측의 높이가 2.5m 정도이다. 성벽 외측 기저부의 할석재를 이용하여 석축으로 보강을 한 시설의 규모가 높이 17단 1.5m, 석축 너비(바깥에서 안쪽까지) 2.5m이다.

축조공정은 먼저 기저암반을 성안에서 밖으로 약간의 단을 두고 정지하였고, 그 위에 단면 반원형의 토루를 설치하여 외벽 기저층 끝에서 부터 성 안쪽으로 작은 토루를 덧붙여 중심토루를 조성하였다. 그리고 토루 외면에 암갈색 사질토로 피복하였다.

내측성벽의 규모는 성벽의 기저부 폭이 내측에서 바깥쪽의 1차 보강석축까지 추정 19m이고, 잔존하는 성벽 높이가 외측을 기준으로 성벽 상면의 토루 상단까지 5.5~6m, 내측의 높이가 약 0.5~1m 정도이다. 성벽 외측 기저부에는 20~30cm 크기의 할석재를 이용하여 석축으로 보강을 한 시설의 규모가 높이 0.5m, 석축너비(바깥에서 안쪽까지) 2m이다.

축조공정은 기저암반이 확인되지 않았지만, 외측성벽과 같이 기저암반의 경사면에 단을 두었을 것으로 추정된다. 중심토루는 단면 반원형의 토루를 설치하여 외벽 기저층 끝에서 부터 성 안쪽으로 작은 토루를 덧붙여 조성하였다. 중심토루 외면에 암회색 사질토

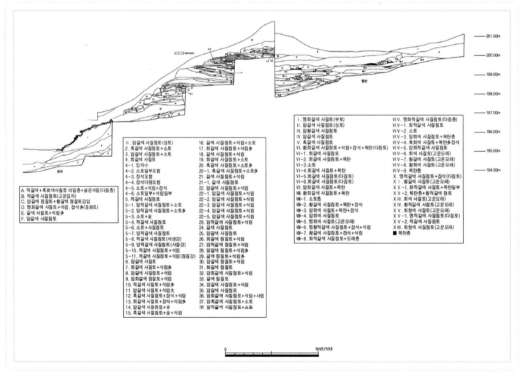

도면 2. 추성산성 남성 외성 남벽 1 성벽 토층도

로 피복하였다.

(2) 외성 남벽 2성벽(남문지 동측성벽)

조사지점은 성 밖에서 봤을 때, 남문지의 우측, 지표조사에서 적대로 추정되었던 곳의 서쪽 사면부이다. 성벽의 규모는 기저부 폭이 평탄지 끝 지점에서 바깥쪽의 보강석축까지 8m 정도이고, 조사된 성벽 높이가 외측을 기준으로 성벽 상면의 토루 상단까지 5.5m 정도이다. 성벽 외측 기저부의 보강석축 규모가 높이 0.5m, 석축너비(바깥에서 안쪽까지) 2m 정도이다.

축조공정은 기저암반의 경사면을 따라 외벽에서부터 두께 50cm의 암회갈색 사질토와 갈색 사질점토로 성 안쪽으로 7m 가량 다져 올렸다. 그 위로 사질토와 사질점토를 교

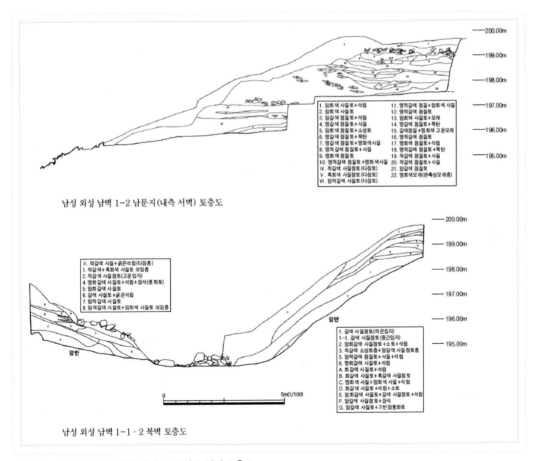

도면 3. 추성산성 남성 외성 남벽 1-2 및 2 성벽 토층도

대로 다져올려 중심토루를 조성하였고, 중심토루 중간에는 적갈색 소토층이 두께 20cm 정도 성 안에서 밖으로 퇴적되었다. 기저층 외곽의 보강석축은 남문지 동쪽측벽에서 연장되었으나, 남벽 2성벽에서는 확인되지 않았다. 외성 남벽 1 외측성벽의 1차 보강석축의 형태로 보이나, 상면에 한 변이 50~60cm 정도 크기의 대형 할석재들이 흩어져 있어, 2차 보강석축에 사용되었던 석재들로 보인다.

(3) 외성 남벽 3(남문지 적대 동측성벽)

조사지점은 적대와 남벽에서 동벽으로 회절하는 지점 사이의 계곡 상단면이다. 조사지역 남쪽인 성 바깥쪽은 계곡부로 경사가 급하고, 성 안쪽은 평탄하였다. 성벽의 규모는 평탄지 끝 부분에 남북길이 2.5~3m, 높이 1.2m 정도이다. 축조공정은 기저암반의 상면에 사질토로 중심토루를 조성한 후에 그 상면을 암흑갈색 사질토로 두께 20cm 정도의 피복하였다.

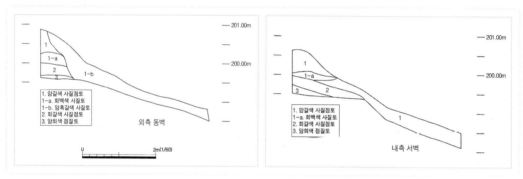

도면 4. 추성산성 남성 외성 남벽 3 성벽 토층도

(4) 외성 서벽

조사지점은 외성 남벽에서 북쪽으로 회절하여 서벽이 시작되는 지점이다. 성벽의 규모는 외성 서벽 기저부 폭이 평탄지 끝 지점에서 바깥쪽의 보강석축까지 23.5m 정도이고, 조사된 성벽 높이가 외측을 기준으로 성벽 상면의 토루 상단까지 7.8m, 내측 높이는 3~4m 정도이다.

축조공정은 기저암반을 성안에서 밖으로 편평하게 整地하고, 성벽 중심에서 성 밖으로는 기저암반을 단을 두되 경사의 각도를 점차 급하게 하면서 정지하였다. 기저암반 위에 사질토로 기저층을 조성한 후에 중심토루를 조성하였다. 중심토루는 단면 반원형의

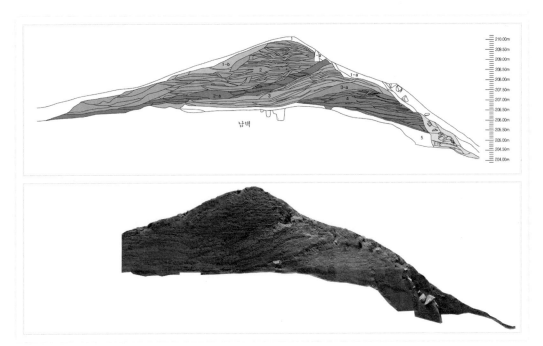

도면 5. 추성산성 남성 외성 서벽 성벽 토층도 및 사진

토루를 설치하여 외벽 기저층 끝에서 부터 성 안쪽으로 작은 토루를 덧붙여 조성하였다. 그 다음에 중심토루 외측에 외측토루를 조성하였다. 마지막으로는 중심토루 외면에 사질토로 피복하였다.

2) 내성

내성은 2차 조사에서 북벽과 북·동벽 회절부, 동벽, 남벽(내외성 공유벽) 2개소 총 5개 지점이 조사되었다. 3차 조사에서는 내성 북·동벽 회절부 지점과 동벽에 대한 추가 및 확장조사가 진행되었다. 조사결과 북·동벽 회절부 지점은 북문지가 확인되었고, 동벽에서는 성내측으로 토축부와 내벽 석축부가 확인되었다.

여기에서는 내성 동벽, 내성 북벽, 내성 남벽(내·외성 공유벽) 2개 지점에 대해서 살펴보겠다.

(1) 내성 동벽

조사지점은 추성산성 내성과 외성의 동벽 중에서는 가장 높은 곳에 위치하며, 해발고도는 233m이다. 성벽의 규모는 전체 너비가 약 13.2m, 외측 높이가 최대 4.4m, 내측 높이가 1.9m 정도이다.

축조공정은 기저암반을 성안에서 밖으로 완만한 경사를 이루며 整地하였다. 성벽 외측에서부터 기저암반 위에 사질토로 기저층을 조성하였다. 중심토루는 단면 반원형의 토루를 설치하여 외벽 기저층 끝에서 부터 성 안쪽으로 작은 토루를 덧붙여 조성하였다. 그 다음에 중심토루 외면에 사질토로 피복하였다. 그 후에 성벽은 보수 되었는데, 성 내측에 석축을 조성하였다.

성 내측 석축은 길이 4m로 최대 5단, 높이는 약 70cm이다. 내벽 석축의 진행방향은 성벽의 진행방향과 같으며 남측과 북측으로 계속 진행한다. 북문지 내측에서도 석재들이 쌓여 있는 것으로 보아 북쪽으로는 내성 북문지까지 이어졌을 것으로 보인다. 내벽 석축은 3 토루 다짐토층을 'ㄴ'형태로 굴착하고 조성하였다.

바닥에서 확인된 방형의 석곽시설은 2차 공정 기저부층으로 조성된 소토층 아래에서 확인되었으며 규모 43×47cm이고 평면형태는 방형이다. 석곽시설은 4면에 석재를 안쪽으로 면을 맞추어 2단 세워놓았다. 내부에서 소토와 숯이 채워져 있었다. 별도의 바닥 시설은 하지 않았다. 벽석에서 불에 그을린 흔적이 뚜렷하게 확인된다. 내부 바닥면에서 토기 1점이 엎어져서 출토되었다. 성벽 토루 내에서 확인되어 성벽 축조 당시에 조성했음

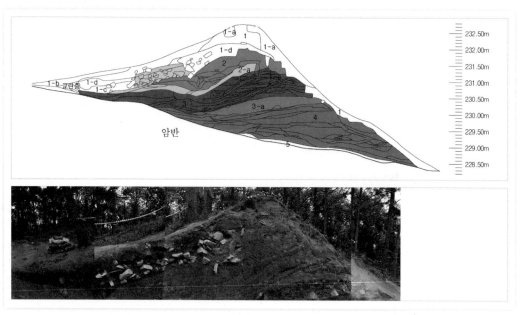

도면 6. 추성산성 남성 내성 동벽 성벽 토층도 및 사진

을 알 수 있으며 진단구와 같은 제의 시설로 볼 여지가 있으나, 많은 사례를 기다려야 할 것으로 보인다.

내성 동벽 성벽은 기저 암반 정지 이후에 토루를 3차에 걸쳐 조성하였고, 적갈색 사질토로 피복하였다. 그 뒤 성 내측에 석축과 구상시설을 설치하면서 성 내측과 상단에 대한 보수가 이뤄졌다. 그리고 그 위에 황갈색 사질토를 최대 0.6m 정도 피복하여 마무리하였다.

(2) 내성 동·북벽 회절부

조사지점은 추성산성 내성의 동벽에서 북벽으로 회절하는 지점으로 해발고도가 230m이며, 북문지의 남쪽 측벽 바깥쪽에 해당된다. 성벽의 규모는 전체 너비가 약 13m, 외측 높이가 최대 5m, 내측 높이가 1.6m 정도이다. 성내 평탄지는 1.5~1.8m 가량 성토하여 대지를 조성하였다.

축조공정은 먼저 기저암반을 성안에서 밖으로 완만한 경사를 이루며 整地하였다. 성벽 외측에서부터 토축성벽 조성 단계에 따라 기저암반 위에 사질토로 기저층을 조성하였다. 기저층은 사질토와 점토를 다져서 두께 40cm 정도 12m 이상 조성하였다. 그 위에 1차례의 공정으로 10~20cm의 두께로 수평 다짐하여 단면 반구형 형태의 토루를 조성하였다. 그 다음에 토루 외면에 2차에 걸쳐 사질토로 피복하였다. 1차 피복은 북문지와 성벽을 같이 축조하면서 조성한 것으로 보이며, 2차 피복은 북문지 폐쇄와 관련된 것으로 보인다.

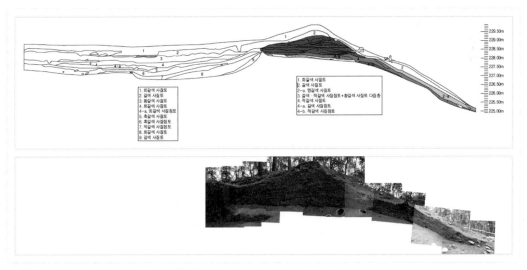

도면 7. 추성산성 남성 내성 동·북벽 회절부성벽 토층도 및 사진

트렌치 내부 기저암반의 4기의 주공은 기저층이 주공을 중심으로 분리 되는 것으로 보아, 성벽 기저부 조성시 사용되었던 것으로 보인다.

(3) 내성 북벽

조사지점은 추성산성 내성 북벽 중간에 위치한 주계곡의 동쪽에 위치한 작은 계곡의 중앙 상단부에 해당되며, 해발고도가 219m이다. 성벽의 규모는 전체 너비가 약 19m 이상, 외측 높이가 최대 5.7m, 내측 높이가 0.8m 정도이다.

축조공정은 먼저 기저암반을 성안에서 밖으로 완만한 경사를 이루며 整地하였다. 성벽 외측에서부터 기저암반 위에 사질토를 성토다짐하여 계단식으로 기저층을 조성하였다. 중심토루는 단면 반원형의 토루를 설치하여 외벽 기저층 끝에서 부터 성 안쪽으로 작은 토루를 덧붙여 조성하였다. 그 다음에 토루 외면에 사질토로 피복하였다.

(4) 내성 남벽 1(공유성벽 1)

조사지점은 내성과 외성 동벽이 만나는 지점에서 50m 정도 떨어진 지점이다. 여기는

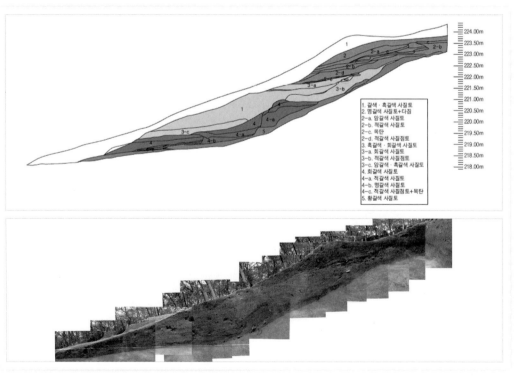

도면 8. 추성산성 남성 내성 북벽 성벽 토층도 및 사진

내성 북쪽 곡부와 외성 남쪽 남문지 일대 계곡의 상단 중간에서 동쪽으로 치우친 지역으로 해발 228~230m에 해당된다. 성벽의 규모는 전체 너비가 약 17m 이상, 외측 높이가 최대 4.5m, 내측 높이가 1m 정도이다.

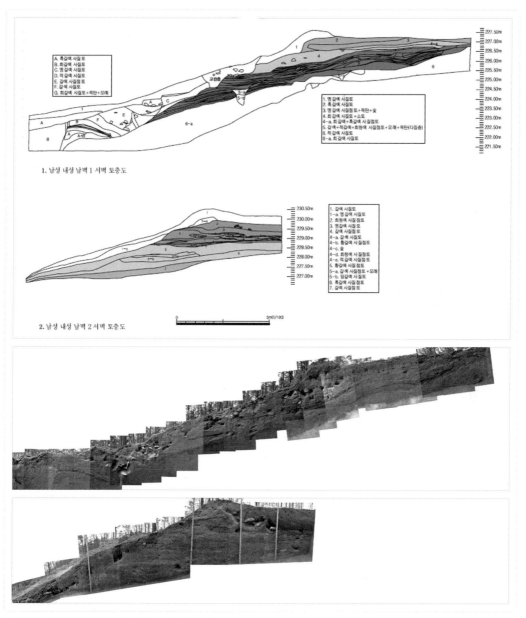

도면 9. 추성산성 남성 내성 남벽 1 · 2 성벽 토층도

축조공정은 먼저 원토층을 성안에서 밖으로 완만한 경사를 이루며 整地하였다. 성벽 외측에서부터 원토층 위에 회청색 뻘모래와 숯 등을 겹겹이 성토다짐하여 계단식으로 기저층을 조성하였다. 그 기저층은 최대 1m 정도 두께로 조성하였고, 기저층 중간 상면에 사질토와 점토를 다져 토루를 조성하였다. 토루를 조성한 층이 성벽 안쪽으로 수평퇴적된 점으로 보아 내성 남벽 내부의 평탄지 조성과 관련된 것으로 보인다. 다음에 토루 외면에 사질토로 피복하였다. 토루 외피 피복층 3곳 정도에서 잡석과 암갈색 사질토를 섞어서 보완한 부분이 있다. 외측에 축조된 성벽이 붕괴되어 성벽을 부분적으로 개축한 것으로 추정된다.

(5) 내성 남벽 2(공유싱벽 2)

조사지점은 내성과 외성 동벽이 만나는 지점에서 30m 정도 떨어진 지점이다. 성벽의 규모는 전체 너비가 약 14m 이상, 외측 높이가 최대 4m, 내측 높이가 2.5m 정도이다.

축조공정은 먼저 기저암반을 성안에서 밖으로 완만한 경사를 이루며 整地하였다. 성벽 외측에서부터 기저암반 위에 갈색사질점토와 흑갈색 사질토, 황갈색 사질점토 순으로 성토다짐하여 기저층을 조성하였다. 그 기저층은 최대 2m 정도 두께로 조성하였다. 토루는 기저층 중간 상면에 사질점토와 숯, 사질토를 얇게 펼쳐서 수평 다짐하여 조성하였다. 다음에 토루 외면에 사질토로 피복하였다.

2. 北城

북성 성벽 조사는 4차 조사에서 내성 동벽 2개소와 남벽 2개소, 외성 남벽 1개소 총 5개소에 조사가 이뤄졌다.[10] 조사결과 내성 4개소의 성벽은 축조시기와 공정에서 유사함을 보이고 있으나, 외성 남벽 1개소는 고려시대에 축조되었을 가능성이 제기되었다. 따라서 여기에서는 외성 남벽 1개소를 제외한 내성 동벽 2개소와 남벽 2개소에 대해서 살펴보는 것이 백제 토축성곽의 축조공정을 이해하는데 바람직하다고 판단된다.

---

10) 북성 4차 발굴조사완료약보고서에는 외성 3개소로 되어 있다. 그러나 외성 1과 2 지점은 내성 남벽 2개소의 성벽과 축조방식이 유사하지만 외성 3지점과 규모와 축조방식 및 시기에서 차이가 난다. 이는 내성 축조 이후 시점에 외성이 축조된 것으로 볼 수 있는 개연성이 있다. 따라서 외성 1과 2 지점은 동벽 1과 2로 수정하여 보고서를 작성하는 것이 바람직하다고 판단된다.

1) 내성

(1) 내성 동벽 1

조사지점은 추성산성 북성의 내성 동벽에서 북벽으로 회절하는 지점이다. 내성의 동벽 중에서는 가장 높은 곳에 위치하며, 해발고도는 256m이다. 성벽의 규모는 내성 동벽보다 크며, 전체 너비가 약 10m, 외측 높이가 최대 5m~6m 정도이다.

축조공정은 기저암반을 성안에서 밖으로 완만한 경사를 이루며 2~3단 계단식으로 整地하였다. 성벽 외측에서부터 기저암반 위에 사질토로 기저층을 조성하였다. 중심토루는 단면 반원형의 토루를 설치하여 외벽 기저층 끝에서 부터 성 안쪽으로 작은 토루를 덧붙여 조성하였다. 그 다음에 중심토루 외면에 점질토와 사질토를 교대로 다지며(일명 유사판축) 토루의 형태를 갖춘 뒤 사질토로 피복하였다.

(2) 내성 동벽 2

조사지점은 내성 동벽 1 지점에서 남쪽으로 30m 가량 떨어져 있으며 해발고도는 252m이다. 성벽의 규모는 전체 너비가 약 4~5m, 외측 높이가 최대 3m 정도이다.

축조공정은 기반암을 2단 정도 계단형태로 정지하였다. 기저층은 각 단에 노출된 암반과 할석재를 수평되도록 배치한 후에 점질토로 채웠다. 중심토루는 기반암이 약한 부분은 점토와 석재를 이용하여 계단 형태를 유지하게 하였고, 그 다음에 중심토루 외면에 점질토와 사질토를 교대로 다지며(일명 유사판축) 토루의 형태를 갖춘 뒤 사질토로 피복하였다.

(3) 내성 남벽 1

조사지점은 내성 평탄지와 접하는 남벽의 남문지 주변 성벽으로 외성 남벽으로 흐르는 계곡의 상단부에 위치하며, 해발고도는 252m이다. 성벽의 규모는 전체 너비가 약 9~10m, 외측 높이가 최대 3.5~4.5m 정도이다.

축조공정은 원토층 및 원삼국 문화층을 성안에서 밖으로 완만한 경사를 이루며 整地하였다. 성벽 외측에서부터 외측토루를 조성하였는데, 조성방식은 중심토루와 접하는 부분에 지름 20~30cm 크기의 기둥구멍 2기를 중심간 간격 220cm로 배치하여 성 밖에서부터 안쪽으로 다져 올렸다. 1차 중심토루는 외측토루를 조성 한 후 성 안쪽에 조성하였고, 그 위에 2차 중심토루를 조성한 것으로 추정된다. 그 다음에 중심토루 외면에 사질토로 피복하였다.

사진 1. 북성 내성 동벽 1

사진 2. 북성 내성 동벽 2

사진 3. 북성 내성 남벽 1

사진 4. 북성 내성 남벽 2

(4) 내성 남벽 2

　조사지점은 외성과 접하는 망대지 서벽부분에 위치하며, 해발고도는 252m이다. 성벽의 규모는 전체 너비가 약 9~10m, 외측 높이가 최대 4.5m 정도이다.

　축조공정은 기반암을 성안에서 밖으로 완만하게 단이 지도록 整地하였다. 성벽 외측에서부터 외측토루를 조성하였는데, 조성방식은 중간 부분에 지름 30~40cm 크기의 기둥구멍 2기를 중심간 간격 100cm로 배치하여 성 밖에서부터 안쪽으로 다져 올렸다. 1차 중심토루는 외측토루를 조성 한 후 성 안쪽에 마사토와 점질토를 교대로 쌓아 올려 조성하였고, 그 위에 2차 중심토루를 조성한 것으로 추정된다. 그 다음에 중심토루 외면에 사질토로 피복하였다.

Ⅲ. 추성산성 토축성벽 축조공정 및 시기

토성은 體城을 축조하는 방법에 따라 削土法, 盛土法, 版築法, 補築法 등이 일반적으로 사용된다고 한다. 1980년대에는 백제산성 축조방식의 특징이 版築법으로 연구 된 적이 있다.[11] 1990년대 산성 발굴조사가 증가하면서 이러한 백제산성의 특징이 다양하게 연구되어 입지조건과 산성의 기능변화까지 검토되고 있는 실정이다. 2000년도에 들어서면서 이전의 연구성과를 바탕으로 우리나라 중부지방의 백제토성 축조기법에 대한 연구가 진행되었다.[12] 이 연구에 의하면 평지성은 내측보완토루+중심토루+외측보완토루, 구릉이나 산성은 중심토루+외측 보완토루 혹은 내측 보완토루 만으로 축성되었다고 한다. 2013년도에는 백제토성의 입지 선정, 기저부 조성, 축조방식, 관련시설, 증축 및 보수 등 공정별로 면밀히 분석하여 이전의 백제토성 축조기법을 판축과 성토기법에 의한 축조 단계를 설정하였고, 또한 성토기법에서 주로 확인되는 土堤, 盛土材, 사방향의 성토층을 중심으로 古墳, 堤防과의 공통점을 지적한 바 있다.[13]

본고에서는 기존의 연구성과를 바탕으로 단일성곽에서 여러 지점의 성벽을 조사한 성과를 세분화하여 정리하고, 축조공정상의 단계를 구분하고자 한다. 또한 성벽 하부 및 성벽층에 조성된 주거지를 통해 성벽의 축조시기를 밝히고자 한다.

1. 축조단계 검토

일반적으로 평지 토축성벽과 판축성벽을 축조하는 순서는 ① 지반 整地, ② 기저층 조성, ③ 중심토루(내측토루・외측토루) 조성, ④ 성벽 外皮 토축 등 총 4 段階로 나눌 수 있다. 그러나 枏城山城 土築城壁은 ①과 ④ 단계에서 위와 같은 공정을 보이고 있으나, ②와 ③ 단계에서 토루를 조성하는 工程 방식의 차이가 있다. ②와 ③ 단계의 공정을 구분한 이유는 성벽 외측에서부터 순서대로 단면 반원형의 토루(일명 土堤[14]혹 벽심[15])를 만들고, 여기에 의지하여 2~3개의 작은 토루를 덧붙여 성벽의 규모를 크게 하고 있기 때문이

11) 차용걸, 1988,「百濟의 築城技法-版築土壘의 調査를 中心으로」,『百濟研究』19.
12) 한병길, 2001,「中部地方 百濟土城의 築造技法」, 충북대 석사학위논문.
13) 이혁희, 2013, 앞의 글.
14) 土堤는 흙을 볼록하게 쌓은 둑을 의미하며 堤狀盛土, 堤狀技法 覆鉢形盛土 등으로도 불린다.(권오영, 2011,「고대 성토구조물의 성토방식과 재료에 대한 시론」,『漢江考古』第5號, 85쪽.)
15) 심정보, 2013,「증평 이성산성의 축조기법에 대하여」,『한국성곽학회 2013년도 춘계학술대회 -증평 이성산성의 조사 성과와 사적화 방안-』, 한국성곽학회・중원문화재연구원.

다. 따라서 산성 토축성벽 내부의 ②와 ③ 작업 단계를 통해 만들어진 작은 토루들을 각각이 설명할 필요가 있다.[16]

추성산성 성벽은 토축성벽 축조단계를 바탕으로 구분하면 3 종류로 대별된다.

첫번째는 ① 기저암반을 성안에서 밖으로 약간의 단을 두고 정지, ② 그 위에 기저층을 얇게 조성, ③ 외벽 기저층 끝에서부터 성 안쪽으로 단면 반원형의 토루를 점질토와 사질토 등을 교대로 성토다짐하여 조성하고, 여기에 의지하여 작은 토루를 덧붙여 성벽의 규모를 확대, ④ 전체 토루 외면에 사질토로 피복하는 것이다.

먼저 첫 번째의 경우는 남성에서는 외성 남벽 1, 외성 서벽, 내성 동벽, 내성 북벽이 해당된다. 북성에서는 내성 동벽 1 성벽이 해당된다. 외측에서부터 순서대로 난면 반원형의 토루(일명 土堤혹 벽심)를 만들고, 여기에 의지하여 1~2개의 작은 토루를 덧붙여 성벽의 규모를 크게 하고 있다. 단면 반원형의 토루는 점질이 있는 토사로 조성하였고, 그 위에 덧붙여지는 토루는 소토 및 사질토를 다져 기저층을 조성한 다음에 점토 및 사질토+목탄+소토 등 흙의 성질이 다른 토사를 교대로 다져쌓는 '類似版築'[17]방식으로 축조되었다. 북성의 내성 동벽 1 성벽의 경우에는 중심토루 외측에 점질토와 사질토를 교대로 쌓아올려 토루의 외측 형태를 완만한 곡선을 이루도록 하고 있다.

두번째는 ① 기저암반을 성안에서 밖으로 경사를 두며 정지, ② 기저층을 계단식으로 성토다짐으로 조성, ③ 기저층 각 단 상면에 성토다짐하여 토루의 형태를 만듦, ④ 토루 상면에 사질토로 피복.

두번째의 경우는 남성에서는 내성 ·북벽 회절부, 내성 남벽 1·2 성벽이 해당된다. 북성에서는 내성 남벽 1·2 성벽이 해당된다. 기저층이 계단식으로 조성되어 성체를 구

---

16) 추성산성 토축 성벽은 이러한 작은 토루가 합쳐져 성벽의 외형을 이루고 있어, 작은 토루를 조성 순서대로 1~3 토루라고 구분한다면, 전체 토축성벽 명칭과 혼동될 우려가 있다. 따라서 각각의 작은 토루가 제작된 순서를 구분하기 위해 1차~3차 工程으로 제작된 토루로 표현하겠다.

17) 羅東旭은 우리나라 토성에서 版築의 형식에는 크게 두 가지가 있다고 한다. 하나는 柱穴이나 基壇石築이 없이 모래처럼 입자가 가는 흙과 굵은 흙을 번갈아 펴서 쌓으면서 다진 형식(일명 類似版築이라 부름.), 다른 하나는 주혈과 기단석축이 확인되며 기둥을 이용하여 판자를 고정시킨 뒤 일정한 간격마다 흙을 한 켜 한 켜 펴서 절구공과 같은 도구로 다진 형식이 있다고 한다.(羅東旭, 1996,「慶南地域의 土城 研究-基壇石築型 版築土城을 中心으로」,『博物館研究論集』5, 22쪽.)
심정보도 증평 이성산성 남성과 북성의 성벽은 성토기법을 기본으로 하되 부분적으로 유사판축기법이 채용된 것으로 보고 있다.(심정보, 2013, 위의 글.)
類似版築의 개념을 交互盛土라는 용어로도 대체하여 사용하기도 한다.(金武重 李厚錫 李奕熙, 2012,「華城 吉城里土城의 構造와 性格-華城 鄕南 料里 270-7番地 發掘調査成果를 中心으로-」,『백제와 주변세계』, 성주탁 교수 추모논총 간행위원회편. ; 李奕熙, 2013, 앞의 글.)

성하는 토루와 토루를 지탱하는 기저암반의 기능까지 하고 있다. 이러한 축조방식이 확인되는 성벽의 입지한 지형은 내성 북·동벽 회절부 1 지점의 경우, 내성 동벽에서 북벽으로 회절하는 지역이다. 내성 남벽 1·2 지점도 계곡의 상단부로 모두 성 안쪽과 바깥쪽이 완만하다. 이곳 지형은 첫 번째와 세 번째 지형보다 완만하다고 할 수 있다. 남성 내성의 경우에는 완만한 지형에 성벽을 높게 쌓기 위해서 기저층을 계단식으로 높고 견고하게 조성하여 토루를 쌓아 올린 것으로 보인다. 반면에 북성 내성 남벽의 경우는 외측토루를 축조하여 여기에 의지하여 중심토루가 축조되었고, 그 위에 중심토루를 축조하여 성벽을 높게 축조하고 있다.

세번째는 ① 기저암반에 대한 최소한의 整地 작업, ② 경사면을 따라 기저층 조성, ③ 기저층 상단부에 소형 토루를 조성, ④ 토루 상면에 사질토로 피복.

세번째의 경우는 다른 지역보다 성 안쪽과 바깥쪽 지형이 급한 곳이다. 즉 자연적 지형의 유리함으로 성벽을 높게 쌓아 방어력을 높일 필요가 적은 곳이다. 외성 남벽 2지점은 암반이 단단하여 기저층을 두텁게 조성하였고, 남벽 3 지점은 평탄지가 끝나는 지점에 소형의 토루를 조성하여 성벽을 축조하였다. 남성에서는 외성 남벽 2와 3 성벽이 해당되며, 북성에서는 내성 동벽 2 성벽이 해당된다.

추성산성 성벽의 축조단계에 따른 구분을 전제로 축조방식을 다시 세분화 하면 다음과 같이 정리할 수 있다.

●기저암반의 地釘 방식 (A 유형) : 자연암반(A-1)
　　　　　　　　　　　　　　　 사면지정(A-2)
　　　　　　　　　　　　　　　 계단지정(A-3)

●기저층의 조성 형태 (B 유형) : 사선 형태(B-1)
　　　　　　　　　　　　　　　 계단 형태(B-2)

●토루의 工程 (C 유형) : 기저층 상면 중심토루(C-1)
　　　　　　　　　　　　 외측 토루→중심 토루(C-2)
　　　　　　　　　　　　 단면 반원형 토루→중심토루(C-3)

●토루의 조성방식 (D 유형) : 交互盛土 다짐(D-1)
　　　　　　　　　　　　　　 토석혼축(D-2)
　　　　　　　　　　　　　　 점토블럭(D-3)

●성벽의 보강 및 보수(E 유형) : 내측 석축(E-1)

　　　　　　　　　　　　　　　　외측 석축(E-2)

표 1. 증평 추성산성 성벽 현황[18]

구분	조사성벽	조사위치	규모(m)		축조기법	비고
			폭	외측 높이		
南城 외성	외성 남벽 1-1	남문지 서쪽 외측	22	7.5	A-3, B-1, C-3, D-1, E-2	외측 보강석축(남문지 관련)
	외성 남벽 1-2	남문지 서쪽 내측	19	5.5~6	A-3, B-1, C-3, D-1, E-2	외측 보강석축(남문지 관련)
	외성 남벽 2	남문지 동측	8	5.5	A-1, B-1, C-1, D-1	외측 보강석축(남문지 관련)
	외성 남벽 3	남문지 동쪽 50m	2.5~3	1.2	A-2, C-1	성벽 규모 최소
	외성 서벽 1	남문지 북쪽 60m	23.5	7.8	A-3, B-1, C-3, D-1 · 3, E-2	외측 석축 보수, 점토블릭
南城 내성	내성 동벽 1	북동문지 남쪽 60m	13.2	4.4	A-2, B-1, C-3, D-1, E-1	내측 석축 보수, 석곽시설
	내성 동 · 북벽 1	북농문지 서쪽 측벽	13	5	A-2, B-1, C-1, E-1	문지 남측벽
	내성 북벽 1	북동문지 서남쪽 60m	19	5.7	A-2, B-2, C-3, D-1	기저층 계단 형태
	내성 남벽 1	내외성 동벽 공유벽 서쪽 30m	17	4.5	A-2, B-2, C-1, D-1	기저층 계단 형태
	내성 남벽 2	내외성 동벽 공유벽 서쪽 50m	14	4	A-2, B-2, C-1, D-1	기저층 계단 형태
北城 내성	내성 동벽 1	내성 동벽에서 북벽으로 회절	10	5~6	A-3, B-2, C-3, D-1 · 2	기저층 계단 형태
	내성 동벽 2	내성 동벽 1 지점에서 남쪽으로 30m	4~5	3	A-3, B-2 C-1 D-1 · 2	기저층 계단 형태
	내성 남벽 2	외성과 접하는 망대지 서쪽	9~10	4.5	A-3, B-2, C-2, D-1	원삼국 주거지 상면

　　추성산성의 성벽은 성벽 외측의 경사면을 정지하고, 바닥에 성벽 진행방향과 나란한 기둥구멍을 조성하여 기둥을 세우고 성벽 바깥의 낮은 부분부터 다져 올려 성벽 외측을 보강하였다. 그 후 중심토루 외측에 일정 간격의 기둥을 세운 내부에 흙을 펴고 다진 것을 반복하여 중심토루를 조성하는 것이 기본이다. 토루를 조성하는 방식은 盛土法과 類似版築法이 사용되었다. 그러나 기저암반의 地釘 방식과 토루의 축조단계를 검토해 보면 다양한 방식으로 축조된 것을 표 1을 통해 알 수 있다. 이러한 다양한 축조방식은 주변에서 구할 수 있는 재료에 대한 선택문제도 존재하겠지만, 지형적 요건도 있었던 것으로 보인다.

　　기저암반의 地釘 방식(A 유형)은 지반 整地에서 기저암반을 사면(A-2)으로 정지한 곳과 계단(A-3)으로 정지한 곳의 성벽의 입지지형을 보면 사면(A-2)으로 지정한 곳이 비교적 완만하였다. 완만한 지형의 기저암반의 정지는 남성의 내성 성벽에서 확인되며, 급경사 지

---

18) 표 1은 필자가 발표한 2013년도에 개최된 제14회 백제학회 정기발표회 자료집에 있는 표 8(김호준, 2013, 「충북지역의 백제성곽」, 『미호천유역의 백제사』)을 추성산성 2차 발굴조사 보고서 내용과 4차 완료약 보고서를 통해 수정하여 제시하였다.

형의 경우는 북성의 내성 동벽 1 성벽에서 확실한 계단형태를 보이고 있다. 이 외에는 사선형+계단형의 중간 정도의 정지된 형태를 보인다.

기저층의 조성 형태(B 유형)는 지형의 급경사 여부를 살펴볼 수도 있지만, 다른 목적도 고려해 볼 필요가 있다. 완만한 지형에 계단(B-2) 형식으로 조성한 곳은 남성의 내성 성벽과 북성의 내성 성벽에서 주로 확인된다. 이러한 축조방식은 성벽의 폭과 높이가 높아져 축조 당시 많은 공력이 드는 단점이 있지만, 그 만큼 중심토루가 성벽 외측에 조성되게 되어 성벽 내부 공간의 확보를 할 수 장점도 있는 것으로 보인다.

토루의 工程(C 유형)은 기저층 상면에 중심토루(C-1)를 축조한 성벽은 남성 외성의 남벽 2 · 3 성벽과 북성 내성 동벽 2 성벽을 예로 들 수 있다. 성벽 외부의 경사가 급하여 자연 지형 자체가 방어력이 높기에 최소한의 공력으로 성벽을 축조한 경우라 할 수 있다. 그 외의 성벽은 내부 공간 확보를 위한 축조방식으로 볼 여지가 크다. C-2 · 3 형식은 성벽 외측에서부터 외측토루와 단면 반구형 토루를 조성하여 2~3차 중심토루를 축조하는 공통된 공정을 보이고 있다. 그러나 중심토루 외측의 토루 모양이 다르다고 할 수 있다. 게다가 C-3 형식의 성벽은 주변 C-2 형식 성벽보다 외측 높이가 높다는 점을 알 수 있다. 이러한 점은 C-3 형식의 성벽이 C-2 형식 성벽보다 방어력을 높이기 의도가 있음을 알게 한다. 결국 C-2 · 3 형식의 성벽은 축조 공정에서 차이를 보이지 않으나, 다만 성벽을 견고하고 높게 축조하기 위해 외측토루와 단면 반구형 토루를 선택하여 축조한 차이를 보인다 할 수 있다.

토루의 조성방식(D 유형)은 추성산성 성벽이 평지 토성에서 보이는 판축틀과 관련된 영정주와 판재, 횡장목 등이 확인되지 않는 점을 고려할 필요가 있다. 이는 부여 부소산성과 大野城의 판축 성벽에 나타나는 영정주 이외의 횡장목까지 사용한 판축공법보다는 훨씬 이전 단계의 것임을 알 수 있다고 한다.[19] 즉 추성산성 성벽의 토루 조성방식은 공통적으로 盛土法과 類似版築法이 혼용된 것을 알 수 있다. 이는 한성백제의 도성인 풍납토성과 청주 정북동토성처럼 평지토성들의 판축기법보다 거친 방법이라 할 수 있다. 다만 D-2 형식은 북성의 내성 동벽과 같이 주변 지표에서 노출된 암반의 할석재들로 성내 배수에 취약한 부분과 암반 사이를 점토와 함께 조성한 사례라 할 수 있다.

성벽의 보강 및 보수(E 유형)는 성벽 외측과 내측에 조성된 석축을 구분한 것이다. E-1

---

19) 차용걸, 2013, 앞의 글, 8~9쪽.

형식은 추성산성 남성의 외성 남벽 1-1 · 2, 외성 남벽 2 지점 성벽 하단부 외면에서 확인되었다. 각각의 토축성벽은 축조방식이 다르지만, 두 개의 성벽 외면에 조성된 보강석축은 남문지 외곽에 문도부 양쪽 측벽을 따라 연결된 석축열과 접하고 있다. 그리고 두 성벽은 남성 외성 남문지 주변에 위치하였기에 남문지에서 흘러내리는 우수로부터 성벽 하단이 깎여 나가는 것을 방지하기 위해 외부 보강석축을 조성한 것으로 보인다. 그리고 남문지의 축조와 개축 과정에서 보강석축의 형태와 축조방식을 달리했던 것으로 보인다.

E-2 형식은 남성 내성 동벽 1지점 성벽의 내측에서, 외성 서벽 1지점에서는 외측에서 확인되었다. 먼저 내성 동벽 1지점 성 내측 석축은 3차 중심토루 상면에 조성되었다. 석축은 기존 성벽의 다짐토층을 'ㄴ'자 형태로 굴착하고, 바깥 면을 크기나 모양에 있어 일정하지 않은 할석재로 5단 높이 0.7m 정도 막쌓기 하였다. 이와는 별개로 외성 서벽 1지점 성벽의 바깥쪽 기저면에 수직으로 토층이 단절된 부분에 석축이 있다. 이는 성벽 조성 이후 외부에 석축과 흙을 이용하여 개축한 것으로 추정된다.[20]

이상으로 증평 추성산성 남성과 북성의 성벽 축조공정을 살펴보았다. 남성과 북성의 성벽은 ① 지반 整地,[21] ② 기저층 조성, ③ 토루(중심토루, 내·외측 토루) 조성, ④ 성벽 外皮 토축, ⑤ 내외측에 석축 보강 및 보수 등의 총 5 段階 공정순서를 확인할 수 있었다. 그리고 성벽 외측 하단부의 단면 반원형의 토루에 의지하여 1~2개의 작은 토루를 덧붙여 성벽의 규모를 크게 하는 공정이 확인된 점도 주목할 만하다.

2. 축성시기

증평 추성산성의 축조시기를 밝힐 수 있는 자료로는 남성 내성 동벽 1의 석곽시설 내부의 발형토기와 보수된 내측 석축시설 출토유물, 소토층 목탄 측정 AMS 측정결과와 북성 내성의 남벽 1 · 2 성벽 하부 주거지 및 출토 토기를 들 수 있다.[22]

---

20) 이러한 토성 내외측에 석축을 하여 보수한 흔적으로는 풍납토성 동벽에서도 확인된다.(국립문화재연구소, 2002,『風納土城Ⅱ 동벽 발굴조사 보고서』. ; 2011,『風納土城-2011년 동성벽 발굴조사 현장설명회 자료집』.)

21) 심정보는 남성 외성 서벽 1 지점의 기저암반에 남북방향으로 'u'자 형으로 굴착된 4~5개의 홈을 화성 소근산성의 '성벽심(墻心)'으로 파악하고 있다. 이 홈들은 기저부 조성에 있어서 성토층의 유동성을 억제하고 안정화시키기 위하여 목주를 시설한 점과 암반 외벽 경사면에 성토층의 접착력 감소를 최소화 시키기 위하여 길게 홈을 파서 기저부 성토층과의 밀착력을 높이기 위한 시설로 볼 여지가 있다고 한다.(심정보, 2013, 위의 글.) 11개소 성벽조사에서 이 시설이 모두 확인되지 않았고, 절개조사의 한계로 그 성격을 면밀히 밝히지 못했다. 따라서 추성산성 성벽에 대한 향후 조사과정에서 면밀하게 조사할 필요가 있다.

22) 조사단은 2012년 북성에 대한 발굴조사 당시 주거지 내부의 목탄과 내성 남문지 내부 출토 목탄에 대한

1) 남성

남성 내성 동벽 1의 석곽시설 내부 유물은 단면 반원형 토루 다짐층에 조성된 석곽시설과 내측 석축 상면에서 출토되었다. 석곽시설 내부에서 뒤집어 진 채로 발형 토기가 출토되었다. 이 토기는 외면에 격자타날되었고, 대체로 동체는 곡면을 이루고 있고, 구경부는 강한 회전 물손질 조정으로 구연 내면이 오목하게 조정된 양상을 보이고 있다. 이러한 발형토기는 청주 봉명동고분군의 A-26 · 35 · 41호, B-111호, C-44호 등 봉명동 5~6기인 4세기 중엽에 해당하는 분묘와 청주 명암동 1호 주거지 출토 심발과 거의 같은 양상을 보이고 있다.[23]

내측 석축 상면에서 출토된 토기는 단경호 구연부편, 단경호 경부편, 동체편이 있다. 이들 토기는 표면에 경부 하부까지만 집선문을 평행타날 한 후 조밀하게 횡침선을 돌렸다. 집선문을 평행타날하고 횡침선을 돌린 문양은 대체로 원삼국시대의 회색계 토기 호의 일반적인 동체부 문양으로서 미호천유역의 원삼국시대 고분군인 송절동 고분군과 봉명동 IV지구유적, 송대 · 상평리 유적의 분묘 출토 회색계 호의 문양요소를 이루고 있다.[24]

다음으로 내성 동벽 1의 소토층에서 수습된 목탄과 남성 내 평탄지의 목탄에 대한 방사성탄소 연대측정 결과는 다음과 같다.

표 2를 통해 보면 소토층에서 수습된 3건의 목탄에 AMS 연대측정 결과는 평균적인 중심연대도 4세기 중반을 넘지 않고 있으며, 오차 범위의 늦은 시기도 5세기 후반을 넘지 않는다는 것을 알 수 있다.

표 2. 추성산성 남성 내성 동벽 1 및 외성 내 평탄지 AMS 연대측정

	출토위치	탄소연대(yrs BP)	보정연대	비고
1	내성 동벽 1 소토층①	1710±40	AD 240~420(95.4%)	
2	내성 동벽 1 소토층②	1680±40	AD 240~440(94.6%)	
3	내성 동벽 1 소토층③	1760±40	AD 130~390(95.4%)	
4	외성 내 평탄지 뻘 상층	1740±40	AD 210~410(94%)	
5	외성 내 평탄지 뻘층	1610±40	AD 340~550(95.4%)	

AMS 연대측정을 의뢰했다. 현재 4차 보고서가 작성 중이기에 이에 대한 자료는 향후 보고서가 발간된 이후에 비교해 볼 수 있을 것으로 판단된다.

23) 박중균, 2013, 「증평 이성산성 출토 토기 및 주거지의 성격과 편년」, 『한국성곽학회 2013년도 춘계학술대회 -증평 이성산성의 조사 성과와 사적화 방안-』, 한국성곽학회 · 중원문화재연구원.

24) (재)중원문화재연구원, 2011, 『曾坪 二城山城 I -南城 南水門址-』, 95~96쪽.

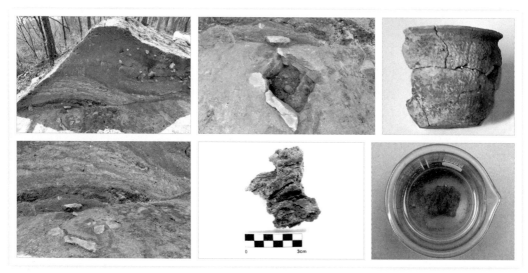

사진 5. 추성산성 남성 내성 동벽 1 성벽 석곽 내부 출토 유물 및 소토층

이상으로 내성 동벽 1의 출토유물과 AMS 연대측정 결과를 통해 보면, 남성 내성의 축조시기는 4세기 중반을 넘지 않을 것으로 보인다. 또한 토성을 보수한 내측 석축 상면에서 출토된 토기는 석축을 조성한 하한자료라고 본다면, 이 또한 4세기 중반 정도로 보인다. 따라서 남성 내성 동벽을 축조한 이후 내측에 석축으로 보수하였던 시기차가 크지 않다는 것을 알 수 있다.

추성산성 남성이 폐기된 시점에 대해서는 추성산성 남성의 토기를 바탕으로 성정용[25]은 대체로 원삼국기 이래 재지적인 전통을 잇고 있으며, 그 제작·사용시기가 4세기 전·중반이라는 견해를 발표하였다. 남성과 북성의 토기를 비교 분석한 박중균[26]은 원삼국기~백제 한성기에 해당하는 토기들로 이 지역 원삼국기 이래의 재지적 요소를 갖고 있는 토기들이 주를 이루고 있으며, 중심시기는 4세기 대에 해당한다는 견해를 제시하였다.

---

25) 성정용, 2011,「曾坪 二聖山城 出土 土器樣相 檢討」,『증평 이성산성 정비 · 활용방안을 위한 기초학술세미나』, 중원문화재연구원 · 증평군청, 41~56쪽.
　　_____, 2012,「曾坪 二聖山城 出土 土器樣相과 그 性格」,『湖西考古學』27, 湖西考古學會, 44~65쪽.
26) 박중균은 남성과 북성에서 출토된 토기 중에 광구소호, 평저광구호, 대부파수부완, 원형 압인문 토기, 고배 등 가야지역, 충남 서해안 및 영산강유역의 토기기종으로 판단되는 외래기종 토기류가 출토되고 있고 있다고 한다. 그리고 이들 외래기종 토기류는 대체로 4세기 후엽의 시기에 집중되고 있는데, 가야와 영산강유역권과의 교류상을 엿볼 수 있는 유물로 생각된다며, 이성산성은 백제에서 왜로 통하는 교류루트로서 가야 및 영산강유역으로 통하는 중간지역에 위치하기에 백제와 가야 및 영산강유역의 세력을 연결하는 중요한 기능을 수행하였던 것으로 조심스럽게 추정해 본다고 한다.(박중균, 2013, 앞의 글.)

따라서 남성이 적극적으로 활용되지 않은 시점은 아마도 5세기 전반경으로 추정된다.

2) 북성

북성에서는 총 5기의 주거지가 조사되었다. 주거유형은 방형계 4주식 주거지 1동(5호), 방형계 비4주식 주거지 3동(1. 2. 4호), 원형계 주거지 1동(3호)으로 방형계 비4주식주거지의 비율이 약간 높다. 1호 주거지는 내성 남벽 조성층 하부, 2호와 3호 주거지는 성벽 조성층을 굴착 후 조성하였다. 4호 주거지는 성벽과 3호 주거지를 조성하는 과정에서 파괴되었다. 5호 주거지는 내성 남벽 2트렌치 조사 과정에서 확인되었고, 내성 남벽을 축조하는 과정에서 훼손된 것으로 보인다. 즉 1·4·5호 주거지는 내성 남벽 축조 이전에 조성되었으며, 3호 주거지는 성벽 조성층을 굴착하여 조성하여 성벽 축조시기 보다 후행하는 것으로 확인되었다. 주거지의 현황은 다음과 같다.

표 3. 이성산성 북성 내성 평탄지 주거지 현황표[27]

호수	평면 형태	규모(cm) 길이×너비×깊이	바닥	내부시설	출토유물	비고
1	방형	416×305×14		부뚜막, 주공렬, 저장공	원저호(편), 대옹(편) 토기 뚜껑, 미상철기	성벽 다짐층 하부에 조성
2	방형	410×264×15		부뚜막, 주공렬	발형토기(편), 원저호(편), 대옹(편)	굴립주
3	방형	326×297×25	사질토+점토다짐	부뚜막, 소형 주공, 저장공	발형토기(편), 원저호(편), 시루	성벽과 그 하부 4호 주거지를 굴착하여 조성
4	원형	337×296×3	점토다짐	부뚜막, 주공렬	발형토기(편), 원저호(편), 시루(편)	3호 주거지 및 성벽 다짐층 하부에 조성됨
5	방형	395×258×40		부뚜막, 4주식	집선문에 횡침선문 시문된 토기편 일부	내성 남벽 기저층 하부에 조성됨

주거지의 편년은 각 주거지별로 출토유물을 정리하면 다음과 같다.[28]

1호 주거지 출토유물은 원저호와 대옹이 주를 이룬 토기편들이 대부분이며, 광구소호 1점이 있다. 주거지의 조성시기는 횡주단선+평행타날문 토기편의 존재와 광구소호로 볼 때 4세기 후엽에 해당하는 것으로 보인다. 2호주거지는 거의 바닥면만 잔존한 상태로 남동벽은 유실된 상태이다. 출토유물은 격자타날 원저단경호편, 평행타날문 동체편이 있

---

27) (재)중원문화재연구원, 2012, 『증평 이성산성 4차(북성) 발굴조사 완료약보고서』.
28) 박중균의 편년을 참조하여 정리하였다.(박중균, 2013, 「증평 이성산성의 출토 토기 및 주거지 성격과 편년」, 『증평 이성산성의 조사 성과와 사적화 방안』, 61~86쪽.)

다. 3호 주거지 출토유물은 경부돌대원저직구호, 평행타날+횡침선의 동이형토기, 삼각형
증기공이 투공된 시루 등이 출토되었다. 출토유물의 양상으로 보아 주거지의 조성시기는
5세기 전반의 이른 시점(5세기 1/4분기)으로 보인다. 4호주거지는 3호주거지의 하부에 중복
되어 위치한다. 출토유물은 시루와 동이형토기, 원저단경호편 등이 있다. 주거지의 조성
시기는 4호 주거지 시루와 같은 시루가 출토된 가평 항사리 나-17호 주거지가 4세기 중·
후엽으로 판단되는 점, 4호 주거지에 출토 동이를 진천 삼용리 90-1·3호 요지출토품과
비교했을 때 대체로 4세기 중·후엽으로 판단된다. 5호 주거지는 유물이 출토되지 않아
정확한 시기는 알 수 없지만 방형계 4주식주거지는 마한계 주거지의 주거유형으로 일반
적으로 인식되고 있다.

요약해 보면, 1·4·5호 주거지는 내성 남벽 축조 이전에 조성되었으며, 3호 주거지
는 성벽을 파괴하고 조성하여 성벽 축조시기 보다 후행하는 것으로 확인되었다. 이들 주
거지의 조성시기는 5호 주거지가 원삼국기 마한 주거지이며, 1호와 4호 주거지가 4세기
후엽 혹은 중·후엽의 어느 시점, 3호 주거지는 5세기 전반에 해당하는 것으로 판단된다.
따라서 북성 내성의 축조시점은 대략 4세기 후엽의 늦은 시점(4세기 4/4분기)에 축조된 것으
로 판단된다.[29]

추성산성 북성은 주거지 출토 이외 원삼국~백제시대 유물로는 토기류와 철제류가 있
다. 백제토기 기종은 短頸壺類, 大甕, 甑, 장란형토기, 동이형토기, 鉢形土器, 흑색마연토
기, 兩耳附壺 등이 있으며, 이 중 호와 옹이 대부분을 차지하고 있다. 북성의 토기류는 남
성과 같은 출토양상을 보이고 있다. 그러나 남성에서 출토된 경질무문토기가 확인되지
않는 점, 토기류의 중심시기가 4세기 중·후엽으로 남성보다 다소 늦은 점, 남성에서 출
토되지 않았던 백제 중앙양식의 흑색마연토기가 출토되고 있는 점은 남성보다 늦은 시
기에 축조되었을 가능성이 있다. 북성도 남성과 같이 아마도 5세기 전반경에 활용빈도가
낮았던 것으로 보인다.

부가적으로 북성에서는 광구소호, 兩耳附壺, 대각편, 臺附把手附盌, 高杯, 把手片, 臺
附土器 底部片, 頸部突帶圓底直口壺 등 대략 10점 가량의 외래기종 토기류가 출토되었
다. 외래 기종의 토기류들은 영남지역, 금강 중하류지역을 비롯하여 충남 서해안지역 및
호남지역에서 주로 확인되는 토기 기종들로 대체로 시기가 4세기 후반에 집중되어 있어

---

29) 박중균, 2013, 앞의 글.

사진 6. 북성 내성 3호 주거지 및 출토유물(2012년 약보고서 전재)

사진 7. 북성 내성 4호 주거지 및 출토유물(2012년 약보고서 전재)

4세기 후반 이들 지역과의 교류상을 보여주는 유물이라 생각된다.[30]

IV. 맺음말

이상으로 증평 추성산성 남성과 북성 성벽에 대한 조사결과를 바탕으로 성벽의 축조
현황과 축조공정 상의 특징 및 축성시기에 대해서도 살펴보았다.

증평 추성산성 성벽은 ① 지반 整地, ② 기저층 조성, ③ 토루(중심토루, 내·외측 토루) 조
성, ④ 성벽 外皮 토축, ⑤ 내외측에 석축 보강 및 보수 등의 총 5 段階 공정순서를 보이고
있다. 그리고 일부 성벽에서는 성벽 외측 하단부에 단면 반원형의 토루를 축조하여 여기
에 의지하여 1~2개의 작은 토루를 덧붙여 성벽의 규모를 크게 하는 공정이 확인된 점도
주목할 만하다. 이러한 단면반유선형 토루가 확인된 성벽은 문지 주변 및 적을 감시하기

---

30) 박중균, 2013, 위의 글.

용이한 성벽 회절부로써 주변 성벽보다 규모가 크다. 그리고 성벽 외측 하단부에 단면 반원형의 토루를 설치하는 방식은 지형이 급하지 않은 지역의 외측토루를 설치하는 공정과 유사하다. 따라서 단면 반원형 토루와 외측토루 설치는 축조지역의 지형적 여건과 성벽의 방어력을 고려한 축조방식으로 선택되었던 사항일 가능성도 고려해 볼 만 하다.

성벽의 축조 및 보수된 시기는 남성의 경우, 내성 동벽 1의 석곽 및 내측 석축시설 출토토기와 소토층의 AMS 측정결과 4세기 중반 경으로 보이며, 산성이 활용빈도가 낮아진 시점은 5세기 전반 경으로 보인다. 북성의 경우, 내성 남벽 하부와 조성층을 굴착한 주거지 편년을 통해 대략 4세기 후엽의 늦은 시점(4세기 4/4분기)에 축조된 것으로 판단된다. 그리고 북성도 남성과 같이 아마도 5세기 전반경에 활용빈도가 낮았던 것으로 보인다.

증평 추성산성은 한성백제기 토성 축조방식의 다양한 사례들을 보여주고 있다. 이러한 토축성벽 축조방식의 다양성은 입지와 규모면에서 축조 지형과 방어의 목적을 고려했을 가능성이 높다. 그리고 한성백제의 한강 중상류지역과 금강 중류유역 진출과 맞물려 한성백제 중앙세력의 주도하에 재지세력(지역집단)이 동원되어 축성되었을 가능성이 매우 높다. 이와 더불어 재지세력이 백제의 지방통치체제에 편입되어가는 단계를 보여주는 자료라고 할 수 있다. 그러나 추성산성에서 보이는 다양한 성벽 축조방식에 대한 중앙세력과 재지세력의 축성 기술적 공통성과 특수성에 대한 연구는 숙제로 남을 수밖에 없다.

향후의 연구는 추성산성의 3개소에서 조사된 다양한 문지의 구조를 통해, 이들 문지가 갖는 공통성과 특수성에 대한 연구가 필요하며, 한성백제의 한강 중상류지역과 금강 중류유역 진출과 맞물려 축성된 토축성곽에 대한 비교연구 및 동시기에 축조된 삼국의 토축성곽과의 비교연구 또한 필요하다. 이러한 문제들을 좀 더 관심을 갖고 하나씩 풀어나간다면, 추성산성이 위치한 미호천 중상류뿐만 아니라 백제 토축성곽의 전반적인 특징을 밝힐 수 있을 것으로 생각된다.

참고문헌

1. 보고서 및 단행본

경기도박물관, 2012, 『화성 소근산성 −학술 발굴조사 보고서−』.

국립문화재연구소, 2002, 『風納土城 II 동벽 발굴조사 보고서』.

_____, 2011, 『風納土城-2011년 동성벽 발굴조사 현장설명회 자료집』.

단국대학교중앙박물관, 1996, 『망이산성 발굴 보고서(1)』.

_____, 1999, 『망이산성 2차 발굴조사보고서』.

단국대학교매장문화재연구소, 2006, 『안성 망이산성 3차 발굴조사 보고서』.

서정석, 2002, 『百濟의 城郭-熊津 · 泗沘時代를 中心으로』, 학연문화사.

(재)중원문화재연구원, 2004, 『槐山 西部里土城 -지표조사보고서-』.

_____, 2006, 『충주 장미산성-1차 발굴조사보고서』.

_____, 2009, 『忠州 彈琴臺土城 I』.

_____, 2009, 『陰城 望夷山城 I』.

_____, 2011, 『曾坪 二城山城 I ―南城 南水門址―』.

_____, 2011, 『증평 이성산성 정비 활용방안을 위한 기초학술세미나』.

_____, 2012, 『曾坪 二城山城 II ―南城 北東門址―』.

_____, 2012, 『증평 이성산성 4차(북성) 발굴조사 완료약보고서』.

_____, 2013, 『淸州 井北洞土城 III』.

_____, 2013, 『음성 망이산성 5차 발굴조사보고서』.

_____, 2013, 『曾坪 杻城山城 -南城 1 · 2 · 3次 發掘調査 綜合報告書-』.

(재)중원문화재연구원 · (사)한국성곽학회, 2013, 『증평 이성산성의 조사 성과와 사적화 방안』.

충북대학교중원문화재연구소, 1999, 『淸州 井北洞土城 I』.

_____, 2002, 『忠州 彈琴臺』.

_____, 2002, 『淸州 井北洞土城 II』.

_____, 2002, 『望夷山城 - 충북구간 지표조사 보고서』.

_____, 2003, 『장미산성 - 정비예정구간시굴조사보고서』.

忠淸專門大學 博物館, 1997, 『曾坪 二城山城』.

2. 논문

강민식 · 윤대식, 2010.11, 「충주 견학리토성과 중부지역의 판축토성」, 『한국성곽학보』18집, 68～97쪽.

권오영, 2011, 「고대 성토구조물의 성토방식과 재료에 대한 시론」, 『漢江考古』 第5號.

_____, 2012, 「고대 성토구조물의 재료에 대한 재인식」, 『백제와 주변세계』, 성주탁교수 추모논총.

김길식, 2013, 「曾坪 二城山城 出土 鐵製遺物의 性格」, 『증평 이성산성의 조사 성과와 사적화 방안』, 87～116쪽.

金武重 · 李厚錫 · 李奕熙, 2012, 「華城吉城里土城의 構造와 性格 -華城鄕南料里270-7番地發掘調査成果 를 中心으로-」, 『백제와 주변세계』, 성주탁교수 추모논총.

김영관, 2006, 「고구려의 청주지역 진출 시기」, 『선사와 고대』25, 한국고대학회.

김호준, 2007, 「京畿道 平澤地域의 土城 築造方式 硏究」, 『文化史學』27호.

羅東旭, 1996, 「慶南地域의 土城 研究 – 基壇石築型 版築土城을 中心으로」, 『博物館研究論集』5.

박중균, 2010, 『美湖川流域 原三國時代 墳墓와 社會集團』, 충북대 박사학위논문.

_____, 2013, 「증평 이성산성의 출토 토기 및 주거지 성격과 편년」, 『증평 이성산성의 조사 성과와 사적화 방안』, 61~86쪽.

성정용, 2011, 「曾坪 二聖山城 出土 土器樣相 檢討」, 『증평 이성산성 정비 · 활용방안을 위한 기초학술세미나』, 중원문화재연구원 · 증평군청, 41~56쪽.

_____, 2012, 「曾坪 二聖山城 出土 土器樣相과 그 性格」, 『湖西考古學』27, 湖西考古學會, 44~65쪽.

심정보, 1999, 「高句麗 山城과 百濟 山城과의 比較 檢討」, 『高句麗研究』8輯, 519~551쪽.

_____, 2013, 「증평 이성산성의 성벽 축조기법에 대하여」, 『증평 이성산성의 조사 성과와 사적화 방안』, 41~60쪽.

양기석, 2011, 「삼국의 증평지역 진출과 이성산성」, 『증평 이성산성 정비 · 활용방안을 위한 기초학술세미나』.

오욱진, 2012, 「3~4세기 百濟의 鐵 交易路와 生産地 確保를 통해 본 領域化 科程」, 충북대 석사학위논문.

이규근, 2008, 「장미산성 축조에 관한 검토」, 『중원문화재연구』2, 117~145쪽.

이혁희, 2013, 「漢城百濟期 土城의 築造技法」, 한신대 석사학위논문.

장준식, 2011, 「증평 이성산성에 관한 문헌검토」, 『증평 이성산성 정비 · 활용방안을 위한 기초학술세미나』.

차용걸, 1988, 「百濟의 築城技法―版築土壘의 調査를 中心으로」, 『百濟研究』19.

_____, 2004, 「웅진 · 사비시대 백제 석성의 현단계」, 『湖西考古學報』10輯, 湖西考古學會.

_____, 2013, 「증평 이성산성의 성격과 특징」, 『증평 이성산성의 조사 성과와 사적화 방안』.

崔種澤, 1999, 「京畿北部地域의 高句麗 關防體系」, 『高句麗研究』8, 高句麗研究會.

최맹식, 1996, 「百濟 版築工法에 관한 研究」, 『碩晤尹容鎭敎授停年退任紀念論叢』.

한병길, 2001, 「中部地方 百濟土城의 築造技法」, 충북대 석사학위논문.

薔薇山城 출토 土器의 양상과 성격

박중균 한성백제박물관

Ⅰ. 머리말

장미산성(사적 400호)은 충주시 가금면에 위치한 해발 336.9m의 장미산에 축조된 삼국시대 석축산성이다. 장미산성의 규모는 둘레가 2.94km에 달하여 중부지역의 삼국시대 석축산성 중에는 규모가 가장 큰 산성에 속한다. 성벽의 축성구간도 남한지역에 분포하는 석축산성의 경우 산 정상부를 둘러쌓은 테뫼식(산봉형 혹은 마안형)유형에 속한 산성이거나 산 정상부와 계곡 상단을 둘러쌓은 사모봉형 산성이 대부분인데, 장미산성은 남한강에 면한 남쪽 큰 계곡의 하단부까지를 감싸며 성벽이 축조되어 있다. 그리고 산성의 입지도 남한강의 바로 서안에 자리하고 있어 남한강 수로를 이용하여 한강유역으로 통하는 수운을 적절히 공제할 수 있으며, 또한 성의 아래로는 남북, 동서로 이어지는 육로가 지나고 있어 수·육 교통로상의 요충지에 위치하고 있다. 이렇듯 장미산성은 산성의 규모나 입지, 유형상 중부지역 삼국시대 석축산성과 차별성을 보이고 있고, 주변으로 중원고구려비, 누암리 고분군 등 삼국시대 중요유적이 분포하고 있어 오래전부터 산성의 축성 주체 및 시기, 성격 등에 관하여 학계의 주목을 받아왔다. 그런데 지금까지도 이에 대한 해결이 완전히 이루어지지 못한 채 일부 논란이 지속되고 있으며, 이러한 이유는 장미산 성에 대한 전반적인 현황을 파악할 수 있을 정도의 조사가 이루어지지 못한데서 기인한 것으로 생각된다.

장미산성에 대한 조사는 1992년도에 지표조사가 실시된 이후 2차례의 시굴조사와 1 차례의 발굴조사가 이루어진 것이 전부이며, 조사지역도 성의 남쪽 계곡부 성벽과 성내 지역에 대하여 2012년도 실시한 시굴조사 외에는 모두 정상부쪽에 해당하는 북쪽 및 북 서쪽 구간에 대하여 이루어졌다.

이 글에서는 지금까지 일부 논란이 있는 성벽의 구조와 축조수법을 통한 산성의 축조 주체에 대한 부분은 논외로 하고, 장미산성에 대한 4차례의 조사를 통하여 출토된 유물 중 가장 많은 수를 차지하고 있는 토기류의 양상을 분석하여[01] 장미산성의 점유 주체와 시기, 변화과정 등을 살펴보고자 한다.

II. 장미산성 출토 토기의 양상

장미산성에서 그동안 조사를 통하여 출토된 토기류는 거의 모두 파편으로 출토되어 기형과 기종, 시기를 파악하기 어려운 것들이 대부분이다. 따라서 본장에서는 장미산성 에서 출토된 토기편들 중 기종이나 시기 등을 어느 정도 파악할 수 있는 것만을 대상으로 하여 토기류의 시대별, 기종별 구성정도를 살펴보겠다.

아래의 〈표 1〉을 통해보면, 장미산성에 출토된 토기류 양상의 특징은 전체 토기중 백 제 한성기에 속하는 것들이 전체 분석대상 99점 중 84점(85%)으로 거의 대부분을 차지하 고 있으며, 토기 기종도 가장 다양한 양상을 보이고 있다. 한편, 소수이기는 하나 장미산 성 출토 토기편 중에는 고구려, 신라, 가야, 통일신라 토기편이 확인되고 있다는 점이 주 목되며, 이 중 신라토기편이 8점(8%)으로 백제토기편에 이어 많은 수를 차지하고 있는 양

---

01) '92년도 지표조사와 '02년도 시굴조사를 통하여 장미산성에서 출토된 토기류의 양상에 대한 분석은 필자에 의해 단편적으로 이루어진 바 있는데. 4세기 후반~5세기대의 백제 토기편들이 주를 이루고 있고, 이 밖에 소수의 6세기 후반 이후의 신라 단각고배편이 있는 것으로 확인되었다(박중균 2003).

상이다.

표 1. 장미산성 출토 토기의 시대·기종별 구성

시대 / 기종 / 조사년도	백제 한성기																	고구려		신라							가야	통일신라	기타
	외반구연단경호	직구단경호	(광구)장경호	직구소호	외반구연소호	평저호	장란형토기	(심)발	시루	옹	안	盞형토기	고배	개배	병	뚜껑	연통형토기	장동호	심발	단각고배	뚜껑	대부완	대부초	완	단경호	장경호	장경호	뚜껑	대부발
'92(지표)	21	1	2			1							3	1	1	1	1			1	1							1	
'02(시굴)	6	1	1					1		1			1											1		1			
'04(발굴)	19	1		1	1	3	1		3		1	1	4	3	2	2	1		1			1	1						1
'14(시굴)																				1	1				2				
계(99)	46	3	3	1	1	4	1	1	3	1	1	1	8	4	3	3	2		1	2	2	1	1	1	2	1		1	1

1. 백제 한성기 토기

1) 기종별 양상

장미산성 출토 토기류의 절대 다수를 차지하고 있는 백제 한성기 토기류의 양상은 〈표 1〉에 나타난 바와 같이 기종 구성상 17개의 다양한 기종이 확인되고 있으며, 이 중 외반구연단경호가 가장 많은 수를 차지하고 있다. 또한 백제 한성기 토기 중에 주목되는 점은 백제의 지방 거점 고분군인 청주 신봉동 고분군 등 분묘유적에서 출토된 토기들이 대부분 재지적인 양상을 보이는 것에 비해 조사가 일부지역에 대하여만 제한적으로 실시되었음에도 불구하고 고배, 개배, 병, 뚜껑, 직구(외반구연)소호 등 백제 중앙양식의 토기가 다수 확인되었다는 점이다.

(1) 壺類

호류는 외반구연단경호, 직구단경호, 외반구연 소호, 직구소호, 장경호, 평저호 등이 확인된다.

① 外反口緣短頸壺

외반구연단경호는 주로 구연부편으로 출토되어 전체적인 기형을 파악할 수는 없으나 구연부의 속성에 따라 분류하면 4세기 중·후엽에 해당하는 것들(Ⅰ형)과 5세기대에 해당하는 것들(Ⅱ형)로 구분된다.

4세기 중·후엽에 해당하는 외반구연단경호의 구연부 형태는 구경부가 경부와 구연부의 구분 없이 나팔상으로 외반한 형태(a : 도면 1-①·③·④·⑥), 내경 경부에 구연부가 수평외반하고 구연내면이 홈이 돌아가게 조정된 것(b : 도면 1-②), 외경 경부에 구연부가 짧게 수평외반하고 구연단이 홈이 돌아가게 조정된 것(c : 도면 1-⑤) 등 대체로 3가지 형태로 구분된다.

Ⅰa형에 속하는 〈도면 1-③·④·⑥〉의 구연부편은 원삼국~백제 초기 고분군인 청주 봉명동고분군의 A-72·B-44호, 오창 송대리고분군의 6·11호 출토 원저단경호의 구연부 형태, 그리고 진천 삼룡리 88-2호 요지 출토 외반구연단경호의 구연부편과 같은 양상을 띠고 있다. 鑢礱가공반된 봉명동 A-72호는 4세기 전반의 늦은 시기 혹은 4세기 중엽으로 판단되며, 봉명동 B-44호와 송대리 6·11호는 4세기 후반으로 편년된 바 있다(박중균 2010).

한편, Ⅰb형의 경우도 청주 봉명동 C-4호 및 오창 송대리 14-2호 출토 원저단경호의 구연부 형태, 그리고 진천 삼룡리 89-2호 요지, 90-1~3호 요지 출토 원저단경호의 구연부편의 형태에서 찾아볼 수 있다. 봉명동 C-4호와 송대리 14-2호는 4세기 후반으로 편년되며(박중균 2010), 삼룡리 89-2호 및 90-1~3호 요지도 4세기 후반의 시기에 해당하는 것으로 판단된다.

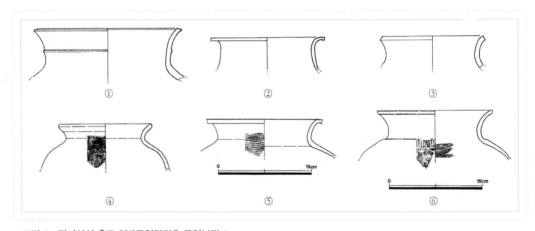

도면 1. 장미산성 출토 외반구연단경호 구연부편 1

다음으로 5세기대에 해당하는 외반구연단경호 구연부의 형태는 〈도면 2-①·④·⑤〉에서 보이는 것처럼 구연부가 경부에서 짧게 수평외반하고 구연내면조정과 구연단이 오목하게 조정된 형태(Ⅱa)와 〈도면 2-③〉과 같이 구연 외하단이 돌출된 형태(Ⅱb)도 확인

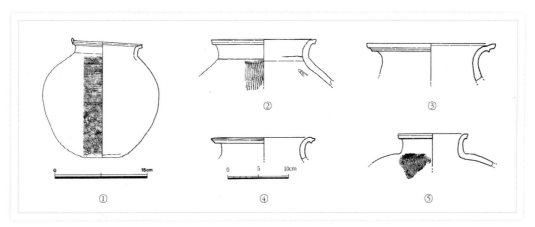

도면 2. 장미산성 출토 외반구연 단경호 구연부편 2

되고 있다.

　IIa형의 구연부 형태는 5세기대 백제 외반구연단경호의 일반적인 구연부 형태로 청주 신봉동고분군, 오창 주성리유적 등 중심연대가 5세기대인 백제 한성기 고분군에서 출토된 단경호의 구연부 형태를 띠고 있다. 또한 IIb의 구연부 형태는 IIa형 같이 일반적이지는 않지만 청주 신봉동 92-37호 및 47호, 오창 주성리 5호 토광묘, 청주 석소동 1호 수혈 출토 호의 구연부 형태와 유사하다.

② 直口短頸壺

　직구단경호는 구연부편 3점이 출토되었다. 충북지역의 경우 직구단경호는 대체로 3세기 후반부터 등장하여[02] 백제 한성기 말인 5세기 후엽까지 지속적으로 사용되고 있다. 〈도면 3-①〉

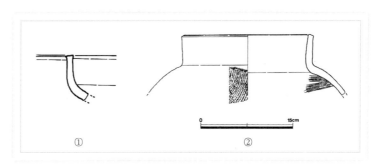

도면 3. 장미산성 출토 직구호(S:1/6)

은 구연부만 잔존하고 있어 정확한 시기는 알 수 없지만 〈도면 3-②〉의 경우는 잔존한 동

---

02)　3세기 후반으로 편년되는 송절동 93A-1호에서 직구단경호 1점이 출토되었다.

체상부에 평행타날이 이루어져 있다. 동체에 타날된 문양은 뒤에 자세히 살펴보겠지만 대체로 원삼국단계의 평행타날문은 일반적으로 횡침선이 돌려져 있으며, 하한연대가 4세기 후반인 오창 송대리유적이나 청주 봉명동고분군의 경우 동체에 순수하게 평행타날만 이루어진 것은 확인되고 있지 않다. 따라서 〈도면 3-②〉의 직구호는 5세기대의 백제 한성기 직구호로 판단된다.

③ 小壺

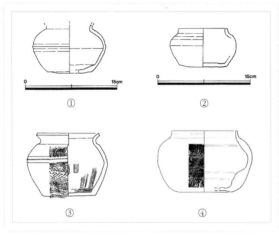

소호는 외반구연소호와 직구소호 편 각 1점이 확인되었다. 소호는 원삼국단계에는 확인되지 않는 기종으로 대체로 충북지역의 경우 중심시기가 5세기대인 백제유적에서 확인되고 있는 토기 기종이다. 〈도면 4-①〉의 동체 중위에 돌대가 돌려진 소호는 충북지역의 경우 백제 한성기 고분군인 청주 신봉동고분군에서 확인되고 있으며, 백제 한성기 왕도지역에 위치한 유적인 풍납동토성, 몽촌토성 등에서도 확인되고 있다. 〈도면 4-②〉의 직

도면 4. 장미산성(① · ② : S=1/6), 신봉동00-A24(③),
풍납토성 소규모주택부지(④) 출토 소호

구소호 역시 풍납동토성 가-47호 수혈 · 소규모주택부지 등 백제 한성기 유적에서 확인되고 있으며, 청주 신봉동 95-15호에서도 1점이 출토되었다.

(2) 고배 · 개배 · 병 · 뚜껑류

① 高杯

장미산성에서 출토된 백제 고배(편)는 대부분 杯身部나 臺脚만이 잔존한 편으로 출토되었다. 장미산성 출토 고배의 양상을 살펴보면, 無蓋高杯(도면 5-①)는 배신부의 경우 각진 형태를 띠고 있으며, 대각 역시 중단부에서 외측으로 꺾여 대각단에 이르고 있다. 有蓋高杯는 〈도면 5-②〉의 경우 배신부 일부만이 잔존하고 있어 정확한 양상의 파악은 어려우나 배신은 곡면을 이루고 있으며, 뚜껑받이턱은 약간 외측으로 돌출되어 있고, 구연부는 비교적 길게 직립한 형태를 띠고 있다. 이러한 백제 고배의 배신 형태는 서울 몽촌

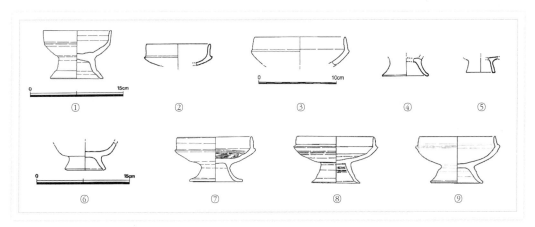

도면 5. 장미산성(①~⑥ : S=약 1/6), 석소동(⑦), 몽촌토성88-4호저장구덩(⑧), 풍납토성 소규모주택부지(⑨)출토 백제 고배

토성, 풍납동토성 등에서 출토된 고배에서 확인되고 있으며, 청주 석소동 1호 수혈 출토 고배 9점 중 8점이 이러한 형태를 띠고 있다.

고배의 대각편은 短脚으로 형태는 곡선의 '八'자형을 띤 것과 짧게 외경한 형태를 띤 것 등이 확인된다.

② 蓋杯

개배는 3점이 출토 되었는데, 기형이 각 기 다른 형태를 띠고 있 다. 〈도면 6-①〉의 개배 는 외경한 배신에서 뚜 껑받이 턱이 외측으로

도면 6. 장미산성 출토 백제 개배(S:약 1/6)

짧게 돌출하며, 구연부는 직립한 형태를 띠고 있다. 이러한 형태의 개배는 청주 신봉동 90A-71호 출토 개배가 유사하며, 특히 돌대에 조밀하게 압인문을 시문하였는데, 이러한 문양 기법은 청주 신봉동 92-40호 유개직구호에서 확인된다. 〈도면 6-②〉의 개배는 외경 한 배신에 직립구연부를 이루고 있는데, 배신과 구연부의 경계에 가는 돌선이 형성되어 있다. 〈도면 6-③〉의 개배는 배신의 깊이가 얕은 것이 특징이며, 구연부는 직선으로 외경 한 배신 상단에서 두께가 축약되며 턱을 형성한 후 직립 구연을 이루고 있다. 배신 외면 은 횡방향으로 깍기조정이 이루어졌다.

③ 瓶

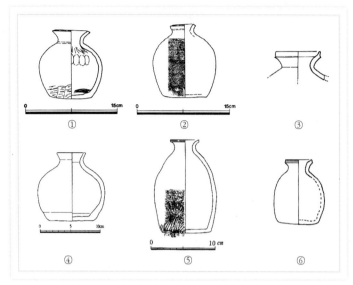

도면 7. 장미산성(①~③), 탑평리유적(④), 신봉 90-52 · 92-94호(⑥) 출토
병(S : 약 1/6)

병은 3점이 출토되었다. 〈도면 7-①〉은 무문으로 동최대경/동체의 높이가 1:1 정도로 동체의 부푼 정도가 크며, 구연부는 경부와의 구분없이 나팔상으로 외반하고 있다. 이러한 형태의 병은 충주 탑평리유적 2호주거지 출토 병과 유사하다. 〈도면 7-②〉는 장동형 동체에 구연부는 경부와의 구분없이 짧게 외반한 형태를 띠고 있으며, 구연단은 약간 오목하게 조정되었다. 이러한 형태의 병은 청주 신봉동 90-52호 출토품과 유사하다. 〈도면 7-③〉은 구연부의 일부만이 잔존하고 있는데, 그 형태는 동체상단에서 나팔상으로 외빈하다 짧게 직립한 형태를 띠고 있다. 이러한 구연부의 형태를 띤 병은 청주 신봉동 00-A9호, 92-94호 출토 병이 있다.

④ 蓋

장미산성 출토 토기 뚜껑의 양상은 〈도면 8〉과 같이 다른 제작기법과 형태를 보이고 있다. 〈도면 8-①〉은 蓋身 상부가 수평이며, 가장자리는 깍기조정이 이루어졌다. 그리고 드림턱이 형성되어 있고, 드림부가 비교적 길게 수직으로 내려와 있다. 이러한 형태의 뚜껑은 백제 한성기 왕도에 위치하였던 유적인 풍납동토성이나 몽촌토성 등의 유적에서 잘 확인되지 않고 있으며, 충북 지역의 대표적인 백제 한성기 유적인 청주 신봉동 고분군에서도 현재까지는 확인되고 있지 않다. 전체적인 양상이 동일하지는 않지만, 백제 토기 뚜껑의 경우 드림턱이 형성되어 있고 드림부가 비교적 길게 수직으로 내려온 형태는 유적의 조성시기가 백제 한성기 말~웅진기 초인 5세기 후엽으로 편년되고 있는 청주 부모산성 제1보루와 공주 정지산 유적 등에서 확인되고 있다. 따라서 〈도면 8-①〉의 뚜껑은 백

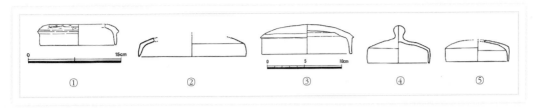

도면 8. 장미산성(① · ②), 정지산(③), 신봉동 92-40호(④), 주성리 14호(⑤) 출토 백제 뚜껑(S : 약 1/6)

제 한성기 말인 5세기 후엽으로 판단된다. 한편, 〈도면 8-②〉의 뚜껑은 드림턱이 없으며, 드림부는 외경하며 내려오는 개신 상부에서 꺾여 수직으로 내려오고 있다. 이러한 형태 의 뚜껑은 백제 한성기 토기 뚜껑의 일반적인 양상으로 확인되며, 청주 신봉동 92-40호 및 59호 토광묘, 오창 주성리 14호 토광묘 출토품과 유사하다.

(3) 시루 · 연통형토기

① 시루

백제 한성기 시루는 3점이 출토 되었는데, 모두 저부의 일부만이 잔존한 편으로 출토되어 전체적인 양상의 파악은 어렵다. 모두 평저 에 속하는데, 증기공의 형태와 동 체 타날문의 양상에서 차이를 보이 고 있다. 동체의 외면에 평행선문 이 타날된 〈도면 9-①〉의 시루편은 원형에 가까운 증기공이 7개가 투 공된 것으로 보이며, 증기공의 크 기는 2.0cm 정도이다. 〈도면 9-③〉 의 시루편은 격자문이 타날되었으 며, 증기공은 정확히 알수 없으나 말각삼각형 혹은 반원형 大孔이 투 공되었던 것으로 추정된다.

대체로 원삼국 후기 단계의 시

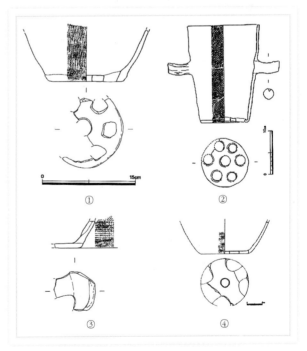

도면 9. 장미산성(① · ③), 광주 동림동Ⅱ58호(②), 몽촌토성88-4 호주거지(④) 출토 시루

루는 원저의 저부형태에 증기공은 0.7~1.0cm 내외의 소형 圓孔이 투공된 것이 일반적이며, 백제로 이행하면서 저부의 형태는 (말각)평저로 변화하고, 증기공의 크기는 대형화되면서 형태는 원형, (말각)삼각형, 반원형, 梯形 등 다양한 형태가 나타나고 있다. 이러한 시루의 변화상을 고려하면, 장미산성의 시루는 5세기대에 해당하는 것으로 판단된다.

② 煙筒形土器

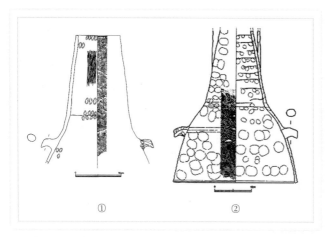

도면 10. 장미산성(①), 방사 23호주거지(②) 출토 연통형토기

연통형토기는 1점이 출토되었다. 황갈색 연질소성품으로 형태는 우각형 파수가 부착되어 있으며, 윗부분은 上陝下廣의 원통형을 띠고 있고 아랫부분은 半球狀에 가까운 형태를 띠고 있다. 이러한 연통형토기는 현재까지 국내에서는 절대 대다수가 마한 · 백제지역에서만 확인되고 있으며(권오영 · 이형원 2006), 특히 군산, 익산, 부안, 함평, 순천, 고흥, 여수 등 호남지역에서 호남지역에서 집중 출토되고 있는 양상을 띠고 있다.

연통형토기는 손잡이의 형태에 따라 고리형 손잡이가 부착된 것과 우각형 손잡이가 부착된 것으로 대별되는데, 장미산성 출토품 같이 우각형 손잡이가 부착된 연통형토기가 출토된 유적으로는 포천 반월산성, 군산 둔덕유적, 군산 남전유적, 익산 사덕유적, 고흥 방사유적, 여수 미평동유적 등이 있다. 장미산성 출토 연통형토기는 기형, 파수의 형태 및 부착위치, 타날문양 등 전체적인 형태가 고흥 방사유적 23호 주거지[03] 출토품과 가장 유사하다.

2) 동체 타날문의 양상

장미산성에서 출토된 타날문토기의 동체편들은 거의 대부분 백제 한성기 호 · 옹류의

---

03) 방사유적 23호 주거지는 5세기 중반~후반으로 편년되고 있다(호남문화재연구원 2006).

동체편들이다. 백제토기 동체편에 타날된 문양의 양상을 살펴보면, 아래의 〈표 2〉와 같이 格子文, 격자문+횡침선, 평행선문+횡침선, 橫線附加平行線文, 평행선문, 鳥足文, 繩文 등이 확인된다.

표 2. 백제토기 壺 · 甕류의 동체부 타날문양의 양상

조사연도 문양	격자문	격자문+횡침선	평행선문+횡침선	횡선부가평행선문	평행선문	조족문	승문
'92년(지표)	16	2	4	5	14	5	1
'02년(시굴)	28	-	-	8	11	2	-
'04년(발굴)	4	-	2	3	10	2	2
계	48	2	6	16	35	9	3

각 문양의 특성을 살펴보면, 우선 장미산성에서 출토된 토기 동체편의 문양 중 48점으로 가장 많이 확인된 격자문은 원삼국기부터 출현하여 백제 한성기 말까지 전 기간에 걸쳐 동체의 문양으로 나타나고 있다. 따라서 격자문은 시기구분을 위한 문양요소로 활용하기 어렵다. 격자문 다음으로 많은 분포를 보이고 있는 평행선문은 일반적으로 원삼국기의 토기 문양에서는 확인되지 않고, 원삼국기 단계의 지방 재지세력이 백제로 편입된 이후에 나타나는 문양요소로 판단된다. 즉, 미호천유역의 예를 통해 보면, 원삼국기 마한 재지세력의 고분군인 청주 송절동고분군, 봉명동고분군, 오창 송대 · 상평리유적 등에서 출토된 토기 중 평행선문이 타날 된 것들은 모두 횡침선이 돌려진 것들이며, 순수하게 평행선문만 타날된 토기 동체문양은 확인되지 않고 있다. 반면, 백제로 편입된 이후에 조성된 고분군인 청주 신봉동고분군, 오창 주성리유적, 청주 가경4지구유적 등의 분묘에서 출토된 호 · 옹류의 토기 동체문양에서 일반적으로 확인되고 있다.

횡선부가평행선문 원삼국기에서 백제로 이행하면서 나타나는 백제 토기문양이다(박중균 2012). 이 문양은 미호천유역의 경우 마한 재지세력이 조영한 고분군내에서는 고분 조영의 마지막 단계인 4세기 후엽으로 편년되고 있는 오창 송대리 13호 출토 옹에서 처음으로 확인되고 있으며, 청주 신봉동고분군, 증평 이성산성, 청원 풍정리 백제주거지, 진천 산수리요지 등 주로 백제 한성기에 해당하는 유적에서 확인되고 있다. 조족문은 백제 한성기 토기의 표지적 문양요소로 백제권역 전체지역에서 확인되고 있다. 이 문양은 충북지역의 경우 원삼국기부터 재지세력에 의해 조영되기 시작하여 하한이 4세기 후엽까지인 유적에서는 현재까지 확인되지 않고 있으며, 백제로 편입된 이후부터 새롭게 조영된 유적에서 확인되고 있는 양상이다. 따라서 조족문은 5세기대로 넘어가면서 나타나는 토기문양요소로 판단된다. 승문이 타날된 토기는 주로 서울 · 경기지역의 원삼국~백제

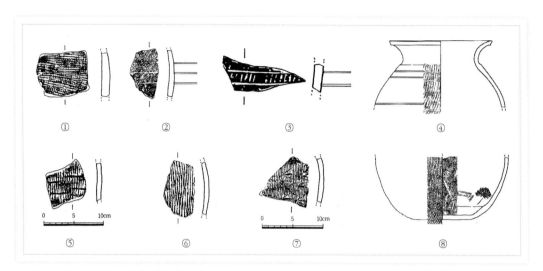

도면 11. 장미산성 출토 백제토기 동체 문양

시대 유적에서 확인되고 있다. 이 문양은 충북지역의 경우 극히 드물게 확인되고 있으며, 원삼국기 유적에서는 확인되지 않고 있어 승문이 타날된 토기는 백제 한성기에 해당하는 것으로 판단된다.

끝으로 장미산성에서 출토된 토기 동체편의 문양 중 원삼국기 토기문양인 격자+횡침선문과 평행타날+횡침선문이 극소수로 확인되었다. 이 중 전술한 바와 같이 원삼국기 환원 소성된 회(靑)색계 원저단경호의 주된 타날문양인 평행타날+횡침선은 백제 한성기의 호·옹의 토기 동체문양에도 일부 지속적으로 확인되고 있으나, 원삼국기에서 백제로 이행하면서 〈도면 11-④〉와 같이 횡침선의 간격이 넓어지다가 횡침선이 없어지면서 순수하게 평행선문만 타날되는 것으로 변화하는 것이 일반적인 경향인 것으로 생각된다.

따라서 이상 살펴본 장미산성 출토 토기의 동체부 문양을 통해 보면, 원삼국기에 해당하는 동체편은 극히 드물며, 대부분의 토기편들은 4세기 후엽~5세기 대의 백제 한성기에 해당하는 것으로 판단된다.

2. 고구려(계) 토기

장미산성에서 출토된 토기류 중 고구려(계)토기로 볼 수 있는 것은 토기편 2점이 있다. 〈도면 12-①〉은 심발형토기로 적갈색 연질이며, 동체의 외면에는 2줄이 1조로 이루어진 점열문과 단선 波狀文이 시문되었다. 점열문은 고구려 토기문양의 하나로(리광희 1991) 重

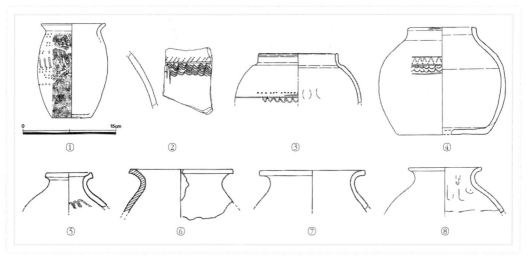

도면 12. 장미산성(① · ⑤), 용인 마북리취락 20호(② · ③), 연천 호로고루(④), 국내성(⑥), 남성골산성(⑦), 용마산 제2보루(⑧) 출토 고구려토기(S : 약 1/6)

弧文과 결합되어 시문된 경우가 많다. 이러한 문양이 시문된 토기는 국내성 출토 호, 연천 호로고루 출토 직구호, 용인 마북리취락유적 20호 주거지 출토 동체편과 직구호 등이 있다. 따라서 장미산성 출토 점열문과 단선 파상문이 시문된 심발형토기는 고구려토기 분류하는 것이 타당할 것으로 판단된다. 한편, 장미산성 출토 심발형토기와 같이 2줄 1조의 점열문이 시문된 심발형토기가 장미산성 바로 남쪽에 위치한 탑평리유적의 1호 조사갱에서 출토된 바 있는데, 이러한 부분은 두 유적의 관계를 이해하는데 시사하는 바가 크다고 생각한다.

다음으로 〈도면 12-⑤〉의 구연부편은 호의 구연부편으로 흑회색을 띠며, 동체의 외면은 무문이다. 잔존기형은 구연부의 경우 경부와의 구분없이 'C'자형으로 외반하고 있으며, 동체는 부분정도가 작은 장동형의 형태를 띠고 있다. 이와 같은 속성을 지닌 호는 백제나 신라토기 호와는 다른 양상이며, 국내성, 연천 호로고루성, 한강 이북의 아차산일대 보루유적, 청원 남성골산성 등 고구려유적에서 출토되는 호류의 구연부 및 동체형태와 유사하다.

3. 신라토기

장미산성 출토된 신라토기는 백제토기에 비하여 그 수가 극히 적으나 백제토기 다음

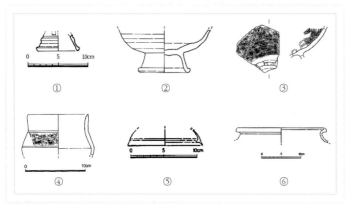

도면 13. 장미산성 출토 신라토기(縮尺不同)

도면 14. 진천 교성리 Ⅰ-3호(①·③) 및 누암리 1호제사유구(②)

으로 많은 수를 점하고 있다. 신라토기의 기종은 〈표 1〉에 보이듯이 단각고배, 대부완, 대부호, 뚜껑, 완, 단경호 등이 있다.

〈도면 13-①〉의 단각고배 대각편은 대각의 상부에 방형의 小孔이 투공되었으며, 소공의 아래로 돌대를 돌렸다. 이러한 형식의 고배 대각은 6세기 중·후엽~7세기 전반으로 편년되고 있는 충주 누암리고분군, 하구암리 고분군, 진천 교성리 고분군 등에서 출토된 단각고배에서 많이 확인되고 있다. 〈도면 13-②〉의 대부완은 구연부가 결실되어 전체 기형을 복원할 수 없으나 위로 꺾여 마무리된 臺脚端의 형태로 보아 앞의 단각고배와 같은 시기에 해당하는 신라토기로 판단된다. 〈도면 13-③〉의 토기편은 동체 하부의 일부와 대각의 일부가 잔존한 편으로 전체 기형은 파악할 수 없으나 잔존한 대각에 투창의 흔적이 잔존하고 있어 역시 6세기 중·후엽~7세기 전반에 해당하는 위의 고분군들에서 출토되고 있는 신라 臺附壺편으로 판단된다. 〈도면 13-⑤〉의 뚜껑편은 蓋身이 半球狀을 이루고 있고 드림턱이 안쪽으로 돌출되어 있는 형태로 역시 위에 고분군들에서 확인되고 있다. 마지막으로 〈도면 13-⑥〉의 구연부편은 구연단이 둥글게 처리되어 있고 구연단 안쪽으로 턱이 지게 조정하였는데, 이러한 구연부의 형태는 진천 교성리 Ⅰ-3호 석곽묘 출토 단경호(도면 14-③)의 구연부형태와 동일하나.

이상 살펴본 바를 정리하면, 장미산성에서 출토된 신라토기편들은 6세기 중·후엽~7세기 전반의 시기에 해당하는 신라 고분군에서 출토된 토기들과 같은 양상을 보이고 있다.

4. 기타

이외 장미산성에서 출토된 토기편들 중에는 1~2점에 불과하지만 가야계 토기로 판단되는 장경호편과 통일신라 뚜껑편, 그리고 장미산성과 바로 남쪽에 위치한 탑평리유적과의 관계를 보여주는 臺附鉢 등이 있다.

1) 가야계토기

가야계토기로 볼 수 있는 것은 장경호편 2점이 있다. 〈도면 15-①〉의 장경호 경부편은 외경하는 경부에 가는 돌대가 돌아가며, 상부의 돌대 사이에는 多齒具에 의해 밀집파상문이 시문되었다. 그리고 구연부는 구연단이 결실되었지만 짧

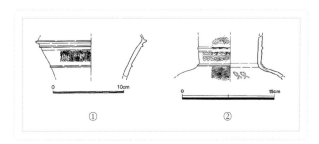

도면 15. 장미산성 출토 가야계 토기편

게 내경하고 있다. 이러한 장경호의 구경부형태는 고령 지산동, 산청 평촌리유적 등 대가야 지역 고분군 출토 장경호와 유사하다. 그리고 〈도면 15-②〉의 경부편은 경부가 직립하며, 돌대를 중심으로 상하에 밀집파상문이 시문되었으며, 잔존한 동체의 상부에도 밀집파상문이 시문된 흔적이 관찰된다.

대가야토기 장경호는 이른 시기의 구형동체에 경부가 직선상으로 동체와의 구분이 뚜렷한 것에서 늦은 시기의 동체가 역사다리꼴을 띠거나 구연단이 뾰족해지는 형태로 변화(박승규 2006)하는 것을 통해볼 때, 〈도면 15-②〉의 장경호편이 〈도면 15-①〉의 장경호편에 비해 시기적으로 좀더 앞서는 것으로 판단되며, 이와 같이 경부가 직립하는 형태의 장경호가 출토된 고령 지산동 3호 석곽묘의 경우 5세기 2/4분기로 편년되고 있다(박승규 2006). 한편, 〈도면 15-①〉은 구연단은 결실되었지만, 짧게 내경하는 구연부가 경부에 비하여 심하게 가늘어진 것을 통해볼 때 늦은 단계의 구연부 형태에 해당하는 것으로 보이며, 이와 유사한 형태의 장경호가 충북지역에 출토된 예로는 청주 신봉동 00-A-27호 토광묘 출토품이 있다. 시기는 5세기 후반경으로 판단된다.

2) 臺附鉢

대부발은 2004년도 조사 당시 B지구 내측 제 5트렌치에서 출토되었다. 회청색 경질

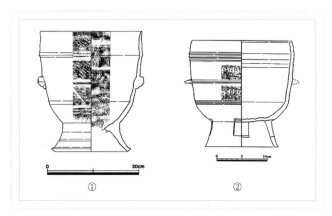

도면 16. 장미산성(①) 및 탑평리 1호주거지(②) 출토 대부발

소성품으로 '八'자형의 대각에는 투창이 없으며, 동체와 직립하는 구연부의 경계에는 돌대를 돌려 구분하였다. 그리고 동체 중위에는 돌기형의 귀(耳)가 대칭으로 부착되어 있다. 이러한 형태의 토기는 그동안 백제지역이나 신라지역에서 출토된 사례가 없으며, 충북지역의 백제 및 신라유적에서도 출토된 바가 없어 토기의 정확한 성격을 파악하기 힘들다. 다만, 최근 발굴조사가 이루어진 탑평리 1호 백제주거지에서 이와 유사한 토기가 확인된 바 있는데(국립중원문화재연구소 2013), 이를 통해보면, 장미산성 출토 대부발은 백제와 관련된 토기로 판단된다. 또한 아직까지는 백제 한성기의 중앙지역인 서울지역을 비롯하여 백제지역에서 확인되지 않고 있는 것으로 보여 일단 다른 지역에서 이입된 외래계 토기로 분류하고자 한다.

3) 통일신라 토기뚜껑

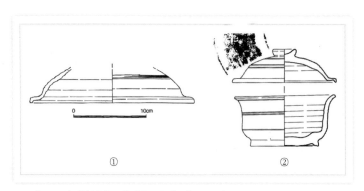

도면 17. 장미산성(①), 용담동 9호(②) 출토 뚜껑

통일신라 토기로 볼 수 있는 것은 02년도 시굴조사에서 수습된 뚜껑편 1점이 있다. 이 뚜껑편은 시굴보고서상에는 뚜껑으로 보고되지 않았는데, 청주 용담동유적, 봉명 1지구유적 등 충북지역의 통일신라유적에서 출토되고 있는 전형적인 통일신라 뚜껑이다. 장미산성 출토 통일신라 토기 뚜껑편은 청주 용담동 9호 출토 유개합의 뚜껑(도면 16-②)과 가장 유사한데, 최병현의 편년안에 따르면 용담동 9호는 신라 후기 III기인 8세기 후반 이후의 통일신라 후기에 해당하고 있다(최병현 2009).

Ⅲ. 장미산성 출토 토기의 성격

　장미산성에서 출토된 토기류의 양상은 기존에 알려진 바와 같이 전체 장미산성 출토 토기(편)들 중 거의 대다수(85%이상)을 차지하고 있는 백제 한성기 토기와 6세기 중엽 이후 의 신라토기가 확인되고 있으며, 이 외에 그 수는 적으나 새로이 고구려(계)토기, 가야(계) 토기, 통일신라 토기의 존재가 확인되었다. 이러한 양상은 장미산성의 축조, 점유, 사용 등의 주체와 그 시기, 그리고 변화과정을 보여주는 자료라고 생각한다.

　따라서 본 장에서는 앞장에서 살펴본 장미산성 출토 토기(편)들이 내포하고 있는 성격 에 대하여 살펴보겠다.

　장미산성 토기류의 특징 중에 하나는 점토대토기, 두형토기, 흑도 등 초기철기시대 토 기가 전혀 확인되지 않았다는 점이다. 그리고 초기철기시대의 뒤를 이은 원삼국기 토기 편이 1~2점 외에 거의 찾아볼 수 없으며, 특히 원삼국 전기부터 등장하는 경질무문토기 (중도식무문토기)가 현재까지는 확인되지 않고 있다는 점이다. 이러한 점은 장미산성이 초 기철기시대나 원삼국기에는 재지세력에 의해 사용되지 않다가 처음으로 백제에 의해 점 유·사용되었고, 이와 더불어 초기철기시대, 원삼국기에서 백제로 변화하면서 중심지가 이동되었음을 보여주는 것이라 생각한다.[04]

　앞서 살펴본 바와 같이 장미산성에서 출토된 토기류의 대부분은 5세기 대의 백제 한 성기 토기들이며, 그 시기는 4세기 후엽부터 5세기 후엽까지 대략 1세기 정도의 기간에 해당하고 있다. 따라서 장미산성은 2.94km에 달하는 석축산성의 축조 주체에 대하여 여 전히 논란이 많지만, 토기류의 양상으로만 볼 때, 4세기 후엽 경 백제에 의해 처음으로 점 유되어 고구려가 백제 한성을 함락시키고 남하하기 시작한 무렵인 5세기 후엽까지 삼국 중 가장 오랫동안 중요한 관방시설로서 경영한 것으로 판단된다.[05] 따라서 고구려의 충

---

04) 삼국시대 산성의 입지는 증평 이성산성이나 청주 부모산성 및 제1보루와 같이 원삼국기 혹은 초기철기시대의 중심지역에 축조되는 경우와 새로운 입지를 선정하여 축조되는 경우가 있는데, 장미산성의 경우에는 후자에 해당하는 것으로 판단된다. 또한 충지지역의 경우 원삼국기의 중심지역은 중심읍락의 세력이 조영한 것으로 보이는 금릉동유적이 위치한 남한강과 달천의 동쪽지역이었던 것으로 보이며, 이러한 중심지는 백제·고구려·신라 등 삼국시대로 접어들어 탑평리유적, 두정동유적, 중원고구려비, 누암리 고분군, 하구암리 고분군 등이 분포하고 있는 남한강과 달천의 서쪽지역으로 이동하였던 것으로 판단된다.

05) 백제가 점유하였을 당시의 산성의 형태는 현재로서 단언하기 어렵다. 즉, 현재의 잔존한 석축산성인지, 아니면 평탄한 지형을 이루고 있는 장미산성 정상부에 토루의 형태로 산성을 축조하여 경영하였는지는 앞으로 체계적인 조사를 통하여 밝혀야 할 것으로 판단된다.

주지역 진출 시기는 백제 한성이 함락된 475년 직후인 5세기 후엽의 어느 시점이며(김현길 1992), 이와 더불어 중원고구려비의 건립 시기도 백제 한성이 함락된 이후인 장수왕 69년 (481)이라는 주장(변태섭 1979 ; 신형식 1884 ; 김현길 1992)이 타당하다고 생각한다.

또한, 이번 장미산성 토기류의 검토를 통하여 그동안 언급되지 않았던 대가야계 장경 호편이 극히 소수이지만 확인된 것은 단정할 수는 없지만, 백제 한성기의 장미산성 경영 세력과 대가야지역과의 교섭을 보여주는 자료라고 생각한다.

백제에 이어 충주지역에 진출한 나라는 고구려로 중원고구려비, 두정리유적 등이 고 구려의 충주지역 진출 사실을 보여주고 있다. 고구려가 충주지역에 진출한 이후 장미산 성을 이용하였는지의 여부는 지금까지의 장미산성에 대한 조사에서 고구려와 관련된 考 古資料가 확인되지 않아 확인할 수 없었다. 그런데 장미산성 출토 토기류 중 고구려 토기 의 문양요소인 점열문과 파상문이 시문된 발형토기편 등 고구려 토기로 볼 수 있는 토기 편이 확인된 것은 백제에 이어 고구려도 일정시기 동안 장미산성을 점유하고 활용했을 가능성을 보여주고 있는 것이라 생각한다.

장미산성은 이후 고구려에 이어 점유주체가 신라로 변화하였던 것으로 판단된다. 장 미산성에서 출토된 신라토기는 앞서 살펴본 바와 같이 백제 토기 다음으로 많은 기종이 확인되고 있으며, 신라가 충주지역에 진출한 이후에 조영된 6세기 중·후엽에서 7세기 전반에 해당하는 고분군에서 출토되는 토기양상과 궤를 같이 하고 있다. 따라서 장미신 성은 신라가 진출한 이후에도 지속적으로 관방시설로 활용되었다는 것을 보여주고 있다. 그리고 이와 함께 통일신라 토기 뚜껑편이 확인된 것은 장미산성이 갖고 있는 전략적 중 요성과 위상이 삼국시대 보다 떨어진 상황에서도 통일신라 후기까지 지속적으로 활용되 었을 가능성을 보여주고 있다.

이상 살펴본 바를 정리하면, 장미산성은 4세기 후엽부터 5세기 후엽까지 백제에 의해 중요한 관방시설로서 경영되었으며, 이후 충주지역의 영유주체의 변화와 맞물려 지속적 으로 고구려-신라에 점유되었고, 그 활용도는 크게 떨어지지만 통일신라 후기까지 관방 시설로서 활용되었던 것으로 판단된다.

끝으로 주목되는 점은 장미산성에서 출토되는 토기류의 양상이 장미산성 바로 남쪽 아래의 남한강변에 위치한 탑평리유석에서 출토되는 토기류의 양상과 전체적으로 아주 흡사한 양상을 보이고 있으며, 백제-고구려-신라로 변천되는 양상 또한 궤를 같이하고 있 다. 이러한 점은 장미산성 자체만으로 활용된 것이 아니라 산성 아래의 탑평리유적과 조 합을 이루며 동시에 경영되었던 것으로 보인다. 이는 삼국시대 충주지역의 중심지는 원삼국기의 남한강 동쪽에서 남한강 서쪽인 탑평리유적 일대로 이동하였으며, 장미산성은 탑평리유적을 중심으로 한 평지 거점도시의 배후성으로서 역할을 하였던 것으로 조심스럽게 추정해 본다.[06]

IV. 맺음말

충주지역은 탄금대토성 성밖에서 4세기대 제철로와 성내에서 鐵鋌 40매가 확인되었듯이 고대 철산지로 유명하며, 계립령로와 남한강 수로 등을 통하여 영남지역과 한강유역으로 통하는 고대 교통로의 요충지이다. 이러한 이유로 충주지역은 고대 삼국의 角逐場이 되었으며, 이에 따라 충주지역의 소속이 백제-고구려-신라로의 변천을 겪었다.

이와 관련하여 충주 장미산성에서 출토된 토기류는 바로 충주지역의 이와 같은 변화상 뿐만 아니라 삼국의 충주지역 진출 시점 및 점유시기를 보여주고 있다. 따라서 충주지역뿐만 아니라 한국고대사를 연구하는데 있어서 장미산성이 가지고 있는 중요성은 매우 크다고 할 수 있다. 또한 남한지역에 분포하고 있는 고대 석축산성 중에 성벽이 계곡 하단부까지 감싸고 있고 성벽의 둘레가 3km에 육박하는 성은 장미산성이 거의 유일하기 때문에 고대 석축산성의 축조방법이나 축성사적 의미에서의 성곽축조방법의 발달과정을 연구하는데 있어 중요한 유적이라 판단된다.

마지막으로 주목해 볼 점은 장미산성에서 출토된 토기류와 탑평리유적에 출토된 토기류의 양상이 상당히 유사하다는 점이다. 이러한 유사성은 두 유적이 동일세력에 의해 동시기에 함께 운영되었을 가능성을 보여주고 있어 고대 거점도시의 구조를 파악할 수 있는 좋은 자료라고 판단된다.

이상 장미산성에서 출토된 토기류의 양상과 성격에 대하여 살펴보았는데, 충분한 근거자료 없이 추론에 그친 부분이 많은 것으로 생각된다. 이러한 부분에 대해서는 많은 叱正을 바란다. 끝으로 지금까지의 장미산성에 대한 조사는 조사지역도 북쪽 정상부일대에 한정되어 있었고, 정식발굴조사는 한 차례만 이루어졌는데, 앞으로 장미산성에 대한 체

---

06) 이와 관련하여 중원 탑평리 칠층석탑이 있는 탑평리 일대를 國原城의 治址로 비정한 견해(장준식 1982)는 타당성이 높은 견해라고 생각된다.

계적인 발굴조사를 기대하면서 이 글을 마친다.

참고문헌

국립문화재연구소, 2008, 『風納土城』VIII.

국립중원문화재연구소, 2009, 『충주 탑평리 유적(중원경 추정지) 시굴조사보고서』.

_____, 2013, 『충주 탑평리 유적(중원경 추정지) 발굴조사보고서』.

_____, 2014, 『충주 장미산성 시굴조사보고서』.

경기문화재연구원, 2009, 『용인 마북동 취락유적』.

권오영 · 이형원, 2006, 「삼국시대 壁柱建物 연구」, 『한국고고학보』 60, 한국고고학회.

김원룡 · 임효재 · 임영진, 1987, 『몽촌토성—동북지구발굴조사보고서』, 서울대학교박물관.

김원룡 · 임효재 · 박순발, 1988, 『몽촌토성—동남지구발굴조사보고서』, 서울대학교박물관.

김화정, 2009, 『청주 석소동유적』, 중원문화재연구원.

金顯吉, 1992, 「Ⅰ. 忠州地域의 歷史地理的 背景」, 『中原京과 中央塔』, 중원군 · 충주공업전문대학박물관.

리광희, 1991, 「고구려시기 질그릇들에 그려진 장식무늬에 대하여」, 『조선고고연구』, 사회과학출판사

변태섭, 1979, 「中原高句麗碑의 內容과 年代에 대한 檢討」, 『史學志』13.

박승규 · 하진호 · 박상은, 2006, 『고령 지산동고분군』, 영남문화재연구원.

박승규, 2006, 「2. 유물」, 『고령 지산동고분군Ⅴ』, 영남문화재연구원.

박중균, 2003, 「장미산성의 구조 및 축성 주체에 대한 一考察」, 『한국성곽연구』2, 한국성곽연구회.

_____, 2012, 「原三國期 錦江流域의 住居와 聚落類型—湖西地域을 중심으로」, 『역사와 담론』63, 호서사
　　　학회.

서울대학교박물관, 2013, 『석촌동 고분군 Ⅰ』.

신형식, 1984, 「중원고구려비에 대한 일고찰」, 『한국고대사의 신연구』, 일조각.

심광주 · 정나리 · 이형호, 2007, 『漣川 瓠蘆古壘 Ⅲ』, 한국토지공사 토지박물관.

梁起錫, 2002, 「高句麗의 忠州地域 進出과 經營」, 『중원문화논총』6, 충북대학교 중원문화연구소.

양시은 외, 2009, 『용마산 제2보루』, 서울대학교박물관.

張俊植, 1982, 『高句麗 國原城 治址에 관한 연구』, 檀國大學校 碩士學位論文.

車勇杰 외, 1990, 「淸州 新鳳洞A地區土壙墓群」, 『淸州 新鳳洞 百濟古墳群 發掘調査報告書 —1990年度
　　　調査—』, 忠北大學校博物館.

車勇杰 · 趙詳紀, 1994, 「淸州 松節洞 古墳群 1次年度('92) 調査報告書」, 『漣川 三串里 百濟積石塚 發
　　　掘調査報告書』, 文化財管理局 文化財研究所.

車勇杰 · 趙詳紀 · 禹鐘允 · 吳允淑, 1994, 『淸州 松節洞 古墳群』, 忠北大學校博物館 .

車勇杰 · 趙詳紀 · 吳允淑, 1995, 『淸州 新鳳洞 古墳群』, 忠北大學校博物館 .

車勇杰 · 趙祥紀, 1995, 『淸州 松節洞 古墳群 發掘調査報告書 -1993年度 發掘調査-』, 百濟文化開發硏究
　　　　院 · 忠北大學校博物館.

　　　　　　　　　　, 1996, 『淸州 新鳳洞 古墳群(-1995年度 調査-)』, 忠北大學校博物館.

차용걸 외, 2002, 『淸州 新鳳洞 古墳群』, 忠北大學校博物館.

　　　　, 2002, 『淸州 佳景4地區 遺蹟(Ⅰ)』, 忠北大學校博物館.

차용걸 · 박중균 · 한선경 · 박은연, 2004, 『淸原 南城谷 高句麗遺蹟』, 충북대학교 박물관.

車勇杰 · 禹鍾允 · 趙詳紀, 1992, 『中原 薔薇山城』, 충북대학교 박물관.

차용걸 · 조순흠 · 김주미, 2003, 『장미산성 -정비 예정구간 시굴조사 보고서-』, 충북대학교 중원문화연구소.

차용걸 · 윤대식 · 강민식 · 김지은, 2005, 『청주 신봉동 백제고분군 -2003년도 조사-』, 忠北大學校博物館.

차용걸 · 이규근, 2006, 『충주 장미산성 - 1차 발굴조사 보고서』, 중원문화재연구원.

최병현, 2009, 「중원의 신라고분」, 『중원의 고분』, 국립중원문화재연구소.

韓國文化財保護財團, 1999, 『淸原 梧倉遺蹟(Ⅰ)』.

　　　　　　　　　　, 2000, 『淸原 梧倉遺蹟(Ⅳ)』.

　　　　　　　　　　, 2000, 『淸原 主城里遺蹟』.

한신대학교박물관, 2006, 『風納土城Ⅶ』.

호남문화재연구원, 2006, 『高興 訪士遺蹟』.

　　　　　　　, 2007, 『광주 동림동유적Ⅱ』.

吉林省文物考古硏究所 · 集安市博物館, 2004, 『國內城』, 文物出版社.

삼국시대 金冠의 再照明

김대환 두양문화재단

Ⅰ. 머리말

古代의 왕국에서 제작되어 현재까지 전해지는 金冠은 전 세계에 모두 12점 뿐이다. 그 중 10점은 삼국시대에 제작된 우리나라의 금관이고 2점은 아프카니스탄의 틸리아 테베6호분 출토 금관과 노보체르카스크 호흐라치 무덤군 출토 사르마트금관이다.

우리나라의 금관은 고구려금관 1점, 가야금관 2점, 신라금관 7점이다. 고구려의 금관은 일제강점기에 평안남도 강서군 보림면 간성리 고구려고분에서 출토된 것으로 최근 발표된 것이고(사진 1), 가야의 금관 역시 한 점은 일제강점기에 경상남도에서 출토되었다고 전하는 일본 동경국립박물관소장의 오구라컬렉션 금관이며, 다른 한 점은 고령지방에서 출토된 것으로 전하는 리움소장 금관으로 2점이다. 고구려금관과 가야금관은 일제강점기 전후에 출토되어 출토지가 정확하지 않다. 반면에 신라의 금관은 전 교동출토 금관과 호림박물관소장 금관을 제외하면 모두 공식적인 발굴을 통하여 수습되었으며 서봉총금관, 금령총금관, 천마총금관, 황남대총북분 금관, 금관총금관으로 모두 7점으로 제일 많다. 한편 백제의 금관은 아직 발견되지 않았으나 전라남도 나주 신촌리에서 출토된 백제 금동관으로 미루어보면 백제에서도 충분히 금관을 제작하였으리라 추측할 수 있다. 아직 발굴되지 않은 수십여 기의 왕릉급 신라고분속 금관과 그동안 발굴된 금동관, 은관, 동관 등을 포함하면 古代王國의 金冠은 전 세계의 99%가 우리나라에서 제작하여 사용했다고 볼 수 있다.

本稿에서는 삼국시대 국가별 금관의 조형적 특징과 의미, 금관의 實用與否, 三國時代 新羅金冠의 自生說[01]과 北方 傳來說[02]에 대하여 論하고 특히, 新出 高句麗金冠과 신라 금관의 세움 장식에 대한 의미에 대하여 심층 재조명해 본다.

II. 高句麗의 金冠

고구려의 왕릉급 고분은 신라의 적석목곽봉토분과는 달리 돌방형 석실분으로 도굴에 매우 취약하여 고구려 멸망이후 근대까지 1300여 년 동안 같은 고분이 수십 차례에 걸쳐서 도굴 훼손되어왔다. 그런 연유로 현재까지 고구려의 왕릉급고분이 처녀분으로 발굴된 사례가 없으며 간신히 남아있는 유물의 파편으로 부장품의 종류를 추측하거나 과서 혼란기에 도굴되어 전세되어온 유물로 추정하여 당시의 문화수준과 생활상, 부장풍습을 생각할 수밖에 없다. 특히 1차적 도굴의 대상이 되는 금속 유물 중에 금제품은 거의 모두 도굴되었다고 하여도 과언이 아니다. 이러한 상황에서 1950년 한국전쟁이후 북한의 평양 청암리토성부근 도로확장공사도중에 기와파편이 널려있는 건축물 유적지에서 高句麗 金銅 透刻火焰文冠 한 쌍이 발굴되어 고구려금관양식의 기본이 되었다.[03] 그러나 이 금동관은 출토지가 古墳이 아닌 건물지이고 관테의 길이가 25.4cm밖에 되지 않아 사람의 머리에 착용하였을 경우에 양쪽 귀부분에서 끝나며, 관테의 양끝을 연결해 주는 이음새도 없

---

01) 박선희, 2008, 『우리 금관의 역사를 밝힌다』, (주)지식산업사.
   임재해, 2008, 『신라 금관의 기원을 밝힌다』, (주)지식산업사.
02) 김열규, 1975, 『한국의 신화』, 일조각.
   김병모, 1998, 『금관의 비밀』, (재)고려문화재연구원.
03) 황욱, 1958, 「평양 청암리 토성 부근에서 발견된 고구려 금동유물」, 문화유산 5, 조선민주주의인민공화국 과학원 출판사.

사진 1. 전 평남 강서군출토 高句麗火焰文金冠

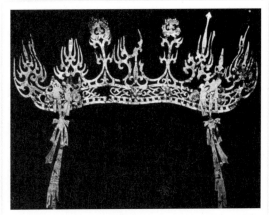

사진 2. 高句麗火焰文金銅冠

사진 3. 금동세움장식

사진 4. 금동투각장식

사진 5. 금동관장식

다. 제작기법도 일반적인 금관과는 다르게 연주문과 인동문의 관테와 두 종류의 화염문을 세움 장식으로 한판에서 투각하였으며, 드리개장식과 관테에 별도로 붙인 두 개의 화염문 장식등은 이동이 필요 없는 고정적인 상황에 필요하게 만들었다. 즉, 일본 호오류사에 있는 백제 목제관음보살의 금동보관과 제작용도가 일치한다. 건물지에서 한 쌍이 출토 된 것도 협시불 2구의 것으로 추정되며 이러한 정황으로 청암리토성 부근 건물지에서 출토된 금동관은 사람이 사용한 금관이 아니고 목제보살상의 寶冠用으로 사용되었을 확률이 높다. 그밖에 고구려의 금관에 관련된 유물로는 완전품은 아니지만 국립중앙박물관 소장의 전 집안출토 금동관장식3편(사진 3), 금동투각장식1편(사진 4)과 중국 요녕성박물관 소장의 집안출토 金銅冠裝飾(사진 5)이 있고 고구려계 금동관 으로는 경북 의성 탑리 출토 금동관과 황남대총 출토 銀冠이 있다. 그밖에 전 동명왕릉, 우산922호묘, 마선2100호묘, 천추총, 태왕릉에서 금달개장식이나 금관테 조각이 발견되어 고구려금관의 존재를 추정

사신 6. 고구려금관 동반출토 금제귀고리, 금동유물 일괄

할 뿐이다. 일본의 천리대학 참고관에 전 평양출토 고구려 金銅冠으로 알려진 유물이 있으나 가느다란 관테는 근래에 만든 것이어서 용도를 추정하기가 어렵다(사진 10).

이렇듯 고구려 유물자료가 빈약한 상황에서 근년에 발표된 전 평남 강서군출토 高句麗金冠의 출현은 고구려금관으로서는 유일할 뿐 아니라 고구려금관의 실체를 알 수 있는 획기적인 사건이었다. 이 금관은 일제강점기에 평안남도 강서군 보림면 간성리의 한 고분에서 출토되어 전해진 개인소장 유물이며 동반출토유물로 추정되는 굵은고리 금귀고리, 금동행엽, 금동방울, 금동갑옷편, 금동못, 금동달개장식, 금동운주, 금동화형장식 등 여러 점의 고구려유물(사진 6)과 함께 박선희 교수가 최초로 연구발표 하였다.[04] 다행히도 일제강점기 거래자의 명함과 고구려금관 출토지의 묵서명이 남아있어서 금관 연구에 중요한 단서를 제공하였다.

이 高句麗金冠의 기본형식은 관테에 두 종류의 화염문양의 세움 장식 7개를 이어붙인 형식으로 전형적인 삼국시대의 금관 양식이다. 금관의 총 높이는 15.8cm이고 금관 테의 지름은 윗지름이 19cm, 아래지름이 19.5cm이다. 금관 테의 넓이는 3.4cm이며 둘레 길이는 59cm이다. 세움 장식의 높이는 13.7cm이고 넓이는 6.3cm이다. 관테와 화염문 세움 장식에는 모두 242개의 달개장식을 화려하게 달았는데 관테에 38개를 달았고 두 종류의 화염문의 세움 장식에는 140개와 62개의 달개장식을 달았다.[05] 금관 테에는 종속문양으

---

04) 박선희, 2011, 「신라금관에 선행한고구려금관의 발전양상과 금관의 주체」, 『백산학보 제90호』.
05) 달개장식은 나뭇잎을 표현한 것이 아니다. 당시 금속공예품을 더욱 화려하고 빛나게 하는 기법으로 금동신발, 조익관, 허리띠, 목걸이, 금제곡옥, 금동관모, 마구류 등에 빛을 반사하는 장식적 효과를 위해 달았다.

사진 7. 달개장식

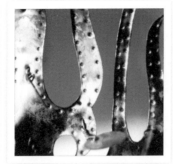

사진 8. 점선문

사진 9. 꽃문양과 결구

사진 10. 일본 천리대 금동관

사진 11. 불꽃 거치문

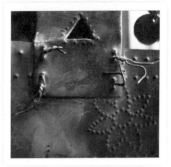

사진 12. 세움장식 이음

로 위아래 두 줄의 점선문이 있고 주 문양으로 7엽의 꽃 16과가 연속하여 點線文으로 조각되어있으며(사진 9), 화염문의 세움 장식 가장자리에도 일정한 간격과 깊이로 點線文을 찍어 넣었다(사진 8). 또한, 금관 테의 아래지름이 윗지름보다 0.5cm넓은 것은 사람머리의 생김새를 고려하여 인체공학적으로 제작한 것이며 각기 다른 두 종류의 화염문의 크기를 같게 만든 것은 세움 장식의 일정한 간격유지로 금관의 균형을 유지하려고 한 것이다. 화염문의 세움 장식에 달려있는 달개장식은 절대 나뭇잎이 아니며 움직임에 따라 빛의 산란과 반사로 더욱 화려하고 존엄한 존재로 보이는 시각적 효과와 청각적 효과를 얻기 위한 삼국시대 널리 사용된 금속공예기법이다(사진 7). 달개장식의 제작은 하나씩 금관에서 오려낸 것으로 고구려 방식이며 백제나 신라의 경우처럼 딸정으로 찍어내지 않았다. 세움 장식과 금관 테의 연결은 접합부위의 네 곳에 두 개씩의 구멍을 뚫고 모두 金絲로 꼬아서 연결 시켰으며 금못도 사용하지 않았다(사진 12). 이와 같은 연결방법은 전 고령출토 가야 금관 에서도 나타난다. 금관 테의 뒷부분 이음방식은 태왕릉에서 출토된 금관 테 조각의 이음방식과 같이 겹쳐지는 곳의 위아래에 2개씩의 구멍을 뚫고 수직으로 금사로 꼬

사진 13. 불꽃 세움 장식의 비교   사진 14. 불꽃 세움 장식의 비교

아서 마감 하였다(사진 9). 금관의 세움 장식이나 관테에 있는 點線文은 화려한 시각적 효과와 금관이 휘어지지 않게 하는 기능적 효과를 얻기 위한 것으로 이러한 세밀함과 과학적인 제작기법에서 고구려 장인의 지혜를 엿볼 수 있다(사진 8).

전 평남 강서군출토 금관과 청암리토성 출토 금동관의 화염문 세움 장식은 약간의 차이만 있을 뿐 화염문양까지 거의 일치한다(그림 1). 〈사진 13〉과 〈사진 14〉는 이 두 유물에 있는 두 종류의 화염문 세움 장식을 비교한 것이다. 〈사진 13〉에서 전강서군출토 금관은 3단의 화염문이고 토성리출토 화염문은 2단으로 되어있다. 윗부분의 둥그런 불 봉오리 안에는 불꽃심지가 있고 타오르는 심지의 표현을 각각 거치문과 깃털처럼 꼬아서 표현하였다. 〈사진 14〉는 또 다른 형태의 불꽃으로 이 역시 화염문이 3단과 2단으로 다를 뿐 불꽃의 문양은 같고 특히 중앙의 제일 높은 불길은 마름모꼴로 표현하였는데 덕흥리 벽화고분의 화염문 에서도 불꽃 끝을 마름모꼴의 불길(사진 15)로 표현하는 같은 기법이 사용되어 이 금관들은 덕흥리 벽화고분과 비슷한 시기에 조성된 것으로 생각된다. 화염문 윗부분 봉우리 속에는 불꽃의 심지를 표현한 것으로 이것을 식물의 잎으로 착각할 수 있다. 그냥 보이는 대로 세 개의 나무잎처럼 보이니까 삼엽문이라 하기도 하는데, 활활 타오르는 불꽃심지와 식물의 三葉文은 어울리지도 않을뿐더러 크나큰 개념적 차이가 있기 때문이다. 백제의 무령왕릉출토 금제관식에 화염문과 꽃문양이 조합된 것은(사진 21) 이 고구려 금관이 제작 되고 100여년 이후에 만들어진 백제의 양식이므로 이를 시대를 거슬러 올라가 고구려의 화염문 속에 적용하여 불꽃 속에 삼엽문이 있다는 오류를 범해서는 안될 것이다. 화염문 속의 불꽃심지는 꺼지지 않고 영원히 타오르는 불꽃처럼 고구려인의 역동

사진 15. 덕흥리 벽화고분 화염문 정상부의 마름모꼴 불꽃장식(북한의 문화재와 문화유적)

성과 시대상을 잘 반영하고 있는 것을 의미하는 것이기 때문이다. 〈사진 14〉에서 화염문의 정상부분에 마름모꼴의 불꽃끝장식이 고구려 덕흥리 벽화고분에서 현실세계와 천상의 세계를 나누는 화염문의 마름모꼴 불꽃끝장식과 정확히 일치하는 것은(사진 15), 덕흥리 벽화고분의 조성시기가 서기408년으로 광

그림 1. 高句麗金冠(위)과 高句麗金銅冠(아래)비교(한국문양사)

개토왕18년 이므로 동반출토 유물과 함께 이 금관의 조성 시기는 대략 4세기말에서 5세기 초로 비정할 수 있게 된다. 이 시기는 고구려의 강력한 절대왕권이 이미 확립되었으며 왕국의 영토가 넓게 확장되었던 전성기이다. 덕흥리 벽화고분의 삽도(사진 15)를 참고하면 천상계와 현실계를 나누는 화염문은 벽실의 네 면에 이어져있어 그것이 바로 고구려

금관의 원형이 되는 것이다. 천상계와 현실계를 이어주는 매개자적인 역할은 고대왕국의 막강한 왕권의 절대군주만이 할 수 있었고, 바로 그 상징물이 끊이지 않고 활활 타오르는 영원한 태양과도 같은 불꽃을 간직한 고구려의 火焰文金冠인 것이다.

청암리토성의 金銅冠은 인간은 사용 할 수 없고 협시보살만이 사용할 수 있는 신성한 寶冠이었다면 그보다 한층 존귀한 黃金冠은 天孫意識과 日月之子로 융합된 절대왕권의 高句麗太王만이 소유할 수 있었을 것이다. 한편, 이 고구려금관의 성분분석 결과[06] 약 80%의 金과 약 20%의 銀으로 합금되어, 실생활의 儀式用으로 사용할 수 있게끔 세움 장식이 잘 세워지고 관테도 견고하게 만들어져 있다.

II. 百濟의 金冠

현재 백제의 金冠은 알려진 유물이 없다. 다만 전남 나주 신촌리9호분 乙棺에서 금동관(사진 16)이 금동관모와 금동신발, 환두대도와 함께 출토되어 고구려, 신라, 가야와 같은 계열의 金冠 문화가 있었다는 것을 알 수 있게 되었다. 이 고분은 마한의 전통을 계승한 백제고분으로 영산강유역을 다스리던 首長의 묘로 추정된다. 이 시기 백제도성의 왕도 이러한 형식의 金冠을 제작하여 사용하였을 가능성이 높다. 다만 백제의 왕릉급 무덤도 고구려와 마찬가지로 盜掘에 매우 취약한 구조여서 이미 도굴된 유물을 우리가 볼 수 없을 뿐이다. 약100년 후에 조성된 무령왕릉에서는 金製 세움 장식이 출토되었지만 관테가 없는 상태여서 삼국시대 금관의 基本形에는 이르지 못하며 천이나 가죽의 관모에 부착하였던 장식품으로 생각된다. 그리고 이 시기에 왕릉에서 금관이 출토되지 않았다는 것은 이미 신촌리 금동관의 형태의 금관제작이 소멸 되었다고 볼 수 있다. 금관이 발견되지 않은 백제의 금관은 신촌리 출토 金銅冠으로 추정하여 연구하는 방법이 최상일수 있다. 고구려, 신라, 가야에서도 재질만 다를 뿐 금관의 양식은 금동관 과도 유사하기 때문이다. 이 금동관의 외관은 관테에 똑같은 3점의 火焰文 세움 장식을 달았는데 가운데 화염문을 중심으로 양옆에 하나씩 3개의 불꽃이 기본을 이루고 있으며 불꽃의 끝부분은 유리구슬을 달아서 화려함을 더하였다(사진 17). 세움 장식은 두 개씩의 고정 못을 사용하여 금동관

---

06) 박선희, 2013, 『고구려 금관의 정치사』, 경인문화사, 성분분석표 별첨, 394쪽.

사진 16. 나주 신촌리 출토 백제금동관, 세움 장식부분

사진 17. 화염문 장식

사진 18. 고구려 금관의 불꽃장식 부분

사진 19. 금동관테, 꽃문양

테에 부착시켰다(사진 19). 이 세움 장식은 화염문양인데 식물문양으로 오인될 수 있으나 청암리토성출토 고구려금동관이나 전 평남 강서군출토 금관의 세움 장식과 양식상으로 일치하는 면이 있어서 그 공통점을 면밀히 조사할 필요가 있다. 이 금동관의 세움 장식 윗부분의 불꽃심지와 아랫부분에 뻗어나간 불꽃가지의 표현 등이 고구려 금관과 매우 유사하기 때문이다(사진 18), (사진 20). 그리고 고대 통치자의 머리위에 절대 권력과 신비성을 상징하는 문양은 화염문양이 식물문양보다는 더욱 설득력이 있다.

금동관테의 장식은 관테의 상단과 하단에 각 두 줄의 點線文과 그 사이에 구슬문양을 찍어 從屬文樣으로 둘렀으며 중앙의 공간에는 主文樣으로 7옆의 꽃문양을 점선문으로 찍어 일정한 간격을 두고 새겨 넣었다. 뒷 부분의 금동관테가 유실되어 꽃문양이 몇 개 였는 지는 확인이 안 되지만 현재 9과가 남아있다. 관테상단의 점선문 사이에는 달개

사진 20. 화염문 세움장식 사진 21. 무령왕릉 금제관식

그림 2. 나주 신촌리9호분 출토 금동관(한국문양사)

장식을 달았고 하단에
는 달지 않았으며 관태
의 뒷부분은 결실되어
이음방식은 알 수 없다
(사진 19). 이 金銅冠에는
관태나 세움 장식, 금동
관모에 매우 정교한 點
線彫 기법이 나타나는
데 모두 뒷면에서 찍어
내어 볼록 튀어 나오게

하는 陽刻의 효과를 얻고 있다(사진 20). 관태와 세움 장식에 붙인 달개는 모두 딸정으로 찍
어 내어 銅絲로 꼬아 붙였으며 절풍으로 볼 수 있는 금동관모는 이글거리는 점선조의 화
염문이 새겨진 두 개의 금동판으로 제작하였다.

　신촌리 9호분의 금동관은 고구려의 금관과는 제작기법이나 형태가 완전히 일치하지
는 않으나 〈사진 8〉과 〈사진 19〉에서 관태에 7엽의 꽃문양이 點線彫로 새겨진 것은 신라
나 가야에서 볼 수없는 고구려금관과의 밀접한 관계를 나타내고 있으며, 드리개 장식이
없는 점과 화염문의 세움 장식 조각기법과 형태 또한 고구려의 영향으로 제작된 화염문
을 형상화한 것으로 불꽃가지의 조각형태도 고구려금관과 매우 유사하여 이들의 상호관

계가 밀접하였음을 생각할 수 있다.

IV. 新羅의 金冠

신라의 금관은 三國중에 가장 많은 금관과 금동관, 은관, 동관 등 을 남겼으며 종류도 매우 다양하여 "황금의 나라"라는 별칭을 얻을 정도로 많은 유물을 후세에 안겨주었다. 이것은 積石木槨封土墳이라는 삼국 중에 유일한 장묘제도의 사용으로 인하여 무덤의 도굴을 거의 불가능하게 만들었기 때문이다. 신라금관은 현존하는 유물이 가장 많이 남아 있고 보존상태도 거의 완벽하여 고대 금관의 연구에 중요한 역할을 하고있다. 그러나 아직까지 신라금관의 자생설과 북방전래설, 세움 장식Y형, 出형이 무엇을 상징하는지에 대한 이론은 분분하다. 이 문제를 해결하기 위해서는 신라금관의 세움 장식(Y형, 出형)의 의미

사진 22. 경주 교동출토 금관

사진 23. 호림박물관 금관

사진 24. 복천동 금동관

사진 25. 황남대총 금관

사진 26. 금관총 금관

사진 27. 서봉총 금관

사진 28. 천마총 금관

사진 29. 금령총 금관

사진 30. 호림박물관 금동관

와 금관에 달린 曲玉의 의미에 대하여 알아볼 필요가 있다.

古代의 사회에서 龍이 차지하는 상징성은 매우 크다. 용은 우주만물의 신성한 질서를 상징하는 최고의 동물로 국가의 수호와 왕실의 조상신으로 제왕의 권력을 상징한다. 그래서 왕실의 건축물이나 제왕의 장신구, 의복, 무기, 마구 등 器物에는 용의 형상을 새겨 넣으며 龍顔, 龍床, 龍淚, 龍座, 龍袍, 龍駕 등의 용어도 만들어질 정도이다. 龍의 눈, 코, 입, 귀, 수염은 인간인 帝王의 것으로 모두 대신할 수 있지만, 가장 상징적인 용의 뿔을 대신할 수 있는 것은 인간의 몸에는 없었다. 이러한 상황에서 신라의 금관은 용의 신체 중에서도 가장 핵심적이고 인간스스로는 갖추지 못한 용의 뿔(龍角)을 형상화시킨 것이다. 즉, 용의 뿔을 제왕의 머리에 얹으면서 용과 같은 지위의 절대왕권의 권력자가 되어 국가를 통치하고 왕실을 보존할 수 있는 신성한 존재라는 것을 정당화 시켰을 것이다.

Y형, 出형의 신라금관 세움 장식은 용의 뿔을 正面에서 바라본 모습으로 형상화 되어 있으며 현존하는 신라의 유물에서 그 근거를 찾을 수 있는데, 우선 신라시대 용 뿔(龍角)의 형태를 파악해야한다. 일반적으로 조선시대 용의 뿔은 귀의 위나 뒤쪽에 나란히 두 개가 뻗어 나와 한 쌍을 이룬다. 그러나 삼국시대부터 대부분 용의 뿔은 양 눈썹의 중간(眉間)에서 하나로 뻗어 나와 두세 갈래로 갈라지며 뻗어나가는데(사진 31) 고려시대의 유물에서도 찾아 볼 수 있다(사진 32). (사진 33). 바로 이점이 신라시대와 조선시대 용의 뿔이 다른 점이다. 여기에 한가지 더 중요한 사실은 우리나라에 용의 얼굴이 대부분 측면으로 표현되어서 정면으로 본 용의 얼굴을 간과하기 쉽다는 것이다. 그러나 다행히도 신라시대의 유물 중에 용의 얼굴을 정면으로 관찰할 수 있는 유물이 남아있어서 정면으로 바라본 용의 뿔이 왜 신라금관의 세움 장식인지 확인할 수 있게 된다. 〈사진 31〉은 경주 안압지에서 출토된 금동제 용두장식으로 한 쌍이며 의자의 양옆 팔걸이나 등받침 양끝에 끼웠던 것으

사진 31. 신라 금동제 용두장식(측면, 정면, 좌측면) 국립중앙박물관소장

  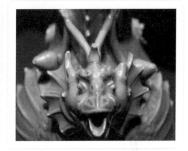

사진 32. 금동제 용두장식의 갈라진 뿔

사진 33. 고려 청자어룡주자의 정면

로 추정된다. 눈썹의 중간에서 한 뿌리로 올라온 뿔이 두 갈래로 갈라져있다. 〈사진 32〉
는 〈사진 31〉과 같은 용도의 유물인데 국립중앙박물관 소장품으로 眉間에서 하나로 나
온 뿔이 Y자 형태로 갈라져있다. 〈사진 33〉은 고려청자로 정면에서 바라본 뿔이 잘 표현
된 사례이다.

〈사진 34〉는 미륵사지출토 금동향로의 용면부분, 김유신장군묘 호석의 용두탁본, 청
동제종의 종뉴 부분, 영축사지출토 금동용두, 식리총출토 청동용두, 천마총출토은제허리
띠의 용부분, 오구라컬렉션 청동자루솥 부분, 금제용두잔, 식리총출토 청동자루솥 용두,
신라 금동용두, 백제 무령왕릉 허리띠장식, 백제 금동 용봉향로의 용두부분을 나열한 것
으로 모두 용의 뿔이 미간에서 한줄기로 나와서 갈라지거나 같은 줄기에서 벌어져서 정
면에서 보면 Y형상으로 보인다. 삼국시대부터 고려시대까지 이렇게 용을 형상화하거나
용을 주제로 제작한 유물은 왕실과 관련된 것으로 생각할 수 있으며 용을 입체적으로 볼
수 있는 중요한 자료이다. 특히, 왕궁이나 왕실과 관련된 사원건축지에서 출토되는 기와
의 막새문양에는 정면에서 본 龍面이 잘 나타남으로 정면에서 바라본 용의 뿔도 잘 관찰
할 수 있다. 〈사진 35〉의 유물들 처럼 막새의 문양인 용면에서도 뿔은 眉間의 중앙에서

사진 34. 眉間의 한곳에서 나와 갈라진 용의 뿔

시작되어 크게 두 갈래로 갈라진다. 숫막새의 용면은 작은 공간으로 인하여 거의 1단의 뿔에 새로운 뿔이 돋아나는 문양이고 龍面板瓦는 보다 넓은 공간으로 2단의 뿔을 문양화한 것도 보인다. 실제 신라금관에서는 Y형 〈사진 22〉, 〈사진 23〉, 〈사진 24〉, 出형〈사진 25〉, 〈사진 26〉, 〈사진 27〉, 〈사진 28〉, 〈사진 29〉, 〈사진 30〉의 1단, 2단, 3단, 4단 뿔세움 장식으로 다양하게 나타난다.

　그동안 보는 사람마다 다르게 인식이 되어 鬼面, 獸面, 龍面으로 불리우 던 신라시대

사진 35. 新羅 龍面板瓦(사래기와)와 龍面수막새의 정면 용뿔

막새의 문양을 신라시대의 또 다른 유물인 금동용두장식, 금동용두팔걸이장식, 은제용문
허리띠장식 등의 용 문양과 비교해보면 신라시대 龍은 두 눈썹사이(眉間)에서 하나의 뿔로
나와서 둘로 갈라진다는 결론에 이른다. 〈사진 35〉의 板瓦와 막새는 모든 뿔이 미간에서
나와 갈라지며 〈사진 34〉의 용을 정면에서 나타낸 것이다. 즉, 여러 가지 명칭으로 불렸
던 신라시대의 막새나 판와의 문양은 귀면, 수면보다 龍面이 더 정확하다는 것이다. 그동
안 여섯 가지의 도상적요소를 언급하며 귀면이 아니고 용면이라는 강우방 선생의 주장[07]
은 여러 관점으로 이해가 가지만 명쾌한 조건을 제시하지는 못하였다. 이 주장을 보완하
려면 삼국시대부터 고려시대까지의 용의 형상으로 만들어진 유물을 조사하고 그 뿔을 비
교하면 신라막새가 용면임을 확신 할 수 있게 된다. 또한 신라시대의 암막새문양으로 全
身의 용문양을 볼 수 있는 반면 암막새문양에 전신의 도깨비문양은 발견되지 않고 있다.
〈그림 3〉의 용문양 암막새와 한쌍을 이룰 수막새문양은 鬼面이 아니고 龍面일 것이다.
그리고 이 암막새의 용을 전면에서 보면 금관에서 Y형의 세움 장식과 같다는 것을 알 수
있다.

　신라시대 용의 얼굴이 가장 잘 나타나 있는 수막새나 板瓦의 탁본을 보면 더욱 뚜렷이
용의 뿔을 확인할 수 있으며 正面에서 본 용의 뿔(龍角)을 형상화시켜서 금관의 세움 장식

---

07)　강우방, 2000, 「한국와당 예술론 서설」, 『신라와전』, 씨디파트너, 424쪽.

그림 3. 암막새의 용문양, 용의뿔(그림)

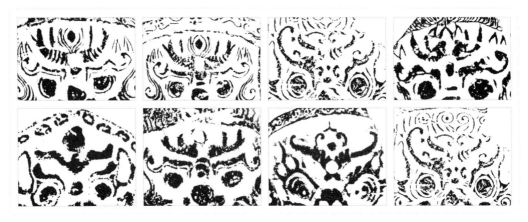

그림 4. 新羅 龍面瓦의 탁본과 뿔 부분(한국문양사)

으로 탄생시킨 것을 알 수 있다(그림 4). (사진 43).

　초기의 신라금관은 세움 장식이 Y형으로 제작되다가 出형으로 좀 더 형상화되어 변모하였으며 측면에서 본 용뿔의 세움 장식도 후면에 하나씩 배치하기에 이른다. 즉, 앞쪽에는 정면에서 본 용뿔 세움 장식3점과 뒤에는 측면에서 본 용뿔의 세움 장식 각1점씩 2점을 배치하여 모두5점의 용뿔 세움 장식을 입체적으로 완성하였다(사진 36).

　초기의 Y형으로 제작된 1단의 교동출토금관(사진 22), 2단의 호림박물관소장금관(사진 23), 3단의 복천동출토 금동관(사진 24)은 모두 측면에서 본 용뿔의 세움 장식은 없고 정면에서 본 용뿔 세움 장식만 있다. 이후에 제작된 出형의 금관에는 모두 정면에서 본 3점의 용뿔 세움 장식과 과 측면에서 본 2점의 용뿔 세움 장식으로 도합 5점의 세움 장식으로 입체적으로 화려하게 장식하였다(사진 25), (사진 26), (사진 27), (사진 28), (사진 29). 이렇게 발전한 신라금관이 出형의 세움 장식에 달린 달개장식 때문에 나뭇잎이 달린 나뭇가지로 오인되어 신라금관의 조형이 북방이고 측면에서 본 용뿔의 세움 장식은 사슴뿔로 격하시키

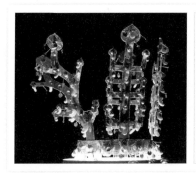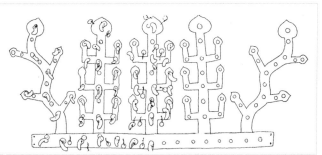

사진 36. 용의 뿔이 입체적으로 표현된 금관과 전개도(한국문양사)

는 결론에 이르게 되었다. 한편, 신라금관에 달려있는 曲玉은 무엇을 상징하는 것일까? 胎兒를 상징하는 것일까? 초음파 기계가 없던 시절에 어떻게 태아가 웅크리고 있었다는 사실을 고대인들이 알 수 있었을까? 곡옥이 태아라면 母子玉의 설명이 난감 해 진다. 태아가 또 다른 새끼태아를 임신한 형상인데 그것이 가능할까? 〈사진 39〉 중앙의 母子玉은 본초강목에서 가장 큰 양의 수9가 2번 곱해진 81개의 비늘을 가지고 있다고 전해지는 용의비늘과 81개의 반점이일치하고 모자곡옥의 형태를 고려하면 이 모자곡옥이 龍을 형상화한 것으로 추정할 수 있다.[08] 특히, 금관총금관의 양쪽 드리개장식 끝에 달린 곡옥의 머리에는 금으로 만든 龍頭를 조각하여 씌웠고(사진 37) 금제허리띠장식의 금으로 만든 곡옥 머리 부분도 龍頭를 조각하였다(사진 38). 태아의 머리에 용의 머리를 씌울 일은 없었을 것이다. 즉, 곡옥 그자체가 용을 형상화시킨 것으로 해석된다. 곡옥의 종류는 토기, 비취, 옥, 마노옥, 수정, 유리, 금, 은 등으로 재질도 여러 종류로 진귀품이며 삼국시대 이전부터 고대인의 수장급 장신구류에 필수품처럼 등장한다. 삼국시대의 금관에서는 고구려금관과 백제의 금관에서는 곡옥이 발견되지 않고 신라의 금관과 가야의 금관에서만 곡옥이 발견된다. 이것은 세움 장식의 의미가 각기 다르기 때문인데 고구려와 백제는 불꽃(火焰文)을 상징하고 신라와 가야는 용의 뿔을 상징하기 때문이다. 용의 뿔에 부합되는 것은 태아가 아니고 龍이다. 즉, 곡옥은 龍을 형상화시킨 것으로 신라의 황남대총금관, 금관총금관, 서봉총금관, 천마총금관과 전 고령출토 가야 금관에도 세움 장식의 의미(용의 뿔)에 맞게 달려있다.

---

[08] 국립대구박물관, 2003,『한국의 문양 용』, 통천문화사, 76쪽.

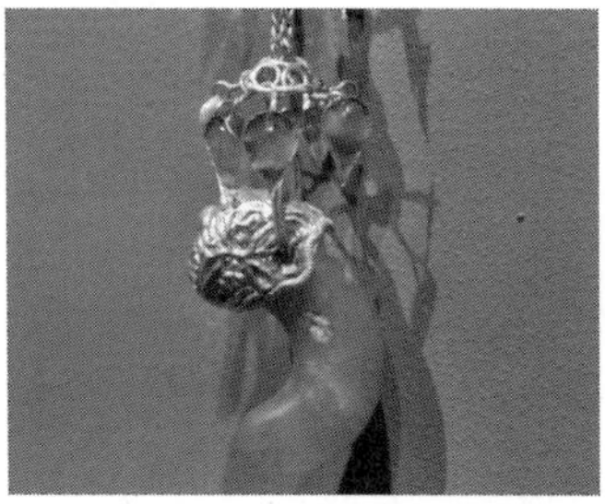

사진 37. 금관총 금관드리개의 龍頭曲玉

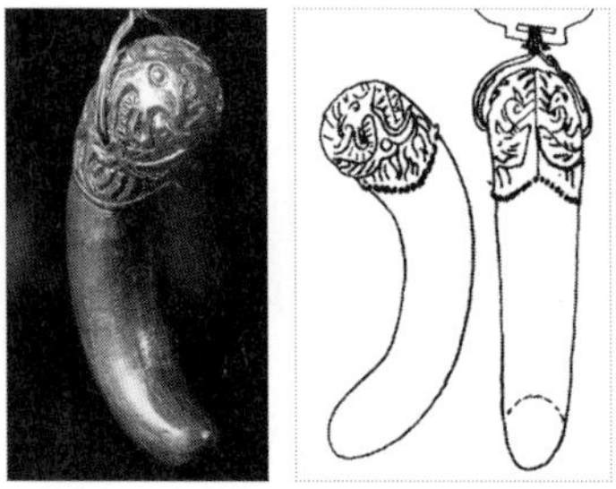

사진 38. 금관총 금제허리띠의 龍頭曲玉
(한국문양사)

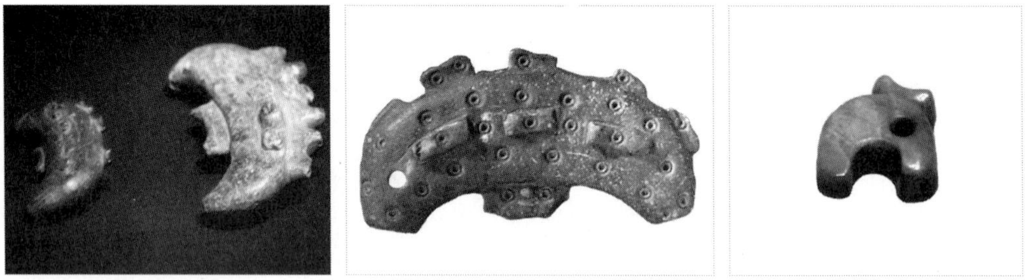

사진 39. 삼국시대의 母子曲玉

우리나라 곡옥의 기원은 紅山文化의 玉龍을 생각할 수 있다. 그리고 그 주체의 일부도 우리민족으로 볼 수 있다. 왜냐하면 홍산문화와 관련된 유물들이 한반도 전역에서 꾸준히 출토되고 있기 때문이다. 결정적인 증거로 강원도 오산리유적의 옥제 결상이식은 물론 경기도 파주 주월리 신석기유적에서 출토된 玉龍을 사례로 들 수 있다.[09)]

파주 주월리 유적의 신석기시대 옥룡(사진 40)은 홍산유적에서 출토되는 같은 계열의 대룡옥, 옥제 사다리꼴 목걸이 장신구와 빗살무늬 토기편 100여점이 함께 출토되어 신석기시대 한반도와 홍산문화와의 연계성을 인식할 수 있다. 〈사진 42〉의 윗줄은 홍산문화 옥룡의 변천[10)]으로 왼쪽부터 건평현 출토 백옥룡(중국 요녕성박물관 소장), 翰飯營子 출토 옥룡(중국 내몽고 오한기박물관 소장), 여순박물관 소장 옥룡, 下窪鎭河西 출토 옥룡(중국 내몽고 오한기박물관 소장)이고 아래 줄은 우리나라에서 출토된 옥룡의 변천으로 파주 주월리 신석기시대유적 출토옥룡, 충남 부여 연화리 출토 청동기시대 곡옥, 삼국시대 황남대총 출토 곡옥

09) 경기도박물관,「파주 주월리유적」,『경기도박물관 유적답사보고서 제1책』, 경기출판사, 256쪽.
10) 冀鉞, 1992,「旅順博物館藏紅山文化玉猪龍」,『遼海文物學刊』, 遼寧省科技情報 印刷廳.

사진 40. 파주 주월리 출토 신석기시대 玉龍

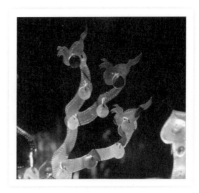

사진 41. 서봉총금관의 鳳凰

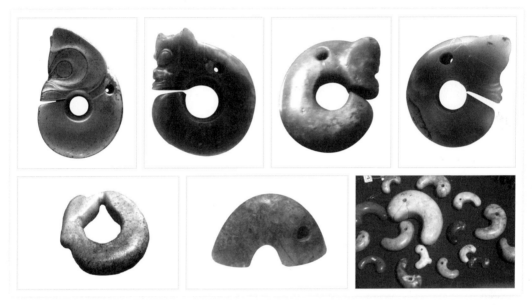

사진 42. 홍산문화 옥룡(위)과 우리나라 출토의 옥룡(아래)

이다. 홍산문화 유적 계열의 옥룡이 파주 주월리 신석기유적지에서도 출토되어 청동기시대와 철기시대를 거쳐서 삼국시대에는 수많은 옥룡들이 곡옥으로 형상화되어 제작되었음을 증명하게 되었고, 曲玉의 원형은 龍을 상징한다는 것이 명백해 졌다. 삼국시대 이전의 수장급의 고분에서도 용을 형상화한 곡옥이 출토된다. 아울러 신라금관에는 용의 뿔을 형상화한 세움 장식에 용을 형상화한 곡옥을 더하여 신성한 제왕의 절대권력을 한층 더 신격화시켜주는 역할을 하였다.

　현존하는 7점의 신라금관 중에 유일하게 十자의 금관지지대가 붙어있는 서봉총금관

사진 43. 경주교동출토 금관과 금동용두장식(단국대학교 석주선박물관 소장)

은 지지대 중앙부 정상에 벼슬이 선명한 鳳凰을 붙였다(사진 41). 이 봉황은 알마티 이식고분 출토의 새와 같은 일반적인 새와는 개념적인 차이가 매우 크다. 봉황은 天子를 상징하는 새로 태평성대에 나타나며 성군의 덕치를 증명하는 吉鳥로 새 중에 으뜸이다. 왕과 관련된 궁궐건축에 용과 같이 등장하며 고대 왕릉급의 고분에서 금제허리띠, 금동제 말안장, 금동제 신발, 환두도 등 각종 문양으로 용과 함께 자주 사용하였다. 서봉총금관은 신라금관 중에 유일하게 龍과 鳳凰이 결합된 최고의 의미를 부여한의 금관인 것이다. 다시한번 더 신라금관의 세움 장식의 의미에 대하여 강조 한다면,

〈사진 43〉에서 교동출토 금관의 세움 장식과 강원도 양양 진전사지에서 출토된 금동용두장식의 뿔을 비교해보면 바로 신라금관의 세움 장식이 용의 뿔(龍角)을 형상화시켰다는 것을 확실하게 알 수 있다.

신라금관은 정면에서 본 용뿔 세움 장식이 Y형으로 시작되어 出형으로 변하는데, 出형의 제작시기에는 측면에서 본 용뿔 세움 장식도 합세하여 5개의 세움 장식으로 용의 뿔을 입체적으로 표현하였으며 龍의 형상인 曲玉과 빛의 산란으로 더욱 화려한 달개장식을 달아서 아무도 도전할 수 없는 절대왕권의 권위와 존귀함의 극치를 이루었다(사진 36).

V. 伽倻의 金冠

가야의 금관은 신라의 금관과 세움 장식의 의미가 일맥상통한다. 伽倻金冠 역시 용의 뿔을 형상화시킨 것으로 현존하는 금관은 2점이 남아있다. 전 고령출토 가야금관(사진 43)과 일제강점기에 출토된 전 경남출토 오구라컬렉션 가야금관이다. 〈사진 44〉 前者는 한

사진 43. 전 고령출토 가야금관   사진 44. 오구라컬렉션 가야금관

사진 45. 황룡사지 출토 용면수막새의 뿔과 가야금관의 세움 장식 비교

국의 삼성미술관 리움에 있으며 소유주는 이건희이고 候者는 일본 동경국립박물관에 소
장되어 있고 소유주는 일본 동경국립박물관 이다. 가야금관의 세움 장식은 일반적으로
현재의 모습으로 형태만 생각하여 草花形이라 부른다. 즉 풀잎, 꽃이란 뜻인데 伽倻王國
의 제왕은 식물을 유난히 사랑하여 금관을 풀잎으로 만들어 절대왕권의 위엄을 백성과
신하들 앞에서 내세웠을까? 특히, 금관의 세움 장식에 달려있는 나뭇잎처럼 생긴 달개장
식 때문에 식물로 혼돈이 되는데, 이 달개장식은 삼국시대 금관뿐만이 아니라 금동신발,
금제허리띠, 금제목걸이, 팔찌, 마구류, 정강이 가리개 등 화려하게 꾸미는 방법의 일종
으로 금속공예기법 중의 하나일 뿐, 금관의 달개장식은 나뭇잎의 의미는 없다. 이 달개장
식으로 인하여 신라금관의 세움 장식을 나무로 誤認하는 경우도 생긴다.

　〈사진 45〉를 비교하면 草花文으로 생각되던 가야금관의 세움 장식은 정면으로 본 용
의 뿔임이 확실하다. 〈사진 47〉에서 초화문과 비슷한 용의 뿔을 더 확인 할 수 있다. 이
렇게 삼국시대 형상화시킨 용의 뿔이 현대의 초화문과 흡사하여 자칫 잘못하면 강력한
절대왕권과 관련된 제왕의 금관의 의미가 크게 뒤바뀔 수 도 있다. 〈사진 43〉의 전 고령

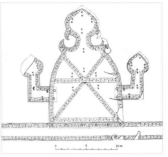

사진 46. 지산동 출토 가야 금동관(한국문양사)

사진 47. 草花文과 비슷한 용의 뿔을 형상화시킨 유물

출토 가야금관은 관테에 용을 형상화한 곡옥을 달아서 龍과 버금가는 절대왕권의 의미를 한층 더 강조하였고 4개의 세움 장식을 금못을 사용하지 않고 모두 金絲를 사용하여 연결 하였는데 전 강서군 출토 高句麗金冠과 동일한 기법이다. 〈사진 44〉의 오구라 컬렉션 금 관은 정면에 낮은 뿔을 中心으로 양 옆에 1쌍씩의 측면에서 본 뿔을 세움 장식으로 달았 다. 신라의 出形金冠처럼 입체적으로 용의 뿔을 표현한 것이다. 한편, 가야의 金銅冠으로 세움 장식이 신라의 금관인 出형인것도 나타나는데 합천 옥전동 M6호묘에서 출토되었 다. 이것은 정치적으로 신라와 밀접한 관계에 있던 상황을 알 수 있으며 역시 용의 뿔 세 움 장식으로 한 금관의 세움 장식과 일맥상통 한다. 가야 금동관중에 고령 지산동 32호묘 출토의 금동관 역시 같은 의미로 볼 수 있는데 넓은 세움 장식이 앞면에 하나만 붙어있는 특이한 형태로 이와 비슷한 사례를 찾기 힘들다. 세움 장식의 정상부 뿔은 전 고령출토 가야 금관과 오구라 컬렉션금관의 세움 장식과 비슷하고 양옆의 두 장식은 신라의 出형 세움 장식과 비슷하여 낙타의 이마를 닮은 용의 이마 한 뿌리에서 뿔이 여러 갈래로 돋아 난 모습으로 신라의 세움 장식과 가야의 세움 장식이 결합이 된 사례이다(사진 46). 가야국

역시 신라처럼 제왕의 머리에 용의 뿔을 금관으로 얹음으로써 용과 동등하게 신성하고 절대적인 권력을 누릴 수 있다는 것을 과시하는 결과를 얻었을 것이다.

VI. 결론

전 세계에서 古代王國의 金冠은 12점 뿐 이다. 그 중 우리나라에 10점이 있으며 高句麗 1점, 新羅 7점, 伽倻 2점이다. 百濟의 금관은 아직 발견되지 않았으나 신촌리 9호분의 금동관으로 미루어보면 금관의 존재 가능성은 매우 크다. 삼국시대 금관의 의미를 종합하면, 고구려와 백제의 금관은 불꽃(火焰文)을 상징하고 신라와 가야의 금관은 용의 뿔(龍角)을 상징한다. 그동안 혹자는 신라금관의 세움 장식을 나뭇가지와 사슴뿔정도로 생각하여 틸리아-테베유적에서 출토된 박트리아시대 금관이나 스키타이 사르마트 금관이 신라금관의 조형이 될 수 있다고 주장하고 시베리아 알타이 지역과 억지로 짜 맞추고, 서봉총금관의 十자 지지대를 19세기 에네트족 샤먼의 사슴가죽 모자와 관련 있다고도 주장 했다. 한마디로 時空을 초월한 궤변이다. 결론은 신라금관의 세움 장식은 용의 뿔을 입체적으로 표현한 것이고(나무가지나 사슴뿔이 아니다) 서봉총의 새는 이름그대로 鳳이기 때문에 일반적인 북방의 새의 개념과는 天地差異가 난다. 신라 금관 중에 제일 화려하고 큰 의미가 있는 瑞鳳塚金冠은 입체화 된 용의 뿔에 용을 형상화한 수많은 曲玉과 鳳凰까지 어우러진 최고의 권력자인 帝王의 전유물이다. 즉, 신라금관은 아프카니스탄 금관이나 사르마트 금관과는 조형도 다르고 의미도 전혀 다른 것으로 우리민족의 문화 속에서 自生的으로 태어난 문화유산인 것이다. 유물의 실체를 정확하게 파악하지도 못한 채 겉모습과 상상력만으로 유물의 본질을 誤導해서는 안 된다.

또 다른 문제는 금관의 實用性에 관한 것이다. 고구려 백제 가야의 금관은 세움 장식이 낮아서 의례용으로 사용하였을 가능성이 높다. 세움 장식이 높은 신라의 금관이 문제가 된다고 하지만 實用의 이유를 바로 그 금관에서 찾을 수 있다. 첫째, 신라의 금관은 약 20%정도의 銀이 함유되어 있고 금관에 點線文을 새겨서 세움 장식을 잘 세울 수 있게 하였다. 둘째, 곡옥이 달려있는 천마총금관에서 보면, 세움 장식의 1단에서 2단, 3단 위로 올라갈수록 곡옥의 크기를 작게 만들어 붙였는데 이는 무게중심을 아래쪽에 두어 잘 설 수 있게 하기 위함이다. 셋째, 무엇보다도 서봉총금관의 十형 지지대는 금관을 세우기 위한 결정적인 근거이다. 단순부장용이라면 굳이 세우기위한 지지대를 만들 필요가 없기 때문이다.

시간과 장소를 불문하고 태양은 영원불멸과 모든 생명의 근원으로 인류 공통으로 생각되어 왔으며 지상에서는 변치 않는 금속인 金으로 태양의 의미를 대신하였다. 근년에 발표된 傳 平安南道 江西郡 普林面 肝城里 출토 高句麗火焰文金冠은 이러한 사상이 함축된 것으로 큰 意義를 지니고 있다. 이 金冠은 일제강점기에 출토되어 伽倻金冠 처럼 정확한 출토지는 미상이지만 출토지를 추정할 수 있는 일제강점기의 墨書名이 남아 있으며 역사적, 학술적으로 매우 중요한 의미를 갖는 문화유산이다. 그동안 거의 도굴된 고구려 고분에서 殘片만으로 확인 되었던 고구려금관의 실체를 1500여 년 만에 후손들에게 알려주었고 고구려의 찬란한 문화와 숨겨진 역사를 밝혀 주는 중요한 연결고리가 되었다. 이 高句麗金冠은 金의 성분분석, 세움 장식판의 절단기법과 관테와 달개장식의 이음방법, 金絲의 연결방법, 금관에 침착된 유기물과 點線彫 技法의 특징 등이 기존의 金製 高句麗 遺物의 특성과 동일하고, 동반출토 유물인 금제귀고리, 금동마구, 금동못 등 수십점의 금동장식들은 같은 시기에 조성된 고구려유물과 일치한다. 특히 고구려의 중요한 유적유물이 많이 남아있지 않은 우리로서는 이 高句麗火焰文金冠이 중국의 동북공정을 넘어서 우리민족과 고구려의 정통성을 이어주는 매개체의 역할을 하는 매우 귀중한 문화유산인 것이다.

참고문헌

국립공주박물관, 2001, 『백제 사마왕』, 통천문화사.

국립경주박물관, 2000, 『신라와전』, 씨티파트너.

_____, 2001, 『신라황금』, 씨티파트너.

국립대구박물관, 2003, 『한국의 문양 용』, 통천문화사.

국립문화재연구소, 2005, 『일본 도쿄국립박물관 소장 오구라 컬렉션 한국문화재』, 미술문화.

국립부여박물관, 2008, 『백제의 숨결 금빛예술혼 금속공예』, 참존기획(주)

국립중앙박물관, 2002, 『유창종기증 기와.전돌』, 통천문화사.

경기도박물관, 1999, 『파주 주월리의 유적』, 경기도박물관 유적답사보고서 제1책, 경기출판사.

길림성문물지 편위회, 1984, 『집안현 문물지』, 길림성문화청 기관인쇄청.

길림성문물고고연구소 외, 2010, 『집안출토 고구려 문물집졸』, 과학출판사.

김병모, 1998,『금관의 비밀』, (재)고려문화재연구원.

김열규, 1975,『한국의 신화』, 일조각.

내몽고 오한기박물관, 2004,『오한문물정화』, 내몽고문화출판사.

박선희, 2011,「신라 금관에 선행한 고구려 금관의 발전양상과 금관의 주체」,『백산학보 제90호』.

_____, 2013,『고구려 금관의 정치사』, 경인문화사.

_____, 2008,『우리 금관의 역사를 밝힌다』, (주)지식산업사.

사회과학원 력사연구소, 1996,『조선기술 발전사 2』, 과학백과사전종합출판사.

성보문화재단, 2010,『영원을 꿈꾼 불멸의 빛 금과은』, 삼우아트.

요녕성고고박물관학회 외, 1992,『요해문물학간』, 요녕성과기정보연구소 인쇄청.

_____, 1996,『요해문물학간』, 요녕성과기정보연구소 인쇄청.

이난영, 1998,『한국고대금속공예연구』, 일지사.

임영주, 1983,『한국문양사』, 미진사.

임재해, 2002,「문화적 맥락에서 본 금관의 형상과 건국신화의 함수」,『맹인재 선생 고희기념 한국의 미술문화사논총』, 학연문화사.

_____, 2008,『신라 금관의 기원을 밝힌다』, (주)지식산업사.

진홍섭, 1980,『한국금속공예』, 일지사.

조선유적유물도감 편찬위원회, 2000,『북한의 문화재와 문화유적』, 서울대학교출판부.

천리대학부속 천리참고관, 1989,『조선반도의 고고학』, 천리시보사.

호암미술관, 2000,『용 신화와 미술』, 삼성문화재단.

황욱, 1958,『문화유산 5』, 조선민주주의인민공화국 과학원출판사.

〈전 평남 강서군 출토 고구려 화염문금관의 성분분석〉

분석시료 : 영락장식-01

분석시료 : 영락장식 금사부분-01

[측정조건]

측정장치	SEA2220A
측정시간 (초)	150
유효시간 (초)	106
시료실분위기	대기
조사경	원 3.0mm
여기전압 (kV)	50
관전류 (uA)	28
필터	OFF
마이러	OFF

[측정조건]

측정장치	SEA2220A
측정시간 (초)	150
유효시간 (초)	107
시료실분위기	대기
조사경	원 3.0mm
여기전압 (kV)	50
관전류 (uA)	182
필터	OFF
마이러	OFF

[시료이미지] [스펙트럼]

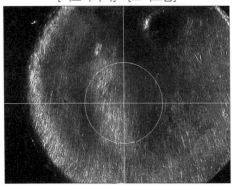

시야 : [X Y] 8.80 6.60 (mm)

[시료이미지] [스펙트럼]

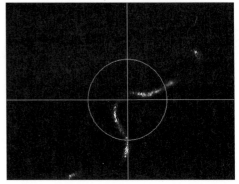

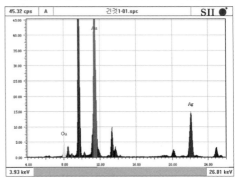

시야 : [X Y] 8.80 6.60 (mm)

[정량결과]

Au	78.55(wt%)	889.453(cps)
Ag	19.92(wt%)	222.525(cps)
Cu	1.54(wt%)	36.797(cps)

[정량결과]

Au	76.15(wt%)	807.851(cps)
Ag	21.94(wt%)	237.674(cps)
Cu	1.91(wt%)	43.514(cps)

일본 比叡山 延曆寺 소장 百濟半跏思惟像에 대한 試論

엄기표 단국대학교

Ⅰ. 머리말

東亞細亞의 三國인 韓國, 中國, 日本은 先史時代부터 밀접한 교류가 지속적으로 이루어져 왔으며, 記錄뿐만 아니라 그러한 사실을 보여주는 많은 遺蹟과 遺物들이 各國에 所在하고 있다. 中國 大陸의 先進文物은 先史時代부터 韓半島로 傳來되었으며, 韓半島의 先進文物은 日本 列島로 전해져 古代 文化가 形成 發展되었다. 앞으로도 東亞細亞 三國은 地理的인 특성상 밀접한 交流가 계속될 것으로 思料된다.

이러한 東亞細亞의 歷史 地理的인 環境으로 인하여 오늘날 日本 列島에는 韓半島에서 넘어간 많은 文化財들이 전해지고 있다. 이들은 우리의 歷史와 文化를 알려주는 귀중한 資料라 할 수 있다. 이러한 文化財들은 대부분 動産文化財가 中心을 이루고 있는데, 그중에서도 대표적인 文化財는 佛敎美術品이라 할 수 있다. 佛敎美術品은 宗敎的인 目的으로 傳來되거나 유입되는 경우가 많으며, 信仰의 對象物로 携帶나 移動이 容易한 편이기 때문에 원위치에서 옮겨진 경우가 많다. 또한 日本은 古代로부터 오늘날까지 佛教가 가장 中心的인 宗教로서 佛教 信仰이 상당히 두터운 나라였다. 이러한 이유로 日本 땅에는 오늘날까지 파손이나 소실되지 않고 고스란히 전해지고 있는 佛教美術品이 상당수에 이른다.

그동안 日本 各地에 전해지고 있는 우리의 文化財에 대한 紹介와 研究가 상당히 進陟되어 왔다. 지금도 개인이나 관련 기관 등에 의하여 소개되지 않았던 새로운 文化財들이 밝혀지고 있다. 그래서 우리의 많은 文化財들이 日本에 所在하고 있는 것으로 확인되고 있다. 이러한 文化財들은 古代 韓國과 日本 사이의 交流를 보여주는 直接的인 證據이기도 하다. 이글에서 소개하고자 하는 佛像도 韓半島에서 日本 列島로 佛教 信仰의 傳播와 함께 傳來된 것으로 推定된다. 이 佛像은 발견된 이후 日本에서 몇 번에 걸쳐 展示되기도 했으며, 圖錄에 간략한 說明과 함께 紹介되기도 했다.[01] 그러나 아직까지 韓國 研究者에 의한 公式的인 調査와 紹介는 없었다. 所藏 기관에서도 公式的인 調査와 協助는 처음이라고 했다. 이에 관련 研究者들에게 佛像에 대한 理解와 研究에 도움이 되는 資料를 紹介하고, 向後 研究 資料로 活用될 수 있기를 期待하면서 調査 內容을 中心으로 敍述하고자 한다.[02]

II. 半跏思惟像의 來歷과 調査 經緯

먼저 半跏思惟像을 所藏하고 있는 比叡山 延曆寺의 沿革을 대략적으로 살펴보도록 하겠다. 延曆寺가 소재하고 있는 比叡山은 叡山이라고도 하는데, 일본 사람들에게는 마음의 故鄉山으로 인식되어 靈山으로도 알려져 있다. 이 山은 日本 京都市와 東北方 滋賀縣의 경계에 있는 산으로 동쪽에는 琵琶湖가 위치하고 있으며, 서쪽에는 古都 京都를 관망

---

01) 奈良國立博物館, 平成 8年 4月(1996年 4月), 『東アジアの佛たち』(圖錄).
    大津市歷史博物館, 平成 20年 7月(2008年 7月), 『石山寺と湖南の佛像』(圖錄).
    大津市歷史博物館, 平成 21年 10月(2009年 10月), 『湖都大津社寺の名寶』(圖錄), 宮川印刷株式會社.
02) 이 佛像에 대한 調査는 東北亞歷史財團 研究支援課題 '日本속의 古代 韓日 佛教文化 調査 研究'(東北亞2012-指定-2, 研究責任者 金相鉉) 課題 修行 過程에서 여러 사람의 協助와 支援으로 이루어졌다. 먼저 佛像을 調査할 수 있도록 積極的으로 協助해 준 日本 比叡山 延曆寺 國寶殿 管理部長 小堀光實, 學藝員 宇代貴文(阿海)에게 眞心으로 感謝드린다. 그리고 調査가 可能하도록 案內와 文書 處理를 해 준 比叡山麓 宝林寺의 茂松性典 스님, 立命館大學 高正龍 敎授께 깊이 感謝드린다.

할 수 있는 景勝地로 오늘날까지 日本의 歷史와 傳統이 살아 숨 쉬는 곳이기도 하다. 比叡山에는 日本 佛敎의 母山이자 聖地로 인식되고 있어 수많은 寺刹들이 세워져 있는데, 이중에서도 延曆寺(滋賀縣 大津市 坂本本町 4220)는 일본 天台宗의 總本山이자 學問과 行業의 道場으로 일본 각 종파의 祖師 高僧을 배출한 대표적인 사찰이었다.[03] 比叡山 延曆寺의 대표적인 古代 僧侶로 傳敎大師 最澄, 慈覺大師 圓仁, 智証大師 圓珍 등을 들 수 있다. 이들 僧侶들은 日本 佛敎의 기틀을 다진 대표적인 僧侶로서 오늘날까지 推仰받고 있는 人物들이다.

傳敎大師 最澄(766-822年)은 19살에 東大寺 戒壇院에서 受戒한 후 인생무상을 느끼고 比叡山에 올라가 草庵生活에 들어갔다. 그는 788年(延曆 7年) 藥師如來像을 本尊佛로 造成奉安하고, 寺名을 比叡山寺 또는 一乘止觀院이라 했다고 한다. 이후 最澄은 804年 7月 入唐하여 天台山에서 修學하고, 이듬해 6月 歸國하여 天台宗을 開敞하고 延曆寺를 中心으로 敎團 確立에 노력했다. 그리고 818年 봄에는 남도의 小系를 버리고 比叡山에 大乘戒壇 건립을 추진했다. 大乘戒壇 건립은 最澄이 사망한 후 7일째인 822年 6月 11日에 허가되어 天台宗의 독립이 이루어졌으며, 그 다음해에 勅令에 의하여 寺名을 延曆寺라 하였다. 義眞이 824年 初代 天台座主에 任命되고, 講堂과 戒壇院 등이 建立되었다. 이후 慈覺大師 圓仁(794-864年)과 智証大師 圓珍(814-891年) 등에 의하여 修學과 修行의 중심적인 사찰로 발전하여 9세기경에는 불교계의 最大 寺刹로 번창한다. 宇多法皇이 905年 수계한 무렵부터 황실가의 신앙처가 되었고, 966年에는 여러 건물이 소실되는 재앙도 있었지만, 다시 重建되면서 學徒가 雲集하여 全盛期를 맞이했다. 그러나 圓仁과 圓珍 두 門徒의 對立이 激化되고, 993年에는 慶祚 이하 智証大師派 1,000여명이 下山해서 園城寺(三井寺)에 머물게 된다. 이때부터 延曆寺와 園城寺의 對立이 시작되어 鎌倉末期까지 延曆寺 門徒가 園城寺를 7번이나 불태웠다. 이후에도 延曆寺는 황실이나 귀족들이 머물고, 그들과 밀접한 관계를 맺으면서 번창하여 정국을 좌우할 만큼 강력한 권력을 갖게 된다. 그러나 室町時代 이후 장원제도의 쇠퇴와 함께 寺勢도 점차 기울게 된다. 그리고 1571年 元龜의 兵難으로 織田信長에 의해서 山門이 燒失되고 世俗的 權力도 무너지게 된다. 이후 德川幕府의 支援과 外護로 다시 여러 건물이 중수되었으며, 1636年에는 根本 中堂의 再建이 이루어져 옛 모습을 회복해 갔으며, 오늘날까지 法燈이 지속되고 있다.

---

03) 堀澤祖門・박소영, 2007, 「日本佛敎の母山, 比叡山における修行」, 『天台學硏究』 제10집, 대한불교천태종.

사진 1. 日本 比叡山 延曆寺 全景 案内板

　　이러한 歷史를 가지고 있는 比叡山 延曆寺는 크게 東塔區域, 西塔區域, 橫川區域 등으로 구분된다. 먼저 東塔區域은 延曆寺의 中心이자 本堂 建物들이 위치한 곳으로 中心 建物인 根本中堂을 비롯하여 戒壇院, 文殊樓, 大講堂, 阿彌陀堂, 鐘閣, 國寶殿 등이 위치하고 있다. 根本中堂 자리는 傳敎大師 最澄이 788년 19살에 比叡山에 올라와 처음 암자를 지었던 장소로 전하고 있으며, 그것을 紀念하고 精神을 기리기 위하여 根本中堂이 건립되었다고 한다. 根本中堂에는 傳敎大師 最澄이 이곳에 들어와 등불을 밝힌 이후 오늘날까지 한번도 꺼지지 않은 '不滅의 法燈'이 전해지고 있다.[04] 또한 根本中堂 내부 정면 한가운데에는 傳敎大師 最澄이 조성한 것으로 추정되는 藥師如來가 봉안되어 있는데, 秘佛로 전해지고 있다. 그리고 戒壇院은 827年 初建되었으며, 지금의 건물은 1678年 重建되었다고 한다. 또한 根本中堂 정면 능선 상에는 文殊樓가 있는데, 文殊樓는 根本中堂으

---

04)　전하는 바에 의하면 延曆寺의 法燈이 오다 노부나가의 공격으로 잠깐 꺼졌지만 立石寺에 나눠졌던 불을 다시 이곳으로 가져와 오늘날까지 계속 法燈을 잇고 있다고 한다.

사진 2. 延暦寺 根本中堂 入口 全景

사진 3. 淸海鎭大使張保皐碑

사진 4. 延暦寺 國寶殿 全景

사진 5. 延暦寺 國寶殿 2層展示室 全景 1(佛畵)

사진 6. 延暦寺 國寶殿 2層展示室 全景 2(佛像)

사진 7. 延曆寺 國寶殿 2層展示室 高麗佛畵　　사진 8. 延曆寺 國寶殿 2層展示室 半跏思惟像

로 가는 정문 역할을 하고 있다. 文殊樓는 慈覺大師 圓仁이 中國 五台山의 文殊菩薩에게 勸請한 것을 기념하여 건립되었다고 한다. 현재의 文殊樓는 1642年 2層 樓閣式으로 重建되었으며, 中世 造成된 文殊菩薩像과 四天王像이 奉安되어 있다. 그리고 문수루 옆으로 비교적 넓은 공간이 있는데, 이곳에 「淸海鎭大使張保皐碑」가 건립되어 있다. 이 碑는 圓仁이 入唐 求法 巡禮時 도움을 받은 것을 기념하여 2001년 12월 건립되었다. 圓仁은 日本 天台宗 第3世 座主로 張保皐 船團의 도움을 받고, 赤山 法華院에 머무르는 등 新羅와 인연이 깊은 승려였다. 東塔區域의 國寶殿에는 延曆寺의 遺物들이 所藏 展示되고 있는데, 특히 延曆寺를 창건한 傳敎大師 最澄의 遺品을 비롯하여 寺刹의 沿革과 관련된 遺物들이 소장되어 있다. 그리고 西塔區域은 延曆寺에 남아있는 건물 중에서 가장 오래된 건물들이 유존되고 있는데, 중심 건물인 釋迦堂을 비롯하여 常行堂, 法華堂, 惠亮堂, 椿堂 등이 있다. 西塔區域은 834년 創建되었는데, 釋迦堂 建物이 1571년 燒失되자 豊臣秀吉이 1595년 園城寺의 彌勒堂을 移築하도록 命하여 새롭게 建立한 것이다. 釋迦堂은 鎌倉時代(1192~1333年)의 架構 手法과 樣式을 보이고 있어, 延曆寺에 전하고 있는 最古 建築物 중에 하나이다. 또한 橫川區域은 848년 圓仁이 창건한 것으로 전하고 있으며, 가람의 중심에 橫川中堂을 비롯한 여러 伽藍이 위치하고 있다.

　현재 百濟의 것으로 推定되는 半跏思惟像은 比叡山 延曆寺 國宝殿에 소장되어 있는데, 延曆寺에 傳來된 背景과 所藏 經緯 등에 대하여 구체적으로 전해지는 내용은 없다. 다만 比叡山 延曆寺의 西塔區域에 있는 椿堂의 本尊佛이었던 千手觀音菩薩立像의 胎內佛(腹藏物의 일부)로 奉安되었던 佛像인 것은 분명한 사실로 전해지고 있다. 그러나 어느 時期에 어떤 過程을 거쳐 比叡山 延曆寺 椿堂의 千手觀音菩薩立像에 奉安되었는지는 明確

하지 않다.

그런데 이 佛像과 관련하여 室町時代(1338–1573年)의 『叡岳要記』下에 '椿堂 本佛觀音十一面如意輪 聖德太子御本尊奉納腹心'이라는 기록이 전재되어 있어 주목된다. 이 기록이 어떤 불상을 지칭하는지 분명하지는 않지만 많은 연구자들이 椿堂에 造成 奉安되었던 千手觀音菩薩立像으로 보고 있다.[05] 이 千手觀音菩薩立像에서 半跏思惟像이 出土되었고, 半跏思惟像은 比叡山 일내에 있는 사찰 소장 불상 중에서는 가장 오래된 것으로 알려져 있다.[06] 현재 椿堂이 있는 西塔區域이 延曆寺에 남아있는 건물들 중에서 가장 오래된 건물들이 유존되어 있고, 그중에서 椿堂이 聖德太子와 깊게 관련된 건물로 전해지고 있다. 椿堂이라는 건물명과 그 건립 배경이 일본의 고대 불교를 크게 진흥시킨 聖德太子와 연결되어 있다.[07] 전하는 바에 의하면 聖德太子가 比叡山에 올랐을 때 신령스런 나무로 만든 지팡이(椿杖)를 땅에 꽂았는데, 지팡이에서 새싹이 나오며 나무로 다시 자라자 그 자리에 건물을 지어 椿堂이라 했다고 한다.[08]

이러한 내용이 1714년 編纂된 『西塔堂舍幷各坊世譜』에도 그대로 전해져 기록되었다.[09] 기록에 의하면 椿堂은 傳敎大師 最澄이 개창하기 이전 推古天皇 때 聖德太子가 건립한 것인데, 聖德太子가 일찍이 比叡山에 올라 椿木杖을 땅에 꽂았는데, 지팡이가 자라 巨木이 되었으며, 잎이 무성하게 되어 그 자리에 건물을 짓고 椿堂이라 했다고 한다. 그리고 太子는 如意輪觀世音像 3尊을 造成하여 1尊은 大和橘寺에, 1尊은 京師六角堂에 各各 奉安하고, 나머지 1尊은 椿堂에 봉안했다고 한다.[10] 또한 이와 유사한 내용이 1767년 編纂된 『山門堂社由緒記』卷第一, 南谷, 椿堂 項目에도 실려 있다. 이러한 것으로 보아 聖

05) 이와는 달리 현재 延曆寺 國寶殿에 소장되어 있는 千手觀音菩薩立像(重文, 平安時代, 木造, 像高 51.2cm)을 관련시키는 견해도 있다(半田孝淳・瀨戸內寂聽, 2007, 『延曆寺』, 淡交社, 44쪽).

06) 奈良國立博物館, 平成 8年 4月(1996年 4月), 『東アジアの佛たち』(圖錄), 239쪽.

07) 比叡山 延曆寺의 西塔區域에 建立된 春堂에 대한 來歷이 있는 책들은 『叡岳要記』, 『西塔堂舍幷各坊世譜』, 『山門堂社由緒記』 등이다. 『叡岳要記』는 撰者는 未詳이고, 2卷으로 構成되었다. 이 책은 比叡山 延曆寺 三塔 區域에 있는 諸堂 記錄으로 1379년 이전에 성립된 것으로 추정되고 있다. 『西塔堂舍幷各坊世譜』는 撰者는 藤原朝臣 常雅이고, 1卷으로 구성되었으며, 내용은 三塔 區域에 있는 諸堂 記錄으로 1714년 성립되었다. 『山門堂社由緒記』은 撰者는 未詳이고, 3卷으로 구성되었으며, 내용은 三塔 區域에 있는 諸堂 記錄으로 1767년 성립되었다(武 覺超, 『比叡山諸堂史의 硏究』, (株)法藏館, 2008, 22~23쪽).

08) 武 覺超, 平成 5年(1993年), 『比叡山三塔諸堂沿革史』, 叡山學院, 117~119쪽.

09) 藤原朝臣 常雅, 椿堂(1714年), 『西塔堂舍幷各坊世譜』, 南谷.

10) 위의 책.
'太子嘗奉如意輪觀音像三尊 其一者栴檀六臂像安大和橘寺 其一者白銀四臂像安京六角堂 其一者黃金二臂像卽安本堂者是也其像長僅三寸 後別造二尺一寸千手眼木像'

德太子와 椿堂과의 관련성이 오래전부터 膾炙되고 있었음을 알 수 있다.

한편 聖德太子는 用明天皇의 둘째 아들로 佛心이 깊었고, 많은 사찰을 창건하기도 했다. 그는 고대 일본 불교의 기틀을 다지고, 그 발전에 지대하게 공헌하여 日本 佛教界에서는 神格化된 人物이다. 그래서 古代時代에 창건된 일본의 사찰들은 創建 時期나 緣起를 대부분 聖德太子와 연결시키고 있다. 이것은 해당 寺刹이 古刹임과 동시에 佛教와 인연이 깊은 땅임을 상징적으로 보여주기 위한 것임을 알 수 있다. 그리고 椿堂이 건립되어 있는 西塔區域은 延曆寺의 歷史와 가람 상에서는 초기에 해당되는 지역이다. 그래서인지 가장 오래전에 건립된 건물들이 전해지고 있는 지역이기도 하다. 이러한 이유로 延曆寺의 歷史性과 神聖性을 높이고자 聖德太子와 椿堂의 관계가 전해지고 있는 것으로도 思料된다.

比叡山은 奈良時代부터 靈山으로 인식되어 많은 寺刹들이 創建되었고, 法堂들이 지속적으로 건립되면서 佛教 信仰의 聖地로 알려져 있었다. 또한 比叡山을 끼고 있는 琵琶湖 주변에는 百濟寺, 石塔寺 등을 비롯하여 고대 한반도와 관련된 다수의 사찰들이 전해지고 있다. 특히 延曆寺에서 비교적 가까운 곳인 大津市의 園城寺는 延曆寺와 밀접한 관계에 있었던 사찰로 알려져 있다. 오늘날 三井寺(滋賀縣 大津市 園城寺町 246)로 널리 알려진 이 사찰의 오래된 寺名은 園城寺였다. 이 사찰은 672년 日本 황족간의 왕권 다툼에서 패해 죽은 大友氏家의 아들이 자기 아버지의 冥福을 빌기 위하여 창건한 사찰로 전해진다. 여기서 大友皇子의 姓氏 大友는 百濟 또는 新羅 사람의 後裔와 관련된 姓氏라고도 한다. 園城寺는 창건 이후 크게 興盛하여 平安時代에는 東大寺, 興福寺, 延曆寺와 함께 4大 寺刹 중에 하나로 인식되기도 했다. 그리고 園城寺는 比叡山을 중심한 天台宗 寺刹이었다가 13세기에 분리 독립하였다.[11] 현재의 園城寺 金堂은 1599年(長慶 4年) 건립된 것으로 桃山時代 건축 문화의 특징을 잘 보여주고 있다. 그런데 金堂의 本尊佛이 한반도의 百濟로부터 傳來된 絶對秘佛로 金銅으로 造成된 彌勒菩薩像으로 전해지고 있다. 園城寺는 天智天皇(661-671年), 弘文天皇(671-672年), 天武天皇(673-686年) 등 古代의 여러 天皇들과 깊게 관련된 寺刹로 전해진다. 그런데 欽明天皇(539-571年) 때 百濟로부터 彌勒佛이 전래되었는데, 天智天皇 때 金堂의 本尊으로 奉安되었다고 전한다.[12] 어쨌든 현재 園城寺 金堂 本尊佛

---

11) 園城寺는 不死鳥의 寺刹로 불리고 있는데, 이는 豊臣秀吉이 寺刹을 沒收하고 廢寺시키라는 명령 가운데에서도 再建되었으며, 여러 고난에도 불구하고 廢寺되지 않고 法燈이 維持되었기 때문으로 전한다.

12) 『園城寺傳記』에 의하면 聖武天皇(724-749年) 때 봉안된 것으로도 전하고 있다. 한편 園城寺에는 어느 시기에 전래되었는지는 알 수 없지만 銅鍾과 「高麗大藏經」이 소장되어 있다.

사진 9. 園城寺 金堂 全景　　　　　　　　　　　사진 10. 園城寺 金堂 內部(百濟 秘佛 奉安 場所)

을 실견할 수는 없지만 한반도에서 전래된 것이며, 百濟와 관련된 불상으로 전해지고 있는 것은 古代時代에 園城寺와 밀접한 관계에 있었던 延曆寺에도 韓半島와 관련된 遺物이 전래되었을 가능성이 있음을 시사한다. 나아가 古代 日本 寺刹에서는 韓半島에서 傳來된 佛像을 奉安하는 것이 寺刹의 對內外的 位相과 관련하여 중요하게 認識되었음을 간접적으로나마 알 수 있다.

　한편 園城寺에서 가까운 곳에 韓國과 관련된 古代 遺蹟으로 新羅善神堂이 있는데, 인근에는 園城寺와도 인연이 깊었던 弘文天皇의 陵이 소재하고 있다. 新羅善神堂은 佛菩薩像을 봉안한 것이 아니라 新羅明神을 모시고 있기 때문에 善神堂이라 불리고 있다. 전하는 바에 의하면 智証大師 圓珍이 858년 中國 唐나라에서 유학을 마치고 돌아올 때 배에서 한 노인이 나타나 귀국을 도와주었다고도 하며, 또는 圓珍이 日本으로 돌아올 때 폭풍을 만나게 되어 부처님께 빌었는데 배안에서 한 노인이 나타나 도움을 주어 아무 탈 없이 歸國하게 되었다고도 전한다. 바로 그 노인이 바로 新羅明神이었고, 園城寺와 인연이 깊었던 百濟系 大友氏의 守護神이었다는 설도 있다. 이와 같이 滋賀縣의 琵琶湖 주변 일대는 고대 한반도와 상당한 교류가 이루어졌으며, 한반도에서 넘어간 많은 사람들이 거주했던 곳이기도 했다. 그들에 의하여 韓半島의 先進文物이 傳來되었고, 佛敎文化도 함께 넘어갔을 것이다. 이러한 과정에서 한반도에서 제작된 百濟 半跏思惟像이 傳來되었을 가능성이 높은 것으로 추정된다. 어쨌든 延曆寺 國寶殿 所藏 半跏思惟像이 어느 시기에 어떤 과정을 거쳐 한반도에서 전래되었는지는 명확하지 않지만 延曆寺 西塔區域 椿堂의 本尊佛이었던 木造千手觀音像의 腹藏物 일부로 奉安된 것은 분명하다.

　한편 延曆寺 國寶殿 所藏 半跏思惟像에 대한 國寶殿 關係者로부터 제공받은 자료를

사진 11. 新羅善神堂 全景

사진 12. 弘文天皇陵 全景

중심으로 그동안의 來歷을 간략하게 살펴보면, 半跏思惟像은 椿堂의 本尊佛이었던 千手觀音像의 胎內佛로 전래되고 있다고 한다. 현재 千手觀音像은 延曆寺 西塔區域의 椿堂에는 奉安되어 있지 않은데, 전해들은 바에 의하면 분명한 시기와 소재는 알 수 없지만 延曆寺에서 반출되어 어느 寺刹에 奉安되어 있다고 한다.[13] 관련 기록에 의하면 千手觀音像의 전체 높이는 84.5cm, 蓮華臺座 높이는 24.5cm, 光背 높이는 103cm로 전하고 있다고 한다. 그리고 半跏思惟像은 昭和 37年(1962年) 내지는 昭和 38年(1963年)에 文化廳 美術工藝課의 比叡山綜合調査 당시 발견되어 所藏하게 되었으며, 半跏思惟像이 納入되었던 箱子에 銘文이 있었다고 하는데, 지금은 銘文에 대한 內容을 알 수 없다고 한다. 半跏思惟像은 發見 이후 여러 번에 걸쳐 外部 機關의 特別 展示에 出品되기도 했다. 이를 정리하면 아래의 표와 같다.

표 1. 延曆寺 半跏思惟像 展示 關聯 內容

日時	內容	備考
-	椿堂 千手觀音菩薩立像	
1968.04.01	秘寶館 所藏	
1992.04.18	國寶殿 所藏	
1996.04.20	奈良國立博物館 展示 出品[14]	展示 04.27-06.02 解說 松浦正昭
1996.06.10	國寶殿 所藏	

13) 延曆寺 國寶殿 關係者로부터 椿堂에 奉安되어 있던 千手觀音像의 사진 자료와 소재 사찰을 제공 받았으나 관계자의 요청으로 밝히지는 않는다.
14) 奈良國立博物館, 平成 8年 4月(1996年 4月),『東アジアの佛たち』(圖錄).

2005.11-2006.05.17	國寶殿 2層展示室 展示	
2008.05.14	大津市 歷史博物館 展示 出品[15]	展示 07.13-08.24 解說 寺島典人
2009.09.24	大津市 歷史博物館 展示 出品[16]	展示 10.10-11.23 解說 寺島典人
2009.12.11-2010.04.20	國寶殿 2層展示室 展示	
2012.07.06-2012.11.29	國寶殿 2層展示室 展示	

사진 13. 奈良國立博物館 展示 圖錄 寫眞(1996年)[17]　　사진 14. 大津市 歷史博物館 展示 圖錄 寫眞(2008年)[18]　　사진 15. 大津市 歷史博物館 展示 圖錄 寫眞(2009年)[19]

　　筆者는 延曆寺가 日本 古代의 重要 寺刹로 韓半島 관련 佛畵와 大藏經 등이 國寶殿에 所藏되어 있다는 사실을 듣고 이를 調査 協助하고, 추가적으로 한국 관련 유물이 있을 경우에 調査 協助를 구하기 위하여 관계자와 함께 2012년 9월 15일 延曆寺를 방문하였다.

---

15) 大津市歷史博物館, 平成 20年 7月(2008年 7月), 『石山寺と湖南の佛像』(圖錄).
16) 大津市歷史博物館, 平成 21年 10月(2009年 10月), 『湖都大津社寺の名寶』(圖錄), 宮川印刷株式會社.
17) 奈良國立博物館, 平成 8年 4月(1996年 4月), 『東アジアの佛たち』(圖錄), 27쪽.
18) 大津市歷史博物館, 平成 20年 7月(2008年 7月), 『石山寺と湖南の佛像』(圖錄), 11쪽.
19) 大津市歷史博物館, 平成 21年 10月(2009年 10月), 『湖都大津社寺の名寶』(圖錄), 宮川印刷株式會社, 59쪽.

그런데 延曆寺 國寶殿 展示室을 관람하던 중 운이 좋게 韓國에서 傳來된 것으로 推定되는 佛畵와 함께 半跏思惟像이 展示되어 있는 것을 發見하였다.[20] 半跏思惟像 옆에 마련된 안내에도 延曆寺 椿堂의 本尊이었던 千手觀音像에서 出土된 것이며, 百濟 半跏思惟像으로 알려진 東京國立博物館 所藏의 彌勒菩薩像과 같은 作風을 보이고 있는 像으로 6世紀 後半 百濟에서 傳來되었을 가능성이 높은 佛像으로 소개되어 있었다. 이에 半跏思惟像에 대한 조사 가능 여부를 타진하였는데, 공식적인 절차를 밟을 경우 가능하다고 했다. 또한 아직까지 韓國 硏究者에 의한 公式的인 調査가 없었기 때문에 公式的인 調査를 통하여 佛像에 대한 硏究가 진행되었으면 한다고 했다. 그래서 韓國에 歸國한 후 공식적인 조사를 위한 관련 서류를 보내는 절차를 밟기로 했다. 이 과정에서 日本 比叡山麓에 所在하고 있는 宝林寺의 茂松性典 스님의 안내와 협조가 대단히 유효하였다. 또한 日本 立命館大學 高正龍 敎授와 延曆寺 國寶殿 關係者의 積極的인 協助도 크게 도움이 되었다.

이에 따라 한국에 귀국하자마자 연구지원과제 수행의 일환이었기 때문에 관계 기관과 협의를 마친 후 半跏思惟像에 대한 公式的인 調査를 위한 文書를 작성 발송하였다. 그리고 延曆寺 國寶殿 關係者로부터 2012년 10월 4일 調査가 可能하다는 回信을 받았다. 그래서 硏究責任者인 金相鉉 敎授를 비롯하여 高正龍 敎授, 茂松性典 스님, 필자가 함께 재차 延曆寺 國寶殿에 방문하여 國寶殿 수장고에서 조사를 진행하였다. 공식적인 조사를 진행하는 과정에서 國寶殿 關係者로부터 半跏思惟像과 관련된 여러 중요한 자료를 얻을 수 있었다. 그리고 반가사유상에 대한 공식 조사 이후 한국에 귀국하여 간략하게 자료를 정리한 후 관계 기관과 협의하여 한국 언론 매체에 공개하였다.[21] 언론 매체 공개는 연구지원과제를 수행 중이기도 하고, 자료 공개를 부분적으로 해 달라는 延曆寺 國寶殿 關係者의 요청에 따라 제한적으로 이루어졌다. 그런데 당시 새로운 연구 자료 소개와 향후 많은 연구자들에 의하여 깊은 연구가 진행되기를 바라는 마음으로 자료를 공개했으나 본의와 다르게 여러 곤혹을 치르게 되었다.[22]

이후 半跏思惟像에 대한 공식적인 조사 당시 미흡한 부분을 보완하고, 추가적인 考證

---

20) 半跏思惟像은 상설 전시가 아니라 전시실 상황에 따라 전시하기도 하고 경우에 따라 수장고에 수장하기도 한다고 했다.

21) 당시 연합통신 김태식 기자에게만 자료를 송부함(송부 자료는 A4용지를 기준으로 7페이지 분량).

22) 硏究責任者였던 金相鉉 교수님께서 연구지원과제 완료 직후 갑자기 별세하셨다. 연구지원과제 완료 이후 추가적인 조사와 미흡한 부분을 보완하여 報告書를 책자로 발간하려 했지만 전혀 예기치 못한 갑작스런 여러 사정으로 그러지를 못해 아쉽고 죄송할 따름이다. 다시한번 김상현 교수님의 명복을 진심으로 빌며, 이 글도 김상현 교수님의 영전에 올린다.

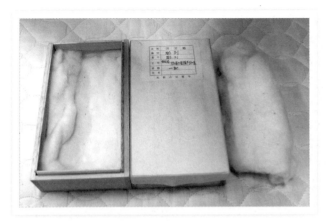

사진 16. 半跏思惟像 木製 保管 箱子

사진 17. 半跏思惟像 調査 全景
(2014.02.10.)

을 받기 위하여 延曆寺 國寶殿 關係者와 상의하여 한 번 더 調査를 진행하기로 협의하였다. 그래서 2014년 2월 10일 추가적인 調査가 가능하다는 회신을 받았다. 이에 따라 당시 檀國大學校 石宙善紀念博物館長 鄭永鎬 館長을 비롯하여 高正龍 敎授, 茂松性典 스님, 吳虎錫 선생, 筆者가 다시 延曆寺 國寶殿을 방문하여 國寶殿 수장고에서 조사를 진행하였다. 이때 半跏思惟像의 무게와 재질, 金漆 여부 등을 추가적으로 細細하게 調査하였다.

Ⅲ. 半跏思惟像의 樣式과 意義

比叡山 延曆寺 國寶殿에 所藏된 半跏思惟像은 앞장에서 기술한 것처럼 延曆寺 西塔區域의 椿堂에 봉안되었던 千手觀世音菩薩立像의 腹藏物에서 出土되었다고 전하고 있다. 그러나 누가 언제 어떤 과정을 거쳐 椿堂의 千手觀音菩薩立像에 봉안했는지는 알 수 없다. 특히 왜 한반도에서 제작된 半跏思惟像이 어느 시기에 어떤 경로를 거쳐 日本 古代 佛敎의 中心地라고는 하지만 멀리 있는 比叡山 延曆寺의 椿堂에 봉안된 千手觀音菩薩立像의 腹藏物로 納入되었는지는 알 수 없는 상황이다. 다만 比叡山 延曆寺 椿堂과 本尊佛이 일본 고대 불교의 기틀을 다지는데 지대한 역할을 했던 聖德太子와 관련되어 있음이 기록으로 전하고 있는 점은 주목된다.

사진 18. 延曆寺 西塔區域 椿堂

사진 19. 半跏思惟像 正面

사진 20. 半跏思惟像 後面

사진 21. 半跏思惟像 正面

사진 22. 半跏思惟像 半左側面

사진 23. 半跏思惟像 左側面

사진 24. 半跏思惟像 後面

사진 25. 半跏思惟像 右側面

사진 26. 半跏思惟像 半右側面

그렇다면 延曆寺 國寶殿 半跏思惟像의 세부 양식을 통하여 造成 時期와 製作 國家를 추정해 보도록 하겠다. 國寶殿 半跏思惟像은 椿堂에 봉안되었던 千手觀音菩薩立像의 腹藏物에서 出土되어, 1968年부터 秘寶館에 所藏 되다가, 1992年 以後 延曆寺 國寶殿에 소장되어 있다. 半跏思惟像은 상태가 양호하여 원형을 잘 유지하고 있는 것으로 판단된다. 半跏思惟像은 표면에서 金漆이나 金箔의 흔적은 발견되지 않고 있다. 古代時代에 조성된 모든 불상이 金漆을 한 것은 아니지만 靑銅과 같이 金屬으로 주조한 小形 佛像의 경우 金色이 나게 하는 것이 일반적이었다. 이러한 것으로 보아 靑銅으로 鑄造한 후 金漆을 하려 했으나 어떤 이유로 하지 못했던 것으로도 추정된다.

半跏思惟像은 의자형태로 제작된 圓筒形 臺座에 엉덩이를 올려 앉아있는 형상으로 조각되었다. 이와 같이 臺座는 圓筒形인데 下部에는 옷주름처럼 띠줄무늬가 반복되어 있으며, 上部는 2단으로 圓形座가 마련되어 엉덩이를 받치고 있다. 왼발은 직각으로 무릎을 꺾은 'Γ'形 자세인데, 발바닥 아래에는 圓形 3段의 받침을 마련하여 왼발을 올려놓도록 했다. 3단의 받침에 일반적으로 장식되는 蓮華紋은 표현되지 않았다. 정강이와 발목 부분은 전체적으로 두툼한 요포(裳, 裙)가 감싸고 있다. 그리고 발등과 발가락은 요포 아래에 노출되도록 했는데, 발가락은 일률적으로 사각형처럼 표현하여 인체의 해부학적인 측면에서 現實性이 다소 떨어지는 조각 기법을 보이고 있다. 그리고 오른발은 정면에서 봤을 때 'ㄴ'形의 半跏座로 발목부분을 왼발의 무릎위에 올렸는데, 발등과 발가락은 앞쪽을 향하도록 했다. 半跏思惟像에서 반가좌한 오른발을 표현할 때 발등과 발가락이 아래쪽을 향하고 있는 경우와 정면 쪽을 향하도록 하는 경우 등이 있는데, 인체 해부학적인 측면에서 정면 쪽을 향하도록 하는 것이 의학적으로 볼 때는 진전된 후대의 표현 기법으로 알려져 있다. 왜냐하면 인체 해부학적인 측면에서 오른발이 반가좌의 자세에서는 발등과 발가락이 아래쪽을 향하기는 어렵기 때문이다. 그리고 오른발 아래는 왼발처럼 두툼한 요포가 대좌 아래까지 유려하게 흘러내리도록 표현되었는데, 옷자락의 끝단은 삼각형으로 뾰족하거나 반원형의 부드러운 弧線으로 처리하여 변화를 주었음을 알 수 있다.

이와 같이 半跏思惟像은 허리 아래로 길게 치마형 法衣인 요포(裳, 裙)를 걸쳐 입었다. 요포는 허리 부분에 치마의 상부를 돌돌말린 띠줄무늬처럼 1단의 돋을대를 두고, 그 아래에 옷주름이 표현되도록 했다. 後面은 臺座 위로 여러 가닥의 띠줄무늬가 세로로 반복 표현되었으며, 대좌 아래로도 줄무늬치마처럼 옷주름이 겹친 형태로 세로로 반복 표현되었다. 그리고 대좌 아래 부분의 좌우에는 위에서 내려온 옷주름이 2가닥으로 펼쳐지면서 대좌를 덮도록 표현했다. 전체적으로 하반신과 대좌를 덮고 있는 옷주름과 옷자락은 두

사진 27. 臺座 正面　　　　사진 28. 臺座 半左側面　　　　사진 29. 臺座 左側面

사진 30. 臺座 後面　　　　사진 31. 臺座 右側面　　　　사진 32. 臺座 半右側面

텁고 자연스럽게 표현되었는데, 이러한 옷주름의 처리 기법은 半跏思惟像마다 세부적으로 약간씩 다르기는 하지만 古代時代 조성된 半跏思惟像에서 일반적으로 적용된 옷주름과 옷자락 처리 방식이었다. 그리고 臺座의 좌우에 佩玉의 표현 여부는 분명하지 않지만 허리띠에서 내려온 편평한 띠 모양의 끈을 엉덩이 아래쪽에서 둘로 접어 끼워 넣은 다음, 다시 그 아래로 길게 臺座까지 드리워져 있다. 이와 같이 臺座 좌우에 표현된 두 가닥의 띠 모양 수식은 요포와는 별도로 아래까지 길게 표현되었는데, 간략하지만 주목되는 표현 기법이다. 古代時代 造成된 半跏思惟像들은 일반적으로 佩玉을 끼워 垂飾을 길게 늘어뜨린다. 허리에서 대좌 아래로 길게 내려뜨린 佩玉 장식은 中國 半跏思惟像에서는 보기 힘든 표현 기법으로 韓國 半跏思惟像의 가장 큰 특징이기도 하다. 中國은 佩玉 裝飾이 일반적으로 菩薩像에 많이 표현되었다. 그래서 日本에 유존되고 있는 半跏思惟像에서 佩玉 裝飾의 有無는 그 半跏思惟像의 國籍을 판단하는 중요한 근거가 되기도 한다.[23)]

그리고 오른손은 팔꿈치를 'V'자형으로 구부려 손바닥을 측면 쪽으로 펼친 상태에서 검지와 중지가 오른쪽 턱을 살며시 괴고 있는 모습이다. 나머지 손가락도 구부리지 않고 곧게 펼친 상태이며, 손과 손가락은 전체적으로 두툼하게 표현되었다. 손가락은 모두 붙인 상태이며, 손바닥에 손끔은 표현되지 않았다. 그리고 왼손은 상반신에서 살짝 떨어진 상태로 조각되었는데, 허리부분에서 팔꿈치를 'ㄴ'形으로 꺾은 다음 손을 정면 쪽으로 水平되게 내밀고 있다. 왼손은 손등이 위를 향하도록 하여 오른발 위에 올려놓았는데, 손가락은 모두 붙여 펼친 상태로 표현되었다. 손은 전체적으로 섬세함이 다소 떨어지는 조각 기법을 보이고 있다. 半跏思惟像의 上半身은 어깨부분을 약간 앞쪽으로 기울이고 있는데, 전체적으로 갸름하면서도 표면을 부드럽게 처리하여 볼륨감이 느껴지도록 했다. 上半身에서 가슴은 약하게나마 도드라지게 하여 볼륨감과 事實性을 보여주고 있다.

또한 佛像에서 가장 중요한 부분이라 할 수 있는 半跏思惟像의 相好는 머리를 약간 앞쪽으로 숙인 상태에서 눈을 지그시 감고, 깊은 冥想에 잠긴 모습이다. 목은 두툼하게 표현되었으며, 寶冠에서 흘러내린 장식띠가 목과 붙은 상태로 어깨까지 좌우에 흘러내리고 있다. 뺨은 오목한 곳이 없이 부드럽게 곡선을 이루며 弧形으로 처리되어 살찐 인상을 주고 있다. 코는 오뚝하여 立體的인 印象을 주고 있으며, 특히 입술과 눈은 두툼하게 표현되어 양감이 풍부한 편이다. 이와 같이 半跏思惟像의 相好는 이마와 볼 부분에서 둥그렇게 곡선을 이루는 각이 적어 평면적인 인상도 있지만 코가 오뚝하고 광대 부분이 둥그렇게 튀어나오고, 양쪽으로 각을 이루면서 귀 쪽으로 얼굴선이 이어지고 있어 입체감과 함께 탄력이 있어 보인다. 이러한 조각 기법으로 인하여 相好가 여유로움과 함께 부드럽고 자연스러운 느낌을 주고 있다. 전체적으로 半跏思惟像의 相好는 長方形에 가깝고, 턱과 볼 주변이 통통하여 풍만하면서 人間的인 모습을 취하고 있다. 그리고 머리에는 높은 寶冠을 착용했는데, 아래쪽 이마부분에 좌우로 띠줄이 표현되었다. 또한 이마의 띠줄에서 장식띠가 어깨 위로 흘러내리고 있는데, 이마에 표현된 띠줄에 장식띠가 매듭된 상태에서 고정되도록 했다. 寶冠 좌우에 표현된 매듭은 半圓形으로 돌출되게만 하여 섬세하게 표

---

23) 정예경, 1998, 『반가사유상 연구』, 도서출판 혜안, 119쪽.

사진 33. 相好 正面

사진 34. 相好 半左側面

사진 35. 相好 左側面

사진 36. 相好 後面

사진 37. 相好 右側面

사진 38. 相好 半右側面

현되지는 않았다. 어깨 위로 흘러내린 장식띠는 2가닥으로 한가닥은 넓고 길게, 다른 한가닥은 짧고 좁게 하여 변화를 주었다. 이러한 장식띠는 古代時代 造成된 韓國의 國寶78號像 半跏思惟像을 비롯하여 寶冠을 착용하고 있는 여러 菩薩像에서 확인되고 있다. 그리고 寶冠 정면에도 무언가 표현하기 위한 흔적이 남아있지만 구체적인 것은 알 수 없다.

특히 이 半跏思惟像에서 독특한 부분은 寶冠 위로 圓形 寶珠처럼 표현된 3개의 돌출된 형상이다. 이것은 三山形 寶冠을 형상화시킨 것으로 추정된다. 韓國에서 三國時代 조성된 半跏思惟像들은 전형적인 寶冠은 아니더라도 머리에 대부분 三山形의 형상을 가진 3개의 장식적인 의장이 공통적으로 나타나고 있다. 延曆寺 國寶殿 所藏 半跏思惟像과 양식적으로 직접적인 상관관계는 없지만 삼성미술관 소장 金銅觀音菩薩立像의 머리 앞쪽으로 三山冠 형상의 표현이 있다. 이 불상들은 三國時代 6-7世紀傾에 조성된 것으로 추정

사진 39. 光背 꽂이 원형 홈

되고 있는데, 낮은 寶冠을 쓰고 있으며, 관테 위에 낮은 三山형상의 표현이 있는 점은 주목된다.[24] 그리고 호림박물관에 소장된 金銅彌勒菩薩半跏思惟像은 三國時代인 6-7世紀傾에 조성된 것으로 추정되고 있는데, 역시 머리에 寶冠을 쓰고 있는데, 하부에는 三山冠 형상이고, 그 위에는 蓮峰形으로 표현되었다.[25] 이외에도 寶冠이 三山冠을 취하고 있는 韓國의 半跏思惟像들은 國寶83號 半跏思惟像,

평천리 출토 반가사유상, 皇龍寺址 出土 半跏思惟像 佛頭, 三郎寺址 出土 半跏思惟像, 奉化 出土 半跏思惟像 등에서 확인되고 있다. 그리고 日本 廣隆寺 半跏思惟像도 있다. 이들 半跏思惟像은 세 개의 낮은 반원형이 머리를 에워싸고 있는 형태로 표현되었다. 三山冠에서 반원형을 이루고 있는 외곽선은 유연한 곡선을 이루고 있으며, 장식적인 문양이나 표현이 없어 단순하고 간략화된 표현 기법을 보이고 있다. 이와 같이 복잡하고 화려한 보관이 간략하고 단순한 三山冠 형태로 변화된 시기는 中國에서 北齊時期 半跏像에서 많이 나타나기 시작한 것으로 추정되고 있다. 대략적으로 5세기 후반을 넘어서면서 소위 三山冠 형태의 寶冠이 일반화되었으며, 이러한 寶冠 形態가 한반도에도 영향을 준 것으로 추정되고 있다.[26] 그런데 國寶殿 半跏思惟像은 일반적인 三山冠의 형상과는 많이 달라 變形 내지는 異形으로 추정된다. 현재 國寶殿 半跏思惟像과 표현 의도는 다른 것으로 보이지만 이와 같이 圓形 寶珠처럼 돌출된 형상이 표현된 것은 日本 中宮寺 半跏思惟像에서 확인되고 있다.

그리고 머리 뒤에는 약간 도드라진 부분에 낮은 홈대가 있는 것으로 보아 원래는 別造

---

24) 湖巖美術館, 1996,『湖巖美術館名品圖錄 II 古美術 2』, 121쪽과 122쪽의 金銅觀音菩薩立像.
25) 湖林博物館, 1999,『湖林博物館名品選集 II』, 114쪽.
26) 정예경, 1998,『반가사유상 연구』, 도서출판 혜안, 32쪽.

사진 40. 臺座 바닥면 外廓部

사진 41. 臺座 內部

된 頭光이 있었음을 알 수 있다. 또한 圓筒形 臺座 위의 엉덩이 부분에도 圓孔이 시공되어 있다. 이 圓孔은 身光을 고정시키기 위한 홈으로 보인다. 이와 같이 半跏思惟像의 光背는 엉덩이 뒷부분에 원공이 남아있는 것으로 보아 身光은 圓孔에 돌대를 끼워 고정하도록 만들어졌을 것이다. 그리고 머리 뒤에 돌출된 홈대 흔적이 남아있는 것으로 보아 頭光은 한가운데에 구멍을 시공하여 돌출된 홈대에 끼워 고정되도록 제작되었을 것으로 보인다. 이러한 것으로 보아 國寶殿 半跏思惟像의 身光과 頭光은 처음 주조 시부터 치밀하고 정교한 설계에 의하여 만들어졌을 것이다. 따라서 國寶殿 半跏思惟像은 원래는 佛身과 함께 頭光과 身光이 완전하게 구비된 半跏思惟像이었음을 알 수 있다. 한편 國寶殿 半跏思惟像의 바닥 안쪽은 비어 있으며, 내부 표면은 고르지 못한 상태이다.

이와 같이 延曆寺 國寶殿 所藏 半跏思惟像은 전체 높이가 12.8cm, 重量은 420g인 小形 佛像으로 靑銅으로 주조되었다. 半跏思惟像은 圓筒形 臺座 위에 반가좌하고 앉아 있는 像으로 光背는 남아있지 않다. 鑄造 技法은 佛身 속이 비어 있는 中空式으로 鑄造되었고, 佛像과 臺座는 하나의 몸체로 제작되었으며, 光背는 별도로 만들어져 결합하도록 제작되었음을 알 수 있다. 半跏思惟像은 불신의 전체 표현을 인체에 비교했을 때 해부학적으로 사실적인 부분도 있지만 왜곡되게 표현된 부분도 있다. 그리고 半跏思惟像의 彫刻技法은 전체적으로 정교하거나 섬세하지는 못하지만 날씬하거나 세장한 느낌보다는 안정된 구도, 부드럽고 유연한 신체의 외곽선 표현, 옷주름의 자연스러운 느낌, 원만한 인상의 相好을 보여주고 있다. 또한 대좌 아래로 흘러내린 옷자락은 섬세함보다는 부피감이 넓게 느껴지도록 표현되었다. 특히 古式을 보이고 있는 대좌의 옷주름과 독특한 寶冠 등으로 보아 韓國의 三國時代 조성된 것으로 보인다. 그런데 전체적인 조각 기법이 부드러운 인상을 주고 있으며, 원만한 相好와 특징적인 寶冠 등이 三國 중에서도 百濟 半跏思惟像들과 많이 닮았다. 또한 東京國立博物館 所藏의 百濟 金銅半跏思惟像과 樣式的으로 강한 친연성을 보이고 있다. 이러한 것으로 보아 延曆寺 國寶殿 半跏思惟像은 三國의 百濟에서 造成되어 日本으로 전래되었을 것으로 보이며, 전체적인 彫刻 技法과 樣式 등으로 보아 6世紀 後半傾에 造成된 것으로 추정된다.[27]

延曆寺 國寶殿 所藏 半跏思惟像의 細部 實測値와 重量은 아래와 같다.

全高 12.8cm 臺座高 4.6cm 臺座幅 4.5cm 臺座前後幅 4.9cm 頭高 1.8cm

頭幅 1.6cm   肩幅 3.4cm   胸幅 1.8cm   寶冠高 1.6cm   寶冠幅 2.4cm 重量 420g

표 2. 비교될 수 있는 韓國과 日本의 古代 半跏思惟像과 觀世音菩薩像

國寶第83號 金銅半跏思惟像[28]   國寶第78號 金銅半跏思惟像[29]

27) 奈良國立博物館, 平成 8年 4月(1996年 4月), 『東アジアの佛たち』(圖錄), 239쪽.
28) 國立中央博物館, 1996, 『國立中央博物館 圖錄』, 229쪽.
29) 國立中央博物館, 1988, 『國立中央博物館 圖錄』, 103쪽.

日本 東京國立博物館 金銅半跏思惟像(百濟)30)   日本 個人 所藏 金銅半跏思惟像31)

日本 觀松院 所藏 金銅半跏思惟像32)   扶餘 扶蘇山 出土 金銅半跏思惟像

30) 李浩官, 2003, 『日本에 가 있는 韓國의 佛像』, 학연문화사, 10~11쪽.
31) 위의 책, 14~15쪽.
32) 위의 책, 12~13쪽.

扶餘 扶蘇山 出土 蠟石製半跏思惟像33)　　慶州 皇龍寺址 出土　　日本 長崎 淨林寺
　　　　　　　　　　　　　　金銅半跏思惟像 佛頭34)　　半跏思惟像35)

金銅彌勒菩薩半跏思惟像36)　金銅彌勒菩薩半跏思惟像37)　梁山 出土 金銅菩薩半跏思惟像38)

金銅彌勒菩薩半跏思惟像39)　石造 半跏思惟像40)　日本 中宮寺 半跏思惟像41)　日本 兵庫 圓覺寺 半跏思惟像42)

金銅觀音菩薩立像(國寶第128號)43)   金銅觀音菩薩立像44)

　　半跏思惟像은 대좌에 걸터앉아 한쪽 다리를 내리고, 다른 쪽 다리를 그 위에 올린 다음 왼손이나 오른손을 구부려 손으로 턱을 받쳐 깊은 명상에 든 자세를 표현한 조각이다. 半跏思惟像은 일반적으로 하반신은 화려한 법의를 걸치고 허리띠와 佩玉 등 장식적인 요소가 다분하지만 상반신은 법의를 걸치지 않은 노출된 모습이다. 그리고 불안한 자세의 특성상 의자에 앉은 모습으로 표현되며, 어깨와 머리를 약간 앞으로 숙이고 있으며, 머리에는 화려한 寶冠을 쓰고 있는 경우가 많다. 이와 같이 半跏思惟像은 복잡한 자세를 취하고 있어 높은 수준의 조각 기법을 요구하기 때문에 古代 彫刻을 대표한다고 할 수 있다.

33)　國立扶餘博物館, 1997, 『國立扶餘博物館 圖錄』, 99쪽.
34)　國立慶州博物館, 1988, 『國立慶州博物館 圖錄』, 62쪽.
35)　奈良國立博物館, 平成 8年 4月(1996年 4月), 『東アジアの佛たち』(圖錄), 29쪽.
36)　湖巖美術館, 1996, 『湖巖美術館名品圖錄 II』古美術 2, 120쪽.
37)　湖林博物館, 1999, 『湖林博物館名品選集 II』, 114쪽.
38)　양산유물전시관, 2013, 『양산 유물전시관 개관 기념 도록』, 102쪽.
39)　1940年 平壤 平川里에서 出土된 高句麗 佛像이다(湖巖美術館, 1996, 『湖巖美術館名品圖錄 II』古美術 2, 117・236쪽).
40)　檀國大學校 石宙善紀念博物館 所藏(황수영 총장님 기증 유물).
41)　奈良國立博物館, 1995, 『日本佛教美術名寶展』, 68쪽.
42)　奈良國立博物館, 平成 8年 4月(1996年 4月), 『東アジアの佛たち』(圖錄), 27쪽.
43)　湖巖美術館, 1996, 『湖巖美術館名品圖錄 II』古美術 2, 121쪽.
44)　위의 책, 122쪽.

한국에서는 衆生 濟度를 기다리는 彌勒의 모습으로 많이 나타나 三國時代에 많이 조성되었다.

　　현재 比叡山 延曆寺 國寶殿 所藏 半跏思惟像이 어느 시기에 어떤 경로로 椿堂에 奉安된 千手觀音菩薩立像의 腹藏物로 納入되었는지는 알 수 없지만 百濟에서 조성되어 日本에 전래된 半跏思惟像인 것은 분명한 것으로 보인다. 이 半跏思惟像은 구체적으로 밝힐수는 없지만 百濟에서 조성된 후 日本으로 傳來되어 秘寶佛로 전해지고 있었는데, 어느시기 比叡山 延曆寺에 椿堂이 건립되고, 그 안에 千手觀音菩薩立像이 造成될 때 腹藏物의 일부로 奉安되었던 것으로 보인다. 이 半跏思惟像은 비교적 이른 시기에 조성되었으며, 많지 않은 百濟 造成 半跏思惟像이라는 점에서 學術的으로 貴重한 資料로 평가된다. 한편 比叡山 延曆寺에서 가까운 곳에 위치하고 있는 大津市 園城寺(三井寺) 金堂에도 本尊으로 봉안된 불상이 絶對秘佛로 三國時代 전래된 金銅彌勒菩薩像으로 전하고 있다. 이 불상은 欽明天皇(539–571年) 때 百濟國에서 전해졌는데, 시간이 흘러 天智天皇(661–671年) 때 園城寺가 건립되면서 본존으로 봉안되었다고 한다. 그러나 絶對秘佛로 공개되지 않고 있어 實物을 확인할 수 없는 것은 아쉬운 점이다. 어쨌든 2軀의 佛像은 깊은 關係가 있는 것으로 추정된다.

　　오늘날까지 日本의 大阪, 京都, 奈良, 滋賀縣 地域 등에는 古代 韓半島와 관련된 많은 寺刹들이 유존되고 있다. 이들 사찰들은 古代 韓國과 밀접한 관련을 가지면서 法燈이 유지되었던 곳으로 佛敎文化의 傳來와 함께 많은 佛敎美術品들도 함께 傳來되거나 流入되었을 것이다. 比叡山 延曆寺 國寶殿 所藏 半跏思惟像도 새로운 百濟 半跏思惟像으로 현재로서는 傳來된 것인지 流入된 것인지는 알 수 없지만, 古代時代 百濟와 日本이 불교를 통하여 문화적인 교류가 이루어지고 있었음을 알려주는 귀중한 학술적 자료라 할 수 있을 것이다.

IV. 맺음말

　　佛家에서 半跏思惟像은 半跏와 思惟가 합쳐진 용어로 半跏는 한쪽 다리를 다른 쪽 다리위에 올려놓은 자세를 말하고, 思惟는 깊은 생각에 잠겨있는 모습을 의미한다. 대부분의 半跏思惟像은 오른쪽 다리를 반가하고 오른쪽 손끝을 오른쪽 볼에 대고 있는 형상을하고 있다. 그러나 예외적으로 왼쪽 다리를 반가하고 왼쪽 손끝을 왼쪽 볼에 대고 있는 모습도 있다. 이와 같이 半跏思惟像은 한쪽 다리는 내리고 다른 쪽 다리는 내린 쪽 다리의 무릎 위에 올려놓고 팔을 굽혀 손가락을 볼에 살짝 댄 채 깊은 사색에 잠겨 있는 자세의 菩薩像을 말한다. 半跏思惟像은 印度에서 처음에는 太子像으로 조각되었다. 이 모습은 석가모니가 출가 이전 태자의 신분에 있을 때 인생무상을 느껴 고뇌하는 명상 자세에서 기원하였다고 한다. 또는 半跏思惟像은 彌勒이 도솔천에 머물면서 미래에 다시 태어날 때까지 명상에 잠긴 모습을 표현한 것이라고도 한다. 그래서 신앙적으로는 彌勒下生信仰에 의하여 장차 제2의 석가가 되어야 하는 슬픔과 고뇌로 번민하는 彌勒菩薩을 나타낸 것으로, 반가사유상은 이상국토를 실현하고자 人間世界에 下生하고자 하는 염원과 새로운 太子像의 이미지와 결합되어 창출된 불상으로 추정되고 있다. 한국에서는 三國時代에 많은 半跏思惟像이 조성되었으며, 이중에서 상당량이 일본에 소재하고 있다.

比叡山 延曆寺의 國寶殿에 소장되어 있는 半跏思惟像이 어느 시기에 어떤 경로를 통하여 延曆寺 椿堂 千手觀音菩薩立像의 腹藏物로 봉안되었는지는 알 수 없지만 보존 상태가 양호한 또 하나의 百濟 半跏思惟像이라는 점에서 중요한 자료라 할 수 있다. 그동안 일본에서 여러 번에 걸쳐 出品 展示가 있었지만 아직까지 한국에는 공식적으로 소개된 적이 없는 新資料로서 학술적으로 귀중한 불상이라 할 수 있다. 앞으로 관련 연구자들의 깊이 있는 연구와 古代 韓日 佛敎 關係뿐만 아니라 交流史를 밝히는데 유용한 자료가 되기를 바란다.

참고문헌

『山門堂社由緒記』(1767年 成立)
『西塔堂舍幷各坊世譜』(藤原朝臣 常雅, 1714年 成立)
『叡岳要記』(1379年 以前 成立)
『園城寺傳記』

國立慶州博物館, 1988, 『國立慶州博物館 圖錄』.
國立扶餘博物館, 1997, 『國立扶餘博物館 圖錄』.
國立中央博物館, 1988, 『國立中央博物館 圖錄』.
國立中央博物館, 1996, 『國立中央博物館 圖錄』.

堀澤祖門 · 박소영, 2007, 「日本佛教の母山, 比叡山における修行」 『天台學研究』 제10집, 대한불교천태종.

奈良國立博物館, 平成 8年 4月(1996年 4月), 『東アジアの佛たち』(圖錄).

奈良國立博物館, 1995, 『日本佛教美術名寶展』.

大津市歷史博物館, 平成 20年 7月(2008年 7月), 『石山寺と湖南の佛像』(圖錄).

大津市歷史博物館, 平成 21年 10月(2009年 10月), 『湖都大津社寺の名寶』(圖錄), 宮川印刷株式會社.

武 覺超, 平成 5年(1993年), 『比叡山三塔諸堂沿革史』, 叡山學院.

武 覺超, 2008, 『比叡山諸堂史の研究』, (株)法藏館.

半田孝淳 · 瀬戸内寂聽, 2007, 『延曆寺』, 淡交社.

양산유물전시관, 2013, 『양산 유물전시관 개관 기념 도록』.

李浩官, 2003, 『日本에 가 있는 韓國의 佛像』, 학연문화사.

정예경, 1998, 『반가사유상 연구』, 도서출판 혜안.

湖林博物館, 1999, 『湖林博物館名品選集 II』.

湖巖美術館, 1996, 『湖巖美術館名品圖錄 II 古美術 2』.

황룡사지 출토 고식수막새의 편년 검토

Ⅰ. 머리말

기와는 목조건축물의 중요한 건축부재로 그 역사는 상당히 오래된 것으로 알려져 있으며 현재에 이르기까지도 그 맥이 이어져 내려오고 있다. 삼국을 통해 볼 때 지리적인 영향과 시대적 배경으로 보아 고구려와 백제는 신라보다 일찍이 중국의 영향을 받아 기와의 제작기술이 발달되었고, 신라는 이러한 고구려와 백제의 기와제작 기술을 받아들이기 시작하면서 초기의 목조건축물에 기와를 사용하게 되는 것으로 보인다. 그러나 본격적인 조와기술의 유입은 6세기에 들어서면서 불교가 공인(528년)되고 곧이어 흥륜사(544년), 황룡사(553년) 등 대규모의 가람들이 조영되기 시작하면서부터 활발한 기와제작이 본격화되어 간 것으로 여겨진다.

고구려와 백제에 있어서는 일찍부터 중국의 한을 비롯하여 남북조·수·당으로부터 조와기술을 받아들여 각기 독자적인 조와 기술과 기와의 무늬장식이 발달되고 있었기 때문에 신라기와에는 초기부터 이러한 고구려와 백제, 그리고 중국의 영향이 강하게 반영되고 있음을 짐작 할 수 있다.

신라기와에 대한 연구는 그동안 관심 있는 학자들에 의해 꾸준히 계속되어 왔으며, 안압지, 황룡사지, 월성 해자를 비롯한 대규모의 신라시대 건물지 유적들이 조사되고, 이들 유적지에서 많은 양의 신라기와들이 집중적으로 출토되면서 신라기와에 대한 연구 또한 활발하게 이루어지게 되었다. 이에 편승하여 종래의 연구업적들을 바탕으로 신라기와를 주제로 다룬 연구결과에 의해 신라기와의 편년이나 제작기술의 변화과정 등이 어느 정도 밝혀지기에 이르렀다.

특히, 불교의 전래 이후에 건립된 신라 초기가람 중의 하나인 황룡사지는 8년에 걸친 장기간의 계획적인 발굴조사가 이루어졌기 때문에 발굴조사 과정에서 수습된 기와들은 그 종류나 수량에 있어서 다른 유적지와는 비교가 않될만큼 방대하고 다양한 것으로 창건 당시부터 고려시대에 이르기까지 각 시대에 걸쳐 사용되었던 기와의 양상을 한 눈에 살필 수 있는 귀중한 자료들을 제공 해주고 있다.

황룡사지 발굴조사를 통하여 수습된 각종 유물은 모두 4만 여점에 이르고 있다. 이 중 대부분이 각종의 기와들로 3만 여점에 이르는데, 이는 황룡사가 창건 당시부터 폐사되기까지 685년간이나 존속되었고, 가람을 구성하고 있던 건물의 지붕에 모두 기와를 사용했을 가능성을 감안 할 때 당연한 결과라 할 수 있겠다.

황룡사지에서 출토된 기와들 가운데 가장 많은 출토량을 보이고 있는 것은 역시 암수키와와 암수막새들이었고, 이외에 연목와, 부연와, 귀면와, 사래기와, 치미 등 특수용도의 장식기와들도 상당수가 출토되었다.

II. 황룡사지 폐와무지의 성격

황룡사지 발굴조사 과정에서 수습된 막새류는 최근에 발간된 자료[01]에 의하면 모두 32,643점이며, 이 중에서 수막새는 18,683점으로 전체 출토유물의 41%를 차지한다. 이 중 황룡사지 중심곽에서 출토된 고식수막새는 연화문수막새가 48유형 외에 귀면문수막

---

01) 국립경주문화재연구소, 2013, 『유물로 본 신라 황룡사』, 황룡사 출토 유물자료집.

새 1유형, 귀면연화문수막새 1유형으로 분류된다고 하며,[02] 황룡사지 출토 고식수막새의 문양에 따라 단판연화문 12유형, 유문단판연화문 4유형, 복판연화문 2유형, 귀면연화문과 귀면연화문 각 1유형씩으로 분류된다고 하였다.[03]

황룡사지에서 출토된 신라시대의 고식수막새는 발굴조사 과정에서 건물지 기단이나 주변에서 대부분이 출토되었으며, 특히 황룡사의 당시 생활면인 구지표층 아래 곳곳에서 발견된 노폐물무지에서 집중적으로 출토되었다. 이러한 노폐물무지 가운데 압도적으로 많은 것이 폐와무지였고, 간혹 폐전무지나 폐토기무지도 함께 발견되었다.

그런데 이러한 노폐물무지는 일정한 기간 동안 여러 가지 쓰레기를 모아 두었던 쓰레기 퇴적장과는 그 성격이 다른 것이었다. 물론 황룡사지에는 어디엔가 쓰레기를 처리할 수 있는 쓰레기 퇴적장이 있었을 것이나, 이러한 경우라면 기와나 전, 또는 토기만이 구덩이를 달리하여 따로 따로 묻힐 수는 없는 것이고, 한 구덩이에 여러 가지 노폐물이 두루 섞여 있었을 것이다. 그러나 발굴과정에서 발견된 노폐물무지들은 각 구덩이에 폐와, 폐전, 또는 폐와무지에 있어서는 소량의 토기들이 간혹 섞여 있을 뿐 암·수키와와 막새 기와들만이 묻혀 있었다. 따라서 이들 폐와무지는 어느 시기에 한꺼번에 많은 양의 폐와가 발생함에 따라 이들은 건물지 주변의 가까운 장소에 땅을 파고 묻었던 것임에 틀림이 없었다. 그리고 각 폐와무지의 윗층으로는 당시 사지의 생활면인 구지표층이 형성되어 있어 교란된 흔적이 없었고, 또 이러한 폐와무지들은 그 위치나 출토된 기와의 내용으로 보아 일시에 생긴 것이 아니고 황룡사가 수세기에 걸쳐 오랫동안 존속되었던 만큼 필요에 따라 하나 둘씩 생겨난 것이었다. 따라서 각 구덩이의 크기나 매몰된 유물의 양도 달랐으며, 또 각 구덩이에 묻힌 기와들은 그 형식의 범위가 어느 정도 한정되어 있었다. 그러므로 황룡사지의 폐와무지에서 일괄로 출토된 기와들은 모두가 동시기에 만들어진 것은 아니지만 어느 한 시점에서 일시에 폐기되어 묻힌 것들이기 때문에 폐기되기 전까지는 일정한 기간 동안 함께 사용되었던 것들로 볼 수 있는 것이다.

황룡사지의 사역안에서 발견된 폐와무지는 모두 20개소가 넘고 있는데 이 중 삼국시대 신라기와들이 집중적으로 출토된 폐와무지는 모두 6개소였다. 그 분포를 살펴보면 강당지 동북편에서 2개소, 종루지로 추정되고 있는 목탑지 동남편의 건물지 서북쪽 기단과

---

02) 김성구, 2013, 「황룡사지 중심곽 출토 와전의 종류와 특징」, 『유물로 본 신라 황룡사』, 167쪽.
03) 양종현, 2013, 「황룡사지 출토 신라 고식수막새의 문양과 제작기법」, 『유물로 본 신라 황룡사』, 황룡사 출토 유물자료집, 320쪽.

일부 중복된 위치에서 1개소, 목탑지와 중건가람서회랑지 사이에서 폐전들과 함께 소량의 기와가 묻힌 폐전무지 1개소와 폐와무지 2개소가 각각 발견되었다

황룡사지의 폐와무지에서 출토된 기와들은 그 형태나 장식무늬의 형식에 있어서 매우 다양한 양상을 보여주고 있다. 그리고 각 폐와무지에는 기와들만이 출토되었을 뿐 다른 종류의 폐기물들이 거의 섞여 있지 않았으며, 폐와무지의 윗층으로는 이러한 구덩이가 형성된 이후의 생활면인 구지표층이 형성되어 있었고, 교란된 흔적이 전혀 없는 것으로 보아 한 곳에 여러 번에 걸쳐 폐와를 묻었던 것도 아니었다. 그러므로 이 폐와무지들은 건물의 보수나 중창, 또는 번와 등으로 인해 한꺼번에 많은 양의 폐와들이 일시에 발생하게 되자 이러한 폐와들은 한구덩이에 묻은 것이 분명하였다. 따라서 이들 폐와무지에서 출토된 기와들은 폐기되기 직전까지는 일정기간 동안 함께 사용되었던 기와들로 그 형색범위와 사용시기가 어느 정도 한정되어 있는 것 들이었다.[04]

황룡사지에서 발견된 폐와무지들은 대부분 건물지의 기단 주변이나 건물과 건물지 사이의 공지에서 발견되었다. 이는 어느 시기에 폐와가 발생함에 따라 이들을 손쉽게 묻을 수 있는 장소로는 이러한 건물지주변의 빈공간을 이용할 수 밖에 없었을 것이다. 그러나 종루지로 추정되는 건물지 서북편에서 발견된 6호 폐와무지는 종루지 기단의 서북쪽 부분과 일부가 중복되어 있었는데 건물지 기단 안쪽에서는 전혀 구덩이의 흔적이 노출되지 않았고 이 부분에 대한 토층조사 결과 종루지는 6호 폐와무지의 윗층에 형성되어 있던 구지표층 위에 건물지 기단을 조성한 것임이 밝혀졌다. 따라서 이 폐와무지는 종루지가 건립되기 이전부터 형성되어 있던 구덩이 임에 틀림없었으며 이 지역은 종루가 세워지기 전까지는 황룡사 창건당시부터 빈공간으로 남아 있던 곳이기도 하다.

삼국유사의 기록에 의하면 신라 경덕왕 13년(754년)에 황룡사의 종이 주조되고 있음을 알 수 있는데[05] 이 종이 만들어짐에 따라 이 시기를 전후하여 목탑지의 동남편에 종루(또는 종각)를 세우게 되는 것으로 판단된다. 따라서 이 6호 폐와무지는 종루지의 건립연대보다는 앞서는 시기 즉 754년 이전에 형성된 것에 틀림이 없으며, 이 폐와무지에서 출토되고 있는 각종 기와들은 754년 이전에 제작되어 사용되었던 기와들로 볼 수 있는 것이다. 그러나 이러한 폐와무지 출토 기와들은 하한연대가 754년일 뿐이지 실연대는 이와 동떨어진 것이 많을 수 있는 것이다. 기와는 토기나 자기 등 일상생활 용기들과는 달라서 비

---

04) 최병현, 1984,「황룡사지 출토 고신라토기」, 윤무병박사 회갑기념논총, 231쪽.

05) 삼국유사, 권제2 탑상제4 황룡사종,「以天寶一三甲午 鑄皇龍寺種 長一丈三寸 厚九寸 人重十九萬七千五百八十一斤…」

교적 그 수명이 긴 것이어서 함께 일시에 폐기된 기와라 할지라도 그 제작시기와 사용기간은 아주 다를 수 있으며, 또한 앞에서 살펴 본 바와 같이 각 폐와무지들은 일시에 형성된 것이 아니고 황룡사가 수세기 동안 존속되면서 필요에 따라 하나 둘씩 생겨난 것으로 구덩이 자체의 형성시기가 각각 다를 수 있으며 각 폐와무지에 묻힌 기와들의 형식범위도 각기 다를 수 있는 것이다. 따라서 황룡사지에서 발견된 폐와무지 중 삼국시대 신라기와들이 출토되고 있는 폐와무지 출토 기와들은 창건 당시 즉, 6세기 중엽부터 늦어도 8세기 중엽 이전에 제작되어 황룡사지에서 사용되었던 기와들일 것으로 판단하게 된 것이다 (신창수 1985).

III. 황룡사지 출토 고식수막새의 시기구분

황룡사지 폐와무지에서 출토된 신라 수막새들은 창건 당시부터 8세기 중엽 이전에 제작되어 황룡사지에서 사용되었던 수막새들로 특히 신라 수막새의 양상을 한 눈에 볼 수 있는 좋은 자료를 제공해 주고 있어 이들에 대한 정밀한 검토는 전체 신라기와의 편년 설정에 하나의 기준이 될 수 있을 것이다.

그동안 신라시대 수막새의 특징과 편년에 대한 연구는 여러 관련학자들에 의해 시도된바가 있다.[06] 기존 연구의 공통적인 관점은 막새면의 장식문양과 세부적인 속성을 추출하여 유형별로 구분하고, 제작기법과 출토지에 대한 비교 검토를 통해 나름대로의 편년안을 제시하고 있다. 여기에서는 황룡사지 폐와무지와 사역내에서출토된 고식수막새를 중심으로 월성해자 등 주변 유적에서 출토된 고식수막새와의 비교 검토를 통해 신라시대 고식수막새의 편년에 대한 소견을 제시해 보고자 한다.

먼저 황룡사는 기록으로 보아 신라 진흥왕 14년(553)에 창건이 시작되어 늦어도 진흥

---

06) 신창수, 1984, 「황룡사지 폐와무지 출토 신라와당」, 『문화재』18, 문화재관리국 문화재연구소.
_____, 1985, 『황룡사지 출토 신라기와의 편년』, 단국대학교대학원 석사학위청구논문.
_____, 1986, 「삼국시대 신라기와의 연구」, 『문화재』20, 문화재관리국 문화재연구소.
김성구, 1993, 「신라기와의 성립과 그 변천」, 『신라와전』, 국립경주박물관
_____, 2013, 「황룡사지 중심곽 출토 와전의 종류와 특징」, 『유물로 본 신라 황룡사』, 국립경주문화재연구소.
이선희, 2009, 「월성해자 출토 고식수막새의 제작기법과 편년 연구」, 『한국고고학보』70, 한국고고학회.
김유식, 2010, 『신라 와당 연구』, 동국대학교대학원 박사학위청구논문.

왕 30년(569)에는 가람의 건립이 일단 완성된 것으로 보인다. 그리고 그 후의 기록을 보면 진흥왕 35년(574)에 황룡사의 장육상이 주성되고, 이어서 10년 후인 진평왕 6년(A.D.584)에는 장육상이 안치될 금당이 다시 조성되는데, 이 때 동·서금당이 함께 조성되어 동서로 나란히 배치된 삼금당이 완성되게 된다. 이어서 선덕여왕 14년(645)에 황룡사의 구층목탑이 세워지면서 비로소 완전한 모습의 가람으로 완성되었다. 그 후 경덕왕 13년(754)에는 황룡사의 대종이 주성되고 종루와 경루가 추가로 건립되면서 가람의 건물배치에 변화가 있었던 보인다.

특히, 황룡사의 9층목탑은 성덕왕때인 718년에 크게 벼락을 맞아 720년에 중수[07]하였으며, 경문왕때인 868년에 탑이 진동하여 다시 수리하였다.[08] 그리고 경문왕때 봉안한 것으로 추정되는 황룡사 9층목탑 사리외함에 새겨진 찰주본기의 기록을 보면, 경문왕때인 872년에 탑을 헐고 다시 세웠는데, 철반위에 무구정경에 따라 소석탑 99기를 안치하였으며, 소탑 마다 사리 1과와 다라니경 4종을 넣고 다시 경권과 사리 1과를 함께 봉안하였다고 하고 있다.

그 후 경애왕 4년(927년)에 탑이 요동하여 북쪽으로 기울어졌고, 고려때 들어와서도 광종 5년(953년)에 탑이 재앙을 입었으며, 고려 현종 3년(1012년)에는 경주의 조유궁을 헐어 그 재료를 써서 탑을 수리하였다. 이 후 현종 13년(1021년)에 탑은 네번째로 중성되었으며, 고려 정종 2년(1035년)에 탑이 벼락을 맞아 문종 18년(1064년)에 다섯번째의 중성이 있었고, 헌종 원년(1095년)에 벼락을 맞아 탑을 수리했으며, 다음해인 1096년에 여섯번째로 중성되었다는 기록이 보이고 있다.

또한, 고려 예종 원년(1105년)에는 상서 김한충을 보내어 황룡사 낙성을 보게 했다는 기록[09]으로 보아 이때 국가주도로 황룡사의 전체 건물지에 대한 큰 수리가 있었던 것으로 보인다. 이후 황룡사는 고종 25년(1238년)에 몽고병의 침입으로 인하여 가람을 구성했던 대부분의 건물지가 모두 소실된 것으로 보이며 발굴조사 과정에서도 폐사 이후의 건물지 흔적이나 부대유구들이 전혀 확인되지 않은 것으로 미루어 황룡사는 이 시기에 완전히 폐사된 것으로 보인다.

이와 같이 황룡사는 창건에서부터 폐사될 때까지 사역내의 각 건물지에 많은 변화가

---

07) 삼국사기, 신라본기
08) 삼국유사, 황룡사구층탑조
09) 고려사, 세가

있었음을 기록을 통해서도 추정해 볼 수 있으며, 황룡사지에는 규모와 건물배치가 다르고 시기적으로도 선후관계가 있는 2개의 가람터가 중복되어 있음이 발굴조사 결과 밝혀졌다. 그리고 창건가람 완성 후 다시 단계적으로 건물기단이 확장되거나 새로운 건물이 배치되면서 최종적으로 하나의 완성된 가람을 이루는 중건가람은 그 후 수세기 동안 존속되면서 전체적인 가람배치가 크게 달라진 것은 아니지만 건물기단이 여러 번에 걸쳐 보수 중창되거나 다른 용도로 전용되어 사용되는 등 많은 변화가 있었음도 발굴조사 결과 알게 되었다. 따라서 황룡사는 창건가람에서부터 몽고의 병화로 가람전체가 소진될 때까지 기본적인 구조로 보아서는 창건가람과 중건가람으로 크게 나눌 수 있겠으나, 세부적으로는 각 건물지의 변화에 따라 여러차례에 걸쳐 가람의 형태가 변화되고 있음을 알 수 있다.[10]

기록에 보이는 황룡사의 영건기사나 발굴조사 결과 확인된 가람배치의 변화는 이에 따른 건물의 신축이나 증개축과도 직결되는 것이기 때문에 황룡사지 출토 고식수막새의 편년에 있어 획기를 구분하는데 하나의 기준이 될 수 있을 것이다.

신라 고식수막새와 관련하여 문헌기록상의 획기 구분은 크게 보아서 6세기 중반의 창건시기, 곧이어 이루어지는 장육존상 주조와 금당조성 시기인 6세기 후반, 목탑이 완성되면서 전체적인 가람구성이 완전하게 이루어지는 7세기 중반, 황룡사 대종의 주조와 함께 종루와 경루 조성되는 8세기 중반까지 4기로 나누어 볼 수 있다.

발굴조사 결과 확인된 가람의 변천과정을 통한 획기는 황룡사의 창건이 시작되어 창건가람이 완성되는 6세기 중반, 삼금당과 강당 및 강당 동서건물, 중문과 남회랑 및 동서회랑이 새로 조성되거나 기존 시설을 1차 개축한 6세기 후반, 목탑의 조성에 따라 삼금당과 강당, 강당동서건물, 중문 및 회랑지가 2차로 개축되는 7세기 중반, 이 후 종루와 경루가 목탑 동남쪽과 서남쪽에 부가적으로 신축되면서 이에 따른 중문과 남회랑을 비롯한 동서회랑 등 일부 주요 건물지가 위치를 이동하게 되면서 증개축이 이루어지는 8세기 중반의 4단계로 크게 나누어 볼 수 있다. 이렇게 본다면 문헌기록상의 획기와 거의 일치하고 있음을 알 수 있으며, 고식 기와들이 집중적으로 출토된 황룡사지 폐와무지의 상한연대나 하한연대와도 거의 일치하고 있음을 알 수 있다.

그러나 앞에서 살펴 본바와 같이 황룡사 관련 영건기사에 보이듯이 통일기 이후의 목

---

10) 문화재관리국 문화재연구소, 1984, 『황룡사』발굴조사보고서 I (본문).

탑에 대한 수리 기사가 빈번하게 보이고 있고 발굴조사 과정에서도 가람내의 주요 건물지를 비롯한 부속건물지와 부대시설들이 여러번에 걸쳐 증개축한 흔적들이 확인되고 있어 이에 따라 각 건물지에 사용하기 위한 기와의 제작과 번와공사가 빈번하게 이루어졌을 것으로 생각되는 것이다.

따라서 황룡사지 출토 고식기와 편년의 획기구분은 관련 문헌기록과 발굴조사 결과를 염두에 두고, 이와 함께 황룡사지 창건 이전에 조성되어 고식수막새의 출토예를 보이고 있는 월성해자와 주변유적 출토 고식수막새를 포함하여 5단계의 획기를 설정하여 분기별 신라 고식수막새의 특징과 편년을 검토해 보기로 하겠다.

IV. 황룡사지 출토 고식수막새의 편년 검토

먼저 1기는 황룡사지에서는 출토 예가 없는 고식수막새가 출현하는 시기로 고구려와 백제의 영향을 받은 조와기술이 도입되면서 제작된 수막새가 사용되기 시작하는 시기로 볼 수 있다. 이 시기의 수막새는 주로 월성해자[11]나 나정의 건물지,[12] 화곡지구,[13] 경마장 예정부지 C-1지구[14] 등지에서 출토되고 있는데, 화곡지구나 경마장예정부지인 경주 물천리 일대에서는 5세기부터 8세기까지의 토기와 기와요지들이 밀집되어 확인된 곳으로 이른 시기의 토기들과 동반되어 고식수막새들이 출토되고 있어 지금까지 신라시대 초기 기와의 추정연대인 6세기보다 앞선 5세기 후반까지 소급될 수 있는 가능성도 있을 것으로 보기도 한다(이선희, 2009).

이 시기의 특징을 가장 잘 보여주는 수막새로는 신라 초기의 유적지인 월성 주변의 해자에서 출토되고 있는 단판연화문수막새(사진 1, 2)를 들 수 있다. 이 수막새들은 월성 주변에 설치된 해자안의 최하층에서 출토되고 있는 것으로 전체적인형태가 백제의 유적지에

---

11) 경주고적발굴조사단, 1990,『월성해자』발굴조사보고서Ⅰ.
　　　　　　　　　　　, 2004,『월성해자』발굴조사보고서Ⅱ.
12) 이문영, 2005,「경주 나정(사적 제245호) 발굴조사 개요」,『경주 나정 신화에서 역사로』, 제1회 중앙문화재연구원 학술대회, 중앙문화재연구원.
13) 최상태, 2005,「경주 화곡지구 지표수보강 개발사업부지내 유적」,『유적조사보고회』, 대구, 경북지역 문화재조사연구전문기관.
14) 한국문화재보호재단, 1999,『경주경마장예정부지』발굴조사보고서.

서 흔히 볼 수 있는
고식의 수막새와 비
슷하며 이와 유사한
모습의 수막새(사진
2)가 공주의 대통사
지(527년)의 창건와
로 추정되고 있는데
[15] 황룡사지에서는
전혀 출토된 예가
없다.

사진 1. 월성해자 출토 연화문수막새

　신라에서 막새
기와가 언제부터 사용되기 시작하였는지 확실한 자료가 없어 잘 알 수는 없으나 경주 흥륜사 창건 기록을 보면 건물에 기와를 사용하지 않았음을 알 수 있는데,[16] 흥륜사의 창건 연대가 544년임을 감안할 때 이 시기까지도 막새기와가 없었거나 보편화되지 않았던 것으로 보인다.[17] 그러나 경주 인근의 생산유적에서 이 유형의 연화문수막새가 다수 발견되고 있고, 월성해자나 나정과 같은 신라 초기의 유적에서 출토 예를 보이고 있는 것으로 미루어 궁궐이나 국가적인 중요 건물지에는 일찍부터 이 유형의 수막새가 사용되었을 것으로 생각된다.

　이 유형의 연화문수막새가 황룡사지에서는 전혀 출토된 예가 없고, 비교적 이른시기의 생산유적과 건물지나 시설 등에서 출토되고 있고, 이와 유사한 유형의 수막새가 6세기 전반에 창건된 백제지역의 사지에서도 출토 예를 보이고 있는 것으로 보아 황룡사지의 창건 이전시기부

사진 2. 대통사지 출토 연화문수막새

15)　박용진, 1976,「백제와당의 체계적 분류」,『백제문화』제9집, 공주교육대학, 27쪽.
16)　삼국유사, 권제3 흥법제3 아도기라조,「命興工 俗方質儉 編茅葺屋 住而講演」.
17)　김화영, 1976,「한국연화문연구」, 이화여자대학교, 35쪽.

사진 3. 폐와무지 출토 연화문수막새

사진 4. 황룡사지 출토 연화문수막새

터 신라에 이러한 백제계의 연화문수막새가 제작되어 사용되었을 것으로 생각된다.

그리고 경주 인왕동의 건물지에서도 화곡지구 출토 연화문수막새와 동범으로 제작된 것으로 추정되는 수막새가 발견되었는데, 막새 뒷면에 접합된 수카와의 내면에 치밀한 화전물손질의 흔적이 관찰되고 있어 토기의 제작방법으로 제작되었을 것으로 보고 있다(국립경주박물관 2000). 그리고 수기와의 접합기법이 신라 고식수막새나 고구려계 수막새에서는 보이지 않는 배면접합법을 사용하고 있어 보고자는 제작시기를 5세기 말에서 6세기 초로 비정하고 있다.[18]

다음으로 경주연구소에서 단판연화문수막새 A유형으로 분류한 연화문수막새(사진 3)는 강당지 동북쪽 기단 북편에 위치한 폐와무지(1호)에서 출토된 것으로 연잎에 침선을 그어 연잎이 겹쳐진 듯하게 표현된 것으로 연뢰형으로 분류하기도 한다(김성구, 2013). 이 유형의 수막새는 단 1점이 출토되었고, 경주지역에서는 출토 예가 없는 특이한 문양이어서 비교할 자료는 없으나 황룡사지 사역내에서는 이와 유사한 유형의 수막새

들이 60여점 정도가 확인되고 있다. 세부적인 형태나 문양은 조금씩 다르나 기본적으로 끝이 뾰족한 단판의 연잎이 7~8개씩 장식된 것으로 국립경주문화재연구소의 분류안에는 단판연화문수막새 D유형으로 분류하였다(사진 4). 이 유형의 수막새는 경주 나정과 분황사, 월성해자, 황룡사지 등 비교적 이른 시기의 유적에서만 출토 예를 보이고 있고, 폐와무지 중에서도 가장 일찍 형성된 것으로 보이는 1호 폐와무지에서만 출토되었다. 이와

---

18) 이선희는 그의 논문(2019)에서 월성 해자 출토 고식수막새 중 고신라수막새나 고구려계 수막새에는 수기와의 접합방법이 예외 없이 주연접합기법을 사용하였고, 배면접합기법은 백제계 수막새에서만 보이고 있다고 하였다.

같은 유형의 연화문수막새가 월성해자에서는 5
유형, 나정에서는 4유형, 황룡사지에서도 5유형
이 확인되고 있고, 월성해자에서 출토된 수막새
중 보다 이른 시기의 것으로 판단되는 유형의
수막새(사진 5)는 나정의 팔각건물지를 축조하기
위해 복토하여 담장을 축조한 서쪽의 복토층 최
하단부에서 출토되었다. 발굴조사 과정에서 팔
각건물지의 축조와 관련된 직접적인 유물은 확
인되지 않았으나 동시기에 축조된 것으로 추정
되는 우물 내부에서 수습된 일부 목재와 목탄의
탄소측정연대가A.D.480~630년으로 확인되어

사진 5. 월성해자 출토 연화문수막새

늦어도 6세기 중엽 이전에는 우물지가 폐기되었을 것으로 보고 있다.[19]

그리고 이 유형의 수막새는 연화문과 사이잎의 형태가 고구려 지역에서 출토되는 수
막새들과 유사하고 주연부의 마감처리가 미숙한 점, 전체적으로 연화문의 구도가 완전하
지 못한 점 등을 들어 6세 전반경에 제작된 수막새로 추정하기도 한다(경주박물관 2000).

그리고 황룡사지나 월성에서 출토된 고구려계의 연화문수막새들은 예외 없이 제작기
법상에 있어서도 막새와 수키와의 접합에 고구려의 수막새에 사용되는 주연접합법[20]을
사용한 것으로 확인되고 있다.

이와 같은 황룡사지에서 출토된 수막새를 비롯한 유사 유형의 고구려계 수막새들은
고구려의 영양하에 제작되어 황룡사지 창건 초기에 사용되었다가 폐기된 것으로 추정되
므로 황룡사가 창건되는 6세기 중엽 이전에는 이미 제작되어 월성이나 나정과 같은 궁궐
이나 국가적인 중요 건물지에 사용되었을 것으로 보인다. 그리고 황룡사지에서 출토된
유형보다 이른 시기의 것으로 보이는 같은 유형의 수막새가 월성이나 나정과 같은 황룡
사지보다 건립연대가 빠른 유적지에서 확인되고 있는 것으로 미루어 신라 고식수막새의
시원을 구명하는데 중요한 자료로 판단되며, 앞으로 새로운 발굴 자료의 증가에 따라서

---

19) 이문영, 「경주 나정(사적 제245호) 발굴조사개요」, 『경주 나정 신화에서 역사로』, 제1회 중앙문화재연구원
학술대회, 중앙문화재연구원, 17~43쪽.

20) 주연접합법은 수키와 앞부분을 그대로 막새의 주연부에 접착시켜 주연의 상단부로 이용하고 안쪽을
보토하는 기법이다(이선희, 2009). 이 기법을 최영희는 수키와피복접합법으로 사용하기도 한다(최영희,
2010, 「한국 고식수막새의 제작기법과 계통」, 『한국상고사학보』70, 한국상고사학회, 99~142쪽.

제작 연대는 더 소급될 가능성이 많다(이선희 2009).

　이상에서 살펴본 바와 같이 I 기로 분류할 수 있는 수막새들은 지금까지 밝혀진 자료로서는 신라에서 가장 초기에 사용되었던 수막새들로 판단되는데 황룡사지에서 전혀 출토예가 보이지 않고 신라에서도 이른 시기의 유적에서만 출토 예를 보이고 있고, 5~6세기대의 경주지역 생산유적에서 이 유형의 수막새 생산이 확인되고 있는 점으로 보아 6세기 전반경 또는 그 이전에 제작되기 시작하여 사찰이나 일반 민가에까지는 보편화되지 않고 주로 궁궐건축이나 국가적인 중요 건물지에 사용된 것으로 판단된다. 따라서 현재로서는 이 I 기로 분류되는 백제계와 고구려계 중 이른 시기의 연화문수막새 유형들이 신라 막새기와의 상한으로 볼 수 있는 유형으로 판단되며 앞으로 더 많은 자료가 밝혀지기 전까지는 우선 신라 수막새기와의 상한을 6세기 전반에 두고자 한다.

　2기의 수막새로는 먼저 1호 폐와무지에서 출토된 단판연화문수막새(사진 3, 4)의 수막새를 들 수 있다. 앞에서 살펴보았듯이 막새에 장식된 무늬의 모습이 고구려의 초기 유적지에서 출토되는 수막새 무늬와 많은 연관을 갖고 있음을 알 수 있다. 특히 음각선을 그어 연꽃봉우리 모양으로 표현한 연잎의 모습은 고구려의 무용총[21] 천정에 그려진 연꽃 그림

사진 6. 동금당지 출토 연화문수막새

이나 신라의 황남대총 북분 출토 칠기에 그려진 연꽃그림[22]과 유사하며, 연봉우리 모양의 연잎이 통구에서 출토된 연화문수막새(김화영 1976)와도 유사한 모습을 보이고 있어 이 고분들의 연대나 통구 출토 수막새의 연대[23]에 비추어 고구려의 영향을 받아 신라에서 제작되어 황룡사지에 사용되었던 수막새로 판단된다.

　폐와무지에서 사진3의 단판연화문 1점만 출토되었으나 황룡사지 전체적으로는 이와 같은 형식의 수막새가 모두 5종류가 출토되었는데, 연잎에 연봉우리 모양의 음각선만 없을 뿐 모두

---

21)　김원용, 1960,「고구려 고분벽화의 기원에 대한 연구」,『진단학보』제21집, 진단학회, 74쪽.
22)　최병현, 1981,「고신라 적석목곽분의 변천과 편년」,『한국고고학보』10 · 11, 한국고고학연구회, 181쪽 삽도 3.
23)　김화영, 앞의 논문, 12쪽에서 필자는 이 형식의 연화문이 5세기 중엽부터 6세기 초에 잠시 유행했던 형식으로 보고 있다.

유사한 모습의 연잎이 장식되고 있다. 이 유형의 단판연화문수막새들은 전체적인 모습은 유사하나 연잎의 수에 있어 7~8엽으로 차이를 보이며, 사이잎의 유무에 따라 약간씩 다르다. 이 중 사진6의 수막새는 중건가람의 금당과 비슷한 시기에 건립되는 동금당지의 창건건물 기단토 안에서 출토되어 주목되는데, 1차 중건가람의 조성연대를 감안하면 늦어도 6세기 중반경에는 제작되어 황룡사의 창건가람에 사용되다가 일찍 폐기된 기와들로 추정된다.

그리고 이러한 형태의 수막새들이 고구려 유적지인 평양일대와 신라지역에서는 주로 초기 유적지인 월성과 그 주변, 황룡사지 등에서 소량씩 출토되고 있을 뿐, 다른 신라시대 유적지나 백제지역에서는 이와 유사한 수막새를 찾을 수 없으며, 고구려의 영향이 절대적으로 나타나고 있는 점으로 미루어 황룡사지에서 출토되고 있는 수막새 유형 중 초기 양식에 속할 것으로 판단된다. 따라서 앞의 1기에서 살펴보았듯이 월성 해자나 나정 건물지에서 출토된 보다 이른 시기의 유형은 6세기 전반경에 이미 제작되어 월성이나 나정과 같은 중요 건물에 사용되었으며, 6세기 중반 황룡사 창건 시에 유사한 여러 유형의 수막새가 제작되어 황룡사 조성공사에 공급된 것으로 추정된다.

사진 7. 연화문수막새

다음으로 이 시기에 속하는 단판연화문수막새(사진 7, 8)는 비교적 긴 모습의 연잎끝에 반전이 없고 양옆에서 차츰 높아져 연잎 중앙에 능선을 이루고 있다. 이런 형식의 수막새는 신라시대 초기 유적지에서 여러 개가 확인되고 있는데(김화영 1976) 특히 월성주변에서 이 형식의 수막새들이 다수 출토되고 있다.

이렇게 연잎 중앙이 높아져 능선을 이루는 형식은 고구려의 수막새에서는 찾아 볼 수 있으나 백제 유적지에서는 그 예를 찾아볼 수가 없다. 따라서 이 형식의 수막새도 고구려의 영향 아래 신라에서 제작된 수막새 형식으로 판단되

사진 8. 연화문수막새

는데 전체적인 연잎의 모습에서 백제계의 영향도 약간씩 엿보이고 있다. 따라서 이 유형의 수막새는 앞의 유형에 비해 다소 늦은 시기에 나타나는 형식으로 추정되며, 중건가람 조성시에는 전혀 다른 유형의 수막새들이 제작되는 것으로 보아 창건가람에 사용되었던 수막새 유형으로 판단된다. 폐와무지에서는 이 유형의 수막새가 한 두점씩 출토되었으나 전체적으로는 70여점이 수습되었다.

이상에서 살펴본 바와 같이 이 시기의 기와들은 신라지역에서 초기에 나타나는 수막새 유형이며 황룡사지에 있어서는 창건가람에 사용되었던 기와들로 황룡사의 창건 당시, 즉 6세기 중엽부터 중건가람 조성이 시작되는 6세기 후반 이전까지 사용되었던 것으로 판단되는데, 이러한 유형의 수막새들이 신라시대 초기 유적지인 월성과 그 주변에서 출토 예가 보이고 있어 제작시기는 좀 더 앞설 수 있을 것으로 생각된다.

그리고 이시기의 기와를 통해볼 때 이 시기에 있어서의 기와양식에는 고구려의 영향이 강하게 나타나고 있음을 알 수 있는데, 신라는 반도의 동남우에 위치하여 대륙의 발달된 문화의 전수가 삼국 중 가장 늦을 뿐 아니라 중국 대륙과의 직접적인 교통이 불가능하여 고구려나 백제를 통해서 새로운 문물을 받아들일 수 밖에 없었다(김화영 1979). 그러나 황룡사가 창건되는 6세기 중엽의 삼국간 상황은 기록상 120년간이나 계속되었던 나제동맹이 깨지고 3국간의 잦은 전쟁으로 인해 정상적인 문화교류가 이루어지기 어려운 상태였음을 알 수 있는데 이러한 고구려의 영향이 신라에 미치게 되는 것은 진흥왕의 한강유역 진출이 중요한 계기가 되었을 것으로 생각되며 불교가 고구려를 통해 전래되기 시작한 사실로 미루어 보아도 역시 고구려의영향이 신라의 초기 불교건축에 강하게 반영될 수 있는 한 원인으로 볼 수 있을 것이다.

사진 9. 연화문수막새

3기의 수막새 유형 중 사진 9, 10, 11의 단판 연화문수막새가 가장 빠른 형식으로 생각되는데, 다른 형식의 수막새에 비해 연잎의 폭이 좁고 길이가 짧은 편이며 대체적으로 볼륨이 없이 연잎 양옆에서 중앙으로 가면서 차츰 높게 만들어 연잎 중앙에 능선이 나타나고 있다. 그리고 이 시기의 수막새 무늬에 공통적으로 나타나는 특징인 연잎끝의 높고 날카로운 반전, 높게 돌출되면서 전시기의 수막새에 비해 눈에 띄게 커진 자방의 모습 등을 볼 수 있는데 전체적으로 2

기의 수막새 무늬에서는 볼 수 없었던 백제적인
요소들이 많이 나타나고 있다. 그러나 연잎 끝
부분에 나타나는 반전이 백제의 유적지에서 출
토되는 수막새들과는 달리 매우 날카롭고 높게
표현되고 있으며 연잎 중앙의 높은 능선, 좁고
높은 민무늬 주연과 막새 아래턱의 경사처리 등
고구려의 영향도 보이고는 있으나 대부분 황룡
사지 등 신라지역에서 많은 출토예를 보이고 있
어 다음으로 나타나는 신라 초기형식의 수막새
로 판단된다.

　이 유형의 수막새들은 황룡사지 폐와무지 중
가장 이른 시기에 형성된 것으로 생각되는 강당
지 북동편의 1호 폐와무지와 2호 폐와무지에서
만 소량이 출토되었을 뿐 전체 출토수량도 10여
점에 불과하였다. 그런데 이 유형과 유사한 수
막새들이 월성 주변에 노출되고 있는 해자 안에
서 다수 발견되고 있는데 대부분 해자 바닥의 깊
은 뻘흙층에서 출토되고 있어 시기적으로 빠른
형식의 수막새로 생각된다. 이와 같은 월성 출토
수막새는 같은 층위에서 2기 유형에 속하는 수
막새들과 함께 출토되고 있고, 연잎의 형태에서 다
소 차이를 보이고 있어 출현 시기를 6세기 후반
경에 두어도 무리가 없을 듯하다.

　따라서 황룡사지 폐와무지에서 출토된 이 유
형의 수막새는 2기에 그 선행형식이 나타나기
시작하여 3기에 들어와 완성되는 수막새 유형
으로 월성 출토 수막새보다 다소 늦은 시기에
만들어져 황룡사지 중건가람의 초기 건물지에
사용되었던 수막새 유형으로 판단된다.

　다음으로 이 시기에 속하는 사진 12, 13, 14

사진 10. 연화문수막새

사진 11. 연화문수막새

사진 12. 연화문수막새

사진 13. 연화문수막새

사진 14. 연화문수막새

의 단판연화문수막새는 전체적으로 이전 시기 수막새에 비해 막새의 크기가 커졌으며 장식무늬에 있어서는 연잎의 볼륨과 연잎 끝에 나타나는 반전의 강약, 자방의 형태와 연자의 배열 등에서 각 각 차이를 보이고 있으나 장식무늬의 기본적인 구성과 연잎의 형태, 제작기법 등에서 많은 유사점이 발견되고 있다. 대체적으로 이 유형의 수막새들은 앞의 유형(사진 9, 10, 11)에 비해 연잎이 크고, 연잎 중앙에 볼륨이 강조되어 매우 후육한 모습을 보이며 비교적 좁아진 자방을 높게 돌출시켜 자방의 외선에 윤곽선을 장식하는 등 전체적으로 앞의 유형을 발전시킨 수막새 유형으로 보인다. 이 중 사진12,13의 수막새는 황룡사지의 각 폐와무지에서 다량으로 출토되었고, 황룡사지 전체적으로도 280여점에 이르는 많은 양이 출토되었으며, 특히 강당지 동북편에서 발견된 2호 폐와무지에서 집중적으로 출토되었는데 이 2호 폐와무지 바로 북편에서는 대형 치미가 출토된 바 있고, 그 출토 위치나 층위로 보아 치미와 비슷한 시기에 제작되어 함께 사용되었던 수막새로 추정된다. 그리고 그림 1-6의 수막새와 똑같은 모습의 수막새 경주 동천동의 신라시대 고분[24)에서 출토된 예가 보일 뿐 다른 신라시대 유적지에서는 눈에 띄지 않고 있는 점으로 보아 황룡사의 대표적인 고식수막새 유형으로 보이며 앞의 유형 수막새와대체로 비슷한 시기인 6세기 후반경에는 제작되어 중건가람의 초기 건물지에 함께 사용되었던 수막새로 판단된다.

이상에서 살펴 본 바와 같이 3기에 속하는 기와들은 황룡사의 중건가람이 지어지기 시작하는 6세기 후반부터 늦어도 6세기 말 이전에는 제작되어 중건가람의 초기 건물지에

---

24) 조선총독부, 1916,『조선고적도보』3책, 도판 1220, 1221. 瓦塚으로 불려지고 있는 고분으로 대채로 6세기 말에서 7세기 초에 걸치는 신라시대의 고분으로 추정하고 있다.

사용되었던 기와들로 판단되는데 전체적으로 백제의 영향이 느껴지기도 하나 다른 신라시대 유적지에서는 출토 예가 거의 보이지 않고 있어 신라 양식의 초기적인 수막새 유형으로 보이며 주로 황룡사지에서 사용되었던 황룡사의 대표적인 고식 수막새 유형으로 불 수 있다.

4기에 속하는 단판연화문수막새(사진 15, 16, 17)는 연잎의 볼륨이 위쪽으로 가면서 차차 높아져 연잎 끝부분이 매우 두껍게 표현되고 연잎 끝에 약한 반전이 나타나고 있다. 자방의 크기가 전기의 수막새에 비해 작아지고 주연의 높이가 조금 낮아졌으나 연잎 중앙의 능선, 돌출된 자방과 연자의 배열 등 전체적으로 전시기의 수막새에서 변형된 모습을 보이고 있다. 이 중 사진 15, 16의 수막새는 황룡사지에서 전체적으로 모두 20~30여점에 불과한 소량이 출토되었다.

이러한 형식의 수막새는 통일초기의 사찰인 감은사지나 망덕사지 정도만 되어도 전혀 출토되고 있지 않으며 주로 분황사나 황룡사지에서 출토 예를 보이고 있는 것으로 미루어 삼국기 신라시대 수막새임이 확실한데 황룡사지에 있어서 그 출토량이 많지 않고 전시기 수막새의 전통이 남아 있는 것으로 보아 이 시기 수막새무늬의 주류를 이루어 다음에 나타나는 6엽형식의 수막새보다 앞서 제작되어 분황사 등 7세기 전반에 지어지는 사찰의 초기 건물지에 사용되었던 수막새로 판단된다.

사진 15. 연화문수막새

사진 16. 연화문수막새

수막새에 장식된 연잎은 앞의 유형과 유사한 모습이나 6엽으로 구성된 사진17의 수막새는 앞의 유형에 비해 자방의 크기가 훨씬 작아지고 6개의 연자가 배열되었으며 전체적으로 앞의 수막새에 비해 크기가 훨씬 작아졌다. 그러나 연잎의 볼륨 연잎 중앙의 뚜렷한 능선과 연잎 끝의 반전 표현 등 앞의 수막새 전통이 많이 남아 있고, 이 형식의 수막새와 같은 유형의 수막새가 분황사의 창건기와로 추정되고 있는 점으로 미루어 앞의 유형과

사진 17. 연화문수막새

사진 18. 연화문수막새

같이 7세기 전반경에 제작되어 사용되었던 수막새 유형으로 보인다.

다음으로 이 시기의 수막새 중 다소 늦은 시기에 나타나는 것으로 보이는 사진18의 수막새 유형은 전체적으로 막새의 크기가 앞 시기의 수막새에 비해 작아졌고 주연의 폭이 넓어진 반면 자방의 크기가 눈에 띄게 좁아지고 있다. 그리고 연잎의 모습에 있어서 대부분 연잎의 길이가 짧고 연잎 중앙에 볼륨이 강조되어 원형에 가까운 모습이며 전 시기의 수막새무늬에 공통적으로 나타나고 있는 연잎 중앙의 능선이 계속해서 나타나고 있으나 연잎 끝의 반전이 완전히 없어지고 연잎의 끝이 둥글게 처리되어 큰 차이를 보인다. 이 유형의 수막새들은 연잎의 수에 따라 8엽형과 6엽형으로 구별되며 자방의 형태와 연자의 배열에 있어 차이를 보이고는 있으나 전체적으로 유사한 무늬구성을 보이고 있다. 이 유형의 수막새는 각 폐와무지에서 모두 30여점의 소량이 출토되었으나 황룡사지 전체적으로는 400점 이상의 많은 양이 출토되었으며, 8엽형식의 수막새는 폐와무지에서 모두 3점, 전체적으로도 각각 6~7점에 불과한 소량이 출토되었다.

이 유형의 수막새는 통일초기의 유적지만 되어도 거의 출토예가 보이지 않는 반면 황룡사를 비롯하여 분황사, 흥륜사 등 신라시대 사찰과 안압지 등 통일초기의 유적지에서 많은 양이 출토되고 있고 신라지역에서만 집중적으로 출토 예를 보이고 있다. 따라서 이 유형의 수막새들은 늦어도 7세기 중엽 이전에는 제작되기 시작하여 황룡사를 비롯한 분황사, 흥륜사, 월성 등의 신라시대 건물지에 사용되다 이어서 통일기에 들어서면서 지어지는 안압지 등 통일초기 건물지에 대량으로 제작되어 사용된 신라적인 수막새유형으로 판단된다.

다음으로 이 시기에는 전 시기에서는 볼 수 없었단 복엽형식의 연화문수막새와 귀면문이 장식된 수막새가 만들어지기 시작하는 것으로 생각된다.

먼저 황룡사지 폐와무지에서 집중적으로 출토되고 있는 복엽연화문(사진 19)은 매우 정제된 모습의 6엽연화문이 장식된 것으로 신라시대 유적지 중 황룡사지, 분황사, 인왕동폐사지 등 신라시대 유적지에서만 발견되고 있는데, 특히 황룡사지의 폐와무지에서 집중적으로 출토되고 있으며 막새무늬의 구성과 연잎의 모습이 앞에서 보았던 신라적인 수막새의 특색을 보여주고 있는 점으로 보아 신라시대의 고식수막새로 생각된다. 그리고 이 복엽연화문 A형식과 똑같은 형식의 수막새 파편들이 경주 인근의 다경와요지에서 다수가 발견되었는데, 다경와요지의 조업연대(김성구. 1983)를 감안할 때 늦어도 7세기 전반 경에는 제작되기 시작하여 비교적 짧은 기간 동안 사용되었던 수막새 유형으로 판단된다.

다음으로 이 시기에 출현하는 새로운 수막새 유형으로 귀면문수막새가 있다. 귀신의 형상을 원형의 막새면에 맞게 의장화시킨 귀면문이 장식된 수막새가 이 시기에는 제작되기 시작하는

사진 19. 연화문수막새

사진 20. 귀면문수막새

것으로 생각된다. 이러한 유형의 수막새는 통일신라 초기 사찰 중의 하나인 사천왕사(679)에서 출토예가 보이고 있는데, 이 사찰의 창건연대나 수막새에 표현된 귀면문과 굵은 구슬무늬가 장식된 주연의 형식이 폐와무지에 출토된 귀면문수막새보다 늦은 시기의 것임을 한눈에 알 수 있다, 이와 같은 황룡사지 폐와무지에서 출토된 귀면문수막새는 황룡사지 곳곳에서 400여점의 많은 양이 출토되고 있으나, 신라지역에서 통일초기의 유적지에서는 전혀 출토 예가 보이지 않고 있으며, 6개의 폐와무지 중 가장 늦은 시기에 형성된 것으로 생각되는 5호 폐와무지와 6호 폐와무지에서 집중적을 출토되고 있어 앞의 복엽연화문 수막새보다는 다소 늦은 시기의 것으로 판단되나 늦어도 7세기 중엽경에는 제작되기 시작하여 황룡사지에서 비교적 짧은 시기에 걸쳐 사용되었던 수막새로 생각된다(사진 19).

사진 21. 귀면문수막새

사진 22. 연화문수막새

사진 20의 귀면문수막새는 귀면상이 작아지면서 주위에 복엽의 연화문이 장식되어 있고 출토량이 소량에 불과하나 앞의 유형 수막새와 함께 폐와무지에서 출토되고 있어 이 유형도 앞의 유형과 같은 시기에 제작된 수막새로 보인다.

이상에서 살펴 본 바와 같이 이 시기의 기와들은 황룡사 중건가람의 완성시기인 7세기 전반에서 7세기중엽에 걸쳐 제작 사용되었던 수막새들로 신라적인 특징이 잘 나타나고 있다. 이 시기 신라양식의 수막새들은 이 후 통일초기에 지어지는 목조건축물에 본격적으로 사용되기 시작하는 것으로 생각된다.

그리고 복엽연화문과 귀면문 같은 새로운 형식의 막새무늬가 나타나기 시작하는데 이러한 특수한 무늬의 기와들은 비교적 짧은 시기에 황룡사에서 주로 사용되었던 기와들로 생각되며 복판형식의 수막새는 통일기에 들어서면서 본격적으로 나타나는 복판양식의 시원적인 문양 형식으로 볼 수 있다.

5기의 수막새는 전기와 후기형식으로 구분할 수 있는데 전기의 수막새는 7세기 후반에서 말까지의 삼국시대 수막새양식, 후기의 수막새는 8세기 중반 이전의 통일기 수막새양식으로 볼 수 있다. 따라서 여기에서는 신라시대에 해당하는 전기의 수막새 유형에 한정하여 살펴보기로 하겠다.

삼국시대 후반양식인 전기의 수막새로는 단엽연화문수막새(사진 21)와 복엽연화문수막새(사진 22)가 이 시기의 수막새로 생각된다. 먼저 단엽연화문수막새는 전시기의 막새에 비해 눈에 띄게 크게 만들어지고 있음을 알 수 있는데 막새의 직경이 20cm 이상이며 막새에 장식된 연잎도 크고 길다. 연잎 중앙에 볼륨이 강조되고 연잎 주위에 화륜권이 둘러지면서 끝이 경미하게 반전을 이루고 있으며 연잎 가운데에 능선이 뚜렷하게 나타나고 있다. 주연은 모두 민무늬의 넓은 주연을 비교적 낮게 만들고 있는데, 황룡사지의 폐와무지에서 150점이 넘는 많은 양이 출토되고 있으며, 황룡사지 전체적으로도 400점이 넘는 많은 양이 출토되고 있으나, 통일초기의 유적에서는 출토 예가 보이지 않는다. 이 형유형의 수막새는 황룡사지에서 7세기 후반부터는 제작되기 시작하여 말기까지 지어지는 중건가람의 건물지에 사용되었던 수막새로 볼 수 있다.

다음으로 복엽연화문수막새도 민무늬의 높은 주연과 넓은 막새면, 그리고 전 시기의 복엽연화문 수막새에서 볼 수 있었던 넓은 자방 등 고식의 전통이 남아 있는 점 등으로 미루어 앞의 단판연화문수막새보다는 다소 늦을 것으로 보이나 늦어도 7세기 후반경부터는 제작되기 시작하는 삼국시대의 수막새 유형으로 생각된다.

사진 23. 연화문수막새

한국 고대의 수리시설

양기석 충북대학교

Ⅰ. 머리말

인간은 물을 降雨나 지하수를 통해 얻기도 하지만 조그마한 川이나 하천 등을 통해 얻기도 한다. 그렇지만 물은 자연적인 환경이나 위치·계절·시간적인 요인에 따라 그 많고 적음에 차이를 나타낸다. 비가 너무 내려 홍수가 발생하는 경우가 있지만 너무 가물어서 물이 절대 부족해지는 경우도 있다. 반면 비가 너무 많이 내려 고온다습한 지역이 있는가 하면 기후가 너무 건조하고 비가 거의 내리지 않는 사막이 있는 지역도 있다. 따라서 인간은 농사를 짓는데 인위적으로 자연의 물 순환을 조절하는 방법으로서 灌漑 (Irrigation)와 排水(Drainage)의 방법을 고안해 내게 되었다. 하천의 이용을 기반으로 하여 형성된 세계 문명 발상지는 수리 관개와 밀접한 관련이 있는 것으로 알려졌다. 이집트와 메소포타미아지역은 관개용수를 얻을 수 있는 좋은 하천을 가지고 있는 점이 문명 형성의 좋은 조건을 제공해 준 것이다. 고대 이집트에서는 나일강 流量의 변화 주기를 파악하여 관개를 통해 갈수기인 하류의 델타지역에 용수를 보급하는 방법으로 홍수 조절은 물론 용수보급의 두 가지 목적을 실현한 바 있다. 기원전 4,000년경 수메르인이 메소포타미아의 유프라테스강 하류에 몇 개의 도시국가를 세워 강물을 끌어들여 관개사업을 실시한 사례도 있다. 이렇게 관개사업을 통해 괄목할 만한 농업생산력의 향상을 가져왔고 이로 인해 높은 인구 증가와 함께 지배자 집단의 권력 기반을 강화하는 배경이 되었다.

농사를 짓는 데에는 작물의 수확량과 품질을 높여 나가는 일이 무엇보다도 중요하다. 이를 위해서는 작물의 품종개량·토질개선·재배기술의 개선 및 향상 등이 크게 요구된다. 이에 못지않게 중요한 것은 예고없이 찾아드는 홍수 피해나 가뭄 피해를 극복하는 일이다. 농사를 짓는데에는 다량의 물이 필요하다. 작물의 생육에 필요한 물은 降雨만으로 항상 보충될 수는 없다. 따라서 가뭄을 극복하는 농사를 짓기 위해서는 작물이 시들기 전에 필요한 양의 물을 공급하여 그 작물의 생육 환경을 알맞게 만들어 주는 관개 사업이 더할나위 없이 중요하다. 관개는 작물의 정상적인 생육을 돕기 위하여 생육기에 따라 토양속에 알맞은 양의 물을 인위적으로 공급하는 기술이다.

관개가 지니는 의의는 작물의 생산량 증대 및 품질 개선을 위한 생산수단일 뿐 아니라 작업 능률을 높이기 위한 생산 수단으로서의 역할이 크다. 또한 모든 농산물에 대한 계획 생산을 가능케 하는 등 농업경영 기반 개선의 기본이 되는 동시에 영농 전반에 안정감을 주는 생산 기반 정비의 뜻이 크다.[01] 밭농사의 경우 관개에 의해서 작물의 생육에 필요한 수분을 공급하는 동시에 파종을 적기에 실시하여 재배 관리의 합리화 뿐 아니라 재해방지에도 크게 기여한다. 특히 관개의 효과는 논농사에서 두드러진다. 논벼는 생육기간 중 거의 담수상태로 재배하는 것이 일반적이다. 벼 생육에 필요한 관개수의 공급을 통하여 양분이 천연으로 공급되며, 또한 온도 조절 기능과 잡초 발생의 억제, 그리고 병충해 발생의 방지 및 각종 염류농도의 조절 기능을 갖는다. 따라서 벼농사에 있어서 관개는 생리작용에 필요한 생리수의 공급과 그것이 자라는 입지환경을 조절하기 위한 환경수로서 절대 필요하다.

또한 관개 못지않게 排水의 기능도 중요하다. 배수는 토양속에 발생하는 유해 물질을 제거하고 관개를 하지 않는 기간에 지하 수위를 낮추어 토양의 건조를 도모하고 토양속에 적당한 공기를 공급하는 동시에 농업 작업 환경 개선에 기여하기 때문이다.

---

01) 김시원 외, 1996, 『新稿 농업수리학 -관개·배수-』, 향문사, 60쪽.

농업이 기간산업이었던 전근대사회에서 수리시설의 축조는 농업의 성패를 가늠하는 중요한 요소로서 정치·경제·사회 전반에 걸쳐 큰 영향을 미치는 국가적인 대규모 사업이었다. 이에 따라 수리시설의 축조 시기와 배경, 축조 기술과 운영 주체, 수리시설의 구조, 몽리의 효과, 그리고 파손된 저수지의 보수와 수축 등에 대한 해명은 우리나라 농경문화사를 밝히는데 중요한 관건이 된다. 그리고 수리시설 축조를 통한 역역동원 체제 파악은 물론 국가의 집권력 정도를 가늠하는데 중요한 요소가 된다.

해방 후 우리나라에서 고대 수리시설에 관한 연구는 관련 기록이나 금석문을 통해 이병도·이광린·윤무병·홍사준[02] 등에 의해 이루어졌다. 그 가운데 이병도는 제천 의림지, 상주 공검지, 밀양 수산제 등이 삼한시대 벼농사의 발달과 관련시켜 삼한시대 축조설을 제기한 적이 있었다.[03] 이 견해는 정밀한 학술조사를 통해 입론된 것이 아니라 단지 관련 지명의 언어학적 해석에 근거하여 유추한 것에 불과한 것이었다. 이후 이광린은『삼국사기』신라본기 흘해니사금 31년의 벽골제 축조 기사를 백제의 사실로 고쳐 보기도 하였는데,[04] 김제 벽골제에 대한 관심을 학문적으로 부각시켰다는 점에서 의미가 있다.

한편 수리시설과 관련된 금석문에 대한 연구는 대구의 〈戊戌塢作碑〉와 영천의 〈菁堤碑〉를 통해 이루어졌다. 〈무술오작비〉는 1946년 任昌淳에 의해 발견 조사되어 군사상의 방축제로 해석하였으나,[05] 이기백의 연구 이후부터는 수리시설 관련 비로 보는 것이 일반적이다. 〈무술오작비〉는 공사 책임자인 都唯那의 지휘 아래 대부분 지방민들이 스스로 필요에 의해 수리시설을 만든 것으로 이해되었다. 〈영천청제비〉는 그 양면에 각기 시대가 다른 비문이 새겨져 있는데 그 중 청제를 처음 축조할 때에 새긴 丙辰年 명문과 貞元 14년(798) 명문이 들어있고, 반대 면에는 조선시대의 수축에 관한 기록이 새겨져 있어 청제의 시축과 수축 과정을 통관해서 볼 수 있는 자료이다. 이러한 신라시대의 금석문을 통해 당시 대규모 저수지를 축조하기 위한 역역 동원 실태와 신라의 집권력 강화를 엿볼 수 있다.[06]

---

02) 홍사준, 1978,「삼국시대의 관개용지에 대하여 벽골제(김제)와 벽지(합덕)-」,『고고미술』136·137, 5~22쪽.
03) 이병도, 1956,「한국수전의 기원」,『두계잡필』, 일조각 및 1959,『한국사』(진단학회 편), 을유문화사, 306~307쪽.
04) 이광린, 1961,『이조수리사연구』, (재)한국연구도서관, 3쪽.
05) 임창순, 1958,「무술오작비소고」,『사학연구』1.
06) 이기백, 1970,「영천청제비의 병진축제기」,『고고미술』106·107합집 ; 오성, 1978,「영천청제비 병진명에 대한 재검토」,『역사학보』79 ; 김창호, 1983,「신라중고 금석문의 인명표기(Ⅱ)」,『역사교육논집』4 ; 이우태, 1985,「영천청제비를 통해 본 청제의 축조와 수치」,『변태섭박사화갑기념사학논총』및 1992,「신라의 수리기술」,『신라산업경제의 신연구』신라문화제학술발표논문집 13, 서경문화사.

우리나라 고대 수리시설에 대한 고고학적 조사는 1975년 윤무병에 의해 벽골제의 두 수문인 장생거와 경장거에 대한 발굴조사를 통해서 이루어졌다.[07] 이를 통해 벽골제 제 방이 부엽공법에 의해 축조되었으며, 그것이 『삼국사기』의 기록대로 4세기에 축조된 것 임을 밝혔다. 이러한 조사 결과를 1415년 수축 당시의 것으로 보는 반론과 함께 그 기능 을 저수지가 아닌 저지대 개발방식인 築堤開田型의 시설로 보거나,[08] 또는 방조제[09]로 보는 견해가 제시되면서 논란이 제기되고 있다.

그 후 우리나라 수리시설에 대한 관심과 연구가 활성화되기 시작한 것은 2000년대 이 후부터이다. 2010년 안재호와 곽종철이 작성한 우리나라 고대의 경작 유구와 각종 수리 시설 현황을 살펴보면[10] 지금까지 조사된 각 지역의 경작 유구는 선사시대부터 통일신 라시대에 국한하여 볼 때 청동기시대 유구가 20곳, 원삼국시대 유구가 3곳, 삼국시대 유 구가 14곳, 그리고 통일신라시대의 것이 5곳으로 모두 42곳인 것으로 나타난다. 지금까 지 조사된 시기별·지역별 수리시설 현황을 살펴보면[11] 저수지·하천·방조제 제방 등 을 제외한 수리 관련 시설은 청동기시대 유구가 2곳, 초기철기시대 유구는 1곳, 원삼국시 대의 것은 4곳, 삼국시대 유구는 20곳, 통일신라시대 유구는 4곳으로 모두 31곳인 것으로 나타난다. 각종 집수시설은 청동기시대 유구가 7곳, 원삼국시대 유구가 2곳, 삼국시대의 것이 7곳으로 모두 16곳임이 밝혀졌다. 洑 유구는 청동기시대 5곳, 원삼국시대 2곳, 삼국 시내 5곳이었다. 저수지 제방은 연대가 분명히 밝혀져 있지 않았지만 조사 연구된 것으 로는 영천 청제유적(536년 초축), 대구 〈무술오작비〉(578년), 상주 공검지유적, 당진 합덕제 유적, 제천 의림지유적, 제천 유등지유적, 진해 자은동 수전지유적의 7곳이다. 다음으로 하천제방·방조제유적은 모두 9곳인데 김해 봉황동유적, 대구 동천동유적, 함안 가야리 제방유적, 밀양 수산제유적, 부여 서나성유적 군수리지점, 경주 구황동 신라왕경숲 조성 사업부지내유적, 울산 어음리 B유적, 김해 벽골제유적, 강화 선두언유적 등이 이에 해당 한다. 이 통계에는 한 유적에 시기별로 서로 다른 유구가 병존해 있거나 또는 여러 기능 이 다른 유구가 부속되어 있기 때문에 실제 유구의 수는 더욱 늘어난다.

---

07) 윤무병, 1976, 「김제 벽골제 발굴보고」, 『백제연구』7집, 67~92쪽.
08) 성정용, 2007, 「김제 벽골제의 성격과 축조시기」, 『한중일의 고대 수리시설 비교 연구』, 계명대학교출판부, 80~94쪽.
09) 森浩一, 1993, 「溝·堰·濠の技術」, 『古代日本の技術と知慧』, 大阪書籍 ; 小山田宏一, 2005, 「백제의 토목기술」, 『고대도시와 왕권』(충남대 백제연구소 편), 서경, 371~385쪽.
10) 안재호, 2010, 「각 지역의 경작 유구」, 『한국고대의 수전농업과 수리시설』(한국고고환경연구소 편), 서경문화사, 459~493쪽.
11) 곽종철, 「시대별 지역별 각종 수리시설」, 앞의 책, 494~540쪽.

최근에는 우리나라 벼농사의 기원과 보급과 관련하여 중요시되는 제천 의림지와 상주 공검지, 그리고 김제 벽골제유적 등에 대해 계속 발굴조사를 실시하고 있을 뿐 아니라 저습지유적에 대한 조사도 속속 진행되고 있다. 이러한 고고학적 연구성과를 바탕으로 하여 그동안의 경작 유구에 대한 성과를 종합 정리하거나 문헌학·고고학·기후학·수리토목학·농학 등의 학제간의 연구가 시도된 바 있어[12] 앞으로 우리나라 고대 수리 관계 유적의 실체 파악에 새로운 전기를 마련해 줄 것으로 기대된다.

II. 수전의 개발과 수리시설의 축조

논에 관개 수리시설을 통해 물을 공급하기 위해서는 용수로와 洑, 그리고 집수지 등과 같은 부속시설이 필요하다. 지금까지 조사 연구에서 나타난 선사·고대의 관개 수리시설의 형태는 먼저 폭이 좁은 하천에 보를 설치하여 물을 담아두거나 또는 끌어올려 보의 한쪽 끝과 맞닿게 설치된 용수로로 물을 공급한다. 용수로를 거쳐 논으로 운반된 용수는 취수구를 통해 용수로와 접해 있는 논으로 공급된 다음, 논둑에 설치된 물꼬[水口]를 통해 아래쪽의 논으로 공급되는 형태를 취하고 있다. 논의 관개 형태는 선사시대부터 고대에 이르기까지 크게 변하지는 않았지만, 보와 용수로의 규모에서 차이가 있었던 것으로 보인다.

우리나라에서 수리시설이 나타나는 것은 청동기시대부터이다. 청동기시대부터 농경이 본격화되면서 여러 지역에서 농경 유구에 수리시설이 확인되고 있다. 청동기시대부터 원삼국시대에 이르기까지 원초적인 형태의 수리시설이 확인된 유적으로는 안동 저전리유적이 있다.

안동 저전리유적은 2005년 이후 실시된 발굴조사를 통해 청동기시대의 저수지 2곳과 수로가 확인되었다.[13] 유구는 나지막한 구릉 사이의 골짜기 퇴적층을 파고 만들었는데

---

12) 이 방면에 대한 주요 연구 성과는 다음과 같다. 곽종철, 1991, 「한국과 일본의 고대 농업기술」, 『한국고대사 논총』 4, (재)가락국사적개발연구원 및 2001, 「우리나라의 선사 - 고대 논밭유구」, 『한국농경문화의 형성』, 한국고고학회 ; 김도헌, 2003, 「선사·고대 논의 관개시설에 대한 검토」, 『호남고고학보』 18 ; 양기석, 2005, 『백제의 경제생활』, 주류성 ; 2010, 한국고고환경연구소 편, 『한국고대의 수전농업과 수리시설』, 서경문화사 등이 참고가 된다.
13) 이한상, 2007, 「청동기시대의 관개시설과 안동 저전리유적」, 『한중일의 고대 수리시설 비교 연구』, 계명대학교출판부, 47~53쪽.

지하수가 용출되는 지형조건을 가지고 있다. 1호 저수지는 평면 직사각형으로 길이 60m, 폭 15m 내외 정도의 규모이다. 출수구와 입수구가 발견되었는데 출수구 쪽에는 보 시설이 확인되었다. 출토유물은 무문토기, 석검과 석촉 편, 석기 박편 등이다. 2호 저수지는 상류쪽에 위치하는데 1호 저수지가 폐기된 후에 축조되었다. 출수구 부근에서 보 시설로 추정되는 가공된 목재가 다수 출토되었으며, 낙수와 배수의 결과로 형성된 지름 2~3m 크기의 물웅덩이가 있었다. 이 유적에서는 참나무로 만든 절구공이[竪杵] 1점과 많은 무문토기와 단도마연토기가 발견되었다. 웅덩이에서는 단립형 200粒 이상의 탄화미와 씨앗류가 다수 출토되었다. 수로 주변에는 군집을 이룬 토기와 함께 박씨가 집중적으로 출토되어 수로제사와 관련이 있는 것으로 파악된다.[14]

이 유적은 우리나라 농경과 관련한 전통적인 저수지 유적의 시원에 해당하는 것으로 청동기시대에 관개수로를 이용한 집약적 농경이 행해지고 있었음을 보여주는 중요한 자료로 생각된다. 이곳에서 출토된 절구공이는 광주 신창동 저습지유적[15]이나 무안 양장리유적[16]을 비롯하여 일본 야요이시대 전기의 唐古유적[17] 등에서 발견되고 있어서 이들 지역과의 문화교류의 일면을 보여주는 자료라 할 수 있다.

이 시기 안동 저전리 유적 이외에 도수시설인 수로와 각종 집수시설 및 보 등이 확인된 곳은 논산 마전리유적, 보령 관창리유적, 부여 구봉리·노화리유적, 밀양 금천리유적, 천안 장산리유적, 보성 조성리 저습지유적, 무안 양장리유적, 부여 구봉리유적 등이 있는데 그 중 주요한 유적을 소개하면 다음과 같다.

논산 마전리유적 C지구[18]는 청동기시대의 논유구와 함께 수로와 수문, 저수장 등의 관개시설이 조사되었다. 이 유적은 남동쪽으로 펼쳐진 구릉사면과 그 아래에 위치한 저지대로 이루어져 있는데 구릉과의 경계 지점에 물이 솟아나오는 湧水가 있다. 이 용수가 저수장에 집수될 수 있도록 폭 1m 내외(최대 2~3m), 깊이 0.5~1m의 수로가 여러 개 설치되어 있다. 수문시설은 수로를 통해 직접 저수장에 연결되어 있는데 종으로 말뚝을 박고

---

14) 奈良縣立橿原考古學研究所附屬博物館 編, 2003,『カミよる水のまつり 導水の植輪と王の治水』및 이한상, 앞의 논문(2007), 12쪽.

15) 국립광주박물관, 2001,『광주신창동 저습지유적Ⅱ -목제유물을 중심으로-』및 2007,『광주신창동 저습지유적Ⅴ』.

16) 이영문·이정호·이영철, 1997,『무안 양장리 유적』, 목포대학교박물관·무안군·한국도로공사.

17) 黑崎直, 1996,『日本の美術』357, 至文堂, 65~68쪽.

18) 고려대학교매장문화재연구소, 1999 및 2004,『논산마전리유적』; 손준호, 2000,「논산 마전리유적 C지구 발굴조사 성과」『한국고고학의 방향』, 한국고고학회, 133~153쪽.

다시 횡으로 판목을 쌓아 급수량을 조절하는 동시에 과다한 토사 유입을 방지하는 역할을 하였을 것이다. 저수장은 평면 형태가 타원형으로 최대 깊이 1.5m, 직경 6×4m 정도이며, 수전면보다 약간 높은 구릉 말단부에 위치한다. 저수장의 기능은 수로를 통해 유입된 물을 저수장에 머무르게 함으로써 수온을 상승시키는 기능을 하였을 것이다.

저수장 아래쪽에는 폭 4m, 길이 3m, 깊이 50~70cm 정도의 소형의 웅덩이가 확인되었는데 그 내부에서 목제 도끼자루와 다수의 목재가 발견된 것으로 보아 목기를 저장하던 저목장으로 추정된다. 수로와 연결되는 제1~4수전면에는 저목장과 연결되는 북→남방향의 수로로부터 직접 물을 끌어들인 것으로 보이며, 이보다 아래쪽에 위치한 수전면의 경우는 이 수로와 직교하면서 수전의 중앙부를 관통하는 수로에서 물을 끌어들인 것으로 보고 있다. 마전리의 수전은 기본적으로 소구획 수전형에 속하지만 경사도가 약해지는 아래쪽으로 내려가면서 수전의 면적이 넓어지는 장방형계 계단식 수전이라 할 수 있다. 작은 것은 한 변이 3~4m의 방형 및 부정형이며, 큰 것은 등고선 방향으로 길이 15~18m, 폭 4~5m 정도의 장방형으로 구획하였다. 수전의 아래쪽 일부에서는 밭고랑이 확인되어 기후 여건에 따라 논과 밭을 바꾸는 경지의 전환 방식이 있었던 것으로 확인되었다.

보령 관창리유적[19]은 청동기시대의 논과 5기의 洑가 확인되었는데 5기의 보 중에서 폭 4m 정도의 4호보만이 논과 같은 시기의 것으로 추정된다. 4호보는 물길과 직교하는 방향으로 말목을 박은 다음 횡방향으로 나무를 덧대어서 만들었다. 논에 물을 공급하는 형태는 수구를 통해 물을 바로 입수시키는 것으로 보았다.

부여 구봉리·노화리유적[20]은 2000년 부여와 구룡리간의 도로확장 및 포장공사 구간에서 청동기시대의 논유구와 관개 수로 및 백제시대의 밭유구가 조사되었다. 이 유적에서 논유구와 관련이 있는 것은 제1경작면과 제2경작면, 그리고 우물로 보이는 환상집수유구이다. 제1경작면은 A지구는 제2경작로와 유사한 수로 7개 및 둑으로 구성되어 있으나 출토 양상으로 미루어 보아 청동기시대의 수전면으로 이해된다. 삼국시대 수전 아래 30cm에 있는 B지구는 수전이 확인되었는데 여기에는 수로와 둑, 그리고 수전면과 수전면내의 발자국으로 추정되는 부정형의 흔적을 확인하였다. 수전은 최초 상·중·하층의 3회 경작이 이루어졌음이 층위 조사 결과 확인되었다. 둑은 폭 60cm, 높이 3cm로 농로로서의 기능보다도 구획의 의미를 지닌 것으로 추정된다.

19) 이홍종·강원표·손준호, 2001,『관창리유적 - B·G구역』, 고려대매장문화재연구소.
20) 충남대 백제연구소, 2001,『구룡~부여간 도로확장 및 포장구간내 문화유적 발굴조사 약보고서』.

우물로 보이는 환상집수유구는 제1경작면 하부에서 확인되었는데 폭은 약 3m 내외이며, 깊이는 대략 50~60cm 정도로 내부에 다양한 크기의 목재들이 불규칙하게 퇴적되어 있는 것이 특징이다. 내부에서 반달돌칼이 출토되어 환상집수유구의 기능과 편년에 하나의 단서가 되고 있다. 이 자료를 통해 볼 때 제1경작면 하부 유구의 연대는 송국리유형 단계의 논으로 판단되는데 대략 기원전 1,400년경으로 남한지역에서 청동기문화의 시작 시점과 논농사의 개시 시기에 대한 새로운 단서를 주고 있다. 그리고 최초 저습지의 높은 지하수면을 이용하여 이루어지던 습전 농경단계로부터 점차 관개 수로를 개착을 통해 미고지 주변의 건전으로 경작면이 확대되고 있음을 알 수 있다.

천안 장산리유적[21]은 원삼국시대의 논과 집수지, 그리고 보가 조사되었다. 보는 수로와 직교하는 방향으로 말목을 박은 다음에 횡방향으로 잔가지를 덧대어 만든 형태를 취하고 있다. 1호 수로에는 5개, 2호 수로는 6개, 3호 · 4호 수로는 각각 1개 지점의 보가 설치되어 있다. 아직 논으로 연결되는 취수구는 발견되지는 않았기 때문에 보에 채워진 물을 퍼서 논에 공급하였을 것으로 추정하였다. 그리고 물길을 막은 시설인 폭 7.5m의 집수지가 발견되었는데 0.2~0.4m의 간격으로 말목을 박은 다음 그 위에 점토를 채워 보강한 형태로 보았다.

보성 조성리 저습지유적은 득량만에 인접한 해안지대이며 산봉우리로 둘러싸인 해안곡간하상충적지에 위치한다. 조사 결과 원삼국시대 단계의 경질무문토기와 목재편들이 퇴적된 저습지가 분포하고 있는 것으로 밝혀졌다.[22] 충적지 중앙 부분에는 舊河道가 지나가는 지형적 조건을 갖추고 있다. 구하도의 가장자리에는 3개의 보 시설과 水邊祭祀터가 확인되었다. 보 시설은 가공된 각재, 가지류, 초본류 등으로 된 부엽층이 형성되어 있었고, 주변에 말목류가 확인되어 부엽공법을 이용하여 축조한 것임을 알게 되었다. 부엽공법이 낙랑을 통해 수용되기 이전에도 자체적으로 그 기술을 습득하고 있었음을 보여준다. 수변제사터에서는 155개체분의 유물이 출토되었는데 안동 저전리유적에서 보이는 수로제사와 관련이 있는 것으로 이해된다.

무안 양장리유적[23]은 농경과 관련된 수리시설과 함께 주거지 등의 생활유적이 조사

---

21) 박양진 · 김경규, 1996,『천안 장산리유적』, 충남대박물관 ; 2000,『상록리조트골프장 증설부지내 천안 장산리유적 2차발굴조사 약보고서』.
22) (재)대한문화유산연구센터, 2011,『보성 조성리 저습지유적』.
23) 이영문 외, 1997,『무안 양장리유적』, 목포대박물관 · 무안군 · 한국도로공사.

된 복합유적으로 3~5세기에 해당한다. 여기서는 주거지 37기, 수혈 13기, 인공수로환호와 건물터 10기, 그리고 통일신라시대의 팔각건물터 등이 조사되었다. 이 유적에서 주목되는 것은 가지구 산사면의 경사 변환지점에 위치한 약 280㎡ 크기의 저습지이다. 이곳에서는 농경과 관련된 둑을 보강한 말목열을 비롯한 목조 구조물이 확인되었으며, 유기물포함층에서는 목제 농기구를 포함한 생활도구와 건축 부자재 200여 점의 목제 유물이 출토되었다.

이와 함께 조선시대 이후에 축조된 것으로 보이는 저수시설인 둠벙이 저습지에 일정한 간격으로 발견되었다. 주거지에 인접되어 확인된 인공수로는 환호적 성격을 띠는 것으로 곡간 평지부에서 발견된 주거지 주변을 따라 동서 방향으로 길게 형성되어 있다. 수로는 처음에는 자연적으로 형성되어 있었으나 이후 인위적으로 개축되어 주거생활에 이용한 것으로 보인다. 이는 저습지에서 역류해 들어오는 물을 막기 위한 의도로 보인다. 수로 내부에는 100개체 이상의 토기류와 함께 석기 · 목기 등이 출토되었으며, 말목구조물 등이 확인되었다.

부여 구봉리유적[24]은 청동기시대의 논유구와 관개 수로 및 백제시대의 밭유구가 조사되었다. 이 유적에서는 논의 가장자리를 따라 설치된 평행용수로와 함께 직교하는 형태의 용수로가 확인되었다. 발견된 청동기시대의 수로는 A지구에서 7기가 확인되었다. 제1수로는 폭 80cm, 깊이 5cm의 규모로 동서방향으로 진행되다가 남동쪽으로 꺾여져 있다. 제2수로는 제1수로가 꺾이는 지점에서 갈라져 남서쪽으로 진행한다. 제5수로는 폭 1m 내외, 깊이 7~10cm의 규모를 가진 가장 큰 수로인데 동서방향으로 진행하다가 동남쪽으로 휘어져 다시 동남과 서남방향으로 갈라진다.

그밖에 수로에서 우물로 보이는 환상집수시설이 제1경작면 하부에서 확인되었는데 폭은 약 3m 내외이며, 깊이는 대략 50~60cm 정도로 내부에 다양한 크기의 목재들이 불규칙하게 퇴적되어 있고 수로 바닥에는 웅덩이를 조성한 것으로 드러났다. 백제시대의 수로는 폭 1m, 깊이 20cm의 규모로 A지구에서 확인되었는데 동서방향으로 설치되어 있다. 수로 안에서 2개의 웅덩이가 확인되었다.

이와 같이 선사시대와 원삼국시대의 관개 수리시설은 용수로 · 보 · 집수지 등의 시설로 구성되어 있었음을 알 수 있다. 먼저 용수원은 논의 입지 조건과 수로의 양상을 통해

---

24) 충남대백제연구소, 2001, 『구룡~부여간 도로확장 및 포장구간내 문화유적 발굴조가 약보고서』.

여러 형태로 활용한 것으로 보인다. 용수원은 자연 강우에 의존하는 경우도 있고, 논산 마전리유적이나 천안 장산리유적처럼 골짜기 입구에 있는 용수를 활용하는 경우도 있었다. 그리고 보령 관창리유적과 무안 양장리유적처럼 골짜기의 溪流나 부근 소하천을 활용하여 용수를 급수받는 경우가 있었다. 이 경우 소규모 자연 하천에 수로를 만들고 곳곳에 洑에 수위를 올려 주변의 논에 용수를 공급한 것으로 판단된다. 그밖에 논보다 높은 곳에 저수지를 만들어 용수로를 통해 급수받는 경우도 있고, 배후 습지를 활용하여 용수원으로 사용하는 경우도 있었다.

다음으로 용수 문제이다. 용수는 수로나 집수시설을 통해 저장되거나 재분배하는 과정을 거쳐 수량 조절이나 유속을 조절하게 된다. 이때 고려해야 할 문제는 수온이 낮은 용수를 농업용수에 맞게 온도를 조절해야 한다. 이를 위해 導水과정이나 집수시설 등을 통해 햇볕이나 시간차를 이용하여 기온을 상승시키는 방안을 모색하였을 것이다.[25] 용수로는 등고선과 평행한 방향으로 설치되었거나, 또는 직교하는 방향으로 설치된 것으로 구분된다. 용수로는 일반적으로 논보다 높은 곳에 등고선과 평행한 방향으로 설치되었다. 용수원에서 용수로를 통해 물을 導水하는데 용수로로 운반된 물은 취수구를 통해 논으로 공급되고 높은 곳의 논으로 공급된 물은 다시 물꼬를 통해 아래쪽의 논으로 공급되는 방식을 취하고 있다. 논산 마전리유적과 부여 구봉리유적·합송리유적은 두 가지 형태의 용수로가 설치되어 있음이 확인되었다. 이러한 관개 수리형태는 일본 야요이시대의 후쿠오카 이타츠케(板付) 유적에서 발견된 수전에서도 공통적으로 나타나고 있다.

洑는 보령 관창리유적과 천안 장산리유적처럼 수로에 설치되기도 하고 하천에 설치되는 경우도 있다. 수로에 설치한 보는 천안 장산리유적처럼 물길을 가로지르는 방향으로 말목을 박은 다음 횡방향으로 나무를 덧대어 만들었는데, 이때 사용된 말목은 지름 5~10cm, 남아있는 길이는 30~60cm 크기이다. 보의 규모는 대체로 길이 15m 이상, 높이 1m 이내로 나무와 함께 돌을 사용해 축조하였다. 보의 물은 보령 관창리유적처럼 수로와 논의 경계에 물꼬[水口]를 설치하여 논에 물을 공급한 것으로 보인다.

물을 모아 저장해 두는 시설인 집수지는 천안 장산리유적처럼 수로에 설치되어 있고 물길을 가로지르는 방향으로 말목을 박은 다음 그 위에 점토를 채워 보강한 형태를 보여주고 있다. 부여 구봉리유적에서도 동서방향으로 설치된 폭 1m, 깊이 20cm 규모의 수로

---

25) 곽종철, 2010, 「수리시설과 수리기술의 발달」, 『한국고대의 수전농업과 수리시설』, 서경문화사, 233쪽.

에 2개의 환상집수시설이 제1경작면 하부에서 확인되었다. 이 집수시설은 폭이 약 3m 내외이며, 깊이는 대략 50~60cm 정도였는데 그 내부에는 다양한 크기의 목재들이 불규칙하게 퇴적되어 있고 수로 바닥에 웅덩이를 조성한 것으로 드러났다.

관개 수리시설이 갖추어져 있는 논의 형태는 주로 둑으로 구획된 소구획의 논에서 공통적으로 찾아진다. 부정형이지만 소구획으로 나누어져 있는 부여 구봉리·노화리유적·궁남지유적·가탑리유적 등의 수전이 이에 해당한다. 논산 마전리의 수전은 기본적으로 소구획 수전형에 속하지만 경사도가 약해지는 아래쪽으로 내려가면서 수전의 면적이 넓어지는 장방형계 계단식 수전을 병용하는 경우가 있다. 계단식 수전은 입지조건과 용수원의 정도로 보아 관개 수리시설을 갖추기 어려운 여건에서 나타나는 현상으로 보여지는데 주로 천수답 같은 형태로 경영되었을 것으로 추정된다. 이러한 입지조건에서는 용수 여하에 따라 논과 밭을 바꾸는 경지 전환의 방식이 부분적으로 나타나기도 한다. 부여 구봉리·노화리유적·서나성유적 등에서도 논과 밭의 전환을 통해 경지를 효과적으로 활용하는 일면을 엿볼 수 있다.

이러한 관개 수리시설들은 안동 저전리유적처럼 지역 주민들의 필요에 의해 자연 지세에 맞게 소규모로 축조되는 경우가 대부분이었을 것이다. 기후 변화에 따라 저수지의 위치를 조정하는 현상도 나타났다. 때로는 지역의 단위 정치체를 중심으로 생산기반을 지속적으로 유지하기 위해 관개 수리시설을 만드는 경우도 있었다. 산골짜기의 계류를 막아 물을 저장하는 제언 형태의 수리시설이 설치되기도 하였고, 또한 큰 하천 주변에 둑을 쌓아 하천의 흐름을 조절하여 물을 이용하는 보 형태의 수리시설도 있었다.

Ⅲ. 국가권력과 수리시설

4세기 이후 백제나 신라의 성장과 발전에 따라 중앙정부 차원에서의 대규모 관개 수리시설이 축조 정비되는 사례가 나타난다. 김제 벽골제, 상주 공검지, 밀양 수산제, 당진 합덕제, 제천 의림지 등이 이러한 예에 해당한다.

김제 벽골제는 전북 김제시 부량면 신용리 충적평야 지대에 있는 저수지로서 길이는 약 3km이고 제방의 높이는 4.3m이다. 조선시대에 5개 수문에 의한 몽리 면적이 약 9,500만㎡에 달할 정도로 우리나라의 큰 저수지의 하나이다. 1975년에 벽골제의 5개 수문 중 장생거와 경장거의 두 수문에 대한 발굴조사를 실시하였다. 그 결과 경장거의 흑회색점토층 위에 식물탄화층이 2~3cm 두께로 깔려있는 것으로 보아 부엽공법에 의해 축조되었음을 알게 되었다. 그리고 제방의 밑바닥에서 채취한 탄화된 식물을 시료로 하여 방사성 탄소 연대를 측정한 결과 이 저수지는 대략 4세기경에 축조한 것으로 추정하였다.[26] 따라서 신라 訖解尼師今(310~356)때 축조되었다는 『삼국사기』 기사는 백제 比流王(304~344) 대의 사실이 신라에 잘못 삽입된 것으로 보았다.[27]

그 후 벽골제 중심거 발굴조사는 2012년 3월부터 2013년 6월 17일까지 2차례에 걸쳐 진행되었다.[28] 조사 결과 수문 구조와 관련된 하인방석, 석주, 호안석축, 도수로 등이 발굴되어 중심거의 정확한 위치를 확인하였다. 제방은 초본류, 니질점토, 실트, 사질토를 이용하여 축조하였으며 제방 전면에 부엽층이 형성된 것으로 파악하였다. 수문은 1415년 수문 보수 직후 큰 비로 인한 제방 유실 때 폐기된 것임이 밝혀졌다. 수문 구조는 남아있는 시설로 보아 암거시설이 아니라 상부가 개방되어 수위를 조절하는 개방식일 가능성이 높은 것으로 보았다.

이와 같이 벽골제는 초축을 포함한 축조과정을 통관해 볼 수 있다는 점, 그리고 부엽공법으로 축조되었다는 점 등에서 우리나라 고대 수리시설의 지표가 되고 있다. 그럼에도 불구하고 벽골제의 편년과 기능에 대해서는 아직도 이견이 있다. 즉 제방에 관한 수차례의 수축기록과 제방 내에서 와편이 출토된 점 등으로 미루어 보아 백제때 초축 시기의 것이 남아있을 가능성이 없다는 전제하에 웅진·사비기로 보는 견해가 있다.[29] 그리고 벽골제의 기능에 대해서는 일반적으로 저수지로 보고 있지만 최근에는 다목적의 기능을 가진 저지대 개발방식인 축제개전형 방조제로 보는 견해도 있다.[30] 이에 대해 증축 공사가 해수면의 상승 때문에 일어났다는 것을 입증해야 한다는 점, 문헌자료에 보이는 보수공사는 지반이 연약한 B지구에서 이루어졌을 가능성이 있다는 점 등을 내세워 방조제설을 반박하는 견해가 제기되었다.[31] 앞으로 벽골제와 그 주변에 대한 고고학적 발굴조사가 지속적으로 이루어지게 되면 이러한 쟁점 사항은 부분적으로 해소될 것으로 생각된다.

상주 공검지는 상주시 공검면 양정리에 위치하며 제천 의림지, 밀양 수산제, 김제 벽

---

26) 윤무병, 1976,「김제 벽골제 발굴보고」,『백제연구』7, 11쪽.

27) 이광린, 1961,『이조수리사연구』, (재)한국연구도서관, 3쪽 ; 이병도, 1977,『역주 삼국사기』, 을유문화사, 36쪽.

28) (재)전북문화재연구원, 2012, 6,『김제 벽골제(사적 제111호) 중심거 학술 발굴조사 약보고서』.

29) 성정용, 2007,「김제 벽골제의 성격과 축조시기」,『한중일의 고대 수리시설 비교 연구』, 계명대학교출판부, 80~94쪽.

30) 森浩一, 1993,「溝·堰·濠の技術」,『古代日本の技術と知慧』, 大阪書籍 ; 小山田宏一, 2005,「백제의 토목기술」,『고대도시와 왕권』(충남대 백제연구소 편), 서경, 371~385쪽 ; 성정용, 앞의 논문(2007) 참조.

31) 노중국, 2010,「백제의 수리시설과 김제 벽골제」,『백제학보』4, 27~39쪽.

골제와 함께 우리나라 대표적인 고대 저수지의 하나로 알려져 있다. 공검지는 산곡형의 자연지형을 이용하여 계곡부에 일자형의 제방을 축조한 것인데 현재는 공검지와 논으로 개간된 '못안들', 그리고 이를 둘러싸고 있는 제방의 일부가 그 범위에 해당한다. 2005년 6월부터 2010년까지 복원·정비를 위한 발굴 및 시굴조사가 4차례 실시되었는데, 조사 결과 제방은 기초부와 성토공정층으로 되어 있고, 제방 바깥에 별도의 목재 시설층이 확인되었다.[32] 제방 기초부는 회갈색 사질토+모래+깬돌층 위에 나뭇가지 등을 3~5개층으로 층층이 깔고 말목으로 보강하였다. 제방 성토공정층은 층층이 실트층을 깔고 그 사이에 사질토로 충진다짐을 하였다. 그리고 제방 바깥은 말목으로 선단을 보강하고 통나무와 나뭇가지를 제방 직교방향으로 깐 목재 시설층을 확인하였다. 이처럼 공검지 제방 축조에는 나뭇가지 부설 및 목재 보강 시설, 성토공정층 등 다양한 고대 수리토목기술을 이용하였음을 알게 되었다. 부엽공법이 적용된 또하나의 사례가 된다. 공검지 축조 및 사용 시기는 2009년 못 안에서 출토된 목재 연대 분석 결과 6~9세기와 11~13세기로 나타나고 있어서 문헌상 1195년에 수축한 시기와 관련이 있는 것으로 생각된다. 그리고 제방의 기초부와 성토층 기초부에 사용된 통나무와 나뭇가지 연대가 7~8세기로 측정되고 있어 공검지의 초축 연대는 7세기 후엽으로 추정하고 있다.

밀양 수산제는 밀양시 하남읍 수산리에 위치하며 김제 벽골제, 상주 공검지, 제천 의림지와 함께 우리나라 고대 저수지의 하나로 알려져 있다. 1993년도에 동아대박물관에 의해 발굴조사가 실시되었는데 조사 결과 수문은 자연암반을 터널식으로 굴착한 것임이 밝혀졌고 자기편과 상평통보, 철기 등 조선 후기의 자료들이 출토되었다.[33] 주변에 지석묘와 패총이나 고분군들이 분포하고 있는 것으로 보아 축조 연대를 올려볼 수 있는 가능성이 있으나 제방유구에 대한 정밀학술조사가 이루어지지 않고 있다. 수산제는 낙동강에서 불과 1km 정도 떨어진 용진강변에 축조된 것으로 미루어 보아 낙동강의 범람과 역류를 막는 축제개전형의 방조제적 기능을 가진 것으로 보는 견해[34]가 있다.

제천 의림지는 제천시 모산동에 위치하며 상주 공검지, 밀양 수산제, 김제 벽골제와

---

32) 박정화, 2007,「상주 공검지의 축조과정과 그 성격」,『한중일의 고대 수리시설 비교 연구』, 계명대학교출판부, 103~121쪽 ; 김찬영, 2013.9.7.「상주 공검지 제방 유구」, 제15회 백제학회 정기발표회발표요지 참조.
33) 동아대학교 박물관, 1993,『밀양 수산제 수문지 기초조사보고서』; 이한상, 2006,「우리나라 고대 수리시설과 수산제」,『석당논총』36, 동아대 석당학술원, 49~74쪽.
34) 성정용, 2010,「동아시아 고대 수리토목기술의 발달과 확산」,『한국고대의 수전농업과 수리시설』, 서경문화사, 348쪽.

함께 우리나라 대표적인 고대 저수지의 하나로 알려져 있다. 의림지는 용두산 북서쪽의 피재에서 흐르는 계곡물을 가두어 만든 산곡형 저수지로서 청천들을 포함한 제천에 물을 공급하는 수리시설로서 다른 고대 저수지와는 달리 현재에도 그 기능을 유지하고 있다. 제방의 서쪽 끝부분에는 만수위때 물이 넘쳐흐르도록 설계된 무넘이[餘水吐]가 시설되어 있다. 1999년 충북대박물관에 의해 의림지에 대한 정밀기초조사가 실시된 이래 2009년 에는 한국지질자원연구원이, 2012~2013년에는 국립중원문화재연구소이 각각 학술조사 를 실시한 바 있다. 현재 저수지에 물이 차있기 때문에 제방에 대한 절개 조사를 통한 그 축조 방법과 상한 연대 등의 파악이 어려운 실정이다.

한국지질자원연구원이 의림지의 축조 시기를 밝히기 위해 1999년 8월[35]과 2009년[36] 두차례에 걸쳐 정밀 학술조사를 실시한 바 있었다. 1999년 조사에서는 의림지 바닥의 표층퇴적물 시추공 시료의 최하부 지층의 연대를 추산한 결과 보정연대 1,034~1,223년 전 인 AD 800~900년 정도에 해당하는 것으로 추정하였다.[37] 2009년 조사에서는 제체부 와 호저면 5개소에 대한 시추조사를 실시한 결과 유기물의 방사선탄소연대는 AD 7~10 세기인 삼국시대 말~통일신라시대에 이르는 어느 시점에 축조된 것으로 추정하였다.[38] 2012~2013년 국립중원문화재연구소에 의한 시·발굴조사가 실시되었는데,[39] 제방의 중 앙에서 약간 서쪽으로 치우친 곳에서 폭 약 13m의 舊河川이 확인되었다. 제방에 인접한 곳의 조사를 통해서 축조기법을 확인한 결과 토층은 5개 층으로 되어 있으며, 제방의 하 부 성토층에서 6개의 부엽층을 확인하였다. 의림지의 제방도 부엽공법을 이용하여 축조 된 사실이 확인되었다. 부엽공법은 연약한 지반을 보강하고 토층 사이의 견고성을 높이 는 효과가 있는 것으로 감제 벽골제나 상주 공검지 등에서 공통적으로 이용한 토목기술 이었다.

이상과 같이 위에서 언급한 저수지들은 규모나 구조, 그리고 축조 기술이나 인력 동원

---

35) 충북대박물관·제천시, 2000,『의림지정밀기초조사』, 조사보고 제69책.
36) 김주용 외, 2009.6.15,『제천 의림지 제4기 지질환경 및 자연과학분석 연구』, 한국지질자원연구원, 49~50쪽.
37) 김주용 외, 2000,「의림지 지질분야 기초조사」,『의림지정밀기초조사』, 충북대박물관 조사보고 제69책, 77쪽.
38) 김주용 외, 2009.6.15,『제천 의림지 제4기 지질환경 및 자연과학분석 연구』, 한국지질자원연구원, 49~50쪽 및 2009,「제천 의림지 제방체와 호저 퇴적체 조성비교 연구」,『충북문화재연구』3, 5~22쪽. 성정용, 2010, 「고대 수리시설의 발달과정으로 본 의림지의 특징과 의의」,『중원문화연구』14, 9쪽. 다만 2009년 조사에서 제방의 최저층에 해당하는 6번 부엽층의 연대는 AD 180~410년으로 의림지 축조연대를 상회해 볼 수 있어 앞으로 축조연대에 대한 논란이 제기될 수 있다.
39) 이창선, 2013.9.7,「제천 의림지 발굴과 그 의의」, 제15회 백제학회 정기발표회발표요지 참조.

면에서 이전의 것과는 많은 차이를 갖고 있다.

벽골제는 시기마다 차이가 있었겠지만 『삼국사기』 신라본기 흘해니사금 21년(330) 초축때 제방의 길이가 1,800보 즉 영조척(30.8cm)으로 환산하면 약 3,348m나 되었다고 한다. 1530년에 간행된 『新增東國輿地勝覽』에 의하면 높이가 17척, 너비가 하변이 70척, 상변이 30척으로 되어 있는데 이를 영조척으로 환산해 보면 제방의 높이는 5.23m, 너비는 하변이 21.57m 상변이 9.24m 징도가 된다.[40] 1415년 봄에 태종은 각 군의 장정 1만 명과 관리자 300명을 징발하여 벽골제를 수축하였는데, 제방은 아래 너비는 70자이고 위의 너비는 30자이며 높이는 17자나 되었다고 한다. 그리고 기존의 장생거·중심거·경장거의 세 수문 돌기둥을 보수하면서 새로 수여거와 유통거의 두 수문을 만들었다. 벽골제는 5개의 수문을 갖추게 되었는데 수문에 목통을 사용하여 배수하는 기능을 강화한 것이다.

상주 공검지는 1454년에 편찬된 『세종실록지리지』 상주목조와 『新增東國輿地勝覽』 상주목 산천 공검지조에 의하면 제방의 길이가 860보, 너비 800보, 둘레 16,647척, 관개면적이 260결이었다고 한다. 이를 환산해 보면 제방의 길이가 약 430m, 둘레가 8.56km, 수심이 5.14m, 관개면적이 257.2정보나 되었다고 한다. 현재 1차 제방(댐식의 일자형) 길이는 180m인데 추정 길이는 350m이며, 2차 제방(타원형) 둘레는 1,620m 면적은 57,000평이며, 3차 제방(제형) 둘레는 320m 면적은 약 2,000여 평이고, 4차 제방(역삼각형) 둘레는 505m에 면적이 3,938평이나 된다.[41] 밀양 수산제는 『세종실록지리지』에는 길이가 728보나 되었다고 하였는데 이를 환산하면 약 1,004m 내외가 된다. 『佔畢齋集』에 의하면 1467(세조13)년에 체찰사 曺錫文이 밀양·창녕·청도·창원·대구·현풍·영산·양산·김해 등 9개 고을에서 장정을 동원하여 제방을 수축하였다고 한다.

제천 의림지는 『세종실록지리지』에는 제방 길이가 530척이고 관개면적이 400결이나 되었다고 하였으며, 조선 후기 영조때 편찬한 『여지도서』에는 못 둘레가 5,870척이었다고 하였으니 규모가 크고 수심이 깊은 산곡형의 제언이었음을 알 수 있다. 현재 의림지의 규모는 전체 제방 길이는 320m, 폭 최소 45.7m, 높이는 약 12.3m나 되는 대규모 저수지이다.

이처럼 우리나라 고대에 축조되었을 것으로 추정되는 위의 저수지들은 이전과는 달리 대규모로 축조되었음을 알 수 있다. 먼저 이러한 대규모 치수대토목사업은 한 지역의 재지세력이 아니라 국가 단위로 이루어졌다는 점이다. 대규모의 수리시설을 축조하기 위

---

40) 성정용, 앞의 논문(2007), 70쪽.
41) 박정화, 앞의 논문, 112쪽.

해서는 입지 선정에서부터 시작하여 구상과 설계, 축성 재료의 조달과 운송 계획, 발달된 토목축조기술과 시공 능력의 확보, 대규모 노동력의 동원 및 효율적인 노동력 편성과 관리, 축성에 필요한 작업 도구 등이 필요하다. 뿐만 아니라 수리시설이 축조된 이후에도 유지·보수를 위한 면밀한 관리계획이 필요하다. 이러한 큰 규모의 치수대토목사업을 체계적으로 진행하는 일은 중앙집권화된 권력을 가진 국가 단계에서만 가능한 일이다. 당시 백제가 김제지역까지 중앙 지배력을 관철시키기 어렵다고 보고 벽골제 축조사실을 부정하는 견해도 있지만, 저수지 둑 길이 약 3km 이상이 되는 큰 규모의 제방이 중앙집권적인 정치체의 동제 없이 난지 지역주민들의 자발적인 협동에 의해 이루어졌다고 보기에는 의문이 생긴다.

다음으로 국가에 의해 주도되는 대규모 수리시설은 국가의 경제적 기반을 확충하려는 의도에서 추진되었다는 점이다. 관개 수리시설의 축조와 정비는 수전 개발문제와 밀접하게 관련이 있다. 제방을 축조함으로써 주변의 수전개발을 촉진하고, 또한 가뭄과 홍수로부터 안전하게 전답을 유지할 수 있어서 수확량을 높일 수 있게 된 것이다. 농업생산력의 향상은 대내적 체제 정비는 물론 치열해져 가는 삼국간의 항쟁에서 힘의 우위를 점하는데 필요한 경제적 배경이 되었다.

관개 수리시설의 확충을 통해 새로운 영농법이 모색되었는데 5세기 백제의 中干法과 6세기 신라의 '水陸兼種法'[42]이 그것이다. 중간법은 오늘날의 間斷灌漑法과 같은 것으로 이해된다. 즉 물을 넣고 빼는 방법을 써서 물로 김을 매는 농법인데 벼 뿌리에 산소를 공급해 주어 벼의 생육을 도와 생산력을 증대시키는 방법이다. 이러한 농법은 백제 이주민들에 의해 일본에 전해져서 그들이 정착한 하내지방의 常濕田을 乾田으로 바꾸어 농업생산력을 단위 면적당 종전보다 3배나 증산시켜 5세기에 이른바 '농업혁명'을 이루게 되었다고 한다.[43]

수륙겸종법은 다른 견해가 있지만 관개 수리시설을 전제로 하여 논이나 밭농사를 겸할 수 있는 영농법이다. 기후와 용수 등의 여건 변화에 따라 논과 밭을 반복하여 전환하는 경작 방식으로 이해된다. 논산 마전리유적을 비롯하여 부여 구봉리유적·서나성유적 등에서도 논과 밭의 전환을 통해 경지를 효과적으로 활용하는 사례가 나타나고 있다. 이

---

42) 『수서』 권81, 열전 46, 동이, 신라.
43) 이진희, 1982, 「고대 조일관계사 연구와 무령왕릉」, 『백제연구』 특집호, 64~69쪽 ; 飯沼二郎, 앞의 논문, 58~59쪽.

는 물 부족을 보완하기 위한 경우가 있고, 또는 잡초와 병충해를 방제하기 위한 목적에서 적용하는 경우도 있었을 것이다. 또한 시비가 충분치 못한 상태에서 파생되는 수확량 감소를 경지 전환이나 작물의 힘을 빌어 극복하려는 의도에서 이러한 토지 이용의 방식이 적용되기도 하였다.

다음으로 수리시설을 확충하는데에는 고도로 발달된 토목기술을 이용하였다는 점이다. 백제는 3~4세기 대에 왕도인 서울지역에 풍납토성과 몽촌토성으로 구성된 왕성을 축조한 바 있고, 또한 기단식적석총인 석촌동고분군 등의 대형 고분을 축조할 수 있는 토목기술을 보유하고 있었다. 그밖에 4세기 중엽으로 추정되는 김제 벽골제 공사, 5세기 후반 개로왕대 한강변에 대대적인 제방 축조, 6세기초 무령왕대의 수리 제방시설의 축조와 정비, 그리고 7세기 전반 무왕대의 부여 궁남지 축조 등이 이러한 사례에 해당한다. 이러한 대규모의 관개 수리시설의 축조와 유지·정비작업에는 대규모의 노동력 동원과 재원 및 고도로 발달된 토목기술을 필요로 하고 있다. 제방을 축조하는 데에는 성을 쌓는데 응용된 토목기술인 판축기법과 부엽공법을 활용하였다. 서울 풍납토성의 축조와 김제의 벽골제 제방 축조작업에 흙과 초본류를 교대로 깔고 부엽공법을 이용하였음이 확인되었다.[44] 그리고 5세기 후반 개로왕이 '진흙을 쪄서 성을 쌓았다[烝土築城]'는 축성법[45]은 풍납토성에서 아직 확인되지는 않았지만, 제방을 쌓을 때에도 이러한 기술이 응용되었음을 쉽게 이해할 수 있다.

다음으로 수리시설의 축조에는 많은 노동력이 소요되었다는 점이다. 벽골제 제방을 축조하는 데에는 대략 161,253㎥의 흙이 소요되었고, 연인원 322,500여 명이 동원되었을

---

44) 부엽공법은 점성이 있는 흙과 흙 사이에 잎이 달린 나뭇가지를 넣어 달구질하는 판축법을 말한다. 이는 층간의 접착력을 높여 물을 저장할 때 제방의 하중에 따른 지반 침하를 방지하는 기능을 한다. 김제 벽골제·김해 봉황동 68호 제방·당진 합덕제·상주 공검지·울산 약사동제방·함안 가야리 제방·제천 의림지 등에서 부엽공법이 확인된다. 이 기술은 일반적으로 한군현에서 유입된 것으로 보고 있는데 서력기원 전후의 보성 조성리 저습지유적의 보에서도 부엽공법이 확인된 바 있다. 그러나 소규모 토목공사에서 이용된 부엽공법과 대규모 치수토목공사에 응용된 부엽공법 기술은 차이가 있었을 것이다.

45) '烝土築城'은 赫連勃勃이 축성한 統萬城의 조사에서 그 실체가 밝혀졌다. 이 성은 현재 내몽골자치구에 접한 陝西省 최북단의 반사막에 가까운 지점에 있는데 흙을 쪄서 성을 쌓아 마치 철벽과 같이 견고하게 축조한 것으로 드러났다. 통만성 성벽의 샘플 조사 결과 '烝土築城'의 기법은 황토·점토·석회의 혼합된 판축토성임이 밝혀졌다. 즉 석회에 물을 부어 팽창시킨 다음 여기에 황토와 점토 등을 혼합시켜 단단하게 쌓는 방식이다. 대량의 석회에 물을 부을 때 생기는 열과 수증기를 이용하는 것이 烝土의 실체다. 개로왕이 '烝土築城'한 것은 도성으로 비정되는 서울 풍납동토성이다(신희권, 2002, 「풍납토성 발굴조사를 통한 하남위례성 고찰」, 『향토서울』 62). 풍납토성은 현재 남아있는 부분이 둘레 3.5km, 높이 11m 이상이 되며 밑면이 43m로 추정되는 거대한 성이다.

것으로 추정하였다.[46] 1415년 벽골제 수문의 石柱를 축조하기 위해 각 郡의 장정 1만 명과 관리자 300명의 많은 전문 인력이 동원되었다. 〈영천청제비〉 병진명 비문에 의하면 225m 길이의 청제 축조에 7천 명의 인력이 동원되었다고 한다. 이들은 1方에 25명씩 모두 250方으로 조직하여 청제 축조에 투입된 것으로 추정하였다.[47] 청제 축조의 책임자는 중앙에서 파견된 5명의 使人과 지방민으로 구성되어 있을 정도로 작업 효율을 높이기 위해 노동력을 체계적으로 관리한 것으로 나타났다.

IV. 맺음말

지금까지 우리나라 선사와 고대의 수리시설에 대한 연구 현황과 성과를 종합적으로 정리하면서 수리시설이 시기별·지역별로 어떠한 배경하에서 축조되었으며, 어떠한 특징과 기능을 가졌는가에 대해서 살펴보았다.

우리나라에서 농경과 관련하여 수리시설이 나타나는 것은 청동기시대부터로 볼 수 있으며 안동 지전리유적이나 논산 마전리유적 및 보령 관창리유적 등을 통해 그 사실이 확인된다. 이와 함께 도수시설인 용수로와 각종 집수시설 및 보 등이 확인되어 고대 수리시설의 면모를 단편적이나마 파악할 수 있게 되었다.

4세기 이후 고대국가의 성상과 발전에 따라 적극적인 권농정책을 추진하면서 중앙정부 차원 하에서 대규모 수리관개시설을 축조·정비하는 사업이 추진되었다. 김제 벽골제, 상주 공검지, 밀양 수산제, 제천 의림지 등이 이러한 배경 하에서 축조된 것이다. 이러한 수리관개시설은 대규모로 건설되었으며, 이 과정에서 많은 노동력이 동원되었고 부엽공법이라는 고도의 발달된 토목기술이 널리 응용된 것으로 보아 한 지역의 재지세력이 아니라 중앙집권화 된 권력을 가진 국가 단위로 추진되었음을 알 수 있었다.

현재 고대 수리시설로 알려진 김제 벽골제와 상주 공검지 등을 비롯하여 많은 저습지 유적들이 계속적으로 학술조사를 진행하고 있어서 우리나라 고대 관계수리시설에 대한 실체가 어느 정도 밝혀질 것이 기대된다. 앞으로 이 방면에 대한 연구를 보다 진전시키기

---

46) 윤무병, 1976,「김제 벽골제 발굴보고」,『백제연구』7집, 67~92쪽.
47) 오성, 1978,「영천 청제비 병진명에 대한 재검토」,『역사학보』79.

위해서는 우선 학제간의 연구가 필요하며, 아울러 수리시설에 대한 개별 연구의 심화와 종합화하는 작업이 필요하다. 그리고 한중일간의 비교연구가 필요하다. 무엇보다도 새로운 자료 발굴을 위해 고고학적 발굴조사가 장기간 지속되어야 한다.

신라 國原城에 대한 再論

노병식 충청북도문화재연구원

Ⅰ. 머리말

우리나라의 城郭은 고대에 발생하여 근세에 이르기까지 다양하게 축조되고 변화되어 왔다. 특히 고대 삼국시대에 전술적 측면을 강조하여 축조된 산성들은 후대까지 지속적으로 사용되면서 修改築되어 구조적으로 다양한 양상을 보이고 있다. 한편 평지성의 상당수는 축조시기가 불명확하기도 하며, 근대에 도시화되면서 대부분 원형이 상실되기도 하여 성격을 밝히는데 어려움이 따른다.

國原은 충주지역의 옛 지명이며, 여기에는 國原城이 존재하고 있었다. 그러나 충주지역에 전해오는 성곽 가운데 신라의 국원성을 가려내기는 그리 쉽지 않다. 그런데 국원이라고 하는 명칭은 삼국시대는 물론, 고려시대까지 불리고 있었다. 하지만 관련 문헌기록은 매우 한정되어 있다. 『삼국사기』에서 국원·국원성을 살펴보면 고구려의 國原城, 신라의 國原小京과 國原城, 통일신라 말기의 國原 등이 등장하고 있다. 그리고 후대의 『高

麗史』「地理誌」와『新增東國輿地勝覽』의 충주 연혁 등에서 살펴보면 고려시대에 1254년(高宗 41)에 승격한 國原京이 등장하고 있다. 따라서 옛 국원이었던 충주지역에서 국원성의 성격을 밝히자면 국원·국원성에 대한 인식이 전제되어야 할 것이다.

국원성은 국원이라고 하는 지명과 밀접한 관련이 있으면서 당시 정치·군사적으로 중요한 기능을 수행하던 성곽으로서 실체가 있었다고 판단된다. 古代 국원지역에 국원성의 실체가 있었다면, 高麗의 國原京에도 이에 상응하는 城이 있었다. 그렇다면 이들 각각의 시기에 국원의 중심이 된 국원성은 각각 어느 것이며, 어떠한 양상을 갖고 있었는가에 대해 관심이 집중될 수밖에 없다.

국원성은 최근에도 지속적인 관심이 되고 있다. 고구려 국원성에 대한 성격은 알 수 없다. 하지만 신라의 국원성은『삼국사기』에 분명히 이름과 규모가 기록되어 있으므로 고고학적으로 이와 비슷해야 할 것이며, 상대적으로 같은 시기의 유물이 출토되는 성곽으로 보아야할 것이다. 따라서 현전하는 충주지역의 성곽에 대해 규모 및 출토유물 등에 대한 고고학적 검토를 통해 그 실체를 분석이 가능할 것이다.

충주지역에서 신라유물이 산견되는 성곽은 신라 국원성의 후보지가 될 수 있을 것이다. 여기에 지금까지 신라 국원성으로 비정할 수 있는 성곽으로는 평지의 고읍성터와 주변의 산성으로서 장미산성·충주산성·대림산성 등에 대한 고고학적 검토가 요구된다. 이들 산성은 모두 신라 유물이 출토되고 있어 신라의 충주지역 진출 및 충주지역 경영과 밀접한 관련을 보여주고 있으며, 출토유물에서 시간적 차이를 보여주고 있다.

한편 신라 국원성에 대한 관심은 國原小京이 승격하여 후에 中原京이 되었으므로 이와 관련하여 평지의 도시에 위치하여 일부 흔적을 남아있는 평지의 고읍성터에 집중되어 왔지만, 최근의 고고학적 발굴성과는 여기에 대한 의문을 갖게 한다. 그리고 주변의 산성에 대해서는 많은 관심이 집중되어 일찍부터 조사 연구되어왔지만, 일부 산성은 조사 당시 고고학적으로 주변의 유적과 유물에 대한 인식 등이 부족하여 일부 오류를 범하기도 하였다.

筆者는 충주 중심지역에서 평지의 고읍성터를 조사하여 보고하면서 신라 국원성 추정지로 인식한 바 있다.[01] 그러나 당시는 막연히 기록에 의지하여 현재 잔존하는 평지의 토성터에 대한 편협된 인식에서 이루어졌으며, 신라 국원소경의 도시변천과 당시 유물에

---

01) 노병식, 2011,「新羅 國原城 推定址에 대한 考察」,『한국성곽학보』제21집, 한국성곽학회, 64~90쪽.

대한 인식이 부족한 상태에서 이루어지면서 논리에 크게 모순이 있었음을 밝혀둔다. 따라서 신라 국원성에 대한 이전의 논리는 수정을 요하며, 신라 국원성은 平地城이 아닌 山城일 가능성이 크다고 여겨진다.

　여기에서는 먼저 문헌자료에 보이는 國原·國原城에 대해 고구려의 국원성, 신라의 국원소경 및 국원성, 고려시대의 국원경으로 구분하여 성격을 살펴보도록 하겠다. 그리고 國原城에 대한 고고학적 검토에서는 지금까지 관심의 대상이 되고 있는 평지에 위치한 고읍성터에 대해 그 동안의 연구 성과를 살펴 오류를 살펴보고자 하며, 주변의 산성 가운데 장미산성·충주산성·대림산성과 등의 조사 연구성과에 대해서도 살펴보도록 하겠다. 이를 통하여 신라의 국원성에 대해 성격을 밝혀 인식을 새롭게 하고자 한다.

　신라 국원성에 대한 새로운 인식은 일찍이 국원으로 불리었던 충주지역의 성곽에 대한 이해는 물론, 신라 5소경의 도시방어체계와 관련한 성곽의 이해와도 관련한 것으로서 앞으로 활발한 연구가 활성화될 것으로 여겨진다.

II. 國原과 國原城에 대한 文獻資料의 檢討

1. 高句麗의 國原城과 新羅의 國原小京·國原城

　삼국시대에 國原은 처음에 고구려의 國原城이었다. 이후 신라가 차지하여 國原으로 부르고, 國原小京을 설치하고, 國原城을 축조한 것으로 알려져 있다.

　『삼국사기』에서 고구려의 충주지역 영유, 그리고 신라의 국원소경 설치와 국원성 축조와 관련한 기록은 다음과 같다.

A-1. 中原京은 본래 高句麗 國原城 이었는데 新羅가 이를 평정하였다. 진흥왕이 小京을 세우고 文武王때 城을 쌓았는데, 주위가 2,592步였다. 景德王이 中原京으로 이름을 고쳤으며, 지금은 忠州이다.[02]

A-2. 眞興王 18년(557)에 國原을 小京으로 삼았다.[03]

---

02) 『三國史記』卷25,「雜志」4, 地理2, 新羅 漢州 中原京 "中原京 本高句麗國原城 新羅平之 眞興王置小京 文武王時築城 周二千五百九十二步 景德王改爲中原京 今忠州."

03) 『三國史記』卷4,「新羅本紀」4, 眞興王 18년 "以國原 爲小京"

A-3. 眞興王 19년(558) 봄 2월에 귀족의 자제와 6部의 부유한 백성을 國原으로 옮겨서 그곳을 채웠다.[04]

A-4. 眞興王 26년(565) 가을 8월에 阿湌 春賦에게 명하여 나아가 國原을 지키게 하였다.[05]

A-5. 文武王 13年(673) 8월에 國原城(옛날의 薍長城), 北兄山城, 召文城, 耳山城, 首若州의 走壤城(일명 迭巖城), 達含郡의 主岑城, 居烈州의 萬興寺山城, 歃良州의 骨爭峴城을 쌓았다.[06]

A-6. 漢山州 國原城은 未乙省 또는 託長城이다.[07]

A-7. 漢州는 본래 高句麗 漢山郡이었는데 신라가 이를 취하였으며, 경덕왕이 漢州로 고쳐 삼았다. 지금은 廣州이다.[08]

A-1에서 보이는 고구려 국원성은 A-6에서 未乙省 또는 託長城이라고 하였음은 지명일 수 있으며, A-7에서 보이는 高句麗 漢山郡의 國原城지역이었던 것으로 볼 수 있다. 한편 託長城이라고 한 것은 築城의 가능성을 보여주고 있다.

고구려는 475년 백제의 한성을 점령하여 남한강유역을 장악한 후에 충주에 國原城을 설치하고, 이 지역에서 세력을 공고히 함으로써 중부지역에서의 지배권을 확보하였던 것으로 보인다. 국원성은 忠州 高句麗碑의 발견 이후 충주 지역의 지정학적 위치가 부각되면서 국원성이 소위 고구려의 別都로서 고구려 남진의 전진기지로 알려지게 되었다.[09]

최근에 충주지역에서 발견된 고구려 유적들은 충주지역을 고구려가 직접 지배하였을 가능성을 보여주고 있다. 고구려의 국원성과 관련하여 충주지역에 고구려유적으로 충주시 가금면 용전리에 忠州 高句麗碑가 위치하고 있고, 탑평리에서는 國原城과 관련하여 5~6세기경의 고구려계통의 구들시설유구와 유물이 발굴조사된 바 있다.[10] 그리고 이류면 두정리에서 5세기 후반경의 고구려 고분군이 발굴조사된 바 있으며,[11] 가금면 봉황리 햇골산에는 磨崖佛像群이 있고, 노은리에서 建興五年銘金銅釋迦三尊佛光背가 출토된

---

04) 『三國史記』卷4, 「新羅本紀」4, 眞興王 19년 春2月 "徙貴戚弟 及六部豪民 以實國原"

05) 『三國史記』卷4, 「新羅本紀」4, 眞興王 26년 秋8月 "命阿湌春賦 出守國原"

06) 『三國史記』卷7, 「新羅本紀」7, 文武王 十三年 秋八月 "築國原城 古薍長城 北兄山城召文城耳山城 首若州 走壤城 一名迭巖城 達含郡 主岑城 居烈州 萬興寺山城 歃良州 骨爭峴城…"

07) 『三國史記』卷37, 「雜志」6, 地理4, 高句麗·百濟 "漢山州 國原城一云未乙省 一云託長城."

08) 『三國史記』卷35, 「雜志」4, 地理2, 新羅 漢州 "漢州 本 高句麗 漢山郡 新羅取之 景德 王改爲 漢州 今 廣州"

09) 李道學, 1998, 「永樂 6年 廣開土王의 南征과 國原城」, 『孫寶基博士停年記念韓國史學論叢』.
    李道學, 2000, 「中原高句麗碑의 建立目的」, 『고구려연구』제10집. 고구려연구회.

10) 국립 중원문화재연구소, 2013, 『충주 탑평리유적(중원경 추정지) 발굴조사보서』.

11) (재)중원문화재연구원, 2010, 『忠州 豆井里遺蹟』.

것으로 전해져오는 있다. 이러한 점을 고려하면 대략 475년 長壽王의 南下이후의 일로서 짐작된다.

475년 고구려의 지배를 인정하고 이후 신라가 551년에 충주지역을 차지하였다고 한다면, 고구려의 충주지역 지배는 약 76년 이상 지속되었으므로 성곽을 축조하였을 가능성을 배제할 수 없다. 하지만 성곽의 실체가 있었다고 하더라도 고구려 이전에 백제가 영유한 시기에도 축성이 있었고, 고구려 이후 신라가 진입하여 축성의 변화가 있었으므로 그 실체를 찾기는 쉽지 않으며 아직까지 밝혀진 바 없다.

고구려가 실제 國原城을 축조한 것인지는 아직 알 수 없으나, 고구려의 國原城에 대해서는 忠州 高句麗碑와 관련하여 薔薇山城으로 比定하려는 견해[12]와 탑평리 일대로 추정하는 견해[13]가 있어 주목된다.

신라의 국원 진출과 관련해서 지금의 충주지역은 551년(眞興王 12)에 있었던 娘城 巡狩[14]를 충주지역으로 인정한다면 이 시기를 즈음하여 신라 영토가 되었다고 할 수 있다. 그리고 A-2 · 3에서 보듯이 557년(진흥왕 18) 國原小京을 설치하여 貴戚 子弟와 6部의 豪民을 國原에 옮겨 채워 살게 하였다. 그리고 757년(景德王 16)에 中原京으로 이름을 고쳤다.[15]

신라의 국원소경 경영과 관련한 유적은 주변에 많이 분포하고 있다. 분묘유적으로 루암리 고분군(사적 463호),[16] 용관동고분군,[17] 하구암리고분군,[18] 노은면 신효리 뒷골유적 · 큰골유적 · 갈동유적 · 음달말 유적 등이 발굴조사된 바 있다.[19] 그밖에 지표조사에서 마수리고분군, 신중리 원신중고분군, 탑평리고분군, 장천리고분군 등의 존재가 확인되었다.[20] 그리고 통일신라시대의 대표적인 유적으로는 탑평리 7층석탑(중앙탑)이 널리 알려져 있고, 충주시내 서남쪽의 단월동 건국대학교 신축부지에서 石室墓[21]가 발굴조사된

---

12) 閔德植, 1980,「鎭川大母山城의 分析的 硏究」,『韓國史硏究』29, 한국사연구회.
13) 張俊植, 1981,「高句麗 國原城治址에 대한 硏究」, 檀國大學校碩士學位 論文.
14) 『三國史記』卷4,「新羅本紀」4, 眞興王 12年 3月 "王巡守次娘城…".
15) 『三國史記』卷9,「新羅本紀」9, 景德王 16年 冬12月.
16) 충북대학교박물관, 1991,『中原 樓岩里 古墳群 發掘調査 報告書』, (문화재연구소 유적조사보고 제12책).
     충북대학교박물관, 1992,『中原 樓岩里 古墳群 發掘調査 報告書』, (문화재연구소 유적조사보고 제13책).
     충북대학교박물관, 1993,『中原 樓岩里 古墳群』, (문화재연구소 유적조사보고 제38책).
17) 국립중원문화재연구소, 2010,『忠州 龍觀洞古墳群 발굴조사보고서』.
18) 충북대학교 중원문화연구소, 2000,『충주 하구암리 고분군 지표조사 및 시굴조사 보고서』.
19) 한국문화재보호재단, 2001,『중부내륙고속도로 충주구간 문화유적 발굴조사 보고서』.
20) 충북대학교 중원문화연구소, 1998,『文化遺蹟 分布地圖 - 忠州市』.
21) 건국대학교박물관, 1994,『忠州 丹月洞 發掘調査 報告書』, 학술총서 제1책.
     ＿＿＿＿＿＿, 1995,『忠州 丹月洞 發掘調 2차 발굴조사보고서』, 학술총서 제2책.

바 있다.

따라서 충주지역은 본래 高句麗 漢山郡 國原城지역이었는데, 新羅 眞興王이 이를 평정하여 國原小京을 설치하고, 文武王때 둘레 2,592보 규모의 國原城을 쌓았고, 景德王이 中原京으로 이름을 고쳤다고 하는 사실을 알 수 있다. 이와 같은 사실은 후대의 지리지에 그대로 답습되었다.

2. 統一新羅 末期의 國原 · 國原城

『삼국사기』에서 살펴보면 557년에 설치된 신라의 國原小京은 삼국을 통일한 이후 757년경에 中原京으로 개칭되었다. 따라서 국원소경은 약 200여년 지속되었다. 반면에 중원경이라는 명칭은 그리 오래 사용되지 않았던 것으로 보이나, 후대의 기록에서 중원경을 내세우고 있는 것은 아마도 小京보다 京으로서의 의미를 강조하고 있었던 것으로 볼 수 있다.

국원은 9세기경 혼란기에 이르러서도 지속적으로 등장하고 있다. 『삼국사기』에서 통일신라시대 말기의 국원과 관련한 주요 내용을 살펴보면 다음과 같다.

B-1. 憲德王 14년(822) 3월에 熊川州 두독 憲昌이 아버지 周元이 왕이 되지 못함을 이유로 반란을 일으켰을 때,… (中略) 武珍 · 完山 · 菁州 · 沙伐의 4개 州 都督과 國原 · 西原 · 金官의 仕臣과 여러 郡縣의 수령을 협박해 자기 소속으로 삼았다.…(下略)[22]

B-2. 897년(眞聖王 11) 그때 梁吉은 여전히 北原에 있으면서 國原 등 30여 城을 차지하고 있었다. 善宗의 땅이 넓고 백성이 많다는 소식을 듣고 크게 노하여 30여 성의 강한 군사로써 그를 습격하려고 하였다. 善宗이 몰래 알고서 먼저 공격하여 그를 크게 패배시켰다.[23]

B-3. 孝恭王 3년(899) 가을 7월에 北原의 도적 우두머리인 梁吉이 弓裔가 자신을 배신한 것을 미워해 國原 등 10여 곳의 城主들과 모의하여 그를 공격하고자 非惱城 아래까지 진군하였으나, 梁吉의 병사가 패배하여 도주하였다.[24]

---

22) 『三國史記』卷10,「新羅本紀」10, 憲德王 14年 三月, "熊川州 都督 憲昌 以父 周元 不得爲王反叛(中略) 武珍 完山 菁 沙伐 四州都督 國原 西原 金官 仕臣及諸郡縣守令以爲己屬(下略)

23) 『三國史記』卷50「列傳」第10, 弓裔. "三年丙辰 攻取僧嶺 · 臨江兩縣 四年丁巳 仁物縣降 善宗謂松岳郡 漢北名郡 山水奇秀 遂定以爲都 擊破孔巖 · 黔浦 · 穴口等城 時梁吉猶在北原 取國原等三十餘城有之 聞善宗地廣民衆 大怒 欲以三十餘城勁兵襲之 善宗潛認 先擊大敗之."

24) 『三國史記』卷12,「新羅本紀」12, 孝恭王 3年 秋7月 "北原 賊帥 梁吉 忌 弓裔 貳己與 國原 等十餘城主 謀攻之 進軍於非惱城下 梁吉兵潰走"

B-4. 孝恭王 4년(900) 겨울 10월에 國原·菁州(靑州)·槐壤의 도적 수령인 淸吉와 莘萱 등이 城을 들고 弓裔에게 투항하였다.[25]

B-5. 광화 3년 경신(900) 또 태조에게 명하여 廣州, 忠州, 唐城, 靑州(혹은 靑川), 槐壤을 치게 하여 그곳들을 모두 평정하였다. 공으로 태조에게 阿飡의 직위를 주었다.[26]

앞서 살펴보았듯이 中原京으로 개칭은 757년(景德王 16)에 이루어졌으나, 불과 65년 이후에 다시 이전에 불리어오던 國原이라는 명칭이 등장하고 있음은 주목된다. 이러한 사실은 중원경이란 명칭이 그리 오랜 기간 동안 사용되지 않았던 것으로 볼 수 있으며, 신라 말기에 보이는 國原은 이전의 中原京과 비교하여 정치적 성격이 달랐던 것으로 보아야 할 것이다.

한편 중원경은 興德王(826~836)대에 金陽(808~857)이 中原大尹을 역임하였다는 사실에 근거하여 중원경이 中原府로 변화한 것으로 추정한 견해[27]는 주목된다. 하지만 중원부는 신라 말기에 등장하는 이른바 豪族의 시대에 이르러 신라 정부의 지방에 대한 통제력이 약화되면서 지방의 豪族勢力이 자립하여 군사력을 강화하면서 중앙으로부터 통제력이 약화되고, 이전부터 지속적으로 사용되던 國原이라고 하는 명칭이 강조되어 사용되고 있었다고 할 수 있다.

그리고 통일신라시대 말기에 국원성과 관련하여 위의 B-2·3에서 城, 城主 등이 등장하고 있음은 중앙의 지배력이 약해지면서 상대적으로 지방의 豪族들이 군사권을 장악하고 강화해 나아갔을 가능성을 보여주고 있다.

이 시기에 등장하는 城의 실체가 성곽을 의미하는 것인지, 지명을 의미하는 것인지 알수 없으나 정치적 혼란기로서 城을 중심으로 주요 활동이 이루어지고 있었고 할 수 있다. 다만 여기에서 말하는 城이 어디에 어떠한 형태로 있었는가에 대해서는 기록으로 전해지지 않으나, 이전의 성곽을 지속적으로 사용하였을 가능성이 크다고 여겨진다.

한편 B-5에서 忠州가 보이고 있음은 함께 기록된 靑州(혹은 靑川)에서처럼 분명히 이전

---

25) 『三國史記』卷12, 「新羅本紀」12, 孝恭王 4年 冬10月, "國原 菁州 槐壤 賊帥 淸吉 莘萱 等 擧城役於弓裔." 菁州은 지금의 청주이다. 『三國史記』卷50, 「列傳」弓裔傳에는 "靑州或云靑川"이라 하였고, 『高麗史』卷1, 태조 즉위 전기에는 '靑州'라고 하였다. 따라서 菁州 혹은 靑川으로 표기된 문헌은 靑州의 오기로 봄이 타당하다.(김갑동, 1985, 「고려 건국기의 청주세력과 왕건」, 『한국사연구』48, ; 1997, 『나말려초의 호족과 사회변동연구』, 28쪽 ; 정구복 외, 2012, 『역주 삼국사기』3 주석편(상), 한국정신문화연구원, 365쪽.

26) 『三國史記』卷50, 「列傳」第10, 弓裔. "三季 庚申 又命 太祖 伐 廣州 忠州 唐城 靑州(或云 靑川) 槐壤 等 皆平之 以功授 太祖 阿飡之職"

27) 배종도, 1989, 「신라 하대의 지방제도 개편에 대한 고찰」, 『학림』11.

의 중원경·서원경과는 다른 정치적 변화가 있음을 보여주고 있다.

따라서 中原京을 대신하여 中原府, 國原, 忠州 등이 사용되고 있음은 통일신라 말기의 혼란스러운 상황을 보여주고 있다고 할 수 있다.

3. 高麗의 國原京

충주의 沿革을 살펴보면 國原이라고 하는 칭호는 고려시대에 이르러서도 지속적으로 사용되었음을 알 수 있다. 고려 太祖 23년(940)에 忠州로 삼았지만, 특히 고려시대 몽고침입기인 1253년(高宗 40)에 金允侯가 70여일의 항전 끝에 승리하고, 이듬해 1254년(高宗 41)에 忠州를 昇格하여 國原京으로 만들었다고 하는 사실은 주목된다.

> C-1. 충주에서 몽고군이 포위를 풀었다고 보고하였다. 그때 포위를 당한 지 모두 70여 일이나 되어 군량이 거의 다 없어지게 되었다. 방호별감 낭장 金允侯가 군사들을 타일러 격려하기를, "만일 힘을 다해 싸운다면 귀천을 따지지 않고 모두 관작을 제수하겠다." 하고, 관노의 호적을 불태워 믿음을 보이고 또 노획한 말과 소를 나누어 주자, 사람들이 모두 죽기를 맹세하여 싸웠다. 몽고군이 차츰 기세가 꺾이어 다시는 남쪽으로 내려오지 못하였다.[28]

여기에서 포위를 풀었다고 함은 평지의 城郭을 중심으로 방어하였음을 보여주고 있으며, 이 시기 김윤후는 평지의 충주성에서 守成戰을 펼쳤던 것이다. 따라서 이 시기에 충주성이 평지의 방어시설로서 기능하였음을 배제할 수 없다. 한편 이 시기 忠州城에 대한 기록은 충주성 공략에 앞장선 李峴이 멸족당하는 기록이 등장하고 있으므로 분명히 충주성이 존재하고 있었음을 알 수 있다. 이러한 충주는 國原京으로 승격되었다.

> C-2. 李峴, 高宗時人(中略) 攻忠州城 七十餘日不下 及蒙古軍還 不得隨去(下略)[29]
> C-3. 충주를 昇格하여 國原京으로 만들었다.[30]

---

28) 『高麗史』卷24,「世家」第24, 高宗 40年 12월 "壬戌 忠州馳報 蒙兵解圍".
   『高麗史節要』卷17, 高宗安孝大王 4, 癸丑 40년 12월.
29) 『高麗史』卷130,「列傳」第43, 叛逆 李峴.
30) 『高麗史節要』卷17, 高宗安孝大王 4, 甲寅 41년(1254)
   『高麗史』卷56,「志」第10, 地理1, 楊廣道 沿革, "高宗 41年 陞爲國原京".

忠州를 승격하여 國原京으로 만들었다고 하는 사실은 후에『고려사』「지리지」와『신증
동국여지승람』등에 기록되었다. 이러한 사실은 이전에 고구려의 국원성, 신라의 국원소
경 등에서 알 수 있듯이 이 지역이 한반도의 중심에 위치하여 정치・군사적으로 중요한
위치를 갖고 있었기 때문이며, 역사적으로 꾸준히 이어져오던 국원에 대한 강한 자부심
과 긍지를 갖고 몽고와의 항전에서 승리한 충주지역 사람들에 대한 가 있었기 때문이라
고 할 수 있을 것이다. 여기에 정치・군사적으로 충주에서 국원경으로 승격된 후에 忠州
城은 國原城이라고 불리어졌을 가능성을 배제할 수 없다.

이렇듯 국원과 관련해서는 고구려의 國原城이었고, 신라가 진출하여 國原小京을 설치
하였다가 삼국통일 후의 中原京으로 개칭되었으며, 신라 말기에 國原으로 불리었고, 고
려시대에 이르러 충주에서 다시 國原京으로 개칭된 바 있다. 이러한 배경은 충주성에서
의 승전이 고려되었을 것이고, 무엇보다도 지리적인 위치를 중시하여 정치・군사적 입장
에서 이루어졌다고 여겨진다.

III. 新羅 國原城 推定址에 대한 考古學的 검토

1. 平地城에 대한 검토

충주지역에는 평지의 古邑城 터가 일부 남아있고, 주변에 대규모의 산성이 전해지고
있다. 그런데 충주지역에 전해져 내려오는 성곽 가운데 673년에 축조된 新羅 國原城은
규모가 분명히 2,592步로 기록되어 있어 관심의 대상이었으며, 평지의 古邑城 터는 아직
까지 윤곽이 남아있으므로 최근까지도 국원성에 대한 관심은 여기에 집중되어 왔다.

국원성에 대한 관심은 일찍이 조선후기의 저명한 학자인 金正浩가 충주의 邑城을 논
하면서 다음과 같이 기록되어 있어 주목된다.

D-1. 邑城은 옛날에 蕆長城이라 하였으니, 곧 娘子城의 잘못된 이름이다. 新羅 文武王 13년
(673)에 쌓았으니, 둘레가 2,592步이고, 남북으로 2개의 門樓가 있다.ˮ[31]

---

31) 『大東地志』忠淸道 忠州 城池 "邑城 古稱蕆長城卽娘子城之訛新羅文武王十三年修築周二千五百九十二步南
北二門有樓."

여기에서 『三國史記』 기록에 보이는 신라 文武王때에 축조한 국원성의 기록을 그대로 옮겨 둘레2,592步로 기록하고 있으면서, 남북으로 2개의 門은 樓閣이 있다고 하고 있음은 당시까지 평지 및 구릉을 따라 어느 정도 윤곽을 보이고 있었던 것으로 여겨진다. 이 성터는 다음의 逢峴城과 관련한 것으로 볼 수 있을 것이다.

봉현성은 일제강점기 1942년도 간행된 『朝鮮寶物古蹟調查資料』에 다음과 같이 기록되었다.

D-2. 충주읍의 남·서·북의 평지 또는 구릉지에 있는 봉현성과 통칭하는 土城의 일부로써 국유지내에 현존하는 것이 대략 550칸을 지나고 있어 옛날의 규모는 충주읍 동남쪽 산과 鷄足山 남쪽·서쪽·북쪽을 이 토성에 의존하여 방어하였던 것으로 짐작하게 한다. 그것을 상상하여 연장해보면 대략 1里半이 되고, 사유지내에 존재하는 것을 연장해보면 대략 1,300칸이다."[32]

이처럼 충주 중심의 외곽에 흔적을 남기고 있는 봉현성은 국원성과 관련하여 주목을 받아왔던 것이 사실이다.

신라의 국원성에 대한 관심은 중원경의 대표적인 유적으로 최근에도 지속되어왔다. 최근에 중원경의 중심인 國原城의 실체를 파악하기 위한 연구는 한때 중원경의 연혁과 주변의 유적을 중시하여 탑평리 일대와 逢峴城址로 압축되어 연구가 진행되어 왔다.

신라 5소경의 배치구조를 밝히면서 신라 국원성을 『조선보물고적조사자료』에서 전해지는 봉현성지로 추정하고 羅城構造에 해당한다고 하는 연구가 있었다. 여기에 文武王 13年(673)에 축조된 中原京城을 어느 산성으로 비정할 수 있는가 하는 것이 문제를 논하면서 중원경성은 2,592步의 크기로서 神文王 5年(685)에 축조된 北原京城이 1,031步임을 감안할 때 그 2배 이상이 되고, 眞平王 13年(591)에 築造된 南山城이 2,854步라고 하는 것과 서로 비교가 된다고 하고, 성곽의 축조에 사용된 척도를 周尺으로 환산하여 중원경성의 크기는 約 3,100m로 추정하고, 봉현성지는 충주읍성보다 오래된 城으로서 中原小京城으로 간주해도 좋으리라고 헤아려진다고 하였다. 그리고 『조선보물고적조사자료』와 『문화유적총람』에 간략하게 언급된 봉현성지에 관하여 개략적인 조사를 실시하여 실시하였다. 여기에 봉현성지는 사직산의 서편 구릉에서 약 150m정도 성벽을 확인할 수 있었고, 이

---

32) 朝鮮總督府, 1942, 『朝鮮寶物古蹟調查資料』.

성벽은 호암아파트 쪽으로 연결되어 있었다고 하였다. 충주시의 북방에 있는 고북문동 일대에서도 시가지의 확장으로 인해 성벽의 흔적은 찾을 수가 없었지만, 충주시의 동편에 있는 충일중학교 뒤편 야산 정상에서 서북으로 이어진 성벽이 약 200m정도 능선을 따라 축조되어 있음이 밝혀졌다고 하였다. 이곳에서의 城壁 內高는 약 1.5m 外高는 7~8m 이고, 城壁頂部 幅이 2m 내외였으며, 성벽의 축조가 版築으로 되어 있음을 성벽절단부에서 확인할 수 있었다고 하였다. 그리고 봉현성지에 대한『문화유적총람』의 내용과 현지조사의 결과를 종합하여 이 성지는 충주시 외곽의 해발 100m정도의 야산을 연결한 것이 되는데, 이는 사직산에서 호암아파트를 지나 '성터지기'라고 알려진 미륵중학교 일대를 지나는 능선과, 한편 충일중학교 뒤편 산정에서 서북으로 이어지는 능선을 따라 충주여중고 뒤 야산을 연결하는 선이 된다고 추정하였다. 그리고 이 성벽은 충의동에서 '성터지기'로 충일중학교에서 용산 1구 야산으로 연결되어 진다고 생각되나, 시가지의 확장으로 인하여 이 지역의 성벽은 그 형적을 찾을 수 없다고 하였다.[33] 여기에 덧붙여 신라가 三國統一한 이후에는 中原京의 治所가 지금의 忠州市內로 옮겨졌고 그 遺址는 逢峴城址라는 주장이 있었다.[34]

한편『조선보물고적조사자료』에 기록된 봉현성의 규모는 國有地의 550間과 私有地의 1,300間 등 1,850間에 달하였다고 하는 기록을 통해 1,850間은 약 3,330m나 되므로 대략 둘레 6km쯤의 대규모 土城이 존재했었다고 추측할 수 있었던듯하다[35]고 이해하기도 하였다.

평지의 고읍성터에 대한 발굴조사는 社稷山(해발 135.5m) 서쪽 언저리의 일부 구간에 대해 실시하여 성격을 밝힌 바 있다. 여기에 성벽 구조는 기단석렬을 1~2단으로 배치하고 있으며, 거푸집을 이용하여 기단조성에서 나온 흙을 교대로 다짐하여 쌓아올린 類似版築의 구조로서 영정주혈이 확인되었다. 그리고 이 구간의 발굴조사에서 출토된 유물로는 統一新羅時代의 것으로 보이는 線條紋의 기와편을 비롯하여 암기와의 등면에 印刻된 '官'字銘 기와편 등이 있고, 永定柱穴을 조사하는 과정에서 12C 경의 것으로 보이는 무문 기와편 및 高麗白磁盞 1점 등이 수습되었다. 그리고 토성벽의 바로 인접한 바깥지역에

---

33) 박태우, 1987, 「통일신라시대의 지방도시에 대한 연구」, 『百濟硏究』18, 충남대학교 백제연구소.
34) 윤무병·박태우, 1992, 「五小京의 位置 및 都市構造에 대한 一考察」, 『中原京과 中央塔』, 中原郡·忠州工業專門大學 博物館, 94쪽.
35) 車勇杰, 1992, 「國原小京의 遺蹟·遺物 -城址와 古墳-」, 『中原京과 中央塔』, 中原文化圈定立學術報告書, 忠州工業專門大學博物館, 107쪽.

서 발굴조사된 고려시대의 석곽묘 및 토광묘, 조선시대의 토광묘 등은 13~14세경의 것이 보이지 않고 있어 주목되며, 城壁 基底部에서 출토된 木炭의 絶對年代는 B.P.730±50, A.D.1260년으로서 이 시기에 築造되었을 가능성을 보여주었다. 이 시기는 高麗後期 蒙古의 침입이 있었던 시기로서 충주지역에 蒙古 군사의 침입이 심화되었을 때이다. 그런데 발굴조사에서 확인된 판축구조는 統一新羅時代 後期의 전통적인 축성법으로서 8~9세기경의 목천토성[36]·청해진토성[37] 등에서도 보이고 있으므로 통일신라시대의 전통적인 기법을 그대로 따르면서 高麗時代에 축조된 것으로 이해하였다.[38]

한편 충주읍성에 내한 시표조사를 실시하여 고읍성은『三國史記』및『大東地志』에 보이는 국원성의 둘레 2,592步를 1步는 2.33m로 환산하여 2.33m×2,592步 = 약 6,039m로 주변의 잔존하는 구릉성 지형을 활용하여 계획적인 구상을 하여 축조한 것으로 추정하기도 하였다. 그리고 만리산 구간 토루 주변에서 발견되는 유물 들은 대략 6세기 중엽에서 7세기 때의 신라계 산성에서 보편적으로 발견되는 기와편으로서 인접한 충주산성에서 출토된 것들과 같은 유형의 유물이며 內城에서도 출토되고 있어 國原城의 築造와 관련한 것이라고 보았다. 여기에 신라의 국원지역 대한 성곽 經營은 진흥왕때에 먼저 남쪽의 忠州山城 및 평지에 작은 邑城을 먼저 축조하고, 이후에 외곽에 대규모 평지성을 축조한 것으로 인식하였다. 그리고 그 안쪽의 內城은 조선후기까지 경영돼 충주읍성터가 위치하고 있어 二重複郭의 羅城構造로 인식하기도 하였다. 그리고 이 성터는 당초 신라가 이 지역을 장악하면서 國原城이라는 큰 성을 쌓아 中原京의 治所로서 기능하였고, 高麗時代 忠州城으로서 機能하여 고려후기 蒙古侵入期를 즈음하여 대대적인 改築이 이루어졌으며, 조선시대에 이르러 방치되고 내성을 중심으로 지속적인 改築이 이루어졌던 것으로 보았다.[39]

그러나 이러한 논리는 최근 호암동 일원에서 확인된 토성에서 고려시대 유물이 집중적으로 연장되어 확인되는 양상 등을 고려하면, 이와 관련한 것들로서 再考의 여지가 있다고 판단된다.

---

36) 忠南大學校博物館, 1984,『木川土城』.
37) 國立文化財研究所, 2001,『將島淸海鎭 遺跡發掘調査報告書Ⅰ』.
   國立文化財研究所, 2002,『將島淸海鎭 遺跡發掘調査報告書Ⅱ』.
38) 충청북도문화재연구원, 2011,『忠州邑城 學術調査報告書』.
   노병식, 2011, 앞의 글, 註)1.
39) 충청북도문화재연구원, 2011, 앞의 책, 註)38.

한편 고읍성터의 만리산 구간 토루 주변에서 6세기 중엽에서 7세기 때의 신라계 산성에서 보편적으로 발견되는 기와편 등의 유물은 이전의 탑평리에서 지금의 중심지역으로 이동한 결과로서 都市의 變遷으로 이해할 필요가 있다. 그리고 충주 주변지역에서 견학리토성[40]과 같은 羅末麗初에 축조된 작은 土城이 보이고 있음은 이 시기에 충주 중심지역의 평지에도 축성이 있었을 가능성을 전혀 부정할 수 없을 것이므로 이에 대한 가능성을 남겨둔다.

따라서 지금의 충주지역에 잔존하는 고읍성터는 몽고침입기에 국원경으로 승격된 후에 국원성이라고 불리어졌을 가능성을 배제할 수 없으며, 이 시기를 즈음하여 충주성이 축조되었다고 여겨지므로 고려시대 충주성에 대한 새로운 인식을 할 필요가 있다. 그리고 충주지역에서 국원성에 대한 인식은 고대 新羅 國原小京이 성립된 이후에 축조된 신라의 국원성과 高麗 蒙古抗爭期에 평지에 축조된 高麗 國原京의 국원성은 분명히 서로 다른 것으로 보아야할 것이다. 그렇다면 신라 국원성이 평지성이었는가에 대해 반문을 할 수밖에 없으며, 국원성의 성격은 주변의 山城에서 찾아야할 것이다.

2. 주변 山城에 대한 검토

1) 薔薇山城

장미산성은 충주시 가금면 장천리, 가흥리, 하구암리 일대에 솟아있는 해발 337.5m인 장미산(薔薇山·長尾山)의 정상부와 계곡을 포함하여 축조된 둘레 2,940m의 삼국시대의 대규모 栲栳峰形 석축산성이다.

城壁은 정상부나 등성이 부분보다 외향 비탈면의 상부를 지나가도 있으며, 포곡식산성으로서 성벽 통과지점 사이의 높이 차가 심하다. 이 산성은 축조방식에 있어서 5세기 중엽 이후 신라에 의해 축조된 다른 성벽과 비교하면 體城 하단의 외부에 시설되는 補築이 없고, 女墻의 기초로 생각되는 부분도 없거나 불확실하다.[41]

2001~2002년 시굴조사에서 밝혀진 내용은 석축의 성벽은 판축의 성벽이 축조된 이후에 1차로 석축성벽이 구축될 때 판축의 외측 벽면을 정리하고 축조하여 성벽 안쪽으로 판

---

40)   忠北大學校博物館, 2002, 『忠州 見鶴里土城(Ⅱ)』.
41)   충북대학교박물관, 1992, 『중원 장미산성 지표조사보고서』.

축성벽이 존재할 것으로 추정되었다.[42)]

　　2003~2004년도에 북서쪽 성벽구간에 대한 발굴조사에서 밝혀진 내용은 석축성벽을 쌓은 후 성벽 안쪽으로 사질토와 점질토를 층층이 다져 올린 것으로 판단하고, 그 위에 다시 排水路를 시설한 것으로 판단하였다. 석축의 높이는 6m · 너비는 5m 정도로 파악하였으며, 성벽 외측으로 가지능선을 따라가면서 길이 11m×폭 3.7m정도 규모의 木柵雉城 시설이 확인되었다. 그리고 성벽구간의 발굴조사에서는 강돌을 무기로 사용하기 위해 일정한 장소에 모아 놓은 것이 확인되었다. 성내에서 출토된 유물 가운데 4~5세기경의 百濟遺蹟에서 주로 발견되는 鳥足文土器片 등이 있어 漢城 百濟期의 어느 시점에 축조되었을 가능성을 보여 주었다.[43)]

　　장미산성이 위치한 지역은 일찍이 百濟의 영역으로 있었다가 5세기 말경에 이르러 高句麗의 영역으로 바뀌었다고 알려져 있다. 이 산성에서 한성 백제기의 유물이 다수 확인되고, 한편으로 5세기 말경 고구려 長壽王의 남하정책과 관련하여 주변에 〈충주 고구려비〉가 남아있는 점 등을 고려하면 이러한 역사적 상황과 밀접한 관련이 있을 것으로 여겨진다.

　　그런가하면 장미산성에서는 6세기 중후반경의 新羅 遺物이 발견되고 있어 주목되나, 기록에 보이는 2,592步보다 규모가 작다. 한편 장미산성은 인접하여 위치하고 있는 忠州 高句麗碑와 관련하여 고구려의 國原城으로 比定하려는 견해가 있고,[44)] 장미산성의 동북쪽에서 특이한 木柵雉城 구조가 확인되어 주목된다. 따라서 장미산성은 고구려 국원성으로서의 가능성을 전혀 부정할 수 없을 것이므로 새로운 자료를 기다려야 할 것으로 여겨진다.

　　따라서 장미산성은 673년 축조된 신라 국원성으로 보기에는 지금까지 발견된 신라 유물의 편년에서 시간적 차이가 있고, 규모면에서 차이를 보이고 있으므로 국원성으로 인식하기에는 무리가 따른다고 여겨진다.

2) 忠州山城

　　忠州山城은 충청북도 충주시 목벌동과 안림동의 경계인 남산(해발 636m) 정상부에서 동

---

42)　충북대학교중원문화연구소, 2003, 『장미산성 -정비예정구간시굴조사보고서-』.

43)　(재)중원문화재연구원, 2006, 『충주 장미산성 1차 발굴조사 보고서』.

44)　閔德植, 1980, 앞의 글, 註)12.

쪽으로 두 개의 계곡 상단을 둘러싼 둘레 1,120m의 석축산성이다. 보통은 이 산성을 '南山城'이라고 부르기도 하며, 마고할멈의 전설과 관련하여 '老姑城' 혹은 '麻姑城'이라고도 하며, '錦鳳山城' 등으로 불리우기도 하였다.

충주산성의 동북쪽으로 남한강이 남류하여 흐르고 있는데, 서북쪽으로는 충주평원 일대를 한눈에 조망할 수 있는 위치에서 북으로는 마주하는 계명산(해발 774m) 사이에 마즈막재 남으로는 잣고개의 통로를 공제할 수 있는 위치이다.

城壁은 전체 구간이 판상할석을 이용하여 수평을 이루게 쌓았으며, 기본적으로 경사면을 이용하여 내탁하여 올라와 윗부분은 內外夾築의 구조를 보이며, 계곡부 등에는 성벽외측에 補築을 하였다. 4개의 성문은 懸門式構造로서 능선 모퉁이에 만들어져 있다.[45]

1986년도 城壁 發掘調査에서는 內外夾築의 城壁과 楣石이 없는 女牆이 너비 1.1m, 높이 70cm, 위쪽 너비 65~70cm 규모로 확인되고, 성벽의 바깥쪽에서 基礎하단부에 補築이 확인되었다.[46]

1993년도 발굴조사에서는 동문의 구조가 懸門 양식으로 밝혀지고, 水口와 관련하여 성벽 안쪽의 入水口 및 導水路가 확인되었다.[47]

1998년 발굴조사에서는 東門이 안쪽에 半圓形의 集水施設을 갖춘 懸門樣式임이 밝혀졌으며, 新羅系 유물만이 출토되어 新羅의 中原京시기에 축조되어 경영된 것으로 밝혀졌다.[48]

2001년에는 동문지 안쪽의 시굴조사를 실시하였으며, 2002년 8월과 2003년 7월에 貯水池에 대한 발굴조사가 실시하여 구조가 확인되었는데, 윗면은 원형을 이루면서 池岸은 3단의 계단을 내려가면서 아래 부분이 사다리꼴로 이루어져 있음을 밝혔으며, 6세기 중엽에서 7세기대의 新羅 短角高杯片, 회색계열의 태선문조 기와편, 재갈, 철촉 등이 출토되었다.[49]

2006년에 발굴조사에서는 北門址가 懸門樣式으로 開口部의 규모는 4.5~4.7m · 길이 8.1m의 규모로 확인되었으며, 개구부의 바닥에서 문의 구조를 추정할 수 있는 확쇠 1점 및 城門結構用 철제 못이 출토되어 門口部의 너비를 2.7~2.8m의 규모로 확쇠를 목재에

45) 충주공업전문대학박물관, 1984,『충주산성종합지표조사보고서』.
46) 충주공업전문대학박물관, 1986,『충주산성 및 직동고묘군 발굴조사보고서』.
47) 충주산업대학교박물관, 1995,『충주산성 2차 발굴조사보고서』.
48) 충북대학교 중원문화연구소, 1999,『충주산성 동문지 발굴조사보고서』.
49) 충북대학교 중원문화연구소, 2005,『충주산성-동문남측저수지 시 · 발굴조사보고서』.

고정시키었던 것으로 밝혀졌으며, 문의 두께는 철못을 기준으로 하여 16~17cm로 추정하였다.[50]

충주산성에서 출토된 高杯의 특징은 대각이 벌어지고 각단이 밖으로 말리거나 두툼하며 투창이 투공화된 것들이다. 이러한 유형의 고배가 출토되는 인근 유적으로는 루암리고분군,[51] 하구암리고분군,[52] 통점고분군,[53] 수룡리고분군[54] 등이 있다. 따라서 충주산성에서 출토된 고배류는 주변 유적들과 비교한 결과 대략 6세기 후반에서 7세기 초반경으로 압축될 수 있다.

따라서 충주산성은 최근의 고고학적 조사결과를 고려하면 6세기 중후반경 신라 북진기의 축성 양상의 특징을 보이고 있을 뿐만 아니라, 6세기 중엽 이후의 신라계 유적에서 볼 수 있는 유물만이 출토되고 있으므로 551년(진흥왕 14)에 娘城 巡狩를 시작하여 557년(진흥왕 18)에 國原小京을 설치한 것과 관련하여 축조된 산성으로 보인다. 그러므로 충주산성은 673년 축조된 국원성과 비교하여 출토유물에 있어 7세기 후반경의 유물이 보이지 않고 있으며, 규모면에서 차이를 보이고 있으므로 국원성으로 인식하기에는 무리가 있다고 여겨진다.

3) 大林山城

대림산성은 충주시 향산동 산 45번지 해발 최고 487.5m의 대림산 일원에 위치하고 있다. 이 산성에 대하여 『新增東國輿地勝覽』「古跡」조에 "돌로 쌓았는데 주위가 9,638척이고 안에 우물이 하나가 있다. 지금은 폐하였다."라고 하였다. 그리고 「山川」조에서 "고을 남쪽 10리에 있는데, 鎭山이다." 라고 하였다.

대림산성은 1996년도 상명대학교박물관에서 지표조사하여 규모가 확인되었다. 대림산은 충주의 鎭山으로 東西로 길게 이어지면서 충주와 계립령 사이에서 중요한 戰略的인 位置를 갖고 있다. 이 산성은 둘레가 4.906m에 달하는 대규모 고로봉식 산성으로서 성내에 水量이 풍부하고 내부면적이 비교적 넓으며, 이 산성 위에는 朝鮮時代 後期까지 사용된'大林山烽燧臺'가 위치하고 있다.

---

50) 조순흠·조록주, 2006,「충주산성 북문지 발굴조사 개보」,『한국성곽학보』제9집.
51) 忠北大學校 博物館, 1993,『中原樓岩里古墳群』.
52) 忠北大學校 中原文化硏究所, 2000b,『忠州 下九岩里 古墳群 地表調査 및 試掘調査 報告書』.
53) 한국문화재보호재단, 2001,『中部內陸高速道路 忠州區間 文化遺蹟 試·發掘調査 報告書』.
54) (재)중앙문화재연구원, 2002,『충주 수룡리유적』.

도면 1. 충주 대림산성 평면도(상명대학교박물관, 1997)

평면형상은 동서방향으로 길쭉하고 서쪽이 좁은 삼태기 모양으로 부정형의 장타원형을 이루고 있다. 성벽구조는 대부분 土石混築으로 이루어져 있으며, 일부분이 石築의 구조를 가지고 있다. 石築으로 된 성벽은 면을 다듬은 할석으로 수평을 이루도록 하여 臣字形 쌓기를 하였으며, 남벽의 일부분에서는 臣字形 쌓기를 한 성벽을 개수하여 성벽의 축조상태가 다소 조잡하면서 성벽에 폭과 깊이가 약15cm 정도로 수직홈이 보이는 곳이 6개소가 있다.

성벽의 높이는 4~6m이고, 4개의 城門과 暗門 등을 두고 있으며, 자연지형을 따라 축조하여 굴곡을 이루며 특히 방어에 취약한 부분에 10여 곳의 雉城이 있으며, 성안을 일주하면서 안쪽으로 4~5m 폭으로 회곽도가 조성되어 있으며, 女墻은 확인되지 않는다.

대림산성의 築造時期와 관련해서는 규모가 4km가 넘는 대규모이며, 城內에서는 출토된 유물이 三國時代의 것은 보이지 않고 印花紋土器片·高杯뚜껑편 등이 있음을 고려하여 統一新羅 末期의 혼란스런 정치상황 속에서 築城되었을 가능성을 제시하고 있다. 그리고 13세기를 전후한 高麗 靑磁片과 魚骨紋瓦片 등이 많이 발견되고 있어 高麗時代에

對蒙古抗爭의 중심지인 忠州山城일 가능성을 제시하였다.[55] 그러나 여기에서 말하는 통일신라 말기는 9세기말 10세기 초라고 인식하고 있지만, 이 시기의 유물에 대한 인식이 부족했던 때의 판단이라고 보인다.

따라서 대림산성은 충주 일원의 산성들 중에서 규모가 가장 큰 성으로 축성의 방법에 있어서도 土石混築城이라는 특징을 가지고 있으며, 특히 大林山城은『三國史記』에 기록된 규모 2,592步기록과 비교하면 근사한 차이를 보이면서 7세기 후반경의 印花紋土器片ㆍ高杯뚜껑편 등이 발견되고 있어 신라 국원성일 가능성을 보여주고 있다.

IV. 新羅 國原城에 대한 새로운 認識

지금까지의 검토 결과를 통해 신라 국원성은 충주지역의 주요 성곽에 대한 입지, 규모, 축성구조, 그리고 출토 유물과 축조 시기의 정치적 상황 등을 고려하면 대림산성으로 인식된다.

신라의 축성은 7세기 후반 경에 이르러 9주 5소경지역을 비롯한 주요 도시의 외곽에 위치한 山城이 많이 축조되었는데, 기존의 성곽보다 규모가 커지고 구조적인 차이를 보이고 있다.

대림산성의 입지는 남한강변의 독립된 지형에 축조된 장미산성과 비교하면 도시의 배후에 보다 큰 산맥이 이어지는 특징이 있으며, 有事時에 入保機能이 강조되고 있다.

대림산성의 실측 둘레는 4,906m로서 충주지역에서 이보다 이른 시기에 축조된 장미산성, 충주산성보다 규모가 커졌음은 주목된다. 국원성은 672년(문무왕 12)에 축조된 漢山州의 州城인 晝長城의 둘레 4,360步[56]와 비교된다. 한산주 주장성은 지금의 남한산성으로 알려져 있으며, 규모는 신라에서 사용한 唐大尺[57](29.5~30cm)으로 환산하면 약 7.8km로서 문무왕대에 축조한 다른 산성들보다 상대적으로 규모가 크다. 같은 방식으로 대림산성의 규모를 唐大尺 6尺을 1步로 하여 살펴보면 1步는 약 1.8m로서 이를 기준으로 계

55) 상명대학교 박물관, 1997,『충주 대림산성 정밀지표조사보고서』, 학술조사보고서 제2책.
56) 『三國史記 卷7,「新羅本紀」7, 文武王 12年 秋8月 "築漢山州晝長城 周四千三百六十步".
57) 唐大尺은 1999년 이성산성 7차 발굴조사 도중 C지구 저수지에서 길이 29.8cm 인 당척의 실물이 출토된 바 있다(한양대학교박물관, 2000,『이성산성 7차 발굴조사 보고서』).

산하면 4.906m×1.8m=2,725步로서『三國史記』에 보이는 國原城의 둘레 2,592步보다 약 133步 긴 차이를 보이고 있는데, 이는 고려시대에 改修되면서 규모가 확장된 것으로 보아야 할 것이다.

대림산성 성벽의 구조는 입면에서 장방형의 할석을 가공한 면석이 사용되고 토석으로 뒷채움을 한 土芯石築法으로 축조되었으며, 각각의 성돌은 수평눈줄맞춤 방식으로 축조된 특징이 있다. 이러한 구조는 이전의 6세기 중반~7세기 초의 신라 진출기 석축산성과 비교하여 차이를 보이고 있으며, 이는 삼국통일 이후 백제 및 신라의 축성제도의 이점을 수용한 것으로 이해할 수 있다. 여기에 둘레 2km 이상의 대규모 산성이 축조되기 시작하였으며, 성벽의 구조가 변화하여 성벽 입면에서 장방형의 정다듬질된 성돌이 사용되고, 성돌의 길이가 개이빨처럼 길게 이어지는 모습으로서 이른바 犬齒石 사용이 유행하였다. 그리고 성벽의 뒷채움방식은 이전의 수평쌓기에서 흙이나 잡석으로 채우는 방식이 널리 사용되고 있어 주목된다. 이는 삼국통일 이후 백제와 고구려의 축성제도의 이점을 수용한 것으로 이해할 수 있다. 이러한 축성구조는 문무왕대에 주요 도시의 배후에 축조된 석축산성들과 비교하여 공통적인 모습을 보이고 있다.

대림산성 성내에서 출토된 유물들은 삼국시대의 것은 보이지 않고, 印花紋土器片・高杯뚜껑편등이 출토되어 주목된다. 인화문토기는 7세기 중반인 古新羅 末期에 출현하여 8세기경에 전성기를 이루면서 통일신라시대 말기까지 제작되었던 것이다. 인화문토기의 문양과 함께 기형의 대응관계를 검토하여 인화문의 初現期는 7세기 초이고, 시문의 쇠퇴기를 거쳐 8세기 후엽 이후에는 無紋化되는 것으로 이해하고 있다.[58]

대림산성에서 출토된 인화문토기 가운데 瓶形土器片에 보이는 문양 가운데 馬蹄形 文樣이 3단 1조를 이루어 반복되는 양상은 이와 類似한 馬蹄形 縱長文이 660년 이후에 유행하는 것으로 보면[59] 대림산성의 축조는 이 시기와 큰 차이가 없을 것이다. 한편 대림산성에서 출토된 기와편 가운데 線條文 기와편이 상당수를 차지하는데, 雁鴨池와 皇龍寺址 등에서 출토된 기와편 들과 類似하다고 보고되었음은 주목된다. 따라서『三國史記』에 보이는 673년(문무왕13) 9월에 國原城을 쌓은 기록에 고려될 수 있는 곳으로서 대림산성을 우선 상정하게 된다. 대림산성은 國原小京에 축조된 國原城일 가능성이 크다고 여겨진다.

국원성은 557년(진흥왕 18)에 국원소경이 설치된 이후, 약 116년이 지난 뒤에 673년(文武

---

58) 李東憲, 2008,「印花文 有蓋盌 硏究 慶州地域 出土遺物을 中心으로-」, 부산대학교석사학위논문.

59) 李東憲, 2011,「統一新羅 開始期의 印花紋土器 -曆年代 資料 確保를 위하여-」,『한국고고학보』81, 204쪽.

도면 2. 대림산성 출토 인화문토기편 모습
(상명대학교박물관, 1997)

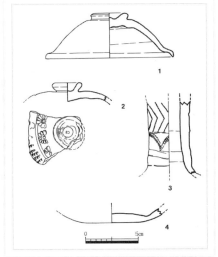

도면 2. 대림산성 출토 인화문토기편 실측도
(상명대학교박물관, 1997)

王 13)에 축조되었다. 국원성이 축조된 시기는 673년으로서 676년에 신라에 의해 삼국통일이 이루어지기 3년 전에 이루어졌다. 이 당시의 상황은 唐과 전쟁 중이었던 시기이므로 사회적으로 매우 혼란한 상황이었다고 볼 수 있으므로 평지나 구릉에 축조된 治所보다는 軍事的 성격이 더 강한 山城으로 보는 것이 타당한 것이다.

국원성이 축조되던 시기는 통일전쟁기로서 660년(무열왕 7)부터 676년(문무왕 16)까지 城에 대한 기록이 가장 빈번하게 등장하고 있어 주목되며, 대부분 山城으로서 보다 큰 규모의 산성들이 축조되기도 하였다. 이 시기는 신라에 의해 삼국통일이 이루어지는 시기로서 삼국통일 이후 신라 방어체계의 재편단계를 고려한 것으로 볼 수 있다.

한편 신라 文武王때의 축성은 삼국통일 이후 통치제도에 대비하여 주요 지방의 안전과 통치를 고려하여, 후에 神文王때의 9州와 5小京 획정된 변방의 주요 지역을 중심으로 먼저 대규모의 성곽을 축조하기 시작하였던 것으로 이해할 수 있으며, 지방도시에 대한 재편성과 행정 중심지역에 대한 축성사업의 일환으로 이루어졌던 것으로 이해할 수 있다.

신라의 國原城 축조는 신라가 이 지역이 교통의 요충지이면서 경제적으로 풍요한 지역임을 인식하여 그 중요성을 인식하고 일찍이 國原小京을 설치하고, 삼국 통일 이후 인구의 증가를 고려하여 도시의 배후에 기왕의 충주산성보다 더 큰 산성을 축조하였던 것이다. 나아가 평지에 治所를 두고 이를 보호하기 위하여 배후에 산성을 배치하여 유사시

入保籠城할 수 있도록 한 것이다. 이러한 조치는 대내적으로 支配體系를 강화하고, 대외적으로 防禦體系를 강화하고자 한 것으로 이해할 수 있다. 이렇듯 국원성의 축조는 王京지역의 평지에 위치한 宮城이 있고, 주위에 산성을 배치한 양상과 비교된다.

따라서 신라가 삼국통일을 완수되기 이전인 673년(文武王 13)에 축조한 國原城은 현전하는 大林山城으로 비정된다.

V. 맺음말

지금까지 국원과 국원성에 대한 각종 문헌자료와 국원성추정지에 대한 고고학적 자료를 검토하여 신라 국원성의 성격을 살펴보았다.

國原城은 國原이라고 하는 지명과 밀접한 관련이 있으면서 당시 정치·군사적으로 중요한 기능을 수행하던 성곽으로서 실체가 있었다고 할 수 있다. 지금의 충주는 삼국시대에 고구려의 國原城이었다. 그리고 신라가 차지하여 557년(진흥왕 18)에 國原小京이라고 하였고, 673년(문무왕 12)에 국원성을 축조하였다. 한편 고려시대에 몽고와의 항전에서 승리하면서 1254년(高宗 41)에 승격하여 國原京이 되었으며, 이때에 몽고와의 항전에서 승리한 충주성은 국원성으로 불리었을 가능성이 크다고 여겨진다.

高句麗의 國原城에 대한 실체는 아직까지 그 실체가 명확히 밝혀진 바 없지만, 忠州高句麗碑 중원고구려비와 관련하여 薔薇山城으로 비정하려는 견해는 주목된다. 여기에 대해서는 아직 장미산성 내에서 뚜렷한 유물이 발견되지 않았지만, 새로운 자료를 기다려볼만하다고 여겨진다.

신라 국원성이 축조되던 시기는 통일전쟁기로서 『三國史記』에는 660년(무열왕 7)부터 676년(문무왕 16)까지 城에 대한 기록이 가장 빈번하게 등장하고 있어 주목되며, 대부분 山城으로서 보다 큰 규모의 산성들이 축조되기도 하였다. 여기에 신라 국원성은 평지나 구릉에 축조된 治所보다는 軍事的 성격이 더 강한 山城으로 보는 것이 타당할 것이며, 충주지역의 성곽 가운데 규모나 성내에서 출토된 印花紋土器片 등의 유물을 고려하면 大林山城이 가장 유력하다고 할 수 있다.

高麗의 국원성은 별도의 기록이 보이지 않는다. 하지만 蒙古와의 항전 당시 충주성에서 승리하였으며, 충주를 승격하여 國原京이라고 한 것에서 충주성을 국원성 혹은 國原京城으로 불리었을 가능성을 배제할 수 없다. 최근 충주 고읍성터의 발굴조사 결과를 고려하면 충주성은 몽고 침입기에 축조되었을 가능성이 크며, 이 성터는 조선후기부터 신라 국원성으로 비정되어 왔고, 최근에는 신라 국원성터로 비정되기도 하였으나 여기에 대한 새로운 해석이 요구된다.

신라의 국원성으로 비정되는 대림산성은 성벽의 구조에서 7세기 후반 경에 이르러 9주 5소경지역을 비롯한 주요 도시의 배후에 축조된 석축산성들과 비교하여 공통적인 모습을 보이고 있다. 그리고 성내에서 출토된 유물들 가운데 印花紋土器片과 線條紋기와편 등은 7세기 후반경의 것들이다. 따라서 대림산성은 673년(문무왕13) 9월에 쌓은 國原小京의 國原城일 가능성이 크다고 여겨진다.

대림산성의 축조는 신라가 이 지역이 교통의 요충지이면서 경제적으로 풍요한 지역임을 인식하여 그 중요성을 인식하고 일찍이 國原小京을 설치하고, 삼국 통일 이후 인구의 증가를 고려하여 도시의 배후에 기왕의 충주산성보다 더 큰 산성을 축조하였던 것이다. 나아가 평지에 治所를 두고 이를 보호하기 위하여 배후에 산성을 배치하여 유사시 入保 籠城할 수 있도록 한 것으로 이해된다. 이러한 조치는 대내적으로 지배체계를 강화하고, 대외적으로 방어체계를 강화하고자 한 것으로 이해할 수 있다. 이렇듯 국원성의 축조는 王京지역의 평지에 위치한 宮城이 있고, 주위에 산성을 배치한 양상과 비교된다.

따라서 新羅 國原城은 지금의 大林山城으로 보아야 할 것이다. 신라 국원성은 557년 (진흥왕 18)에 國原小京이 설치된 이후 축조되어, 후에 757년(경덕왕 16)에 中原京으로 승격하였을 때에도 이 지역의 방어에 중요한 역할을 해왔던 것으로 보인다. 한편 신라 國原城은 옛 薍長城이라고 하였고, 이전에 고구려의 國原城 혹은 託長城이라고 하였음은 고대의 성곽 가운데 단순히 土壘만 남아있는 경우가 많이 있으므로 석축 이전에 이와 관련한 축성이 먼저 있었을 수 있으므로 국원성으로 인식되는 대림산성에 대해서는 앞으로 정밀 지표조사나 발굴조사 등을 통해 보다 정확한 자료의 확보가 필요하다고 여겨진다.

참고문헌

1. 基本史料

『三國史記』『高麗史』『高麗史節要』『大東地志』『朝鮮寶物古蹟調査資料』

2. 單行本

김갑동, 1997, 『나말려초의 호족과 사회변동연구』, 고려대 민족문화연구소.
정구복 외, 2012, 『역주 삼국사기』3, 주석편(상), 한국정신문화연구원.

3. 硏究論文

김갑동, 1985, 「고려 건국기의 청주세력과 왕건」, 『한국사연구』48.
노병식, 2011, 「新羅 國原城 推定址에 대한 考察」, 『한국성곽학보』제21집, 한국성곽학회.
_____, 2014, 「新羅 國原小京과 西原小京의 防禦施設 變遷」, 충북대학교 박사학위논문.
閔德植, 1980, 「鎭川 大母山城의 分析的硏究」, 『韓國史硏究』29, 한국사연구회.
박태우, 1987, 「통일신라시대의 지방도시에 대한 연구」, 『百濟硏究』18, 충남대학교 백제연구소.
윤무병·박태우, 1992, 「五小京의 位置 및 都市構造에 대한 一考察」, 『中原京과 中央塔』, 中原郡·忠州工
　　　業專門大學 博物館.
李道學, 1998, 「永樂 6年 廣開土王의 南征과 國原城」, 『孫寶基博士停年記念韓國史學論叢』.
_____, 2000, 「中原高句麗碑의 建立目的」, 『고구려연구』제 10집. 고구려연구회.
李東憲, 2008, 「印花文 有蓋盌 硏究 慶州地域 出土遺物을 中心으로-」, 부산대학교 석사학위논문.
_____, 2011, 「統一新羅 開始期의 印花紋土器 -曆年代 資料 確保를 위하여-」, 『한국고고학보』81.
張俊植, 1981, 「高句麗 國原城 治址에 대한 硏究」.
조순흠·조록주, 2006, 「충주산성 북문지 발굴조사 개보」, 『한국성곽학보』제9집.
車勇杰, 1992, 「國原小京의 遺蹟·遺物 -城址와 古墳-」, 『中原京과 中央塔』, 忠州工業專門大學博物館.

4. 調査報告書

건국대학교박물관, 1994, 『忠州 丹月洞 發掘調査 報告書』, 학술총서 제1책.
_____, 1995, 『忠州 丹月洞 發掘調 2차 발굴조사보고서』, 학술총서 제2책.
國立文化財研究所, 2001, 『將島淸海鎭 遺跡發掘調査報告書Ⅰ』.
國立文化財研究所, 2002, 『將島淸海鎭 遺跡發掘調査報告書Ⅱ』.
國立中原文化財研究所, 2008, 『중원의 산성』.
_____, 2013, 『충주 탑평리유적(중원경 추정지) 발굴조사보서』.
_____, 2010, 『忠州 龍觀洞古墳群 발굴조사보고서』.

상명대학교 박물관, 1997, 『충주 대림산성 정밀지표조사보고서』(학술조사보고서 제2책).

(재)중앙문화재연구원, 2002, 『충주 수룡리유적』.

(재)중원문화재연구원, 2006, 『충주 장미산성 1차 발굴조사 보고서』.

_____, 2010, 『忠州 豆井里遺蹟』.

忠南大學校博物館, 1984, 『木川土城』.

충북대학교박물관, 1991, 『中原 樓岩里 古墳群 發掘調査 報告書』(문화재연구소 유적조사보고 제12책).

_____, 1992, 『中原 樓岩里 古墳群 發掘調査 報告書』(문화재연구소 유적조사보고 제13책).

_____, 1992, 『중원 장미산성 지표조사보고서』.

_____, 1993, 『中原 樓岩里 古墳群』(문화재연구소 유적조사보고 제38책).

_____, 2002, 『忠州 見鶴里土城(Ⅱ)』.

충북대학교 중원문화연구소, 1998, 『文化遺蹟 分布地圖 - 忠州市』.

_____, 1999, 『충주산성동문지발굴조사보고서』.

_____, 2000, 『忠州 下九岩里 古墳群 地表調査 및 試掘調査 報告書』.

_____, 2003, 『장미산성 -정비예정구간시굴조사보고서-』.

_____, 2005, 『충주산성-동문남측저수지 시·발굴조사보고서』.

충주공업전문대학박물관, 1984, 『충주산성종합지표조사보고서』.

_____, 1986, 『충주산성 및 직동고묘군 발굴조사보고서』.

충주산업대학교박물관, 1995, 『충주산성 2차 발굴조사보고서』.

충청북도문화재연구원, 2011, 『忠州邑城 學術調査報告書』.

한국문화재보호재단, 2001, 『中部內陸高速道路 忠州區間 文化遺蹟 試·發掘調査 報告書』

한양대학교박물관, 2000, 『이성산성 7차 발굴조사 보고서』.

江原의 신라문화

지현병 강원고고문화연구원

Ⅰ. 머리말[01]

강원지방에 新羅文化가 유입된 것은 대략 4세기 중반으로, 8세기말 9세기초 신라의 정치적 몰락 및 쇠퇴와 함께 羅末麗初期에 이르기까지 지속되었다. 물론 강원지방 내에서도 지리적 여건에 따라 신라문화의 유입상황에 상당한 시기차이가 나타나고 있다. 강원 영동지역은 奈勿王 40년(395년) 靺鞨의 침입을 悉直벌판에서 물리쳤다는 기록, 奈勿王 42년(397년) 何瑟羅州에 가뭄과 기근이 들어 조세와 근로를 면제해 주었다는 기록으로 미루어보아 일찍부터 신라의 영향 하에 있었던 것으로 파악된다.

한편 영서지역은 영동지역보다 상당히 늦은 진흥왕 12년(551년)에 居柒夫에 의한 진출

---

01) 본고는 2013년 국립춘천박물관 특별전 "강원의 신라문화와 역사"에서 발표한 내용을 수정 보완한 것이다.

이 진행되지만, 이후 善德王 6년(637년) 牛首州가 설치되면서 중앙장관을 임명하게 된다. 즉 강원지방에서 완전한 중앙지배가 이뤄지는 시점은 7세기 중반 경으로 볼 수 있다.

신라가 보다 이른 시기에 강원도 동해안으로 진출하였던 것은 北方經略을 위한 전초 기지 건설과 군사적, 경제적으로 중요한 교통로 확보에 있어 중요한 위치를 차지하고 있을 뿐 아니라, 문화의 전파 경로에 있어 비교적 수월한 지리적 요건을 갖추고 있었기 때문일 것으로 여겨진다.

지금까지 강원지방 신라문화의 전반을 검토할 수 있는 기회는 많지 않았다, 그러나 관련 문헌기록을 살펴보면 그 내용은 매우 소략하지만 초기 신라의 강원지방 진출 기사들이 비교적 명확하게 나타나고 있어 주목되며, 1990년대 이후 발굴조사가 활발하게 진행됨에 따라 고고자료를 통한 연구 성과도 부분적으로 축적되어 있다. 이러한 점을 고려하여 그동안 강원지방에서 고고학적인 조사를 통해 확인된 신라시대의 고분, 주거지, 산성, 불교유적을 중심으로 강원의 신라문화에 대해 간략히 살펴보고자 한다. 다만 아직까지 토광묘 이전 단계의 묘제, 다시 말해서 신라의 영향 하에 놓이기 이전인 東濊(濊), 濊貊의 묘제는 아직 확인되지 않은 상태이기 때문에 앞으로 해결되어야 할 당면과제라고 본다.

II. 古墳遺蹟

강원지방의 신라문화를 대변하는 고고자료 중 가장 대표적인 것은 고분유적이다. 지금까지 강원지방에서는 토광목곽분에서부터 다소 늦은 시기의 횡혈식석실분에 이르기까지, 시기를 달리하면서 다양한 형식으로 축조된 신라고분들이 확인되었다. 일찍부터 신라의 영향 하에 놓인 영동지역에서는 규모가 비교적 큰 고총고분들이 축조되었던 반면, 영서 남부지역과 남한강 상류유역에서는 지역 간에 약간의 시기차이는 있겠지만 5세기 중후반 6세기초반 경부터 석곽분들이 축조되기 시작한다.

또한 영서 북부지역에서는 6세기후반 내지는 7세기전반 경에 이르러서야 비로소 수혈식석곽분과 횡구식석곽분들이 나타나기 시작한다.

강원지방에서 신라고분이 가장 처음 발견된 것은 1912년 일제강점기에 강릉 하시동 고분군에서 고배와 장경호 등이 발견되면서부터이며, 1970년에는 도굴로 인하여 파괴된 고분으로부터 3단고배와 장경호 등이 출토되어 4세기 후반으로 편년되었다. 당시 하시동 고분군에서 도굴되어 압수된 약 100여점의 유물들은 사진 상으로 확인될 뿐, 그 행방을 알 수가 없다. 이들 신고 된 유물들 중 고배들을 살펴보면, 2단과 3단대각에 방형의 투창이 상하교호로 뚫려있어 황남동 110호분과 비슷한 시기로 추정된다.

1959년 삼척 갈야산 석곽분에서는 금제귀걸이, 은제행엽, 말재갈, 고배 등이 수습조사 되었으며, 1969년에는 강릉 초당동 수혈식석곽분에서 마구류와 신라토기들이 출토된 바 있다. 그리고 1989년에는 강릉(당시 명주군) 영진리에서 역시 도굴로 파괴된 고분 1기가 발굴조사 되었는데, 영진리 1호 고분은 토광과 목곽사이를 냇돌과 흙을 섞어 뒤채움 한 형식이며, 토광목곽묘에서 석곽묘로 이행되는 중간단계의 전환기 고분으로 적석목곽분이라 부르는 바, 엄밀히 말하면 매장주체부가 목곽이기 때문에 토광목곽분이라고 부르는 것이 타당하지 않은가 생각된다. 토광과 목곽의 뒤채움은 엄밀히 말하면 매장주체부의 시설이 아니기 때문에 적석목곽분이라고 부르는 것은 적절하기 않다고 생각되는데, 일부 연구자들이 사용하고 있어 재론의 여지가 있다고 생각된다.

1990년대에 들어서면, 강원지방 곳곳에서 각종 개발 사업에 대한 구제사업의 일환으로 고고학적인 발굴조사가 급증하게 된다. 그 첫 번째 사업으로 呂字形, 凸字形 주거지로 대표되는 안인리유적을 들 수 있다. 이 유적은 해안가 사구지대에 회탄처리장 설치에 앞서 조사가 이뤄졌으며, 철기시대 취락과 신라고분 등이 조사되었다. 당시 처음으로 철기시대 呂・凸字形 주거지와 각종유물들이 대량으로 확인됨과 동시에 호석이 마련된 수혈식석곽분 등이 발굴조사 되었다. 동년 강릉 방내리 전파감시소 설치지역에서는 청동기시대 장(방)형 주거지와 함께 신라시대 수혈식 석곽분과 횡혈식 석실분이 조사되었으나, 대부분 도굴과 공사 등으로 인해 파손된 상태였고 시기가 다소 늦은 단각고배와 보주형꼭지가 달린 뚜껑 등이 출토되었다.

1991년에는 동해 북평산업공단 조성사업의 일환으로 구호동에서 구석기유적과 신라시대 석곽분 5기가 강원대 박물관에 의해 발굴조사 되었고, 그 중 5호분에서는 강원지방에서는 처음으로 각배와 받침이 세트로 출토되었다. 추암동 B지구에서는 관동대 박물관에 의해 수혈식 석곽분과 추가장이 가능한 횡구식석실분, 횡혈식석실분 등이 발굴조사 되었으며, 1995년 성북동 갈야산 고분군에서는 5기의 석곽분들이 조사되었다.

1993년과 1996년에는 2차례에 걸쳐 강릉 영진리 고분군이 발굴조사 되었는데 7번국도 확장구간 A지구에서 수혈식 토광목곽분23기, 석곽분 3기, 옹관묘 2기, 방내리 구간에서 석실분 1기, 석곽분5기가 확인되었다. 한편 주유소부지 B지구에서는 토광목곽분 22기, 석곽분 8기 등이 발굴조사 되었다. 영진리 고분군에서 출토된 토기들을 살펴보면, 대체적으로 5세기 전반에서 6세기 중후반대로 추정되며 횡혈식 석실분 등이 정식으로 발굴조사 될 경우 7세기 이후까지 계기적인 발전을 거듭하면서 고분이 조영된 지역으로 강릉 병산동지역과 비슷한 양상을 보여준다.

강릉 초당동고분군은 1993년 초당현대아파트 신축공사에 앞서 전면적인 발굴조사를 실시한 지역으로, 수혈식 석곽분, 석곽옹관묘, 옹관묘 등 31기의 고분이 조사된 지역이다. 그 중 A-1호분은 3차례에 걸쳐 도굴된 것으로 파악되었는데, 무덤의 형태는 세장방형으로 양 장벽에 부장칸을 마련하고 중앙에 주칸을 안치하였다. 주칸 중앙에 바닥을 약 50cm 깊이로 판 다음 소형의 석곽을 설치하고 판석을 덮은 이중구조의 석곽분이다. 무덤의 크기는 길이 7.5m, 너비 2.2m의 석곽을 만들고 벽석은 할석재로 쌓았고 벽채는 천석과 회로 메웠다. 이러한 무덤구조는 매우 특이한 형태로 지금까지 강원지방에서 확인되지 않은 형식으로 다른 지방에서도 거의 찾아 볼 수 없는 무덤구조로 판단된다. 또한 주칸의 바닥에서 도굴범이 흘리고 간 금동제 용문투조과판 1점이 출토되었는데 황남대총 남분 출토품보다 약간 더 고식으로 판단되며 무덤의 위치와 규모 등으로 볼 때 초당동 고분군중 가장 위계가 높은 하슬라지역의 수장급 무덤으로 추정한 바 있다. 이와 같은 대형의 세장방형 수혈식 석곽분은 강원도교육공무원연수원 내에 4기가 위치하고 있어 5세기 전반에서 중반에 이르는 강릉지역의 최대 수장급 묘역으로 추정된다. 이 고분은 그 중요성을 감안하여 인근 소나무밭으로 이전 복원된 상태이다. 또한 B지구의 평지 고분인 B-16호 수혈식 석곽묘에서는 강원지방에서는 처음으로 出字形 금동관과 함께 금동삼엽환두대도, 금제귀걸이 등이 출토되었고 B-15호와 나란히 안치된 점으로 보아 부부묘일 가능성이 매우 높다. 금동삼엽환두대도는 의성 탑리 31호분 출토품과 매우 흡사한 점으로 보아 양 지역과의 상관관계도 유추해 볼 수 있다. B-16·15호분은 A-1분과 같이 원래의 위치에 보존된 상태인데, 현재 위치는 초당현대아파트 103동 북쪽 출입구쪽에 해당된다. 초당현대아파트 북편에 위치하며 민가주택을 신축하기에 앞서 발굴조사 된 C-1호분에서는 은제 조익형관식이 출토되었는데, 이 역시 도굴된 고분으로 석곽의 남단벽이 파괴된 상태였고 이 과정에서 한쪽 날개는 석곽 밖에서, 다른 한 쪽은 석곽 안에서 수습되었다.

2004년 발굴조사 된 초당동 84-2번지 Ⅶ-1호분(사적 제490호)은 무덤주위로 주구가 마련된 수혈식석곽분이다. 석곽의 길이 6.2m, 너비 1.4m의 세장방형의 고분으로 이 역시 도굴된 무덤으로 남쪽의 부장칸은 도굴로 일부가 파괴된 상태였고 마구류와 무기류만 남아 있었다. 주곽은 도굴을 면할 수 있었는데, 그것은 주칸의 중앙에 목곽을 안치하고 목곽과 석곽 사이, 목곽 위와 부장품 위에도 잔자갈을 덮어 놓은 특이한 구조이기 때문으로 여겨진다. 또한 주검바닥에는 조개껍질을 깔아 금동제 호접형관모장식의 부식을 억제했던 것으로 판단된다. 이 고분은 앞서 살펴 본 초당동 A-1호분, B-16호분, C-1호분과 같은 위상으로 판단되지만, 무덤의 크기, 위치, 유물상으로 볼 때 A-1호분이 당시 최고위 신분이 아니었나 생각된다. 초당동고분은 2002년과 2003년 태풍 루사와 매미의 피해를 통해 지속적인 발굴조사가 진행되었으며, 최근에도 국비보조 사업으로 발굴조사가 이뤄지고 있는 지역이다.

초당동고분군 남편 남대천 건너편에는 병산동 고분군이 위치하고 있는데, 1997년 이후 여러 차례에 걸쳐 발굴조사가 이뤄졌다. 당시 강릉공항 접속대로를 건설하면서 철기시대의 凸子形 주거지가 파괴되면서 공사는 중단되었고, 강릉대 박물관에 의해 발굴조사되었다.

이후 2001년과 2004년에는 강원문화재연구소에 의한 발굴조사가 실시되었다. 조사가 이뤄진 고분은 90여기로 묘제는 대부분 수혈식 석곽분이며 토광목곽분, 옹관묘 등도 확인되었다. 출토유물 가운데에는 의성계 토기들이 일부 검출되었으며, 은장삼엽대도, 금동제 행엽, 태환에 중간식과 수하식의 금제귀걸이 등이 출토되었다. 또한 2004년 조사된 26호무덤에서는 은제조익형관식의 전입부가 출토되었는데, 발굴조사자는 황남대총 남분 출토품과 유사한 5세기말에서 6세기 전반경의 고분군으로 보았으나, 주변에 횡혈식 석실분이 능선에 위치하는 것으로 보아 병산동 고분군 역시 영진리와 같이 새로운 묘제의 수용을 보여주는 유적으로 생각된다.

최근에는 경포호의 북단 안현동유적에서 신라시대의 토광목곽묘 36기, 석곽묘 13기, 옹관묘 9기, 신라시대 수혈식 주거지 3동, 매납유구 4기, 수혈유구 7기, 구상유구 2기 등 다양한 형태의 유구들이 발굴조사 되었다. 발굴자는 방사성탄소연대 측정을 통하여 4세기 후반에서 6세기 전반에 조영된 유적으로 판단하였고, 층위상 주거지가 축조되고 난 후 일정기간이 지난 후 분묘영역으로 전환하여 사용된 것으로 판단하였다.[02] 중요한 점은 이 유적이 재지의 원삼국 문화에서 삼국시대 신라문화로의 전환기적 과정을 파악 할 수 있는 유적으로 평가된다는 것이다. 따라서 고분이 안치되는 시기보다 앞선 주거지, 즉 취락들은 늦어도 4세기 중반 경에는 축조되지 않았나 생각된다. 이 경우 강문동 여관부지 출토 土師器와 파수가 밑동까지 내려붙은 고식의 컵형토기들은 대체적으로 4세기 초·

---

02) 박수영, 2011, 『江陵 雁峴洞遺蹟 -강릉 안현동유적 삼국시대 유구와 유물에 대하여-』, 예맥문화재연구원.

중반 경에는 해당된다고 볼 수 있다.

한편 영동지역에 비해 영서북부지역은 대체적으로 기록에서 보는 바와 같이 6세기 중반 경에 진출하지만 7세기 중반 637년에 비로써 牛首州가 설치되면서 신라의 영향 하에 들어가게 된다. 그러나 영서남부지역은 6세기초반 내지는 중반 경에 북방경략을 위하여 남한강을 따라 산성들이 축조되고 있으며 곳곳에서 고분들이 확인되고 있다. 따라서 영서남부지역은 하슬라주가 설치되는 시점이 되면 남한강 상류역은 완전하게 신라의 영향 하게 들어가면서 영서북부지역까지도 어느 정도 영향력을 행사했던 것으로 추정된다.

강원 영서지역에서 확인된 신라고분군은 영동지역에 비해 그 수가 매우 적다. 물론 춘천 봉의산 고분군과 원주 법천리 고분군도 있지만, 필자가 발굴조사 한 홍천 역내리 고분군과 영서남부지역의 정선 임계리 고분군을 중심으로 살펴보고자 한다.

정선 임계리 고분군은 2004년 발굴조사 된 유적으로 2003년 태풍 매미로 인해 수해복구 작업 중 신라토기들이 출토되어 매장문화재 발견신고 된 지역이다. 발굴조사 결과 수혈식 석곽묘 7기, 옹관묘 2기, 석곽옹관묘 2기, 제사유구 1기 등이 신석기시대 야외노지와 함께 확인되었다. 임계리 고분은 비교적 대형급에 속하는 1호 석곽묘를 제외하고는 모두 중소형에 해당된다. 임계리 고분군의 안치시기는 단각고배 출현 이전 단계로, 대략 5세기 중후반에서 6세기 추정되며, 강릉 병산동 고분군과 비슷한 시기로 보고 있다. 정선 임계리 고분군은 자연 지리적으로 볼 때 영서남부지역에 속하지만 지역경제나 역사 문화·지리적으로 볼 때 영동지역에 훨씬 더 가깝다고 볼 수 있다. 여기시 주목해야 할 점은 신라와 고구려의 전투기사 중 泥河의 위치비정이다. 泥河는 자비 마립간 11년(468년)에 15세 이상의 하슬라인을 징발하여 성을 쌓았으며, 소지마립간 3년(481년) 3월에 고구려와 말갈이 북변에 들어와 狐鳴城 등 7城을 취하였고 彌秩夫로 침입하자 신라는 백제, 가야 원병과 길을 나누어 방어하고 패주하는 적을 泥河 서쪽에 격파하고 천여급을 참수했다는 기록이 있다. 이러한 점으로 미루어 보아 니하성의 위치는 영동지역이 아닌 임계천의 남쪽 송계리 산성으로 비정 할 수 있다. 산성 주변에는 이 시기의 수혈식 석곽분 수백 기가 위치하고 있을 뿐만 아니라 임계리 일대에서도 수많은 신라고분들이 산재하고 있어 이를 뒷받침해 주고 있다. 이에 대해서는 그 위치를 강릉 방내리 토성으로 보는 견해가 있으며, 최근에는 강문동 현대호텔부지로 보는 견해도 제시되고 있다. 이 점에 대해서는 다음 山城부분에서 다시 언급하고자 한다.

홍천 역내리 고분군은 국도 44호선 도로확포장공사구역으로 2003년 강원문화재연구소에 의해 발굴조사 된 지역이다. 역내리 고분군은 도로공사 중 고분의 석곽절단면이 노출되었고 발굴조사 결과 횡혈식 석실분 1기, 횡구식 석실분 13기가 확인되었다. 고분의 성격상 추가장이 가능한 형식으로, 11호, 12호에서 검출된 인골을 분석한 결과 2구의 시신이 확인되었을 뿐만 아니라 10호 횡구식 석실분에서는 경주지역에서 보이는 녹유토기들이 출토된 점이 주목된다. 역내리 고분군은 무덤의 축조방식 및 출토유물로 보아 대략 6세기 후반에서 7세기 초에 안치된 무덤으로 추정된다. 따라서 앞서 살펴 본 영서지역의 신라화 과정은 역내리 고분을 통헤 볼 때 6세기 초중반경으로 추정 할 수 있다.

III. 住居遺蹟

주거지는 인간이 거주했던 곳이라면 어디든지 존재한다. 주거지의 축조는 자신이 원하는 주거 공간을 당시의 건축기술을 최대한 활용하여 어떠한 기후조건 하에서도 견딜 수 있도록 축조했을 것이다. 주거구조의 차이점은 문화와 생활양식에 따라 많은 차이를 보이겠지만 무엇보다도 당시의 주변 환경과 기후조건에 가장 많은 영향을 받았을 것으로 본다.

강원지방의 신라시대 주거유적 발굴조사는 고분유적과 마찬가지로 영동지역에서부터 시작되었으며, 이후 전 지역에 걸쳐 확인되기에 이른다. 주거유적 또한 필자가 직·간접적으로 조사에 참여한 유적을 중심으로 살펴보고자 한다.

신라시대 주거지는 1998년 강릉 병산동 공항대교 접속도로 공사부지에서 가장 처음 확인되었다. 당시 조사에서는 철기시대 凸字形 주거지, 고분과 함께 6동이 확인되었으며. 이후 계속된 조사로 16동이 추가로 확인되었다. 평면형태는 장(方)형, 말각방형, 철자형 주거지로, 내부에는 무시설식노지, 부뚜막 시설이 확인되었다. 출토된 유물은 적갈색 연질토기와 고배 등 신라토기들이 있으며 시기는 대체적으로 5세기 중반대로 추정된다. 인접한 두산동유적에서도 신라시대 주거지 1동이 조사된 바 있는데, 발굴자는 5세기후반에서 6세기 초엽에 축조된 것으로 보고 있다.

현재까지 신라시대 주거지 중 가장 이른 시기로 평가받고 있는 강문동 II-3호, IV-1호 주거지의 경우, 土師器 등으로 볼 때 4세기중반 경에 축조된 주거지로 판단되고 있으나 [03] 출토유물을 종합적으로 판단했을 때 아마도 4세기초반 경으로 보는 것이 타당하다고

---

03) 金武重,2006,「江原地方 原三國時代 土器編年」,『江原地域의 鐵器文化』, 2006년 강원고고학회 추계학술대회 발표자료집.

여겨진다.

　강문동유적을 비롯한 초당동, 안현동유적 일대에서 확인된 신라시대 주거지는 총 24동이다. 평면구조가 장(方)형, 철자형인 것으로 보아 신라의 영향 하에서도 철기시대의 주거유형을 계속해서 축조했음을 알 수 있다. 이 주거지들의 입지조건을 살펴보면, 해안가 사구지대의 남쪽 사면에 위치하여 약간의 구조적 변천을 거치면서 발전된 양상을 보여준다.

　방동리유적은 강릉 과학일반지방산업단지 조성지역에서 원형점토대토기 단계의 주거지와 이중환호시설, 석관묘, 점토대토기를 굽던 가마가 처음으로 확인된 유적이다. 이 중 신라시대 주거지는 총 8동이 확인되었으며, 주거지의 평면형태는 말각방형 2동, 장방형 5동이 확인되었고 노지는 무시설식이 대부분이다. 출토유물은 장란형토기, 기대편, 파수부옹 등이 출토되었다. 신라시대 주거지들의 대체적인 입지분포를 살펴보면, 비교적이른 시기의 경우 해안가 사구지에 위치하며, 영동지역이 완전한 신라의 영향 하에 들어갈 시점이면 좀 더 넓은 분포양상을 보이고 있다.

　그 밖에도 주문진 영진리 1동, 강릉 안현동 3동, 동해 망상동 2동, 동해 지홍동유적에서 통일신라시대 수혈식 주거지 12동이 확인되었다.

　한편 강원 영서지역에서 조사된 신라주거지는 2000년대 이후에 조사된 것이 대부분이다. 영서 남부지역에서는 남한강상류역의 영월 팔괴리유적 1동, 정선 아우라지 유적 2동, 그리고 영월 정양산성에서 통일기의 수혈식 주거지가 확인되었고, 영서 북부지역에서는 경춘선 춘천정거장 신축부지 A구역 41동, B구역 22동, C구역 22동 등 총 85동이 확인되어 강원지방에서 최대 규모의 신라시대 취락이 확인되었다. 뿐만 아니라 춘천 근화동 일대 미군 캠프페이지에 대한 시굴조사 결과 통일신라기의 주거지가 상당 수 확인된점으로 보아 강원지방에서 가장 큰 규모의 신라시대 집단취락지가 아닌가 생각된다. 근화동유적(춘천정거장)은 소양강변의 동단 충적대지에 위치하여 철기시대부터 조선시대의 유적이 중복된 양상으로 나타나고 있다. 주거지의 평면형태는 방형 내지는 장방형으로 내부시설은 부뚜막과 구들 저장시설 등이 확인됐다. 단각고배, 부가구연장경호가 나타나는 6세기대부터 주름무늬병이 나타나는 나말여초기까지 존재했던 것으로 판단된다. 그밖에 홍천 역내리유적에서 4동, 춘천 서면 현암리유적에서 6동의 신라시대 수혈식 주거지가 확인되었다.

1. 住居址의 平面形態

주거지의 평면형태는 작자의 의도에 따라 결정되지만, 이 때 상부구조와 공간분할은 내부시설 등을 결정짓는 중요한 요소 가운데 하나이다. 특히 당시의 주변 환경과 기후조건은 주거 건축에 있어 중요한 영향을 끼쳤을 것으로 생각된다.

강원지방에서 확인된 신라시대의 수혈주거지들은 대체적으로 방형, 장방형, 철자형, 원형의 형태로 파악되고 있지만, 일부 주거지들은 삭평됐거나 파괴되어 그 형태를 확인할 수 없는 경우도 많다. 신라시대 주거지 중 철자형 주거지는 현재까지 확인된 바로는 손으로 꼽을 정도이지만(약 5동), 철기시대의 전통을 계속해서 이어졌던 것으로 추정되며, 그 시기 또한 4세기 중반에서 후반까지 이어지다가 장(방)형 주거지로 변화됨을 알 수 있다. 그렇다고 해서 일시에 변화하는 것은 아니며, 어느 시기까지는 두 양상이 공존한 것으로 볼 수 있다. 장(방)형 주거지 또한 같은 시기에 나타나기 시작하면서 6세기 후반까지 유행하였던 주거형태로, 아마도 이 시기가 장(방)형 주거지를 축조하는데 있어 기후적으로나 환경적으로 비교적 안정적인 시기였던 것으로 생각된다. 강원지방에서 장(방)형 주거지가 차지하는 비율은 약 96% 이상을 차지하고 있다. 따라서 5~6세기 대에는 방형(48%)과 장방형(44%)의 비율이 비슷하게 나타나지만 원형의 주거지는 7세기 이후에나 확인되며, 그 수 또한 매우 적다. 7세기 이후에는 장방형(54%), 방형(38%), 원형(8%) 순으로 확인되며, 8~10세기에는 방형(50%), 장방형(46%) 원형(4%)의 순으로 나타난다고 보면서 방형이 장방형보다 많이 축조되는 것으로 확인되는데 이는 면적 등의 특징을 반영하지는 않는 것으로 보았다.[04] 신석기시대 이래 수혈주거지의 평면구성은 출입구를 기준해서 방형 내지는 장방형으로 부르고 있다. 그러나 철기시대 중기 이후에 나타나는 남단벽의 길이가 점차 길어지는 형태의 소위 장군형 주거지들이 확인되는데 필자는 이들 주거지를 장군형 주거지라고 부르면서 이와 같은 평면형태의 변화는 당시의 古氣候와 밀접한 관련이 있는 것으로 판단하였다. 따라서 방형계의 증가는 채광과 난방을 얻기 위해서는 자연스런 현상이며 오늘날에는 특수한 목적을 제외하고는 거의 이와 같은 장방형 형태의 주거구조를 채택한다고 볼 수 있다.

---

04) 辛裕梨, 2011, 「中部地方 新羅竪穴住居址研究」, 檀國大學校 大學院 碩士學位論文.
영동지역 신라시대 주거지의 평면비율은 방형(55%), 장방형(40%), 철자형(2%) 등 모두 방형계만 확인됐고, 영서지역은 방형(62%), 장방형(34%), 철자형(2%), 원형(2%) 등 영서지역 역시 방형계가 98%로 절대 다수를 차지하고 있다.

2. 内部施設

주거지의 내부시설로는 상부(지붕)구조, 출입구부, 바닥시설, 벽체시설, 난방시설, 취사시설 등이 있다. 물론 상부구조나 출입구 및 벽체시설 등은 대체로 유기물질로 만들어지기 때문에 화재주거지일 경우에만 남게 되고, 자연폐기일 경우에는 흔적조차 찾기 어렵다. 특히 화재주거지는 조사과정에서 소위 말하는 어깨선을 찾기 수월하고 바닥조사에 있어서도 진흙바닥이 단단하게 燒土化되어있기 때문에 비교적 조사가 양호한 편이다. 더불어 당시의 사회상을 복원 할 수 있는 다양한 유물들이 남아있기 때문에, 화재주거지가 고고자료로서 보다 선호하는 것은 당연지사이다.

출입시설은 주거지의 출입 기능을 담당하는 주요한 시실로서 신라시대 이른 시기에 보이는 철자형 주거지의 경우 철기시대의 출입시설 구조와 매우 흡사한 것으로 보인다. 출입구의 바닥은 진흙을 다져 경사지게 하거나 계단형태로 만들어 밖에서 안으로 연결되며, 문틀의 경우 문지방과 문설주를 세워 장방형의 문틀을 만들고 거적이나 발 등을 이용하여 내·외부 차단벽을 형성하였던 것으로 추정된다. 아직까지 문짝이 확인 된 예는 없다. 주거지의 상부구조를 축조과정에 따라 살펴보면, 기둥을 세우고 보를 얹은 다음 그 위에 동자주 세우고 종도리와 중도리, 처마도리를 얹고 서까래를 놓는다. 그 후 갈대와 억새를 이용하여 지붕을 덮고 마무리로 용고새(용마름)를 놓으면 지붕구조가 완성된다. 벽체는 지붕과 마찬가지로 이영을 엮어서 두르는 형태로 만들었던 것으로 추정되며 일부 판자를 이용한 주거지도 확인된다.

노지는 취사, 난방, 조명을 얻기 위하여 주거지의 내부에 설치하는 시설이다. 노지는 인류가 불을 사용하면서 나타나는 흔적으로서 구석기시대부터 야외노지와 집안에 설치한 실내노지로 구분되며 주거구조가 한층 발달하는 철기시대 중기 이후부터는 취사를 담당하는 부뚜막공간과 난방을 얻기 위한 구들부분으로 구분된다. 물론 부뚜막에서도 난방효과를 얻을 수 있지만 취사를 하고난 다음 잔열효과를 극대화하기 위해서 구들이라고 하는 난방장치를 만들었던 것으로 보인다. 이러한 장치는 신석기시대부터 존재하였던 것으로 노지의 잔열효과를 높이기 위해 바닥에 돌을 깔은 다음 진흙을 덮는 방법을 사용했었던 것이 청동기시대를 거쳐 철기시대에는 구들까지 이어지는 것으로 보인다. 또 하나 불씨를 보관하기 위해서 노지 옆에 불씨보관 장소인 불티(화티)를 만들어 화로불을 놓는 효과를 얻었던 것으로 보이는데 현재 강원도 산간지방의 너와집이나 굴피집에도 아궁이 옆에 불티를 만들어 불씨를 보관하고, 방안 모서리에 코클이라고 하는 장치를 마련하여 조명과 난방효과를 얻는다.

지금까지 발굴조사 된 신라시대의 주거지의 노지들을 살펴보면, 아무런 시설이 없이 진흙바닥에 불을 피운 무시설식 노지와 수혈식 노지, 부뚜막과 배연부가 함께 만들어진 부뚜막식 노지, 그리고 부뚜막과 긴고래를 설치한 구들식 노지 등이 있다.

영동지역에서 확인된 신라시대의 주거지들은 대부분 부뚜막식 노지 시설이 주류를 이루며, 4세기중반 경으로 추정하고 있는 강문동 주거지의 경우 부뚜막과 구들 시설을 갖춘 매우 발전된 형식을 보이고 있다. 구들에 사용한 재료 또한 목재와 진흙, 석재와 진흙을 사용한 것으로 나타나고 있다.

반면 영서지역의 경우 5세기대의 정산 아우라지 주거지를 제외하면 6세기 중반 이전으로 올라가는 주거지는 확인되지 않는데, 그 이후에 나타나는 주거지들의 경우 부뚜막과 구들시설이 함께 나타나고 있어서 매우 발전된 형태를 보이고 있다.

구들은 평면형태에 따라 一자형, ㄱ자형, T자형 구들로 구분하며, 고래의 수에 따라 외줄고래, 쌍(2줄)줄고래 등으로 구분한다. 대체로 一자형고래가 T자형 고래보다 앞서는 것으로 판단된다.

이렇듯 주거지의 평면형태와 내부 부속시설 또한 그 속성들이 시기를 달리하면서 나타나고 있어 계기적인 발전을 거듭하였음을 알 수 있다.

IV. 山城遺蹟

강원도의 신라성곽에 대한 고고학적인 조사는 매우 미미한 상태이며, 그나마 조사된 성곽유적도 정비복원에 앞서 극히 일부분만 조사되어 전체적인 양상을 파악하기 어렵다. 그러나 최근 들어 강릉 강문동 토성과 영월 정양산성, 원주 영원산성을 필두로 활발한 조사가 진행되고 있어 앞으로 강원지방 신라산성의 초축과 폐기시기, 내부시설, 그리고 토목발달사 및 수리기술사 연구에 있어 귀중한 자료를 제공해 줄 것으로 기대된다.

지금까지 강원지방의 신라시대 산성 가운데 발굴조사 된 유적으로는 양양 석성산성, 정선 고성리산성·송계리(장찬성)산성, 영월 정양산성, 춘천 봉의산성, 강릉 강문동 토성, 삼척 갈야산성의 7개소를 들 수 있으며 그 가운데 전면적인 발굴조사를 실시한 유적은 강릉 강문동 토성과 영월 정양산성, 원주 영원산성, 정선 고성리산성, 삼척 도호부(죽서루) 토성과 석성 등 5곳 뿐이다. 그나마 삼척 죽서루와 정선 고성리 토성도 극히 일부만 조사된 상태이고, 나머지 유적들은 성벽보수에 앞서 기저부 파악을 위한 조사(정선 송계리산성) 내지는 상수도설치사업(양양 석성산성, 삼척 갈야산성) 등으로 파괴된 구역에 대한 긴급 수습조사였기 때문에 전반적인 양상을 파악하기에는 미흡한 부분이 많다.

강원지방의 신라산성들의 입지를 살펴보면 공격보다는 방어를 목적으로 축성된 것으로 볼 수 있다. 따라서 평지보다는 나지막한 구릉 상에 위치하여 군사적 방어 목적과 행정적 치소를 아우르는 복합적인 수행을 위해서 축성되는 모습을 보인다. 따라서 성곽들이 위치한 지형을 보면 지리적으로 교통의 요지와 멀리까지 조망이 가능한 강변 남쪽에 위치한다. 남한강 수계에는 일정 간격을 두고 산성들이 위치하고 있는데, 강을 조망하거나 그 북쪽, 북서쪽을 감시하기에 용이한 지형조건을 선정하여 축성했기 때문에 고구려와 백제를 견제하기 위한 목적으로 축성되었음을 알 수 있다. 남한강 수계에 위치한 이들 성곽 내에서는 단각고배 이전 단계의 이단투창고배들이 출토되고 있어, 비교적 이른 시기인 6세기 전반 대에 축성된 것으로 추정된다. 즉, 신라는 일찍부터 영동지역을 비롯한 중부내륙지역의 중요성을 감안하여, 요소요소에 거점지역을 설정하면서 진출하였던 것으로 파악된다.

신라성곽의 축성재료는 강릉 강문동 토성과 정선 고성리 산성을 제외하고는 모두 돌을 이용한 석성들이다. 강문동 토성은 경포호에서 나오는 진흙과 황토를 이용하여 판축기법으로 대지를 조성하였고 급경사면은 계단상으로 조성한 후 성벽을 세운 매우 발달된 축성기법을 보이고 있다. 반면 석성의 경우 대부분 내탁, 편축, 내외협축 방법을 보이고 있다. 성돌의 재료는 인근지역에서 채석이 가능한 돌을 사용하였으며, 내탁·편축법으로 쌓은 성곽들은 성돌의 크기가 일정하므로 양양 석성산성처럼 品자형 쌓기를 하지만, 협축 석성은 성돌의 크기가 일정하지 않기 때문에 영월 정양산성처럼 허튼층쌓기로 축성된다. 정양산성은 지금까지 3차례에 걸쳐 발굴조사가 실시됐는데, 최하층에서 5세기중후반 경의 이단투창고배가 출토되었고, 중층에서는 통일기의 저수시설, 입수구시설, 저온저장 건물지, 건물지, T자형 구들을 갖춘 수혈식 주거지들이 확인되었다. 출토유물로는 6~7세기대의 선문기와와 단각고배편들이 출토되었다.

남한강의 상류지점에 위치한 정선 송계리 산성은 포곡식산성으로, 교통의 요충지에 해당된다. 성의 남쪽으로는 봉산리 고분군, 동쪽으로 임계리 고분군, 서쪽으로 송촌동 고분군이 위치한다. 성벽은 일정 높이까지 외탁한 후 내탁하여 올렸고, 토축구간은 서벽과 남벽의 일부구간에서 확인된다. 출토유물로는 5세기 후반경의 이단투창고배와 특이한 형태의 有段式수키와 등이 출토되었다.

앞서 잠깐 언급한 바 있는 泥河城의 위치비정이다. 泥河城은 자비 마립간 11년(468년) 하슬라인 가운데 15세 이상 되는 사람을 징발하여 니하에 성을 쌓았으며, 소지마립간 3년(481년)에 미질부로 진격한 고구려군을 백제, 가야와 연합하여 막아냈었는데 니하 서쪽에서 격퇴하여 천여급을 참수했다는 기록이 남아있다. 이 내용으로 보아 니하성은 영동지역이 아닌 임계천의 남쪽 송계리 산성으로 비정 할 수 있으며, 산성 주변에는 이 시기의 수혈식 석곽분 수백기가 위치하고 있을 뿐만 아니라 임계리 일대에서도 수많은 신라고분들이 산재해 있다는 점이 주목된다.

泥河의 위치 비정에 대해 강릉 방내리 토성으로 보는 견해가 있고, 최근에는 강문동토성으로 보는 견해 등 다양하다. 하지만 방내리 토성은 연곡천 북쪽에 위치하여 지정학적으로 볼 때 매우 불리한 위치에 놓여 있을 뿐만 아니라 토성의 높이가 낮아서 방어에 적합하지 않다. 또한 강문동토성은 신라, 백제, 가야가 연합하여 전투를 벌일 만큼 전략적으로 중요한 위치를 차지하고 있었던 하슬라주의 治所라고 보기에는 발굴조사 결과 확인된 유구 및 유물로 보아 좀 더 깊이 있는 연구 검토가 진행되어야 할 것으로 본다.

V. 佛敎遺蹟

강원지방의 불교문화 전파에 대한 최초의 기록은 자장율사에 의해 수다사와 월정사가 창건하였다는 내용으로 정암사(石南院)에는 입적 일화가 남아 있다. 필자는 전 정암사 주지스님(화광)의 안내로 정암사 남쪽 능선에 위치한 石穴(석실)을 답사한 바 있는데, 석실은 넓직한 바위 밑에 석실을 마련하고 벽면은 활석을 쌓고 틈새는 석회로 마무리한 모습이었다.

통일신라 이후에는 의상대사가 양양 낙산사에서 수행하면서 화엄사상을 전파하였으며, 신라 말기 도의선사에 의해 개창된 선종은 종찰인 진전사가 양양에 창건되면서 전국으로 전파하기 시작하여 사굴산문의 굴산사, 사자산문의 홍령선원이 창건된다.

강원지방의 불교전래는 신라의 명주지역 진출로 시작되어 곳곳에 많은 수의 불교유적들이 조영되었지만 대규모의 사찰들이 창건된 것은 나말려초기 선종사상이 전국적으로 퍼지면서부터라 할 수 있다.

그동안 강원지방 내에서 사역 전면에 대한 발굴조사가 진행된 곳은 양양 진전사와 범일국사가 창건한 강릉 신복사 단 2곳뿐이다. 그나마 양양 진전사는 부도전지 일대에 대한 전면조사 결과를 통해 정비와 복원까지 이뤄져 전통사찰로 지정 보호되고 있다. 강릉 신복사는 태풍 루사와 매미의 피해로 인해 전면 발굴조사가 불가피하였으며 조사 후 정비 복원된 상태이다.

최근에는 원주 법천사(9차)와 강릉 굴산사가 연차적인 학술발굴조사를 진행하고 있어 조사가 완료되는 시점이면 신라말기의 사역과 가람배치에 대한 많은 의문점들이 해소될 것으로 여겨진다. 그밖에 신라시대 창건된 사찰로 전해지는 태백 본적사, 평창 대상리 사지, 강릉 보현사 등은 전체 사역 중 일부만 조사된 상태이고, 삼척 흥전리 사지와 원주 대안리 사지는 지표조사만 시행되었다. 이 가운데 강원지방에서 필자가 직접적으로 발굴조사에 참여한 사역을 중심으로 살펴보겠다.

陳田寺址는 1965년 현지를 답사한 단국대학교 박물관 정영호관장에 의해 '陳田'명 기와가 수습되어 이곳이 九山禪門의 효시가 된 迦智山門의 초조 道義禪師가 수도하였던 진전사임이 밝혀지면서 새로운 조명을 받게 되었다. 동 지역에는 삼층석탑(국보 제122호)과 도의선사부도(보물 제439호)가 남아있다. 1974년부터 1979년까지 6차에 걸쳐 단국대 박물관에 의해 연차발굴이 진행되었으며, 이후 2001년과 2002년에 진행된 강원문화재연구소의 발굴조사 결과 진입을 위한 남쪽 계단지, 문지, 누각지, 법당지, 선방지 등이 확인되었다. 출토유물은 진전명 기와를 비롯하여 어문기와, 중판연화문수막새 등의 9세기대의 유물들이 있다.

崛山寺址는 신라하대 구산선문의 하나인 사굴산파의 본산으로 범일국사에 의해 창건된 사찰로 부도(보물 제85호), 당간지주(보물 제86호), 석불좌상(강원도문화재자료 제38호) 등을 비롯하여 불상 3구가 남아있으며, 2003년 6월 2일 사적 제448호로 지정되었다. 굴산사지는 1983년 강원농업용수개발을 위한 수로공사 중 유구와 유물이 확인되면서 강릉대 박물관에 의한 첫 번째 발굴조사를 통해 건물지의 유구 일부가 확인되었다. 이후 1998년 강릉대학교박물관에서 부도해체복원 및 탐색조사를 실시하여 부도전지를 확인하였다. 2002년에는 태풍 루사로 물길이 굴산사지를 남-북 방향으로 관통하면서 강원문화재연구소에서 긴급발굴을 실시하여 전체 사역을 확인하였다. 2010년부터는 국립중원문화재연구소에서 굴산사지에 대한 중장기 학술조사연구에 착수하여 사역의 범위가 대략 31,500㎡의 면적으로 산출되었으며 '五臺山金剛社'명 기와를 통해 지장신앙결사의 실체가 확인되었다.

神福寺址는 범일국사가 850년경 굴산사를 창건하고 그 말사로 건립된 사원으로 알려져 있다. 신복사지에 대한 고고학적 조사는 1989년 신복사지 내 석조문화재(보물 제84호 석조보살좌상, 보물 제87호 석탑)의 보존관리를 위한 보호책 및 배수시설 설치를 위한 공사 중 초석과 적심시설이 확인되었으며, 유구 내에서 '神福寺'명 기와편 등이 출토되어 1990년 강릉대학교박물관에서 시굴조사를 실시한 결과 석탑과 석조보살좌상의 하부구조와 석탑 주변에서 창건기의 금당지를 비롯한 2동의 건물지가 확인되었다. 2005년에는 강원문화재연구소에 의해 태풍 루사(2002년)와 매미(2003년)로 인해 훼손된 신복사지의 정비를 위한 발굴조사를 실시하였다.

興田里寺址는 신라말에 창건된 것으로 '頓覺寺', '寒山寺' 등으로 불린 바 있다. 2003년 강원문화재연구소에 의해 사지의 성격 및 규모를 밝히고 사지 내에 도괴되어 방치된 석탑재를 정비를 목적으로 조사가 진행되었다. 사역 내에서 석탑재, 배례석, 석등재, 귀부, 비석편이 수습되었다. 이중 석탑재는 3중기단의 3층석탑으로 경주지역에서 태백과 도계 삼척 강릉을 경유하는 불교문화전파경로를 개진한 바 있다.

居頓寺址의 창건시기는 정확하지 않으나 9세기경으로 알려져 있으며, 구산선문 중의 하나인 봉암사 창건주 지증대사 도헌과 관련하여 賢溪山 '安樂寺'로 비정되고 있다. 거돈사지는 1968년 사적 제168호로 지정된 후 1984년 금당의 기단부와 삼층석탑이 복원되었으며, 1989년부터 1991년까지 한림대학교 박물관에서 유적정비복원에 앞서 시굴조사 결과 통일신라 말기와 고려시대 초기 사이에 중창된 것으로 밝혀졌다.

法泉寺址는 신라말에 세워져 고려시대에 이르러 대대적으로 중창된 사찰이며, 사적 제466호로 지정 관리되고 있다. 법상종의 고승 정현이 주석하였고, 지광국사 해린이 법천사로 은퇴하면서 크게 융성하였다가 조선 임진왜란 때 폐사한 것으로 알려져 있다. 법천사에는 우리나라 최고의 걸작으로 평가되는 '智光國師玄妙塔'(국보 제101호)과 탑비(국보 제59호)가 문종에 의해 세워졌는데, 그 중 탑은 경복궁으로 옮겨져 있으며, 법천사지에는 탑비를 비롯하여 당간지주 등이 남아 있다. 2001년부터 2012년에 걸쳐 실시한 7차례의 시·발굴조사 결과 통일신라시대부터 조선시대에 이르는 다양한 시기의 건물지와 석축 및 담장유구, 계단지를 비롯한 유구와 금동불입상, 연화대석, 그리고 신라말기로 추정되는 연화문 수막새와 신라토기들이 탑비전지로 올라가는 입구쪽 우물지 주변에서 출토된 바 있으나 건물지의 실체는 확인되지 않고 있다.

禪林院址는 도의선사의 제자인 염거화상이 입적한 '억성사'로 추정되기도 한다. 1984년 이 절터에서 貞元 20년(804년)명 통일신라 동종이 발견되었다. 동종 내면에 802년 해인사를 창건했던 순응법사 등이 이 절의 창건에 참여했던 기록이 남아있어, 화엄종 계통에서 조성한 것으로 추정되고 있다. 홍각선사 비문에 '함통말년에 다시 설악산 억성사에 가서 법단과 누각을 이뤘다.'라는 것으로 보아 9세기 중엽에 홍각선사가 중창한 것으로 추정된다. 그러나 10세기 전반 경에 대홍수와 산사태로 매몰된 후 다시 중창이 이뤄지지 못했던 것으로 추정된다. 현재 선림원지에는 삼층석탑(보물 제444호), 선림원지 석등(보물 제445호), 선림원지 홍각선사 탑비와 귀부(보물 제446호), 선림원지 부도(보물 제447호)가 남아 있어 통일신라 석조미술의 장중함을 잘 보여 준다. 1985, 1986년 발굴조사에서 금동불상과 귀면와, 막새기와 등이 출토되었다.

物傑里寺址는 통일신라시대에 홍양사가 있던 장소라고 전해지고 있으며 東倉이라는 지명을 보인다. 사역 내에는 석조여래좌상(보물 제544호), 석조비로자나불상(보물 제542호), 대좌(보물 제543호), 대좌 및 광배(보물 제544호), 삼층석탑(보물 제545호)이 남아 있다. 2003년 국립춘천박물관에서 발굴조사를 실시하여 금당지로 추정되는 지역을 확인하였으며, 나말려초로 추정되는 연화문 수막새기와, 조문 암막새기와 등이 출토되었다.

興寧禪院址는 나말여초 구산선문 중 하나인 사자산문이다. 징효대사탑비의 비문에 철감선사 도윤을 개조로 도윤의 제자인 징효대사 절중이 이미 창건된 사찰에 개산하였다는 내용이 있어 9세기 후반에는 이미 사찰이 존재하였음을 알 수 있다. 2002년과 2004년 강원문화재연구소에 의해 실시된 발굴조사 결과, 건물지와 석축, 보도 등의 유구가 확인되었다. 현재 흥령선원(법흥사)의 사역 내에는 징효대사탑비(보물 제612호)를 비롯하여 징효대사부도, 적멸보궁, 석실, 불대좌, 귀부 등이 남아있다.

이와 같이 강원지방의 불교문화 유입은 비교적 늦은 시기로 추정되며, 사찰유적의 특성상 오랜 기간 법통이 이어질 경우 계속적인 증개축이 이뤄지기 때문에 창건가람에 대한 규모나 범위를 파악하기에 많은 어려움이 있다. 아직까지 각 사지에 대한 전면적인 발굴조사가 끝나지 않았기 때문에 많은 노력을 기울임과 함께 심도 있는 연구 결과를 기다려야 할 것으로 본다.

VI. 맺음말

이상, 고고학적 자료를 통해 강원지방의 신라화 과정에 대해 간략히 살펴보았다.

삼국사기에는 奈勿王 40년(395년)에 전쟁기사가 보이고 있으며, 奈勿王 42년(397년)조에 조세와 근로를 면제해 줬다는 내용이 있어 4세기 초반 이미 강릉 지역은 신라의 간접지배기에 들어갔다고 볼 수 있다. 영서지역은 眞興王 12년(551년) 6세기 중반 경에 진출이 이뤄졌으며 善德王 6년(637년)에 牛首州가 설치되면서 신라의 직접 지배가 이뤄진다고 본다.

이와 같은 사실은 신라의 고분 전개와 수혈식 주거지의 축조에서도 나타나고 있다. 안현동에서 4세기 후반대의 신라시대 수혈식 토광목곽분이 축조되기에 앞서 수혈주거지가 축조되었다는 점은 시사해 주는 바가 매우 크다고 볼 수 있다. 특히, 초당동 A-1호 수혈식 석곽분에서 위세품인 금동과판이 출토된 점은 재지세력에 의한 경주의 간접지배가 시작되었음을 보여준다.

신라의 직접지배는 이사부가 실직주(505년)와 하슬라주(512년)의 성주로 임명되는 6세기 초반경으로, 수혈식 석곽분이 존재하지만 횡구식 석곽분과 이후 횡혈식 석실분이 축조되는 시기이다. 주거유적으로는 철자형 주거지에서 소형 방형주거지로 서서히 변화하면서 부뚜막식노지가 안치되고 지상건물지가 축조되는 시기를 의미하며, 남한강 상류유역의 산성 역시 직접지배가 이뤄지기에 앞서 축성된 것으로 추정된다.

반면 강원지방의 불교문화 유입은 기록에서 보듯이 7세기 중엽 이후 신라가 삼국을 통일하면서 의상이 화엄사상을 전파하였고, 신라 말기에는 도의에 의해 개창된 선종사상이 진전사에서 전국으로 전파되면서 불교문화의 새로운 중흥기를 맞게 된다.

강원지방의 신라화 과정은 역사적인 기록과 고고학적인 유적 및 유물 등의 출토상태를 통해 비교적 명확한 양상을 보이는 것으로 생각된다.

참고문헌

강릉대학교박물관, 1996, 『강릉 방내리주거지』.
_____, 2002, 『양양 포월리주거지』.
_____, 1996, 「신복사지 발굴조사보고」, 『강릉 문화유적 발굴조사보고서(시굴 및 긴급 수습조사)』.
_____, 1999, 『굴산사지 부도 학술조사보고』.
강릉원주대학교박물관, 2012, 『강릉 병산동유적–강릉 병산동 공항대교 접속도로 건설부지내 문화유적 발굴조사–』, 강릉원주대학교박물관 학술총서 49책.
강원고고문화연구원, 2011, 「영월 정양산성(사적 제 446호) 2차발굴조사 약보고서」.
_____, 2011, 『강릉 강문동취락–강릉 강문동 교육 및 연구시설 신축부지내 유적 발굴조사–』, 강원고고문화연구원 학술총서 12책.
_____, 2011, 『춘천 근화동유적–경춘선 춘천정거장 예정부지내 A구역 유적 발굴조사–』, 강원고

고문화연구원 학술총서 15책.

_____, 2012, 「영월 정양산성(사적 제 446호) 3차 발굴조사 약보고서」.

강원문화재연구소, 2001, 「삼척 요전산성 기본설계(지표조사) 보고서」 1책.

_____, 2003, 「병산동고분군」.

_____, 2003, 「삼척 흥전리사지 지표조사 및 삼층석탑재 실측보고서」.

_____, 2004, 「강릉 강문동 철기·신라시대 주거지–강릉 강문동 302–1, 302, 305–5, 302–2, 304–2 번지 여관신축부지내 유적–」, 강원문화재연구소 학술총서 19책.

_____, 2004, 「陳田」.

_____, 2005, 「강릉 송정동 주차장 조성부지 내 문화유적 시굴조사 보고서」, 「강릉지역 문화유적 시굴조사 보고서」, 강원문화재연구소 학술총서 29책.

_____, 2005, 「강릉 영진리 아파트 신축부지내 문화유적 시굴조사 보고서」, 「강릉지역 문화유적 시·발굴조사 보고서」, 강원문화재연구소 학술총서 31책.

_____, 2005, 「강릉 주수리고분군」, 「동해고속도로확장공사구간내 유적발굴조사보고서」.

_____, 2005, 「강릉 초당동유적 I」.

_____, 2005, 「춘천 봉의산성 발굴조사 보고서」 38책.

_____, 2005, 「하화계리·철정리·역내리 유적–국도44호선(구성포~어론간)도로 확·포장공사 구역 내 유적발굴조사 보고서(I)」, 강원문화재연구소 학술총서 33책.

_____, 2005, 「홍천 역내리고분군」.

_____, 2006, 「강릉 굴산사지 발굴조사보고서」.

_____, 2006, 「강릉 병산동 주거지–강릉 병산동 320–3번지 내 유적–」, 강원분화재연구소 학술총서 55책.

_____, 2006, 「강릉 초당동유적 II」.

_____, 2006, 「영월 팔괴리 유적–영월~정양간 도로 확장 구간내 유적 발굴조사 보고서–」, 강원문화재연구소 학술총서 52책.

_____, 2006, 「정선 송계리산성발굴조사보고서」.

_____, 2007, 「강릉 방동리 유적–강릉 과학일반산업단지 조성지역」 강원문화재연구소 학술총서 61책.

_____, 2007, 「강릉 신복사지」.

_____, 2007, 「강릉 초당동유적 III」.

_____, 2008, 「양양 석성산성–양양 상수도시설공사부지 내 유적 발굴조사 보고서」 85책.

_____, 2008, 「영월 흥령선원 1, 2차 시굴조사 보고서」.

_____, 2009, 「법천사 I –제 I 구역 발굴조사 보고서」.

_____, 2011, 「정선 아우라지 유적–정선 아우라지 관광단지 조성부지 내 2차 발굴조사 보고서–」, 강원문화재연구소 학술총서 113책.

_____, 2011, 「춘천 근화동유적–경춘선 춘천정거장 예정부지내 B구역 유적 발굴조사–」, 강원문화재연구소 학술총서 119책.

_____, 2012, 「홍천 성산리유적–춘천~동홍천간 고속도로 건설공사 문화유적(성산리) 발굴조사–」, 강

　　　　원문화재연구소 학술총서 120책.

관동대학교박물관, 1994, 『동해북평공단조성지역문화유적발굴조사보고서』.

　　　　　　　　, 2003, 『삼척 성북동 갈야산 고분군』.

국강고고학연구소, 2012, 『강릉 경포대 현대호텔 신축부지 내 유적 현장설명회』.

　　　　　　　　, 2013, 『강릉 경포대 현대호텔 신축부지 내 유적 현장설명회』.

국립중원문화재연구소, 2011, 『강릉 굴산사지(사적 제448호) 현장설명회 자료집』.

　　　　　　　　　　, 2012, 『사굴산문 굴산사』.

국립춘천박물관, 2007, 『홍천 물걸리사지 학술조사보고서』.

金武重, 2006, 「江原地方 原三國時代 土器編年」, 『江原地域의 鐵器文化』, 2006년 강원고고학회 추계학술
　　　　대회 발표자료집.

김병모, 1971, 「강릉 초당동 제 1호분」, 『문화재』 5.

김정기·이종철, 「명주군 하시동고분발굴조사보고」, 『고고미술』 110.

단국대학교 중앙박물관, 1989, 『陳田寺址 發掘報告』.

도의철, 2011, 「굴산사지 발굴조사 성과와 향후 과제」, 『고대도시 명주와 굴산사』.

동국대학교박물관, 1991, 「선림원지 발굴조사 약보고」.

박수영, 2011, 『강릉 안현동유적 –강릉 안현동유적 삼국시대 유구와 유물에 대하여–』, 예맥문화재연구원.

백홍기, 1984, 「명주 굴산사지 발굴조사 보고서」, 『고고미술 161호』.

신유리, 2011, 「중부지방 신라수혈주거지연구」, 단국대학교 대학원 석사학위논문.

신종원, 1983, 「수다사지 조사」, 『박물관신문 148호』.

　　　, 1989, 「수다사지출토 청동반자 및 청동촛대」, 『강원사학 4』.

예맥문화재연구원, 2010, 『춘천 송암동유적–춘천 의암 레저스포츠타운 조성부지내 유적 발굴조사보고서–』,
　　　　학술조사보고 제30책.

　　　　　　　　　, 2011, 『강릉 안현동유적–강릉 샌드파인리조트 신축공사부지내 유적 발굴조사 보고서–』,
　　　　학술조사보고 제41책.

　　　　　　　　　, 2011, 『춘천 근화동유적–경춘선 춘천정거장 예정부지내 C구역 유적 발굴조사–』, 학술조
　　　　사보고 제43책.

이창현, 2005, 「강릉지역 신라고분연구」, 단국대학교 석사학위논문.

　　　, 2006, 「강릉지역의 신라화 과정–고분자료를 중심으로–」, 『문화사학』 25호.

　　　, 2007, 「강릉지역 신라고분의 발생과 전개」, 『추계학술대회』, 강원고고학회.

조선총독부, 1916, 『조선고적도보』 3.

최병현, 2007, 「강원지방 삼국시대 고분 조사·연구의 성과와 과제」, 『추계학술대회』, 강원고고학회.

최순우, 1978, 「삼척 갈야산 적석고분개보」, 『고고미술』 138·139.

한림대학교박물관, 2000, 『거돈사지 발굴조사 보고서』.

홍보식, 2007, 「강원지역의 신라고분 전개양상」, 『추계학술대회』, 강원고고학회.

안동 법흥사지칠층전탑 보존처리 사례 연구

한병일 · 최준현   (주)엔가드 문화재연구소

Ⅰ. 머리말

탑은 석가모니의 입적 이후 그의 사리를 봉안하는 목적으로 건립되는 건조물로써 인도에서 적사암을 다듬어 조립하는 모전석탑으로 시작되어 중국으로 유래하며 목탑으로 건립을 시작하고 차차 중국 건축기법인 고층누각을 탑으로 수용하고 재료는 전돌을 주로 사용하였다. 이후 우리나라에 전래되어 목탑을 거쳐 전탑이 일부지역에서 건립되며 차차 한국형 석탑으로 발전해 나가는 과정을 거친다. 전탑은 건탑 초기인 7~8세기경 경주 지역에서 먼저 수용되어 분황사 모전석탑을 건립하는데 이후 약 100여년의 시간 차이를 두고 8~9세기경부터 안동 지역에 건립된다. 이처럼 안동 지역을 중심으로 낙동강 주변에 전탑이 집중적으로 나타나는 이유에 대해서는 다양한 견해가 있으나, 이 지역이 벽돌을 생산하기에 적합한 곳으로 원료의 수급이 용이하거나 수로를 매개로 한 벽돌 문화의 전파가 쉽게 이루어졌기 때문으로 보는 의견이 지배적이다.[01] 이 밖에도 통일신라 후기에 안동 지역에 불교문화가 급진적으로 성행하였을 가능성과 불교문화와 융합된 풍수지리 사상의 영향으로 전탑을 다량 축조하였을 가능성이 제기되고 있다.[02]

이러한 전탑은 석탑과 구성이 완전히 다르므로 시간의 흐름에 따라 진행되는 퇴락, 훼손 양상이 또한 완전히 다르다. 그러나 우리나라에는 석탑이 차지하는 범위가 아주 넓은 데 반해 전탑은 지역에 따라 제한적으로 존재하기 때문에 보존처리 사례가 드물다. 전탑은 수많은 전돌을 적층하며 조성하는데 이 전돌 사이에 영구적인 방수처리가 불가능하고 법흥사지 칠층전탑과 같이 줄눈 시공을 하지 않는 축조기법으로 조성되기도 하는 까닭에 수분 유입으로 인해 외관상 훼손으로는 백화 발생과 수목류 착근 및 생장, 구조석으로는 전돌 재질의 약화로 인해 야기되는 내부 응력의 불균형과 외형 손상 등이 특징적이다.

따라서 금번 보존처리는 특히 수분에 의한 영향을 많이 받는 전탑의 특징적인 훼손 양상에 대응하도록 수분 유입을 효과적으로 방지할 수 있는 보존처리를 실시하고 이를 체계화하여 다른 유사한 사례에 비교 적용할 수 있도록 하는데 중점을 두어 실시하였다.

II. 현황

1. 위치

탑이 위치한 곳은 안동 시가지의 경계부분으로, 주변에 철로와 도로가 지나고 차량통행이 빈번한 도심환경을 갖고 있다. 그러나 주변의 법흥골과 탑골로 불리는 마을의 명칭에서 알 수 있듯이 영남산 자락에 걸쳐 있던 준산지 지형이었다. 신증동국여지승람에 기록된 법흥사에 대한 박효수의 시를 보면 "이 절에 오르면 황홀하여 공중에 있는 것 같다" 고 하여 조선시대까지 산중턱에 가까운 입지적 환경을 갖고 있었음을 유추할 수 있다.[03]

이 법흥사의 현황은 17세기 초인 1608년에 작성된 영가지에서 이미 불우조가 아닌 고

---

01) 천득염, 김은양, 1995,「한국 전탑에 관한 비교론적 연구」,『건축역사연구』4(2), 25~44쪽.
02) 권병혁, 1992,「안동지역 전탑에 대한 시론」,『안동사연구』5(1), 4~28쪽.
      임세권, 2004,「한국 전탑의 전래와 변천과정」,『미술사학연구』242, 15~17쪽.
03) 신증동국여지승람 제24권 안동대도호부 불우조(민족문화추진회, 1967,『신증동국여지승람』3, 고전국역총서42, 422쪽).

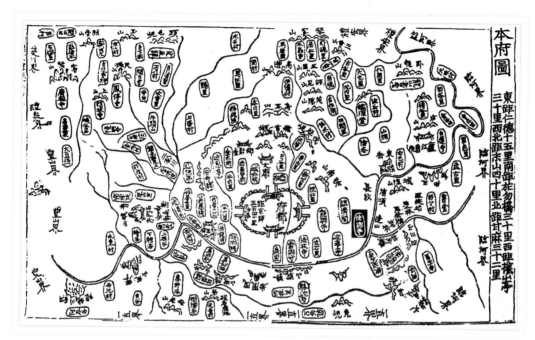

그림 1. 안동읍도 상의 법흥사지 칠층전탑 위치(검은 사각형 내)

그림 2. 안동도회 상의 안동 현황(18세기 말경)

적조에서 다루고 있는 점을 볼 때 사세가 퇴락하였음을 짐작할 수 있고 상륜부를 철거하였음이 기록되어 있으며, 이후 안동 읍도에서는 위치가 표시되는데 반해 18세기 초 작성된 것으로 추정하는 안동도회나 18세기 말의 것으로 추정되는 여지도 등에서는 탑이 표시되지 않음으로 볼 때 절은 물론 탑 역시도 어떠한 관리나 관심을 받지 못하였다고 추정할 수 있다.

일제 강점기에는 칠층전탑 바로 앞에 철로가 개설되어 수많은 기차가 지나가며 진동을 주기 시작하였으며 일부 보수가 이루어졌고, 1976년에 건설된 안동댐으로 인해 주변 지반이 높아지고, 1994년도 택지조성사업이 이루어져 법흥사지 칠층전탑의 주변은 오늘날과 같은 모습을 갖추게 되었다. 현재 전탑의 동남쪽 약 10m 바깥으로 낙동강이 흐르고 서쪽으로 급경사의 영남산 자락이 6m 내외에 인접하고 있다. 탑의 동북쪽 역시 산비탈에 해당하여 사찰이나 대형탑이 들어서기 어려운 지형을 갖고 있다. 이 탑은 주변의 산악지형과 낙동강을 끼고 있어 전형적인 안동 지역의 강안형 전탑에 해당한다.[04]

2. 보존현황

안동 법흥사지 칠층전탑은 한국에 현존하는 전탑 중 가장 규모가 크고 오래되어 역사적으로 중요한 의의를 가진다.[05] 이 전탑은 17세기 초에 작성된 안동 읍지인 영가지에 따르면 成化 丁未年, 즉 1487년에 개축을 하였으며 이 후 16세기경 이고라는 사람이 상륜부를 철거하고 이를 집기로 만들어 관에 납품한 것으로 기록되었다.

일제강점기에 촬영된 유리원판 사진과 조선고적도보에서 확인되듯이 여러 곳이 허물어지고 기단 역시 교란되었다. 이러한 변형 상태를 일제가 시멘트를 사용하여 반영구적으로 고착시킨 상태로 현재까지 전해오고 있다. 이 사진들이 촬영되었을 당시 현황은 7층 부분은 옥개부와 탑신부가 남동쪽이 크게 파손되어 있고 6층 역시 옥개부를 중심으로 파손되어 있다. 이하 층에서도 주로 옥개부의 네 귀퉁이가 무너져 있음을 확인할 수 있고 특히 1층 옥개부는 남동쪽 모서리가 크게 무너져 있으면서 탑신의 일부도 함께 무너져 있음을 확인할 수 있다. 또 감실은 인방이 유실되면서 상방으로 균열이 발생해 있고 다만 옥개부 낙수면의 기와는 현재보다 약간 많은 수량이 잔존하는 것을 확인할 수 있다.

---

04) 임세권, 2005,「신세동 7층전탑의 원형 복원」,『안동사학』9, 81~105쪽.
05) 문화재청, 2013, 문화유산정보, www.cha.go.kr

사진 1. 1914년 당시 유리원판 사진(국립중앙박물관 소장)　사진 2. 법흥사지 칠층전탑(조선고적도보)

　탑신부는 회색 또는 붉은색 전돌로 이루어져 있으며 서측면 2, 3층과 남측면 4층에는 기와가 남아 있다. 남측면 1층에는 감실이 있으며 감실입구는 합판으로 막아두었다. 기단부는 역질사암의 면석이 둘러져 있고 상면 전체와 결실된 면석 일부는 시멘트로 덮여져 있다. 또한 탑의 옥개석 낙수면에도 대부분 시멘트로 덮여져 있다.

　현재 탑의 옥개석 낙수면에는 주로 지의류, 이끼, 식물이 식생하고 있다. 지의류는 주로 엽상지의류이고 이끼와 함께 자라고 있으며 대부분 흑색 또는 갈색으로 건조된 상태이다. 식물은 전돌 사이에 뿌리를 두고 자라고 있으며 뿌리가 깊지 않아 빠지는 것도 있으나 뿌리가 깊어 전돌을 들뜨게 하는 것도 있다.

　탑의 낙수받침에는 백화현상이 일어나 있는데 이는 과거에 전돌을 접착시켰던 석회질 보수물질(시멘트) 중 탄산칼슘 성분이 강우 시 빗물에 녹아 흐르는 과정에서 건조되어 수분은 증발하고 탄산칼슘은 표면에 남아 침착된 것이다.

　탑을 이루고 있는 전돌은 풍화되어 토양화 된 것이 확인되고 침하 또는 이격 현상이 일어나고 있다. 이러한 현상은 낙수면의 시멘트 줄눈이 이탈되면서 더욱 가속화 되는 것으로 추측된다.

　기단부에는 석재와 시멘트의 경계를 따라 균열이 진행되고 있거나 시멘트 몰탈 자체에 균열이 발생하여 있으며 그 주변으로 지의류, 이끼류, 식물이 식생하고 있다.

　사전 조사 단계에서 감실과 감실 천정에서 노반까지 이어진 것으로 추정되는 찰주공에 대한 조사를 실시하였는데 이 찰주공은 탑을 축조할 때 중심을 잡기 위해 탑 가운데 세운 목재 기둥 자리로 추측되고 축조 후에는 목재 찰주를 세워 상륜부를 구성한 것으로

사진 3. 옥개석 훼손상태

사진 4. 지의류

사진 5. 이끼류

사진 6. 식물 뿌리에 의한 이격

사진 7. 백화 현상

사진 8. 옥개석 줄눈 파손

사진 9. 옥개부 침하 및 이격현상

사진 10. 전돌 풍화

사진 11. 전돌 풍화

사진 12. 기단부 균열

추정한다. 감실은 폭 1.50m, 길이 1.70m, 높이 1.45m(이 지점에서부터 상부로 올라가면서 9단으로 평행줄임을 하였으며 찰주공이 시작되는 높이는 1.97m이다.) 원래 법흥사지 칠층전탑은 감실천장에서 7층까지 지름 30cm정도의 구멍이 뚫려 있어 이를 통하여 하늘을 보았다[06]는 증언이 있었으나 현재는 5층 탑신부(7층 노반석에서 부터 하방 3.1M 지점, 감실 바닥에서 상방 8.51m)에서 막혀있는 상태이다. 또 감실 입구에 인방과 문설주, 하인방은 모두 화강암제이나 직각으로 조성된데 반해 내부에서 감실문을 볼 때는 중앙부가 높아지는 양식이어서 본래의 것인지에 대한 의문이 있다. 특히 조선고적보도에서 확인되는 것은 상인방 위로 일부가 무너져 있는 상태로 그 이후로 변형이 가해졌을 가능성이 높다고 본다. 이 찰주공은 6층 옥개(7층에서부터 깊이 약 1.5m 지점)까지는 '+'형태였던 찰구공 평면이 흐트러지고 약간 넓어진 것으로

---

06) 안동대학교 국학부의 이효걸 교수(52세)에 의하면 어릴 때 감실 내에 자주 들어갔었는데 천정의 구멍을 통해서 하늘이 보였다고 한다.
임세권, 2005, 「신세동 7층전탑의 원형 복원」, 『안동사학』 9, 81~105쪽.

사진 13. 조선고적도보 상 감실 입구

사진 14. 현재 감실 입구

사진 15. 찰수공 평면형태(노반 하부)

사진 16. 찰주공 바닥형태(노반에서부터 아래 방향)

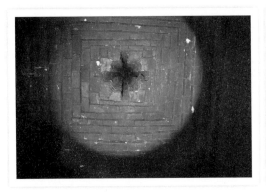

사진 17. 찰주공(감실 천장)

사진 18. 찰주공 상부 형태(감실에서부터 상부 방향)

추정된다. 감실에서 확인되는 찰주공의 평면은 거의 완벽하게 남아 있다.

찰주공은 시멘트로 만들어진 뚜껑돌로 덮여 있고 그 아래는 철판이 올려진 노반석(화강암)이 있고 철판에서 뚜껑돌이 맞닿는 면은 시멘트로 높여 물의 유입을 차단하도록 하고 있다.

Ⅲ. 보존처리

보존처리에 앞서 전탑 구성재료인 전돌과 탑 표면의 안료에 대해서 과학적 분석을 실시하여 보존처리 시 사용될 신재 전돌을 제작하는데 참고하고 세척 전 상태에서 표면 안료 분석을 실시하였다. 또 육안 관찰과 사진촬영을 기본으로 하는 예비조사를 실시하여 법흥사지 칠층전탑의 현황을 자세히 기록하였다.

법흥사지 칠층전탑의 훼손 현상은 크게 표면 오염, 전돌 이격 및 파손, 수분 유입, 계단돌 교란 등이 있다. 따라서 표면오염물에 대해서 건식 및 습식 세척과 백화제거를 실시하고, 전돌 이격부에 무기질 바인더와 에틸 실리케이트를 혼합하여 충전하고 파손된 전돌을 교체하며, 전돌이 파손되고 교란된 7층 옥개부를 해체하여 전돌을 새로 구워 복원하고, 수분 유입의 직접적인 통로가 되는 줄눈을 보수하며 계단돌을 드잡이하는 과정을 거쳐 보존처리를 진행하였다. 이와 같은 보존처리는 우선 기존에 발생한 표면오염과 백화현상을 제거하고 전돌이 이격된 부분에 미네랄 바인더를 충전하여 내구성이 증진되도록 한 뒤, 향후 백화현상을 일으킬 수 있는 가장 큰 원인인 수분을 통제하여 재발생 하지 않도록 하려는 목적의 7층 옥개부 해체 복원, 줄눈 보수를 실시하여 수분으로 인한 2차 피해를 경감시켜 안정적인 전탑의 보존을 시도한 것이다.

1. 전탑의 과학적 분석

1) 전탑 표면 안료 분석

전탑 표면에 보이는 적색안료와 녹색안료, 백색안료에 대한 분석연구를 실시하였다. P-XRF, 색차계, 디지털현미경을 통하여 전탑에 존재하는 적색안료와 녹색안료에 대한 종합적인 물성 평가를 실시한 분석결과 적색안료는 주변부보다 Fe 함량이 높게 나타나며 이는 적색안료 석간주나 철입자의 부식물로 판단된다. 녹색안료의 경우 녹색안료의 대표적 광물 Cu가 검출되지 않았으며, Fe가 높게 검출되어 뇌록이 사용되었거나 유기안료인 Cyanine green이 쓰였던 것으로 판단된다. 줄눈에 나타난 적색입자의 경우 주변부보다 월등히 높은 철함량이 나타나 철입자로 판단되며, 2-w 옥신부에 나타난 백색부분은 Ca함량이 높게 나타나 호분이 사용되었거나 줄눈과 석부재로부터 용출된 백화현상일 가능성이 있다.

2) 전돌의 과학적 분석

전돌의 재료과학적인 특성을 밝히기 위해 다양한 물리적 및 토양광물학적 분석을 수행하였다. 분석용 시료는 파손된 벽돌에서 색상과 조직의 다양성을 고려하여 총 8종류를 수습하였다. 물리적인 특성으로 초음파속도, 색도, 가비중과 흡수율을 측정하였고, 광물학적 분석을 위해 전암대자율, 현미경 분석, X-선 회절분석 및 열분석을 실시하였다.

초음파속도는 벽돌의 물리적인 강도를 간접적으로 파악하고자 측정하였으며, 이용된 기기는 스위스 Proceq 사의 Pundit Lab이다. 정량적인 색도값을 획득하기 위해 Minolta CM-2600d를 이용하여 색도를 측정하였다. 또한 한국산업규격 KS L 4201의 표준 실험법에 준하여 벽돌의 가비중과 흡수율을 측정하였다.

벽돌의 자화강도를 파악하기 위해 전암대자율을 측정하였으며, 측정기기는 10^7 SI 단위의 측정한계를 가진 SM-30이 이용되었다. 벽돌 내부에 분포하는 공극 특성, 미세조직 및 풍화상태를 살펴보기 위해 실체현미경 관찰을 실시하였으며, 이용된 기기는 Nikon SNZ1000 모델이다. 한편 시료의 광물조성, 미세조직 및 기질의 특성을 관찰하기 위해 박편을 제작하여 Nikon Eclipse E 600W 편광/반사 겸용 현미경으로 관찰을 수행하였다.

벽돌의 미세조직과 풍화에 의한 변질광물의 생성 및 기질의 상대적인 유리질화 정도를 파악하기 위해 주사전자현미경 분석을 수행하였다. 분석에는 에너지 분산형 성분분석기(EDS, Oxford INCA M/X)가 부착된 전계 주사전자현미경(FE-SEM, JEOL JSM-6335F)이 이용되었다.

벽돌의 조암광물 및 점토광물의 정확한 동정을 위하여 X-선 회절분석을 실시하였으며 분석에 사용된 기기는 Bruker D8 Advance로, X-선은 CuK α 에 양극의 가속전압 및 필라멘트의 전류는 각각 40kV 및 40mA이다. 또한 재가열 과정 동안 구성광물의 열이력과 상전이 여부를 확인하기 위하여 벽돌의 열분석을 실시하였다. 기기는 TG-DTA, 2000S, Mac Science, Co., Japan이 이용되었으며, 20℃에서 1,000℃까지 승온속도 10℃/min로 측정하였다. 이와 같은 분석의 결과는 다음과 같다.

1. 안동 법흥사지 칠층전탑을 구성하는 벽돌은 대부분은 담회색 내지 담황색을 띠는 원전돌[07] 과 회색을 띠는 복원전돌로 이루어져 있다. 원전돌은 가비중, 공극율, 흡수율 및 초음파

---

07) 법흥사지 칠층석탑의 전돌은 크게 두 가지 종류로 구성되어 있는데 하나는 정확한 시기는 알 수 없지만 처음 탑을 조적한 당시의 전돌(이하 "원전돌"이라 함)과 일제 강점기에 대폭 보수 할 당시 사용한 전돌(전돌 뒷면에 大正四年〈1915년〉으로 새긴 전돌로 "복원전돌"이라 하였다.)

속도가 각각 평균 1.64, 27.8%, 17.0% 및 1,297m/s로 나타났고, 복원전돌은 1.66, 35.0%, 21.2% 및 1,451m/s로 나타나 건축재료로서 다소 취약한 물성을 갖고 있다.

2. 원전돌의 전암대자율은 평균 3.45(×10⁻³ SI unit), 복원전돌은 평균 1.76(×10⁻³ SI unit)으로 나타나 양자간 재료학적 차이가 확인되었다. 원전돌은 주로 석영, 장석, 소량의 운모류와 미정질 기질로 구성된다.

3. 원전돌의 태토에 포함된 혼입광물의 크기는 최대 2mm이고 매우 다양한 입도분포를 보여 인위적인 입도조절 과정은 거치지 않았을 것으로 판단된다. 또한 기질에서는 적갈색을 띠는 점토질 집합체가 관찰되어 철산화물이 다소 함유된 태토를 사용한 것으로 보인다.

4. 원전돌은 대부분 담회황색을 띰에 따라 중성환경에서 소성되었을 것으로 판단되며, 벽돌에 따라 운모의 출현과 소멸이 모두 나타나 대략 900~1,000℃에서 소성된 것으로 해석된다. 다만 소량 확인된 경질 벽돌은 헤르시나이트가 검출되어 1,000℃까지 높은 온도에 노출되었을 것으로 추정된다.

5. 복원전돌은 색상이 모두 회색 계통이므로 환원환경의 영향을 지배적으로 받았을 것으로 추정되고, 기질은 부분적인 소결이 확인되거나 헤르시나이트가 출현함에 따라 최대 1,000℃의 온도에서 소성되었을 것으로 판단된다.

2. 전탑 보존처리

1) 예비조사

육안 관찰, 사진촬영 등의 자료를 바탕으로 실시한 풍화도 조사결과, 전체 풍화된 전돌 중에서 이탈되는 것이 가장 많고 다음이 열화, 파손 순으로 나타났다. 동서남북의 4방향 중에서는 동측면의 풍화가 다른 방향에 비해 심한 것으로 조사되었다.

2) 표면세척

사진 19. 3층 동쪽 낙수면 이끼제거 전

사진 20. 3층 동쪽 낙수면 이끼제거 후

사진 21. 6층 북쪽 흙 제거 전(옥개석 밀림)

사진 22. 6층 북쪽 흙 제거 후

사진 23. 백화 제기 전

사진 24. 백화 제거 후

표면에 자생하는 지의류, 이끼류, 초본류를 대나무 칼, 붓으로 제거하고 기단부의 고착지의류는 물과 플라스틱 솔로 제거하였다.

3) 백화제거

의료용 메스와 motortool을 이용하여 표면의 백화제거를 진행하였다. 백화현상은 전탑 내부의 칼슘성분이 수분에 녹아 외부로 용출되면서 표면에 맺히는 과정이 반복되면서 발생하는데 시간이 흐르면서 gypsum으로 결정화되어 강하게 고착되므로 제거하기 힘들어진다. 이렇게 방해석화된 결정은 물리적으로 제거하여야 하는데 이 물리력을 최소화할 수 있는 방법이 motortool을 이용한 방법이다. 회전력을 이용하는 방법으로 표면의 백화는 제거가 가능하지만 물에 녹은 상태로 전돌에 흡수되어 전돌 입자 사이에서 결정화된 백화는 제거하기 어렵다. 다만 이렇게 전돌 입자 사이에 존재하는 백화는 산(acid)을 이용한 방법으로 제거가 가능하지만 전돌이 노화되어 산에 대한 저항력이 감소되어 있는 상태를 고려하여 완전히 제거하지 않았다.

4) 이격부 충전

전탑은 대체적으로 남쪽을 향해 옥개부가 이격되며 틈이 벌어진 상태로 여기에 일제 강점기 시대에 밀어 넣어 고정시킨 시멘트가 세월이 지남에 따라 접착력을 잃고 벌어진 상태이다. 이 부분에 KSE 500과 미네랄 바인더 A, B 타입을 혼합하여 충전함으로써 내구 력을 향상하고 구조적 안정감을 부여할 수 있도록 하는 것을 목표로 실시하였다.

사진 25. 법흥사지 전탑 이격부 현

사진 26. 법흥사지 전탑 이격부 현황

KSE Filler A는 silicic acid ethyl(SAE) module system반응에 의해 생성되며, 성상은 밝은 회색 무정형 mineral 파우더로 경화 후 물이나 산ㆍ염기에 안정하다 다만, 고온에 노출될 경우 일부 팽창현상이 보이지만 기본적으로 비활성물질이기 때문에 안정하다고 볼 수 있다. 농도 조절을 위해 사용되는 용제는 KSE 500 STE로 높은 겔형성률을 보이는 silicic acid ethyl 기반의 탄성강화제이다. KSE 500 STE는 ethyl을 용매로 사용하기 때문에 silicic acid가 암석내부로 스며들어갈 수 있으며, 암석내부로 침투한 silicic acid는 무정형의 silica-gel로 변환되고 ethyl은 해리되어 증발한다. 즉, 강화처리제와 유사한 패턴으로 반응함을 알 수 있다. Silicic acid 구성의 용제(KSE Filler A)와 용매(KSE 500 STE)는 규산염 광물이 주를 이루는 암석의 구성광물과 동일한 성분으로 암석의 빈 공극을 채우는 충전물질로 작용한다.

이격부 충전은 우선 액상의 KSE 500에 미세 분말형태의 Filler A와 B를 혼합하여 페이스트상의 농도로 맞추어 주사기를 사용하여 전돌의 이격된 부분에 밀어 넣는데 이 때 과도한 양이 한번에 주입되면 다른 전돌의 표면으로 흘러나와 오염시킬 수 있으므로 적당

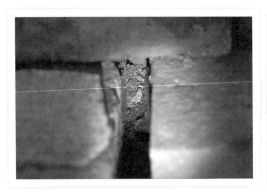

사진 27. 전돌 이격부

사진 28. 1차 주입분 경화 과정

사진 29. 1차 주입

사진 30. 2차 주입

량을 조금씩 주입하며 상태를 확인하였다. 이런 식으로 주입을 반복하여 1차 주입을 실시하고, 이후 ethyl이 증발하는데 따라 그 부피만큼 수축하므로 이 수축분만큼을 보충하여 2차 주입을 실시하였다. 보통 주입량이 많을수록 수축률이 높아져 크랙이 많이 벌어지므로 여기에 주입하는 KSE 500이 재차 크랙을 일으켜 3차, 4차 주입까지 필요한 경우가 대부분이었다. 주입 후 경화 시간이 최소 1주일~15일 가량이 소요되며 충분히 경화시켜 주입을 진행하여 충분한 밀도를 확보하도록 하였다.

5) 줄눈보수

줄눈은 전돌을 쌓을때 생긴 전돌사이 틈으로 법흥사지 칠층전탑은 외관상 그 틈을 메우지 않았던 것으로 보인다. 옥개석 낙수면에는 시멘트로 덮여져 있으며 일부는 노후되어 들떠있었다. 시멘트는 불안정한 전돌을 고정시키고 빗물에 의한 훼손을 완충시키는 작용을 했던 것으로 보이나 전돌과 분리되어 기능을 상실한 것은 제거하였다. 이에 따라

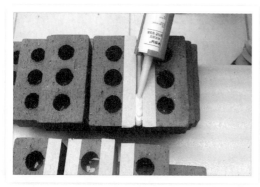

사진 31. 유기접착제 모델실험1

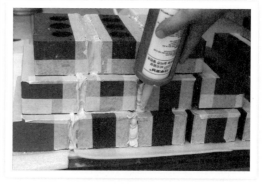

사진 32. 유기접착제 모델실험2

사진 33. 실리콘 시공 후

사진 34. 실리콘 시공 후

수분이 전돌 사이로 그대로 흘러들어가 백화를 일으키고 전돌이 약화되는데 작용하므로 이 수분이 전탑의 내부로 유입되는 것을 방지하기 위하여 옥개부의 상단에 백화현상이 다시 나타나지 않고 탄성과 가역성 있는 석재용 실리콘수지를 적용하여 줄눈을 막고 표면처리하였다. 이 공정에 앞서 모델실험과 현장적용실험을 실시하고 전탑에 적용하였다.

6) 전돌 교체

파손되거나 이완, 혹은 풍화된 전돌에 대해서 총 144개의 전돌을 교체하였다. 교체 시 사용할 새전돌은 기존의 전돌을 분석하여 얻어진 데이터를 바탕으로 전통가마에서 전통방식으로 재현하여 구운 전돌을 사용하였다.

통째로 빠지거나 비어있는 전돌의 경우에는 그대로 끼워 넣어 교체하였고 일부가 풍화되거나 깨진 것들은 필요한 경우 파단면을 그라인더나 정을 사용해 약화된 부분을 제거하여 접합력이 증진되도록 한 뒤 깨진 모양을 그랭이질한 전돌을 맞춰 접합하여 교체하였다.

7) 7층 옥개부 해체 및 복원

7층 옥개부는 전돌의 대부분이 시멘트와 분리되고 깨진 상태로 얹혀 있는 상태였다.

사진 35. 7층 옥개 상부

사진 36. 7층 옥개 북동쪽 시멘트

사진 37. 6층 옥개부 빗면 전돌

사진 38. 6층 옥개부 빗면 전돌 상세

사진 39. 7층 옥개부 복원

사진 40. 7층 옥개부 복원 완료

또 사암이나 기와 등이 어지럽게 널려져 있는 상태였다. 따라서 이들 사암과 기와 등 불필요한 것들을 제거한 뒤 현황을 3D 스캐너로 스캔하여 기록한 뒤 한층 한층 해체와 더불어 3D 스캐너로 기록하였다. 해체 범위는 상단 3단이 대상이었으며 해체 후에는 시멘트 덩어리를 일부 제거하여 면고르기를 한 뒤 복원하였다.

복원에 참고한 부분은 6층 옥개부의 상단인데 이 부분이 다른 층과는 달리 빗면으로 제작된 전돌이 7층 탑신부를 받치고 있다. 이 빗면 전돌이 강우 시 우수를 흘려보내는 역할을 하도록 노반 아래쪽인 7층의 상단에도 빗면 전돌을 2단 조성하고 급격한 체감이 되지 않도록 3단을 조성하여 복원하였다.

8) 기와보수

기와는 2, 3층 서측면과 4층 남측면 옥개석에 남아 있는데 옥개석 낙수면과 암기와 사이공간은 흙으로, 앞뒤좌우 마구리는 시멘트로 마감하였다. 현재는 시멘트가 노화되고

사진 41. 파손된 기와(4층 남쪽)

사진 42. 흘러내린 보토

사진 43. 기와 보수 완료

사진 44. 기와 보수 완료

내부 흙이 드러나면서 4층에서 2개의 수키와가 떨어지고 내부 흙도 계속 흘러내리고 있다. 따라서 강회와 황토를 혼합하여 암기와와 낙수면 사이를 채우고 마구리를 마감하여 기와를 고정하였다.

9) 감실목문설치

현재 감실입구는 합판재와 각재를 못으로 박아 문짝형태를 만들어 끼워 넣은 것으로 표면에는 흰색 페인트가 칠해져 있는데 미관상 보기 좋지 않고 부분적으로 노후되어 있어 금번 보존처리에서 한식 판문으로 교체하였다. 재질은 소나무로 하였으며 각각의 부재들을 조립하여 짜맞추는 방식으로 제작하였다. 고정은 별다른 장치가 없고 득히 감실 입구 부분에 문설주나 기타의 흔적이 없는 관계로 감실 입구와 꼭 들어맞는 크기로 제작하여 끼워 넣었다.

사진 45. 목문 현황

사진 46. 목문 교체 완료

10) 감실계단보수

감실계단은 총 8단인데 하부 2, 3번째 단은 화강암으로 밖으로 이완되어 원래 위치대로 바로잡았다. 계단 내부로는 자갈과 흙을 혼합하여 채운 것으로 확인되었다. 이 계단은 기단을 화강암 면석을 시멘트로 고정하면서 조성한 것인지 본래 있었던 것인지는 확인할 수 없지만 총7열로 되어 있다. 하단의 3열은 석재인데 반해 상단 4열은 시멘트로 되어 있다.

이 하단 3열중 하단 2열이 본래 위치에서 이탈하여 있는 것을 바로 잡아 내부 적심의 유출이 더 이상 이루어지지 않도록 조치하였다.

사진 47. 감실 진입계단 이완현황(측면)

사진 48. 감실 진입계단 이완현황(정면)

사진 49. 계단 드잡이 완료

사진 50. 계단 드잡이 완료

IV. 맺음말

　금번 보존처리를 통하여 법흥사지 칠층전탑의 상부 교란된 부분을 정비하고 훼손 된 부위를 제거하였으며 전탑의 보존에 있어 주 훼손 원인인 수분의 직접 유입을 방지하는 조치를 실시하였다. 특히 전탑을 조성하면서 줄눈을 시공하지 않은 법흥사지 칠층전탑의 특성을 그대로 살리면서 옥개부 상부의 줄눈에만 부분적으로 수분의 유입을 방지하는 방법을 사용하여 외부적인 변형 없이 수분 유입을 최소화한 것이 그 의미가 크다고 볼 수 있다. 또 옥개부 하부나 탑신부에는 줄눈 보수를 실시하지 않음으로써 간접적으로 침투한 수분이 자연스레 빠져 나올 수 있도록 하며 건조될 수 있도록 한 것은 무조건적인 수분 차단이 아니라 과도한 수분의 통제 개념으로써 적용되었다. 이 법흥사지 칠층전탑에서 사용된 보존처리 개념은 최근 안동 조탑동 오층전탑, 칠곡 송림사 전탑, 영양 사내리 모전석탑 등 일련의 전탑 형식에 비교 적용될 수 있는 것으로써 전돌의 재질 약화를 일으키는 원인 중의 하나인 수분을 적절히 통제하는 방법으로써 첫째, 직접적인 수분의 유입 경로를 막고 둘째, 장마와 같이 긴 시간에 걸쳐 침투하는 수분의 배출 통로를 확보하고, 셋째로 필요한 경우 이격부에 가역성있고 수분에 영향을 받지 않는 재질로써 충전을 하여 내구성을 증진시키도록 하였다. 이 경우 전돌을 적층하여 만든 전탑이라는 형식에 따른 훼손 원인과 양상에 대응하는 보존처리를 가능하게 하여 다른 석탑에 비해 사례가 적고 보수 이력 등이 정확하게 남아있지 않은 전탑에 참고할 수 있는 선행 사례로써의 의미를 찾을 수 있다.

야외에 노출되어 있는 문화재는 주변 환경 영향을 피할 수 없고 세월의 흐름에 점차 재질이 열화되는 것은 불가피한 일이다. 다만 적기에 적절한 보존조치와 관리를 함으로서 보다 안정적인 상태로 보존 유지하여 후손에 물려주어야 할 것이다. 이번 법흥사지 칠층전탑의 보존처리도 일부 시급한 부분에 대한 보존조치로서 완전한 대책은 아니다. 따라서 보존처리 부분에 대한 지속적인 모니터링과 연구가 필요하며 이를 기반으로 앞으로 전탑에 대한 보존 연구가 더 확대되어야 할 것이다.

참고문헌

민족문화추진회, 1967, 「신증동국여지승람 제24권 안동대도호부 불우조」, 『고전국역총서』 42, 422쪽.
안동시청, 2003, 『안동 신세동 7층전탑 정밀사진실측 및 보수복원방안 조사보고서』.
임세권, 2004, 「한국 전탑의 전래와 변천과정」, 『미술사학연구』 242, 15~17쪽.
임세권, 2005, 「신세동 7층전탑의 원형 복원」, 『안동사학』 9, 81~105쪽.
천득염 · 김은양, 1995, 「한국 전탑에 관한 비교론적 연구」, 『건축역사연구』 4(2), 25~44쪽.
권병혁, 1992, 「안동지역 전탑에 대한 시론」, 『안동사연구』 5(1), 4~28쪽.
홍종욱 · 정광용, 1994, 「토기의 소성온도에 따른 미세조직 비교연구」, 『보존과학연구』 15, 3~24쪽.
문화재청, 2013, 문화유산정보, www.cha.go.kr

서울 금천 독산동 유적 출토 신라기와 분석

서봉수 겨레문화유산연구원

Ⅰ. 머리말

고고학적인 과정을 통해 출토되는 유물인 기와는 우리에게 많은 점을 시사해 준다. 유적의 시기를 비롯하여 성격 등을 가늠해 볼 수 있는 중요한 잣대인 이유이다. 하지만 기와 연구는 아직까지 토기에 비해 그리 활달한 편은 아니다. 최근 10여년간 꽤 많은 수의 논문이 발표되어 그 초석을 다지고 있지만 조사연구의 어려움, 연구인력의 여전한 부족 등의 이유로 좀처럼 세부 편년상에도 대체적 합의를 이루지 못하고 있는 실정이라 할 것이다.

본고는 이러한 문제의식을 갖고 서울 금천 독산동에서 출토된 기와를 소재로 1차적인 유물 속성분석을 시도하려 한다. 이는 단일유적에서 출토되는 기와에 대한 분석을 시도함으로써 향후 신라기와의 세부편년 형성에 밑거름이 되고자 함이다. 출토된 기와는 수백점이나 분석대상이 된 기와들은 총 127점이다. 이는 기와 등면과 분할면, 내면 등의 속성파악이 가능한 기와들을 대상으로 하였기 때문이다. 분석은 우선 기와 부분별 개별 속성들을 정리하였다. 이는 독산동 유적 출토기와가 갖는 대표적 속성들을 파악하기 위한 1차적 과정이다. 이를 통해 독산동 기와가 제작되는 과정에서의 주된 문화, 기술적 흔적을 인식하고 그 제작과정을 유추, 복원할 수 있겠다.

2차적 과정으로, 개별 속성분석된 기와는 크게 연질(Ⅰ)과 경질(Ⅱ)로 나누어 그 그룹별 속성을 분리하여 파악해 보았다. 기와 등면에서는 문양의 형태에 따라 무문(A), 선문(B), 격자문 외(C) 로 구분하였다. 내면은 마포흔의 세밀함과 성긴 정도에 따라 가로, 세로 1센티미터 안에 6×6올 이상의 마포엮음흔이 있는 경우 세밀(ⓐ)로, 그 이하인 경우는 성김(ⓑ)으로 구별하였다. 분할면은 단 한 점을 제외하고는 모두 내면에서 등면쪽으로 와도흔이 남아 있지만 그 정도의 차이에 따라 1/4이하인 경우(1), 1/2미만에서 1/3인 경우(2), 1/2이상인 경우(3), 기타(4-와도흔이 등면에서 내면으로 난 경우 등)로 분류하였다. 최종적으로는 지금까지의 연구성과를 독산동 자료와 대비시켜 그 조성시기 및 기와의 편년을 가늠해 볼 수 있는 시도를 하였다.

본고에서 시도하는 바는 기와라는 특정한 유물을 중심으로 논고를 전개해 나가는 것이기에 다소 무리한 편년설정이나 시행착오도 겪을 것으로 예상되지만 서두에 언급했듯이 기와라는 유물이 갖는 무한한 시사성을 조금이나마 더해 갈 수 있는 계기가 된다면 더할 나위 없는 만족의 결과로 받아들일 것이다.

Ⅱ. 조사현황 및 성과(겨레문화유산연구원, 2013 : 조영주, 2013)

서울 금천 독산동 유적(이하 유적)은 (재)겨레문화유산연구원에서 2011년 10월부터 2013년 11월까지 조사하였다. 총 발굴면적이 36,053제곱미터에 달한다. 유적은 서울 금천구의 남서부인 독산동 441-6번지 일원으로 안양천에 인접한 해발 11~14미터 내외의 범람원에 자리한다. 서쪽으로 안양천이 흐르고 동쪽으로는 관악산이 위치한다. 안양천은 조선시대에 대천(大川)이라 하였으며 과천에서 발원하여 안양과 광명을 거쳐 서울로 유입되므로 한강하류지역인 서울·경기지역을 남북으로 관통하는 중요한 교통로의 역할을 수행하였다(지도 1, 2).

유적의 조사는 조사진행 및 편의상 1구역, 2구역, 확장구역, 추가조사구역으로 구분하였다. 층위는 크게 7개층으로 구분할 수 있다(사진 1, 2). Ⅰ층은 군부대 주둔과 관련한 성토층으로 군부대 주둔 이전의 구조물들이 확인된다. Ⅱ층은 사질성의 일반적인 논에서 보

지도 1. 유적 위치도 1

지도 2. 유적 위치도 2

여지는 연회색니질층으로 일제 강점기 지형도와 비교해 보면 이 지역이 논으로 사용된 것을 알 수 있다. Ⅲ층은 황색점토층으로 입자가 세밀하며 점성이 강하다. Ⅳ층은 황적갈색점토층으로 황색점토층과 유사하다. Ⅴ층은 문화층으로 토양쐐기가 나타나는 갈색사질점토층으로 남동쪽에 위치한 유구들이 이 층을 기반으로 한다. Ⅵ층 역시 문화층으로 토양쐐기가 보이는 암갈색점토층이다. 조사지역 북서쪽으로 갈수록 미세하게 분포하며 북쪽과 서쪽의 유구들이 이 층을 기반으로 한다. Ⅶ층은 자연층으로 일부 토양쐐기가 보이는 연황색사질점토층이다. 조사지역 전반에서 분포한다.

유구는 동-서 방향과 남-북 방향의 격자형으로 연결되는 도로유구, 수혈건물지 23기, 굴립주건물지 99기,[01] 초석건물지 3기, 우물지 4기, 집수시설 2기, 구상유구 73기, 소성

---

01) 굴립주건물지의 총수는 향후 도면복원 등의 보고서 작업이 진행되는 과정에서 수정될 여지가 있다.

유구 4기, 수혈유구 738기, 기타유구 4기 등이다(도면 1).

특히 주목되는 도로유구는 동-서 도로의 전체길이가 286.4여미터에 달하고 남-북 방향의 도로는 동-서 도로의 양 끝단에서 'T'자형의 교차로를 이루며 연결되고 140여미터의 등간격을 이루는 남-북 내부도로가 1개소 확인되었다. 남-북 도로는 동쪽 구역에서 47미터 내외, 서쪽에서 155미터 내외가 잔존한다. 도로 유구는 일반적인 신라 도로와 달리 노면에 자갈을 깔지 않고 사질토를 깔아 축조하였으며 노면의 가장자리에 중복된 수레바퀴 자국이 선명하다. 노면 양측으로는 배수시설인 측구가 설치되어 있다.

건물지는 대부분 굴립주 건물지로 중·개축으로 인해 중복된 양상을 보인다. 현재 99 기로 파악되지만 향후 정밀한 도면작업에서 변동의 여지가 있다. 건물의 규모가 비교적 뚜렷한 경우는 4주식과 6주식이 주를 이루며, 8주식과 10주식 등 다양하다. 일부 주혈에서는 목주흔과 목주가 잔존하며 토기편이 출토되었다. 별도의 내부시설 없이 보조 주혈이 확인되는 점과 안양천에 인접한 범람원에 입지한 것을 고려하였을 때 대부분 고상식 건물지로 판단된다.

수혈건물지는 대부분이 바닥면만 남아있으며 일부에서 노지와 구들시설이 확인된다.

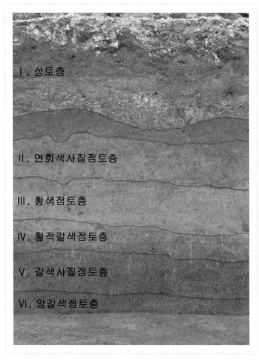

사진 1. 1구역 남벽 층위

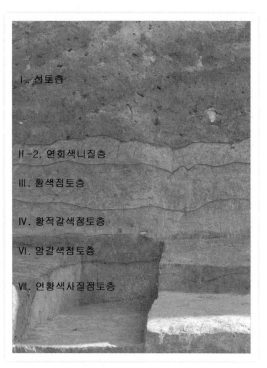

사진 2. 조사지역 동벽 층위

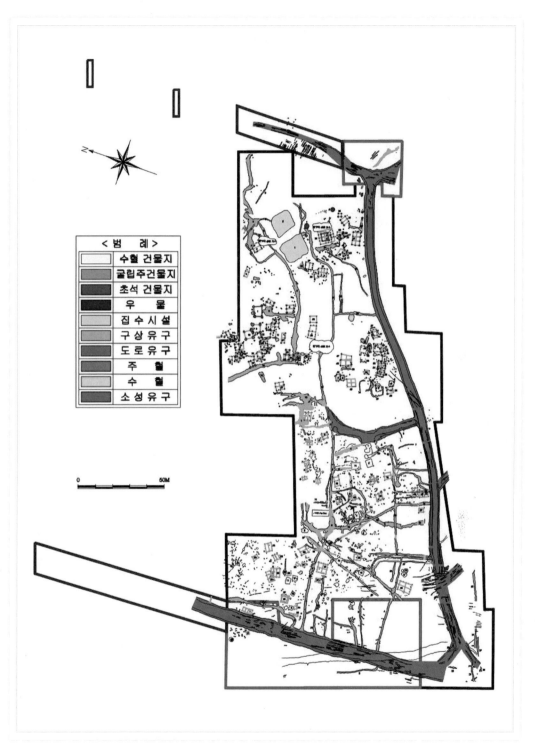

범 례

	수혈건물지
	굴립주건물지
	초석건물지
	우 물
	집수시설
	구상유구
	도로유구
	주 혈
	수 혈
	소성유구

0   50M

도면 1. 발굴조사 유구 현황도

일부 수혈건물지는 굴립주건물지·구상유구·수혈과 중복되어 있는데 이들 유구가 폐기된 후 조성된 것으로 파악하고 있다.

구상유구는 일부 수혈건물지와 굴립주건물지 주변으로 구를 조성하여 배수 기능을 담당한 것으로 파악하였다. 도면상 이 구상유구를 경계로 크게 3개의 구역(남동쪽, 북서쪽, 남서쪽)으로 건물지가 밀집해서 분포하는 양상을 나타낸다.

집수시설은 내부에 우물 내부 퇴적토와 같은 황적갈색점토층과 회청색점토층, 암회색점토층이 퇴적되어 있는데 암회색점토층에서 기와, 연질·경질토기, 동령, 목재, 씨 등이 다수 출토되었다.

유물은 토기와 기와가 주를 이루고 있다. 전반적으로 1구역(도면상 북쪽)에서 많은 유물이 출토되었다. 특히 1구역 제토과정 및 문화층에서 출토량이 가장 많으며 집수시설 및 대형 굴립주 건물지, 우물지 주변에서 수막새를 비롯한 기와편이 다량 출토되었다.

이 유적은 신라가 한강유역으로 진출하던 시기에 형성된 대표적인 유적으로 판단하고 있다.

III. 속성분석

유적에서 출토된 기와는 총 수백점이나 분석대상이 된 기와는 127점이다. 이는 기와 등면과 분할면, 내면 등의 속성파악이 가능한 기와들을 대상으로 하였기 때문이다. 분석은 우선 기와 부분별 개별 속성들을 정리하였다. 이는 독산동 유적 출토기와가 갖는 대표적 속성들을 파악하기 위한 1차적 과정이다. 이를 통해 독산동 기와가 제작되는 과정에서의 주된 문화, 기술적 흔적을 인식하고 그 제작과정을 유추, 복원할 수 있겠다.

1. 기와 부분별 속성분석

우선 등면, 내면, 분할면, 기타 속성 등으로 구분하였다. 등면에서는 문양과 시문구 크기를 주로 파악하고 부가적으로 타날방향 및 문양눌림현상 등도 분석하였다. 내면에서는 마포흔, 단부조정 여부, 와통형태를 분석하고 분할면에서는 분할방법 및 방향을 파악하고자 하였다. 기타 속성으로 기와종류, 경도, 두께, 색깔 등 총 10가지의 속성분석을 하였다.

1) 등면

(1) 문양

문양은 시문구내에 표현된 것을 중심으로 파악하였다. 유적에서 확인된 문양은 선문, 무문, 격자문 등 세 종류 뿐이다.

		문양			
		빈도	퍼센트	유효 퍼센트	누적퍼센트
유효	선문	70	55.1	55.1	55.1
	무문	55	43.3	43.3	98.4
	격자문	2	1.6	1.6	100.0
	합계	127	100.0	100.0	

총 127점의 기와 중 70점이 선문(55.1%)이며 무문이 55점(43.3%), 격자문이 2점(1.6%)이다. 선문은 세로직선문 형태로 횡선이 들어간 경우가 많으며 세선문과 태선문이 함께 나타난다. 70점의 기와중 29점(41.4%)에서는 문양눌림 현상이 뚜렷하다. 타날방향을 알 수 있는 일부 기와로 미루어 보건대 대부분 종타날이며 사선방향 타날도 일부 나타난다. 완형기와를 대상으로 관찰하였을 때, 등면 전면타날보다는 부분타날이 이루어진 것으로 보인다.

탁본 1. 선문(유물번호 1048)

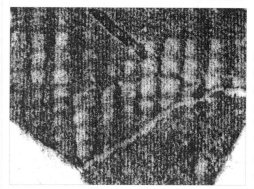

탁본 2. 격자문(유물번호 1011)

무문에서는 선문타날이 이루어진 후 문양이 거의 지워진 것도 무문에 포함하였다. 무문에서는 몇몇 기와에서 단면 2차타날(선문)이 이루어진 기와가 나타난다. 이는 선문기와 중에도 일부 나타나는 현상이다. 격자문도 전면타날이 아닌 부분타날로 보이며 단위변의 길이가 0.7cm이다.

선문이 거의 지워져 무문으로 분류된 기와를 감안한다면, 선문과 무문의 출토비율이 거의 비슷하다.

 (2) 시문구 크기

선문의 기와 70점 중 시문구 길이와 폭의 정확한 제원을 알 수 있는 기와는 많지 않았다.

기술통계량					
	N	최소값	최대값	평균	표준편차
시문구길이	29	4.0	11.0	7.310	1.9199
시문구폭	33	4.0	10.0	6.909	1.3605

시문구 길이는 29점에서 최소값이 4.0cm, 최대값이 11.0cm였으며 평균값은 7.3cm정도이다. 시문구 폭은 33점에서 최소값이 4.0cm, 최대값이 10cm였으며 평균값은 6.9cm정도이다. 유적에서 출토된 완형기와를 기준으로 하였을 때(최대길이 42.5cm, 최대폭 27.5cm) 시문구의 평균값으로 보면, 부분타날인 점을 감안하더라도, 최소 12번의 타날이 이루어진 것으로 보인다. 단판(최태선, 1993, 17~20쪽)에 해당한다.

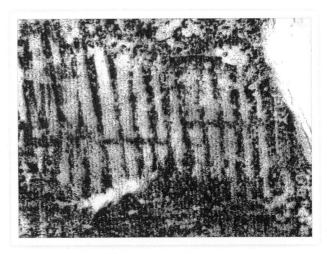

탁본 3. 선문 기와 시문구 크기(7cm×7cm, 유물번호 1041)

2) 내면

(1) 마포흔

마포흔은 크게 세밀한 형태와 성긴 형태로 구분하였다. 가로, 세로 1cm 방형기준으로 마포올이 6×6올 이상일 경우 세밀한 형태로, 그 이하이거나 다른형태인 경우는 성긴 형태로 하였다.

		마포흔			
		빈도	퍼센트	유효 퍼센트	누적퍼센트
유효	세밀	108	85.0	90.8	90.8
	성김	11	8.7	9.2	100.0
	합계	119	93.7	100.0	
결측	시스템 결측값	8	6.3		
합계		127	100.0		

관찰불가인 8점의 기와를 제외하고 119점(100%)의 유효기와를 대상으로 하였을 때 108점(90.8%)이 세밀한 형태이고 11점(9.2%)만이 성긴 형태이다. 대부분 마포흔이 뚜렷한 삼베이며 마포흔 외에는 다른 흔적들이 나타나지 않는다. 1점에서 연철흔이 나타난다. 다만 분할흔의 형태가 외에서 내로 남은 또다른 한점에서 분할선흔과 포 묶은 흔적이 나타난다.

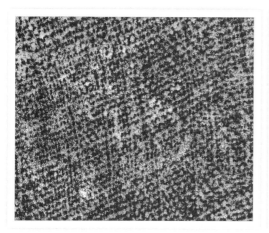

탁본 4. 마포흔 1(세밀, 유물번호 1044)

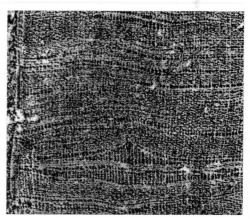

탁본 5. 마포흔 2(성김, 유물번호 994)

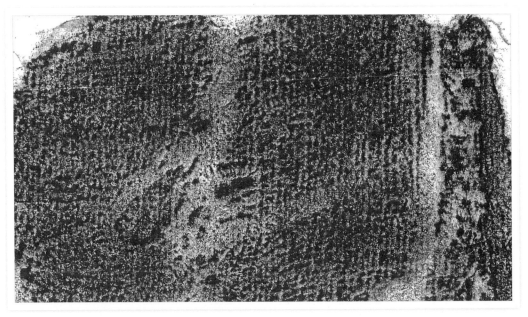

탁본 6. 마포흔 3(분할선, 포묶은흔, 유물번호 1134)

(2) 단부조정

총 127섬 중 단부의 형태가 남아있는 기와는 64점이다. 이중 52점(81.3%)이 단부조정을 하지 않았다. 나머지 11점(17.2%)에서는 깎기 조정을 하였는데 그 길이는 0.5cm~1cm내외이며 한점은 4cm정도 흔적이 남아있다. 또한 1점은 지두문 흔적이 나타난다.

(3) 와통형태

와통의 형태를 원통형과 통쪽형으로 구분하였을 때, 유적에서 출토된 127점의 기와 중 124점(100%)에서 모두 원통형 와통을 사용하였다.

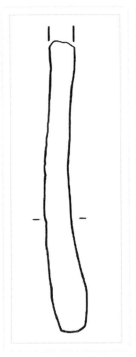

도면 2. 단면 무깎기 조정
(유물번호 956)

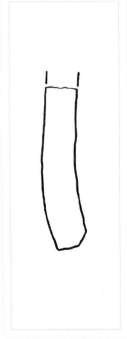

도면 3. 단면 깎기 조정
(유물번호 1001)

와통				
		빈도	퍼센트	유효 퍼센트	누적퍼센트
유효	원통	124	97.6	100.0	100.0
결측	시스템 결측값	3	2.4		

3) 분할면

(1) 분할방법

유적에서 나타나는 분할방법은 크게 내면에서 등면쪽으로, 등면에서 내면쪽으로 이다. 내면에서 등면쪽으로 분할한 기와는 다시 그 정도의 차이에 따라, 없음, 1/4이하, 1/2~1/3, 1/2이상 으로 구분하였다.

분할흔				
		빈도	퍼센트	유효 퍼센트	누적퍼센트
유효	없음	2	1.6	2.3	2.3
	1/4이하	41	32.3	47.1	49.4
	1/2~1/3	29	22.8	33.3	82.8
	1/2이상	15	11.8	17.2	100.0
	합계	87	68.5	100.0	
결측	시스템 결측값	40	31.5		
합계		127	100.0		

계측이 불가능한 40점을 제외하고 87점(100%)을 대상으로 하였다. 85점(97.7%)의 기와가 내면에서 등면쪽으로 분할흔적을 남겼다. 가장 많은 비중을 차지하는 것은 1/4이하로 41점(47.1%)이다. 그 다음은 1/2~1/3인 것으로 29점(33.3%), 1/2이상은 15점(17.2%)이다. 완형임에도 불구하고 그 흔적이 관찰되지 않는 기와 2점(2.3%)을 포함하면 거의 모든 기와가 해당한다. 통계치에는 적용되지 않았지만, 단 1점의 기와가 등면에서 내면쪽으로 분할흔적을 남겼다. 그 정도는 약 2/3정도이다.

탁본 7. 분할흔 1(내→등 1/4, 유물번호 1034)

탁본 8. 분할흔 2(내→등 1/3~1/2, 유물번호 1056)

탁본 9. 분할흔 3(내→등 1/2이상, 유물번호 1014)

탁본 10. 분할흔 4(등→내, 유물번호 1134)

4) 기타

(1) 종류

표에서 나타나듯, 총 127점의 기와중 암키와의 수가 절대적으로 많다. 111점(87.4%)이 암키와이고 수키와는 16점(12.6%)에 불과하다.

(2) 경도

기와의 경도는 손톱의 긁힘정도에 기와가 긁히면 연질, 손톱이 긁히면 경질로 하였다. 전체적으로는 연질기와가 72점(56.7%)으로 많다. 경질기와도 55점(43.3%)으로 적지않다.

종류					
		빈도	퍼센트	유효 퍼센트	누적퍼센트
유효	암키와	111	87.4	87.4	87.4
	수키와	16	12.6	12.6	100.0
	합계	127	100.0	100.0	

소성도					
		빈도	퍼센트	유효 퍼센트	누적퍼센트
유효	연질	72	56.7	56.7	56.7
	경질	55	43.3	43.3	100.0
	합계	127	100.0	100.0	

(3) 두께

유적의 기와는 대체적으로 얇다. 기와의 가장 두꺼운 부분의 평균값이 1.27cm정도, 가장 얇은 곳의 평균값이 1.09cm이다. 최대두께가 2cm, 최저두께가 0.5cm에 불과한 것도 있다. 대부분의 기와가 1cm안팎이다. 평균 두께는 1.18cm정도이다.

(4) 색깔

기와의 색깔은 총 14종류로 분류하였다. 가장 많은 비중을 차지하는 색깔은 회청색계열로 총 127점의 기와중 43개(33.9%)이다. 그 다음으로는 회갈색계열로 37개(29.1%)의 비율을 차지한다. 크게는 갈색계통(회갈색, 갈색, 황색색, 연갈색, 담갈색, 흑갈색, 밤갈색)과 황색계통(황갈색, 황색), 청색계통(회청색, 담청색, 연회청, 감청색)과 회색계통(회청색, 회색, 회흑색, 연회청)으로 구분이 가능하다. 이 구분은 기와의 연경질 구분과도 어느정도 일치한다. 즉 갈색 또는 황색계통은 연질이 많고 청색 또는 회색계통은 경질의 기와가 대다수이다.

색조		빈도	퍼센트	유효 퍼센트	누적퍼센트
유효	회갈색	37	29.1	29.1	29.1
	갈색	4	3.1	3.1	32.3
	회청색	43	33.9	33.9	66.1
	황갈색	20	15.7	15.7	81.9
	담청색	4	3.1	3.1	85.0
	회색	5	3.9	3.9	89.0
	회흑색	3	2.4	2.4	91.3
	연갈색	1	.8	.8	92.1
	담갈색	2	1.6	1.6	93.7
	연회청	1	.8	.8	94.5
	황색	3	2.4	2.4	96.9
	감청색	2	1.6	1.6	98.4
	흑갈색	1	.8	.8	99.2
	밤갈색	1	.8	.8	100.0
	합계	127	100.0	100.0	

2. 기와 그룹별 속성분석

1차 속성분석된 기와는 다시 연질(Ⅰ)과 경질(Ⅱ)로 구분하고 몇가지 속성을 대비하여 통계분석 하여 보았다. 기와 등면에서는 문양의 형태에 따라 무문(A), 선문(B), 격자문 외(C)로 구분하였다. 내면은 마포흔의 세밀함과 성긴 정도에 따라 가로, 세로 1센티미터 안에 6×6올 이상의 마포엮음흔이 있는 경우 세밀(a)로, 그 이하인 경우는 성김(b)으로 하였다. 분할면은 대부분 내면에서 등면쪽으로 와도흔이 남아 있어 그 정도의 차이에 따라 1/4이하인 경우(1), 1/2미만에서 1/3인 경우(2), 1/2이상인 경우(3)로 구분하고 와도흔이 등면에서 내면으로 난 경우는 기타(4)로 분류하였다.

1) 연·경질과 문양의 관계

총 127점(100%)의 기와중 ⅠA형식이 42점(33.1%)을 차지한다. ⅠB형식은 29점(22.8%), Ⅰ C형식이 1점(0.8%)이다. 상대적으로 ⅡA형식은 18점(14.2%)으로 크게 줄고 ⅡB형식이 36점 (28.3%)으로 다소 증가하는 양상을 나타내고 있다. ⅡC형식도 1점(0.8%) 나타난다.

정리하면, 연질의 기와에서는 무문이 다소 많은 양상이고 경질의 기와에서는 무문보 다는 선문이 약간 증가하는 양상을 나타낸다.

2) 연·경질과 마포올의 관계

총 127점(100%)의 기와중 Ⅰa형식은 59점(46.5%)으로 가장 많다. Ⅰb형식은 8점(6.3%)에 불과하다. 한편, Ⅱa형식은 54점(42.5%)이고 Ⅱb형식은 1점(0.8%)뿐으로 거의 나타나지 않 는다. 나머지 5점(3.9%)은 마포흔적만 있거나 관찰되지 않는다.

연질과 경질의 기와 모두에서 뚜렷한 차이는 보이지 않으나 연질의 기와에서 마포올 이 성긴 기와가 다소 많은 비중을 차지한다.

3) 연·경질과 분할흔의 관계

역시 총 127점(100%)의 기와 중 Ⅰ1형식은 16점(12.6%), Ⅰ2형식은 14점(11.0%), Ⅰ3형식은 8 점(6.3%), Ⅰ4형식이 1점(0.8%)이다. Ⅱ1형식은 24점(18.9%)으로 다소 많고 Ⅱ2형식은 16점(12.6%), Ⅱ3형식이 6점(4.7%)이다. 나머지 42점(33.1%)은 분할흔이 없거나 계측불가인 경우이다.

Ⅳ. 제작과정 및 편년

1. 제작과정

본 장에서는 앞장에서 밝힌 기와의 부분별 속성을 토대로 유적출토 기와의 제작과정 을 검토해 보았다. 이는 유적출토 기와들이 갖는 각 속성값을 유적출토 기와의 주된 기와 제작행위의 흔적으로 파악하고 그 과정을 유추, 복원한 것이다(서봉수, 1998).

1) 물레와 와통의 설치

기와에 분할면과 통보의 흔적이 남고 단면상 곡면이라는 것은 곧 와통의 설치를 의미한다. 유적에서 출토된 기와중 분할면이 남아있는 기와에서 단 2점을 제외하고는 분할흔적, 통보흔적, 단면상 곡면이 관찰된다. 이로보아 일반적인 2매 또는 4매작 와통을 설치하였다는 것을 알 수 있다. 하지만 등면에 남겨진 타날방향 및 내면흔을 고려하였을 때 적극적인 회전물레를 사용하는 단계는 아닌 것으로 판단된다. 대부분이 기와등면에 부분타날을 하였거나 불규칙한 종방향 타날을 한 것으로 파악되기 때문이다. 또한 기와내면에는 통보흔적외에 윤철흔이나 연철흔, 분할눈테흔 등 일반적인 회전 물레와통에서 나타나는 흔적들이 대부분 관찰되지 않는다.

2) 통보 씌우기

유적에서 사용된 마포의 종류는 크게 두 종류이다. 하나는 세밀한 형태의 직포이고 또 다른 하나는 성긴 형태이다. 몇 점을 제외하고는 통보의 흔적이 관찰된다.

3) 진흙편 붙이기와 고르기

유적에서 출토된 수키와는 언강을 조성하지 않은 토수기와이다. 암키와는 상광하협의 형태이다. 와통에 진흙편을 부착후 타날전 약간의 다듬은 흔적은 관찰된다.

4) 등면 타날

시문구의 크기를 알 수 있는 기와를 대상으로 하였을 때 평균크기는 $6.9 \times 7.3cm$ 이다. 태선문에 가까운 선문들은 타날후 문양눌림 현상으로 인해 문양이 많이 지워졌다. 대부분 부분 종타날을 하였다.

5) 성형된 기와를 통보와 함께 와통에서 분리

6) 통보를 뺀후 분할선을 그음

분할눈테를 부착하지 않은 경우가 많다.

7) 반건조후 2매 또는 4매의 기와로 분할

대부분의 기와에서 분할흔적을 남기고 있는데 2차 조정과정(2~3번 다듬는 과정)은 나타나지 않는다. 단 한점에서 등면에서 내면쪽으로 분할흔적이 남았는데 이를 예외적 현상으로 봐야할지 또다른 제작과정행위의 흔적으로 봐야할 지는 아직 분명치 않다. 왜냐하면 등면에서 내면쪽으로 분할흔적이 남은 기와도 다른 기와와 속성상에서는 큰 차이가 보이지 않기 때문이다.

8) 2차 조정과 정면후 건조, 소성후 기와 완성

주로 2차 조정은 내면 단부의 조정흔적이다. 단부가 남아있는 기와중 11점에서 깎기조정을 하였을 뿐이다. 2차조정이 일반적인 제작공정은 아니었던 듯 하다.

2. 편년

1) 등면 문양과 시문구 형태 및 타날방향

유적에서 출토된 기와의 등면문양은 대부분 선문과 무문이다. 격자문은 2점에 불과하다. 모두 단일문양이며 무문의 출토량도 많다. 복합문의 형태는 나타나지 않는다. 이러한 현상은 삼국시대부터 통일신라초기까지 나타나는 일반적인 현상이다(서오선, 1985 ; 최맹식, 1987 ; 신창수, 1986). 선문의 기와에서는 태선식과 세선식이 공존하며 문양눌림 현상이 뚜렷한 기와도 많다. 특히 통일신라시대의 일반적인 호형타날이 이루어지지 않고 부분 종타날이 대다수를 차지한다. 이는 등면 전면타날이 이루어지는 7, 8세기대의 삼국말, 통일신라기의 기와(반월산성, 아차산성, 이성산성, 계양산성, 대모산성, 망이산성 등)에서는 나타나지 않는 현상이다. 이것이 단순한 제작방법상의 차이일 수도 있으나 유적 출토 기와는 회전물레를 적극적으로 사용하며 타날하는 방법이 아직 적용되지 않았다는 것으로 추정할 수 있다.

한편, 시문구의 크기는 역시 단판의 범주에 속한다. 앞서 제시하였듯이, 선문의 기와중 시문구 폭 x 길이는 평균 6.9×7.3cm로 완형의 기와를 대상으로 하였을 때 최소 12번의 타날행위가 이루어진 것으로 파악되었다.

문양과 시문구의 형태, 타날방향 및 방법 등을 고려하였을 때 최소한 7, 8세기대의 삼국말, 통일신라기의 기와보다는 앞선시기의 것으로 판단할 수 있겠다.

2) 내면 속성 및 와통의 형태

유적에서 출토된 기와의 대부분은 마포흔을 남기고 있으며 마포흔 외에는 다른 윤철흔이나 연철흔, 합철흔 등이 나타나지 않는다. 이 역시 7, 8세기대의 삼국말, 통일신라기의 기와에서 보이는 다양한 내면 형태와는 대조적인 현상으로 파악된다. 이것이 시대성을 나타내는 뚜렷한 증거로서 역할하기에는 아직 많은 유적에서 이를 중요한 속성기준으로 제시하지 못하였기 때문에 분명히 언급할 단계는 아닌 듯하다.

또한 내면 단부는 깎기 조정하거나 아무 조정이 없다. 와통의 형태도 관찰되는 기와 모두에서 원통형 와통을 사용한 것은 삼국시대 중 신라 기와의 전형적인 특징으로 구분 지을 수 있는 속성이다.

3) 분할면 분할방향과 그 형태

단 한점의 예외를 제외하고는 분할면의 방향이 모두 내면에서 등면쪽인 것은 신라기와에서 나타나는 뚜렷한 현상중의 하나이다(신창수, 1986, 68쪽 ; 서봉수, 1998, 56쪽). 특히 기존 통일기 기와에서 나타나는 다양한 분할면의 다듬은 형태는 유적에서 한 점도 출토되지 않았다. 많은 기와에서 분할면의 반도 와도질을 긋지 않은 상태에서 분할하여 그대로 분할한 것이다. 이를 주된 유적출토 기와의 하나의 속성으로 받아들일 때, 분명한 것은 통일기의 기와보다는 앞선 시기로 편년할 수 있는 주된 속성으로 파악할 수 있다는 것이다. 나아가서 자료의 축적이 이루어진다면 기존 보고에서 삼국시대에서 통일신라 중기까지 편년한 많은 기와를 세부편년할 수 있는 중요한 기준이 될 것으로 판단하고 있다.

V. 맺음말

본고는 서울 금천 독산동 유적에서 출토된 기와를 바탕으로 1, 2차적인 속성분석을 통해 신라기와의 한 특성을 밝혀보려 하였다. 지금까지의 분석결과를 종합해 본다면 유적 출토 기와는, 다소 세부속성에서 차이는 있지만, 동일한 문화전통에서 동일한 제작기법으로 만들어진 신라기와라는 것이다. 좀 더 구체적인 예를 들면, 선문과 무문의 기와가 대부분인 점, 선문기와는 단판으로 타날된 점, 동일한 와통에 크게 2종류의 마포만을 사용한 점, 동일한 분할형태를 나타내고 있는 점, 대부분의 기와가 1cm안팎의 얇은 두께로 만들어진 점 등등이다.

이로 미루어 보건대 유적 출토기와는 삼국말 통일기에 나타나는 경기 중부지역 출토 신라기와와는 한 시기 앞선 속성들을 지니고 있다 할 것이다. 그 구체적 시기는 앞으로 문헌연구나 다른 공반유물과의 관계를 통해서 보완이 필요하겠지만, 신라가 551년 백제와 함께 죽령이외 고현이내의 10개군을 획득하고 553년 신주를 설치한 이후인 6세기말 가까운 어느 시점이 될 것으로 판단된다.

향후 독산동 유적처럼 짧은 시대폭을 가진 단일유적에서 출토된 기와분석연구가 좀더 진행되어 축적된다면 우리가 접근하기 힘들었던 삼국시대 기와의 세부편년연구가 한층 진일보한 국면으로 발전할 것을 믿어 의심치 않는다.

기와는 주로 왕궁지나 관청지, 사지, 성지 등 고대의 주요 건축물에서 출토되는 유물이다. 이로 본다면 서울 금천구 독산동 유적에서 출토되는 기와는 그 수가 많지는 않지만 많은 점을 시사해 준다고 할 수 있다. 특히 신라의 북방진출과 관련하여 이 지역을 점유한 사실을 바탕으로 한다면 유적의 성격과 아울러 생각할 부분이 많을 것이다.

참고문헌

『三國史記』(民族文化推進會, 1982)

겨레문화유산연구원, 2011, 『계양산성』II - 4차 시·발굴보고서-.

_____, 2013, 「서울 금천구심 도시개발사업지 내 유적 문화재 발굴조사완료 약보고서」.

광진구·명지대 한국건축문화연구소, 1998, 『아차산성』- 기초학술조사보고서 -.

단국대박물관, 1996, 『망이산성 발굴보고서(1)』.

문화재연구소·한림대박물관, 1990, 『楊州大母山城 發掘報告書』.

조영주, 2013, 「서울 독산동 유적 -서울 금천구심 도시개발사업구역 내 유적-」, 『2013년 중부지방 발굴조사 성과』, 중부고고학회.

朴省炫, 2010, 「新羅의 據點城 축조와 지방제도의 정비과정」, 서울大學校 大學院 國史學科 博士學位論文.

徐奉秀, 1998, 「抱川 半月山城 기와의 屬性分析과 製作時期」, 檀國大學校 大學院 史學科 碩士學位請求論文.

徐五善, 1985, 「韓國平瓦文樣의 時代的 變遷에 對한 研究」, 忠南大大學院 史學科 碩士論文.

申昌秀, 1986, 「皇龍寺址 出土 新羅기와의 編年」, 檀國大大學院 史學科 碩士論文.

이인숙, 2004, 「통일신라~조선전기 평기와 제작기법의 변천」, 『韓國考古學報』54.

최맹식, 1987, 「百濟 및 統一新羅時代 기와文樣과 製作技法에 관한 調査研究(彌勒寺址 出土 기와를 中心으로」, 文化財研究所 研究實績報告.

崔兌先, 1993, 「平瓦製作法의 變遷에 대한 研究」, 慶北大 考古人類學科 碩士學位論文.

발해 蓋瓦의 연구사 검토

백종오 한국교통대학교

Ⅰ. 머리말

우리나라에서 渤海 蓋瓦(이하 기와)의 研究는 다른 고구려나 백제, 신라에 비해 매우 미진한 분야에 속한다. 이는 남북이 분단되어 있고 중국과 일본에 기 조사된 발해 기와가 산재된 상황에서 유물 實見과 觀察이 현실적으로 매우 힘들기 때문이다. 그래서 기존 연구는 日帝强占期에 日本人들이 수집품과 최근 들어 東北工程의 일환으로 중국 동북 지역에서 발굴된 막새류를 중심으로 出土遺蹟의 使用 時期에 따른 類型 分類와 編年 設定에 초점을 맞추어 진행된 것이 대부분이다. 평기와류는 막새류에 비해 발견되는 양이 매우 많기 때문에 문양이나 제작 방법 등에 관한 정보와 복원을 위한 많은 관찰과 분석이 필요함에도 불구하고 연구 수준은 대단히 미약한 형편이었다. 그나마 남북간의 화해 분위기와 러시아와의 우호 증진에 맞추어 북한지역 발해유적과 러시아 연해주지역 출토 고고학 자료를 접할 수 있게 되면서 나름대로의 자료 축적이 이루어지게 되었다. 그러나 여전히 발해 기와 연구는 초보적인 수준을 면하지 못하기 때문에 종합적인 연구가 시급히 요구되고 있다. 아울러 현재까지 보고된 渤海 기와류는 高句麗 기와류를 능가하는 數量과 다양한 種類를 보여주고 있어 그 동안 제한된 자료를 가지고 검토하는 수준을 넘어설 수 있는 좋은 계기가 된다고 할 수 있다.

이 글은 기 조사 및 연구 성과를 중국 길림성과 흑룡강성, 러시아 연해주지역, 북한 함경도 지역에서 출토된 발해 기와의 형태분석과 지역적 특징을 중심으로 발해기와의 특성을 연구사적으로 살펴보고자 한다. 이러한 작업은 발해문화 복원의 기본적 토대를 제공할 수 있으며 향후 남북한 뿐만 아니라 일본, 중국과 러시아에 이르기까지 동북아지역 학술교류의 방향을 설정하는데도 조그마한 도움이 되리라 생각된다.

II. 南韓과 北韓

1. 南韓

일제강점기 이후 남한에서의 발해에 대한 고고학적 연구는 거의 이루어지지 않았다. 이는 남한 내에 발해 관련 유적이 전무했기 때문이다. 하지만 1990년대 이후 중국 및 러시아 등과 수교를 맺고 교류를 시작하면서 발해관련 자료가 유입되는 한편, 발해유적에 대한 한·러 공동 발굴조사가 이루어지면서[01] 발해의 고고학적 관심이 조명되었다. 이를 통해 몇몇 유적에서[02] 발해 기와가 출토되면서 연구의 발판이 마련되었다. 이 외에 1998년에는 서울대학교박물관에 소장 중이던 발해의 기와가 소개되어 주목되기도 하였다.[03]

---

* 본고는 『白山學報』 第92號(白山學會, 2012年 4月)에 발표한 원고를 일부 수정·보완하였음을 밝혀둔다.

01) 대륙연구소, 1994, 『러시아 연해주와 발해유적』.

02) 대륙연구소, 1994, 위의 책.
大韓民國 高句麗研究會·러시아科學院·시베리아分所 考古民俗學研究所·비딸리 예고르비치 메드베네프, 1998, 『러시아 연해주 발해절터』, 학연문화사.
문명대·이남석·V.I.볼딘 외, 2004, 『러시아 연해주 발해 사원지 발굴 보고서』, 고구려연구재단.
고구려연구재단, 2005, 『2004년도 러시아 연해주 발해 유적 발굴 보고서』.
동북아역사재단, 2010, 『2008년도 연해주 크라스키노 발해성 한·러 공동 발굴보고서』.

03) 서울대학교박물관, 1998, 『서울大 博物館所藏 渤海遺物』; 최몽룡, 1998, 「서울대학교 박물관 소장 발해 유물」, 『고구려연구』6, 학연문화사.

발해 기와에 대한 본격적인 연구는 1992년에 발표된 송기호의 「불사조 문양이 있는 발해의 막새기와」가 시작이었다. 논문은 러시아 학자인 샤브꾸노프 E. V.의 논문을[04] 번역한 것으로, 연해주 코르사코프카 사원지에서 출토된 불사조(봉황문)가 표현된 수막새를 검토대상으로 하였다.[05] 이를 크라스키노 성과 상경성에서 확인된 수막새 문양과의 간략한 비교분석을 시도하였으며, 불사조가 가지는 문양적 의미를 살펴보았다. 한편, 함께 조성되는 심엽형 연화문을 대나무 새순으로 파악하고, 수막새의 문양을 거울에서 모방한 것으로 분석하였으며, 수막새가 탑 위에 올려졌던 것으로 보았다. 비록 본격적인 연구논문이 아닌 번역논문이었으나, 남한 내에서 발해 기와에 대한 관심을 환기시키고 나아가 이후에 이루어지는 연구의 발판을 마련하였다는 점에서 그 의의를 찾을 수 있다.

이후 1999년 김창균은 「러시아 연해주 발해 사원지 기와와 고구려 양식 계승에 대한 연구」에서 연해주 지역에 위치하는 코르사코프카·크라스키노·아브리코소브 발해 사원지에서 확인된 기와에 대해 고찰하였다.[06] 먼저 수막새는 봉황연꽃무늬와 연꽃무늬, 해무늬로 분류하였으며, 연꽃무늬는 다시 연잎 수에 따라 세분하였다. 이 외에 연꽃무늬 암막새와 지압무늬·인화무늬 암키와로 나누어 살펴보았다. 분석을 기초로 하여 각각에 대한 편년 설정이 이루어졌으며, 발해미술의 한국적 특징과 국제성을 알아보았다. 분석결과로써 발해 기와는 고구려와 통일신라에 영향을 받았으며, 일부는 일본 문화와의 연관성을 피력하고 있어 주목된다. 그러나 매우 한정된 개체에 대한 분석이기에 발해 기와에 대한 보편적인 모습을 살펴볼 수 없다. 또한 형식 분류가 매우 소략하게 제안된 점은 연구의 큰 한계로 생각되는데, 이는 발해 기와에 대한 기초자료 부족 때문으로 여겨진다.

손환일은 2005년 「발해 기와 명문의 서체」를 통해 발해 압인와에 나타나는 문자의 필법을 고찰하였다.[07] 그는 논문에서 서체를 예서필법과 해서필법으로 나누어 분석하였는데, 고구려의 문화가 짙게 나타나는 초기에는 예서필법이 주로 사용되고, 이후 당의 문화가 유입되는 후기로 접어들면서 점차 해서필법으로 변모하였다는 견해를 제시하였다. 그리고 해독하지 못한 문자들은 발해만의 언어를 따로 표현한 것으로 상정하였다. 본 연구는 발해 필법에 본격적인 분석이 이루어진 점에서 의의를 찾을 수 있다.

---

04) 샤브꾸노프 E. V., 1991, 「동물 모티브가 있는 발해의 지붕기와」, 『소비에트 고고학』 No.1.(노문)
05) 송기호, 1992, 「불사조 문양이 있는 발해의 막새기와」, 『미술자료』50, 국립중앙박물관.
06) 김창균, 1999, 「러시아 연해주 발해 사원지 기와와 고구려 양식 계승에 대한 연구」, 『강좌미술사』14, 한국미술사연구소.
07) 孫煥一, 2005, 「발해기와 명문의 서체」, 『高句麗硏究』19, 高句麗硏究會.

가(可)　가(可)1　가(可)2　가(可)3　갑(甲)　갑(甲)1

강(羌)　개(盖)　개(盖)1　걸(乞)　계(計)　고(固)1

고(固)2　고(高)　공(公)　광(光)　광(光)1　굴(屈)

굴(屈)1　기(己)　기(己)?　길(吉)고구려와당　닉(諾)　난(難)

남(男)　년(年)고구려와당　녕(寧)　녕(寧)고구려와당　노(奴)　노(奴)도(刀)

다(多)　다(多)1　다(多)2　다(多)3　대(大)　대(大)1

대(大)2　대(大)고구려와당　덕(德)1　덕(德)2　덕(德)3　덕(德)4

도면 1. 압인와 명문(孫煥一, 2005, 「발해기와 명문의 서체」, 『高句麗研究』19, 高句麗研究會, 243쪽, 전재)

표 1. 연화문 와당의 형식 분류
(김희찬, 2010c, 「발해 연화문 와당의 문양 변화와 시기적 변천」, 『白山學報』87. 白山學會, 172쪽, 전재)

형식			형식별 특징
I류	A형	Aa형	방추형+외측 주문 6개+태선의 윤곽선 연화(6연화)
		Ab형	방추형+내측 주문 6개+태선의 윤곽선 연화(6연화)
		Ac형	방추형+내측 주문 5개~10개+세선의 윤곽선 연화(7연화, 6연화, 5연화)
		Ad형	방추형+2줄 권선 내부에 10개 이상의 주문+세선의 윤곽선 연화(6연화)
		Ae형	방추형+외측 주문 6개와 타문양 6개 결합(6연화)
	B형	Ba형	십자형+외측 주문 6개+비세장형 연화(6연화)
		Bb형	십자형+외측 주문 6개+세장형 연화(6연화)
		Bc형	십자형+외측 주문 6개 이상(6연화)
	C형	Ca형	만월형+외측 주문 6개(6연화)
		Cb형	만월형+외측 주문 6개 이상(6연화) 만월형+내측 주문(5연화)
II류	A형	Aa형	십자형+세장한 연화(6연화)
		Ab형	십자형+비세장한 연화(6연화)
	B형	B형	방추형+7연화, 6연화, 5연화
	C형	C형	T자형+6연화, 5연화
	D형	D형	만월형+5연화

김희찬은 2010년에 「발해 연화문 와당의 고구려 계승성 검토」, 「발해 인동문계 와당의 계통과 고구려 연관성 검토」, 「발해 연화문 와당의 문양 변화와 시기적 변천」의 논문을 연이어 발표하면서 발해 기와 연구의 새로운 국면을 열었다.[08] 그는 먼저 발해의 연화문 수막새와 인동문계 수막새에 표현된 문양을 분석하고 이를 통해 고구려 수막새와의 관련성을 검토하였다. 연화문 수막새는 연화와 간식문의 형태를 비롯하여 자방의 구성 등이 고구려 수막새에서 나타난 양상이 발전 및 계승된 것으로 상정하였으며, 인동문은 형태에 따라 고구려의 영향이 많고 적음을 살펴보았다. 이는 선대에 이루어졌던 고구려 문화의 계승성 문제를 형식학적 관점에서 보다 면밀하게 검토한 것이다. 비록 같은 시기에 존재했던 당이나 일본 및 통일신라 등과의 관련성이 다루어지지 않은 것은 아쉬움으로 지적되지만, 발해와 고구려 문화의 동질성 검증을 시도한 점은 발해기와 연구의 발전적인 모습으로 여겨진다. 한편, 발해 연화문 수막새에 대한 형식분류안과 편년안도 제시되었다. 형식분류안은 형태적 속성인 문양만을 대상으로 하여 2류 15형식으로 나누었으며, 출토된 유적과의 상관관계 및 형식학적 발전양상 등을 근거로 한 편년안이 제안되었다. 이는

---

08) 김희찬, 2010a, 「발해 연화문 와당의 고구려 계승성 검토」, 『高句麗渤海研究』36, 高句麗渤海學會.
_____, 2010b, 「발해 인동문계 와당의 계통과 고구려 연관성 검토」, 『東아시아古代學』21, 東아시아古代學會.
_____, 2010c, 「발해 연화문 와당의 문양 변화와 시기적 변천」, 『白山學報』87, 白山學會.

도면 2. 발해와 동아시아의 복판연화문 및 인동문 수막새 비교
(최진호, 2011, 「발해 수막새 기와의 특징과 성격 연구」, 석사학위논문, 단국대학교 대학원, 64쪽, 전재)

남한에서 이루어진 본격적인 발해 수막새의 형식분류안과 편년안이라는 점에서 큰 의미를 갖지만 형식분류가 복잡하게 이루어졌다는 점, 편년안의 결과가 중국학계의 연구를 뛰어넘지 못했다는 점 등은 논문의 한계로 생각된다. 최진호는 2011년 「발해 수막새 기와의 특징과 성격 연구」를 통해 발해 수막새 전반에 대한 형식분류안과 편년안을 제시하고, 발해문화의 특징과 성격에 대해 살펴보았다.[09] 이 논문에서는 발해 전 영역에서 확인된 수막새를 대상으로 형태적, 기술적 속성을 각각의 기준안에 맞춘 형식분류안을 제시하였으며, 제작기법 중 접합기법에 대해서 검토하였다. 그리고 이를 바탕으로 출토 유적 현황 및 역사적 사실을 교차분석한 편년안을 제안하였다.

이를 바탕으로 저자는 발해문화가 고구려의 문화를 계승하고 동아시아 문화를 흡수하여 비로소 발해만의 독자적인 문화를 창출하였다고 그 성격을 규명하고자 하였다. 발해의 전 영역을 아우르는 포괄적인 수막새의 형식분류안과 편년안을 소개했다는 점에서 의의를 가진다 할 수 있다. 그리고 이를 통해 발해문화의 정체성을 엿보고자 했던 시도도 일정부분 높이 평가된다. 그러나 연구의 방법론을 다변화하지 못한 점, 발해문화의 정체성을 살

---

09) 최진호, 2011, 「발해 수막새 기와의 특징과 성격 연구」, 석사학위논문, 단국대학교 대학원.

피면서 당이나 일본과의 관계는 비교적 소략하게 분석한 점 등은 아쉬움으로 남는다.

이후 2013년 이우섭은 「발해 연화문와당 연구」에서 기 보고된 발해 연화문와당 440점을 대상으로 연판 형태에 따라 단판, 복판, 심엽형으로 나눈 후 심연형와당은 자방부 구성과 간식문 형태를 교차분석하여 모두 25개의 형식분류안을 제시하였다. 이런 일련의 형식학적 변화 양상을 편년 설정의 기준으로 삼아, 발해 전기(단판과 심엽형와당의 등장. 방추형 간식문과 자방부의 연자와 주문 배치), 중기(복판연화문 등장. 십자영. 삭월형. 화봉형 등 간식문 발생), 후기(연화문 개수 감소와 자방부의 단순화. 간식문 다양화)의 특징과 경향성을 검토하였다. 특히 필자는 발해 연화문 와당은 각각의 속성과 형식들이 시기적 변화만이 아니라 공간적 의미를 함께 내포하고 있으며 이를 발해의 역사적 맥락속에서 파악한 점은 그 의미가 자못 크다고 할 수 있다. 하지만 시·공간적 의미를 좀 더 부각시키지 못한 점, 제작기법과 그 특징, 그리고 고구려 와당과의 비교 연구는 추후를 기약하게 한다.

현재까지 남한에서 이루어진 발해기와 연구의 가장 큰 취약점은 대부분의 연구성과가 실견하지 못한 채 중국이나 러시아 혹은 일본에서 간행한 보고서를 통해 이루어졌다는 점이다. 때문에 연구방법론적인 면에서 다변화되기 어려우며, 보고서에서 선택적으로 서술한 사실에서만 분석이 이루어져 자칫 분석결과가 왜곡될 수 있는 맹점을 가지고 있다. 비록 연해주에서 이루어진 한·러 공동 발굴을 통해 실견하여 이루어진 연구도 있지만, 발해 영역에서 중심지역이 아닌 만큼 대표성이 결여되어 발해기와를 포괄적으로 연구하는 데에는 마찬가지로 어려움이 따른다. 하지만 이러한 어려움 속에서도 연구자 나름대로의 형식분류안과 편년안을 제시하고 나아가 발해문화의 정체성에 대한 연구를 시도한 사실은 큰 성과라 할 수 있을 것이다.

2. 北韓

일제강점기 이후 북한은 중국과 함께 공동으로 중국 동북지역에 대한 발굴조사를 하였는데, 상경성과 서고성 등의 발해유적 조사에서 출토된 발해 기와를 토대로 이에 대한 연구의 기초를 만들 수 있었다.[10] 그리고 이후 발해의 남경남해부로 비정되는 함경남도 북청군의 청해토성과[11] 인근의 오매리 절골 사원지에[12] 대한 발굴조사를 통해 다수의

---

10) 조중공동고고학발굴대, 1966, 『중국동북지방의 유적 유물 보고(1963~1965)』, 사회과학출판사.
11) 김종혁, 1990, 「청해토성과 그 주변의 발해유적」, 『조선고고연구』4.
   _____, 2002, 『동해안 일대의 발해 유적에 대한 연구』, 중심.
12) 김종혁, 2002, 위의 책.

분류	출토유물			
4엽 와당 (발해)				
	梧梅里 金山建築址	梧梅里寺址	梧梅里 金山建築址	아브리꼬쏘브 遺蹟
4엽 와당 (고구려)				
	大城山城	大城山城	平壤 附近	靑嚴里土城
6엽 와당 (발해)				
	靑海土城	上京龍泉府	上京龍泉府	靑海土城
6엽 와당 (고구려)				
	大城山城	平壤 附近	定陵寺址	大城山城
8엽 와당 (발해)				
	락타산建築址	梧梅里 金山建築址	梧梅里 金山建築址	梧梅里 金山建築址
8엽 와당 (고구려)				
	定陵寺址	平壤城	平壤城	大城山城

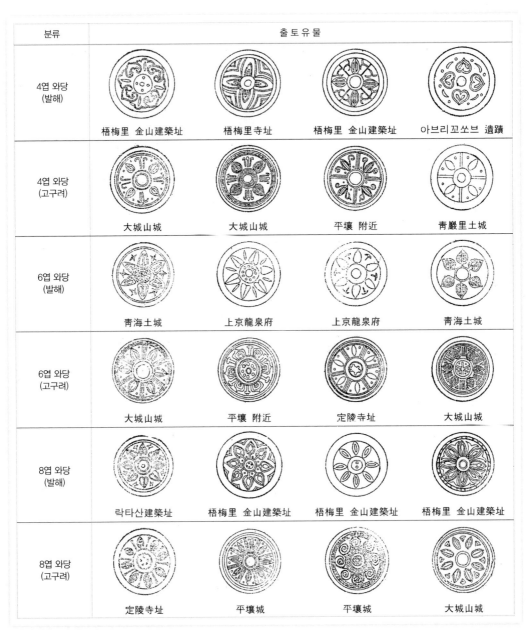

도면 3. 고구려와 발해 와당 문양 비교(류병흥, 1992-4,「발해유적에서 드러난 기와막새 무늬에 대한 고찰」,『조선고고 연구』, 사회과학출판사, 26~27쪽 재편집)

김종혁 · 김지철, 1989,「신포시 오매리 금산발해건축지 발굴중간보고」,『조선고고연구』2.
_____, 1990,「신포시 오매리 절골1호 발해건축지 발굴보고」,『조선고고연구』2.
_____, 1991,「금산 2건축지 발굴보고」,『조선고고연구』3.

발해 기와가 보고되어 발해 기와연구에 대한 관심이 고조되었다. 하지만 이에 대한 연구는 미미한 형편으로 대부분 발해 유적 조사를 통해 보고된 발해 기와에 대한 소개와 간략한 형식분류만이 이루어지고 있었다.

이러한 연구 경향 속에서 류병홍은 1992년 「발해유적에서 드러난 기와막새무늬에 대한 고찰」을 통해 발해 수막새의 문양분석 시도하였으며 이와 고구려와의 상관관계를 검토하였다.[13] 이 논문에서는 발해와 고구려의 수막새 문양을 비교분석하여 발해문화는 고구려 문화를 계승하고 있음을 입증하고자 하였다. 그러나 비교분석 자체가 문양 나열을 통한 단순비교로 이루어져 있어 논리의 억측성이 문제로 지적된다. 하지만 북한에서 처음으로 발해 기와 연구의 시도가 있었다는 점에서는 큰 의의가 있다.

북한에서의 연구는 정치적 제약에 따라 상황에 맞게 선택적으로 연구되는 경향이 있다. 때문에 발해 기와에 대한 전문적인 연구는 아직까지 큰 성과를 이루지 못하고 있다. 다만 발해유적이 현지에 유존하고, 현재도 발굴되고 있으므로 앞으로 이어질 연구에 귀추가 주목된다.

III. 日本

일본에 의한 발해 기와 연구의 발단은 일제강점기에 이루어진 만주지역 발해유적조사에 의해서였다. 특히, 1939년에 이루어진 상경성에 대한 발굴조사에서[14] 발해의 도성으로써 상당한 양의 기와가 출토되면서 발해 기와 연구의 단로가 마련되었다. 이후 1942년 발해의 동경용원부로 비정되는 반랍성의 발굴조사를[15] 비롯하여, 같은 해 이루어진 만주지역 전역에 대한 유적조사에서도[16] 상당한 양의 발해 기와가 수습되면서 연구의 관심이 집중되었다. 하지만 이 시기까지의 발해 기와 연구는 대체로 발해유적 보고서에서만 간략하게 다루어졌기 때문에 형식분류는 물론 그에 대한 견해도 매우 한정적이었다.

일본인의 본격적인 발해 기와 연구는 1946년 三上次男의 「渤海の瓦」로 시작되었다.

13) 류병홍, 1992, 「발해유적에서 드러난 기와막새무늬에 대한 고찰」, 『조선고고연구』4, 사회과학출판사.
14) 原田淑人·駒井和愛, 1939, 『東京城』, 東亞考古學會.
    鳥山喜一, 1939, 「渤海國都上京龍泉府の遺址に就いて」, 『滿鮮文化史觀』.
15) 齊藤甚兵衛·琿春縣, 1942, 『半拉城-渤海の遺蹟調査』.
16) 藤田亮策·鳥山喜一, 1942, 『間島省の古蹟滿洲國古蹟古物調査報告(三)』, 滿洲國國務院文教部.

[17]그는 논문에서 발해 유적을 4개 지구(목단강 지구, 간도 지구, 압록강 지구, 역외 지구)로 구분하고 각 지구에서 확인되는 기와를 검토하였는데, 기와에서 확인되는 문양을 중심으로 분류하여 고찰하였다. 이 논문은 발해의 중심지역에서 뿐만 아니라 발해 영역 외의 지역에서 발해풍의 기와를 찾아내고, 이를 역사적 배경과 결부시킨 점에서 주목된다. 이후 1961년 三上次男은「渤海の押字瓦とその歷史的性格」을 통해 압인와에 대해서도 살펴보았다.[18] 논문에서는 상경성, 팔련성, 서고성에서 확인된 압인와의 문자를 비교분석하여 이들 간의 공통적인 문자의 유무를 검토하고, 이를 통한 역사적 성격을 고찰하였다.

1991년 이전복은『高句麗, 渤海の考古と歷史』을 통해 발해 막새 분류안을 발표하였다.[19] 그는 발해의 전 영역에서 확인된 막새를 전·후기로 나누었는데, 육정산고분군에서 확인된 막새를 제외하고는 모두 후기에 제작된 것으로 판단하였다. 후기의 연화문 막새에 대해서는 연잎 수를 중심으로하여 5종류로 구분하고 각각을 세분하였다. 후기 막새에 대한 형식분류안을 통해 발해의 막새는 당대의 연화문 막새와 풍격을 같이한다는 견해를 제시하였다.

이후 田村晃一는 1995년에 발표한「東北考アジア古學における渤海の位置づけ」를 비롯하여 2001년「渤海の瓦當文樣に關する若干の考察」, 2002년「渤海瓦█論再考」, 2004년「渤海上京龍泉府址=東京城出土の瓦當について」, 2005년「上京龍泉府址出土瓦當の蓮花文に關する考察」등 일련의 논문을 통해 발해 기와 연구를 심화시켰으며, 그 중에서도 막새에 대한 연구에 집중하였다.[20] 특히 일제강점기에 일본인 학자들에 의해 조사된 상경성의 막새를 중심으로 한 연구를 진행하였다. 그는 논문에서 막새에 대한 형식분류안을 제시하고, 각 형식의 막새가 확인되는 상경성 내의 유적을 분류하였다. 이를 통해 상경성 내에서 막새의 선후관계를 명시하고, 나아가 서고성 및 팔련성 등에서 나타나는 막새와의 비교분석을 시도하였다. 분석결과에서 주목되는 점은 서고성이 현주의 도성이라는 견

17) 三上次男, 1947,「渤海の瓦」,『座石寶』10·11·12호, 座石寶刊行會.
18) 三上次男, 1961,「渤海の押字瓦とその歷史的性格」,『和田博士古稀記念 東洋史論叢』, 講談社.
     _____, 1990,『高句麗と渤海』, 吉川弘文館.
19) 李殿福·西川宏 譯, 1991,『高句麗, 渤海の考古と歷史』, 學生社.
20) 田村晃一, 1995,「東北考アジア古學における渤海の位置づけ」,『渤海と環日本海交流』, 新潟大學環日本海研究會.
     _____, 2001,「渤海の瓦當文樣に關する若干の考察」,『青山史學』19, 青山學院大學.
     _____, 2002,「渤海瓦当論再考」,『早稻田大學大學院文學研究科紀要』47-4.
     _____, 2004,「渤海上京龍泉府址=東京城出土の瓦當について」,『渤海都城の考古學的研究』, 財團法人東洋文庫.
     _____, 2005a,「上京龍泉府址出土瓦當の蓮花文に關する考察」,『東アジアの都城と渤海』, 財團法人東洋文庫.

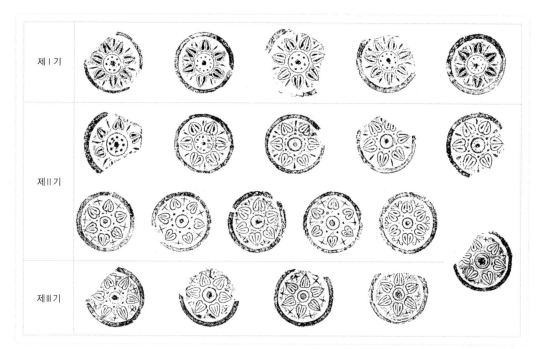

제 I 기					
제 II 기					
제 III 기					

도면 4. 상경용천부지 출토 와당 편년(中村 亞希子, 2006, 「渤海上京龍泉府址出土軒丸瓦の編年」, 『東京大學考古學研究室研究紀要』第20号, 東京大學 大學院人文社會系 研究科·文學部 考古學研究室, 104~105쪽 재편집)

해를 비판하고 있다는 것이다. 이는 팔련성과 서고성에서 확인된 막새의 형태는 비슷한 반면, 상경성 전기에 제작된 것으로 추정되는 막새보다는 후대의 것으로 파악하였기 때문이다. 이러한 견해는 이전까지 서고성을 발해의 두 번째 도성으로 파악하는 중국과 한국의 일반적인 주장을 비판하는 것으로써 의의가 있다. 한편, 田村晃一는 압인와에 대한 연구도 진행하였는데 2005년에 저술된 「上京龍泉府址出土の押印瓦に關する若干の考察」이 그것이다.[21] 여기에서는 압인의 형태와 상태, 압인된 문자의 형식 등을 분류하여 살펴보았다. 이를 통해 압인의 주체에 대해서도 간략하게 살펴보았다.

小嶋芳孝는 2005년 「図們江流域の渤海都城と瓦当―齋藤優氏の調査資料による―」을 발표하였다.[22] 이 논문은 이전에 이루어진 사이토 마사루의 발해유적 자료 중 기와를 중심으로 재검토한 성과로서 서고성을 비롯하여 팔련성과 온특혁부성, 영성자고성 등지에

21) 田村晃一, 2005b, 「上京龍泉府址出土の押印瓦に關する若干の考察」, 『東アジアの都城と渤海』, 財團法人東洋文庫.
22) 小嶋芳孝, 2005, 「図們江流域の渤海都城と瓦当―齋藤優氏の調査資料による―」, 『東アジアの都城と渤海』, 財團法人東洋文庫.

서 수습된 개체를 중심으로 형식분류를 시도하였다. 이를 바탕으로 도문강 유역에서 나타나는 발해 기와의 특징을 소개하고 나아가 각 유적에서 나타난 기와의 공통점을 비교분석하였다. 비교분석을 통해 이 지역에서 확인되는 막새의 문양이 고구려 문화의 영향하에 있었다는 견해를 제시하고 있어 주목된다.

앞선 논문과 같은 단행본에 실려 있는 「渤海上京龍泉府出土の平瓦·丸瓦」는 2005년 清水信行에 의해 저술되었다. 그는 논문을 통해 상경성에서 출토된 평기와에 대해 제작기법과 형태적·기술적 속성을 중심으로 형식분류안을 제안하였다. 발해유적 보고서에서 발해 기와에 대한 기술이 매우 소략하게 서술되는 반면, 논문에서는 발해 평기와의 세부적인 속성까지 기록 및 분석하고 있다는 점에서 큰 의의를 찾을 수 있다.

선대에 이루어진 발해 기와에 대한 업적은 2006년 中村亞希子의 「渤海上京龍泉府址出土軒丸瓦の編年」을 통해 통합 및 발전을 이루었다.[23] 그는 상경성에서 발굴된 수막새를 대상으로 하였는데, 이전까지 이루어진 수막새 연구방법론을 종합하여 포괄적인 형식분류안을 제시하였다. 먼저 문양은 연화의 후육 정도와 외부 형태 및 간식문의 표현 양상을 분석하고 이를 중심으로 3류 14형식으로 나누어 살폈다. 이와 함께 제작기법도 검토하였는데, 수막새와 수키와의 제작기법을 각각 분류하여 세부적인 모습을 검토하였으며, 수막새와 수키와가 제작되는 공정을 도식화하여 소개하였다. 앞서 이루어진 분석결과를 바탕으로 상경성 내의 수막새에 대한 편년안을 제안하였다. 결과적인 견해는 앞서 이루어졌던 연구와 크게 다르지 않지만 발해 수막새에서 분석할 수 있는 대부분의 방법론을 종합하여 제시하였다는 점에서 큰 성과라 할 수 있겠다.

이처럼 일본의 발해 기와 연구는 일제강점기에 이루어진 발해유적 발굴의 성과물을 중심으로 진행되었다. 특히 유물에 대한 형식학적 연구가 크게 발전되어 있는 일본에서 발해 기와의 연구는 실견할 수 있는 유물에 대한 다양한 방법론적 이론을 적용하면서 큰 성과를 이루었다고 할 수 있다. 그러나 연구의 대상이 되는 유물이 만주지역에서 수습된 일부 개체와 상경성 발굴로 통해 얻어진 개체만으로 한정되어 있어 발해 기와에 대한 종합적인 연구에는 일정 정도의 한계를 가지고 있다. 대부분의 연구가 상경성 출토유물을 중심으로 비교분석이 이루어지고 있는 모습은 이를 반증한다.

---

23) 中村亞希子, 2006, 「渤海上京龍泉府址出土軒丸瓦の編年」, 『東京大學考古學研究室研究紀要』20, 東京大學大學院人文社會系 研究科·文學部 考古學研究室.

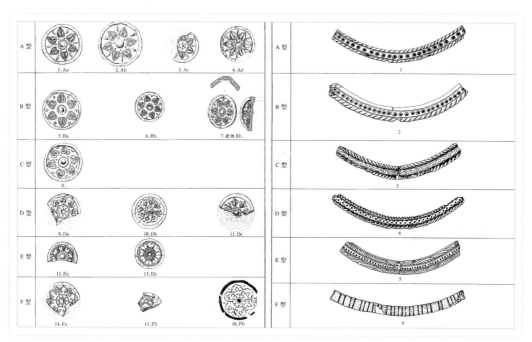

도면 5. 서고성 출토 와당 및 끝암키와 형식 분류(吉林省文物考古硏究所等, 2007, 『西古城-2000~2005年度渤海國中京賢德部故址田野考古報告』, 文物出版社, 327 · 334쪽 전재)

Ⅳ. 中國과 러시아

1. 中國

중국에는 발해영역 대부분이 포함되어 있을 뿐만 아니라 발해의 중심지역인 五京도 모두 분포하고 있기에 일찍부터 발해유적에 대한 발굴조사가 이루어질 수 있었다. 그들은 일제강점기 이후 만주지역에 대한 영유권이 확보되면서 발해유적에 대한 조사를 실시하였다.

먼저 1966년 북한과 함께 동북지역에 대한 유적조사를 실시함으로써[24] 지역에 분포하는 유적과 유물을 파악하고자 하였다. 본 조사를 통해 발해유적의 현황이 파악되었으

---

24) 조중공동고고학발굴대, 2007, 앞의 책.

며, 발해 기와도 수습되었다. 현황 파악 이후 별다른 발굴성과가 이루어지지 않다가 1997년 육정산고분군과 상경성에서 이루어진 발굴을[25] 통해 발해기와가 조사되면서 이에 대한 관심이 재차 이루어졌다. 특히, 2000년을 전후하여서는 중국의 동북공정 사업의 일환으로 발해유적에 대한 대대적인 발굴조사가 이루어지면서 다수의 발해관련 유물이 출토되었고 이를 토대로 하여 발해 기와 연구에 대한 본격적인 연구 자료를 확보하였다. 조사된 유적은 대부분 발해의 주요유적으로써 상경성과[26] 팔련성,[27] 서고성,[28] 국내성[29] 등의 성곽유적을 비롯하여, 육정산 고분군[30] 및 용두산 고분군[31] 등이 대표적이다.

이처럼 발해 영역의 대부분을 차지하고 있을 뿐만 아니라 활발한 발굴조사가 진행되었기 때문에 발해 기와에 대한 연구는 일찍부터 시작되었다. 그러나 발해 기와 연구에서 가장 양질의 기반을 가지고 있었음에도 불구하고 적은 수의 논문만이 저술되었다.

1955년에 劉濱祥과 郭仁은「渤海瓦當的分類與分期研究」를 통해 발해 막새에 대한 유형분류안과 편년안을 제시하였다. 이들은 발해의 영역을 총 8개 지역으로 구분하고 각각의 지역에서 확인되는 막새에 대한 형식을 간식문의 형태와 자방의 구조로써 분류하였다. 이를 바탕으로 육정산고분군을 중심으로 하는 돈화지역에서 확인되는 형식을 早期, 서고성과 팔련성의 화룡과 혼춘에서 나타나는 형식을 中期로 편년하였다. 마지막으로 晩期는 상경성에서 출토된 형식을 대표적으로 제시하였다. 이 연구는 중국에서 처음으로 이루어진 막새의 형식분류안과 편년안 세시라는 관점에서 큰 의의가 있다. 반면, 편년안을 소개하면서 형식학적 발전양상을 고려하지 않은 점은 아쉬움으로 남는다.

1984년 李强은「渤海 ‘文字瓦’ 誤訂定」를 통해 발해기와 중 압인와를 고찰하였다.[32] 그는 논문에서 400점의 개체를 대상으로 분석하여 총 250여개의 문자 및 부호가 있음을 기술하였다. 이를 바탕으로 새겨진 문자는 발해 고유의 문자가 아닌 漢과 唐에서 사용되어진 別體文字였음을 확인하였으며, 문자의 표현은 한자에 정통하지 않은 와공장에 의한

25) 中國社會科學院考古硏究所, 1997,『六頂山和渤海鎭』, 社會科學出版社.
26) 黑龍江省文物考古硏究所, 2009,『渤海 上京城-1998~2007年度考古發掘調査報告』, 文物出版社.
27) 吉林省文物考古硏究所・吉林大學邊疆考古硏究中心, 2009,「吉林琿春市八連城內城建築基址的發掘」,『考古』6.
28) 吉林省文物考古硏究所等, 2007,『西古城-2000~2005年度渤海國中京賢德部故址田野考古報告』, 文物出版社.
29) 吉林省文物考古硏究所・集安市博物館, 2004,『國內城-2000~2003年集安國內城與民主遺址試掘報告』, 文物出版社.
30) 吉林省文物考古硏究所・敦化市文物管理所, 2009,「吉林敦化市六頂山墓群2004年發掘簡報」,『考古』6.
31) 吉林省文物考古硏究所・延邊朝鮮族自治州文物管理委員會辦公室, 2009,「吉林和龍市龍海渤海王室墓葬發掘簡報」,『考古』6.
32) 李强, 1984,「渤海 ‘文字瓦’ 誤訂定」,『黑龍江文物叢刊』3.

유형 기별	典型蓮花紋瓦當		
	七瓣	六瓣	五瓣
제 Ⅲ 기			
제 Ⅱ 기			
제 Ⅰ 기			

도면 6. 발해 와당 편년(趙越, 2008-4, 「渤海瓦當類型學考察及分期」, 『北方文物』, 36쪽 전재)

것이기에 필획이 간략화된 것으로 견해를 나타냈다. 다만, 대상으로 한 압인와의 탁본이 제시되고 있지 않아 그의 해석이 정확한 것인가에 대한 검토가 귀결되지 못하고 있다.

趙越은 2007년 「渤海瓦當研究」와 2008년 「渤海瓦當類型學考察及分期」를 통해 발해 수막새의 종합적인 연구 성과를 발표하였다.[33] 그는 논문에서 수막새의 문양을 중심으로 형식을 고찰하고 막새와 출토유적의 상관관계를 통해 편년을 제시하였다. 그리고 발해 수막새 문화의 원류에 대해 검토하였다. 그러나 형식분류안과 편년안은 선대의 연구결과에서 크게 벗어나지 않게 제안되었다. 특히 발해 수막새의 기원에 대해 대부분의 문양을 당과의 관련성만을 집중적으로 조명하고 있는데 이는 고구려의 문화적 계승은 물론 통일신라와 일본과의 연관성을 배재한 결과로 판단된다. 이러한 결과는 현재 완료된 중국의 동북공정의 의도가 다분히 반영된 것으로 생각되며, 때문에 비판적인 시각이 필요할 것으로 여겨진다.

중국의 발해기와 연구는 대체로 막새의 문양이나 압인와의 문자처럼 표지적인 성격의 개체를 중심으로 이루어지고 있는데, 방법론적인 면에서 형태적 속성이 주된 요소로 적

---

33) 趙越, 2007, 「渤海瓦當研究」, 碩士學位論文, 吉林大學.
　　____, 2008, 「渤海瓦當類型學考察及分期」, 『北方文物』4.

용되고 있다. 하지만 이러한 분석결과를 해석하는 데에 있어 정치적 관점이 다분히 반영되어 있어 상당히 변질되고 왜곡되었다. 때문에 연구 성과의 수용에 있어 비판적인 관점에서의 입장이 필요할 것으로 생각된다.

2. 러시아

러시아는 연해주를 중심으로 한 발해 유적 발굴을 통해 발해 기와 연구를 시작하였다. 이들의 조사는 발해 유적 조사는 연해주 자체적인 문화 연구의 일환으로 이어져오다 한국과의 공동 발굴조사가 시작되면서 발해 유적 조사가 활성화 되었다. 그리고 이를 통해 발해의 유적과 유물이 보고되면서 발해 문화 연구의 기초를 만들어 주었다.

이러한 발해 문화 연구 중 기와에 대한 연구는 1984년, 연해주의 크라스키노 성에 대한 발굴조사에서 확인된 기와를 중심으로 연구한 볼딘 V. I. · 이블리예프 A. L.의 「발해의 기와 생산-끄라스끼노 성터의 자료에 의함」에 의해서 시작되었다.[34] 본 논문을 통해 러시아에서 발해 기와 연구에 대한 기본적인 연구의 기초가 정립될 수 있었다.

이와 같은 기초적인 연구 성과를 바탕으로 크라스키노 성에서 발굴한 자료를 수합한 샤브꾸노프 E. V.는 1991년에 「동물 모티브가 있는 발해의 지붕기와」를 1996년에 「발해 기와의 문양과 그 형식 분류」를 발표함으로써 러시아 발해 기와 연구에 새로운 장을 열었다.[35] 그는 논문을 통해 발해 기와에 나타나있는 문양을 문양학적 입장에서 상세하게 서술하였으며, 나아가 발해 기와에 대한 형식분류안과 편년안을 제안하였다. 이러한 분석을 통해 발해문화의 실체를 파악하고자 하였던 바, 발해문화의 일부만을 고구려 및 통일신라 문화의 영향으로 파악하고, 대부분은 말갈문화의 영향이거나 독립적으로 자생한 문화로 판단하였다.

2004년에는 아스딴쉔꼬바 E. V. · 볼딘 V. I.에 의해 「크라스키노 성터 출토 막새기와와 문양」이 발표되었는데, 추가적으로 확인된 발해의 수막새 자료가 선대 연구 결과에 더해져 발전되었다.[36] 하지만 자료의 증가와 발전된 형식분류안 외에 발해문화의 실체에

---

34) 볼딘 V. I. · 이블리예프 A. L., 1984, 「발해의 기와 생산-끄라스끼노 성터의 자료에 의함」, 『시베리아 남부와 극동의 고고학』.(노문)
35) 샤브꾸노프 E. V., 1991, 「동물 모티브가 있는 발해의 지붕기와」, 『소비에트 고고학』No.1.(노문)
　　　　　　　　, 1996, 「발해 기와의 문양과 그 형식 분류」, 『북태평양의 고고학』.(노문)
36) 아스딴쉔꼬바 E. V. · 볼딘 V. I., 2004, 「크라스키노 성터 출토 막새기와와 문양」, 『러시아와 아시아-태평양지역』No.1.(노문)

대한 연구에서는 선대의 연구 성과를 넘어서지 못한 채, 그대로 답습되었다.

이처럼 러시아에서 진행된 발해기와 연구는 크라스키노 성에서 출토된 발해 기와를 중심으로 이루어지고 있다. 유적에서 나타나는 문화양상은 어디까지나 발해의 지방문화에 지나지 않음에도 불구하고, 이를 통해 발해문화 전반을 아우르고 있어 문화의 실체를 파악함에 있어 일부 왜곡되고 있음이 확인된다. 연구의 방법론적인 면에서도 각각의 특징을 유기적으로 연구하지 못하고, 개별적인 비교·분석이 이루어짐으로써 잘못된 결론을 도출하고 있다. 하지만 현재에도 연해주에 분포하고 있는 발해유적 발굴조사가 꾸준히 이루어지고 있기에 앞으로 연구방법에 전환점을 마련한다면 큰 성과가 있을 것으로 기대된다.

V. 맺는말

이상과 같이 발해 기와의 연구사를 남한과 북한, 일본, 중국과 러시아 등으로 나누어 살펴보았다. 먼저 남한의 연구는 유물에 대한 직접 조사의 제약이라는 제한적인 환경에도 불구하고 나름의 형식분류안과 편년안을 제시함으로써 발해 문화의 정체성에 대한 연구를 시도하는 단계에까지 진척하였으나, 여전히 다양하고 포괄적인 연구를 진행하지 못하는 실정이다. 반면에 북한은 일찍부터 발해 유적을 대상으로 연구가 가능하였다는 장점을 활용하지 못하였을 뿐만 아니라 학문적 연구 경향이 정치적 상황의 제약에 많은 영향을 받음으로써 초보적인 수준에 머무르고 있는 아쉬움이 있다. 일제강점기를 거치면서 가장 먼저 발해 기와 연구에 착수한 일본은 다양한 방법론적 이론을 적용하는 등 기술적인 측면에서 가장 큰 성과를 이루었다고 할 수 있다. 하지만 일제강점기에 이루어진 단편적 조사에서 출토된 유물이 연구의 대상이라는 한계를 극복해야 하는 문제점을 안고 있다. 적극적인 동북공정 사업을 추진한 중국은 상경성, 팔련성, 서고성, 국내성 등의 성곽 유적과 육정산 고분군 및 용두산 고분군 등 발해의 주요 유적을 발굴함으로써 가장 풍부한 자료를 바탕으로 발해 기와에 대한 매우 상세하고도 분석적인 연구를 진행할 수 있었다. 그러나 해석 방법에 있어서 정치적 관점이 다분히 영향을 미치게 되었고 그 결과 연구의 성과가 상당히 변질되고 왜곡된 아쉬움이 큰 실정이다. 연해주를 중심으로 한 러시아의 발해 기와 연구는 한국과의 공동발굴조사가 활성화됨으로써 비로소 진행되었다고 할 수 있다. 다만 발해 기와 출토 유적이 가지는 지역성과 성곽에 집중된다는 공간성의 측면에서 볼 때 발해의 문화를 통시적으로 고찰하는 데에는 일정부분 한계를 가지고 있다. 이러한 러시아의 발해 기와 연구의 한계는 방법론적인 면에서도 기존 방식의 답습 등 비판없이 그대로 적용되는 문제점이 있다.

이처럼 남한을 비롯하여 발해 기와를 연구대상으로 하는 북한, 중국, 러시아와 일본은 각각의 연구 대상을 바탕으로 독자적인 연구를 진행해 왔다. 더욱이 일부 국가의 경우 학문적 객관성과 진정성이 결여됨으로써 잘못된 역사인식을 주도하기도 하였다. 따라서 통합적이고 포괄적인 연구 태도를 공유하고 유기적인 연구 협력과 정책의 일관성의 확보 등이 필요한 시점이라고 할 수 있다.

그러므로 발해 기와에 대한 연구 성과와 분석내용의 집대성은 그동안 피상적으로만 이해되어왔던 발해사에 대한 정보를 구체화 할 수 있는 계기가 될 것으로 기대된다. 이는 향후 북한학계와의 학술교류 사업을 추진하는데 기초자료가 될 뿐만 아니라 러시아, 중국, 일본 등 동북아시아 학계가 함께 공유하며 발해사를 연구할 수 있는 단초를 제공할 것으로 전망된다. 아울러 이렇게 축적된 자료는 동북아지역의 원활한 정보 공유의 기초를 다질 수 있으며 이는 중국의 동북공정은 물론 그 원뿌리인 "中華文明探源工程"과 같은 대규모 프로젝트에 대처할 수 있는 원동력이 될 것이다.

참고문헌

1. 國文

고구려연구재단, 2005, 『2004년도 러시아 연해주 발해 유적 발굴 보고서』.
吉林省文物考古研究所 · 吉林大學邊疆考古研究中心, 2009, 「吉林琿春市八連城內城建築基址的發掘」, 『考古』6.
吉林省文物考古研究所等, 2007, 『西古城−2000 2005年度渤海國中京賢德部故址田野考古報告』, 文物出版社.
吉林省文物考古研究所 · 集安市博物館, 2004, 『國內城−2000∼2003年集安國內城与民主遺址試掘報告』, 文物出版社.
吉林省文物考古研究所 · 敦化市文物管理所, 2009, 「吉林敦化市六頂山墓群2004年發掘簡報」, 『考古』6.
吉林省文物考古研究所 · 延邊朝鮮族自治州文物管理委員會辦公室, 2009, 「吉林和龍市龍海渤海王室墓葬

發掘簡報」, 『考古』6.

김종혁, 1990, 「청해토성과 그 주변의 발해유적」, 『조선고고연구』4.

_____, 2002, 『동해안 일대의 발해 유적에 대한 연구』, 중심.

김종혁·김지철, 1989, 「신포시 오매리 금산발해건축지 발굴중간보고」, 『조선고고연구』2.

_____, 1990, 「신포시 오매리 절골1호 발해건축지 발굴보고」, 『조선고고연구』2.

_____, 1991, 「금산 2건축지 발굴보고」, 『조선고고연구』3.

김창균, 1999, 「러시아 연해주 발해 사원지 기와와 고구려 양식 계승에 대한 연구」, 『강좌미술사』14, 한국미술사연구소.

김희찬, 2010a, 「발해 연화문 와당의 고구려 계승성 검토」, 『高句麗渤海研究』36, 高句麗渤海學會.

_____, 2010b, 「발해 인동문계 와당의 계통과 고구려 연관성 검토」, 『東아시아古代學』21, 東아시아古代學會.

_____, 2010c, 「발해 연화문 와당의 문양 변화와 시기적 변천」, 『白山學報』87, 白山學會.

대륙연구소, 1994, 『러시아 연해주와 발해유적』.

大韓民國 高句麗硏究會·러시아科學院·시베리아分所 考古民俗學硏究所·비딸리 예고르비치 메드베네프, 1998, 『러시아 연해주 발해절터』, 학연문화사.

동북아역사재단, 2010, 『2008년도 연해주 크라스키노 발해성 한·러 공동 발굴보고서』.

류병홍, 1992, 「발해유적에서 드러난 기와막새무늬에 대한 고찰」, 『조선고고연구』4, 사회과학출판사.

문명대·이남석·V.I.볼딘 외, 2004, 『러시아 연해주 발해 사원지 발굴 보고서』, 고구려연구재단.

서울대학교박물관, 1998, 『서울大 博物館所藏 渤海遺物』.

孫煥一, 2005, 「발해기와 명문의 서체」, 『高句麗研究』19, 高句麗研究會.

송기호, 1992, 「불사조문양이 있는 발해의 막새기와」, 『미술자료』50, 국립중앙박물관.

이우섭, 2013, 「발해 연화문와당 연구」, 석사학위논문, 고려대학교 대학원.

조중공동고고학발굴대, 1966, 『중국동북지방의 유적 유물 보고(1963~1965)』, 사회과학출판사.

최몽룡, 1998, 「서울대학교 박물관 소장 발해 유물」, 『고구려연구』6, 학연문화사.

최진호, 2011, 「발해 수막새 기와의 특징과 성격 연구」, 석사학위논문, 단국대학교 대학원.

2. 外國文

藤田亮策·鳥山喜一, 1942, 『間島省の古蹟滿洲國古蹟古物調査報告(三)』, 滿洲國國務院文教部.

三上次男, 1947, 「渤海の瓦」, 『座石寶』10·11·12호, 座石寶刊行會.

_____, 1961, 「渤海の押字瓦とその歷史的性格」, 『和田博士古稀記念 東洋史論叢』, 講談社.

_____, 1990, 『高句麗と渤海』, 吉川弘文館.

샤브꾸노프 E. V., 1991, 「동물 모티브가 있는 발해의 지붕기와」, 『소비에트 고고학』No.1.(노문)

_____, 1996, 「발해 기와의 문양과 그 형식 분류」, 『북태평양의 고고학』(노문)

小嶋芳孝, 2005, 「図們江流域の渤海都城と瓦当 −齋藤優氏の調査資料による−」, 『東アジアの都城と渤海』, 財團法人東洋文庫.

볼딘 V. I. · 이블리예프 A. L., 1984, 「발해의 기와 생산-끄라스끼노 성터의 자료에 의함」, 『시베리아 남부와 극동의 고고학』.(노문)

아스딴쉔꼬바 E. V. · 볼딘 V. I., 2004, 「크라스키노 성터 출토 막새기와와 문양」, 『러시아와 아시아-태평양 지역』No.1.(노문)

原田淑人 · 駒井和愛, 1939, 『東京城』, 東亞考古學會.

李强, 1984, 「渤海 '文字瓦'誤訂定」, 『黑龍江文物叢刊』3.

李殿福 · 西川宏 譯, 1991, 『高句麗, 渤海の考古と歷史』, 學生社.

田村晃一, 1995, 「東北考アジア古學における渤海の位置づけ」, 『渤海と環日本海交流』, 新潟大學環日本海研究會.

_____, 2001, 「渤海の瓦當文樣に關する若干の考察」, 『靑山史學』19, 靑山學院大學.

_____, 2002, 「渤海瓦▓論再考」, 『早稻田大學大學院文學研究科紀要』47-4.

_____, 2004, 「渤海上京龍泉府址=東京城出土の瓦當について」, 『渤海都城の考古學的研究』, 財團法人東洋文庫.

_____, 2005a, 「上京龍泉府址出土瓦當の蓮花文に關する考察」, 『東アジアの都城と渤海』, 財團法人東洋文庫.

_____, 2005b, 「上京龍泉府址出土の押印瓦に關する若干の考察」, 『東アジアの都城と渤海』, 財團法人東洋文庫.

齊藤甚兵衛 · 琿春縣(1942) 『半拉城-渤海の遺蹟調査』.

鳥山喜一, 1939, 「渤海國都上京龍泉府の遺址に就いて」, 『滿鮮文化史觀』.

趙越, 2007, 「渤海瓦當研究」, 碩士學位論文, 吉林大學.

___, 2008, 「渤海瓦當類型學考察及分期」, 『北方文物』4.

中國社會科學院考古研究所, 1997, 『六頂山和渤海鎭』, 社會科學出版社.

中村亞希子, 2006, 「渤海上京龍泉府址出土軒丸瓦の編年」, 『東京大學考古學研究室研究紀要』20, 東京大學 大學院人文社會系 研究科 · 文學部 考古學研究室.

黑龍江省文物考古研究所, 2009, 『渤海 上京城-1998~2007年度考古發掘調査報告』, 文物出版社.

후삼국기의 戰役과 936년 一善 전투

강민식 청주백제유물전시관

Ⅰ. 머리말

후삼국의 성립 이후 태봉·고려와 후백제는 통합 때까지 군사적 충돌을 거듭하였다. 결국 936년 一利川 전투 이후 승기를 잡은 고려군이 黃山에서 신검의 항복을 받아 통합 전쟁을 마무리 하였다.[01]

후삼국의 통합 과정은 936년의 전투를 중심으로 이해할 수 있다. 그간 왕건의 후백제 공격의 배경, 一善 우회의 이유, 고려군의 규모와 실체 등이 주된 연구의 대상이었다.[02]

---

01) 『三國史記』권50 열전10, 甄萱 ; 『高麗史』권2 세가2, 太祖2. 후삼국 정립 후 936년 통합에 이르는 시기의 기록은 위 두 기록을 포함하여 『高麗史節要』가 있다. 중복되는 경우 『삼국사기』의 기사를 우선하고 구체적인 인명이나 지명을 언급할 경우 『고려사』나 『고려사절요』의 기록을 인용한다.

02) 鄭景鉉, 1990, 「高麗 太祖의 一利川 戰役」 『한국사연구』68 ; 金甲童, 1994, 「高麗太祖 王建과 後百濟 神劍의 전투」 『창해박병국교수정년기념사학논총』 : 2002b, 「후백제의 멸망과 견훤」 『한국사학보』12 : 2009, 「고려

936년 후백제와 고려의 마지막 일전에서 분명히 드러나는 지명은 天安과 一善이다. 이때 고려군은 천안에서 출발하여 일선을 거쳐 후백제를 공략한 것이다. 그런데 천안을 기점으로 후백제의 수도인 전주에 이르는 直攻路를 버리고 일선으로 우회한 연유가 분명치 않다. 후백제와 고려는 대략 세 방면에서 전투가 계속되고 있었다고 한다면,[03] 936년의 전투는 일선 방면에서만 나타나고 있다.

고려군이 一善으로 우회한 이유에 대해서는 일찍이 태자 武 등을 천안에 남겨두어 후백제 신검군의 의표를 찌르는 양동작전으로 본 바 있다.[04] 1990년에 이르러 비로소 이 견해를 비판하고 낙동강을 이용한 병력과 물자의 동원을 그 주된 이유로 꼽았다.[05] 이후 동원된 병력 수와 일정에 대한 논의,[06] 그리고 馬軍 중심의 속전속결과 낙동강 병참을 이용하기 위한 우회 전략[07] 등 一善 우회의 배경을 살피기 위한 논의가 진행되었다.

그런데 지름길을 골라 속전속결이 전술의 기본임을 전제로 할 때 일선 우회 기사는 단지 승전을 전하는 특정 사실에 대한 일부의 기록으로 보인다. 이것은 후백제 멸망이라는 결과와 一善이라는 지명에 경도된 주요 과정을 생략한 것이 아닌가 한다. 그래서 거듭된 논의에도 불구하고 그 전개 과정을 명확히 이해하는 것은 쉽지 않다.

이러한 의문을 쫓아 이글에서는 고려군의 일선군 우회를 염두에 두고 당시의 전황을 여러 각도에서 살펴보고자 한다. 936년 전역 이전 여러 방면에 걸친 전투 기사를 살펴보면 일선 전투의 의미가 새롭게 밝혀지지 않을까 한다.

태조 왕건과 유금필 장군」『인문과학논문집』46, 대전대학교 ; 류영철, 2001, 「一利川戰鬪와 後百濟의 敗亡」『대구사학』63 : 2004, 『高麗의 後三國 統一過程 研究』, 경인문화사 ; 윤용혁, 2004, 「936년 고려의 통일전쟁과 개태사」『한국학보』114 ; 정요근, 2008, 「後三國時期 高麗의 남방진출로 분석」『한국문화』44 ; 김명진, 2008, 「太祖王建의 一利川戰鬪와 諸蕃勁騎」『한국중세사연구』25 : 2009, 「高麗 太祖의 統一戰爭 研究」, 경북대학교 박사학위논문 : 2012, 「고려 태조 왕건의 일모산성전투와 공직의 역할」『군사』85 ; 신성재, 2011, 「일리천전투와 고려태조 왕건의 전략전술」『한국고대사연구』61.

03) 충남북 일대·경상도 서방·나주방면(金甲童, 앞의 글(1994), 267쪽), 충청도·경상도·서남해안 및 남해안 방면(정요근, 앞의 글(2008), 11~26쪽) 등 대체로 세 방면으로 고려의 남방 경략이 이루어진 것으로 보고 있다.

04) 池內宏, 1920, 「高麗太祖の經略」『滿鮮地理歷史研究報告』7, 동경제국대학문학부, 60쪽. 이글에서 옛 지리지의 지명 고증을 통해 936년 江의 東岸에 고려군이 주둔했던 사실(62쪽), 고려군은 계립령을 통해, 후백제군은 추풍령을 통해 선산에 이르렀고 후백제군은 추풍령을 통해 퇴각하였을 것으로 보았고, 일리천을 餘次尼津으로 본 安鼎福의 견해를 인용한(63쪽) 이후 일리천 전투와 후백제의 멸망에 대한 개략적인 이해는 크게 바뀌지 않았다.

05) 鄭景鉉, 1990, 앞의 글, 12, 14~17쪽.

06) 金甲童, 1994, 앞의 글 ; 김명진, 2008, 앞의 글.

07) 신성재, 2011, 앞의 글, 360, 362쪽.

II. 927년 이후 후백제·고려의 신라 분할

927년 낙동강 동안에서 진퇴를 거듭하던 후백제와 고려의 전역이 새로운 국면에 접어들었다. 이 해 후백제군이 경주를 습격하여 경애왕을 죽이고 이를 막으려던 고려 태조를 크게 패퇴시킨 것이다.

A 丁亥 10년(927) ㉠봄 정월 乙卯에 친히 백제의 龍州를 쳐서 이를 항복시켰다. …견훤의 악함이 더욱 쌓여 자못 강하게 병탄하려 하므로 왕이 그를 공벌함에 신라왕이 출병하여 원조하였다. [3월] 辛酉에 왕이 運州에 들어가 그 성주 兢俊을 성 아래에서 패배시키고 甲子에 近品城을 쳐 함락시켰다. [여름 4월] 乙丑에 왕이 熊州를 치다가 이기지 못하였다. ㉡가을 7월 戊午에 元甫 在忠, 金樂 등을 보내어 大良城을 공파하고 장군 鄒許祖 등 30여 인을 포로로 하였다. ㉢9월에 견훤이 近品城을 공격하여 불사르고 나아가 신라의 高鬱府를 습격하여 서울 가까이까지 핍박하니 신라왕이 連式을 보내어 급함을 고하는지라…. ㉣왕이 대노하여 친히 精騎 5천을 거느리고 견훤을 公山 桐藪에서 맞아 크게 싸웠으나 불리하여 견훤의 군사가 왕을 포위함이 심히 급한지라 대장 申崇謙과 金樂이 힘써 싸우다가 전사하고 많은 군사가 패배하니 왕은 겨우 단신으로 모면하였다. 견훤은 이긴 기운을 타고 大木郡을 공취하고 들판에 노적한 곡식을 다 불살랐다. 겨울 10월 견훤이 장수를 보내 碧珍郡을 침략하고 大木, 小木 2군의 농작물을 베어버렸다. 11월 벽진군의 곡식을 불사르니 正朝 索湘이 싸우다가 죽었다. 『고려사』 권1 세가1, 太祖1]

927년 초의 전투 양상은 고려군이 적극적인 공세로 전환하면서 후삼국의 판도는 뒤바뀌기 시작하였다. 지금까지 고려군이 신라 구원에 그치고, 귀부를 통해 영향을 확장하던 전략에서 벗어나 적극적인 군사 활동을 전개하기 시작하였다.

이해 고려 태조는 직접 군사를 이끌고 후백제에 대한 전방위적인 공격을 감행하였다 (㉠). 정월 龍州(예천 용궁)[08]와 3월 運州·近品城(문경 산북 근품리)[09]을 공략하고, 4월에는 熊州를 공략하였다.

고려가 용주와 금품성을 차지한 것은 단양에서 죽령 서쪽의 다른 영로인 벌재와 저수령을 통해 문경에 닿을 수 있는 통로를 확보한 셈이다.[10] 이미 궁예는 건국 직후 唐城에

---

08) 『신증동국여지승람』 권25, 龍宮縣, 建置沿革 本新羅岊山[一云圓山] 高麗成宗陞爲龍州刺史 穆宗罷刺史 降爲郡 顯宗改今名….

09) 『삼국사기』 권34 잡지3 지리1, 尙州 醴泉郡 嘉猷縣 本近[一作巾]品縣 景德王改名 今山陽縣.

10) 특히 벌재는 문경 동로면 적성리나 단양의 옛 지명인 적성의 우리말로(朴相佾, 1990, 「小白山脈地域의

서 충주로 이어지는 영역을 차지하고,[11] 尙州 등 30여 주현을 비롯하여 竹嶺 동북 지역을 빼앗으며 신라를 압박한 바 있다.[12] 또 922~923년 안동과 청송,[13] 성주에 이르는 지역이 고려에 귀부하면서[14] 죽령로는 온전히 유지될 수 있었다. 이처럼 927년 초 고려가 예천과 문경 일부를 차지함으로써 낙동강 상류 지역과 죽령로에 대한 교통로를 완전히 장악할 수 있게 되었다.

한편 고려군이 3월 운주, 4월 웅주를 공략하였다. 왕건은 즉위와 함께 이탈한 이곳을 되찾기 위해 노력하였다. 웅주·운주의 후백제 귀부 직후 왕건은 전 시중 金行濤를 東南道招討使 知牙州諸軍事로 삼았다.[15] 牙州는 지금의 아산시 음봉면 일대로,[16] 930년 8월 天安都督府를 설치할 때까지 군사적 거점이었다.[17] 그리고 919년 왕건은 烏山城을 禮山縣으로 고쳐 사민하여[18] 운주와 웅주를 겨냥하였다.

한편 925년 유금필이 임존성을 함락하였는데, 이곳은 고려 때의 대흥군으로[19] 백제부흥운동의 거점이기도 하다. 919년 기사에 보이는 예산현은 임존성(임성군)의 영현으로 고려는 이곳을 차지함으로써 바로 서쪽의 운주를 압박할 수 있게 되었다. 실제 위 기사처럼 927년 3월 운주의 공취 여부는 분명하지 않게 기록되어 있으나 성주 競俊을 성 아래에서 패배시키고 있다. 그리고 이듬해 4월 湯井郡에 행차하여 운주 玉山에 성을 쌓게 한 것을

交通路와 遺蹟』『국사관논총』16, 국사편찬위원회, 164~165쪽), 고개에서 남북의 지명이 유래한 특이한 사례이다. 그만큼 벌재는 일찍부터 교통로로 활용되었던 곳이며 특히 남북상에 위치한 산성을 통해 그 중요성을 가늠할 수 있다(서영일, 1999,『신라 육상 교통로 연구』, 학연문화사, 164~168쪽).

11) 『三國史記』권12 신라본기12, 孝恭王 4년(900) 겨울 10월.

12) 『삼국사기』권50 열전10, 弓裔, 天祐 원년 갑자(904) …伐取尙州等三十餘州縣 : 권12 신라본기12, 孝恭王 9년(905), 八月 弓裔行兵侵奪我邊邑 以至竹嶺東北….

13) 『삼국사기』권12 신라본기12, 경명왕 6년(922) 봄 정월. 이때 下枝城(안동 풍산) 장군과 眞寶(청송 진보) 장군이 태조에 항복하였는데,『고려사』와『고려사절요』에는 下枝縣은 6월, 진보는 11월에 귀부하였다고 하여 차이를 보인다.

14) 『삼국사기』에 923년 7월 命旨城과 京山府(성주)가 고려에 귀부하였다고 하였다(권12 신라본기12, 경명왕 7년 가을 7월). 그런데『고려사』에는 봄 3월 명지성 장군의 내부와 가을 8월 碧珍郡 장군의 항복만 전하고 있다(권1 세가1, 태조1 癸未 6년).『고려사』를 편찬하면서 앞 기록에 대한 수정이 있었던 것이 아닌가 한다.

15) 『고려사』권1 세가1, 태조1 戊寅 원년 8월 癸亥.

16) 『삼국사기』권36 잡지5, 지리3 熊州 湯井郡 陰峯[一云陰岑]縣 本百濟牙述縣 景德王改名 今牙州.

17) 김명진, 2012,「고려 태조 왕건의 아산만 일대 공략과정 검토」『지역과 역사』30, 부경역사연구소, 15쪽.

18) 『고려사절요』권1, 태조 신성대왕 己卯 2년(919) 가을 8월.

19) 『삼국사기』권36 잡지5, 지리3 熊州 任城郡 本百濟任存城 景德王改名 今大興郡. 임존성은 예산군 대흥면 상중리 일원의 鳳首山城으로 추정하고 있다(沈正輔, 1983,「百濟復興軍의 主要據點에 關한 硏究」『백제연구』14, 충남대학교백제연구소, 154~155, 160~162쪽).

보면,[20] 고려는 그 사이에 운주의 전부 혹은 일부를 차지한 것은 분명하다. 다만 934년 운주를 두고 양국이 다툰 기사를 통해[21] 934년 이전 다시 후백제가 영유한 것인지 분명치 않다. 그렇지만 919년 고려의 예산현 사민과 925년 임존성 공취는 후백제에겐 상당한 위협이었으며 운주의 주인이 뒤바뀔 수도 있었던 위기였다. 실제 934년 9월 고려가 운주를 차지하자 이와 함께 웅진 이북 30여 성이 고려에 항복하고 말았다.[22] 이때 항복한 웅진 이북 30여 성에는 운주가 포함되어,[23] 이로 말미암아 이듬해 견훤은 아들 신검에 의해 금산사에 유폐되었다고 할 수 있다.[24]

이처럼 운주 일원은 반왕건 지역이라 할 수 있으나 고려군의 거듭된 공략을 통해 획득할 수 있었다. 이곳의 상실은 견훤의 유폐와 고려 귀부로 이어져 결국 후백제 멸망을 재촉하게 되었다.

나아가 고려군이 7월 大良城(합천)[25]을 공파하는 등 후백제에 대한 압박을 강화하자 (ⓒ), 견훤은 9월 대대적인 반격을 단행하였다. 특히 대야성이 공파 당한 것은 진안·장수를 통해 경상 남부지역으로 접근하던 교통로가 끊기는 위기였다. 또한 8월 高思葛伊城이 귀순할 때 왕건이 康州를 순행하였다는 것은 죽령로와 대야성을 통해 육로로 진주와 연결되는 교통로를 확보했다는 의미로 받아들일 수 있다. 그만큼 대야성의 상실은 후백제에겐 커다란 위기였다.

대야성은 견훤이 즉위 직후부터 공략하였으나 한동안 차지하지 못했던 곳이다. 견훤은 901년[26]과 916년[27] 두 차례에 걸쳐 대야성을 공략하였으나 함락시키지 못하다가 920년 비로소 차지하였다.[28]

---

20) 『고려사절요』권1, 태조 신성대왕 戊子 11년 여름 4월.
21) 그런데 934년 운주 관련 기사는 『삼국사기』와 『고려사』·『고려사절요』가 차이를 보인다. 『삼국사기』엔 그해 봄 정월 견훤이 운주에 머물고 있는 왕건을 공격하였다고 하고(권50 열전10, 甄萱 淸泰 원년), 『고려사』 등은 가을 9월 왕이 친히 군사를 거느리고 운주를 정벌하니 견훤이 반격하였다고 하였다(『고려사』권2 세가2, 태조2 甲午 17년 9월 丁巳). 해당 月과 운주의 영유 주체가 차이를 보이나 내용은 왕건이 운주를 공격하여 차지하자 견훤이 반격한 것으로 보아도 큰 문제가 없다.
22) 『삼국사기』권50 열전10, 견훤 淸泰 원년.
23) 『삼국사기』권12 신라본기12, 경순왕 8년 運州界三十餘郡縣降於大祖.
24) 운주 전투는 기울어지기 시작한 후백제가 다시 타격을 입은 것이며, 전투의 패배로 인해 왕위계승전의 명분이 되었다는 견해가 있다(김갑동, 2002b, 앞의 글, 71~73쪽).
25) 『삼국사기』권34 잡지3 지리1, 康州 江陽郡 本大良[一作耶]州郡 景德王改名 今陜州 領縣三….
26) 『삼국사기』권50 열전10, 甄萱 天復 원년(901).
27) 『삼국사기』권12 신라본기12, 神德王 5년(916) 가을 8월.
28) 『고려사』권1 세가1, 태조1 庚辰 3년 겨울 10월.

920년 겨울 10월 견훤이 직접 1만의 군사를 이끌고 大良·仇史(창원)[29] 2군을 차지한 후 進禮(김해 진례)[30]까지 진출하였다. 이때 신라는 고려에 구원을 청하였는데, 후백제군이 진례를 빼앗으면서 경주를 위협하자 다급해진 신라가 고려에 청병한 것으로 보인다.

이처럼 920년 10월 견훤이 이끄는 1만의 후백제군은 합천에서 동쪽 경주로 향하지 않고, 남동향하여 창원을 거쳐 김해에 이른 것으로 볼 수 있다. 그러면 후백제군이 경주로 직접 나아가지 않고 남동쪽으로 우회한 연유는 무엇일까. 이때 후백제군은 신라의 요청으로 고려군이 구원하자 곧바로 철군하면서 그들의 궁극적인 목적을 알 수 없게 되었다.

단지 신라 왕실에 충성을 다하던 김해 세력을 겨냥한 것으로 볼 수도 있다.[31] 그러나 단순히 김해지역의 호족이 신라 관직을 가지고 있었던 이유만으로 친신라적 성향으로 단정할 수만은 없을 것이다. 오히려 김해가 가지는 여러 요인들을 주목할 필요가 있다. 김해는 낙동강의 하구에 위치하면서 수로를 통한 지정학적 위치가 뛰어나다. 그런데 김해 가까운 康州의 동향이 주목된다. 920년 1월 康州 장군이 아들을 보내 고려 태조에 항복한 사실이 있다.[32] 강주가 고려의 영향력 아래 놓이면서 고려군은 903년 차지한 나주[33]를 경유하여 남해안의 해상 교통로를 확보할 수 있었다.[34] 이때 낙동강을 경계로 신라를 압박하고 있었던 후백제의 입장에서 죽령로와 함께 해로를 통한 고려와 신라의 연합이 가

---

29) 구사군은 경산시 진량읍(『삼국사기』 권34 잡지3 지리1, 良州 獐山郡 餘粮縣 本麻珍[一作彌]良縣 景德王改名 今仇史部曲. 장산군은 지금의 경산시로, 장산군 영현이었던 여량현은 고려 때의 구사부곡으로 지금의 진량읍이다)이나 草溪(崔柄憲, 1978, '新羅末 金海地方의 豪族勢力과 禪宗」『한국사론』4, 서울대학교 국사학과, 429쪽)에 비정하고 있다. 구사군을 경산 진량으로 본 것은 고려 현종 때 이곳 지명이 구사부곡으로 바뀐 것에서 착안한 것으로 그 이전 지명과는 차이를 보인다고 한다(金侖禹, 1989, 「新羅末의 仇史城과 進禮城考-歷史地理的 考察을 중심으로-」『사학지』22, 단국대학교 사학회, 143~144쪽). 그리고 초계로 비정한 경우는 비정 근거가 뚜렷하지 않고 동 시기의 기록상에 草八城이 보이는 약점이 있다. 그렇다면 합천과 김해 사이에서 구사군을 비정할 수 있는데, 『삼국유사』에 보이는 "白月山在新羅仇史郡之北[古之屈自郡 今義安郡]" 기사(권3 塔像4, 南白月二聖 努肹夫得 怛怛朴朴)를 통해 昌原으로 비정할 수 있다(金侖禹, 1989, 앞의 글, 152~155쪽).

30) 진례는 지명 그대로 충남 금산읍(『삼국사기』 권36 잡지5 지리3, 全州 進禮郡)에 비정할 수 있으나 후백제군이 방향을 돌려 거꾸로 진격했다고는 볼 수 없으니 김해 진례면이 타당한 듯하다(崔柄憲, 1978, 앞의 글, 403쪽 ; 金侖禹, 1989, 앞의 글, 155~159쪽).

31) 金侖禹, 1989, 앞의 글, 160쪽.

32) 『삼국사기』 권12 신라본기12, 경명왕 4년(920) 2월.

33) 『고려사』 권1 세가1 태조1, 天復 3년(903) 3월.

34) 927년(태조 10) 4월 고려군이 강주 관할의 突山 등 4鄕을 공격하여 얻게 되면서(『고려사』 권1 세가1 태조1, 丁亥 10년 4월 임술), 바닷길을 온전히 확보할 수 있게 되었다. 그러나 이해 9월 후백제의 공산 전투 승리 이후 이듬해 후백제군이 강주를 구원하려던 고려군을 草八城에게 격퇴하자(위 책, 戊子 11년 춘 정월 을해) 고립에서 벗어나지 못한 강주 장군은 결국 후백제에 항복하고 말았다(위 책, 무자 11월 5일 경신). 이후 936년까지 강주는 후백제의 영유가 지속된 것으로 보인다.

능한 현실에 놓이게 된 것이다. 따라서 920년 10월 후백제의 전역은 대야성에 거점을 마련하면서 강주와 경주를 차단하려는 목적에서 단행된 것이라 볼 수 있다. 후백제는 경주를 고립시키려 하였던 것이다. 나아가 김해는 곧 금관가야의 수도였던 곳으로, 견훤 자신이 백제의 부흥을 내걸었던 것처럼 옛 가야지역을 회유하여 반신라 전선을 구축하려는 의도도 있었던 것이 아니었을까 한다.

이와 같이 후백제군의 진례 진출은 신라의 수도 경주를 압박하는 것으로 고려군이 원군으로 참전하면서 본격적인 후삼국 전쟁이 시작된 계기이기도 하다.[35] 또한 후백제는 진안·장수에서 함안을 거쳐 합천에 이르는 '大耶城路'를 확보하여 경산을 경유하여 경주를 직접 압박할 수 있었고, 창녕과 창원, 김해를 통해 강주(진주)-경주의 통로를 차단할 수 있었다.

927년 9월 견훤은 고려가 차지한 근품성을 불사르고, 高鬱府(영천)[36]를 거쳐 경주를 유린하였다(ⓒ).[37] 견훤은 지금까지와 다른 전략을 구사하였다. 그렇다면 견훤으로 하여금 신라의 수도를 직접 공격하게 한 동기는 무엇이었을까. 아마도 이전과는 다른 고려군의 공격에 대한 적극적인 대응이 아니었을까 한다. 특히 고려와 신라가 연합 전선을 구축한 것이 주목된다. 이전의 전투에서는 고려군이 신라의 구원 요청에 응하는 정도였던 것에 반해 927년 들어 왕건의 출병에 신라왕이 원조하여 사실상의 연합군을 형성하고 있었던 것이다. 후백제의 입장에서는 이제 두 나라를 상대하는 전쟁을 치르게 된 것이었다. 게다가 대야성을 상실하였다. 대야성은 경주를 직접 압박할 수 있고, 경주와 강주를 연결하는 통로를 차단할 수 있는 거점이었다. 이곳을 공취 당하면서 종래 경주를 사정권에 두었던 요충을 잃게 된 것이다. 이러한 위기를 극복하기 위해 견훤은 특단의 조치를 단행하여 신라 수도를 직접 공략한 것으로 보인다.

이어 고려 구원군을 公山 桐藪에서 물리친 후 大木郡(칠곡 약목)[38]·碧珍郡(성주)[39]을 공취하여 죽령로를 제외한 경주에 이르는 교통로를 대부분 차단하면서 신라에 대한 주도권을 완전히 장악하였다(ⓔ). 대야성도 이듬해 후백제 장군 官昕이 대야성으로 후퇴하는 것

---

35) 견훤이 김해를 공략하여 경주를 압박하였으나 고려군의 구원이 있자 즉각 퇴각하였다. 그것은 아직 고려와 신라 양국을 적으로 둘 수 없었던 후백제의 현실을 고려한 것으로 볼 수 있다.
36) 『고려사』권57 지11 지리2, 경상도 永州 高麗初 合新羅臨皐郡道同臨川二縣 置之[一云高鬱府]….
37) 『삼국사기』권12 신라본기12, 경애왕 4년(927) 겨울 11월.
38) 『삼국사기』권34 잡지3 지리1, 신라 康州 星山郡 谿子縣本大木縣 景德王改名 今若木縣.
39) 『고려사』권57 지11 지리2, 경상도 京山府 本新羅本彼縣 景德王 改名新安 爲星山郡領縣 後改爲碧珍郡 太祖二十三年 更今名….

20 후삼국기의 戰役과 936년 一善 전투 ∣ 525

(B)을 보면, 이때의 전투로 다시 회복한 것으로 보인다. 또한 8월 후백제군이 경주 공략 후 공산을 거쳐 칠곡을 공략하고, 10월 다시 벽진군을 공격하고 이곳과 대목군의 곡식을 불사르고 있다. 이것은 923년 7월 혹은 8월 고려에 귀부한 이래 고려군이 주둔한 것에 대한 응징이며 향후 고려군의 군량으로 이용할 수 없게 하려는 의도로 보인다. 그만큼 대야성을 거점으로 하는 기존의 통로를 복원하고 그 전위에 해당하는 성주-칠곡을 공활지로 만들었다.[40]

이듬해 8월에도 이곳을 둘러싼 전투는 계속 되었다.

B 戊子 11년(928) 봄 정월 壬申에 溟州 장군 順式이 내조하였다. ㉠乙亥에 元尹 金相과 正朝 直良 등이 장차 가서 康州를 구하고자 草八城을 지나다가 성주 興宗에게 패하여 김상은 전사하였다. 여름 4월 庚子에 湯井郡에 행차하였다. 5월 庚申에 康州의 元甫 珍景 등이 양곡을 古自郡으로 운송하는데 견훤이 가만히 군사를 보내 康州를 습격하니 珍景 등이 돌아와 싸웠으나 패하여 죽은 자가 3백여 인이나 되고 장군 有文은 견훤에게 항복하였다. ㉡가을 7월 丙辰에 스스로 군사를 거느리고 三年山城을 쳐서 이기지 못하고 드디어 靑州로 행차하였다. 8월에 忠州로 행차하였다. ㉢견훤이 장군 官昕을 시켜 陽山에 성을 쌓으니 왕이 命旨城 元甫 王忠에게 명하여 군사를 거느리고 쳐서 쫓게 하였더니 官昕이 물러가 大良城을 지키면서 군사를 풀어 大木郡의 곡식을 베어들이고 드디어 烏於谷에 나누어 주둔하니 竹嶺 길이 막히므로 王忠 등에게 명하여 가서 曹物城을 정탐하게 하였다. 겨울 11월 견훤이 날랜 군사를 뽑아 烏於谷城을 뺏고 지키던 병사 1천 명을 죽이니 장군 楊志와 明式 등 6인이 나와 항복하였다.『고려사』권1 세가1, 太祖1]

928년 한 해의 전투도 대체로 후백제의 우세로 유지되었다.[41] 928년 1월과 5월 강주 일대의 전역(㉠)은 끝내 후백제의 차지가 되면서 멸망 때까지 그대로 유지된 듯하다.[42]

---

40) 반면 고려의 입장에서 약탈로 기록되어 있으나 후백제가 이곳을 차지하여 이제 추풍령로를 확보한 것으로 보인다. 특히 후백제는 907년 一善 이남 10여 성을 차지한 후 아직 빼앗긴 기사가 없으니 온전히 추풍령로를 확보했다고 할 수 있다.

41) 그런데 928년의 연이은 전투에 대한 기록은『삼국사기』본기와 열전, 그리고『고려사』세가의 기록은 같은 사실을 전하고 있지만 미묘한 차이가 있다.『고려사』의 기록만 본다면 후백제 장군 관흔은 그해 8월 짧은 시간 동안 꽤 먼 지역을 넘나드는 활동을 보이고 있다. 먼저 양산 축성이 좌절된 官昕이 대야성으로 쫓겨갔다고 한다. 그런데『삼국사기』신라본기의 내용은 다르다. 우선 관흔의 양산 축성은 차이가 없지만, 대야성 주둔과 대목군 약탈은 견훤이 주도하였다. 이것이 같은 책 열전에서는 양산 축성 실패 이후 대야성 주둔까지가 관흔을 주체로 하여 기술하는 차이를 보이고,『고려사』에서는 아예 관흔이 烏於谷에 주둔하여 죽령로를 차단한 것까지 연결되고 있다. 이러한 기록 방식이 오히려 자세한 내용을 전하고 있는『고려사』의 한계라 할 수 있다.

42) 정요근, 2008, 앞의 글, 25~26쪽.

그런데 그해 7월 왕건은 三年山城을 공략하다가 실패하고 만다(ⓒ). 삼년산성은 이때 처음 등장하는 곳으로 청주에서 신라로 향하는 화령로의 거점이다. 고려군이 이곳을 차지한다면 문경과 상주로 연결된 통로를 보호하고, 나아가 청주에서 낙동강 유역까지 최단 거리로 접근할 수 있었다. 또한 처음 신라가 삼년산성을 고쳐 쌓을 때 일선군의 장정을 징발한 적이 있어,[43] 역사적 연원이 깊은 곳이라 할 수 있다. 왕건이 직접 군사를 이끌고 삼년산성을 공격하였으나 실패하였고 오히려 후백제군의 기습을 받았다.[44] 湯井城을 쌓고 있던 유금필의 구원으로 겨우 충주로 피신한 것을 보면 삼년산성을 지키던 후백제군의 반격도 만만치 않았던 것으로 보인다. 또한 그만큼 삼년산성의 위상을 보여주는 사례라 할 수 있으며 기록상 후백제가 멸망할 때까지 유지되었다.

928년의 세 번째 사건은 견훤이 官昕을 시켜 陽山에 성을 쌓은 것이다(ⓒ). 이곳 축성에 대해 왕건은 명지성의 王忠을 시켜 쫓아내니 관흔이 대야성으로 물러났다. 그런데 양산은 바로 영동군 양산면 일대로 보고 있는데,[45] 과연 이곳까지 고려군의 침투가 가능하였을까 하는 의문이 든다.

그리고 이어지는 기사의 烏於谷은 928년 10월의 武谷城[46]과 11월의 缶谷城[47]은 오어곡성과 같은 곳으로 보고 비슷한 지명인 缶溪縣,[48] 지금의 군위 부계로 비정하고 있다. 여기에 대야성으로부터 죽령로를 막았다는 기록을 염두에 둔다면 오어곡을 군위로 보는 것은 타당해 보인다.[49]

그리고 8월 대야성과 대목군이 거듭 등장하고 있는데, 그만큼 이 지역의 전략적 중요성을 그대로 보여준다 할 수 있다. 또한 후백제군이 烏於谷에 주둔하면서 죽령 길을 끊고 11월 후백제가 오어곡성을 차지하기까지 하였다. 그렇다면 이해 후반의 대야성-오어곡성 전투는 고려와 신라가 연결된 죽령로를 차단하려는 의도가 관철되면서, 이듬해까지 고려는 안동 방면에 머무를 수밖에 없었다.

---

43) 『삼국사기』 권3 신라본기3, 炤知麻立干 8년(486) 봄 정월.
44) 『고려사절요』 권1, 태조 신성대왕, 戊子 11년(928) 가을 7월.
45) 『삼국사기』 권34 잡지3 지리1, 尙州 永同郡 陽山縣.
46) 『삼국사기』 권12 신라본기12, 경순왕 2년 겨울 10월.
47) 『삼국사기』 권50 열전10, 甄萱 天成 3년 겨울 11월.
48) 『신증동국여지승람』 권27 義興縣 속현, 缶溪縣.
49) 반면 예천군 성씨조의 亐尒谷(『신증동국여지승람』 권24, 醴泉郡 성씨)은 폐현이나 부곡·소의 명칭이 보이지 않은 출처 불명의 지명이나 우이곡은 곧 오어곡과 유사하다. 龍州(예천 용궁) 외에는 예천 지역의 다른 지명이 보이지 않고 있어 주목할 수 있다.

929년까지의 전투를 보면 후백제군은 신라 수도 경주는 물론 고려와 연결된 죽령로를 차단하여 고려군을 의성과 청송 이북으로 밀어내고 있었다. 실제 이듬해인 930년 고려군이 정월의 古昌 전투 승리에 따라 안동과 동해안로를 확보하였음에도 불구하고 더 이상 서쪽으로 나아가지는 못하였다.

이상과 같이 후백제와 고려의 전투 양상은 936년까지 계속되었다. 이러한 전투 기사를 종합해 보면 전투는 크게 세 방면에서 이루어진 사실을 알 수 있다. 웅주 지역은 운주와 청주 상실에도 불구하고 금강을 경계로 한 대치가 지속되었고 화령로를 지키던 삼년산성도 후백제의 요충으로 유지되고 있었다. 한편 진안·장수를 통해 신라를 압박하던 '대야성로' 또한 유지되고 있었다. 전선이 고착되었다는 것은 그만큼 후백제의 방어선이 매우 견고하였다는 것을 말하는 것으로 고려군의 입장에서는 보다 허술한 곳을 공격하기 마련인 것이다. 이제 이러한 이해를 가지고 936년 전투에 대해 살펴보기로 한다.

III. 936년 고려군의 一善郡 우회와 배경

929년의 끝 무렵 후삼국의 판도를 뒤바꾸는 전기가 마련되는데, 바로 古昌 전투이다.

C-① 己丑 12년(929) 가을 7월 己卯에 基州에 행차하여 두루 州鎭을 순시하였다. 辛巳에 견훤이 갑졸 5천으로 義城府를 치니 성주 장군 洪術이 전사하였다. 또 順州를 치니 장군 元奉이 도망하였다. 9월 乙亥에 剛州에 행차하였다. 겨울 10월 丙申에 백제의 一吉干 廉昕이 내투하였다. 견훤이 加恩縣을 포위하였으나 이기지 못하였다. 12월에 견훤이 古昌郡을 포위하므로 왕이 스스로 군사를 거느리고 가서 구하였다. [『고려사』권1 세가1, 太祖1]

C-② 庚寅 13년(930) 봄 정월 丁卯에 載巖城 장군 善弼이 투항하였다. 丙戌에 왕이 스스로 군사를 거느리고 古昌郡 甁山에 진을 치고 견훤은 石山에 진을 치니 서로 거리가 5백 보 가량이었다. 드디어 싸워 저녁에 이르러 견훤이 패주하니 侍郞 金渥을 사로잡고 죽은 자가 8천여 인이었다. …왕이 곧 順州에 행차하여 그 성을 수축하고 장군 元奉을 죄하였다. 庚寅 …이에 永安, 河曲, 直明, 松生 등 30여 군현이 차례로 항복하였다. 가을 8월 己亥에 大木郡에 행차하여 大丞 弟弓으로 天安都督府使를 삼고 원보 嚴式으로 副使를 삼았다. 癸卯에 靑州에 행차하였다. [『고려사』권1 세가1, 太祖1]

위 기사는 929년 12월 古昌 전투의 발발로부터 930년 정월 전투 승리와 永安, 河曲, 直明, 松生 등 30여 군현이 차례로 항복하여 지금의 경북 동부를 완전히 차지하였다는 것이다. 929년 고려와 후백제군의 동향을 살펴보면, 고려는 基州(풍기)[50]와 剛州(영주)[51]를 거쳐 고창 甁山에 이르고 후백제군은 義城과 順州(안동 풍산)[52]를 거쳐 안동에 이르고 있다.

古昌 전투 승리 후 승기를 잡은 고려는 이해 8월 왕건은 대목군에 행차하여 東西兜率을 합쳐 天安府로 삼아 남방 공략의 거점으로 삼았다.

여기의 대목군은 이전 시기에 보이던 대목군과 달리 지금의 천안시 목천읍으로 보인다.[53] 927년 두 차례와 이듬해의 사례는 함께 등장하는 지명과 문맥을 보아 칠곡 若木[54]이 타당해 보인다. 그렇다면 이전 기록에 등장하는 대목군이 모두 불태워지거나 베어지는 것을 보면 황폐화 이후에 사민 등에 따른 지명 이동인지 분명치 않다. 무엇보다 천안부의 설치는 앞서 아주와 예산을 통해 웅주 방면을 압박하던 거점을 새로이 마련한 것이라 할 수 있다. 왕건은 청주에 행차하여 나성을 쌓아[55] 청주를 안정시키고 이곳을 통한 후백제 압박의 전진 기지로 삼을 수 있었다. 만일 청주를 경유하여 연산군, 삼년산성 등을 확보한다면 이곳을 통해 낙동강 유역을 압박하던 후백제군을 제압할 수 있었고 나아가 화령로를 통해 쉽게 낙동강 유역에 접근할 수 있을 것이다.

그리고 927년 이후부터는 신라가 배제된 채 후백제와 고려 양국이 다투어 영토를 확장하는 단계로 전환하고 있다. 이 점은 그 이전 귀부 등을 통해 신라 지역 성주나 장군 등 개별적인 우호 관계를 유지하던 선에서 그치던 것과는 커다란 차이점이다. 특히 930년 고려는 고창 전투의 승리로 신라 지역에 대해 급격히 우위를 차지하게 되었다. 그것은 이듬해 2월 왕건이 기병 50여 명만 거느린 채 경주를 방문하는 기사[56]에서 엿볼 수 있다. 소수의 병력으로도 안정성을 확보 받을 수 있었던 것이며, 신라 지역의 인심을 얻을 결과라고도 할 수 있다.

다음에서는 936년 고려군이 천안을 거쳐 일선으로 남하한 경로를 이해하기 위해 청주

---

50) 『고려사』권57 지11 지리2, 경상도 基州縣 ;『신증동국여지승람』권25, 豊基郡, 건치연혁 本新羅基木鎭 高麗初稱基州….
51) 『삼국사기』권35 잡지4 지리2, 朔州 奈靈郡 本百濟奈已郡 破娑王取之 景德王改名 今剛州….
52) 『고려사』권57 지11 지리2, 慶尙道 豊山縣 本新羅下枝縣[有下枝山 一名豊岳] 景德王改名永安 爲醴泉郡領縣 太祖六年 縣人元逢 有歸順之功 陞爲順州….
53) 『삼국사기』권35 잡지5 지리3, 熊州 大麓郡 本百濟大木岳郡 景德王改名 今木州…. 김갑동, 2009, 앞의 글, 37쪽.
54) 『삼국사기』권34 잡지3 지리1 康州 星山郡 ;『신증동국여지승람』권27 仁同縣 속현, 若木縣[在縣南三十里 本新羅大木縣 一云七村 又名昆山…]. 927년 기사에 보이는 小木郡은 현재 정확한 위치를 알 수 없다. 다만 仁同縣의 고적에 보여(『신증동국여지승람』권27 仁同縣 고적, 小木郡[高麗太祖十年 甄萱遣將侵碧珍 荎大小木二郡禾稼 今未詳所在]) 대목군 인근으로 추정할 수 있다.
55) 『고려사절요』권1, 태조 神聖大王, 庚寅 13년 가을 8월.
56) 『고려사절요』권1, 태조 신성대왕, 辛卯 14년 봄 2월.

이남, 문의와 회인·보은 지역의 동향에 대해 살펴보기로 한다.

　이곳은 925년 庚黔弼의 燕山鎭 전투가 있었다.[57] 연산진[58]은 지금의 청주시 문의면·현도면, 세종시 부강면 지역이다. 연산진은 바로 북쪽 청주의 동향과 밀접한 관계를 가진다. 궁예가 왕위에 오른 지 얼마 후인 904년 청주인 1천 호를 철원성으로 옮기고, 公州 장군 弘奇가 항복한 것을 보면[59] 이즈음 공주-청주가 태봉의 영역에 포함된 듯하다. 그런데 이들 지역은 왕건 즉위로 인해 크게 동요하였다. 다음 달 마침내 熊州와 運州(홍성)[60] 등은 끝내 후백제에 귀부하였다.[61] 또한 홍유 등의 鎭州(진천) 주둔에도 불구하고[62] 왕건 즉위 후 청주지역 출신 인사들의 반역이 거듭되었다.[63] 이에 따라 919년 왕건은 청주에 순행하여 성을 쌓아 위무함으로써[64] 어느 정도 안정된 것으로 보인다. 그리고 925년 10월 유금필이 연산군을 공략하여 장수 길환을 죽임으로써 이즈음 적어도 청주는 온전히 고려의 수중에 들어온 것으로 볼 수 있다.[65]

　그런데 932년 昧谷이 고려에 투항하면서[66] 자칫 연산군과 삼년산성의 협공을 받을 수 있게 된 것이다. 당시 매곡 성주인 龔直은 이를 다급하게 여겨 고려군으로 하여금 一牟山城을 공취하게 하였다.[67] 932년 일모산성 공취는 금강 중상류의 전황에 커다란 영향을 미쳤다.[68] 무엇보다 금강유역의 후백제군을 묶어 두어 936년 일선 전투에 후백제군이 제

---

57) 『고려사절요』권1, 태조 신성대왕, 乙酉 8년 겨울 10월.
58) 『삼국사기』권36 잡지5, 지리3, 熊州 燕山郡.
59) 『삼국사기』권50 열전10, 弓裔, 天祐 원년 갑자(904).
60) 『신증동국여지승람』권19, 洪州牧, 建置沿革 本高麗運州….
61) 『고려사』권1 세가1, 태조1 戊寅 원년(918) 8월 癸亥.
62) 『고려사』권92 열전5, 諸臣 洪儒 ; 『고려사절요』권1, 태조 신성대왕 戊寅 원년 가을 7월.
63) 순군리 林春吉·裵忽規(『고려사절요』권1, 태조 神聖大王 戊寅 원년 9월), 파진찬 陳瑄·宣長 형제(『고려사』권1 세가1, 태조 원년 겨울 10월) 등이 대표적이다. 이에 대한 논의는 申虎澈, 1999, 「弓裔와 王建과 淸州豪族 : 高麗 建國期 淸州豪族의 정치적 성격」『중원문화논총』2·3, 충북대학교 중원문화연구소 참조.
64) 『고려사』권1 세가1, 태조1 己卯 2년(919) 가을 8월 癸卯.
65) 그런데 932년 고려군이 후백제의 一牟山城, 곧 연산군을 함락한 것(『고려사』권2 세가2, 태조2 壬辰 15년)을 보면 이곳은 그 이전에 다시 후백제의 영유가 된 것으로 볼 수 있다. 또한 928년 7월 청주로 패퇴한 왕건이 후백제군의 공격을 받고 있어(『고려사절요』권1, 태조 신성대왕 8년 戊子 11년 가을 7월), 이때 청주를 공격한 후백제군은 연산군에 주둔했던 병력이 아니었을까 한다. 따라서 925년 장군 길환이 비록 전사하였으나 연산군이 고려군에 함락되었다는 기록이 없어 932년에 비로소 함락 당한 것이 아닌가 한다. 그래서 왕건은 930년 청주에 나성을 쌓아(『고려사절요』권1, 태조 신성대왕 庚寅 13년) 후백제의 공격에 대비했던 것으로 보인다.
66) 『고려사』권2 세가2, 태조2 壬辰 15년 6월.
67) 『고려사』권2 세가2, 태조2 壬辰 15년 7월, 是歲.
68) 최근 一牟山城 전투를 중심으로 고려군의 전술을 파악한 연구가 있다. 김명진, 2012, 앞의 글. 이글은 일모산성을 중심으로 양국의 전투를 분석한 글이다. 다만 후백제와 고려의 주된 접경선을 피반령으로 본

대로 대응하지 못한 결과가 아닌가 한다.

936년 후백제와 고려의 전쟁은『삼국사기』를 비롯하여『고려사』와『고려사절요』에 소상한 기록을 전하고 있다.

D-① 天福 원년(936) 여름 6월 … 먼저 태자 武와 장군 述希를 보내 보병과 기병 1만을 거느리고 천안부에 나가게 하였다. 가을 9월 ㉠태조가 삼군을 통솔하고 천안에 이르러 군사를 합쳐 ㉡一善에 진군하니 神劒이 군사로 막았다. ㉢갑오일에 一利川을 사이에 두고 맞서 진을 쳤는데 태조와 尙父 견훤이 군사를 사열하고 …(左翼・右翼・中軍 편성 생략), ㉣대장군 公萱, 장군 王含允으로 하여 군사 1만 5천을 인솔하여 先鋒으로 삼아 북을 치며 진격하니 백제 장군 孝奉・德述・明吉 등이 군세가 대단하고 정비된 것을 보고 갑옷을 버리고 진 앞에 나와 항복하였다. … ㉤태조는 장군 공훤에게 명하여 중군을 곧바로 치게 하고 전군이 일제히 진격하여 협공하니 백제군이 붕괴하여 도망했다. 신검과 두 동생, 장군 富達・小達・能奐 등 40여 인이 항복해오자….『삼국사기』권50 열전10, 甄萱]

D-② 丙申 19년(936) 여름 6월 …㉣또 대장군 大相 公萱과 元尹 能弼, 장군 왕함윤 등으로 기병 3백과 여러 성의 군사 1만4천7백을 거느리게 하여 三軍의 援兵을 삼아 戰鼓를 울리며 앞으로 나아가는데… 백제 左將軍 효봉・덕술・哀述・명길 등 4인이 兵勢가 크게 성함을 보고 갑옷을 벗고 창을 던지며 견훤의 말 앞에 항복하여 오자… ㉤왕이 대장군 공훤에게 명하여 바로 중군을 치게 하고 삼군이 일제히 전진하여 분격하니 적병이 크게 무너졌다. 장군 昕康・見達・殷述・令式・又奉 등 3천 2백 인을 사로잡고 5천 7백여 급을 참살하니… ㉥우리 군사는 추격하여 黃山郡에 이르러 炭嶺을 넘어 馬城에 진주하였다.『고려사』권2 세가2, 太祖2]

위 기사는 고려군의 선공으로 시작한 전투가 후백제의 멸망에 이르는 과정의 기사로 인용문에는 고려군의 군대 편제가 빠져있을 뿐이다. 대략 그해 6월 태자 무 등이 천안에 주둔하고, 9월 왕이 8만 7천의 삼군을 이끌고 일선군과 일리천 등지에서 후백제군을 쫓아 黃山郡→炭嶺→馬城에 이르고 있다.[69]

936년의 전역은 단발적이며 국지전적인 이전의 전투와는 다른 양상이었다.[70] 견훤과 경순왕의 망명 이후 새로운 환경이 조성된 것으로 전면전에 이른 것이다.

그런데 몇 가지 의문이 남는다. 먼저 고려군이 직공로를 두고 일선으로 우회하여 후백

것은 문제가 있다고 생각한다. 1989년까지 회인의 경계나 산성 배치 등을 고려할 때 당시의 주된 교통로는 먹치나 염치, 혹은 江邊路를 이용했을 것이다.

69)『고려사』권2 태조세가2 19년 9월, 我師追至黃山郡 踰炭嶺 駐營馬城…. 반면 고려군이 탄현을 넘어 황산군에 이르고 현재의 개태사 부근에 진을 쳤다고 보기도 한다(김갑동, 2009, 앞의 글, 45쪽).

70) 鄭景鉉, 1990, 앞의 글, 3~4쪽.

제군과 교전한 이유는 무엇인가. 그리고 이미 병력수나 편성에 문제를 제기하였듯이,[71] 9월 초 천안을 출발한 고려군이 갑오일인 8일에 일선에 도착할 수 있겠는가 하는 점이다.[72]

또한 일리천에서 고려군과 맞닥뜨린 후백제군은 左將軍이다. 물론 후백제군의 편성에 대한 자세한 기록이 없지만 좌장군은 우군, 중군 등 3군 체제를 생각할 수 있다. 이어 후백제 좌장군들은 고려군의 左鋼에 속한 견훤을 보고 항복하였다. 그리고 후백제군과의 전투는 三軍이 아닌 先鋒[援軍]에 속한 공훤 등이 맡고 있다. 936년 6월 태자와 함께 천안에 도착한 박술희도 좌익에 속한 것을 보면 이들이 일선·일리천 전투를 전담한 것이고 이후 신봉[후원]이 후백제의 중군을 공략한 것이 아닌가 한다.

이와 같은 의문은 기록의 부족으로 지금까지 명확한 이해 없이 단지 추정으로 일관하여 왔다. 무엇보다 천안부-일선(군)-일리천-황산군 등의 지명이 등장하고 있지만 세밀한 전개 과정은 생략한 채 후백제의 멸망이라는 결과만으로 매듭짓고 있다.

또한 기록에 따라 참전 인물이나 병력수가 차이가 있다. 우선『삼국사기』견훤 열전에 비해『고려사』세가나『고려사절요』의 인원이 크게 늘어났다. 시간이 흐르면서 공신의 수가 늘어난 결과라 이해할 수 있다.[73]

게다가 각 4군의 명칭은 사뭇 다르다. 좌·우익은 독립 부대의 편제라기보다는 단위 부대 내의 구분에 불과한 것처럼 보이고, 공훤 등을 선봉과 후원으로 달리 표현하였다. 곧『고려사』등에서는 공훤 등을 '三軍의 援兵'으로 삼았다고 하였으나,『삼국사기』에는 선봉이라 하였다. 그런데 이들 선봉 혹은 후원이 사실상 후백제군과의 전투에서 주요한 역할을 맡고 있다.

왜 이런 혼란이 있었던 것인가. 여기에서는 고려 군제를 검토해 보려는 것은 아니지만『삼국사기』에는 당시 고려군의 실제 모습을 그대로 드러낸 것이 아닌가 한다. 좌·우익이

---

71) 鄭景鉉, 1990, 앞의 글, 18~19쪽.
72) 鄭景鉉, 1990, 앞의 글, 17~28쪽. 반면 기병 위주의 고려군을 주목하면 가능하다는 견해도 있다(김명진, 2008, 앞의 글, 218~224쪽).
73)『삼국사기』열전과『고려사』·『고려사절요』의 해당 기사를 정리하면 아래 표와 같다.

『삼국사기』열전			『고려사』·『고려사절요』		
左翼	大相 堅權 등 5인	步騎 3만	左綱	대상 堅權 등 10인	馬軍 1만, 步軍 1만
右翼	대상 金鐵 등 5인	步騎 3만	右綱	대상 金鐵 등 10인	마군 1만, 보군 1만
中軍	大匡 順式 등 7인	鐵騎 2만, 보병 3천, 勁騎 9천5백	中軍	溟州大匡 王順式 등 14인	마군 2만, 勁騎 9천5백, 보군 1천, 보군 1천, 보군 1천
先鋒	대장군 公萱 등 2인	군사 1만5천	援兵	대장군 대상 公萱 등 3인	기병 3백, 군사 1만4천7백
총병력		십만7천오백	총병력		8만7천5백

라는 표현처럼 단위 부대를 다시 나누어 편성하였고, 실제 전투를 담당했던 선봉군이 존재가 아직 완편된 군제를 보여주는 것은 아니다. 때문에『고려사』등의 기록에서는 3군과 별도로 支天軍 등 5군, 실제 전투를 담당하였지만 그 조직에서 누락된 별도의 존재인 援兵으로 나눈 것이 아닌가 한다.

그리고 덧붙여 936년 9월 천안부에서 군사를 합쳐 좌·우강, 중군, 후원의 체제를 갖춘 것으로 볼 수 있겠는가 하는 점이다. 중군 제일 앞에 기록된 대광 왕순식의 합류는 신이한 꿈을 통해 강조하고 있다.[74] 그만큼 그의 합류는 고려군에서 절대적인 위치를 차지하거나 아니면 반대로 합류 자체가 불투명했던 것을 말하는 것이 아닌가 한다. 그런데 기사만으로는 중군을 이루었던 왕순식의 합류 장소가 천안인지, 일선인지 분명치 않다. 명주를 출발하여 대현에 이르렀다는 것만으로는 합류 장소를 가늠하기 쉽지 않다.[75]

그리고 실제 전투에선 중군과 우익의 활동상은 보이지 않고 오직 좌익만 돌파를 단행하고 원군이 지원하고 있다. 우익과 중군이 전투에 참여하지 않은 것은 아닐 것이다. 이들 두 군이 후백제군에 막혀 있었던데 비해 좌익이 뚫리며 신검이 주둔하고 있던 황산으로 급격히 진격하면서 항복을 이끌어낸 것이 아닌가 한다.

일단 936년 6월 태자와 장군 술희를 천안에 보내며 보기 1만을 거느리고 나아가게 하였다. 물론 천안 방면에서 고려군의 공격이 없었다고 단정하지만,[76] 태자가 출전하고 1만이라는 大軍이 군사 거점인 천안에 머물게 되면서 후백제는 이곳의 동향을 의식하지 않을 수 없었을 것이다. 만일 후백제군의 대응이 따른다면 실질적인 전투의 시작이라 할 수 있다. 그리고 아직까지 후백제의 웅진-삼년산성 방어선은 온전히 유지되고 있었던 것은 단순한 방어전략에 그치는 것이 아니라 고려군의 공격에 대응하고 있었다고 보아도 좋을 것이다.

한편 9월에 들어서 8만 7천에 가까운 후삼국 전쟁에서 가장 많은 군사가 동원되는 총력전을 펼치게 되면서 후백제 또한 총력을 기울일 수밖에 없었을 것이다. 이런 면에서 신검은 전주가 아닌 黃山에서 항복한 점을 주목할 수 있다. 이곳에 견훤의 묘가 있고 왕건이 세운 개태사가 있는 것을 보면 후백제나 고려의 입장에서도 상당히 중요시했던 곳이

---

74) 『고려사』 권92 열전5, 왕순식.
75) 대현을 경북 봉화 도는 용궁에 있는 것으로 보고 왕순식의 군사는 봉화를 거쳐 용궁과 선산 사이의 낙동강 연안의 태조군과 합류했다고 보기도 한다(鄭景鉉, 1990, 앞의 글, 12쪽).
76) 鄭景鉉, 1990, 앞의 글, 12쪽.

라 할 수 있다. 아마도 이곳 황산은 고려의 천안에 비견할 수 있는 후백제의 군사 거점으로 볼 수 있다. 전주 북방인 황산이 군사 거점이란 점은 고려군의 공격 방향을 예상할 수 있는 증거이기도 하다.

고려군이 적어도 세 방향 이상으로 후백제 공격을 단행했을 것으로 보는 이유는 있다. 앞에서 살펴본 바와 같이 三軍의 전투 기사가 보이지 않는 점이다. 그리고 세 부대의 지휘관급 인물들의 활동이 열전 등 기록에는 단순히 태조를 수행하는 정도에 그치고 있다.[77] 또 후백제군과의 전투를 유독 선봉, 원군으로 기록된 公萱 등이 주로 맡고 있는 점이다.

이러한 정황을 고려하여 당시의 전황을 추정하면 다음과 같다. 선봉 혹은 원군의 공훤 부대를 맡은 후백제의 좌장군 孝奉 등이 궤멸되면서 방어선이 뚫리고 후백제의 영토 깊숙이 공략하자 웅주-삼년산성 방면에서 고려군을 막던 주력은 고립될 수밖에 없었다. 때문에 신검 등이 어쩔 수 없이 항복할 수밖에 없었던 것이고, 전주가 아닌 전선 가까이의 황산군에서 신검군이 항복한 이유이기도 하였다. 다른 한편으로는 중군과 우익은 후백제군의 저항으로 진격이 지체되고, 좌익만 일선을 통해 돌파하고 이곳을 선봉이 말 그대로 앞장 서는 형국으로 생각할 수 있다.

이러한 점을 통해 8만 7천의 4군 체제의 고려군은 일시에 일선을 거쳐 후백제를 공격한 것이 아니라 여러 전선에 걸쳐 후백제에 대한 공략이 이루어진 것으로 보고자 한다. 그것은 일선 일리천 전투 이후 고려군이 전주가 아닌 황산군으로 공격한 점이나, 신검 또한 이곳에서 항복한 점을 납득할 수 있다. 또한 견훤의 귀부 직전의 상황이라 해도 당시 후백제군의 군세는 고려에 비해 배가 넘는 상황이었다.[78]

끝으로 양국 전쟁의 승패를 결정한 一利川 전투에 대해 살펴보자. 우선 일리천의 위치와 관련된 문제이다. 일찍이 安鼎福은『東史綱目』에서 일리천을 선산 동쪽의 餘次尼津으로 보았다.

> E 왕이 삼군을 이끌고 천안에 이르러 병력을 합쳐 崇善[곧 一善郡의 옛터는 지금의 선산 餘次尼津 동쪽 1리에 있다]으로 나아가니 신검이 병사를 내어 막았다. 甲午에 일리천[지금의 여차니진이다. 선산부의 동쪽 10리에 있다]을 사이에 두고 진을 쳤다. [『동사강목』제6上 병신 고려 神聖王 19년]

---

77) 박술희와 朴守卿 등이 대표적이다.
78) 김갑동, 2002b, 앞의 글, 76쪽.

고 하여 일리천을 조선 후기 당시 선산부의 동쪽 10리에 있던 여차니진으로 본 것이다. 처음 일리천을 여차니진에 비정한 연유에 대해서는 알 수 없다. 후일 대부분 이 견해를 따르면서 추가로 태조산 등 선산 지역의 관련 지명이나 開泰寺 발원문을 근거로 들고 있다.[79] 왕건이 후백제군을 무찌른 후 직접 지은 개태사의 발원문에, "丙申 가을 9월 崇善城 옆에서 백제와 더불어 서로 진을 펼쳐" 적을 무찔렀다는 것이다.[80] 그런데 이 기록이 곧 일리천 전투를 말하는 것은 아니라고 본다. 『동사강목』에 一善은 곧 一利川(여차니진)으로 본 것이고, 개태사 발원문은 崇善城 전투만 말하고 있다. 과연 일리천을 곧바로 여차니진으로 볼 수 있을 지는 분명치 않다.

곧 개태사 발원문과 『동사강목』의 기사를 취해 일선, 선산에서 대회전이 마무리된 것으로 단정하고 있다. 그런데 『삼국사기』 등의 지리 연혁에 따를 경우, 일리천은 星山(고령 성산)의 옛 이름인 一利郡과 유사하다.[81] 특히 이곳은 공산에서 대야성으로 이르는 길목에 해당하고 일선의 낙동강 하류에 해당한다. 따라서 앞에서 살펴본 바와 같이 대야성을 통해 신라를 압박하던 후백제의 전략을 떠올린다면 고려군이 이곳을 공략하였을 가능성도 적지 않다고 본다.

그런데 『고려사』 이후 고려군이 黃山郡으로 진격하였다고 하였으니 선산에서 서진하여 추풍령을 통해 후백제를 공략한 것으로 보는 것이 일면 타당해 보인다. 하지만 『삼국사기』에는 일선·일리천 전투 이후 신검의 항복 사실만 전할 뿐 그 사이의 전투 기사는 없다. 이것은 『삼국사기』 편찬 이후 고려군의 후백제 진격이 보다 구체화되고 지명 등이 부가된 것으로 볼 수 있다.

그와 같은 흐름에서 같은 사건에 대해 『삼국사기』와 『고려사』에 달리 기록하고 있는 부분은 이 시기의 기사를 읽는데 시사하는 바가 크다. 『고려사』의 기사가 늘어나는 것을 알 수 있는데, 예를 들면 925년 10월의 유금필의 기사 등이다. 『삼국사기』가 왕건과 견훤의 전투 기사에 초점이 맞추어진 반면, 『고려사』나 『고려사절요』는 유금필의 활약상이 구체적인 지명과 함께 수록되어 있다. 따라서 이 전투 기사는 『고려사절요』가 가장 풍부한 내용을 담고 있다. 구체적으로 이 전투 기사에 대해 『삼국사기』 열전은 연산진과 임존성

79) 鄭景鉉, 1990, 앞의 글, 20쪽.
80) 『신증동국여지승람』 권18, 連山縣 佛宇, 開泰寺.
81) 『삼국사기』 권34 잡지3 지리1, 康州 星山郡 ;『신증동국여지승람』 권28 星州牧 속현, 加利縣[在州南五十九里 本新羅一利縣 景德王改名星山郡 高麗初改今名 顯宗時來屬 別號歧城].

에 대한 언급 없이 바로 조물성 전투를 기술하였다. 『고려사』 세가는 연산진과 임존성의 지명은 보이지 않으나 유금필이 (후)백제와 전투를 벌였다고 하였다. 오직 『고려사절요』를 통해 전투를 치른 지명과 유금필·태조 왕건의 戰役을 나누어 이해할 수 있다.

따라서 후삼국기의 전투 기사는 『삼국사기』를 통해 전투의 전모를, 『고려사』와 『고려사절요』는 전투 기사에 더하여 출전 인물의 활동상을 이해할 수 있다. 그렇다면 『삼국사기』에는 보이지 않으나 『고려사』나 『고려사절요』에 수록된 많은 지명의 경우 특정 인물의 전승이 인용되면서 자칫 오류가 보이는 것이 아닌가 한다. 『삼국사기』류의 원전에 인명이 부가되면서 빚어진 오류라 할 수 있다.

그 대표적인 사례가 『삼국사기』에 보이지 않는 후대 기록인 黃山郡이다. 우리가 936년의 전투에서 황산군이 차지하는 위치에 대해서는 별 이의가 없다. 앞에서 살펴본 바와 같이 이곳에 있는 견훤 묘나 개태사 등은 바로 황산군의 위상을 그대로 보여준다고 할 수 있다. 그런데 이 황산군은 928년 10월 大相 權信이 졸하였는데 그는 일찍이 黃山郡을 깨뜨리는데 공이 있어 벼슬을 내렸다는 기사[82]가 있다. 황산군이 그 이전 언젠가 고려의 수중에 들어갔던 때가 있었다고 볼 수도 있다. 그렇지만 고려군과 결전한 신검이 항복한 곳이라 하면 이때까지 후백제의 영역이었던 것이 분명하다. 후대의 기록에서 인명이 부가되면서 빚어진 오류의 사례라 할 수 있다.

이와 같은 사례는 陽山의 경우도 마찬가지다. 양산을 충북 영동 일대로 본다면 이곳은 고려군이 접근할 수 있는 양국 경계에서 있어야 한다. 그런데 양산을 지금의 충북 영동 지역으로 본다면 당시 후백제의 후방으로 볼 수 있는데, 어떻게 고려군이 그곳까지 공격할 수 있겠는가 하는 점이다. 따라서 양산을 다른 곳으로 특정할 수 없다면, 양산 축성과 고려의 반응은 戰線을 다원적으로 이해하는 사례라 할 수 있다. 후방의 축성을 기록에 남긴 이유가 있을 것이다. 그것은 양산이 삼년산성과 양산, 그리고 후백제의 수도로 이어지는 교통로상에 위치하기 때문이 아닐까 한다. 그만큼 중요한 곳이기에 비정의 논란에도 불구하고 기록으로 남겨진 것으로 볼까 한다. 곧 시간의 차이가 있으나 936년 대규모 공격의 한 방향으로 볼 수 있지 않을까 한다.

이밖에도 지리지의 지명 비정과 벗어나는 사례가 여럿 찾아지고 있다. 앞에서 살펴본 920년의 進禮城[郡]의 사례나 양산과 함께 등장하는 命旨城도 마찬가지다. 양산을 공략하

---

82) 『고려사』 권1 세가1, 태조 11년 9월.

던 왕충은 명지성의 元甫라 하였는데, 이곳은 923년 고려에 귀부한 곳이다.[83] 侖旨는 경기 포천의 다른 이름이지만,[84] 이곳으로 볼 수는 없을 듯하다. 또한 문맥상 대야성으로 후퇴하였다는 기록을 주목하면 명지성이나 양산도 그 인근으로 보아야 하기 때문이다.[85]

이와 같이 몇몇 지명은 지리지의 연혁을 그대로 따르기가 쉽지 않다. 지금까지 대개의 지명은 지리지를 통해 비정하면서 유독 이들 지명에 의문을 갖는 것은 모순일지 모른다. 그렇지만 기록상에 나타나는 양산과 황산 등을 지리지의 군현 비정에서 벗어나 다른 곳에 비정할 수 있지 않을까 하는 여지를 남겨두고 싶다.[86] 또한 이곳은 936년 후삼국의 통합 전쟁에서 차지하는 역할이 결코 적지 않은 곳으로서 그 의미를 둘 수 있다.

Ⅳ. 맺음말

지금까지 살펴본 바와 같이 936년 일리천 전투의 전후 사정에 대해서 여러 의문을 가지고 나름 의견을 제기하였다.

먼저 후백제와 고려는 927년 이후 본격적인 영역 확보를 위한 전쟁으로 돌입하였다. 936년 이전 전투 기사를 통해 고려와 후백제의 전투 방향을 이해할 수 있었다. 특히 웅주와 삼년산성은 후백제 멸망 때까지도 유지되고 있었는데, 웅주 방면으로 고려군의 집요한 공격은 상대적으로 이 지역의 방어력을 강화하는 계기가 되었다. 또한 삼년산성은 천안에서 신라 지역으로 진출할 수 있는 화령로를 차단함으로써 고려군은 우회할 수밖에 없었다.

따라서 이곳의 견고한 방어선은 고려군으로 하여금 다방면에 걸친 공격으로 전환하게

---

83) 『삼국사기』 권12 신라본기12, 경명왕 7년(923) 가을 7월. 왕충은 명지성 출신으로 중앙에서 활동하던 인물인지, 아니면 향직 4품의 원보에 임명된 재지 세력인지 분명치 않다.

84) 『고려사』 권56, 지리지1, 楊廣道 抱州 ; 『신증동국여지승람』 권11, 抱川縣 高句麗馬忽侖旨.

85) 양산을 경상 지역의 동쪽에서 비슷한 지명을 찾는다면, 청도군의 陽院(『신증동국여지승람』 권26 淸道郡 역원)·河陽縣의 陽良村部曲과 陽良院(앞 책, 권27 河陽縣 고적)·상주목 陽山侖院(앞 책, 권28 尙州牧 역원) 등이 있다. 청도와 하양으로 비정할 경우 고려와 신라를 연결하는 죽령로를 차단할 목적으로 축성한 것이 아닌가 한다.

86) 여기에 붙여서 여러 차례 살펴본 靑州도 신라 진흥왕 이후 한동안 경북 김천의 지명이었으며(『삼국사기』 권34 잡지3 지리1, 尙州, 開寧郡 古甘文小國也 眞興王十八年 梁永定元年 置軍主 爲靑州 眞平王時 州廢 文武武王元年 置甘文郡 景德王 改名 今因之), 靑州의 반란을 고변했다는 道安도 신라 말기엔 상주 모동면으로 볼 수 있다(같은 책, 상주, 化寧郡 …領縣一 道安縣 本刀良縣 景德王改名 今中牟縣).

하였고 결과적으로 일선 지역을 돌파하는 성과를 거둘 수 있었다. 당시 3군과 선봉, 혹은 원군으로 나뉜 4군 체제에서 실질적인 전투 기사는 선봉[원군]에 불과하다. 실제 병력과 참전 장군의 면면을 보더라도 3군의 월등한 편성이 두드러지지만, 가장 적은 병력으로 편성된 선봉[원군]이 전투를 주도하였다. 따라서 936년 고려의 후백제 공격은 일선 방면에 그친 것이 아니라 적어도 세 방면에서의 전투가 벌어지고 있었고, 추풍령 방어선이 뚫리면서 대전-논산 방면으로 고려군이 진격해 들어오자 신검 등은 배후를 공략 당할 수밖에 없었다.

끝으로 전투의 전개 과정에서 두드러진 陽山·黃山 등은 그 위치 비정이나 앞선 기록에 보이지 않는 지명들이다. 또한 지리지 등의 연혁과는 다른 지명 또한 적지 않게 발견할 수 있는데 이들 지명들은 당시의 역사적 사실을 반영한 결과가 아닌가 한다. 특히 陽山은 936년 고려군의 진격로를 가늠할 수 있는 사례로 주목할 수 있다.

참고문헌

金甲童, 1994, 「高麗太祖 王建과 後百濟 神劍의 전투」, 『창해박병국교수정년기념사학논총』, 간행위원회.

김갑동, 1990, 「百濟 이후의 禮川과 任存城」, 『백제문화』28, 공주대학교백제문화연구소.

金甲童, 2002a, 「나말려초 天安府의 성립과 그 동향」, 『한국사연구』117, 한국사연구회.

김갑동, 2002b, 「후백제의 멸망과 견훤」, 『한국사학보』12, 고려사학회.

_____, 2009, 「고려 태조 왕건과 유금필 장군」, 『인문과학논문집』46, 대전대학교 인문과학연구소.

김명진, 2008, 「太祖王建의 一利川戰鬪와 諸蕃勁騎」, 『한국중세사연구』25, 한국중세사학회.

_____, 2012, 「고려 태조 왕건의 일모산성전투와 공직의 역할」, 『군사』85, 국방부 군사편찬연구소.

_____, 2012, 「고려 태조 왕건의 아산만 일대 공략과정 검토」, 『지역과 역사』30, 부경역사연구소.

金侖禹, 1989, 「新羅末의 仇史城과 進禮城考-歷史地理的 考察을 중심으로-」, 『사학지』22, 단국대학교 사학회.

류영철, 2004, 『高麗의 後三國 統一過程 硏究』, 경인문화사.

신성재, 2011, 「일리천전투와 고려태조 왕건의 전략전술」, 『한국고대사연구』61, 한국고대사학회.

鄭景鉉, 1990, 「高麗 太祖의 一利川 戰役」, 『한국사연구』68, 한국사연구회.

정요근, 2008, 「後三國時期 高麗의 남방진출로 분석」, 『한국문화』44, 서울대 규장각 한국학연구원.

池內宏, 1920, 「高麗太祖의 經略」, 『滿鮮地理歷史硏究報告』7, 동경제국대학문학부.

고려 景靈殿의 왕실 조상 숭배와 儀禮

김철웅 단국대학교

Ⅰ. 머리말

『高麗史』禮志 序文에 의하면 太祖代에는 禮制를 정비할 겨를이 없었고, 성종 때에 와서야 원구, 적전, 종묘, 사직 등의 제례를 갖추었다고 한다. 그러나 왕실의 조상숭배가 이때부터 시작된 것은 아니었다. 태조는 2년 3월에 先祖 3대를 추존하였다. 그리고 3대왕인 정종은 원년 정월에 태조릉(현릉)에서 제례를 행했다. 광종은 생모인 신명왕후 유씨를 위해 불일사와 숭선사를 원당으로 삼았다. 이처럼 고려초기의 왕실 조상 제사는 능이나 진전사원에서 행해졌다. 이후 능 제사와 진전사원의 설치는 왕실 조상숭배의 한 형태로 자리 잡아 갔다. 그러다가 성종대에 이르러 유교 예제를 수용하게 되었다. 효라는 측면에서 종묘는 왕실의 조상숭배 장소일 뿐 아니라, 그 의례는 왕위계승의 명분을 확립시켜주는 국가의례였다. 그런데 고려는 왕실 조상의 숭배를 위해 태묘 이외에 여러 제사 시설을 두었다.

고려에서는 태묘, 왕릉, 진전사원 등과 함께 景靈殿, 孝思觀, 서경의 藝祖廟 등의 原廟를 두었다. 특히 태조와 직계 4代親의 眞影을 봉안한 경령전은 太祖와 皇考의 別廟[01]로 여겨졌는데 태묘, 諸陵과 함께 吉禮 大祀로 편제되어 있는 것으로 보아 왕실 조상숭배에 있어 매우 중요한 의미를 가진 곳이었음을 알 수 있다. 그리하여 경령전에 대한 몇 편의 성과가 나와 이에 대한 어느 정도의 이해가 가능해졌다.[02] 이와 더불어 남북 협력과 교류의 차원에서 개성 고려왕궁지에 대한 발굴이 이루어지고 이에 대한 보고서가 간행되어[03] 고려 궁궐 내의 경령전에 대해 다시 한번 주목하는 계기를 마련해 주었다. 그렇지만 경령전의 위상이나 의례에 대해서는 아직까지 미진한 부분도 남아 있다.

지금까지 진행된 연구 성과를 바탕으로 왕실 조상 숭배의 차원에서 경령전이 차지하는 위상과 그 의미, 그리고 경령전에서 거행된 의례를 조명하여 경령전이 고려의 왕실의례에서 차지하는 의미를 종합적으로 검토하여 보고자 한다. 이를 통해 경령전에서 거행된 조상숭배와 그 의례의 실상을 이해하는데 도움이 되었으면 한다.

II. 왕실 조상 숭배와 경령전

『고려사』 예지 길례에는 고려의 국가제례를 大祀, 中祀, 小祀, 雜祀 등으로 구분하고 있다.[04] 이를 정리하면 다음과 같다.

大祀 : 圓丘, 方澤, 社稷, 太廟, 別廟, 景靈殿, 諸陵
中祀 : 籍田, 先蠶, 文宣王廟

---

01) 『高麗史』 열전33 尹紹宗, "景靈殿 太祖皇考之別廟 孝思觀太祖之眞之所在 顯穀二陵太祖皇考之墓也."
02) 김철웅, 2009, 「고려 경령전의 설치와 운영」, 『정신문화연구』114, 한국학중앙연구원 ; 장동익, 2009, 「고려시대의 景靈殿」, 『歷史敎育論集』43 ; 홍영의, 2012, 「고려 궁궐내 景靈殿의 구조와 운용」, 『한국학논총』37 ; 남창근, 2012, 『고려 本闕 景靈殿 一郭의 성격과 建築遺構를 통한 복원』, 청주대 대학원 박사학위논문.
03) 국립문화재연구소, 2008, 『開城 高麗宮城 시굴조사보고서』 및 2012, 『개성 고려궁성 남북공동 발굴조사 보고서』.
04) 『高麗史』 禮志 吉禮 大祀·中祀·小祀 및 雜祀條 참조.
   『高麗史』 禮志 吉禮에 의하면 雜祀 부분은 儀禮에 대한 내용이 없고, 단지 연대기 자료만 남아 있다. 연대기 자료는 제사 거행 사실, 祠廟의 건립, 祀典에 대한 언급 등을 내용으로 한다. 따라서 여기에서 雜祀로 열거한 祭祀와 神名, 祠廟는 연대기 자료를 바탕으로 작성한 것이다.

小祀: 風師・雨師・雷神・靈星〈禜祭〉, 馬祖, 先牧・馬社・馬步, 司寒, 諸州縣文宣王廟, 大夫
士庶人祭禮

雜祀: 壓兵祭, 醮, 南海神, 城隍, 川上祭, 老人星, 五溫神, 名山大川, 箕子祠, 東明聖帝祠, 藝祖
廟, 禖祭, 蠟祭

대사에는 天・地 제례와 왕실 조상 숭배 제례들이 올라 있다. 특히 왕실조상의 제례 공간인 태묘,[05] 별묘, 경령전, 제릉 등이 큰 비중을 차지하고 있다. 결국 이들 왕실 조상의 제례 공간이 고려 길례에서 중요한 의미를 갖고 있음을 알 수 있다.

『高麗史』禮志 序文에 의하면 太祖代는 예제를 정비할 겨를이 없었다고 한다. 그런데 『高麗史』嘉禮 雜儀에는 연등회와 팔관회에 대한 의례가 수록되어 있다. 연등회와 팔관회는 태조 때부터 정기적으로 거행되고 있었다. 태조는 원년 11월에 처음으로 팔관회를 열고 威鳳樓에 나아가 관람하였으며, 이를 해마다 常例로 삼았다.[06] 그리고 정월이 되면 연등회를 열었다.[07] 태조의 「訓要十條」에 의하면 "燃燈은 부처를 섬기는 것이요, 八關은 天靈과 五嶽・名山 大川・龍神 등을 섬기는 것"이라 하였다. 그리고 明宗 때의 文克謙은 팔관회가 "神祇"를 위한 것이라고 하였다. 이런 의미로 볼 때 태조대의 연등회는 불교행사였으며, 팔관회는 불교를 비롯한 天・山川・龍神 등의 토착신앙을 포함한 多神的인 성격을 가진 의례로 생각된다.[08]

성종대는 고려 祀典의 정비에 있어서 획기적인 시기였던 것으로 보인다. 성종 2년(983) 정월에 圜丘祭, 籍田 親耕, 神農祭가 고려시대에 들어서 처음으로 시행되었다.[09] 고려의 태묘도 성종대에 와서야 비로소 정비되었다. 성종 원년에 최승로가 불교 행사와 산악의

---

05) 太廟는 宗廟라고도 한다. 『高麗史』에는 宗廟・太廟의 용어를 두루 쓰고 있으나 禮志의 의례 기록에는 모두 '太廟'로 표기하고 있다.

06) 『三國史記』卷50 열전 궁예, "光化元年…冬十一月 始作八關會"
『高麗史』卷69 志 23 禮 嘉禮雜儀 仲冬八關 會儀, "太祖元年十一月 有司言 前主 每歲仲冬 大設八關會 以祈福 乞遵其制 王從之 遂於毬庭 置輪燈一座 列香燈於四旁 又結二綵棚 各高五丈餘 呈百戲歌舞於前 其四仙樂部 龍鳳象馬車船 皆新羅故事 百官袍笏 行禮觀者傾都 王御威鳳樓 觀之 歲以爲常"

07) 『高麗史』卷69 志 23 禮 嘉禮雜儀 上元燃燈會儀, "恭愍王二十三年正月壬午 燃燈 初 太祖 以正月燃燈 顯宗 以二月爲之 至是 有司 以公主忌日 請復用正月"

08) 『高麗史節要』卷1 태조 원년 11월, "設八關會…王御威鳳樓觀之 名爲供佛樂神之會"
『高麗史節要』卷1 태조 26년 4월, "親授訓要…其六日 燃燈所以事佛 八關所以事天靈及五嶽名山大川龍神也"
『高麗史節要』卷13 명종 14년 11월, "設八關會…叅知政事文克謙曰 太祖始設八關盖爲神祇也"

09) 『高麗史』卷59 지 13 예지 길례대사 圜丘, "成宗二年正月辛未 王親祀圜丘祈穀 配以太祖 祈穀之禮 始此"
『高麗史』卷62 지 16 예지 길례중사 籍田, "成宗二年正月乙亥 王親耕籍田 祀神農 配以后稷 籍田之禮 始此"

제사, 별에 대한 醮禮 등을 비판하고, 종묘·사직의 제사가 아직 법대로 되지 않았다고[10] 한 사실에서 알 수 있듯이 성종 초기까지도 태묘는 제대로 아직 설치되지 않고 있었다.

성종 2년, 박사 임노성이 宋에서 『태묘당도』 1폭, 『(태묘당)병기』 1권, 『사직당도』 1폭, 『제기도』 1권 등을 들여왔다.[11] 이러한 사실은 고려의 태묘제가 송의 제도를 모범으로 하여 정립되리라는 것을 의미한다. 이렇게 하여 성종 7년 12월, 성종은 고려의 태묘제를 5묘제로 정했다. 그런데 종묘 제도는 『예기』 「왕제」편에 의하면, "천자는 7묘를 세운다. 3소 3목과 태조의 묘를 합쳐서 7묘가 된다. 제후는 5묘를 세운다. 2소 2목과 태조의 묘를 합쳐서 5묘가 된다."[12]고 하였다. 『예기』는 종묘의 구성을 천자 7묘, 제후 5묘로 규범화했다. 이러한 『예기』의 규정에 따라 성종은 고려의 태묘를 5묘로 구성하고자 했던 것이다. 성종은 8년 4월에 태묘를 건설하기 시작하여 11년 11월에 이르러 완공하였다.[13] 그리고 성종 12년에 5신위, 즉 태조·혜종·정종·광종·경종 등의 神主를 同堂異室로 하여 태묘에 모셨다.

현종을 이은 덕종은 '태묘·삼릉 축문식'을 개정하였는데,[14] 이 축문식에 의하면, 이때의 태묘 구성은 태조에서 혜종, 정종, 광종, 대종, 경종, 성종, 목종까지 8실이었다. 현종의 신주는 덕종 2년 8월에 9실에 부묘되었다.[15] 이렇게 하여 정비된 태묘의 구성을 표로 나타내면 다음과 같다.

표 1. 덕종 2년의 태묘 구성

神主	太祖	惠宗	定宗	光宗	戴宗	景宗	成宗	穆宗	顯宗
廟	不遷之主	1昭				1穆		2昭	2穆
室	1	2	3	4	5	6	7	8	9

---

10) 『高麗史』 권93 列傳 6 崔承老, "傳日鬼神非其族類不享 所謂淫祀無福 我朝宗廟社稷之祀尙多未如法者 其山嶽之祭星宿之醮 煩瀆過度 所謂祭不欲數數則煩煩則不敬."

11) 『高麗史』 卷3 成宗 2년 5월 갑자

12) 『禮記』 王制, "天子七廟 三昭三穆 與太祖之廟而七 諸侯五廟 二昭二穆 與太祖之廟而五 大夫三廟 一昭一穆 與太祖之廟而三 士一廟 庶人祭于寢"

13) 『高麗史』 卷61 志 15 禮 3, 成宗 7年, 8年, 11年條. 世家에는 11년 12월에 완성된 것으로 나와 있다.

14) 『高麗史』 卷61 志 15 禮 3 顯宗 22年, "德宗命有司 改定太廟三陵祝文式 第一室太祖及王后皇甫氏 稱孝曾孫嗣王臣某 第二室惠宗及王后林氏 第三室定宗及王后朴氏 第四室光宗及王后皇甫氏 第五室戴宗及王太后柳氏 幷稱孝孫嗣王臣某 第六室景宗及王后金氏 第七室成宗及王后劉氏 第八室穆宗及王后劉氏 幷稱嗣王臣某 王考顯宗及王后金氏 稱孝子嗣王臣某 昌陵世祖及王后韓氏 稱孝曾孫王臣某 乾陵安宗元陵王太后皇甫氏 稱孝孫王臣某"

15) 『高麗史』 卷5 德宗 2년 8월 戊午

이에 의하면, 혜종·정종·광종·대종이 같은 항렬로 1소, 경종·성종이 1목, 목종이 2소, 현종이 2목이 됨을 알 수 있다. 그리하여 靖宗 때에 태묘제를 태조·2소·2목의 5묘 9실제로 확정하였다.

요컨대 역대 국왕에 대한 왕실 숭배 제사는 성종대에 와서 태묘를 두고 5묘제로 정했다. 그러나 이후 이를 제대로 적용할 수 없었다. 형제, 사촌, 숙질 간의 왕위 계승과 왕통의 혈연 문제로 인해 5묘제를 적용할 수 없게 되자 원래의 '廟制'를 '室制'로 변형하였다. 성종이 채택한 2소 2목의 5묘제는 靖宗代에 이르러 비로소 완성을 보게 되었다. 이때 '兄弟一行'·'同世同班'에 따라 태묘 구성은 '9실'까지 확대되었다.

한편 고려는 태묘 이외에 원묘를 두었다. 고려의 원묘로는 경령전, 효사관, 서경의 예조묘 등이 있었다. 이들 중 경령전은 태조·황고의 별묘라고 여겨질 정도였음으로 태묘만큼 중요한 의미를 가진 곳이었을 것이다.

경령전에 관한 첫 기록은 덕종 즉위년(1031)에 나타난다. 따라서 경령전은 덕종 이전인 현종대(1010~1031)에 설치되었을 것이다. 현종대 어느 시기에 경령전이 건립되었는지 구체적인 자료가 발견되지 않아 정확하게 알 수는 없지만, 대략의 시기는 추정해 볼 수 있다. 우선 현종 2년에 있었던 거란의 침략으로 개경이 불타자 이를 다시 지어야 했다. 궁궐은 현종 5년 정월에 일단 완성을 보았으며,[16] 현종 11~12년에 다시 중수되었다. 이때 궁궐을 중수하고 건물명을 다시 지었는데,[17] 비록 경령전에 대해 언급하고 있지는 않지만 중수와 함께 경령전을 건립한 것이 아닌가 한다. 현종이 경령전을 세우고 태조를 봉안한 것은 태조 숭배를 통해 왕통의 정당성을 확립하려 했던 것이 아니었을까 한다.[18]

고려의 태묘가 궁궐 밖에 있었던 것과는 달리 경령전은 궁궐 내에 있었다.

① 새벽녘에 왕은 장차 불길이 닥쳐옴으로 나가서 이자겸을 만나고자 승선 김향을 보내서 남궁으로 나가겠다고 했다. 그리고 왕은 경령전까지 도보로 가서 내시 백사청을 시켜 역대

---

16) 『高麗史節要』권3 현종 2년 정월 乙亥, "契丹主 入京城 焚燒大廟宮闕民屋皆盡…五年正月…宮闕成"

17) 『高麗史』권4 현종 11년 8월, "庚子 以重修大內 移御壽昌宮…十二年春正月…乙巳 改紫宸殿爲景德殿 上陽宮爲正陽宮 左右朝天門爲朝宗 柔遠門爲崇福…秋七月…癸卯 改明慶殿爲宣政 靈恩殿爲明慶 景德殿爲延英"

18) 3대왕인 정종은 원년 정월에 태조릉인 현릉에서 제례를 행했으며, 광종은 태조를 위해 봉은사를 세워 진전사원으로 삼았다. 아마도 이들은 태조 숭배를 통해 왕권의 정당성을 확보하려 했을 것이다. 그리고 현종 역시 비정상적으로 즉위하였음으로 왕통의 정당성을 강화할 필요가 있었다. 따라서 원묘인 경령전을 설치하여 태조를 모시고, 태조의 친자이자 자신의 아버지인 안종을 봉안하여 왕실의 적통이 현종 자신에게 있음을 나타내려 했던 것으로 생각된다. 또한 세차(世次)가 어그러진 고려초의 왕위 계승으로 인해 태묘 봉안 문제가 혼란에 빠지자, 현종은 원묘인 경령전의 운영을 통해 왕실 조상 숭배를 재정립했던 것이 아닌가 한다.

조상의 화상을 궁성 안 제석원에 있는 마른 우물 안에 넣게 한 후 서화문을 나가 말을 타고
연덕궁까지 갔다.[19]

② 하루는 열병식을 구정에서 거행하기로 했더니 염흥방의 매부인 대사헌 임헌이 아전을 보
내서 도당에 고하기를 "구정은 先王의 大朝會를 행하던 장소일 뿐만 아니라 경령전과 인
접되어 있다. 태조 이하 역대 임금의 神御가 있는 곳인데 그 근처에서 어찌 군사를 풀어 말
을 달리게 할 수 있겠는가!"라고 하였다.[20]

이 기록이 보여주듯이 경령전은 궁궐 내에 위치하고 있었다. 이는 발굴 결과에서도
확인할 수 있다. 개성 고려궁지 발굴에서 17호 건물지가 경령전으로 확인되었다(도면 1 참
조).[21] 그리고 경령전은 5실로 구성되어 있었다. 이와 관련한 사실은 다음과 같다.

③ (명종 4년) 어느 날 궁중에 불이 났는데 유응규는 먼저 경령전으로 가서 5실의 조상 진영을
안고 나왔으며 다시 중서성으로 가서 國印을 꺼냈다.[22]

④ 충렬왕 1년 12월 정미에 대방공 왕징이 의관자제 10명을 거느리고 원나라에 가서 독로화
가 되게 하니, 경령전 5실의 백은으로 만든 제기를 하사하였다.[23]

이처럼 경령전은 5실로 구성되어 있었다. 이는 발굴 결과로도 확인되고 있다(도면 2 참
조). 그리고 경령전은 태조와 현 국왕의 직계 4代親에 眞影을 봉안한 영전이었다.[24] 이에
대해서는 다음이 참고 된다.

⑤ 고종 2년 8월 기유, 강종의 神御를 경령전에 봉안하였다. 왕이 의봉문 밖에 나가서 신위를
맞아들였다.…서울 사람으로 이를 지켜 본 사람들은, "…비록 나라를 다스린 지는 오래지
않았으나 능히 왕실의 대를 이었고 돌아가신 뒤에는 四親之殿에 들어가게 되었으니 참으

---

19) 『高麗史』 권127 列傳40 叛逆1 李資謙, "黎明王以火焰將逼欲出會資謙 遣承宣金珦 請出御南宮 王步至景靈殿
命內侍白思淸 奉祖宗眞納諸內帝釋院眢井中 乃出西華門乘馬 至延興宮"

20) 『高麗史』 권126 列傳39 姦臣2 廉興邦, "一日將大閱於毬庭 大司憲任獻興邦妹壻也 遣臺吏告都堂日
此庭非惟先王大朝會行禮之所 密邇景靈殿 太祖列聖神御在 豈可縱軍士 馳騁於其閒乎"

21) 국립문화재연구소, 2008, 『開城 高麗宮城 시굴조사보고서』, 248~249쪽 및 275쪽 및 2012, 『개성 고려궁성
남북공동 발굴조사 보고서』 참조.

22) 『高麗史』 권99 列傳12 庾應圭, "一日宮闕災 應圭 先詣景靈殿 抱五室祖眞以出 又至中書省出國印"

23) 『高麗史』 권28 忠烈王 1년 12월 丁未, "遣帶方公澂 率衣冠子弟十人如元爲禿魯花 賜以景靈殿五室 白銀祭器"

24) 『高麗史』 열전33 尹紹宗, "景靈殿 太祖皇考之別廟";『櫟翁稗說』 전집2, "崔大寧有渰 大德末 王惟紹等
以廢嫡之謀 惑慶陵 將奏之天子 請以瑞興侯琠爲嗣 公進日 殿下獨不念景靈殿乎 太祖及親廟其眞容 實在於是
殿下嘗修其祀事矣 萬有一瑞興侯得立 千歲之後 將追王其祖禰二侯以附 則高王元王 不容不遷矣 高王元王"

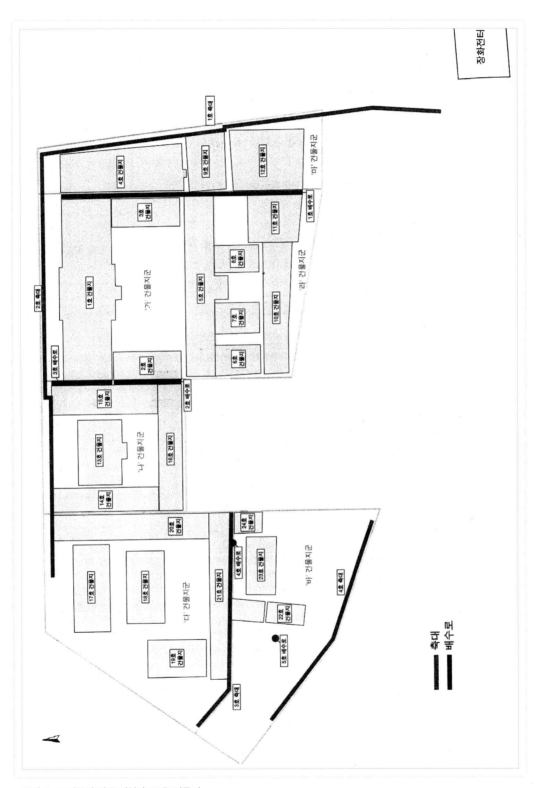

도면 1. 고려궁지 발굴 지역과 17호 건물지

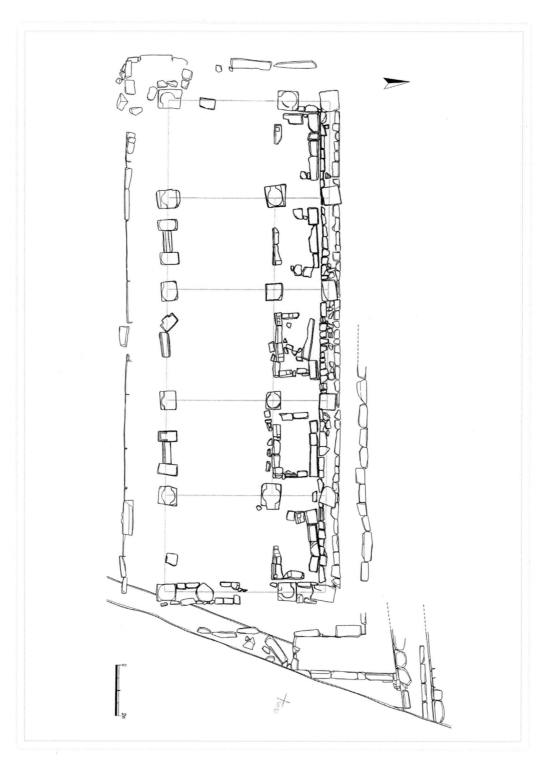

도면 2. 17호 건물지 평면도

로 천명이다"라고 하였다.[25]

⑥ 충렬왕이 한 때 세자 충선을 폐하고 서흥후 왕전으로 후계자를 삼으려 하였다. 최유엄이 왕에게 말하기를 "전하는 일찍이 경령전에 제사 지낸 적이 없습니까? 거기에는 태조와 親廟의 영정들이 있습니다. 만일 서흥후를 왕으로 세우고 그 할아버지와 아버지 즉 서원후와 시양후를 추존하여 종묘에 들어 앉힌다면 전하의 친묘를 옮기지 않을 수 없을 것입니다. 그리고 전하 역시 죽은 후에 그렇게 되지 않으리라 믿을 수 있겠습니까. 저는 고종, 원종을 섬겨 왔고 이제 늙었습니다. 그런데 졸지에 제사를 그만두기는 차마 할 수 없으며 제가 만일 이에 충고의 말을 하지 않는다면 선왕을 지하에서 뵐 수 없습니다."라고 하였다.[26]

⑦ 대덕(1297~1307) 말에 왕유소 등이 적자(충선왕)를 폐하려는 음모로 경릉(충렬왕)을 현혹하여 천자에 아뢰어 서흥후를 후사로 삼을 것을 청하게 하였다. 최유엄이 나아가 말하기를, "전하께서는 경령전을 생각하지 않으십니까? 태조와 친묘의 眞容이 실로 거기에 있으므로 전하께서는 일찍이 제사를 받들었습니다. 그런데 만에 하나 서흥후가 왕이 되면 전하가 돌아가신 후에 그의 할아버지와 아버지를 왕으로 추존하여 (경령전에) 모실 것입니다. 그러면 고왕(고종)과 원왕(원종)을 옮기지 않을 수 없을 것입니다. 고왕과 원왕은 신이 몸소 섬겼는데, 이제 늙어 차마 저버릴 수 없습니다"라고 하였다.[27]

이들 자료에서 언급한 대로 경령전은 태조와 함께 현 국왕의 4대 영정을 봉안한 곳이었다. 4대친은 현 국왕의 직계혈통인 부, 조 증조, 고조 등이었다.

봉안된 실례를 보면, 원종 2년에 고종의 진영을 새로 포함시키면서 숙종의 진영을 옮겼다고 하였음으로, 이 시기 경령전에는 예종·인종·강종·고종 등이 봉안되었을 것이다. 아마도 고종 때는 숙종·예종·인종·강종이 봉안되어 있었고, 명종은 제외되어 있었을 것이다. 원종 6년의 기사에 인종과 명종이 "차례를 잃은[失次] 지가 오래되었다"고 한 표현은 예종·인종·명종·강종·고종의 순서가 아니었음을 말해준다. '차례를 잃었다[失次]'는 표현은 인종 다음에 명종이 순서하지 않았음을 의미한다.[28] 명종은 무신정변에 의해 의종을 이어 임금의 자리에 올랐지만, 최충헌을 제거하려다 실패하여 최충헌에

---

25) 『高麗史』 권22 고종 2년 8월 기유, "奉安康宗神御于景靈殿 王出儀鳳門外拜迎…都人瞻望者皆曰…雖享國日淺 能傳聖嗣 遺弓之後 入安四親之殿 眞天命也"

26) 『高麗史』 권110 列傳23 崔有渰, "王嘗欲廢忠宣以瑞興侯琠爲後 有渰言于王曰 殿下未嘗祭景靈殿乎 太祖及親廟睟容具在 若瑞興侯立追王其祖禰西原始陽二侯入祔 則殿下親廟主不容不遷 殿下千歲後寧能信其不爾也 高宗元宗臣及事之今老矣 不忍一朝忽不祀臣若不諫無以見先王於地下"

27) 『櫟翁稗說』 전집(2), "崔大寧有渰 大德末 王惟紹等 以廢嫡之謀 惑慶陵 將奏之天子 請以瑞興侯琠爲嗣公進曰 殿下獨不念景靈殿乎 太祖及親廟其眞容 實在於是 殿下嘗修其祀事矣 萬有一瑞興侯得立 千歲之後 將追王其祖禰二侯以附 則高王元王 不容不遷矣 高王元王 臣皆身及事之 今老矣不忍負."

28) 『高麗史』 권25 원종 6년 癸卯, "勑有司 景靈殿仁明二聖眞容 失次已久 始令順祀"

의해 폐위되는 운명을 맞았다. 그리하여 죽어서도 왕으로서 그 위상을 인정받지 못하였다. 즉, 신종이 명종의 장례를 王禮대로 치르고자 하였으나 최충헌이 안 된다고 고집하여 등급을 내리어 왕비 경순왕후의 장례 의식에 준하여 집행하고 간혹 인종의 장례 의식도 적용하였다.[29] 그리고 고종 2년 10월에 존호를 올렸는데, 그 대상은 태조·혜종·현종·선종·숙종·예종·인종·신종·강종이었다.[30] 이처럼 명종은 최씨 정권에 의해 역대 국왕으로서 위상을 인정받지 못하였다. 결국 고종대의 경령전에는 숙종·예종·인종·강종이 봉안되어 있었을 것이다.

원종이 죽자 충렬왕은 경령전에서 인종을 옮기고 원종을 봉안했다. 따라서 원종대의 경령전에는 직계인 인종·명종·강종·고종이 봉안되어 있었다. 충렬왕 2년 6월, 인종의 진영을 영통사로 옮기고 원종의 진영을 경령전에 두었다. 즉 충렬왕 2년에 경령전은 태조, 그리고 충렬왕의 직계 4대인 명종·강종·고종·원종 등 5실에 봉안하였다.[31] 그리고 충선왕 2년(1310) 11월에 충렬왕의 진영을 경령전에 안치하고 명종의 초상을 영통사에 옮겼다고 하였으니 이때의 경령전에는 강종·고종·원종·충렬왕이 봉안되었음을 말해준다.[32] 이처럼 경령전은 태조와 함께 현 국왕의 직계 4대친을 모셔 모두 5실로 구성되어 있었다. 이는 경령전의 운영이 왕위 계승을 기준으로 배치된 태묘와 달랐음을 말해준다. 이에 경령전은 태조와 황고의 별묘로 여겨졌다.[33]

요컨대 경령전은 태조와 함께 현 국왕의 직계 4대친을 모셔 모두 5실로 구성되어 있었다. 태조 진영을 제1실로 하여 직계 조상을 제2실에서 5실까지 봉안했다.[34]

---

29) 『高麗史』 권64 지18 예6 흉례 국휼 신종 5년 11월

30) 『高麗史』 권22 고종 2년 10월 을미

31) 경령전은 태조와 직계조상 등 5실로 구성되었다. 이러한 방식은 신라 오묘제의 운영과 비슷한 면이 있다. 『三國史記』 祭祀志에 의하면, 神文王代에는 추존한 文興大王이 五廟에 포함되어 있는 반면 眞德女王이나 善德女王이 五廟에서 제외되어 있고, 惠恭王代에는 不遷之主인 무열왕과 문무왕, 父·祖 등 5묘로 구성하였다. 그리고 元聖王代에는 不遷之主 2묘와 직계 2대 조상이 오묘에 포함되었다. 哀莊王代에는 무열왕, 문무왕이 천묘되고, 추존왕을 포함한 직계 4대 조상이 오묘에 모셔졌다. 이처럼 신라의 五廟制는 직계조상을 중심으로 운영되었다. 아마 경령전의 방식은 신라 오묘제를 원용한 것이 아닌가 한다.

32) 『高麗史』 권28 충렬왕 2년 6월 병술 ; 충선왕 2년 11월 임인

33) 『高麗史』 권120 열전33 尹紹宗, "景靈殿 太祖皇考之別廟"

34) 『高麗史』 권61 지15 예3 景靈殿, 「景靈殿正朝端午秋夕重九親奠儀」, "至景靈殿 入就東階下…詣太祖前 再拜… 次詣二室入戶再拜 上香獻酌如上儀 出詣第三四五室拜禮" 경령전에는 국왕의 진영과 함께 왕비의 초상도 함께 봉안한 것으로 보인다. 『世宗實錄』 14년 1월 병인, "命安崇善考古營建原廟之制以聞 崇善啓… 今朝廷 立奉先殿於闕北 合祭先代帝后 高麗 亦於宮北 作景靈殿 合祭先代王妃 唯本朝 文昭廣孝兩殿 各立別處 有違古制及時王之制 乞倣上項儀制 就景福宮北 相地之宜 新構五楹合祀 從之" 왕비 진영의 봉안 현황에 대해서는 구체적으로 알 수 없어 논의에서 제외한다.

한편 경령전의 위치에 대해서는 논란이 있었지만 발굴 결과 위치를 확인할 수 있었다. 우선 경령전이 毬庭과 가까운 곳에 있었다는 견해가 있었다.[35] 『고려사』와 『고려사절요』에 전하는 기록에 따르면 경령전은 구정과 가까운 곳에 있었던 것으로 생각된다.[36] 그런데 이 내용은 『高麗古都徵』에 인용된 이후 지금까지 경령전 위치 비정에 중요한 근거가 되었다. 그러나 경령전은 내전에서 도보로 이동이 가능한 곳에 있었으며, 특히 내제석원과 가까운 곳에 있었다.[37] 그리고 경령전은 집희전 부근에 있었다고 생각된다. 즉 경령전 의례는 내전에서 시작된다. 이어 왕은 내전→집희전→경령전의 순으로 행차하였다. 왕은 내전에서 나와 집희전에 가서 봉향의식을 행한 후 경령전으로 나아갔다.[38] 이처럼 경령전의 봉향 의식이 집희전에서 시작된 것은 경령전과 집희전이 매우 가까운 거리였기 때문일 것이다. 그러면 집희전은 어디에 자리 잡고 있었을까. 집희전은 원래 자화전이었는데 인종 16년에 명칭이 변경되었다. 『고려도경』에 의하면 자화전은 연영전각 북쪽에 있었으며, 그 사이에는 보문·청연각이 있었다.[39] 이렇게 본다면 경령전은 내전 구역에 있었다.[40] 이러한 주장에서 한발 더 나아가 생각해 보면 경령전은 내전 구역 중에서도 십원전과 바로 인접해 있었다.[41]

그런데 최근 조사에 의하면 경령전으로 추정되는 건물지가 발굴되었다. 궁궐 북쪽 내전 구역에 자리 잡은 것이나 同堂異室, 즉 건물 한 동과 그 안에 5실을 갖춘 주춧돌의 구조로 보아 경령전이 확실해 보인다.

---

35) 『高麗史』 권126 열전39 염흥방 ; 『高麗史節要』 신우 11년 정월, "大閱于毬庭 大司憲任獻 謂都堂曰 此地 非惟 先王大朝會行禮之所 且密邇景靈殿 太祖列聖神御 在庭之上 豈可縱軍士馳馬於其間哉 三司左使廉邦曰 玄陵 嘗閱五軍於此 取其閑曠也 不聽"

36) 구정은 승평문 북쪽과 의봉루 남쪽 사이에 있었다. 『續東文選』(21) 「遊松都錄」, "儀鳳樓南毬庭."

37) 『高麗史節要』 권9 인종 4년 2월 계해, "黎明 王以火焰將逼欲出 會資謙 遣承宣金珣 請出御南宮 王步至景靈殿 命內侍白思淸 奉祖宗眞 納諸內帝釋院眢井中 乃出西華門 乘馬至延德宮" 내제석원은 궁궐과 인접해 있었다. 『歷代高僧碑文』(2) 「합천영암사적연국사자광탑비문」, "請住於內帝釋院 此寺也 境比紅樓 地連丹禁 是梵侶洗心之淨界 實人君植福之良田"

38) 『高麗史』 권61 지15 예3 경령전, 「景靈殿正朝端午秋夕重九親奠儀」

39) 『高麗圖經』 卷6 宮殿2 延英殿閣, "延英殿閣 在長齡之北…又其北曰慈和 亦爲燕集之處 前建三閣 曰寶文 以奉累聖所錫詔書 西曰淸燕 以藏諸史子集 嘗得其燕記文曰…故於大內之側 延英書殿之北 慈和之南 別創寶文淸燕二閣."

40) 김창현, 2002, 『고려개경의 구조와 그 이념』, 신서원, 254쪽.

41) 『三國遺事』 탑상 「前後所將舍利」에 따르면 "十貟殿 좌측 작은 전각에 봉안한 佛牙를 고종 19년 천도할 때에 내관이 불아를 잊고 챙기지 못하였다. 이에 고종은 御佛堂과 경령전의 守直者들을 잡아 가두고 심문하여 이를 찾아 다시 십원전 中庭에 불아전을 지어 봉안하였다"고 한다. 불아 분실의 책임을 어불당(십원전)과 경령전의 수직자 모두에게 물을 것은 이 두 건물이 바로 인접해 있었기 때문일 것이다.

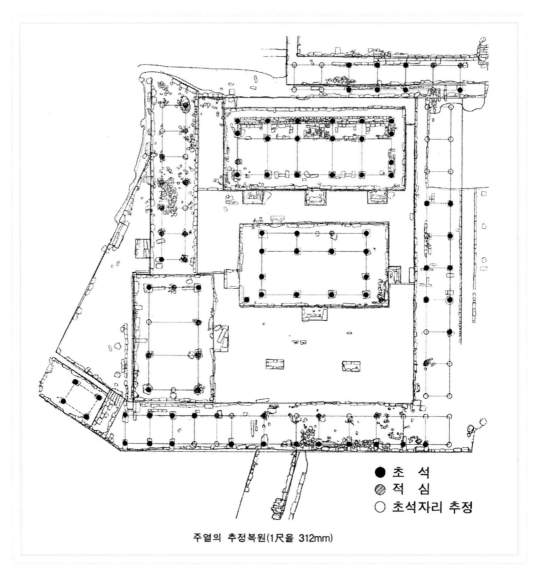

도면 3. 경령전터 복원배치도(남창근, 학사학위논문, 2012, 174쪽)

경령전에는 위숙군으로 장교 1명이, 그리고 경령전 담장[屛障]에 장상 1명이 배치되어 있었다.[42] 이것은 경령전이 내전에 자리 잡고 있었으나 담장이 둘러진 독립 공간이었음

---

42) 『高麗史』 권83 지37 병3 위숙군

을 말해준다. 즉 경령전은 태조와 왕실 조상을 모신 제사 공간이었기 때문에 담장으로 구분하였던 것이다. 이러한 구조는 발굴 결과를 통해서도 확인 된다(도면 3 참조). 그리고 고려말에 윤소종은 경령전, 효사관 등이 구조와 규모가 검박하고 작게 하였다고 한다.[43] 발굴 결과를 보아도 경령전은 그리 큰 규모가 아니다. 기단의 규모는 동서 길이 2,267cm, 남북 길이 1,015cm이다.[44]

한편 태묘와 별도로 경령전을 둔 것은 이를 통해 효도를 더욱 잘 실천한다는 의미 때문이었다.[45] 원묘는 현 임금이 돌아가신 선대 임금을 생존한 것과 같이 섬기고자 하는 것으로, 모든 薦享은 생존한 때와 같게 하여 종묘의 제사와 구별하였다.[46] 그리고 종묘와 달리 왕의 거처 가까이에 원묘를 둔 것은 그 철의 음식물을 즉시 제사지내고자 하기 때문이었다.[47] 즉 원묘는 격식이 있는 종묘를 대신하여, 혹은 왕이 멀리 있는 능에 행차하는 번거로움을 피하고 자주 제사지내기 위해 만들어졌던 것이다.[48] 따라서 고려의 원묘인 경령전도 이러한 이유로 설치되었을 것이다. 고려의 경령전이 내전에 있었다는 사실도 "事以平生 所以親之"라는 이유와 잘 부합된다.

III. 경령전 거행 의례

『고려사』 권61 지15 예3 「경령전」조에는, "경령전에서 정월 초하루, 단오, 추석, 9월 9일(重九)에 왕이 친히 제향하는 의식"이 있다. 그 내용은 다음과 같다.

---

43) 『高麗史』 V 권120 열전33 윤소종
44) 국립문화재연구소, 2008, 『開城 高麗宮城 시굴조사보고서』.
45) 『世宗實錄』 권60 세종 15년 5월 을묘, "上 以遠遊冠絳紗袍 御勤政殿 受賀 宥境內日 報本反始 禮經之常 事亡如存 孝誠之至 故歷代帝王 旣立宗廟 禮尙太古 所以神之也 又設原廟 事以平生 所以親之也 予承祖宗之貽憲 襲無疆之鴻休 繼述惟勤 追慕罔極 每於四時之事 饗薦之禮 務極精嚴 以展孝思"
46) 『世宗實錄』 13년 12월 을묘, "上謂知申事安崇善曰 原廟之設 繼世之君 欲事亡如存 凡所薦享 一如生時 以別於宗廟之祭"
47) 『世宗實錄』 권54 세종 13년 12월 신해, "上曰…宗廟則享祀有時 不可煩黷 別設原廟於近地者 欲以時物隨所得享薦也"
48) 효의 적극적인 실천이라는 의미로 원묘를 둔다는 생각은 여러 원묘를 설치, 운영한 송의 사례를 통해서도 잘 드러난다. 『宋大詔令集』 권143 典禮28 原廟 建鴻慶宮詔〈大中祥符七年正月丙辰〉, "在昔聖王 通追先烈 或儹修原廟 或模寫睟容 所以伸繼孝之心"

⑧-㉠ 제삿날 새벽 2시(四更末)에 내시, 다방, 지유 등이 먼저 내전의 뜰에 들어간다. 다음에 승선이 뜰로 들어가 공손히 절하고 내시 다방 지유 등이 차례로 왕에게 문안 드린다. 다음에 重房 성원들이 뜰로 들어가 공손히 절한 후 승선과 중방이 한 班이 되어 직위가 높은 자를 선두로 열을 지어 들어가 문안드린다. … 지유는 靑陽傘을 받쳐 들고 좌측에 서고 尙舍別監은 휘장을 걷고 대장군은 좌우에서 호위한다.

㉡ 왕이 신을 신고 곤룡포를 입은 후 내전의 앞 기둥 밖에 선다. … 승선, 중방, 내시, 다방, 지유들이 일제히 절하고 일어서면 승선은 촛불을 들고 앞서서 왕을 인도하여 뜰에 내려 南殿으로 가서 絞床에 앉는다. … 재배 후 왕은 集禧殿으로 간다. … 왕은 향을 피우고 세 번 절한 후 景靈殿으로 간다.

㉢ 동편 층계 아래로 들어가 서향 재배하고 전에 올라 태조 실 문밖에 이르러 재배한다. 이 것이 끝나면 舍人이 "從官 재배"라고 말한다. 왕이 물러나 二室 문으로부터 태조실 앞으로 가서 재배한다. 승선이 향합을 들고 있으면 왕은 나아가 홀을 띠에 꽂고 향을 피운다. 승선이 잔을 씻는 그릇을 받들고 있으면 왕은 잔을 가신다. 승선은 잔 씻는 그릇을 추밀관에게 주고 승선이 주전자를 왕에게 올리면 왕은 큰 잔과 작은 잔에 각각 한 잔씩 술을 부어 드리고 재배 한 후 제2실로 들어가 재배하고 위에서와 같이 향을 피우고 잔을 드린다. 제3, 4, 5실로 가서도 위에서와 같이 절하고 잔을 드리고 향을 피운다. 다시 제2실 문으로부터 태조실로 들어가 그 앞에서 머리를 숙이고 엎드려 있으면 省郎이 서편 층계로부터 올라와 태조실 문 밖에 이르러 축문을 읽는다. 이때 왕은 재배한다. 다방 별감이 복주를 부을 잔을 가져오면 승선이 이것을 받아 추밀관에게 전하고 승선은 주전자를 들고 술을 붓는다. 승선이 또 醉酒器를 가져 오면 왕은 술을 세 번 뿌린 후 복주를 마시고 재배한다. 다시 태조실 문밖으로 나가 다시 한 번 재배한다. 이때 사인이 "모든 제관 재배"라고 말한다. 왕은 물러나 동편 층계 아래로 돌아가 서향 재배한다. 승선이 촛불을 잡고 앞서서 왕을 인도한다. 다음 승선은 왕에게서 홀을 받아 상의별감에게 준다. 왕은 내전으로 돌아가 걸상에 앉는다. 합문이 왕의 분부를 받아 시신, 관리와 장령에게 술, 과실을 내릴 것을 전달하면 사인이 "員將 肅拜"라고 말한다. 이것이 끝나면 왕은 內次로 들어간다. 중관이 나와서 수고하였다는 왕의 말을 전하면 승선, 중방, 내시, 다방, 지유 등이 공손히 절하고 물러간다.

㉣ 임시로 고하는 범절도 태묘에 고하는 절차와 같다.

위의 경령전 의례는 내용 상 크게 세 부분으로 나눌 수 있다. ㉠은 경령전 제사의 전 단계로 내시, 다방, 지유, 승선, 중방 관원들이 내전의 뜰에서 국왕을 알현하고 문안하는 절차이다. ㉡은 경령전으로 가기 전에 내전과 집희전에서 행하는 의례이다. ㉢은 국왕이 경령전에 납시어 제사를 거행하는 절차이다. 이때 국왕은 경령전 동쪽 계단으로 올라가 서향 재배하고 전(殿)에 올라 태조실에 나아가서 (태조실)문[戶] 밖에서 또 재배한다. 이것이 끝나면 2실 문[戸]으로 해서 태조 앞에 나아가 재배한다. 태조실 의식을 마친 후 그 다음으로 제2실로 들어가 재배하고 제3, 4, 5실로 가서도 향을 올리고 작헌한다.[49] 경령전에 이르러 제일 먼저 '서향 재배'한다거나 2실로 해서 태조실로 출입하는 사실 등으로 볼 때 태조실과 2실은 서로 붙어 있으며, 2실 다음에 3·4·5실의 순서임을 알 수 있다. 즉 경령전 5실은 제일 좌측을 태조실로 하고 우측으로 2·3·4·5실의 구조인 것이다. 경령전의 5실의 제례에 백은 제기를 사용하였다.[50]

ㄹ에서 임시로 고하는 의례는 태묘에서 고하는 절차와 같다고 하였다. 정월 초하루, 단오, 추석, 9월 9일에 왕이 친히 경령전에 제향하는 의식 외에 별도의 일에 고유하는 제사를 거행하였다.

경령전은 왕조를 개창한 태조가 모셔진 곳이고, 현 국왕을 있게 한 직계 조상이 모셔진 곳임으로 국왕에게 있어 매우 특별한 의미가 있었다. 따라서 국왕은 나라와 왕실의 중요 행사를 경령전에 고하였다. 즉 문종은 태자가 장가를 든 사실을 경령전에 고하였으며, 왕사 난원을 불러 경령전에서 왕자 후의 머리를 깎고 승려가 되게 하였다.[51] 그리고 왕릉의 수리, 사신을 위한 연회 등을 고했으며, 불교 행사인 경행(經行)을 고하기도 했다.[52] 이렇게 중요한 일들을 경령전에 고했음으로 이와 관련한 의식을 국가 의례로 규정하였다.

『고려사』예지에서 경령전에 관한 의례들을 살펴보면, 장수를 전선으로 파견하는 의식,[53] 왕비를 책봉하는 의식,[54] 왕의 맏아들을 낳았을 때 축하하는 의식,[55] 왕태자를 책봉하는 의식,[56] 왕태자의 칭호와 부(府)를 세우는 예식,[57] 왕태자의 관례를 거행하는 의

---

49) 『高麗史』 권61 지15 예3 경령전, "景靈殿正朝端午秋夕重九親奠儀…王點香三拜訖 至景靈殿 入就東階下 西向再 拜 上殿詣太祖室 戸外再拜訖 舍人喝 從官再拜 王退從二室戸入詣太祖前再拜…次詣二室入戸再拜 上香獻酹 如上儀 出詣第三四五室拜禮獻爵上香同上"

50) 『고려사』 권90 열전3 종실1 평양공 기

51) 『高麗史』 권8 문종 18년 11월 기묘 및 19년 5월 계유

52) 『東國李相國前集』 권40 「簡陵修理次大廟景靈殿告事由祝」, 「憲陵修理同前祭祝」, 「壽陵修理次同前祭祝」, 「景陵修理次大廟及景靈殿告事祝」, 「客使辭退宴景靈殿告事祝」, 「經行日景靈殿告事祝」

53) 『高麗史』 권64 지18 禮6 軍禮 「遣將出征儀」, "遣將出征 宜大社告太廟 並有司行事如奏之儀 出鉞還鉞王皆親告景靈殿";『高麗史』 지18 禮6 軍禮 「師還儀」, "睿宗…三年…至四月己丑璀延寵凱還…璀等詣景靈殿復命還鉞"

54) 『高麗史』 권65 지19 禮7 嘉禮 「冊王妃儀」, "告大廟別廟景靈殿並有司行事 如常告之儀"

55) 『高麗史』 권65 지19 禮7 嘉禮 「元子誕生賀儀」, "告景靈殿 王受賀訖齋於別殿 至第七日五鼓後 王服靴袍 詣景靈殿 如歲日饗告之儀"

56) 『高麗史』 권66 지20 禮8 嘉禮 「冊王太子儀」, "告太廟景靈殿諸陵祠 並有司行事 如常告之儀"

57) 『高麗史』 권66 지20 禮8 嘉禮 「王太子稱名立府儀」, "奏告 其日五鼓後 王躬詣景靈殿 享告如儀 太廟及別廟神祠遣 使 奏告"

식[58] 등 확인된다. 이렇게 왕실과 관련된 중요한 일들을 경령전에 고하였다. 따라서 국왕이나 왕실의 입장에서 볼 때 경령전은 태묘보다 숭배의 정도가 더 강했다. 이것은 〈표 2〉에서 확인되는 바와 같이 왕실과 관련된 일에 대해 경령전 의례가 더욱 빈번하였다는 점에서 잘 드러난다.

표 2. 경령전 거행 의례 비교

의례	의례 대상						전거
	大社	太廟	別廟	景靈殿	諸陵	神祠	
遣將出征儀	宜祭	告祀		告祭			『고려사』 지18 예6 군례
師還儀				復命			『고려사』 지18 예6 군례
元子誕生賀儀				告祭			『고려사』 지19 예7 가례
册王妃儀		告由	告由	告由			『고려사』 지19 예7 가례
王太子稱名立府儀		奏告(攝事)	奏告(攝事)	告由(親祭)		奏告(攝事)	『고려사』 지20 예8 가례
王太子加元服儀		告由	告由	告由			『고려사』 지20 예8 가례
册王太子儀		告由		告由	告由	告由	『고려사』 지20 예8 가례
王太子納妃儀		告由					『고려사』 지20 예8 가례

경령전 奏告와 祔廟 의례는 태묘의 것을 따랐다.[59] 경령전 섭사의 경우 태묘와 마찬가지로 재상이 행하였다.[60] 의례 절차를 보면 경령전은 태묘와 같은 위상을 가졌던 것이다. 이처럼 국가의례에 있어 그 위상이 높았던 경령전 의례는 원구, 사직, 태묘와 같이 大祀에 올라 있었다.

한편 경령전에 새 신주를 합사하는 의식은 태묘 의례에 따랐다. 그러면 4대친은 어떤 과정을 거쳐 봉안될 것일까. 먼저 사후의 장례 절차를 살펴보면 다음과 같다.

⑨ 인종 24년 2월 정묘일…보화전에서 훙하였다. 건시전으로 빈전을 옮겼다.…3월 갑신일에 인종을 장릉에 장사하였다.…의종 2년 2월 정사일에 영통사에서 인종의 대상재를 지냈다.…3월 초하루 기미일에 왕이 영통사로 가서 인종의 진전에 배알하였다.…갑자일에 인종의 신어를 경령전에 봉안하였다.[61]

⑩ 원종 15년 6월…계해일에 왕이 제상궁에서 죽었다.…9월 임오일에 왕이 원종의 빈전으로

---

58) 『高麗史』 권66 지20 禮8 嘉禮 「王太子加元服儀」, "告太廟別廟景靈殿立有司行事 如常告之儀"
59) 『高麗史』 권61 지15 禮3 吉禮 景靈殿, "景靈殿正朝端午秋夕重九親奠儀…無時奏告如大廟奏告儀"; 『高麗史』 지18 예6 凶禮 「祔太廟儀」, "祔景靈殿儀放此"
60) 『高麗史』 권61 지15 예3 제릉, "忠烈王元年五月 命宰臣洪祿道攝事于景靈殿 籩豆缺假內殿淨事色以祭"
61) 『高麗史』 권17 인종 24년~의종 2년

가서 비로소 상복으로 참최마질을 입고 여러 신하들을 거느리고 곡하였다. 을유일에 소릉에 장사 지내고 상복을 벗었다.…2년 6월 병술일에 경령전에 있던 인종의 초상을 영통사로 옮기고 원종의 초상을 경령전에 두었다.…7월 을미일에 원종의 신주를 태묘로 옮겨 부제하였다.[62]

임금이 훙하면 빈전을 설치하고 제사를 올리며, 매장한 후 혼전을 설치했다. 혼전에는 진영과 신주가 함께 봉안했다가 진영은 경령전으로, 신주는 태묘로 옮겨 봉안했다.

⑪ 충렬왕 34년 7월 기사일에 왕이 신효사에서 죽었다. 이날 밤에 숙비의 집을 빈전으로 삼았다.…10월…갑오일에 대행왕의 晬容이 원나라로부터 도착하자 백관을 거느리고 교외에 나가서 맞이하여 빈전에 안치하였다.…정유일에 충렬왕을 경릉에 장사지냈다.…왕이 서보통사에서 석복도량을 행했으며 (충렬왕의) 수용을 혼전에 모시고 靈眞殿이라고 불렀다.…2년 7월…무자일에 上昇王의 수용을 명인전에 안치하였다.…2년 11월…임인일에 충렬왕의 진영을 경령전에 봉안하고 명종의 진영을 영통사로 옮겼다.[63]

⑫ 충렬왕 34년 7월 기사일에 신효사에서 죽었는데 그날 밤에 숙비 김씨 집에 빈전을 두었다.…10월 정유일에 경릉에 장사지냈다.…장사를 마친 후 백관들을 인솔하고 마지막 곡을 한 후 혼여를 모시고 돌아와 영진전에 모셨다. (충선왕) 2년 9월 정축일에 침원(태묘)[64]에 합사하였다. 그때 섭태위대녕군 최유엄은 하루 전에 영진전으로 가서 재계하고 이날 아침에 告事由祭를 지냈다. 섭사도 정승 유청신과 전의판사 이지저는 여러 제관들과 함께 祝板을 받아 가지고 바로 침원으로 가고 백관들은 의장을 갖추고 영진전 문 밖에 모여 열을 지어서 있었다. 木主를 받들어 輅에 모셨다.…당상에서 집례관이 정실(正室)로 인도하여 들어가 먼저 태조에게 보이고 다음에 혜종, 현종 두 조상에게, 그 다음에는 인종, 명종 두 조상에게 보였다. 일을 마치자 신주를 자리에 모셨다.[65]

이들 자료는 충렬왕의 장례에 대한 같은 사실을 두고 다른 내용을 전해주고 있다. 즉

62) 『高麗史』 권27·28 원종 15년~충렬왕 2년
63) 『高麗史』 권32·33 충렬왕 34년 7월~충선왕 2년 11월
64) 침원이 태묘(종묘)임은 다음의 자료를 통해 확인된다. 『高麗史』 권77 지31 백관2 寢園署, "掌守衛宗廟…忠烈王三十四年 忠宣改爲寢園署"; 諸陵, "忠肅王…十七年六月丁未 祔忠宣王于寢園 遷仁王主 權安康王主于東夾室"
65) 『高麗史』 권64 지18 예6 흉례 국휼, "忠烈王…三十四年五月 王不豫 七月己巳 薨於神孝寺 是夜殯于淑妃金氏第…十月丁酉 葬于慶陵…葬訖率百官大臨 侍魂輿而返安於靈眞殿 二年九月 丁丑 祔于寢園 攝太尉大寧君崔有渰 前一日 詣靈眞殿齋宿 其日早行告事由祭 攝司徒政丞柳淸臣典儀判事李之氏 與諸享官 受祝版徑詣寢園 百官具儀衛會靈眞殿門外敍立 奉木主出安于輅…堂上執禮官 引入正室 先見太祖 次見惠顯二祖 次見仁明二祖 訖奉安于位"

자료 ⑪은 충렬왕의 진영이 경령전에 봉안되는 상황을, 자료 ⑫는 충렬왕의 신주가 태묘에 안치되는 것을 전해준다.[66] 이처럼 혼전에는 영정과 신주가 함께 봉안되어 있었다. 나중에 진영은 경령전으로, 신주는 태묘로 옮겨 봉안했다.

그러면 경령전, 태묘, 진전사원 등은 어떤 관련성이 있었던 것일까. 이에 대한 사례를 『고려사』에서 찾아보면 다음과 같다.

⑬ 예종 17년 4월 병신, 예종 사망 …갑인, 유릉에 장사지냈다.…인종 2년 4월 임신, 예종의 眞影을 경령전에 봉안하였다. 갑술, 예종을 태묘에 祔하였다. 의종 2년 3월 기미 朔, 왕이 영통사로 가서 仁考의 眞殿에 배알하였다. … 갑자, 인종의 神御를 景靈殿에 모시었다. 10월 정묘, 大廟에서 왕이 친히 협제를 거행하고 죄수들을 석방하였다.

⑭ 고종 2년(1215) 8월 기유, 강종의 神御를 경령전에 봉안하였다. 왕이 의봉문 밖에 나가서 神御를 맞아들이는데 신하들 중에는 눈물을 흘리면서 흐느껴 우는 자도 있었다.

⑮ 원종 15년 6월에 왕이 병으로 인하여 계해일에 유언을 남기고…堤上宮에서 죽었다. 8월 기사일에 강안전에서 즉위하였는데 그가 바로 충렬왕이다. 9월 을유일에 韶陵에 장사한 후 왕은 상복을 벗었다. 2년 6월 을축일에 원종을 경령전에 합사하고 7월 을미일에는 태묘에 합사하였다.

위의 사례로 알 수 있듯이 국왕이 사망하면 장례를 치룬 후에 진영은 경령전에 봉안하고 신주는 태묘에 안치하였는데 선대 국왕의 경령전 봉안은 다음과 같은 순서로 진행되었다. 국왕의 사망→빈전 설치→능 안치→혼전 설치→경령전 봉안→태묘 합사 순이었다. 국왕이 사망하면 장례를 치루고 먼저 진영을, 후에 신주를 혼전에 봉안하였으며, 대상이 지난 후에는 진영을 경령전에, 후에 신주를 태묘에 안치하였다. 이처럼 경령전의 진영 봉안은 태묘 합사보다도 먼저 이루어졌다. 그리고 경령전은 진전사원과 연계되어 있었다. 사망 후 진영을 혼전에 봉안하였다가 大祥이 지난 후 경령전에 진영을 봉안하게 되고 4대친이 지나면 영전은 진전사원에 안치되었다. 원묘인 경령전은 4대친의 眞影을 모신 影殿이었다. 이것은 불교식으로 조상제례를 행하던 진전사원과 같은 맥락이었다. 즉 진영을 둔 것이나 제례에 素饌을 쓴 것은 불교식 제례를 의미한다.[67] 이것은 고려 사회가 불교를

---

66) 이를 정리하면 다음과 같다. 충렬왕 34년 7월, 충렬왕 신효사에서 사망→같은 날, 빈전 설치→10월 갑오, 빈전에 진영 안치→10월 정유, 경릉에 매장→진영과 魂輿(신주)를 영진전(혼전)에 봉안→충선왕 2년 7월, 진영을 명인전에 안치→9월, 신주를 태묘에 합사→11월, 진영을 경령전에 봉안. 그런데 경령전 봉안 후 태묘에 신주를 봉안하던 대부분의 사례와 달리 충선왕은 충렬왕의 신주를 태묘에 합사한 이후 진영을 경령전에 봉안하고 있다.

67) 『太宗實錄』 권10 태종 5년 12월 신사, "議原廟奠物…金瞻啓曰 眞影之設 本於佛老 漢初始起 至宋仁宗其制大盛 立屋數千間 以宗廟爲輕 眞殿爲重 皆設素湌 因佛氏之道也 然立眞殿非古也"

숭배함으로서 나타난 결과였다.

　한편 경령전에는 領事, 使, 副使, 判官 등의 관원이 확인되는데, 이들 중 景靈殿判官이 각종 의례에 참가하고 있다. 즉,「법가 위장」,「상원 연등회 위장」,「중동 팔관회 위장」,「서경·남경 순행 위장」,「서경·남경 영접 위장」 등에 참여하였다.[68] 실제로「서경·남경 순행 위장」에 서공(徐恭)이 참여한 사례가 있다.

> ⑯ 서공은 서희의 현손이다. 의종[69] 때에 음직으로 景靈殿判官에 임명되었다. 왕을 수행하여 서경으로 간 일이 있었는데 왕이 송경과 서경의 문·무 관리들에게 활을 쏘게 하였다. 해가 지자 큰 촛불을 과녁 위에 꽂아 놓고 활 쏘기를 계속 했던 바 서경 사람들 중에는 과녁을 맞추는 자가 많았으나 왕을 수행한 관원들 중에는 맞춘 사람이 없어서 왕이 몹시 불쾌한 감을 느끼었다. 이때 서공이 한 번은 촛불을 맞히고 두 번은 과녁을 맞추니 왕이 대단히 기뻐하여 그에게 비단을 주었다.[70]

　이처럼 태묘나 사직의 관원이 참여하지 않고 경령전판관이 여러 중요 의례에 참여한 것은 경령전이 태조와 4친묘라는 특별한 의미를 가진 곳이었기 때문일 것이다.

IV. 맺음말

　태조는 2년 3월에 3대의 선조를 추존하였고, 3대왕인 정종은 원년 정월에 태조릉인 현릉에서 제례를 행했다. 광종은 태조를 위해 봉은사를 세워 진전사원으로 삼았다. 그리고 성종은 5묘제에 의한 태묘(종묘)를 건설하였다. 종묘는 왕조에서 가장 중요하게 여기는 의례공간이자 정치공간이었다. 선대왕의 신주를 모신 종묘는 선대 국왕을 이은 정통성이 현재의 국왕에게 있다는 의미를 정기적인 의례를 통해 확인한다. 종묘는 왕통의 계승이

---

68)　『高麗史』권72 지26 여복 의위
69)　원문에는 서공이 景靈殿判官에 임명된 것이 의종 때라 하였으나 이는 인종 때의 오류일 것이다. 서공은 인종 23년(1145)에 閤門通事舍人이었다. 그는 평장사를 지냈으며 명종 초년에 죽었다. 『고려사』권17 인종 23년 3월 庚戌, "遣閤門通事舍人徐恭 如金東京"; 『고려사』권94 열전 7 서희 附 恭, "累官至平章事 明宗元年 卒"
70)　『高麗史』권94 열전 7 서희 附 恭, "恭 熙玄孫 毅宗朝 蔭補景靈殿判官 扈駕西都 王命兩京文武官射 至暮 揷大燭侯上射之 西都人 多中之 從臣 無中者 王頗不平 恭 一箭中燭二箭中的 王大喜 賜帛"

라는 측면에서 매우 중요한 정치공간이다. 또한 왕실 차원의 조상 숭배를 통해서 백성에게 통치 규범을 제시하고 그들을 효로 교화한다는 의미를 보여주는 정치공간이다. 이처럼 종묘는 정치적 의미를 가진 중요한 공간이었고, 종묘 의례는 왕통의 정당성과 국가이념을 제시하는 의례 공간이었기 때문에 역대 왕조는 우선적으로 종묘를 만들고 이에 대한 제례를 국가의례로 거행하였다. 고려 또한 성종 때에 태묘를 설치하고 位次(왕위계승)를 중심으로 한 5묘제를 운영하였다.

고려는 태묘 외에 능, 진전사원 등에서 역대 왕에 대한 제례를 거행하였다. 이와 함께 고려는 경령전이라는 원묘를 두었다. 경령전은 태조, 그리고 현 국왕의 직계 4대친의 진영을 모신 影殿이었다. 반면에 경령전은 태조를 제1실로 하여, 현 국왕의 혈통에 의한 직계 4대친의 진영을 모셨다. 이렇듯 경령전은 태묘와 다른 원리로 운영되는 '이중의 묘'이자 '별묘', 즉 원묘였다.

경령전이 현종 때 어느 시기에 건립되었는지 구체적인 자료가 발견되지 않아 정확하게 알 수는 없다. 따라서 대략 그 시기를 추정해 보면, 현종 12년에 궁궐 중건과 함께 완성된 것이 아닌가 한다. 그런데 경령전의 위치에 대해서는 논란이 되어 왔다. 발굴 조사 보고에 의하면 경령전으로 추정되는 건물지가 궁궐 북쪽인 내전 구역에서 확인되었다. 경령전은 회랑과 담장이 둘러진 독립 공간이었다. 고려말에 윤소종은 경령전, 효사관 등이 구조와 규모가 검박하고 작게 히였다고 한다. 발굴 결과를 보아도 경령전은 그리 큰 규모가 아니다. 기단의 규모는 동서 길이 2,267cm, 남북 길이 1,015cm이다.

경령전은 현 국왕의 직계 조상을 모신 곳임으로 오히려 태묘보다 더 중하게 취급되었다. 고려왕은 즉위, 나라와 왕실의 대소사를 경령전에 고했다. 경령전 주고와 부묘의 절차는 태묘의 것을 따랐으며, 섭사의 경우 태묘와 마찬가지로 재상이 행하였다. 의례 절차를 보면 경령전은 태묘와 같은 위상을 가졌는데, 국가 제사에서 경령전은 태묘와 같이 대사에 올라 있다. 그리고 경령전은 진전사원과 연계되어 있었다. 결국 고려왕실의 조상 제례는 유교와 불교의 예 사상에 따라 거행되었으며, 이는 태묘-능, 경령전-진전사원을 체계로 하여 운영되었다.

고려는 태묘 이외에 별도로 원묘인 경령전을 두었는데, 경령전은 世次로 4대친을 봉안하여 위차 중심의 태묘 보다 중요한 의미를 가지게 되었다. 그리고 태묘와 경령전을 모두 대사로 변사한 것은 조선의 경우와 비교된다. 조선은 종묘만을 대사로 두고, 이를 왕실 조상 숭배의 중심으로 삼았으며, 원묘인 문소전은 속제로 변사했다. 결국 고려시대의 왕실 조상 제례의 중심은 태묘가 아니라 경령전이었다. 이에 비해 조선은 종묘(태묘)를 왕실 조상 제례의 중심으로 삼았으며 따라서 원묘는 종묘 보다는 위상이 높지 않게 되었다.

참고문헌

1. 사료

『高麗圖經』,『高麗墓誌銘集成』,『高麗史』,『高麗史節要』,『大覺國師文集』,『東國李相國集』,『牧隱詩藁』,『破閑集』,『太宗實錄』,『世宗實錄』,『高麗古都徵』,『東文選』,『宋史』

2. 논저

국립문화재연구소, 2012,『개성 고려궁성 남북공동 발굴조사 보고서』.

_____, 2008,『開城 高麗宮城 시굴조사보고서』, 국립문화재연구소.

김창현, 2002,『고려개경의 구조와 그 이념』, 신서원.

김철웅, 2009,「고려 경령전의 설치와 운영」,『정신문화연구』114.

_____, 2005,「고려시대 태묘와 원묘의 설치와 운영」,『국사관논총』106.

남창근, 2012,「고려 本闕 景靈殿 一郭의 성격과 建築遺構를 통한 복원」, 청주대 대학원 박사학위논문.

장동익, 2009,「고려시대의 景靈殿」,『歷史敎育論集』43.

鄭素英, 2000,「조선초기 原廟의 불교적 성격과 置廢論 연구」,『韓國文化의 傳統과 佛敎』, 홍윤식교수정년
    기념논총간행위원회.

趙善美, 1983,「高麗時代의 眞殿制度」,『韓國肖像畵硏究』, 열화당.

池斗煥, 1994,『朝鮮前期 儀禮硏究』, 서울대출판부.

한기문, 2008,「고려시대 개경 봉은사의 창건과 태조진전」,『한국사학보』33.

_____, 1996,「高麗時代 王室願堂과 그 機能」,『국사관논총』77.

한형주, 2007,「조선전기 文昭殿의 성립과 그 운영」,『역사민속학』24.

홍영의, 2012,「고려 궁궐내 景靈殿의 구조와 운용」,『한국학논총』37.

이천 안흥사지 출토 문자기와에 대한 검토

이동준 겨레문화유산연구원

Ⅰ. 머리말

경기도 동남부에 위치한 이천은 예로부터 비옥한 농경지가 풍부하고, 교통로상에 위치한 지정학적 위치로 인해 삼국~조선시대에 이르기까지 많은 유적이 분포하고 있어 주목받아 온 지역이다.

이천지역에서 본격적인 발굴조사는 1990년대 이후 효양산성을 시작으로 설봉산성, 설성산성 등 삼국시대 교통로와 관련된 관방유적에 대한 연차적인 학술 조사가 활발하게 진행되었으며, 이와 관련된 많은 연구가 축적되었다. 한편, 2000년대에 들어서는 각종 개발에 따른 발굴조사가 급증하면서 분묘유적, 생활유적, 생산유적 등을 포함한 다양한 시기와 성격의 유적 조사 성과가 축적되고 있다.

이러한 조사 성과 가운데 그동안 여러 차례의 지표조사 과정에서 '安興寺'명 기와가 수습되었던 갈산동 일대의 발굴조사에서 '辛卯四月九日造安興寺凡草'명 기와가 다량으로 출토되어 안흥사지의 실체를 확인하여 주목할 만하다. 뿐만 아니라 필자가 직접 조사에 참여하였던 인접한 창전동 유적의 와요에서는 동일한 문자기와가 출토되었을 뿐만 아니라 소성유구에서도 '安興寺奴毛□造'銘 기와가 출토되어 이곳 역시 안흥사지와 밀접한 관련이 있음을 알 수 있는 중요한 단서가 되었다.

이렇듯 유적에서 출토된 문자기와는 문헌기록이나 발굴조사에서 알 수 없는 제작연대, 제작처, 제작 동기 등의 역사적 사실을 밝힐 수 있는 금석문으로서 가치를 지닐 뿐만 아니라 명문 내용 가운데 연호명 또는 간지명을 통해 절대연대를 밝힐 수 있어 편년설정에 기준이 되는 중요한 자료이다.[01]

연호명을 통한 절대연대의 추정은 일단 명문에 대한 판독이 이루어지면 쉽게 명확한 연대 추정이 가능하나 간지명을 통한 추정은 명문의 정확한 판독은 물론, 유물과 유적에 대한 다각적인 분석이 뒤따라야 가능하기 때문에 절대연대로서의 가치를 부여받기 상대적으로 어려운 것이 사실이다.

'辛卯四月九日造安興寺凡草'명 기와의 연대에 대해서는 문자기와를 통해 편년설정을 시도한 김병희와 이인숙의 연구에서 간략하게 언급된 바 있다. 김병희는 고려 전기에 성행하던 문양구조로 이해한 반면, 이인숙은 내면의 윤철흔을 통해 기존의 1103년 이후로 추정하였다.[02] 갈산동 유적의 보고자는 '辛卯'를 931년(태조 14) 또는 991년(성종 10)으로 추정하고 이 시기에 사세가 크게 확장되고 대대적인 중창이 이루어진 것으로 파악하였다.[03] 이후 창전동 유적에 대한 보고서 작성과정에서 필자 역시 이러한 견해를 참고하여 와요의 조업시기를 10세기 중반~11세기 후반으로 추정한 바 있다.[04] 이러한 절대연대는 지표조사 보고서에 제시된 추정[05]과 발굴조사에서 확인된 통일신라시대 취락과의 중복

---

01) 金炳熙, 2001, 『安城 奉業寺址 出土 高麗前期 銘文기와 硏究』, 檀國大學校 大學院 碩士學位論文, 53쪽.
02) 金炳熙, 2001, 위의 논문, 60~61쪽 ; 李仁淑, 2004, 『統一新羅~朝鮮前期 평기와 製作技法의 變遷』, 慶北大學校 大學院 碩士學位論文, 83~85쪽.
03) 中央文化財硏究院, 2007, 『利川 葛山洞遺蹟』.
04) 겨레문화유산연구원, 2012, 『이천 창전동 유적 -이천 온천공원 조성공사 문화재 시·발굴조사보고서-』.
05) 이는 양식상 통일신라 말~고려 초에 건립된 것으로 추정한 오층석탑(1916년 경복궁 이전)이 우선적으로 고려된 것으로 보이며, 문자기와 역시 고려 초기의 양식을 띠고 있는 점 등을 근거로 931년 또는 991년으로 추정하였다(서울大學校博物館, 1998, 『利川市의 文化遺蹟 -利川市 埋藏文化財 地表調査報告書-』, 36~39쪽.). 이와는 달리 석탑의 규모가 비교적 크고, 옥개석의 간략화 경향이 보이나 기단부와 탑신부 등의 치석과 결구수법이 상당히 높은 것으로 보아 고려 전기에 건립된 것으로 파악한 견해가 제기된 바 있으며(단국대학교 매장문화재연구소, 2002, 『이천 후안리 석탑지 시굴조사 보고서』, 20~25쪽.), 최근 들어 건립연대를 11세기 초반으로 비정한 연구가 발표되었다(洪大韓, 2011, 『高麗 石塔 硏究』, 檀國大學校 大學院 博士學位論文, 272~278쪽.).

관계 등이 주로 고려된 것으로 보이며, 문자기와 및 와요 자체에 대한 분석은 다소 미흡했던 것이 사실이다. 이러한 이유로 '辛卯'의 연대에 관한 재검토의 필요성을 절감하게 되었다.

이에 본고에서는 갈산동 유적에서 출토된 '辛卯四月九日造安興寺凡草'명 기와에 대한 보다 심도 있는 분석과 기존의 연구 성과를 참고하여 갈산동 13~15호 건물지의 축조 시기와 창전동 와요의 조업 연대를 재설정하기로 하겠다. 이를 통해 931년 또는 991년으로 추정된 '辛卯'의 연대가 그보다 늦은 시기인 1051년임을 논증하겠다.

II. 대상유적 검토

본고에서 주로 다루고자 하는 유적의 공간적 범위는 반경 200m 이내에 인접하여 동쪽의 갈산동 유적과 서쪽의 창전동 유적이며, 시기적으로는 고려시대에 해당한다.

대상유적의 분포는 다음의 〈지도 1〉과 같다. 이들 유적은 현재 이천시 북쪽 중앙에 위치한 시가지의 북동쪽에 자리한다.

그동안 갈산동 및 창전동 일대는 각종 지표조사를 통하여 안흥사지의 사역에 대한 추정이 이루어졌다.

먼저 1990년대

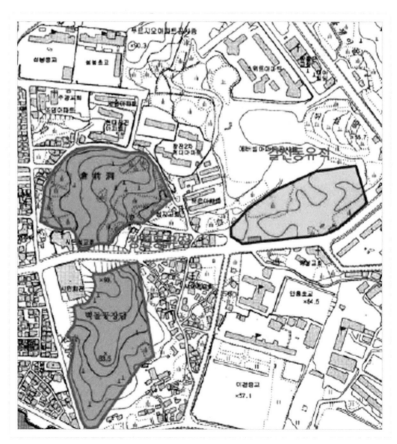

지도 1. 대상유적 현황

후반 지표조사에서 '安興寺'명 기와를 수습하여 이 지역이 안흥사지임이 최초로 확인되었다.[06] 이후 2000년대에 다시 실시된 지표조사에서는 발굴조사로 확인된 갈산동 유적뿐만 아니라 남쪽에 자리한 이천중학교와 창전동 유적의 동사면 일부까지 포함하여 사역의 범위를 추정하였다.[07] 또한 도로 공사로 인해 절토된 창전동 유적 동사면의 단애면에서 토기와 기와 등이 다량으로 수습되어 안흥사의 범위가 서쪽으로 확장될 가능성이 제기되었다.[08]

갈산동 및 창전동의 동쪽과 북쪽으로는 주천인 福河川과 시의 서북쪽을 흐르는 지류인 新屯川이 합류하여 남동쪽으로 흐르고 있으며, 하천 주변으로는 넓은 충적평야와 낮은 구릉지가 분포하고 있어 유적이 자리하기 적합한 지형이다.[09]

1. 갈산동 유적

갈산동 유적을 비롯한 갈산동 일대는 그동안 안흥사지로 추정되어 왔으나 발굴조사가 이루어지지 않아 실체를 명확히 파악할 수 없었다. 그러나 발굴조사 결과 통일신라~고려시대의 건물지 16동, 석렬유구 9기, 적석유구 3기, 폐기장 4기, 담장지 2기, 추정 탑지, 기와무지 1기, 주거지 28기, 수혈유구 36기, 저장혈 16기, 가마 1기, 우물지 1기, 토광묘 21기 등이 확인되어 안흥사지의 사역 일부에 해당하는 것으로 보인다.

13~16호 건물지에서는 '辛卯四月九日造安興寺凡草'·'臨池院'명 기와 등의 문자기와가 출토되어 안흥사지로 밝혀졌다. 나만 조사된 건물지는 사원의 중심 건물인 금당지가 아닌 승방지 또는 기타 부속 건물로 추정하였다.[10]

이 가운데 '辛卯四月九日造安興寺凡草'명 기와[11]는 갈산동 13~15호 건물지에서 다량

---

06) 서울大學校博物館, 1998, 앞의 책, 36~39쪽.

07) 漢陽大學校 博物館, 2007, 『文化遺蹟 分布地圖 -利川市-』, 31쪽.

08) 아시아문화재단, 2008, 『이천시 온천공원 조성사업 부지 문화재 지표조사 결과보고서』; 佛教文化財研究院, 2010, 『韓國의 寺址 -사지(폐사지)현황조사보고서(下)-』, 590~593쪽.

09) 漢陽大學校 博物館, 2007, 앞의 책, 31쪽.

10) 中央文化財研究院, 2007, 앞의 책.

11) 최근 들어 명문 가운데 '凡'자가 '瓦'의 오독임을 주장한 논문이 발표되었다(심광주, 2013, 「新羅 城郭 出土 文字기와 -南漢山城 出土 문자기와를 中心으로-」, 『성곽과 기와』(한국기와학회·한국성곽학회 2013년도 국제학술회의), 한국기와학회·한국성곽학회, 124~128쪽.). 이 기와의 '凡'자 역시 『金石文字辨異』에 수록된 '瓦'의 이체자와 유사한 것으로 보이기도 하나 혼동을 피하기 위해 보고서의 해독을 그대로 따랐음을 밝혀둔다. 추후 다방면으로 지속적인 논의가 진행되어야 할 것으로 보이며, 결론이 도출된다면 향후 수정하도록 하겠다.

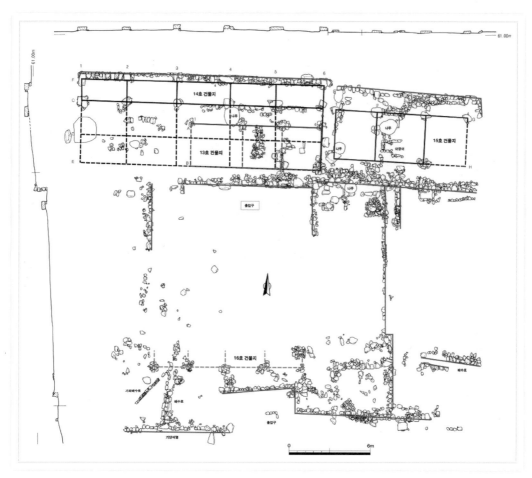

도면 1. 갈산동 13∼16호 건물지

으로 출토되어 안흥사지의 실체를 확인하는데 결정적인 단서를 제공하였다.

　모두 회청(갈)색의 경질 암키와이며, 출토지에 따라 13·14호 건물지 17점, 15호 건물지 3점 등으로 구분된다. 명문은 간지명+일시+寺名+'凡草'의 순서로 기록하였다. 이 가운데 완형 또는 완형에 가까워 제원(길이·폭·두께)의 계측이 모두 가능한 것은 11점(13·14호 9점, 15호 2점)이며, 길이 37.4~39.1cm, 폭 25.5~29.2cm, 두께 1.9~2.9cm 가량으로 확인되었다. 외면 문양은 어골+사격자문의 복합어골문이며, 길이 21.0cm, 폭 3.0cm 가량의 세장한 육각형 액 내부에 12자의 명문을 左書로 양각하였다. 내면에는 모두 윤철흔이 남아 있다. 하단을 제외한 상단과 중앙에서만 남아있는데, 상단에만 있는 것과 상단과 중앙에 2곳에 있는 것 등 2종으로 구분된다. 남아있는 편의 크기가 작거나 단부가 결실되어 명

사진 1. '辛卯四月九日造安興寺凡草'명 기와

확히 파악할 수 없는 2점을 제외하고 상단의 윤철흔은 단부에서 5~6cm 가량 이격된 것이 11점으로 가장 많았고, 8~9cm 2점, 3cm 내외가 2점 등으로 조사되었다. 한편 중앙의 윤철흔은 12~18cm 범위에서 고르게 분포하고 있는 것으로 확인되었는데, 기와의 정중앙이 아닌 1.5~6.0cm 가량 상단에 가깝게 위치한다.[12]

2. 창전동 유적

창전동 유적은 60~87m 내외의 남북으로 길게 뻗은 완만한 구릉에 위치한다. 구릉 정상부를 관통한 도로로 인해 남북으로 나누어져 도로의 남쪽을 1지점, 북쪽을 2지점으로 구분하여 조사를 진행하였다. 조사 결과 신라시대 석곽묘 6기, 통일신라시대 건물지, 여말선초 주거지 4기, 조선시대 토광묘 17기·소성유구 1기·집석유구 등과 함께 고려시대 와요 및 소성유구가 확인되었다.

본고의 검토대상은 고려시대 와요 및 소성유구이다. 와요는 2지점 남사면 중복부에서, 소성유구는 동사면 말단부에 해당하는 1-4지점에서 조사되었다. 와요 상부의 배수로에서는 갈산동 13~15호 건물지에서 출토된 기와와 동일한 '…凡草'명 기와가, 소성유구에서는 '安興寺奴毛□造'명 기와가 다량으로 출토되었다.

이와 같은 문자기와의 출토 양상으로 보아 창전동 유적은 안홍사와 밀접한 관련이 있음을 추정할 수 있다.[13]

---

12) 본문 내용 가운데 기와의 계측치는 보고서에 게재된 도면을 통해 파악한 것이기 때문에 약간의 오차가 있을 수도 있다.
13) 겨레문화유산연구원, 2012, 앞의 책.

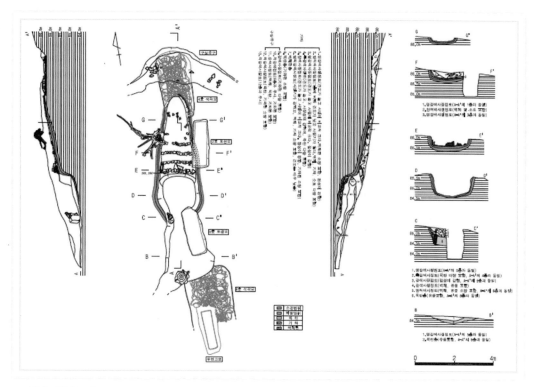

도면 2. 창전동 와요

1) 와요

(1) 구조

와요는 2지점의 남사면 중복부에서 조사되었다. 반지하식의 무단식 등요이며, 전체적인 평면 형태는 제형에 가깝다.

아궁이는 장방형 할석을 봇돌로 세우고 점토와 폐와로 메웠다. 아궁이~연소실의 단면형태는 내외평탄이며, 연소실의 평면형태는 타원형이다. 단벽 높이는 58cm이며, 경사도는 77°이다. 소성실의 평면형태는 제형이며, 바닥 경사도는 13°이다. 평면형태와 상부의 배수로를 고려하면 소성실의 길이는 400cm 내외로 추정된다. 소성실 바닥에는 암키와를 이용한 7열의 와열이 확인되었으며, 10매의 암키와가 재임된 채로 확인되었다. 재임된 기와는 회흑(백)색 연질의 집선문 기와가 대부분이며, 산화되어 소성상태가 좋지 않아 요출되지 않은 것으로 추정된다. 배수로에서 출토된 기와 역시 와요 내부 출토 기와와 대체로 동일한 양상이다.

(2) 출토 기와

창전동 와요에서는 모두 9점의 수키와가 출토되었다. 회구부, 아궁이 및 연소실, 소성실에서 각 1점씩 3점과 구상유구에서 6점 등으로 세분된다. 이 가운데 5점은 기와의 상단이 유실되어 미구의 유무를 판단할 수 없으나 상단이 남아있는 4점의 기와는 아래의 〈도면 3〉과 같이 모두 미구기와이며, 미구 길이는 5.0~6.5cm로 비교적 길다.

이에 비해 암키와는 모두 82점이 출토되어 수키와에 비해 압도적으로 많다.[14] 윤철흔은 34점에서 확인되었으며, 윤철흔이 없는 기와도 원래 윤철흔이 없던 것이 아니라 편의 크기가 작거나 남아있는 부위에 따른 결과로 보여 조업 당시의 제작기법에서는 윤철흔이 일반적인 공정이었던 것으로 판단된다. 윤철흔은 상·하의 단부가 결실되어 명확하지 않은 9점을 것을 제외하면 10~11cm 가량 떨어져 위치하는 것이 17점으로 가장 많고 이밖에도 14cm 내외 2점, 6~8cm인 것이 4점으로 확인되었다.

2) 소성유구

소성유구는 1-4지점의 완만한 곡부에서 조사되었다. 잔존상태가 양호하지 못해 명확한 평면형태 및 성격을 파악할 수 없었다. 등고선과 직교하게 조성되었으며, 잔존 평면형태는 제형과 유사하다. 바닥의 경사도는 15° 가량이다. 바닥에는 소결흔이 뚜렷하고 다량의 기와가 깔려 있어 소성실 후미의 바닥만 남아있는 와요일 가능성도 배제할 수 없다.[15]

소성유구 출토 기와의 문양 구성은 어골문 및 어골문+'安興寺奴毛□造'명이 22점으로 대다수를 차지하며, 무문 2점과 교차집선문·사격자문·종선문이 각 1점씩 공반되었다.

이 가운데 '安興寺奴毛□造'명 기와는 12점이 출토되었다. 모두 회흑(백)색 연질의 어골문 암키와이며, 길이 15.2cm, 폭 2.0cm 가량의 세장한 육각형의 액 내부에 7자의 명문이 좌서로 양각되었다. 명문의 판독과 해석에 어려움이 있어 명확한 의미를 파악할 수 없으나 안흥사와 관련된 것임은 분명하다.[16]

---

14) 출토된 암키와는 출토 위치에 따라 회구부 10점, 아궁이·연소실 3점, 소성실 56점(적재 기와 10점, 와열 기와 46점), 배수로 13점 등으로 구분된다. 암키와의 출토량이 압도적인 이유는 소성실의 와열로 시설된 기와가 대부분 암키와인 것에 기인한다.

15) 만약 소성유구가 와요라고 한다면 출토된 기와가 소성의 결과물인지, 소성을 위한 敷瓦인지는 명확하지 않다.

16) 명문 가운데 '奴毛'는 인명 또는 지명과 관련된 이두식 표기로 추정된다. 또한 판독이 되지 않는 6번째 명문을 '十'으로 추정하여 번와를 주도한 인원수 또는 물량으로 파악하는 견해도 있었다.

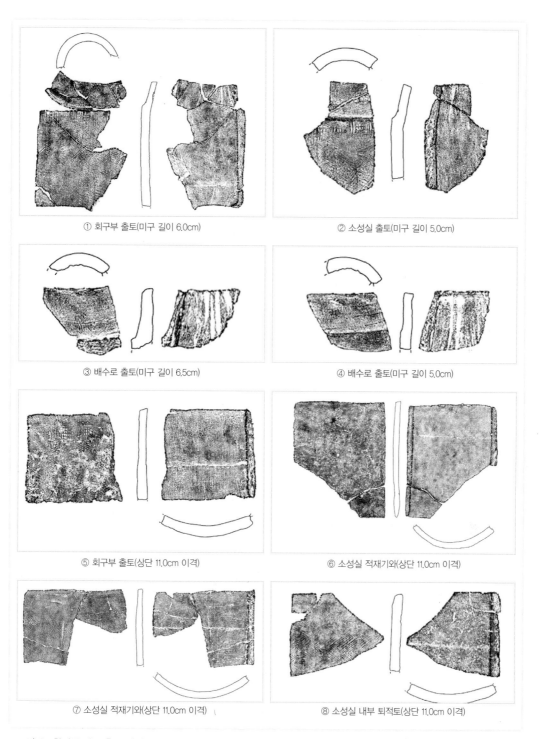

① 회구부 출토(미구 길이 6.0cm)

② 소성실 출토(미구 길이 5.0cm)

③ 배수로 출토(미구 길이 6.5cm)

④ 배수로 출토(미구 길이 5.0cm)

⑤ 회구부 출토(상단 11.0cm 이격)

⑥ 소성실 적재기와(상단 11.0cm 이격)

⑦ 소성실 적재기와(상단 11.0cm 이격)

⑧ 소성실 내부 퇴적토(상단 11.0cm 이격)

도면 3. 창전동 와요 출토 기와(축철부동)

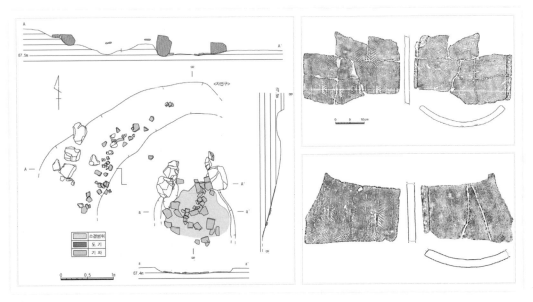

도면 4. 창전동 소성유구 및 출토유물(축척부동)

12점 중 4점에서는 윤철흔이 확인된다. 모두 상단에서 10~11cm 가량 떨어져 위치하여 와요에서 출토된 기와의 윤철흔 범위와 대체로 유사하다.

소성유구에서 출토된 기와는 아래의 〈사진 2〉와 같이 어골문이 주를 이루는 문양 및 명문 형태, 내면 윤철흔 범위 등이 앞서 살펴 본 창전동 와요 및 갈산동 13~15호 건물지와 출토 기와와 유사하여 시기 차이가 거의 없는 것으로 판단된다.

① 갈산동 13·14호 건물지　　② 창전동 와요 배수로　　③ 창전동 소성유구

사진 2. 명문 형태 비교

III. 와요 및 문자기와의 연대 추정

이 장에서는 앞서 분석한 내용을 토대로 창전동 와요의 조업시기와 '辛卯四月九日造安興寺凡草'명 기와의 간지명을 통해 절대연대를 추정해 보기로 하겠다.

1. 와요의 조업시기

창전동 와요는 와요의 구조 및 출토 기와 분석, 기존의 연구 성과 등을 통해 조업시기를 추정할 수 있다.

우선 와요의 구조적 특징을 통한 분기 설정과 편년이 이루어진 연구 성과를 통해 창전동 와요는 '다'형식에 해당한다. '다'형식은 내외평탄한 아궁이~연소실의 단면형태, 단벽 경사도가 60° 이상의 급경사, 소성실 평면형태가 400cm 이하의 제형인 특징을 보이고 있어 창전동 와요의 속성과 일치한다. 한편 기와는 어골문을 중심으로 하는 복합문이 주를 이루고, 일휘문과 범자문이 등장하여 고려적 속성이 정착하는 단계로, 조업 시기는 II기에 해당하는 12세기로 설정하였다.[17] 창전동 와요에서도 어골+정격자문 등의 복합어골문이 출토되었다. 비록 막새는 출토되지 않았으나 갈산동 유적에서도 일휘문 막새가 출토되지 않은 점에 주목할 필요가 있다.

일휘문에 대한 연구 성과에 의하면, 12세기 초에 일휘문이 연화문을 대신하여 막새의 주 문양으로 변화한다. 즉, 1028년(현종 19)에 중건된 정림사지에서는 일휘문 막새가 확인되지 않는데 비해 1102년(숙종 7)에 중건된 금강사지와 1105년(예종 원년)에 중건된 황룡사지에서는 일휘문 막새가 출토되어 11세기 말~12세기 초에 등장하는 것으로 보고 있다.[18]

이러한 연구 성과를 참조한다면 갈산동 및 창전동 유적에서 일휘문 막새가 전혀 출토되지 않은 것으로 보아 와요의 조업시기 하한은 11세기 말~12세기 초 이전으로 설정할 수 있다. 이는 고지자기 분석 결과 A.D. 1210±30년의 절대연대가 확인되어 어느 정도 일치한다.

한편, 창전동 와요의 조업시기와 관련하여 유적의 남쪽에 인접하여 위치한 진암리 유

---

17) 김경미, 2011, 『전남지방 고려시대 기와가마 연구』, 목포대학교 대학원 석사학위논문.
18) 朴銀卿, 1988, 「高麗 瓦當文樣의 編年研究」, 『考古歷史學志』第四輯, 東亞大學校博物館, 159~162쪽.
이와 함께 1120~1122년에 걸쳐 창건된 파주 혜음원지에서도 일휘문 막새가 다량으로 출토되어 초현 시기에 대한 방증이 된다.

적에서 조사된 2기의 와요를 참고할 수 있다.

와요는 4m 가량 간격으로 병렬 축조되었다. 1호요는 반지하식의 무단식 등요인 반면, 2호요는 지하식의 무단식 등요로 구조적 차이가 있다.

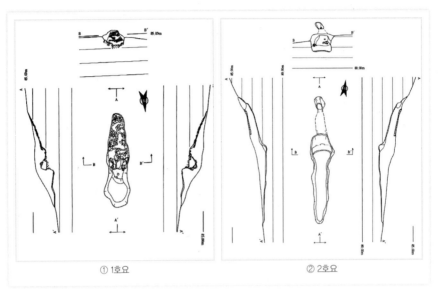

① 1호요　　②2호요

도면 5. 진암리 와요

1호요는 전체적인 규모 및 형태뿐만 아니라 할석을 이용한 아궁이의 조성방법, 아궁이~연소실의 단면 형태, 소성실의 평면형태 등의 세부적인 특징이 창전동 와요와 유사하다. 그러나 단벽 높이는 30~40cm, 소성실 경사도는 20°로, 창전동 와요에 비해 단벽 높이가 낮고 경사도가 급한 차이를 보인다.

2호요는 무시설식의 아궁이와 1호요에 비해 세장한 소성실의 평면형태 등에서 차이를 보이나 단벽 높이 40cm, 소성실 경사도 20° 내외 등의 속성과 전체적인 규모는 1호요와 유사하다.[19]

1・2호요에서는 무문 수키와에 접합된 일휘문 막새와 복합어골문 기와 등이 출토되었으

---

19) 中原文化財硏究院, 2010,『利川 長湖院一般産業團地內 利川 珍岩里 遺蹟』.
　　창전동 유적 보고서에는 진암리 1호요의 소성실 경사도를 5°로 잘못 기술하여 창전동 와요에 비해 경사도가 낮은 것으로 잘못 파악하여 본고에서 바로잡는다(겨레문화유산연구원, 2012, 앞의 책, 398쪽.).

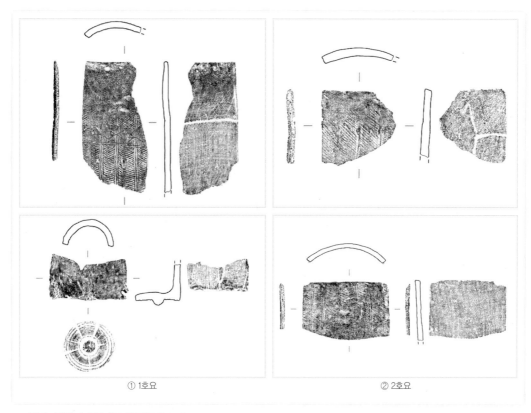

도면 6. 진암리 와요 출토유물(축척부동)

며, 일휘문 막새의 출현시점을 근거로 조업 시기를 11세기 말~12세기 초로 추정하였다.[20]

이와 같이 진암리 와요에서 일휘문 막새가 출토되었다는 점은 와요의 조업 시기를 추정할 수 있는 중요한 자료인 동시에 금강사지, 황룡사지, 혜음원지 등 왕실이 중건 또는 창건을 주도한 불사에만 일휘문이 사용되었다는 가능성도 함께 배제할 수 있는 자료로 해석할 수 있다.

위와 같은 분석과 연구 성과를 통해 창전동 와요는 안흥사의 조성을 위해 사역 외곽 또는 인접하여 축조된 전용요로 판단되며, 조업시기는 11세기 중반~12세기 초로 추정할 수 있다.

---

20) 와요의 북동쪽으로 50m 남짓 떨어져 2동의 건물지가 조사되었다. 와요에서 출토된 것과 동일한 기와가 확인되지 않고, 토기의 편년을 고려하여 중심 연대를 와요에 비해 늦은 12세기 후반~13세기 초반으로 판단하였다. 그러나 건물지에서도 복합어골문 기와가 주로 출토된 것으로 보아 시기 차이가 크지 않은 것으로 보이며, 와요는 건물지의 조성과 관련된 것으로 추정된다.

2. 문자기와의 제작시기

이 절에서는 경기지역을 중심으로 고려시대 주요 사지에서 출토된 문자기와를 비교·검토하고, 이를 통해 안흥사지 문자기와의 제작시기를 추정해 보기로 하겠다.

1) 문자기와 비교

(1) '…□年乙酉八月日竹…/…里凡草[伯士]能達毛'명 기와

도면 7. '…□年乙酉八月日竹…/…里凡草[伯士]能達毛'명 기와

안성 봉업사지에서는 그간의 발굴조사를 통하여 연호명과 간지명을 비롯한 다양한 문자기와가 출토되었다.[21]

이 기와는 암키와 1점, 수키와 3점 등 4점이 출토되었다. 명문 이외의 문양은 시문되지 않았으며, 시문구의 크기는 폭 7cm, 길이 22cm 가량으로 추정된다. 이중의 액을 마련하고 내·외곽 사이에는 사선문을 부가한 후 내부에 2열로 '…□年乙酉八月日竹…/…里凡草[伯士]能達毛'를 우시로 양각하였다. 명문은 (연호명)+간지명+일시+(시명)…/…(시녕)+'凡草'+[직책]+인명+'毛' 순으로 기록하였으며, 결실된 부분을 고려하면 16자 이상으로 추정된다. 내면에 윤철흔은 확인되지 않는다. 이 기와는 간지명 앞의 결실과 마모로 판독되지 않는 글자를 '능달'이라는 인물을 통해 '同光三年'으로 추정하여 925년(태조 34)에 제작된 것으로 밝혀냈다.[22]

(2) '觀音…/庚申崇造'명 기와

안성 장능리사지 1호 건물지의 서쪽 배수로에서 1점이 출토되었다. 명문 이외의 문양은

---

21) 봉업사지에서는 3차에 걸친 발굴조사를 통해 연호명 7종, 간지명 7종 등을 비롯한 500여 점 이상의 문자기와가 출토되었다. 그러나 연호와 간지가 함께 기록된 것 가운데 '…□年乙酉八月日竹…/…里凡草[伯士]能達毛'명 기와는 간지명 기와로 분류되었으나(京畿道博物館, 2002, 『奉業寺』, 163쪽.) '…四年(庚)(戌)四月…'명 기와는 연호명 기와로 분류되어 혼란의 여지가 있다(京畿道博物館, 2005, 『高麗王室寺刹 奉業寺』, 79쪽.).

22) 기와의 연대에 대한 자세한 논증은 다음의 글을 참조하기 바란다(金炳熙, 2001, 앞의 논문, 11~12·80~81쪽.). 나머지 6종의 간지명 기와 역시 광종대의 기와로 절대연대를 추정하였다(京畿道博物館, 2005, 앞의 책, 192쪽.).

시문되지 않은 무문의 암키와이며, '觀
音…/庚申崇造'이 우서로 양각되었다.
결실되어 명문 판독에 어려움이 있으
나 觀音…/간지명+崇造 순으로 기록되
었다.

시문구는 장방형으로 추정되며, 액의
외곽에는 사선문이 부가되었다. 내면에
윤철흔은 확인되지 않는다. 인근 봉업사
지에서 출토된 것과 동일한 '(發)(令)戊
午年凡草作[佰士]必(攸)毛'명(958년)・'太
平興國七年'명(982년) 기와가 공반된 것을
통해 '庚申'을 960년(광종 11)으로 추정하였
다.[23)]

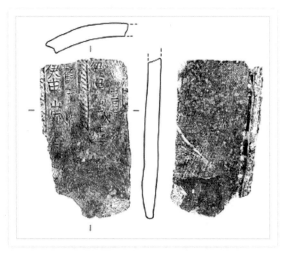

도면 8. '觀音…/庚申崇造'명 기와

(3) '庚申二月三十日惠陰寺造匠學明'명 기와[24)]

파주 혜음원지의 10-1 건물지
상부 와적층에서 출토되었으며, 이
밖에 8단 남쪽 수로와 외곽 담장지
등에서도 확인되었다.

무문 암키와에 별도의 문양을
시문하지 않고 '庚申二月三十日
惠陰寺造匠學明'의 14자를 좌서
로 양각하였다. 폭 8cm 가량의 시
문구 전체에 액을 구획하고, 내부
에 간지명+일시+寺名+직책+人名

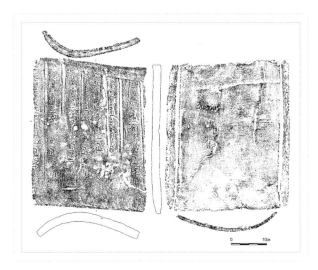

도면 9. '庚申二月三十日惠陰寺造匠學明'명 기와

---

23) 中央文化財硏究院, 2008, 『安城 長陵里 골프장豫定敷地內 安城 長陵里寺址』.
24) 보고자는 자세한 분석과 예시를 통해 명문 가운데 '匠'은 '近'으로도 판독할 수 있는 가능성도 함께
   제시하였으나(단국대학교 매장문화재연구소, 2006, 『파주 혜음원지 발굴조사 보고서 -1차~4차-』, 360~362쪽 ;
   한백문화재연구원, 2010, 『파주 혜음원지 -5차 발굴조사 보고서-』, 151~153쪽.) 최근에 발간된 보고서에는 '匠'으로
   판독하여 이를 따랐음을 밝혀둔다(한백문화재연구원, 2014, 『파주 혜음원지 -6・7차 발굴조사 보고서-』).

순으로 명문을 기록하였다. 내면 상단 6cm 내외에는 윤철흔이 남아있다.

발굴조사에서 다량의 일휘문 막새와 함께 미구기와와 윤철흔 암키와가 공반되어 문헌기록과 일치함을 알 수 있다. 이는 혜음원에 대한 기록이 비교적 자세한「惠陰寺新創記」의 내용에서도 확인된다. 기문은 1144년 김부식이 작성하였으며, 내용상 별원을 포함한 혜음원의 모든 건물이 완공된 이후로 판단되기 때문에 혜음원의 조성시기를 감안한다면 '庚申'은 1140년(인종 18)으로 판단된다.[25]

(4) '戊申年…寺…草'명 기와

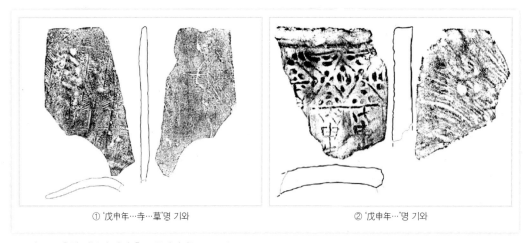

① '戊申年…寺…草'명 기와 ② '戊申年…'명 기와

도면 10. 용인 마북리 사지 출토 문자기와(축척부동)

용인 마북리 사지의 구지표에서 1점이 출토되었다. 어골문을 시문한 후 2차로 장방형의 액 내부에 '戊申年…寺…草'를 좌서로 양각하였다. 결실되어 명확한 내용은 알 수 없으나 간지…+사명…+草 순으로 기록되었다. 내면에 윤철흔은 확인되지 않는다. 이밖에 초화문과 '戊申年…'이 우서로 양각된 암키와 1점이 공반되었다. 잔편이라 명확하지 않으나 액의 형태는 장방형으로 추정되며, 윤철흔은 남아있지 않다.

공반된 수키와는 대부분 미구기와이다. 점렬문 토기로 유적의 상한을 짐작할 수 있으

---

25) 기록에 의하면 1119년 8월 이소천이 예종에게 혜음원의 창건을 건의하자, 1120년(예종 15) 2월 공사에 착수하여 1122년(예종 17) 2월에 완성되었다. 그러나 기문은 22년이 지난 1144년에 작성되었다 (단국대학교 매장문화재연구소, 2006, 위의 책, 65~71 · 360~362쪽.).

며, 자기는 10~12세기에 걸쳐 있으나 11세기가 대부분이다. 이와 함께 북송·원대의 중국자기가 출토되었다. 공반된 기와 및 자기의 연대를 참고하여 〈도면 10〉의 ①은 1068년 또는 1128년으로, ②는 1188년으로 각기 다르게 편년하였다.[26] 그러나 유적의 시기 폭이 비교적 넓고, 층위와 출토지의 구분이 없을 뿐만 아니라 공반유물로 추정한 간지명 기와의 편년 근거 또한 명확하지 않다.[27] 유적의 중심연대를 감안하면 1068년 또는 1128년으로 추정된다.

2) 제작시기

'辛卯四月九日造安興寺凡草'명 기와의 연대를 비정하기 위해서는 연호명 평기와의 분석을 통해 분기를 설정한 연구 성과를 참조할 수 있다.

고려시대 평기와는 수키와의 경우 제형의 토수기와에서 장방형의 미구기와로 평면형태가 변화하며, 암키와의 내면에 윤철흔이 새롭게 출현한다. 이를 통해 변천과정을 3단계로 구분하였다.

즉, I단계(965~1027년)는 토수기와 및 윤철흔이 없는 암키와, II단계(1028~1112년)는 토수기와와 윤철흔이 존재하는 암키와, III단계(1113년 이후)는 미구기와와 윤철흔이 존재하는 암키와로 변화한다고 보았다.[28] 이와 같은 연구 성과에 비춰보면 갈산동 13~15호 건물지와 창전동 와요에서 출토된 문자기와를 비롯한 평기와는 미구기와와 윤철흔의 존재를 통해 III단계인 12세기 이후에 해당된다.

위와 같은 분기 설정은 연호명 기와에 한정되어 이루어졌기 때문에 절대연대에 의한 명확한 시기 구분이 가능할 수 있다. 그러나 이러한 분기 설정은 새로운 자료의 출현에 따라 가변적일 수밖에 없으며, 다음과 같은 몇 가지 문제를 내포하고 있다.

우선 아직까지 연호명 문자기와의 축적이 미진하기 때문일 수 있으나 I단계 8점, II단계 2점, III단계 7점 등 분석대상 기와가 17점에 불과하다는 점이다. 또한 분기 설정의 기준이 되는 속성 역시 수키와의 평면형태와 암키와의 윤철흔 유무 등 2가지에 의해서만 분류되었기 때문에 III단계에는 정형화되어 이후 조선시대까지 이어진 것으로 파악하여

---

26) 한신大學校博物館, 2003, 『龍仁 麻北里 寺址』.
27) 문자기와는 모두 윤철흔이 확인되지 않으나 유적 내에서 토수/미구기와, 윤철흔 유/무가 모두 확인된다. 1점 출토된 연화문 막새는 접합각도가 둔각인 것으로 보아 12세기 이후로 추정된다.
28) 이인숙, 2007, 「고려시대 평기와 제작기법의 변천」, 『고고학』 제6권 제1호, 서울경기고고학회.

Ⅰ·Ⅱ단계에 비해 시기 폭이 지나치게 넓게 설정되었다. 한편 수키와의 평면형태로 분기가 설정된 Ⅱ·Ⅲ단계 역시 Ⅱ단계의 하한인 '乾統三年'명(1103년) 기와와 Ⅲ단계의 상한인 '天慶三年'명(1113년) 기와 사이의 1세기 이상의 큰 시기 차이가 존재하나 연호명 기와가 확인되지 않아 새로운 자료의 출현에 의해 상한과 하한이 조정될 가능성도 있다.[29]

마지막으로 잔존 부위가 작아 내면 윤철흔의 유무를 파악하기 불가능한 것도 있다.[30] 이와 관련하여 통일신라시대 기와에서도 윤철흔이 확인되며, 삼국시대까지 소급될 가능성이 제기된 바 있어 윤철흔의 상한은 소급될 여지가 충분한 것으로 판단된다.[31]

이러한 문제는 앞서 살펴본 바와 같이 문헌기록, 공반유물 등의 분석을 통해 간지명 기와의 절대연대 추정이 가능한 경우와 함께 건물지 이외에 와요의 조사 성과를 적극적으로 활용하여 조업시기를 추정할 수 있다면 좀 더 보완할 수 있을 것이다. 이를 위해 간지명 기와의 분석 내용을 살펴보기로 하겠다.

표 1. 간지명 기와의 비교

연번	유적명	명문내용	방법	字數	명문구조	문양	암키와 수키와	제작시기
①	봉업사지	…□年乙酉八月日竹…/…里凡草[伯士]能達毛	右書	(16)	(연호명)+간지명+일시+(지명)…/…(지명)+'凡草'+[직책]+인명+'毛'	무문	윤철흔無·(공반)	925년
②	장릉리사지	觀音…/庚申崇造	右書	(6)	觀音…+간지명+崇造	무문	윤철흔無·(공반)	960년
③	안흥사지	辛卯四月九日造安興寺凡草	左書	12	간지명+일시+寺名+'凡草'	어골+사격자	윤철흔有·(미구)	1051년
④	마북리사지	戊申年…寺…草	左書	(6)	간지명+…+寺名+…草	어골	윤철흔無·(공반)	1068년 1128년
⑤	혜음원지	庚申二月三十日惠陰寺造匠學明	左書	14	간지명+일시+寺名+직책+人名	무문	윤철흔有·(미구)	1140년

위의 〈표 1〉은 앞서 살펴본 기와에 대해 간략하게 정리한 것이다. 위의 〈표 1〉을 통해 명문 내용을 비교해 보면 자수는 ①이 16자 이상으로 가장 많고,[32] ⑤가 14자, ③이 12자

---

29) 미구기와로 정형화되는 시점은 완도 법화사지에서 출토된 '乾統三年'(1103)명 암키와와 공반된 토수기와를 통해서 1104년까지 소급할 가능성도 있음을 언급하였다(이인숙, 2007, 위의 논문, 45쪽.).

30) Ⅰ단계에 해당하는 고창 용대리 청자요지 주변 건물지 출토 '大平壬戌'명 기와(1022년)와 원주 금대리 사지 출토 '太平丁巳四月日四天'명 기와(1027년) 등과 같이 잔존 부위가 작아 윤철흔의 유무를 알기 어렵다(이인숙, 2007, 위의 논문, 38~40쪽.).

31) 이재명, 2010, 「서부경남지역 출토 고려시대 평기와 제작기법 검토 -사천 본촌리 폐사지 출토 고려시대 평기와를 중심으로-」, 『慶南研究』3, 경남발전연구원 역사문화센터, 14~15쪽.

32) 대상 유물 가운데 유일하게 2열로 명문을 새겼다. 또한 명문에 대한 추정을 통해 밝혀낸 연호명 '同光'과 결실된 부분을 고려하면 20자 이상으로 추정된다.

의 순이다.

①은 명문 내용 분석과 윤철흔이 확인되지 않는 특징으로 보아 가장 이른 시기인 925년의 절대연대를 그대로 취신해도 큰 무리가 없을 듯하다. 한편, ②는 윤철흔이 확인되지 않고 1호 건물지에서 공반된 연호명 평기와를 통해 절대연대를 추정하였다. 비록 건물지가 중복되어 출토 유물 모두가 동일한 시기로 볼 수 없으나[33] ②는 시문구의 형태가 장방형의 내·외곽 사이에 사선문이 부가된 형태가 ①과 동일하며, 출토지역이 안성(죽주)으로 인접한 것으로 보아 유사한 시기로 판단된다.

문양은 무문과 (복합)어골문의 2종만 확인되었다. 이 가운데 ①·②·⑤는 별도의 문양 없이 명문이 양각된 장방형의 액만 시문되었으며, ①과 ⑤는 글자 수가 가장 많다. 봉업사지 출토 문자기와 가운데 무문은 가장 이른 시기인 Ⅰ기(925~961년)에만 확인되었으나 ⑤의 무문으로 보아 시기 구분의 근거로는 적합하지 않은 것으로 보인다. 다만 자경에 따라 차이가 있을 수 있으나 글자의 수가 많을수록 시문구의 크기도 커지게 되기 때문에 명문 자체가 부가문양이 아닌 주문양화된 것으로 추정된다. 이와 함께 봉업사지 출토 기와에서는 右書/左書의 시문방법 역시 시기적으로 구분되나 〈표 1〉에서는 혼재된 양상으로 확인되었다.

한편, ②·③·⑤에서는 공통적으로 '造'자가 확인되고 있는데, ②는 명확하게 내용을 알 수 없으나 경신년에 제작된 것으로 풀이된다. 한편 ③에서는 '造'가 寺名 앞에 쓰인 반면, ⑤에서는 寺名과 人名 사이에 위치한다. '造'의 위치를 통해 ③은 '신묘년 4월 9일에 안흥사에 기와를 만들었다.'로 풀이되며, ⑤는 '경신년 2월 30일 혜음사의 조장 학명'의 해석이 알맞은 것으로 이해된다.[34] ③과 관련하여 간지명이 확인되지 않았으나 창전동 소성유구에서 출토된 '安興寺奴毛□造'명 기와는 寺名+(人名/地名)+□+造순으로, 사명+인명 또는 지명의 뒤인 문장의 마지막에 '造'가 위치하여 '만들었다'로 풀이된다. 내면에는 윤철흔이 남아있으며, 공반된 1점의 수키와는 토수기와이다. 토수기와와 윤철흔의 조합은 이인숙의 Ⅱ기에 해당하며, ④가 출토된 갈산동 13~15호 건물지와 창전동 와요에 비해 조금 이른 시기인 11세기 전반으로 상대편년이 가능하다. 한편, ⑤에서는 장인의 이

---

33) 수키와는 미구기와가 5점으로 대부분이나 토수기와도 1점 공반되었다. 미구기와는 미구 길이가 3~4cm 내외로, 시기적으로 늦은 창전동 와요에 비해 짧은 것으로 확인되었다. 또한 자기의 중심연대 역시 11세기 후반~12세기로 기와와는 다른 양상을 보인다(中央文化財研究院, 2008, 앞의 책.).

34) 단국대학교 매장문화재연구소, 2006, 앞의 책, 361쪽.

름이 명기되어 있어 주목된다.[35] ③과 ⑤는 모두 미구기와와 윤철흔이 확인되는 단계로 다른 3점과 구분된다.

앞서 살펴보았듯이 ③의 연대는 이인숙의 편년안에 의하면 미구기와 및 윤철흔을 통해 12세기대로 추정할 수 있다. 그러나 1140년이라는 절대연대를 갖는 ⑤에서는 일휘문 막새가 공반되는데 반해 안홍사지에서는 일휘문 막새가 전혀 출토되지 않은 점으로 미루어 ⑤에 비해 조금 이른 시기로 보는 것이 합리적일 듯하다. 따라서 이에 해당하는 '辛卯'의 연대는 1051년 또는 1111년으로 짐작되며, 1102년 금강사지와 1105년 황룡사지의 중건기와에 일휘문 막새가 사용된 것으로 보아 1051년(문종 5)이 좀 더 가능성이 높은 것으로 추정할 수 있다.

이와 관련하여 문헌기록을 통해 11세기 후반대에는 이미 중앙정부의 체계적인 수공업 관리가 이루어지는 것이 확인된다. 이를 통해 기와의 제작 역시 국가의 관리 하에 있던 瓦工이 담당했을 것으로 추정이 가능하다.[36] 이러한 문헌기록과 함께 고고학 자료에서도 12세기를 전후한 시점에 막새의 제작에 있어서는 표준형 일휘문 막새의 제작이 성행할 뿐만 아니라 평기와 제작에 있어서도 미구기와 및 윤철흔의 정형화가 동시에 이루어지는 것을 알 수 있다. 이러한 점을 통해 문헌자료와 고고학 자료가 서로 부합하는 것을 알 수 있으며, 이 시기를 고려시대 기와 제작 발전의 획기로 판단할 수 있다.

---

35) 여주 원향사지에서는 직책명과 장인의 법명이 확인되는 '元香寺瓦匠僧順文'명 어골문 암·수키와가 공반되었다. 암키와는 내면의 중앙 부근(상단에서 20.0cm 내외)에는 윤철흔이 남아있다. 수키와는 상단부가 결실되었으나 미구기와로 판단되며, '…香寺瓦匠僧…'의 5자만 남아있지만 암키와와 동일한 문양과 명문으로 추정된다(畿甸文化財研究院, 2003, 『元香寺』.). 이 문자기와를 통해 당시 와공집단으로 僧匠組織이 존재하였으며, 순문을 대표로 하는 승장조직의 참여를 통해 사찰 조영이 이루어진 것으로 유추할 수 있다. 이 기와의 제작 시기는 사격자문·어골문·집선문이 주류를 이루며, 고려의 기와 제작기법이 정형화되는 3단계(10세기 중반~11세기 중반)로 판단하였다(尹鏞熙, 2001, 『南漢江流域 出土 高麗前期 평기와 고찰 -驪州 元香寺址 출토기와의 分析을 中心으로-』, 成均館大學校 大學院 碩士學位論文, 78~81쪽).

36) 丁晟權, 2003, 「惠陰院址 出土 막새기와에 대한 考察」, 『文化史學』 第19號, 韓國文化史學會, 184~186쪽 ; 金泰根, 2003, 『驪州 元香寺址 出土 막새瓦의 研究』, 東國大學校 大學院 碩士學位論文, 91쪽 ; 최문환, 2005, 『파주 혜음원지 출토 막새기와 연구』, 檀國大學校 大學院 碩士學位論文, 49쪽.

VI. 맺음말

본고는 안흥사지에서 출토된 '辛卯四月九日造安興寺凡草'명 기와의 절대연대 추정 재고를 목적으로 작성되었다. 이를 위해 갈산동 13~15호 건물지에서 출토된 기와에 대한 속성분석과 인접한 창전동에서 조사된 와요의 구조적 분석을 진행하여 와요의 조업시기에 대한 추정을 통해 간지명 기와의 제작시기를 설정하고자 하였다.

이러한 분석 결과 창전동 와요는 안흥사의 조성을 위해 사역 외곽 또는 인접하여 축조된 전용요로 판단하였으며, 조업시기는 11세기 중반~12세기 초로 추정하였다. '辛卯四月九日造安興寺凡草'명 기와의 제작시기는 미구기와 및 윤철흔의 존재로 기존의 연구성과를 통해 12세기로 추정하였다. 그러나 경기지역 고려시대 사지에서 출토된 절대연대 추정이 가능한 간지명 기와의 비교·분석을 통해 1140년이라는 절대연대를 갖는 혜음원지 문자기와에서는 일휘문 막새가 공반되는데 반해 안흥사지에서는 일휘문 막새가 전혀 출토되지 않은 점으로 미루어 그동안 931년 또는 991년으로 추정되어 왔던 '辛卯'의 연대를 1051년 또는 1111년일 것으로 추정하였으며, 1102년 금강사지와 1105년 황룡사지의 중건기와에 일휘문 막새가 사용된 것으로 보아 1051년(문종 5)이 좀 더 가능성이 높은 것으로 판단하였다. 이는 그동안 나말여초 또는 고려 초기로 추정되어 온 안흥사지 오층석탑이 11세기 초에 건립된 것으로 비정한 연구결과와도 어느 정도 일치한다.

이러한 결과를 바탕으로 11세기 후반에는 이미 중앙정부의 체계적인 수공업 관리가 이루어졌다는 문헌기록과 함께 12세기를 전후한 시점에 일휘문 막새가 성행하고, 평기와의 정형화가 이루어지는 고고학 자료가 서로 부합하는 것을 통해 이 시기를 고려시대 기와 제작 발전의 획기로 설정하고자 한다.

마지막으로 암키와 내면에서 확인되는 윤철흔이 제작방법 과정상의 의미에 대해서는 계속 연구를 심화해야 할 것이다. 윤철흔은 시기를 구분하는 주요 속성으로 활용되고 있으나 현재 학계에서는 윤철흔의 개념은 물론 윤철흔의 등장 시점에 대해서도 의견이 분분한 상태이다. 이 글에서도 새롭게 등장한 윤철흔이 제작과정에서 갖는 정형화 또는 대량생산과 결부시킬 수 있는 특징 및 의의에 대해서는 명확하게 밝혀내지 못하였다.

최근 들어 각종 유적에서 출토되는 기와에 대한 연구는 물론 기와 생산유적에 대한 연구도 이전에 비해 질적·양적으로 모두 활발하게 이루어지고 있으며, 그에 따라 다양한 방법의 연구가 꾸준히 이루어지는 추세이다.

이 글에서는 기존의 연구 성과에 대한 비판적 검토를 통해 문제점을 지적하고 이에 대한 합리적인 해결을 제시하고자 했으나 필자의 능력 부족으로 인해 혼란을 가중시킬 수도 있음을 부인할 수 없다. 그러나 유적과 함께 출토유물을 보다 종합적인 관점에서 살피는데 주안점을 두고 연구를 진행하였으며, 추후 심화된 연구를 통하여 지속적으로 보완·수정해 나가도록 하겠다.

참고문헌

1. 논문

金炳熙, 2001, 『安城 奉業寺址 出土 高麗前期 銘文기와 研究』, 檀國大學校 大學院 碩士學位論文.

金泰根, 2003, 『驪州 元香寺址 出土 막새瓦의 研究』, 東國大學校 大學院 碩士學位論文.

朴銀卿, 1988, 「高麗 瓦當文樣의 編年研究」, 『考古歷史學志』第四輯, 東亞大學校博物館.

심광주, 2013, 「新羅 城郭 出土 文字기와 -南漢山城 出土 문자기와를 中心으로-」, 『성곽과 기와』(한국기와학회·한국성곽학회 2013년도 국제학술회의), 한국기와학회·한국성곽학회.

尹鏞熙, 2001, 『南漢江流域 出土 高麗前期 평기와 고찰 -驪州 元香寺址 출토기와의 分析을 中心으로-』, 成均館大學校 大學院 碩士學位論文.

李仁淑, 2004, 『統一新羅~朝鮮前期 평기와 製作技法의 變遷』, 慶北大學校 大學院 碩士學位論文.

이인숙, 2007, 「고려시대 평기와 제작기법의 변천」, 『고고학』제6권 제1호, 서울경기고고학회.

이재명, 2010, 「서부경남지역 출토 고려시대 평기와 제작기법 검토 -사천 본촌리 폐사지 출토 고려시대 평기와를 중심으로-」, 『慶南研究』3, 경남발전연구원 역사문화센터.

이호경, 2007, 『고려시대 막새기와의 제작기법 연구 -중부지역 출토유물을 중심으로-』, 檀國大學校 大學院 碩士學位論文.

丁晟權, 2003, 「惠陰院址 出土 막새기와에 대한 考察」, 『文化史學』第19號, 韓國文化史學會.

車順喆, 2002, 「『官』字銘 銘文瓦의 使用處 檢討」, 『慶州文化研究』第5집, 慶州大學校 文化財研究所.

清水信行, 1998, 「開泰寺址 출토 銘文瓦에 대한 一考察」, 『百濟研究』第28輯, 忠南大學校百濟研究所.

최문환, 2005, 『파주 혜음원지 출토 막새기와 연구』, 檀國大學校 大學院 碩士學位論文.

洪大韓, 2011, 『高麗 石塔 研究』, 檀國大學校 大學院 博士學位論文.

2. 보고서

겨레문화유산연구원, 2012, 『이천 창전동 유적 - 이천 온천공원 조성공사 문화재 시·발굴조사보고서』.

畿甸文化財研究院, 2003, 『元香寺』.

京畿道博物館, 2002, 『奉業寺』.

_____, 2005, 『高麗 王室寺刹 奉業寺』.

단국대학교 매장문화재연구소, 2006, 『파주 혜음원지 발굴조사 보고서 −1차~4차−』.

佛敎文化財硏究院, 2010, 『韓國의 寺址 −사지(폐사지)현황조사보고서(下)−』.

서울大學校博物館, 1998, 『利川市의 文化遺蹟 −利川市 埋藏文化財 地表調査報告書−』.

이천시지편찬위원회, 2001, 『利川市誌』.

中央文化財硏究院, 2007, 『利川 葛山洞遺蹟』.

_____, 2008, 『安城 長陵里 골프장豫定敷地內 安城 長陵里寺址』.

中原文化財硏究院, 2010, 『利川 長湖院一般産業團地內 利川 珍岩里 遺蹟』.

한백문화재연구원, 2010, 『파주 혜음원지 −5차 발굴조사 보고서−』.

_____, 2014, 『파주 혜음원지 −6·7차 발굴조사 보고서−』.

한신大學校博物館, 2003, 『龍仁 麻北里 寺址』.

漢陽大學校 博物館, 2007, 『文化遺蹟分布地圖 −利川市−』.

조선시대 기와의 생산과 규격[01]

-官設窯를 중심으로-

이규근 호서문화유산연구원

Ⅰ. 머리말

삼국시대부터 기와는 건축부재로서 매우 중요하게 여겨졌다. 특히 건물지 유적에서 빼놓을 수 없는 유물로 매우 중요한 위치를 차지하는 것이 사실이다. 또한 기와를 생산하는 가마 역시 최근에 들어와서 중요하게 여겨지고 있다.

이러한 기와는 조선 전기까지만하더라도 국가에서 전담부서를 두고 관리할 정도로 중요하게 여겨졌으나, 조선후기에 상업화가 진행되면서 민간 주도의 기와생산이 주를 이루었다.

본고에서는 조선시대 기와의 생산을 전담하였던 관설요, 즉 와서와 별와서를 중심으

---

01) 2013년 한국기와학회 월례 발표 원고를 수정·보완한 것임.

로 하여 기와의 생산과 규격에 대하여 살펴보고자 한다. 그런데 와서는 조선 말기까지 상설기구로서 그 명맥을 유지하였으나, 임시기구였던 별와서는 임진왜란 이후의 기록에서 사라지는 것으로 보아 조선 전기까지 置廢를 거듭하였던 것으로 보인다. 이러한 와서와 별와서에 대해서 혼돈하는 경향도 있는데, 이에 대해서도 언급하고자 한다.

그리고 조선시대 중앙의 관청에서 생산되는 기와의 생산량을 와서를 통하여 살펴보고, 이러한 기와를 생산하기 위해서 와서에서 운영한 기와가마의 수가 어느 정도였는지에 대해서 추론해보고자 한다. 이와 함께 조선시대 관에서 생산된 기와의 크기가 어느정도 인지에 대해서 살펴보고, 부수적으로 기와의 규격을 통하여 조선시대의 치수와 현재의 치수에 있어서 차이점에 대해서도 살펴보고자 한다.

II. 기와 생산부서

1. 瓦署

고려 말의 諸窯[02](또는 六窯)는 조선 초기의 동·서요로 계승된 것으로 여겨진다. 조선이 건국된 후 태조는 고려의 제도를 거의 그대로 계승하였다는 점에서 조선 초기 동·서요의 직제는 고려 제요의 직제를 이어받아 서울의 동부와 서부에 각각 와요를 설치하여 동요·서요라고 하고 直을 각각 1명씩 배치하였다.[03] 이들 동·서요는[04] 조선의 관수관급을 위한 와요로 신도건설에 필요한 기와를 생산하여 궁궐과 중앙관청에서 필요로 하는 기와의 공급을 전담하였다. 이후 세종 때까지도 동요와 서요의 존재가 확인되고 있으며,[05] 각각 제조와 판관, 直,[06] 監役[07] 등의 관직이 확인된다.

세조 때부터 시작된 『경국대전』의 편찬과정에서 동요와 서요를 합하여 瓦署로 개칭하

---

02) 『高麗史』列傳 卷31 趙浚條.
03) 『太祖實錄』卷1, 太祖元年 7月 丁未條.
04) 동·서요를 동서 별요로 보는 견해도 있으나,(김혜연,「고찰」,『서울 용산 한강로 유적』, 겨레문화유산연구원, 334쪽.) 동서요와 동서별요는 엄연히 다른 관청이다.
05) 『世宗實錄』卷19, 世宗 5年 3月 乙巳條.『世宗實錄』卷28, 世宗 7年 6月 壬戌條.
06) 『新增東國輿地勝覽』卷27, 慶尙道 慶山縣 孝子條.
07) 『太祖實錄』卷14, 太祖 7年 6月 己未條.

고 공조에 속하게 하였는데,[08] 성종 16년(1485)에 반포된 『경국대전』에서 고정되었다. 이후 관원의 증감이 있었을 뿐, 조선 말기까지 와서는 상설기구로 와전제작의 업무를 담당하였다.

이러한 와서에는 제조 1인, 별제 3인(『續大典』에서는 별제 1인 혁제)이 소속되어 있었다. 그리고 이서(서원 2인, 장무서원 1인, 고직 1명), 도예(사령 12명, 구종 1명)가 있었으며, 와공 40명, 잡상공 4명으로 구성되어 있었다.[09] 이러한 와서의 직제는 조선말기 『육전조례』까지 큰 변화는 없었다.[10] 와서에서 소요되는 경비는 穀草 450同, 生草 2,100동인데, 貢案에 기록되어 경기의 각 읍에서 수령들이 백성에게 대략 토지넓이에 따라 분정(分定)하였다.[11]

와서는 임진왜란을 전후로 하여 점차 본래의 기능을 상실하기 시작하였다. 조선왕조 통치제제의 해이와 재정적인 어려움, 관설제조장에서 기술자들의 이탈 등으로 관수품을 제조하여 공급하기 위한 관설제조장이 해체되어가면서[12] 관수용 기와를 제조하여 조달하던 와서는 일시적으로 폐지되었다가 復設되기에 이르렀다.[13] 그러나 관설제와장으로서의 역할은 기대할 수 없는 형편에 이르렀다.

> 와서에는 소속장인이 없고 다만 병조에서 지급하는 약간의 가포로서 사장 수삼인을 고용하고 있으며, 매양 상사의 침해를 입어 역사를 중지할 때가 많고 이 때문에 관수품 조달도 부족한 실정이다. 본서의 구안을 상고하니 소속장인이 40명이 있어서 봉족을 받고 교대로 작업하였다.[14]

고 하였다. 『경국대전』이 완성될 때만 하더라도 40명의 장인이 있었다. 그러나 조선후기에 들어서면서는 관장은 전혀 없고, 단지 몇몇의 私匠을 고용하고 있었을 뿐이었다. 제와작업도 계속되지 못하여 관수기와를 제대로 조달할 수 없는 실정으로 겨우 명맥만 유지하고 있었다.

관수품을 조달하기 위한 관설제와장으로서의 와서는 유명무실화되고, 관수용 기와의

---

08) 『世祖實錄』卷20, 世祖 6年 5月 丁酉條. "東西窯合稱瓦窯"
09) 『經國大典』卷1, 吏典 瓦署條; 『經國大典』卷6, 工典 瓦署條; 『世祖實錄』卷20, 世祖 6年 5月 丁酉條 참조.
10) 『六典條例』卷10, 工典 瓦署條, "提調一員從二品以上 別提二員從六品 吏胥書員二人掌 務書員一人庫直 一名 徒隷使令十二名驅從一名"
11) 『成宗實錄』卷4, 成宗 1年 4月 丁巳條.
12) 강만길, 1967, 「별와요고」, 『사학지』1, 단국대학교 사학회, 30쪽.
13) 『宣祖實錄』卷164, 宣祖 36年 7月 丁丑條; 『承政院日記』51冊, 仁祖 14年 正月 13日條.
14) 『承政院日記』152冊, 孝宗 9年 9月 25日條.

조달방법은 대체적으로 필요한 때에 임시제와장을 설치하여 제조하거나, 와서의 私瓦匠들에게 가격을 지불하여 제조케 하거나, 와서를 통하여 각처의 私營製瓦場에서 구입하게 하였다.[15]

이처럼 관수용 기와를 조달 공급하는 기관으로서의 와서는 그 본래의 기능을 다하지 못하고, 선혜청에서 지급하는 비용을 사장들에게 분급하여 사영제와장의 상품을 조정에 납품하게하는 역할을 주로 담당하게 되었다. 또한 지방의 와장들을 징집 상경케하여 7개월 동안 기와를 구워서 바치게 하였으며, 와장들은 이로서 役을 면하였다.

2. 別瓦署

수도 건설 사업을 진행함에 있어 민간에 필요한 기와를 와서에서 생산되는 기와만으로는 늘어나는 수요를 충당할 수 없게 되었다. 이에 따라 태종 6년에 승려 海宣의 건의에 따라 임시로 별와요를 새로 설치하였는데, 李膺을 提調로, 李士穎과 金光寶를 副提調로 삼고, 승려 해선을 化主로 삼았다. 이러한 별와요도 설치 당초부터 와서와 같이 제조와 부제조 등 관리를 두었으나, 실질적인 운영은 승려 해선으로 하여금 담당하게 하였다. 별와요에는 전국에서 선발된 와장들이 속해 있었다. 여러 도에서 승려와 장인을 차등있게 징발해서 그 역에 나아가도록 하였는데, 충청도와 강원도에서 각각 승려 50명과 와장 6명, 경상도에서 승려 80명과 와장 10명, 경기도와 풍해도에서 각각 승려 30명과 와장 5명, 전라도에서 승려 30명과 와장 8명으로 모두 와장 40명과 역군 270명을 두었다.[16]

이후 별와요는 경기의 동서남 3면에 별요 1개소식을 증설할 것을 건의하여[17] 2년 후인 세종 13년에 동북부와 서남부, 중부에 각각 1개소식 증설하였다.[18] 3개처의 별와요가 증설된 세종 15년의 경우 삼별요에는 15만장의 기와가 장치되어 있어서 백성들에게 구매를 권장하였으나, 백성들은 기와를 구매할 형편이 되지 못하는 실정이었고, 이 때문에 증

---

15) 『承政院日記』51冊, 仁祖 14年 正月 13日條; 『承政院日記』62冊, 仁祖 15年 12月 1日條; 『承政院日記』139冊, 孝宗 7年 4月 11日條.

16) 『太宗實錄』卷11, 太宗 6年 1月 己未條, "始置別瓦窯 以參知議政府事李膺爲提調 前典書士李士穎金光寶 爲副提調 僧海宣爲化主 海宣嘗言於國曰 新都大小人家 皆蓋以茨 於上國使臣往來 瞻視不美 且火災可畏 若置別窯 使予掌以燔瓦 許人人納價買之則 不滿十年 城中閭閣 盡爲瓦屋矣 國家然之 發諸道僧匠有差 使赴其役 忠淸江原道 各僧五十名 瓦匠六名 慶尙道 僧八十名 瓦匠十名 京畿豊海道 各僧三十名 瓦匠五名 全羅道 僧三十名 瓦匠八名."

17) 『世宗實錄』卷45, 世宗 11年 9月 癸酉條.

18) 『世宗實錄』卷52, 世宗 13年 4月 癸卯條.

설한 삼별요의 기와를 양반들에게 판매할 수 있도록 하자는 의견이 있었지만 의도대로 되지 않자 생산을 제한하였다.[19] 또한 백성이 기와를 구입하는 경우가 적을 뿐만 아니라, 번와목의 수송과 관련한 폐단이 많아지자 삼별요를 혁파하기에 이르렀다.[20]

이후에도 별와요는 설치와 폐지를 거듭하였다. 중종 6년에 들어서 별와서의 존치와 폐지를 두고 격론이 일어났는데, 와서가 있으니 별와서를 설치함이 부당하다는[21] 견해와 별와서는 『大典』에는 실려 있지 않지만 조종조에서부터 국을 설치하고 기와를 구워 백성들로 하여금 다 쓰게 하여 백성이 편하게 되었으니 가볍게 혁파하는 것은 불가하다는[22] 의견이 팽팽하게 맞섰으나 결국 폐지되었다. 이러한 치폐논의는 중종 15년에도 있었다.[23] 중종 28년에도 별와서는 별도로 설치한 것이지만 『대전속록』에 올린 목적은 오로지 지붕을 덮지 못하는 빈민들을 위한 것이라고 하여[24] 별와서의 혁파를 두고 격론이 일었다. 이처럼 별와요는 치폐를 거듭하였으나, 임진왜란 이후의 기록에서 사라지고 『대전』에서도 확인되지 않는 것으로 보아, 임진왜란 이전까지 임시기구로[25] 유지되었다.

별와요는 조선 초기 승려 해선의 건의에 의하여 설치되었고, 운영방법도 제시되었다. 즉 해선은 세종 6년에 제와작업의 난점은 연료와 원료 및 노임의 조달 등에 있음을 지적하고, 면포 3000필로써 3종의 보를 만들어서 미곡이 흔하면 보포로서 이를 매수하고 귀하면 매출하여 그것으로 얻는 이윤으로 별와요를 운영하면 제와사업이 계속될 수 있을 것이라고 제의하는 한편, 평안도와 황해도에 있는 그의 사비미 1000석을 그 도에 바치고 대신 충주 경원창의 정부미를 받아 별와요의 보미로 충당할 것을 요청하였다. 그러나 조

---

19) 『世宗實錄』卷61, 世宗 15年 9月 丙申條.
20) 『世宗實錄』卷68, 世宗 17年 6月 丁未條.
21) 『中宗實錄』卷13, 中宗 6年 4月 癸卯條.
22) 『中宗實錄』卷13, 中宗 6年 5月 己未條.
23) 『中宗實錄』卷40, 中宗 15年 8月 丁丑條.
24) 『中宗實錄』卷75, 中宗 28年 7月 乙卯條.
25) 별와요에 대해서 정식기구로 보는 견해(정치영,「고려~조선 전기 기와의 조달 양상」,『고고학』5-2, 중부고고학회, 34쪽.)가 있다. 정식기구라는 것이 상설기구를 의미하는 것인지는 모르겠으나, 분명한 것은 『大典續錄』에 등재되었다고 하더라도 별와요는 임시기구였다는 점이다. 『經國大典』에는 와서만 수록되어 있을 뿐, 별와서는 수록되어 있지 않다. 또한 별와서는 『大典續錄』에만 수록되어 있을 뿐, 『經國大典』이후 『續大典』, 『大典通編』, 『大典會通』, 『六典條例』등의 법전에서도 별와서에 대한 기록은 확인되지 않는다. 주지하다시피, 『大典續錄』은 『經國大典』을 반행(頒行)한 뒤 새로운 수교(受敎)와 『經國大典』시행에 있어 필요한 규정을 수집 편찬한 법전으로 임시법적인 성격이 강하다. 이후 『續大典』이 간행되면서 『大典續錄』의 내용이 일부 『續大典』에 수록되었으나, 별와서와 관련된 내용은 수록되지 않았다. 『大典續錄』은 『續大典』이 편찬되기 전까지 『經國大典』을 보완하기 위한 임시법적인 것으로 별와요 또한 『大典』에 수록되지 못한 와서의 별아문이었다(『宣祖實錄』卷213, 宣祖 40年 閏6月 甲申條.).

정에서는 별와요의 관리를 승려들에게 전담시키지 않고 관리 2명을 차정한다는 조건부로 허락하였다.[26] 이처럼 해선이 건의한 별와요의 운영방식은 거의 私營에 가까운 것이었다.[27]

그러나 운영규정을 보면, 첫째 제조와 감역관을 선정하여 임명할 것, 둘째 와장 40명은 승려를 우선적으로 뽑아서 선정할 것, 셋째 조역인 300명은 자진 희망하는 사람과 지방의 승려로서 충당하되 그들에게 의복과 양식을 지급하며, 승려는 그 부역일수와 근무성적을 조사하여 관직으로 상을 줄 것, 넷째 흙을 이기는 소(踏泥牛) 20두는 각 관청에 있는 쉬가 쓸은 布貨로서 자원하는 사람에게 매매를 허락할 것, 다섯째 제와용 연료목은 그 양을 정하여 매년 경기·강원·황해도로 하여금 선군을 동원하여 한강상류에서 채벌하여 수참선으로 수송하여 들이게 할 것, 여섯째 와장과 조역인에의 공급품과 답니우의 사료는 초년에는 정부에서 지급하되 차년부터는 기와를 판매한 대금으로 충당하며, 장과 해산물은 각 관청에 저장된 묵은 장과 사재감과 의영고에 저장된 묵은 해산물로 지급할 것, 일곱째 기와를 구울 窯地는 한성부에서 마련하여 주며, 그 밖에 미비한 조항은 별요의 관리가 수시로 계속 상의하여 보고하게 할 것 등으로 되어있다.[28] 이러한 규정은 해선이 2년 전에 건의한 내용과는 많은 차이가 있는 것으로 기와를 민수용으로 판매한다는 점은 같다고 할 수 있지만, 별와요의 운영에 있어서는 당초 해선의 생각과는 달리 관영적인 성격이 강하였음을 알 수 있다.

III. 기와의 생산과 규격

1. 기와의 생산

『육전조례』에 의하면 와장들은 常瓦 140눌을 번조하는데, 3월에 공역을 시작하여 9월에 그 역을 마쳤는데,[29] 와장들은 봄부터 가을까지 7개월 동안 기와 굽기에 전력을 다하였다. 즉 3월부터 9월까지 140눌의 기와를 굽기 위해서는 매달 20눌의 기와를 생산한 셈

---

26) 『世宗實錄』卷26, 世宗 6年 12月 戊申條.
27) 姜萬吉, 1967, 「別瓦窯攷」, 『史學志』1, 檀國大學校 史學會, 26쪽.
28) 『世宗實錄』卷31, 世宗 8年 2月 癸巳條.
29) 『六典條例』卷6, 工典 瓦署條, "瓦甎…常瓦一百四十訥燔造自三月始役九月畢役…"

이다. 元貢으로 20訥 228張,[30] 약 20눌을 공납하였다. 주지하다시피 원공은 공안(貢案)에 기록되어 있는 정기적인 공물(貢物)을 이르던 것이다.

그리고 조선 후기의 기록이기는 하지만,『승정원일기』와『육전조례』에 '月課燔瓦' 또는 '月課燔造'[31]가 언급되고 있으며,『육전조례』에는 "別燔"[32]이 언급되고 있다. 월과는 매월 정기적으로 시행되는 것을 의미하므로, "月課燔造"는 기와를 매월 정기적으로 번조하여 공납하는 것으로 이해될 수 있고, "별번"은 부정기적인 번조로 볼 수 있다. 와공이 7개월 동안 번조한 140눌은 매월 20눌의 기와를 생산하여야 한다는 것이다. 그렇다면 매월 20눌의 기와생산은 "月課燔造" 또는 '月課燔造之瓦'의 기록과도 부합한다고 할 수 있다.

매월 20눌의 기와를 생산하기 위해서 와서에서 필요로 하는 기와 가마의 수는 얼마일까? 기와를 1번 번조하는데 걸리는 기간은 대략 8일 정도가 소요되는 것으로 파악이 되고 있다. 즉『화성성역의궤』에 의하면, "(구워지지 않은 기와를 가마에 넣고) 불을 붙인 뒤 나흘 만에 불을 끄고, 또 엿새 만에 가마를 열고, 다시 이틀이 지난 뒤에 (구워진 기와를) 가마에서 꺼낸다"[33]고 하여 기와를 번조하는데 소요되는 기간이 8일 정도임을 알 수 있다. 1회 번와에 8일 정도가 소요되므로, 그리고 매월 20눌의 기와를 생산하기 위해서는 한 달에 최대 4회 정도의 번와가 가능하다. 그러나 여름철 장마와 기상 상태, 그리고 흙꾼작업에서 소지의 건조 등 기와제작과정을 고려한다면, 매월 평균 2번 정도의 번와가 가능했을 것으로 추정된다. 매월 20눌의 기와를 공납하기 위해서는 그 이상의 기와가 번와되었을 것으로 판단된다. 이 경우 24,000장 이상이 되어야 기와의 손실율을 감안하더라도 20,000장 정도의 기와 생산이 가능하였을 것으로 판단된다.

최근 숭례문의 화재로 다시 복원할 때, 소요되는 기와의 양이 22,000장 정도였지만, 불량을 대비하여 26,000장을 구웠다고 하는데, 손실률로 보면, 15.4% 정도이다. 그나마 기술이 발달한 현대에 들어서 기와를 생산하는데 이정도의 손실률을 보이고 있다면, 조선시대에는 규격과 형태가 불량하거나 소성상태가 불량하거나 파손된 경우 등을 고려하면 20%가량의 손실률을 보였을 것으로 추정된다. 손실률을 고려해 24,000장 이상을 번와하였을 경우에 20,000장(20눌) 정도의 공납을 위한 기와 생산이 가능하였을 것으로 판단된다.

---

30) 『六典條例』卷6, 工典 瓦署條, "所管貢物…元貢二十訥二百二十八張…"
31) 『承政院日記』139册, 孝宗 7年 4月 11日條, "月課燔瓦"
　　『六典條例』卷6, 工典 瓦署條, "總例…月課燔造…"
32) 『六典條例』卷6, 工典 瓦署條, "總例…別燔時…"
33) 『華城城役儀軌』卷首, 圖說, "起火四日內止六日開釜又歷二日然後出…"

매월 20눌의 기와를 생산하기 위해서 한 달에 2번 정도 번와하였다고 한다면, 1회 번와에서 12,000장의 기와를 생산하여야 하는 셈이다. 따라서 1회 번와할 때마다 1기의 기와 가마에서 1눌(1,000장) 정도의 기와를 생산한다고 하였을 때,[34] 기와 가마의 수는 12기가 필요한 셈이다.

그런데 조선시대는 대체적으로 2개의 번와소에서 기와가마가 운영된 것이 아닌가 한다. 조선 초기의 동서요가 그렇고, 조선 후기의『화성성역의궤』에서도 그러하다.

앞에서 언급하였듯이 조선 초기부터 고려의 전통을 이어받아 기와 가마는 동요와 서요로 나뉘어져 있었다. 이러한 동요와 서요는 세종 때까지 이어지고 있음이 확인되고 있다.[35] 이후 동요와 서요를 합쳐서 공조의 속아문으로 속하게 하고 와서로 명칭을 고쳤고,[36]『經國大典』에서[37] 고정되어 조선 말기까지 와전의 생산을 담당하였다. 여기에서 동서와요의 합칭은 명칭만 와서로 한 것으로 기능과 편재는 그대로 였던 것으로 추정된다. 따라서 2개의 장소에서 번와가 이루어진 것으로 보인다.

또한『화성성역의궤』에서

(A) 瓦竈如瓦署釜制 設於廣州旺倫及棲鳳洞 一釜所燔約八九百張…[38]
(B) 都廳槀燔瓦之役…旺倫白雲洞有乎旀 瓦甕設釜段置亦於旺倫肆覵坪兩處 瓦則六所甕則三所分設 而別定二校二吏檢飭擧行如事據依稟[39]

이라고 하여, 기와 가마는 와서의 규모와 같이 하여 광주 왕륜과 서봉동에 설치하였다. 즉 기와 가마를 두 곳에 설치하였음을 알 수 있다. 그러므로 와서에서도 (A)와 같이 두 곳에 기와 가마가 설치되어 있었을 것으로 생각된다. 그리고 (B)에서도 기와 가마와 벽돌 가마는 왕륜과 사근평 두 곳에 설치하였는데, 기와 가마는 6소로 나누어 설치하였음을 알 수 있다.

---

34) 1눌은 기와 가마에서 1회에 구워낼 수 있는 기와의 양을 말하는 것으로,『華城城役儀軌』에서는 대략 800~900장 정도라고 하였으나(『華城城役儀軌』卷首, 圖說, "…一釜所燔約八九百張…"), 대체적으로 1,000장 정도를 말하는데, 기와를 세는 단위이다. 참고로 기와 1타는 40장을 말한다.

35) 『新增東國輿地勝覽』卷27, 慶尙道 慶山縣 孝子條.
　　『世宗實錄』卷61, 世宗 15年 7月 癸亥條.

36) 『世祖實錄』卷20, 世祖 6年 5月 丁酉條.

37) 『經國大典』卷1, 吏典 瓦署條.

38) 『華城城役儀軌』卷首, 圖說.

39) 『華城城役儀軌』卷4, 稟目.

여기에서 의미하는 '6所'가 6기의 기와 가마를 뜻하는 것인지, 6개소의 기와 가마를 의미하는 지가 확실하지 않다. 위에서 언급한 것처럼 1기의 기와 가마는 '一釜所'로 언급을 하고 있어 6기의 기와가마라고 하면 '六釜所'라고 해야 할 것이다. 그러나 '六所'라고 표현하고 있어 애매한 점이 없지 않으나, 대체적으로 6기의 기와 가마를 의미하는 것이 아닌가 한다. 이는 '一釜所'에서 800~900장의 기와를 생산하였던 것에서 기와가마 1기에서 생산할 수 있는 양이 1눌이었던 것으로 볼 수 있어 6소는 곧 6부소를 의미하는 것으로 보아 기와가마 6기로 추정된다. 여하튼 여기에서도 두 곳에서 번와가 이루어졌음을 알 수 있다. 그런데 와서의 부제와 같다고 하였으므로 6소를 6부소로 본다면, 와서에서는 6기의 기와가마가 운영된 것으로 볼 수 있지 않을까 한다.

그리고 16세기 미암 유희춘은 『미암일기』에서 자신의 집 대청을 다시 지을 때 집근처에 2기의 기와 가마를 조성하고 기와를 구웠다고 하였는데,[40] 대개 2기가 1조로 구성되었던 것이 아닌가 한다.[41] 기와 가마는 전체 또는 부분적으로 병렬배치 또는 군집양상을 보이고 있는데, 대체적으로 기와 가마는 2기·4기 또는 6기 등으로 짝을 이루어 확인되는 경우가 많아 瓦署에서도 짝수로 운영되었을 가능성이 높은 것으로 판단된다.

결론적으로, 와서의 번와소 두 곳에서 매월 2회의 번와를 위해서 6기의 가마를 운영하였다고 하면, 24,000장의 기와 생산이 가능하다. 여기에 손실률 20% 정도를 적용하면 매월 20,000장 정도의 기와 생산은 충분하였을 것으로 생각된다. 그러므로 각각 6기의 기와 가마, 즉 12기의 기와 가마가 와서에서 운영되었다고 생각된다. 그러나 기와 생산을 위해서는 보수와 예비용의 기와 가마의 필요성을 염두에 둔다면 그 배수가 필요하였을 것으로 추정된다. 따라서 와서의 번와소 두 곳에서 운영한 기와 가마는 최소 12기 최대 24기가 넘지 않는 범위 내에서 운영되었을 것으로 추정되고, 번와소 한곳에서 6~12기의 기와 가마가 운영된 것으로 생각된다.

2. 기와의 규격

조선 전기에는 기와의 규격이 맞지 않으면 처벌하였다는 것으로 미루어보아 기와의 규격이 엄격하게 정해져 있었을 것으로 생각된다. 그러나 아쉽게도 조선 전기 기와의 규

---

40) 『眉巖日記抄』卷5, 宣祖 丙子年 3月 3日條.
41) 최근의 충청북도지역에 대한 기와 가마를 조사해 본 바에 의하면, 상당수의 기와 가마가 2기가 1조를 이루고 있는 경우가 많았고, 대부분의 기와가마는 짝을 지어 확인되는 경우가 많았다.

격이 어떠하였는지는 문헌을 통해서 알 수 없다. 다행이도 조선 말기에 간행된『육전조례』에서 기와의 크기를 확인할 수 있는데, "보통 암키와의 크기는 길이가 1척 9촌, 너비가 1척 4촌 5분이며, 수키와는 길이가 1척 7촌 3분 너비가 9촌 9분이다. 또한 대와는 길이가 2척 3촌, 너비가 1척 7촌 5분이며, 중와는 길이가 2척 2촌, 너비가 1척 5촌 5분이다. 대방전은 길이와 너비가 각각 2척 4촌 6분이고 두께가 5촌이며, 방전은 길이와 너비가 1척 5촌 5분이고 두께는 2촌 7분이라고 하였다.[42]

그리고 조선 후기 기와의 크기는 주척을 기본으로 하였다.[43] 이러한 기와의 규격은 조선 전기에도 이와 유사하였을 것으로 추정이 된다. 주척을 기본으로 한 조선 후기 기와의 크기를 살펴보면, 아래의 〈표 1〉과 같다.

〈표 1〉 조선시대 기와의 크기[44]

| 품명 | 육전조례 | | | 품명 | 화성성역의궤 | | |
| | 규격 | | | | 규격 | | |
	周尺	길이×너비×두께(cm)			周尺	길이×너비×두께(cm)	
常女瓦	長 : 1尺 9寸, 廣 : 1尺 4寸 5分	39.18×29.90		常女瓦	長 : 1척 4촌, 圓徑 : 1척 3촌	28.87×26.81	
夫瓦	長 : 1尺 7寸 3分, 廣 : 9寸 9分	35.68×20.42		常夫瓦	長 : 1척 4촌, 圓徑 : 5촌 5분	28.87×11.35	
大瓦	長 : 2尺 3寸, 廣 : 1尺 7寸 5分	47.43×36.09		夫瓦	長 : 1척 4촌, 圓徑 : 6촌	28.87×12.38	
中瓦	長 : 2尺 2寸, 廣 : 1尺 5寸 5分	45.37×31.97		女瓦	長 : 1척 4촌, 圓徑 : 1척 4촌	28.87×28.87	
大方甎	長 : 2尺 4寸, 廣 : 2尺 4寸, 厚 : 5寸	49.49×49.49×10.31					
方甎	長 : 1尺 5寸 5分, 廣 : 1尺 5寸 5分, 厚 : 2寸 7分	31.97×31.97×5.57					

42) 『六典條例』卷6, 工典 瓦署條, "唐女瓦亦使――牙鍊 常女瓦 長一尺九寸 廣一尺四寸五分 夫瓦 長一尺七寸三分 廣九寸九分 大瓦 長二尺三寸 廣一尺七寸五分 中瓦 長二尺二寸 廣一尺五寸五分 大方甎 長廣各二尺四寸六分 厚五寸 方甎 長廣各一尺五寸五分 厚二寸七分…"

43) 『六典條例』卷6, 工典 瓦署條, "…長廣竝用周尺".

44) 『육전조례』에서 확인되는 상여와(보통암키와)와 부와(수키와)를 기준으로 최근의 유적에서 출토된 암키와와 수키와를 비교해서 살펴보면, 동일한 기와라도 기와의 크기에서 차이점이 발생한다. 길이[長]에서는 큰 차이를 보이지 않고 있다. 그러나 너비[廣폭]에서는 큰 차이를 보이고 있다. 이는 실측하는 방법에서 차이가 있는 것으로 판단된다. 출토된 완형의 수키와를 실측할 때, 흔히 배부분을 좌측의 와도흔에서 우측의 와도흔까지의 폭(너비)을 측정하고 있다. 또한 암키와의 경우에도, 배부분을 좌측의 와도흔에서 우측의 와도흔까지의 폭을 측정하고 있다. 이러한 실측치는 『육전조례』에서 확인되는 기와의 너비[廣]와 수치상으로 큰 차이를 보이고 있다. 이로 인하여 출토 기와와 문헌상의 기와의 크기를 비교하는데 어려움이 있는 것이 사실이다. 그런데 기와의 너비를 측정할 때 배부분이 아닌 등부분을 중심으로 측정하였을 때에는 기록상의 수치와 출토기와의 측정 수치가 일부의 기와에서 유사한 면을 확인할 수 있다. 따라서 기와의 실측에서는 배부분을 중심으로 측정할 것이 아니라, 등부분을 중심으로 측정하는 것이 타당할 것으로 판단된다. 그러나 전체의 기와를 대상으로 한 것이 아니어서 앞으로 검토의 여지는 있다. 향후 기와의 실측에 있어서 치수의 측정에서는 검토해 볼 필요가 있을 것으로 생각된다.

이러한 규격에 따라 제작된 와전은 다시 품질 검사를 받는데, "기와를 법의 규정대로 하지 않고 함부로 만들어 품질을 열악하게 한 자는 엄중 처벌한다. 다만, 사영(私營)의 요 (窯)이면 처벌한 뒤 그 기와는 관에서 몰수하고 삭목[木形]은 낙인을 찍어 표를 하여 놓는 다"[45]고 하였다. 또한 생산된 "기와를 바칠 때에는 낭청에서 친히 檢飭(점검)하여 여와(암 키와)의 배와 부와(수키와)의 등에 모두 '公'자 인을 찍는데, 혹여 일정한 크기에 미달되거나 잘 구워지지 않은 것이 있으면, 일일이 파쇄하고, 더하여 장인과 공인의 죄를 다스려 혼잡함이 없게 한다"[46]고 하여 기와의 규격과 품질에 대해서는 엄격한 기준이 적용되었다. 이처럼 기와의 규격과 품질검사는 매우 까다로웠던 것을 알 수 있다. 이러한 기준은 私窯 에도 그대로 적용되어 규정대로 만들지 않은 자는 본부와 한성부에서 검찰하여 논죄하고 그 기와는 관청에서 몰수하였다.[47] 반대로 기와를 정교하게 잘 구워냈을 때에는 匠人들 에게 상이 내려졌다.[48] 이렇게 기와의 규격을 엄격하게 한 것은 재활용 등에도 용이하도 록 하기 위한 의도로 풀이된다.

IV. 맺음말

이상에서 조선시대 관영의 기와생산부서인 와서와 별와서에 대해서 살펴보았다. 와서 는 고려말의 제요 또는 육요에서 조선 초기의 동·서요로 계승되었고, 그 후 『경국대전』 의 편찬과정에서 동요와 서요를 합하여 와서로 개칭하고 공조에 속하게 하였다. 이러한 와서는 조선후기 관설제조장이 해체되어가면서 일시적으로 폐지되기는 하였으나, 다시 복설되어 조선말기까지 상설기구로 와서의 직제는 유지되었다.

별와서는 민간에서 소용되는 기와를 생산하기 위한 것으로 태종 6년에 승려 해선의 건의로 설치된 이후로 임진왜란 이전까지 치폐를 거듭하다가 임진왜란 이후의 기록에서 사라지고 『대전』에서도 확인되지 않는 것으로 보아 임진왜란 이전까지는 임시기구로 유

---

45) 『世祖實錄』卷17, 世祖 5年 己卯條.
    『經國大典』卷6, 工典 雜令條, "造瓦濫惡不如法者重論 私窯則論罪後本瓦沒官槊木本曺篆烙著標"
46) 『六典條例』卷10, 工典 瓦甎條, "常瓦一百四十訥燔造 自三月始役九月畢役 而捧上時郎廳親自檢飭 女瓦之腹夫瓦之背 皆印公字 或有不準尺不善燔者 ──破碎 俾勿混雜匠手及貢人治罪
47) 『世祖實錄』卷17, 世祖 5年 8月 甲寅條.
48) 『成宗實錄』卷289, 成宗 25年 4月 丙子條.

지되었던 것으로 보인다. 별와서는 민간의 수요를 감당하기 위한 관설제와장으로 운영에 있어서도 관영적인 성격이 강하였다.

기와의 생산에 대해서는 와서를 통해서 추정해 볼 수 있다. 『육전조례』를 통해서 와서에서 생산되는 기와를 살펴보면, 3월부터 9월까지 7개월 동안 번조를 하는데 상와 140눌을 생산하였다. 즉 7개월 동안 140눌을 생산하기 위해서는 매월 20눌의 기와를 생산하여야 되는 셈이다. 여기에 손실률을 적용한다면, 적어도 24눌 정도의 기와를 번와하여야 20눌의 기와를 공납할 수 있었던 셈이 된다. 날씨를 고려하여 1기의 기와가마에서 월평균 2번 정도 번와히였다고 힌디면, 최소 12기의 기와가마가 필요한 셈이다. 조선 초기부터 동요와 서요로 나뉘어져 있던 것을 합하여 명칭을 와서로 개칭하였고, 『화성성역의궤』에서도 와서의 규모와 같이 광주 왕륜과 서봉동 두 곳에 기와가마를 설치하였다는 것에서, 두 곳으로 나뉘어져 있었을 것으로 추정된다. 따라서 번와소 두 곳에서 매월 2회의 번와를 위하여 6기의 가마를 운영하였던 셈이 되며, 예비용 기와가마의 필요성을 염두에 둔다면 번와소 두 곳에서 운영한 기와가마는 최소 12기~최대 24기를 넘지 않는 범위 내에서 운영되었을 것으로 추정되며, 번화소 한 곳에서 6~12기의 기와가마를 운영한 것으로 생각된다.

기와의 규격은 법으로 정해져 있었다. 제작된 기와는 품질 검사를 받는데, 기와를 규정대로 만들지 않았을 때에는 기와를 파쇄하고, 장인과 공인은 죄로 다스렸다. 이처럼 기와의 규격에는 엄격한 기준이 적용되었다. 반대로 기와를 정교하게 잘 구워냈을 때는 상이 내려졌다. 이렇게 기와의 규격을 엄격하게 한 것은 만드는데 많은 공역이 들 뿐만 아니라, 재사용이 용이하도록 하기 위한 의도로 생각된다.

이상에서 조선시대 기와의 생산과 규격에 대하여 간략하게나마 살펴보았다. 기와의 생산적인 측면과 규격에 대해서 살펴보았으나, 다소 억측인 면도 없지 않다. 따라서 앞으로 더 많은 자료와 와서에 대한 연구를 통하여 보완해 나가고자 한다.

조선시대 충주지역의 봉수[01]

김주홍 한국토지주택공사

Ⅰ. 머리말

봉수는 烽(횃불·炬)과 燧(연기·煙)로 국경과 해안의 安危를 약정된 신호전달 체계에 의해 차례로 중앙에 전하던 통신방법이었다. 한국고대 삼국시대부터 원시적으로 활용되어졌으며 고려시대에 정례화 되었다. 이후 조선 세종대에 크게 정비되어 1895년까지 국가적인 운영을 하였다. 이 때문에 봉수제도는 전 근대 사회에서의 정보 통신 체계로서 가장 발전된 형식을 가진 것이 조선왕조였다.[02]

현재 忠州地域에는 충청북도 내 22기의 봉수 중 가장 많은 6기[03]가 소재하고 있다. 다

---

01) 본 논고는 아래에 게재된 논고를 대폭 수정하고 보완하여 재집필하였다.
   김주홍,「忠州地域의 烽燧」,『中原文物』第21號, 충주대학교박물관, 2009, 43~68쪽.
02) 車勇杰,「봉수」,『한국성곽연구회 학술대회』(叢書 5), 한국성곽연구회, 2004, 1쪽.
03) 梧城·心項·馬山·麻骨峙(麻骨岾)·周井山·大林城(大林山)烽燧

음이 영동[04] · 옥천[05] 각 3기이며, 음성[06] · 보은[07] · 청원이 각 2기이다. 이외에 단양 · 제천 · 청주 · 진천에 각 1기씩 소재하고 있다.

입지상 충주지역은 3면이 바다로 둘러 쌓인 한반도 중앙 남부의 내륙지역이다. 烽燧路線상 제2거 직봉과 간봉(2)의 2개 노선이 지나던 곳이며, 性格상 모두 內地烽燧이다. 分布상 충주지역 6기 봉수의 평균 해발높이는 479.63m이다. 이는 위치 미상인 보은 龍山岾烽燧를 제외한 충북 전체 21기 봉수의 평균 해발높이 468.25m보다 약간 높은 곳이다. 가장 낮은 곳에 馬山烽燧(150.2m)가 위치하며, 가장 높은 곳에 梧城烽燧(775m)가 위치한다. 아울러 조선시대 충주지역의 봉수가 다수 속하였던 제2거 간봉(2)노선의 초기봉수는 연변봉수인 거제 加羅山烽燧이다. 통영 · 고성 · 마산 소재 연변봉수를 거쳐 함안 巴山에 이르면 입지적으로 해발고도가 높거나 육지내륙에 위치하기 시작하면서 內地化가 시작된다. 이후 다음 봉수인 의령 可幕山부터 경북지역을 거쳐 올라온 내지봉수는 충주 馬山烽燧에서 합쳐진 후 제2거 직봉으로 연결되어 성남 天臨山烽燧에서 최종 木覓山烽燧에 응하였다.

본고에서는 장준식 교수님의 정년을 기념하여 고향이기도 한 충주지역의 봉수에 대해 다음의 사항에 중점을 두어 논고를 진행하고자 한다. 먼저 본고의 시간적 범위는 조선왕조 시대이며, 공간적 범위는 조선왕조의 영역이었던 한반도 남부지역 내 충청북도가 중심이다.

제1장에서는 본 논고에 접근하기 위해 봉수의 개요와 충청북도 내 충주지역 소재 봉수 6기의 개략적인 소개를 하고자 한다.

제2장 調査現況에서는 충주지역이 속하고 있는 충청북도의 봉수에 대해 일제강점기부터 최근까지 이루어진 각종 조사내용을 소개하였다. 이를통해 이 지역 봉수의 그동안 이루어진 조사현황을 파악하는 계기가 되고자 한다. 또한 표를 통해 충청북도내 각 시 · 군별 봉수현황표를 소개함으로서 대응봉수라든가 교통로와의 관계속에서 이 지역 봉수의 이해를 도모하고자 한다.

제3장 特徵과 分布現況에서는 우선 충북 봉수의 특징을 초축시기, 해발고도, 노선 등 아홉가지 면에서 종합하여 정리 후 분포현황에서 충주지역에 소재 6기 봉수에 대해 개별적으로 정리하고자 한다.

---

04) 訥伊項 · 所伊山 · 朴達羅山(朴達山)烽燧
05) 月伊山 · 環山 · 德義山烽燧
06) 加葉山 · 望夷城烽燧
07) 金積山 · 龍山岾烽燧

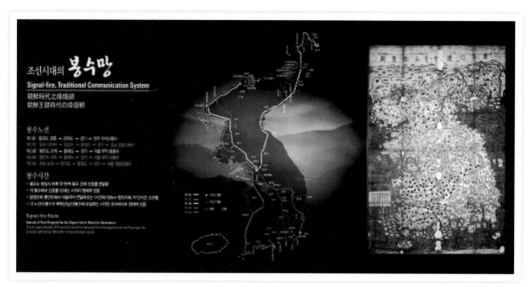

지도 1. 조선시대 봉수망과 해동8도봉화산악지도(국립과천과학관 전시)

제4장 山城關聯 烽燧에서는 충북에 분포하는 산성·봉수 등의 관방유적을 각 시·군별 표로 정리 후 충북 전체 22기의 봉수 중 5기만이 산성 내에 위치함을 소개하고자 한다. 또한 산성 내에 위치하는 5기 봉수의 평균 해발높이는 461.5m로서 충북 전체 봉수의 평균 해발높이 468.25m와 유사한 수치임을 소개하고자 한다.

제5장에서는 앞의 분석과 정리를 다시 종합하여 결론으로 제시하여 보기로 하였다.

끝으로, 後面에는 본고에서 소개하는 충주지역 6기 봉수의 관련 지지 기록을 첨부함으로서 資料集으로서의 기능을 갖추도록 하였다. 아울러 본고에서 설명하는 烽燧名稱은 가장 後期의 文獻에 기록되어 현재까지 사용되고 있는 명칭을 사용하였으며, 필요시 別稱을 부기하여 用語의 統一을 기하였다.

II. 調査現況

충청북도의 봉수에 대한 최초 조사는 과거 朝鮮總督府 식산국 산림과에 의해 발간된 『朝鮮寶物古蹟調査資料』(1942)이다. 여기에는 전국 각 처의 산림에 분포하고 있는 각종 유적과 함께 전국적인 봉수의 현황이 간략하게 정리되어 있다. 이중 충북에는 당시의 행정구역상 10개 郡 中 5개 군 12기[08]의 봉수에 대한 간략한 조사내용이 소개되어 있다.

이후 『文化遺蹟總覽』(1977)에는 1개 市, 7개 郡 전체 18기의 봉수가 소개되어 있다.[09] 그러나, 당시 청원군 소재 3기의 봉수(山城里烽燧址·所伊山烽燧·老姑烽燧) 중 노고봉수, 괴산군 소재 楸店里烽燧, 단양군 소재 2기의 봉수(所伊山烽燧址·基村里烽燧) 중 기촌리봉수는 축조연대 미상이다. 본고에서 살펴 볼 충주지역의 봉수는 당시 행정구역상 中原郡에 속하여 간략한 조사내용이 기록되어 있다. 『韓國의 城郭과 烽燧』(1990)에는 2개 市, 9개 郡 전체 18기의 봉수가 소개되어 있다.[10] 이중 청주시 소재의 봉수로 소개한 상당산성내 北將臺烽燧는 축조연대 미상이다.

한편 본격적으로 충북 봉수의 조사가 이루어진 시기는 1990년대 초로서 西原鄕土文化研究會의 忠北의 烽燧 地表調査(1991)[11]가 시초이다. 여기에는 당시 충청북도 관내 2개 시, 10개 군 전체 21기의 봉수에 대한 문헌기록과 현장답사를 통한 현황 소개를 통해 충북의 봉수를 이해하는데 매우 중요한 기초자료가 되고 있다.

이후 광역단위의 각 시군 지표조사를 통해 해당지역 소재의 봉수에 대한 현황소개가 이루어졌다. 아울러 1995년도는 봉수발굴사에서 획기적인 해이다. 왜냐하면 전국적으로 봉수 단일유적에 대한 최초 발굴이 충주 周井山烽燧에서 시작되었기 때문이다.[12] 또한 동년에는 청주 巨叱大山[것대산]烽燧에 대한 발굴조사가 계속 실시되었다.[13] 이어 음성 望夷城烽燧에 대한 발굴조사[14]는 산성조사의 일환으로 이루어졌기 때문에 앞의 두 사례와는 경우가 다르다. 이외에도 문의 所夷山烽燧(1998),[15] 충주 大林山烽燧,[16] 제천 吾峙(吾峴)烽燧(2000)[17] 지표조사가 계속 이어졌다. 또한, 육군박물관에 의해 전국 관방유적

---

08) 『朝鮮寶物古蹟調査資料』의 충청북도 5개군 12기 烽燧의 數는 다음과 같다. 영동군2, 옥천군2, 청주군2, 괴산군3, 충주군3기 등 合 12기.

09) 『文化遺蹟總覽』의 충북지역 봉수의 수는 다음과 같다. 충주시 1, 청원군3, 옥천군2, 영동군2, 진천군2, 괴산군1, 중원군5, 단양군2기 등 合 18기.

10) 『韓國의 城郭과 烽燧』의 충북지역 봉수 수는 다음과 같다. 청주시 2, 충주시 1, 청원군1, 옥천군2, 영동군3, 진천군1, 괴산군1, 음성군2, 중원군2, 제원군1, 단양군1기 등 合 18기.

11) 西原鄕土文化研究會, 1991, 『忠北의 烽燧 地表調査報告書』.

12) 忠北大學校 湖西文化研究所, 1997, 『忠州 周井山烽燧臺 發掘調査報告書』.

13) 청주대학교 박물관, 2001, 『청주 것대산 봉수터 발굴조사 보고서』.

14) 단국대학교 중앙박물관, 1992, 『망이산성 학술조사보고서』.
    단국대학교 중앙박물관, 1996, 『망이산성 발굴보고서(1)』.
    단국대학교 중앙박물관, 1999, 『안성 망이산성 2차 발굴보고서』.

15) 淸原鄕土文化研究會, 1988, 『文義 所伊山烽燧 地表調査報告書』.

16) 詳明大學校 博物館, 1997, 『忠州 大林山城 精密地表調査報告書』.

17) 忠北大學校 中原文化研究所, 2000, 『提川 城山城·臥龍山城·吾峙烽燧 地表調査報告書』.

의 조사현황에 대한 소개가 이루어졌다.[18] 이중 충북의 성곽과 봉수를 정리한 현남주는 충북 전체 20기 봉수의 현황표와 노선도를 작성하여 기본적인 제원과 성격을 정리하였다.[19] 가장 최근에는 충주시 이류면 금곡리 소재 馬山烽燧의 지표·시굴조사[20]와 이어 청주 巨叱大山[것대산]烽燧에 대한 2차 발굴조사가 이어졌다.[21] 이를 통해 충주지역 6기의 봉수 중 주정산·마산봉수 2기가 시굴·발굴조사되었으며, 나머지 4기는 지표조사를 통해 개략적인 현황파악이 이루어졌다.

따라서 다음의 [표 1]은 충주지역을 포함한 충청북도 소재 봉수의 조사결과를 바탕으로 표로 작성한 것이다.

표 1. 忠淸北道 烽燧現況表[22]

市郡	烽燧名	初築 始期	海拔(m)	路線(제2거)	對應烽燧	長軸	平面形態	築造	交通路	備考
丹陽	所伊山	朝鮮以前	360	直烽	竹嶺山→吾峴	남-북	卵圓	土·石	竹嶺路	多大浦鎭 鷹峰 初起
提川	吾峴(吾峙·衣峴)	朝鮮以前	420.5	直烽	所伊山→心項	남-북	橢圓	土·石	竹嶺路	多大浦鎭 鷹峰 初起
忠州	梧城	朝鮮以前	775	直烽	吾峴→馬山	남-북	橢圓	土·石	竹嶺路	조선전기 心項山烽燧로 移設
	心項	朝鮮 前期	384.9	直烽	吾峴→馬山	북동-남서	橢圓	土·石	竹嶺路	多大浦鎭 鷹峰 初起 조선전기 梧城烽燧에서 移設
	馬山	朝鮮以前	150.2	直烽·間烽(2)	心項·大林城→加葉山	동-서	橢圓	土·石	竹嶺·鷄立嶺路 分岐點	多大浦鎭 鷹峰 初起 巨濟 加羅山 初起
	麻骨峙(麻骨岾)	朝鮮以前	640	間烽(2)	炭項→周井山	남동-서북	長方形	土·石	鷄立嶺路	巨濟 加羅山 初起 夜門城과 인접
	周井山	朝鮮以前	440.2	間烽(2)	麻骨峙→大林城	남-북	橢圓	石築	鷄立嶺路	巨濟 加羅山 初起 국내최초 발굴조사 煙竈 5기 복원
	大林城(大林山)	朝鮮以前	487.5	間烽(2)	周井山→馬山	남-북	橢圓	土·石	鷄立嶺路	巨濟 加羅山 初起 大林山城내
陰城	加葉山	朝鮮以前	709.9	直烽	馬山→望夷城	·	·		竹嶺路·鷄立嶺路	多大浦鎭 鷹峰 初起 유구멸실, 煙竈 1기복원
	望夷城	朝鮮以前	472	直烽·間烽(9)	加葉山→巾之山	동-서	直方形	石築	秋風嶺路	多大浦鎭 鷹峰 初起 南海 錦山 初起 望夷山城내, 발굴조사
永同	訥伊項	朝鮮以前	743.3	間烽(9)	高城山→所伊山	·	·		秋風嶺路	南海 錦山 初起

18) 육군사관학교 육군박물관, 2001, 『학예지』8.
19) 현남주, 2001, 「忠淸北道의 關防遺蹟」, 『학예지』8, 육군사관학교 육군박물관, 123~125쪽.
20) 忠北大學校 中原文化硏究所, 2003, 『忠州 馬山烽燧 地表調査報告書』.
   中原文化硏究所, 2009, 『忠州 馬山烽燧 試掘調査報告』.
21) 中原文化財硏究院, 2010, 『淸州 巨叱大山烽燧 -發掘調査報告-』.
22) 김주홍 외, 2003, 「忠北地域의 烽燧(Ⅰ)」, 『忠州 馬山烽燧 地表調査報告書』, 忠北大學校 中原文化硏究所, 76쪽의 〈표 1〉 수정·보완하여 재작성함.

	所伊山	朝鮮以前	653.9	間烽(9)	訥伊項→朴達羅山	·	橢圓	·	秋風嶺路	南海 錦山 初起
	朴達羅山(朴達山)	朝鮮以前	308	間烽(9)	所伊山→月伊山	남서-북동	長橢圓	土·石	秋風嶺路	南海 錦山 初起
沃川	月伊山	朝鮮以前	300	間烽(9)	朴達羅山→環山	·	橢圓	石築	秋風嶺路	南海 錦山 初起
	環山	朝鮮以前	523	間烽(9)	月伊山→鷄足山	남-북	長橢圓	石築	秋風嶺路	南海 錦山 初起 環山城 제3보루 내
	德義山	朝鮮以前	543.5	間烽	朴達羅山→金積山	·	·	·	秋風嶺路	유구 멸실
報恩	金積山	朝鮮以前	652	間烽	朴達羅山→龍山岾	·	·	·	秋風嶺路	유구 멸실
	龍山岾	朝鮮以前	·	間烽	金積山→上嶺城	·	·	·	秋風嶺路	위치 미상 히인 皮盤嶺 ㄱ개 추정
清原	所伊山	朝鮮以前	203	間烽	鷄足山→巨叱大	북동-남서	長方形	土·石	秋風嶺路	南海 錦山 初起
	猪山驛城山	朝鮮以前	208	間烽	→龍師山	·	·	·	秋風嶺路	猪山城내 유구 멸실
清州	巨叱大山	朝鮮以前	443.4	間烽(9)	所伊山→所屹山	동-서	長橢圓	石築	秋風嶺路	南海 錦山 初起 발굴조사, 煙竈 5기복원
鎭川	所屹山(所伊山)	朝鮮以前	415	間烽(9)	巨叱大山→望夷城	남-북	長橢圓	土·石	秋風嶺路	南海 錦山 初起

III. 特徵과 分布現況

1. 特徵

본 장에서는 앞의 〈표 1〉을 참고하여 충북 봉수의 특징을 초축시기, 해발고도, 노선, 장축, 평면형태, 축조, 연조, 교통로, 초기봉수 관계 등 아홉가지 면에서 종합하여 정리하고자 한다.

첫째, 初築時期는 대부분 조선초의 봉수가 고려시대의 봉수제를 이어받아 성립되었음으로 조선전기 이전으로 추정된다. 특히 秋風嶺路의 봉수로서 永同 朴達羅山烽燧에서 분기하였던 沃川 德義山, 報恩 金積山·龍山岾, 清原 猪山驛城山 등 4기의 봉수는 조선전기 『世宗實錄』地理志에 잠깐 기록되어 있다. 이후 노선의 변동으로 인해 일찍부터 철폐되어졌다.

둘째, 海拔高度면에서 충북의 봉수는 3면이 바다로 둘러쌓인 육지내륙지역에 위치하고 있다. 따라서 서울, 인천, 강화 등의 경기지역과 경상, 전라, 강원, 제주 등 타 지역에 비해 해발고도가 상당히 높은 곳에 분포하고 있다. 표에서 소개한 충북 22기 봉수 중 위치가 불명확한 보은 용산점을 제외한 21기의 평균해발 높이는 468.25m이다. 특히 忠州

地域은 충북도내에서 가장 많은 6기의 봉수가 분포하고 있는 만큼 해발고저차가 심한 편이다. 이중 가장 낮은 곳에 마산봉수(150m)가, 가장 높은 곳에 오성봉수(775m)가 위치하는데 모두 충주지역 소재의 봉수이다. 충주지역 소재 6기 봉수의 평균해발 높이는 479.63m로서 충북 봉수의 전체 평균해발 높이보다 약간 높은 곳에 분포하고 있다. 해발고도별로는 해발 100~200m내가 1기, 200~300m내가 2기, 300~400m내가 4기, 400~500m내가 6기, 500~600m내가 2기, 600~700m내가 3기이며 700m 이상의 고지에 분포하는 봉수는 음성 加葉山(709.9m), 영동 訥伊項(743.3m), 충주 心項烽燧(775m) 등 3기이다. 이를 통해 해발 100~800m내에 고루 분포하나, 이중 가장 많은 봉수가 분포하는 해발높이는 400~500m내의 6기이다.

셋째, 路線에서 충북의 봉수는 모두 제2거 직봉과 간봉(2)·(9)노선의 봉수이다. 이중 2회에 걸쳐 시굴·발굴조사가 이루어진 忠州 馬山烽燧는 부산 다대포진 응봉에서 초기한 직봉과 거제 가라산에서 초기한 간봉(2)노선이 합쳐져 음성 가엽산봉수로 신호를 전달하였던 교통로의 요충지에 위치하고 있다.

넷째, 長軸에서 충북의 봉수 22기 중 소재가 불명이거나 유지가 멸실되어 장축을 알 수 없는 8기를 제외한 14기의 장축은 동-서, 남-북, 북동-남서, 남동-서북 등 네가지이다. 이중 동-서 3기, 남-북 7기, 북동-남서 3기, 남동-서북 1기로서 남-북 장축이 대부분이다.

다섯째, 平面形態에서 충북의 봉수 22기 중 소재가 불명이거나 유지가 멸실되어 평면형태를 알 수 없는 6기를 제외한 16기의 평면형태는 란형, 타원, 장타원, 장방형, 직방형 등 다섯가지로 구분된다. 이를 세분하면 란형 1기, 타원형 8기, 장타원형 4기, 장방형 2기, 직방형 1기로서 타원형태의 원형 13기, 장방형태의 방형 3기이다. 이를 통해 충북 소재 대부분의 봉수는 크게 원형과 방형의 두가지 평면형태로 대별할 수 있다.

여섯째, 築造에서 충북지역의 봉수는 대부분 토·석축이다.

일곱째, 煙竈의 有無이다. 연조는 晝煙夜火를 근본으로 하였던 봉수제에서 주된 신호전달수단으로 모든 봉수의 가장 근본이요 핵심이다. 그럼에도 오늘날 잔존하는 내지봉수에서 연조의 하부는 지표·발굴조사를 통해 일부 확인되었으나, 상부가 온전한 사례는 김천 城隍山烽燧 등 사례가 드문 편이다. 높이는 잔존 연조의 기저부와 문헌기록을 통해 대략 3m 내로 추정된다. 현재 내지봉수에서 지표·발굴조사를 통해 연조가 확인된 봉수는 각주에서 소개하는 바와 같이 약 20기 내이다.[23] 충북도내에서는 과거 발굴조사 후 연

---

23) 포천 독현·잉읍현, 울산 부로산, 용인 석성산, 성남 천림산, 의령 미타산, 김천 성황산(감문산), 창녕

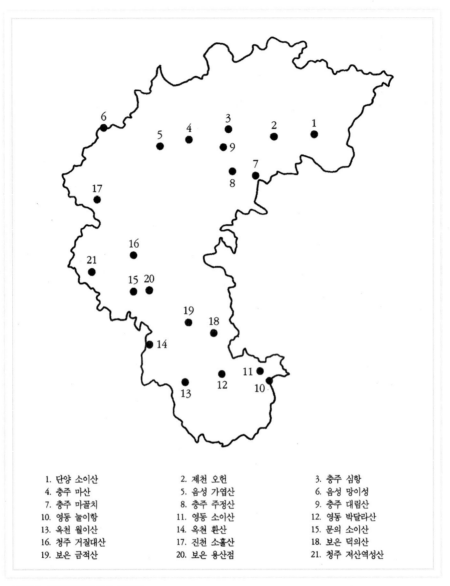

도면 1. 충청북도의 봉수 위치도

1. 단양 소이산	2. 제천 오현	3. 충주 심항
4. 충주 마산	5. 음성 가엽산	6. 음성 망이성
7. 충주 마골치	8. 충주 주정산	9. 충주 대림산
10. 영동 눌이항	11. 영동 소이산	12. 영동 박달라산
13. 옥천 월이산	14. 옥천 환산	15. 문의 소이산
16. 청주 거질대산	17. 진천 소흘산	18. 보은 덕의산
19. 보은 금적산	20. 보은 용산점	21. 청주 저산역성산

조 5기의 복원이 이루어진 충주 周井山烽燧와 최근 발굴조사 후 연조 5기의 복원이 이루어진 청주 巨叱大山烽燧[24) 및 충주 주정산봉수 연조를 모방하여 1기를 복원한 음성 加葉

여통・태백산, 청도 남산, 진주 광제산, 산청 입암산, 청주 거질대산, 영주 고항리, 영천 소산, 고양 독산, 파주 검단산, 공주 월성산, 수원 화성봉돈 등.

24) 중원문화재연구원, 2008,『청주 것대산봉수 -발굴조사 지도위원회자료-』.

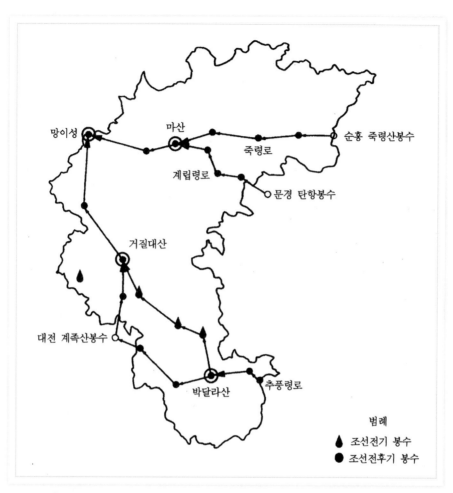

도면 2. 충청북도의 봉수 노선

山烽燧 등 3기를 제외하면 모든 봉수에서 연조를 확인 할 수 없다. 대부분의 봉수가 지표 상에서 육안으로만 확인된 경우이기에 향후 발굴조사가 이루어진다면 연조의 하부구조 가 밝혀질 것으로 기대된다.

여덟째, 交通路와의 관계에서 제2거 노선에 속하는 충북의 봉수는 小白山脈의 주요한 嶺路를 넘는 노선이 모두 봉수로가 되었다. 가장 동쪽의 竹嶺을 넘는 노선이 直烽이 되 고, 중앙의 통로인 鷄立嶺을 넘는 노선과 보다 서쪽의 秋風嶺을 넘는 노선이 주요한 間烽 이었다.[25] 이중 충주 마산봉수는 비록 충북도내에서 해발고도가 가장 낮은 곳에 위치하

25) 忠北大學校 中原文化研究所, 2002,『聞慶 炭項烽燧』, 21쪽.

고 있으나 죽령과 계립령의 분기점에 위치하고 있었던 중요한 봉수였다. 이외에도 충북의 봉수로서 한국고대 주요교통로상에 위치하였던 봉수는 음성 망이성봉수, 청주 거질대산봉수, 영동 박달라산봉수가 있다. 이중 망이성봉수는 죽령과 계립령로의 봉수가 마산봉수에서 합쳐져 가섭산봉수에서 보내는 신호와 추풍령로의 봉수가 최종 합쳐져 이를 경기지역의 용인 건지산봉수로 보내는 역할을 하였던 충북도내 마지막 봉수였다. 다음 청주 거질대산과 영동 박달라산 등 2기의 봉수는 조선전기에 옥천, 보은의 봉수가 철폐되기 전까지 추풍령로의 간봉봉수가 분기하는 봉수였다.

끝으로, 初起烽燧외의 관계에서 제2거 노선의 직봉이 초기하는 부산 다대포진 응봉은 단양, 제천, 충주의 일부 봉수를 지나는 죽령로상의 봉수이다. 다음 제2거 노선의 간봉이 초기하는 거제 가라산은 충주의 마골치, 주정산, 대림성봉수를 지나는 계립령로상의 봉수이다. 다음 남해 금산은 음성, 영동, 옥천, 보은, 청원, 청주, 진천의 봉수를 지나는 추풍령로의 봉수로서 충북지역내 가장 많은 봉수가 지나는 교통로상의 간봉봉수이다.

2. 分布現況

1) 梧城烽燧

- 위치 : 충주시 안림동 · 종민동 경계 鷄鳴山(775m) 정상
- 초축 : 조선전기 이전
- 노선 및 성격 : 제2거 내지봉수
- 현황

봉수는 단양의 죽령을 넘어 한양으로 향하던 竹嶺路상의 제2거 내지봉수이다. 입지상 충주시 종민동의 해발 775m인 鷄鳴山의 정상에서 남동쪽 20m 거리에 위치한다. 따라서 산정에서는 4방향으로 조망이 가능하나, 봉수에서는 산정으로 가로막힌 서쪽을 제외한 3방향으로만 조망이 가능하다. 동쪽으로는 충주호와 동남쪽의 심항산이 내려다 보인다. 지형상 남-북 장축으로 능선을 이루며 동-서는 급사면을 이룬다.

축조시기 및 봉수노선은 조선 전기『世宗實錄』地理志에 충청도 충주목 소재 봉화4처 중 1처인 梧城烽火 명칭으로 동으로 청풍 吾峴에 응하고 서로 동 지역의 馬山에 응한다고 하였다. 이후 지지 기록에는 없는데, 이 원인은 계명산에 위치한 吾城烽燧가 높고 봉수군의 고역이 크므로 맞은편의 심항산으로 移設한 것으로 여겨진다.

봉수는 충북에서 해발고도가 가장 높은 곳에 위치한다. 현재 봉수터는 헬기장화 되어

사진 1. 오성봉수 전경

사진 2. 오성봉수 서쪽부

있어 방호벽외에는 관련시설을 확인할 수 없다. 남-북으로 긴 능선상에 서쪽이 높고 동쪽이 낮은 산능선을 단면 'ㄴ'자 형태로 삭토하여 토·석으로 축조하였다. 이러한 축조는 인근 心項烽燧와 동일하다. 서쪽은 자연암반인데 높이 2.8m 가량이다. 평면 타원형태로 규모는 남북 18m, 동서 11.2m이다. 防護壁은 동쪽만 확인이 가능한데 석축은 많이 허물어진 상태이다. 出入施設은 남쪽과 북쪽 두 군데 있는데 남쪽은 석축의 계단형태로 형태는 뚜렷하지 않으며 폭은 1m 가량이다. 북쪽은 산정으로 이어지는 곳인데 폭 0.8m이다.

봉수로 가기 위해서는 충주시 종민동 마즈막재의 대몽항쟁전승비에서 산정으로 오를 수 있는데 올라가는 길은 가파르다. 맞은편은 조선 전기 오성봉수에서 이설해간 심항산 봉수가 도로와 인접하여 있다.

2) 心項烽燧

- ●위치 : 충주시 종민동 심항산
- ●초축 : 조선전기
- ●노선 및 성격 : 제2거 직봉 내지봉수
- ●현황

봉수는 단양의 죽령을 넘어 서울로 향하는 竹嶺路상의 제2거 직봉노선의 38번째 내지봉수이다. 충주시 종민동 심항산 산정 못미쳐 위치하는데, 충주호를 따라 나란히 나 있는 국도의 우측이다. 봉수에서는 서북쪽으로 梧城烽燧가 위치하였던 鷄鳴山이 정면에 바라보이는데, 남-북 두 방향만 조망이 가능하다. 산 아래로는 충주호가 잘 조망된다. 지형상 북동쪽이 높고 남서쪽이 낮은데 북쪽은 산정으로 오르는 등산로이며 남쪽은 급사면을 이룬다.

축조시기 및 봉수노선은 조선 전기『新增東國輿地勝覽』부터 최종『增補文獻備考』까지 조선 전 시기 발간의 지지에 心項山 혹은 心項의 동일한 명칭으로 표기되어 있다. 이전 시기 서북쪽 맞은편의 계명산에 위치한 吾城烽燧가 높고 봉수군의 고역이 크므로 중종 25년(1530)을 전후한 시기에 이곳으로 移設한 것으로 여겨진다. 대응봉수는 제천 吾峴에서 보내는 신호를 받아 동 지역의 馬山에 응했다.

조선 후기 심항봉수의 운용은『輿地賭書』(1760)를 통해 알 수 있다. 여기에서는 忠淸道 忠原縣 소재 4기 봉수 중 1기로서 현의 동쪽 15里에 소재한다. 동으로 청풍 吾峴에 응하며 서로 馬山에 응한다. 別將 1인, 監官 5인, 軍人 100명 이라고 하였다. 또한 동 서의 軍兵에서 烽燧別將 4인, 烽燧監官 20인, 烽軍 100명, 烽軍保 300명이라 하였는데, 당시 충원현에는 心項山외 大林山·馬山·望耳城 등 4기의 봉수가 있었기에 별장 1인, 감관 5인, 봉군 25명, 봉군보 75명으로 구분되어진다. 이를통해 총 책임자인 봉수별장 1인의 감독하에 감관 5인이 봉군 25명을 1인당 5명씩 조를 짜서 교대로 番을 섰다. 이외에 봉군에게는 1인당 3명씩의 보가 배정되어 실제 근무를 서지 않는 대신 봉군에 대한 경제적 지원을 하였다.

봉수는 북동쪽이 높고 남서쪽이 낮은 산중턱을 인근 吾城烽燧와 동일하게 단면 'ㄴ'자 형태로 삭토하여 토·석으로 축조하였다. 지형상 북쪽은 산정으로 오르는 등산로이며 남쪽은 급사면을 이룬다. 평면 타원형태로 봉수내에는 金海 金顯宗의 墓가 1기 안장되어 있다. 防護壁은 북쪽을 제외한 3면으로 뚜렷하나 많이 허물어진 상태이다. 방호벽 상부에는 담장지의 기저부가 뚜렷한데 직경 1~1.2m이다. 연조는 멸실로 인한 듯 확인되지 않

사진 3. 심항봉수 전경

사진 4. 심항봉수 방호벽

는다.

봉수는 충주시 종민동 계명산 맞은편의 산중턱에 있다. 봉수는 마즈막재의 고갯길에 있는데 조선시대에 청풍현에서 중죄를 지은 사형수들이 종민동나루에서 이 고개를 넘어 충주 관아의 사형장으로 끌려갔다. 이 고개를 넘으면 다시는 집에 돌아갈 수 없었다는 전설이 있다. 봉수로 오르는 길은 심항산해맞이도시숲으로 잘 조성되어 있는데 제2숲길로 진입하여 올라가면 등산로 우측에 있다. 숲길 조성이 잘 되어 있어 시민들이 즐겨 찾는 명소이다.

3) 馬山烽燧

- 위치 : 충주시 이류면 금곡리 봉화산(150.2m) 정상
- 초축 : 조선전기 이전
- 노선 및 성격 : 제2거 직봉과 간봉(2)노선의 내지봉수
- 현황

봉수는 영남지방에서 죽령을 넘는 제2거 직봉과 조령(하늘재)을 넘는 간봉(2)이 합쳐지는 교통·통신상의 요충지에 위치하고 있다. 대응봉수는 동쪽으로 직봉인 충주 心項山烽燧와 간봉인 충주 大林城烽燧에서 신호를 받아 서쪽의 음성 迦葉山烽燧에 응하였다.『世宗實錄』地理志에 처음으로 기록되어 있으며, 이후 조선시대 편찬된 각종 지지에 동일하게 기록되어 있다.

최근 지표·시굴조사를 통해 개략적인 현황이 알려졌다. 평면형태는 동서방향을 장축으로 하는 타원형이다. 규모는 방호벽의 상단을 기준으로 동서 최대 24m이며, 남북 최대 14m로 전체 둘레는 62m이다.

부속시설로서 煙竈는 봉수의 서쪽에 남북방향으로 배치되어 있던 것으로 판단되나 최근 참호와 교통호를 설치하면서 모두 훼손된 상태이다. 防護壁은 북쪽의 일부구간을 제외하고 전체적으로 윤곽이 남아 있으나 일부 구간은 하부가 심하게 밖으로 밀려 붕괴가 진행되고 있는 상태이다. 석축의 높이는 1~2.3m로 차이를 보이고 있다. 석축은 하부에 비교적 큰 돌을 사용하고 위로 오를수록 작은 돌을 사용하고 있으나 위쪽에도 군데군데 큰 돌이 들어가 있어 정연하지 못하다. 방호벽 상부의 담장시설은 남쪽과 동쪽에 비교적 잘 남아 있다. 담장의 너비는 남쪽이 2.0~2.1m, 동쪽이 1.2m의 규모이며, 작은 할석을 이용하여 1~2층으로 축조하고 있다. 출입시설은 서쪽과 동쪽의 능선으로 이어지는 곳에 설치되어 있던 것으로 추정되나 현재는 모두 훼손된 상태이다.

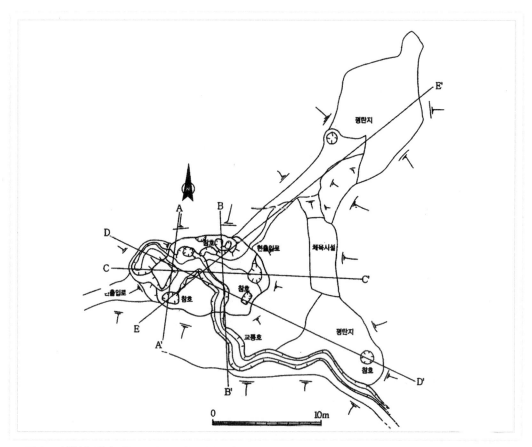

도면 3. 마산봉수 평면도(충북대학교 중원문화연구소)

사진 5. 마산봉수

사진 6. 마산봉수 방호벽

　건물지는 연료를 보관하던 고사지와 봉수군이 머무르던 건물지 2동이 있었던 것으로 추정된다. 먼저 고사지는 봉수의 동쪽에 치우친 지점에 위치하고 있었던 것으로 판단되나 정확한 규모는 확인되지 않았다. 이외 건물지는 봉수 남동쪽 외측 평탄지에서 확인되었다. 건물지의 기단석렬로 추정되는 석축시설이 확인되었는데, 규모는 길이 2m로 1~2단으로 축조하였다.

지표조사와 시굴조사에서 수습된 유물은 기와편과 자기편, 도기편이 있으며 대부분 조선시대의 것들이다.[26]

4) 麻骨峙烽燧

- ●위치 : 충주시 상모면 사문리와 미륵리 경계의 지릅재 남쪽 산봉우리(640m)
- ●별칭 : 麻骨岾烽燧
- ●초축 : 조선전기 이전
- ●노선 및 성격 : 제2거 간봉(2) 내지봉수
- ●현황

봉수는 우리나라 고대 교통로의 중심인 鷄立嶺路에 위치하는 제2거 간봉(2)노선의 내지봉수이다. 대응봉수는 동쪽으로 문경 炭項烽燧에서 보내는 신호를 받아 서쪽으로 동지역의 周井山烽燧에 응하였다. 『世宗實錄』地理志에 처음으로 기록되어 있으며, 명칭은 지지마다 麻骨岾 혹은 麻骨峙로 표기되어 있다.

봉수는 평면 장방형으로 장축은 남동-서북이다. 지형상 남동쪽이 높고 서북쪽이 낮으며 남북으로 급사면을 이루고 있다. 4면에 석축이 양호하게 잘 남아 있는 봉수의 전체둘레는 약 92m 가량이다. 석축은 지형적 요인으로 높이에 있어 약간씩 차이가 있는데 동쪽과 북쪽의 경우 높이 130cm 가량에 7~8단이며, 서쪽의 경우 높이 190cm 가량에 12~13단의 석축이 남아 있다. 특히 서쪽면의 경우 夜門城의 북쪽 끝부분에 연접하여 봉수를 축조하였다.

사진 7. 마골치봉수

사진 8. 마골치봉수 방호벽

---

26) 中原文化財硏究院, 2009,『忠州 馬山烽燧 -試掘調査 報告-』.

봉수 내부는 소나무와 잡목이 무성하게 성장하고 있으며, 봉수의 거화와 관련된 연조 등의 시설은 확인 할 수 없다. 남동쪽 모서리에 山神堂이 현존하고 있다. 봉수 외부로는 봉수군의 생활 및 시설물 축조시 사용된 것으로 보이는 자기 및 와편 등의 유물이 다수 채집되고 있다.

5) 周井山烽燧

- ●위치 : 충주시 상모면 온천리 산47-2(해발 440.2m)
- ●초축 : 조선전기 이전
- ●노선 : 제2거 간봉(2) 내지봉수
- ●지정 : 충청북도 기념물 제113호
- ●현황

봉수는 鷄立嶺路의 충주 麻骨峙烽燧에서 보내는 신호를 받아 동 지역의 大林城烽燧에 응하였던 제2거 간봉(2)노선의 내지봉수이다.

충주시 상모면 온천리와 괴산군 장연면 추점리의 경계를 이루는 해발 440.2m의 산능선 정상에 위치하고 있다. 국내 최초로 1995년 충북대학교 호서문화연구소에 의해 발굴조사 후 정비·복원이 이루어졌다.

조사를 통해 봉수는 장축 남-북방향이며 봉수대내는 암반으로 된 기반부가 있고, 이 암반의 규모는 남북 약 27m, 너비는 동서로 약 19.5m이다. 이 암반의 가상 높은 부분 가장자리를 보완하여 석축한 외곽 석축 즉, 봉돈 외곽의 放火墻 혹은 防護壁이 있으며, 礎을 갖춘 출입구와 烟竈, 그리고 倉庫址 및 內溝와 外沿部 등으로 구성되어 있다. 암반 노두와 보완된 석축의 가장자리를 돌려서 쌓은 봉돈부 주변 외곽 석축의 전체는 남북 방향으로의 길이가 최대 21m이고, 동서 방향으로의 너비가 최대 11m에 달하는 긴 타원형의 형태임이 확인되었다.[27] 아울러 봉수 둘레 62m로서 이는 전국 내지봉수 평균 규모인 70~80m에 못 미치는 소형이다.

봉수의 특징은 防護壁 내 공간을 효율적으로 활용하기 위한 2단 구성과 烟竈의 특이한 배치에 있다. 즉 방호벽 내 내부 공간은 2단 구성인데, 북쪽에 치우쳐 가장 높은 곳에 연조 5기가 전·후 2열의 W자형으로 배치되어 있다. 과거 발굴조사 후 연조가 북쪽 방호벽에 인접하여 복원되었다.

---

27) 忠北大學校 湖西文化研究所, 1997, 『忠州 周井山 烽燧臺 發掘調査報告書』(研究叢書 第13冊), 19쪽.

사진 9. 주정산봉수 방호벽과 연조(복원)　　　　사진 10. 주정산봉수 방호벽

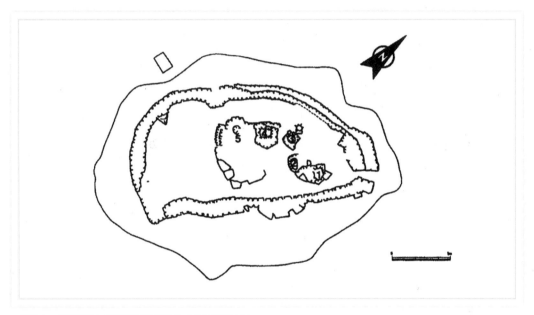

도면 4. 주정산봉수 평면도(충북대학교 호서문화연구소)

6) 大林城烽燧

- ●위치 : 충주시 살미면 향산리(해발 487.5m)
- ●별칭 : 大林山烽燧
- ●초축 : 조선전기 이전
- ●노선 및 성격 : 제2거 간봉(2) 내지봉수
- ●현황

봉수는 鷄立嶺路의 충주 周井山烽燧에서 보내는 신호를 받아 동 지역의 馬山烽燧에 응하였던 제2거 간봉(2)노선의 내지봉수이다. 조선 전기『世宗實錄』地理志부터 최종『增

補文獻備考』까지 조선 전 시기 발간의 지지에 기록이 있다. 대응봉수는 충주 周井山烽燧에서 보내는 신호를 받아 동 지역의 馬山烽燧에 응했다. 명칭상 지지별로 大林城 → 大林山 등으로 달리 표기되나 최종 명칭은 大林城이다.

조선 후기 대림성봉수의 운용은 『輿地賭書』(1760)를 통해 알 수 있다. 여기에는 忠淸道 忠原縣 소재 4기 봉수 중 1기로서 현의 남쪽 10里에 소재한다. 남으로 延豊 周井山에 응하며 서로 馬山에 응한다. 別將 1인, 監官 5인, 軍人 100명이라고 하였다. 따라서 과거 봉수가 운용되던 당시 봉수군은 봉수 아래 창골마을 주민들이 교대로 番을 짜서 운용하였던 것으로 여겨진다.

봉수가 위치하는 곳은 충주시 살미면 향산리의 창동마을을 둘러싼 大林山城의 북동단 해발 487.5m의 산정상이다. 과거 2회에 걸친 지표조사를 통해 현황이 보고된 바 있다.[28] 봉수가 위치하는 곳은 山城 내로서 산성 내 가장 높은 곳에 위치하여 4방으로 조망이 가능하다. 과거 조령과 계립령을 거쳐 충주를 왕래하는 교통의 요지이다. 산정에서는 성 남쪽뿐만 아니라 서쪽의 창골마을 및 북쪽의 충주시내와 주위 달천강 일대가 잘 조망된다.

봉수는 대림산성 내 북문지와 동문지 사이에 위치하는데 평면 원형이다. 축조시 산 정상부를 깎아 정지하고 둘레를 쌓아 올려 평탄지를 확보했다. 防護壁은 토·석으로 상부에는 단양 所伊山烽燧와 규모·형태가 유사한 煙臺가 남-북으로 길게 조성되어 있다. 규모는 높이 0.8m, 남북 7m, 동서 2m이다. 연대 상부 남쪽에는 직경 2m, 폭 1.2m의 예비군 참호가 깊이 0.5m로 1개 있고 중앙에 삼각점이 있다. 방호벽의 석축은 높이 1.3m로 9~10단 정도 남아 있으며 축조시 면을 맞추는 등 정형성을 띠고 있다. 出入施設은 뚜렷하지 않으며 남쪽과 서쪽에서 방호벽을 밟고 내부로 진입이 가능한데 간격은 9m이다. 내부에는 墓 2기가 있는데 봉분이 삭평되고 납작하다. 또한 예비군 塹壕 7개가 봉수를 돌아가며 있는데 간격은 일정하지 않다. 이외에 철제 이정표, 봉수 안내문, 목제 입목, 벤치 등이 마련되어 있다. 봉수의 규모는 동서 16m, 남북 19.6m이다.

봉수로 가기 위해서는 충주에서 수안보 방향 3번 국도를 따라 가다 향산3거리에서 좌회전하여 옛길로 가다 보면 대림산성 입구인 창골마을이 나온다. 좌·우측에 등산로가 있는데 어느 길이든 봉수에 이를수 있으며, 창골마을 끝에서 오르는 지름길이 있다.

---

28) 西原鄕土文化硏究會, 1991, 『忠北의 烽燧 地表調査報告書』.
    詳明大學校 博物館, 1997, 『忠州 大林山城 精密地表調査報告書』.

사진 11. 대림성봉수 전경

사진 12. 대림성봉수 방호벽

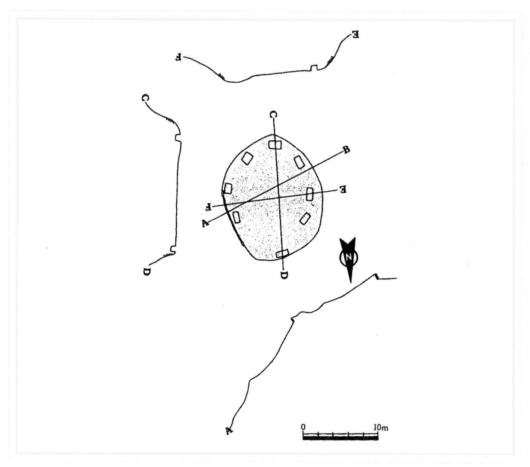

도면 5. 대림성봉수 평면도(상명대학교 박물관)

Ⅳ. 山城關聯 烽燧

烽燧는 山城과 긴밀한 관련이 있는 관방유적이다. 충북의 성곽은 그 분포 위치에 따라 단양·제천·충주·괴산 등의 북부지역과 영동·옥천·청원·청주·보은·진천·음성 등의 서·남부 지역으로 크게 구분할 수 있다.

우선 북부지역은 남한강으로 유입되는 달천·단양천 등 소하천유역과 남한강을 따른 하천교통로상, 죽령·계립령·조령 등의 육상교통로상에 성곽이 밀집분포하는 특징을 보어준다. 특히 남한강유역에서는 삼국간의 치열한 영역확장을 보여주는 수 많은 성곽유적이 분포하며 일찍부터 지표조사가 진행되어 왔다.

충남지역과 접한 서·남부지역은 금강과 주변 하천을 통해 쉽게 이동할 수 있는 주요 교통로에 해당하기 때문에 일찍부터 성곽을 비롯한 방어시설의 축조가 이어졌다. 특히 서·남부지역은 영동·옥천·청원 등 금강유역의 하천변에 집중적으로 성곽이 축조된 양상을 보여준다.[29]

충북에 분포하는 관방유적을 각 시군별로 살펴보면 아래와 같다.

표 2. 忠清北道 關防遺蹟 統計表[30]

	괴산	단양	보은	영동	옥천	음성	제천	진천	충주	청원	청주	계
城郭	9	5	15	16	15	9	11	9	12	26	8	135
烽燧	0	1	2	3	3	2	1	1	5	2	1	21
계	9	6	17	19	18	11	12	10	17	28	9	156

다음으로 봉수의 설치 및 입지조건시 산성과의 관련성을 살펴보고자 한다. 이에관한 사실로 고려 우왕 3년(1377) 開城府에서 올린 상소 중에는 봉수의 설립조건을 다음과 같이 언급하고 있다.

山城과 가까운 곳을 편이에 따라 수리하여 烽燧를 서로 바라 보며 전시에 서로 구원하게 하는 것이 좋겠습니다.[31]

---

29) 현남주, 2001,「忠清北道의 關防遺蹟」,『학예지』8, 육군사관학교 육군박물관, 107쪽.

30) 김주홍 외, 2003,「忠北地域의 烽燧(Ⅰ)」,『忠州 馬山烽燧 地表調査報告書』, 忠北大學校 中原文化研究所, 84쪽의 〈표 6〉 재인용.

31) 辛禑3年 開城府狀曰 --(中略) -- 山城相近之地 隨宜修葺使之 烽燧相望 攻戰相救可也(『高麗史』卷82, 志36, 辛禑3年 條.)

를 통해 봉수의 설립조건시 山城과 가까운 곳을 고려하고 있었음을 알 수 있다.

따라서 산성내 소재하는 봉수는 다음의 〈표 3〉과 같이 5기이다. 충북 전체 22기의 봉수 중 5기만이 산성 내에 위치하고 있다. 지역별로는 충주 2기, 음성・옥천・청주 각 1기이다. 해발높이가 상당히 높은 곳에 위치하는 이들 5기 봉수의 평균 높이는 461.5m이다. 이 높이는 충북 21기 봉수의 평균 해발높이 468.25m와 상당히 유사한 수치이다. 노선상 제2거 직봉인 음성 망이성봉수를 제외하면 4기 모두 간봉노선임을 확인 할 수 있다.

표 3. 山城內 烽燧一覽表[32]

烽燧名稱	所在地	높이(m)	路線(제2거)	山城名	備考
馬骨峙	충주시	640	간봉	夜門城	巨濟 加羅山 初起
大林城	충주시 향산동 산45	487.5	간봉	大林山城	巨濟 加羅山 初起
望夷城	음성군 삼성면 양덕리	472	직봉 간봉	望夷山城	多大浦鎭 鷹峰 初起 巨濟 加羅山 初起
環山	옥천군 군북면 환평리	500	간봉	環山城	南海 錦山 初起
猪山驛城山	청원군 강내면 저산리	208	간봉	猪山城	유지멸실

VII. 맺는말

지금까지 충주지역의 봉수에 대해 충북 전체 22기 봉수와의 연계선상에서 각 장별로 정리하였다. 충북은 과거 조선시대에 단양・제천・충주・음성・영동・옥천・보은・청원・청주・진천 등의 지역을 중심으로 22기의 봉수가 소재하였던 곳이다. 이중 忠州地域은 충북 전체 1/4 가량인 6기의 봉수가 분포하는 곳으로서 조선시대 교통・통신로상의 요충지였다.

따라서, 본고는 제2장 調査現況을 통해 일제강점기 이후 최근까지 조사가 이루어진 봉수를 정리하였다. 또한 국내최초로 봉수 단일유적에 대한 발굴조사가 이루어진 지역과 봉수가 충주 周井山烽燧였음을 소개하였다. 또한 표를 통해 충주지역을 포함한 충북 전체 봉수의 현황을 소개하였다.

제3장에서는 忠北 烽燧의 특징을 초축시기, 해발고도, 노선, 장축, 평면형태, 축조, 연

---

32) 김주홍 외, 2003,「忠北地域의 烽燧(Ⅰ)」,『忠州 馬山烽燧 地表調査報告書』, 忠北大學校 中原文化研究所, 85쪽의 〈표 7〉 재인용.

조유무, 교통로, 초기봉수 관계 등 아홉가지 면에서 종합하여 정리하였다. 특히 교통로에 있어 충북지역의 봉수는 竹嶺, 鷄立嶺, 秋風嶺의 주요 嶺路에 위치하였는데, 충주 馬山烽燧의 경우 충북도내에서 해발고도가 가장 낮은 곳에 위치하는 봉수임에도 죽령과 계립령의 분기점에 위치하고 있었던 봉수였음을 소개하였다. 다음 分布現況에서는 현재의 행정구역상 충주지역에 속하는 梧城 · 心項 · 馬山 · 麻骨峙 · 周井山 · 大林城 등 6기의 봉수에 대해 개별현황을 정리하였다. 이중 존속기간이 가장 짧았던 봉수는 梧城烽燧로서 그 원인은 해발고도가 높이 烽燧軍의 苦役이 컷으므로 맞은편의 心項山으로 移設한 것으로 추정하였다. 특히 忠州地域은 충북도내에서 가장 많은 6기의 봉수가 분포하고 있는 만큼 해발고저차가 심한 편이다. 이중 가장 낮은 곳에 馬山烽燧(150m)가, 가장 높은 곳에 梧城烽燧(775m)가 위치하는데 모두 충주지역 소재의 봉수임을 언급하였다. 또한 충주지역 소재 6기 봉수의 평균해발 높이는 479.63m로서 충북 봉수의 전체 평균해발 높이 468.25m보다 약간 높은 곳에 분포하고 있음을 언급하였다.

제4장 山城關聯 烽燧에서는 산성과 봉수의 관련성에서 산성내 봉수 5기에 대해 간략하게 소개하였는데 이중 충주 소재 봉수 2기가 산성과 밀접한 관련이 있다.

이상 본고를 통해 각 장별로 충북 봉수와의 관련성에서 충주지역 소재 6기의 봉수에 대한 대강을 정리하였다. 본고에서 미처 다루지 못하였거나 부족한 면은 향후 계속적으로 보완해 나가고자 한다. 본고가 충주지역 봉수의 대강을 이해하는데 礎石이 되어 계속적인 연구가 이루어지기를 기대한다.

참고문헌(忠州地域의 烽燧關聯 史料)

『世宗實錄』地理志(1454)

『世宗實錄』卷 149. 地理志 忠淸道 忠州牧
烽火四處 梧城 東准淸風吾峴 西准翼安馬山
大林城 西准馬山
馬山 西准陰城伽葉山
望伊山 東准陰城伽葉山 西准竹山儉丹山

『世宗實錄』卷 149, 地理志 忠淸道 忠州牧 延豊縣
烽火一處 麻骨岾 在縣北 東准聞慶炭項 西准周井
周井 在縣北 南准麻骨岾 北准忠州大林城

『新增東國輿地勝覽』(1530)

『新增東國輿地勝覽』卷14, 忠淸道 忠州牧 烽燧條
大林山烽燧 南應延豊縣周井山 西應馬山
心項山烽燧 東應淸風郡吾峴 西應馬山
馬山烽燧 東應大林山及心項山 西應陰城縣迦葉山
望夷城烽燧 東應陰城縣迦葉山 南應鎭川縣所乙山 西應京畿竹山縣巾之山

『新增東國輿地勝覽』卷14, 忠淸道 延豊縣 烽燧條
麻骨岾烽燧 東應聞慶縣炭項山 西應周井山
周井山烽燧 北應忠州大林山 東應麻骨岾

『東國輿地志』(1656)

『東國輿地志』卷3, 忠淸道 忠州牧 烽燧條
大林山烽燧 南應延豊縣周井山 西應馬山
心項山烽燧 東應淸風郡吾峴 西應馬山
馬山烽燧 東應大林山及心項山 西應陰城縣迦葉山
望爾山烽燧 東應陰城縣迦葉山 南應鎭川縣松山 西應京畿竹山縣乾之山

『東國輿地志』卷3, 忠淸道 延豊縣 烽燧條
麻骨岾烽燧 東應聞慶縣炭項山 西應周井山
周井山烽燧 北應忠州大林山 東應麻骨岾

『輿地圖書』(1760)

『輿地圖書』忠淸道 忠原縣 烽燧條
大林山烽燧 在縣南十里 南應延豊周井山 西應馬山 別將一人 監官五人 軍人一百名
心項山烽燧 在縣東十五里 東應淸風吾峴 西應馬山 別將一人 監官五人 軍人一百名
馬山烽燧 在縣西二十五里 東應大林山及心項山 西應陰城迦葉山 別將一人 監官五人 軍人一百名
望耳城烽燧 在縣西一百十里 東應陰城迦葉山 南應鎭川縣所乙山 西應京畿竹山府巾之山 別將一人 監官
　　　五人 軍人一百名
『輿地圖書』忠淸道 忠原縣 軍兵條

烽燧別將四人 烽燧監官二十人 烽軍一百名 烽軍保三百名

『輿地圖書』忠淸道 延豊縣 烽燧條
麻骨烽燧 在縣北四十里 東應聞慶縣炭項烽 西應本縣周井烽
周井烽燧 在縣北四十里 東應本縣麻骨烽 北應忠原縣大林城烽
『輿地圖書』忠淸道 延豊縣 軍兵條
烽燧別將二人 監官十人 烽軍五十名 保一百五十名

　　『延豊郡邑誌』(1775)

麻骨烽燧 在縣北四十里 東應聞慶縣炭項烽 西應本縣周井烽
周井烽燧 在縣北四十里 東應本縣麻骨烽 北應忠州牧大林城烽

　　『湖西邑誌』(1871)

『湖西邑誌』第3册「忠州邑誌」烽燧條
大林山烽燧 在州南十里 南應延豊周井山 西應馬山 別將一人 監官五人 軍人一百名
心項山烽燧 在州東十五里 東應淸風吾峴 西應馬山 別將一人 監官五人 軍人一百名
馬山烽燧 在州西二十五里 東應大林山及心項山 西應陰城迦葉山 別將一人 監官五人 軍人一百名
望耳城烽燧 在州西一百十里 東應陰城迦葉山 南應鎭川縣所乙山 西應京畿竹山府巾之山 別將一人 監官
　　五人 軍人一百名
『湖西邑誌』第3册 忠州牧 軍額條
烽燧別將四人 烽燧監官二十人 烽軍一百名 烽軍保三百名

『湖西邑誌』第4册「延豊縣邑誌」烽燧條
麻骨烽燧 在縣北四十里 東應聞慶縣炭項峯 西應本縣周井峯
周井烽燧 在縣北四十里 東應本縣麻骨峯 北應忠州牧大林城峯

　　『忠州郡邑誌』(1899)

烽燧 大林山烽燧 在州南十里 今廢
心項山烽燧 在州東十五里 今廢
馬山烽燧 在州西二十五里 今廢
望耳城烽燧 在州西一百十里 今廢

　　『增補文獻備考』(1908)
『增補文獻備考』卷124, 兵考16, 烽燧2

木覓山烽燧 自東至西五炬 第一準咸鏡江原京畿來楊州峨嵯山烽 第二準慶尙忠淸京畿來廣州天臨山烽 第三準平安黃海京畿陸路來母嶽東烽 第四準平安黃海京畿水路來母嶽西烽 第五準全羅忠淸京畿來陽川開花山烽

第二炬準天臨山 石城山 巾之山 望夷城 加葉山 馬山 心項 吾峴 所伊山 竹嶺山 望前山 城內山 沙郎堂 堂北山 龍岾山 菖八來山 祿轉山 開目山 峰枝山 甘谷山 馬山 鷄卵峴 城山 大也谷 繩院 繩目山 甫只峴 城山 城隍堂 永溪 方山 硃砂峰 蝶布峴 高位 蘇山 夫老山 渭川 鷄鳴山 荒嶺山 龜峰 鷹峰 初起

間烽⑵ 忠州馬山 大林城 周井山 麻骨峙 炭項 禪巖 南山 所山 西山 回龍山 所山 城隍山 藍山 石古介 件臺山 朴執山 角山 星山 伊夫老山 望山 彌崇山 彌陀山 可幕山 巴山 加乙浦 曲山 天峙 牛山 彌勒山 加羅山 初起

間烽⑼ 忠州望夷城 所屹山 巨叱大山 所伊山 鷄足山 環山 月伊山 朴達羅山 所伊山 訥伊項 高城山 龜山 渠末屹山 金貴山 所峴山 金城山 笠巖山 廣濟山 望晉 鞍峴山 角山 臺防山 錦山 初起

壬辰戦争以前の小西行長

鳥津亮二(도리즈료지)　日本 八代市立博物館未来の森ミュージアム

국문 초록

고니시 유키나가(小西 行長)는 16세기 말에 발발한 임진전쟁(임진왜란, 분로쿠·게이쵸노에키)의 일본 측 중요 인물이다. 일본에서 임진전쟁에 관한 연구는 전쟁의 진행과정에서 豊臣秀吉의 전황 인식과 방침이 항상 변했었던 점, 對 조선, 對 명 교섭의 주담당자였던 고니시가 항상 도요토미의 의향을 확인하면서 강화교섭을 진행했었던 점 등이 밝혀지고 있다. 이처럼 도요토미의 충직한 신하로서 고니시의 성격이 어디서 기인하는 것일까? 본고에서는 도요토미와의 관계를 중심으로 임진전쟁에 이르기까지의 고니시의 기본적인 성격에 대해 고찰하겠다.

고니시의 생애나 기본적인 성격에 가장 많은 영향을 끼쳤다고 생각되어지는 사람이 아버지 고니시 류사(小西 立佐)이므로 고니시의 実像을 파악하기 위해서 류사의 기본적인 성격을 분석할 필요가 있다. 루이스 프로이스(Luis Frois)가 "사려가 깊고 협상에 능하다"고 기록한 대로 류사는 뛰어난 능력을 갖춘 인물로, 고향인 사카이(堺)의 호상들과의 관계, 천주교인으로서 예수회 선교사들과 맺은 밀접한 관계를 최대한 이용하였고, 오다 노부나가(織田 信長)나 도요토미 같은 권력자들과 예수회를 연결하는 중개자로서 정치적인 신뢰를 획득하였다. 이러한 류사의 개인적인 성향이 고니시의 역사적 전제로서 가장 중요한 점이다.

1558년 고니시 류사의 둘째 아들로 태어난 고니시 유키나가는 아버지의 영향을 받아 유년기에 천주교에 입교하였고, 청년기에는 류사와 함께 도요토미의 신하가 되었다. 아버지가 만든 예수회와 사카이 상인들과의 관계를 활용하면서 세토나이해(瀬戸内海)를 무대로 활약하고 도요토미의 일본통일 활동을 뒷받침하였다. 도요토미로부터 높은 신뢰를 받은 고니시는 규슈(九州) 통일 직후인 1588년에 히고(肥後 : 지금의 구마모토현)의 영주로 발탁되어 규슈에 있어서 도요토미정권의 대리인으로서 그 지위를 굳혔다.

이처럼 고니시 류사·유키나가 부자는 도요토미의 일본 통일 과정에서 특유의 성향을 무기로 하여 입신출세에 성공하였다. 한편 이것은 류사, 유키나가의 정치적 지위와 권력이 도요토미로 말미암아 비로소 보장되었다는 사실을 입증하고 있다. 즉, 고니시 부자에게 있어서 도요토미는 자신들의 지위와 신분을 보장하는 절대적인 존재였던 것이다. 따라서 고니시 유키나가는 규슈 또는 히고의 통치 및 대 조선 교섭에서도 필연적으로 도요토미의 의향에 따라 움직여야만 할 입장에 있었고, 이것이 임진전쟁에서 그의 행동의 기본적인 전제가 되었다.

Ⅰ. 序文

小西行長は16世紀末期に勃発した壬辰戦争(壬辰倭乱、文禄・慶長の役)における日本側の重要人物である。行長については、侵攻軍の主力武将、あるいは講和交渉の担当者として、これまで日韓両国の壬辰戦争研究史の中でも再三注目され、近年も佐島顕子や中野等らに代表される研究の蓄積がある〔佐島1992・1994、中野2006・2008〕。

こうした研究動向の中で筆者も小西行長の研究に取り組んでおり、2012年6月に忠州市で開催された第24回中原文化国際学術大会において、壬辰戦争における小西行長の動向について発表の機会を得た。その際に指摘したことは、壬辰戦争の経過の中で

豊臣秀吉の戦況認識と方針が常に変化していたこと、そして朝鮮・明との交渉の主担当であった行長が、常に秀吉の意向を確認して講和交渉にあたっていたという事実である〔鳥津2012〕。

　それでは、こうした秀吉の忠実な家臣としての行長の性格には、何に起因するのであろうか。近年の行長とその一族をめぐる研究の成果〔鳥津2010・2013・2014〕をもとに、本稿では壬辰戦争に至るまでの行長の基礎的性格について、秀吉との関係を中心に考察を加えることとする。

II. 父・小西立佐の人物像

1. 出自とキリスト教との出会い

　小西行長の生涯や基礎的性格に最も影響を与えたと考えられるのが、実父の小西立佐であり、行長の実像解明にはまず、立佐の基礎的性格を検討する必要がある。よって、本章では、小西立佐の人物像について明らかにしていきたい。

　小西立佐がどのような人物であったかについては、フロイス『日本史』の中に次の一文がある。

　「ジョウチン立佐は、ガスパル・ヴィレラ師が都地方に行った時以来の、その地における最古の改宗者の一人であり、（ジョウチン）もまた我らのフランシスコ・ザビエル師を識っていた。彼は次男であるアゴスチイノ津の守殿という（老）関白の絶大な寵臣の父親であるばかりでなく、きわめて思慮に富み、交渉に長けていたので、その人柄は（老）関白殿から大いに愛好され、重んぜられ、彼は（老関白殿）から要職を授けられていた。（老）関白は日本君主国を統治し始めたときから、18年このかた、彼に室と小豆島の支配を委ねたばかりか、彼の郷里である堺の奉行に起用した。それは日本人の間において、きわめて高位の（重）職であり、彼は亡くなる日までその職に留まった。なおそのほかにも、（老）関白は朝鮮と戦うため、初めて名護屋に行った時には彼を伴い、己のすべての金子と財宝を司る出納長官、かつ財政管理者に任命した。さらに恩恵（として）、他の多くの重要な任務を伴い、きわめて高い位階である法印（の称号）を授け、立佐が（老）関白に随伴して名護屋にいる間は、その長男のペント（如清）を代理として堺の統治に当

たらせた。」(『日本史』第3部40章)

　この記述は、立佐の活動ぶりを的確かつ端的に要約してくれているので、これをもとにして彼の生涯を検討していきたい。

　まず、生年であるが、フロイスによれば1592年段階で「60歳を超えた老人」であった(『日本史』第3部40章)ことから、享禄年間(1528~32)ごろの出生と推定できる。

　次に立佐の出身地について、フロイスは堺を「彼の郷里」としている。これは松田毅一が指摘しているように〔松田1967・1987〕、「開口神社文書」などにより天文年間の堺に「小西」姓を名乗る有力商人の存在が確認できること、のちに堺の豪商である日比屋家と密接な縁戚関係を持つことをあわせて考えると、立佐は堺の小西一族出身者である可能性が高い。

　そして、前掲のフロイスの一文の中に「我らのフランシスコ・ザビエル師を識っていた」という記述がある。これを確実に証明する他史料は見出せないが、1550年(天文19)から翌年にかけてザビエルが堺と京都を往復した際に世話に当たったのが堺の日比屋家であり、立佐はこの時にザビエルと何らかの接触を持った可能性がある〔松田1967・1987〕。また、フロイスが「ガスパル・ヴィレラ師が都地方に行った時以来の、その地における最古の改宗者」と記述していることから、ヴィレラが足利義輝から京都での布教を認められた1560年(永禄3)までに、立佐は堺から京都へ移住し、この頃にキリスト教の洗礼を受けたと考えられる。

　この後、1565年(永禄8)に京都から宣教師が追放された際、河内国まで同行した「都のキリシタン」3人うちの1人が「ジョウチン立佐」であった(『日本史』第1部67章)。さらに、1569年(永禄12)、岐阜の織田信長に面会するために京都を出発したフロイスに「立佐」と「その一子」が同行しており、フロイスはその様子を伝える書簡で「このキリシタンが我らに抱く愛情により我らがどれほど彼に負うているか尊師に到底語り得ない」と述べている(1569年7月12日付フロイス書簡、『16・17世紀イエズス会日本報告集』Ⅲ-3、※以下『報告集』)。このように、立佐は1560年頃に洗礼を受け、早くから積極的にイエズス会宣教師を支援する行動を取ることで、イエズス会宣教師たちと密接な信頼関係を築いていった。このことが、後に立佐や行長が政治的地位を向上させるにあたっての最大の個性となるのである。

2．織田信長への接近

　この後、立佐はイエズス会宣教師たちとのパイプを「武器」として、徐々に当時の武家権力者へと接近していく。

　例えば、立佐は1569年（永禄12）、信長との面会結果を伝えるフロイスの使者として、摂津高槻城主の和田惟政のもとに赴いているが、フロイスは「奉行（惟政）はこのキリシタンが我らによく受け入れられており、教会が事あるごとに同人（ジョウチン立佐）を用いていることを知ると、その貧しさ故に同人を援助することに決め、生命ある限り恩恵を施した」と記している（1571年9月18日付フロイス書簡、『報告集』Ⅲ-4）。

　また、1573年（元亀4）には、「都のもっとも古参のキリシタンの一人である（小西）ジョウチン立佐」が、フロイスの指示を受けて上洛中の信長に謁見し、日本布教長カブラルの書簡と「塗金の円楯」を献上。さらに後日、立佐は信長に「一瓶の金平糖」を献上した上で、宣教師たちの活動説明を行ない、信長は満足を示したという（『日本史』第1部101章）。このように、宣教師からの信頼をもとに、イエズス会と権力者との仲介役を果たし、逆に権力者からは宣教師たちとの「交渉窓口」として認識されることで、立佐は独自の政治的地位を確立していったのである。

　一方で、立佐は京都を基盤にキリシタンとして活躍しつつ、堺の町衆や豪商たちとのつながりを持ち続け、『宗及自会記』（『茶道古典全集』第8巻）に「京之小西立佐」はたびたび登場している（天正3年正月25日条・天正8年2月15日条）。そしてこの頃、立佐の嫡男如清と堺の商人・日比屋了珪の娘アガタが婚姻を結ぶが〔松田1967〕、これは堺において特に人望と財力を持つ日比屋氏との関係強化を図る立佐の思惑が背景にあったと考えられる。権力への接近を志向する立佐と、堺のキリシタンの柱石であり、九州での対外通商ルートを持つ日比屋了珪。この二人は主体的に宗教・血縁両面で結束を強め、激動の時代を乗り切ろうとしたのである〔鳥津2010〕。

3．豊臣秀吉の側近、そして堺奉行に

　そして、こうした個性をもとに、立佐は秀吉の側近として活動し始める。立佐が秀吉の書状に初めて登場するのは1580年（天正8）のものと考えられる4月26日付羽柴秀吉書状（三木文書、桑田忠親『太閤書信』）で、ここで「立佐」は播磨国網干郷の百姓衆掌握のための秀吉の使者として登場する。これにより、この段階で立佐が秀吉の命に従う立

場にあったことがわかるが、これは後述するように、子の行長もほぼ同時期に秀吉の配下として行動し始めることと連動している。

　この後、立佐は秀吉の側近として着実に信頼を得ていったようで、秀吉が信頼する5名のキリシタンについてのフロイスの記述には、「3人目は(小西)ジョウチン立佐と称するキリシタンで、貧しいがはなはだ才智豊かな人である。(羽柴殿は)彼に堺の市の財宝をことごとく委ねた」とある(1583年度フロイス年報、『報告集』III-6)。

　また同年報には、1583年(天正11)オルガンティーノが大坂の秀吉を訪問した際、交渉に同席した2人の人物のうちの1人が「ジョウチン立佐と称する財務長官」だったとも記されている。さらに1584年度フロイス年報(『報告集』III-6)には、立佐が「(秀吉の)茶の湯の道具を保管」していると記されており、1586年(天正14)に秀吉が司祭コエリョらイエズス会一行を大坂城に招いた際にも「アゴスチイノの父(小西)ジョウチン立佐が先導し、関白がことごとく黄金で造らせたその(茶)室、および茶の湯の道具を(我らに)観覧せしめた」(『日本史』第2部76章)。このように、立佐は秀吉に相当の信用を得ており、「財務長官」や茶道具などの「物品管理担当」のような役割を任されていた。

　もう1つ注目すべきは1584年度フロイス年報(『報告集』III-6)において、「ジョウチン立佐は彼(秀吉)の収入の管理者」と記されている点である。これについて具体的なことは不明だが、それに関連すると思われる天正16年(1588)12月16日付豊臣秀吉朱印状(下条文書、東京大学史料編纂所所蔵影写本)がある。これは「天正十五年分納物成算用」-について確かに皆済したことを秀吉が「りうさ(立佐)」に告げた確認状というべきもので、1585年10月30日付セスペデス書簡(『報告集』III-7)に「立佐は、河内の知行一万四千俵の代官に任命され」とみえることと関連するものだろう。すなわち、立佐は1584年から1585年ごろには河内の豊臣蔵入地の代官にも任用されており、まさしく秀吉の財政管理の一翼を担う重要な役割を担っていたのである。

　そして、1586年、立佐は石田三成とともに堺奉行に任じられた(1586年10月17日付フロイス書簡、『報告集』III-6)。この職掌は立佐が没する天正20年(1592)まで続くこととなる(『日本史』第3部40章)。

4. 九州と立佐

　天正15年(1587)九州攻めの際に秀吉は「(関白は)堺の代官(小西)ジョウチン立佐に対し、米を満載した船舶を率いて下関に赴き、そこから軍勢の補給を采配するようにと命じ」ている(『日本史』第2部93章)。これは、前年に子の行長が九州への兵糧輸送の役割を担っていたことを引き継ぐもので〔鳥津2010〕、秀吉が立佐ら小西一族が持つ兵糧物資管理能力と海上輸送力を活用した命令と考えられる。

　そして、秀吉の九州制圧の翌1588年(天正16)、行長が肥後南部の領主に任じられることに伴って、立佐はさらに重用されることとなる。1590年(天正18)の状況を記したフロイス『日本史』の中に次のような記述がある。

　「堺において敬われた一キリシタン、ジョウチン立佐はアゴスチイノの父にあたり、(かつては)多くの子供につきまとわれた非常に貧しい身であったのに、「今では(関白から)厚く信用され、挙用されてきわめて富裕であるばかりか、堺の市の代官である。彼は(人々に)恐れられて服従されているのみならず、関白の財務を司っており、室の集落ならびに、関白が、初め息子のアゴスチイノ津の守殿に与えた小豆島を支配下に置いている。」(フロイス『日本史』、第3部9章)

　これによれば、立佐は堺奉行の任にありながら、行長が肥後に転じたことをきっかけに、行長から室津と小豆島の統治権を引き継いだようである。1588年(天正16)9月に大坂から帰国する島津義久が室津に滞在した際、立佐が進物などの饗応をしており(「天正拾六年御日記」『旧記雑録後編2』)、この時期、室津が立佐の管轄であったことは確からしい。

　そして、立佐の真骨頂というべきが、長崎でのポルトガル商人との交渉である。

　「本年、関白殿はこの長崎の港へアゴスチイノの父である(小西)立佐を自らの代理人として二十万クルザード以上にのぼる金子を持たせて派遣した。その目的は九百ピコの絹を買いつけることにあった。関白殿の命令は、自分の代理人が希望分を買ってしまうまでは、他の何びとも絹の買いつけは行なってはならぬというものであった。このことによって少なからぬ不満がポルトガル人のなかに生じた。しかし、この任務が立佐に与えられたことは、わが主なるデウスの大いなる恵みにほかならなかった。彼はキリシタンであり、司祭たちに服し従う心のきわめて強い人物であったから、あっさりと司祭たちの心のままに振舞ってくれた。かくてポルトガル人たちは利益を得、

かならずしも不満足な結果にはならなかった。もし立佐が異教徒であったなら、まぎれもなく彼らはこのたびのことに不満をいだいたであろう。」(1588年度コエリョ日本年報、『報告集』I-1)

これと連動すると考えられるのが、天正16年(1588)9月朔日付豊臣秀吉朱印状(松浦家文書、松浦史料博物館所蔵)である。これは、長崎からの荷物輸送用の船舶調達について「小西和泉(立佐)」の指示に従うよう、秀吉が松浦肥前守(鎮信)に命じているもので、立佐が実際に長崎に派遣されたことを物語る貴重な史料である。

この前年、秀吉は九州を制圧した直後に博多において伴天連追放令を発令しているが、その中でも交易目的の「黒船」来航は容認されており、秀吉が九州を起点とする南蛮貿易の掌握を志向していたことは確実である。その秀吉の対外貿易構想の中で立佐の役割は大きく、おそらく立佐を長崎に派遣したのは、キリシタンでありイエズス会宣教師とのパイプを持つという立佐の個性を秀吉がフル活用しようとした結果と考えられる。そして、ほぼ同時期に北部九州の「海に係る地方のすべての殿たちに及ぶ、一種の監督権」が行長に与えられていること(1588年2月20日付フロイス書簡、『報告集』III-7)は決して偶然ではない。

これらを総合的に考えると、この時期秀吉は小西立佐・行長父子をして、大坂・堺―室津・小豆島―北部九州・長崎という畿内から九州に連なる海上輸送ルートの掌握にあたらせたのである。これこそが、版図拡大を狙う豊臣政権の中で小西一族が最も期待された任務であり、それを可能にしたのは、やはり立佐が築き上げた堺の町衆・有力商人たち、そしてイエズス会宣教師たちとの太いパイプであった。

5. 晩年の立佐

こうして、秀吉政権の中での地位を高めた立佐は、1588年ごろから「和泉守」を称するようになり、『晴豊記』(『続史料大成 第9巻』)によれば1590年(天正18)11月には「法眼」に任じられている。

さて、その後の立佐の動向が窺える史料として、年未詳3月14日付豊臣秀吉朱印状がある(道川三郎左衛門文書、『敦賀郡古文書』)。これは琉球の使者に渡す銀子百枚について、石田三成に渡すよう、秀吉が小西和泉入道(立佐)に命じる内容である。これと関連して、同じく琉球の使者に対して銀子百枚の下賜を命じる同日付の島津義久宛豊臣

秀吉朱印状があり、『薩藩旧記雑録』はこれを1592年(天正20)に比定している。この時期、秀吉は琉球国の軍事編成について、島津氏を介して駆け引きを行なっていることから〔上原2001〕、立佐宛と義久宛の朱印状は同時に出されたものと考えていいだろう。そしてこれは、この時期に立佐が秀吉の財政出納管理の役割を担っていたことを示している。

こうした、立佐の役割がいつごろまで遡れるのか、日本側の史料がまだ少ない状況なので推定は難しい。しかし、少なくともこれまでに掲げたフロイス『日本史』などで頻出していた「ジョウチン立佐と称する財務長官」という表現や、秀吉の名護屋下向の際、「出納長官」「財産管理者」に任命されたという記述には、ある程度の信憑性があるとみてよい。

また、秀吉が「堺南北十六ヶ寺」からの「唐入見舞」に対して出した年未詳5月29日付豊臣秀吉朱印状(18)がある。この本文には「去二日高麗之都落去候」と、行長ら日本軍が漢城を陥落させたことが記されていることから、この朱印状は1592年(天正20)のものに間違いない。そして、ここに「堺南北十六ヶ寺」への取次役として小西和泉法眼(立佐)と富田清左衛門尉(政澄)両人の名前が出ていることから、フロイスが述べるように、立佐が没する直前まで堺奉行の任にあたったことがわかるのである。

フロイスが「立佐が(老)関白に随伴して名護屋にいる」と言っているように、「唐入り」が開始された1592年(天正20)秀吉が肥前名護屋に在陣した際に、立佐も付随して名護屋に赴いたようであるが、そこで体調を崩してしまい、その後すぐに堺に帰還。そこで死期を悟るが、堺で死ぬと仏僧により埋葬される可能性が高いため、京都にある如清の家に移り、同年9月末頃にそこで没した(『日本史』第3部40章)。

以上、おおまかに小西立佐の生涯を概観したが、フロイスが「思慮に富み、交渉に長けて」いたと記すように、おそらくは立佐自身、とても優秀な能力の持ち主だったのだろう。それに加えて、堺の豪商たちとのつながり、そしてイエズス会宣教師たちとの太いパイプ、時の権力者との政治的つながり、こうした個性を持ち合わせていることが立佐の最大の特徴であった。これは小西行長の歴史的前提として最も重要な点といえるだろう。次章ではこの点をふまえたうえで、壬辰戦争以前の行長について検討することとする。

Ⅲ. 壬辰戦争以前の小西行長

1. 秀吉のもと、瀬戸内海で活躍

　小西行長は立佐の二男として1558年（永禄元）に京都で生まれ、父・立佐の影響のもと、「幼少より都の教会で教化されて育った」（1584年1月2日付フロイス年報、『報告集』Ⅲ-6）。行長の青年期については不明な部分が多いが、フロイス書簡に「関白殿の水軍司令長官アゴスチイノ弥九郎（行長）殿は、三カ国を領し、備前の国主で関白殿の養子となっている（宇喜多）八郎（秀家）殿の生来の家臣」と記されている（1586年10月17日付フロイス書簡、『報告集』Ⅲ-6）。この記述により、行長がはじめ備前の宇喜多氏に仕官していたことは確実である。

　その宇喜多氏は1579年（天正7）、攻勢を強める織田信長に降参。翌1580年（天正8）、織田軍の中国担当である羽柴秀吉は、戦略上の要地である西播磨地域で地盤固めを進めていく。先述のように、父・立佐が秀吉のもとで活動し始めるのはこの時期であり、これまで宇喜多氏に仕えていた行長も、おそらく同時期に秀吉の配下に加わったと考えられる。

　行長（弥九郎）の名が初めて一次史料に登場するのは、1581年（天正9）に比定される9月24日付の羽柴秀吉書状である（黒田家文書4巻16号、『黒田家文書』第1巻）。この書状は秀吉が黒田孝高に対し、阿波の国人衆からの人質の取立てと牢人者の成敗を命じるもので、この中で行長は孝高への指示伝達・相談役として登場する。これを見る限り、行長は1581年には完全に秀吉の配下となり、秀吉の命を諸将に伝え、実行させる立場にあったことは間違いない。

　こうして秀吉の配下となった行長の最大の個性は「海」である。1581年（天正9）に比定される11月6日付織田信長黒印状写（『増訂織田信長文書の研究 補遺・索引』）によれば、敵である毛利方の警固船200艘が瀬戸内海を上ってきたところ、室津から「小西」が「安宅（船）」で乗り出し、敵を家島まで追い上げるという働きを見せている。この時点で室津は「アゴスチイノと称する一キリシタンの所領」（『日本史』第2部32章）であったから、この「小西」が行長を指すことはほぼ間違いない。さらに、1582年（天正10）段階で行長は秀吉から小豆島の管理権をも任されるようになる〔松田1967〕。

　このように、行長は信長方に属し、秀吉の配下となった直後から、高い船団把握・

統率能力を発揮していた。むしろ、もともと行長にこうした能力があることを秀吉が見抜き、行長を登用して室津・小豆島という海上交通の要衝管理を担当させたのだろう。無論、その能力の前提には、先述した父・立佐が築き上げた、瀬戸内海の海上輸送ルートを持つ堺商人らとのパイプがあったに違いない。このころ中国方面攻略を担当していた秀吉にとって、その任務遂行には瀬戸内海の海上交通の掌握が急務であった。立佐・行長の登用は、こうした問題を解消しようとする秀吉の目論見が背景にあったと考えられる。

1581年（天正9）以降、「小西弥九郎（行長）」の名は秀吉書状を主とする諸々の一次史料にしばしば登場するが、そのほとんどが物資・兵糧の海上輸送や船舶確保に関する内容であり〔鳥津2010〕、このことは秀吉の天下統一過程における行長の役割を如実に示している。特に1585年（天正13）の四国攻めは、秀吉が陸続きではない地域を対象にした初めての大規模戦闘であった。よって、その達成には大量の兵士・物資の海上輸送が不可欠であり、この部分において行長の役割は大きなものだった。同年7月に関白任官を果した秀吉にとって、四国攻めの成功の意味は大きく、これにより瀬戸内海交通の掌握を果し、次の九州攻めへの地盤固めに成功したからである。

フロイスによれば、この直後「筑前殿は、アゴスチイノに多くの栄誉と恩賞を与え、全領土の水軍司令長官という称号を授けた。アゴスチイノは、一島を受け持っていたが、それは管理権だけで小豆島と呼ばれた。羽柴は彼の功績に対し、そこの収入のすべてを付して与えたが、それは相当な額であった」（1585年10月1日付フロイス書簡、『報告集』Ⅲ-7）。

こうして、行長が瀬戸内海を舞台に奔走し功績を挙げた時期は、先述したように、父・立佐は秀吉の側近として財政管理能力を発揮し、地位を高めていったのと同時期である。つまり、秀吉の天下統一過程に付随して、この父子が連動して働き続けたことによって、小西一族は政治的地位を向上させることができたのである。

2．キリシタンとしての行動

行長の個性として見逃せないのはキリスト教との関係である。そのなかで、特にキリシタンとしての特徴がよくわかるのが、1586年（天正14）の行動である。この年の正月、当時の日本キリスト教界最高責任者であるイエズス会準管区長コエリョは、島津

氏による豊後大友氏への攻撃中止と、日本での布教許可を秀吉に要請するため、大坂に向け長崎を出発。この情報を耳にした行長は、コエリョたちを迎えるべく堺から塩飽まで船を派遣している（1586年10月17日付フロイス書簡、『報告集』Ⅲ-7）。これにより、この時期の行長が堺―室津間に確かな海上ネットワークを持っていること、また、イエズス会宣教師らとの関係を積極的に深めようとしていることがうかがえる。

　同年3月、秀吉は大坂でコエリョを引見し会談。そして秀吉は、イエズス会の活動に理解を示し、5月4日付で布教許可状を発給する。イエズス会は1569年（永禄12）に織田信長・足利義昭らによる布教許可状を得ていたが、1582年（天正10）の信長の死により、その権利は事実上消滅していた。しかし、イエズス会はこのときの秀吉との交渉で、布教権の再獲得に成功したのである〔清水2011〕。秀吉とすれば、イエズス会が持つ軍事力と、九州のキリシタン勢力を味方につけることは、来るべき九州攻略に際して有利と考えたのであろう。

　秀吉との謁見後、九州への帰途につくコエリョに対し、行長は小豆島への宣教師派遣を要請。これに応じて派遣されたセスペデスの布教活動により、小豆島では1,400人以上の人が洗礼を受け、さらに室津でも3,000人に及ぶ改宗活動が行なわれた（1586年10月17日付フロイス書簡、『報告集』Ⅲ-7）。

　小豆島での領民に対する布教は、この前年に行長が小豆島を所領としたことが前提となっているが、その開始時期が、秀吉によるイエズス会への布教許可状発給直後であることに注意すべきである。宣教師の記録や「リスボン屛風文書」中の小西行長書状〔中村1988〕を見る限り、行長が積極的にイエズス会との関係構築を図り、聖堂建設や物資調達について支援していたことは間違いない。しかし、秀吉の正式な意思表明がない段階での領民への布教推進には慎重であった。

　行長領での布教活動については、1581年（天正9）の出来事として「（修道士が）アゴスチイノと称する一キリシタンの所領・室の津」で布教したという記録がある（『日本史』第2部32章）。しかしこれは巡察師ヴァリニャーノの指示を受けた修道士による活動で、行長が主体的に推進したものではない。行長が主体的に領民への布教を推進したのは、この1586年（天正14）の小豆島布教が初めてである。ここに、イエズス会との関係を深めつつも、布教推進に関しては秀吉の顔色を窺い、慎重に行動する行長の姿勢がうかがえる。

3. 行長、九州へ

　1586年(天正14)7月、秀吉は中国・四国衆に命じて九州攻めに着手する。そこで行長に与えられた役割は、最も得意とする兵粮物資輸送であり、この時期に大坂と下関を船で頻繁に往復している。また、先述したように、この任務は翌年に父・立佐に引き継がれた。円滑かつ確実な兵粮物資輸送は九州攻めの成否のカギを握る重要課題であり、秀吉はこれを立佐・行長ら小西一族に託したのである。

　また、秀吉は、海上交通の掌握が特に重要となる九州の地理的特性、すでにイエズス会が進出し、多くのキリシタンが存在するという九州の状況をしっかり理解していたのだろう。秀吉による立佐・行長の起用は、この父子しか持ち得ない、「キリシタン」「海上輸送」という個性の積極的な活用にほかならない。この段階で、秀吉は九州制圧後の構想をすでに持っていたのは間違いなく、その青写真の中で立佐と行長はすでに不可欠な存在だった。

　そして、1587年(天正15)秀吉は自ら大軍を率いて九州に乗り込み、5月には薩摩の島津氏を降伏させた。この時行長は、最前線の水軍の一員として動員されたが、フロイスは「アゴスチイノ弥九郎殿は艦隊を率いて急進し、肥前のすべての国衆、および殿たちを関白殿の前に出頭させたが、その中にはキリシタンの有馬殿や大村殿がいた」と記している(1588年2月20日付フロイス書簡、『報告集』Ⅲ-7)。九州攻めにおいて秀吉が行長を前線に配置し、有馬氏や大村氏らキリシタン大名たちとの交渉を担当させているのも、行長のキリシタンとしての個性を知り尽くした秀吉の意向によるものだろう。

　この九州制圧直後、「アゴスチイノ弥九郎に対しては、海に係る地方のすべての殿たちに及ぶ、一種の監督権が与えられた」(1588年2月20日付フロイス書簡、『報告集』Ⅲ-7)。この「海に係る地方のすべての殿たち」とは、具体的には肥前の松浦氏・有馬氏・大村氏、対馬の宗氏など九州北部沿岸部の諸大名を指し、「一種の監督権」とは秀吉の命令を正確に伝達し、その実現に向けての指導・助言を行なう「取次」の任務を指すと考えられる。こうして行長は、北部九州を中心に極めて大きな権限を与えられ、豊臣政権の代行者たる存在となったのである。

　もう一つこのときに行長に与えられた任務が博多町割り奉行である。九州制圧後、次の大陸進攻と対外貿易強化を目論んだ秀吉は、荒廃していた博多の復興と兵站基地

化を構想し、筥崎到着後、すぐさま博多の復興を命じた。『宗湛日記』によれば、秀吉は1587年6月11日に博多町の復興設計図作成を命じ、翌日から町割りを開始させ、行長はその奉行の一人に任じられている。堺商人の人脈をバックに持ち、加えて九州北部の「監督」を任された行長が、重要拠点である博多復興の一翼を担うことは、秀吉にとって適材適所の人材活用であった。

このように、行長は秀吉の九州統治構想の中で不可欠の人物として、重要な役割と権限を与えられつつあった。しかし、この状況の中で事件が起きる。秀吉が発令した「伴天連追放令」である。

4. 「伴天連追放令」と行長

1587年(天正15)6月19日、秀吉は九州攻めの帰途、博多において突如「伴天連追放例」キリシタン禁制を発布。内容はキリスト教伝道の禁止、20日以内の宣教師日本退去などを命じるもので、同日、キリシタン武将・高山右近は改易された。

実はこのときにキリスト教の棄教を迫られたのは高山右近だけではなく、秀吉は小西行長、有馬晴信、大村喜前、大友義統、蒲生氏郷にも棄教を勧告していたことが、近年、神田千里氏が新たに訳出・紹介した1588年2月20日付フロイス書簡によって明らかとなっている〔神田2011〕。

そのフロイス書簡によれば、秀吉は行長に棄教を求めたところ、行長は「御意次第」と回答。その真意について行長はフロイスに対し、「あることを、対面した場で頼んだり命じたりする君主に対して、したくないとか出来ないとか回答することは日本では忌避すべき不作法であり、常に「はい」と回答し、後に本人自身か仲介者を介して、まだそうする勇気がある場合には困難を表明するか釈明を述べることが習慣となっている」と述べた。そして秀吉は、行長の棄教意志の確認後、行長を使者にして有馬晴信・大村喜前に棄教勧告を伝えさせたが、その際秀吉は「アゴスティーノには他の(二人の)者に対して責任があるという言葉を付け加えた」という。これは、「伴天連追放令」に対する行長の態度を読み取ることができる重要な史料である。

第一に、「御意次第」という曖昧な回答ではあるが、表向きではあれ、行長が秀吉に対し棄教の意志を示したという事実である。先述のように、そもそも行長は幼少期に父の影響で受洗したのであり、信仰面から主体的に入信したわけではない。行長にと

ってのキリスト教は、立佐が築き上げたイエズス会との関係を繋ぐ「政治的手段」としての側面が強かった。よって、この瞬間に行長が信仰よりも「秀吉家臣」という立場を優先させたのは、至極当然のことだった。

　第二に、有馬・大村両氏への棄教勧告が行長によって行なわれ、その際に秀吉が行長の「責任」について言及している点も重要である。これは先述した、行長に与えられた北部九州のキリシタン大名に対する「取次」任務にほかならず、行長は九州において秀吉の意志を伝達し実行させる重要な立場を与えられていた。よって、豊臣政権の代行者としての行長は、当然秀吉に従順な存在でなくてならず、秀吉が行長に棄教を求めたのは、むしろ行長が秀吉の九州統治構想の中で重要な存在であったことを示している。

　こうして秀吉に従順な姿勢を示した行長は、この直後に自領である室津や小豆島に滞在中の宣教師たちに退去を促している。この行動をフロイスは「冷淡」と評しているが、秀吉の命令が絶対である行長にとっては、ごく当然の行動であった。しかし、室津に滞在していた宣教師オルガンティーノの必死の説得により、行長は「もし関白殿がこのことで彼を咎める時には信仰のために死ぬ絶対的な決意」をし、自らがイエズス会の保護に尽力することを表明する（1588年11月25日付オルガンティーノ書簡、『報告集』Ⅲ-7）。

　この行長の「改心」が、その後に宣教師や右近らを小豆島に匿う契機ともなるのだが、あくまでその改心は、イエズス会との関係を保ち続けるという意味でのものである。これまで述べてきたように、小西一族にとってキリシタンであること、それをもとに構築してきたイエズス会とのパイプこそが最大の個性であり、これを基盤とすることで立佐と行長は独自の立場を獲得し、秀吉の下で立身出世を果たしてきた。よって、行長は秀吉の下で政治的地位を維持しつつも、イエズス会宣教師たちに理解を示し、信用を保持することでしか活路を見出せなかったのであり、秀吉と宣教師たちとの板挟み状態の中で見せる曖昧な姿勢こそ、行長のキリスト教に対するスタンスを象徴するものといえよう。結果的に、このスタンスは翌年に肥後南部の大名となってからも一貫して続き、行長が秀吉に背いて信仰心を優先させる態度を示すことは一度もなかった。

　一方、秀吉は立佐や行長がイエズス会宣教師たちとのパイプを持ち続けていることは承知の上であり、それを取り立てて問題とした形跡は認められず、むしろ、立佐にその後の宣教師や高山右近の動向について尋ねているぐらいである

（1588年2月20日付フロイス書簡、『報告書』Ⅲ-7）。さらに1588年（天正16）にはイエズス会とのパイプを持つ立佐を長崎に派遣し、ポルトガル商人との交渉にあたらせたことは先述したとおりである。秀吉は立佐のキリシタンとしての個性を対外貿易政策の中で積極的に活用している。こうして立佐は堺と九州を基盤にして、秀吉の期待に柔軟に応え、独自の政治的地位を保ち続けたのである。

5．肥後の領主に

このように秀吉のもとで政治的地位を保ち続けた行長が、九州西海岸の中心である肥後を統治することとなる。1587年（天正15）、九州平定後の肥後では新領主・佐々成政に対する執政の不満から、国衆一揆が勃発。その事態収拾のため、秀吉は1588年（天正16）に浅野長吉らを上使として派遣。小西行長もその一人として肥後へ入っている（天正16年正月19日豊臣秀吉書状、小早川家文書）。結局、成政は改易され、閏5月14日に尼崎で切腹に処せられた。

その翌15日、秀吉は朱印状を発し、加藤清正と小西行長へ肥後国を分け与えた。行長に与えられたのは、肥後の南部である宇土・八代・天草郡と益城郡の一部で、正確な知行高は不明であるが、『大日本租税志』所収の「天正十八年諸家領地」という史料には「十四万六千三百石」と記されているのが参考となろう。それまでおよそ1万石程度の秀吉の官僚武将にすぎなかった行長は、この時、一気に14万石の大名へと大抜擢されたのである。行長が統治を任された肥後の宇土・八代・天草は、九州西海岸の真ん中に位置し、古くから海上交易拠点として発展してきた地である。ここに海上輸送監督能力に長けた小西行長を配置したことは、まさしく秀吉による適材適所の人材配置と考えることができる〔鳥津2010〕。

秀吉にとって行長は、対馬を含む九州全体を自らの政権の意のままに機能させるために中央部に打ち込んだ楔であり、行長にとって秀吉は絶対的存在であった。よって行長は、秀吉の意向を確実に実現していかなければならないという大きな重圧の中で行動することとなり、こうした状況はこの後の対朝鮮交渉及び壬辰戦争を通じても、一貫して続くことになるのである。

IV. 結語

　以上、壬辰戦争以前の小西行長の基礎的性格について考察してきたが、本稿で明らかにしたように、その歴史的前提には父・立佐の存在があった。キリシタンとしてのイエズス会、そして郷里の堺商人との密接な関係を「武器」に、立佐は戦国乱世の中で権力に接近し、独自の存在価値を高め、それをもとに秀吉の天下統一過程の中で政治的地位を獲得した。その子である行長は、父の立場を継承・利用し、イエズス会と堺商人との関係を活用することによって、秀吉家臣として頭角を現し、やがて九州における豊臣政権の代行者としての地位を獲得できたのである。

　一方でこのことは、従来高貴な身分を持たなかった立佐・行長の政治的地位・権力が、秀吉によってこそ保証されていることを示している。つまり、立佐・行長にとって秀吉は、自身たちの地位と身分を裏付ける絶対的存在であった。よって、行長は必然的に秀吉の意向をふまえて行動する立場にあり、このことが壬辰戦争における行長の行動の基礎的前提となったと言えるだろう。

　付記

　私が小西行長の研究に取り組む契機となったのは、2005年6月に忠州市で開催された歴史シンポジウムに出席し、その際に張俊植先生や徳永裕亮先生をはじめ、忠州の皆様に、弾琴台などの壬辰戦争史跡をご案内いただいたことでした。特に張俊植先生からはその後も数々のご教示を頂戴し、現在に至っています。これまでの多大なる学恩とご厚情に対し、感謝の意を込めて本稿を捧げると同時に、張俊植先生の益々のご発展を祈念いたします。

참고문헌

松田毅一、1967年、『近世初期日本関係南蛮史料の研究』、風間書房。

＿＿＿＿、1987年、『イエズス会日本報告集』第一期第二巻・第三巻、同朋舎出版。

中村質、1988年、『近世長崎貿易史の研究』、吉川弘文館。

佐島顕子、1992年、「秀吉の「唐入り」構想の挫折と小西行長の講和交渉」、『福岡女学院大学紀要』2、人文学部編。

＿＿＿＿、1994年、「壬辰倭乱講和の破綻をめぐって」『年報朝鮮学』第4号。

上原兼善、2001年、『幕藩制形成期の琉球支配』、吉川弘文館。

清水紘一、2001年、「天正十四年の布教許可状をめぐって」、同『織豊政権とキリシタン』、岩田書院。

中野 等、2006年、『秀吉の軍令と大陸侵攻』、吉川弘文館。

＿＿＿＿、2008年、『戦争の日本史16 文禄・慶長の役』、吉川弘文館。

鳥津亮二、2010年、『小西行長―「抹殺」されたキリシタン大名の実像』、八木書店。

神田千里、2011年、「伴天連追放令に関する一考察―ルイス・フロイス文書を中心に―」東洋大学文学部紀要史学科篇37。

鳥津亮二、2012年、「文禄・慶長の役(壬辰倭乱)と小西行長」第24回中原文化国際学術大会発表論文集、蘂城文化研究会。

＿＿＿＿、2013年、「小西立佐と小西行長 秀吉側近キリシタンの一形態」中西裕樹編、『高山右近 キリシタン大名への新視点』、宮帯出版社。

＿＿＿＿、2014年、「小西立佐・如清の生涯と史料」『堺市博物館研究報告』第33号。

〈金益兼誌石〉에 관한 研究

박문열 청주대학교

Ⅰ. 머리말

誌石[01]은 卒去한 人士의 人的事項과 墓의 위치나 坐向 등을 기록하여 墓에 함께 묻은 石版이나 陶版이다.

일반적으로 誌石에는 被葬者의 本貫과 諱, 先祖의 系譜와 行蹟, 生沒事項, 家族關係, 墓의 位置와 坐向 등의 내용이 기록되어 있어 同時代의 歷史的 事實을 연구하는데 매우 귀중하게 활용되는 金石學資料이다.[02]

---

01) 誌石은 구체적으로 墓誌石이라고도 하나 文化財名으로는 一般的으로 '誌石'으로 사용되고 있다. 本稿에서는 形態的으로 사용될 때는 '誌石'으로, 內容的으로 사용될 때는 '誌文'으로 통일하고자 한다.

02) ① 朴文烈, 2013,「光源府院君 〈金益兼誌石〉에 관한 研究」,『人文科學論集』第47輯, 清州大學校 韓國文化研究所, 133~159쪽.
② 朴文烈, 2011,「上黨府院君 〈韓明澮誌石〉에 관한 研究」,『人文科學論集』第43輯, 清州大學校

淸州大學校 博物館에 守藏되고 있는 〈金益兼誌石〉[03]은 被葬者인 光源府院君 金益兼 (1614-1636)의 손자인 晩求窩 金鎭龜(1651-1704)가 숙종 20(1694)년 8월에 尤庵 宋時烈(1607-1689) 이 撰述한 〈生員贈持平金公墓表〉와 〈追記〉및 自身이 撰述한 〈識文〉을 바탕으로 親筆 로 磁版에 書寫하여 製作한 것이다.

光源府院君은 丙子胡亂(1636)이 일어나자 江華로 들어가 섬을 死守하며 抗戰하다 城이 함락되자 江華留都大將 仙源 金尙容(1561-1637)과 別坐 權順長(1607-1637) 및 30여명의 追從 者와 함께 城의 南門樓에 있던 火藥에 불을 지르고 殉節한 것으로 알려져 있을 뿐, 달리 本格的으로 硏究된 바 없다.

本稿는 〈金益兼誌石〉의 現狀과 誌文[04]에 나타나는 內容을 중심으로 確認되는 사실들 을 考察하여 整理함으로써 光源府院君 金益兼 硏究의 基礎資料로 이바지하고자 한다.

II. 〈金益兼誌石〉의 書誌와 形態

〈金益兼誌石〉의 被葬者인 光源府院君 金益兼(1614-1636)은 조선시대 光海君 · 仁祖朝의 殉節者로 本貫은 光山이고 字는 汝南이며, 諡號는 忠正이다.[05]

光源府院君은 광해군 6(1614)년에 參判을 역임한 父親 虛州 金槃(1580-1640)과 判書에 追 贈된 徐樹(?-?)의 따님인 連山 徐氏(?-?)와의 슬하에서 5男 2女 중의 次男으로 출생하였 다. 조선시대 중기의 政治家로 禮學과 儒學의 巨頭로 文名이 높았던 沙溪 金長生(1548- 1631)은 그의 祖父이며, 丙子胡亂(1636) 때 斥和論者로서 和議를 반대하고 인조의 御駕를 따 라 南漢山城으로 들어가 督戰御使를 지낸 滄洲 金益熙(1610-1656)은 그의 兄이다.

韓國文化硏究所, 63~112쪽.

③ 朴文烈, 2004,「〈尹誌石〉에 관한 硏究에 관한 硏究」,『韓國圖書館 · 情報學會誌』第35輯 第4號, 韓國圖書館情報學會, 65~84쪽.

④ 朴文烈, 2004,「〈洪廷命誌石〉에 관한 硏究」,『韓國圖書館 · 情報學會誌』第35輯 第1號, 韓國圖書 館情報學會, 135~154쪽.

03) 誌石의 本來 名稱은 '有明朝鮮國成均館生員贈司憲府持平金公益兼汝南墓誌'이나 本稿에서는 〈金益兼 誌石〉으로 統一하여 使用하고자 한다.

04) 宋時烈 撰, 金鎭龜 識,「有明朝鮮國成均館生員贈司憲府持平金公益兼汝南墓誌」磁版, [製作地未詳] : [金鎭龜], [肅宗 20(1694)], 淸州大學校博物館 所藏.

05) 현재 光源府院君 金益兼의 墓는 貞敬夫人 海平尹氏와 合窆되어 大田廣域市 儒城區 田民洞 山18-17에 所在 되어 있으며, 大田市文化財資料 第7號로 指定 · 管理되고 있다.

표 1. 光源府院君 金益兼의 系譜

金興光(光山始祖) - 軾(02) - 佶(03) - 峻(04) - 策(05) - 廷俊(06) - 良鑑(07) - 義元(08) - 光中(09) - 帶(10) - 珠永(11) - 光存(12) - 大鱗(13) - 璉(14) - 士元(15) - 積(16) - 英利(17) - 鼎(18) - 若采(19) - 問(20) - 鐵山(21) - 國光(22) - 克忸(23) - 宗胤(24) - 鎬(25) - 繼輝(26) - 長生(27, 沙溪)[06] - 槃(28, 虛舟)[07] - 益兼(29, 忠正公)[08] - ①②

① 萬基(30)[09] - 鎭龜(31)[10] - 春澤(32)[11] - 德材(33) - 斗秋(34) …

  - 女(31, 仁敬王后 + 肅宗)

② 萬重(30)[12] - 鎭華(31) - 龍澤(32) - 大材(33) - 觀秋(34) …

---

06) 光山金氏文元公派世譜編纂委員會 編, 2011, 『光山金氏文元公派世譜』卷1, 韓國族譜學會, 112~114쪽.
長生: 字希元 世稱沙溪先生 名鐘戊申七月八日生 幼受業於宋龜峰翼弼 長又師事栗谷李先生 得其道學之傳 爲世儒宗 宣祖朝除昌陵參奉敎官歷定山翊衛安城益山淮陽鐵原 仁祖朝除掌令司業元子僚屬官講官執義通政工議嘉善嘉義刑曹參判 辛未八月二日卒 贈議政府領議政 諡文元公 道德博聞曰文 主義行德曰元 肅宗丁酉從祀文廟 後學多立祠享之 全書二十六卷行于世 墓高井里許夫人墓後坤坐 男集述家狀 門人宋尤庵時烈撰行狀 宋同春浚吉撰諡狀 張鷄谷維撰碑文 鄭畸庵弘溟撰墓表 金淸陰尙憲撰誌文 配昌寧曹氏 父僉知中樞大乾 祖判敦寧忠景公光遂 曾祖贊成忠貞公繼商 外祖參判茂松尹瓘 辛亥生 丙戌四月二十五日卒 生三子二女 墓附卯左 再象村欽撰誌文 配順天金氏 父直長贈參議秀彦 祖世忠 曾祖湜 忠翼公宗瑞七世孫 外祖唐平君南陽洪川玉 壬申六月二十一日生 癸酉十二月九日從殉 墓論山郡豆磨面水岩丙坐 刑書李容九撰碣銘. 〈隱·集·槃·徐景·韓德及 / 榮·橥·杲·榘·樑·某·李楢·李名鍒〉

07) 光山金氏文元公派世譜編纂委員會 編, 『光山金氏文元公派世譜』卷1, 113~114쪽.
槃: 字士逸 號虛舟子 宣祖庚辰二月五日生 乙巳進士 甲子文科 舍人輔德典翰副提學官至嘉善大夫吏曹參判 庚辰四月五日卒 贈議政府領議政 墓大德郡九則面田民里 舊懷德縣貞民里壬坐 金淸陰尙憲撰碑文 仲氏文敬公撰墓表及誌文 配安東金氏 父僉知中樞進碼 祖縣監治 曾祖牧使公望 外祖僉中樞全州李輪 己卯生 戊申二月十四日卒 生一子三女 墓附卯左 配連山徐氏 父贈判樹 祖縣監千齡 曾祖判官瓔 外祖贈左承旨廣庇 庚寅生 丁丑正月二十三日殉節江都 命旌閭 生五子二女 墓附右襟. 〈益烈·李淀·李後源·張次周 / 益熙·益兼·益勳·益煦·益炅·李海寬·沈若濟〉

08) 光山金氏文元公派世譜編纂委員會 編, 『光山金氏文元公派世譜』卷1, 115~116쪽.
益兼: 字汝南 光海乙卯三月十七日生 仁祖乙亥生員壯元進士一等 丙子上疏請斬虜使書斥帥 丁丑正月二十二日虜犯江都 約士友編卒伍守城 城陷自焚殉節 享年二十三 食江都忠烈祠·連山忠谷祠 贈領議政光源府院君 諡忠正公不之典以忠節 命旌閭 墓貞民里虛舟公墓後寅坐 尤庵宋時烈撰墓表 配海平尹氏 父參判ⅷ 祖海崇尉文穆公新之 曾祖文翼公昉 外祖監司南陽洪命元 丁巳九月二十五日生 己巳十二月二十二日卒 墓合 夫人通史書誠道理勤課二子 以扶門戶 男萬重述行狀 〈萬基·萬重〉

09) 光山金氏文元公派世譜編纂委員會 編, 『光山金氏文元公派世譜』卷1, 130~131쪽.
萬基: 字永淑 號瑞石 仁祖癸酉正月二十三日生 壬辰生進兩試 癸巳文科 庚申贊討逆臣 策奮忠效義炳幾協謨保社功臣 領敦寧府事兼兩館大提學 封光城府院君 丁卯三月十五日卒 贈議政府領議政 諡文忠公 勤學好文曰文 危身奉上曰忠 肅宗己亥配享顯宗廟庭 蒙不之典 有文集行于世 墓水原郡半月面大夜味里壬坐 尤庵宋時烈撰碑文及墓表 男鎭龜識 御筆墓表陰記 男鎭圭撰誌文 及家狀 李忠文公命撰墓狀 配西原府夫人淸州韓氏 父郡守贈參議有良 祖判官慶生 曾祖司果應天 外祖參判德水李景憲 甲戌十月十五日生 庚子二月二十四日卒 墓合. 〈鎭龜·鎭圭·鎭瑞·鎭符·仁敬王后(肅宗)·鄭亨晉·李舟臣〉

10) 光山金氏文元公派世譜編纂委員會 編, 『光山金氏文元公派世譜』卷1, 130쪽.
鎭龜: 字守甫 號晩求窩 孝宗辛卯十二月十一日生 癸丑司馬 庚申登文科 官至崇政大夫戶曹判書 封光恩君 諡景獻公 甲申十二月二十四日卒 傳遺稿 墓文忠公墓前壬坐 配貞敬夫人韓山李氏 父持平光稷 辛卯十一月二十七日生 辛丑七月五日卒 墓合. 〈春澤·普澤·雲澤·民澤·祖澤·福澤·廷澤·濟澤〉

11) 光山金氏文元公派世譜編纂委員會 編, 『光山金氏文元公派世譜』卷1, 130쪽.
春澤字伯雨號北軒顯宗夷戊生 卓越文章俱全才器 大護軍 丁酉四月二十三日卒贈吏曹判書成均館祭酒追封光寧君諡忠文公傳文集七卷 醉筆一册配貞夫人完山李氏 父參判貞簡公思永 壬子生壬申卒墓文忠公墓右岡丙舍後子坐合. 〈德材·宋正相·許宇·宋眞相〉

12) 光山金氏文元公派世譜編纂委員會 編, 『光山金氏文元公派世譜』卷1, 116쪽.

光源府院君은 인조 13(1635)년에 22세로 生員試에서 장원으로 급제한 후, 仁祖 14(1636)년에 成均館에서 儒學을 修業하고 있었다. 당시 後金의 太宗이 국호를 淸으로 고치자 이를 축하하기 위하여 春信使로 파견되었던 羅德憲(1573-1640)과 李廓(1590-1665) 등이 淸朝의 使臣 龍骨大와 함께 귀국하자, 成均館 儒生들과 함께 淸朝의 慶祝行事에 참가한 使臣과 龍骨大의 誅殺을 주장하기도 하였다. 光源府院君의 이러한 말을 전해들은 淸朝의 使臣들이 급히 서둘러 돌아갔다는 사실은 당시의 逸話로도 유명하다.

光源府院君은 병자호란(1636)이 일어나자 江華로 들어가 섬을 死守하며 抗戰을 계속하였으나, 戰況이 불리해지고 苦戰을 하던 중에 江華留都大將 金尙容(1561-1637)과 함께 南門에 火藥櫃를 가져다 놓고 그 위에 걸터앉아 自焚하려고 하였다. 이에 領議政을 역임한 尹昉(1563-1640)이 이러한 사실을 알고 달려와 애써 만류하였으나 光源府院君은 끝내 金尙容・權順長(1607-1637) 등과 함께 自焚하고 말았다.[13] 이때 江華에서 殉節한 사람은 모두 30명이 넘었다고 한다.

光源府院君은 享年 23세로 江都에서 殉節 이후 仁祖朝에 持平으로 追贈되고 숙종 즉위(1674)년 8월에는 領議政으로 追贈되고 光源府院君에 追封[14][15]되었으며, 현종 2(1661)년 4월에 江華의 忠烈祠에 祭享[16][17]되고 순조 16(1816)년 8월에는 不祧와 旌閭의 恩典이 施

萬重: 字重淑 號西浦 文科壯元 官至崇政大夫禮曹判書兼兩館大提學 忠孝大節 九雲夢謝氏南征記等傳遺作 諡文孝公 賜旌閭 配貞敬夫人延安李氏.〈鎭華・李命〉

13) 春秋館 編, 1986, 『朝鮮王朝實錄』影印本, 國史編纂委員會. 仁祖 15年 1月 22(壬戌)日條.
前議政府右議政金尙容死之 亂初 尙容因上敎 先入江都 及賊勢已迫 入分司 將欲自決 仍上城南門樓 前置火藥 麾左右使去 投火自燒 其一孫・一僕從死 … 生員金益兼 參判槃之子也 魁司馬 有才名 將母避兵于江都 及賊至 從金尙容於南樓 其母將自裁 招與相訣 益兼泣曰 吾何忍見母死 遂不去 與之俱焚 … 後皆命贈官 ….

14) 春秋館 編, 『朝鮮王朝實錄』肅宗 7年 7月 22(丙午)日條.
誌文曰 … 甲寅(1674)遭兩大喪 哀慕踰禮 侍御之人莫不歎其誠孝純至 於是正位中 陞判書爲領敦寧府事 封光城府院君 母韓封爲西原府夫人 生員 仁廟朝已贈持平 至是加贈領議政 後以光城保社勳 追封光源府院君 配尹受夫人眞誥 … (領中樞府事宋時烈製進).

15) 宋時烈 著, 『宋子大全』木板本. [發行地未詳] : [發行者未詳], [正祖 11(1787)] 卷181, 陵誌. '仁敬王后誌文'條.
恭惟我顯宗大王深惟宗社大計 … 甲寅(1674)遭兩大喪 哀慕踰禮 侍御之人莫不歎其誠孝純至 於是正位中 陞判書爲領敦寧府事 封光城府院君 母韓封爲西原府夫人 生員 仁廟朝已贈持平 至是加贈領議政 後以光城保社勳 追封光源府院君 配尹受夫人眞誥 ….

16) 春秋館 編, 『朝鮮王朝實錄』顯宗 2年 4月 17(丙申)日條.
以故弼善尹・儒生權順長・金益兼從享江都忠烈祠(忠烈祠卽祀殉節臣金尙容・沈誢・李時稷・宋時英等諸人之所) … 益兼 故參判槃之子也 游太學 俱有名 金尙容之在南樓也 兩人亦在樓上 火發自死 後贈憲職 江都士子 以死爲未分明 順長等有毋徑死爲嫌 不入於祠 至是因筵臣兪榮陳白 有是命.

17) 春秋館 編, 『朝鮮王朝實錄』顯改 2年 4月 20(己亥)日條.
以故弼善尹・禁府都事權順長・生員金益兼 從享江都忠烈祠(忠烈祠卽祀殉節臣金尙容・沈誢・李時

行되었다.[18)]

    光源府院君은 貞敬夫人 海平尹氏(1617-1689)와의 슬하에 金萬基(1633-1687)와 金萬重(1637-1692)의 2男을 두었으며, 金萬基의 長女인 光源府院君의 孫女는 肅宗(1661-1720)의 妃인 仁敬王后(1661-1680)이다.

1. 誌石의 書誌

〈金益兼誌石〉의 書誌事項을 摘錄하면 다음과 같다.

有明朝鮮國成均生員贈司憲府持平金公益兼汝南墓誌 / 宋時烈(1607-1689) 撰 ; 金鎭龜(1651-1704) 識. -- 磁版(楷書體). -- [製作地未詳] : [金鎭龜], [肅宗 20(1694)年 8月 製作].
全6枚 ; 20.8-21.0×15.2-15.3×1.4-1.5 cm 內外. 白磁單面墨書.
規格: 第1版(20.8×15.2×1.4cm), 第2版(20.9×15.2×1.4cm), 第3版(21.0×15.2×1.5cm), 第4版(21.0×15.2×1.5cm), 第5版(21.0×15.3×1.5cm), 第6版(21.0×15.3×1.4cm).
被傳者: 光源府院君 金益兼(1614-1636)
版側面: 成均生員 贈司憲府持平金公益兼汝南墓誌 第幾
版下面: 共六
所藏處 : 淸州大學校 博物館

    〈金益兼誌石〉의 標題는 '有明朝鮮國成均生員贈司憲府持平金公益兼汝南墓誌'이며, 誌文은 沙溪 金長生에게 同門受學한 尤庵 宋時烈 撰述의 〈生員贈持平金公墓表〉와 〈追記〉 그리고 孫子인 晩求窩 金鎭龜의 〈識文〉으로 合編되어 있다.

2. 誌石의 形態

    〈金益兼誌石〉은 淸州大學校 博物館이 購入을 통하여 守藏하고 있는 數種의 誌石遺物 중의 하나로 전체 6枚로 구성되어 있으며, 誌文은 每版의 單面에만 기록되어 있다.
    〈金益兼誌石〉의 第1版은 20.8×15.2×1.4cm, 第2版은 20.9×15.2×1.4cm, 第3版은

    稷·宋時榮等諸人之所) … 益兼故參判槃之子也 遊太學 俱有名 金尙容之在南樓也 將自焚 二人在傍 尙容麾使退避 故不去遂同死 後立贈持平 至是 副提學兪棨 備陳三人殉節狀 有是命.
18) 春秋館 編,『朝鮮王朝實錄』純祖 16年 8月 15(辛卯)日條.
    命忠正公金益兼 施以不旌閭之典 因京外儒疏 吏禮曹覆啓而允之 益兼 丙子江都立者也.

21.0×15.2×1.5cm, 第4版은 21.0×15.2×1.5cm, 第5版은 21.0×15.3×1.5cm, 第6版은
21.0×15.3×1.4cm이다.

〈金益兼誌石〉의 每版의 側面에는 '成均生員 贈司憲府持平金公益兼汝南墓誌 第幾'의
誌石名과 枚次가 기록되어 있으며, 每版의 下面에는 '共六'의 全體 枚數가 기록되어 있다.

〈金益兼誌石〉의 형태를 寫眞으로 보이면 다음과 같다.

〈金益兼誌石〉의 形態

第2版面(20.9×15.2×1.4cm)　　第1版面(20.8×15.2×1.4cm)

第3版面

夫人及汝南尸窆于父河之江上後四年庚辰悫判
公擯舘汝南二子尚幼其兄弟始啓徐夫人及汝南屬
題流至漢江與系判公柩同藏而南窆之于懷德縣兆
氏里汝南在其後其世德族出清除文正公其蓍于系
判公砑版其所謂蓋兼汝南名世汝南才高氣清志瀷
行峻仍且溈秉家庭日以開蓋祖考文元公甚愛重之
期以遠到不幸又此此偁流莫不悲傷之　朝廷爲贈
命職食于金相公祠廟同享者公
尚吉沈公說李公時榮權公頗良其公允逸
司憲府持平又
也丙子虜使之跳汝南又從容語余曰大禍追矣
朝

第3版面(21.0×15.2×1.5cm)

第4版面

泗久然後去此意但游好之舊而已余又悫世人不知
也余十里抹哭之後每過貞民未嘗不登其龕瞻拜涕
爲士及兩推又不悫其義之不世也汝南之窆于江上
新之尚主爲海爲墓及第已顯於世萬重進士
殘童汪琦何以我汝南鶩海平尹氏其考系判鶩其袒
此或以汝南非官人謂照從峒而兀者非也孔壁尚夕
意不令大義今汝南雖謂之曰月爭光可也又何悫爲
而己陳少陽嘗連于義兼之矣然嘗連史遠猶謹其指
湖海之上不槵世之溺始也今其所就不但如其所言
進不以國籠則屈而己矣我則將去朝市與好我浮游

第4版面(21.0×15.2×1.5cm)

第5版面

則爲一身故悫明其平日之志以表其其墓鳴呼是惟吾
汝南之墓也其高四尺而百世不可顯矣鳴呼誰擧此
里名以待吾汝南也我亦非偶然也幾昔　余愧士窆
加　上嗣位推
寅令　　　贈領議政亦意源遠川豐之徵也郡陣殿退記
　　　祖考墓秉即乗舍宋先生所撰而立表之後充悫
　　　不復請誌於他人蓋以先生之文霞揚潛德毫無
　　　餘憾東革者史難措于也且古人亦有以一文兩
　　長胤後官至二品従正公隨
　　寅令　　上嗣位推　王妃恩疏封光城府院君故此
　　正月日友人恩津宋時烈述

第5版面(21.0×15.3×1.5cm)

第6版面

用於碑誌者欲遵先意無採古例謹以表重書礦
爲誌云甲戌八月日孫男鎮龜謹識

第6版面(21.0×15.3×1.4cm)

Ⅲ. 誌文의 原文과 飜譯文

〈金益兼誌石〉의 誌文은 尤庵 宋時烈(1607-1689)과 晩求窩 金鎭龜(1651-1704)의 2人에 의하여 撰述되어 있다.

1. 誌文의 原文

光源府院君 〈金益兼誌石〉의 誌文인 〈有明朝鮮國成均生員贈司憲府持平金公益兼汝南墓誌〉와 尤庵 宋時烈 撰述의 〈生員贈持平金公墓表〉와의 原文을 對校하면 〈표 2〉와 같다.

〈金益兼誌石〉의 誌文의 構成은 尤庵 宋時烈의 〈生員贈持平金公墓表〉와 〈追記〉그리고 손자인 晩求窩 金鎭龜의 〈識文〉을 중심으로 文段을 달리하여 기록되어 있다. 誌文의 內容에 있어서도 〈追記〉와 〈識文〉의 부분을 제외하면 〈金益兼誌石〉은 尤庵 宋時烈 撰述의 〈生員贈持平金公墓表〉와는 題名과 5處에 걸친 字句 및 5處에 걸친 隔間의 差異가 있을 뿐 별로 차이가 없다.

題名은 〈生員贈持平金公墓表〉에서 誌文의 形式을 갖춘 〈有明朝鮮國成均生員贈司憲府持平金公益兼汝南墓誌〉로 改題되었으며, 人名의 경우 '具公元一'이 '具公元逸'로 기록되어 있으나 이는 '具公元一'이 정확한 表記이다. 字句의 경우 '年(季)'·'並(竝)'·'孺(濡)'·'時(旹)' 등에서 차이를 나타내고 있으며, 〈生員贈持平金公墓表〉에서 隔間되지 않은 5處는 誌文에서 올바르게 隔間되고 있다.

따라서 〈金益兼誌石〉의 誌文에는 磁石의 製作者인 晩求窩 金鎭龜의 '옛 뜻을 받들고 古例를 아울러 採用한 것이다'고 述懷한 점에서 繼志述事와 述而不作의 思想이 잘 나타나고 있음을 알 수 있다.

표 2. 金益兼 墓誌와 墓表의 原文

〈…金公益兼汝南墓誌〉(第1版面)[19]	〈生員贈持平金公墓表〉[20]
有明朝鮮國成均生員 贈司憲府持平金公益兼 汝南墓誌 崇禎皇帝九年丙子建虜僭號我行人李廓等㤼惵失 措遽入其庭與諸種人同賀虜又以蒙古人至絶無遜 辭 朝廷駭遽莫知所以應者時汝南年二十二前一 季以藝業魁司馬科游國庠奔走來余盡然以歎曰吾 其左衽矣夫吾其左衽矣夫遂與同輩上疏曰醜虜僭 逆此天地之大變廓等越使事擅賀其僞以誣辱 君 命請誅其不道以徇國中虜使辭極悖慢至使我背父 母之邦而以面凶渠此言奚宜至哉請竝斬蒙古使函	生員 贈持平金公墓表 崇禎皇帝九年丙子建虜僭號我行人李廓等㤼惵失 措遽入其庭與諸種人同賀虜又以蒙古人至絶無遜 辭--朝廷駭遽莫知所以應者時汝南年二十二前一 年以藝業魁司馬科游國庠奔走來余盡然以歎曰吾 其左衽矣夫吾其左衽矣夫遂與同輩上疏曰醜虜僭 逆此天地之大變廓等越使事擅賀其僞以誣辱 君 命請誅其不道以徇國中虜使辭極悖慢至使我背父 母之邦而以面凶渠此言奚宜至哉請並斬蒙古使函

〈…金公益兼汝南墓誌〉(第2版面)	〈生員贈持平金公墓表〉
其首以奏 天朝仍以大義獎勵三軍則喑嗚跳躒者 亦且增百倍之氣矣何憂力之不敵哉是日虜使方詣 闕弔我 國母喪自 闕下懼而跳去 朝廷甚憂之 議遣舌人以謝之汝南皇考參判公時長諫院疏言其 不可是冬虜果舉國來寇汝南父兄 扈 駕漢獨與 諸弟奉母徐夫人入江都翌年丁丑正月虜將渡江汝 南約同志士權順長孝元等協官軍爲死守計汝南操 弓指矢兀然臨城日尙不爲一人敵乎其二十二日知 事急汝南從仙源金相公尙容自焚于南城之譙樓翌 日徐夫人亦引決于寓舍虜去參判公與子弟往尋徐	其首以奏 天朝仍以大義獎勵三軍則喑嗚跳躒者 亦且增百倍之氣矣何憂力之不敵哉是日虜使方詣 闕弔我 國母喪自--闕下懼而跳去--朝廷甚憂之 議遣舌人以謝之汝南皇考參判公時長諫院疏言其 不可是冬虜果舉國來寇汝南父兄 扈駕南漢獨與 諸弟奉母徐夫人入江都翌年丁丑正月虜將渡江汝 南約同志士權順長孝元等協官軍爲死守計汝南操 弓指矢兀然臨城日尙不爲一人敵乎其二十二日知 事急汝南從仙源金相公尙容自焚于南城之譙樓翌 日徐夫人亦引決于寓舍虜去參判公與子弟往尋徐
〈…金公益兼汝南墓誌〉(第3版面)	〈生員贈持平金公墓表〉
夫人及汝南尸寓墳于交河之江上後四年庚辰參判 公捐舘汝南二子尙幼其兄弟始啓徐夫人及汝南瘞 溯流至漢江與參判公柩同載而南葬之于懷德縣貞 民里汝南在其後其世德族出清陰文正公具著于參 判公碑版其所謂益兼汝南名也汝南才高氣清志潔 行峻仍且濡染家庭日以開益祖考文元公甚愛重之 期以遠到不幸此此儕流莫不悲傷之 朝廷爲 贈 司憲府持平又 命腏食于金相公祠廟同享者李公 尙吉沈公誢李公時稷宋公時榮權公順長具公元逸 也丙子虜使之跳汝南又從容語余日大禍迫矣 朝	夫人及汝南尸寓墳于交河之江上後四年庚辰參判 公捐舘汝南二子尙幼其兄弟始啓徐夫人及汝南瘞 溯流至漢江與參判公柩同載而南葬之于懷德縣貞 民里汝南在其後其世德族出清陰文正公具著于參 判公碑版其所謂益兼汝南名也汝南才高氣清志潔 行峻仍且擩染家庭日以開益祖考文元公甚愛重之 期以遠到不幸此此儕流莫不悲傷之--朝廷爲 贈 司憲府持平又 命腏食于金相公祠廟同享者李公 尙吉沈公誢李公時稷宋公時榮權公順長具公元一 也丙子虜使之跳汝南又從容語余日大禍迫矣--朝
〈…金公益兼汝南墓誌〉(第4版面)	〈生員贈持平金公墓表〉
廷不以國斃則屈而已矣我則將去朝市與好我浮游 湖海之上不獲世之滋垢也今其所就不但如其所言 而已陳少陽魯連等義兼之矣然魯連史遷猶議其指 意不合大義今汝南雖謂之日月爭光可也又何悲焉 世或以汝南非官人謂無從頌而死者非也孔聖尙勿 殤童汪踦何以哉汝南娶海平尹氏其考參判墀其祖 新之尙主爲海嵩尉男萬基及第已顯於世萬重進士 爲士友所推又不患其美之不世也汝南之墳于江上 也余千里往哭之後每過貞民未嘗不登其壟瞻拜涕 泗久然後去此豈但游好之舊而已余又悲世人不知	廷不以國斃則屈而已矣我則將去朝市與好我浮游 湖海之上不獲世之滋垢也今其所就不但如其所言 而已陳少陽魯連等義兼之矣然魯連史遷猶議其指 意不合大義今汝南雖謂之日月爭光可也又何悲焉 世或以汝南非官人謂無從頌而死者非也孔聖尙勿 殤童汪踦何以哉汝南娶海平尹氏其考參判墀其祖 新之尙主爲海嵩尉男萬基及第已顯於世萬重進士 爲士友所推又不患其美之不世也汝南之墳于江上 也余千里往哭之後每過貞民未嘗不登其壟瞻拜涕 泗久然後去此豈但游好之舊而已余又悲世人不知
〈…金公益兼汝南墓誌〉(第5版面)	〈生員贈持平金公墓表〉
則爲一身故悉明其平日之志以表其墓嗚呼是惟吾 汝南之墓也其高四尺而百世不可隳矣嗚呼誰肇此 里名以待吾汝南也哉亦非偶然也歟崇禎壬寅 正月日友人恩津宋時烈述 　長胤果官至二品從正公隨 贈吏曹參判判書甲 　寅今 上嗣位推 王妃恩疏封光城府院君故亦 　加 贈領議政亦豈源遠川豐之徵也耶時烈追記 　祖考墓表卽尤齋宋先生所撰而立表之後先考 　不復請誌於他人蓋以先生之文發揚潛德豪無 　餘憾秉筆者更難措手也且古人亦有以一文兩	則爲一身故悉明其平日之志以表其墓嗚呼是惟吾 汝南之墓也其高四尺而百世不可隳矣嗚呼誰肇此 里名以待吾汝南也哉亦非偶然也歟 崇禎壬寅 正月日友人恩津宋時烈述 〈卷190. 墓表. 12A-14B〉 〈追記〉[以下無錄] 〈識文〉[以下無錄]

19)　宋時烈 撰, 金鎭龜 識,「有明朝鮮國成均館生員贈司憲府持平金公益兼汝南墓誌」磁版, [製作地未詳] : [金鎭
　　　龜], [肅宗 20(1694)].
20)　宋時烈 著,「宋子大全」木板本. [發行地未詳] : [發行者未詳], [正祖 11(1787)]. 卷190. 墓表. '生員贈持平金公墓表'條.

〈…金公益兼汝南墓誌〉(第6面)	〈生員贈持平金公墓表〉
用於碑誌者茲遵先意兼採古例謹以表重書磁 爲誌云甲戌八月日孫男鎭龜謹識	

2. 誌文의 譯文

〈有明朝鮮國 成均生員 贈司憲府持平 金公 益兼 汝南 墓誌〉

崇禎黃帝 9(병자, 1636, 인조 14, 淸 崇德 1)년에 建州의 오랑캐[21]들이 黃帝리 僭稱하자 우리의 使臣[22]으로 갔던 李廓[23] 등이 두려워하며 황급히 여러 나라의 使臣들과 함께 淸朝에 賀禮하였으며, 오랑캐들도 蒙古人으로 構成된 回答使[24]를 派遣해 왔으나 謙遜한 言辭가 전혀 없어 우리 朝廷은 몹시 놀라 적절한 對應策조차 講究하지 못하고 있었다.

당시 汝南은 22세의 나이로 年前(1635)에 學業으로 司馬科[25]에 及第하여 成均館[26]에 遊學하고 있었는데, 급히 나[27]에게 달려와 "우리도 오랑캐[28]가 될 뿐일 것인가! 우리도

---

21) 建虜: 建州衛의 오랑캐라는 의미로 淸朝에 대한 卑稱이다.

22) 行人: 당시 使行의 명칭은 春信使로 조선시대 봄에 後金(淸)에 보내던 使臣이다. 인조 5(1627)년에 丁卯胡亂의 和議 결과 朝鮮은 後金과 兄弟國의 盟約을 맺고 매년 봄과 가을에 그들의 수도 瀋陽에 使臣을 보내 朝貢하였다.

23) 李廓(1590-1665): 조선시내 宣祖·光海君·仁祖·孝宗·顯宗朝의 武臣으로 本貫은 주州이고 字는 汝量이며 諡號는 忠剛이다. 太宗의 아들 敬寧君 李의 6대손이며 李裕仁의 아들이다. 身長이 8尺이나 되고 音聲이 큰 종소리 같았으며 힘이 壯士였다. 李恒福의 추천으로 武科에 급제하여 宣傳官이 되어 한때 宮中의 禁苑 안에 들어온 범을 잡은 일이 있었다. 李爾瞻이 文武百官을 威脅하여 廢母하기를 청할 때에 참여하지 않았으며, 仁祖反正(1623) 때 敦化門 밖에서 수비를 하다가 밤에 反正軍이 이르자 門을 열어 들어가게 하였다. 反正 후에 그를 죽이려 하자 李貴가 길을 비켜준 그의 功을 역설하여 禍를 면하게 하였다. 그 뒤 李适이 난을 일으키자 都元帥 張晚의 軍에 들어가 先鋒이 되어 적을 격파하는데 공을 세우고 慈山府使를 거쳐 副摠管이 되었다. 인조 16(1636)년에 回答使가 되어 淸朝의 瀋陽에 갔을 때 瀋陽에서 國號를 淸이라 고치고 王을 皇帝로, 年號를 崇德이라 하여 郊外에서 하늘에 祭祀를 올리려고 할 때 그의 일행을 朝鮮의 使臣으로 참여시키려 하였으나 결사적으로 抗拒하여 그 儀式에 不參하고 돌아왔다. 조선의 조정에서는 그 사실을 잘못 전해 듣고 한때 宣川에 流配시켰다가 뒤에 忠節을 알고 釋放하였다. 동(1636)년에 胡賊이 침입하자 南漢山城을 수비하는데 활약하고 난이 끝나자 忠淸道兵馬節度使를 거쳐 인조 19(1641)년에 三道水軍統制使에 이르렀다. 死後에 兵曹判書에 追贈되었다.

24) 回答使: 당시 使行의 명칭은 回答使로 龍骨大 일행이 朝鮮에 왔다.

25) 司馬科: 生員과 進士를 선발하는 科擧試驗을 의미하는 것이다.

26) 國庠: 成均館을 지칭하는 것이다.

27) 余: 墓表의 撰者인 尤庵 宋時烈 자신을 지칭하는 것이다.

28) 左: 被髮左의 略稱으로 머리를 풀고 옷깃을 왼쪽으로 여민다는 뜻으로 미개한 나라의 풍습을 지칭하는 것이다.

오랑캐가 될 뿐일 것인가!"라며 哀痛하게 歎息하였다.

그리고는 마침내 동료들과 함께 "醜惡한 오랑캐들이 僭濫하게 叛逆을 일으켰으니 이는 天地間의 크나큰 變故이옵니다. [李]廓 등이 使臣으로서의 事案을 어기고 저들에게 속아 함부로 賀禮함으로써 王命을 誣辱시키고 말았으니, 청컨대 不道德한 저들을 斬首하여 온 나라에 警戒의 본보기로 삼으소서! 오랑캐의 使臣들도 그 言辭가 너무 傲慢放恣할 뿐 아니라 심지어 우리 朝廷에다 父母의 나라를 背叛하고 그네들과 和親할 것을 強要하니, 이러한 言辭가 어찌 감히 至當한 것이겠습니까? 청컨대 蒙古의 使臣들도 더불어 斬首하여 그 首級을 箱子에 담아 明朝에 알리도록 하옵소서! 그리고 이것으로 大義를 삼아 三軍을 激勵한다면 벙어리나 앉은뱅이라도 그 氣勢가 백배로 奮發될 것이니, 어찌 國勢가 微弱하다고 大敵하지 못함을 憂慮할 일이겠습니까!"라고 上疏하였다.

이날 오랑캐의 使臣들이 바야흐로 大闕로 들어가 우리 國母의 喪을 弔問하려다가 大闕 아래에서 두려워하며 모두 逃亡하자, 우리 朝廷에서는 이를 매우 憂慮하여 論議한 끝에 譯官을 보내 解明하도록 하였다. 汝南의 父親인 參判公[29]이 당시 司諫院의 首長이었으나 上疏文은 嘉納되지 않았다. 동(1236)년 겨울에 과연 오랑캐들이 擧國的으로 쳐들어오자, 汝南의 父親과 兄[30]은 御駕를 扈從하여 南漢山城으로 들어가고 汝南은 아우들과 함

---

29) 參判公: 汝南의 父親인 金槃(1580-1640)을 지칭하는 것이다. 虛州 金槃은 조선시대 宣祖·光海君·仁祖朝의 文臣으로 本貫은 光山이고 字는 士逸이며 號는 虛州이다. 父親은 文元公 金長生이고 母親은 府使 昌寧 曺大乾의 따님이다. 宋翼弼의 문인으로 世居地는 忠淸南道 連山이었다. 선조 38(1605)년에 司馬試에 합격하여 成均館의 居齋儒生이 되었으며, 光海君 5(1613)년에 癸丑獄事가 일어나자 落鄕하여 10여년간 草野에 은거하며 學問을 탐구하였다. 仁祖反正(1623) 후에 氷庫別提에 除授되었으나 나가지 않고 이듬해(1624) 李适의 亂 때 仁祖를 公州로 扈從하였다가 公州行所에서 실시한 庭試文科에 及第하고 扈從의 功으로 成均館典籍이 되었다. 그 뒤 刑曹佐郎·禮曹佐郎·司諫院正言·弘文館修撰·副校理 등을 거쳐 인조 3(1625)년에 侍講院文學·司諫院獻納·弘文館校理 등을 역임하였으며, 이듬해(1626) 仁獻王后가 졸거하자 李貴의 偏見을 배척하고 곧 吏曹佐郎에 除授되고 이어 正郎에 올랐다. 丁卯胡亂(1627) 때 인조를 江華로 扈從하고 돌아와 舍人·兼輔德·應敎·典翰 등을 역임하였으며, 인조 13(1635)년에 兵曹參知·大司諫·右副承旨·刑曹參議·大司成·副提學 등을 두루 역임하였다. 이듬해(1636) 丙子胡亂으로 南漢山城에 扈從하여 왕에게 將兵을 督勵하도록 建議하였다. 和議가 이루어지자 扈從한 功으로 嘉善大夫에 오르고 그 뒤 大司成·禮曹參判·兵曹參判·大司憲·漢城府右尹·大司諫·吏曹參判 등의 要職을 역임하였으며, 死後에는 領議政에 追贈되었다.

30) 兄: 汝南의 兄인 金益熙(1610-1656)를 지칭하는 것이다. 滄洲 金益熙는 조선시대 光海君·仁祖·孝宗朝의 文臣으로 本貫은 光山이고 자는 仲文이며 號는 滄洲이고 諡號는 文貞이다. 祖父는 沙溪 金長生이며 父親은 虛州 金槃이다. 인조 11(1633)년에 增廣文科 丙科로 及第하여 副正字에 등용되고 檢閱을 거쳐 弘文錄에 올랐다. 인조 13(1635)년에 修撰·司書 등을 거쳐, 이듬해(1636) 丙子胡亂이 일어나자 斥和論者로서 淸朝와의 和議를 반대하며 南漢山城으로 인조를 扈從하고 督戰御使가 되었다. 인조 15(1637)년에 校理·執義 등을 거쳐 인조 17(1639)년 吏曹佐郎에 除授되고 인조 20(1642)년에 司諫에 除授되었다. 효종 4(1653)년에 副提學으로서 오랫동안 버려두었던 魯山君(端宗)의 墓所에 祭祀할 것을

께 母親 徐氏 夫人을 모시고 江都로 들어가기에 이르렀다.

이듬해 丁丑(1637, 인조 15)年 정월에 오랑캐들이 江을 건너오러 하자, 汝南은 同志 權順長(孝元)[31] 등과 함께 官軍을 도와 [江都를] 死守할 計策을 세웠다. 汝南은 활을 잡고 당당히 城에 올라 "아무려면 너희 오랑캐 놈쯤이야 大敵하지 못할 것인가!"라며 소리쳤다. 정월 22일에 事勢가 급박하게 돌아가자 汝南은 仙源 金相公 尚容[32]을 따라 南城의 譙樓[33]

청하여 시행하였으며, 이듬해(1654) 四學에 教授 각 1인을 兼教授로 除授하게 하였다. 효종 6(1655)년에 大司成·大司憲 등에 除授되고 이듬해(1656) 大提學에 除授되었다. 숙종 34(1708)년에 손자 金鎭玉이 그의 遺稿를 모아「滄洲遺稿」를 刊行하였다.

31) 權順長(1607-1637): 조선시대 光海君·仁祖朝의 忠臣으로 本貫은 安東이고 字는 孝元이며, 諡號는 忠烈이고 父親은 刑曹參判 權盡己이다. 仁祖 2(1624)년에 進士가 되고 蔭補로 의금부도사·健元陵參奉·氷庫別提 등에 除授되었으나 모두 나가지 않았다. 인조 14(1636)년에 丙子胡亂이 일어나자 母親을 모시고 江華로 避亂을 갔다가 이때 檢察使 金慶徵과 留守 張紳 등이 守城對策을 세우지 못하자 同志들과 단합하여 義兵을 일으키고 殉死할 것을 맹세하였다. 이듬해(1637) 정월에 江華城이 함락되자 相臣 金尚容 등과 함께 火藥庫에 불을 질러 殉節하였다. 이튿날 그의 妻와 누이동생이 그 소식을 듣고 목을 매어 自決하였으며, 아우 權順悅과 權順慶은 적과 싸우다 戰死하였다. 殉節한 뒤에 持平에 이어 左贊成에 追贈되고 江華의 忠烈祠에 金尚容 등의 殉節人들과 함께 享祀되었다.

32) 金尚容(1561-1637): 조선시대 明宗·宣祖·光海君·仁祖朝의 學者·文臣이고 丙子胡亂 때의 殉節人으로 本貫은 安東이고 字는 景擇이며, 號는 仙源·楓溪·溪翁 등이고 諡號는 文忠이다. 祖父는 信川郡守 金生海이고 父親은 敦寧府都正 金克孝이며 母親은 東萊 林塘 鄭惟吉의 따님이다. 兄은 左議政 金尚憲이고 外祖父는 左議政 鄭惟吉이며, 漢城에서 출생하였다. 선조 15(1582)년에 進士가 되고 선조 23(1590)년에 增廣文科 丙科로 급제하여 承文院副正字·藝文館檢閱 등을 역임하였다. 壬辰倭亂(1592)이 일어나자 江華 仙源村(현 江華郡 仙源面 冷井里)으로 피난을 하였다가 兩湖體察使 鄭澈의 從事官이 되어 倭軍討伐과 明朝의 군사접대에 공을 세움으로써 선조 31(1598)년에 承旨로 발탁되었으며, 그 뒤 왕의 측근에서 戰亂 중의 여러 사무를 보필하면서 聖節使로서 明朝에 다녀왔다. 선조 34(1601)년에 大司諫이 되었으나 北人의 排斥을 받아 定州牧使로 黜補된 이후 地方官을 전전하다가 光海君 즉위(1608)년에 잠시 漢城府右尹·都承旨 등을 역임한 뒤 계속 閒職에 머물렀다. 광해군 9(1617)년에 廢母論이 일어나자 이에 반대하여 벼슬을 버리고 原州로 거처를 옮겨 禍를 면하였다. 仁祖反正(1623) 뒤 判敦寧府事에 기용되고 이어 兵曹·禮曹·吏曹의 判書를 역임하였으며, 丁卯胡亂(1627) 때는 留都大將으로서 漢城을 지켰다. 인조 8(1630)년에 耆老社에 들어가고 인조 10(1632)년에 右議政으로 발탁되었으나 年老함을 이유로 바로 사퇴하였으며, 인조 14(1636)년 丙子胡亂 때 廟社主를 받들고 嬪宮·元孫을 수행하여 江華島로 피난하였다가 城이 함락되자 城의 南門樓에 있던 火藥에 불을 지르고 殉節하였다. 일찍이 外祖父 鄭惟吉에게서 古文과 詩를 배우고 成渾과 李珥의 門人으로서 黃愼·李春英·李廷龜·吳允謙·申欽 등과 친밀하였으며, 黨色이 다른 鄭經世와는 道學으로써 사귀었다. 정치적으로 西人에 속하면서 인조 초에 西人이 老西·少西로 갈리자 老西의 領袖가 되었다. 詩와 글씨에 뛰어났으며, 특히 墨滯는 二王(晋 王羲之·王獻之 父子)의 筆法을 본받고 篆은 衆體를 겸하였으며, 平壤의 崇仁殿碑 및 豊德郡守 張麟禎의 碑에 篆額을 남기고 있다. 時調로〈五倫歌〉5장과〈訓戒子孫歌〉9편이 전하고 있다. 한때 그의 殉節을 놓고 自焚이 아니라 失火때문이라는 異說이 있었으나 朴東善·姜碩期·申翊聖 등의 변호로 旌閭門이 세워지고 영조 34(1758)년에 領議政에 추증되었다. 殉節한 뒤에 江華의 忠烈祠에 享祀되었으며, 그 외의 여러 곳의 院祠에 享祀되었다. 著述로는 文集인「仙源遺稿」7권이 전하고 그 版木은 安東 鳳停寺에 보관되어 있다.

33) 樓: 城門 위의 망루를 의미하는 것이다.

에서 焚身自殺하였으며, 익(23)일에는 徐氏 夫人도 處所에서 自決[34]하고 말았다.

오랑캐들이 물러가자 參判公은 子弟들과 함께 [江都로] 들어가 徐氏 夫人과 汝南의 屍身을 收拾하여 交河의 江岸에 임시로 埋葬하였다. 4년이 지난 庚辰(1640, 인조 18)年에 參判公이 卒去[35]하자 汝南의 두 아들은 아직 어렸으나 그제야 비로소 徐氏 夫人과 汝南의 靈柩를 배에다 모시고 漢江에 이르러 參判公의 靈柩도 함께 모신 뒤 남쪽으로 내려와 [湖西] 懷德縣 貞民里에 葬禮하였다.

汝南은 後日에 그의 美德이 宗族들 중에서도 傑出하여 淸陰 文正公[36]이 參判公의 碑版에 낱낱이 記述하였는데 碑版에서 云謂된 '益兼'은 汝南의 이름이다. 汝南은 재주가 높고 氣運이 맑았으며 志操가 깨끗하고 行實이 높았을 뿐 아니라 家庭에서 익힌 學業으로 나날이 進就하여 祖父인 文元公[37]도 매우 愛重히 여기며 遠大한 抱負를 成就할 人物로

---

34) 引決: 자신을 책망하여 자살하는 것을 의미하는 것이다.

35) 捐館: 세상을 떠나는 것을 의미하는 것이다.

36) 金尙憲(1570-1652): 조선시대 宣祖·光海君·仁祖·孝宗朝의 學者·文臣으로 本貫은 安東이고 字는 叔度이며, 號는 淸陰·石室山人·西磵老人 등이고 諡號는 文正이다. 祖父는 信川郡守 金生海이고 父親은 敦寧府都正 金克孝이며 母親 東萊 林塘 鄭惟吉의 따님이다. 아우는 右議政 金尙容이고 外祖父는 左議政 鄭惟吉이며, 漢城에서 출생하여 3세에 伯父인 縣監 金大孝에게 出系하였다. 선조 23(1590)년에 進士가 되고 선조 29(1596)년에 戰爭 중의 庭試文科에 丙科로 급제하여 承政院副正字에 除授되었으며, 이후 副修撰·佐郞·副校理를 거쳐 선조 34(1601)년에 濟州道에서 발생한 吉雲節의 逆獄을 다스리기 위한 安撫御史로 파견되었다가 이듬해(1602) 복명한 뒤 高山察訪·鏡城都護府判官 등을 역임하였다. 광해군 즉위(1608)년에 文科重試에 급제하여 賜暇讀書를 한 후에 校理·應敎·直提學을 거쳐 同副承旨에 除授되었으나 李彦迪과 李滉의 배척에 앞장선 鄭仁弘을 탄핵하다가 廣州府使로 좌천되었다. 광해군 5(1613)년에 七庶之獄이 발생하여 仁穆大妃의 父親인 金悌男이 죽음을 당할 때 그의 아들 金光燦이 金悌男의 아들 金의 사위가 된 婚姻關係로 인해 파직되자 집권세력인 北人의 迫害를 피하여 安東郡의 豊山으로 이사하였다. 인조반정(1623) 이후 吏曹參議에 발탁되자 功臣勢力의 保合爲主政治에 반대하고 是非와 淑慝(善惡)의 엄격한 구별을 주장함으로써 西人 淸西派의 領袖가 되었다. 이어 大司諫·吏曹參議·都承旨·副提學 등을 거쳐 인조 4(1626)년에 聖節兼謝恩陳奏使로 明朝에 다녀왔으며, 이후 六曹의 判書 및 藝文館·成均館의 提學 등을 역임하였다. 인조 10(1632)년 왕의 生父를 元宗으로 追尊하려는데 반대하여 官職에서 물러났다. 인조 13(1635)년 大司憲으로 再起用되자 軍費의 確保와 北方 軍事施設의 확충을 주장하였고, 이듬해(1636) 禮曹判書로 丙子胡亂이 일어나자 主和論을 排斥하고 끝까지 主戰論을 펴다가 인조가 항복하자 安東으로 隱退하였다. 인조 17(1639)년에 淸朝가 明朝를 공격하기 위해 요구한 出兵에 반대하는 上疏를 올렸다가 淸朝에 押送되어 6년 후에 歸國하였다. 인조 23(1645)년에 특별히 左議政에 除授되고 耆老社에 들어갔다. 효종이 즉위하여 北伐을 추진할 때 그 理念의 象徵으로 大老로 尊敬을 받았으며, 金堉의 大同法에는 반대하고 金集 등 西人系 山林의 등용을 권고하였다. 尹根壽의 門下에서 經史를 수업하고 成渾의 道學에 淵源을 두었으며, 李廷龜·金·申翊聖·李敬輿·李景奭·金集 등과 교유하였다. 효종 4(1653)년에 領議政에 追贈되었으며, 현종 2(1661)년에 孝宗廟廷에 配享되었다. 楊州 石室書院를 비롯한 여러 곳의 院祠에 享祀되었으며, 著述로는 詩文과 〈朝天錄〉·〈南錄〉·〈淸平錄〉·〈雪集〉·〈南漢紀略〉 등으로 구성된 「淸陰全集」 40권이 전하고 있다.

37) 金長生(1548-1631): 조선시대 明宗·宣祖·光海君·仁祖朝의 學者·文臣으로 本貫은 光山이고 字는

期約하였으나, 不幸히도 여기에서 그치고 말아 同流들조차 悲痛해 하지 않는 사람이 없었다. 朝廷에서는 司憲府 持平으로 追贈하고 아울러 金相公 尚容의 祠廟에 配享할 것을

希元이며, 號는 沙溪이고 諡號는 文元이다. 父親은 大司憲 金繼輝이고 母親은 右參贊 平山 申瑛의 따님이며, 漢城 出身으로 金集은 그의 아들이다. 명종 15(1560)년 宋翼弼로부터 四書와 「近思錄」 등을 배우고 20세 무렵에 李珥의 門下에 들어갔다. 선조 11(1578)에 學行으로 천거되어 昌陵參奉에 除授되고 선조 14(1581)년 宗系辨誣의 일로 父親을 따라 明朝에 다녀와 敦寧府參奉·順陵參奉·平市署奉事 등을 거쳐 活人署·司圃署·司饔院 등의 別提와 奉事에 除授되었으나 모두 病으로 나가지 않았으며, 그 뒤에 童蒙敎官·引儀 등을 거쳐 定山縣監을 역임하였다. 壬辰倭亂(1592) 때 戶曹正郎으로 明軍의 軍糧調達에 공이 커 宗親府典簿로 승진하고 선조 29(1596)년에 한때 連山으로 落鄕하였는데, 丹陽·楊根 등지의 郡守와 僉正·翊衛에 除授되었으나 나아가지 않았다. 이듬해(1597) 봄에 湖南地方에서 軍糧을 모으라는 명을 수행함으로써 軍資監僉正이 되었다가 곧 安城郡守에 除授되었다. 선조 34(1601)년에 朝廷에서 「周易口訣」의 校正에 참여토록 하였으나 病으로 나아가지 못하였다. 이듬해(1602) 淸白吏에 올랐으나 北人이 득세하자 선조 38(1605)년에 官職을 버리고 連山으로 다시 귀향하였다. 그 뒤 益山郡守를 역임하고 광해군 2(1610)년에 淮陽·鐵原府使 등을 역임하였다. 광해군 5(1613)년의 癸丑獄事에 동생이 관련됨으로써 連坐되었으나 無嫌疑로 풀려나자, 官職을 버리고 連山에 은둔하여 學問에만 전념하였다. 그 뒤 仁祖反正(1623)으로 西人이 집권하자 75세의 나이에 掌令으로 조정에 나아가 곧 司業으로 옮겨 元子輔導의 임무를 겸하다가 病으로 낙향하였다. 이듬해(1624) 李适의 亂으로 왕이 公州로 播遷해오자 길에 나와 御駕를 맞이하고 亂이 平定된 뒤 왕을 따라 上京하여 元子輔導의 임무를 다시 맡고 尚衣院正으로 司業을 겸하여 執義를 거친 뒤 辭職하면서 13가지의 政事를 논하는 疏를 올렸다. 그 뒤 左議政 尹昉, 吏曹判書 李廷龜 등의 발의로 工曹參議에 除授되이 元子의 講學을 겸하는 한편 國王의 侍講과 經筵에 초치되기도 하였다. 인조 3(1625)년에 同知中樞府事에 除授되었으나 이듬해(1626) 辭職하고 行護軍의 散職으로 낙향하여 李珥·成渾 등을 祭享하는 黃山書院을 세웠다. 인조 5(1627)년 丁卯胡亂에 兩湖號召使로 義兵을 모아 公州로 온 世子를 護衛하고 곧 和議가 이루어지자 모은 軍士를 解散하고 江華의 行宮으로 가서 왕을 拜謁하고 다시 刑曹參判이 되었다. 그러나 1개월 만에 다시 辭職하고 龍衛副護軍으로 落鄕한 뒤 인조 8(1630)년에 嘉義大夫에 올랐으나, 줄곧 鄕里에 머물면서 學問과 敎育에 專念하였다. 沙溪는 늦은 나이에 科擧를 거치지 않고 官職에 나아가 要職이 많지는 않았으나 仁祖反正 이후로 西人의 領袖格으로 영향력이 매우 컸다. 인조의 卽位 뒤로도 鄕里에서 보낸 세월이 더 많았으나, 그 영향력은 같은 李珥의 門人으로 줄곧 朝廷에서 활약한 李貴와 함께 인조 초기의 政局을 西人中心으로 안착시키는데 결정적인 구실을 하였다. 學問과 敎育으로 보낸 鄕里生活에서는 줄곧 곁을 떠나지 않은 아들 金集의 보필을 크게 받았는데 그는 '老先生'이라 불리고 아들은 '先生'으로 불릴 정도였다. 그의 門下에는 宋時烈·宋浚吉·李惟泰·姜碩期·張維·鄭弘溟·崔命龍·金慶餘·李厚源·趙翼·李時稷·尹舜擧· 李·尹元擧·崔鳴吉·李尚馨·宋時榮·宋國澤·李德洙·李景稷·任義伯 등 당대의 비중 높은 名士들이 輩出되었다. 沙溪는 學問的으로 宋翼弼·李珥·成渾 등의 영향을 함께 받았으나, 禮學分野는 宋翼弼의 영향이 컸으며 禮學을 깊이 연구하여 아들 金集에게 계승시켜 朝鮮禮學의 泰斗로 禮學派의 한 主流를 형성하였다. 沙溪는 인조가 즉위한 뒤에 庶孽出身이었던 宋翼弼이 父親 宋祀連의 일로 還賤된 억울함을 풀어주기 위해 같은 門人의 徐·鄭曄 등과 伸辨師冤疏를 올리기도 하였으며, 李珥와 成渾을 위하여 書院을 세우고 李珥의 行狀을 짓기도 하였다. 스승 李珥가 시작한 「小學集註」를 선조 34(1601)년에 完成시키고 跋文을 붙이는 등 「小學」에 대한 관심은 禮學과도 깊은 관련이 있다. 선조 16(1583)년에 저술한 「喪禮備要」 4권을 비롯하여 「家禮輯覽」·「典禮問答」·「疑禮問解」 등은 禮에 관한 것이며, 「近思錄釋疑」·「經書辨疑」 등과 詩文集을 모은 「沙溪先生全書」가 전하고 있다. 숙종 14(1688)년 文廟에 配享되었으며, 連山의 遯巖書院을 비롯한 여러 곳의 院祠에 享祀되었다.

下命하였는데, 함께 享祀된 人物은 李尙吉[38]·沈諿[39]·李時稷[40]·宋時榮[41]·權順長·
具元一[42] 등 諸公이었다.

---

38) 李尙吉(1556-1637): 조선시대 明宗·宣祖·光海君·仁祖朝의 文臣으로 本貫은 碧珍이고 字는 士祐이며,
號는 東川이고 諡號는 忠肅이다. 童蒙教官 李喜善의 아들로 弱冠에 生員이 되고 선조 18(1585)년에
文科에 乙科로 及第하였다. 선조 32(1599)년 廣州牧使로 재임 중에 善政의 治積이 뚜렷하여 通政大夫에
올랐으며, 선조 35(1602)년에 앞서 正言으로 있을 때 鄭仁弘·崔永慶 등을 鄭汝立의 일당으로 몰아
추론한 죄로 成渾 등과 함께 6년간 黃海道 豊川에 流配되었다. 광해군 즉위(1608)년 유배에서 풀려난
뒤 江原道 淮陽府使·安州牧使·戶曹參議 등을 역임하였으나 鄭仁弘 등이 執權하자 東門 밖의 蘆原에
거처하면서 李恒福 등과 교우하였다. 그 뒤 다시 등용되어 광해군 9(1617)년에 賀至使로 明朝에 갔을 때
부하를 잘 단속하여 재물을 탐내지 못하게 하였으며, 이듬해(1618) 平安監司로 있을 때 島에 雄據하고
있던 明將 毛文龍에게 軍糧을 보내어 구원하였으나 廢母論이 일어나자 全羅道 南原으로 돌아가
隱退하였다. 仁祖反正 후에 다시 出仕하여 承旨·兵曹參議·工曹判書 등을 역임한 뒤 耆老所에 들어가
平難·扈聖·靖社·振武 등의 原從功臣에 책록되었다. 인조 14(1636)년에 丙子胡亂이 일어나자 朝廷의
명을 받아 迎慰使가 되어 80세의 노령에도 불구하고 廟社를 받들고 江都에 들어갔다가, 이듬해(1637)
淸軍이 江都로 육박해오자 아들 李坰에게 뒷일을 부탁하고 殉節하였다. 殉節한 뒤에 左議政에 追贈되고
江華의 忠烈祠에 金尙容 등의 殉節人들과 함께 享祀되었으며, 著書로는 文集인「東川集」이 있다.
39) 沈諿(1568-1637): 조선시대 宣祖·光海君·仁祖朝의 文臣으로 本貫은 靑松이고 字는 士和이며 諡號는
忠烈이다. 牧使 沈友正의 아들로 厚陵參奉을 거쳐 여러 郡縣의 受領을 지내고 敦寧府都正에 이르렀다.
인조 14(1636)년에 丙子胡亂이 일어나자 宗社를 따라 江華에 피난하여 家廟의 位牌를 땅에 묻고 國難의
悲運을 통탄하는 遺疏를 쓰고 부인 宋氏와 함께 鎭江에서 殉節하였다. 殉節한 뒤에 吏曹判書에 追贈되고
江華의 忠烈祠에 江華의 忠烈祠에 金尙容 등의 殉節人들과 함께 享祀되었다.
40) 李時稷(1572-1637): 조선시대 宣祖·光海君·仁祖朝의 文臣으로 本貫은 延安이고 字는 聖兪이며, 號는
竹窓이고 諡號는 忠穆이다. 延城府院君 李石亨의 6대손이며 靑巖道察訪 李賓의 아들로 선조 39(1606)년에
司馬試에 合格하고 인조 원(1623)년에 別提에 제수되었다. 인조 2(1624)년에 直長으로 增廣文科에
丙科로 及第하였으나 李适의 亂이 일어나자 公州까지 王을 扈從하였으며, 이어서 宗廟署直長을 거쳐
成均館典籍에 제수되었다. 인조 13(1635)년에 兵曹佐郎·司諫院正言·司憲府掌令·世子侍講院弼善
등과 掌樂院正·司僕寺正·奉常寺正 등을 역임하였다. 이듬해(1636) 丙子胡亂이 일어나자 江華에
들어갔다가 江華가 함락되어 司僕寺主簿 宋時榮이 먼저 殉節하자, 2기의 墓穴을 파서 하나에는 宋時榮을
埋葬하고 다른 하나는 비워 놓은 채 奴僕에게 자기를 그곳에 埋葬하도록 부탁한 다음 활의 끈으로 목을
매고 殉節하였다. 특히 아들에게는 '殺身成仁俯仰無'의 書簡을 남겼다. 어려서부터 총명이 뛰어나 10세에
曺好益에게 배우고 뒤에 金長生의 門下에서 學問을 닦았다. 殉節한 후에 吏曹判書에 追贈되었으며, 江華의
忠烈祠에 金尙容 등의 殉節人들과 함께 享祀되고 懷德의 崇賢祠의 別祠에도 享祀되었다.
41) 宋時榮(1588-1637): 조선시대 宣祖·光海君·仁祖朝의 文臣으로 本貫은 恩津이고 字는 公先 혹은
茂先이며, 號는 野隱이고 諡號는 忠顯이다. 佐郎 宋邦祚의 아들이며 宋時烈의 從兄으로 어려서 父親에게서
가르침을 받고 金長生의 門人이 되었다. 인조 초년에 鄕人들에 의해 그의 學行이 監司에게 薦擧되기도
하였으며, 인조 5(1627)년에 丁卯胡亂이 일어나자 同志를 모아 勤王하였다. 이듬해(1628) 金長生에 의하여
薦擧되어 司宰監參奉에 除授되고 奉事直長·尙衣院主簿 등을 역임하였다. 인조 14(1636)년에 丙子胡亂이
일어나자 王命을 따라 江華의 分司에 들어갔으나 이듬해(1637) 정월 22일에 江華城이 包圍되고 南門이
함락되자 金尙容·洪命亨·沈諿·李時稷 등과 함께 殉節하였다. 殉節한 뒤에 旌閭되고 左贊成에
追贈되었으며, 江華의 忠烈祠에 金尙容 등의 殉節人들과 함께 享祀되고 懷德의 崇賢祠의 別祠와 永同의
草江書院 등에도 享祀되었다.
42) 具元一(1582-1637): 조선시대 宣祖·光海君·仁祖朝의 武臣으로 本貫은 綾城이고 字는 汝先이다.
宣祖朝에 武科에 及第한 뒤 인조 14(1636)년의 丙子胡亂 때 江華左部千摠으로서 휘하의 兵士 數十名을

丙子(1636, 인조 14)年에 오랑캐의 使臣들이 [大闕 아래에서] 달아난 후에 汝南은 또다시 나에게 조용히 "큰 禍亂이 臨迫한데 朝廷에서 온 힘을 다하여 對抗하지 않으면 屈伏당할 뿐일 것이다. 나는 장차 朝廷을 떠나 내가 좋아하는 人士들과 湖海上에서 浮游할지라도 세상의 티끌에 더럽혀지지 않으리라!"고 하였는데, 지금 汝南이 成就한 바는 그가 言及한 그대로일 뿐 아니라 陳少陽[43]과 魯連子[44]의 義理까지도 兼備한 것이었다. 비록 司馬遷[45]은 魯仲連의 뜻이 오히려 大義에 合當하지 않음을 指摘하였으나, 지금 汝南의 志操는 오히려 해와 달과 더불어 그 光明을 다투게 될 것인바 그 어찌 悲痛해 할 것이겠는가! 세상 사람들은 汝南이 官員이 아니었음에도 불구하고 결단코 從祀될 만한 頌德조차 남기지 못한 채 死節하지 않았다고 評價하고 있으니, 孔聖께서 "汪踦[46]의 喪事를 단순한 童子의 喪事로 處理하지 말라!"고 한 것은 그 무엇 때문이었던 것이겠는가?

汝南은 海平 尹氏에게 장가를 들었는데, 尹氏의 父親은 參判을 역임한 墀[47]이며 祖父

거느리고 갑곶나루(甲串津)로 나아갔으나, 江華留守 張紳이 싸울 뜻이 없음을 알고 抗議하다 바다에 투신하여 殉節하였다. 殉節한 뒤에 兵曹參議에 追贈되고 江華의 忠烈祠에 金尙容 등의 殉節人들과 함께 享祀되었으며 表忠壇에도 享祀되었다.

43) 陳少陽 : 少陽은 宋朝의 名人으로 節槪가 있고 剛直했던 陳東의 字이다. 欽宗 卽位 후 上疏하여 蔡京·童貫 등 6인의 伏誅를 청하였고 高宗이 南渡한 뒤에 또 李綱의 留任을 청하는 上疏를 올렸는데, 이 일로 인하여 歐陽澈과 함께 棄市되었다. 〈『宋史』卷455.〉

44) 魯連子 : 戰國時代 齊人으로 나라가 滅亡하자 벼슬을 하지 않고 孤高한 志節을 지킨 魯仲連을 지칭하는 것이다. 그가 趙에 있을 때에 秦이 공격해 오자 辯詞를 써서 물리치고 뒤에 箭書를 이용하여 齊가 聊城을 收復하도록 도와주었다. 이때 그는 賞과 벼슬을 주어도 받지 않고 "내가 富貴를 누리면서 남에게 굽실거리는 것보다 차라리 貧賤하더라도 세상을 자유롭게 살겠다!"는 말을 남기고 바다를 향해 떠났다. 〈『史記』卷83. 魯仲連列傳.〉

45) 史遷 : 『史記』의 저자인 司馬遷을 지칭하는 것이다.

46) 汪 : 『禮記』〈檀弓〉에 魯와 齊가 郎에서 전쟁할 때 魯의 公叔人이 이웃 童子인 汪와 함께 戰爭에 나가 싸우다가 모두 戰死하였다. 이에 魯人들이 童子 汪를 未成年者의 喪인 으로 처리하지 않고 한 사람의 士로 待遇하여 喪葬의 禮를 행하고자 仲尼에게 물으니, 仲尼가 "창과 방패를 잡고 전쟁에 나가 社稷을 守護하였으니, 으로 葬事지내지 않는 것도 역시 옳지 않겠는가!"라고 하였다.

47) 尹(1600-1644) : 조선시대 宣祖·光海君·仁祖朝의 文臣으로 本貫은 海平이고 字는 君玉이며 호는 河濱翁이다. 祖父는 領議政 尹昉이고 父親은 海崇尉 尹新之이며 母親 貞惠翁主는 宣祖의 따님이다. 광해군 11(1619)년에 20세로 文科에 及第하여 承文院權知正字·說書 등을 거쳐 侍講院司書에 除授되었으나, 光海君의 난정으로 官職에서 사퇴하였다. 仁祖反正(1623) 이후 司憲府·司諫院·弘文館 등 三司의 要職을 역임하였다. 水原府使가 되었을 때 중국의 『呂氏鄕約』을 본떠 德化와 相互協助를 위한 敎條를 만들어 百姓에게 道德을 宣揚하여 敎化시키고 地方自治精神을 배양하는데 힘썼으며, 府兵 3千名을 새 壯丁으로 교체하고 訓練을 강화하는 한편 軍器를 整備하여 軍事力强化에 힘을 기울였다. 인조 14(1636)년에 丙子胡亂이 일어나자 成均館으로 달려가 生員들과 힘을 합하여 東·西에 모신 先賢의 位牌를 산에다 묻고 다시 五聖·十哲의 位牌를 南漢山城으로 모셔 焚香行禮를 계속하였다. 뒤에 禮曹參判을 거쳐 全羅道觀察使에 除授되었으나 인조 16(1638)년에 祖父 尹昉이 丙子胡亂 때 江華로 모셔간 社位 40餘主 가운데 王后의 神位 하나를 분실한 책임이 論罪되고 그 罪目으로 祖父가 黃海道 延安으로 流配되자 贖罪의

新之[48]는 翁主에게 장가를 들어 海嵩尉에 册封되었다. 아들 萬基[49]는 科擧에 及第하여 이미 세상에서 名望이 높고 萬重[50]은 進士로 士友들의 推仰을 받고 있으니, 그의 美德이

뜻으로 觀察使의 辭職을 奏請하였으나 嘉納되지 않고 오히려 京畿監司로 轉職되었다. 儒學을 몸소 실천한 儒學者로 글씨도 뛰어났다.

48) 尹新之(1582-1657): 조선시대 宣祖·光海君·仁祖·孝宗朝의 문신으로 宣祖의 駙馬이다. 本貫은 海平이고 字는 仲又이며, 號는 燕超齋이고 諡號는 文穆이다. 宣祖와 仁嬪 金氏와의 소생인 貞惠翁主와 결혼하여 海嵩尉에 책봉되었으며, 사람됨이 총명하여 왕명에 따라 詩를 지어 바쳐 宣祖의 사랑을 받았다. 仁祖朝에는 君德을 極論하는데 서슴지 않았으나 인조는 이를 잘 받아들였으며, 陵廟의 大事가 있을 때마다 그에게 감독하게 하여 마침내 정1품에 올라 位가 宰相과 같았다. 인조 14(1636)년의 丙子胡亂 때에는 왕명을 받아 老病宰臣들과 함께 江華로 들어갔는데, 그때 廟社를 지키고 있던 父親 尹昉이 그를 召募大將으로 竹津에 있게 하였다. 甲津이 敵軍에게 점령되고 府城에 적이 육박해 오자 軍士를 지휘하여 城을 나와 죽기를 결심하고 홀로 말을 달려 질주하다가 賊兵을 만나자 몸을 절벽에 던져 自殺하려 하였으나 救助되었다. 널리 사람을 사귀었으나 이름을 드러내기를 꺼렸으며 오로지 內修에 힘쓰고 玄湖에 卜居하면서 스스로 玄洲散人이라 하였다. 詩·書·畵에 능하였으며, 著書로는 「玄洲集」·「破睡雜記」등이 있다.

49) 金萬基(1633-1687): 조선시대 仁祖·孝宗·顯宗·肅宗朝의 文臣으로 本貫은 光山이고 字는 永淑이며, 號는 瑞石 또는 靜觀齋이고 諡號는 文忠이다. 曾祖父는 刑曹參判 金長生이며 父親은 生員 金益兼이다. 仁敬王后의 父親인 叔父 金益熙에게서 受學하였으며 宋時烈의 門人이다. 효종 3(1652)년에 司馬試를 거쳐 이듬해(1653) 別試文科 乙科로 及第하여 承文院에 등용되고 修撰·正言·校理 등을 역임하였다. 효종 8(1657)년 校理로서 글을 올려 「五禮儀」의 服喪制를 잘못된 것을 改正하기를 청하였으며, 효종 10(1659)년 5월에 孝宗이 薨去하자 慈懿大妃의 服喪問題로 논란이 있을 때 朞年說을 주장하여 3年說을 주장한 南人의 尹善道를 공격하였다. 현종 12(1671)년에 딸을 世子嬪으로 들여보내고 현종 14(1673)년에 寧陵을 옮길 때에 山陵都監의 堂上官에 除授되었으며, 현종 15(1674)년 7월에 兵曹判書로서 다시 慈懿大妃의 服制에 대해 疏를 올려 3年喪을 주장하였다. 동년(1674)에 숙종이 즉위하자 國舅로서 領敦寧府事에 승진되고 光城府院君에 책봉되었으며, 摠戎使를 兼官함으로써 兵權을 장악하고 金壽恒의 천거로 大提學에 除授되었다. 숙종 6(1680)년의 庚申換局 때 訓練大將으로서 끝까지 굽히지 않고 南人과 맞섰으며, 姜萬鐵 등이 許積의 庶子 許堅과 宗室인 福昌君·福善君·福平君 등이 逆謀를 꾀한다고 고발하자 이를 다스려 保社功臣 1등에 책록되었다. 아들 金鎭圭와 손자 金陽澤과 함께 3대가 文衡을 맡았다. 老論의 過激派로 숙종 15(1689)년에 己巳換局으로 南人이 執權하자 削職되었다가 뒤에 復職되었다. 顯宗의 廟廷에 配享되었으며, 著書로는 文集인 「瑞石集」 18권이 있다.

50) 金萬重(1637-1692): 조선시대 仁祖·孝宗·顯宗·肅宗朝의 文臣·小說家로 本貫은 光山이고 兒名은 船生이며, 字는 重淑이고 號는 西浦이며 諡號는 文孝이다. 禮學의 대가인 金長生의 曾孫이고 忠正公 金益謙의 遺腹子이며, 光城府院君 金萬基의 弟이고 肅宗의 初妃인 仁敬王后의 叔父이다. 母親은 海原府院君 海平 尹斗壽의 4대손이고 文翼公 尹昉의 曾孫女이며 吏曹參判 尹의 따님이다. 西浦는 父親이 일찍이 丙子胡亂(1636) 때에 江華에서 殉節하여 兄과 함께 母親 尹氏의 남다른 家庭敎育에 힘입어 成長하였다. 尹氏 夫人은 본래 家學이 있어 두 兄弟가 아비 없이 자라는 것에 대해 항상 걱정하면서 남부럽지 않게 키우기 위해 모든 정성을 쏟았다. 그 좋은 예로 窮塞한 살림 중에도 子息들이 필요한 書籍을 구입할 때는 값의 高下를 묻지 않았고 또 이웃에 사는 弘文館胥吏를 통해 書籍을 빌려 손수 謄書하여 敎本을 만들기도 하였으며, 「小學」·「史略」·「唐律」 등을 직접 가르치기도 하였다. 이와 같은 淵源이 있는 父母의 家統과 母親 尹氏의 희생적 가르침은 훗날 兄弟의 生涯와 思想에 적지 않은 영향을 끼친 듯하다. 西浦는 母親으로부터 엄격한 訓導를 받고 효종 원(1650)년에 14세로 進士初試에 합격하고 이어서 효종 3(1652)년에 16세로 進士試에 1등으로 합격하였다. 그 뒤 현종 6(1665)년에 庭試文科에 及第하여 出仕를 시작하여 현종 7(1666)년에 正言을 역임하고 이듬해(1667) 持平·修撰 등을 역임하였으며, 현종 9(1668)년에는 經書校正官·校理 등을 역임하였다. 현종 12(1671)년에는 暗行御史로 申晸·李稶·趙威鳳

世上에 알려지지 않을 것이라 念慮하지도 않는 바이다.

汝南의 墳墓가 江都에 있을 때에도 나는 千里를 달려가 哀哭을 하였고 그 뒤에도 貞民里를 지날 때마다 그의 墓所를 參拜하며 한동안 하염없는 눈물을 흘리고서 돌아오지 않은 적이 없었으니, 이 어찌 단순히 함께 工夫하던 옛 親舊에 지나지 않을 뿐이겠는가! 나 또한 汝南이 世上에 自身만을 위한 사람으로만 알려지지나 않을까 念慮하여, 그의 平素의 志操와 節槪를 낱낱이 列擧하여 다음과 같이 墓表를 짓는 바이다.

嗚呼라! 이는 오직 우리 汝南의 墓表이도다.

그 높이 四尺이라 百世토록 무너지지 아니할 것이련다!

嗚呼라! 그 누가 洞里名을 지었을 것이런가.

우리 汝南을 기다림도 결코 偶然만 아니었을 것이련다!

등과 함께 京畿 및 三南地方의 賑政得失을 조사하기 위해 分遣된 뒤 돌아와 副校理를 역임하는 등 현종 15(1674)년까지 獻納·副修撰·校理 등을 역임하였다. 그러다가 숙종 원(1675)년에 同副承旨로 있을 때 仁宣大妃의 喪服問題로 西人이 패배하자 官爵이 削奪되어 30대의 得意의 시절이 점차 受難의 길로 들어서고 있었다. 당시 형 金萬基는 2품직에 올라 있었고 그의 姪女는 世子嬪에 册封되어 있었으나, 제2차 禮訟에서 南人이 승리하자 西人은 政治權에서 몰락되는 비운을 맞게 되었던 것이다. 그러나 그는 南人의 許積과 尹 등이 賜死된 庚申大黜陟(1680)으로 西人들이 再執權하기 전인 숙종 5(1679)년에 禮曹參議로 官界에 復歸하였으나, 숙종 9(1683)년에는 工曹判書를 거쳐 大司憲에 除授되었을 때 당시 司憲府의 趙持謙·吳道一 등이 還收의 請이 있자 이를 비난하다가 遞職되었다. 숙종 12(1686)년에 大提學에 除授되었으나 이듬해(1687)에 다시 張淑儀 일가를 둘러싼 言事의 사건에 연루되어 義禁府에서 推鞫을 받고 下獄되었다가 宣川으로 流配되었다. 1년이 지난 숙종 14(1688)년 11월에 配所에서 放還되었으나 3개월 뒤인 숙종 15(1689)년 2월에 執義 朴鑌圭과 掌令 李允修 등의 論刻을 입어 極地에 安置되었다가 곧 南海에 圍籬安置되었는데, 이는 肅宗의 繼妃인 仁顯王后 閔氏의 餘禍때문이었다. 이러한 와중에 母親 尹氏는 아들의 安危를 걱정하던 끝에 病으로 卒去하고 말았으며, 孝誠이 지극했던 西浦도 母親의 葬禮에도 참석하지 못한 채 숙종 18(1692)년에 南海의 謫所에서 56세를 일기로 卒去하고 말았다. 숙종 24(1698)년에 그의 官爵이 復舊되고 숙종 32(1706)년에 孝行의 旌表가 내려지기도 하였다. 西浦의 思想과 文學은 이전의 여느 文人과는 다른 특징을 가지고 있다. 그는 末年에 와서 不運한 流配生活로 일생을 마치게 되나, 生涯의 전반부와 중반부는 勸力의 비호를 받아 得意의 시절을 보냈던 것으로 보인다. 본래 총명한 재능을 타고났기도 하였으나 家門의 훌륭한 전통으로 인해 그의 學問도 상당한 경지를 성취하였으며, 그가 종종 朱熹의 論理를 비판하고 佛敎用語를 거침없이 사용한 점은 결코 위와 같은 背景이 없이는 불가능하였을 것이다. 그의 思想의 진보성은 그의 뛰어난 文學理論에서도 찾아볼 수 있는데, 그가 주장한 '國文歌辭禮讚論'은 주목받아 마땅한 논설이다. 그는 우리말을 버리고 다른 나라의 말을 통해 詩文을 짓는다면 이는 앵무새가 사람의 말을 하는 것과 같다고 하여 漢文은 '他國之言'으로 간주하였다. 그 결과 鄭澈의 〈思美人曲〉 등의 한글가사를 屈原의 〈離騷〉에 견주기도 하였는데, 이는 그의 開明的 意識의 소산으로 탁견이 아닐 수 없다. 그의 우리말과 우리글에 대한 일종의 '國字意識'은 그가 〈九雲夢〉·〈謝氏南征記〉 등의 國文小說을 창작한 점과 관련할 때 許筠을 계승하고 조선시대 후기의 實學派文學의 중간에서 훌륭한 소임을 수행한 듯하며, 詩歌 뿐 아니라 小說에도 상당한 理論을 가지고 있었던 듯하다.

崇禎 壬寅(1662, 현종 3)年 정월 某日에 友人 恩津人 宋時烈은 撰述하다.[51]

後日에 長男[52]의 品階가 從·正의 2品職에 이르자 公[53]도 따라서 吏曹의 參判과 判書로 追贈되었으며, 甲寅(1674, 숙종 즉위)年에 今上[54]의 卽位로 王妃의 推恩[55]을 입어 光城府院君에 册封되자 다시 領議政에 加贈되었으니, 이 또한 그 어찌 淵源이 아득한 시냇물이 豊盛히 흘러 내릴만한 徵兆가 아니겠는가!

[宋]時烈은 追記하는 바이다.

祖考[56]의 墓表는 바로 尤齋 宋 先生께서 撰述한 文章이다. 墓表가 세워진 뒤에 先考[57]가 다시금 다른 作者에게 誌文의 撰述을 請託하지 못하였는데, 그것은 대체로 宋 先生께서 撰述한 文章이 숨은 美德을 宣揚하는데 秋毫의 餘憾도 없어서 비록 다른 作者에게 請託을 한다고 하더라도 다시금 措處하기 어려울 것으로 여겼던 때문이다. 또한 古人들도 한편의 文章으로 表文과 誌文의 양쪽으로 사용한 경우가 없지 않았으므로, 이에 옛 뜻을 받들고 古例를 아울러 採用하여 삼가 表文을 磁版에 다시 書寫하여 誌石을 製作하는 바이다. 云云.

甲戌(1694, 肅宗 20)年 8月 某日에 손자 [金]鎭龜는 삼가 記錄하는 바이다.

IV. 誌文의 撰者와 誌石의 製作者

1. 誌文의 撰者

〈金益兼誌石〉의 誌文의 撰者는 被葬者와 함께 沙溪의 門下인 尤庵 宋時烈(1607~1689)이다. 尤庵은 조선시대 光海君·仁祖·孝宗·顯宗·肅宗朝의 文臣·學者로 本貫은 恩津이

---

51) 宋時烈 著,『宋子大全』卷190, 墓表, '生員贈持平金公墓表'條.
52) 長胤: 金萬基를 지칭하는 것이다.
53) 公: 金益兼을 지칭하는 것이다.
54) 今上: 肅宗을 지칭하는 것이다.
55) 推恩: 父祖나 子孫의 功으로 인한 官爵의 除授를 의미하는 것이다.
56) 祖考: 金益兼을 지칭하는 것이다.
57) 先考: 金萬基를 지칭하는 것이다.

고 兒名은 聖賚이며, 字는 英甫이고 號는 尤庵 또는 尤齋이며 諡號는 文正이다. 父親은 司饔院奉事 宋甲祚(1574-1628)이며 母親은 奉事 善山 郭自防(?-1592)의 따님이다.

尤庵은 선조 40(1607)년에 忠淸道 沃川郡 九龍村의 外家에서 태어나 26세이던 인조 10(1632)년까지 그곳에서 살았으나, 후에는 忠淸道 懷德의 宋村・飛來洞・蘇堤 등지로 옮겨 살아 懷德人으로 알려져 있다. 8세 때인 광해군 6(1614)년부터 친척인 同春 宋浚吉(1606-1672)의 집에서 함께 공부하여 후일 兩宋으로 불리는 특별한 교분을 맺게 되었다.

12세인 광해군 10(1618)년 경부터 父親으로부터 「擊蒙要訣」과 「己卯錄」 등을 배우면서 朱子(1130-1200)・趙光祖(1482-1519)・李珥(1536-1584) 등을 欽慕하도록 가르침을 받았으며, 인조 3(1625)년에 義禁府都事 韓山 李德泗(?-?)의 따님과 혼인하였다. 이 무렵부터 連山의 沙溪 金長生(1548-1631)에게 나아가 性理學과 禮學을 배우고 沙溪가 卒去한 뒤에는 그의 아들 愼獨齋 金集(1574-1656)의 門下에서 學業을 계속하였다. 인조 11(1633)년에 生員試에서 '一陰一陽之謂道'를 논술하여 장원한 뒤로 그의 學問的 명성이 널리 알려지고 인조 13(1635)년부터 약 1년간 鳳林大君(1619-1659, 효종)의 師傅로 지내 후일 효종과 깊은 유대를 맺는 계기가 되었다. 그러나 丙子胡亂(1636)으로 인조가 치욕을 당하고 昭顯世子(1612-1645)와 鳳林大君이 인질로 잡혀가자 좌절감 속에서 落鄕하여 10여년간 山野에서 학문에만 몰두하였다.

효종이 즉위(1649)하여 斥和派 및 在野學者들을 대거 기용할 때 비로소 尤庵도 世子侍講院進善와 司憲府掌令 등의 관직으로 나아갔으며, 당시에 올린 〈己丑封事〉에서 특히 尊周大義와 復讎雪恥 등의 역설은 효종의 北伐意志와 부합하여 북벌계획의 핵심인물로 발탁되는 계기가 되었다. 그러나 이듬해(1650) 2월에 金自點(1588-1651) 일파가 조선의 북벌동향을 淸朝에 밀고함으로써 尤庵을 포함한 山黨一派는 조정에서 물러나고 말았다. 그 뒤 효종 4(1653)년부터 이듬해(1654)년까지 忠州牧使・司憲府執義・同副承旨 등에 제수되었으나 일체 사양하고 나아가지 않았으며, 효종 8(1657)년에 母親喪을 마치자 곧 世子侍講院贊善에 제수되었으나 〈丁酉封事〉를 올려 時務策을 건의하였다. 효종 9(1658)년에 贊善・吏曹判書 등에 제수되고 이듬해(1659) 5월에 효종이 急逝할 때까지 왕의 절대적 신임 속에 북벌계획의 중심인물로 활약하였다.

효종이 급서한 뒤로 莊烈王后(趙大妃, 1624-1688)의 服制問題로 禮訟이 일어나고 國舅 金佑明(1616-1671) 일가와의 알력이 깊어진데다 현종에 대한 실망으로 다시 落鄕한 후, 현종 9(1668)년에 右議政과 현종 14(1673)년에 左議政에 제수되었을 때 잠시 조정에 나아갔을 뿐 조정의 융숭한 예우와 부단한 초빙을 물리치고 在野에만 머물러 있었다. 재야에 은거하면서도 先王의 威光과 士林의 重望으로 막대한 정치적 영향력을 행사하여 士林의 輿論

은 그에 의해 좌우되고 조정의 대신들도 매사를 그에게 물어 결정하는 형편이었다. 현종 15(1674)년에 仁宣王后(孝宗妃, 1618-1674)의 喪으로 인한 제2차 禮訟에서 그의 禮論을 추종한 西人들이 패배하자 尤庵도 罷職 · 削黜되었으며, 숙종 원(1675)년 정월 德源으로 유배되고 후에 長鬐 · 巨濟 등지로 移配되었다.

숙종 6(1680)년에 庚申換局으로 西人들이 다시 집권하자 그도 流配에서 풀려나 中央政界에 복귀하여 동(1680)년 10월에 領中樞府事兼領經筵事에 제수되고 奉朝賀의 영예를 누렸으나, 숙종 8(1682)년 金錫胄(1634-1684) · 金益勳(1619-1689) 등 勳戚들의 壬申三告變事件에서 沙溪 金長生(1548-1631)의 손자였던 金益勳을 두둔하여 西人의 젊은 층으로부터 비난을 받고 弟子 尹拯(1629-1714)과의 不和로 숙종 9(1683)년에 老少分黨이 일어나고 말았다. 숙종 15(1689)년 정월에 元子의 호칭을 부여하는 문제로 己巳換局이 일어나 西人이 失脚되고 南人이 再執權하자, 尤庵도 世子冊封에 반대하는 상소를 올려 濟州道로 流配되고 동(1689)년 6월에 拿鞫의 命이 내려 서울로 押送되던 도중에 井邑에서 향년 83세로 賜死되었다.

숙종 20(1694)년 甲戌換局으로 西人이 再執權하자 우암의 誣告가 인정되어 官爵이 回復되고 水原 · 井邑 · 忠州 등지에 그를 祭享하는 書院이 세워졌으며, 이듬해(1695)에는 諡狀없이 '文正'이라는 諡號가 下賜되었다.

2. 誌石의 製作者

〈金益兼誌石〉의 〈識文〉의 撰述과 誌石의 製作者는 被葬者의 孫子인 晩求窩 金鎭龜(1651-1704)이다. 晩求窩는 조선시대 孝宗 · 顯宗 · 肅宗朝의 文臣으로 本貫은 光山이고 子는 守甫이며, 號는 晩求窩이고 諡號는 景獻이다.[58] 領敦寧府事 光城府院君 金萬基(1633-1687)의 아들이고 仁敬王后(肅宗妃, 1661-1680)의 오빠이다.

〈金益兼誌石〉의 製作者인 晩求窩 金鎭龜의 行歷을 整理하면 다음과 같다.

晩求窩는 효종 2(1651)년에 光城府院君 金萬基(1633-1687)와 西原府夫人 淸州韓氏(1634-1720)와의 膝下에서 4男 3女 중의 長男으로 출생하였다.

현종 14(1673)년에 司馬試에 급제하고 이듬해(1674) 成均館 儒生으로서 衰姪의 制度로 成

---

58) 光山金氏文元公派世譜編纂委員會 編, 『光山金氏文元公派世譜』 卷1, 130쪽.
　　鎭龜: 字守甫 號晩求窩 孝宗辛卯十二月十一日生 癸丑司馬 庚申登文科 官至崇政大夫戶曹判書 封光恩君 諡景獻公 甲申十二月二十四日卒 傳遺稿 墓文忠公墓前壬坐 配貞敬夫人韓山李氏 父持平光稷 辛卯十一月二十七日生 辛丑七月五日卒 墓合.

服할 것을 上疏하였으며, 숙종 6(1680)년에 別試文科에 丙科로 급제하여 檢閱에 除授되어 史官이 되어 「顯宗實錄」 修撰에 참여하였다. 이어서 숙종 7(1681)년부터 숙종 9(1683)년까지 持平・正言・副修撰・獻納・修撰・副校理・校理・吏曹佐郎・副應敎・應敎・執義・司諫・承旨 등을 역임하고 숙종 10(1684)년에 慶尙道觀察使와 承旨를 역임하였으며, 숙종 13(1687)년까지 承旨・大司諫・全羅道觀察使 등을 역임하였다.

숙종 15(1689)년에 己巳換局에 의하여 南人이 執權하자 金錫冑와 함께 가혹한 수법으로 南人을 숙청하였다는 탄핵을 받아 숙종 20(1694)년에 甲戌換局으로 西人이 집권할 때까지 아우 金鎭圭와 함께 濟州道에 圍籬安置되었다. 甲戌換局(1694)으로 西人이 집권하자 유배에서의 放還과 敍用이 허락되어 戶曹判書에 기용되고 곧 京畿道觀察使에 제수되었으나 庚申復勳都監의 책임자로서의 책무로 부임하지 않았으며 이어서 都承旨를 역임하였다.

숙종 21(1695)년에 嶺南巡撫使・都承旨 등을 거쳐서 이듬해(1696)부터 都承旨・江華府留守・漢城府判尹・刑曹判書・工曹判書・御營大將・知義禁・刑曹判書・左參贊・禮曹判書 등을 역임하고 숙종 26(1700)년에 守禦使・刑曹判書・戶曹判書 등을 거쳐 이듬해(1701)에는 右參贊・刑曹判書・禮曹判書 등을 역임하였다. 숙종 28(1702)년에는 江都의 土城을 補修할 것을 建議하고 判義禁府事를 역임하였으며, 이듬해(1703)에는 王世子의 朔望親祭 등의 齋戒日數에 대해 箚子를 올리고 北漢山城의 築城이 不當함을 上疏함과 동시에 監賑堂上・兵曹判書・左參贊 등을 역임하였다.

숙종 30(1704)년에 戶曹判書・刑曹判書 등을 歷任하다가 동(1704)년 12월 24일에 享年 54세로 卒去하고 말았다.

V. 〈金益兼誌石〉의 文化財的 價値

일반적으로 卒去한 被葬者의 本貫과 諱, 先祖의 系譜와 行蹟, 生沒事項, 家族關係, 墓의 位置와 坐向 등의 내용이 기록되는 誌石의 誌文은 1人에 의하여 撰述되는 것이 常例이다. 그러나 〈金益兼誌石〉의 誌文은 尤庵 宋時烈(1607-1689)과 晚求窩 金鎭龜(1651-1704)의 2人에 의하여 撰述되어 있다.

표 3. 〈金益兼誌石〉과 관련된 各種 記事

年代	朝代	月日	人物	內容	備考
1607	선조 40	11 21	宋時烈	沃川 九龍村에서 出生하다	59)
1614	효종 02	12 11	金益兼	出生하다	60)
1617	효종 09	09 25	海平尹氏	出生하다	61)
1630	인조 08	歲	金益兼	海平尹氏와 婚姻하다	62)
1633	인조 11	01 23	金萬基	出生하다	63)
1637	인조 15	01 22	金益兼	江華에서 殉節하다	64)
		02 10	金萬重	遺腹子로 出生하다	65)
1651	효종 02	12 11	金鎭龜	出生하다	66)
1661	현종 02	09 03	金萬基	長女가 (仁敬王后)가 出生하다	67)
1671	현종 12	03 22	金萬基	長女가 王世子嬪(仁敬王后)으로 册封되다	68)69)
1674	숙종 즉	08 23	金萬基	長女가 王世子嬪이 王妃(仁敬王后)가 되다	70)

59) 宋時烈 著,『宋子大全』附錄, 卷2, 年譜1, 萬曆 35(丁未)年條.
大明神宗皇帝萬曆三十五年丁未 我宣祖大王四十年 十一月辛丑 十二日戊時 先生生于沃川郡九龍村 …

60) 光山金氏文元公派世譜編纂委員會 編,『光山金氏文元公派世譜』卷1, 115~116쪽.
益兼: 字汝南 光海乙卯三月十七日生 … 丁丑正月二十二日虜犯江都 約士友編卒伍守城 城陷自焚殉節
享年二十三 … 墓貞民里虛舟公墓後寅坐 尤庵宋時烈撰墓表 ….

61) 光山金氏文元公派世譜編纂委員會 編,『光山金氏文元公派世譜』卷1, 115~116쪽.
益兼: 字汝南 … 配海平尹氏 父參判 祖海崇尉文穆公新之 … 丁巳九月二十五日生 己巳十二月二十二日卒
墓合 夫人通史書誠道理躬課二子 以扶門戶 男萬重述行狀.

62) 金萬重 撰, 金鎭龜 識,『貞敬夫人海平尹氏墓誌』磁版, [製作地未詳]: [金鎭龜], [肅宗 20(1694)].
…此故 大夫人 時年十四 而甚得夫族稱譽 ….

63) 光山金氏文元公派世譜編纂委員會 編,『光山金氏文元公派世譜』卷1, 130~131쪽.
萬基: 字永淑 號瑞石 仁祖癸酉正月二十三日生 … 丁卯三月十五日卒 有文集行于世 墓水原郡半月面
大夜味里壬坐 尤庵宋時烈撰碑文及墓表 男鎭龜識 御筆墓表陰記 男鎭圭撰誌文及家狀 李忠文公命撰諡狀 ….

64) 光山金氏文元公派世譜編纂委員會 編,『光山金氏文元公派世譜』卷1, 115~116쪽.
益兼: 字汝南 光海乙卯三月十七日生 … 丁丑正月二十二日虜犯江都 約士友編卒伍守城 城陷自焚殉節
享年二十三 … 墓貞民里虛舟公墓後寅坐 尤庵宋時烈撰墓表 ….

65) 金鎭圭 著,『竹泉集』木版本, [發行地不明]: [發行者不明], [英祖 49(1773)序] 卷35, 行狀. ‘西浦先生府
君行狀’條.
… 生員公娶海平尹氏 吏曹參判諱之女 海嵩尉諱新之其祖也 生員公之立也 尹夫人方孕府君 而以在母氏所
寓外村 不得相聞 附海船免兵禍 以其年二月十日生府君於船中 時我先考五歲 ….

66) 光山金氏文元公派世譜編纂委員會 編,『光山金氏文元公派世譜』卷1, 130쪽.
鎭龜: 字守甫 號晩求窩 孝宗辛卯十二月十一日生 ….

67) 金萬基 著, 金春澤 校,『瑞石先生集』金屬活字本(芸閣印書體字), [發行地不明]: [發行者不明], [肅宗
27(1701)]. 卷13. 行狀(附行錄). ‘仁敬王后行錄’條.
… 大行王妃 以辛丑九月初三日寅時 誕生于會賢坊私第 ….

68) 春秋館 編,『朝鮮王朝實錄』顯改 11年 12月 26(己酉)日條.
世子嬪三揀擇後 上下敎賓廳曰 今欲定嬪於參議金萬基家何如 ….

69) 春秋館 編,『朝鮮王朝實錄』顯宗 12年 3月 22(癸酉)日條.
上具遠遊冠·絳紗袍 御崇政殿 册金氏爲王世子嬪 ….

70) 春秋館 編,『朝鮮王朝實錄』肅宗 卽位年 8月 23(甲寅)日條.
王世子卽位於仁政門 尊王妃爲王大妃 以嬪金氏爲王妃 頒敎 大赦 ….

1674	숙종 즉	08 18	金益兼	光源府院君에 追贈되다	71)72)
		08 18	金萬基	封光城府院君에 封君되다	73)
1662	현종 03	01 00	宋時烈	〈生員贈持平金公墓表〉를 撰述하다	74)75)
1680	숙종 06	10 26	仁敬王后	享年 20세로 昇遐하다	76)
		12 03	宋時烈	仁敬王后의 誌文을 撰述하다	77)
1687	숙종 13	03 15	金萬基	卒去하다	78)
1689	숙종 15	06 03	宋時烈	漢城으로 召喚되던 중 井邑에서 賜死되다	79)
		06 21	金鎭龜	弟 金鎭圭와 함께 絶島에 安置되다	80)
		12 22	海平尹氏	卒去하다	81)
1690	숙종 16	08 00	金萬重	母親 海平尹氏夫人의 行狀을 짓다	82)

---

71) 宋時烈 撰, 金鎭龜 識, 『有明朝鮮國成均館生員贈司憲府持平金公益兼汝南墓誌』磁版. [製作地未詳]: [金鎭龜], [肅宗 20(1694)].
長胤後官至二品從正 公隨贈史曹參判判書 甲寅今上嗣位 推王妃恩疏 封光城府院君 故亦加贈領議政 亦豈源遠川豊之徵也耶 時烈追記.

72) 春秋館 編, 『朝鮮王朝實錄』肅宗 7年 7月 22(丙午)日條.
誌文曰 甲寅(1674)遭兩大喪 哀慕踰禮 侍御之人莫不歎其誠孝純至 於是正位中 … 生員 仁廟朝已贈持平 至是加贈領議政 後以光城保社勳 追封光源府院君 配尹受夫人眞誥 … (領中樞府事宋時烈製進).

73) 春秋館 編, 『朝鮮王朝實錄』肅宗 7年 7月 22(丙午)日條.
誌文曰 … 甲寅(1674)遭兩大喪 哀慕踰禮 侍御之人莫不歎其誠孝純至 於是正位中 陞判書爲領敦寧府事 封光城府院君 母韓封爲西原府夫人 … (領中樞府事宋時烈製進).

74) 宋時烈 著, 『宋子大全』卷190, 墓表. '生員贈持平金公墓表'條.
… 時崇禎壬寅正月日 友人恩津宋時烈述.

75) 宋時烈 撰, 金鎭龜 識, 『有明朝鮮國成均館生員贈司憲府持平金公益兼汝南墓誌』磁版, [製作地未詳]: [金鎭龜], [肅宗 20(1694)].
… 崇禎壬寅正月日 友人恩津宋時烈述.

76) 春秋館 編, 『朝鮮王朝實錄』肅宗 6年 10月 26(辛亥)日條.
二更 中宮昇遐于慶德宮 ….

77) 宋時烈 著, 『宋子大全』附錄, 卷8, 年譜7, 崇禎 53(庚申)年條.
十二月癸巳 製進大行王妃仁敬王后誌文.

78) 光山金氏文元公派世譜編纂委員會 編, 『光山金氏文元公派世譜』卷1, 130~131쪽.
萬基: 字永淑 號瑞石 仁祖癸酉正月二十三日生 … 丁卯三月十五日卒 … 有文集行于世 墓水原郡牛月面大夜味里壬坐 尤庵宋時烈撰碑文及墓表 男鎭龜識 御筆墓表陰記 男鎭圭撰誌文及家狀 李忠文公命 撰謚狀 ….

79) 春秋館 編, 『朝鮮王朝實錄』肅補 15年 6月 3(戊辰)日條.
殺前左議政致仕奉朝賀宋時烈 … 旣以拿來出 旋又命賜死於所遇處 竟受後命於井邑道中 時烈以三朝元老 死於非罪 國人之 ….

80) 春秋館 編, 『朝鮮王朝實錄』肅宗 15年 6月 21(丙戌)日條.
大司憲柳命賢 · 掌令韓啓曰 行副護軍金鎭龜 鷔賊陰兇 … 其弟鎭圭 以人害物爲能事 言議慘刻 爲鈍 凡所以黨私舞奸者 與其兄無間 今當諸賊伏法 … 請竝絶島安置 從之.

81) 光山金氏文元公派世譜編纂委員會 編, 『光山金氏文元公派世譜』卷1, 115~116쪽.
益兼: 字汝南 … 配海平尹氏 … 丁巳九月二十五日生 己巳十二月二十二日卒 墓合 夫人通史書誠道理躬課二子 以扶門戶 男萬重述行狀.

82) 金萬重 著, 『西浦先生集』木版本, [發行地不明]: [發行者不明], [發行年不明]. 卷10. 行狀. '先貞敬夫人行狀'條.
大夫人姓尹氏 系出善山之海平 高祖諱斗壽 … 庚午八月日 不肖孤哀男萬重泣血謹述.

1692	숙종 18	04 30	金萬重	喪期가 끝나자마자 南海의 謫所에서 卒去하다	83)
1694	숙종 20	04 01	金鎭龜	放還되고 敍用이 허락되다	84)
		04 03	金鎭龜	戶曹參判에 除授되다	85)
		04 10	金萬重	換局 이후에 復官되다	86)
		+5 25	金鎭龜	庚申復勳都監이 設置되고 그 責任者가 되다	87)
		08 11	金鎭龜	京畿觀察使 除授에 復勳都監의 일로 未赴하다	88)
		08 某	金鎭龜	〈金益兼誌石〉과 〈海平尹氏誌石〉의 識文을 각각 撰述하고 誌石을 製作하다	89)90)
1704	숙종 30	12 24	金鎭龜	卒去하다	91)92)

〈金益兼誌石〉의 被葬者인 光源府院君 金益兼은 효종 2(1614)년 12월에 出生하여 인조 8(1630)년에 海平尹氏와 婚姻하였으며, 인조 15(1637)년 정월에 享年 23세로 殉節하였다. 현재 光源府院君의 墓는 貞敬夫人 海平尹氏와 合窆되어 大田廣域市 儒城區 田民洞 山18-17에 所在하고 있으며, 大田市文化財資料 第7號로 指定·管理되고 있다.

尤庵 宋時烈이 〈金益兼誌石〉의 誌文인 〈生員贈持平金公墓表〉을 撰述한 시기는 현종 3(1662)년 正月 某日93)로 光源府院君이 殉節한지 24년 후의 일이며, 당시 우암은 忠清道

83) 春秋館 編, 『朝鮮王朝實錄』 肅宗 18年 4月 30(己酉)日條.
　　前判書金萬重 卒於南海謫所 年五十六 ….

84) 春秋館 編, 『朝鮮王朝實錄』 肅宗 20年 4月 1(戊辰)日條.
　　… 又下敎曰 竄配人可放者 倉卒未記之矣 仍命釋金鎭龜·金鎭瑞·金萬埰·李彦綱 已而 復許敍用 ….

85) 春秋館 編, 『朝鮮王朝實錄』 肅宗 20年 4月 3(庚午)日條.
　　… 下敎曰 朝廷殆空 官職未補 其除朴世采右贊成 尹趾完左參贊 申汝哲判敦寧 尹趾善刑曹判書 申翼相工曹判書 金鎭龜戶曹參判 李刑曹參判 林泳工曹參判 世采及趾善以下 皆陞擢也.

86) 春秋館 編, 『朝鮮王朝實錄』 肅宗 20年 4月 10(丁丑)日條.
　　上命復前判書金萬重官爵.

87) 春秋館 編, 『朝鮮王朝實錄』 肅宗 20年 閏5月 25(辛卯)日條.
　　時設庚申復勳都監 以光恩君 金鎭龜元勳親子 遂命主其事 從都監之請也.

88) 春秋館 編, 『朝鮮王朝實錄』 肅宗 20年 8月 11(丙午)日條.
　　以金盛迪爲執義 … 金鎭龜爲京畿觀察使 旋以方管復勳事 不許赴任.

89) 宋時烈 撰, 金鎭龜 識, 『有明朝鮮國成均館生員贈司憲府持平金公益兼汝南墓誌』磁版, [製作地未詳] : [金鎭龜], [肅宗 20(1694)].
　　祖考墓表 卽尤齋宋先生所撰 … 玆遵先意 兼採古例 謹以表 重書磁爲誌云 甲戌八月日 孫男鎭龜謹識.

90) 金萬重 撰, 金鎭龜 識, 『貞敬夫人海平尹氏墓誌』磁版, [製作地未詳] : [金鎭龜], [肅宗 20(1694)].
　　叔父在世時 手錄祖言行爲狀 玆謹以狀 書磁爲誌云 甲戌八月日 孫男鎭龜謹識.

91) 光山金氏文元公派世譜編纂委員會 編, 『光山金氏文元公派世譜』 卷1, 130쪽.
　　鎭龜: 字守甫 號晩求窩 孝宗辛卯十二月十一日生 癸丑司馬 庚申登文科 官至崇政大夫戶曹判書 封光恩君 諡景獻公 甲申十二月二十四日卒 傳遺稿 墓文忠公墓前壬坐 ….

92) 春秋館 編, 『朝鮮王朝實錄』 肅宗 30年 12月 24(庚寅)日條.
　　刑曹判書金鎭龜卒 年五十四 鎭龜 光城府院君萬基之長子也 ….

93) 宋時烈 著, 『宋子大全』 卷190, 墓表, '生員贈持平金公墓表'條.
　　… 時崇禎壬寅正月日 友人恩津宋時烈述.

公州의 遠基에 居處하고 있던 때였다.[94] 반면에 尤庵의 〈追記〉는 그 撰述의 時期가 구체적으로 드러나지 않고 있다. 그러나 〈金益兼誌石〉의 誌文에서 "後日에 長男(金萬基)의 品階가 從·正의 2品職에 이르자 公(金益兼)도 따라서 吏曹의 參判과 判書로 追贈되었으며, 甲寅(1674)年에 今上(肅宗)의 卽位(8·23)로 王妃의 推恩을 입어 光城府院君에 册封되자 다시 領議政에 加贈되었다"[95][96]고 기록하고 있다. 따라서 光源府院君이 領議政으로 追贈되고 光源府院君에 追封된 것이 숙종 즉위(1674)년 8월 23일[97]의 일이고 尤庵이 拿鞠의 命으로 上京하다가 井邑에서 賜死된 것이 숙종 15(1689)년 6월 3일[98]의 일이었던 점을 감안한다면, 우암의 〈追記〉는 숙종 즉위(1674)년 8월부터 늦어도 숙종 15(1689)년 6월 이전에 撰述되었을 것으로 판단된다.

한편, 晚求窩 金鎭龜가 〈金益兼誌石〉의 〈識文〉을 찬술한 시기는 숙종 20(1694)년 8월 某日[99]로 당시 晚求窩는 流配에서 막 放還되어[100] 戶曹參判을 거쳐[101] 庚申復勳都監의

---

94) 宋時烈 著, 『宋子大全』附錄, 卷4, 年譜3, 崇禎 34(辛丑)年條.
十二月戊午 移寓公州遠基村 時蘇堤本家適有染 先生移寓遠基 愛其村居臨水寬閒 仍爲留住 ….

95) 宋時烈 撰, 金鎭龜 識, 『有明朝鮮國成均館生員贈司憲府持平金公益兼汝南墓誌』磁版, [製作地未詳] : [金鎭龜], [肅宗 20(1694)].
長胤後官至二品從正 公隨贈吏曹參判判書 甲寅今上嗣位 推王妃恩疏 封光城府院君 故亦加贈領議政 亦豈源遠川豊之徵也耶 時烈追記.

96) 春秋館 編, 『朝鮮王朝實錄』肅宗 7年 7月 22(丙午)日條.
誌文曰 … 甲寅(1674)遭兩大喪 哀慕踰禮 侍御之人莫不歎其誠孝純至 於是正位中 陞判書爲領敦寧府事 封光城府院君 母韓封爲西原府夫人 生員 仁廟朝已贈持平 至是加贈領議政 後以光城保社勳 追封光源府院君 配尹受夫人眞誥 … (領中樞府事宋時烈製進).

97) 宋時烈 著, 『宋子大全』木板本, [發行地未詳] : [發行者未詳], [正祖 11(1787)] 卷181, 陵誌, '仁敬王后誌文'條.
恭惟我顯宗大王深惟宗社大計 … 甲寅(1674)遭兩大喪 哀慕踰禮 侍御之人莫不歎其誠孝純至 於是正位中 陞判書爲領敦寧府事 封光城府院君 母韓封爲西原府夫人 生員 仁廟朝已贈持平 至是加贈領議政 後以光城保社勳 追封光源府院君 配尹受夫人眞誥 ….

98) 春秋館 編, 『朝鮮王朝實錄』肅補 15年 6月 3(戊辰)日條.
殺前左議政致仕奉朝賀宋時烈 時烈以元子定號事 陳戒疏語 重觸上威怒 群憸逡躍然 朋憸憑 旣棘海島 繼有合辭之請 欲必殺而後已 命按法金吾郎 旣以拿來出 旋又命賜死於所遇處 竟受後命於井邑道中 時烈以三朝元老 死於非罪 國人之 ….

99) 宋時烈 撰, 金鎭龜 識, 『有明朝鮮國成均館生員贈司憲府持平金公益兼汝南墓誌』磁版, [製作地未詳] : [金鎭龜], [肅宗 20(1694)].
祖考墓表 卽尤齋宋先生所撰 而立表之後 先考不復請誌於他人 盖以先生之文 發揚潛德豪無餘憾 秉筆者更難措手也 且古人亦有以一文兩用於碑誌者 玆遵先意兼採古例 謹以表重書磁爲誌云 甲戌八月日 孫男鎭龜謹識.

100) 春秋館 編, 『朝鮮王朝實錄』肅宗 20年 4月 1(戊辰)日條.
… 又下敎曰 竄配人可放者 倉卒未記之矣 仍命釋金鎭龜·金鎭瑞·金萬埰·李彦綱 已而 復許敍用 ….

101) 春秋館 編, 『朝鮮王朝實錄』肅宗 20年 4月 3(庚午)日條.
… 下敎曰 朝廷殆空 官職未補 其除朴世采右贊成 尹趾完左參贊 申汝哲判敦寧 尹趾善刑曹判書

責任者로 在職하고 있을[102][103] 때였다. 또한 〈金益兼誌石〉의 製作地는 具體的으로 알수 있는 記錄이 없으나, "삼가 表文을 磁版에 다시 書寫하여 誌石을 製作하는 바이다"[104]라는 기록으로 볼 때 誌文의 書寫는 晩求窩 自身의 親筆로 書寫한 것이 아닌가 한다.

따라서 淸州大學校 博物館에 守藏되고 있는 〈金益兼誌石〉은 被葬者인 光源府院君 金益兼의 孫子인 晩求窩 金鎭龜가 光源府院君이 殉節한지 56년 후인 肅宗 20(1694)년 8월에 尤庵 宋時烈이 撰述한 〈生員贈持平金公墓表〉와 〈追記〉 및 自身이 撰述한 〈識文〉을 바탕으로 하여 自身의 親筆로 磁版에 書寫하여 製作한 것이다.

이상과 같이 〈金益兼誌石〉의 現狀을 비롯하여 誌文의 撰述者와 誌石의 製作者 그리고 誌文에 나타나는 內容 등을 종합하여 볼 때, 〈金益兼誌石〉은 被葬者인 光源府院君 金益兼의 가장 확실한 傳記資料이다. 따라서 〈金益兼誌石〉은 光源府院君 金益兼 研究에 있어서 매우 귀중한 基礎資料로 활용될 수 있으며, 동시에 地方 有形文化財로 指定하여 研究·管理·保存할 만한 충분한 價値를 지니고 있는 것으로 評價된다.

VI. 맺음말

이상에서 光源府院君 〈金益兼誌石〉을 중심으로 考察한 바, 이를 要約하여 結論으로 삼으면 다음과 같다.

(1) 誌石은 被葬者의 本貫과 諱, 先祖의 系譜와 行蹟, 生沒事項, 家族關係, 墓의 位置와 坐向 등의 내용이 기록되어 있어 同時代의 歷史的 事實을 연구하는데 매우 귀중하게 활용되는 金石學資料이다.

(2) 〈金益兼誌石〉의 被葬者인 光源府院君 金益兼(1614~1636)은 仁祖朝의 丙子胡亂 때의 殉節人으로 本貫은 光山이고 字는 汝南이며 諡號는 忠正이다. 효종 2(1614)년 12월에 出生

申翼相工曹判書 金鎭龜戶曹參判 李刑曹參判 林泳工曹參判 世采及趾善以下 皆陞擢也.

102) 春秋館 編, 『朝鮮王朝實錄』 肅宗 20年 閏5月 25(辛卯)日條.
時設庚申復勳都監 以光恩君 金鎭龜元勳親子 遂命主其事 從都監之請也.

103) 春秋館 編, 『朝鮮王朝實錄』 肅宗 20年 8月 11(丙午)日條.
以金盛迪爲執義 崔重泰爲持平 朴權爲校理 … 金鎭龜爲京畿觀察使 旋以方管復勳事 不許赴任.

104) 宋時烈 撰, 金鎭龜 識, 『有明朝鮮國成均館生員贈司憲府持平金公益兼汝南墓誌』磁版, [製作地未詳] : [金鎭龜], [肅宗 20(1694)].
祖考墓表 卽尤齋宋先生所撰 … 玆遵先意 兼採古例 謹以表 重書磁爲誌云 甲戌八月日 孫男鎭龜謹識.

하여 인조 8(1630)년에 海平尹氏(1617-1689)와 婚姻하였으며, 인조 15(1637)년 정월에 享年 23세로 殉節하였다. 海平尹氏와의 슬하에 金萬基(1633-1687)와 金萬重(1637-1692)의 2男을 두었으며, 金萬基의 長女인 그의 孫女는 숙종의 妃인 仁敬王后(1661-1680)이다. 현재 金益兼의 墓는 貞敬夫人 海平尹氏와 合窆되어 大田廣域市 儒城區 田民洞 山18-17에 所在하고 있으며, 大田市文化財資料 第7號로 指定·管理되고 있다.

(3) 〈金益兼誌石〉의 標題는 '有明朝鮮國成均生員贈司憲府持平金公益兼汝南墓誌'이며, 誌石은 6枚로 구성되어 있고 誌文은 每版의 單面에만 기록되어 있다. 誌石의 규격은 20.8-21.0×15.2-15.3×1.4-1.5cm 내외이고 每版의 側面에는 '成均生員 贈司憲府持平金公益兼汝南墓誌 第幾'의 誌石名과 枚次가 기록되어 있으며, 每版의 下面에는 '共六'의 全體 枚數가 기록되어 있다.

(4) 〈金益兼誌石〉의 誌文은 尤庵 宋時烈(1607-1689) 撰述의 〈生員贈持平金公墓表〉와 〈追記〉 그리고 晚求窩 金鎭龜(1651-1704) 撰述의 〈識文〉을 중심으로 文段을 달리하여 기록되어 있다. 誌文의 內容은 〈追記〉와 〈識文〉의 부분을 제외하면 〈生員贈持平金公墓表〉와는 題名과 5處에 걸친 字句 및 5處에 걸친 隔間의 差異가 있을 뿐 별로 차이가 없어, 誌石의 製作者인 晚求窩 金鎭龜의 繼志述事와 述而不作의 思想이 잘 나타나고 있음을 알 수 있다.

(5) 淸州大學校 博物館에 守藏되고 있는 〈金益兼誌石〉은 被葬者인 金益兼의 孫子인 晚求窩 金鎭龜가 金益兼이 殉節한지 56년 후인 肅宗 20(1694)년 8월에 尤庵 宋時烈이 撰述한 〈生員贈持平金公墓表〉와 〈追記〉 및 自身이 撰述한 〈識文〉을 바탕으로 하여 自身의 親筆로 磁版에 書寫하여 製作한 것이다.

(6) 〈金益兼誌石〉은 被葬者인 光源府院君 金益兼의 傳記資料로 金益兼 硏究의 매우 귀중한 基礎資料로 활용될 수 있으므로, 地方 有形文化財로 指定하여 硏究·管理·保存할 만한 충분한 價値를 지니고 있는 것으로 評價된다.

참고문헌

光山金氏文元公派世譜編纂委員會 編, 2011, 『光山金氏文元公派世譜』, 韓國族譜學會.

金萬基 著, 金春澤 校, 『瑞石先生集』 金屬活字本(芸閣印書體字), [肅宗 27(1701)] 卷13, 行狀(附行錄), '仁敬
　　王后行錄'條.

金萬重 著, 『西浦先生集』 木版本, 卷10, 行狀, '先妣貞敬夫人行狀'條.

金萬重 撰, 金鎭龜 識, 『貞敬夫人海平尹氏墓誌』 磁版, [製作地不明] : [金鎭龜], [肅宗 20(1694)], 淸州大學
　　校博物館 所藏.

金鎭圭 著, 『竹泉集』, 木版本, [英祖 49(1773)序] 卷35, 行狀, '叔父崇政大夫行禮曹判書兼判義禁府事 知經
　　筵事弘文館大提學藝文館大提學 知春秋館成均館事 五衛都摠府都摠管 西浦先生府君行狀'條.

宋時烈 著, 『宋子大全』 木板本, [正祖 11(1787)] 卷181, 陵誌, '仁敬王后誌文'條.

_____, 『宋子大全』 木板本, [正祖 11(1787)] 卷190, 墓表, '生員贈持平金公墓表'條.

_____, 『宋子大全』 木板本, [正祖 11(1787)] 附錄, 年譜.

宋時烈 撰, 金鎭龜 識, 『有明朝鮮國成均館生員贈司憲府持平金公益兼汝南墓誌』 磁版, [製作地未詳] : [金
　　鎭龜], [肅宗 20(1694)], 淸州大學校博物館 所藏.

尹鎭燮 編, 2005, 『海平尹氏大同譜』, 海平尹氏大同譜刊行委員會.

春秋館 編, 1986, 『朝鮮王朝實錄』 影印本, 國史編纂委員會.

朴文烈, 2013, 「光源府院君 〈金益兼誌石〉에 관한 硏究」, 『人文科學論集』 第47輯, 淸州大學校 韓國文化硏
　　究所, 133∼159쪽.

_____, 2012, 「上黨府院君 〈韓明澮誌石〉에 관한 硏究」, 『人文科學論集』 第43輯, 淸州大學校 韓國文化硏
　　究所, 63∼112쪽.

_____, 2004, 「〈尹䳇誌石〉에 관한 硏究에 관한 硏究」, 『韓國圖書館 · 情報學會誌』 第35輯 第4號, 韓國圖
　　書館情報學會, 65∼84쪽.

_____, 2004, 「〈洪廷命誌石〉에 관한 硏究」, 『韓國圖書館 · 情報學會誌』 第35輯 第1號, 韓國圖書館情報學
　　會, 135∼154쪽.

熊本市見性寺の「上生兜率天図」について

大倉隆二(오쿠라류지) 日本 熊本日韓文化交流研究会

국문 초록

구마모토를 통치했던 호소카와번의 세 家老 중 요네다(米田) 가문의 사찰인 見性寺에는 '上生兜率天図'가 소장되어 있다. '仏説観弥勒菩薩上生兜率天経'에 기초한 그림으로 매우 귀중한 작품이고, 図様이 지금까지 유례가 없는 진귀한 것이어서 평소 경애하는 장준식 교수님의 퇴임기념논집에 소개하도록 한다.

이 그림은 紙本著色・巻子装으로 단권이다. 먼저 '불설관미륵보살상생도솔천경'에서 초출한 경문이 있고, 다음으로 도솔천도가 그려져 있으며 이어서 다시 경문이 나온다. 간기나 낙관도 없고, 제작에 관한 사연이나 전래 경위를 적은 문서와 이를 수납할 상자도 상실되어서 제작연대를 유추할 단서가 없다. 그림은 金泥와 朱를 多用하고, 밝은 색조로 도솔천의 눈부신 아름다움을 표현하고 있다.

도면은 하나의 그림으로 길게 그려져 있고, 앞 부분에는 빨간 欄楯이 달린 垣牆 위에 천녀, 그 앞에는 諸天子가 摩尼宝塔을 예불하고 있다. 또한 천녀 후방에는 칠보로 된 행수(行樹[並木(병목)])가 그려지고, 그 좌측에는 수빈상(州浜上)에 봉황, 공작, 원앙, 오리 등이 그려져 있다. 그리고 그 상부에는 중앙에 위치한 미륵궁전에서 날개 모양으로 뻗은 무지개다리(虹橋) 끝에 공중에 뜬 궁전이 그려져 있다. 거기에는 미륵을 공양하듯 합장하는 여러 보살들을 비롯해 음악을 연주하는 천녀들도 그려져 있다. 그 앞쪽에는 紫雲이 뻗치고 칠보로 된 행수의 가지가 보일 듯 말듯하며 무지개다리에는 迦陵頻伽가 연잎과 瓔珞을 들고 날고 있다.

경전에서는 제천자나 천녀, 행수가 五百万億이라고 나오는데 그림에는 상징적으로 적당히 몇 사람씩을 배치해 놓았다. 주빈상에 그려진 봉황, 공작, 원앙, 오리와 같은 새들과 가릉빈가는 상생경 경문에는 없지만, 하생경에는 "其池四辺四宝階道. 衆鳥和集. 鵝·鴨·鴛鴦·孔雀·翡翠·鸚鵡·舎利·鳩那羅·耆婆耆婆等 諸妙音鳥常在其中 復有異類妙音之鳥 不可称数"이라는 기재가 있고, 또한 成仏経에도 같은 내용의 언급이 있으며, 아미타경에는 "復次舎利弗 彼国常在種種奇妙雑色之鳥 白鵠孔雀鸚鵡舎利迦陵頻伽共命之鳥 是諸衆鳥 昼夜六時出和雅音 其音演暢五根五力七菩提分八聖道分如是等法"이라며 소위 정토 육조에 관한 기술이 있다. 추측하건대 여기에 그려진 새들은 하생경과 관계가 있다고 보이지만 가릉빈가는 극락정토의 새로 도솔천과 극락정토에 대한 해석에 약간의 혼란이 있었는지도 모른다.

그림 중앙부에는 미륵궁전이 있다. 이것은 팔색 瑠璃의 宝池에 각각 녹색, 주색, 황색 기둥이 받쳐주고, 좌우에 칠보로 만들어진 탑, 연잎을 바치는 보살과 宝珠를 든 보살, 앞에는 오색 계단 등이 묘사되고 있다. 궁전의 기단은 繧繝 채색과 금니·주·白群·白緑 등의 밝고 선명한 색채로 칠해놓았다. 宝池의 물결을 적색, 청색, 금니 등으로 엷게 표현하고, 蓮華와 연잎을 그려놓았는데 연잎에는 금니를 칠해 그 화려함을 더해주고 있다. 궁전 중앙에는 손에 탑을 든 미륵과 합장하는 보살이 있고, 계단 앞에는 蓮台를 타고 미륵을 공양하는 보살이 그려져 있으며, 그 몸에서 피어오르는 靈雲에는 香華와 같은 공물이 올려져 있다. 또한 그 앞쪽에는 이 궁전을 수호하는 두 명의 神将이 그려져 있다.

좌측 상부에는 마치 우측과 대조를 이루듯 중앙의 궁전에서 뻗은 무지개다리 끝에 궁중에 뜬 궁전이 있고, 좌측 끝에는 이층짜리 궁전도 그려져 있다. 여기서 주목할 것은 宝池 가운데 미륵보살 상생의 장면이 묘사되고 있다는 점이다. 궁중에는 散華와 天蓋가 있고, 홍색 연대에 앉아서 광망을 비춰주는 동자가 미륵보살임을 암시하고 있는데 이것은 경전에는 언급이 있지만 그림에는 표현되어 있지 않은 부분이다.

또한 좌측 앞쪽에는 주빈상에 모란과 岩組를 배치해 놓았는데 그것도 경전에는 언급이 없다. 부귀를 상징하는 모란은 오백만억의 천자들이 산다고 하는 도솔천의 화려함을 상징하고, 우측에 그려진 봉황은 聖天子의 출현을 상징하는 새로서 모두가 천자와 관련된 것이라 할 수 있다. 이 암조의 윤곽선이나 입체감, 질감을 나타내는 皴法은 가노우파(狩野派) 등 漢画 계통의 특징을 잘 드러내고 있고, 그나마 絵師의 계통이나 제작연대를 추정하는 단서가 된다. 이것만 가지고 판단할 수는 없지만 17세기 중반 경 가노우파의 작품으로 보인다.

見性寺本의 祖本이 될만한 중세 이전 작품은 물론 현재까지 그 유례조차 확인된 바가 없다. 그림의 구도를 보면 兜率天曼陀羅図 뿐만 아니라 각종 아미타정토도의 영향도 받은 듯하다. 앞으로 유례를 찾아내는 작업을 계속해야 되겠지만 도솔천도 자체가 많지 않은데다가 매우 독자적인 양식을 지닌 견성사본은 일본 근세의 미륵신앙을 고찰하는 데 귀중한 존재이다.

견성사본은 경전에서 말하는 '도솔천의 관상' 혹은 '해화(絵解 : 그림의 뜻풀이)'를 목적으로 제작되었을 것으로 보이지만 지금까지 도상적으로 선행 작품이 확인되어 있지 않다. 그러나 이 사실 또한 자료가 부족한 중세 후반기에서 근세에 걸친 미륵신앙 또는 미륵상생신앙을 연구하는데 귀중한 단서가 된다는 의미에서 그림의 가치를 더 높이고 있다.

한편 일본 국내에 선행 作例가 없다면 근세 들어 창작된 것이거나 黃檗宗와 함께 중국 또는 조선에서 새로 도래된 도상일 가능성도 생각해 보아야 할 것이다. 옛날 일본보다 훨씬 미륵신앙이 번성했던 한국에 '상생도솔천도'가 소개 되어 많은 연구자들의 고견을 들었으면 하는 바람이다. 나아가 한국의 미륵신앙 연구에도 도움이 된다면 더할 나위 없이 기쁜 일이 아닐 수 없다.

熊本市見性寺は、同市中央区坪井にある臨済宗・妙心寺派の寺院で、熊本細川藩三家老のうちの米田(長岡)家の菩提寺である。山号は雲祥山。米田家三代の長岡監物是季(1586~1658)が、亡父是政(1558~1600)追善のために建立したもので、寺号は是政の法号「見性院殿勲斎玄功」からとられた。開山は三級玄省和尚で、歴住には蘇山玄喬ほか傑僧が相次いだ。

先年、現住の中野道隆師から伝来の書画の調査・整理について相談があり、有志とともにボランティアでその任に当たり、総数約200件の調査と台帳の整備を終えた。そ

の中にここに紹介する「上生兜率天図」が含まれていた。本図は「仏説観弥勒菩薩上生兜率天経」(「弥勒上生経」などの別称もある)に基づいた絵であるが、日本では同様の類例を目にすることのない大変珍しく、かつ貴重な作例である。敬愛する張俊植教授の退官記念論集に紹介させていただき、かつて弥勒信仰が日本に比べてたいへん盛んであった韓国の研究者からのご教示を期待したい。

Ⅰ. 概要

　本図の概要は、紙本著色・巻子装で、一巻。茶色紙の縹に、短冊形の紙を貼り付け「上生兜率天圖」と墨書されている。見返しには金砂子を散らしているものの、全体に簡素な仕立てで、現在巻紐は欠失している。軸は木製の漆塗り。はじめに「仏説観弥勒菩薩上生兜率天経」より抄出した経文があり、ついで兜率天図が描かれ、さらにまた同経の経文が書かれている。料紙は鳥の子紙だが、経文と絵の部分とは紙質が異なり、経文と絵は別々に書かれ・描かれて一巻に仕立てられたものとみられる。奥書や落款もなく、制作の事情や伝来の経緯を記した文書、及びこれを納める箱なども失われていて、制作年代等を知る手掛かりはない(図1~8)。

図 1. 装丁

図 2. 見返し

上生兜率天圖

引證

寶宮寶樹　上生經曰兜率天上有五百萬億寶宮一一寶宮有七重園一一園七寶所成一一寶出五百億光明一一光明中有五百億蓮華一一蓮華化作五百億七寶行樹一一樹葉有五百億寶色一一寶色有五百億閻浮檀金光一一閻浮檀金光中出五百億諸天寶女一一寶女住立樹下執百億寶無數瓔珞出妙音樂時樂音中演說不退轉地法輪之行其樹生果如玻瓈色一切衆色入玻瓈色中是諸光明右旋宛轉流出衆音衆音演說大慈大悲法一一垣牆高六十二由旬厚十四由旬五百億龍王圍繞此垣一一龍王雨五百億七寶行樹莊嚴垣上自然有風吹動此樹樹相振觸演說苦空無常無我諸波羅蜜

寶池寶華　同經云時諸垣中有八色瑠璃渠一一渠有五百億寶珠而用合成一一渠中有八味水八色具足其水上湧繞梁棟間於四門外化生四華水出華中如寶華流一一華上有二十四天女身色微

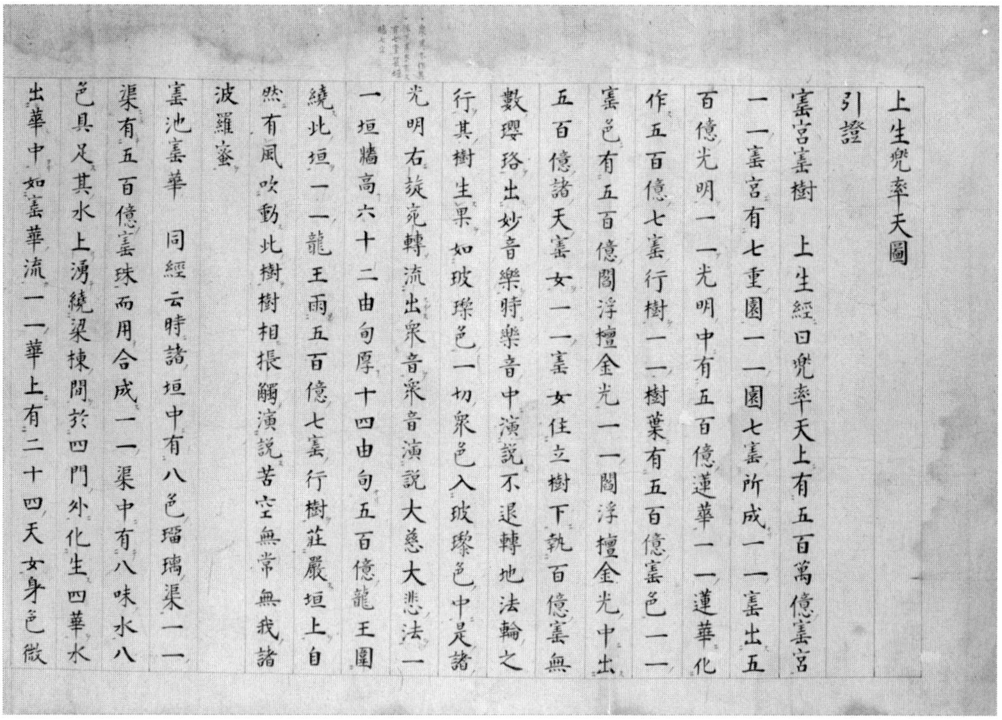

図 3. 書き出し

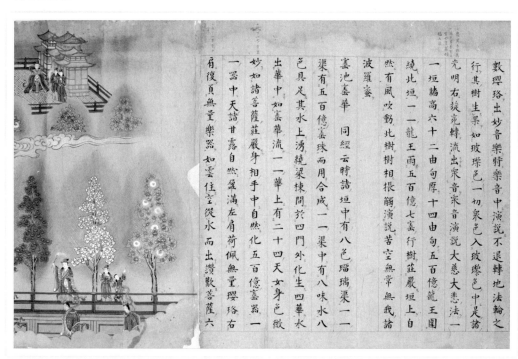

図 4. 経文から絵へのつながり

図 5. 絵の右側

図 6. 絵の中央部分

図 7. 絵の左側

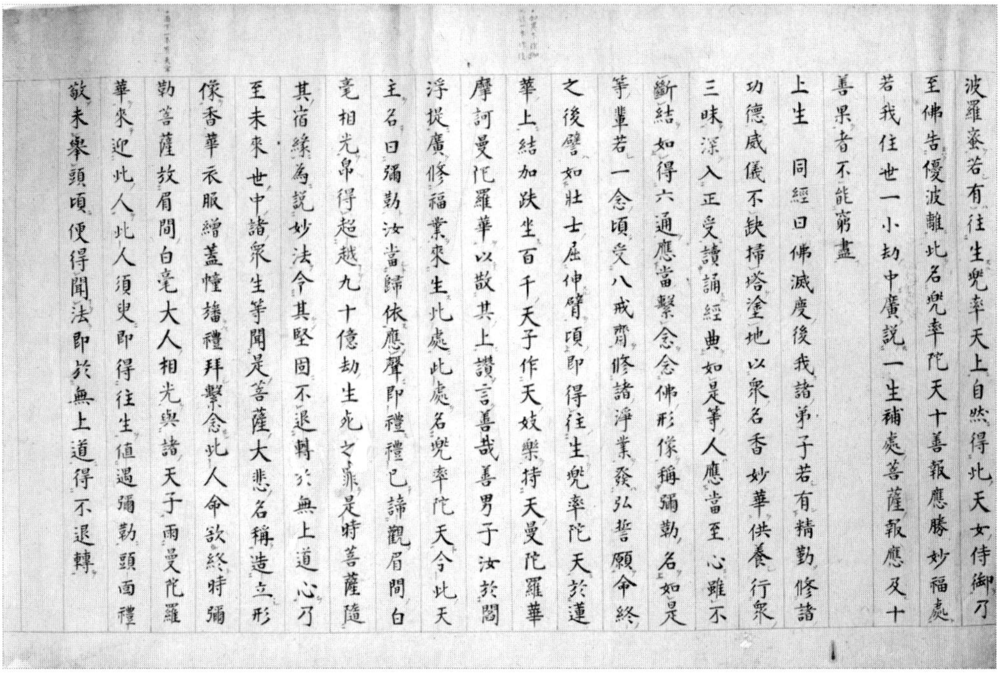

波羅蜜若有往生兜率天上自然得此天女侍御刀

図 8. 経文

上生　同經曰佛滅度後我諸弟子若有精勤修諸

善果者不能窮盡

若我住世一小劫中廣說一生補處菩薩報應及十

至佛告優波離此名兜率陀天十善報應勝妙福處

波羅蜜若有往生兜率天上自然得此天女侍御刀

功德威儀不缺掃塗地以衆名香妙華行衆

三昧深入正受讀誦經典如是等人應當至心雖不

斷結如得六通應當繫念念佛形像稱彌勒名如是

等輩若一念頃受八戒齋修諸淨業發弘誓願命終

之後譬如壯士屈伸臂頃即得往生兜率天於蓮

華上結加趺坐百千天子作天妓樂持天曼陀羅華

摩訶曼陀羅華以散其上讚言善哉善男子汝於閻

浮提廣修福業來生此處此處名兜率陀天今此天

主名曰彌勒汝當歸依應聲即禮禮已諦觀眉間白

毫相光即得超越九十億劫生死之罪是時菩薩隨

其宿緣為說妙法令其堅固不退轉於無上道心可

至未來世中諸衆生等聞是菩薩大悲名稱造立形

像香華衣服繪蓋幢禮拜繫念此人命欲終特彌

勒菩薩放眉間白毫大人相光與諸天子雨曼陀羅

華來迎此人此人須臾即得往生值遇彌勒頭面禮

敬未舉頭頃便得聞法即於無上道得不退轉

本紙の天地(縦)は34.5㎝、全体の長さ251.5㎝。経文ははじめの部分の長さが65.4㎝、終わりの方が57.0㎝。間に挟まれた絵の長さは129.1㎝。経文は薄墨で天地に界線、各行に罫線を引いて、楷書で一行に二十字宛て書いている。また、朱で返り点・送り仮名を付け、欄外に校合の結果を註書しているが、当初のものかどうかは不明。絵は、金泥及び朱を多用し、色調は明るく、兜率天の眩いばかりの美しさを表している。

Ⅱ. 仏説観弥勒菩薩上生兜率天経

　　仏説観弥勒菩薩上生兜率天経については、大蔵経全解説大事典(雄山閣出版)に大谷正幸氏の解説があり、要を尽くしている。それによりつつ説明すれば、全一巻で、弥勒上生経、観弥勒上生経、兜率天経、上生経とも呼ばれる。経文中に「弥勒下生経の説く如く」とあり、下生経の後の成立とみられている。内容は、末尾に全文の読み下しを付したとおりである。要約すると、仏が舎衛国の祇樹給孤独園(祇園精舎)に滞在していた時、初夜(夜を三分したその初め)に金色の光を放った。その遍く光明と光明の中にいる化仏の演説によって仏弟子たちが集まってきた。その中に弥勒菩薩もいた。集会にて優波離(ウパーリ)が「世尊はかつて阿逸多(弥勒の別名)が成仏するとおっしゃっておられるが、彼はまだ凡夫の身である。彼は命尽きて後どこの国土に生まれるのか」と問うた。すると世尊は優波離に、彼が１２年後に命尽きて兜率天に生じることを説いた。彼は一生補処の菩薩(あと一回生まれれば成仏する菩薩の位)であるから五百万億の天子が彼を供養し、天子たちは誓願を発し、自らの宝冠を変じて弥勒のために素晴らしい宮殿を造った。宮殿の描写は観想に用いるため詳細である(絵は象徴的に描かれている)。そして優波離に、生死(六道輪廻)を厭い天界に生じたいと思うもの、弥勒の弟子になりたいものは、在家の戒を守ったうえでこの兜率天を観想すべきであると説いた。そしてさらに仏は、弥勒は波羅捺国の婆羅門の家に生まれたが、１２年後入滅して兜率天に化生し、その素晴らしい姿を成就し、５６億万年後にまた閻浮提に生じることを説いた。諸衆生は仏教的な善行を積み、兜率天を観じることによって兜率天に往生し、弥勒如来とともに下生して竜華樹の下でその法を聞き、ともに記別を受けるべきことを勧めたのであった。これを聞いた聴衆は仏に敬礼し、歓喜した。

　　中国や朝鮮では兜率天に生天しようという上生信仰は、総じて下生信仰よりは盛ん

ではなかったが、日本の仏教においては、奈良時代頃まで弥勒浄土(兜率天はいわゆる浄土ではないがそのように見られた)に往生しようとする弥勒上生の信仰が起こった。漢訳者は劉宋の沮渠京声で、訳年代は西暦445年。

　なお、本図に〈抄出された経文〉、〈経文は抄出されていないが絵の図様に対応する経文〉、〈説明に利用した部分〉などを明示するために、全文の読み下しに番号と下線を付しているので参照されたい。ただし、筆者自身の理解を主として読み下したものゆえ、禅宗寺院で伝統的に読み習わされたものとは異なる部分もあることをお断りしておきたい。

III. 内容

　絵巻のいわゆる詞書きに相当する経文は、題名の「上生兜率天図」、行を改めて経文①(図3右側)、

　　　　引證

　　　宝宮宝樹　上生経曰、兜率天上有五百万億宝宮…

に始まり、いったん中断して次に経文②(図3左側)

　　　宝池宝華　同経云、時諸垣中有八色瑠璃渠…

とあり、間に絵を挟んで続けて「乃至」(図8、一行目最下字)を入れて経文③

　　　仏告優波離此名兜率陀天十善…

とあり、さらに経文④(図8、五行目)

　　　上生　同経曰、仏滅度後我諸弟子若有精勤修諸功徳…

とつづく。さらに経文⑤(図8、一六行最下字)

　　　乃至未来世中諸衆生等…

と続く。この間の次第は、全文の読み下し及び番号(経文①~⑤)を参照されたい。

　はじめの二段の経文は、兜率天の華やかな美しさを表現した部分で、後の一段は兜率天への往生について述べていて、経の趣旨をうまく表した構成といえる。奥書などは無いが、前後共に欠失した様子も認められないので、もともとこれで完結したものではないかと思われる。

　絵は一画面で横に長く描かれているが、大きく3つの部分からなっているようにみ

図9. 宝塔と鳥

える。はじめの方(向かって右)には、赤い欄楯のついた垣牆の上に天女がいてその手前
には諸天子が摩尼宝塔を礼拝している。また、天女の後方には七宝でできた行樹(並木)
が描かれ、その左には州浜の上に鳳凰・孔雀・鴛鴦と鴨などの鳥が描かれている(図9
)。またその上部には、中央の弥勒の宮殿から鳥の翼状に伸びた虹橋の先に空中に浮か
んだように宮殿が描かれている。そこには弥勒を供養するかのように合掌する諸菩薩
たちをはじめ、音楽を奏でる諸天女も描かれる。その手前には紫雲がたなびき七宝の
行樹の梢が見え隠れし、虹橋の上下には迦陵頻伽が蓮葉や瓔珞を持って飛んでいる。
経典では諸天子や天女、宮殿・行樹は五百万憶などと途方もない数であるが、絵では
象徴的に適宜数人ずつを配するのみである。
　なお、州浜上に描かれた鳳凰・孔雀・鴛鴦と鴨などの鳥および迦陵頻伽は上生経の

経文にはないが、『仏説弥勒下生成仏経』(下生経)には「其池四辺四宝階道。衆鳥和集。鵝・鴨・鴛鴦・孔雀・翡翠・鸚鵡・舎利・鳩那羅・耆婆耆婆等。諸妙音鳥常在其中。復有異類妙音之鳥。不可称数」(『大正新脩大蔵経』第14巻424頁 上段14行)とあり、また『仏説弥勒大成仏経』(成仏経)にも「時彼国界城邑聚落。園林浴池泉河流沼。自然而有八功徳水。命命之鳥鵝鴨鴛鴦。孔雀鸚鵡。翡翠舎利。美音鳩鷁。羅耆婆闍婆快見鳥等。出妙音声。復有異類妙音之鳥。不可称数。遊集林池」(同 429頁 下段9行)とある。さらに、『仏説阿弥陀経』には「復次舎利弗。彼国常在種種奇妙雑色之鳥。白鵠孔雀鸚鵡舎利迦陵頻伽共命之鳥。是諸衆鳥。昼夜六時出和雅音。其音演暢五根五力七菩提分八聖道分如是等法」(同 第12巻 347頁 上段12行)とあり、いわゆる浄土の六鳥(白鵠・孔雀・鸚鵡・舎利・迦陵頻伽・共命之鳥)が説かれている。おもうに、ここに描かれた鳳凰・孔雀・鴛鴦と鴨らしき鳥などは、これらの経典の影響を受けて描かれたのであろう。とくに、下生経とのかかわりが大きかったと思われるが、迦陵頻伽は極楽浄土の鳥であるので、兜率天と極楽浄土の理解には多少の混同があったのかもしれない。鳳凰はいずれの経典にも具体的にはみえないが、「衆鳥」に含まれているのであろうか。中国では聖天子出現の予兆である。

　また、最前部に建つ宝塔及び諸天子供養の場面(図5、手前)は、経文(④の前半部)に、

　　仏滅度の後我が諸の弟子、若し精勤して諸功徳を修し、威儀欠かさず<u>塔を掃き地を塗り、衆の妙香花を以て供養し</u>、衆の三昧を行じ、深く正受に入り、経典を読誦する有らば、是の如き等の人はまさに至心なるべし。

にみえる経文に対応したものかとみられる。

　絵の中央部分は弥勒の宮殿である。宮殿は八色瑠璃の宝池(渠)に緑・朱・黄色の柱で支えられ、左右に七宝で造られた塔と蓮華を捧げる菩薩と宝珠を捧げ持つ菩薩(図10)、前には五色の階段が宝池に向かって降っている。宮殿は三層になっていて屋根の上と最上部には火炎宝珠が描かれ、二階部分には赤い巨大な輪宝が描かれていて、弥勒の説法の必然を象徴している。宮殿の中央には塔を捧げ持つ弥勒と合掌する菩薩が描かれ、階段の手前には蓮台に乗って弥勒を供養する菩薩が描かれ、体から立ち上る霊雲には香華などの供物が乗っている。宝池から上の支柱の間には瓔珞のような装飾も見える。宮殿の基壇などは繧繝彩色や金泥・朱・白群・白緑などの明るく鮮やかな色彩で彩られている。八色瑠璃の宝池も波を薄く赤や青や金泥で表し、蓮華や蓮葉を描くが蓮葉には金泥などを塗り華やかさを添えている。さらにその手前には、この宮殿

図 10. 弥勒宮殿の内部

を守護する二体の神将が描かれている。

　左側上部には右側と対照をなすように中央の宮殿から伸びた虹橋の先に空中に浮か
ぶ宮殿があるが、さらに左端には二階建ての宮殿(王宮殿か)も描かれている。経文中
には五百万憶の宝宮ありというので、このような宮殿がいくつもあることを象徴して
いるのであろう。が、中でも注目すべきは宝池中に弥勒菩薩上生の場面を描いている
ことである(図11)。空中には散華や天蓋が描かれ、紅の蓮台に坐し光芒を放つ童子が
弥勒菩薩であることを示している。左右から諸天子や天女が供養している。この部分
は、この経典には記されているが、本図の中には抄出されていない部分である。対応
する経文⑥は次のとおりである。

　　　　仏優波離に告ぐ、弥勒先ず波羅捺国劫波利村波婆利の大婆羅門家に生まれ、
　　　　劫後十二年二月十五日、本生処に還り、結跏趺坐して滅定に入るが如し。身

図 11. 宝池上に描かれた弥勒上生場面

　は紫金色にして光明は艶赫すること百千日の如し。上は兜率陀天に至り、其
　の身舎利は鋳金像の如く、動かず揺れず。身は円光中、首楞厳三昧般若波羅
　蜜にあり、字義炳然たり。時に諸人天(天人)尋いで即ち衆宝の妙塔を起て、
　舎利を供養す。

　また、左端手前には州浜の上に牡丹と岩組を描いているが(図12)、これも経典には
説かれていない。富貴を象徴する牡丹は五百万億もの天子が住むという兜率天の豊か
さ・華やかさを象徴したものであろうか。右側に描かれた鳳凰は聖天子の出現を象徴
する鳥であり、いずれも天子に関することとみてよいであろう。この岩組の輪郭線や
立体感や質感を表す皴法は、狩野派など漢画系の特徴をよく示していて、わずかなが
ら絵師の系統や制作年代を推定する手掛かりとなる。ただこれだけでは即断できない
が、狩野派による江戸時代前期(17世紀半ば頃)の作かとみておきたい。

　絵の全体的な印象を纏めると、兜率天上生経の要点を説明的に表現しているとい

図12. 岩組と牡丹

　う点に尽きよう。経文にいう五百万憶という途方もない数の諸天人や景物を極力減らし、象徴的に描くことによって煩雑さは避けられ、その意図は十分達せられているようにみえる。また宗教画一般にみられる主尊を格別に大きく描くということがなく、弥勒を大きく描かず他の諸菩薩や天子・天女とも大きさにおいてはほとんど区別がない。これも経典の「説明」にはふさわしい手法であろう。反面、主尊たる弥勒の崇高性や威厳の表現は後退しているようにみえる。ここに見性寺本の制作目的が込められているのかもしれない。つまり、本来「兜率天の観想」を助けるための兜率天図が、兜率天上生経の「絵解き」をも兼ねることができるように制作されたのではないか。あるいは絵解きが主であって、観想や礼拝は従であったかもしれない。そこに見性寺本の意義を見出すことも可能ではないかとおもわれる。

IV. 図様

　このような宗教美術作品は、中世以前の先行作例があるのがふつうだが、本図には
そのような先例があるのかどうか。弥勒信仰は鎌倉時代に南都復興に伴って復活した
とされ、礼拝のための絵や彫刻が造られ、独尊図や兜率天曼陀羅図や弥勒来迎図など
の遺品があるが、阿弥陀浄土図や阿弥陀来迎図にくらべると遺品は少ない。

　さて、兜率天を描いた中世の作例としては、鎌倉時代の作として京都・興正寺と大
阪・延命寺の兜率天曼陀羅図が有名である（図13・14）。どちらも兜率天の宮殿群を高

図13. 兜率天曼陀羅図 京都・興正寺蔵(毎日新聞社「重要文化財」より)

図 14. 兜率天曼陀羅図 大阪・延命寺蔵(毎日新聞社「重要文化財」より)

図 15. 兜率天曼陀羅図 東京国立博物館蔵

図 16. 弥勒菩薩図下絵 ボストン美術館蔵(毎日新聞社「在外日本の至宝」より)

い位置から俯瞰的に描いたもので、宮殿の表現など壮麗に描かれている。東京・根津
美術館にも同構図の兜率天曼陀羅図がある。しかし、見性寺本も俯瞰的な表現ではあ
るが、より近接的に描かれ、弥勒宮殿の上層階や左側に描かれた二階建ての宮殿の屋
根の軒は、垂木を下から仰ぎ見るように描かれていて、視点を低い位置に置いている
ようにみえる。この点で、見性寺本は京都・興正寺や大阪・延命寺や東京・根津美術

図 17. 鏡弥勒像 高山寺蔵(同胞舎「来迎図の美術」より)

館の兜率天曼陀羅図とは系統が異なるものといえる。

　また、東京国立博物館の兜率天曼陀羅衝立図(図15)は興正寺本などとは異なる左右対称形であるが、縦長の構図をとり中央に弥勒菩薩が多くの菩薩に取り囲まれている図である。滋賀・成菩提院本、愛知・密蔵院本も東博本とほぼ同構図で、礼拝の対象とされたようにみえる。しかし、見性寺本の図様はこれらとも異なっている。

　弥勒宮殿中に描かれた弥勒の「図像」は例えば、ボストン美術館蔵の下絵(図16)や京都・醍醐寺の彫像や福井・長源寺や万徳寺蔵の絵、あるいは京都・高山寺の鏡弥勒像(図17)などと同じく、腹前に両手で宝塔を捧げる密教系の一般的な図様である。また、見性寺本のように三尊構成にするのは、法隆寺の金堂外陣旧壁画群の中の第九号壁の弥勒浄土図にみられる。中央に弥勒・左右に合掌する菩薩を描く図様も共通する。左側の宝池中に描かれた「弥勒上生図」は、神奈川・称名寺の板絵の弥勒浄土図(図18)と幾分通ずるものがあるが、見性寺本では誕生まもない童子形であるのに対し、法隆寺壁画や称名寺の板絵は菩薩形となっている点で起源を異にしているとみられる。

　結局、現在のところ見性寺本の祖本と思われる中世以前の作例はもとより、類例さえも未確認である。構図や浄土の六鳥の描き込みなどには、兜率天曼陀羅図だけでなく各種の阿弥陀浄土図などの影響も感じさせる。遠くさかのぼれば敦煌壁画中に弥勒上生及び下生の場面を描いた「弥勒浄土変相図」の存在が指摘されていて、これらが「阿

図 18. 板絵弥勒浄土図 神奈川・称名寺蔵(同胞舎『来迎図の美術』より)

弥陀浄土変相図」とも深くかかわり、その背景として法華経の存在が大きかったことも指摘されている。今後とも兜率天図だけでなく広く類例の捜索は続けなければならないが、上生兜率天図自体が少ない中で全く独自の図様を有する見性寺本は、日本の近世における弥勒信仰を考えるうえで貴重な存在といえる。また、信仰形態としても民俗信仰とは一線を画する弥勒上生経に則った本格的な図様が、どのように信仰され、鑑賞されてきたか興味尽きないものがある。

Ⅴ. わが国の弥勒信仰の中で

　わが国の弥勒信仰の歴史については、宮田登編『弥勒信仰』(「民衆宗教史叢書８」雄山閣刊 昭和59年)所載の諸論考によってほぼ知ることができる。なかでも速水侑「律令社会における弥勒信仰の受容」、平岡定海「平安時代における弥勒浄土思想の展開」、安永受延「弥勒信仰と弥勒の世」は裨益するところ大である。

　これらによれば、わが国に仏教が伝来して以来、奈良時代を通じて弥勒上生信仰は大きな役割を果たしてきたこと、とくに戒律を守ることによって兜率天へ往生できるとする戒律重視の弥勒上生経信仰は、儒教思想重視の律令制に適うものとして重視されてきたという。また、平安時代初めには空海が真言密教による独自の弥勒下生信仰を、天台宗では慈覚大師(円仁)の如法経信仰を受けて阿弥陀浄土往生と弥勒下生信仰が並行して展開された。さらに、弥勒の聖地とされる奈良県の金峯山に藤原道長が、法華経や阿弥陀経などとともに弥勒経典を埋納したことなど、弥勒信仰が盛んであったことも知られている。末法時代の到来(日本では1052年が末法当来の年と考えられた)を経た１２世紀には、法華経が悪人成仏や女人成仏などを説くことから同経の書写・供養及び経塚の造営なども盛んであった。法華経は阿弥陀浄土への往生も説いているが、普賢菩薩勧発品・第二十八には弥勒菩薩の住む兜率天往生のことが説かれ、経塚は弥勒信仰と不可分に結びついていた。つまり法華経の書写や埋経そのものが弥勒下生にそなえることと、その功徳による兜率天往生を願っていたと考えられるからである。このことは経塚遺品からもうかがうことができる。しかし、平安時代半ば頃末法思想とともに浄土教思想が広まると、弥勒信仰と浄土教信仰が混在しながらも、次第に大勢は阿弥陀浄土信仰が主流となっていったようである。鎌倉時代になって南都復興とともに弥勒信仰も復活し、奈良・興福寺の弥勒如来像や京都・醍醐寺の弥勒菩薩像などの彫刻の造立や、京都・興正寺や大阪・延命寺の兜率天曼陀羅図などの画像も多く制作された。また、京都・高山寺の明恵上人ゆかりの鏡弥勒像なども残されている。しかし、阿弥浄土図や阿弥陀来迎図と比べると残存数ははるかに少ない。

　さらに、禅宗では弥勒の化身とされる散聖・布袋が水墨画に描かれ、近世には七福神の一人として信仰されたが、必ずしも弥勒上生や弥勒下生信仰と深く結びついたものではなかったように見える。

見性寺本はこうした中で描かれた大変稀な作で、経文の一部を抄出していることから、弥勒上生経にいう「兜率天の観想」や「絵解き」を目的として制作されたものと考えられるが、現在まで祖本とすべき先行作例は確認されず、このことが本図の歴史的位置付などを難しくしている。しかしこのことはまた、資料の乏しい中世後半期から近世にかけての弥勒信仰や弥勒上生信仰を考える上で貴重な手がかりとなるものであり、本図の価値を高からしめるものともいえる。

　　一方、国内に先行作例がないとすれば、近世になって創作されたものなのか、あるいは黄檗宗などとともに中国や朝鮮から新しく入ってきた図像による可能性も考えなければならない。しかしいずれにしても筆者は今のところ何の手がかりも持ち合わせていない。かつて弥勒信仰が日本よりはるかに盛んであった韓国で、永く仏教美術研究に携ってこられた張俊植教授の退官記念論集に「上生兜率天図」を紹介させていただき、張教授ほか多くの研究者の目に留まり、種々御示教を賜ればと願うゆえんである。また、韓国にもこのような仏画が存在しているという報告にも接していないが、韓国における弥勒信仰研究に聊かでも役に立てば望外の悦びとするところである。

　　(本文終わり)

仏説観弥勒菩薩上生兜率天経

宋居士沮渠京声訳

是の如く我聞けり。一時仏、舎衛国祇樹給孤園に在り。時に世尊初夜分に於いて身を挙げて光を放つ。其の色金色にして、祇陀園を繞り周遍すること七匝、須達舎を照らし、また金色と作す。金色光有り、猶段雲の如く、舎衛国に遍き、処々皆金色の蓮華を雨ふらす。其の光明中無量百千の諸大化仏有り、皆是言を唱ふ。今此の中に於いて千の菩薩有り、最初に仏と成るは拘留孫と名づけ、最後に仏と成るは名づけて楼至と曰ふ。是の語説き已れば、尊者阿若憍陳如は即ち禅より起ち、其の眷属二百五十人とともに、尊者摩訶迦葉は眷属二百五十人とともに、尊者大目犍連は其の眷属二百五十人とともに、尊者舎利弗は其の眷属二百五十人とともに、摩訶波闍波提比丘尼は其の眷属千の比丘尼とともに、須達長者は三千人の優婆塞とともに、毘舎佉母は二千の優婆夷とともに、また菩薩摩訶薩有り、跋陀婆羅と名づくるは其の眷属十六菩薩とともに、文殊師利法王子は其の眷属五百の菩薩とともに、天龍夜叉乾闥婆等一切大衆は、仏の光明を覩て皆悉く雲集す。時に世尊広長舌相

を出し、千の光明を放つ。一一の光明に各千の色有り、一一の色の中に無量の化仏有り、是諸の化仏異口同音に皆清浄諸大菩薩甚深不可思議諸陀羅尼法を説く。所謂阿難陀目佉陀羅尼・空慧陀羅尼・無礙性陀羅尼・大解説無相陀羅尼なり。時に世尊一音声を以て百億陀羅尼門を説き、此の陀羅尼を説き已る。時に会中一菩薩有り、名づけて弥勒と曰ふ。仏の所説を聞き、時に応じ即ち百万億陀羅尼門を得、即ち座より起ち衣服を整へ、叉手合掌して仏前に住立す。

時に優波離また座より起ち、頭面礼を作して仏に白して言う、世尊、世尊は往昔毘尼中及び諸経蔵に於いて、阿逸多は次いで仏と作るべしと。此の阿逸多は凡夫の身を具へ、未だ諸漏を断たず。此の人の命終りて何処にか生ずべき。其の人今はまた出家たりと雖も禅定を修めず、煩悩を断たず。仏は此の人の成仏疑ひ無しと記す。此の人命終わりて何れの国に生るるや。仏優波離に告ぐ、諦聴し諦聴し善くこれを思念せよ。如来まさに正しく遍く知れり。今此の衆に於いて、弥勒菩薩摩訶薩阿耨多羅三藐三菩提記を説く。此の人今より十二年後命終わり、必ず兜率陀天上に往生す。時に兜率陀天上、五百万億の天子有り、一一の天子は皆甚深に檀波羅蜜を修し、一生補処菩薩を供養為さんが故に、天の福力を以て宮殿を造作し、各々身の栴檀摩尼宝冠を脱ぎ、長跪合掌して是の願を発して言う、我今此の無價宝珠及び天冠を以て持し、大心衆生を供養為んが故に、此の人来世に久しからずまさに阿耨多羅三藐三菩提を成すべし。我彼の仏の荘厳国界に於いて受記を得ば、我が宝冠を供具化成しむ。是の如く諸天子等各々長跪して、弘誓願を発することまたまた是のごとし。時に諸天子、是の願を作し已り、是の諸宝冠は、①五百万億の宝宮に化作す。一一の宝宮に七重の垣(園)有り。一一の垣(園)は七宝の所成なり。一一の宝は五百億光明を出し、一一の光明の中に五百億の蓮華有り。一一の蓮華は五百億の七宝の行樹を化作し、一一樹葉に五百億の宝色有り。一一宝色に五百億閻浮檀金光有り、一一の閻浮檀金光の中に、五百億の諸の天の宝女を出す。一一の宝女は樹下に住立し、百億の宝・無数の瓔珞を執り、妙なる音楽を出す。時に楽音中不退転地法輪の行を演説す。其の樹果を生ずること玻黎色の如し。一切衆生(色)は玻黎色中に入る。是の諸の光明は右旋宛転して妙(衆)音を流出し、衆音は大慈大悲の法を演説す。一一の垣墻、高きこと六十二由旬、厚きこと十四由旬なり。五百億の竜王此の垣を囲繞し、一一の龍王は五百億の七宝行樹を雨ふらし、垣上を荘厳す。自然に風有り、此樹を吹き動せば、樹は相振触して、苦・空・無常・無我・諸波羅蜜を演説す。時に此の宮に一大神有り、牢度跋提と名づく。即ち座従り起ちて十方仏を遍礼し、弘誓願を発す。若し我が福徳の応に弥勒菩薩の為に善き法堂を造るべくは、我が額上をして自然に珠を出せしめよ。既に発願已れば額上自然に五百億の宝珠出ず。瑠璃頗梨一切の衆色具足せざる無く、紫紺摩尼表裏暎徹するが如し。此の摩尼光は空中を廻旋し、化して四十九重の微妙宝宮と為る。一一の欄楯は万億の梵摩尼宝の共に合せ成る所。諸の欄楯の間には自然に九億の天子・五百億の天女を化生す。一一天子の手中に無量億万の七宝蓮華化生し、一一蓮華上に無量億の光有り。其の光明中諸楽器を具す。是

の如き天楽は鼓かずして自から鳴り、此の声出るとき、諸の女自然に衆の楽器を執り、競い起ちて歌舞す。詠歌する所の音は十善の四弘誓願を演説し、諸天聞く者皆無上道心を発す。②時に諸の園(垣)中に八色瑠璃の渠有り、一一の渠中に五百億の宝珠有り用い合せ成す。一一の渠中八味の水有りて、八色具足す。其の水は上り湧きて梁棟の間游び(繞り)、四門の外に四花を化生す。水は華中より出でて宝花の流る如し。一一の華上に二十四天女有り、身色微妙なること諸菩薩の荘厳する身相の如し。手中に自然に五百億の宝器を化し、一一の器中に天の諸の甘露自然に盈満す。左肩に無量の瓔珞を荷佩し、右肩には復た無量の楽器を負う。雲如く空に住し、水より出でて、菩薩の六波羅蜜を讃歎す。若し兜率天上に往生する有らば、自然此の天女の侍御を得。亦七宝の大獅子座有り、高さ四由旬、閻浮檀金無量の衆宝以て荘厳を為す。座の四角頭には四蓮華生じ、一一の蓮華は百宝の成す所。一一の宝は百億の光明を出し、其の光明は微妙に化して、五百億の衆宝雑花荘厳の宝帳を為す。時に十方面の百千の梵土は各々一梵天の妙宝を持し、以て宝鈴と為し、宝帳上に懸く。時に小梵天は天の衆の宝を持し、以て羅網と為し、帳上を彌覆す。時に百千無数の天子・天女の眷属は各宝華を持し、以て座上に布く。是の諸の蓮華は自然に皆五百億の宝女を出す。手に白払を執り、帳内に侍立す。持宮は四角の四宝柱有り、一一の宝柱には百千の楼閣有り、梵摩尼殊以て絞絡と為す。時に諸の閣間に百千の天女有り、色妙無比にして手に楽器を執る。其の楽音中に苦空無常無我諸波羅蜜を演説す。是の如き天宮は百億万無量の宝色有り、一一の諸女亦同じく宝色なり。時に十方無量の諸天命終わり、皆兜率天宮に往生せんことを願う。時に兜率天宮に五大神有り。

第一大神名は宝幢と曰ひ、身は七宝を雨ふらし、宮牆内に散ず。一一の宝珠は無量の楽器に化成し、空中に懸処し、鼓かずして自から鳴り、無量の音有りて、衆生の意に適う。第二大神名は花徳と曰ひ、身は衆花に雨ふらし、宮牆を彌覆し、花蓋に化成す。一一の花蓋は百千の幢幡以て導引と為す。第三大神名は香音と曰ひ、身の毛孔中は微妙海此岸の栴檀香を雨出す。其の香雲の如く、百の宝色を作して、宮を繞ること七匝。第四大神名は喜楽と曰ひ、如意珠を雨ふらす。一一の宝珠は自然に幢幡の上に住在し、説いて無量の帰仏帰法帰比丘僧を顕わし、及んで五戒、無量の善法諸波羅蜜を説き、饒益して菩提の意者を勧助す。第五大神名は正音声と曰ふ。身の諸毛孔は衆水を流出し、一一の水上に五百億の花有り。一一の華上には二十五の玉女有り、一一の玉女の身の諸毛孔は一切の音声を出し、天魔后所有の音楽に勝る。③仏優波離に告ぐ。此を兜率陀天十善報応勝妙福処と名づく。若し我世に住み一小劫中に広く一生補処の菩薩の報応及び十善果者を説くとも、窮め尽くすこと能わず。今汝らの為に略して解説す。仏優波離に告ぐ。若し比丘及び一切大衆有りて、生死を厭わず天に生るるを楽ふ者、無上菩提心を愛敬する者、弥勒の為に弟子と作らん者は、当に是の観を作すべし。是の観を作す者はまさに五戒八斎具足戒を持し、心身精進して断結を求めず、十善法を修し、一一兜率陀天上の上妙の快楽を思惟すべし。是の観を作す者は名を正観と為し、他観の者のごときは名を邪観と為す。時に優波離即ち座より

起ち、衣服を整え、頭面して礼を作して仏に白して言う。世尊、兜率陀天上は乃ち是の如き極妙楽の事有るも、今此の大士は何れの時閻浮提に於いて没し、彼の天に生るるや。⑥仏優波離に告ぐ、弥勒先ず波羅捺国劫波利村波婆利の大婆羅門家に生まれ、劫後十二年二月十五日、本生処に還り、結跏趺坐して滅定に入るが如し。身は紫金色にして光明は艶赫すること百千日の如し。上は兜率陀天に至り、其の身舎利は鋳金像の如く、動かず揺れず。身は円光中、首楞厳三昧般若波羅蜜にあり、字義炳然たり。時に諸人天(天人)尋いで即ち衆宝の妙塔を起て、舎利を供養す。時に兜率陀天の七宝の台内の摩尼殿上の師子床座忽然と化生し、蓮華上に於いて結跏趺坐す。身は閻浮檀金色の如く、長け十六由旬、三十二相八十種好皆悉具足す。頂上肉髻髪は紺瑠璃色。釈迦毘楞伽摩尼、百千万億の甄叔迦宝以て天冠を厳かにす。其の天宝冠は百万億の色有り、一一の色の中に無量百千の化仏あり。諸化菩薩以て侍者と為す。復た他方諸大菩薩有り、十八変を作し、随意自在に天冠中に在り。弥勒の眉間に白毫相の光有り、衆光を流出して百宝色を作す。三十二相は一一の相中に五百億の宝色有り、一一好くまた五百億の宝色有り。一一の相好の艶は八万四千の光明の雲を出し、諸天子とともに各々花座に座り、昼夜六時常に不退転地法輪之行を説く。一時中を経て五百億の天子を成就し、阿耨多羅三藐三菩提に於いて退転せざらしむ。是の如く兜率陀天に処して、昼夜恒に此の法を説き、諸天子を度す。閻浮提の歳数は五十六億万歳。しかればすなわち閻浮提に下生す。弥勒下生経の説の如し。仏優波離に告ぐ、是れを弥勒菩薩閻浮提に於いて没し、兜率陀天に生ずる因縁と名づく。④仏滅度の後我が諸の弟子、若し精勤して諸功徳を修し、威儀欠けず塔を掃き地に塗り、衆の妙香花を以て供養し、衆の三昧を行じ、深く正受に入りて、経典を読誦する者有らば、是の如き等の人はまさに至心なるべし。断結ぜずと雖も六通を得るがごときは、まさに繋念して仏の形像を念じ弥勒の名を称うるに当たるべし。是の如き等の輩、若し一念の頃に八戒斎を受け、諸の浄業を修し、弘誓の願を発せば、命終の後譬へば壮士の臂を屈伸する頃の如く、即ち兜率陀天に往生することを得、蓮華座上に結跏趺坐す。百千の天子は天の妓(伎)楽を作し、天の曼荼羅花・摩訶曼荼羅華を持し、以てその上に散じ讃して言く、善き哉(善き哉)善男子、汝閻浮提に於いて広く福業を修し、此の処に来生(住)す。此の処を兜率陀天と名づけ、今此の天主を名を弥勒と曰ふ。汝まさに帰依すべしと。声に応じて即ち礼す。礼已りて、眉間の白毫相の光を諦観して、即ち九十億劫生死の罪を超越することを得。是の時に菩薩其の宿縁に随い、為に妙法を説き、其をして堅固に無上道心に於いて退転せざらしむ。是の如き等の衆生は若し諸行を浄め六事の法を行ぜば、必定疑ひなくまさに兜率天上に生じ、弥勒に値遇し、また弥勒に随ひ閻浮提に下り、第一に法を聞き未来世に於いて賢劫一切諸仏に値遇し、星宿劫に於いてまた諸仏世尊に値遇するを得、諸仏前於いて菩提記を受くべし。仏優波離に告ぐ、仏滅度の後、此の比丘・比丘尼・優婆塞・優婆夷、天龍・夜叉・乾闥婆・阿修羅・迦楼羅・緊那羅・摩睺羅伽等、是の諸天衆若し弥勒菩薩摩訶薩の名を聞くを得る者有らば、聞已りて歓喜恭敬礼拝す。此の人の命終りて弾指の頃の如

く、即ち往生を得、前の如く異なることなし。但是の弥勒の名を聞くを得る者は、命終り
てまた黒闇処辺地邪見諸悪律儀に堕ちず、恒に正見眷属を生じ、三宝を謗らず成就す。仏
優波離に告ぐ、若し善男子・善女人、諸の禁戒を犯し、衆の悪業を造るとも、是の菩薩大
悲の名字を聞き、五体地に投じ、誠心懺悔せば、是の諸の悪業速やかに清浄を得。⑤<u>未来
世の中の諸の衆生等、是の菩薩大悲の名称を聞き、形像を造立し、香花(華)・衣服・繒蓋
・幢幡〈ヲ以〉礼拝し繋念せん。此の人の命終わらんとするとき、弥勒菩薩眉間の白毫大
人の相光を放ち、諸の天子とともに曼陀羅花を雨ふらし、来りて此の人を迎へ、此の人須
臾に往生を得、弥勒に値遇し、頭面礼敬して、未だ頭を挙げざる頃に便ち法を聞くことを
得、即ち無上道に於いて不退転を得、未来世に於いて恒河沙等の諸仏如来に値ふ得。</u>仏
優波離に告ぐ、汝今諦聴す。是の弥勒菩薩は未来世に於いてまさに衆生の為に大帰依処を
作すべし。若し弥勒菩薩に帰依する者有らば、まさに知るべし、是の人無上道に於いて不
退転を得ることを。弥勒菩薩多陀阿伽度阿羅訶三藐三仏と成る時、此の如き行人仏の光明
を見、即ち授記を得。仏優波離に告ぐ、仏滅度後四部の弟子天龍鬼神にして、若し兜率陀
天に生れんと欲する者有らば、まさに是の観を作すべし、繋念思惟せよ、兜率陀天を念じ
て、仏の禁戒を持し、一日より七日に至り、十善行十善道を思念して、此の功徳を以て廻
向して、弥勒の前に生れんと願う者は、まさに此の観を作すべし。此の観を作す者は、若
し一天人に見え、一蓮華を見、若し一念頃弥勒の名を称ふれば、此の人千二百劫の生死の
罪を除却す。但弥勒の名を聞き合掌恭敬せば、此の人五十劫の生死の罪を除却す。若し弥
勒に敬礼する者有らば、百億劫の生死の罪を除却す。設ひ天に生れざるも、未来世中龍華
菩提樹下に値遇するを得て、無上心を発さん。

是の語を説く時、無量の大衆即ち坐より起ち、仏の足に頂礼し、弥勒の足に礼し、仏及び
弥勒菩薩を繞ること百千匝し、未だ道を得ざる者は各誓願を発し、我等天人八部今仏前に
誠実に誓願を発し、未来世に於いて弥勒に値遇せん。此の身を捨て已りて皆兜率陀天に上
生するを得んと。世尊記に曰く、汝ら及び未来世に福を修し戒を持する者は、皆弥勒菩薩
の前に往生し、弥勒菩薩の摂受する所と為るべし。仏優波離に告ぐ、是の観を作す者名づ
けて正観為り。若し他観の者名づけて邪観為り。

時に尊者阿難即ち坐より起ち、叉手長跪して仏に白して言う、世尊、善哉世尊快く弥勒の
有する所の功徳を説き、また未来世修福衆生の得る所の果報を記す。我今随喜す。唯然世
尊此の法の要は云何に受持し、何と此の経を名づくべきか。仏阿難に告ぐ、汝仏語を持
し、慎んで亡失することなかれ。未来世の為に生を天路に開き、菩提の相を示し、仏種を
断つことなかれ。此の経弥勒菩薩般涅槃と名づけ、また観弥勒菩薩生兜率陀天と名づく。
菩提心を勧発し、是の如く受持せよ。仏是の語を説く時、他方より十万の菩薩来会し、首
楞厳三昧を得、八万億の諸天菩提心を発し、皆弥勒に随従し下生せんことを願う。仏是の
語を説く時、四部弟子天龍八部、仏の説く所を聞いて皆大いに歓喜し、仏に礼して退く。
仏説観弥勒菩薩上生兜率天経

참고문헌

松本栄一、昭和60年復刻、『燉煌畫の研究』、同胞舎出版。

宮田登編、昭和59年、『弥勒信仰』、「民衆宗教史叢書8」雄山閣。

中野玄三、昭和60年、『来迎図の美術』、同胞舎。

尾崎直人、昭和58年、『敦煌莫高窟の弥勒浄土変相』、「密教図像」第2号。

小山 満、2011年、『仏教図像の研究図像と経典の関係』、向陽書房。

泉 武夫、平成24年度、『兜率天弥勒と兜率天宮図の系譜』、科学研究費報告書。

上原昭一他編、1988年、『地獄と極楽』、「図説日本仏教の世界⑤」、集英社。

上原昭一他編、1989年、『法華経の真理』、「図説日本仏教の世界③」、集英社。

청주지역 世居門中의 入鄕과정에 관한 연구

라경준 청주시청

Ⅰ. 머리말

우리나라에서 성씨를 언제부터 사용하기 시작했는지에 대하여는 정확하지 않다. 대체적으로 고려시대부터는 지배층에서 사용한 것으로 보인다. 고려 문종 9년(1055)에 과거 응시자 중 姓을 사용하지 않은 사람은 과거 급제 자격을 주자 않는다는 법령을 볼 때, 11세기 이후부터 지배층에서는 성씨를 사용했음을 알 수 있다.

고려말 유교의 도입 이후 성씨에 대한 사용은 활발해졌고, 지역에서는 각 성씨별로 문중을 이루어 자신들 만의 전통을 이어갔다.

淸州地域에는 이 고장을 본관으로 하는 성씨와 타 지역에서 들어온 성씨가 世居하고 있다. 이들 문중 중에는 청주지역의 토착세력으로 기반을 다진 경우와 혼인·피난 등의 여러 이유로 이 지역으로 낙향한 경우가 적지 않다.

청주지역의 향촌사회에 대한 연구는 여타 지역에 비하여 상대적으로 미진한 상황이다. 특히 世居門中의 入鄕過程에 대한 검토는 거의 이루어지지 않았다.

청주지역 세거문중의 입향과정은 조선시대 후기 서원의 건립과 지역 사족들의 동향을 중심으로 단편적으로 이해되고 있을 뿐이다.[01]

그러나 선행연구들은 일부 문중의 세거사항을 언급하거나 그나마도 문중의 입향과정보다는 서원과 관련된 향촌사회사를 조명한 것이어서 청주지역 세거문중의 입향 과정에 대한 구체적인 검토가 필요할 듯하다.[02]

따라서 本稿는 조선시대를 중심으로 청주지역 세거문중의 입향과정을 이해하기 위해 각 문중소장의 족보를 기본으로 世居의 淵源을 살피는데 그 목적을 두고자 한다.

본고에서 소개하는 문중은 이 지역에서 세거하고 있는 51門中이다.

51門中의 선별은 먼저 1910년 이전에 청주목[03]에 세거한 문중 중 청주 八大姓[04]과 문의 五大姓[05]을 포함하고 祠宇·不祧廟 및 忠臣·孝子·烈女門 등을 보유한 60문중을 선별하였다. 그 다음에 60문중과 접촉을 통하여 개별적인 사정으로 참여하지 못하거나 현재 청주지역에 후손들이 세거하지 않는 9문중을 제외한 51문중을 확정하였다.

이와 같은 과정을 거쳐 선별된 51문중의 족보를 기본으로 각 문중별 현지 조사와 문중에서 개별적으로 소장하고 있는 문서들을 통하여 각 문중별 청주지역 세거의 연원을 살피고자 한다.

---

*본 논문은 2008년 『고인쇄문화 제14집』에 게재한 자료를 보완 정리한 것이다.

01) ① 신항서원 건립과 호서사족 친인척집단의 혼인관계를 검토
　　　이재학, 2001, 「조선시대 청주지역의 書院-莘巷書院을 중심으로」, 청주대학교 교육대학원 논문.
　　　이정우, 2001, 「조선전기 湖西士林의 구성과 성격-친인척 집단을 중심으로」, 『조선시대사학보』18.
　　② 17~18세기 청주지역 서원의 건립과 사액을 둘러싼 당파적 대립을 검토.
　　　이정우, 1999, 「17~18세기 초 淸州地域 士族動向과 書院鄕戰」, 『조선시대사학보』11.
　　　전용우, 2002, 「16~17세기 충북지역의 사림과 서원」, 『충북학』4.
　　③ 華陽書院과 萬東廟를 다룬 검토전용우, 1990, 「華陽書院과 萬東廟에 대한 일연구」, 『호서사학』18.
02) 청주문화원에서 2012년 『淸州의 뿌리를 찾아서』를 발간하였다. 나름대로 청주지역 성씨에 대한 연구를 이루었지만, 세거 연원 부분이 미흡하다.
03) 1910년 이전의 청주목 중 오늘날 천안시 수신면, 괴산군 청천면, 대전시 동구(주안향)의 일부 지역은 제외하고, 1910년 이전의 문의현인 오늘날 청주시 문의면·현도면 및 1910년 이전 회인현인 오늘날 가덕면 등을 추가하여 현재 행정구역상 청주시 지역에 세거한 문중을 대상으로 하였다.
04) 韓山李氏, 密陽朴氏, 草溪卞氏, 南陽洪氏, 驪興閔氏, 淸州韓氏, 交河盧氏, 高靈申氏를 말한다.
　　청주시지편찬위원회, 1961, 『淸州誌』.
05) 延安李氏, 高靈申氏, 江陵金氏, 晋州柳氏, 寶城吳氏를 말한다.
　　청주시지편찬위원회, 1961, 『淸州誌』.

II. 문중별 세거의 연원

청주지역에 사람이 살기 시작한 것은 구석기시대부터이다.[06] 선사시대 이래로 청주지역에 인류가 살았던 흔적은 곳곳에 적지 않게 남아 있다.[07]

머리말에서도 기술했듯이 우리나라에서 성씨를 본격적으로 사용하기 시작한 것은 고려시대이며, 고려시대 말기에서 조선시대 전기에 이르면 정착화 단계에 이르고 있다. 조선시대 전기에 청주지역에는 많은 성씨들이 세거하고 있었다.

단종 2년(1454)에 편찬된『世宗實錄』〈地理志〉에는 "청주의 土姓[08]은 12로 韓·李·金·郭·孫·慶·宋·高·俊·楊·東方·鄭 등이고, 來姓[09]은 1로 皇甫요, 續姓[10]은 1로 西門이요, 망래성[11]은 5로 王·盧·柳·洪·金 등이고, 亡村姓은 朴·韓·申·葛 등이 있다."고 기록되어 있다.[12] 또한 중종 25년(1530)에 편찬된『新增東國輿地勝覽』에도 청주에는 "12의 토성과 王·皇甫·盧·柳·洪·金·西門 등의 속성, 朴·申·葛 등의 촌성이 있다."고 기록하고 있다.[13]

이와 같이 토성 이외에 내성이나 속성의 증가는 고려시대 후기 이래로 재경의 官人이 낙향이나 旣成의 士族 등이 대개 地方官으로 緣故가 있거나 妻家 또는 外家가 있는 곳으로 이주하였기 때문이다.[14]

---

06) 이융조, 1983,「청원 두루봉유적」, 충북대학교박물관.
07) 미호천변 주변으로 신석기와 청동기 유적이, 흥덕구 송절동 일대에 삼한시대 유적이, 흥덕구 신봉동 일대에 백제시대 유적이, 상당구 용암·명암동 일대에 통일신라 유적 등이 남아 있다.
08) 土姓이란 그 姓의 출신지인 본관을 의미한다. 각종 姓種인 亡姓·來姓·續姓 등은 모두 토성에서 분화된 것이다.
    이수건, 2004,『한국의 성씨와 족보』, 서울대출판부.
    청원군지편찬위원회, 2006,『청원군지』하, 678~679쪽에서 재인용.
09) 내성은 자의에 의해 타지방에서 입래한 경우를 말한다.
    이수건, 2004,『한국의 성씨와 족보』, 서울대출판부.
    청원군지편찬위원회, 2006,『청원군지』하, 678~679쪽에서 재인용.
10) 속성은 내성과 다름없지만 지리지를 편찬할 당시 보고문서에 비로서 추가된 데서 續錄한 것이란 뜻이다.
    이수건, 2004,『한국의 성씨와 족보』, 서울대출판부.
    청원군지편찬위원회, 2006,『청원군지』하, 678~679쪽에서 재인용.
11) 망래성은 내성이 유망하거나 소멸한 것을 말한다. 또한 망성은『世宗實錄』地理志 편찬 당시에는 이미 없어진 토성을 뜻한다.
    이수건, 2004,『한국의 성씨와 족보』, 서울대출판부.
    청원군지편찬위원회, 2006,『청원군지』하, 678~679쪽에서 재인용.
12) 『世宗實錄』권149, 地理志.
13) 『新增東國輿地勝覽』권15, 淸州牧.
14) 이수건,『한국의 성씨와 족보』, 서울대출판부, 2004.
    청원군지편찬위원회, 2006,『청원군지』하, 678~679쪽에서 재인용.

1. 土姓 門中

토성 문중은 청주를 貫鄉으로 삼는 문중으로 慶·郭·李·韓 등의 門中이 여기에 속한다. 『세종실록』〈지리지〉와 『신증동국여지승람』에 보이는 토성 12성씨 중 高·金·東方·孫·宋·楊·鄭·俊 등 8성씨의 후손은 청주지역이 아닌 음성·증평·김해 등 타지역에 세거하거나 후손을 찾을 수 없다. 이들 성씨가 청주지역이 아닌 다른 지역으로 移去하게 된 사유는 정확하지 않다. 아마도 『신증동국여지승람』이 편찬된 이후에 청주지역에서 있었을 일련의 사건 등[15]으로 인하여 다른 지역으로 이거한 것이 아닐까 한다. 청주지역 토성 12성씨 중 다른 지역으로 이거한 8성씨 외에 대대로 이 지역에 세거하고 있는 성씨는 慶·郭·李·韓 등으로 그 연원은 다음과 같다.

그림 1. 청주경씨족보

1) 慶〈淸州〉

시조는 고려 명종조에 중서시랑 평장사를 지낸 慶珍이다. 고려조와 조선조 초기에 성세를 이룬 성씨로 2세 慶大升을 비록하여 후손인 慶斯萬·慶復興·慶補·慶儀 등은 모두 고려조의 명신이었으며, 조선조에도 慶世昌·慶世仁·慶渾·慶暹·慶取 등의 문과 급제자가 배출되었다.

2) 郭〈淸州〉

시조는 신라 헌강왕조에 시중을 지내고 문창후 崔致遠과 교분이 두터웠던 郭

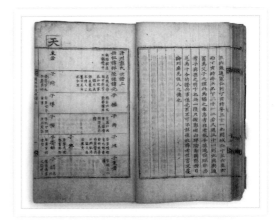

그림 2. 청주곽씨족보

---

15) 史禍에 간접적으로 연루되었거나, 倭亂·胡亂 등 외부적인 상황에 의해 자의나 타의에 의해 이거한 것으로 볼 수 있다.

祥이며, 고려 현종조에 추성문리공신인 郭元이 중시조이다. 중시조의 13세 충헌공 郭延俊이 충혜왕조에 청원군에 봉해지자 후손들이 청주를 관향으로 삼고 세거한 이래 현재에 이르고 있다.

그림 3. 청주이씨족보

3) 李〈淸州〉

시조는 고려의 개국공신 李能希이다. 10세 李季珹은 낭성군에 봉해졌으며, 12세 李居仁은 좌의정을 역임하고 청주백에 봉해졌다. 이거인의 동생 李居義는 봉조전서에, 李居易는 조선 개국공신으로 판한성부사를 거쳐 서원부원군에 봉해졌다. 이거이의 아들인 13세 李薆는 태조의 부마로 상당부원군에 봉해졌다.

4) 韓〈淸州〉

시조는 고려 태조조의 공신으로 삼중대광태사를 역임한 韓蘭이며, 그가 청주 방정리에 정착하자 후손들이 청주를 관향으로 삼았다. 선조 38년(1605)에 방정리에서 시조의 遺基를 찾아 제단비를 세웠으며, 광해군 10년(1617)에 정랑공파계열의 韓震英 일가가 방정리에 복거하면서 세거지가 복원된 이래 현재에 이르고 있다.

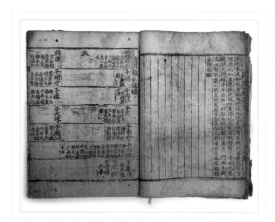
그림 4. 청주한씨족보

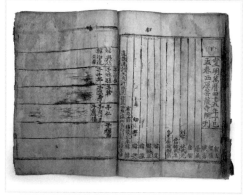
1617년 청주 보살사에서 목판으로 간행

2. 落鄕 門中

조선 전기 청주목 지역에 낙향한 문중은 17문중이다. 청주목에서 벼슬을 한 조상의 연고, 난리 후에 이주 정착, 집안의 불행을 이유로 낙향하는 경우이다. 진주강씨·현풍(포산)곽씨·안동김씨(신안동)·의성김씨·문화류씨·여흥민씨·순천박씨·하음봉씨·이천서씨·평산신씨·아주신씨·함양여씨·개성왕씨·한산이씨·하동정씨·충주지씨·진주하씨 등이 이에 해당된다. 이들 문중의 낙향 연원은 다음과 같다.

1) 姜〈晉州〉

시조는 고구려 영양왕 8년(597)에 병마원수로 임유관에서 수나라 문제의 30만 대군을 대파하여 무공을 세운 명장 姜以式이다. 중시조 姜啓庸이 고려 원종 때에 진산(晉州) 부원군에 봉해지자 후손들이 진주를 관향으로 삼았다. 중시조의 9세 문의현령 姜希明이 세조조에 처가인 전의이씨 세거지인 흥덕구 강서2동 화계마을로 낙향하여 정착한 이래 현재에 이르고 있다.

2) 郭〈玄風〉

시조는 고려조에 전리상서를 역임한 郭基正이다. 그가 苞山(玄風)伯에 봉해지자 후손들이 현풍을 관향으로 삼았다. 군자감 봉사를 역임한 15세 郭之岬가 상주로부터 이주하여 정착한 이래 현재에 이르고 있다.

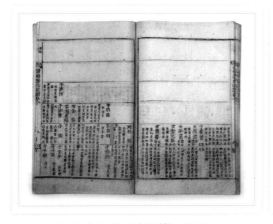

그림 5. 진주강씨 족보에 기재된 입향조 강희명

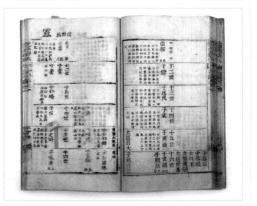

그림 6. 포산(현풍)곽씨 족보에 기재된 입향조 곽지두

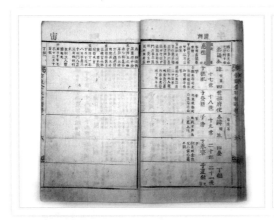
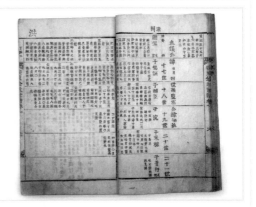

그림 7. 안동김씨 족보에 기재된 입향조 김응생 · 계생

3) 金〈新安東〉

시조는 고려의 개국공신으로 태사를 역임한 金宣平이다. 그가 고창(安東)군에 봉해지자 후손들이 안동을 관향으로 삼았다. 선조조에 16세 金應生과 金繼生 형제가 청주시 강서(지동)동으로 이주하여 정착한 이래 현재에 이르고 있다.

4) 金〈義城〉

시조는 敬順王의 아들이며 고려 태조의 외손인 金錫으로 의성백에 봉해진 후 의성을 관향으로 삼았다. 10세인 馬島管軍 千戶를 역임한 金澹이 1400년대 전반에 청주시 상당

그림 8. 의성김씨 족보에 기재된 김담

구 문의면 등동리에 이주하여 정착한 이래 현재에 이르고 있다.

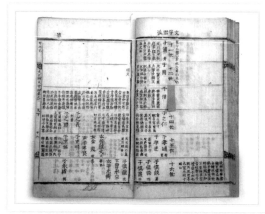
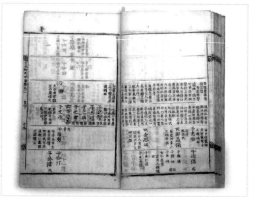

그림 9. 문화류씨 족보에 기재된 입향조 류소

5) 柳〈文化〉

시조는 고려 개국공신 柳車達이다. 조선 태조조에 이조판서를 지낸 13세 柳沼[16]가 만년에 벼슬에서 물러나 흥덕구 옥산면 수락리로 이주하여 정착한 이래 현재에 이르고 있다.

6) 閔〈驪興〉

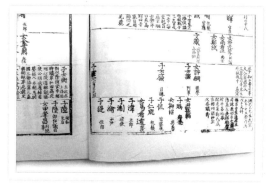

그림 9-1. 안동김씨 족보에 기재된 류소

시조는 고려 때 상의국 봉어를 역임한 閔偁道이다. 그가 여흥(驪州)에 정착하면서 후손들이 여흥을 관향으로 삼았다. 18세 閔汝漑가 병자호란(1636)이 일어난 이듬해 청원구 내수읍 선바위로 이주하여 정착한 이래 현재에 이르고 있다.

---

16) 류소의 부인은 判事를 역임한 안동김씨 士謙의 女이다. 사겸의 동생 사렴은 조선 개국에 참여하지 않고 청원구 오창읍으로 낙향한 인물이고, 막내동생 사형은 조선 개국에 참여하여 대종조에 좌의정을 역임한 士衡이다. 사형의 5대손 현감 金湄가 1540년경(중종 때) 강내 궁현으로 낙향하는 것으로 보아 안동김씨와 청주목과는 연관이 있는 곳으로 추정된다. 그러므로 류소가 처가인 청주목지역으로 낙향장소를 선택한 것으로 볼 수 있다.

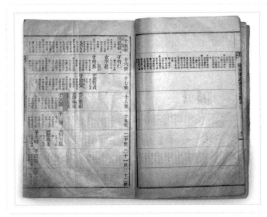 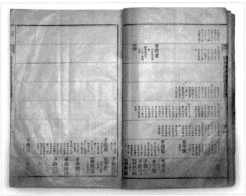

그림 10. 여흥민씨 족보에 기재된 입향조 민여개

7) 朴〈順天〉

시조는 고려의 개국공신 朴英規이며, 중시조는 대제학 朴淑貞이다. 5세 朴彭年이 사육신 사건으로 동생 朴引年과 함께 화를 입었을 때, 박인년의 손자가 전라도 진도로 피신을 하였다. 그 후 박인년의 4대손인 朴宜倫이 1500년대 초에 전라도에서 청주시 강서(외북)동으로 이주하여 정착한 이래 현재에 이르고 있다.

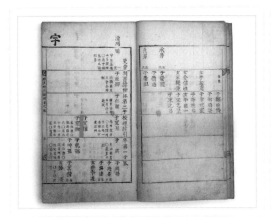 

그림 11. 순천박씨 족보에 기재된 입향조 박의륜   그림 12. 하음봉씨 족보에 기재된 입향조 봉상순

8) 奉〈河陰〉

시조는 고려 인종조에 위위시경을 지낸 奉佑이다. 그가 하음백에 봉해지자 후손들이

하음을 관향으로 삼았다. 4세 진사 奉尙順이 300여년 전에 청원구 북이면 대율리로 이주하여 정착한 이래 현재에 이르고 있다.

9) 徐〈利川〉

시조는 신라의 아간 神逸이며, 모든 서씨의 도시조이다. 그는 箕子의 40대손인 箕準의 후손이며, 箕子朝鮮의 마지막 왕인 기준이 9세기 중엽에 衛滿에게 쫓겨 서아성(利川)에 정착하게 되자 후손들이 이천을 관향으로 삼았다. 조선 태종조에 좌명공신으로 정승을 역임한 11세 徐愈기 청주 문중의 중시조이다. 18세 충좌위사과 徐守가 경주에서 서원구 남이로 이주하여 정착한 이래 현재에 이르고 있다.

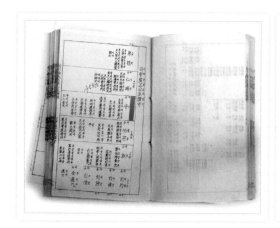

그림 13. 이천서씨 족보에 기재된 입향조 서수   그림 14. 아주신씨 족보에 기재된 입향조 신간

10) 申〈鵝州〉

시조는 장절공 申崇謙의 12세손으로 金紫光祿大夫 門下侍郎을 역임한 申益休이다. 그가 鵝州軍에 봉해지자 후손들이 아주를 관향으로 삼았다. 상의원 직장을 역임한 12세 申幹이 1500년대 초에 경상도에서 상당구 낭성면 문박리로 이주하여 정착한 이래 현재에 이르고 있다.

11) 申〈平山〉

시조는 고려의 개국공신인 장절공 申崇謙이다. 태봉의 騎將으로 배현경·홍유·복지겸 등과 협력하여 弓裔을 폐하고 王建을 추대하여 고려 개국의 대업을 이루었으며, 태조

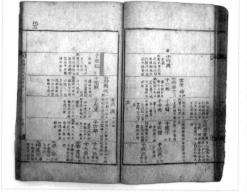

그림 15. 평산신씨 족보에 기재된 입향조 신자승　　　　그림 16. 함양여씨 족보에 기재된 입향조 여종모

10(927)년에 대구 공산에서 甄萱의 군대에게 포위된 태조를 구출하고 전사하였다. 17세 사헌부 집의 申自崇이 중종조에 청주시 방축(서촌)으로 이주하여 정착한 이래 현재에 이르고 있다.

12) 呂〈咸陽〉

시조는 고려 때 공조전서를 역임한 呂御梅이다. 10세로 조선 태종조에 평조판서를 역임한 靖平公 呂稱의 손자인 呂宗貌가 홍덕구 오송읍으로 이주하여 정착한 이래 현재에 이르고 있다.

13) 王〈開城〉

시조는 고려 태조 王建이다. 17세로 임진왜란 때 의병장이었던 王玉이 경기도 용인에서 상당구 남일면 문주리로 이주하고 손자인 王潛이 1600년대에 홍덕구 강내면 사인리로 이주하여 정착한 이래 현재에 이르고 있다.

14) 李〈韓山〉

시조는 고려 숙종조에 권지호장을 역임한 李允卿이다. 중시조인 李穀의 아들 목은 李穡이 한산부원군에 봉해지자 후손들이 한산을 관향으로 삼았다. 목은의 직계 후손인 광목공파의 李湊・李濤 형제가 대대로 서울에 거주하다가 집안에 슬픈 일(家感)이 생기는 통에 선조 9년(1576) 가족을 거느리고 漢城에서 청주의 북쪽 수름재로 이주하여 정착한 이

그림 17. 개성왕씨 족보에 기재된 입향조 왕잠

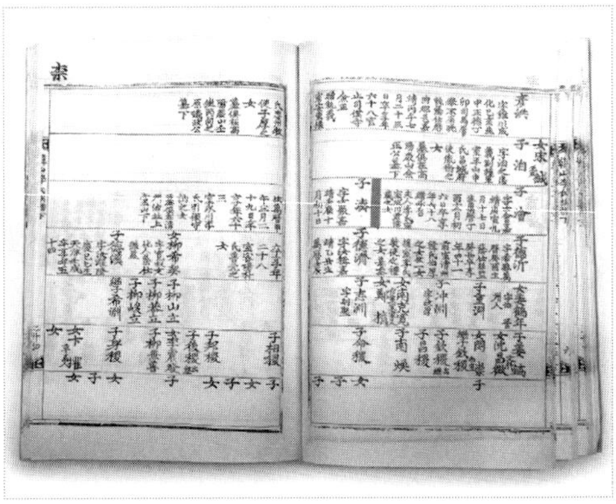

그림 18. 한산이씨 족보에 기재된 입향조 이주 · 이도

래 현재에 이르고 있다.

15) 鄭〈河東〉

조선 중종 때 충의위 부사직을 역임한 鄭光業이 홍덕구 옥산면 덕촌으로 이주하여 정착한 이래 현재에 이르고 있다.

16) 池〈忠州〉

시조는 고려 광종 11년(960)에 중국의 태학사로 고려에 사신을 왔다가 귀화한 池鏡이다. 일설에 辛鏡(영산 신씨 시조)과 郭鏡(현풍 곽씨 시조) 등의 팔경(八學士)과 함께 고려에 왔다고

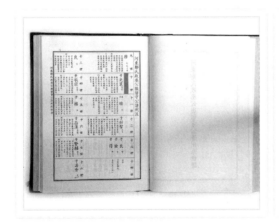

그림 19. 하동정씨 족보에 기재된 입향조 정광업

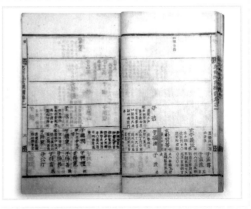

그림 20. 충주지씨 족보에 기재된 입향조 지계한

도 하나, 東來한 연대가 다소 다르다. 20세 보령현감 池繼漢이 조선 성종 5년(1474)경에 상당구 남일면 은행리로 이주하여 정착한 이래 현재에 이르고 있다.

17) 河〈晉州〉

시조는 고려 때 사직을 역임한 河珍이다. 11세로 고려 말에 충청도 안렴사를 역임한 河自宗의 5형제 중 막내인 현감 河溥가 조선 세조조에 흥덕구 강내면 석화리로 이주하여 정착한 이래 현재에 이르고 있다.

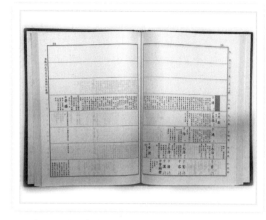

그림 21. 진주하씨 족보에 기재된 입향조 하부

3. 隱居 門中

은거문중은 5문중으로 조선 개국에 불참하거나 광해군의 폭정을 피해 은거하는 경우이다. 안동권씨·강릉김씨·안동김씨·진주류씨·영산신씨 문중이 이에 해당된다. 이 문중들의 은거 연원은 다음과 같다.

1) 權〈安東〉

시조는 고려 개국공신으로 태사를 지낸 權幸이다. 그는 본래 신라의 종성인 경주 金閼

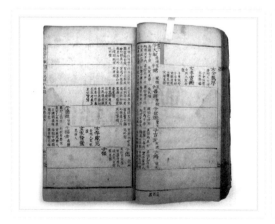

그림 22. 안동권씨 족보에 기재된 입향조 권필중·경중

그림 22-1. 안정라씨 족보에 기재된 권필중의 조부 권상

智의 후예였으나, 고려 태조조에 賜姓되고 안동부를 식읍으로 받자 안동을 관향으로 삼았다. 23세 의금부 도사 權必中이 광해군의 폭정이 극심해지자 아우인 현감 權景中과 더불어 1600년대에 흥덕구 옥산면 환희리에 이주하여 정착한 이래 현재에 이르고 있다.

2) 金〈江陵〉

시조는 金閼智의 21세이며 태종 무열왕의 5대손인 金周元이다. 그가 신라 원성왕조에 명주(江陵)의 군왕으로 봉해지자 후손들이 강릉을 관향으로 삼았다. 목은 李穡과 동문 수학한 金從革이 조선 개국 후에 한성판윤에 제수되었으나 취임하지 않고 상당구 문의로 이주하여 정착한 이래 현재에 이르고 있다.

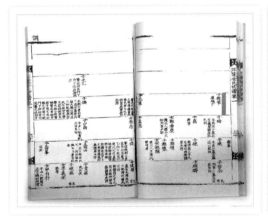

그림 23. 강릉김씨 족보에 기재된 입향조 김종혁   그림 24. 안동김씨 족보에 기재된 입향조 김사렴

3) 金〈舊安東〉

시조는 신라 경순왕의 넷째 아들인 金殷說의 둘째 아들 金叔承이며, 중시조는 고려 원종조에 문하시중을 역임한 김방경이다. 고려 말에 안렴사를 역임한 金士廉이 조선 개국에 참여하지 않고 청원구 오창으로 이주하여 정착한 이래 현재에 이르고 있다.

4) 柳〈晉州〉

시조는 고려 金紫光祿大夫·中書令·上將軍을 역임한 柳挺이다. 그가 진강(진주) 부원군에 봉해지자 후손들이 진주를 관향으로 삼았다. 조선 세조조에 좌익원종공신인 10세 柳宗植이 벼슬에서 물러나 서원구 현도면 노산리로 이주하여 정착한 이래 현재에 이르고

5) 辛〈靈山〉

시조는 고려 고종조에 문하시랑 평장사를 역임한 신경이다. 그의 선대는 唐나라 사람으로 신라 경덕왕조에 귀화해 왔으나, 그 뒤 신경이 다시 중국에 와서 시조가 되었다고 한다. 20세 辛景良이 광해군의 폭정으로 관직에 뜻을 두지 않고 증평군 증평읍 덕상리로 낙향한 후에 상당구 문의면 산덕리로 이주하여 정착한 이래 현재에 이르고 있다.

그림 25. 진주류씨 족보에 기재된 입향조 류종식

4. 避難 門中

조선시대 전기에 일어난 왕자의 난[17]을 비롯하여 단종의 복위[18]나 史禍에 연루된 문중[19] 그리고 임진왜란[20] 및 인조반정[21]과 관련하여 피난한 문중들이다. 청풍김씨 · 의령남씨 · 교하노씨 · 장흥마씨 · 밀양박씨 · 상주박씨 · 초계변씨 · 고령신씨 · 보성오씨 · 경주이씨 · 신평이씨 · 경주이씨 · 풍천임씨 · 동래정씨 · 창녕조씨 · 한양조씨 등 16문중이 이에 해당하며 피난 연원은 다음과 같다.

1) 金〈淸風〉

시조는 신라 金閼智의 후예이며 마의태자의 13대손인 金大猷이다. 그가 고려 말에 문하시중을 역임하고 청성(淸風) 부원군에 봉해지자 후손들이 청풍을 관향으로 삼았다. 10세 金潤이 선대가 연산군조의 사화에 연루되자 진외가인 전의 이씨의 세거지인 청원구 오창

---

17) 의령남씨가 이에 해당된다.
18) 신평이씨, 전주이씨가 여기에 해당된다.
19) 청풍김씨, 상주박씨, 고령신씨, 동래정씨, 한양조씨, 경주이씨가 여기에 해당된다.
20) 장흥마씨, 창녕조씨가 여기에 해당된다.
21) 풍천임씨가 여기에 해당된다.

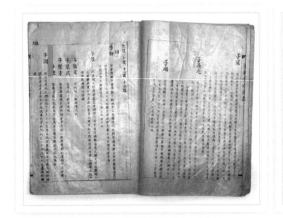 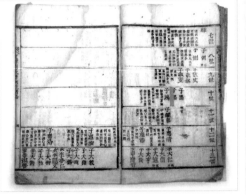

그림 26. 청풍김씨 족보에 기재된 입향조 김윤   그림 27. 의령남씨 족보에 기재된 입향조 남홍

으로 이주하여 정착한 이래 현재에 이르고 있다.

2) 南〈宜寧〉

시조는 중국 연암에서 신라로 귀화하여 남씨로 사성된 南敏이다. 시조의 둘째 아들로 고려 때 추밀원 부사로 역임한 南君甫가 의령에 貫籍하여 중시조가 되었다. 5세 南誾은 조선의 개국 공신으로 의성부원군에 봉해지고 판서사겸 의흥삼군부 도총세를 역임하였다. 그가 1차 왕자의 난에 화를 입자 배위(부인)인 정경부인 강릉김씨가 손자인 南暉을 안고 진천으로 도피하였다. 그 후 10세 南鴻이 1540년 경에 진천에서 청주 봉명동으로 이주하여 정착하면서 현재에 이르고 있다.

3) 盧〈交河〉

시조는 당의 한림학사를 역임한 盧穗의 둘째 아들 盧塢이다. 그가 신라로 귀화한 후 교하백에 봉해지자 후손들이 교하를 관향으로 삼았다. 중시조는 11세의 경원군 盧볼이며, 경원군파 계열의 15세 司果 盧有謹[22]이 계유정난(1453) 후에 상당구 남일면 가산리 원골로 이주하여 정착하면서 현재에 이르고 있다.

---

22) 노유군의 부인은 張思義의 女이다. 장사의의 아버지는 副詞直을 역임한 興이고, 할아버지는 郡守를 역임한 德生으로 청주목 입향조이다.

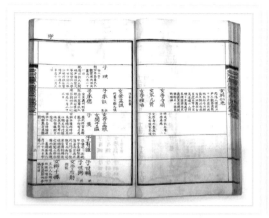

그림 28. 교하노씨 족보에 기재된 입향조 노유근   인동장씨 족보에 기재된 노유근

4) 馬〈長興〉

시조는 고려 문종조에 개성윤을 지낸 馬赫仁이며, 중시조는 조선 태종조에 좌명공신으로 장흥부원군에 봉해진 馬天牧이다. 17세 馬熙慶이 선조 25년(1592) 임진왜란 때 전라도 장흥에서 청주시 청원구 외평(금천)동으로 이주하여 정착한 이래 현재에 이르고 있다.

그림 29. 장흥마씨 족보에 기재된 입향조 마희경

5) 朴〈密陽〉

시조는 朴赫居世이며, 경명왕의 제1왕자인 朴彦忱이 밀성대군에 봉해지자 후손들이 밀양을 관향으로 삼았다. 중시조는 고려 때 사헌부 규정을 역임한 朴鉉이며, 그의 후손 10세 朴薰이 동부승지를 지내다 기묘사화(1519)에 연루되어 15년간의 유배생활을 마친 중종 28년(1533)에 흥덕구 오송읍 연제리 외가[23]로 이주하여 정착한 이래 현재에 이르고 있다.

---

23) 박훈의 아버지는 增榮이고, 어머니는 죽산박씨로 縣監을 역임한 英達의 女이다.

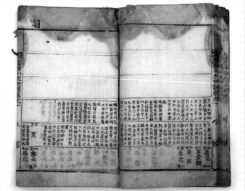

그림 30. 밀양박씨 족보에 기재된 입향조 박훈

6) 朴〈尙州〉

시조는 沙伐國王이며, 중시조는 고려시대 덕천창부사를 역임하고 상산부원군에 봉해진 박견(朴甄)이다. 사간원 사간을 역임한 朴光佑가 을사사화(1545)에 연루되자, 형인 朴光輔가 모친을 모시고 처가인 함양여씨[24] 세거진인 홍덕구 오송으로 이주하여 정착한 이래 현재에 이르고 있다.

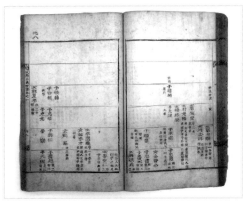

그림 31. 상주박씨 족보에 기재된 입향조 박광보   함양여씨 족보에 기재된 박광보

---

24) 박광보의 부인은 呂貞輔의 女이다. 여정보의 아버지는 察訪을 역임한 宗貌로 청주목 입향조이다. 또한
      여정보의 증조할아버지는 태종조에 개성유수 및 형조판서(1412년)을 역임하고 靖平君으로 추증된 偁이다.

7) 卞〈草溪〉

시조는 고려 성종조에 문하시중을 지낸 卞庭實이며, 그가 팔계(草溪)군에 봉해지자 후손들이 초계를 관향으로 삼았다. 중시조는 조선 태종조에 직제학을 역임한 卞孝文이며, 13세 장예원 판결사 卞忠男이 1500년대 전반 경에 역병을 피해 충청도 직산에서 처가[25]인 청원구 내수읍 비상리로 이주하여 정착한 이래 현재에 이르고 있다.

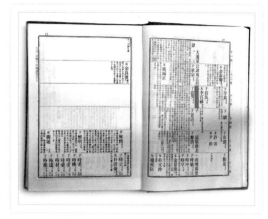

그림 32. 초계변씨 족보에 기재된 입향조 변충남

8) 申〈高靈〉

시조는 고려 때 군기감 검교를 역임한 申成用이며, 중시조는 보한재 申叔舟의 일곱째 아들인 영성군 申泂이다. 중시조의 맏아들인 申光潤이 갑자사화(1504)에 연좌되어 고초를 받고 중종반정으로 풀려난 다음 중종 5년(1510)경에 청원구 북이면 용계리 모애로 낙향하였으나, 중종 2년(1537)에 맏아들 申激가 이곳에서 사망하자 중종 35년(1540)에 처가인 충주지씨[26] 세거지 인근지역인 상당구 낭성면 관정리로 이주하여 정착한 이래 현재에 이르고 있다.

9) 吳〈寶城〉

시조는 고려 때 吳賢弼이며, 그가 보성군에 봉해지자 후손들이 보성을 관향으로 삼았다. 9세 吳叔소이 조선 태종 말엽에 왜구를 피하여[27] 청주시 서원구 현도면으로 이주하여 정착한 이래 현재에 이르고 있다.

---

25) 변충남은 두명의 부인이 있다. 첫째 부인은 영산신씨이고, 두 번째 부인이 파평윤씨 尹宣左의 딸이다. 변충남의 묘소가 장인인 윤선좌의 묘소 아래에 위치하고 있는 것으로 보아 처가의 재산 상속을 한 것으로 보인다.

26) 신광윤의 부인은 池浚의 女 이다. 지준의 아버지는 保寧縣監을 역임한 繼漢으로 청주목(현 남일면 은행리) 입향조이다. 또한 지준의 장인은 영의정을 역임한 尹弼商이다.

27) 청원군지편찬위원회, 2006, 『청원군지』하, 697쪽.

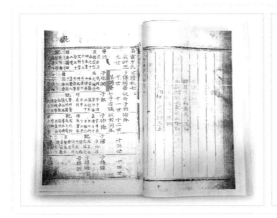
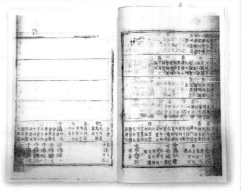

그림 33. 고령신씨 족보에 기재된 입향조 신광윤

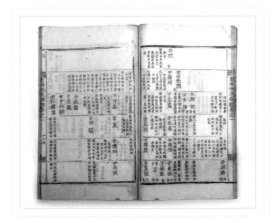
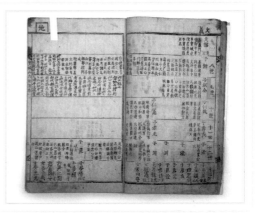

충주지씨 족보에 기재된 신광윤 　　　　　그림 34. 보성오씨 족보에 기재된 입향조 오숙동

10) 李〈慶州〉

시조는 신라의 李謁平, 중시조는 신라말의 李居明이다. 경주이씨 청주 입향조는 李公
麟이다. 이공린은 고려 때 名賢인 益齋 李齊賢의 7세손으로 朴彭年의 사위이다. 조선 세
조 2년(1456)에 일어난 사육신 사건으로 인하여 30여년간 관직에 나갈 수 없었다. 성종 13
년(1482)에 어머니인 남양홍씨가 節婦로 봉해지면서 그 자제들을 관직에 등용하라는 왕명
에 따라 창평현령을 지냈다. 그 뒤 연산군 4년(1498) 戊午士禍・연산군 10년(1504) 甲子士禍
에 셋째아들인 李黿이 참형되고, 7명의 다른 아들들도 연루되자 외가인 청주시 상당구 미
원면 가양리에 정착한 이래 현재에 이르고 있다.

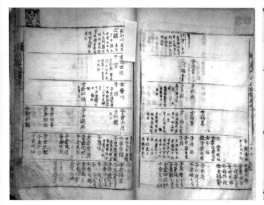

그림 35. 경주이씨 족보에 기재된 입향조 이공린

11) 李〈新平〉

시조는 고려 때 문하시랑 평장사를 역임한 李德明이다. 10세로 朴彭年의 외삼촌인 李胖이 사육신 사건에 연루되어 상당구 가덕면 문주리로 이주하여 정착한 이래 현재에 이르고 있다.

12) 李〈全州〉

시조는 신라에서 사공을 지낸 李翰이다. 조선 태조 이성계는 시조의 22세이나, 이성계의 목조 李安社·翼祖李行里·度祖 李椿·桓祖 李子春 이외의 사적은 전해지지 않는다.

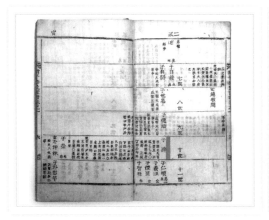

그림 36. 신평이씨 족보에 기재된 입향조 이반

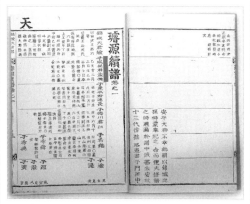

그림 37. 전주이씨 족보에 기재된 입향조 이맹한

세종의 아들인 금성대군 李瑜가 단종 복위사건에 연루되어 화를 당하자 부인인 전주 최씨가 어린 아들인 李孟漢을 데리고 친정인 청원구 북이면으로 이주하여 정착한 이래 현재에 이르고 있다.

13) 任〈豊川〉

시조는 중국 소흥부 자계현 출신인 任溫이다. 그가 고려에 들어와 황해도 풍천에 사적되면서 후손들이 풍천을 관향으로 삼았다. 조선 광해군조에 監役官을 역임한 17세 任之後가 인조반정 후에 진외가 청주 한씨의 세거지인 대머리로 이주하였다가 다시 청원구 북이면 영하리로 이주한 이래 현재에 이르고 있다.

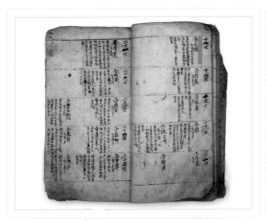 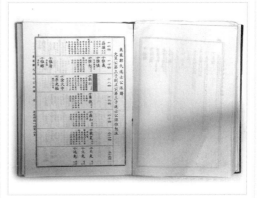

그림 38. 풍천임씨 족보에 기재된 입향조 임지후　　　그림 39. 동래정씨 족보에 기재된 입향조 정신연

14) 鄭〈東萊〉

시조는 고려 때 호장을 지낸 鄭繪文이다. 직제학공파의 파조인 鄭賜의 아들 鄭蘭宗이 중흥조이다. 중흥조의 아들인 영의정 鄭光弼의 손자가 중종조의 기묘사화(1519)에 역적으로 몰려 죽자, 증손자인 鄭新衍이 상당구 남일면 가산리로 이주하여 정착한 이래 현재에 이르고 있다.

15) 曺〈昌寧〉

시조는 신라 진평왕의 사위로 창성(창녕) 부원군에 봉해진 曺繼龍이며, 중시조는 그의 5대손이자 고려 태조의 부마인 曺謙이다. 30세 전역부위 曺信立이 임진왜란(1592)에 상당

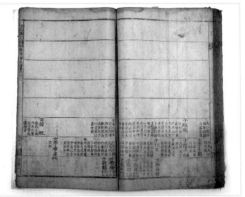

그림 40. 창녕조씨 족보에 기재된 입향조 조신립

구 낭성으로 이주하여 정착한 이래 현재에 이르고 있다.

16) 趙〈漢陽〉

시조는 고려조에 僉議中書事를 지낸 趙之壽이다. 7세인 이조참의 趙順生이 단종 복위 사건에 연루되어 화를 당하자 아들인 병조정랑 趙銘이 충청도 목천으로 이주하였다. 그 후 11세인 충좌위부사과 趙承胤이 기묘사화(1519) 후에 목천에서 외가[28]인 흥덕구 강내면 연정리로 이주하여 정착한 이래 현재에 이르고 있다.

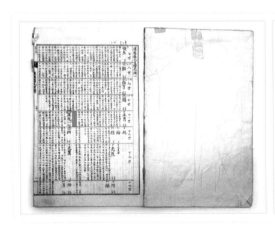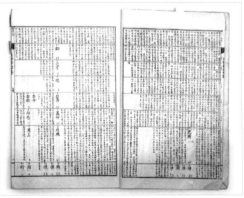

그림 41. 한양조씨 족보에 기재된 입향조 조승윤

---

28) 외할아버지 柳岸秀는 문화류씨로 두 딸(조승윤 부 趙璲 부인 및 金循 부인) 만이 있어 조승윤이 외손봉사를 한 것 같다.

5. 財産相續 門中

오늘날 제사는 으레 큰아들이 지내는 것으로 되어 있지만, 지금으로부터 300년 전만 하더라도 제사는 큰아들의 전유물이 아니었다. 奉祀者에 대한 재산은 법에 따라 衆子女 몫의 5분의 1이 책정되어 봉사자에 한해 지급되었다. 이때 봉사자가 꼭 큰아들 혹은 남자일 필요가 없다. 즉 딸이나 外孫도 봉사자가 될 수 있기 때문이다.[29] 예학이 발달한 조선후기의 경우 제사를 지내는 큰아들이 1/2의 재산을 상속 받았다. 그러나 조선 전기의 경우 고려시대와 마찬가지로 남·녀가 균등하게 재산 상속을 받았기 때문에 妻家나 外家에서 상속받은 재산을 지키기 위해 이주하는 경우가 있다. 재산상속과 관련 있는 문중은 은진송씨·전의이씨·경주최씨·동주최씨·전주최씨·남양홍씨 등 6문중으로 그 연원을 살펴보면 다음과 같다.

1) 宋〈恩津〉

시조는 고려 때 판원사를 역임한 宋大原이다. 그가 은진군에 봉해지자 후손들이 은진을 관향으로 삼았다. 10세 참봉 宋世良이 현풍 곽씨와 서산 정씨 등과 함께 중종조에 회덕에서 처가 문화 유씨[30]의 세거지인 상당구 남일면 화당리로 외손봉사[31]를 위해 분가하여 정착한 이래 현재에 이르고 있다.

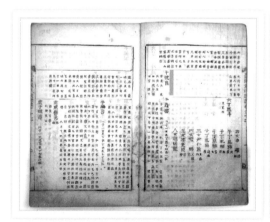 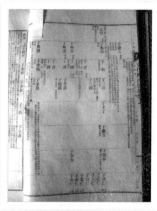

그림 42. 은진송씨 족보에 기재된 입향조 송세량 　　　　문화류씨 족보에 기재된 송세량

---

29) 한국고문서학회 엮음, 1996, 「조선시대 생활사」, 역사비평사, 102~104쪽.
30) 송세량의 부인은 문화류씨로 司直을 역임한 柳承陽의 女이다. 송세량의 高孫子가 우암 宋時烈이다.
31) 류승량은 1남 1녀를 두었는데, 아들이 일찍 죽자 사위인 송세량 집안에서 현재까지도 류승량과 그의 아들에 대해 外孫奉祀를 하고 있다.

그림 43. 은진송씨 문중에서 수호하는 류승량묘소   류승량 외손봉사 축문

2) 李〈全義〉

시조는 고려의 개국공신 李棹이다. 그가 고려개국에 공을 세워 전산(전의)후에 봉해 지자 후손들이 전의를 관향으로 삼았다. 시조의 10세 영암군수 李士惠가 세종조에 안렴 사를 역임한 金士廉의 손녀[32]와 혼인하고 처가인 안동 김씨 세거진인 청주 오근촌에 이 주하여 정착한 이래 현재에 이르고 있다.

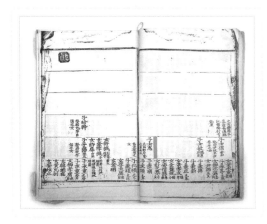
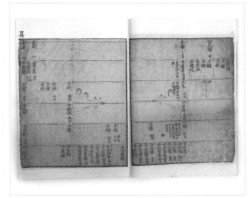

그림 44. 전의이씨 족보에 기재된 이사혜   안동김씨 족보에 기재된 이사혜

---

32) 이사혜의 부인은 節度使를 역임한 金澗의 女이다. 김제의 아버지는 고려말에 안렴사를 역임한 김사렴으로 청주목 입향조이다. 김사렴은 고려말 안렴사를 역임한 인물로 조선이 개국되자 不事二君을 표방하며, 청원구 오창읍으로 은거한 인물이다.

3) 崔〈慶州〉

시조는 신라의 석학 문창후 崔致遠이다. 20세로 병자호란 때에 창의사를 지낸 崔慶淵이 처가인 진주 강씨의 세거지인 상당구 문의면 구룡리로 이주하여 정착한 이래 현재에 이르고 있다.

4) 崔〈東州〉

시조는 고려의 개국공신 崔俊邕이다. 고려 예종조에 십현전 대학사를 지낸 崔惟淸 때부터 가문이 번창하기 시작하여 10세 崔瑩은 고려 말기의 명장으로 널리 알려져 있다. 18세손 崔一明이 충청도 비인에서 처가인 상당구 문의로 이주한 후, 그의 증손 崔挺遠이 청원구 내수읍 입상리로 이거하여 정착한 이래 현재에 이르고 있다.

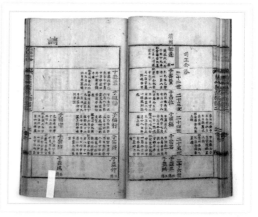

그림 45. 동주(철원)최씨 족보에 기재된 입향조 최정원

5) 崔〈全州〉

시조는 고려 때 중서시랑 평장사를 역임한 문령공 崔舜爵이다. 고려 때 선부전서를 역

그림 46. 전주최씨 족보에 기재된 입향조 최득평

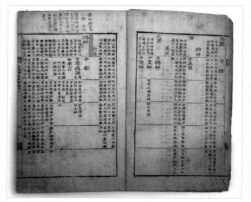

청주곽씨 족보에 기재된 최득평

임한 6세 崔得枰이 처가인 청주 곽씨[33])의 세거지인 청원구 북이면 대율리로 이주하여 정착한 이래 현재에 이르고 있다.

6) 洪〈南陽〉

시조는 고려의 개국공신으로 삼중대광태사를 역임한 洪殷悅이며, 중시조는 13세인 익산군 洪云遂이다. 18세인 금천현감 洪士淳이 1500년대에 처가인 전의 이씨의 세거진인 청원구 오창면 주성리로 이주하였고, 손자인 洪瀋가 미원면 너더리로 정착한 이래 현재에 이르고 있다.

6. 봉분 수호 門中

조상의 분묘를 수호하기 위하여 이주하는 경우이다. 안정라씨 · 여산송씨 · 연안이씨 문중이 이에 해당되며, 그 연원을 살펴보면 다음과 같다.

1) 羅〈安定〉

시조는 고려말에 문하시중 평장사를 역임한 羅天瑞이다. 공민왕 19년(1370)에 동녕부

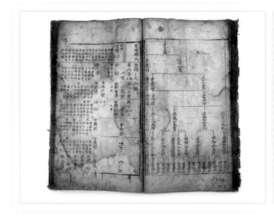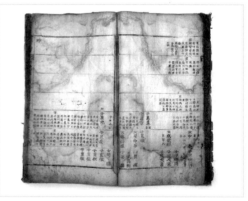

그림 47. 안정라씨 족보에 기재된 입향조 라운걸

---

33) 최득평의 부인은 郭豫의 女이다. 곽예는 고려 충렬왕때 지밀직사사 감찰대부를 역임하였으며, 문장과 글씨가 뛰어났다. 곽예의 분묘는 최근까지 대율리에 있다가 분묘일대가 국토개발지구로 지정되어 1975년 3월 청주시 상당구 명암동으로 이장하였다.

를 평정한 공로로 안천(안정)군에 봉해지자 후손들이 안정을 관향으로 삼았다. 5세 양산군수 羅裕善의 배위(부인)인 파평 윤씨(父 尹炯)가 친정어머니인 청주곽씨(父 郭恂)로부터 상속받은 청원구 북이면 선암리에 묻히자, 성종조에 라유선의 삼형제 중 막내인 경흥부사 羅嗣宗의 아들 羅云傑[34]이 할머니의 묘역을 수호하기 위해 대전광역시 대덕구 신탄진에서 청원구 내수읍 비중리로 이주하여 정착한 이래 현재에 이르고 있다.

2) 宋〈礪山〉

시조는 고려 때 진사 宋惟翊이다. 그의 증손 宋松禮가 여량(礪山) 부원군에 봉해지자 후손들이 여산을 관향으로 삼았다. 임진왜란에 동래부사로 순절한 16세 천곡 宋象賢의 유택지를 선조의 특명[35]으로 청주시 수의동에 잡으면서 천곡의 아들 정언 宋仁及과 진사 宋孝及 이 이주하여 정착한 이래 현재에 이르고 있다.

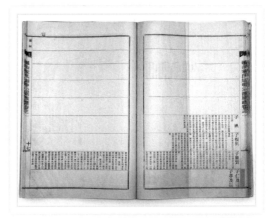

그림 48. 여산송씨 족보에 기재된 입향조 송인급·효급

3) 李〈延安〉

시조는 당나라 장군 李茂이다. 태종 무열왕 7년(660)에 蘇定方이 백제를 침공할 때 중랑장으로 왔다가 신라에 귀화하여 공을 세우고 황해도 연안백에 봉해지자 후손들이 연안을 관향으로 삼았다. 조선 인조 15년(1637)경에 15세 李祛이 상당구 문의면 후곡에 묻히자, 그의 아들인 황해도 관찰사 李星徵이 아버지의 산소를 수호하기 위해 이주하여 정착한 이래 현재에 이르고 있다.

---

34) 라운걸의 사위는 權常이다. 권상의 손자인 權必中이 광해군때에 청주목으로 낙향하는데, 안정라씨 문중의 영향이 있었던 것으로 추정된다.

35) 여산송씨 집안에 전해오는 이야기에 따르면, 임진왜란이 끝나고 선조의 특명으로 전국 제일의 지관에게 명령하여 송상현의 묘자리를 잡도록 했다고 한다. 그러나 송상현의 배위 성주이씨의 조부 이문건이 괴산에서 활동한 것으로 볼 때, 성주이씨 부인이 친정에서 상속받은 곳에 남편을 안장시켰을 가능성도 있다. 여산송씨 집안에서 전해지는 내용에 따르면 성주이씨 부인이 남편과 아들을 먼저 잃고 손자를 키워 집안을 중흥시킨 할머니라고 알려진 것으로 보면 그 가능성을 뒷받침할 수 있다고 보는데, 추후 정밀 조사가 필요하다.

그림 49. 연안이씨 족보에 기재된 입향조 이성징

III. 門中別 族譜의 板本

청주지역 51문중 소장 족보는 크게 木版本·木活字本·筆寫本·現代活字印刷本 등으로 나누어진다.

목판본은 총 4점으로 대개 1600년대에 제작된 족보들이다. 목활자본은 1500년부터 1946년까지 제작된 것으로 총 28점[36]에 이른다. 필사본은 총 3점으로 17·19·20세기에 각각 제작되었다. 이외에 현대 금속활자를 사용하여 최근에 만들어진 족보가 총 16점으로 1927년부터 2001년까지 제작된 것들이다.

이들을 세부적으로 살펴보면 다음과 같다.(도표1 참조)

족보의 段數의 경우 6단이 기본이고, 5단 이하일 경우 족보 제작 당시 경제적인 여유가 있는 성씨로, 7단 이상일 경우 족보 제작 당시 경제적인 상황이 호전되지 않은 성씨로 볼 수 있다.

51문중 소장 족보의 단수를 살펴보면 5단이 1점,[37] 6단이 32점, 7단이 11점, 8단이 4

---

36) 조사된 족보 중에는 희귀하게도 안동김씨와 강릉김씨 족보의 경우처럼 1500년대에 목활자로 만든 예가 있다.
37) 1900년에 붓을 사용하여 만든 필사본으로 풍천임씨 족보가 여기에 해당된다.

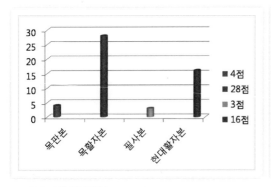

도표 1. 판본별 분류

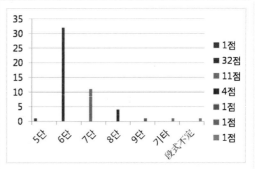

도표 2. 단식별 분류

점, 9단이 1점, 기타 1점,[38] 段式不定 1점[39]이 있다(도표2 참조).

1. 목판본

조사된 51문중의 족보 중 목판본은 4성씨로 전체의 8%에 해당한다. 4문중은 청주한씨·전의이씨·한산이씨·의성김씨의 족보로 모두 1600년대에 만들어진 특징이 있다. 특히 청주한씨 족보의 경우 청주목 菩薩寺에서 목판으로 인쇄되었다.

광곽의 경우 1634년에 제작된 전의이씨 족보만 사주단변이고, 1617년에 제작된 청주한씨·1643년에 제작된 한산이씨·1656년에 제작된 의성김씨 족보의 경우 사주쌍변의 형태를 취하고 있다. 계선의 경우 4문중 족보에 모두 있다. 단수는 전의이씨·의성김씨의 족보는 6단이고, 청주한씨·한산이씨의 족보는 7단이다. 판구와 어미는 전의이씨·한산이씨·의성김씨 족보의 경우 上下白口이고 上下內向2葉花紋魚尾인데 비하여, 청주한씨 족보의 경우 上下白口구이고 上下內向黑魚尾이다. 이를 〈표 1〉로 정리하면 다음과 같다.

표 1. 청주지역 주요 문중 소장 목판본 족보의 서지사항

연번	족보명	크기(cm)	발행 연도	광곽·반곽(cm)	계선·단수	판구 및 어미	장정	비고
1	義城金氏世譜	33.3×23.8	1656	四周雙邊 24.3×19.5	有界 6段	上下白口 上下內向2葉花紋魚尾	線裝 楮紙	

---

38) 1920년 현대 금속활자를 사용하여 만든 남양홍씨 족보로 단수가 아닌 項數로 되어 있다. 11항으로 구성되어 있다.
39) 1957년 동사(현대 금속활자)로 만든 청풍김씨 족보이다.

2	全義李氏姓譜	35.1×25.0	1634	四周單邊 25.6×20.2	有界 6段	上下白口 上下內向2葉花紋魚尾	線裝 洋紙	全義李氏譜 복사본
3	韓山李氏族譜	34.0×24.5	1643	四周雙邊 27.1×20.3	有界 7段	上下白口 上下內向2葉花紋魚尾	洋裝 洋紙	복사본
4	淸州韓氏世譜	35.9×27.2	1617	四周雙邊 28.2×24.1	有界 7段	上下白口 上下內向黑魚尾	線裝 楮紙	淸州菩薩寺刊

2. 목활자본

조사된 51문중의 족보 중 목활자본은 28성씨로 전체의 55%에 해당하며, 대부분 1500년대부터 1946년 사이에 제작된 족보이다.

조선후기에 禮學이 발달하면서 많은 성씨들이 각 문중별로 활발한 간행사업을 펼쳤다. 특히 영·정조 이후에 발달된 인쇄기술은 중앙정부는 물론 민간에서도 서적을 간행할 정도였다. 이 당시

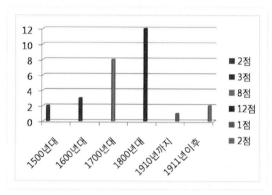

도표 3. 목활자본 연도별 간행 챠트

인쇄기술은 민간에서도 재료를 쉽게 구할 수 있는 나무를 사용한 목활자 인쇄기술이 주류를 이루었다.

28성씨 족보는 1500년대에 2점, 1600년대에 3점, 1700년대에 8점, 1800년대에 12점, 1910년까지 1점, 1911년 이후에 2점이 발간되었다. 이를 챠트로 살펴보면 다음과 같다(도표3 참조).

또한 목활자본 28점의 서지사항을 〈표 2〉로 정리하면 다음과 같다.

표 2. 청주지역 주요 문중 소장 목활자본 족보의 서지사항

연번	족보명	크기(cm)	발행연도	광곽·반곽 (cm)	계선·단수	판구 및 어미	장정	비고
1	晋州姜氏世譜	34.9×23.9	1915	四周單邊 28.1×19.8	有界 6段	上下白口 上下內向3葉花紋魚尾	線裝 楮紙	
2	淸州郭氏世譜	37.1×25.0	1712	四周雙邊 26.2×18.7	有界 6段	上下白口 上下內向3葉花紋魚尾	線裝 楮紙	
3	苞山郭氏合譜	34.9×22.8	1805	四周單邊 26.2×17.9	有界 6段	上下白口 上下內向2葉花紋魚尾	線裝 楮紙	
4	安東權氏小譜	36.0×23.0	1821	四周單邊 29.4×18.0	有界 7段	上下白口 上下內向黑魚尾	線裝 楮紙	

5	江陵金氏世譜	34.5×24.5	1565	四周雙邊 28.4×21.0	有界 6段	上下白口 上下內向2葉花紋魚尾	線裝 楮紙	복사본
6	安東金氏姓譜	38.2×31.1	1580	四周單邊 30.1×25.1	有界 6段	上下白口 上下內向黑魚尾	線裝 楮紙	복사본
7	安東金氏世譜	33.3×21.7	1879	四周單邊 26.5×17.6	有界 6段	上下白口 上下內向花紋魚尾	線裝 楮紙	
8	安定羅氏族譜	37.3×24.0	1797	四周單邊 28.2×19.1	有界 7段	上下白口 上下內向2葉花紋魚尾	線裝 楮紙	安定羅氏世譜
9	宜寧南氏 清州 派譜略	33.5×22.4	1946	四周單邊 26.1×18.4	有界 7段	上下白口 上下內向黑魚尾	線裝 楮紙	
10	晋州柳氏世譜	34.6×23.3	1762	四周單邊 28.0×19.7	有界 7段	上下白口 上下內向2·3葉花紋魚尾	線裝 楮紙	
11	長興馬氏族譜	36.0×22.9	1707	四周單邊 28.5×18.6	有界 6段	上下白口 上下內向3葉花紋魚尾	線裝 楮紙	
12	密陽朴氏世譜	32.0×21.6	1808	四周單邊 24.9×17.5	有界 6段	上下白口 上下向魚尾(不定)	線裝 楮紙	
13	順天朴氏族譜	34.3×21.1	1765	四周單邊 25.8×16.4	有界 6段	上下白口 上下內向2葉花紋魚尾	線裝 楮紙	
14	河陰奉氏族譜	36.2×23.2	1819	四周單邊 26.5×19.1	有界 6段	上下白口 上下內向2葉花紋魚尾	線裝 楮紙	
15	恩津宋氏族譜	37.0×25.1	1887	四周單邊 29.2×20.7	有界 7段	上下白口 上下內向3葉花紋魚尾	線裝 楮紙	
16	高靈申氏世譜	35.5×25.4	1754	四周雙邊 26.7×19.9	有界 6段	上下白口 上下內向2葉花紋黑魚尾	洋裝 洋紙	복사본
17	鵝洲申氏世譜	32.4×21.2	1909	四周單邊 25.4×17.5	有界 6段	上下白口 上下內向魚尾(不定)	線裝 楮紙	
18	平山申氏姓譜	34.7×24.7	1636	四周單邊 27.7×19.6	有界 6段		洋裝 洋紙	복사본
19	咸陽呂氏世譜	35.7×23.5	1858	四周單邊 26.2×18.6	有界 6段	上下白口 上下內向3葉花紋魚尾	線裝 楮紙	
20	寶城吳氏世譜	34.7×22.8	1766	四周雙邊 29.4×18.9	有界 7段	上下白口 上下內向4葉花紋魚尾	線裝 楮紙	
21	慶州李氏世譜	38.0×27.0	1684	四周單邊 30.0×22.4	有界 6段	上下白口 上下內向4葉花紋魚尾	線裝 楮紙	
22	新平李氏世譜	33.7×21.4	1851	四周單邊 27.0×18.0	有界 6段	上下白口 上下內向魚尾(不定)	線裝 楮紙	
23	全州李氏 璿源續譜	29.2×21.0	1864	四周雙邊 25.1×17.9	有界 6段	上下白口 上下內向3葉花紋黑魚尾	線裝 洋紙	璿源續譜 복사본
24	清州李氏世譜	34.9×22.5	1685	四周雙邊 25.7×17.9	有界 6段	上下白口 上下內向2葉花紋魚尾	線裝 楮紙	本記: 丙申夏思菴刻
25	昌寧曺氏族譜	36.1×223.4	1767	四周單邊 30.9×19.9	有界 8段	上下白口 上下向2葉花紋魚尾	線裝 楮紙	昌寧曺氏譜
26	忠州池氏族譜	34.8×22.9	1869	四周單邊 26.5×18.2	有界 6段	上下白口 上下內向八瓣花紋黑魚尾	線裝 楮紙	
27	東州崔氏族譜	33.2×21.8	1827	四周單邊 24.2×16.7	有界 6段	上下白口 上下內向四瓣~六瓣花紋 黑魚尾	線裝 楮紙	
28	全州崔氏 三修 世譜	33.2×22.8	1858	四周單邊 26.0×17.6	有界 6段	上下白口 上下內向四瓣花紋黑魚尾	線裝 楮紙	全州崔氏世譜

3. 필사본

필사본은 붓으로 일일이 서사하여 제작한 족보를 말한다.

조사된 51문중의 족보 중 필사본은 3성씨로 전체의 6%에 해당하며, 1670년에 제작된 청주경씨족보, 1845년에 제작된 문화류씨족보, 1900년에 제작된 풍천임씨 족보가 이에 해당된다. 이 중 청주경씨와 문화류씨의 족보는 목판이나 목활자로 제작하기 전에 필사되었던 것으로 추정된다.

필사본 3점의 서지사항을 〈표 3〉로 정리하면 다음과 같다.

표 3. 청주지역 주요 문중 소장 필사본 족보의 서지사항

연번	족보명	크기(cm)	발행연도	광곽 · 반곽(cm)	계선 · 단수	판구 및 어미	장정	비고
1	淸州慶氏世譜	36.4×25.9	1670	四周單邊 28.4×19.7	有界 7段		線裝 楮紙	複寫本
2	文化柳氏族譜單子	38.5×24.5	1845	四周單邊 28.0×18.5	有界 6段		線裝 楮紙	
3	豊川任氏世系	32.4×19.0	1900	四周單邊 25.9×17.0	有界 5段	魚尾無	線裝 楮紙	

4. 현대 금속활자본

조사된 51문중의 족보 중 현대 금속활자로 제작된 것은 16성씨로 전체의 31%에 해당하며, 1927년부터 2001년 사이에 제작된 족보이다. 이때에 제작된 족보는 주로 납활자 등을 사용하여 만들어진 것이 특징이다.

현대 금속활자본 16점의 서지사항을 〈표 4〉로 정리하면 다음과 같다.

표 4. 청주지역 주요 문중 소장 현대 금속활자본 족보의 서지사항

연번	족보명	크기(cm)	발행연도	광곽 · 반곽(cm)	계선 · 단수	판구 및 어미	장정	비고
1	淸風金氏派譜	27.2×20.4	1957	四周單邊 21.4×15.8	단식 부정	上下白口 上下向黑魚尾	線裝 楮紙	
2	交河盧氏 慶原君派譜	30.2×20.4	1940	四周雙邊 24.0×16.6	有界 6段	上下白口 上下向黑魚尾	線裝 楮紙	
3	驪興閔氏 唐津公派譜	28.5×21.0	1958	四周雙邊 24.2×16.9	有界 8段	上下白口 上下向四辨花紋黑魚尾	線裝 楮紙	
4	尙州朴氏世譜	32.5×21.4	1927	四周雙邊 23.8×16.7	有界 6段	上下白口 上下內向四辨花紋黑魚尾	線裝 楮紙	
5	草溪密陽卞氏 族譜	26.5×18.6	1979	四周雙邊 21.3×14.4	有界 6段		洋裝 洋紙	
6	利川徐氏 良景公派譜	25.2×16.5	1983	四周單邊 22.3×13.4	有界 6段		洋裝 洋紙	
7	礪山宋氏 知申公派族譜	29.6×21.4	1975	四周雙邊 25.3×17.0	有界 9段	上下白口 上下內向黑魚尾	線裝 楮紙	

8	靈山寧越申氏	29.3×20.9	1981	四周雙邊×	有界 6段		洋裝 洋紙
9	開成王氏 直提學公派譜內編	32.0×21.5	1933	四周單邊 24.3×17.2	有界 6段	上下白口 上下向四辨花紋黑魚尾	線裝 楮紙
10	延安李氏 三陟公派譜	27.5×18.9	1968	四周雙邊 21.2×14.9	有界 7段	上下白口 上下向四辨花紋黑魚尾	線裝 洋紙
11	東萊鄭氏 進士公派譜	26.0×19.2	1985	四周雙邊 21.4×15.1	有界 7段		洋裝 洋紙
12	河東鄭氏 政丞公後留守公派世譜	26.5×19.2	1983	四周雙邊 21.0×14.7	有界 6段		洋裝 洋紙
13	漢陽趙氏世譜	29.4×20.0	1971	四周雙邊 24.3×17.0	有界 8段	上下白口 上下內向四辨花紋黑魚尾	線裝 楮紙
14	慶州崔氏 大同譜	27.5×19.0	1963	四周雙邊×	有界 6段	上下白口 上下內向黑魚尾	線裝 楮紙
15	晉陽河氏 司直公后領相公派譜	26.4×19.0	2001	四周雙邊 21.6×15.7	有界 8段		洋裝 洋紙
16	南陽洪氏 益山君派譜	32.0×20.9	1920	四周單邊×	有界 11項		線裝 洋紙

Ⅳ. 맺는말

이상에서 조선시대 청주목과 문의현에 해당하는 청주지역의 51문중의 입향의 연원에 관하여 살펴보았다.

청주지역의 土姓을 제외한 입향 성씨들은 조선시대 전기에 청주지역 전역으로 들어왔으며, 주로 이 지역의 서반부에 해당하는 오창·옥산·강서(강내·오송 포함)·현도·남일 등지로 들어왔다. 이곳은 청주지역 평야의 2/3에 해당하는 곳으로, 이 지역으로 들어온 문중들은 경제적인 면을 입향의 우선 순위로 삼았음을 알 수 있다.

청주지역에 입향한 문중들의 입향 연원은 경제적인 면뿐만 아니라 각종 사화 및 임진 왜란·병자호란 등과 같은 국내·외적 亂離를 피하고자 들어온 문중도 있었다. 드문 경우로는 조상의 墳墓를 수호하기 위하여 들어온 문중도 있었으며, 이들 성씨도 분묘수호에 따른 位土를 기반으로 이 지역에서 경제적인 성장을 거듭하여 주요 문중으로 자리 잡았다.

청주지역 주요 51문중에 소장된 족보를 살펴보면, 목판으로 제작된 것이 4점으로 8%에 해당하고, 목활자로 제작된 것이 28점으로 55%에 해당되며, 필사로 제작된 것이 3점으로 6%에 해당된다. 또한 1911년 이후에 현대의 금속활자로 제작된 것이 16점으로 31%

에 해당된다.

　족보의 제작시기를 살펴보면 목판본은 1600년대에 만들어진데 반하여 목활자본은 1500년대부터 1946년까지 500여년 동안 제작되었음을 알 수 있다. 필사본의 경우 1670년에 제작된 청주경씨, 1845년에 제작된 문화류씨, 1900년에 제작된 풍천임씨 족보가 이에 해당되며, 이 중 청주경씨와 문화류씨의 족보는 목판이나 목활자로 만들기 전에 최종 교열본으로 만들어진 것으로 추정된다. 한편 현대 금속활자본의 경우 1911년 이후 2001년 사이에 제작된 것으로 주로 납활자를 사용하여 만들어졌음을 알 수 있다.

　족보를 제작할 때 段數의 경우 6단이 기본이고, 5단 이하일 경우 족보 제작 당시 경제적인 여유가 있는 성씨로, 7단 이상일 경우 족보 제작 당시 경제적인 상황이 호전되지 않은 성씨로 볼 수 있다. 51문중 소장 족보의 단수를 살펴보면 5단이 1점으로 2%에 해당되고, 6단이 32점으로 63%에 해당되며, 7단이 11점으로 22%, 8단이 4점으로 8%, 9단이 1점으로 2%, 기타 1점으로 2%, 段式不定 1점으로 2%에 해당됨을 알 수 있다. 이렇게 볼 때, 대부분의 족보는 6단을 기본으로 제작되어 각 문중별로 족보를 제작할 당시 어느 정도 경제적인 뒷받침이 되었음을 알 수 있다.

참고문헌

1. 基本史料

『世宗實錄』권149, 地理志(영인본).
『新增東國輿地勝覽』권15, 淸州牧(영인본).
『晋州姜氏世譜』, 1915.
『淸州慶氏世譜』(복사본), 1670.
『淸州郭氏世譜』, 1712.
『苞山郭氏合譜』, 1805.
『安東權氏小譜』, 1821.
『江陵金氏世譜』(복사본), 1565.
『安東金氏姓譜』(복사본), 1580.
『安東金氏世譜』, 1879.
『義城金氏世譜』, 1656.

『淸風金氏派譜』, 1957.

『安定羅氏族譜』, 1797.

『宜寧南氏淸州派譜略』, 1946.

『交河盧氏慶原君派譜』, 1940.

『文化柳氏族譜單子』, 1845.

『晋州柳氏世譜』, 1762.

『長興馬氏族譜』, 1707.

『驪興閔氏唐津公派譜』, 1958.

『密陽朴氏世譜』, 1808.

『尙州朴氏世譜』, 1927.

『順天朴氏族譜』, 1765.

『草契密陽卞氏族譜』, 1979.

『河陰奉氏族譜』, 1819.

『利川徐氏良景公派譜』, 1983.

『礪山宋氏知申公派族譜』, 1975.

『恩津宋氏族譜』, 1887.

『高靈申氏世譜』(복사본), 1754.

『鵝洲申氏世譜』, 1909.

『平山申氏姓譜』(복사본), 1636.

『靈山영월申氏』, 1981.

『咸陽呂氏世譜』, 1858.

『寶城吳氏世譜』, 1766.

『開成王氏直提學公派譜内編』, 1933.

『慶州李氏世譜』, 1684.

『新平李氏世譜』, 1851.

『延安李氏三陟公派譜』, 1968.

『全義李氏姓譜』(복사본), 1634.

『全州李氏璿源續譜』(복사본), 1864.

『淸州李氏世譜』, 1685.

『韓山李氏族譜』(복사본), 1643.

『豊川任氏世系』, 1900.

『東萊鄭氏進士公派譜』, 1985.

『河東鄭氏政丞公後留守公派世譜』, 1983.

『昌寧曺氏族譜』, 1767.

『漢陽趙氏世譜』, 1971.

『忠州池氏族譜』, 1869.

『慶州崔氏族譜』, 1963.

『東州崔氏族譜』, 1827.

『全州崔氏三修世譜』, 1858.

『晉陽河氏司直公后領相公派譜』, 2001.

『淸州韓氏世譜』, 1617.

『南陽洪氏族譜』, 1920.

2. 單行本

이융조, 1983, 『청원 두루봉유적』, 충북대학교박물관.

이재학, 2001, 「조선시대 청주지역의 書院─莘巷書院을 중심으로」, 청주대학교, 교육대학원 논문.

이정우, 1999, 「17~18세기초 淸州地域 士族動向과 書院鄕戰」, 『조선시대사학보』11.

_____, 2001, 「조선전기 湖西士林의 구성과 성격 – 친인척 집단을 중심으로」, 『조선시대 사학보』18.

전용우, 2002, 「16~17세기 충북지역의 사림과 서원」, 『충북학』4.

_____, 1990, 「華陽書院과 萬東廟에 대한 일연구」, 『호서사학』18.

청원군지편찬위원회, 2006, 『청원군지』.

청주문화원, 2012, 『淸州의 뿌리를 찾아서』.

청주시지편찬위원회, 1961, 『淸州誌』.

한국고문서학회 엮음, 1996, 『조선시대 생활사』, 역사비평사.

백두대간 충북 옛 고개에 대한 역사적 고찰

-대동여지도를 중심으로-

조혁연   충북대학교

Ⅰ. 머리말

백두대간[01]은 지정학적으로나 역사적으로 우리 민족에게 가장 큰 영향을 미친 자연적인 요소의 하나다. 남한강과 낙동강, 금강과 낙동강의 수계를 나누고 있고, 인문지리적으로는 영남과 충청, 영남과 호남을 구분하고 있다. 고대 축성된 산성들은 백두대간 동·서 혹은 남·북 사면에 가장 많이 존재하고 있다.

국내 환경·생태 NGO는 일찍이 백두대간의 중요성을 인식하고, 난개발 방지와 보존운동을 지속적으로 펼쳐왔다. 그 결과 2003년 백두대간보호에 관한 법률이 제정되는 등

---

[01] 한때 인문지리적인 개념으로만 여겨졌으나 2003년 제정된 「백두대간 보호에 관한 법률」에서 "백두대간이라 함은 백두산에서 시작하여 금강산·설악산·태백산·소백산을 거쳐 지리산으로 이어지는 큰 산줄기를 말한다"라고 정의했다.

입법화 노력이 결실을 맺은 바 있다. 근래 들어서는 주5일제 정착 등으로 여행동선이 길어지면서 백두대간이 중심이 된 산림문화의 중요성이 날로 커지고 있다.

이처럼 국내 NGO가 백두대간의 사회적 중요성을 입법, 행정, 문화적인 면에 적극 반영하고 있는데 비해, 역사학계는 이를 지리, 생태, 환경 분야, 즉 '비역사 장르'라고 해서 무관심 내지 외면해 온 면이 없지 않다.

특히 충북의 경우 동쪽 道界는 모두 백두대간임에도 불구하고, 지역사 차원의 역사복원 노력은 거의 이뤄지지 않고 있다. 뿐만 아니라 조선시대 각종 지리지는 전근대적인 행정구역 체계인 八道 분류를 쫓아 이른바 '충청도는 충청도 안에서', '경상도는 경상도 안에서'라는 식으로만 기술했다.

그 결과 백두대간을 사이로 이웃하고 있는 충청도와 경상도의 교류사는 거의 다뤄지지 못했다. 대신 도계 밖에는 마치 '역사의 낭떠러지'가 존재하는 것처럼 비춰져 왔다. 그러나 백두대간은 충청과 영남을 지형적으로 단절했지만, 그 嶺路를 통해서는 人과 物의 교류가 늘 있어왔다.

본글에서는 백두대간 충북과 경북 嶺路에 대한 역사 복원을 통해 어떤 인적, 물적 교류가 있었는지 살펴보고자 했다. 주된 자료는 지명과 지도가 동시에 남아 있고, 또 정확도가 가장 앞선다는 평가를 받고 있는 金正浩(?~1866)의 〈대동여지도〉(1864년)를 바탕으로 했다. 이를 기준으로 할 경우 백두대간 충북 구간에는 일반에 대중적으로 알려진 것보다 훨씬 많은 24개의 영로가 존재하고 있다. 이 영로를 통해 人과 物의 교류현상이 있었음은 의심할 여지가 없다. 특히 일부 公路를 제외한 백두대간 영로는 보부상 등 민간인이 많이 이용했다. 이 분야에 대한 연구는 이제 막 초보 단계로 연구 성과물은 그리 많지 않다.[02] 참고로 본글은 전고 「백두대간 충북 옛 고개에 대한 역사적 접근」(2012, 충주대박물관)을 새롭

---

02) 양보경의 「조선시대 백두대간 개념의 형성」(1996) 논문은 국토의 종산 개념의 성립, 백두대간 개념의 형성, 고지도에 투영된 백두대간 인식 등을 다뤘다. 논문은 조선왕조실록, 만기요람, 삼국사기, 고려사절요, 성호사설, 여지도서 내용 중 백두대간에 관한 부분만을 선별적으로 분석했다. 이 논문은 백두대간에 대한 초기 연구서이기는 하나 역사지리적인 접근은 시도하지 않았다.
이도원의 「백두대간 체계 안에 내포된 유역 개념과 문제점」(한국생태학회지, 2003) 논문은 고지도, 고문헌, 경관 등의 내용을 주로 다뤘다. 백두대간에 풍수이론을 접목시킨 것은 씨의 시도가 처음이다.
(사)백두대간진흥회의 『백두대간의 옛길』(2008)는 충북의 고치령, 죽령, 하늘재 등 백두대간 주요 고개를 다뤘다. 그러나 화보, 민담 위주의 내용을 싣는 등 역사지리와는 거리가 멀다. 김재완의 「19세기말 낙동강 유역의 염유통 연구」(1999)는 소금유통 연구에 백두대간을 넘나드는 내용을 일부 다뤘다. 최영준은 『영남대로』(2004)에서 영로와 교통 관계를 집중적으로 다뤘다. 다만 백두대간 나머지 영로는 주목하지 않았다.

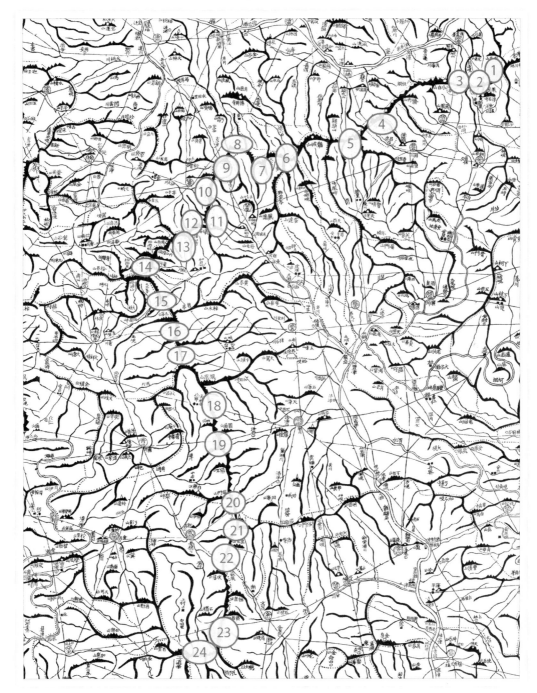

그림 1. 대동여지도 충북-경북구간 전체도

①呂村嶺 ②馬兒嶺 ③串赤嶺(이상 영춘현) ④竹嶺 ⑤故峴(〃단양현) ⑥狐項嶺(충주목) ⑦炭項 ⑧鷄立嶺 ⑨鳥嶺
⑩伊火峴 ⑪伊火南嶺 ⑫周峴 ⑬不寒嶺(〃연풍현) ⑭일명고개1 ⑮일명고개2 ⑯甁項 ⑰일명고개3 ⑱栗峴(〃보은현)
⑲熊峴(〃청산현) ⑳吾道峙 ㉑訥伊項 ㉒秋風嶺 ㉓掛榜嶺 ㉔牛頭嶺(〃황간현)

게 다듬은 것임을 밝혀둔다.

II. 각 고을의 옛 고개 분포

백두대간 충북-경북 구간의 옛 고개는 추풍령, 조령(일명 문경새재), 계립령(하늘재), 죽령 등이 대중적으로 많이 알려져 있다. 계립령과 죽령은 문헌상 우리나라 最古의 고개이고, 추풍령과 조령은 외침이 있을 때마다 석의 주요 통행로가 되는 등 전통시대 역사의 무대에 자주 등장했다.

이 구간의 옛 고개는 조선왕조 후기에 들어와서는 상업·유통경제의 발달과 함께 商路가 개척되면서 이전보다 훨씬 多岐한 모습을 보이기 시작했다. 조선시대 여러 종류의 지도 중 고산자 김정호(?~1866)가 제작한 대동여지도에 이와 관련된 영로문화의 흔적이 비교적 세밀하게 기록돼 있다.

김정호는 대동여지도에서 19세기 후반의 백두대간 충북-경북 구간의 옛 고갯길을 24개 표시했다. 편의상 북에서 남쪽 방향으로 살펴보면, 여촌령-마아령-곳적령-죽령-고현-호항령-탄항-계립령-조령-이화현-이화남령-주현-불한령-일명고개1-일명고개2-중항-율현-일명고개3-오도치-눌이항-추풍령-괘방령-우두령 등의 순서가 된다.

백두대간 능선은 일반의 생각과 달리 충청도와 경상도의 행정적인 경계가 되지 않는 곳이 일부 존재한다. 또 경계가 線이 아닌 面으로 존재했던 사례도 읽혀지고 있다. 그러나 선(교통로)이 백두대간 동-서 사면의 주요 治所를 연결하고 있으면 그 선과 백두대간이 만나는 지점을 옛고개로 파악했다.

1. 영춘현

1) 呂村嶺

조선 후기 충청도 최북단에 위치했던 영로로 충청도 영춘과 경상도 봉화를 북서에서 남동 방향으로 연결하고 있다. 『세종실록』 지리지(1425), 『신증동국여지승람』(1530), 『여지도서』(1752), 『만기요람』(1808) 등에는 그 지명이 보이지 않는다.

『대동지지』(1861)는 영춘현 산수조에서 '현의 동남쪽에 위치한다.'(東南永春)라고 기술했

다.『대동지지』경상도편에
는 소개돼 있지 않다. 현재
영로 정상은 경북지역에 속
해 있고 '늦은목이'라고도
불린다.

2) 馬兒嶺

충청도 영춘과 경상도
榮川(영주)을 거의 남북 방향
으로 연결하고 있다.『대동
지지』충청도 영춘현 산수
조에 '마아령, 곶적령은 함
께 남쪽으로 삼십리에 있
다. 순흥과 영천으로 통한
다.'[03]라고 적혀 있다.

마아령은『신증동국여
지승람』에는 그 지명이 馬
兒峴,『여지도서』에는 馬兒
峙,『만기요람』에는 馬兒峴
으로 표기돼 있다.『신증동
국여지승람』경상도 영천
군 산천조에 '마아령은 군
의 북쪽 삼십 육리에 있다.
길이 매우 험난하며 충청도
영춘현으로 가는 길이다.'[04]라는 기록이 보인다.

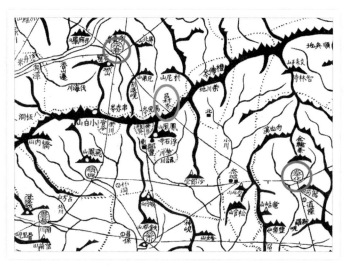

그림 2. 呂村嶺

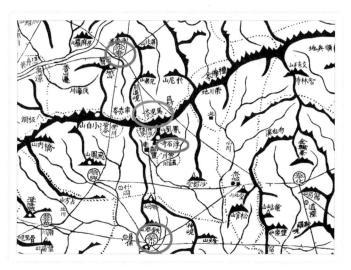

그림 3. 馬兒嶺

『여지도서』순흥현 산천조도 비슷하게 기록, '마아령은 부의 북쪽 삼십 오리에 있는데

---

03) 馬兒嶺串赤嶺 俱在南三十里 通順興榮川甚險阻.
04) 馬兒嶺 在北三十六里 道甚險阻 至忠淸道 永春峴之路.

백병산으로부터 왔다. 길이 매우 험하고 충청도에 이른다.'[05]라고 적었다. 부석사 서쪽을 경유하고 있고 현재의 지명은 '마구령'으로 바뀌었다. 한편 지금의 마구령은 그 영로 정상이 충북과 경북 도계에 위치하지 않는다. 경북지역이 백두대간 마루금을 넘어 충북지역으로 약간 더 들어와 있다.

3) 串赤嶺

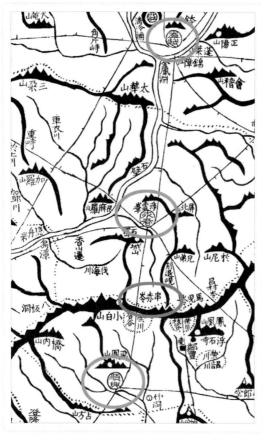

그림 4. 串赤嶺

충청도 영춘과 경상도 순흥을 남북 방향으로 연결하고 있다. 곶적령을 '관적령'으로 읽어야 한다는 견해도 있을 수 있으나 지금의 지명이 '고치령'인 점을 고려하면 '곶적령'이 맞는 것으로 사려된다. 이두식 표현일 가능성이 높다. 곶적령은『세종실록』지리지,『신증동국여지승람』등에는 그 지명이 보이지 않고,『여지도서』경상도 순흥현 산천조에 처음으로 등장한다. '곶적령 : 부(순흥 지칭)의 삼십리에 있다. 마아령에서 왔고 길은 영월, 영춘으로 통한다.'[06]라고 기록돼 있다.

『대동지지』충청도 영춘현 산천조에도 '남쪽 삼십리에 있다. 순흥과 영천으로 통한다. 매우 험난하다.'[07]라는 비슷한 내용이 서술돼 있다. 현재의 도계는 경북지역이 백두대간을 넘어 충북지역으로 조금 들어와 있고 지명은 '고치령'으로 변했다.

---

05) 馬兒嶺 在府北三十五里 自白屛山來 道甚險阻 指忠淸道.
06) 串赤嶺 在府北三十里 自馬兒嶺來 路通寧越永春.
07) 南三十里通順興榮川甚險阻.

2. 단양현

1) 竹嶺

충청도 단양과 경상도 풍기를 북서에서 남동 방향으로 연결하고 있다. 문헌에 등장하는 우리나라 제 2호 고갯길이다. 현재 중앙고속도로 외에 국도 5호선이 지나고 있는 등 교통의 요충이 되고 있다.

『신증동국여지승람』 경상도 풍기군 산천조에 '죽령 군의 서쪽 이십 사리에 있다. 신라 아달라왕 5년에 비로소 개통했다.'[08]라고 기록돼 있다. 『대동지지』 단양군 산수조는 '신라 아달라왕 5년 봄에 죽죽을 시켜서 처음으로 이 길을 닦았음으로 이름을 죽령이라고 했다. 고개 서쪽에 죽죽사가 있다. 영이 매우 높고 험하며 경상좌도로 통하는 대로이다.'[09]라고 보다 상세히 기술했다.

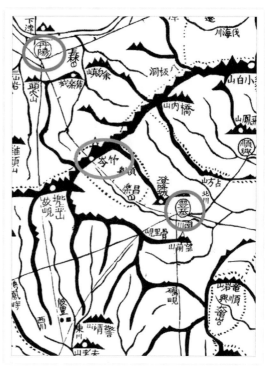

그림 5. 竹嶺

2) 故峴

단양과 은풍(지금의 예천군 하리면) 사이를 정북에서 정남으로 연결했다. 조선 후기 지명인 '고현'이 지금의 '저수령'인지에 대해서는 다소의 논란이 존재하고 있다.[10]

일부 자료는 단양 '벌재'를 고현으로 보기도 한다. 이와 관련, 『대동지지』 단양 산천조는 벌재에 대해 '예천가는 길'(醴泉路)이라고 기록했다. 그러나 고현은 〈대동여지도〉(그림 6)에서 보듯 예천이 아닌 '은풍'으로 선이 그어져 있어, 추후 정확한 고증이 요구된다.

---

08) 竹嶺 在西郡二十四里 新羅 阿達羅王 五年 始開路.
09) 新羅阿達羅王五年使竹竹 始開此路 故名之 嶺西有竹竹祠 嶺頗高峻通慶尚左道大路.
10) 박상일 등은 신라군이 죽령이 아닌, 벌재를 넘어 단양 적성비를 세운 것으로 봤다.

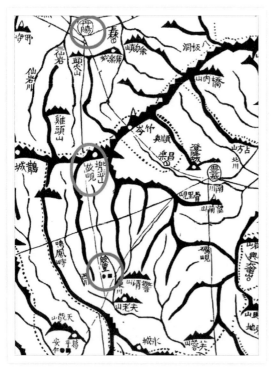

그림 6. 故峴

조선시대 각종 고문헌이 '故峴'을 직접적으로 기술한 것은 없다. 따라서 고현 지근거리에 위치하고 있는 도솔산을 통해 당시 문헌의 내용을 살피고자 한다. 『대동지지』 경상도 풍기군 산수조는 도솔산에 대해 '서쪽 이십리 순흥 창악면계에 있다. 죽령과 함께 연하여 있고 북으로 단양 경계에 접한다. 산이 중첩하고 깊이가 아득하다.'[11]라고 적었다.

『여지도서』의 단양군 산천조는 도솔산을 '군의 남쪽 오십리에 있다. 죽령으로부터 왔다.'[12]라고 기록했다. '고현'은 조선 초기의 『세종실록』지리지(1454년), 중기의 『신증동국여지승람』(1530년)에도 지명이 보이지 않는다. 따라서 조선왕조 후기에 이르러 사람과 물산의 이동이 늘면서 출현한 백두대간 영로로 추정된다.

3. 충주목

1) 狐項嶺

조선왕조 후기의 충주목은 그 동쪽 경계가 백두대간까지 확장돼 있었다. 이는 청주목이 괴산현 청천지역까지 도달한 것과 비슷한 현상으로, 넓은 의미의 斗入地에 해당하고 있다.

호항령은 충청도 덕산과 경상도 문경을 연결하고 있으나 선은 그어져 있지 않다.

이는 교통량이나 중요도가 다소 떨어짐을 의미한다. 호항령은 백두대간 옛 고개 중 지형상 가장 전형적인 '項' 모습을 하고 있다. 따라서 고개명 자체도 호항령으로 호칭됐고,

---

11)　兜率山 西二十里 順興昌樂面界 與竹嶺相連 北接丹陽界 重疊幽阻.
12)　在郡南五十里 自竹嶺山來.

지금은 '여우목이'로 불리고 있다. 이는 당시에도 순우리말 '여우목이'로 불렸으나, 한자 표기상 '호항령'이 됐을 가능성이 높다.

호항령은 세종실록지리지, 『신증동국여지승람』, 『여지도서』, 『만기요람』, 『대동지지』 충청도 편에는 지명이 보이지 않는다.

『대동지지』 문경 산수조에는 계립령, 이화현, 葛嶺, 古毛嶺, 조령, 불한령, 野雲嶺, 兎川 등의 지명은 보이나 호항령은 역시 보이지 않는다. 이로 미뤄 호항령은 私商들에 의해 비교적 늦은 시기에 활성화된 백두대간 영로로 추정된다.

4. 연풍현

1) 炭項

『대동지지』 문경 봉수조는 '북쪽 31리에 있다.'(北三十一里)고 적었으나 충청도 편에는 영로, 봉수조 어디에도 기술돼 있지 않다. 따라서 영로가 아니었을 가능성도 있다.

그러나 충북대 중원문화연구소의 『탄항 발굴조사 보고서』(2002)는 '해발 525m가 되지만 매우 경사가 느린 양쪽으로의 계곡을 타고 오르내리므로 급경사가 아니어서 人物 왕래가 쉬운 곳이다'라고 서술했다. 때문에 영로 기능은 충분히 지녔던 것으로 추정된다.

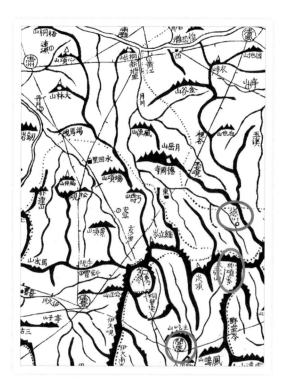

그림 7. 狐項嶺

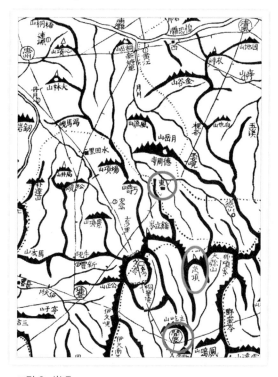

그림 8. 炭項

탄항은 충주 東倉과 문경을 오갔던 사람들이 이용했던 것으로 보이나, 선은 그어져 있지 않다. 이웃 계립령보다 교통량이 적으면서 주로 군사용으로 기능했을 가능성이 높다.

2) 鷄立嶺

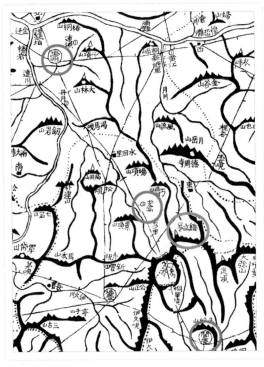

그림 9. 鷄立嶺

〈대동여지도〉는 계립령을 지명만 적고 충주와 문경을 잇는 선은 그어놓지 않았다. 이는 계립령이 고개로 존재하나 그 기능이 크게 떨어졌음을 의미한다. 계립령은 조선 초기에도 활성도가 높지 않은 것으로 나타난다. 『세종실록』 지리지는 계립령에 대해 '마골점(계립령 지칭)은 현의 북쪽에 있고, 周井[13)은 현의 북쪽에 있다.'[14)라고 객관적 사실만 간략히 적고, 그 중요도는 기록하지 않았다. 『신증동국여지승람』 문경현 산천조는 '옛길'이라는 표현을 사용, '속칭 겨릅산이라고 하는데 방언으로 서로 비슷하다. 현의 북쪽 28리에 있고 신라 때의 옛길이다.'[15)라고 서술했다.

『여지도서』는 계립령을 '嶺嶺'이 아닌 '峴'으로 기록했다. 조선시대는 관로 성격이 강하면서 중요도가 높으면 '령', 그 아래 단계 경우는 '현'으로 표현하는 사례가 많았다. 지명 '계립현'에는 그런 점이 반영됐을 것이다. 계립령의 쇠퇴는 지도에서도 그대로 관찰되고 있다. 1768년에 간행된 연풍현지도는 동쪽에 伊火峙, 鳥嶺, 鷄立嶺을 모두 표시해 놓았다.

그러나 이화치와 조령은 굵은 적색으로 표시하여 사람과 물산의 이동이 많음을 나타냈다. 반면 계립령에 대해서는 지명만 적었을 뿐, 기능이 크게 쇠퇴된 고갯길이라는 의미

---

13) 지금의 수안보 지칭.
14) 麻骨岾 在縣北 周井 在縣北.
15) 俗號麻骨山 以方言相似也 在縣北二十八里 乃新羅時舊路.

로 선(교통로) 표시는 해놓지 않았다.

일제 강점기에 간행된 연풍지역 지도 역시 지금의 수안보면 미륵리-계립령-경북 문경 구간에 어떤 고개나 도로 표시를 해놓지 않았다.

3) 鳥嶺

구래로 추풍령과 더불어 서울 남쪽의 최고 關防으로 꼽혀왔다. 〈대동여지도〉를 해설한 『대동지지』 문경현 산수조는 '경상우도에서 서울로 통하는 대로이다. 매우 험하고 구불구불하여 양장의 구곡 같아 경계는 남북으로 되었고 경기와 호서 지방의 목이 되어, 일이 있으면 지켜야 할 곳이다.'[16]라고 서술해 조령이 지니고 있는 지정학적 중요성을 크게 강조했다.

『대동지지』 괴산현 산수조는 조령을 다루지 않았다. 반면 『여지도서』는 '하늘에 닿은 산세로 성곽을 이룬다.'는 표현을 사용하여 역시 지정학적 중요성을 크게 강조했다.

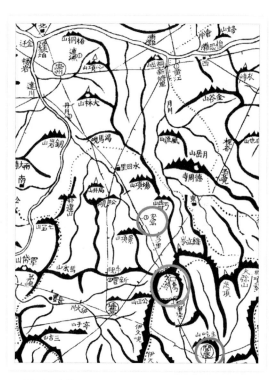

그림 10. 鳥嶺

'일맥은 주흘산이 되어 돌부리가 높고 모든 봉우리가 깎은 듯이 서 있다. 일맥은 조령이 되고 옮겨 공정산이 되고 그 산세가 하늘에 닿아 주흘산의 서록과 함께 서로 대하여 스스로 성곽을 이루었다.'[17]

조령은 문경-연풍-충주를 연결하고 있는 고갯길임에도 불구하고 바로 충주를 직선으로 연결하는 길로 표시돼 있다. 이는 김정호의 〈대동여지도〉의 제작 기법과 관련이 있

---

16) 慶尙右道 通京大路 險阻橫 羊腸百曲 界絶南北 爲畿湖咽喉 有事必守之地.
17) 一脉爲主屹山 石角巉巖 諸峰削立 一脉爲鳥嶺 轉而爲空定山 其勢參天 與主屹西麓 相對控扼 自作城郭.

다. 제작자 김정호가 강이나 하천과 달리 구불구불한 도로는 직선으로 긋고, 그 위에 10리마다 점 표시를 했다.

4) 伊火峴

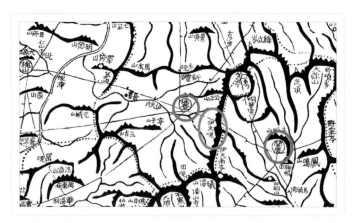

그림 11. 伊火峴

충청도 연풍과 경상도 문경을 북서에서 남동 방향으로 연결하고 있다. 그러나 소선시대 이화현은 이웃 조령에 비해 통행량이 많지 않았던 것으로 나타난다. 『신증동국여지승람』 문경현 산천조는 '문경현의 서쪽 18리에 있다. 충청도 연풍현 경계이다.',[18] 『대동지지』 연풍현 산수조는 '문경 서쪽 18리에 있다. 연풍의 경계로 지름길이다.'[19]라고 모두 간략히 기술했다. 그러나 이화령은 일제에 의해 이른바 '신작로'가 개설되면서 가장 역동적인 영로로 변모했다. 일제 강점기하인 1929년에 작성된 『충북도세일반』에 수록된 지도를 보면 당시 도내 유일한 일등도로인 충주-문경 구간 도로가 이화령을 경유했다.

5) 伊火南嶺

선은 그어져 있지 않으나 지명 '伊火南嶺'이 표기돼 있다. 따라서 일명고개(이름 없는 고개)로는 분류되지 않는다. 대부분의 백두대간 고갯길은 계곡을 따라 올라온 후 마루금 정상을 넘는 모습을 보인다. 이화남령도 마찬가지로 연풍에서 계곡을 따라 올라온 후 백두대간 마루금을 경유, 역시 반대사면 계곡을 따라 내려가 경상도 馬浦院으로 연결됐다. 마포원은 문경 남쪽에 위치한다.

---

18) 伊火峴 在縣西 十八里 延豊縣界.
19) 伊火峴 西十八里 延豊界 捷路.

6) 周峴

고개명만 있고 선이 그어져 있지 않아 통행량은 적었던 영로로 추정된다. 충청도 연풍현과 경상도 가은을 연결했다. 경로 상에는 신라 구산선문의 하나였던 봉암사(지도상에는 陽山寺)가 자리잡고 있다. 『대동지지』 연풍현 산수조는 주현을 '남쪽 이십리 문경 경계에 있는데 가은으로 통한다.'[20]라고 간단히 서술했다. 경상도 편에서는 다루지 않았다.

7) 不寒嶺

주현 아래 위치하고 있다. 선은 그어져 있지 않고 지명만 표기돼 있다. 따라서 관로가 아닌 보부상들이 왕래하던 商路로 기능했을 것이다. 『대동지지』 충청도 편은 불한령을 다루지 않았다. 반면 『여지도서』 문경현 산천조는 '대야산 허리에 위치하는데 괴산 경계로

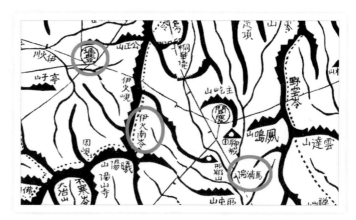

그림 12. 伊火南嶺

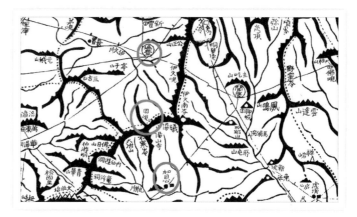

그림 13. 周峴

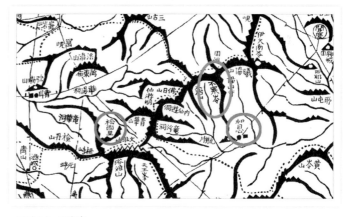

그림 14. 不寒嶺

---

20) 南二十里聞慶界通加恩.

통한다.',[21] 『대동지지』 문경현 산천조는 '희양산의 남쪽 갈래로 서쪽으로 이십리에 있다. 내선유동이 있다.'[22]라고 불한령을 비교적 상세히 기술했다.

5. 보은현

1) 일명고개1

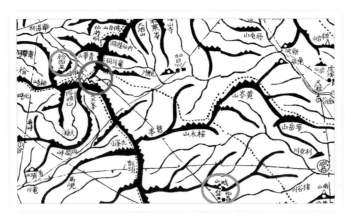

그림 15. 일명고개 1

충청도 청천 송면리와 경상도 상주 화창을 북서에서 남동 방향으로 연결하고 있다. 선(교통로)은 존재하나 고개명이 없는 것으로 보아 통행량은 비교적 많았던 것으로 사려된다. 일대 지리환경을 감안할 경우 보부상이나 목재상들이 주로 이용했을 것이다.

2) 일명고개 2

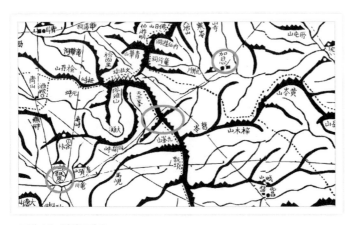

그림 16. 일명고개 2

보은현과 경상도 상주목 가은을 남서에서 북동 방향으로 연결하고 있다. 일명고개1과 마찬가지로 보부상들이 많이 이용한 영로로 추정됐다. 역시 일대 산림자원이 많은 점과 관련이 있었을 것으로 보인다.

---

21) 弗寒嶺 在大耶山腰 通槐山界.
22) 曦陽山南支 西距二十里 爲內仙遊洞.

3) 甑項

보은과 경상도 함창을 연결하고 있다. 방점 표시가 명확해 두 지역 사이의 거리가 80여리임을 알 수 있다. 『대동지지』 보은현 산수조가 증항에 대해 매우 상세히 기록해 놓았다. 특히 대추(棗)를 이례적으로 서술했다. 경상도 편에는 관련 내용이 등장하지 않는다.

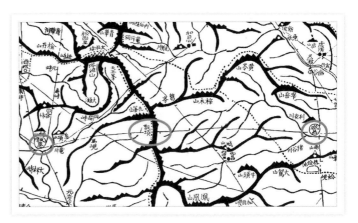

그림 17. 甑項

'현의 동쪽 10리에 있는데 상주 함창으로 통하는 샛길이다. 증항의 서쪽 10리에는 관기들이 있는데 들에 물이 많고 토지가 비옥하기가 읍내에서 최고다. 주민들은 대추를 파는 것을 생업으로 삼고 있다.'[23)]

그러나 보은 증항을 백두대간 영로로 여긴 것은 김정호의 오류로, 지금은 경북 화서면 상곡리 화령이 백두대간 마루금으로 인식되고 있다.

4) 일명고개 3

충청도 청산과 경상도 화창 북쪽을 연결하고 있다. 연결선은 보은현 접경에 이르러 馬峴을 통과하고 있다. 마현은 지금의 '마로면'이라는 지명에 그 흔적이 남아 있다.

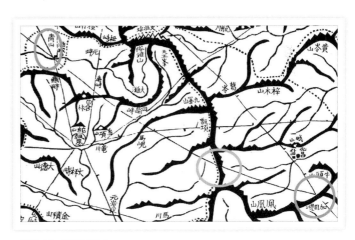

그림 18. 일명고개 3

---

23) 東西十里通尙州咸昌間路 甑項之西十里 有官基野潤土沃 爲一邑之最 居民以賣棗爲業.

5) 栗峴

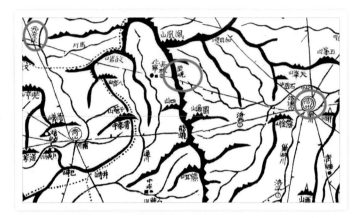

그림 19. 栗峴

충청도 보은 원암역과 경상도 상주를 북서에서 남동 방향으로 연결하고 있다. 『대동지지』 보은조에는 율현이 보이지 않으나 상주목 산천조는 '현 서북 칠십 리에 위치하는데 보은으로 통한다.'[24]라고 서술했다.

6. 청산현

1) 熊峴

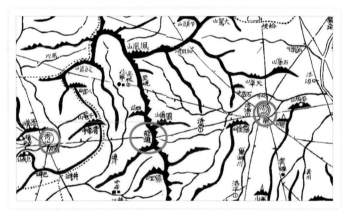

그림 20. 熊峴

충청도 청산과 경상도 상주를 동서 방향으로 연결하고 있다. 이와 관련하여 〈내동여지도〉를 보면 상주 땅이 백두대간을 넘어 충청도 안으로 상당히 들어와 있음을 알 수 있다.

『대동지지』 상주목 산수조에 '현의 서쪽 사십리에 있고 청산으로 통한다.'[25]

라고 적혀 있다. 지금은 '신의재터'로 불리나 지명 부분은 고증이 필요한 것으로 사려된다. 현장 표지석은 유래를 비문으로 음각해 놓았으나 문헌상으로 '신의재'나 '신의재터'의

---

24) 西北七十里 通報恩.
25) 西四十里 通青山.

존재는 확인되지 않고 있다.

7. 황간현

1) 吾道峙

황간과 상주를 남서에서 북동 방향으로 연결하고 있다. 『대동지지』는 황간현 산수조에서 '동북 20리에 있는데 상주로 통하는 간로이다.'[26]라고 기록했다.

오도치는 『세종실록지리지』와 『신증동국여지승람』에는 고개명이 보이지 않는다. 이는 오도치가 비

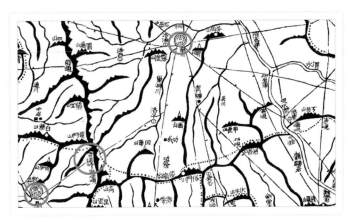

그림 21. 吾道峙

교적 늦은 시기에 개척됐고, 또 주된 기능이 보부상들이 왕래하던 商路였음을 의미하고 있다. 그러나 오도치는 김정호의 오류로, 백두대간 영로가 아닌 것으로 파악되고 있다. 현장을 방문하면 오도치 동쪽 사면은 하천수가 낙동강이 아닌 금강수계로 유입되고 있음을 확인할 수 있다.

2) 訥伊項

추풍령이 지리지에 처음 등장한 것은 『여지도서』(1752) 시기이다. 이에 비해 황간과 金山을 북서에서 남동 방향으로 연결하고 있는 눌이항은 『세종실록』 지리지부터 등장, '눌이목이 현의 동쪽 金化에 있고, 동으로 경상도 金山의 高城에, 서쪽으로 본 고을 所伊山에 응한다.'[27]라고 기술돼 있다.

『세종실록』 지리지 金山현 편에도 '서쪽으로 黃澗 任內인 金化縣 訥伊項에 응한다.'[28]

---

26) 東北二十里通尙州間路.
27) 訥伊項在縣東 金化 東準慶尙道金山高城 西準本縣所伊山.
28) 準黃澗任內金化縣訥伊項.

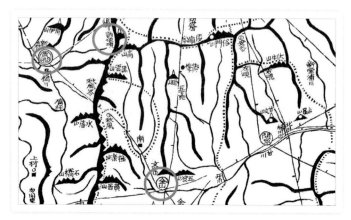

그림 22. 訥伊項

었음을 의미하는 것이다.

3) 秋風嶺

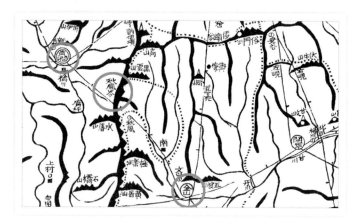

그림 23. 秋風嶺

라고 짧게 언급돼 있다.

그러나 눌이항은『세종실록』지리지 이후로는 문헌에 전혀 등장하지 않는다. 반면 추풍령은『신증동국여지승람』,『여지도서』,『만기요람』,『대동여지도』등에 빠지지 않고 기재돼 있다. 이는 눌이항의 영로 기능이 추풍령으로 대체되었음을 의미하는 것이다.

황간과 경상도 金山을 북서에서 남동 방향으로 연결하고 있다. 조령과 더불어 조선시대 남쪽 방향의 최고 군사 요충지로,〈대동여지도〉황간편과 金山편 모두 추풍령의 지정학적 위치를 크게 강조했다.

'매우 높지 아니하고 충청과 경상도의 교차지이다.

큰 길이므로 일이 있으면 반드시 수비할 곳이다.'29)

'호서와 경상도의 인후가 되고 영이 높고 험하지 아니하여 봉우리가 고루 평탄하고 계곡 사이로 맑은 물이 흐른다.'30)

---

29) 황간편 : 爲湖嶺咽喉 嶺不高峻 峰巒和平 溪間澄清.
30) 금산군편 : 爲湖嶺咽喉 嶺不高峻 峰巒和平 溪間澄清.

『성종실록』에서 '추풍역에 定役된 배원련의 아내 소사와 딸 종단과….'[31]라는 표현을 접할 수 있다. 따라서 추풍역은 당시 마을 지명인 '추풍'과 '역'의 결합어로 볼 수 있다.

지명어 '추풍령'도 같은 형식을 취하고 있다. 따라서 지명 '추풍령'은 본래부터 존재한 것이 아니고, '추풍'이라는 마을이 있은 연후에 생겨났다고 보는 것이 타당하다.

4) 掛榜嶺

경상도 金山과 전라도 무주를 동서 방향으로 연결하고 있다. 『여지도서』는 괘방령을 경유하는 백두대간 영로에 대해

'추풍령 골짜기를 지나 불끈 일어나서 수락산이 되고 서남쪽으로 달리다가 황악산 중간에 짤룩한 곳이 바로 이 영이다. 금산군으로부터 영동현을 지나가려면 반드시 이 길을 경유해야 하니 사행이나 장사치들이 모여 다녔다.'[32]

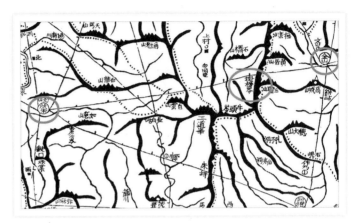

그림 24. 掛榜嶺

라고 기술했다. 이처럼 괘방령은 경상도 북부(金山)와 전라도 북부(무주)를 왕래하던 장사치들이 주로 이용하던 교통로였다. 백두대간 충북-경북 구간 중 1개 영로가 3개 군현과 교통상 직접적인 이해관계를 맺고 있는 영로는 괘방령이 유일하다.

그러나 〈대동여지도〉의 괘방령 위치는 부정확하게 표기돼 있다. 괘방령은 백두대간 줄기를 남에서 북으로 따라갈 경우 황악산 북쪽에 표기해야 한다. 국립지리원 지도도 북쪽방향의 그림을 삼도봉-우두령-황악산-괘방령-추풍령 순으로 기대했다. 그러나 김정호는 이것과 다른 삼도봉-우두령-괘방령-황악산-추풍령 순으로 표기, 오류를 범하고 있다.

---

31) 성종실록 7년 1월 21일 6번째 기사 : 秋風驛定役裵元憐妻召史 · 女子終丹
32) 秋風嶺 過峽後 突起爲水落山 西南走爲黃岳山 中間退缺 爲是嶺 自金山郡 經往永同縣者 必由是嶺故 私行及商賈集走之.

5) 牛頭嶺

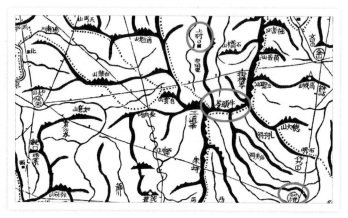

그림 25. 牛頭嶺

우두령은 영동 상촌과 지례를 정북에서 남동 방향으로 연결하고 있다. 그러나 고개명은 존재하나 연결선은 존재하지 않고 있다. 지금까지의 사례에서 봐 왔듯이 이 같은 백두대간 영로는 商路 기능을 지니면서 비교적 늦은 시기에 출현했다.

『대동여지도』와 『여지도서』 등 지리지에도 비슷한 내용이 기술돼 있다. 『대동지지』 황간현 산수조는 '남쪽 50리에 있는데 지례로 통하는 길이 있는데 샛길이다.'[33]라고 적었다. 『여지도서』 황간현 관액조도 '우두령이 되어 본현을 왕래하는 지례현과 거창부 사람이 통행을 한다.'[34]라고 기술했다.

III. 역사지리적인 특징

1. 지명과 영로 유적

지금까지 〈대동여지도〉 위에 표기된 충북-경북 구간의 전체 24개 영로를 살펴봤다. 이들 지명을 표기 유형별로 살펴보면 '嶺'계열이 12개, '峴'계열 5개, '項'계열 3개, '峙'계열 1개, 기타(일명고개) 3개 등으로 '령'계열이 전체 50%를 차지했다.[35]

---

33) 南五十里 通知禮間路.

34) 是牛頭嶺 本縣之往來 知禮縣居昌府者通行.

35) 황윤석(黃胤錫・1729~1791)은 '이재난고'에서 '嶽과 峰은 빼어나게 솟은 산, 嶺은 가로로 비스듬한 고개로 峙보다는 높고, 峴은 小嶺으로 峙보다 낮은 고개를 뜻한다'라고 적고 있다. 그러나 분류 기준이 아직도 명쾌하게 정리되지 않았다.

표 1. 지명 분류(嶺, 峴, 峙, 項계열)

'嶺'계열(12)	牛頭嶺, 掛榜嶺, 秋風嶺, 不寒嶺, 伊火南嶺, 鳥嶺, 鷄立嶺, 狐項嶺, 竹嶺, 馬兒嶺, 串赤嶺, 呂村嶺
'峴'계열(5)	熊峴, 栗峴, 周峴, 伊火峴, 故峴
'峙'계열(1)	吾道峙
'項'계열(3)	訥伊項, 甑項, 炭項

'狐項嶺'은 어미를 참고해 '령'계열로 분류했으나 '項'계와 '嶺'계가 중복돼 있다. '티'나 '치'가 '고개'와 중복된 사례(예 말티고개)는 많으나 '항+령'의 결합은 흔치 않다. 3개의 일명 고개를 제외한 21개 영로 중 죽령, 탄항, 조령, 중항, 오도치, 추풍령, 괘방령, 우두령 등 8 개 고개는 지명이 변하지 않았다.

반면 68%에 해당하는 나머지 13개 고개는 후대에 이르러 지명이 변했다. 여촌령은 늦 은목이, 마아령은 마구령, 곳적령은 고치령, 고현은 저수령(혹은 벌재), 호항령은 여우목이, 주현은 주티, 불한령은 불란치재, 웅현은 신의터재 등으로 변했다. 線과 관련해서는 ① 선과 지명이 모두 존재하는 경우, ②지명만 존재하는 경우, ③선만 존재하는 경우(일명고 개) 등 세 가지 유형으로 분류됐다. 분석 결과, ①의 사례에 해당하는 고개는 여촌령, 마아 령, 곳적령, 고현, 조령, 이화현, 중항, 율현, 웅현, 오도치, 추풍령, 괘방령 등 12개로 전체 50%를 차지했다. ②의 사례는 호항령, 탄항, 계립령, 이화남령, 주현, 불한령, 눌이항, 우 두령 등 8개로 37%, ③의 사례는 12%(3개)를 차지했다.

〈대동여지도〉에는 〈표 2〉에서 보듯 충북-경북 구간의 봉수, 城, 관방, 산신각 등 각종 영로 유적도 기록돼 있다. 영로 유적을 유형별로 살펴보면 봉수는 눌이항, 계립령, 탄항 등 3곳, 성[36]은 고현, 죽령 등 2곳에 존재하는 것으로 나타났다. 이밖에 관방은 조령, 산 신각은 곳적령과 죽령에 위치하는 것으로 조사됐다. 〈표 3〉은 지금까지의 내용을 종합적 으로 정리한 것이다.

표 2. 영로 유적

봉수	訥伊項, 鷄立嶺, 炭項
성(지근거리 기준)	故峴, 竹嶺
관방	鳥嶺
산신각	串赤嶺, 竹嶺

---

36) 성은 성격상 먼 곳에 있는 것도 영로와 관련이 있을 수 있다. 이번에는 영로 바로 옆에 표기된 것만 간주했다.

표 3. 백두대간 영로 종합현황

번호	〈대동여지도〉 고개 이름	지금의 고개 이름	연결 지점(충북—경북)		연결선 유무
1	여촌령	늦은목이	영춘	봉화	유
2	마아령	마구령	영춘	영천(영주)	유
3	곶적령	고치령	영춘	순흥	유
4	죽령	죽령	단양	풍기	유
5	고현	저수령(?)	단양	은풍	유
6	호항령	여우목이	충주(덕산)	문경	무
7	탄항	탄항	연풍	문경	무
8	계립령	계립령	연풍	문경	무
9	조령	조령	연풍	문경	유
10	이화현	이화령	연풍	문경	유
11	이화남령	?	연풍	마포원	무
12	주현	주티	연풍	가은	무
13	불한령	불란치재	연풍	가은	무
14	일명고개1	?	보은	화창	유
15	일명고개2	?	보은	가은	유
16	증항	증항	보은	함창	유
17	일명고개3	?	청산	화창 남쪽	유
18	율현	?	보은(원암)	상주	유
19	웅현	신의터재	청산	상주	유
20	오도치	오도치	황간	상주	유
21	눌이항	눌이항	황간	金山	무
22	추풍령	추풍령	황간	金山	유
23	괘방령	괘방령	무주	金山	유
24	우두령	우두령	황간(상촌)	지례	무

2. 김정호의 백두대간 의식

〈대동여지도〉 자연지명 중에서는 산관 관련된 것이 압도적으로 많다. 또 인문지명은 경계·교통·군사·문화지명 등 네 유형이 절대 다수인 99%를 차지하고 있다.[37] 이런 배경지식 하에 〈대동여지도〉의 산이름 표기 방법을 살펴본 결과 '가로쓰기'가 대부분을 차지했다. 그러나 김정호의 이 같은 태도는 백두대간에서 만큼은 예외였다.

김정호는 백두대간이 횡방향으로 전개된 곳은 지명을 '가로쓰기'로 표기했다. 우두령, 조령, 계립령, 죽령, 곶적령, 마아령 등이 이에 해당한다. 반면 세로 방향으로 흐른 곳에서

---

37) 김종혁, 2008, 「고지명 데이터베이스를 통한 19세기 지명의 지역별h유형별 분포 특징」, 문화역사지리 제 20권 제 3호 통권호.

는 '세로쓰기'로 표기했다. 이화령-괘방령 구간에서 이같은 현상이 집중적으로 나타났고, 백두대간이 종방향으로 흐른 지리산 일대에서도 동일한 현상이 관찰됐다. 이는 김정호가 〈대동여지도〉를 제작하는데 있어 백두대간을 크게 의식한 근거로 볼 수 있다.

3. 충청도와 경상도의 嶺路 인식

조선시대 경상도 주민들이 충청도보다 백두대간 영로를 훨씬 강하게 인식했다. 충청도 주민이 백두대간 영로를 '한양의 반대편 길'로 여긴 반면, 경상도 주민은 출세의 상징으로 생각했다.

이는 서울이 경상도의 서북쪽에 위치했음을 감안할 때 당연한 것으로 사려된다. 실록에 등장하는 다음 내용이 이를 구체적으로 보여준다.

> 영남 사람인 정랑 김오응 · 감찰 장위항 · 전적 이세후 · 훈도 박시태 · 직장 정중기 · 저작 김극령 · 사록 정권 학정 성헌조 · 부정자 이권 등이 연명하여 상소하였다. 그 대략에 이르기를 (…),
> "영남 사람들이 비록 다른 장점은 없으나 그래도 염치와 의리의 귀중한 것을 대략은 알고 있으므로 白衣로 鳥嶺을 넘어가는 것을 예로부터 부끄럽게 여기고 있습니다."[38]

두 지역 지리지를 비교하면 백두대간 고개명의 노출빈도가 충청도보다 경상도 편에 훨씬 많이 나타나고 있다. 이는 백두대간에 대한 인식 정도가 두 지역의 지리지에 그대로 반영된 결과로 볼 수 있다.

IV. 人과 物의 왕래

조선시대 驛民, 津尺, 擺撥軍, 院主人 등 교통 · 통신의 역할을 수행한 계층은 身良役賤의 하층민이었기 때문에 이들의 활동을 기록한 문헌자료는 거의 남아있지 않다. 더구

---

38) 영조 9년 2월 25일 1번째 기사: 丁丑/嶺南人正郎金五應,監察張緯恒,典籍李世垕,訓導朴時泰,直長鄭重器,著作金極齡,司錄鄭權,學正成憲祖,副正字李權等聯名上疏, 略曰(…) 嶺人雖無他長, 粗識廉義之可懽, 白衣踰嶺, 從古爲恥.

나 한말 혼란기에 외세의 압력에 의하여 강요된 교통·통신의 근대화로 인하여 조선시대 교통과 관련된 기록은 많이 망실됐다.

따라서 백두대간 영로 상으로 '人'과 '物'이 어떤 형태로, 어떤 종류가, 어떻게 오갔는지를 살피는 것은 쉽지 않다. 그러나 그중 다행으로 조선통신사, 암행어사, 소금, 주막문화, 영로의 성쇠 등을 살펴 볼 수 있는 문헌적인 사료가 일부 남아 있다.

1. 조선통신사

조선은 중국에 대해서는 事大를, 일본에 대해서는 交隣 정책을 취했다. 조선은 이같은 방침에 따라 임진왜란 전 4회, 후 12회 등 총 16회 정도의 정식 통신사를 파견했다.[39]

조선통신사는 귀국 후 일본에서 겪은 경험을 바탕으로 다양한 제목의 일기문헌을 남겼다. 『海行摠載』[40]는 조선 후기까지 일본에 다녀온 사신들의 기록물을 모은 총서로, 민족문화추진회가 1974~1981년에 국역했다.

표 4. 『해행총재』 중 경로 파악한 가능한 사행록

서명	저자	제작 시기	저자 신분
일본행록(日本行錄)	송희경(宋希璟)	1420	회례사
해사록(海槎錄)	경섬(慶暹)	1607	부사
동사록(東槎錄)	강홍중(姜弘重)	1624-1625	부사
병자년해사록	김세렴(金世濂)	1636-1637	부사
동사록(東槎錄)	조경(趙絅)	1643	부사
계미동사일기(癸未東槎日記)	미상	1643	미상
부상록(扶桑錄)	남용익(南龍翼)	1655-1656	종사관
동사일록(東槎日錄)	김지남(金指南)	1682	역관
동사록(東槎錄)	홍우재(洪禹載)	1682-1683	역관
동사일기(東槎日記)	임수간(任守幹)	1711-1712	부사
해유록(海遊錄)	신유한(申維翰)	1719-1720	제술관
해사일기(海槎日記)	조엄(趙曮)	1763-1764	정사

조선통신사에 대한 연구는 역사와 문학 분야에서 비교적 활발히 진행돼 왔다. 그러나

---

39) 조선통신사가 총 몇 회 일본 파견됐는지는 학자들 마다 견해가 다소 다르다. 使行 목적 등에 따라 정식 통신가 여부가 달라지기 때문이다. 조선 전기만 하더라도 명칭이 달랐을 뿐만 아니라 혹자는 8번의 사행이 있었다고 보기도 한다.

40) 영조 때의 문신 홍계희(洪啓禧)가 그 때까지의 일본 사행 기록을 수집하여 『해행총재』라는 제목으로 엮은 것을 서명응(徐命膺)이 전61권으로 재정리했다.

조선통신사가 백두대간 嶺路를 넘는 여정에 대한 역사학내지 역사지리적인 접근은 거의 없었다. 이번 분석은 앞서 언급한『해행총재』를 대상으로 했다. 28책의 해행총재는 전체 35개 내용 중 22개가 使行과 관련된 문헌으로 구성돼 있다.

이중 行路 분석이 가능한 일기는『일본행록』,『해사록』, 강홍중『동사록』, 병자년『해사록』, 조경『동사록』,『계미동사일기』,『부상록』,『동사일기』, 홍우재『동사록』,『해유록』,『해사일기』등 12개로[41] 저자, 제작 시기, 저자 신분은〈표 4〉와 같다.

사행록을 분석한 결과, 조선통신사가 경기도에서 가장 많이 경유한 사행로는 대략 양재역-용인-양지-죽산인 것으로 나타났다. 이에 비해 병자년 해사록의 저자 김세렴은 처음부터 남한강 물길의 한강-신천-수정촌-앙덕촌-죽산-이포-양화포-강천-흥원-원주-구래촌-목계 행로를 택했다.

그러나 이는 부사 金世濂의 개인 사정인 覲親[42]에 의한 것으로 忠原(충주)부터는 慣例 행로로 복귀했다.

조경『동사록』은 관례를 크게 벗어나 청주-회인-상주(商山)-경주-부산 경로를 택했다. 동사록 사행단이 어떤 이유로 이 행로를 택했는지는 분명치 않다. 다만 이 사행록은 일기가 아닌, 시문장 형식으로 기록돼 있는 까닭에 추후 정밀 검토가 요구되고 있다.

넓은 의미의 백두대간 동·서 사면인 충주~문경 경로에서는 거의 대부분 무극-숭선(혹은 용안)-단월-충주-수회-안부역 등을 경유한 끝에 조령을 넘어 문경에 도달했다. 따라서 양재역-용인-양지-죽산-무극-숭선(혹은 용안)-단월-충주-수회-안부역-조령-용추-문경 경로를 관례이자 표준 사행로였다.

12개중 이 구간의 숙박과 식사 과정을 살펴볼 수 있는 것은 강홍중『동사록』,『병자년 해사록』,『동사일록』,『동사일기』,『해유록』등 5개 사행록이다(표 5).

통신사 일행은 큰 변수가 없는 한 '안부역-숙박', '용추-점심', '문경-다음날 숙박' 등의 일정으로 움직였다. 다만 강홍중 동사록은 '수교촌-숙박', '용추-점심'. '문경-다음날 숙박'의 행로를 잡았다. 병자년 해사록은 '충주 달구리-숙박', '연풍-점심', '견탄-다음날 숙박' 등의 일정으로 움직였다. 그러나 이는 통신사 수뇌부의 개인 사정에 의한 것으로, 다음

---

41) 해행총재에는 제목이 같은 使行錄이 많이 존재한다. 따라서 제목은 같은 경우는 저자 이름을 붙여, 혼동을 피했다.

42) '나는 일찍이 상소하여 근친을 청하여 윤허를 얻었으므로, 드디어 원주(原州)로 향하면서 군관 4인, 역관 1인, 의원 1인만을 거느리고, 그 나머지의 원역은 상사를 따라 먼저 충원으로 가게 되었다.'(余上疏曾請歷 覲蒙允.遂向原州.只率軍官四人譯官一人醫員一人.其餘員役.令隨上使先往忠原.)

숙박지에 이르러서는 '관례 행로'로 복귀했다.

표 5. 백두대간 영로 부근에서의 숙박 · 식사 파악이 가능한 사행록

서명	숙박(西)	점심	숙박(東)
강홍중 동사록	水橋村	용추	문경현 관사
병자년해사록	충주 달구리(鷄鳴)	연풍	狗灘(견탄)
동사일록	안보역	용추	문경현
동사일기	안부역	?	문경
해유록	안부역	?	문경현

표 6. 조선통신사 상 · 하행 경유로(⌒는 백두대간 고개)

서명	하행로(往路)	상행로(復路)
일본행록 (日本行錄)	이천-안평역-가흥역-충주-문경관-유곡역-덕통역-선산관-성주-청도-밀양-금곡역-제포-김해관-동래-부산포 ⌒조령	제포-김해 ⌒?
해사록(海槎錄)	양재역-용인-좌찬역-양지-죽산-용안역-충주-수회-조령-문경-건탄-함창현-상주-비안-군위-소계역-신녕-영천-아불역-경주-신원-울산-용당역-동래-부산포 ⌒조령	부산-양산-용당역-울산-경주-아불역-영천-신녕-소계역-군위-비안-상주-함창-유곡역-문경-조령-안보역-충주-가흥창-여주-양근-사탄-광진 ⌒조령
강홍중 동사록 (東槎錄)	양재참-용인-양지-죽산-무극점-용안역-달천-충주-안부역-조령-용추-문경-함창-용궁-예천-풍산-안동-의성-청로역-신녕-영천-아불역-경주-동정-구어참-용당-동래-부산포 ⌒조령	부산-양산-무흘참-밀양-유천-오동원-대구-팔거-인동-해평-선산-죽치-오리원-공검지-함창현-불장원-문경-조령-안부참-충주-달천-피산-용안역-무극참-죽산-승복원-양지현-용인-양재참 ⌒조령
병자년해사록	한강-신천-수정촌-앙덕촌-죽산-이포-양화포-강천-흥원-원주-구래촌-목계-북창-충원-안보-용추-구탄-용궁-예천-풍산-안동 일직-청로참-의흥-신녕-영평-경주-영천-울산-동래-부산포 ⌒조령	동래-양산-황산-밀양-영산-창녕-무계-성산-부상역-마암-안곡-함창-유곡-문경 충원-8안-무극-죽산-양지-용인-신원 ⌒조령
조경 동사록 (東槎錄)	청주-회인-상주(商山)-경주-부산 ⌒화령-율현 경유(추정)	? ⌒?
계미동사일기 (癸未東槎日記)	양재-용인-양지-죽산-무극역-숭선촌-(9일분 빠져있음)-영천-무량-경주-울산-부산 ⌒?	부산-동래-양산-무홀역-밀양-유천역-청도-오동원-대구-하빈-성주-인동-개령역(나머지는 없음) ⌒?
부상록(扶桑錄)	양재역-판교-무극역-(중간 생략)-신원-경주-밀양-밀양-용당-울산-부산 ⌒?	부산-동래-울산-경주-신녕-군위-충주 ⌒?
동사일록 (東槎日錄)	한강나루-죽산-무극-숭선-충주-안보역-용추-문경-건탄-예천-풍산-안동-일직참-의성-신녕-영천-모량참-경주-구어참-울산-동래-부산포 ⌒조령	부산-동래-양산-무홀참-밀양-유천참-청도-오동원-대구-송림사-인동-선산-오리원-상주-문경-용추-조령-안보역-충주-숭선-무극참-죽산-양지-용인-판교-한강나루 ⌒조령
홍우재 동사록 (東槎錄)	판교-용인-양지-죽산-무극-숭선-충주-안보역-조령-용추-문경-상주-건탄-용궁현-예천-풍산-안동-일직-의성-청로역-의흥-신녕-영천-모량역-경주부-구어역-울산-밀양-동래-부산 ⌒조령	부산-동래-양산-무현-밀양-유천-청도-오동원-대구-송림사-인동-오리원 ⌒?

동사일기 (東槎日記)	한강-양재역-판교-용인-죽산-무극-숭선-황금곡-금천-목도-달천-충주-안부-수옥정-조령-용추-문경-용궁-예천-풍산역-안동-일직역-의성-청로역-의흥-신령-영천-모량역-구어역-울산-용당역-동래-부산	미기재
	〜조령	〜?
해유록(海遊錄)	양재역-판교-용인-죽산-숭선-충주-안보역-조령-문경-유곡역-함창-상주-개령-부상역-성주-현풍-영산-밀양-무흘역-양산-부산	양산-밀양-창녕-현풍-고령-성주-안곡역-상주-함창-유곡역-고재(?)-안보역-충주-숭선-무극역-죽산-양지-판교-한강
	〜조령	〜고재(조령인 듯)
해사일기 (海槎日記)	양재역-용인-죽산-무극촌-숭선-충주-안보역-조령-문경-유곡역-예천-안동-의성-신녕-영천-경주-울산-용당창-동래-부산	부산-동래-양산-무흘-밀양-유천-청도-경산-대구-송림-인동-선산-상주-함창-문경-조령-연풍-괴산-음성-무극-음죽-이천-광주
	〜조령	〜조령

충청도 鳥嶺(새재)을 중심으로 그 북쪽으로는 계립령(하늘재), 남쪽 마루금으로는 이화령이 위치하고 있으나 통신사 일행은 백두대간 영로를 넘을 때 만큼은 거의 대부분 조령을 택했다(표 6). 계미동사일기, 부상록 등 2개 일기는 내용 누락 등으로 백두대간 越嶺處를 알 수 없으나 이 경우도 조령을 경유했을 가능성이 매우 높다.

이처럼 통신사 일행이 조령만을 고집한 것은 해당 사행로(영남대로)가 부산 방향의 국가 최고 公路였기 때문이었다. 통신사가 통과하는 공로 상의 각 고을은 이들에게 인력, 마필, 장비, 보급품 외에 숙박과 음식물을 제공했다. 통신사 일행은 소로나 상로를 택할 경우 민폐가 발생할 것도 우려, 의식적으로 공로를 선택했다.[43]

조령은 해발 650m 정도로 높지 않으나 鞍部를 넘는 과정은 경사도가 심한 편이다. 따라서 조령을 넘는 과정에서는 예기치 않은 상황이 자주 발생했다. 특히 강우 등으로 노면 상태가 안 좋은 경우 조령 정상을 넘는 것은 쉬운 일이 아니었다.

'비를 맞으면서 鳥嶺에 오르는데 잿길이 진흙이어서 말발굽이 빠지므로 가기가 매우 힘들었다. 고개 위에 草舍를 설치하여 일행의 말[馬] 갈아타는 처소로 하였다.'[44]
'고갯길이 질어 거의 사람의 무릎이 빠지므로, 간신히 고개를 넘어 문경에 도착했다.'[45]

〈표 7〉은 백두대간 조령 영로 주변에서 발생한 내용을 정리한 것이다. 이를 보면 안보역에서 전별연이 열렸고, 이때 대읍인 충주와 청주에서 경비를 일부 보탰으며, 백두대간

---

43) 최영준, 2004,『영남대로』, 고려대학교 민족문화연구원, 153쪽.
44) 신유한,『해유록』, 4월 17일자 : 冒雨登鳥嶺. 嶺路泥濘. 沒馬蹄行甚艱. 嶺上設草舍. 爲一行遞馬處.
45) 조엄,『해사일기』, 8월 9일자 : 嶺路泥濘. 幾沒人膝. 艱辛踰嶺. 到聞慶.

영저 고을인 연풍에서 인력지원이 이루어졌다.

이밖에 충청도를 경유한 인마는 조령 정상 또는 문경에서 교체돼 돌아갔고, 상행로의 경우 부산의 인마가 조령 인근까지 통신사 일행을 수송했다. 그러나 부산~조령은 도보로는 매우 먼 거리로 말은 물론 수행자 중에도 과로자가 생겨났다. 이밖에 상행로와 하행로가 겹치는 경우는 거의 없었다. 하행길에 여흥을 제공받았던 안동, 경주는 다시 거치지 않고 대신 경상우도의 대구를 경유했다.

표 7. 백두대간 조령 영로 주변에서 발생한 내용

해사록(경섬)	마부와 말은 부산에서 여기까지 달려 와서 쓰러져 일어나지 못하고, 본도의 마부와 말은 아직 도착하지 않았으므로 뱃길로 가려 하였으나 배도 또한 마련되지 못하였다. 그래서 수로(水路)와 육로가 다 막혀서 부득이 체류(滯留)하였다.(1607년 7월 14일 · 상행로)
동사록(강홍중)	도사(都事)가 연향을 대청에 베풀어 정사(正使) 이하 여러 군관이 모두 참석하였다. 이 연향은 충주에서 관비를 담당하고, 청주(淸州)에서 보조했다 한다. 충청도 인마는 이곳에서 교체되어 돌아갔다.(1624년 8월 28일)
동사록(홍우재)	연풍은 종행인을 제공했다
해유록(신유한)	비를 맞으면서 조령(鳥嶺)에 오르는데 잿길이 진흙이어서 말발굽이 빠지므로 가기가 매우 힘들었다. 고개 위에 초사(草舍)를 설치하여 일행의 말[馬] 갈아타는 처소로 하였다.(1719년 4월 17일)
해사일기(조엄)	고갯길이 질어 거의 사람의 무릎이 빠지므로 간신히 고개를 넘어 문경에 도착했다.(1763년 8월 9일)

백두대간 상행로도 하행로와 마찬가지로 조령을 반드시 경유했다. 이는 상행로에도 公路 개념이 적용된 결과로 볼 수 있다. 그러나 상행로 기록의 경우 하행로와 달리 내용이 생략되거나 소략돼 기재되는 경우가 많았다.

『일본행록』, 조경의『동사록』, 『부상록』, 홍우재『동사록』, 『동사일기』 등이 여기에 속한다. 이는 여행에 지쳤을 가능성, 임무를 완수한데서 오는 안도감, 가족에 대한 그리움 등이 더해졌기 때문이었다. 홍우재는『동사록』11월 8일자 상행로의 기사를 다음과 같이 적었다.

'맑음. 인동에서 아침 먹고, 날이 저물어서 세 사신에게 하직하고 떠나서 梧里院에 이르니, 義城의 원 南尙薰이 와서 접대했다. 베개와 칼 등 두어 종류를 보냈다. 이 이후는 길을 재촉해 왔으므로 수고로워 일일이 기록하지 못했다.'[46]

---

46) 晴. 自仁同朝飯. 日暮後下直三使道前. 發向到梧里院. 義城倅南尙薰來待. 以厚送枕數種. 自此以後趨程而來. 故勞不記焉.

2. 암행어사

조선왕조는 왕권의 대행자인 관찰사와 현감 등 수령을 통해 지방사회를 통치하고자 했다. 따라서 수령이 부임지를 잘 다스리는지 여부는 국왕의 이미지와 직결되는 중대한 문제였다.

암행어사는 국왕의 판단 하에 수시로 파견되는 비상설직으로 민폐가 극심한 지역을 선별하여 파견하는 것이 일반적이었다. 그러나 때로는 암행어사를 전국에 동시에 파견하기도 했다.

암행어사라는 표현은 중종 10년(1479)에 처음 등장했고, '어사'로도 호칭됐다. 다음은 성종 정부의 대사헌 金良璥이 아뢰는 말이다.[47]

> "근일에 자못 듣건대 수령의 분수에 지나친 행동이 혹은 그 두곡(斗斛)을 크게 만드는 사람까지 있다고 하니, 경연관이나 御史 중에서 내보내어 규찰하도록 하는 것이 어떻겠습니까? (⋯) 暗行御史가 한 번 나간다면 탐관이 저절로 두려워하게 될 것이다'라고 했습니다."

암행어사는 임무를 완료한 후 국왕에게 서계·별단이라는 복명서를 제출하는 것이 원칙이었고, 이는 당시 사회상을 이해하는데 중요한 사료로 활용되고 있다. 書啓에는 수령에 대한 행적, 別單에는 민정 외에 효자, 열녀 등 미담에 대한 내용이 기록됐다.

암행어사 서계·별단은 『日省錄』에 가장 많이 남아 있고 『繡衣錄』에도 일부가 전하고 있다. 이밖에 박만정이 쓴 『海西暗行日記』, 박내겸의 『西繡錄』, 성의성의 『湖南暗行錄』, 일본 天理大 소장본 등이 현존하고 있다.

본고는 이중 申晸(1628~1687)이 쓴 『南行日錄』을 분석 대상으로 삼았다. 『남행일록』은 다른 서계·별단에 비해 내용이 비교적 풍부하고 또 백두대간 영로를 넘는 하행길과 상행길이 시간 단위별로 뚜렷하게 기록돼 있다.

『남행일록』은 신정이 현종 12년(1671) 영남암행어사를 제수받아 대상 지역을 감찰한 뒤 돌아오기까지의 과정을 일기 형식으로 기록했다. 신정은 그 과정에서 백두대간 영로를 넘어 경상도로 하행하고 다시 백두대간을 넘어 상행했다.

신정의 기록이 암행어사 行路의 대표값을 가질 수는 없다. 그러나 신정이 택한 행로는 대일외교를 수행했던 조선통신사와는 확연히 다르게 나타난다. 신정은 1671년(현종 12) 단

---

47) 성종실록 10년 11월 23일 갑진.

양쪽 백두대간 죽령을 넘어 경상도에 진입하려 했다가 조령 쪽으로 하행노선을 바꿨다. 그는 그 이유에 대해

> '처음에는 곧바로 단양으로 향하여 이숙을 뵙고 그 길로 식량과 노자를 구하여 죽령을 넘어 가려고 하였다. 그런데 지도를 펼쳐보니 추첨으로 뽑은 제비(柱)가 여러 고을들과는 길이 상당히 어긋나 있었다. 그래서 조령길로 바꾸었다.'[48]

라고 적었다. 신정에 있어 백두대간 서쪽 사면인 충청도는 경유지역이지 감찰 대상지는 아니다. 이 때문인지 충청도 지역에서는 정보채집을 하지 않는 등 그의 행동에는 긴장감이 엿보이지 않는다. 그러나 백두대간 서쪽 신록인 연풍, 안보 일대에 이르러서는 다소 긴박한 행동을 보인다.

> '조금 있다가 조령을 넘으려고 하는데 고개를 넘은 이후에는 노자를 나눠주는 것이 민정을 살피는데 번거롭기 때문이었다.'[49]
> '통행금지가 해제되는 4시쯤에 행장을 재촉하여 출발해 조령의 고사리에 있는 주막에서 아침 식사를 하였다.'[50]

백두대간 조령을 넘어 경상도에 진입한 신정은 하루에 대략 30~60리의 일정을 소화했다. 그러나 사천-곤양 행로에서는 하루 100리[51]를 주파하는 등 강약을 조절해 가며 경상도 일대를 삼찰했다(그림 26).

신정은 부산 동래를 전환점으로 상행로, 즉 復路 일정에 들어갔다. 그러나 상행은 하행과 전혀 다른 의흥-신령-비안-예천-용궁-예천-풍기를 경유한 끝에 백두대간 죽령을 넘었다. 이는 조선통신사 상행로와는 크게 다른 모습이다. 이후 신정은 백두대간 서쪽 산록과 남한강 수계가 만나는 단양-청풍-수산역-황강역 등의 행로를 따라 충주에 도착했고, 이후로는 영남대로를 따라 상경했다.

그는 귀로중 청풍에서 백부가 남긴 글을 접하며[52] 감회에 젖고 또 눈이 오는 등 기상

---

48) 남행일록 9월 15일자 : 初欲直向丹陽 謁李叔 仍求糧資 由竹嶺以行 披見地圖 則抽柱中列邑路里頗左 故政乞鳥嶺之路.

49) 남행일록 9월 19일자 : 將踰鳥嶺 而踰鳥嶺以後 則分給行資 有煩聽聞故也.

50) 남행일록 9월 20일자 : 罷漏時 促裝以發 朝飯于鳥嶺高沙里酒幕.

51) 남행일록 10월 6일자 : 晴 鷄未鳴 瞥發朝飯于泗川西面水朴洞(…) 宿昆陽城外村舍 是日 行百里.

52) 『남행일록』 10월 10일자 : 벽(단양 삼락루 지칭) 사이에 백부께서 읊은 시가 있었다. 어루만지며 가만히

이 악화되자 행로를 멈추고 서계장을 정리하기도 했다.[53] 지금까지 내용을 종합하면 다음과 같다.

첫째, 조선 조정은 암행어사가 백두대간 고개를 넘는데 있어 왕로와 복로를 처음부터 의도적으로 다르게 편성하여 행로의 중복을 막았다. 그 결과 경상도 지역을 U자 형태로 감찰하는 것이 가능했다.

또 충청도 좌도의 경우도 하행 때는 지금의 충북 중부지역, 상행 때는 북부지역을 경유토록 해 역시 경로의 중복을 피했다. 이

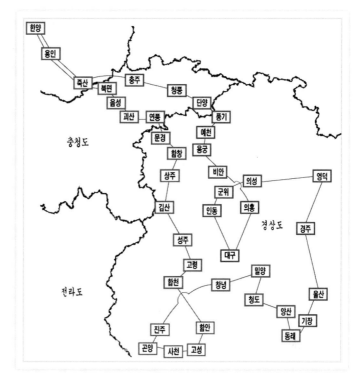

그림 26. 申晸의 경상도 암행 경로

는 왕로·복로 모두 영남대로의 조령만을 고집했던 조선통신사와는 크게 다른 것이다.

둘째, 통행금지제도가 서울 도성뿐만 아니라 관방이 있는 백두대간 영저마을에도 시행돼 오전 4시가 돼야 이동이 가능했다.

셋째, 암행어사에게는 임금으로부터 地圖가 하사됐다.

3. 소금

소금은 선사시대부터 오늘날까지 인간 생존에 없어서는 안 될 필수 무기물이자 조미료로 물물교역을 포함한 상업적 거래의 주종을 이뤘다. 우리나라의 경우 巖鹽이 존재하

읊으니 나도 모르게 감격스러워 눈물을 흘렸다.(壁間有伯父題詠 摩?諷詠 不覺感漏)

53) 『남행일록』 10월 15일자 : 눈이 조금 내렸다. 머물렀다. 서계 문서를 작성하였다. 각 읍민들이 올리올린 청원장을 살펴보니 관찰사가 공사를 보는 것과 같아서 눈코 뜰 새가 없으니 심히 괴롭다.(小雪 留 修書啓文書 考見各邑民呈狀 有如監司公事 眼鼻不能開 甚是苦事)

지 않기 때문에 생산지인 해안에서 내륙으로 들어갈수록 그와 비례해 소금가격이 상승했다. 소금은 생명 필수품 외에 救荒 용도로도 매우 중요시 됐다.

큰 기근이 찾아왔다고 해서 나물류를 그냥 먹을 수는 없다. 소금으로 간을 하는 것이 필요했고, 또 염 섭취를 해야 浮腫을 예방할 수 있었다. 실록에서 관련 내용을 자주 접할 수 있다.[54]

소금은 상업적 이익을 추구하는데 있어서도 매력을 지닌 재화였다. 때문에 조선시대 보부상들은 소금을 어물, 水鐵, 木器, 토기 등과 함께 이른바 5대 物種으로 여겨 독점권을 획득하려 노력했다.[55]

조선후기 鹽商들이 백두대간 충청도와 경상도 고개를 어떤 모습으로 넘나들었는지를 물질적(고고학)으로나 문헌으로 입증하기는 쉽지 않다. 소금은 중량이 많이 나가기 때문에 먼거리 운송은 물길로, 가까운 거리 운반은 육로를 이용했다. 그러나 물길로의 운반은 육로와 달리 기상의 영향을 많이 받았다. 즉 가뭄이 크게 들어 수위가 현저히 낮아지거나 강이 바닥이 드러나면 염선 운항이 축소되거나 정지됐다.

이로 인해 소금배가 낙동강으로 소강할 수 없을 경우 그 상류지역인 경상도 내륙에는 충주 남한강 소금이 이입됐다. 이와 관련, 김재완은 '가뭄이 들지 않은 평수기 때는 순흥, 풍기까지만 남한강 소금이 이입됐다. 반면 갈수기가 되면 낙동강 수운의 소강 종점이 달지에서 상주 낙동진으로 내려가면서 순흥, 풍기는 물론 예천, 함창, 안동, 용궁 등에도 남한강 소금이 공급됐다.'[56]라고 서술했다.

반면 최영준은 '영춘, 단양, 황강, 금천, 괴산 등에서 하역된 남한강 소금이 베티제, 죽령, 벌재, 계립령, 새재, 이화령 등을 넘어 백두대간 남쪽 가까운 취락에만 공급됐다.'[57]라고 밝혀 김재완에 비해 다소 소극적으로 해석했다.

남한강 소금이 백두대간 어느 고개를 넘어갔는가에 대해서도 둘은 이견을 나타냈다.

최영준은 ①영춘-벌퇴-순흥·봉화, ②단양-죽령-창락역-풍기·순흥·안동, ③단양-저

---

54) "식염(食鹽)이 가장 귀한데 각관 역시 동이 나서 바닷물을 길어다 마시며, 바닷물로 잇기가 어려운 곳은 해채(海菜)를 달여서 먹고 있습니다. 만약 소금이 있으면 비록 곡식이 없더라도 나물에다 섞어 먹어 연명할 수 있으므로…"(『중종실록』18권, 8년 8월 8일 1번째 기사).
"굶주린 백성들이 비록 풀을 먹더라도 반드시 염장(鹽醬)을 먹어야만 부종(浮腫)에 걸리지 않는 것인데…"(『세종실록』17권, 4년 8월 25일 2번째 기사).
55) 한국고문서학회, 1996,『조선시대 생활사』, 역사비평사, 473쪽.
56) 김재완, 1999, 앞의 글, 174-175쪽.
57) 최영준, 1987,「남한강 수운 연구」, 대한지리학회지, 77쪽.

수대·벌재-예천 ④충주-송계-계립령-문경·용궁 등의 4개 경로를 제시했다.[58]

이에 비해 김재완은 ①단양 작전포-죽령-풍기·순흥, ②영춘-의풍-벌퇴-마락리-영주 지곡장, ③영춘-의풍-마구령-부석면 소천장 등 3개 경로를 제시했다.[59] 고고학적 물증이 남아있지 않기 때문에 두 사람의 주장을 검증하기는 쉽지 않다.

그러나 김재완의 주장은 일부 사실 관계가 부합되지 않는 면이 있다. 그는 ①영춘-의풍-벌퇴-마락리-영주 지공장 ③영춘-의풍-마구령-부석면 소천장 등을 거친다고 각각 주장했다.

그러나 ②의 경우 벌퇴는 백두대간 영로가 아니다. 따라서 ②는 벌퇴-마락리-고치령으로 서술해야 보다 정확하다(그림 27).

③의 경우도 마구령이 아닌, 여촌령을 경유한 것으로 봐야 한다. 마구령은 부석사를 기준으로 했을 때 그 왼쪽(북쪽 방향으로 볼 때)을 지나기 때문에 위치 관계가 맞지 않다. 반면 부석사 오른쪽, 즉 여촌령을 지나면 부석면 소천장에 이를 수 있다(그림 28).

남한강에도 가뭄이 자주 찾아왔을 것

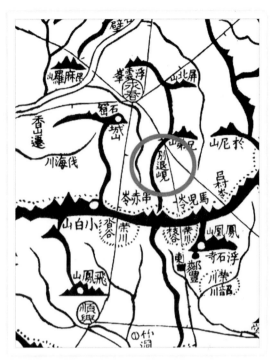

그림 27. 대동여지도 벌퇴현

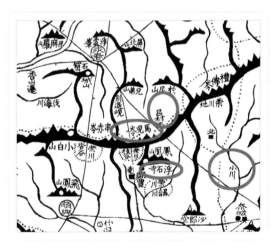

그림 28. 대동여지도 영춘–순흥 일대

이다. 그러나 남한강 상류지역인 충청도 내륙에서는 경상도 내륙과 다른 현상이 나타났

---

58) 최영준, 2004, 앞의 글, 69쪽.
59) 김재완, 1999, 앞의 글, 114쪽.

다. 문헌사료를 보면 이 지역에 대한 조선 전기와 후기의 염공급 형태가 달랐다. 조선전기의 남한강 상류지역은 소금 공급이 감소할 경우 경상도가 아닌 동해산 소금이 일부 유입됐다.

지정학적으로 동해산 소금은 백두대간을 넘어 영서지방의 평창이나 영월까지 도달하면 그 이후부터는 그리 어렵지 않게 단양, 충주까지 수운을 통해 하강할 수 있다.『세종실록』에는

> '굶주린 백성들이 비록 풀을 먹더라도 반드시 鹽醬을 먹어야만 浮腫에 걸리지 않는 것인데, 소금이란 嶺西에서는 없는 것이니, 청컨대 嶺東의 관염(官鹽)을 갖다가 嶺西에 적당하게 배급할 것이며…'[60]
> '호조에서 아뢰기를, "강원도의 嶺東 각 고을 會計의 소금 4백 석을 嶺西 각 고을 민호에 나누어 꾸어 주고, 가을을 기다려서 소재지의 수령으로 하여금 時價에 의하여 잡곡으로 수납하여 會計에 기록하게 하소서" 하니, 그대로 따랐다.'[61]

라는 내용이 기록돼 있다. 조선후기에는 서해안 소금이 다량 공급됐다. 한양의 상인들이 남한강 수계를 이용하기 시작하면서 단양, 영춘, 영월 뿐 아니라 횡성, 평창 등 영서 산간지역으로까지 서해안 소금의 공급이 확대됐다.[62]

그러나 조선후기의 남항강 상류지역에 서해안 소금만이 녹점적으로 공급된 것은 아니었다.『택리지』(1751)가 쓰여진 18세기 중후반에도 백두대간을 넘어온 동해안 소금이 일부 공급됐다. 이때 동해안 소금은 충주 목계 뿐만 아니라 범영서권으로 볼 수 있는 강원 남부의 원주까지 공급됐다.

> "그 서쪽은 목계인데, 강을 내려오는 생선배와 소금배들이 정박하에 세를 내는 곳이다. 동해의 생선과 영남 산골의 물산이 모두 이곳에 모여드니, 주민들이 모두 장사를 하며 부유하다."[63]
> "산골짜기 사이에 들판이 섞여 펼쳐져 景槪가 밝고도 빼어나며 몹시 험하거나 막히지 않았다. 경기도와 대관령 사이에 끼어서 동해의 생선, 소금, 인삼이나 棺槨. 궁전에 소용되는 재목이

---

60) 『세종실록』17권, 4년 8월 25일 2번째 기사.
61) 『세종실록』68권, 17년 5월 6일 3번째 기사.
62) 김필래, 2005,「남한강 장시에 유통된 품목고」, 한국문화연구 9집, 319쪽.
63) 이중환, 1751,『택리지』팔도총론 충주목.

모여드니 한 도의 도읍이 되었다."[64]

『증보문헌비고』에도 '동해 사람들이 嶺西로 무역하기 때문에'[65]라는 기록이 보인다. 따라서 동해안에서 남한강 상류지역으로 이입되는 소금은 '강원도 성마령-정선 사수리-하강' 혹은 '성마령-영월 덕포-하강' 등의 루트를 생각할 수 있다.[66] 이것 외에 『메밀꽃 필 무렵』에 등장하는 강릉-대화-평창-제천과 영춘-여촌령-봉화 루트도 소금 유통로로 기능했을 가능성이 높다.

동해산 소금은 백두대간 산록인 연풍지역까지 공급됐다. 그러나 보은, 영동 지역은 지형적인 영향으로 동해산은 이입될 여지가 없이 서해와 남해산 소금이 공급 경쟁을 벌였다. 옥천은 상주와 멀었기 때문에 서해의 강경소금이 유입됐다. 이 강경소금은 청산까지 공급됐다.[67]

이상에서 본 바와 같이 조선후기 남한강 상류지역 염 공급은 경상도 내륙과는 다소 달랐다. 서해산이 대종을 이루고 있는 가운데 백두대간-강원도를 넘어온 동해산도 일부 공급됐다.

4. 주막문화

院은 조선시대 전기인 성종대에 이미 많은 문제점을 드러내기 시작하여 17세기 초를 전후하여 그 기능을 거의 상실했다.[68] 그 이유는 첫째, 院은 우역의 보조기관으로 설립됐음으로 조정관리의 관심을 끌지 못했다.

둘째, 양란 이후 경제, 사회적 혼란기에 院主들이 그 직을 포기했다. 지급된 영세한 원주전 만으로는 원의 운영비를 충당할 수 없었다. 셋째, 원주인은 양인 이하를 취급받는 경향이 있었다. 院을 역사·문화적으로 계승한 것이 주막이었다. 주막은 숙종대에 처음 등장한다.

'壺平副守 樗이 그 아우 樫과 더불어 板橋의 酒幕에 가서 머무르면서 술과 돈을 요구하고 포악

64) 이중환, 1751, 『택리지』 팔도총론 원주부.
65) 증보문헌비고 제 158권, 재용고5, 어염.
66) 최영준, 2004, 앞의 글, 68쪽.
67) 김재완, 2001, 『경부선철도 개통 이전의 충북지방 소금연구』, 중원문화논총4집, 245쪽.
68) 최영준, 2004, 『영남대로』, 고려대학교 민족문화연구원, 306쪽.

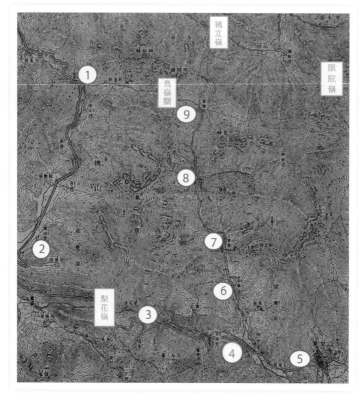

한 짓을 함부로 자행하여, 끓는 물을 가지고 살에다 붓는 刑을 더하니, 거기 살던 백성들이 달아나 흩어졌다. 宗簿侍에서 그 죄를 아뢰니, 잡아다가 죄를 다스리고 告身을 빼앗으라고 명하였다.'69)

조선시대 주막은 숙박은 무료였기 때문에 술집이면서 동시에 음식점이었지 전문적인 여관은 아니었다. 16세기 중엽 이후 원은 점차 旅店, 夜店, 店幕, 旅幕, 酒幕 등으로 불리며 명칭이 다양화됐다.70)

그림 29. 계립령~이화령 일대 주막지도(1新豊주막, 2栗田주막, 3要光院주막, 4各西주막, 5毛項주막, 6中草주막, 7上草주막, 8龍湫주막, 9東院주막)

주막은 19세기 후반에 이르러 더욱 번창하여 10~20리마다 1개 이상의 주막이 존재했다. 주막은 場, 驛, 마을어귀, 큰 고개 밑, 나루터, 광산촌 주변에 발달했다.71) 특히 도둑을 피하거나 밤길을 걷지 않기 위해서도 해꼬리가 어느 정도 남아 있다 손치더라도 주막에서 묵지 않을 수 없었다.72)

그러나 조선의 주막 문화는 이방인 B. 비숍(1832~1904)의 눈에는 매우 열악하게 비춰졌다. 그는 『Korea and Her Neighbors』에서

'길가 헛간인가 할만 한 것이 처마 밑에 말먹이통과 말뚝이 있음으로써 겨우 여관인가 여기게

---

69) 숙종실록 29년(1703) 11월 25일자: 壺平副守檁, 與其第樫, 往住板橋酒幕, 索酒徵錢, 肆行暴虐, 爲沸水爛膚之刑, 居民逃散. 宗簿寺請其罪, 命拿治, 奪告身.
70) 주영하, 2008, 「주막의 근대적 지속과 분화」, 신철민속학 연구 제 11호, 8~11쪽.
71) 박경만, 2010, 「대한제국기 충주군 금목면의 주막에 대하여」, 역사와 실학 제42집, 94쪽.
72) 배도식, 1982. 「옛 주막이 민속적 고찰」, 한국민속학 15, 88쪽.

된다. 장깃문을 밀치고 안으로 들면 흙으로 된 바닥에 거적자리를 깐 것이 방이다. 角材를 대여섯 치 정도를 켜서 자른 베개 대여섯 개가 아무렇게나 거기에 뒹굴고 있다. 이 베개가 암시하는 것처럼 이 방은 나그네 한 사람이 결코 독점할 수가 없는 곳이다.'[73]

라고 서술했다. 백두대간 영로 상에 주막을 역사적으로 정확히 복원하는 것은 쉽지 않다. 주막의 위치를 정확히 고증하려면 지도와 행정지명이 동시에 구비돼 있어야 한다. 본고는 일제에 의해 1910년대 제작된 『朝鮮地誌資料』와 〈조선 1:50000 지형도〉(1910~1920년대)를 바탕으로 백두대간 영로상의 주막 위치를 확인해 보았다..

그 결과 백두대간 충북사면의 영로주막은 상당부분 '里' 단위까지 위치를 확인하는 것이 가능했다. 이는 앞서 언급한대로 지도와 행정지명이 대부분 일치하기 때문에 가능했다. 그러나 백두대간 경북사면의 영로주막 복원은 다소 어려웠다. 『조선지지자료』와 〈조선 1:50000 지형도〉에 수록된 행정명이 일치하지 않는 곳이 더러 있었기 때문이다. 미약하나마 이를 바탕으로 백두대간 죽령과 조령 영로상의 주막을 분석해 정리했다.

첫째, 조령은 백두대간 동쪽 사면(문경), 죽령은 서쪽 사면(단양)에 주막문화가 크게 발달했다. 조령 문경사면에는 7개, 연풍사면에는 2개의 주막이 존재했다. 반면 조령 단양사면에는 8개, 풍기사면에는 3개의 주막이 위치했다.

둘째, 조령 문경사면은 영로 중간지대부터 주막촌이 발달하기 시작했고 죽령 단양사면은 영저에 주막촌이 집중적으로 형성됐다. 반면 조령 연풍사면과 죽령 풍기사면은 주막촌이 크게 형성되지 않았다.

셋째. 주막 이름에는 행정명을 사용한 경우가 가장 많았다. 삼거리주막, 요광원주막 같이 순우리말과 院명을 사용한 경우도 있으나 나머지는 대부분 행정명을 사용했다. 그러나 이는 당시 조사원이 임의로 작명했을 가능성도 배제할 수 없다. 조선시대 주막들은 상호를 사용하지 않았다는 견해도 있다.[74]

5. 영로의 盛衰

嶺路도 생물과 마찬가지로 발달과 쇠퇴의 과정을 보여준다. 문헌상 우리나라 제 1, 2

---

73) 이인화가 『한국과 그 이웃 나라들』 제목으로 살림출판사 이름으로 1994년 번역·출간.
74) 배도식, 1982, 「옛주막의 민속적 고찰」, 『한국민속학』15, 88쪽.
   옛주막은 오늘날의 술집처럼 간판은 없었다. 주막 표시로는 장대에 용수를 매달아 지붕 위로 높이 올리거나 소·돼지 머리를 좌판에 들어놓아 주막임을 알렸다.

호 고개는 鷄立嶺[75]과 竹嶺[76]으로 각각 AD 156년과 158년에 개척됐다.

계립령은 『대동지지』(마골점 포함)까지 그 지명이 계속 존재했다. 그러나 〈대동여지도〉에는 연결선이 보이지 않는다. 이는 公路에서 商路로 변질되면서 그 중요도가 쇠퇴한 것으로 해석할 수 있다. 최영준은 계립령이 그보다도 이른 고려 중기에 이미 쇠퇴기에 접어들었다고 봤다.[77]

계립령이 쇠퇴한 데는 지리적인 영향이 가장 컸다. 문경에서 충주를 경유하려면 거리상 동쪽으로 크게 우회하는 모습이 된다. 또 지금의 미륵리 일대를 통과하려면 또 하나의 고개[78]를 넘어야 한다. 이에 비해

> 조령(새재)은 경상도 문경에서 충주로 가는데 있어 直路에 가깝다. 조령은 『고려사』에도 草岾이라는 지명으로 등장, 주요 교통로로 기능했다. 이후 〈대동여지도〉에는 線과 관방 표시가 모두 존재하는 등 중요도가 한층 높아졌다. 조령은 이때부터 조선시대 최고의 공로로 인식되며 영남대로로 불렸다.

영남대로가 조령이 포함돼 있는 충주-문경 구간에 발달한 것에는 지리적인 이유도 적지 않게 작용했다. 충주-상주 구간은 대하천의 지류가 형성돼 있으면서 河谷과 분지가 발달했다. 그리고 그 분수령에는 이른바 鞍部가 발달하여 도로 개설이 용이했다.[79]

그러나 조령은 임진왜란 후 급격히 쇠퇴기에 접어들었다. 남한강 유역과 경상도를 연결하는 영남대로 주변 지역은 임진왜란 전까지 조선왕조의 자원 및 인재의 보고였다. 그러나 영남대로상에 있던 감영들이 개전 초에 왜적에게 유린됨으로써 지방 행정 기능이 마비됐다. 특히 충주와 상주는 가장 극심한 타격을 입어 이들 도시에 있던 감영이 타 도시로 이전되기에 이르렀다.

충청감영은 1602년(선조 35) 충주에서 공주로, 경상감영은 1601년(선조 34) 상주에서 대구로 이전됐다. 그 결과 밀양, 대구, 선산을 잇는 경상도 서남부 지방의 교통 물량은 서부

---

75) 『삼국사기』 아달라 이사금 3년조: 3년 여름 4월에 서리가 내렸다. 계립령의 길을 열었다(三年 夏四月 隕霜 開鷄立嶺路).

76) 『삼국사기』 아달라 이사금 5년조: 5년 봄 3월에 죽령을 개통하였다. 왜인이 사신을 보내와 예방하였다(五年 春三月 開竹嶺 倭人來聘).

77) 최영준, 1975, 「조선시대의 영남로 연구」, 지리학 제 11호. 60쪽

78) 일부에서는 이 고개를 계립령으로 보기도 한다. 〈조선 1:50000 지형도〉도 이 고개를 '계립령'으로 표기했다.

79) 최영준, 앞의 글, 54쪽.

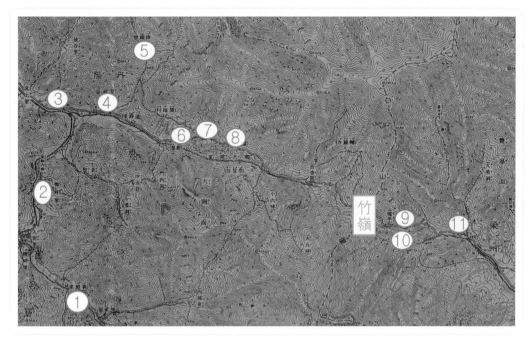

그림 30. 죽령 일대 주막지도(①三巨里주막 ②槐坪주막 ③長林주막 ④堂洞주막 ⑤獐峴주막 ⑥中里주막 ⑦基洞주막 ⑧鷹岩주막 ⑨塊亭주막 ⑩院南주막 ⑪水錢橋주막)

에 위치한 추풍령 쪽으로 몰리게 됐다. 이때부터 상주, 충주, 한강도[80] 방향의 교통량이 격감한 반면 김천, 추풍령, 청주, 천안, 수원 방향의 교통량이 증가하였다.[81] 이는 지금의 경부고속도로 노선과 거의 일치한다. 조령은 신작로가 그 남쪽인 이화령 쪽으로 개통되면서 기능이 완전 상실됐다.

조선후기 들어서면 장시로 대표되는 상업경제 발달과 함께 보부상들의 활동이 크게 증가했다. 그 결과 기동력을 중시했던 보부상들에 의해 이른바 捷路(지름길), 商路, 間路(사잇길), 細路, 聯路(연결길) 등 다양한 종류의 길이 생겨났다.

임진왜란과 호란을 겪은 조선 조정은 영로관방 전략이 확립됨에 따라 주요 역로에 城과 關을 설치하여 유사시를 대비하고자 했고 이중 제 7 방어선[82]이 가장 중요시됐다. 그

---

80) 한강은 본래 서울의 남산 기슭 지금의 한남동 앞의 강을 일컬었다. 이곳을 건너면 판교-용인 등 동남 행로를 밟게 된다.

81) 최영준, 2004, 영남대로, 고려대학교 민족문화연구원. 449~450쪽.

82) 제 1방어선 동래-부산, 제 2방어선 창녕-밀양-양산을 잇는 낙동강 하류, 제 3방어선 팔조령-성현, 제 4방어선 금오산성-천생산성-가산성, 제 5방어선 상주읍성-용비산성, 제 6방어선 조령-계립령 등 소백산맥,

결과 주요 교통로만 남겨두고 그 밖의 小路를 모두 폐쇄하는 계획이 추진됐다. 다음은 정조대 좌의정 金尙喆(1712-1791)이 아뢰는 말이다.

"영남과 호서의 帥臣을 신칙하여 尙州와 淸州 양계 사이에 있는 葛加峙의 新路를 防塞하고, 남북의 行人들을 鳥嶺으로 몰려가게 함으로써 關防을 중하게 하소서."[83]

新路를 폐쇄하는 등의 영로 관리는 병마절사의 주요 업무이기도 했다. 역시 좌의정 김상철이 아뢰기를

"경상우도 병마절도사 趙圭鎭과 충청 병마절도사 南益祥 등의 장계에, 상주와 솔면이[松面] 사이의 도로 형편을 일일이 돌며 살펴보니, 상주의 경계에 있는 갈가리고개 40리의 긴 계곡에 이제 막 한 갈래 새로운 길이 열렸는데, 지금 만약 그곳을 견고하게 막는다면 淸州의 경계에 있는 所率峙 사이의 길은 끊으려 하지 않아도 저절로 끊어질 것인바, 남북으로 다니는 사람들이 자연 새재[鳥嶺]로 몰려들게 될 것입니다."[84]

라고 했다. 그러나 대동여지도에 백두대간 고개의 숫자가 수십 개 표기된 것에서 보듯 정조대의 이른바 '新路防塞' 정책은 별반 실효를 거두지 못했다. 정조 집권 초기에 이미 그 현상이 나타나기 시작했다.

"전 尙州營將 유이주는 몇 해 전에 조정의 명령으로 인하여 마아버린 상주 소관 葛可峙에 대해 작년 가을 이후로 조정의 명령을 받들지 않았을 뿐만 아니라, 또 이어서 鳥嶺의 백성들에게 棍을 쳐서 다시 막지 못하게 하였으니, 刑推하여 실정을 캐내소서."[85]

백두대간 충북-경북 구간에는 3개의 일명고개가 존재하고 있다. 線만 그어진 고개지만 일명고개1은 보은-가은, 일명고개2는 괴산 송면-화서, 일명고개3은 청산-화서 남쪽을 연결하고 있다. 이들 고개가 현재 어디인지는 정확히 규명되지 않았다. 단, 이들 고개가 보은-괴산 사이에 주로 위치하면서 상로로 이용된 점은 주목할 필요가 있다.

제 8방어선 수원화성-남한산성 등의 개념이 수립됐다.

83) 정조 즉위년 12월 20일 1번째기사: 飭嶺南湖西帥臣, 防塞尙州,淸州兩界葛加峙新路, 使南北行人, 輻湊鳥嶺, 以重關防

84) 『국역일성록』 정조 즉위년 12월 20일 정사: 慶尙右兵使 趙圭鎭 忠淸兵使 南益祥等狀啓以爲尙州松面間路形便一一巡審則尙州界葛加峙四十里長谷方開一條新路今若堅塞則淸州界所率峙間路不期斷而自斷南北行人自當輻湊於鳥嶺.

85) 『국역일성록』 정조 3년 3월 23일 정미: 尙州前營將柳爾胄 尙州所管葛可峙年前因朝令防塞處昨秋以後不但不奉朝令又從以決棍鳥嶺之民使不得更塞請刑推得情.

죽령은 백두대간 3개 영로 중 盛衰의 부침이 가장 적었다. 지명 죽령은 『세종실록』 지리지를 포함하여 『신증동국여지승람』, 『여지도서』, 『만기요람』, 『대동지지』 등 모든 지리지에 등장한다. 또 〈대동여지도〉에는 선도 그어져 있어 교통량이 상대적으로 많았던 것으로 나타났다. 반면 추풍령은 비교적 늦은 『신증동국여지승람』 때 등장한다. 그 전시대인 『세종실록』 지리지에는 눌이항의 이름이 보인다. 이상을 정리하면 계립령은 이른 시기에 쇠퇴했고, 그것을 대체한 것이 조령이었다.

또 황간 눌이항도 어떤 이유로 조선 전기에 쇠퇴기에 접어 들었고 이를 대체한 것은 추풍령이었다. 이에 비해 죽령은 오랜 시간 동안 상대적으로 안정적인 교통환경을 유지했다.

근대기까지의 백두대간 충북구간의 영로는 동에서 서쪽 방향, 즉 계립령-조령-이화령-추풍령으로 이동하며 발달했다. 그러나 근래 들어서는 중부내륙고속도로와 중앙고속도로의 개통으로 다시 서에서 동으로 이동하는 모습을 보이고 있다.

표 8. 지리지에 등장하는 충북 옛고개(밑줄친 부분은 백두대간 영로)

군현	『세종실록』 지리지(1425)	『신증동국여지승람』(1530)	『여지도서』(1752)	『만기요람』(1808)	『대동지지』(1861)
충주		惡峴 連珠峴	毛女峴 連珠峴惡峴	毛女峴 惡峴 兩大峙 林烏峙	毛女峴 惡峴 兩大峙 林烏峙 吾信峙 六十峙 渴馬峴 楡峴
청풍					長善峴 加羅峴 衣峴 德山嶺
단양	竹嶺 五峴	竹嶺 加文峴	竹嶺 稷峙 檜嶺 鷄卵峙 槐谷峴 白石峙	竹嶺 鷄卵峴 虎踰峙 代伐峴 檜嶺	竹嶺 加文峴 鷄卵峴 虎踰峙 代伐峴
괴산	茵峴 吾只峴	松峴 茅峴 仇乙峴 道車衣峴	道車衣峴 沙峴 茅峴 窟峴 楡峴 松峴	伊火峴 松峴 鷄立峴	松峴 止里峙 茅峴 窟峴 道車衣峴 古峴
연풍	炭項 麻骨岾	鷄立嶺 鳥嶺(=草岾) 伊火峴 松峴 牛岾	鳥嶺 伊火峴 周峴 茅峴 渴馬峴 松峴 楡峴 鷄立峴		鷄立嶺 鳥嶺 伊火峴 牛峴 松峴 楡峴 茅峴 周峴
음성		品峴 朴伊峴	閑伐里峴 宋五里峴 道車峴 沙亭峴 炭峴 品峴		品峴 叱音峴 惡峴 行峙 君子峙 炭峙
영춘		重峴 赤峴 馬兒峴 加文峴	馬兒峙 馬踰峙	重峴 赤峴 馬兒峴 迦文峴 別退峴 每南峙	別退峴 重峴 馬兒嶺 串赤嶺 加文峴 每南峴 呂村嶺
제천		未古介(?) 朴達峴	拜峙	拜峙 大峙 朴達峙	朴達峙 大峙 蘆院峙 拜峙 石峙 枏峙
청주			華淸嶺	華淸嶺 巨竹嶺 三日峙	華淸嶺(?) 三日峙 窟峴 枏峙 熊峙 栗峙 皮盤嶺
옥천			斗音峙 文峙 長先峙 枏嶺 栗峙 狐峙 馬鞭項 牛峙 九斗音峙 土目嶺	文峙 長先峙 鞍峙 烈狐峙 馬鞍項峙 馬達峙	文峙 長先峙 先峙 馬鞍項 遠峙 列狐峙 鞍峙 馬達峙 枏峙
보은		馬峴	楸峴 屯峴 燕峙 文峙 熊峴 車衣峴	燕峙 熊峴 車衣峴 楸峴 文峙	回踰峙 熊峴 車衣峴 文峙 燕峙 龜峙 枏峙 馬峴 甑項
문의	漏峴		栗峴 漏峴峙		栗峙 懸峙 漏峙 黑峙
회인	龍山岾	皮盤大嶺 車衣峴 墨峴	蘆嶺 黑嶺 皮盤嶺		皮盤嶺 車衣峴 蘆嶺 黑峴 末訖嶺
청안		松峴 蛇峴 椒峴 仇自隱峴		粉峴, 松峴 椒峴 仇自隱峴	松峴 蛇峴 松五里峴 粉峴 椒峴 仇自隱峴

진천		大門嶺 脇呑嶺	大門嶺 脅呑嶺	大門嶺 脅呑峙	金峙 大門嶺 脇呑嶺
영동		馬鞭項 柳峙 井峙 沙邑峴 葛峙 大蛇峙 小蛇峙			鍮峙 蛇峙 葛峙
황간	訥伊項	秋風嶺 掛榜嶺 牛頭嶺 西峙 吾道峙 梨峙 白華峙		秋風嶺 掛榜嶺 牛頭嶺 鍮峙	秋風嶺 吾道峙 掛榜嶺 牛頭嶺 鍮峙 梨峙.
청산		泉峙 馬峙 將軍峙 八音峙 喜興峙		白水峙 馬峙 將軍峙	井峙 馬達峙 蛇峙 白水峙 將軍峙

V. 맺음말

지금까지 〈대동여지도〉 상에 나타난 충북과 경북 구간의 백두대간 옛 고개에 대해 살펴봤다. 〈대동여지도〉가 제작된 19세기 후반의 충북-경북 백두대간에는 일반적으로 알려졌던 것보다 훨씬 많은 24개의 고개가 존재했다.

영로 지명의 경우 '嶺'계열이 12개, '峴'계열 5개, '峙'계열 1개, '項'계열 3, 기타(일명고개) 3개 등으로 '嶺'계열이 가장 많은 것으로 나타났다.

일명고개를 제외한 21개 영로 중 죽령, 탄항, 조령, 증항, 오도치, 추풍령, 쾌방령, 우두령 등 8개 고개는 그 이름이 변하지 않았다. 반면 나머지 13개 고개는 이름이 변했다. 이밖에 선과 지명이 모두 존재하는 경우는 12곳, 지명만 존재하는 경우는 8곳, 선만 존재하고 지명이 없는 일명고개가 3개 존재하고 있다.

이와 관련해 조선왕조실록에 '갈가치' '송치' 등의 지명이 존재하고 있어 향후 관련성 여부를 규명해야 할 것으로 보인다. 〈대동여지도〉는 대부분의 산이름을 가로체로 표기했다. 그러나 백두대간이 세로 방향으로 전개된 곳에서는 같은 세로체가 표기했다. 이는 제작자 김정호가 백두대간을 크게 의식했음을 보여주는 근거로 볼 수 있다.

조선통신사는 하행과 상행 모두 公路인 조령을 통과했다. 이는 관례를 따른 것으로 각 고을의 행정적인 지원과 민폐에 대한 거부감이 동시에 작용한 결과로 보인다. 이에 비해 암행어사는 백두대간 영로를 통과하는 하행과 상행길이 조선통신사와 달랐다.

『남행일록』의 저자 신정은 조령을 넘어 경상도 지역에서 U자형 감찰활동을 벌인 후 귀로는 단양 죽령을 택했다. 낙동강 상류인 경상도 내륙에 가뭄현상이 찾아올 경우 충주 남한강 소금이 백두대간 영로를 넘어 공급됐다. 반면 충주 등 충북 북부지역에는 서해안 소금이 주종을 이뤘으나 일부 동해안 소금도 이입됐다.

조령과 죽령의 백두대간 주막문화는 동쪽과 서쪽 사면이 크게 달랐다. 조령은 동쪽 사면과 영로의 중간부터 주막촌이 발달한 반면, 죽령은 서쪽 사면과 嶺底에 주막촌이 집중적으로 형성됐다.

24개 영로에도 생물과 마찬가지로 성쇠가 존재했다. 문헌상 우리나라 제 1호 고개인 계립령은 조선 전기 들어 이미 쇠퇴한 반면 제 2호 고개인 죽령은 지리지에 그 지명이 계속해서 등장하는 등 줄곧 안정세를 보였다. 백두대간 영로는 계립령-조령-이화령 등의 흐름에서 보듯 동에서 서쪽 방향으로 활성화된 모습을 보였다. 그러나 현대 들어 중앙고속도로 중부내륙고속도로가 백두대간을 통과하면서 다시 서에서 동쪽으로 이동하는 모습을 보이고 있다.

샛길 개척과 松商의 역할은, 그리고 동해 해산물이 백두대간을 넘어 어떻게 충청도 내륙으로 들어왔나, 영춘·연풍·황간 등 백두대간 영저 고을은 왜 행정지위가 사라졌는가, 백두대간에 위치했던 부곡의 역사적 의미는 무엇인가, 백두대간 임업사와 산림경제사, 백두대간과 화전 등 도 앞으로 고찰할 것이 너무 많다. 충북은 남한 백두대간의 요처에 해당하는 곳으로 학술은 물론 지역의 자산화 차원에서도 이의 역사 복원은 반드시 필요하다.

참고문헌

조선왕조실록   택리지   신증동국여지승람   여지도서   만기요람   대동여지도   대동지지   증보문헌비고   삼국사기   국역일성록   충북도세일반

민족문화추진회, 1985, 국역 『해행총재』.
김재완, 1999, 「19세기말 낙동강 유역의 염유통 연구」, 서울대 박사학위 논문.
_____, 2000, 「경부선 이전의 소금유통 연구」 『중원문화논총』.
김종혁, 2008, 「고지명 데이터베이스를 통한 19세기 지명의 지역별·유형별 분포 특징」, 문화역사지리 제 20권 제3호 통권호.
김필래, 2005, 「남한강 장시에 유통된 품목고」, 한국문화연구 9집.
도도로키 히로시, 2002, 「『海行總載』에 나타난 통신사 사행로의 공간전개」, 문화역사지리 제 14권 제 3호.
_____, 2004, 「구한말 신작로의 건설과정의 도로교통체계」, 대한지리학회지 제39권 제 4호.
_____, 2000, 『일본인의 영남대로 답사기』, 한울.
박경만, 2010, 「대한제국기 충주군 금목면의 주막에 대하여」, 역사와 실학 제42집.

배도식, 1982, 「옛 주막이 민속적 고찰」 한국민속학 15.

양보경, 1996, 「조선시대 백두대간 개념의 형성」『진단학보』 83권.

_____, 1987, 「조선시대 읍지의 성격과 지리적 인식에 관한 연구」 서울대학교 석사논문.

이도원, 2003, 「백두대간 체계 안에 내포된 유역 개념과 문제점」 한국생태학회지.

이욱, 2002, 「조선후기 어염정책 연구」 고려대 박사학위논문. 진단학보 83.

(사)백두대간진흥회, 2008, 『백두대간의 옛길』 산림청보고서.

전종환 외, 2008, 『인문지리학의 시선』.

주영하, 2008, 「주막의 근대적 지속과 분화」 신철민속학 연구 제 11호.

한국고문서학회, 1996, 『조선시대 생활사』 역사비평사.

최영준, 2004, 『영남대로』 고려대학교 민족문화연구원.

_____, 1987, 「남한강 수운 연구」 대한지리하회지.

홍경희 · 박태화, 1981, 「대동여지도에 나타난 역참의 분포와 입지」 경북교육포럼 Vol.23.

충북지역 건물지 유적 출토
기와 현황과 성격 분석

김인한 충청대학교

Ⅰ. 머리말

충북지역에서 기와가 출토되는 건물지 유적에 대한 최초의 조사는 1977년 대청댐 건설사업 지구 내의 김생사지[01]와 충주 미륵리사지[02]이다. 1980년대에는 충주댐 건설사업 지구와 중부고속도로 건설사업에 따른 구제발굴조사를 통해 충주 淨土寺址를 비롯한 여

---

01) 충북대학교 박물관·문화재관리국 문화재연구소, 1979,『대청댐 수몰지구 유적 발굴 보고서』충청북도편, 167~184쪽.
02) 충청북도, 1978,『彌勒里寺址 발굴조사 보고서』.
　　청주대학교 박물관, 1979,『미륵리사지 2차 발굴조사 보고서』.
　　이화여자대학교 박물관, 1982,『미륵리사지 3차 발굴조사 보고서』.
　　청주대학교 박물관, 1992,『중원 미륵리사지 - 4차 발굴조사 보고서』.
　　＿＿＿＿＿＿＿＿＿, 1993,『大院寺址·彌勒大院址 - 중원 미륵리사지 5차 발굴조사 보고서』.

러 폐사지와 제천 지역의 外倉 유적들이 조사되었고,[03] 보은 三年山城,[04] 청주 雲泉洞寺址,[05] 興德寺址[06]에 대한 학술발굴조사가 실시되었다. 1990년대 후반까지는 학술발굴조사가 간헐적으로 실시되다가 1990년대 후반부터 최근까지 공동주택 건설, 산업단지 조성, 도로 건설과 같은 각종 개발사업이 증가하면서 건물지 유적 조사가 급증하였다.

충북지역에서 그동안 실시된 발굴조사는 수백 건에 이르며, 그 중 기와의 소비처인 건물지가 확인된 유적이 113개소에 달한다. 기와는 출토 유적의 성격 규명과 시기 편년의 중요한 단서로, 기와를 건축부재로 사용하는 건물지 유적은 더욱 그러하다. 하지만 많은 수의 유적과 다종다양한 기와에 대한 자료가 축적되었음에도 불구하고 출토 유적과 기와 종류에 대한 기본현황 조차 파악되지 않고 있다. 때문에 유적 성격의 추론을 뒷받침하기 위한 기와와 유적 간의 상관관계 분석 및 다각적인 연구 또한 미진한 상황이다.

이에 본고에서는 그동안 충북지역에서 조사된 기와 출토 건물지 유적에 대한 기본현황을 정리하고, 이를 토대로 각종 기와와 유적 간의 출토비율을 계량화 하여 유적 성격 규명에 있어 근거자료로서의 가능성을 검토하고자 한다. 조사대상은 2014년 8월 현재 발굴조사된 건물지 유적 중 보고서가 발행된 유적으로 제한하였다. 충북지역 기와 출토 건물지 유적 전체 현황을 쉽게 파악할 수 있도록 출토 지역, 유적 성격, 기와 종류, 시대 등으로 정리하였다. 게재된 내용은 발간된 보고서의 기록을 그대로 인용한 것이고, 간혹 필자의 견해가 반영된 부분은 각주나 미주를 달아 의견을 기록하였다.

이를 토대로 유적 성격별 출토되는 기와의 종류와 비율, 그리고 각종 기와의 유적 간 출토비율 및 개별 유적 유형 내에서의 비율을 비교분석하여 유적 성격에 따른 사용 기와와의 상관관계를 검토하고자 한다.

II. 충북지역 기와 출토 건물지 유적 현황

충북지역에서 건축부재로 사용된 기와가 출토된 발굴조사 유적은 113개소이다. 개별

---

03) 충북대학교 박물관, 1984,『충주댐 수몰지구 문화유적 발굴조사 종합보고서』-불적분야·역사분야- 참조.
　　　문명대, 1986,「청주 내곡동 건물지 발굴조사 보고」,『중부고속도로 문화유적 발굴조사보고서』, 충북대학교 박물관, 565~596쪽.
04) 충북대학교 박물관, 1983,『삼년산성 - 추정연못터 및 수구지 발굴조사 보고서』.
05) 청주대학교 박물관, 1985,『청주 운천동사지 발굴조사 보고서』.
06) 청주대학교 박물관, 1986,『청주 홍덕사지 발굴조사 보고서』.

유적 수는 108곳이지만 유구의 층위에 따른 시대와 성격이 다르거나 두 가지 성격이 혼재된 경우, 대규모 구제발굴조사에 따라 한 보고서로 발간된 유적 중 행정구역이 다른 경우 별개의 유적으로 계산한데 따른 것이다. 유적이 조성된 목적과 기능에 따라 관방유적, 공공유적, 사지, 제사(유교), 樓亭, 생활유적 등으로 구분하였고, 유적의 성격 파악이 어려운 경우는 성격미상유적이라 하였다. 관방유적은 산성과 평지성, 봉수대, 고지성 환호 등이다. 공공시설에는 읍성 내의 관아를 포함한 관부시설, 漕倉, 조세를 조창에 운반하기 위해 임시로 보관하는 外倉, 관청에 속한 각종 창고, 驛院 등이 해당한다. 사지 4곳은 현존 사찰의 옛 터이고, 나머지는 모두 폐사지로 유적 성격이 밝혀진 곳 가운데 가장 많은 수를 차지한다. 제사유적은 유교 관련 유적에서 확인되었고, 생활유적은 고대 도시의 건물지와 근현대 시기의 민가 1곳에서 기와가 출토되었다.[07]

본 장에서는 충북지역 건물지 유적에서 출토된 기와의 종류, 각 기와별 출토 유적 현황 및 유형, 시대 등의 개황을 정리하여 유적 성격별 출토 기와의 분포도를 살펴보고자 한다. 기와 출토 유적의 지역, 성격, 기와 종류, 시대 현황을 간략히 살펴보면 다음의 〈표 1〉과 같다.

표 1. 충북지역 기와 출토 유적 현황[08]

연번	지역	유적명	유적종별	기와종류	시대
1	단양군	단양 逸名寺址(中坊里寺址)[1]	사지	막새, 평기와	고려~조선
2	제천시	제천 德周山城[2]	관방	평기와	조선
3		청풍 南倉址[3]	공공(外倉)	평기와	조선
			미상	평기와	통신~고려
4		청풍 北倉址[4]	공공(外倉)	평기와	조선
5		청풍 西倉址[5]	공공(外倉)	평기와	조선 후기
6		제천 천남동 에버릿지유적[6]	공공(추정)	막새, 평기와	고려
7		제천 德周寺 極樂殿址[7]	사지	명문와, 막새, 평기와, 망와, 이형기와	조선
8		제원 명암리 미륵댕이유적[8]	사지(추정)	평기와	고려
9		제원 傳 淨金寺址[9]	사지	평기와	삼국~조선
10		제천 長樂寺址[10]	사지	명문와, 막새, 평기와, 치미, 연목와, 적새, 박공막새, 이형기와	삼국~조선
11		청풍 邑里 逸名寺址[11]	사지	명문와, 평기와	삼국~조선

07) 생활유적인 수혈주거지, 溝狀遺構와 생산유적인 토기·도자기요지, 야철지, 각종 탄요의 공방지·주거지 등에서도 기와가 몇 점 씩 출토되기는 하지만 이는 건축부재가 아닌 배연구나 구들, 배수로 바닥 등과 같은 시설에 사용된 기와이므로 조사대상에서 제외하였다.
08) 유적 수가 워낙 많아 인용자료에 대해서는 미주)로 처리하였다.

12		제천 하소동유적[12]	社稷壇址(추정)	평기와	조선
13		제천 왕암유적[13]	樓亭(추정)	막새, 평기와	고려
14		제천 신월동유적[14]	미상	평기와	조선 중기
15		제천 왕암동유적[15]	미상	평기와	고려 후기
16		충주 馬山烽燧[16]	관방	평기와	조선
17		충주 周井山烽燧臺[17]	관방	평기와	조선
18		忠州山城[18]	관방	평기와	삼국
19		충주 虎巖洞遺蹟[19]	관방(토루)	평기와	고려
20		충주 北倉址[20]	공공(外倉)	평기와	조선
21		충주 倉洞里(창말)遺蹟[21]	공공(추정 漕倉址)	평기와	고려~조선
22		충주 倉洞里(쇠꼬지)漕蹟[22]	공공(추정 漕倉址)	명문와, 평기와	조선
23	충주시	충주 淸寧軒 유적[23] (충주읍성 내)	공공(관아)	평기와	조선
			미상	막새, 평기와	통신
24		충주 金生寺址[24]	사지	명문와, 막새, 평기와, 치미, 귀면와, 망와	통신~조선
25		충주 彌勒里寺址 (大院寺·彌勒大院址)[25]	사지·공공	명문와, 막새, 평기와, 치미, 취두, 특수기와	고려~조선
26		충주 본리 당저 I 유적[26]	사지	평기와	고려
27		충주 崇善寺址[27]	사지	명문와, 막새, 연목와, 평기와, 귀면와, 치미, 곱새기와, 용두, 착고, 사래기와, 적새, 박공막새, 이형기와	고려~조선
28		충주 淨土寺址(開天寺址)[28]	사지	명문와, 막새, 평기와,	고려~조선
29		충주 靑龍寺址[29]	사지	명문와, 막새, 평기와,	조선
30		충주 추평리삼층석탑 주변 寺址[30]	사지	막새	통신
				평기와	통신~조선
31		中原 塔坪里寺址[31]	사지	명문와, 막새, 평기와, 치미, 귀면와, 특수기악, 이형기와	삼국~고려
32		충주 탑평리유적[32]	생활	막새, 평기와	삼국
33		충주 기업도시 진입도로(북측) 내 유적[33]	미상	평기와	조선
34		충주 可興里遺蹟[34]	미상	평기와	조선 중기
35		충주 안림동 954-6번지 유적[35]	미상	막새, 평기와	고려
36		괴산 覺淵寺(碑閣址)[36]	사지	막새, 평기와	통신 조선
37		괴산 사담리 분터골유적[37]	미상	평기와	조선
38		괴산 장암리유적[38]	미상	평기와	라말여초
39	괴산군	괴산 사창리 나-1지점 유적[39]	미상	막새, 평기와, 박공막새	통신
40		괴산 사창리 다-2지점 유적[40]	사지	명문와	통신
				평기와	통신
41		괴산 사창리 라-2지점 유적[41]	미상	평기와	통신
42		괴산 미륵산성 서문지[42]	관방	평기와	고려~조선
43	음성군	음성 望夷山城[43]	관방	명문와, 평기와	통신~고려
44		음성 용대리유적[44]	미상	평기와	조선
45		음성 양덕리(3지구)유적[45]	미상[09]	막새, 평기와, 귀면와, 치미, 특수기와	삼국(7세기 중엽 전후)

46		음성 양덕리(1지구)유적[46]	미상	평기와	고려~조선
47		음성 쌍정리유적[47]	미상	평기와	고려
48		음성 하당리유적[48]	미상	평기와	조선
49		음성 터골유적(Ⅰ지점)[49]	미상	평기와	조선
50		음성 감나무골유적[50]	미상	평기와	고려
51	증평군	증평 미암리유적[51]	공공(추정)	평기와	고려~조선
52		진천 都堂山城[52]	관방	평기와	삼국
53		진천 내촌리당골Ⅰ유적[53]	공공(추정 창고지)	명문와, 막새, 평기와	조선
54		진천 회죽리유적[54]	사지(추정)	평기와	고려~조선
55		진천 장관리유적[55]	미상	평기와	조선
56	진천군	진천 평산리유적[56]	미상	평기와	조선 후기
57		진천 崇賢祠址[57]	祠宇	명문와, 평기와	조선
58		진천 선옥유적(Ⅰ지점)[58]	미상	평기와	조선
59		진천 선옥유적(Ⅴ지점)[59]	미상	평기와	조선
60		진천 양지막골유적(Ⅲ지점)[60]	미상	평기와	조선
61		진천 평전말유적(Ⅱ지점)[61]	미상	평기와	조선
62	청주시	청주 巨叱大山(것대산)烽燧[62]	관방	평기와	조선
63		청주 父母山城[63]	관방	명문와(인각와), 막새, 평기와	삼국
64		청주 上黨山城[64]	관방	명문와, 평기와	통신~조선
65		청주 上黨山城 運籌軒址[65]	관방	명문와, 막새, 평기와, 귀면와, 특수기와	통신~조선
66		청주 井北洞土城[66]	관방	평기와	라말여초
67		청주 정북동유적[67]	미상	평기와	조선
68		청주 開新洞遺蹟[68]	공공(추정)	평기와	조선
69		청주 서문동 성안유적[69] (청주읍성 내)	공공(추정)	명문와, 막새	고려~조선
				평기와	통신~조선
70		청주읍성 내 우리은행부지 유적[70]	미상	평기와	통신~조선
71		청주 성화2지구 유적[71]	공공(추정)	명문와, 평기와	통신~고려
72		청주 栗陽洞遺蹟(중리유적)[72]	공공(추정 栗峯驛址)	평기와	조선
73		청주 栗陽洞遺蹟(우암산골유적)[73]	공공(추정 栗峯驛 부속 창고지)	막새, 평기와	조선
74		청주 內谷洞寺址[74]	사지	막새, 평기와	고려
75		청주 내곡동유적[75]	공공	평기와	조선
76		청주 분평동유적[76]	사지(추정)	막새, 평기와, 박공막새	고려
77		청주 雲泉洞寺址[77]	사지	명문와, 막새, 평기와, 치미, 곱새기와, 박공막새	통신~고려
78		청주 興德寺址[78]	사지	명문와, 막새, 평기와, 치미, 박공막새	통신~고려
79		청주 문화동50-2번지 유적[79] (청주읍성 내)	미상	막새, 평기와	통신~조선

---

09) 山地에 자리한 입지와 평기와는 물론 막새, 치미, 귀면와 등의 유물이 출토되는 점을 볼 때 추정된다.

80		청주 복대동유적[80]	미상	막새, 평기와, 이형기와	통신
81		청주 성화동유적[81]	미상	평기와	라말여초
82		청주 雲東洞遺蹟[82]	미상	평기와	조선
83		청주 산남동유적 (원흥리Ⅳ유적)[83]	미상	막새, 평기와	고려
84		청주 충북대학교 신축부지 유적[84]	미상	평기와	조선
85	청원군	청원 쌍청리 多重環濠유적[85]	관방	명문와, 막새, 평기와, 적새	통신
86		청원 壤城山城[86]	관방	명문와, 막새, 평기와, 이형기와	신라~고려
87		청원 金生寺址[87]	사지	명문와, 막새, 평기와, 치미	고려
88		청원 백현리 건물지[88]	사지(추정)	명문와, 막새, 평기와	고려
89		청원 飛中里寺址[89]	사지	막새, 평기와, 귀면와	삼국~조선
90		청원 쌍청리유적[90]	미상	평기와	고려
91		청원 양촌리유적[91]	미상	명문와, 막새, 평기와	라말여초
92		청원 여천리유적[92]	미상	막새, 평기와	고려
93		청원 오창 각리유적[93]	미상	평기와	조선
94		청원 오창 남촌리유적[94]	미상	명문와, 막새, 평기와	고려 중기, 조선 중기
95		청원 만수리유적[95]	공공	평기와	고려~조선
96		청원 학천리유적[96]	관방	명문와, 평기와	통신
97		청원 주성리Ⅴ-1지구유적[97]	미상	평기와	조선
98		청원 倉里寺址[98]	사지	명문와, 막새, 평기와	고려
99	보은군	보은 三年山城[99]	관방	평기와	삼국~조선
100		法住寺 浮屠群[100]	사지	막새, 평기와	고려
101		보은 상장리유적[101]	사지	명문와, 평기와	고려~조선
102		보은 지산리유적[102]	미상	평기와	조선
103		보은 이평리유적[103]	미상	막새, 평기와	통신, 삼국~통신
104		보은 적암리유적[104]	미상	평기와	조선
105	옥천군	옥천 삼양리유적[105]	공공(추정 官府址)	명문와, 막새, 평기와	고려
			공공	평기와	조선
			(추정 嘉化驛址)		
106		옥천 陸英修 生家址[106]	생활(민가)	평기와	조선 후기~현대
107	영동군	영동 稽山里遺蹟[107]	공공(추정 官府址)	명문와, 막새, 평기와, 사래기와	라말여초
			미상	평기와	조선
108		영동 寧國寺[108]	사지	명문와, 막새, 평기와, 치미, 망와, 귀면와, 박공막새	통신~근대

　　각 유적 유형별 개체 수를 지역별로 정리하면 다음의 〈표 2〉와 같다. 관방유적 17곳, 공공유적 21곳, 사지 28곳, 생활유적 2곳, 樓亭 1곳, 유교 관련 제사유적 2곳, 성격미상유적 42곳 등 모두 113개소이다.

표 2. 지역별 유적 개체 수

지역 \ 유형	관방	공공	寺址	생활	누정	제사	미상	계
단양군			1					1
제천시	1	4	5		1	1	3	15
충주시	4	5	8	1			4	22
괴산군	1		2				4	7
음성군	1						7	8
증평군		1						1
진천군	1	1	1			1	6	10
청주시	5	6	4				8	23
청원군	3	1	4				6	14
보은군	1		2				3	6
옥천군		2		1				3
영동군		1	1				1	3
합계	17	21	28	2	1	2	42	113

Ⅲ. 충북지역 건물지 유적 출토 기와 종류와 유적 성격

충북지역에서 발굴조사가 실시된 이래 현재까지 각 유적에서 출토된 기와의 종류는 평기와, 명문와, 막새, 연목와, 치미, 취두, 귀면와, 용두, 망와, 사래기와, 착고, 적새, 곱새기와, 특수기와, 이형기와 등 모두 16종이다. 용처가 확실한 기와 중 모든 유적에서 출토된 평기와를 제외하고 막새-명문와-치미-귀면와·박공막새-망와-연목와·착고·적새·곱새기와·사래기와-용두 순의 빈도수를 보인다. 대체로 마루기와와 처마 장식기와가 적은 출토량을 보인다. 유적의 성격이 파악된 유적군 중 16종의 기와가 모두 출토된 곳은 사지뿐이다. 관방유적을 비롯한 다른 유적군 중 몇 곳을 제외한 대부분은 평기와, 명문와, 막새만 출토되었다. 명문와가 기능적인 면에서는 평기와 또는 막새로 제작된 것이므로 실제로는 평기와와 막새가 대부분이다. 그러나 막새 역시 사지와 비교할 때 출토비율이 현격히 낮아 상용적인 부재로 단정하기는 어렵다.

이렇게 유적의 성격에 따라 출토되는 기와의 종류가 차이 나는 것은 건축물 조성 시 여러 기와의 번와와 시공에 따른 물자, 인력, 경비 증가라는 비용적 측면도 있겠지만, 유적의 성격이나 권위, 건물의 격에 따른 기와의 쓰임이 상호 연관성이 있기 때문으로 생각된다. 개별 기와의 사용처와 관련한 구체적인 기록이 미비한 상황에서 이를 입증하기란 쉽지 않다.

이에 본 장에서는 건물지 유적의 성격 파악과 기와 사용처의 상관관계를 추론할 수 있는 기초자료를 도출하기 위해 각종 기와별로 출토된 유적의 개체 수를 파악하고, 개체 내의 비율과 유적 간의 비율을 비교분석하고자 한다. 각 기와들이 출토된 유적 성격별 개체 수는 다음의 〈표 3〉과 같다.

표 3. 유적 성격별 출토 기와 현황

기와종류 \ 유적유형	관방	공공	사지	생활	누정	제사	미상	계
명문와	7	7	17			1	2	34
막새	4	7	21	1	1		10	44
평기와	17	21	28	2	1	2	42	113
연목와			2					2
치미(취두)		1	9(1)				1	11(1)
귀면와	1		5				1	7
용두			1					1
망와			3					3
사래기와		1	1					2
착고			1					1
적새	1		2					3
곱새기와			2					2
박공막새	1		6				1	8
특수기와								
(이형기와)	1(1)	1	2(4)				1	5(5)

위의 표에서 보는 바와 같이 16종의 기와가 모두 출토된 유적은 寺址뿐이다. 공공유적 6종, 성격미상유적 6종, 관방유적 8종, 생활유적, 누정, 제사유적 각 2종으로 나타났다. 사찰 건물지 외의 다른 성격의 건물지에서 막새는 어느 정도 출토되고 있지만 연목와, 망와, 용두, 귀면와, 치미, 곱새기와, 사래기와, 적새, 박공막새, 특수기와는 매우 희박하게 출토되고 있다. 착고와 적새는 기와골과 지붕마루를 구성하는 기본 기와로서 사지 외의 다른 유적에서도 즙와되었을 것이다. 그러나 연목와, 망와, 용두, 귀면와, 치미, 곱새기와, 사래기와, 박공막새는 건물 지붕의 장식성을 한층 높여주는 부재인 만큼 사용처가 제한적이었던 것으로 나타나고 있다.

본 장에서는 위의 〈표 3〉을 바탕으로 평기와를 제외한 모든 기와류의 개략적인 현황과 유적별 출토비율을 분석하고자 한다. 이 중 막새는 유적별로 출토 수량을 세부적으로 파악하고자 한다. 평기와 다음으로 가장 많이 발견되는 유물이지만 건물의 위상이나 성격에 따라 쓰임이 달라지는 부재이고, 때에 따라서는 특정한 목적에 재활용 되어 유적 성격 규명의 단초가 될 수 있기 때문이다.

1. 銘文瓦

명문와 출토 34곳의 유적 비율은 관방유적 7곳 20.5%, 공공유적 7곳 20.5%, 사지 17곳 50%, 제사유적 1곳 3%, 성격미상유적 2곳 6%로, 사지가 유적 수도 많고 출토비율 또한 가장 높다. 개별 유적군 내 비율은 관방유적 17곳 중 7곳인 41%, 공공유적 21곳 중 7곳인 33%, 사지 28곳 중 17곳인 61%, 제사유적 2곳 중 1곳 50%, 성격미상유적 42곳 중 2곳인 6%로, 개별 유적군 내에서의 비율도 다른 유적들과 비교해서 사지가 가장 높은 수치이다. 관방유적이나 공공유적에 비해 사찰의 경우 종교적 염원을 갖고 불사에 참여한 시주자의 뜻을 기리는 명문와의 제작이 빈번하였기 때문으로 판단된다.

1) 명문와 종류

명문이 시문된 기와의 유형은 평기와, 막새, 망와이다. 면적이 넓으면서 평평한 형태인 암키와가 가장 많이 이용되고, 수키와는 곡률이 커서 적게 이용된다. 수막새는 가장 적은 용례를 보이는 유물이다. 구성 글자 유형에 따라 "佛"명 수막새(청주 雲泉洞寺址), "大禪師淵豆□□□智成燔造"명 수막새(충주 정토사지)와 같이 漢字만 기재된 것, 범자와 漢字가 병기된 영국사 출토 "弘治十三年"명 수막새,[10] 범자만 시문된 유형 등으로 나뉜다. 명문수막새의 제작시기는 라말여초~조선시대로 확인되고 있다.

암막새는 수막새와 달리 통일신라 제작 기와에서부터 명문이 관찰된다. 충주 김생사지 출토 "咸通十三/壬辰"명 암막새가 대표적인데 중앙에 서조문을 시문하고, 드림새의 좌우 공간에 년호나 간지와 같이 최소한의 명문만 시문하였다. 고려시대의 일휘문암막새에도 명문이 시문되는데 새로이 나타나는 요소가 "卍"자와 梵字이다. 여러 글자를 새기지 않고 적은 수의 글자를 넣는 것은 동일하다. 조선시대의 암막새는 드림새 면이 넓어지면서 명문 내용 역시 많아지게 된다. 寺名이나 년호 외에 불사의 내역과 참여한 사람들까

---

10) 건물지나 와요지와 같은 관련 유구가 없고, 유물이 소량만 출토되어 현황조사에서 제외한 진천 옥성리유적에서 漢字가 새겨진 수막새 1점이 수습되었다. 연판부 일부만 남은 수막새편으로 연판 사이에 "韓"자 한 글자가 양각되어 있다. 제작시기는 조선시대이다.(장준식 · 김인한, 「진천 옥성리 발굴조사 보고서」, 『오창-진천 간 도로 확 · 포장공사구간 내 문화유적 시굴 · 발굴조사 보고서』, 충북대학교 중원문화연구소, 9~111쪽.)

명문암키와(大定二十二年)-좌, 명문수키와(嘉靖二十九年)-우
: 충주 숭선사지

명문수막새
(弘治十年. 영동 영국사)

명문암막새(咸通十三年. 충주 김생사지)

명문암막새(卍. 충주 숭선사지)

범자명막새(좌—충주 청룡사지, 중·우—영동 영국사)

명문망와
(康熙五十年. 영동 영국사)

사진 1. 충북지역 출토 명문와 각종

지 기록하게 된 것이다.

　망와는 기와의 용처를 미리 감안하여 문양이나 명문을 지붕에 결구된 방향과 일치하게 시문하거나 명문암막새를 그냥 뒤집어서 사용한 두 가지 유형으로 구분된다. 제천 덕주사 극락전지, 충주 김생사지, 영동 영국사 舊 寺址에서 출토되었다.

2) 명문와의 문자

　명문와에 표기된 문자는 漢字, 한글, 梵字 세 가지이다. 한자나 범자를 단독으로 쓰거나 한자와 범자를 혼용하여 쓰기도 한다. 한글의 경우 단독으로 쓴 예는 없고 한자와 함께 병기된 것이 제천 덕주사 극락전지 발굴조사에서 출토된 "乾隆九年"명 암막새 1점뿐이다. 드림새 우측에 "乾隆九年甲子三月日施主淸信女妖信居士妖□"라고 하여 제작연대

사진 2. 제천 덕주사 극락전지 "乾隆九年"명 암막새

와 시주자에 대한 내용을 한자로 양각하고, 좌측에 "□새시쥬통졍태부옥(?)리"라는 내용을 한글로 음각하였다. 한자 명문은 양각으로 시문되었고, 한글 명문은 기와가 건조되기 전에 가는 도구로 쓴 것이다. '乾隆九年(조선 영조 20년-1744)'이라는 절대연대가 있어 동시기의 막새와 부착된 등기와의 편년설정에 중요한 기초자료로 평가된다.

3) 유적 유형과 명문 내용

명문와에 적힌 내용은 유적 성격에 따라 약간의 차이를 보인다. 관방유적 7곳에서 명문와가 출토되었는데 유적의 성격을 상징적인 용어로 표기한 것, 소속 관부나 지역명, 년호, 기와 중수, 내용불명 등의 명문으로 나뉜다. 명문 내용이 파악되는 것은 "官"(청원 양성산성, 음성 망이산성[11]), "管"(청원 쌍청리 다중환호유적), "城"·"大官"·"京"(음성 망이산성), "城"(청주 상당산성, 청원 학천리유적), 백제 5부 5방의 명칭이 표현된 "前"·"北"·"大"(청주 부모산성), 신라 5부제와 관련된 것으로 보이는 "沙梁部屬長池馹"(청주 상당산성), "易吾加筭村主"(청원 쌍청리 다중환호유적) 등이다.

공공유적은 7곳에서 명문와가 출토되었다. 관방유적과 같이 유적의 성격을 상징적인 용어로 표기한 것, 소속 관부나 지역명, 년호, 내용불명 등의 명문으로 나뉜다. 명문 내용이 파악되는 것은 "官"(충주 창동리(쇠꼬지)유적), "官"·"官右"·"官左"·"官右所麻田"·"□

---

11) 경기도 안성시에 포함되는 구간에 대한 발굴조사에서 "太平興國"명·"峻豊四年壬戌大介山/竹州"명·"□德九蒲凡草□□"를 비롯한 여러 명문와가 출토되었다.(단국대학교 중앙박물관, 1996, 『망이산성 발굴보고서(1)』; 단국대학교 중앙박물관, 1999, 『안성 망이산성 2차 발굴조사 보고서』; 단국대학교 매장문화재연구소, 2006, 『안성 망이산성 3차 발굴조사 보고서』.)

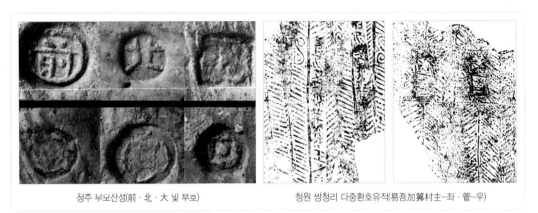

정주 부모산성(前·北·大 및 부호)　　　청원 쌍청리 다중환호유적(易吾加箒村主−좌·管−우)

사진 3. 충북지역 관방유적 출토 명문와

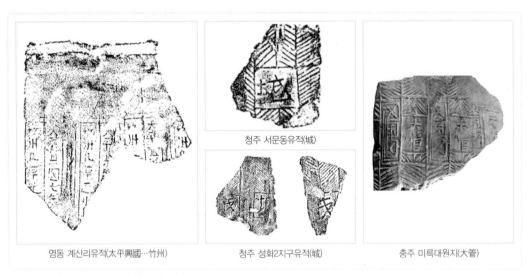

영동 계산리유적(太平興國…竹州)　　　청주 성화2지구유적(城)　　　충주 미륵대원지(大管)

청주 서문동유적(城)

사진 4. 충북지역 공공유적 출토 명문와

沃舍"·"舍"(옥천 삼양리유적), "大管"(충주 미륵대원지(미륵리사지)), "城"·"大平"(청주 서문동 성안유적), "城"(청주 성화2지구유적), "…太平興國…竹州"(영동 계산리유적) 등이다.

　사지유적은 17곳에서 출토되었다. 명문와 종류와 수량에 있어 다른 유적에 비해 월등히 많은 양을 차지한다. 사찰의 명칭이나 제작시기를 단독으로 표기한 것에는 "崇善寺三寶"·"…國寺"(충주 숭선사지), "…寺"(충주 탑평리사지), "金生寺"·"咸通十三/壬辰"(충주 김생사지), "淨土寺"·"開天寺"(충주 정토사지), "香山之寺"·"大中三年"(청주 흥덕사지)명 명문와가 있다. 사찰명을 상징적인 한 글자로 표현한 예는 제천 장락자지의 "長"명 명문와가 유일하다.

　건물명만 표기하거나 사찰명을 함께 표기한 것에는 "彌勒堂草"(충주 미륵리사지), "金生

충주 탑평리사지(…寺)　　　　　청주 흥덕사지(香山之寺)

충주 숭선사지(崇善寺三寶)　　　청원 김생사지(金生寺/講堂草)　　　청주 흥덕사지(大中三年)

사진 5. 충북지역 사지 출토 명문와1

寺 講堂草"(청원 김생사지)명 명문와가 있다. 제작시기의 년호와 간지 또는 불사 책임자와 장인의 이름만 기록한 경우는 "乾隆乙未"(충주 김생사지), "嘉靖/三十/八年/己未"(영동 영국사), "萬曆/己卯"·"惟政監眞/孝山大匠"(충주 숭선사지)명 명문와가 대표적이다.

사찰명과 제작연대, 불사 내역, 참여자 등을 밝힌 것으로는 "…九六二/…夏/德周寺"·"天啓二/年壬戌/三月日/大施主朴氏/春兩主/大施主安山旡/兩主/化主丘僧/化主/雨曇"·"乾隆九/年甲子三月/日施主淸信女/妙信居士妙□"(제천 덕주사 극락전지), "□上□□監役副都監大師性林大匠暢交/大定二十二年壬寅四月日"(충주 숭선사지), "明昌三年… 大院寺住持…□ 僧元明… 瓦立 僧元明里儒造"(충주 대원사지(미륵리사지)), "'乾隆二十四年己卯三月日化主熙孝別座惠光都監法輝□手致敬供養主月云"·"康熙五十年辛卯三月日施主金鸞男兩主金士千兩主鄭奉先兩主裵玉先兩主全乙奉兩主化主日岩別坐弘仁過手雪天"(영동 영국사)명 명문와 등이 있다.

충주 탑평리사지와 청주 운천동사지에서는 "舍"명 명문와, "城"명 명문와가 출토되어 유구 시기에 따라 성격이 다를 가능성, 사찰이 공공기관으로 전환되었을 가능성, 두 기능이 병행되었을 가능성 등을 추측케 한다. "卍"명·범자명 명문와는 여러 유적에서 출토

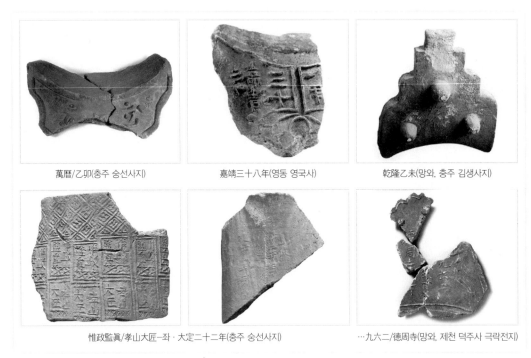

| 萬曆/乙卯(충주 숭선사지) | 嘉靖三十八年(영동 영국사) | 乾隆乙未(망와, 충주 김생사지) |

| 惟政監眞/孝山大匠-좌 · 大定二十二年(충주 숭선사지) | …九六二/德周寺(망와, 제천 덕주사 극락전지) |

사진 6. 충북지역 사지 출토 명문와2

되고 있다. 이 밖에 짧은 단어로 표현하거나 여러 글자이지만 일부만 잔존하여 내용 파악이 이려운 내용불명 명문와도 상당수에 이른다.

성격미상유적은 청원 양촌리유적에서 "王"명 명문와가, 청원 오창 남촌리유적에서는 "平用□□"명 명문와가 출토되었다.

2. 막새

막새는 木造瓦家의 지붕 장식에 있어 평기와 다음으로 가장 많이 쓰이는 건축부재이다. 그러나 건축물 유적 중 막새를 사용한 곳보다 사용하지 않은 곳이 더 많이 나타나고 있다. 113개소 건물지 유적 중 막새가 출토된 유적은 모두 44곳이다. 전체 막새 출토 유적 44개소 대비 각 유적별 비율은 관방유적 4곳 9%, 공공유적 7곳 16%, 사지 21곳 48%, 생활유적 1곳 2%, 누정 1곳 2%, 성격미상유적 10곳 23%이다. 사지의 점유율이 월등히 높게 나타나고 있다. 출토비율이 두 번째인 성격미상유적보다 2배이고, 공공유적이나 관방유적에 비해서는 3~6.5배나 높다.

성격 파악이 된 건물지 유적 34곳 대비 막새 출토비율은 관방유적 12%, 공공유적 20%, 사지 62%, 생활유적 3%, 누정 3%이다. 유적 간의 비율 차이는 전체 막새 출토 유적 수 대비 비율과 비슷하게 나타나고 있다.

각 유적 유형별 막새 출토비율은 관방유적 17곳 중 4곳인 23%, 공공유적 21곳 중 7곳인 33%, 사지 28곳 중 21곳인 75%, 생활유적 2곳 중 1곳인 50%, 누정 1곳 중 1곳인 100%, 성격미상유적 42곳 중 10곳인 24%로 나타나고 있다. 비교 대상 유적이 없거나 극히 적어 비교평가의 정확성이 결여되는 생활유적 및 누정, 성격미상유적을 제외한 타 유적과의 비교 역시 사지가 관방·공공유적보다 2 3배 높은 비율을 보인다. 종합해 보면 건물지가 나타나는 유적에서 막새가 출토되면 사지일 가능성이 62%의 확률이고, 사찰 건물의 경우 지붕에 막새를 즙와한 예가 75%로 나타났다는 뜻이 된다. 막새가 사찰의 건물에서 더 많이 출토된다는 것은 막새의 장엄적 기능과 더불어 종교적 상징성이 반영된 기와임을 짐작케 한다.

유적 간의 막새 출토 양상을 비교하기 위해 개별 유적별로 막새 출토 수량을 파악하였으며, 다음의 〈표 4〉와 같다.[12]

표 4. 유적별 막새 출토 수량

번호	유적 종별	유적명	막새 수량			시대	비고
			수	암	계		
1		청주 父母山城	2		2	삼국	
2		청주 상당산성 운주헌지	18	11	29	통신, 조선	
3	관방	청원 쌍청리 다중환호유적	1		1	통신	
4		청원 壤城山城	2		2	신라, 고려	
		소 계	23	11	34		
1		제천 천남동 에버릿지유적	2	1	3	고려	
2		충주 彌勒大院址(彌勒里寺址)	42(2)	41(2)	83	고려~조선	( )는 명문막새
3		진천 내촌리당골 I 유적		4	4	조선	
4	공공	청주 서문동 성안유적	6	3	9	고려~조선	
5		청주 栗陽洞遺蹟(우암산골유적)		1	1	조선	
6		옥천 삼양리유적	1	2	3	고려	
7		영동 稽山里遺蹟	14		14	라말~여초	
		소 계	65	52	117		

---

12) 막새 수량은 보고서에 게재된 것만을 적은 것이다. 출토 수량이 극히 적어 파편이라도 게재한 유적이 있는 반면 규모가 큰 유적은 잔존상태가 좋은 것을 선별적으로 게재하여 실제 출토 수량과는 차이가 있다. 명문막새도 쓰임에 있어서는 일반적인 막새와 같으므로 함께 계산하였다.

1	사지	단양 逸名寺址(中坊里寺址)	20	27	47	고려~조선	
2		제천 德周寺 極樂殿址	3	9(9)	12	조선	( )는 명문막새
3		제천 長樂寺址	45	26	71	삼국~조선	
4		충주 金生寺址	49	44	93	통신~조선	
5		충주 彌勒里寺址(大院寺・彌勒大院址)	42(2)	41(2)	83	고려 조선	( )는 명문막새
6		충주 崇善寺址	28(1)	42(9)	70	고려~조선	( )는 명문막새
7		충주 淨土寺址	25	18	43	고려~조선	
8		충주 靑龍寺址	14	14(7)	28	조선	( )는 명문막새
9		충주 楸坪里삼층석탑 주변 寺址	3		3	통신	시굴조사 유적
10		중원 塔坪里寺址	13	25	38	삼국~통신	
11		괴산 覺淵寺(碑閣址)		1	1	통신	비가지
12		청주 內谷洞寺址	3	2	5	고려	
13		청주 분평동유적	10	10	20	고려	
14		청주 雲泉洞寺址	20	22	42	통신~고려	
15		청주 興德寺址	20	19	39	통신~고려	
16		청원 金生寺址	6	2	8	고려	
17		청원 백현리 건물지		1	1	고려	소규모 발굴지역
18		청원 飛中里寺址	3	3	6	삼국~통신	
19		청원 倉里寺址	16	19	35	고려	
20		法住寺 浮屠群		3	3	고려	부도군 건물지
21		영동 寧國寺	36(6)	32(15)	68	통신~근대	( )는 명문막새
		소 계	356	360	716		
1	생활	충주 탑평리유적	1		1	삼국	
		소 세	1		1		
1	누정	제천 왕암유적		3	3	고려	
		소 계		3	3		
	성격 미상	충주 淸寧軒 유적(충주읍성 내)	2	1	3	통신	하층부 문화층 출토
		충주 안림동 954-6번지 유적	2		2	고려	
		괴산 사창리 나-1지점 유적	5		5	통신	
		음성 양덕리(3지구)유적	15		15	삼국(7세기 중엽 전후)	
		청주 문화동50-2번지 유적(청주읍성 내)		1	1	통신	
		청주 복대동유적	6		6	통신	
		청주 산남동유적(원흥리Ⅳ 유적)	1		1	고려	
		청원 양촌리유적		2	2	라말여초	
		청원 여천리유적		1	1	고려	
		청원 오창 남촌리유적	1		1	고려 중기	
		보은 이평리유적	1		1	통신	
		계	33	5	38		
		합 계	478	431	909		

　유적별 막새 전체 수량을 보면, 관방유적 34점, 공공유적 117점, 사지 716점, 생활유적 1점, 누정 3점, 성격미상유적 38점으로 나타났다. 암・수막새의 비율이 고른 곳은 공공유

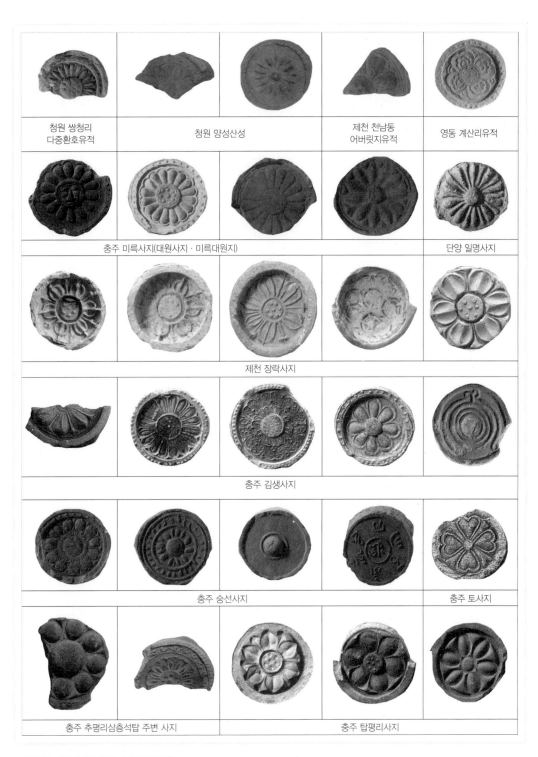

청원 쌍청리 다중환호유적	청원 양성산성		제천 천남동 어버릿지유적	영동 계산리유적
충주 미륵사지(대원사지 · 미륵대원지)				단양 일명사지
제천 장락사지				
충주 김생사지				
충주 숭선사지				충주 토사지
충주 추평리삼층석탑 주변 사지	충주 탑평리사지			

사진 7. 충북지역 출토 수막새 각종1

충주 청룡사지	충주 분평동유적	충주 운천동사지

청주 흥덕사지	청원 김생사지

청원 비중리사지	영동 영국사

영동 영국사	음성 양덕리유적	청주 복대동유적	청원 오창 남촌리유적

보은 이평리유적	제천 장락사지 귀면문수막새	충주 탑평리사지 귀면문수막새	청주 흥덕사지 귀면문수막새	영동 영국사 귀면문수막새

사진 8. 충북지역 출토 수막새 각종2

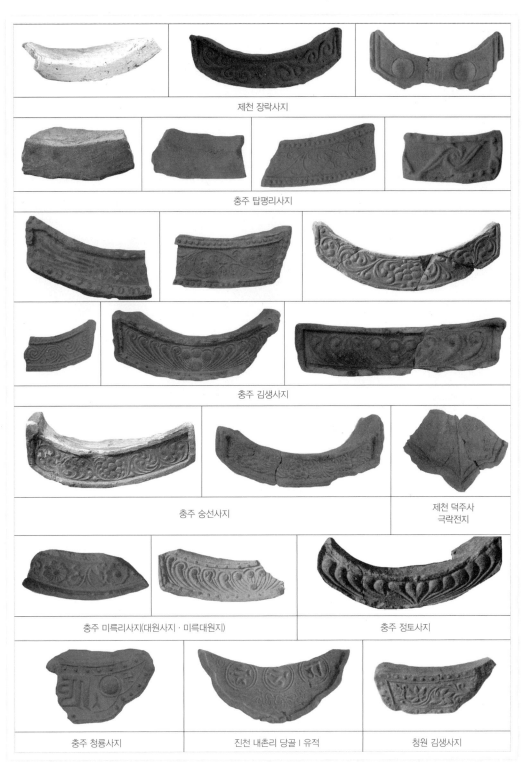

제천 장락사지

충주 탑평리사지

충주 김생사지

충주 숭선사지

제천 덕주사
극락전지

충주 미륵리사지(대원사지 · 미륵대원지)

충주 정토사지

충주 청룡사지

진천 내촌리 당골Ⅰ유적

청원 김생사지

사진 9. 충북지역 출토 암막새 각종1

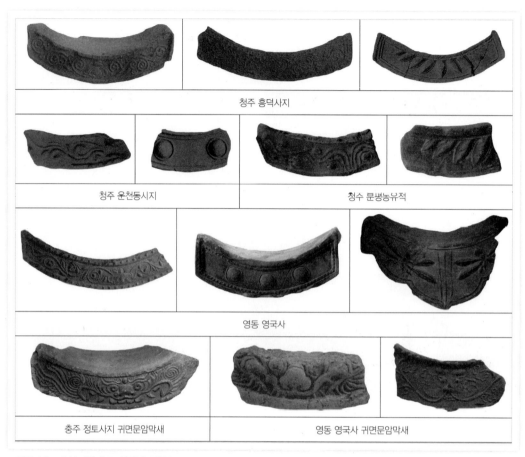

청주 흥덕사지

청주 운천동시지   청수 문병농유적

영동 영국사

충주 정토사지 귀면문암막새   영동 영국사 귀면문암막새

사진 10. 충북지역 출토 암막새 각종2

적과 사지이다. 수량적으로는 개별 유적을 보더라도 사지가 가장 많이 출토되었다.

　사지는 시굴조사이거나 소규모 발굴조사 된 4곳만 각각 한 종류 막새가 소량 출토되었을 뿐 다른 유적은 모두 고른 양상을 보인다. 총 716점 중 수막새는 356점이고, 암막새가 360점이다. 제천 장락사지, 충주 미륵리사지·숭선사지·김생사지, 청주 흥덕사지, 영동 영국사와 같이 유서 깊고 지형 보전이 잘 된 유적에서 많은 개체의 막새가 다량으로 출토되었다. 제천 덕주사 극락전의 경우 지붕 전체의 암막새를 "乾隆九年"명 암막새로 즙와하여 이채롭다. 다른 유적들에 비해 사지는 막새의 시대적 범위가 길며, 그에 따른 종류와 수량 또한 매우 많다.

　성격미상유적과 제외한 다른 건물지 유적 중 가장 적은 출토량을 보이는 곳은 관방유적, 생활유적, 누정 등이다. 생활유적인 충주 탑평리유적은 유구층 위를 덮고 있는 퇴적층에서 수막새편 2점이 출토되었다. 제천 왕암유적에서 확인된 누정에서는 암막새 3점만이 출토되었는데, 사면 위쪽에 자리한 지리적 위치로 인한 유실 때문인 것으로 추정된다.

관방유적에서는 수막새 23점, 암막새 11점이 출토되었다. 발굴조사 범위, 지형, 평기와 출토량에 비해 매우 적은 양이라고 할 수 있다. 빈번한 전쟁이 치러지는 산성에 공역이나 비용 증가가 수반되는 막새나 다른 장식기와들을 올리기는 어려웠을 것으로 판단된다. 수막새가 불교의 윤회론에 바탕을 두고 제작되었다[13]는 점을 감안하면, 늘 생사의 경계선에 직면해 있는 군사들의 안녕과 사후 극락왕생을 염원하는 의례에 사용하였거나 눈에 잘 띄는 특정 공간에 결구하여 신앙적 기원의 대상으로 삼았을 가능성이 있다고 판단된다.

3. 鴟尾, 鷲頭

왕궁, 왕실 관련 전각, 성문, 국가 주요시설의 전각, 사찰의 금당이나 강당 등의 중심 건물과 같이 쓰임에 제한이 따르는 치미는 유적의 성격을 파악하는 데 있어 지표가 되는 대표적인 기와이다. 치미는 11개 유적에서 출토되었다. 치미가 출토된 유적 수 대비 비율은 사지 9곳 82%, 공공유적 1곳 9%, 성격미상유적 1곳 9%이다. 유적군 내의 치미 출토비율은 사지 28곳 중 9곳 32%, 공공유적 21곳 중 1곳 5%, 성격미상유적 42곳 중 1곳 2%이다. 사지가 가장 많은 빈도수를 차지하고 있어 타 유적과 구분하는데 첫 기준이 될 수 있는 유물이다. 그러나 사지 중 치미 출토비율은 32%이므로 모든 사찰 건물이 치미를 갖춘 것이 아닌 것 또한 주지의 사실이다. 다시 말해 사지에서 치미가 출토된 확률은 32% 정도로 높지 않지만, 일단 치미가 발견된 유적은 사지일 가능성이 82% 가까이 높다고 할 수 있다. 치미 출토 유적의 공통점은 반드시 막새가 함께 출토된다는 것이다.

그만큼 벽사와 길상의 상징성이 높은 치미는 관방·공공유적들보다는 사찰에 더 많이 장엄되었으며, 쓰임에 있어서는 사찰의 위상이나 사세, 건물의 격과 밀접한 관련이 있음을 짐작케 한다.

치미가 출토된 사지유적은 제천 장락사지, 충주 김생사지·미륵리사지(대원사지·미륵대원지)·숭선사지·탑평리사지, 청주 운천동사지·흥덕사지, 청원 김생사지, 영동 영국사이다. 공공유적은 미륵대원지(미륵리사지)이고, 성격미상유적은 음성 양덕리(3지구)유적이

---

13) 백종오, 2010, 앞의 글, 80~123쪽.

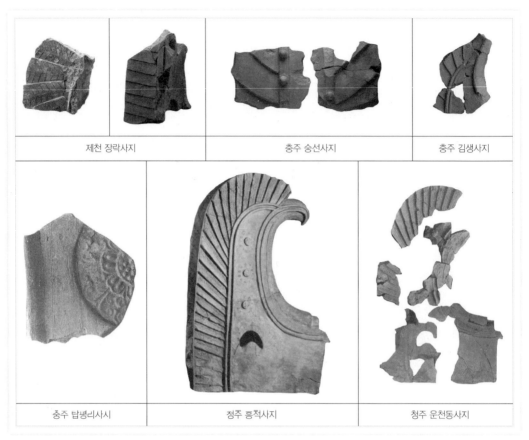

제천 장락사지	충주 숭선사지	충주 김생사지
충주 탑평리사시	정주 흥적사지	청주 운천동사지

사진 11. 충북지역 출토 치미

다. 미륵대원지는 출토유물을 사지 영역에도 함께 표기한 것이어서 치미가 원지 출토유물이라고 단정하기가 쉽지 않다. 위의 내용을 참고로 할 때 음성 양덕리(3지구)유적의 치미는 물론 귀면와, 막새가 함께 출토되는 것을 볼 때 사지일 가능성이 매우 높다.

치미의 제작시기 범위는 7세기 중엽 전후에서부터 고려시대까지로 나타나고 있다. 조선시대 유적에서는 치미가 출토되지 않았고, 영동 영국사의 경우 암막새를 뒤집어서 결구한 망와로 용마루기와를 대신하였다. 취두도 치미와 같은 용례를 보이는 용마루기와로 충주 대원사지(미륵리사지)의 사역 내에서 1점만이 확인되었다.

4. 연목와

두 유적에서 출토되었으며, 유적 성격은 모두 사지이다. 제천 장락사지에서는 1점이

충주 숭선사지 　　　　　　　　　　　　　제천 장락사지

사진 12. 충북지역 출토 연목와

출토되었고, 충주 숭선사지에서는 여러 점이 출토되었다. 숭선사지의 연목와는 창건기 (954년) 경에 제작된 것으로 표면에 안료가 칠해져 있어 서까래 단청의 시원을 연구하는데 중요한 단서가 되고 있다.[14]

5. 鬼面瓦

귀면와가 출토된 유적은 7곳이다. 귀면와 출토 유적 수 대비 관방유적 1곳 14%, 사지 5곳 72%, 성격미상유적 1곳 14%이다. 관방유적은 청주 상당산성 운주헌지이고, 사지는 충주 김생사지·숭선사지·탑평리사지, 청원 비중리사지, 영동 영국사 등이며, 성격미상 유적은 음성 양덕리(3지구)유적이다. 개별 유적군 내에서의 비율은 관방유적 17곳 중 1곳 6%, 사지 28곳 중 5곳 18%이고, 성격미상유적 42곳 중 1곳 2%로 나타난다.

치미보다 사지유적 내 출토비율이 낮지만 귀면와 역시 사찰 건축물에 장엄되는 비율은 낮지만, 귀면와가 출토되는 유적은 사지일 가능성이 확실시 되는 유물로 파악된다. 따라서 음성 양덕리(3지구)유적도 사지일 가능성이 매우 높다고 판단된다.

전체 형태 파악이 가능한 것도 있으나 반파이거나 작은 편 상태로 출토되어 형태 파악이 어려운 것도 있다. 청주 상당산성 운주헌지 귀면와는 통일신라시대 작 1점, 조선시대 작 1점이다. 음성 양덕리(3지구)유적 귀면와는 7세기 중엽 전후에 제작된 것으로 추정되고 있다. 충주 김생사지에서는 두 종류의 귀면와가 출토되었는데 하나는 통일신라 작이고,

---

14) 최문환, 2007, 「忠州 崇善寺址 출토 丹靑瓦」, 『文化史學』제27호, 한국문화사학회.

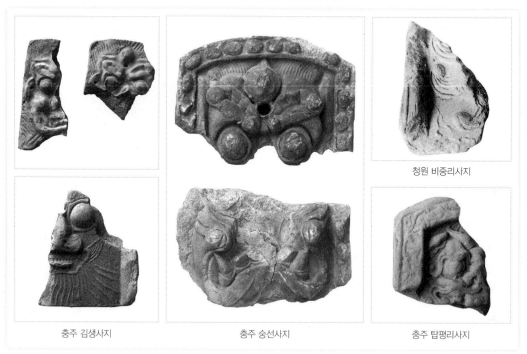

청원 비중리사지

충주 김생사지　　　　　충주 숭선사지　　　　　충주 탑평리사지

사진 13. 충북지역 출토 귀면와

하나는 고려시대 작이다. 청원 비중리사지 귀면와는 통일신라 작이고, 충주 숭선사지와
영동 영국사 귀면와는 모두 고려시대 제작이다.

6. 龍頭

사진 14. 충주 숭선사지 출토 용두

충주 숭선사지 한 곳에서 한
점만이 출토되었다. 고려시대 제
작으로 추정되며, 작은 편이어서
전체 형태를 파악하기는 어렵다.

7. 望瓦

3곳에서 확인되었는데 모두 사지이다. 제천 덕주사 극락전지, 충주 김생사지, 영동 영국사이다. 세 유적의 망와 대부분에 명문이 새겨져 있다. 고려시대까지 사용례가 없으며 조선시대 때 추녀마루 또는 용마루를 장식하였고, 목조건축물 지붕의 장식성 약화를 상징하는 기와이다.

영동 영국사(康熙四十一年-좌, 月日-중, 壽-우)　　　　충주 김생사지(康熙三十年)

사진 15. 충북지역 출토 망와

충주 김생사지는 사지 내에 있던 민가 용마루와 추녀마루에 결구되었던 것으로 5점이 출토되었다. 지붕에 올려진 모양에 맞게 명문이 시문되었다. 용마루에 있던 기와에는 "康熙三十年"(조선 숙종 18년-1691)명 명문이, 추녀마루 네 곳에 있던 망와에는 "乾隆乙未"(조선 영조 51년-1775)명 명문이 시문되어 있다.

제천 덕주사 극락전지 망와는 파편 상태로 출토되었는데 두 개체이다. 지붕에 올려진 모양에 맞게 시문되었고, "…九六二/…夏/德周寺"명이 양각되어 있다.

영동 영국사는 현 대웅전의 추녀마루와 용마루 끝에 올려 있던 6점과 발굴조사 지역에서 출토된 2점 등 모두 8점이다.[15] 대웅전 망와 중 용마루 망와 1점과 추녀마루 망와 2점만 명문이 있다. 본래 암막새로 제작된 것이지만 각 마루에 올리면서 뒤집어서 결구하여 망와로 삼았다. 용마루 망와에는 "康熙五十年辛卯三月日施主金▨男兩主金士千兩主鄭奉先兩主裵玉先兩主全乙奉兩主化主日岩別坐弘仁過手雪天"(조선 숙종 37년-1711)명 명문이 양각되어 있다. 동남쪽 추녀마루의 망와에는 "康熙四十一年壬午三月日施主金士千兩主過口戒賢化主應敏性罟供養主靑貫一月"(조선 숙종 28년-1702)이라 하였고, 동북쪽 추녀마루

---

15)　2005년도 대웅전 해체복원 작업 때 새로 제작한 기와로 교체되었으며, 망와는 사찰 내에 보관되었다.(충청대학 박물관, 2008, 『영동 영국사』, 262쪽.)

의 망와에는 "'乾隆二十四年己卯三月日化主熙孝別座惠光都監法輝口手致敬供養主月云'" (조선 영조 35년–1759)이라는 명문이 양각되어 있다. 발굴지역에서 출토된 망와 2점은 지붕에 올린 형태에 맞도록 명문을 시문하였는데 반파된 상태로 출토되었다. 한 점은 우측 하단에 "月日", 다른 한 점은 좌측 하단에 "壽"자를 양각하였다.

8. 사래기와

공공유적과 사지 두 곳에서 확인되었다. 충주 숭선사지의 장건기(954년) 유구와 영동 계산리유적 하층 문화층인 라말여초 시기의 관부 추정 유구에서 출토되었다. 파편인 채로 출토되어 전체 형태를 파악하기는 어렵다. 영동 계산리유적 사래기와의 제작시기는 라말여초기이고, 충주 숭선사지는 고려 초로 추정된다.

영동 계산리유적   충주 숭선사지

사진 16. 충북지역 출토 사래기와

9. 착고, 적새

착고는 기와골을 막음하는 부재로 충주 숭선사지에서만 출토되었다. 수키와의 단변 방향으로 잘라서 제작하였다.

적새는 부고 위에 결구되는 마룻장기와로 관방유적인 청원 쌍청리 다중환호유적, 사지인 제천 장락사지와 충주 숭선사지에서 출토되었다. 암키와의 세로 방향으로 잘라서 제작하였다.

착고와 적새는 지붕 즙와의 기본적인 구성 기와이기 때문에 유적의 성격을 구분하는 데 지표로 삼기는 어렵다. 그럼에도 불구하고 출토 유적 수나 출토량이 매우 적은 것은 이채롭다.

| 착고–충주 숭선사지 | 적새–충주 숭선사지(좌 · 중), 제천 장락사지(우) |

사진 17. 충북지역 출토 착고 및 적새

10. 곱새기와

사지 2곳에서만 확인되었다. 청주 운천동사지에서 1점, 충주 숭선사지에서 3점이 출토되었다.

추녀마루 끝을 장식하는 기와이나 이 기와들은 일부만 남아 있어 전체 형태는 명확치 않다. 청주 운천동사지 곱새기와 끝은 귀면문수막새 형태이고, 충주 숭선사지 곱새기와는 끝부분의 막새 결구 부분이 결실되었다.

| 충주 숭선사지 | 청주 운천동사지 |

사진 18. 충북지역 출토 곱새기와

11. 박공막새

내림새의 뒤쪽 하단부에 암키와가 결구되어 내림새의 방향이 보통의 암막새와 180 다른 형태로 마루막새라고도 한다. 박공의 합각머리에 쓰일 것으로 추정하여 박공막새로 표기하고 있으나 정확한 용처가 알려지지 않은 기와이다.

| 청주 운천동사지 | 청주 흥덕사지 | 청주 분평동유적 |
| 충주 숭선사지 | 영동 영국사 | 제천 징락사지 |

사진 19. 충북지역 출토 박공막새

충북지역에서는 모두 8곳의 출토 사례가 보고되었다. 관방유적인 청주 상당산성 운주
헌지 1곳, 제천 장락사지, 충주 숭선사지, 청주 분평동유적·운천동사지·흥덕사지, 영동
영국사 등의 사지유적 6곳, 성격미상유적인 괴산 사창리 나-1지점유적 1곳 등이다. 박공
막새 출토 전체 유적 수 대비 개별 유적의 비율은 관방유적 12.5%, 사지 75%, 성격미상유
적 12.5%로 사지가 월등히 높다. 다른 장식기와들의 사지 출토 비율이 높은 것과 같이 박
공막새도 같은 양상을 보이고 있다.

제작시기는 통일신라 고려시대로 삼국시대와 조선시대 작은 발견되지 않았다. 구성 문
양은 모두 당초문이 시문되었고, 일휘문은 아직까지 확인되지 않고 있다. 양식적인 문제인
지, 아니면 시기적인 제작 특성의 반영인지는 비교대상이 적은 현재로서는 알기 어렵다.

12. 특수기와 및 이형기와

특수기와는 와적기단이나 기타의 장식기와를 지칭하나 충북지역에서 출토된 특수기
와와 이형기와의 구별은 뚜렷치 않다. 대체적으로 용처와 명칭이 분명한 장식기와를 제
외한 또 다른 장식기와이거나, 기와이면서 사용처가 불명확하고, 기와로 보기에 모호하
면서 사용처를 모르는 경우 모두 특수기와 또는 이형기와로 구분하였다. 어쨌든 기와이
기는 하지만 정확한 용처를 알기 어려운 기와를 지칭한다는 것만은 공통점이다.[16]

---

16) 개별 조사보고서에 실린 명칭을 토대로 게재하였으며, 탑령리사지의 특수기와는 필자의 견해에 따른 것이다.

| 충주 미륵리사지(대원사지 · 미륵대원지) | 충주 탑평리사지 | 충주 숭선사지 | 음성 양덕리 (3지구)유적 |

사진 20. 충북지역 출토 특수기와

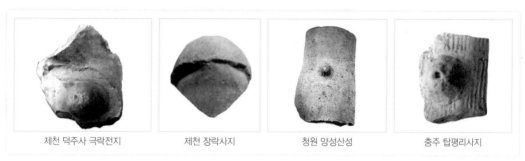

| 제천 덕주사 극락전지 | 제천 장락사지 | 청원 양성산성 | 충주 탑평리사지 |

사진 21. 충북지역 출토 이형기와

특수기와와 이형기와 모두 5곳에서 확인되었다. 관방유적인 청주 상당산성 운주헌지 1곳, 공공유적인 충주 미륵대원지(미륵리사지) 1곳, 사지유적인 충주 대원사지(미륵리사지) · 탑평리사지 2곳, 성격미상유적인 음성 양덕리(3지구)유적 1곳 등이다. 특수기와 전체 출토 유적 수 대비 개별 유적 비율은 관방유적과 공공유적 각 20%, 사지 40%, 성격미상유적 1 곳 20%이다.

이형기와 출토 유적 수 대비 유적별 비율은 관방유적 1곳 20%, 사지 4곳 80%이다. 출 토 유적으로는 청원 양성산성, 제천 덕주사 극락전지 · 장락사지, 충주 숭선사지 · 탑평리 사지 등이다.

기와의 정확한 형태와 사용처를 알 수는 없지만 이 두 기와 역시 사지에서의 출토비율 이 월등히 높다. 두 기와의 형태가 대부분 입체적이거나 장식적인 것을 감안할 때 건물의 장엄을 중시하는 사찰건물에 주로 사용되었을 것으로 추정된다. 따라서 특수기와와 이형 기와 역시 기와 출토 유적의 성격 규명에 있어 중요한 지표 중 하나라고 할 수 있다.

Ⅳ. 맺음말

지금까지 충북지역에서 기와가 출토된 건물지 유적 현황 및 유적 유형별 기와 출토 현황, 기와 종류별 유적별 출토비율을 살펴보았다. 본 장에서는 앞서 살펴본 내용을 정리하면서 맺음말을 대신하고자 한다.

첫째, 충북지역에서 기와가 출토된 건물지 유적은 113개소이다. 개별 유적 수는 108개소이지만 유구의 층위에 따른 유적의 시기와 성격이 다르거나, 동일 사업명의 조사이지만 조사범위가 넓어 유적 위치가 다른 경우 개별 유적으로 간주하였기 때문이다. 유적 유형별로는 관방유적 17곳, 공공유적 21곳, 사지 28곳, 생활유적 2곳, 누정 1곳, 유교 제사유적 2곳, 성격미상유적 42곳으로 구분된다.

둘째, 유적 성격이 파악된 건물지 유적 중 기와 출토 유적 수와 출토된 기와의 종류가 가장 많은 곳은 사지이다. 28곳이 확인된 사지에서는 충북지역 출토 기와 16종 모두가 확인되어 다른 유적들과 확연한 차이를 보인다. 관방유적 8종, 공공유적 6종, 생활유적과 누정, 제사유적은 각기 2종만이 확인되었을 뿐이다. 출토된 기와 종류는 명문와, 막새, 평기와, 연목와, 치미, 취두, 용두, 망와, 귀면와, 사래기와, 곱새기와, 박공막새, 착고, 적새, 특수기와, 이형기와 등이다. 건물지 성격이 파악된 유적에서 명문와, 막새, 평기와, 특수기와를 제외한 귀면와, 치미, 사래기와, 용두, 박공막새와 같은 장식기와들은 각기 1곳씩에서만 출토되었다. 모든 종류의 기와가 곳곳에서 출토된 사지와 다른 유적 간의 출토비율이 현격한 차이가 나고 있음을 알 수 있다. 가장 보편적인 장식기와인 막새 또한 이들보다는 비율 차가 작은 편이지만 최소 2.5배 이상의 차이를 보이고 있다. 이를 볼 때 이러한 장식기와들은 공공시설이나, 관방시설 내 건물, 일반가옥보다는 종교적인 상징성을 바탕으로 사찰건축물의 장엄에 더 많이 쓰였음을 방증하는 자료로 파악된다.

셋째, 명문와의 내용은 유적 성격에 따라 약간의 차이를 보인다. 관방유적이나 공공유적에서는 백제 5부 5방의 명칭이 표현된 "前"·"北"·"大"명 인각와, 국가시설임을 상징적인 용어로 표기한 "官(管)", "舍", "城", "大管", "京"명 명문와, 소속 관부와 제작연대, 신라 5부제와 관련된 것으로 보이는 "沙梁部屬長池駅", "易吾加筇村主", "…太平興國…竹州"명 명문와가 출토되었다.

사지에서는 사찰의 명칭이나 제작시기를 단독으로 표기한 "崇善寺三寶", "金生寺", "淨土寺", "開天寺", "香山之寺", "大中三年"명 명문와와 사찰명을 상징적인 한 글자로 표현한 제천 장락사지의 "長"명 명문와가 출토되었다.

건물명만 표기한 "彌勒堂草", 사명과 건물명을 병기한 "金生寺 講堂草", 제작연대와 간지 또는 불사 책임자와 장인의 이름만 기록한 "乾隆乙未","嘉靖/三十/八年/己未","萬曆/己卯","惟政監眞/孝山大匠", 사찰명과 제작연대, 불사 내역, 참여자 등을 밝힌 "…九六二/…夏/德周寺","康熙四十一年壬午三月日施主金士千兩主過口戒賢化主應敏性昌供養主靑貫一月"명 명문와는 대표적인 사례이다.

넷째, 막새 출토 유적 수와 유적 유형별 막새 출토비율 모두 가장 높은 유적은 사지이다. 막새 출토 유적 수 44개소 중 관방유적 4곳 9%, 공공유적 7곳 16%, 사지 21곳 48%, 생활유적 1곳 2%, 누정 1곳 2%, 성격미상유적 10곳 23%이다. 개별 유적군 내 출토비율은 관방유적 17곳 중 4곳 23%, 공공유적 21곳 중 7곳 33%, 사지 28곳 중 21곳 75%, 생활유적 2곳 중 1곳 50%, 누정 1곳 100%, 성격미상유적 42곳 중 10곳 24%로 나타나고 있다. 비교 대상 유적이 없거나 극히 적어 비교평가의 정확성이 결여되는 생활유적과 누정을 제외하고 관방·공공유적보다 사지가 2배 이상 높은 비율을 보인다.

비교대상을 유적 성격이 밝혀진 34곳으로 제한했을 경우, 출토비율은 관방유적 12%, 공공유적 20%, 사지 62%, 생활·누정유적은 각기 3%이다. 사지의 막새 출토비율이 관방유적이나 공공유적에 비해 3 5배 더 높게 나타나고 있다. 수량 면에서도 전체 막새 출토량 909개 중 사지 출토량이 716개 79%로 압도적 우위를 점한다.

정리하면 건물지 유적에서 막새가 출토되면 사지일 가능성이 최소 48%의 확률이고, 사찰의 경우 지붕에 막새를 즙와한 예가 75%에 달한다는 뜻이 된다. 이처럼 사찰 건물에서 막새가 더 많이 출토된다는 것은 막새가 장식적 기능과 더불어 종교적 상징성이 반영된 기와라는 짐작을 가능케 한다.

다섯째, 치미·귀면와·연목와·곱새기와 등은 건축물의 권위를 표현하는 장엄용 기와로 출토 유적의 성격이 사찰일 가능성이 82%이상 되는 것으로 확인되었다. 전체 막새 출토 유적 수 대비 사지의 막새 출토비율보다 더 높게 나타났다. 건물지 유적에서 확인된 치미 발견 유적 11곳 중 9곳이 사지이고, 귀면와 출토 유적 7곳 중 5곳, 연목와 출토 유적 2곳, 곱새기와 출토유적 2곳 모두가 사지로, 다른 유적에서는 청주 상당산성 운주헌지 한 곳에서만 귀면와가 확인되고 있다. 이 장식기와들이 출토된 유적에서는 모두 막새가 함께 출토된 점 또한 공통적인 특징이다.

왕궁, 성문, 관청, 불교사원, 국가 주요시설 등에 사용된다고 알려져 있는 이 기와들이 유독 불교사원에서 발견된다는 것은 신앙의 절대적 공간인 불전을 장엄하게 꾸며 건물의 존엄성을 드러내고자 하는 종교적 염원에 기인한 것으로 파악된다. 사지 유적 28곳 대비

이 장식기와들의 출토비율이 막새보다 낮은 것은 사용처에 있어 사찰의 위상이나 사세와의 밀접한 상관관계를 엿볼 수 있다.

국가 주요시설 또는 왕실 관련 전각이 아니면 관방이나 공공시설은 추가적인 공역이 수반되는 장식기와보다는 평기와와 막새만으로 지붕을 장식하였음이 지표로 나타나고 있다. 그나마 막새를 얹은 곳도 절반에 미치지 못하고 있어 많은 수는 평기와만으로 즙와하였음을 알 수 있다. 수치적으로 보면 건물지 유적에서 막새와 함께 치미, 귀면와, 연목와, 곱새기와가 함께 출토된다면 사지가 확실하고, 이 중 어느 하나라도 함께 출토된다면 그 유적은 사지로 규정할 수 있는 확률이 90% 이상 된다는 것이다.

그동안 건물지 유적에서 막새, 치미, 귀면와를 비롯한 각종 장식기와들이 출토되면 의례히 사지로 추정하였으나 이번 현황 조사와 출토비율 분석을 통해 이러한 추론의 타당성을 미흡하나마 수치적으로 입증하였다고 할 수 있다. 미력한 자료이나 기와 연구자들의 다각적이고 심층적인 연구에 기초자료로 활용될 수 있기를 바란다.

표 1. 미주

1) 장명호, 1984, 「단양 逸名寺址 발굴조사 보고」, 『충주댐 수몰지구 문화유적 발굴조사 종합보고서』, 충북대학교 박물관.

2) 충북대학교 중원문화연구소, 2006, 『제천 德周山城 – 上城 門址 및 서측 성벽 정비구간 시굴조사 보고서』.

3) 차용걸, 1984, 「청풍 남창지 발굴조사 보고」, 『충주댐 수몰지구 문화유적 발굴조사 종합보고서』, 충북대학교 박물관.

4) 윤세영, 1984, 「청풍 북창지 발굴조사 보고」, 『충주댐 수몰지구 문화유적 발굴조사 종합보고서』, 충북대학교 박물관.

5) 차용걸, 1984, 「청풍 서창지 발굴조사 보고」, 『충주댐 수몰지구 문화유적 발굴조사 종합보고서』, 충북대학교 박물관.

6) (재)충청북도문화재연구원, 2010, 『제천 천남동 에버릿지 유적』.

7) 충청대학 박물관, 2006, 『제천 德周寺 極樂殿址 발굴조사 보고서』.

8) 김홍주 · 김성명 · 소재구 · 박진우, 1991, 「제원 명암리 寺址遺蹟 발굴조사 보고」, 『중앙고속도로 문화유적 발굴조사 보고서–충북지역』, 충북대학교 박물관.

9) 정영호, 1984, 「제원 傳 淨金寺址 발굴조사 보고」, 『충주댐 수몰지구 문화유적 발굴조사 종합보고서』, 충

북대학교 박물관.

10) 충청대학 박물관, 2004, 『제천 장락사지 시굴조사 보고서』.

　　　　　　　　, 2008, 『제천 장락사지 – 1~3차 발굴조사 보고서』.

11) 정영호, 1984, 「淸風 邑里 逸名寺址 발굴조사 보고」, 『충주댐 수몰지구 문화유적 발굴조사 종합보고서』, 충북대학교 박물관.

12) 중앙문화재연구원, 2007, 『제천 하소동 아파트신축부지 내 제천 하소동유적』.

13) 중앙문화재연구원, 2002, 『제천 지방산업단지 조성부지 내 제천 왕암유적』.

14) 한국문화재보호재단, 2003, 『제천 신월토지구획정리사업지구 문화유적 시 · 발굴조사 보고서』.

15) (재)중원문화재연구원, 2011, 『제천 왕암동유적 – 제천 제2산업단지 조성사업부지 내 문화유적 발굴조사』.

16) (재)중원문화재연구원, 2009, 『청주 馬山烽燧』.

17) 충북대학교 호서문화연구소, 1997, 『충주 周井山烽燧臺 발굴조사 보고서』.

18) 충북대학교 중원문화연구소, 1999, 『忠州山城 – 東門址 발굴조사 보고서』.

　　　　　　　　, 2005, 『忠州山城 – 동문 남측 저수지 시 · 발굴조사 보고서』.

19) (재)충청북도문화재연구원, 2011, 『충주 虎巖洞遺蹟 – 2009년 발굴조사 보고』.

20) (재)중앙문화재연구원, 2006, 『충주 용두–금가간 우회도로 건설구간 내 충주 金生寺址』.

21) 고려시대 13조창 중 수세구역이 가장 넓었던 德興倉으로 추정되는 곳이다.((재)중원문화재연구원, 2009, 『충주 倉洞里 · 樓岩里 遺蹟 – 충주 가금–칠금간 도로 확 · 포장공사구간 내 발굴조사』.)

22) 조선 초기 경상도 지역의 조세를 보관하던 慶原倉(金遷倉)으로 추정되는 곳이다.(중앙문화재연구원, 2007, 『충주 용두–금가간 우회도로건설구간 내 충주 倉洞里遺蹟』.)

23) 충청대학 박물관, 2008, 『충주 淸寧軒 주변 시굴조사 보고서』.

24) 충청대학 박물관, 2006, 『충주 金生寺址』.

　　중앙문화재연구원, 2006, 『충주 용두–금가간 우회도로 건설구간 내 충주 金生寺址』.

25) 청주대학교 박물관, 1978, 『彌勒里寺址 발굴조사 보고서』.

　　청주대학교 박물관, 1979, 『미륵리사지 2차 발굴조사 보고서』.

　　이화여자대학교 박물관, 1982, 『미륵리사지 3차 발굴조사 보고서』.

　　청주대학교 박물관, 1992, 『중원 미륵리사지 4차 발굴조사 보고서』.

　　청주대학교 박물관, 1993, 『大院寺址 · 彌勒大院址 – 중원 미륵리寺址 5차 발굴조사 보고서』.

26) 유적 훼손이 워낙 심해 유구는 물론 평기와 몇 점만이 출토되었지만 금강저, 금강령, 청동병 같은 佛敎祭具들이 공반 출토된 것을 볼 때 사찰이 있었던 것은 분명하다.(중앙문화재연구원, 2009, 『충주 첨단지방산업단지 조성사업부지 내 충주 본리 · 영평리 · 완오리 유적』).

27) 충청대학 박물관, 2006, 『충주 崇善寺址 – 시굴 및 1~4차 발굴조사 보고서』.

　　　　　　　　, 2011, 『충주 숭선寺址 5차 발굴조사 보고서』.

28) 정영호, 1984, 「중원 淨土寺址 발굴조사 보고」, 『충주댐 수몰지구 문화유적 발굴조사 종합보고서』, 충북대학교 박물관.

29) 충주산업대학교 박물관, 1996, 『충주 靑龍寺址 발굴조사 보고서』.

30) 충청대학 박물관, 2009, 『충주 楸坪里삼층석탑 주변 寺址 시굴조사 보고서』.

31) "슘"명 명문와를 고려시대 제작으로 추정하였으나 필자가 보기에는 통일신라로 판단된다. 또한 이 유적이 통일신라 때에는 관부로 전환되었거나, 혹은 사찰과 관부의 기능을 병행했을 가능성을 암시하는 매우 중요한 자료이다. 탑평리유적(국립중원문화재연구소, 2009, 『충주 塔坪里遺蹟(中原京 추정지) 시굴조사 보고서』.)에서 도시유적으로 추정되는 건물지 유구가 상당수 발견되고 있는 점을 고려할 때 신라국원소경(중원경) 치소와의 관련성이 매우 높을 것으로 판단된다. 망새기와로 명명된 것들을 치미, 귀면와, 용처가 불명한 장식기와인 특수기와로 분류하였다.(한국교원대학교 박물관, 1993, 『중원 塔坪里寺址 발굴조사 보고서』; 한국교원대학교 박물관, 1994, 『'93 중원 塔坪里寺址 발굴조사 보고서』).

32) 국립중원문화재연구소, 2009, 『충주 塔坪里遺蹟(中原京 추정지) 시굴조사 보고서』.

33) 충청대학 박물관, 2010, 『충주 기업도시 진입도로(북측) 문화재 시굴조사 보고서』.

34) (재)한국선사문화연구원, 2009, 『충주 가흥리유적 – 충주 가흥리 전원주택 부지 내 유적 발굴조사』.

35) (재)충청북도문화재연구원, 2012, 『충주 안림동 954–6번지 유적』.

36) 한국문화재보호재단, 1998, 『괴산 覺淵寺』.

37) (재)중원문화재연구원, 2007, 『괴산 사담리 분터골유적』.

38) (재)중원문화재연구원, 2006, 『괴산 장암리유적 – 괴산 지경–사리간 도로 확 · 포장공사구간 내 시 · 발굴조사 종합보고서』.

39) (재)충청북도 문화재연구원, 2012, 『괴산 학생중앙군사학교 부지 내 유적』. 나

40) (재)충청북도 문화재연구원, 2012, 『괴산 학생중앙군사학교 부지 내 유적』. 건물지 옆의 기와가마에서 출토된 것과 같은 "水興寺"명 명문기와편 1점이 출토되었으나 유적의 위치 및 규모, 잔존 유구의 훼손 또한 심해 '寺址'로 단정하기는 어려울 듯하다.

41) (재)충청북도 문화재연구원, 2012, 『괴산 학생중앙군사학교 부지 내 유적』.

42) (재)충청북도 문화재연구원, 2013, 『괴산 미륵산성 서문지 주변 발굴조사 보고서』.

43) (재)중원문화재연구원, 2009, 『음성 望夷山城 – 충북구간 발굴조사 보고서』.

44) (재)중원문화재연구원, 2011, 『음성 드레곤힐CC 조성사업부지 내 음성 대야리 · 용대리 유적』.

45) (재)충청북도문화재연구원, 2011, 『음성 진양리조트G.C 개발부지 내 음성 양덕리유적』. 연목와로 명명된 유물은 크기가 수막새에 비해 너무 크고, 연판부 바깥에 별모양 같은 문양대가 표현되어 있어 일반적인 형태와 다르다. 따라서 이 기와는 특정한 공간에 사용된 특수기와일 가능성이 높다고 판단된다.

46) (재)충청북도문화재연구원, 2011, 『음성 진양리조트G.C 개발부지 내 음성 양덕리유적』.

47) (재)중원문화재연구원, 2011, 『음성 맹동 국민임대산업단지 지원도로(군도 26호선) 개설공사구간 내 음성 쌍정리 · 마산리 · 삼봉리 유적』.

48) 중앙문화재연구원, 2004, 『음성–생극간 도로 확 · 포장공사구간 내 음성 하당리유적』.

49) (재)중앙문화재연구원, 2013, 『충북 진천 · 음성혁신도시개발 사업지구 내 중부신도시 유적』.

50) (재)중앙문화재연구원, 2013, 『충북 진천 · 음성혁신도시개발 사업지구 내 중부신도시 유적』.

51) (재)중원문화재연구원, 2008, 『증평 지방산업단지 조성부지 내 증평 미암리유적 I』.
　　　　　　　　　　　, 2009, 『증평 지방산업단지 조성부지 내 문화재 발굴조사 – 증평 미암리유적 II』.

52) (재)중원문화재연구원, 2005, 『진천 都堂山城 – 지표 · 시굴조사 보고서』.

53) 중앙문화재연구원, 2009, 『진천-두교리 도로공사구간 내 진천 내촌리당골유적』.

54) (재)충청북도문화재연구원, 2010, 『광혜원 국가대표 종합훈련원 부지 내 진천 회죽리유적 I · II』.

55) (재)중원문화재연구원, 2009, 『진천 장관리1-59번지 공장설립부지 내 진천 장관리유적』.

56) (재)중원문화재연구원, 2011, 『진천 평산리 유적 - 진천 크리스탈카운티C.C 조성사업부지 내 발굴조사』.

57) (재)중앙문화재연구원, 2013, 『충북 진천 · 음성혁신도시개발 사업지구 내 중부신도시 유적』.

58) (재)중앙문화재연구원, 2013, 『충북 진천 · 음성혁신도시개발 사업지구 내 중부신도시 유적』.

59) (재)중앙문화재연구원, 2013, 『충북 진천 · 음성혁신도시개발 사업지구 내 중부신도시 유적』.

60) (재)중앙문화재연구원, 2013, 『충북 진천 · 음성혁신도시개발 사업지구 내 중부신도시 유적』.

61) (재)중앙문화재연구원, 2013, 『충북 진천 · 음성혁신도시개발 사업지구 내 중부신도시 유적』.

62) 청주대학교 박물관, 2001, 『청주 것대산봉수터 발굴조사 보고서』.
(재)중원문화재연구원, 2010, 『청주 巨叱大山烽燧』.

63) (재)중원문화재연구원, 2006, 『청주 父母山 蓮華寺 - 대웅전 증축부지 시굴조사 보고서』.
(재)중원문화재연구원, 2008, 『청주 父母山城 I - 1 · 2차 발굴조사 종합보고서 - 북문지 · 수구부 일원』.

64) 한국문화재보호재단, 2004, 『청주 上黨山城 성벽 보수구간 내 시 · 발굴조사 보고서』.

65) (재)중원문화재연구원, 2013, 『청주 上黨山城 -運籌軒址 발굴조사 보고서-』. 착고로 분류한 것은 좌우 폭이 좁고 길죽한 형태이므로 착고보다는 특수기와로 분류하고자 한다.

66) 충북대학교 중원문화연구소, 1999, 『청주 井北洞土城 I - 1997년도 발굴조사보고서』.
충북대학교 중원문화연구소, 2002, 『청주 井北洞土城 II - '99년도 발굴조사보고서』.

67) (재)중원문화재연구원, 2013, 『청주 국도대체우회도로(휴암-오동) 건설공사 내 청주 내곡동유적』.

68) 충북대학교 박물관, 1998, 『청주 開新洞遺蹟 발굴조사 보고서』.

69) (재)중원문화재연구원, 2008, 『청주 서문동 마야복합상영관 부지 내 청주 서문동 성안유적』.

70) (재)중원문화재연구원, 2013, 『청주읍성 내 우리은행부지 유적』. 지표수습 수막새 2점이 있으나 유구층 과의 깊이 차가 큰 층위에서서 수습된 관계로 유구와 연관성이 없는 것으로 판단되어 제외하였다.

71) (재)중원문화재연구원, 2011, 『청주 성화2지구유적 - 청주 성화2지구 택지개발사업부지 내 문화유적 발 굴조사』.

72) 중앙문화재연구원, 2011, 『청주 율양2지구 택지개발지구 내 청주 栗陽洞遺蹟 I · II · III』.

73) 중앙문화재연구원, 2011, 『청주 율양2지구 택지개발지구 내 청주 栗陽洞遺蹟 I · II · III』. 1점의 초화문 암막새가 출토되었지만 유적의 유실이 심한 점을 감안하면 막새를 즙와한 건축물이 있었던 것이 확실 하다고 여겨지며, 창고가 아닌 다른 성격의 건물이 있었을 가능성이 높다고 판단된다.

74) 문명대, 1986, 「청주 內谷洞 건물지 발굴조사 보고」, 『중부고속도로 문화유적 발굴조사 보고서』, 충북대 학교 박물관.

75) (재)중원문화재연구원, 2013, 『청주 국도대체우회도로(휴암-오동) 건설공사 내 청주 내곡동유적』.

76) 중앙문화재연구원, 2006, 『청주 산남3지구 택지개발사업지구 내 청주 분평동유적』.

77) 청주대학교 박물관, 1985, 『청주 雲泉洞寺址 발굴조사 보고서』.

78) 청주대학교 박물관, 1986, 『청주 興德寺址 발굴조사 보고서』.

79) (재)충청북도문화재연구원, 2010, 『청주 문화동50-2번지 일원 공동주택 건립부지 내 청주 문화동50-2

번지 유적』.

80) 보고서에서는 치미로 기록되어 있으나 일반적인 형태와는 차이가 있어 이형기와로 분류하고자 한다.((재)한국선사문화연구원, 2008, 『청주 복대동 금호어울림아파트 부지 내 청주 복대동유적』, 140쪽.)

81) 한국문화재보호재단, 2006, 『청주 성화동유적 – 청주 성화택지개발사업지구 내 문화유적 시·발굴조사』.

82) (재)중원문화재연구원, 2008, 『청주 雲東洞遺蹟 – 청주 운동초·중학교 시설사업부지 내 문화유적 발굴조사』.

83) 중앙문화재연구원, 2006, 『청주 산남3지구 택지개발사업지구 내 청주 산남동유적』.

84) (재)중원문화재연구원, 2007, 『문화유적 시굴조사 보고서 – 충북대학교 신축부지 문화유적 시굴조사 보고서(동물생명과학연구축사 등 신축공사부지 시굴조사)』.

85) 중앙문화재연구원, 2006, 『오송생명과학단지 조성사업부지 내 청원 쌍청리 다중환후』.

86) 충북대학교 중원문화연구소, 2005, 『청원 壤城山城 圓池 발굴조사 보고서』.
"ㅁ寺(?)"·"卍"명 명문기와를 볼 때 이 기와가 제작된 고려시대에는 성곽 기능이 폐기되고 사찰이 조성된 것으로 추정된다.

87) 충북대학교 박물관·문화재관리국 문화재연구소, 1979, 『대청댐 수몰지구 유적 발굴보고서–충청북도편』.

88) 충북대학교 호서문화연구소, 1997, 『청원 栢峴里 건물지 발굴조사 보고서 – 청주골프장 확장부지 내 유적 긴급조사 보고』.

89) 한국교원대학교 박물관, 1992, 『飛中里 —光三尊佛 복원조사 및 원위치 탐색 조사보고서』.

90) 중앙문화재연구원, 2006, 『오송생명과학단지 조성사업부지 내 청원 쌍청리유적』.

91) 중앙문화재연구원, 2003, 『청원 양촌리유적』.

92) 보고서에서는 주변의 窯址匠人들이 머물던 건물지로 추정하고 있으니 기와와 요지의 시기 차이가 있고, 장인들의 숙소나 공방 건물에 기와를 올렸다고 보기에는 어려움이 있다고 판단된다.(김진봉·양기석·이달훈, 1986, 「청원 여천리 건물지 발굴조사 보고」, 『중부고속도로 문화유적 발굴조사 보고서』, 충북대학교 박물관.)

93) 한국문화재보호재단, 1999, 『청원 오창유적Ⅱ』.

94) 한국문화재보호재단, 2000, 『청원 오창유적Ⅲ·Ⅳ』.

95) (재)중앙문화재연구원, 2007, 『오송 생명과학단지 조성사업부지 내 청원 만수리유적』, Ⅲ지구의 대형 건물지들은 주거시설이 아닌 관청의 창고시설로 파악되며, 공공시설로 분류하고자 한다.

96) (재)중원문화재연구원, 2013, 『청주 국도대체우회도로(휴암–오동 2차 구간) 건설공사 사업부지 내 청원 학천리유적』.

97) (재)중원문화재연구원, 2013, 『오창 제2산업단지 조성사업부지 내 청원 주성리·창리유적』.

98) (재)중원문화재연구원, 2013, 『오창 제2산업단지 조성사업부지 내 청원 주성리·창리유적』.

99) 충북대학교 박물관, 1983, 『삼년산성 – 추정연못터 및 수구지 발굴조사 보고서』.
충북대학교 중원문화연구소, 2006, 『보은 三年山城 – 2005년도 발굴조사 보고서』.
(재)중원문화재연구원, 2006, 『보은 三年山城 – 2004년도 발굴조사 보고서』.

(재)중원문화재연구원, 2007, 『보은 三年山城 – 2005년도 蛾眉池 정비구역 내 발굴조사』.

(재)중원문화재연구원, 2008, 『보은 三年山城 – 2006년도 내측 성벽 발굴조사 보고서』.

(재)중원문화재연구원, 2009, 『보은 三年山城 – 남문지 · 내측 서남곡성 발굴조사』.

(재)중원문화재연구원, 2013, 『보은 三年山城 – 동문지 2차 발굴조사 보고서』.

100) 청주대학교 박물관, 2006, 『法住寺 浮屠群 발굴조사 보고서』.

101) 중앙문화재연구원, 2004, 『청원–상주간 고속도로 건설구간 내 보은 상장리유적 – 보은 교암리 · 지산리 · 갈평리 · 청원 문동리유적』.

102) 중앙문화재연구원, 2004, 『청원–상주간 고속도로 건설구간 내 보은 상장리유적 – 보은 교암리 · 지산리 · 갈평리 · 청원 문동리유적』.

103) (재)한국선사문화연구원, 2009, 『보은 생활체육공단 조성사업부지 내 보은 이평리유적』.

104) (재)중원문화재연구원, 2011, 『보은 적암리유적 – 보은 구병산 관광지 조성사업부지 내 유적 시 · 발굴조사 보고서』.

105) 중앙문화재연구원, 2003, 『경부선 대전–옥천간 선로개량공사구간 내 옥천 삼양리유적』.

106) (재)중원문화재연구원, 2008, 『옥천 故 陸英修女士 生家址 – 시 · 발굴조사 보고서』.
충청대학 박물관, 2005, 『옥천 육영수 생가지 1차 발굴조사 보고서』.

107) 충남대학교 백제연구소, 『영동 稽山里遺蹟』.

108) 충청대학 박물관, 2008, 『영동 寧國寺』.
충청대학 박물관, 2009, 『영동 영국사 극락전 건립예정부지 내 유적 시굴조사 보고서』.

한국 석조문화재 보호각에 대한 고찰

김사덕 국립문화재연구소

Ⅰ. 머리말

한국의 석조문화재는 석불, 석탑, 비, 탑비, 부도, 석등, 석교 등 다양한 종류가 있는데, 종교적, 기능적 특성상 대부분 야외에 위치하고 있어 비, 바람, 대기오염 등 자연환경으로부터 직접적인 영향을 받고 있다. 야외에 위치한 석조문화재의 훼손에 가장 중요한 요인은 수분이며 이와 반응한 결과가 훼손의 직접적인 원인이 된다.

따라서 수분을 차단하는 것이 훼손에 대한 예방이며, 보존대책의 핵심이라 할 수 있다. 석불상의 머리위에 보개를 설치하거나 감실 안에 석불을 안치하는 것, 비를 피할 수 있는 자연암반에 마애불을 조성하는 등 과거로부터 이어온 이러한 방법들은 불상에 대한 '장엄'의 의미도 있으나 눈, 비로부터 석불을 보호하고 주변경관과 조화를 이루도록 하는 '보호'의 역할을 해왔다.

일반적으로 석조문화재의 훼손 요인은 물리적 요인, 화학적 요인, 생물학적 요인, 구조적 요인, 인위적 요인 등 다양하며 훼손 요인들이 복합적으로 발생하고 있으므로 보존을 위한 방안은 과학적이고, 합리적으로 마련되어야 한다. 그러나 복합적으로 발생되는 모든 훼손 요인을 차단하는 것은 매우 어려운 과제이다. 보호각 설치도 해당 문화재에 발생하는 일부 훼손요인으로부터 문화재를 보호할 수 있으나 또 다른 문제점이 야기되기도 하기 때문에 철저한 사례분석과 해당 문화재에 대한 보존과학적 분석을 바탕으로 개선방안이 마련되어야 한다.

1900년대 중반 이후 문화재 보존을 위해 보호각이 설치된 이래, 수차례의 개보수가 진행되어 왔고, 일부 보호각은 형태가 변경되거나 철거하기도 하였다. 보호각으로 발생되는 문제점들을 극복하기 위해 2000년대 초반부터는 보호각 개선방안에 대한 연구가 건축, 보존과학적 입장에서 진행되어 오고 있다.

따라서 본고는 여러 보호각 중 해남 대흥사 북미륵암 마애여래좌상, 서산 용현리 마애여래삼존상, 봉화 북지리 마애여래좌상 등의 사례분석을 통해 한국 보호각 현황과 보호각 개선방안에 대해 논의해보고자 한다.

II. 보호각의 개념과 현황

1. 보호각의 정의 및 역사

보호각이란 자연상태에 노출된 문화재의 훼손요인을 차단하고자 조성된 시설로써, 주로 건축형태를 띠고 있다. 문화재를 보호한다는 의의가 크기 때문에 '보호하는 전각'이라는 의미로써 보호각이라고 사용되어 왔다.

보호각은 석조문화재를 비롯하여 가마터, 범종 등 주로 야외에 위치하여 자연적 훼손요인에 노출된 문화재를 대상으로 건립되었다. 따라서 비, 바람, 동결융해와 같은 자연적 훼손요인을 저감시키거나 도굴, 파손 등의 인위적 훼손요인을 방지하는 기능을 가진다. 또 문화재의 차별화된 보호를 통해 장엄의 효과도 있으며, 석불 등과 같은 예배대상에서는 예배공간의 기능을 가지기도 한다. 일부 유적지 보호각은 문화재 전시의 기능을 가지기도 한다(사진 1).

보호각이 언제부터, 어떠한 형태로 조성되었는지 정확하지 않지만 늦어도 삼국시대부터 조성되었을 것으로 추정해 볼 수 있는데, 삼국시대 조성작인 서산 용현리 마애여래삼존상의 암반에 건축부재의 흔적(사진 2)은 이를 뒷받침 해준다. 경주 단석산 신선사 마애불상군(국보 제199호), 진천 사곡리 마애여래입상(충청북도 유형문화재 제124호) 등에서와 같이 일반적으로 마애불 앞에는 사원처럼 건축을 조성했다는 사실과 흔적들이 있으며, 삼국시대 불상이 전래 된 이후 불상에는 닫집 등의 장엄, 보호용 건축이 세워졌던 의례 등이 나타

사진 1. 전시기능의 유적지 보호각 사례(①김해 회현리 패총 보호각 외부 전경, ②패총 내부의 전시형태)

사진 2. 서산 용현리 마애여래삼존상 암반의 보호각 흔적(①건축부재 흔적, ②전체 암반 모습)

사진 3. 경주 골굴암 마애여래좌상 보호각
(①1733년에 그려진 〈골굴석굴도〉에 나타난 목조건축 ②현재 아크릴 부호가이 설치된 골굴암)

난다. 즉 서산 용현리 마애여래삼존상도 일반적인 마애불과 같이 암반 앞에 건축이 건립되었을 것이며, 조각과 동시대에 조성되었을 것으로 추정된다.

보호각의 형태는 경주 단석산 신선사 마애불상군이 지붕을 덮은 석굴사원이었다는 사실과 여러 마애불 암반에 나타나는 건축부재의 흔적, 1733년(영주 9년) 정선의 교남명승첩에 수록된 〈골굴석굴도〉에 근거해 볼 때, 목조건축의 형태였을 것으로 짐작된다. 〈골굴석굴도〉는 경주 석굴암을 나타낸 것이라고도 알려져 있었으나 '골굴'이라는 명칭이 나타나므로 경북 경주시에 위치한 골굴암 마애여래좌상(보물 제581호)를 나타낸 것으로 추정되는데, 이 그림에는 전통건축식의 목조건축이 표현되어 있다(사진 3). 현재의 목조 건축식의 보호각은 보호의 기능이 강화되어 있지만, 당시의 보호각은 기능적인 면에서 예배나 장엄의 역할이 더 강하였을 것이다. 『조선왕조실록』에 '태종이 제릉에 제사지낸 후 비각을 짓게 했다.'는 1410년의 기록이나 〈세종오례〉의 비각을 세우는 의례에 대한 기록이 나타나는 등 비각을 세우는 것이 장엄, 보호의 의례였음을 알 수 있다. 그러나 조성시의 보호각은 당시 건축의 특성상 목조로 건축되어 소실되었기 때문에 현존하는 경우가 드물고,

현재의 보호각은 근현대에 새로 조성되었다.

　문화재 보호개념의 보호각 건립은 문화재 보존에 대한 개념이 발달하기 시작하는 1950년대 이후 주로 조성되었고,『문화재수리보고서』에도 기록으로 빈번하게 나타나고 있다.

2. 보존각 현황

　석조문화재에 가장 큰 훼손원인인 수분을 막기 위한 보존방안은 과거로부터 이어왔다고 할 수 있다. 이러한 방법을 석조문화재의 형태와 보존환경, 보존시설 등을 고려하여 분류해 보면 두 가지로 분류할 수 있다. 첫째, 석불에 보개(갓), 감실, 불감, 석굴 등 조성 당시부터 '보호'의 역할을 할 수 있도록 마련된 것이다. 둘째, 풍화방지를 위해 인위적으로 보호각을 설치한 것이다.

1) 조성 당시 보호각

　석조문화재가 조성 당시부터 부분적이나 전면을 보호하기 위한 보호시설이 되어 있는 것을 마애불을 포함하는 불상에서 찾아볼 수 있다.

　첫 번째는 불상에서 보개(갓)가 조성되어 있는 경우이다. 이는 불교도상학적인 특징이나 빗물을 차단하여 얼굴 부분을 보호하는 보호시설의 역할을 해왔다. 예를 들어 충주 미륵리 석조여래입상, 거창 양평리 석조여래입상 등 주로 석불입상에서 많이 불 수 있다. 충주 미륵리 석조여래입상은 비, 바람에 노출되어 전체적으로 지의류 등에 의해 오염되고

사진 4. 보개(갓)의 조성
　　①충주 미륵리 석조여래입상 ②거창 양평리 석조여래입상 ③거창 상림리 석조보살입상의 두상 부분

풍화가 심하나 얼굴부분은 갓 때문에 세척한 것처럼 깨끗한 상태로 남아있다. 보개가 있는 불상과 없는 불상을 비교하면 얼굴부분에서 풍화정도의 차이가 나타난다. 경남 거창군 소재의 거창 양평리 석조여래입상의 경우 보개의 영향으로 얼굴 부분 보존상태가 양호하나 거창 상림리 석조보살입상은 그에 비해 좋지 않다는 것을 확인할 수 있다(사진 4).

두 번째는 불상을 보호하기 위해 인공석굴을 제작하거나 감실, 불감을 제작하여 불상을 안치하여 보호시설의 역할을 한 경우이다. 대표적인 사례로 군위 아미타여래삼존석굴, 경주 남산 불곡마애여래좌상, 화순 운주사 석조불감 등이 있다. 군위 아미타여래삼존석굴은 동남향의 거대한 암벽에 석굴이 조영되고 그 안에 삼존불상을 봉안하고 있다. 경주 남산 불곡마애여래좌상은 경주 남산 동쪽 기슭 암석에 깊이 0.6m의 감실을 파고 거기에 불상을 새긴 마애불로 감실 내부에 봉안되어 있어 보존상태가 양호하게 남아있다. 화순 운주사 석조불감은 불상을 모시기 위해 감실을 조성한 사례이다. 감실은 직사각형 모양으로, 양쪽 벽을 판돌로 막아두고 앞뒤를 통하게 하였다. 감실 안에는 남쪽과 북쪽을 향하고 있는 여래좌상이 있다. 불감은 맨 밑에 4각의 평판석으로 지대석을 깔고, 그 위로 4각 돌기둥을 세워 석실을 조성하여 이를 받치게 하였으며, 그 위에 팔작지붕 모양의 옥개석을 얹었고, 석실 전면과 후면에 각각 불상을 안치하였다. 원래는 석실 전후에 석문을 달아 여닫게 하였던 모양이나, 지금은 석문을 달았던 흔적만 남아 있다(사진 5).

세 번째는 자연적으로 비를 피할 수 암반을 택해 석조문화재를 조성한 경우이다. 거창 가섭암지 마애삼존입상(보물 제530호), 경주 남산 신선암 마애보살반가상, 옥천 용암사 마애여래입상 등 마애불이 대표적인 사례이고 울주 천전리 각석, 울주 대곡리 반구대 암각화

사진 5. 인공석굴, 감실, 불감 등의 조성
(①군위 아미타여래삼존석굴 ②경주 남산 불곡마애여래좌상 ③화순 운주사 석조불감)

사진 6. 자연암반 조성(①거창 가섭암지 마애삼존입상 ②경주 남산 신선암 마애보살반가상 ③옥천 용암사 마애여래입상 ④울주 천전리 각석 ⑤울주 대곡리 반구대 암각화 상부암반)

등 암각화도 비를 피할 수 있는 암반에 조성하였다. 거창 가섭암지 마애삼존입상은 자연 암반 내부에 조성되어 마애불의 보존상태가 아주 좋은 편이다. 경주 남산 신선암 마애보 살반가상은 통일신라시대의 불상으로 절벽의 바위면을 얕게 파고, 고부조로 새긴 마애불 로 보존상태가 양호하다. 천전리 각석과 반구대 암각화 등은 마애불과 암각화 상부에 자 연암반이 돌출되어 지붕역할을 함으로써 풍화를 예방하고 있다. 이와 같이 보존을 위해 문화재 주변 환경을 잘 이용하는 장점이 있지만 완전히 비를 피할 수 없거나 구조적 불안 정과 암반절리에 의한 풍화 등 문제점을 가지고 있다(사진 6).

2) 인위적인 보호각

불상 등이 봉안되어 있는 보호각은 암반 등에 남아있는 건축의 흔적으로 볼 때 삼국시대부터 조성된 것으로 추정된다. 당시의 보호각은 장엄, 예배, 보호 등이 주요 기능이었을 것이나 현대에는 별도의 예배시설이 마련되는 경우가 많아 보호의 역할이 강조되고 있다. 따라서 문화재 보존에 대한 인식과 필요성이 강조되기 시작한 1950년대 이후에 보호각 설치 건수가 급증하고 있으며, 1980년대~2010년대에는 보호각의 노화에 따른 중수, 보호각에 대한 문제점 개선, 신축 등의 현상변경 건수가 증가하고 있다. 그러나 보호각은 석조문화재의 보호가 주요 역할이나 과거 양주 회암사 인근 산불로 인해 보호각이 전소되는 과정에 양주 회암사 선각왕사비의 손상을 가중시키는 직접적 원인이 되기도 하였다.

보호각의 형태는 크게 전통건축식과 현대식으로 나눌 수 있는데, 보호각 건수 중 90% 이상이 전통건축식이다. 현대식 보호각은 전통건축식의 단점을 보완하거나 새로운 소재, 디자인이 시도되었는데 결과적으로 문화재와 주변경관과의 부조화, 재질의 이질감 등으로 인해 오히려 주변경관을 해친다는 문제점이 제기되기도 하였다. 전통건축식은 석불 등 종교적 대상의 예배공간 역할도 제공하고 있으나 협소한 규모, 어두운 내부, 내부의 밀폐 등으로 인해 또 다른 문제점이 발생되고 있다. 따라서 보호각 설계 시에는 보존환경적 연구가 선행되어 보존의 역할을 충실히 할 수 있도록 해야 한다.

서산 용현리 마애여래삼존상, 봉화 북지리 마애여래좌상, 경주 배동 석조여래삼존입상, 해남 대흥사 북미륵암 마애여래좌상 등은 전통건축식 보호각이 형성되어 있었으나 협소한 공간, 밀폐 등으로 인해 관람방해, 결로발생, 통풍저해 등의 문제점이 제기되어 이를 보완하기 위해 보호각의 현상변경이 이루어진 바 있다. 서산 용현리 마애여래삼존상은 보호각 자체가 해체되었으며, 봉화 북지리 마애여래좌상, 해남 대흥사 북미륵암 마애여래좌상 등은 보호각이 협소하여 증축되었다.

문화재는 보호각 설치로 인해 보존적 측면과 심미적 측면 등이 때로 대립될 때도 있다. 하지만 각 문화재에 대한 정확한 훼손요인 규명과 이를 저지하는데 가장 효과적인 보호각의 설치는 고려되어야 할 것이다.

III. 석조문화재 보호각 사례연구

1960년대 이후 보존을 주요 목적으로 만들어진 보호각은 건립 초기에는 인위적, 자연환경적 훼손요인을 차단하는 데 큰 역할을 했다. 그러나 이후 주변경관과의 부조화, 보호각 환경으로 발생되는 훼손요인 발생, 관람권 저해 등의 문제 발생과 관람자의 문화재에 대한 인식고취, 감시강화로 인위적 훼손이 감소하면서 보호각의 새로운 역할과 개선방안이 절실하게 되었다. 기존의 보호각은 교체되거나, 해체 되는 등 현상 변경이 이루어지는 경우가 발생하고 있는데, 몇몇 사례들을 통해 보호각 변경 전후의 보존적 측면에서의 변화에 대해 살펴보도록 하겠다.

1. 해남 대흥사 북미륵암 마애여래좌상
(海南 大興寺 北彌勒庵 磨崖如來坐像, 국보 제308호)

전남 해남군 삼산면에 위치한 해남 대흥사 북미륵암 마애여래좌상은 보호각이 석조

사진 7. 보호각 해체 후(야외에 노출되어 있던 암반 부분은 생물피해가 심하고 보호각이 설치되어 보존되었던 암반부분은 비교적 상태가 양호함)

사진 8. **보호각 변화과정**(①협소한 보호각(용화전)에서 일부 암반이 가려진 채 보존되고 있던 마애불, 2004년 ②보호각 신축에 앞서 해체 후 조각면이 모두 드러난 암반, 2005년 ③현대식과 전통건축식이 복합된 형태의 보호각 신축, 2009년)

문화재 보존에 큰 역할을 하였지만 조각의 원형이 왜곡되었던 사례이다. 마애여래좌상은 1754년에 중수되었다는 기록이 전하는 용화전(법당형)에 봉안되어 있었다. 보호각의 역할을 하는 용화전은 노후화로 인해 1929년 수리가 있었는데, 이때 기둥이 암반의 일부를 가리게 되었고, 2004년 해체보수 과정에서 기둥에 가려진 2구의 비천상 조각이 발견되었다. 보물 제48호였던 마애여래좌상은 조각의 아름다움과 중요성이 인정되어 2005년 국보 제308호로 승격되었다.

해체 후 조사 결과, 보호각이 있던 암반 부분은 비교적 양호하나 외부에 노출된 암반 부분은 변색, 지의류·이끼류 등의 생물서식으로 인한 풍화가 심하게 진행되었음을 확인하였다. 이와 같이 보호각의 보존적 기능은 우수하였으나 협소한 보호각 형태로 조각의 원형과 역사적 의의는 감소하였다. 보호각의 역할을 하던 용화전은 2006년~2007년 확대보수되어 예배공간 구역은 전통건축식 중 법당형의 형태로 건립되었고, 마애여래좌상이 있는 암반은 투명유리로 된 철골조로 건립하여 외부 채광이 잘 이루어지도록 했다(한병일, 2008).

신축된 보호각은 외부 채광을 받아 조각의 아름다움이 잘 표현되고 있으며, 예배 공간 또한 넓어져서 예배공간으로서의 종교적 기능까지 만족시키게 되었다. 그러나 여름철에는 유리를 통해 내부로 투입되는 햇빛으로 인한 발열이 우려되므로 발열정도를 모니터링하여 암반 표면에 미치는 영향에 대한 평가가 이루어져야 할 것이다.

2. 서산 용현리 마애여래삼존상(瑞山 龍賢里 磨崖如來三尊像, 국보 제84호)

충남 서산시 운산면에 위치한 서산 용현리 마애여래삼존상은 계곡을 따라 올라가다

사진 9. 본존불의 조각미 변화(①1959년 발견당시 야외에서의 조각 ②보호각 내에서 조명으로 관찰되는 조각, 2005년 ③보호각 해체 후 자연채광에서 관찰되는 조각, 2008년)

충암절벽에 돌을새김으로 조각된 삼국시대 마애석불이다. 1959년에 발견 된 후(사진 9①), 갑작스럽게 관심을 받게 되면서 관람객이 급증하게 되었다.

산등성이에 위치하고 있어 상시적인 관리가 이루어지지 못하여 인위적 훼손과 강우 등 자연환경으로 인한 환경적 훼손이 우려됨에 따라 1974년에 보호각을 설치하게 되었다(홍정기 외, 2005; 이선명, 2007). 법당형의 전통건축식으로 조성된 보호각은 비, 바람, 눈과 같은 자연적 훼손요인으로부터 암반을 보호하고, 조각면에 인위적 훼손이 가해지는 것을 방지하는 등 보존적으로 효과적이었으나 마애불 앞쪽의 협소한 공간 등으로 인해 보호각의 형태가 정면 1칸, 측면 1칸의 작은 규모로 조성되었다(사진 9②).

시간이 경과하면서 몇 번의 보호각 보수가 있었고, 보수재료로 시멘트모르타르, 타르 등이 사용되었다. 그러나 노후된 보호각과 암반 사이 틈새로 누수발생, 누수를 따라 보수재료에서 발생한 백화 등 오염물 증가, 결로 발생, 어두워진 내부 공간으로 인해 관람 방해 등의 문제점이 야기되었다. 특히 내부에서는 백열등 조명을 통해 조각이 관람되고 있었는데, 인공적인 조명으로는 '백제의 미소'라고 알려진 조각미의 아름다움을 제대로 파악하기 어려웠다(사진 9③).

야기된 여러 문제점 해결을 위한 논의 끝에 보호각 개선방안이 요구되었고, 2006년 3월 보호각 벽체를 우선 해체하고(사진 10③), 환경변화를 조사하였다. 동일 시기의 변화를 살펴보기 위해 가을철인 9월~10월경 조사를 실시하였으며, 조사는 보호각이 설치된 상태인 벽체 해체 전(2005년), 벽체만 해체된 후(2006년), 보호각이 완전 해체된 후(2008년)에 측정하여 비교분석하였다.

보호각의 형태가 있을 당시의 조사는 보호각 내외부의 비교를 함께 하기 위하여 내

사진 10. **보호각 변화과정**(①마애불 발견 직후(『佛像』, p.27에서 발췌) ②정면1칸의 밀폐형 보호각, 2005년 ③보호각 벽체 해체 후, 2007년 ④보호각 완전 해체 후, 2008년)

부 1지점, 외부 1지점에서 동시 측정하였으며, 보호각 내부는 초음파풍향풍속계(GILL WindMaser)를 사용하여 수평, 수직풍속을 측정하였다. 보호각 외부는 휴대용 기상관측장비(Casella Nomad)를 사용하여 측정하였다. 보호각이 완전 해체 된 후에는 내외부가 같은 외부의 조건이 됨에 따라 보호각이 있던 1지점에서만 측정하였고, 기 측정된 외부풍속과의 비교를 위해 외부 측정기기와 같은 기기인 휴대용 기상관측기기로 측정하였으며 측정주기는 1시간 단위였다.

보호각 벽체 유무에 따라 보호각 개방율은 0.20m⁻¹에서 0.57m⁻¹로 약 3배 정도 확대되었다. 풍속은 마애불 암반의 결로 소멸에 많은 영향을 미치는 요소이며, 풍속 증가는 결로 유지시간의 변화와 관련되므로 풍속 값을 비교해 본 결과, 보호각 벽체 해체 후 수평, 수직 풍속이 모두 상승한 것을 확인하였다.

수직으로 부는 풍속은 0.15m/s에서 0.27m/s로써 0.03m/s 상승되었으며 수평으로 부는 풍속은 0.30m/s에서 0.32m/s로 0.12m/s정도 상승하였다. 보호각 외부 풍속은 0.76m/s로 내부와는 2.5~3배 정도의 차이를 보이고 있다(김사덕 외, 2008; Kang Dae III. etc., 2009). 보호각의 벽체를 해체한 후 풍속 증가 등 통풍조건이 개선됨에 따라 2007년 12월에는 보호각 완전 해체를 실시하였다(사진 10④). 보호각 완전 해체 후에는 0.57m/s로 해체 전보다 2~3배 정도 통풍조건이 향상되었음을 확인할 수 있었다(표 1). 통풍조건의 향상은 결로 유지시간의 단축에 영향을 미칠 것이며, 이에 대한 추가 모니터링을 통해 결로 시간의 변화에 대해 연구를 보완할 계획이다.

표 1. 보호각 벽체 해체 전후 비교

| | 조사 일시 | 용적(m³) | 개방면적(m²) | 개방율(m⁻¹) | 보호각 내부 풍속(m/s) | | 보호각 외부 풍속 |
					수평풍속	수직풍속	
벽체 해체 전	2005.10.10~14		5.69	0.20	0.15	+0.30	
벽체 해체 후	2006.9.12~15	28.25	15.97	0.57	0.25	+0.33	0.76
보호각 완전 해체 후	2008.10.22~24				0.57		

보호각의 해체로 인해 풍속이 증가하고, 자연광하에서 아름다운 조각미를 관찰하게 됨에 따라 관람객으로부터 긍정적인 반응을 얻게 되었다(사진 10). 보호각이 담당했던 인위적 훼손에 대한 방지는 적외선 감지센서 설치, CCTV 강화, 근처 관리소 설치운영 등을 통해 보완하였다. 그러나 향후 야외환경에 노출되어 발생할 수 있는 동결융해, 폭우 등으로 인한 피해 등에 대한 관찰이 요구된다.

3. 봉화 북지리 마애여래좌상(奉化 北枝里磨崖如來坐像, 국보 제201호)

경북 봉화군 물야면에 위치한 봉화 북지리 마애여래좌상은 야트막한 산등성이 끝자락에 위치한 자연 암반에 돋을새김으로 조각된 7세기경의 마애석불이다. 암반에는 지의류, 이끼류, 초본류 등의 하등식물과 수목서식이 활발하였다(사진 11①). 자연환경으로부터 보존하고자 1970년대 전면 개방형의 보호각이 설치되었는데, 정면 1칸, 측면 1칸으로 불상 규모에 비해 협소한 규모로 조성되었다(사진 11② · ③). 불상 조각의 전체적인 웅장함이 감소되었고, 통풍 저해와 고습 조건이 형성되었다. 고습한 환경은 석재 표면에 생물서식을 초래하고, 주변환경 변화에 따라 석재의 물리적 훼손을 야기하기도 한다. 2007년에는 조각면에 대한 지의류 제거와 표면강화 처리 등 보존처리가 실시되었다. 여름 폭우 시에 절리가 심한 향좌측 암반 일부가 붕괴됨에 따라 붕괴부분에 대한 보강과 보호각을 신축할 필요성이 제기되었다. 2008년부터 보수 및 보호각 해체, 신축이 실시되었는데 통풍조건 상승을 위해 현대식 개방형 보호각, 기존과 유사한 전통건축식의 형태, 실내 같은 공간을 구성하는 법당형 등 여러 의견이 제안되었다. 관련 전문가의 논의와 종교적 예배 공간이 필요한 사찰 측의 요구도 감안하여 전통건축식으로 하되, 내부에는 마루를 설치하여 예배공간으로 활용하고, 통풍과 채광을 위해 개폐용 출입문은 별도로 설치하지 않는 것으

사진 11. 봉화 북지리 마애여래좌상 보호각 변화(①보호각 설치 전 조각면에 생물피해(문화재청 홈페이지 사진 발췌) ②보호각 정면, 2007년 ③보호각 설치 측면, 2007년 ④보호각 신축에 앞서 부후각 해체 후 드러난 암반, 2008년 ⑤현재 완공된 보호각, 2010년)

로 결정되어 현재 신축공사가 완료되었다.

자연암반에 새겨진 마애불은 보호각을 조성할 때 암반과 보호각에 틈새가 발생하게 되는 경우가 많은데, 봉화 북지리 마애여래좌상에서도 향좌측 보호각 지붕면과 암반 사이에 발생한 틈새로 낙엽이 쌓이거나 산비둘기 등의 조류 배설물로 인한 오염이 발생하기도 하였다. 틈새 보강을 위해 보강재를 충전하거나 지붕면 확장 등의 보완방안을 실시하기도 하고 있으나 오랜 세월이 경과한 후 보강재의 노후화로 인해 오염물이 발생할 수도 있다. 그러므로 주의 관찰이 필요하며, 보강재 등이 요구되고 있다.

IV. 고찰 및 맺음말

1960년대 이후 주로 보존적 기능을 담당했던 보호각은 보호각의 노후화, 주변환경 변화, 훼손요인 변화, 관람자들의 인식 변화 등으로 인해 새로운 문제점들이 제기되고 있다. 따라서 2000년대부터 건축적, 보존과학적 관점에서 보호각에 관한 많은 연구가 진행되어 왔고, 개선방안을 찾고자 활발히 연구되고 있다. 그러나 보호각은 형태가 다양하고, 건립된 주변환경과 훼손요인이 각 사례마다 차이가 심해 일관된 개선방안이 도출되기는 어려운 실정이다. 적합한 개선방안 마련을 위해 먼저 각 사례별로 미기상환경 모니터링을 통해 환경변화를 분석하고, 환경모델링으로 변화된 보호각 형태에서의 변화를 예측하는 것이 필요하다. 부족하나마 일부 사례들에서는 미기상환경 모니터링이 실시되고 있으므로 이에 대한 종합적인 데이터 분석결과를 기반으로 한 보호각이 설계되어야 할 것이다.

사례분석을 통해 볼 때 보호각의 개선을 위해서는 다음과 같은 점들이 고려되어야 할 것이다.

첫째, 보호각을 조성하거나 보수 할 때에는 해당 문화재의 훼손요인 규명이 우선되어야 한다. 훼손요인은 여러 가지가 복합적으로 발생할 수 있는데, 모든 훼손요인을 저감할 수 있는 보호각의 건립은 현실적으로 한계가 있다. 그러므로 가장 문제가 되는 훼손요인을 우선 저감할 수 있도록 규모, 위치, 형태 등이 고려되어야 한다. 이를 위해서 보호각 내외부의 환경모니터링을 실시하여 훼손요인을 규명하고, 훼손을 저감할 수 있는 보호각 형태에서의 모의 환경 모델링을 실시하여 변화 후의 환경을 예측해야 한다.

둘째, 보호각의 형태는 해당 문화재를 보존할 수 있는 기능적인 측면, 주변경관의 미관적 측면, 예배대상으로써의 종교적 측면이 고려된 형태로써 다양한 디자인으로 조성되어야 한다. 지금까지는 주로 전통건축식으로 조성되는 예가 많아 원각사지십층석탑의 유리보호각 등 현대식 디자인에 대해 이질감이 느껴졌다. 그러나 전통건축식은 문화재와의 조화나 종교적 측면에서는 우수하지만 내부 채광부족, 큰 규모 조성의 어려움 등이 있다. 디자인적인 측면에서는 어떤 일관된 형식만이 고려될 것이 아니라 대흥사 북미륵암 마애여래좌상의 사례처럼 현대식과 전통식이 적절하게 혼합되어 자연채광과 예배공간으로의 효과적 조화를 추구하는 것도 바람직 할 것이다.

셋째, 보호각의 크기는 마애불이 새겨진 모암반도 전체적으로 보호각에 보존될 수 있도록 고려하거나 지붕면 보완 설치, 모암반과 보호각의 틈새보정 작업 등 보완적인 조치가 취해져야 한다. 서산 용현리 마애여래삼존상이나 봉화 북지리 마애여래좌상 등의 경우 보호각이 모암반까지 보호하지 못하고, 틈새가 발생하여 빗물, 오염물 등이 흘러내리게 되었으며, 이로 인해 석재 표면오염 등 훼손이 발생하였다. 보호각의 형태적 보완 미비로 인해 문제점이 발생하게 되는 것이다.

넷째, 보호각 건립 시 보호각의 크기나 형태가 문화재에 훼손이 되지 않도록 미리 지반조사, 배수현황, 지하수현황 등에 대한 주변 조사가 이루어져야 한다. 주변 조사 결과를 바탕으로 지하수 차수, 배수로 우회설치, 지반 보강 등의 조치가 필요할 경우, 사전조치를 실시하여 문화재에 적합한 기능을 할 수 있는 보호각이 설계되어야 한다.

지금까지 석조문화재 보호각 현황과 사례연구를 통해 개선방안을 고찰해 보았다. 문화재들은 보호각이 건립될 경우, 보호각 내외부의 온도, 상대습도, 풍속, 풍향, 기류의 흐름, 암반 표면의 결로발생 등에 관한 보존환경 모니터링이 함께 진행되는 것이 바람직 할 것이다.

참고문헌

국립문화재연구소, 2008, 『문화재 보호각 개선방안 국제학술심포지엄』.

김사덕, 신은정, 2008, 「서산마애삼존불상 보존환경 연구」, 문화유산 보존 그리고 소통(2008 문화재 보존과학 국제심포지엄(발표)), 국립문화재연구소.

김수진, 이수재, 장세정, 2001, 「석조문화재 보호각 등 보호시설이 석재보존에 미치는 영향」, 『석조문화재 보존관리 연구』, 문화재청.

문화재관리국, 1974, 『문화재수리실적(1963-1973)』.

문화재청, 『문화재수리보고서』.

문화재청, 2001, 2002, 2003, 2004, 2005, 『석조문화재 보존관리 연구』.

신은정, 김사덕, 2008, 「한국 석조문화재 보존환경 -보호각을 중심으로-」, 2008 한일공동연구 발표회(발표), 한국국립문화재연구소 · 일본동경문화재연구소.

신은정, 김사덕, 2010, 「한국 석조문화재 보호각 현황과 사례연구」, 제24회 국제문화재보존수복연구회(발표), 일본동경문화재연구소.

엄두성, 전병규, 한민수, 이장존, 송치영, 2008, 「태안마애삼존불의 보존과학적 훼손도 진단과 보존환경 분석」, 『보존과학연구』29, 국립문화재연구소, 19~44쪽.

이선명, 2007, 「서산마애삼존불상의 정밀 훼손도 진단과 미기상환경 영향분석」, 공주대학교 대학원 석사논문.

전병규, 한민수, 이장존, 송치영, 2006, 「국내 국가지정 석조문화재의 현황과 통계분석」, 『보존과학연구』27, 국립문화재연구소, 43~62쪽.

한병일, 2008, 「한국석조문화재의 보존방안 연구 -보존처리 사례분석을 중심으로-」, 단국대학교 대학원 박사논문.

홍정기, 엄두성, 김순관, 2002, 「원각사지10층석탑 보호각 내부 보존환경 조사연구」, 『보존과학연구』23, 국립문화재연구소, 95~112쪽.

홍정기, 엄두성, 정용재, 森井順之, 2005, 「석조문화재 보호각의 보존환경 연구(Ⅰ) –경주배리석불입상, 서산마애삼존불상을 중심으로–」, 『보존과학연구』26, 국립문화재연구소, 141~164쪽.

황수영, 1973, 『佛像』, 동화출판사.